Dr. med M.K.N JIM-FUGAR

with

NICHOLINE JIM-FUGAR

NUSELINE'S

EʋE-ENGLISH

DICTIONARY

Volume 2

A compendious Eʋe-English Dictionary

NUSELINE'S EUE-ENGLISH DICTIONARY

Volume 2

A compendious Eue-English Dictionary

Copyright©2024 by Dr. med M.K.N Jim-Fugar and Nicholine Jim-Fugar

All rights reserved.

No part of this book may be reproduced or transmitted any form or by any means, electronic or mechanical, including photocopying, recording or by any information storage and retrieval system, without the prior written permission of the author and /or publisher, except where permitted by law.

For further inquiries, contact us at

dict@ewedictionary.com.

Visit our website at www.ewedictionary.com

III

To God be the Glory!

DEDICATION

Sedudzi, Selikem & Seyram

ACKNOWLEDGEMENT

Special thanks to

Nicholine Jim-Fugar, without whose tireless energy this extensive work would not have seen the light of day.

Forcados Atasse Messan for his several word inputs.

Eʋènyígbã̌

Eʋènyígbã̌ as depicted by the Atlas of Regional Integration in West Africa p. 9-10

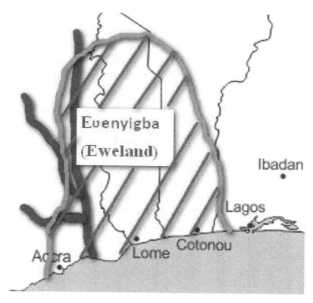

Retrieved from www.ewenyigbatv.com

INTRODUCTION

Eʋe is a Kwa language of the Volta-Niger group which belongs to the Niger-Congo family of languages that extend from the Atlantic Ocean to the Indian Ocean. It is widely spoken in Togo by over 75% of the population and is a lingua franca of the country (Essizewa, 2014).

The Eʋe language is classified as a de jure National Language of the Republic of Togo (Atlas on Regional Integration in West Africa p.11) .

Eʋe is also widely spoken in Ghana by about 23% of the Population (Village Volunteers, Basic Ewe for Travellers, 2011). Its use as a vehicular language is seen increasing mostly in the southern and eastern parts of the country (Jonas N. Akpanglo-Nartey R. A.-N., 2012) and as of the year 2021 was said to be the second most spoken language in the country of Ghana (Ghanaweb, 2021).

The Eʋe Language is chiefly spoken and more or less used as a vehicular language in the Gbe language-cluster Area of West Africa, which can also be referred to as Eʋenyigba. This Area, stretches from the Capital city of current day Ghana (Accra) through the Republic of Togo, the Republic of Benin to Badagry in current day Nigeria (Atlas of Regional Integration in West Africa p. 9-10). The term Gbe was adopted as an overall term for the Eʋe Langauge in the area of Eʋenyigba in the year 1980 (Dzobo, 2015), whilst Diedrich Westermann, an influential writer on the Eʋe language, refers to the language continuum of the area stated above as Eʋe. He uses the term "Standard Eʋe" to refer to the written form of the language spoken in the above depicted geographical area (Gbe languages, 2022) . Hence Gbe is synonymous to Eʋe.

There are, nonetheless, significant populations of Eʋe speaking people in Cote d'Ivoire, Liberia, and Burkina Faso, making the language an indigenous and internationally spoken language in Western Africa (Jim-Fugar & Jim-Fugar, April 2017).

Significant Eʋe speaking populations are also found in the Americas and Europe (Joshua Project, 2017). As of the year 2017, the total number of speakers in West Africa is said to amount to over 20 million (Ewe Basic Course, 2017) (Haley, 2017).

Eʋe has been the subject of some of the earliest works in African linguistics. It is one of very important vehicular languages in the West African littoral area from Senegal to Nigeria (Kofi Yakpo). It is an examinable language not just in Ghana and Togo, but also taught at University level in other countries such as the Federal Repulic of Germany, the United Kingdom and the United States of America.

The Eʋe Language is said to be the Language of the Ancient Hebrews which has remained uncorrupted till date (Mawuli, November 2012). The People of Eʋenyigba are culturally, historically and genetically linked with the Ga (Ghana), Yoruba (Nigeria) and Bamileke (Cameroon) People (Mawuli, November 2012), (Michael C. Campbell, September 2008).

The Nuseline's Eʋe-English Dictionary 2nd (second) Edition, is a revised and fully comprehensive work that gives learners and speakers of the Eʋe language, a solid grasp of the language. Building on the first version, this second edition has over 35000 entries, making it not just the most extensive Eʋe-English Dictionary available on the market but also it's practicable approach has also made it the best selling Eʋe-English Dictionary worldwide. Users are given a good feel of the spoken and written language with the full depiction of tonations for all enlisted words such that even an individual with no knowledge of the Eʋe language can read and pronounce Eʋe language words with utmost accuracy.

ALPHABET & PHONOLOGY

The Ewe Alphabet is composed of the following 30 letters and 5 digraphs with their corresponding phonology as depicted below:

A a	B b	D d	Ɖ ɖ	Dz dz	E e	Ɛ ɛ	F f	Ƒ ƒ	G g	Gb gb	Ɣ ɣ
[a]	[b]	[d]	[ɖ]	[dz]	[e]	[ɛ]	[f]	[ɸ]	[g]	[gb]	[ɣ]
H h	I i	K k	Kp kp	L l	M m	N n	Ny ny	Ŋ ŋ	O o	Ɔ ɔ	P p
[h]	[i]	[k]	[kp]	[l]	[m]	[n]	[ɲ]	[ŋ]	[o]	[ɔ]	[p]
R r	S s	T t	Ts ts	U u	V v	Ʋ ʋ	W w	X x	Y y	Z z	
[ɹ]	[s]	[t]	[ts]	[u]	[v]	[β]	[w]	[x]	[y]	[z]	

The tones of the Ewe language are marked by the following different signs: a rising tone marked by an acute accent (é), a falling tone marked by a grave accent (è), a falling-rising tone marked by a caron accent (ě). Also there is a combination of the nasal tone with the acute (ḗ) or falling accent (ḕ).

ABBREVIATIONS

abbrev.	abbreviation
adj.	adjective
adv.	adverb
art.	article
compl.	complement
conj.	conjunction
def.	definite
dem.	demonstrative
excl.	exclamation
id.	ideophone
imp.	imperative
int.	interrogative
intj.	interjection
loc.	locution
n.	noun
neg.	negation
num.	numerical
part.	particle

phr.	phrase
poss.	possessive
postp.	postposition
pref.	prefix
prep.	preposition
pr.pers.	personal pronoun
pron.	pronoun
s.	syntagma
sub.	surbordination
suff.	suffix
syn.	synonym
v.	verb

A

á/ă : pron. you

á: pron. He

à? : part.int. is it that?

à/á: art. 1. the 2. his 3. her

áà!: intj. ah!

áă!: intj. ah!, oh! (discontent, anger, surprise)

àbà : n. mat *(syn. tóbá, tsìtsé)*

àbà ɖèká : adj. the same bed

àbà (ɖó-) : v. make the bed

àbǎ : n. fortress

Abà : n. Aba (first name of a girl born on a Saturday)

àbàbà : n. woven mat on which cocoa beans are dried (EwenyibaTV, 2022)

àbábà : adv. in large numbers

àbábà (dó) : v. to be in large numbers

àbábɛ̀ : n. wooden ladle

àbábɛ́ (dó) : v. cover a half

àbábè : n. large curved wooden spatula

àbàblí : n. pineapple (Badou dialect from Notse in Togo) *(syn. àblàndé, ànázè, ànázì, àtɔ́tɔ́, blàfógbè, yèvútɔ́)*

ábàbù : n. a type of sea fish /spotted eagle ray / common eagle ray *(syn. àvòkà)*

àbàdzíkplɔ̀ : n. handicap 2. disabled 3.invalid

àbàdzìnúwó : n. bedding (blankets, cushions)

àbàdzìvɔ́ : n. bed sheet

àbàfá̃ : n. a cripple

àbàká : n. basket

ábàkɛ : n. small basket

ábàkɔ́ : n. end of a mat

àbàkpá : n. last hope

àbálà : n. 1. ringworm *(syn. àflíbátá, àgblà, ànyàmà, bàlà, flíbátá, fòkpòfòkpò, kàvègɛ̌, kɔ́kɔ́è, zɔ̀lélé, zɔ̀lí́, zɔ̀lìlí́)* 2. sail

àbálà (dà) : v. to swing

àbáladɔ́dɔ́ : n. setting sail

àbálàlélè : n. bringing back sail

àbálàʋú : n. sailing ship

àbálàkà : n. belt

àbálèwɔ́wɔ́ : n. game (children's game)

àbàlɔ̃́lá : n. someone who makes mat

àbàlɔ̃lɔ̃ : n. mat making

àbáŋlɔ́gbè : n. last day of the celebration of funeral

àbáŋɔŋlɔ́ : n. rolling of a mat 2. final funeral ceremony

àbàlì : n. 1. valley 2. sloping

àbàtí : n. bed

àbàtùtù : n. fortification

àbàtímègàɖaɖókúí : n. bed spring

àbàtímègàdzà : n. bed spring

àbàwá : n. servant (twi word)

àbàwávì : n. servant

ábàxàkplɔ̃ : n. night table

ábàxɛ́ : n. small broom

ábàyà : n. palm

àbàyàblálá : n. a person who makes brooms

àbàyàfólá : n. manufacturer of brooms.

ábàyàgbàdɔ̃ : n. tent made of palm

àbàyàxá : n. palm broom

ábàyàxɛ́ : n. small palm broom (used to clean milestones)

ábàyàxɔ̀ : n. hut (made of palm)

àbàyàzá : n. palm feast

àbě : n. parable 2. riddle 3. proverb

àbě (bú-) : v. to say a proverb.

àbé, ábè : conj. as

àbé (wɔ̀-èné) : v. it looks like

àbé àlésì....èné : conj. 1. like this 2. similar to (this) 3. as (syn. sìgbè (álésì) èné)

àbé àlésì....èné lá, nènémàké : conj. as if

àbé dě.....èné : conj. 1. as if 2. it looks like

àbé......èné : conj. 1. as 2. as if 2. about

àbé....ké èné : conj. 1. as 2. like

àbé ná : conj. 1. as 2. like

àběbúbù : n. 1. allegory 2. proverb 3. aphorism 4. parables

àběbúlá : n. one who speaks in parables

àběbúnù : n. striking fact

àběbúnyà : n. proverb

ábèdè : n. alphabet (a,b,d)

àbèé : n. fox (syn. àbèyí, yélègbèmè)

àbéè : n. long-handled sieve

àbèná : m. frog

àbèntá : n. guitar

àbèntáfòfò : v. playing guitar

àbètí : n. palm tree (Ashanti : àbɛ̀)

àbèyí : n. fox (syn. àbèé, yélègbèmè)

àbětú : n. dog rifle

àbì : n. 1. cut 2. wound 3. injury

ábì (blá -) : v. to dress/bandage a wound

àbì (dé àmàtsì - (mè)) : v. to apply medicine to a wound (syn. àbì (dó àtíkè -))

àbì (dé àsí- mè) : v. to rub salt (to make a difficult situation worse for some= idiomatic expression)

àbì (dé-.....ŋú) : v. 1. to hurt 2. to injure

àbì (dzè -) : v. to have a sore

àbì (dè -) : v. to be injured

àbì (ɖó àtíkè -) : v. to apply medicine to a wound (syn. *àbì (dé àmàtsì - mè)*)

àbì (fò -) : v. to treat a wound

àbì (fò tsì -) : v. to treat a wound with water by cleaning it

àbì (kǎ -) : v. to be injured (syn. *àbì (xɔ̀ -)*)

àbì (klɔ́ -) : v. to treat/clean a wound.

àbì (nyí -) : v. to suck a wound.

àbì (sísì -) : v. to rub salt in a wound (to make a difficult situation worse for some= idiomatic expression) (syn. *àbì (zízí -)*)

àbì (wù -) : v. to heal a wound.

àbì (xɔ̀ -) : v. to be injured (syn. *àbì (kǎ -)*)

àbì (zízí -) : v. to rub salt in a wound (to make a difficult situation worse for some= idiomatic expression) (syn. *àbì (sísì -)*)

àbì fàfã̀ : n. rotten/infected wound (syn. *àbì vóvó*)

àbì nɔ̀ dɔmè : n. ulcer

àbì vóvó : n. rotten/infected wound (syn. *àbì fàfã̀*)

àbì xóxò : n. an old wound

àbìà dzà tsì : phr. to have a wound producing a discharge (syn. *àbìà ɖì tsì, àbìà tó tsì*)

àbìà dzè àdrù: phr. having a wound being infected

àbìà ɖì tsì : phr. to have a wound producing a discharge (syn. *àbìà dzà tsì, àbìà tó tsì*)

àbìà gbɔ̀ : phr. having a wound that has been healing to be revived again (as a relapse)

àbìà kú : phr. the wound is healed

àbìà lè tsì dzàm : phr. to have a wound actively producing a discharge (syn. *àbìà lè tsì ɖím, àbìà lè tsì tóm*)

àbìà lè tsì ɖím : phr. to have a wound actively producing a discharge (syn. *àbìà lè tsì dzàm, àbìà lè tsì tóm*)

àbìà lè tsì tóm : phr. to have a wound actively producing a discharge (syn. *àbìà lè tsì dzàm, àbìà lè tsì ɖím*)

àbìà nyè trè : phr. having a wound getting healed

àbìà nyí : phr. having a wound getting worse than it's previous state

àbìà tó tsì : phr. to have a wound producing a discharge (syn. *àbìà ɖì tsì, àbìà dzà tsì*)

àbìà vó : phr. having a wound get rotten

àbìbláɖòvú : n. bandage (syn. *àbìblánù, àbìblátsé*)

àbìbláfè : n. a place for dressing wounds.

àbìblálá : n. one who dresses wounds

àbìblánù : n. bandage (syn. *àbìbláɖòvú, àbìblátsé*)

àbìblánùwò : n. materials for bandaging a wound

àbiblátsé : n. bandage *(syn. àbibláɖòvú, àbiblánù)*

àbidò : n. 1. the site of a wound 2. scar *(syn. àbidzèsì, àbikúkútèfé, àbikpà, àbitèfé, àbitsró)*

àbidzèsì : n. scar *(syn. àbidò, àbikúkútèfé, àbikpà, àbitèfé, àbitsró)*

àbidzètsì : n. a discharging wound *(syn. àbiditsì, àbitótsì)*

àbiditsì : n. a discharging wound *(syn. àbidzètsì, àbitótsì)*

àbiɖónú : n. materials for dressing a wound (e.g medicine, cotton, etc.)

àbiɖótíkè : n. medicine used for treating wounds *(syn. àbitíkè, àbimàtsì, àbimèmàtsì)*

àbifɔ : n. wounded foot

àbikákà : n. wound

àbiklɔ́fé : n. a room/place for dressing wounds

àbiklɔ́màtsì : n. medicine used for cleaning wounds *(syn. àbiklɔ́tíkè)*

àbiklɔ́tíkè : n. medicine used for cleaning wounds *(syn. àbiklɔ́màtsì)*

àbikú : n. twin

àbikúkú : n. healed wound

àbikúkútèfé : n. scar *(syn. àbidò, àbidzèsì, àbikpà, àbitèfé, àbitsró)*

àbikpà : n. scar *(syn. àbidò, àbidzèsì, àbikúkútèfé, àbitèfé, àbitsró)*

àbimàkúmákú : n. perpertual wound

àbimàtsì : n. medicine used for dressing wounds *(syn. àbitíkè, àbiɖótíkè, àbimèmàtsì)*

àbimèmàtsì : n. medicine used for treating wounds *(syn. àbimàtsì, àbiɖótíkè, àbitíkè)*

àbitèfé : n. 1. scar *(syn. àbidò, àbidzèsì, àbikúkútèfé, àbikpà, àbitsró)* 2. the site of a wound

àbitíkè : n. medicine used for treating wounds *(syn. àbiɖótíkè, àbimèmàtsì)*

àbitótsì : n. a discharging wound *(syn. àbidzètsì, àbiditsì)*

àbitɔ́ : n. 1. injured person *(syn. àbixɔ̀lá)* 2. casualty

àbitsró : n. scar *(syn. àbidò, àbidzèsì, àbikúkútèfé, àbikpà, àbitèfé)*

àbitrévɔ́kákɛ́ : n. plaster

àbivɔ́/ àbivɔ̌vú : n. bandage

àbixɔ̀lá : n. an injured person *(syn. àbitɔ́)*

àbixɔ̀xɔ̀ : v. to be injured

àbiyì : n. healed wound

àbiyí : n. lip sore

àbiyɔ̀lá : n. a person who treats wounds

àbizízì : n. pressing a wound

àblà : n. a lie

àblà (-wɔ̀) : v. to lie

àblá (dà) : v. 1. to speed up 2. to hurry up

Ablá : n. (name of a girl born on tuesday)

àblǎdzĕ : n. a red-haired monkey/patas monkey

àblàdzó : n. sweet plantain

àblàdzófùfù : n. plantain fufu

àblàdzógbà : n. fingers of plantain

àblàdzógblè : n. plantain plantation

àblàdzóhò, àblàdzóhòmè : n. plantain plantation

àblàdzókɔ́ : n. bunch of plantain

àblàdzókpè, àblàdzókpò : n. bunch of pantain

àblàdzótà : n. plantain diet

àblàdzóvè : n. banana plantation

àbládà : n. terrace

àbládèdè : n. 1. speed 2. pace 3. rate 4. swiftness 5. quickness

àbládèdè dùsísí : n. speed race

àbládèdè lòlòtɔ́ : n. maximum speed

àblàfé : n. pawpaw (syn. àdìbá)

àbláfù : n. soldier of the chief/ king

áblàmè : n. side (part of the body)

áblàmèfú : n. side rib

àblàndé : n. pineapple (syn. àbàblí, ànázè, ànázì, àtɔ́tɔ́, blàfógbè, yèvútɔ́)

àblándà : n. 1. terrace 2. balcony

àblɛ̀ : n. pepper (syn. àdìbòlò, àtádí, àtàkè, àtíŋúkàlɛ́, dokpò, kàlɛ́, kùklùí, lélèkú)

àblɛ̀kpùì : n. small pepper

àblɛwɔ́ : n. corn dough

àbló : n. bread made from maize

àblódzrálá : n. maize bread seller

àblódadà : v. baking of maize bread

àblódafé : n. maize bread bakery

àblódalá : n. baker

àblódakpó : n. oven for baking maize bread

àblómàwɔ́ : n. fermented dough

àblómèlá : n. baker

àblótɔ́ : n. maize bread seller

Ablòtsí : n. Overseas

àblòtsí kpòkpòkúví : n. chub mackerel

Ablòtsídèlá : n. someone who travels overseas

Ablòtsítɔ́ : n. foreigner

àblɔ̀ : n. stay in water

àblɔ̀ (tsí) : v. to dive (in a water body)

àblɔ̌ : n. 1. public place 2. village square (syn. gbàgbágbè)

àblɔdè : n. 1. liberty 2. independence 3. freedom

àblɔdèhá : n. national hymn

àblɔdèmè : n. free person

àblɔdèmènɔnɔ : n. independence

àblɔdèmènyényé : n. state of having liberty

àblɔdènáná : n. decolonization

àblɔdènyényé : n. freedom

àblɔdèŋkèkènyúí : n. independence day celebration

àblɔdètɔ : n. free person

àblɔdèvítɔ : n. citizen

àblɔdèví : n. free person

àblɔdèvítɔè : n. free

àblɔdèxɔyí : n. independence period

àblɔdèxɔxɔ : n. attainment of independence

àblɔdèzã : n. independence celebration

àblɔmè : n. public place

àblɔmèmè : n. 1. lazy person 2. idle person

àblɔmètí : n. palaver tree (fig. of speech. a place of discussing issues of common interest in a constructive and peaceful manner) *(syn. àgbàflò, àgbàflòtí, àkúvíátí)*

àblɔtífé : n. dilemma

àblɔtítí : n. to be in a dilemma

àblɔtsí : n. overseas

àblùkúí : n. an ignorant person

àbò : n. 1. remoteness 2. isolated place 3. loss of consciousness/coma *(syn. dzìdzì,*

dǐ mè, fènyí, gbàfà, kòmá) 4. suffocation 5. egg believed to have been laid by a rooster/ghost egg 6. tetanus 7. choke 8. football *(syn. ábò)*

ábò : n. football *(syn. àbò)*

àbò (tsò -) : v. 1. to be isolated 2. to be remote

àbò (yì -) : v. 1. to lose consciousness, 2. to faint 3. to suffocate

ábó : n. football

ábóbó : n. alarm call

àbòdà : n. boiled maize

àbòdàdzò : n. fire for preparing boiled maize

àbòdàzé : n. pan in which boiled maize is prepared

àbòdàtí : n. maize tree

àbòléàmè : n. 1. syncopation 2. suffocation

àbóló : n. bread

àbóló (fò) : v. to mould bread

àbóló dàdà : n. cooked bread

àbóló gé lè .... sí : fig. of speech. he has lost his work/ he has lost his daily bread

àbóló kákɛ dótsì : n. bread dipped in water

àbóló mèmè : n. baked bread

àbóló mlɔé : n. last bread

àbóló tɔtɔ : n. toasted bread

àbólò tsòtsò : n. sliced bread

àbóló wúwlúí : n. bread crumbs

àbólókpákú : n. large calabash in which maize bread is kept

àbólóbɔ̀bɔ̀ : n. bread balls

àbólóɖàɖà : n. cooked bread

àbólóɖàlá : n. bread baker / bread cooker

àbólóɖùtɔ́ : n. 1. normal 2. common 3. easy

àbólòfòfé/ àbólòmèfé : n. bakery

àbólòfòlá/ àbólòmèlá : n. baker

àbólókpó : n. oven for baking bread

àbólómèlá : n. baker

àbólómèmè : n. baked bread

àbólòvíví : n. cake

àbòsám : n. 1. demon 2. devil

àbòsámgbè : n. thistle

àbòsámtɔ̀ : adj. diabolic

àbòtsi : n. liquor glass

àbòtsótsó : n. 1. isolation 2. distance

àbòyìyì : n. 1. suffocation 2. short of breath

àbòyó : n. 1. plunder 2. prisoner 3. captive

àbòyó (ɖè -/tsò-) : v. 1. to capture 2. to kidnap 3. to loot 4. to take a city

àbòyódɔ́ : n. 1. hard labour 2. work of a prisoner

àbòyódɔ́wɔ̀lá : n. working prisoner

àbòyóɖèɖè : n. 1. abduction 2. kidnapping 3. deportation

àbòyóɖèlá : n. kidnapper

àbòyómè : n. 1. prisoner of war 2. kidnapped person

àbòyómè (zù -) : v. to become a prisoner/slave

àbòyómènɔ̀nɔ̀ : n. 1. captivity 2. slavery

àbòyónú : n. booty

àbòyótsòlá : n. kidnapper

àbòyótsòtsò : n. 1. abduction 2. sequestration 3. kidnapping

àbòyótɔ́ : n. 1. prisoner 2. slave (syn. àbòyóví, àɖɔkɔ́, àmè fèflè, dzògbèví, fièkpɔ́mè, gàmèmè, gbɔví, hòmè, klúví, kòsi, ŋdɔví, ŋkèkèví)

àbòyótɔ́è : n. 1. in prison 2. in captivity

àbòyóví : n. 1. prisoner 2. slave (syn. àbòyótɔ́ , àɖɔkɔ́, àmè fèflè, dzògbèví, fièkpɔ́mè, gàmèmè, gbɔví, hòmè, klúví, kòsi, ŋdɔví, ŋkèkèví)

àbɔ̀ (ɖé -) : v. to survive

àbɔ̀ (ɖè -) : v. to gesticulate

àbɔ̀ (ɖi -) : v. 1. to be useless 2. to abandon in order to rot

àbɔ̀ : n. 1. garden 2. enclosure 3. park 4. sorghum 5. bug (insect) 6. cricket

ábɔ̀ : n. lawn

àbɔ̌ : n. arm

àbǔ àfá : n. one yard (measurement)

àbɔ̀bì : n. 1. anchovy species (a type of fish) 2. idiot

àbɔ̀bɔ̀ : n. beans

àbɔ̀bɔ́ : n. snail

àbɔ́bɔ́ : n. an item bought at a good price

àbɔ̀bɔ́flì : n. the trail left by a snail

àbɔ̀bɔ́flì : n. snail shell

àbɔ̀bɔ̀gbòlì : n. beans sauce

àbɔ̀bɔ́kà : n. climbing plant

àbɔ̀dèdè : n. 1. gardening 2. horticulture

àbɔ̀dèdèdɔ́ : n. horticulture

àbɔ̀dèdèlá : n. gardener

àbɔ̀dɔ́wɔ̀lá : n. gardener

àbɔ̀dzíkà : n. sling

àbɔ̀dzíkpɔ́lá : n. gardener

àbɔ̀dzòkpó : n. nursery school

àbɔ̀dzòkpónúfíálá/ àbɔ̀dzòkpódàdá : n. nursery teacher

àbɔ̀dzòkpónúfíáláwó hèfé/ àbɔ̀dzòkpódàdáwó hèfé : n. nursery teacher's college

àbǔdèkátɔ́ : n. one-handed person

àbɔ̀djàbɔ́ : n. 1. carafe 2. glass bottle *(syn. àtùkpá)*

àbǔdɔ̀bì : n. grasshoper

àbɔ̀ékà : n. landolphia

àbɔ̀flénù : n. scapula

àbɔ̀flénùfú : n. scapula bone

àbɔ̀fú : n. arm hair

àbɔ̀fú : n. humerus (arm bone)

àbɔ̀fúgá : n. radius (hand bone)

àbɔ̀fúsùè : n. ulna (hand bone)

àbɔ̀fúí : n. 1. clavicula 2. shoulder

àbɔ̀fúí (dó -): v. to shoulder

àbɔ̀fúídódódédzì: n. shrug of the shoulder

àbɔ̀fúítètèdédzì : n. shrug of the shoulder

àbɔ̀fúnùì : n. 1. acromion 2. elbow

àbɔ̀gà: n. 1. bracelet 2. bangle 3. wristband

àbǔgà : n. bell

àbɔ̀gɛ̀ : n. armband

àbǔglígó, àbǔglíggúí : n. elbow *(syn. àlɔ̀glì, àlɔ̀glò, àlɔ̀glònù, àlɔ̀gó)*

àbɔ̀glùnù : n. elbow

àbɔ̀gùnù : n. deltoid (arm)

àbɔ̀gbà : n. scapula (arm)

àbɔ̀gbá : n. arm muscle

àbɔ̀gbádzí : n. shoulder (lower shoulder)

àbɔ̀gbáfú : n. shoulder bone

àbɔ̀kà : n. 1. tendon 2. strength

àbɔ̀kàmè : n. arm nerve

àbɔ̀kàmèsèsɛ̃́ : n. strength of the tendon

àbɔ̀kà-àdrìkà (!) : intj. 1. valor 2. courage 3. bravery 4. fortitude

àbɔ̀klìgò, àbɔ̀klìgòèí : n. elbow (syn. àbɔ̌kúglúí, àbɔ̀klìkò, àbɔ̀klìkù)

àbɔ̌kúglúí, àbɔ̀klìkò, àbɔ̀klìkùì : n. elbow (syn. àbɔ̀klìgò. àbɔ̀klìgòèí)

àbɔ̀kpéfé : n. 1. arm joint 2. hollow between the shoulders

àbɔ̀kpɔ́ : n. garden fence

àbɔ̀lã̀ : n. biceps

àbɔ̀lálátɔ́ : n. one-armed person

àbɔ̀mèdɔ́wɔ̀lá : n. 1. horticulturist, 2. gardener

àbɔ̀mèdɔ́wɔ̀wɔ̀ : n. 1. horticulture 2. gardening

àbɔ̀mèxɔ̀ví : n. garden hut

àbɔ̀nù : n. garden hut

àbɔ̀nùgɛ́ : n. bracelet

àbɔ̀nùglígó : n. elbow

àbɔ̀nùgbé : n. elbow

àbɔ̀nùkùgúí : n. elbow

àbɔ̀nyènyè : n. gesticulatoin

àbɔ̀nyɔ̀nú : n. cheap item

àbɔ̀ŋgɔ̀ : n. forearm

àbɔ̀ŋgɔ̀là̀ : n. forearm muscles

àbɔ̌ŋlɔ̀lá : n. gardener

àbɔ̌ŋɔ̀ŋlɔ̀ : n. gardening

àbɔ̀tà : n. shoulder

àbɔ̀tà (sì -) : v. to vaccinate at the shoulders

àbɔ̌tàfú : n. 1.collarbone 2. clavicle

àbɔ̌tànú : n. item on the shoulder (e.g tattoo)

àbɔ̀tàsìsì, àbɔ̌tàsìsì : n. innoculation / vaccination

àbɔ̀tàsìtíkè, àbɔ̌tàsìtíkè : n. vaccine

àbɔ̀tètè : n. shrug of the shoulders

àbɔ̀tsrì : n. cricket

àbɔ̀tútútɔ́ : n. paralyzed person

àbɔ̀tsòtsò : n. sorghum harvest

àbrádà : n. 1. veranda 2. terasse

àbù : n. 1. deep water 2. obscurity

àbù : n. 1. slope

àbù (dó -) : v. 1. to be obscure 2. to be dark

àbù (dì -) : v. 1. to be steep 2. to go down steeply

àbù (tɔ̀ -) : v. to limp (syn. tɔ̀, tɔ̀ bú)

àbù (trɔ̀ -) : v. to be sloping

àbù (lè-mè) : loc.adv. groping

àbùbá : n. big drum

àbùdò : n. 1. precipice 2. abyss

àbùɖà : n. 1. fornication

àbùḑàtúlá : n. 1. fornicator

àbùḑiḑì : n.1. sloping 2. descent

àbùḑtèfé : n.1. sloping 2. descent 3. steep wall

àbùḑɔ̀ : n. small fishing net

àbùí : n. 1. injection needle *(syn. pánì)* 2. injection 3. sewing needle *(syn. tɔ̀núí)* 4. feather (quill pen)

àbùí (dé kà - mè) : v. to thread a needle *(syn. àbùí(fò kà dé - mè))*

àbùí(dó -) : v. to inject

àbùí(fò kà dé - mè) : v. to thread a needle *(syn. àbùí(dé kà - mè))*

àbùí(ŋlɔ̀ - nà àmè) : v. to prescribe an injection for a person/patient

àbùídódó : n. 1. injection 2. vaccination 3. syringe

àbùídógóè : n. syringe

àbùídónú : n. a device for injection fluid into or from a body cavity of patients (e.g syringe and needle)

àbùígá̃ : n. awl

àbùígá̃ (dó -) : v. to give an injection

àbùí tǎnògùì : n. 1. pin 2. scarf pin

àbùídódó : n. 1. injection 2. vaccination

àbùídógòè : n. syringe

àbùídófé : n. injection room (in a hospital/health centrer setting)

àbùígá̃ : n. awl

àbùígá̃ (dó -) : v. to give an injection

àbùíŋkú : n. eye of a needle

àbùívó : n. eye of a needle

àbùkɛ́ : n. maize silk

àbùímàtsìlɔ́gòè : n. hypodermic syringe *(syn. àmàtsìlɔ́gòè, àtíkèlɔ́gòè)*

àbùmè : n. bottom

àbùmè (ḑó tà -) : v. to sink

àbùnɛ̀ : n. 1. ignorance 2. naivity 3. stupidity

àbùnɛ̀ (dzɔ̀ -) : v. 1. to be ignorant 2. to be naive 3. to be stupid

àbùnɛ̀tɔ́ : n. 1. ignorant person 2. naive person 3. stupid person

àbùnɛ̀tɔ̀ : adj. 1. ignorant 2. naive 3. stupid

àbùnɔ̀ : n. lame

àbùsà : n. yam boiled without peeling

àbùtɔ̀lá : n. lame person

àbùtɔ̀tɔ̀ : n. 1. lameness 2. hopping

àbùtɔ̀trɔ̀ : n. 1. slope 2. tilt 3. bias

àbùtù : n. yam (a variety of yam)

àdà : n. 1. rainy season from April to July,"spring" 2. corn tegument 3. corn flour

àdà (fò -) : v. prepare corn dough

àdǎ : v. to plan

àdà̰ : n. 1. bed 2. violence 3. the sound of water boiling àdà̰ : n. 1. violence 2. thuggery

àdà̰ : n. Ada (an ethnic group of Ghana)

àdà̰ (dzè) : v. to get angry

àdà̰ (dó - ná) : v. to provoke

àdà̰ (ɖó -) : v. to get angry

àdà̰ ɖó émè vɔ̀ : v. to get excited

àdà̰ (ɖó - mò ná) : v. 1. to get angry 2. to go mad

àdà̰ (fiá -) : v. to show one's anger

àdà̰ (hò -) : v. to get angry

àdà̰ (kpá - (àmèò)) : v. to flare up in anger

àdà̰ (kplé -) : adv. 1. torrentious 2. energetically 3. vehemently

àdà̰ (nɔ̀ - dzí) : v. to be furious

àdà̰ (wɔ̀ -) : v. to show one's anger

ádádré : n. seven

àdà̰dzèdzè : v. 1. anger 2. wrath

àdàdò : n. 1. daisy stingray *(syn. dàdò)* 2. latrine

àdà̰dódó : n. provocation

àdà̰dzèdzè ɖé yàmè : n. disorderly gestures (as a sign of anger)

àdà̰dzínɔ̀nɔ̀ : n. a state of always being furious

àdà̰ɖóɖó : n. manifestation of anger

àdà̰fágbè : n. Yewoe day

àdà̰fiáfiá : n. manifestation of anger

àdàgáná : n. adage

àdà̰gbè : n. Ada language (spoken in Ghana)

àdà̰yètí : n. May (month)

àdàyí : n. boiled beans

àdà̰hà : n. war song

àdà̰hàdzìdzì : n. singing a war song

àdámà : n. dynamite

àdàmè : n. spring (weather)

àdà̰mè : n. angry face (forehead)

àdà̰mè (fò - ná) : v. to provoke

àdà̰mè (ɖó -) : v. to make an angry face

àdà̰nú : n. violent manifestation

àdà̰núwɔ̀wɔ̀ : n. acts of violence

àdà̰nyà : n. words spoken vehemently

àdà̰nyà (gblɔ̀ - ná) : n. to speak vehement words to somebody

àdáŋgbì : n. name of a type of plant

àdáŋgbìkà : n. a rope made with àdáŋgbì

àdaŋù : n. behind close doors

àdaŋù (dè -) : v. hold a meeting behind close doors

àdaŋù (yì - mè) : v. to withdraw behind close doors

àdaŋùmèyìfé : n. a place of retreat

àdaŋùmèyìfé : n. a place of retreat

àdáŋyà : n.1. slogan 2. catchword

àdǎsàsà : n. hovering

àdǎsìtsú : n. albino *(syn. àdzàtó, àmè yí, dzàtó, gélèsósí, gésòsí, òfrídzàtó)*

àdàtɔ̀ : adv. 1. violent 2. furious 3. vehement

àdàtɔ́ : adv. 1. angry person 2. irascible individual

àdàtɔ́ : n. a person who is an ethnic ada

àdàtsì : n. rain (of the great rainy season)

àdàwá : n. clay stove

àdǎwɔ̀lá : n. an easily irritated person

àdǎwɔ̀wɔ̀ : n. 1. fierceness 2. fearness

àdạ̀wù : n. gutter

àdàzè : n. a pot that is widely sold in the village of ʋùté (between Waya and Anyako) *(syn. ʋùtézèvì)*

àdè : n. slime

àdè : n. hunt

àdè : n. abcess

àdè : n. flexibility

àdè (dà -) : v. to go hunting

àdè (dé -) : v. to moisten

àdè (dé -) : v. 1. to be slimy 2. to be viscous

àdè (dzè -) : v. to sweat

àdè (ɖè -) : v. to drool

àdè (kà -) : v. to hunt

àdè (kɔ̀ -) : v. to drool

àdè (kú -) : v. 1. to have butterflies in the stomach 2. to have jitters

àdè (kplá -) : v. to learn to hunt

àdè (kplɔ̀ -) : v. to chase a prey

àdè (tsì -) : v. 1. to capture a prey 2. to kill a prey

àdè (tsí -) : v. to be killed during hunting

àdè (wɔ̀ -) : v. 1. to be good at hunting 2. to be a good hunter

àdé : num. six

àdéàdrè : num. seven

àdèámàkpɔ́xè : n. november (month)

àdèémékpɔ́xè : n. november (month)

àdèdàdà : n. hunting

àdèdádá : n. elasticity

àdèdàfé : n. hunting ground

àdèdàlá : n. hunter

àdèdànú : n. hunting material

àdèdànúwó : n. hunting equipments

àdédé : n. a type of squirrel *(syn. àdɔ̀, àdɔ̀è, àdùdɔ̀, ágbòè, àkɔ̀dɔ̀è, ànyɔ́ŋɔ́nɔ́è, àtsíákúí, àwúyɛ́, kàdzídɔ́è, kàsànúí, kéndè, klúlù, kòkòbà, krúdù)*

àdèdzò : n. armband/bracelet worn during hunting

àdèɛ́ : n. hunter

àdèfètsú : n. Ocimum americanum (a type of herb)

àdèfìà : n. chief hunter

àdèflò : n. digitialis (a medicinal/poisonous herbaceous plant (digitaline) bearing a long cluster of pendulous flowers with a corolla in the shape of a finger-stall) *(syn. kɔ̀nyèmàdé)*

àdèflú : n. Acrocephalus lilacinus (a type of plant with medicinal value)

àdèfɔ̀ : n. a big step

àdèfɔ̀ (ɖè -) : v. to tak a big step

àdèfɔ̀dèdè : n. taking a big step

àdèfɔ̀nákè : n. 1. a pupa of a butterfly 2. chrysalis

àdègáwò dàfé : n. a big hunting ground

àdègòlò : n. canivore

àdègbè : n. 1. lotion for cleaning wounds due to yaws *(syn. tsàgbàtsì, tsàgbè)* 2. a hunting tale 3. boastfulness

àdègbè (fò -) : v. to tell a story of what one has experienced

àdègbé : n. 1. hunting 2. a place for hunting

àdègbé : v. to go hunting

àdègbédènúwó : n. hunting equipment

àɖègbèfòfò : n. 1. a recount of hunting exploits 2. bragging

àdègběfòlá : n. 1. one who recounts his hunting exploits 2. boastful person

àɖègbèfònú : n. 1. trophy 2. prize

àdègběyìlá : n. hunter

àdègblèfètsú : n. thumb

àdègbɔ́ví : n. hunters's assistant

àdèyɛ̀ : n. 1. black catfish *(syn. àdèwù, yɛ̀)* 2. mandi

àdèhà : n. 1. hunter's song 2. a song to glorify a hunter

àdèhɛ́ : n. spear

àdèhɛ́ kpùì : n. hunting knife

àdèkàkà : n. 1. hunting 2. the act of hunting

àdèkàzi : n. a stool/title that depicts the hunting prowess of a chief/king/the one enstooled

àdèkòtòkú : n. 1. hunter's bag 2. game bag

àdèkúkú : n. stage fright

àdèkpàdzá : n. 1. hunter's gab 2. quiver

àdèkplɔ̀ví : n. assistant hunter

àdèkplɔ̀vú : n. 1. hunting dog 2. bloodhound

àdèkpè : n. royal python *(syn. dàgbòé, dàbgi, dàgbùí, nyɔ́gbɔ́, tɔ́gbùí)*

àdèkpé : n. red pebble used to draw on the body or which could also be used to make bracelets

àdèkpɔ́ : n. 1 hunting hideout 2. small enclosure where the jaws of killed preys are kept

àdèkpùì : n. 1 hunting knife 2. spear 3. dagger

àdèkpúí : n. carpet viper

àdèlá : n. hunter

àdèlǎ : n. game (prey)

àdèlá : n. scurvy (gum sore) *(syn. àdèlɛ́, mànyɛ́, nùmèvúvú)*

àdèlɛ́ : n. scurvy (gum sore) *(syn. àdèlá, mànyɛ́, nùmèvúvú)*

àdèlǎdzíkpɔ́lá : n. gamekeeper

àdèlǎmànyɛ́ : n. a prey which the hunter doesn't know

àdèláŋkɔ́ : n. the name of the one who killed a prey

àdèlé : n. an ethnic group located in Ghana and Togo

àdèlé-gbé : n. the Adele language

àdélíá : adj. sixteenth

àdèmè : n. ademe leaves

àdèŋkáyà : n. kinkeliba [combretum micranthum] (a typle of plant with medicinal values)

àdènyí : n. clay

àdènyígbá : n. clay ground

àdèpépà : n. adhesive paper

àdèsìàŋgà : n. a type of big bird

àdèsrɔ́ : n. hunter's apprentice

àdèsú : n. 1. a kind of disease which affects goats 2. jigger *(syn. màmìdòsú, dòsú, ètsìmàmí, dzìgá, tsìmàmí, zìzíŋzòsú)*

àdètàgbàtsútsú : n. big housefly

àdètú : n. hunting rifle

àdètsàlá : n. 1. ranger 2.prowler

àdètsìtsì : n. 1. hunting feat 2. hunting tale

àdètsúgbàtsú : n. big housefly

àdèvú : n. 1. hunting dog 2. bloodhound

àdèʋú : n. 1. hunter's drum 2. hunter's dance,

àdèwù : n. 1. hunting outfit 2. mandi 3. black catfish *(syn. àdèyè, yè)*

àdèwùyíé : n. mudfish *(syn. àdèwùdzá)*

àdèwùdzá : n. mudfish *(syn. àdèwùyíé)*

àdèwùŋɔ́ŋɔ́é : n. north african catfish

àdèwùyìbɔ̀ : n. walking catfish

àdèxè : n. poultry (to be sacrificed)

àdèzé : n. pan in which one cooks game

àdì : n. frog/ african tiger frog

àdìbòlò : n. 1. pepper *(syn. àblɛ̀, àtádí, àtàkè, àtíŋúkàlɛ́, dòkpò, kàlɛ́, kùklùí, lélèkú)* 2. a kind of red pepper

àdìbɔ́ : n. frog

àdìdó : n. baobab

àdìdótí : n. baobab tree

àdìgó : n. a variety of yam

àdìgbà : n. a dialogue in which both parties refuse to compromise àdìgbà (dó -) : v. to refuse to compromise on one's position

àdìgbàdódó : n. staying on one's position

àdìgbàdólá : n. 1. traitor 2. hypocrite 3. deceiver 4. liar

àdìgblé : n. a type of small frog

àdígbò : n. epilepsy *(syn. àdígbòdɔ̀, ànyídzèdɔ̀, ànyídzèdzè, ànyídzèdzèdɔ̀, ànyídzègblò, ànyídzègblòdɔ̀, kpéɲùí, kpèɲùídɔ̀, kpóɲúí)*

àdígbò (kú -) : v. to have an epileptic seizure

àdígbòdɔ̀ : n. epilepsy *(syn. àdígbò, ànyídzèdɔ̀, ànyídzèdzè, ànyídzèdzèdɔ̀, ànyídzègblò, ànyídzègblòdɔ̀, kpéɲùí, kpèɲùídɔ̀, kpóɲúí)*

àdígbòkúƒé : n. a place where an epileptic seizure took place

àdígbòkúlá : n. epileptic patient *(syn. àdígbòtɔ́, ànyìdzèlá, kpèɲùídɔ̀nɔ̀)*

àdígbòkúkú : n. an epileptic seizure

àdígbòtɔ́ : n. epileptic patient *(syn. àdígbòkúlá, ànyìdzèlá, kpèɲùídɔ̀nɔ̀)*

àdígbòɲùdzà, àdìgbóɲùdzà : n. icterus/jaundice *(syn. àsràdzḛ̀, àsrà̰dzḛ̀, àtíkètsì dzḛ̀)*

àdígbɔ́ : n. frog

àdíkà : n. 1. misunderstanding 2. litigation 3. challenge 4. confrontation

àdíkà (dé -/ dó -) : v. 1. to be in the sulks 2. to confront 3. to be at loggerheads

àdíkádédé, àdìkádódó : n. 1. being at loggerheads 2. being in the sulks 3. confrontation

àdíkágbè : n. offensive word

àdíkáyì : n. a period of misunderstanding

àdíkátɔ́ : n. someone involved in a dispute

àdìtsìvé : n. lizard

àdìyɔ̀è : n. cock (yoruba: adiye)

àdó : n. metal stove used for preparing

àdó (dé -) : v. 1. to leap 2. to gambol

àdóbò : n. clay

àdóbòkpé : n. brick made of clay

àdóbòkpé(tsò -) : v. to make bricks out of clay

àdòbolí : n. 1. trap 2. snare

àdóbòxɔ̀ : n. 1. clay hut 2. clay house

àdòdò : n. 1. prudence 2. patience 3. sober 4. caution

àdòdò (hè - /wɔ̀ -) : v. 1. to be patient 2. to be cautious 3. to be sober

àdòdòhèlá : n. 1. quarrelsome person 2. stubborn person

àdòdòè : n. iron fork on a charm

àdódóé : adv. 1. important 2. good quality 3. good

àdódóétɔ̀, àdódóétɔ̀è : adv. 1. good 2. well

àdòdògbè : n. prudent word

àdòdòhèhè : n. patience

àdòdòhèlá : n. cautious person

àdòdòwɔ̀wɔ̀ : n. patience

àdódèdè : n. 1. leaping 2. jogging 3. gambol

àdògló : n. 1. agama lizard *(syn. àgètsú, ànàkrárá)* 2. margouillat *(syn. lèglètsú)* 3. flying gurnard (a type of fish) 4. piper gurnard 5. sea robin 6. carol's gurnard

àdògló àsíké èvè : n. forked-tailed lizard

àdòglóví : n. small lizard

àdòkpó : n. large clay stove

àdònàví : n. 1. horsewoman 2. a tall woman 3. a stront woman 4. a forceful woman

àdòngó : n. 1. beetle 2. bug 3. scarab

àdòvɔ́ : n. loincloth worn by women to work in at the stove /furnace

àdɔ̀ : n. 1. beak 2. nozzle 3. squatting position

àdɔ̀ : n. 1. squirrel *(syn. àdédé, àdɔ̀è, àdùdɔ̀, ágbòè, àkɔ̀dɔ̀è, ànyɔ́ŋɔ́nɔ́è, àtsíákúí, àwúyɛ́, kàdzídɔ́è, kàsànúí, kɛ́ndè, klúlù, kòkòbà, krúdù)* 2. beak

àdɔ̀ (dà -) : v. to peck (fight)

àdɔ̀ (lè/nɔ̀ - dzí) : v. to remain in a crouching position (a ceremony in which hunters mimick their hunt)

àdɔ̀ (tɔ́ -) : v. to peck

àdɔ́ : n. 1. a hut of branches 2. a temporary shelter

àdɔ̃ : n. 1. gulf 2. bay 3. inlet

àdɔ̀dàdà : n. peaking (fight)

àdɔ́dàdà : n. name of a little child

àdɔ̀dzínɔ̀nɔ̀ : n. 1. ceremony performed by hunters after killing an animal 2. crouch like a hunter

àdɔ̀dzínɔ̀fé : n. place of the ceremony during which hunters crouch to mimic the hunt

àdɔ̀è : n. burrowing squirrel *(syn. àdédé, àdɔ̀, àdùdɔ̀, ágbòè, àkɔ̀dɔ̀è, ànyɔ́ŋɔ́nɔ́è, àtsíákúí, àwúyɛ́, kàdzídɔ́è, kàsànúí, kɛ́ndè, klúlù, kòkòbà, krúdù)*

àdɔkɔ́ : n. 1. gout (disease) *(syn. àlùbà, klikɔ̀, klikɔ̃)* 2. name type of plant

àdɔkɔ́è : n. oyster

àdɔlã̀ : n. squirrel meat

àdómè : n. dead-end

àdɔnùí, àdɔnùí : n. 1. bulimie 2. overeating

àdɔnùí (wɔ̀ -) : v. 1. to be bulimic 2. to always have the desire to eat

àdɔnùíwɔlá : n. 1. a bulimic person 2. someone who is never satisfid

àdɔsíké : n. squirrel tail

àdɔwɔ́è : n. boiled beans

àdrà : n. 1. dam 2. sea wall

àdràkɔ̀ : n. 1. anthill 2. termitary

ádré : num. seven

ádrégbè : n. seventh day

ádréliá : num. seventh

àdrí : n. grey fruit bat *(syn. àwí, drùíví)*

àdriàtíkà-fù : n. adriatic sea

àdrigbɔ́ : n. frog

àdrìkà : n. 1. shank 2. back of the knee

ádríkè, àdríki : n. clove *(syn. gàtàgbádzɛ̀, péprè)*

àdrò, àdrù : n. 1. fresh coconut 2. green coconut

àdrògbó, àdrɔ̀gbɔ́ : n. 1. jellyfish 2. mollusk

àdròkpé : n. 1. coconut almond 2. coconut meat

àdròtsì : n. coconut milk

àdrù : n. 1. seaweed. 2. froth 3. mold 4. algae 5. fresh coconut 6. sputum 7. a kind of puss found in an infected wound

àdrù (dè -) : v. 1. to spit 2. to cough up 3. to expectorate

àdrùdèdè : n. 1. spitting 2. coughing

àdrùfé (dzè -) : v. to be full of algae

àdrùfé : n. african goshawk *(syn. àntsùì, ntsùì)*

àdrùkú : n. 1. herring 2. flat sardinella

àdú : n. 1. knot 2. lump

àdú (dzè - /nyà -) : v. 1. to be entangled 2. to be inextricable

àdùàdù : adv. together 2. in a body

àdùàdù kplé : adv. together with

àdùglùnúvɔ́ɛ̃́ : n. ugly man

àdùkplá : n. 1. red algae 2. mold 3. lichen 4. froth

àdùkplá (dzè -) : v. 1. to be covered in mold 2. to be covered in froth

àdùvé : n. malagueta pepper

àdzà : n. 1.cage (for birds) 2. fish trap 3.fin 4. mane 5. fringe 6. wick of hair 7. wick 8. tassel 9. skirt worn by fetish priests 10. oyster 11. small acquatic snail 12. epidemic arising from farm animals 13. wooden or clay bed 14. branch of oil palm or raffia used for fishing 15.folly 16. orphaned 17. crown of a tree 18. hideout 19. name of a constellation

àdzà fò : n + v. 1. to be extravagant 2. to be a little crazy

àdzà (kã́ -) : v. to wear traditional pants

àdzà (lè/nɔ̀ - mè) : v. 1. secretly 2. clandestinely 3. covertly

àdzǎ : n. a variety of beans

àdzǎ : n. an ethnic group (of the Eʋe people) in south-eastern togo and south-western benin

àdzàdzà : n. 1. wasp *(syn. àzǎgbá, dzàdzá, kòtókròdú, kpɔ́tɔ̀klùví, lìlì̀, ʋǎ, ʋáʋǎ)* 2. dew *(syn. gbèŋú)*

àdzàdzè : n. 1. feverishness 2. feverish activity

àdzàdzè (dó -) : v. to be febrile

àdzàdzɛ́ : n. a type of wasp that does not sting

àdzàdzèdódó : n. 1. being feverish 2. being febrile

àdzàdzèdólá : n. someone who is feverish

àdzàdó, àdzàdú : n. mackerel

àdzàfí, àdzàfúí : n. 1. demijohn 2. bottle 3. basket

àdzàfú : n. wheatgrass

àdzàgbà : n. 1. pearl 2. bead

àdzàgbàdówòfé : n. marble

àdzǎgbè : n. adja language

àdzàkà : n. big mouse

àdzàkákǎ : n. wearing traditional pants

àdzàkálá : n. one who wears traditional pants

àdzàkpó : n. 1. an aquatic reserve for snails /oysters 2. vertebral column

àdzàlě : n. soap *(syn. àdí, èkòé, kòé)*

àdzàlě (dó -) : n. to soap

àdzàlědàlá : n. soap maker

àdzàlěfú : n. 1. soap foam 2. soapsuds

àdzàlěgbá, àdzàlěgbɛ́ : n. soap dish

àdzàlěgkó : n. a ball of soap

àdzàlěnú : n. of or pertaining to soap

àdzàlětí : n. bar of soap

àdzàlětó : n. 1.soap vendor 2. soap seller

àdzàlětsì : n. soapy water

àdzàlěwó, àdzàlěwówó : n. 1. soap powder 2. detergent (powder) 3. laundry detergent (powder)

àdzálú : n. plain bonito (a type of fish)

àdzǎmàtré : n. watermelon

àdzàmè : n. crown of a tree

àdzàmè : adj. 1. clandestine 2. surreptitious 3. undercover

àdzàmè (lè-) : adv. 1. secretly 2. clandestinley

àdzàmèkpòvító : n. 1. secret agent 2. investigator

àdzàmènòlá : n. 1. conspirator 2. plotter 3. schemer

àdzàmènúwòlá : n. 1. one who acts in secret 2. one who acts clandestinely

àdzàmènúwòwò : n. 1. acting in secret 2. acting cladestinley

àdzàmètsìtrètsítsí : n. 1. conspiracy 2. plot

àdzànò : n. 1. a crazy person 2. an extravagang person

àdzànú (wò -) : v. 1. to be extravagant 2. to be crazy 3. to be a little crazy

àdzànúwòwò : n. 1. extravagance 2. craziness

àdzàsòé : n. 1. child 2. kid 3. youngster

àdzàtò : n. 1. oyster shell 2. an aquatic reserve for snails/oysters

àdzàtó : n. 1. albino *(syn. àdǎsìtsú, àmè yí, dzàtó, gélèsósí, gésòsí, òfrídzàtó)* 2. a dark person with fair complexion

àdzàtó (lè - nò -) : v. 1. to submit 2. to bow

àdzàtɔ́ : n. 1. crazy person 2. extravagant person 3. someone who is a bit crazy

àdzàtɔ̀è : n. 1. extravagantly 2. in an insane manner

àdzàvɔ́ : n. 1. fringed fabric 2. fringed loincloth

àdzàwlà : n. raffia fiber bag

àdzàwlá : n. 1. oyster shell 2. small aquatic snail

àdzàwɔ̀wɔ̀ : n. 1. being abandoned 2. being left behind 3. being orphaned

àdzàwù, àdzàwùsì, àdzàwùsà : n. fringed cloth worn by men

ádzàyí! : intj. ouch!

àdzǎyí! : n. 1. spider *(syn. àhòví, àvàtrɔ́fèyì, àyìyì, ɖètsɔ̀èví, nyìsã́, yèví, yìyì)* 2. cowry

àdzè : n. 1. witchcraft 2. sorcery 3. wizard 4. witch

àdzè : n. 1. lie 2. falsehood

àdzè (ɖà -) : v. to lie

àdzè (ɖà -, ɖé ... sí) : v. to lie about someone

àdzè (ɖó -) : v. 1. to converse 2. to chat

àdzè (dé - àsí ná) : v. to impart the power of witchcraft to someone

àdzè (ɖè -) : v. to disenchant

àdzè (ɖè -) : v. to captivate by witchcraft

àdzè (lé -) : v. 1. to bewitch 2. to be enchanted by sorcery

àdzè (ná - / sá -) : v. 1. to give the power of witchcraft to 2. to entrust the power of witchcraft to

àdzè (tɔ́ -) : v. to accuse of witchcraft

àdzè (xɔ̀ -) : v. to be bewitched

àdzèdàdì : n. witch cat

àdzédògó : n. 1. cockchafer 2. may beetle

àdzèɖàɖà : n. lie

àdzèɖàlá : n. 1. liar 2. deceitful person

àdzèɖàtɔ́ : n. 1. liar 2. deceitful person

àdzèɖèɖè : n. disenchanting

àdzèɖèʋú : n. a type of drum

àdzèɖóɖó : n. 1. conversation 2. chat 3. talk

àdzèɖùɖù : n. being bewitched

àdzègá : n. witchcraft money

àdzèká : n. grigri against wizards

àdzèkù : n. death caused by witchcraft

àdzèkù (kú) : v. to die a death caused by withcraft

àdzèléàmè : n. 1. bewitchment 2. enchantment

àdzèlélé : n. bewitchment

àdzèmènyì : n. 1. spot-tail spiny turbot 2. black sole

àdzèmì : n. 1. sorcerer's oil 2. witchcraft oil

àdzènúwɔ̀wɔ̀ : n. art of witchcraft

àdzénùwɔ̀lá : n. one who acts by witchcraft

àdzéŋú : n. 1. socery 2. witchcraft 3. magic

àdzétí : n. a black powder against wizards

àdzètɔ́ : n. 1. wizard 2. witch *(syn. àmènólá)*

àdzétɔ̀è : adv. bewitching

àdzěvódú : n. anti-sorcerer fetish

àdzéxè : n. 1. owl *(syn. fàvièbùtó, fàvièvùtó, kpòkù, vlùkùkù, vlùkpùkpù, vùivùí, xè dóámèkú)* 2. barn owl 3. sandy scops owl 4. african scops owl 5. fraser's eagle owl 6. shelley's eagle owl 7. verreaux's eagle owl 8. akun eagle owl 9. red-chested owlet

àdzèwɔ̀wɔ̀ : n. 1. witchcraft 2. sorcery 3. magic

àdzèyìtútú : n. 1. senegal coucal 2. blue-headed coucal *(syn. dzètútú, dzìnètútú, dzrìkúkú, wlùkúkú)*

àdzi : n. 1. birth 2. new born baby 3. a young animal 4. yield 5. happiness

àdzìdá : n. loin cloth

àdzìdɔ̀ : n. sterilite

àdzìdɔ̀ lè....ŋú : v. to be sterile

àdzìdɔ̀nù : n. placenta

àdzìmà : n. name of dance rythme

àdzìná : n. 1. secret 2. behind closed doors

àdzìná (dè-) : v. to go behind closed doors

àdzìnákú : n. elephant

àdzìnɔ̀ : n. mother

àdzìnú : n. inability to have children

àdzìnú...wɔ̀ : v. to be unhappy not to be able to have children

àdzìnúkú : n. items needed to make a sacrifice

àdzìví : n. 1. newborn 2. baby 3. small animal

ádzìyì! : intj. ouch!

àdzò : n. 1. banditry 2. force 3. brutality 4. parable 5. concubine 6. rumor 7. to spend without much thought 8. gluttony

àdzò (dà -) : v. 1. devalue 2. strip

àdzò (dè -) : v. to answer a riddle

àdzò (dù -) : v. to swindle

àdzò (gé dé - mè) : v. 1. to fall into an ambush 2. to be attacked

àdzò (tó -) : v. 1. to say riddle 2. to ask a puzzle

àdzò (tsò -) : v. 1. to abduct 2. to kidnapp

àdzǒ : n. 1. delicacy 2. confection

àdzó, àdzóá, àdzóbá : n. name of a lady born on Monday

àdzòbàlì : n. a variety of yam

àdzóbí : n. the first name of a girl born on Monday after another child

àdzòblásù : n. 1. robber 2. burglar *(syn. àdzòblátɔ́, àdzòglìtɔ́, fìàfìtɔ́)* àdzòblátɔ́ : n. 1. robber 2. burglar (syn. àdzòblásù, àdzòglitɔ́, fiàfitɔ́)

àdzòdàdà : n. 1. robbery 2. burglary 3. raid 4. looting 5. banditry 6. brigandage

àdzòdàhá : n. gang of robbers

àdzòdàlá : n. 1. gangster 2. bandit 3. brigand

àdzòdèdè : n. answering a riddle

àdzódèlá : n. one who answers a riddle

àdzòdùdù : n. 1. fraud 2. swindle 3. gluttony 4. greed

àdzòdùlá : n. 1. crook 2. swindler

àdzóe : n. tsetse fly (syn. tògbátò)

àdzògá : n. name of a lady born on Monday who is older than another lady born on Monday and named Adzo or Adzovi

àdzògli : n. 1. burglar 2. thief

àdzòglihá : n. band of thieves

àdzòglihá (blá -) : v. to conshiefs

àdzòglihá (blá -) : v. to constitute a band of thieves or burglars

àdzòglitɔ́ : n. 1. burglar 2. armed robber (syn. àdzòblásù, àdzòblátɔ́, fiàfitɔ́)

àdzòhá : n. gang of robbers

àdzòló : n. 1. big reddish fly 2. a very big housefly

àdzònú : n. 1. booty 2. loot 3. spoil

àdzònú (dà - lè... sí) : v. 1. to steal 2. to burglar

àdzònúwɔ̀wɔ̀ : n. 1. robbery 2. burglary 3. devaling

àdzòtófé : n. a place people meet to say riddles

àdzòtólá : n. someone who says riddles

àdzòtótó : n. saying of a riddle

àdzòtɔ̀ : n. 1. concerning burglars 2. concerning robbers

àdzòtɔ́ : n. 1. thief 2. crook

àdzòtɔ̀è : n. like a thief

àdzòtsòyi : n. the moment of abduction

àdzòtsòlá : n. kidnapper

àdzòtsòtsò : n. 1. kidnapping 2. abduction

àdzòví : n. name of a girl child born on Monday after another girl child born on Monday

àdvòυà : n. raid

Adzòwá : n. the name of a girl born on Monday.

àdzòwɔ̀lá : n. thief

àdzòxá : n. coup

àdzòxá (dé- mé ná) : v. to go up against

àdzɔ̌ : n. 1. trade 2. commerce 3. enterprise

àdzɔ̀ : n. 1. tip 2. premium 3. bonus 4. tax 5. rent (syn. xɔ̀dzɔ̀, xɔ̀fè, xɔ̀fètú, xɔ̀háyágà) 6. smoke àdzɔ̀ (dó-) : v. 1. to have a commercial project 2. to market

àdzɔ̀ (ná-) : v. 1. to reward 2. to give a commission 3. to pay a fee

àdzɔ̀ (tú) : v. to pay customs

àdzɔ̀ (xé-) : v. to honour a promise

àdzɔ̀ (xɔ̀-) : v. to be rewarded

àdzɔ̀ àdzɔ̀ àdzɔ̀ : adv. alternately

àdzɔ̀ àdzàồ àdzɔ̀ (wɔ̀ ... -) : v. to hold a promise

àdzɔ̀bíábíá : n. 1. taxation 2. imposition

àdzɔ̀blè : n. soot

àdzɔ̀bɔ̀lì : n. a variety of yam (syn. tèmèkúkà)

àdzɔ̌dódó : n. 1. treaty 2. pact 3. commerce 4. trade

àdzɔ̀dógà : n. 1. business credit 2. commercial capital 3. bond 4. money invested in a business

àdzɔ̀dóhó : n. 1. business funds 2. credit 3. commercial capital 4. bond

àdzɔ̀dólá : n. 1. merchant 2. commercial agent 3. trader

àdzɔ̀dódóḍàséḍígbàlè̀ : n. business diploma

àdzɔ̀dósùkúḍàséḍígbàlè̀ : n. business diploma

àdzɔ̀ḍóḍó : n. marketing

àdzɔ̀dɔ́ : n. 1. commerce 2. trade 3. trading

àdzɔé, àdzɔ̀è : n. horsefly

àdzɔ̀fè : n. bankruptcy

àdzɔ̀fitó : n. lung

àdzɔ̀fitóká : n. bronchitis

àdzɔ̀gà : n. collection money

àdzɔ̀gé (hè/tè ḍé -) : v. to stand aside 2. to withdraw one's self

àdzɔ̀géɣèdzèfé ḍùkɔ́wó : n. countries in the far east

àdzɔ̀gémè : n. 1. foreigner 2. someone who lives far

àdzɔ̀génúkpɔ́mɔ̀ : n. television set (EυenyigbaTV, 2021) (syn. diḍiḍifénúḍèfiámɔ̀, diḍifénúkpɔ́mɔ̀̀, nyàsèmɔ̀, tèlé, tèlèvizíɔ́)

àdzɔ̀gbá : n. 1. items to be sold 2. goods

àdzɔ̀gbá (dó -) : v. 1. to start a business 2. to have things to sell

àdzɔ̀gbádódó : n. starting a business

àdzɔ̀gbálè̌ : n. 1. tarif 2. business book

àdzɔ̀gbálèví : n. 1. etiquette 2. tag 3. sticker

àdzɔ̀gbè : n. 1. commitment 2. respect

àdzɔ̀gbè (dè-) : v. 1. respect a commitment 2. keep a promise 3. make a donation

àdzɔ̀gbè (fià-) : v. 1. respect a commitment 2. keep a promise 3. make a donation

àdzɔ̀gbè (xé-) : v. 1. respect a commitment 2. keep a promise 3. make a donation

àdzɔ̀gbèdzímàwɔ̀màwɔ̀ : n. 1. not to respect a commitment 2. not to keep a promise àdzɔ̀gbèɖèɖè : n. a fufilled promise

àdzɔ̀gbèɖèfè : n. a promised offer

àdzɔ̀gbèɖèfé : n. a place where an offering is deposited

àdzɔ̀gbèɖèyì : n. moment of offering

àdzɔ̀gbèɖèlá : n. 1. one who keeps a promise 2. one who fufills a commitment

àdzɔ̀gbèɖènú : n. offering

àdzɔ̀gbèɖènyà : n. promise

àdzɔ̀gbèfiáfiá : n. 1. keeping a promise 2. fufilling a commitment

àdzɔ̀gbùí/ àdzɔ̀gbùíkà : n. a type of rope

àdzǒhá : n. enterprise

àdzɔ̀kà : n. 1. rope 2. cord

àdzɔ̀ké : n. royal antelope

àdzɔ̀kɔ̀ : n. 1. hearth 2. chimney

àdzɔ̀kɔ́ : n. 1. smoke 2. swamp mongoose

àdzɔ̀kɔ̀fi : n. house mouse

àdzɔ̀li : n. the name of a bird with a beautiful song

àdzɔ̀màxémàxé : n. tax exemption

àdzɔ̀nálá : n. tax payer

àdzɔ̀náná : n. payment of contributions

àdzǒnú : n. article

àdzɔ̀nú (wɔ́-) : v. trading

àdzǒnúdílá : n. 1. provider 2. supplier 3. contractor

àdzǒnúfíálá : n. exhibitor

àdzɔ̀núfífli : n. wholesale

Adzɔ̀nùkúwó Dɔ́wɔ̀fé (Tógó) : n. Office of Togolese Agricultural Products

àdzɔ̀núwó ɖóɖóɖá : n. exportation

àdzɔ̀núwó tsɔ́tsɔ́vá : n. importation

àdzɔ̀núwó (ɖó- ɖá) : v. to export

àdzɔ̀núwó (tsɔ́- vá) : v. to import

àdzɔ̀nùwɔ̀fé : n. industry

àdzǒnúwɔ̀lá : n. 1. supplier 2. contractor 3. provider

àdzɔ̀núwɔ̀wɔ̀ : n. trade

àdzɔ̀súkù : n. General Education College

àdzɔ̀tɔ́ : n. trader

àdzɔ̀vè (ɖù-) : v. to reward

àdzɔ̀vèdólá : n. a trader

àdzɔ̀vèɖùlá : n. profiteer

àdzɔ̀viá : n. one of the clans of the Eʋe (syn. dògbò) (Mawuvi, 2019, S. 157)

àdzɔ̀xéxé : n. payment of taxes

àdzɔ̀xɔ̀ : n. warehouse

àdzɔ̀xɔ̀fé : n. customs office

àdzɔ̀xɔ̀lá : n. tax collector

àdzɔ̀xɔ̀xɔ̀ : n. 1. revenue 2. income

àdzɔ̀zǎ : n. trade fair

àdzràkú : n. panther

àdzràlà : n. 1. fence 2. gate 3. ramp

àdzràpà : n. a fight

àdzràpà (sà-) : v. to be in a fight

àdzràpà lè làmè ná : v. to be always in a fight

àdzràpàkɔ́ : n. fight

àdzràpàkɔ́ (dà-) : v. to fight

àdzràpàkɔ́dàdà : v. to have a fight

àdzràpàkɔ́dàlá : n. one who fights

àdzràpànú : n. 1. a fight 2. a brawl

àdzràpànú (wɔ̀-) : v. to fight with everyone

àdràpàkà : n. a bracelet believed to give strength

àdzrɔ̀ : n. mischief

àdzrɔ̀ (dị-) : v. to be mischievous

àdzrɔ̀kpì : n. excuse

àdzù : n. eyebrow (syn. àdzùgófú, àdzùgómèdà, àdzùmèdà, àdzùmèfú, àdabàdígó, àdabàdzígó, àdabàtàfú, àdadzígó, ŋkútà)

àdzù (tè- / tré-) : v. to shape the eyebrows

àdzú : n. a whitish substance on a wound

àdzùdzɔ̀ : n. 1. smoke 2. steam

àdzùdzɔ̀mɔ̀ : n. steam machine

àdzùdzɔ̀kplɔ̀mɔ́ : n. chimney

àdzùdzɔùú : n. motorboat

àdzùgó : n. 1. eyebrow arch 2. forehead

àdzùgófú : n. eyebrow (syn. àdzù, àdzùgómèdà, àdzùmèdà, àdzùmèfú, àdabàdígó, àdabàdzígó, àdabàtàfú, àdadzígó, ŋkútà)

àdzùgòfú : n. frontal bone (bone of the forehead)

àdzùgómèdà : n. eyebrow (syn. àdzù, àdzùgófú, àdzùmèdà, àdzùmèfú, àdabàdígó, àdabàdzígó, àdabàtàfú, àdadzígó, ŋkútà)

àdzùmèdà : n. eyebrow (syn. àdzù, àdzùgófú, àdzùgómèdà, àdzùmèfú, àdabàdígó, àdabàdzígó, àdabàtàfú, àdadzígó, ŋkútà)

àdzùmèfú : n. eyebrow (syn. àdzù, àdzùgófú, àdzùgómèdà, àdzùmèdà, àdabàdígó, àdabàdzígó, àdabàtàfú, àdadzígó, ŋkútà)

àdà : n. 1. reed 2. pipe 3. calm 4. charge

àdá : n. sugarcane (syn. àhànátí, fòfóŋ, fòfóŋúí)

àdà (dó- ná) : v. 1. to disturb 2. to bother 3. to accuse

àdà (dó-) : v. 1. to calm down

àdabà : n. 1. eyelid 2. eyelash

àdabà (fò-) : v. to blink

àdabà : n. 1. iron bar 2. ingot

àdabàdígó, àdabàdzígó : n. eyebrow (syn. àdzù, àdzùgófú, àdzùgómèdà, àdzùmèdà, àdzùmèfú, àdabàtàfú, àdadzígó, ŋkútà) àɖàbáfú : n. eyelash

àɖàbàfòfò : n. minute

àɖàbàfòfò (lè-mè) : v. in a blink of an eye

àɖàbàfòfò ɖèká tɔ̀ : adj. brief

àɖàbàmì : n. corn hair 2. corn silk

àɖàbàtà : n. part of the face above the eyelashes

àɖàbàtàfú : n. eyebrow *(syn. àdzù, àdzùgófú, àdzùgómèɖà, àdzùmèɖà, àdzùmèfú, àɖàbàdígó, àɖàbàdzígó, àɖàdzígó, ŋkútà)*

àɖàbàtsú : n. the only girl among boys

àɖàbàxɛ́ : n. eyelash

àɖàbɛ́ : n. 1. little antelope 2. thunder and lightning 3. purple 4. mat

àɖàdzé : n. 1. leisure 2. opportunity 3. free time

àɖàdzígó : n. eyebrow *(syn. àdzù, àdzùgófú, àdzùgómèɖà, àdzùmèɖà, àdzùmèfú, àɖàbàdígó, àɖàbàdzígó, àɖàbàtàfú, ŋkútà)*

àɖàɖó : intrj. get out of here

àɖàɖóɖó : n. 1. calm 2. peace

àɖàgágóé : n. little gourd

àɖákà : n. wardrobe.

àɖákàgò : n. 1. box 2. case 3. carton

àɖákàgòè : n. 1. piggy bank 2. hut 3. locker

àɖákàví : n. 1. briefcase 2. suitcase 3. piggy bank 4. drawer 5. box

àɖákàʋú : n. ark

àɖàké : n. clay

àɖàkó : n. reed

àɖàntá : n. big traditional rifle

àɖàŋù : n. 1. arts 2. intelligence 3. skill 4. wisdom

àɖàŋù (dzè-) : v. to be wise

àɖàŋù (ɖè-) : v. to advice

àɖàŋù (ɖó- ná) : v. to advice

àɖàŋù (nyá-) : v. 1. to be wise 2. to act wise 3. to be smart

àɖàŋù (wɔ̀-) : v. 1. to be clever 2. be capable

àɖàŋù (wɔ̀ ɖé- dzí) : v. to follow advice

àɖàŋùà : n. craftsman

àɖàŋùàbìábíá : n. consultation

àɖàŋùdèhá : n. advice

àɖàŋùdètàkpékpé : n. seminar

àɖàŋùdɔ́ : n. art work

àɖàŋùdɔ́sɔ́srɔ̃́ sùkú (gã́) : n. technical high school

àɖàŋùdɔ́srɔ̃́lá : n. apprentice

àɖàŋùdzèdzè : n. 1. ingenuity 2. technique 3. intelligence

àɖàŋùdzèdzè : n. prudence

àɖàŋùdzèlá : n. a prudent man

àɖàŋùɖèɖè : n. 1. advice 2. counsel

àdàŋùdèfé : n. behind closed doors

àdàŋùdèlá : n. 1. advisor 2. consultant

àdàŋùdódó : n. 1. consultation 2. deliberation

àdàŋùdófé : n. 1. place of delibration 2. council

àdàŋùdóhá : n. 1. assembly 2. senate

àdàŋùdólá : n. advisor

àdàŋùdúí : n. 1. excuse 2. prudence 3. hypocrisy 4. evasion

àdàŋùdúí (dó-) : v. to apologize

àdàŋùdúídódó : n. apology

àdàŋùdúídólá : n. a person who apologizes

àdàŋùfíáfíá : n. technical education

ádàŋùfíáfíá kplé dùkómè dówòláwó Tùtùdò : n. Technical Education and Vocational training

àdàŋùkólédzì : n. College of Technical Education

àdàŋùmàdzèmàdzè : n. 1. imprudence 2. indiscretion

àdàŋùgá : n. industry

àdàŋùmàdzèmàdzètòè : adv. imprudently

àdàŋùmànòmèé : adv. imprudently

àdàŋùmò : n. computer

àdàŋùnú : n. 1. work of art 2. piece of art

àdàŋùnúá : n. artist

àdàŋùmè : n. mechanism

àdàŋùnyálá : n. 1. technician 2. judge

àdàŋùnyálá dèŋgò : n. engineer

àdàŋùsínùdówòlá : n. 1. artiste 2. artisan

àdàŋùsrólá : n. apprentice

àdàŋùsùkúgá : n. Polytechnic High School

àdàŋùtò : n. artist

àdàŋùtòè : adv. 1. artistically 2. neatly 3. cleverly

àdàŋùwòfé : n. art workshop

àdàŋùwòlá : n. 1. mechanic 2. engineer 3. artist

àdàŋùwòmò : n. apparatus

àdàŋùwònú : n. 1. working instrument 2. tool

àdàŋùwòtò : adj. mechanical

àdàŋùwòtòè : adv. mechanically

àdàŋùwòwò : n. artistic work

àdàŋùwòwò fé àlònùdó : n. workforce

àdàŋùwòxò : n. workshop

àdàsé : n. witness

àdàsédídí (dí-) : v. to bear witness

àdàsédídí : n. testimony

àdàsétó : n. a witness

àdàdzé (kpó-) : v. to have free time

àdàŋùdèláwó : n. 1. jury 2. panel

àdàŋùdódó : n. 1. advice 2. counsel 3. guidance

àdàŋùnúkpàkpà : n. sculpture

àdàŋùnúkpàlá : n. 1. sculptor 2. carver

àdàŋùnyálá : n. 1. specialist 2. expert

àdàŋùtíkpàlá : n. 1. sculptor 2. carver

àdàŋùwɔ̀lá : n. technician

àd̶àtsì : n. 1. tear 2. teardrop

àd̶àtsì (dé ŋkúmè) : v. 1. to cry 2. to weep

àd̶àtsì (fà) : v. 1. to sob 2. to cry

àd̶àtsì (tútú -ná) : v. 1. to wipe away tears 2. to console

àd̶àtsìdógàzì/ àd̶àtsìdóyà : n. tear gas

àd̶àtsìfáfà : n. 1. crying 2. cry

àd̶àtsìfàlá : n. one who cries

àd̶àtsìfàfé : n. motuary house

àd̶àtsìgò/ àd̶àtsìgòè : n. tear gland

àd̶àtsìgòlòtí : n. a variety of red flowering tree

àd̶àtsú : n. quartz

àd̶àʋà : n. 1. madness (syn. àd̶àʋàdɔ̀, àlè, d̶àʋà, d̶àʋàdɔ̀, èmògbègbléd̶ɔ̀, ètsù, ètsùkúkú, lànú, mògbègblé, mògbègbléd̶ɔ̀, tàgbɔ́d̶ɔ̀, tàgbɔ́gbègblé, tàgbɔ́gbègbléd̶ɔ̀, tsù, tsùkúkú) 2. folly 3. delirium

àd̶àʋà lálɛ́ : n. slight or partial madness (syn. dzèàvèdzí, dzìnúdzèdzì, mòyɛ̀)

àd̶àʋà (dzè) : v. 1. to go mad 2. to go crazy (syn. àd̶àʋà (kú))

àd̶àʋà (kú) : v. 1. to go mad 2. to go crazy (syn. àd̶àʋà (dzè))

àd̶àʋàdɔ̀ : n. madness (syn. àd̶àʋà, àlè, d̶àʋà, d̶àʋàdɔ̀, èmògbègbléd̶ɔ̀, ètsù, ètsùkúkú, lànú, mògbègblé, mògbègbléd̶ɔ̀, tàgbɔ́d̶ɔ̀, tàgbɔ́gbègblé, tàgbɔ́gbègbléd̶ɔ̀, tsù, tsùkúkú)

àd̶àʋàdzè : n. mad person (syn. àd̶àʋàdzèà, àd̶àʋàdzèlá, àd̶àʋàkúà, àd̶àʋàkúlá, àd̶àʋàtɔ́, d̶àʋàtɔ́, mògbégblétɔ́, mòyètɔ́, mòyètɔ́, tàgbɔ́gbégblétɔ́, tsùkúnɔ̀, tsùkúnɔ̀tɔ́)

àd̶àʋàdzèà : n. mad person (syn. àd̶àʋàdzè, àd̶àʋàdzèlá, àd̶àʋàkúà, àd̶àʋàkúlá, àd̶àʋàtɔ́, d̶àʋàtɔ́, mògbégblétɔ́, mòfùflúítɔ́, mòyètɔ́, mòyètɔ́, tàgbɔ́gbégblétɔ́, tsùkúnɔ̀, tsùkúnɔ̀tɔ́)

àd̶àʋàdzèdzè : n. the act of going mad/ the state of being mad

àd̶àʋàdzèlá : n. mad person (syn. àd̶àʋàdzè, àd̶àʋàdzèà, àd̶àʋàkúà, àd̶àʋàkúlá, àd̶àʋàtɔ́, d̶àʋàtɔ́, mòfùflúítɔ́, mògbégblétɔ́, mòyètɔ́, mòyètɔ́, tàgbɔ́gbégblétɔ́, tsùkúnɔ̀, tsùkúnɔ̀tɔ́)

àd̶àʋàdzɛ́ɛ́ : n. a person who has just gone mad

àd̶àʋàdzò : n. a charm which causes insanity

àd̶àʋàkɔ́dzí : n. madhouse

àd̶àʋàkúà, àd̶àʋàkúlá : n. mad person (syn. àd̶àʋàdzè, àd̶àʋàdzèà, àd̶àʋàdzèlá, àd̶àʋàtɔ́, d̶àʋàtɔ́, mòfùflúítɔ́, mògbégblétɔ́, mòyètɔ́, mòyètɔ́, tàgbɔ́gbégblétɔ́, tsùkúnɔ̀, tsùkúnɔ̀tɔ́) àḑàʋàtɔ́ : n. 1. madman (syn. àḑàʋàdzè, àḑàʋàdzèà, àḑàʋàdzèlá, àḑàʋàkúà, àḑàʋàkúlá, ḑàʋàtɔ́, mògbégblḗtɔ́, mòyètɔ́, mòyètɔ́, tàgbɔ́gbégblḗtɔ́, tsùkúnɔ̀, tsùkúnɔ̀tɔ́) 2. lunatic 3. maniac

àḑàʋàtrám : n. a type of war drum of the Eʋè people which is decorated with the skulls (usually seven) of the enemy and played (only seven times, usaually at midnight) using human elbow bones; it is mostly associated with the èʋèdòmè people.

àḑàwlà : n. a bell that is put around the neck

àḑàwlàtó : n. a ring that is put on the finger and tap against each other

àḑàwú : n. 1. whirlwind 2. swirl

àḑàyè : n. superficial work

àḑàyè (wɔ̀......ḑé-mè) : v. to do superficially

àḑáyé (wɔ̀ nú ḑé-) : v. to work superficially

àḑáyémèḑɔ́ : n. superficial work

àḑàyéwɔ̀wɔ̀ : n. superficial work

àḑè : n. tongue

àḑè (ḑé- nù mè ná) : v. to trick someone into telling the truth

áḑé : art. some

àḑèbáblá : n. mutism (syn. àḑètútú)

àḑèḑè : n. ant

àḑèḑì : n. 1. defamation 2. ant

àḑèḑì (ƒò-) : v. 1. to defame 2. to slander

àḑèḑì dzĭ : n. red ant

àḑèḑìƒòƒò : n. defamation

àḑèḑìƒòlá : n. slanderer

àḑèḑìƒòtɔ́ : n. slanderer

àḑèḑìgó : n. anthill

àḑèḑìnɔ̀ƒé : n. anthill

àḑèḑìtɔ̀ : n. 1. anthill 2. ant nest

àḑèḑìví : n. little ant

àḑéḑùḑù : n. biting of the tongue

àḑèyè : n. largehead hairtail (syn. ànìpáyè, dàyì, ŋɔ́páyé, yìkpáyè)

àḑèkà : n. string of the tongue (depicts something that hinders one from being able to talk)[1]

áḑéké : n. nothing

áḑéké (ò) : adj. nothing

àḑèkúkɔ́lá : n. 1. stutterer 2. stammerer

àḑèkpótɔ́ : n. someone who has pronunciation defect

àḑèŋànè : n. 1. flattery 2. seduction

àḑèŋànètɔ̀ : adj. 1. flattering 2. bluff

àḑèŋànètɔ́ : n. 1. smooth talker 2. seducer

àḑèŋànètɔ́ : n. 1.glutton 2. gourmand

Aḑétà : n. Adeta (a village in Togo)

à̩dè̩túnɔ̀ : n. a mute person *(syn. à̩dè̩tútútɔ́, múmú)*

à̩dè̩tútú : n. mutism *(syn. à̩dè̩báblá)*

à̩dè̩tútútɔ́ : n. a mute person *(syn. à̩dè̩túnɔ̀, múmú)*

à̩dè̩véé : n. an offender

à̩dè̩vètɔ́ : n. 1. a hypocrite 2. someone who deceives 3. a liar *(syn. nyàtrɔ́lá)*

à̩dè̩vévétɔ̀ : adj. 1. abusive 2. wounding 3. offensive

à̩dè̩vévétɔ́ : n. offender

à̩dè̩vévétɔ́è̩ : adv. in a hurtful way

à̩dè̩vívítɔ́ : n. smooth talker

à̩dè̩ʋú : n. boat (of a fisherman)

á̩dè̩wò : det. some

à̩dè̩ví : n. tongue

á̩déwó : art. 1. a few 2. some

à̩d̩i : n. 1. poison 2. venom

à̩d̩i : n. 1. an abtract strategy game among the Mancala family of board games (also popularly known as oware in other parts of Ghana) 2. ball 3. pawn

à̩d̩i (dà-/tà-) : v. 1. to play the oware game 2. to play lotto

à̩d̩i (xlè̩ -) : v. to count seed whilst playing aware/oware

à̩d̩ĭ : n. 1. poison 2. soap *(syn. à̩dzà̩lè̩, èkɔ̀é, kɔ̀é)* 3. acid 4. disease of the eye whereby a white film builds on the eye e.g cataract/glaucoma *(syn. àtàsi, àtàzi, àtɔ̀si, si)* 5. boil *(syn. fòfòé, núfòàmè̩,* núfòfò, núfòfòé, nútèàmè̩, nútètè*)* 6. cold sores *(syn. dɔ̀)* 7. ulcer

à̩d̩i gã́ : n. trump card

à̩d̩í (dé – nú mè ná) : v. to poison

à̩d̩í (dó – ná) : v. to poison

à̩d̩í (d̩à -) : v. to make soap

à̩d̩í d̩àd̩à : n. handmade soap

à̩d̩í (d̩è – d̩é ... ŋú) : v. 1. to sting (snake) 2. to bite

à̩d̩í (d̩ù -) : v. to poison oneself

à̩d̩í (lè -) : v. to wash with soap

à̩d̩í lèlè : n. bathing soap

à̩d̩í nyànú : n. washing soap

à̩d̩ĭ (nyé) : v. 1. to be poisonous 2. to be toxic

à̩d̩í (nyɔ́ -) : v. to spit venom

à̩d̩í sìi : v./n. to poison/a state of being poisoned

à̩d̩í (wɔ̀ -) : v. 1. to be poisonous 2. to be selfish

à̩d̩í wɔ̀fú : n. foaming soap

à̩d̩í wù : v. to die by poisoning

à̩d̩ĭ sùè : n. soap

à̩d̩ià̩d̩i: n. 1. aloe 2. agave

à̩d̩iátúí: n. bladder

à̩d̩ibá : n. 1. pawpaw *(syn. àblàfé)* 2. children's skin disease/sceptic skin/pyoderma/pemphigus bolus *(syn. tòmàtòs)*

- 29 -

àdibágbúí : n. green pawpaw

àdibákú : n. 1. pawpaw seed 2. chickenpox *(syn. àḍùbàkú, ànyìgbátɔ́, blàfékú)*

àdibákúá (- bú) : phr. the chickenpox is gone *(syn. àḍibákúá (- fiá̃), àḍibákúá (- vɔ̀))*

àdibákúá (- fiá̃) : phr. the chickenpox is healed *(syn. àḍibákúá (- bú), àḍibákúá (- vɔ̀))*

àḍibákúá (- vɔ̀) : phr. the chickenpox is healed *(syn. àḍibákúá (- bú), àḍibákúá (- fiá̃))*

àḍibámàkpà : n. pawpaw leaves

àḍibátí : n. pawpaw tree

àḍibátù : n. central part of the pawpaw

àḍíbì : n. an infected wound

àḍídà : n. a poisonous snake

àḍidàdà : n. oware game

àḍidàfé : n. 1. a place where lotto is played 2. a place where oware/aware is played

àḍidàlá : n. someone who stakes lotto

àḍidàsé : n. rules of the oware game

àḍidédénúmè : n. poisoning

àḍidédénúmètɔ́ : n. one who poisons

àḍidò : n. oware game box

àḍidɔ́wɔ̀wɔ̀ : n. virulence

àḍidzè : n. flute

àḍidàdà : n. soap preparartion

àḍidàfé : n. soap factory

àḍidàlá : n. soap manufacturer

àḍidànú : n. ingredients for soap making

àḍiḍi : n. ant

àḍiḍigò : n. 1. ant nest 2. anthill

àḍiḍɔ́ : n. urine

àḍiḍɔ́ (ḍɔ́- ḍiɔ́-) : v. to urinate

àḍiḍɔ́ḍɔ́ḍíɔ́ : n. urinating

àḍiḍɔ́ḍɔ́dɔ́ : n. urinating sickness

àḍiḍɔ́ḍɔ́dɔ́ : n. urinating

àḍiḍɔ́ḍɔ́ḍɔ́dɔ̀ : n. urinating sickness

àḍiḍɔ́ḍɔ́ḍɔ́dɔ́ ḍé àbà dzí : n. urinating in bed

àḍiḍɔ́fè : n. urinal

àḍiḍɔ́gó : n. bedwetter

àḍiḍɔ́gó (wɔ̀ - ná) : v. to make a ceremony in order for bedwetters to stop urinating in bed

àḍiḍɔ́góè : n. urine pot

àḍiḍɔ́gówɔ̀wɔ̀ : n. ceremony to stop a bedwetter from wetting his/her bed

àḍiḍɔ́lá : n. urinator

àḍiḍɔ́tóé, àḍiḍɔ́túí : n. urinary bladder

àḍiḍɔ́vé, àḍiḍɔ́védɔ̀ : n. painful urin

àḍiḍɔ́vívídɔ̀, àḍiḍɔ́vívíḍɔ́dɔ̀ : n. diabetes

àḍiḍɔ́zé : n. urine pot

àdidùdù : n. grains/pearls won whilst playing the game of oware

àdídùdù : n. 1. poisoning 2. winning money whilst playing

àdifá : n. garden egg *(syn. àgbìtsá, èté, tè̋)*

àdifɛ : n. antidote

àdifí : n. 1. soda 2. potash

àdifìɛ : n. ghost *(syn. difíé̋, ŋɔ̀li, tsíé)*

àdifú : n. foam

àdifùdí : n. parasite

àdifùdídílá : n. someone who does not like to pay dearly

àdifùdí (dù-) : v. to live at the expense of

àdifùdídùdù : n. an expensive life

àdifùdídùfé : n. a place where you eat at the expense of others

àdifùdídùlá : n. 1. a parasite 2. someone who lives at the expense of others

àdifùdínú : n. cheap article

àdifíé̋ : n. 1. spirit of a dead person *(syn. difíé̋, ŋɔ̀li, tsíé)* 2. scarecrow

àdǐgó : n. soap dish

àdigbóŋùdzà, àdígbòŋùdzà : n. icterus/jaundice *(syn. àsràdzè̋, àsràdzè̋, àtíkètsì dzè̋)*

àdǐgbá : n. soap dish

àdikà : n. 1. rivalry 2. competition

àdikà (dé-.....dòmè) : v. to sow discord between

àdikà (dó-) : v. 1. to bet 2. to compete

àdikà (dó- mè) : v. to get to a hot spot of a competition

àdikàdódó : n. 1.rivalry 2. competition

àdikàdófé : n. competition venue

àdikàdólá : n. 1. competitor 2. contestant

àdikàdónyà : n. subject of dispute

àdikànyà : n. a bet

àdikànyà (hè-) : v. to argue

àdikàtɔ́ : n. 1. enemy *(syn. àdikàtɔ́, àmètàlá, fùtɔ́, kèlélá, kètɔ́)* 2. opponent 3. adversary

àdikàyì : n. a kind of climbing plant

àdiklá : n. one of the many (over 100) sacred african symbols used to indicate how the laws and mystery of the cosmos and life operate *(adinkra in akan)*. (Kumassah, 2016)

àdiklà/ àdiklé̋ : n. 1. scarlet 2. colour 3. a red brownish colour

àdikɔ́ : n. the bunch of seeds in the oware game box

àdikɔ́ (dó-, fò-, mlí-) : v. to pile up oware seeds

àdikɔ́dódó/ àdikɔ́fòfò/ àdikɔ́mlímlí : v. to pile up oware seeds

àdǐkú : n. poisoning

àdikú (kú-) : v. to die by poisoning

àdǐkúkà : n. seed

àd̩ìkpé : n. pawn

àd̩ìkpɛ̀ : n. expensive good

àd̩ìkpɛ̀ (wɔ̀-) : v. to sell much

àd̩ìkpɛ̀wɔ̀lá : n. one who sells

àd̩ìkpɛ̀wɔ̀wɔ̀ : n. much selling

àd̩ìkpló : n. a set of seeds in the oware game

àd̩ìlã̀ : n. 1. a venomous animal 2. poisoned meat

àd̩ílèlè : n. soap bathing

àd̩ìmà : n. poisonous plant

àd̩ìmɛ́ : n. edible leaves prepared with potash

àd̩ìnònò : n. poisoning

àd̩ìnú : n. toxic product

àd̩ìnú (wɔ̀-) : v. 1. to make soap 2. to make toxic product

àd̩ìnùtíkɛ̀ : n. anti-venomous serum

àd̩ìnùtsìtíkɛ̀ : n. anti-venom antidote

àd̩ìnùtsìtíkɛ̀ : adj. antivenom

ád̩ìŋú : n. curse

ád̩ìŋú (dó-) : v. to curse

ád̩ìŋúdódó : v. to curse

ád̩ìŋúdólá : n. someone who curses

àd̩ìsãgòè : n. clyster pipe/enema *(syn. béntúwá, sãgòè, sàsãgòè)*

àd̩ìsí : n. toothache *(syn. àd̩ùdɔ̀lélé, àd̩ùdùàmè, àd̩ùvéámè, ád̩ùvéé, àd̩ùvévé, àd̩ùvévédɔ̀, ád̩ùsí, éfúd̩ùàmè, glãd̩ùàmè, glãvéàmè, káká)*

àd̩ìsí : n. poison

àd̩ìsìàmè : n. poison

àd̩ìtàtà : n. oware game

àd̩ìtí : n. oware seeds

àd̩ìtò : n. oware game box

àd̩ìtɔ̀ : adj. 1. poisonous 2. toxic

àd̩ìtsí : n. 1 green wood-hoopoe *(syn. dèdùxè)* 2. humming bird 3. paradise bird 4. cricket song

àd̩ìtsì : n. soapy water

àd̩ìtsì (tú-) : v. to perform a ceremony before a funeral for people not on talking terms

àd̩ìtstútú : n. a ceremony performed before a funeral for people not on talking terms

àd̩ìtsìvè : n. water lizard

àd̩ìtsìvé : n. jaundice and yellowish vomit

àd̩ìtsyɔ̀zé : n. a peforated pot used for soap preparation

àd̩ìvé : n. zeal

àd̩ìvé (wɔ̀-) : v. 1. to be dilligent 2. to work

àd̩ìvéwɔ̀lá : n. 1. hard worker 2. zealous person

àd̩ìvéwɔ̀wɔ̀ : n. 1. zeal 2. perseverance

àḍìví : n. soap

àḍìvɔ̃tɔ̀ : adj. 1. venomous 2. poisonous

àḍìwɔ́ : n. 1. powdered soap 2. laundry detergent

àḍìwùtíkè : n. 1. antidote

àḍixó : n. set of seeds kept provisionally in the oware boxes

àḍixó (ḍó-) : v. to keep oware seeds in a box

àḍixó (lɔ́-) : v. to collect seeds kept in oware box

àḍìyà : n. carbon dioxide

àḍòká : n. wine of raffia

àḍòḍò : n. lost hope

àḍòḍò wɔ̀ : v. 1. to be abandoned 2. to lose

àḍòḍó : n. armpit drum

àḍòḍó (fò-) : v. to play armpit drum

àḍòḍófòfò : n. play of armpit drum

àḍòḍófòfé : n. a place where the armpit drum is played

àḍòḍófòtí : n. armpit drum stick

àḍòm : n. belligerent

àḍòndó : n. a peforated pot for soap preparation

àḍɔ̀ : n. 1. neck 2. nape

àḍɔ̀ (biá-) : v. to be ungrateful

àḍɔ̀ (kù-) : v. to be suspended

àḍɔ̀ (wɔ̀-) : v. 1. to be indolent 2. to be slow

àḍɔ̀biábià : n. ingratitude

àḍɔ̀biálá : n. an ungrateful person

àḍɔ̀è : n. 1. whip 2. stick 3. baton

àḍɔ́è : n. cat (syn. àmègbɔ́nǘí, dàdi, tèkpètè, tòdzò)

àḍɔ̀ḍɔ̀è : n. a variety of grasshopper (syn. àgbàtròxèví, gbàgblàmè, gbètrɔ́é, gbògbótsú, kìtsíkpǘí, ŋè, sɔ́ví, tòkpó, vè, vètsúví, vètrá, vò, vòdzòdzòè)

àḍɔ̀ḍi : n. mussels (a common name used for members of several families of bivalve molluscs, from saltwater and freshwater habitats)

àḍɔ̀gbè : n. rude word

àḍɔ̀gbè (dó-) : v. to speak rude words

àḍɔ̀gbè (dó-ná) : v. 1. to insult 2. to abuse

àḍɔ̀gbèdódó : n. 1. the speaking rude words 2. the act of swearing

àḍɔ̀gbètɔ̀ : adj. ungrateful

àḍɔ̀gbètɔ̀è : adv. impolitely

àḍɔ̀kɔ́ : n. 1. slave (syn. àbòyótɔ́, àbòyóví, àmè fèflè, dzògbèví, fièkpɔ́mè, gàmèmè, gbɔ̀ví, hòmè, klúví, kòsì, ŋdɔ̀ví, ŋkèkèví) 2. freed slave

àḍɔ̀kɔ́mè : n. 1. servitude 2. slavery

àḍɔ̀kɔ́mènɔ̀nɔ̀ : n. slavery

àḍɔ̀kɔ́mí (lɔ́-) : v. to do a botched job again

àḍɔ̀kɔ́mílɔ́lɔ́ : redoing botched job

àdɔ̀kùkù : n. being suspended

àdɔ̀kòè : n. 1. neck 2. nape

àdɔmí : n. chicken excreta

àdɔ̀nyà : n. rude word

àdɔ̀nyà (gblɔ̀- ɖé...ŋú) : v. to insult

àdɔ̀nyàgbɔ̀gblɔ̀ : n. 1. an offense 2. an insult

àdɔ̀nyàgblɔ̀lá : n. slanderer

àdɔ̀tɔ̀ : adj. ungrateful

àdɔ̀tɔ̀è : adv. rudely

àdɔ̀trí : n. troop (infantry)

àdɔ̀trihéné : n. infantry captain

àdɔ̀wɔ̀wɔ̀ : n. 1. slowness 2. sluggishness

àdɔ̀xè : n. heron

àdɔ̀zé : n. a pot used during religious ceremonies

àdù : n. 1. manure 2. humus 3. fertilizer 4. monkey

àdù (dó - ànyígbá) : n. to apply fertilizer on the field

àdǔ : n. teeth

àdù (ɖɔ̀lì -) : v. to change one's teeth

àdù (klḗ -) : v. to show all of one's teeth

àdù (klḗ - ɖé yà mè) : v. to smile

àdù (kpà -) : v. to carve out a tooth

àdù (tó -) : v. to teeth

àdù (tútú -) : v. to brush one's teeth

àdù (tó -) : v. to teeth

àdǔ kpáli (tó -) : v. to have crooked teeth

àdù (wɔ̀wɔ̀ -) : n. artificial tooth

àdùámlì : n. monkey

àdùbàkú : n. 1. pawpaw seed 2. chickenpox (syn. àḍibákú, ànyìgbátɔ́, blàfékú)

àdùdɔ̀dàfé : n. dental practice

àdùdɔ̀dàlá : n. dentist

àdùdɔ̀lélé : n. toothache (syn. àḍisí, àdùdùàmè, àdùvéámè, áḍùvéé, àdùvévé, àdùvévédɔ̀, áḍùsí, éfúḍùàmè, glàḍùàmè, glàvéàmè, káká)

àdùdɔ́véé : n. urine retention

àdùdɔ́véédɔ̀ : n. urinary retention (sickness)

àdùdɔyɔ̀yɔ̀ : n. dentistry

àdùdɔyɔ̀lá : n. dentist

àdùdɔyɔ̀yɔ̀ŋútínúnyá : n. dentistry

àdùdɔ̀ : n. a spieces of squirrel (syn. àdédé, àdɔ̀, àdɔ̀è, ágbòè, àkɔ̀dɔ̀è, ànyɔ́ŋɔ́nɔ́è, àtsíákúí, àwúyé, kàdzídɔ́è, kàsànúí, kéndè, klúlù, kòkòbà, krúḍù)

àdùdɔ́ : n. urine

àdúdɔ̀ : n. garbage

àdùdɔ́dí : n. uric acid

àdùdɔ́gò : n. chamber pot

àdùdɔ́kítà : n. dentist

àdùdɔ́vé : n. urinary incontinence

àdùdɔ́vívídɔ̀ : n. diabetes

àdùdùàmè : n. toothache *(syn. àdɪsí, àdùdɔlélé, àdùvéámè, ádùvéé, àdùvévé, àdùvévédɔ̀, ádùsí, éfúdùàmè, glàdùàmè, glàvéàmè, káká)*

àdúdùdù : n. grinding of teeth

àdùfɔ̀tí : n. 1. rotten tree trunk 2. toothpick

àdùfùdí/ àdùfùlí : n. parasite

ádǔfátí : n. toothpick

àdùfátí (dù-) : v. to clean the teeth

àdùdɔ́tòè/ àdùdɔ́tùì : n. bladder

àdùdɔ́tófé : n. ureter

àdùgá̃ : n. 1. defence 2. vindication

àdùgbó : n. 1. latch 2. pliers

àdùhòfé : n. dental clinic

àdùhòhò : n. pulling out of teeth

àdùhòlá : n. dentist *(syn. àdùtíkèwɔ̀lá)*

àdùkéklé̃ : n. showing of teeth

àdùklí : n. tooth grinding

àdùklí (dù-) : v. to grind the teeth

ádǔklídùdù : n. grinding of teeth

àdùklídùfé : n. 1. hell 2. a place of suffering

àdùklínyà : n. a revolt

àdùklínyà (nyé-) : v. to revolt

àdùklɔ́nú : n. toothbrush

àdùkònú : n. name of a charm

àdùkɔ́klɔ́ : n. brushing of teeth

ádǔklɔ̀là̃ : n. gum

ádǔklɔ́tíkè : n. toothpaste

àdùkpákpɛ̀ : n. artificial tooth *(syn. àdùwɔ́wɔ̀è)*

àdùkpálá : n. dental technician

àdùkpó : n. 1. dumping ground 2. refuse ground *(syn. gbékɔ̀dɔ́fé, gbèlɔ́fé, kɔ́kɔ́lí, kɔ́lì)*

àdùkpó (sè nyà dé-) : v. to listen to something a slefless way

àdùmètɛ́ : n. saliva that is squirt between the teeth.

àdùmètɛ́ (dè-) : v. to spit through the teeth

àdùmètɛ́dèdè : n. spitting through the teeth

àdùmí : n. tartar

àdùmí (dè-) : v. to remove tartar from the teeth

àdùmídèdè : n. the removal of tartar from the teeth

àdùmídèmɔ̀ : n. teeth scaler

àdùmídènú : n. teeth scaler

àdùŋúlà̃ : n. gum

àdùŋúlnúnyálá : n. denstist

àdùsí : n. toothache *(syn. àdìsí, àdùdɔ́lélé, àdùdùàmè, àdùvéámè, áɖùvéé, àdùvévé, àdùvévédɔ̀, áɖùsí, éfúɖùàmè, glàɖùàmè, glàvéàmè, káká)*

àdùtámè, àdùtémè : n. the space between two teeth

àdùtíkè : n. medicine for toothache

àdùtíkèwɔ̀lá : n. dentist *(syn. àɖùhòlá)*

àdùtómè : n. space between the teeth

àdùtómé (ɖè -) : v. to clean the teeth

àdùtótó : n. teething

àdùtɔ̀ : n. dental

àdùtsòè : n. canine

àdùtútú : n. 1. brushing of teeth 2. toothless 3. toothless person

àdùtútúnú : n. toothbrush

àdùtútútɔ́ : n. 1. toothless 2. toothless person

àdùtútútɔ́ (nyé -) : v. to become a toothless person

àdùtútútɔ̀è : n. like a toothless person

àdùvéàmè : n. toothache *(syn. àdìsí, àdùdɔ́lélé, àdùɖùàmè, áɖùvéé, àdùvévé, àdùvévédɔ̀, áɖùsí, éfúɖùàmè, glàɖùàmè, glàvéàmè, káká)*

áɖùvéé : n. toothache *(syn. àdìsí, àdùdɔ́lélé, àdùɖùàmè, àdùvéàmè, àdùvévé, àdùvévédɔ̀, áɖùsí, éfúɖùàmè, glàɖùàmè, glàvéàmè, káká)*

àdùvévé, àdùvévédɔ̀ : n. toothache *(syn. àdìsí, àdùdɔ́lélé, àdùɖùàmè, áɖùsí, àdùvéàmè, áɖùvéé, éfúɖùàmè, glàɖùàmè, glàvéàmè, káká)*

àdùwɔ́wɔ̀è : n. artificial tooth *(syn. àɖùkpákpɛ̀)*

àfá : n. oracle

àfá (kà -) : v. 1. to divine 2. to consult an oracle

àfá (xɔ̀ -) : v. to receive an oracle

àfá (hè -) : v. to make offerings to an oracle

àfá : n. half

àfá (wɔ̀ nú – kplé -) : v. to do something halfway

àfábà : n. 1. hall 2. bed on which one divines

àfábè : n. a blind person *(syn. ŋkúgbàgbàtɔ́, ŋkúágbàtɔ́, ŋkúgbànɔ̀, ŋkúnɔ̀, ŋkúnɔ̀tɔ́, ŋkútótótɔ́)*

àfádè : n. 1. palm tree whose seeds are used for divination 2. sacred palm

àfádù : n. horoscope predicted by an oracle

àfádù (kà –) : v. to predict the horoscope by consulting the oracle

àfágbè : n. herbs used by an oracle

àfáhà : n. chant of an oracle

àfákàkà : n. 1. divination 2. the act of consultin an oracle *(syn. núkàkà)*

àfákàlà : n. 1. diviner 2. someone who forsees the future

àfákɛ̀ : n. piece of calabash used to stir gari/ dough

àfákòtòkú : n. divination bag

àfákɔ̀ : n. totem of an oracle

àfákpò : n. divination bag

àfámà : n. 1. leaves used for divination 2. an oracle's ersatz

àfánù : n. 1. object intended for an oracle 2. a divination ceremony

àfànyá : n. big machette

àfàŋùtìnùnyá : n. paraphernalia for divination

àfàsi : n. female assistant of a diviner/ an oracle

àfásìnú : n. half

àfátɔ́ : n. 1. diviner 2. prophet 3. seer

àfáʊú : n. drum used for divination

àfázà̀ : n. night preceding the ceremony of the oracle

àfázà̀ (drɔ́ –) : v. to keep wake on the night preceding the oracle's ceremony

àfázà̀dɔ̀drɔ́ : n. keeping wake on the night preceding the oracle's ceremony

àfé : n. dirt

àfé (wɔ̀ –) : v. to make dirt

àfɛ : n. comb (syn. àyǎ, àyídá, liá, yídá)

àfénú: n. 1. dirt 2. detritus

àfénúwɔ̀wɔ̀ : n. the act making things dirty

àfénwɔ̀wɔ̀ : n. making things dirty

àfì : n. mouse (syn. gbàxlẽ́)

Afí : n. name of a girl born on friday

àfí : n. location (syn. gà)

àfí : n. 1. ash 2. cinder

àfí áḍé : adv. 1. somewhere 2. some place

àfí áḍéké (ò) : adv. 1. nowhere 2. no place

àfí bú : adv. elsewhere

àfí búbù (lè -) : adv. elsewhere

àfí kà?/ àfíkà?/ àfí kà....ḍò? : int. 1. where 2. to where

àfíkà : adv. 1. where 2. whereabouts 3. interrogative. (where?)

àfí kà kéé/ àfíká kéé : loc adv. anywhere

àfí kèmɛ̀ : adv. over there

àfí má/ àfímá : adv. 1. there 2. over there

àfímá : adv. there

àfí má (tsó-) : loc. adv. since then

àfísì : adv. 1. where 2.whereabouts

àfísìà/ àfí sìà : adv. where

àfísìà gódzí : adv. here

àfísìàfí : adv. 1. anywhere 2. anyplace

àfià : n. 1. verdict 2. judgment 3. discharge

àfià (tsò -) : v. to give a verdict

àfià (tsò - ná) : v. to discharge

àfiǎ : n. 1. antelope/waterbuck 2. deer (syn. àfiàtsú, àfiǎyì, àgblègbɔ́é, àtùŋgbà, àvègbɔ́ɛ́, fí, gbàgbà, gbàgbà, zìnɔ̀)

3. capricorn 4. anger 5. rage 6. hatred

àfiǎ (wɔ̀ -) : v. to get angry

àfiǎdzòdèkɛ́ : n. unicorn (syn. gbàgbàdzòdèkɛ́)

àfiánú : n. tray

àfiaŋkúnɔ̀ : n. 1. a blind verdict 2. a bad judgment

àfiaŋkúnɔ̀tsòlá : n. a bad judge

àfiǎnɔ̀ : n. kid

àfiánú : n. van

àfiaŋkúnɔ̀tsòlá : n. a bad judge

àfiàtsòfé : n. 1. court 2. tribunal

àfiàtsòyì : n. time of verdict

àfiàtsòlá : n. a person who proclaims the verdict

àfiàtsònú : n. exhibit

àfiàtsòtsò : n. 1. conviction 2. absolution 3. sentence 4. condemnation

àfiàtsú : n. deer (syn. àfiǎ, àfiǎyì, àgblègbɔ́é, àtùŋgbà, àvègbɔ́ɛ́, fí, gbàgbà, gbàgbà, zìnɔ̀)

àfiǎyì : n. 1. deer (syn. àfiǎ, àfiàtsú, àgblègbɔ́é, àtùŋgbà, àvègbɔ́ɛ́, fí, gbàgbà, gbàgbà, zìnɔ̀) 2. antelope

àfibà : n. common white grouper / seaperch (syn. lògò)

Afíbá : n. first name of a girl born on a Friday

àfidà : n. a kind of a venomous snake

àfidèmɛ̀ : n. name of a kind of grass

àfidɛ̀ : n. mouse trap

àfidò : n. mouse hole

àfidzà : n. mouse trap

àfidùdà : n. a type of snake that eats mouse

àfífià : n. 1. sweat (syn. àfífiɔ́, fífíá) 2. skin rash/heat rash/prickly heat (syn. àfífiàkpà, zàfífíá)

àfífiàkpà : n. skin rash/heat rash/prickly heat (syn. àfífià, fífià, zàfífíá)

àfíì : adv. 1. right here 2. over here 3. here

àfíìtɔ̀ : adv. here

àfíkɔ́ : n. pile of ashes

àfíkúdá : n. ash Wednesday (the first day of lent)

àfikpòé : n. a mound of earth made by a mouse

àfikpɔ̀ : n. a kind of big rat

àfíì kplé àfímɛ̀ : loc. adv. here and there

àfímátɔ́ : n. those from there

àfímátɔ́ : adv. from there

àfímè/ àfímɛ̀ : adv. over there

àfìmɔ̀ : n. mouse trap

àfinɔ̀ : n. female mouse

àfísì/ àfísì....ɖó : adv. where

àfísì ké : adv. anywhere

àfísìàfí : adv. anywhere

àfísìàfí sí/ àfísìàfí sí ké : adv. 1. everywhere 2. anywhere

àfísìàfítɔ̀ : adj. universal

àfisìké : n. mouse tail

àfìtí : n. mustard

Afíví : n. name of a girl born on Friday

Afíwá : n. name of a girl born on Friday

àfiyì : n. a kind of a black mouse

Afíyò : n. name of a girl born on Friday

àflà : n. 1. common guitarfish 2. white spotted guitarfish

àflá/ àflǎ : n. a kind of grass used for religious purifications

àflǎ : n. sword

àflágà : n. flag

àflágàtsɔ́lá : n. flag bearer

àflákú : n. 1. yeast 2. baking powder

àflàmàná : n. a kind of big fishing net

àflàtógǎ : n. kalandere grenata

àflátsi : n. purification water of grass "afla"

àflíbátá : n. ringworm (syn. àbálà, àgblà, ànyàmà, bàlà, flíbátá, fòkpòfòkpò, kàvègɛ̌, kɔ́kɔ́è, zɔ̀lélé, zɔ̀lí, zɔ̀lilí)

àflówɔ́é : n. a metal bottle in which perfumed oil is kept

àflùí : n. 1. rumor 2. an expose 3. head down

àflùí (ɖi-) : v. to rumor

àflùí (tí-) : v. run at full speed

àflùíɖiɖi : v. to rumor

Afó : n. a masculine first name

àfɔ : n. 1.foot 2. paw

àfɔ dè....gbɔ́ : v. to pay a visit

àfɔ (bàɖà- ná) : v. 1. to upset 2. to overturn

àfɔ (bìá-) : v. to ask news from

àfɔ (bú- ná) : v. to loose thread of a conversation or idea

àfɔ (dà-) : v. to be unfaithful

àfɔ (dé- àtùkpá) : v. 1. to die 2. to pass away

àfɔ (dé-gbɛ̌) : v. to be unfaithful

àfɔ (dé...gbɔ́) : v. to go to

àfɔ (dé- mɔ́ mé ná) : v. to accompany

àfɔ (dó- ná) : v. 1. to go looking for 2. to search

àfɔ (dɔ̀- ná) : v. to deal with

àfɔ (drè- ɖé édzí) : v. 1. to worsen 2. to intensify

àfɔ (dzè...-dzí) : v. to follow in the footsteps

àfɔ (ɖè-) : v. 1. to start walking 2. to behave 3. to make a pace

àfɔ (ɖó-) : v. to set foot

àfɔ (ɖó-àfɔtà ná) : v. 1. to imply 2. to insinuate

àfɔ (ɖó- kpé dzí) : v. 1. to decide firmly 2. to make a firm decision

àfɔ (fò- ɖi) : v. to come always

àfɔ (fò- ná) : v. to absolve infidelities

àfɔ (fò- tsì ná) : v. to welcome with enthusiasm

àfɔ (fù-ɖé émè) : v. to commit oneself to

àfɔ (glí-) : v. to loose balance

àfɔ (gbà-) : v. to walk

àfɔ (klì- nyùí) : v. 1. to arrive at the right time 2. to have luck

àfɔ (klì- vɔ̃é) : v. 1. to arrive at the wrong time 2. not to have luck

àfɔ (kú-) : v. to not want to walk

àfɔ (lé- ɖé....ŋú) : v. to be serious

àfɔ (lé- ná) : v. 1. to ask for forgiveness 2. to apologize

àfɔ (lìɔ- ɖá) : v. to withdraw from

àfɔ (ná-) : v. 1. to ejaculate 2. to cum

àfɔ (tè- ɖé tò) : v. to persevere

àfɔ (tó-) : v. 1. to go on foot 2. to walk

àfɔ (tɔ́-) : v. to begin

àfɔ (tsò-) : v. to miss

àfɔ (tsɔ́-) : v. to work well

àfɔ (tsɔ́-nyùìé) : v. to have a nice trip

àfɔ (xɔ̀-) : v. to ask for news

àfɔ (yì-dzí) : v. go to the toilet

àfɔ (kú ná) : v. do not want to walk

àfɔbàyà : n. foot

àfɔbàyà títínàfú : n. metatarsus

àfɔbíɖɛ : n. toe

àfɔbíɖɛfúwó : n. phalanges

àfɔbɔ́lù : n. football

àfɔbɔ́lùfòfé : n. football field

àfɔbɔ́lùfòlá : n. footballer

àfɔbɔ́lùfòfò : n. football

àfɔbúbú : n. lose thread of conversation or idea

àfɔdè : n. foot

àfɔdéɖégbě : n. 1. infidelity 2. fornication

àfɔdódó : n. going on a search

àfɔdzí : n. toilet

àfɔdzíɖèfé : n. 1. toilet 2. place of convenience

àfɔdzíɖónú : n. pedestal

àfɔdzíɖètíkè : n. purgative

àfɔ̀dzítsòtíkɛ̀ : n. anti-diarrhoea medicine

àfɔ̀dzíxɔ̀ : n. 1. toilet 2. lavatory

àfɔ̀dzídò : n. latrine

àfɔ̀dzɔ̀dzɔ̀è : n. right foot

àfɔ̀dzòè : n. horn

àfɔ̀dzɔ́é : n. spur

àfɔ̀dzɔ̀dzɔ̀èɖèɖè : n. honesty

àfɔ̀ɖàŋù : n. football game technique

àfɔ̀ɖèɖè : n. 1. pace 2. stride 3. attitude

àfɔ̀ɖèɖè : n. 1.stride 2. trail

àfɔ̀ɖèkánɔ̀/ àfɔ̀ɖèkátɔ́ : n. one-legged person

àfɔ̀ɖèkɛ́dù : n. foot race

àfɔ̀ɖèkɛ́mɔ́ : n. trail

àfɔ̀ɖétí : n. measure for cotton

àfɔ̀ɖèfé : n. path

àfɔ̀ɖóànyí : n. 1. conduct 2. behaviour

àfɔ̀ɖóànyí (tsɔ́- kú) : v. take measures against

àfɔ̀ɖódzinù : n. 1. carpet 2. mat

àfɔ̀ɖóɖó kpé dzí : n. a firm decision

àfɔ̀ɖoé : n. little loincloth

àfɔ̀ɖófé : n. 1. pedal 2. footprint

àfɔ̀ɖòmè : n. ankle

àfɔ̀fètsú : n. toenail

àfɔ̀fiɛ : n. april.

àfɔ̀fli : n. footprint

àfɔ̀fli bú : v. to be dark

àfɔ̀flibúbú : n. 1. dark 2. black

àfɔ̀fòfò : n. absolution of infidelity

àfɔ̀fòmè : n. 1. sole 2. senegalese tongue-sole 3. guinea sole

àfɔ̀fòmédzɔ̀bú : n. foot yaws *(syn. dzɔ̀búkúí, sàkpàmì, tsàkpàŋkúí)*

àfɔ̀fòmètré : n. web

àfɔ̀fú : n. leg bone

àfɔ̀gà : n. bell

àfɔ̀gà (dé-) : v. to put on iron

àfɔ̀gɛ́ : n. small chain

àfɔ̀gódé : n. socks

àfɔ̀gɔ́glɔ̃ : n. 1. cracked foot 2. bad student

àfɔ̀gɔ́glɔ̃tɔ́ : n. one who has a cracked feet

àfɔ̀gɔ̀mè : n. sole

àfɔ̀gɔ̀mègà : n. ring with bells worn on the feet by fetishers

àfɔ̀gùnù : n. ankle

àfɔ̀gbà : n. top of the foot

àfɔ̀gbégblétɔ́ : n. a cripple

àfɔ̀gbɔ́ : n. the feet

àfɔ̀ké : n. sand under the feet

àfɔ̀gígli : n. 1. stumble 2. misstep

àfɔ̀kìklì : n. banging the foot against something

àfɔ̀klì, àfɔ̀klè : n. 1.hook 2. shoe

àfɔ̀klìkpé : n. stumbling block

àfɔ̀kɔ́é : n. 1. heel 2. ankle (EwelanguageTV, 2021)

àfɔ̀kú : n. accident

àfɔ̀kú ídzè-ĩ ɔ̃ v. tò hàvè àn àɔ̀ɔ̀ìdènt

àfɔ̀kúdzèlá : n. 1.casualty 2. injured person

àfɔ̀kúnú : n. 1. a dangerous act 2. a perilous act

àfɔ̀kúnú (nyè-) : v. 1. to be dangerous 2. to be perilous

àfɔ̀kútàfèxéhá : n. insurance company

àfɔ̀kúxɔ̀déàkɔ́ : n. accident insurance

àfɔ̀kúxɔ̀déàkɔ́gbàlẽ̀ : n. insurance card or paper

àfɔ̀kpà : n. 1. shoe 2. footwear

àfɔ̀kpà klòtsò : n. boot

àfɔ̀kpà (dó-) : v. to wear shoes

àfɔ̀kpà (dè-) : v. to take off shoes

àfɔ̀kpàdólá : n. one who wears shoes

àfɔ̀kpàgɔ̀mè : n. sole of a shoe

àfɔ̀kpàkà : n. shoelace

àfɔ̀kpàkpà : n. sole of a shoe

àfɔ̀kpàmì : n. shoe polish

àfɔ̀kpàtɔ̀lá : n. 1. shoemaker 2. cobbler

àfɔ̀kpàtútúmì : n. shoe polish

àfɔ̀kpàví : n. slipper

àfɔ̀kpéfú : n. tarsus

àfɔ̀kpó, àfɔ̀kpédzí, àfɔ̀kpódzí : n. heel (syn. àfɔ̀tá)

àfɔ̀kpódzí wówó : n. cracking on the side/heel of the foot (syn. àfɔ̀tógà wówó, àfɔ̀xá wówó, sámbí, símbí)

àfɔ̀kpódzígà : n. stirrup

àfɔ̀kpókplóé, àfɔ̀kpókpóé, àfɔ̀kpúkpúí : n. 1. shoe 2. clubfoot 3. disabled foot

àfɔ̀kpókplóé (lè -), àfɔ̀kpókpóé(lè -), àfɔ̀kpúkpúí (lè -) : v. to be on one's heels

àfɔ̀lálắtɔ́ : n. 1. one legged person 2. a cripple

àfɔ̀lélé dé… ŋú : n. to be careful when doing something

àfɔ̀lètɔ́ : n. someone with slender legs

àfɔ̀lùʊ̀ɔ̀è : n. a muscle cramp of the leg

àfɔ̀mègbéá : n. 1. straggler 2. laggard

àfɔ̀mɔ̀ : n. sewing machine

àfɔ̀mɔ́ : n. 1. path 2. trail 3. footpath

àfɔ̀mɔ̀è : n. 1. path 2. footpath 3. trail

àfɔ̀mɔ̀è : n. bird trap

àfɔ̀mɔ̀é : n. 1. path 2. trail 3. footpath

àfɔ̀ná : n. sperm (syn. lẽ̀ví, ŋútsúsí)

àfɔ̀nálèví : n. spermatozoon

àfɔ̀nè : n.quadruped

àfɔ̀nù : n. toe

àfɔ̀nù (tɔ́-) : v. to stumble against

àfɔ̀nùgà : n. horseshoe

àfɔ̀ŋútò : n. footprint

àfɔ̀tà : n. heel *(syn. àfɔ̀kpó, àfɔ̀kpédzí, àfɔ̀kpódzí)*

àfɔ̀tà (ɖè àfɔ̀ - ná) : v. to touch somebody with the foot to signify something

àfɔ̀támè, àfɔ̀témè : n. the space between the toes

àfɔ̀támèvóvó : n. athlete's foot/fungal infection of the foot (foot rot)

àfɔ̀táyǐ : n. palm paw of a bird

àfɔ̀tè : n. standing

àfɔ̀tè (dzè-) : v. 1. to recover 2. to regain

àfɔ̀tè (lè-nɔ̀) : v. to stay up

àfɔ̀tèfé : n. footprint

àfɔ̀témègbàlɛ̀ : n. webbed foot

àfɔ̀tí : n. 1.leg 2. wheel 3. tire 4. trestle

àfɔ̀tófé : n. 1. sidewalk 2. path 3. trail

àfɔ̀tógà : n. sole edge

àfɔ̀tólá : n. pedestrain

àfɔ̀tɔ́ : n. pedestrian

àfɔ̀tɔ́tófé : n. pavement

àfɔ̀tɔ́wó tófé : n. pavement

àfɔ̀tɔ́gò : n. 1. support 2. backing 3. endorsement

àfɔ̀tɔ́gòfé : n. 1. support 2. backing 3. endorsement

àfɔ̀tógà wówó: n. crack on the side of the foot *(syn. àfɔ̀kpódzí wówó, àfɔ̀xá wówó, sámbí, símbí)*

àfɔ̀tùàmè : n. kick

àfɔ̀tùtù : n. kick

àfɔ̀tùtù ànyí : n. trampling

àfɔ̀tsɔ́tsɔ́ : n. 1 .pace 2. rhythm 3. tempo

àfɔ̀tsrɛ́ : n. 1. trot 2. trotting

àfɔ̀tsúklì : n. 1. lug 2. spur

àfɔ̀vé / àfɔ̀véàmè : n. foot pain

àfɔ̀ví : n. toe

àfɔ̀ʋú : n. walking

àfɔ̀ʋúmè : n. above the heel

àfɔ̀ʋútí : n. 1. leg of a veal 2. calf *(syn. sóbó, sóbúí)*

àfɔ̀wùì : n. socks

àfɔ̀wùì lègbè : n. stockings

àfɔ̀wùìléká : n. garter

àfɔ̀xà fòfùì : n. horn

àfɔ̀xá wówó : n. cracking on the side/heel of the foot *(syn. àfɔ̀kpódzí wówó, àfɔ̀tógà wówó, sámbí, símbí)*

àfɔ̀zɛ́ (dó-) : v. to trot

àfɔ̀zí : n. footsteps

àfɔ̀zɔ̀lá : n. 1. pedestrain 2. traveller 3. walker

àfɔ̀zɔ̀zɔ̀ : n. walk

àfrà : n. 1. badge 2. sword

Afríkà : n. Africa.

Afríkà-gbè : n. African language

Afríkà-Gàd̩èkád̩ùd̩ùkɔ́wó : n. African Financial Community

Afríkà-Krístòhámèwó ƒé Hábɔ̀bɔ̀ : n. Conference of Churches all over Africa

Afríkà-màtsìwɔ̀wɔ̀/ Afríkà-tíkèwɔ̀wɔ̀ : n. African Pharmacopoeia

Afríkà-màtsìwɔ̀wɔ̀ mɔ́nù : n. African Pharmacopoeia

Afríkà-Núfìàlàwó Hábɔ̀bɔ̀ : n. Organization of Panafrican Teachers

Afríkàtɔ́ : n. African

àfù : n. 1. mist 2. haze 3. twilight

àfú : n. 1. bush 2. small forest 3. waste 4. looting

àfú ídó - ĩ̀ : v. 1. to go waste 2. to get spoilt

àfú ínyí - ĩ̀ : v. to search for food

àfú ítsɔ́ - ĩ̀ : v. to search for food

àfũ̀ : n. 1. prominent hernia 2. hydrocele (syn. àfò, èvò, vò)

àfù dó/ àfù xé : v. 1. to be misty 2. to be hazy

àfũ̀ (d̩ó -) : v. 1. to have protruding hernia 2. to have a hydrocele

Afúá : n. name of female born on Friday

àfúnè : n. funnel

àfúnyínyí : n. 1. raid 2. plunder

àfúnyínú : n. booty

àfútìkpó : n. springboard

àƒá : n. 1. shout 2. cry 3. scream

àƒá ínyà - ĩ̀ : v. 1. to rescue 2. to help

àƒádédé : n. 1. cry 2. shout 3. scream

àƒádódó : n. 1. howling 2. squawk

àƒádònyà : n. the word spoken when screaming for help

àƒádòlà : n. 1. bawler 2. muezzin

àƒádómɔ́ : n. loud speaker

àƒáflè : n. a kind of good smelling berry

àƒáflètí : n. good smelling berry tree

àƒáɣlí : n. shouts of excitement

àƒáɣlí (dó -) : v. to scream with excitement

àƒányà : n. loud speaking

àƒányànyà : n. help

àƒé : n. 1. house 2. home 3. country 4. village

àƒé (d̩ì -) : v. to bury with honours

àƒé (kpɔ́ nyɔ́nù lè -) : v. to break the virginity of a woman àfé (tù -) : v. to build a house

àfé (tsò -) : v. to build a house

àfé (ʊú lé -) : v. to move out of a house

àfé (xɔ́ -) : v. to invade a house

àfé sùè : n. small house

àféáwó : n. elders of a city

àfédò : n. 1. empty house 2. abondoned house

Afédò : n. the name given to a boy after his father's death

àfédòmè : n. 1. city centre 2. village centre

àfédòmè : n. abandoned village site

Afédòmèsi : n. first name of a girl born just after the father's death

àfédɔ́ : n. work to be done in a country

àfédzíkpɔ́lá : n. 1. caretaker 2. father of a family

àfédzíkpɔ́kpɔ́ : n. 1. maintenance of the house

àfédzɔ̀ : n. rent

àfédzróámè : n. nostalgia

àfédzróámèdɔ̀lélé : n. nostalgia

àfédiḍì : n. burial with honor

àféfí : n. 1. house mouse 2. traitor

àfédiḍìtɔ̀è : adv. with honor

àféfò : n. meridian

àféfóé/ àféfúí : n. younger sister

àféflélùì : n. turtledove (syn. blèkú, fóflólúí, fófólí, tsyótsyóglòtsòé, vòlòè, vòlùì, vòli, ʊlí, ʊúli)

àféflíkà : n. neighbour

àfégà : n. 1. gongon 2. bell of the town crier.

àfégằmè : n. main district of a city where live the most influential people

àfégbà : n. baggage

àfégbà (blá-) : v. to pack baggages

àfégbà (dó-) : v. to pack baggages

àfégbà (kà-mè) : v. to buy gifts returning from trip

àfégbàgbà : n. house destruction

àfégbànyà : n. a word that can destroy a home

àfégbè : n. 1. ethnic language 2. mother tongue

àfégblí : n. ant

àféɣè : n. traditional dance

àféɣè (ḍú -) : v. to do a traditional dance

àféɣèḍúḍú : n. traditional dance

àféɣèḍúlá : n. traditional dancer

àféhà : n. pig (syn. hà, kplàkò, pràkò)

àféhá : n. 1. traditional song 2. village association

àféhá (dzí -) : v. to sing traditional songs

àféká (dé - / ḍé) : v. to be a neighbour

àfékɔ̀ (ḍè -) : v. to clean the house

àfékɔ́ : n. family

àfékɔ́ (drɔ́ - nyá) : v. to settle a family affair

àfékɔ́dèḍè : v. cleaning around the house

àfékɔ̀nú : n. traditional ceremony of the village native

àfékɔ̀nyà : n. family affair

àfékú : n. 1. natural death 2. death caused by someone from the house

àfékú (kú -) : v. to die at home

àfékpɛ̀ : n. bugle of the house

àfékpɔ́é : n. a small closure used as a washroom

àfélà̰ : n. domestic animal

àfélɛ̰̀ : n. small pet

àfélí : n. protective fetish of a house

àfélíkà : n. 1. neighbour 2. neighbourhood (syn. xɔ̀dòmètɔ́)

àfémáníá : n. news from home

àfémànɔ̀è : adv. homeless

àfémè : n. home (syn. àhòémè, kpɔ̀mè)

àfémèdè : n. home manners

àfémèdɔ́ : n. 1. housechore 2. homework

àfémèdɔ́wó : n. 1. housechores 2. homeworks

àfémèfɔ̀kpà : n. slippers

àfémègbè : n. home manners

àfémèkɔ̀ : n. family taboo

àfémèlà̰ : n. domestic animal

àfémèlà̰wó : n. domestic animals

àfémènɔ̀gbè : n. holiday

àfémènɔ̀lá : n. housekeeper

àfémènɔ̀vɔ́ : n. loincloth used at home

àfémènú : n. items of the house

àfémènúfíálá : n. tutor who teaches at home

àfémènyà : n. affairs of the home

àfémènyàé : n. a matter of the home

àfémèŋkɔ́ : n. name used at home

àfémèsì : n. 1. housewife 2. a wife of the same family line

àfémèsì : n. a spouse of the same family line

àfémètɔ̀ : n. 1. domestic 2. household

àfémètsì : n. tap water (at home)

àfémèvì : n. family wailing

àfémèví : n. family member

àfémèvì(fà -) : n. to lament with the family

àfémèvìfàfà : n. lamenting with the family

àfémèvìfàlá : n. family mourner

àfémèvìfàgbè : n. family mourning day

àfémèʋú : n. 1. family drum 2. traditional family orchestra

àfémèxè : n. poultry

àfémèzèvídzɛ̀ : n. 1. family secret 2. holy water buried when building a house

àfémɔ̃ : n. 1. custom 2. habit

àfémɔ́nù : n. house entrance

àfénàkpá : n. 1. holiday 2. rest day

àfénɛ̀ : n. 1. a small snake which looks like a python

àfénɔ̀ : n. 1. housewife 2. directress 3. a tribe's city of origin

àfénɔ̀ : n. 1. madam 2. mistress

àfénɔ̀è : n. a type of poisonous sname

àfénɔ̀ègàgbè : n. the sixth farm day (a day of rest) *(syn. mémléɖá, mémléɖágbè)*

àfénɔ̀gbè : n. traditional day of rest (every 4 days in anlo culture, every 5 days in other cultures)

àfénɔ̀yì : n. a period of staying at home

àfénɔ̀lá : n. someone who stays at home

àfénɔ̀tsìtsì : n. matron

àfénɔ̀ví : n. young lady

àfénɔ̀vɔ́ : n. loincloth which is worn at home

àfénɔ̀wó : n. 1. madams 2. mistresses

àfénú : n. traditional outfit

àfénúwɔ̀fé : n. a place where customary practices are perfomed

àfénúwɔ̀wɔ̀ : n. the act of perfoming customary practices

àfényà : n. family affairs

àfényì : n. 1. bull/cow 2. beef

àfényìwó : n. cattle

àfényɔ́nù : n. 1. local woman 2. a native woman of the town her husband hails from

àféŋkɔ́ : n. ethnic name

àfésì : n. a spouse hailing from the same village as his/her partner

àfésìgbè : n. 1. market day of a village 2. day of rest

àfésrɔ̀ : n. a spouse hailing from the same village as his/her partner

àfétà : n. roof a a house

àfétí : n. 1. breadwinner of a family 2. name given to a boy born after the death of his father 3. abandoned village

àfétɔ́ : n. 1. Lord 2. sir

àfétɔ́ : n. 1. Landlord 2. host

àfétɔ́gà : n. bell of a town crier /bellman

àfétɔ́gã́ : n. general manager

àfétɔ́wó : n. men of a house/village

àfétrɔ́, àfétrɔ́tsɔ́àmè : n. 1. dizziness 2. spell 3. swagger *(syn. àfétrɔ́é, dzédzé, mòtɔ́trɔ́, mòtróé, mòtrɔ́, mòtrɔ́dɔ̀, mòtrɔ́é, ŋkúmètɔ́trɔ́, ŋkúmètrɔ́dɔ̀, ŋùzì)*

àfétrɔ́é : n. 1. dizziness 2. spell 3. swagger *(syn. àfétrɔ́, àfétrɔ́tsɔ́àmè, dzédzé, mòtɔ́trɔ́, mòtróé, mòtrɔ́, mòtrɔ́dɔ̀, mòtrɔ́é, ŋkúmètɔ́trɔ́, ŋkúmètrɔ́dɔ̀, ŋùzì)*

àfétsɛ́ : n. young brother

àfétsòlá : n. founder of the house

àfétsòtsò : n. 1. construction of house 2. establishment of a house 3. colonisation of a country

àfétsòdɔ́ : n. construction work

àfétùtù : n. construction of a building

àféví : n. native of a town

àféví (fà -) : v. to be nostalgic for one's country

àfévù : n. 1. family conflict 2. family dispute

àfévù : n. family

àfévù (dɔ́ -) : v. to cause a family dispute

àfévù (fá -) : v. to find a peaceful solution to a family conflict

àfévù (lé -) : v. to separate fighting parties of a family conflict

àfévù (wɔ̀ -) : v. to have a family dispute / to create a family dispute

àfévùdùɔ́dɔ́ : n. provocation

àfévùfáfá : n. 1. appeasement 2. finding a peaceful solution

àfévùdɔ́lá : n. a provocator in a house/family quarrel

àfévùfálá : n. a peacemaker in a family quarrel

àfévùlélá : n. a peacemaker in a family quarrel

àfévùlélé : n. finding a peaceful solution

àfévùwɔ̀lá : n. an anatogonist in a family quarrel

àfévùwɔ̀wɔ̀ : n. quarelling in the family

àfévɔ̀ : n. traditional outfit

àféʋà : n. civil war

àféʋú : n. rhythm of a traditional drum

àféʋú (fò -) : v. play a rhythm on a traditional drum

àféʋúdódó : n. creation of a group that plays traditional drums

àféʋúfòfò : n. playing of traditional drums

àféʋúdólá : n. member of a traditional drumming group

àféʋúfòlá : n. someone who plays the traditional drum

àféxè : n. domestic bird

àféxɔ̀ : n. townhouse

àféyifɔ̀ : n. reason for embarking on a journey to the village/home

àféyìgbè : n. the day on which one embarks on a journey to the village/home

àféyìyì : n. returning to one's village/home

àfifí : n. 1. mirror 2. glass 3. tile

àflá : n. 1. reed 2. a type of sea fish

àflágà : n. flag

àflágàtí : n. payment of expenses of the ex-husband of a woman one intends to marry by the bridegroom

àflágàtí (lé -) : v. to declare to traditional leaders that one has divorced àfládgàtílélá : n. a woman who declares to the traditional leaders that she has left/divorced her husband

àflátí : n. reed stem

àfláxòè : n. reed hut

àflóé : n. scabies *(syn. àklì, àkpà, àkpàkúí, bèlè, bòsòkpà, fòkpòfòkpò, flòflô, fòflô, klùsàklúsá, kpìtì, zóŋgólàtsístsì)*

àfò : n. hydrocele *(syn. àfṵ̂, èvò, vò)*

àfó : n. sorghum *(syn. fǒ)*

àfùgbàgà, àfùgbàkà : n. keta lagoon

àfùfùí : n. 1. mirror 2. glass 3. tile

àfùmè gbògbó : n. niger barb

àgà : n. 1. precipice 2. slope 3. abyss 4. rock 5. half 6. gap

àgà (ɖè -ɖòkùì ɖé -) : v. 1. to withdraw 2. to go one's way

àgà (dzè -) : v. 1. to be indisciplined 2. to be recalcitrant 3. to be stubborn

àgà (dzè - mè) : v. to go bankrupt

àgà (ɖó - mè) : v. to sink into the abyss

àgá : v. 1. far away 2. far in the sky

àgá (hè ɖé -) : v. 1. to dismiss 2. to marginalise

àgá (fé − ɖá lè … ŋú) : v. 1. to shun (someone) 2. to refuse

àgá (yì) : v. 1. to get away 2. to put away

àgàdà : n. 1. in the distance 2. far away

àgàdà (nò - ná) : v. to beware of

àgàɖóɖó : n. 1. skid 2. slip

àgàdá : n. giant rat

àgàdàgàdà : n. indiscipline

àgàdàgàdà : adj. 1. unberable 2. indiscipline 3. recalcitrant

àgàdàgàdà (dzè -) : v. 1. to be indisciplined 2. to be recalcitrant 3. to be rebellious

àgàdò : n. cave

àgàdòmènòlá : n. troglodytes

àgàdzà : n. 1. wire mesh 2. a variety of trees with red spines

àgǎdzà : n. scorpion *(syn. àgàdzàdzà, àgǎlàhô, àgàlàʋùí, àgàlɛ̂, àgànɛ̂, àgázà, àhò, àkéklé, àzìàbúté, dzìɖègbè, tègè)*

àgǎdzàbɛ́ : n. crab claw

àgàdzàdzà : n. scorpion *(syn. àgǎdzà, àgǎlàhô, àgàlàʋùí, àgàlɛ̂, àgànɛ̂, àgázà, àhò, àkéklé, àzìàbúté, dzìɖègbè, tègè)*

àgǎdzàɖàɖà : n. crab preparation

àgǎdzàléfé : n. crab fishing

àgǎdzàlélé : n. crab fishing

àgàdzànàkè : n. a type of dry wood

àgàdzàʋú : n. military truck

àgàdzèdzè : n. 1. stubborness 2. obstinacy 3. turbulence

àgàdzàʋú : n. military truck

àgàdzèdzè : n. 1. stubborness 2. turbulence 3. inflexity

àgàdzítsì : n. torrent

àgàgà : n. 1. cowrie 2. currency 3. fabric 4. white shroud

àgàgɛ̀ : n. 1. twig 2. bone basin

àgàgɛ̀ : adv. 1. partially 2. partly

àgàgɛ̀ (dó -) : v. do something halfway

àgàgɛ̀dódó : n. doing something halfway

àgàgɛ̀dónú : n. half done

àgàká : n. rat

àgàkè : n. bean

àgàkpé : n. 1. block of stones 2. rocky mountain

àgàlà̰ : n.crab

àgàlà̰ (kù - /lé -) : v. to catch crab

àgàlàdò : n. crab hole

àgàlàgá̰ : n. lobster

àgàlàgò : n. crab shell

àgǎlàhɔ̃́: n. scorpion (syn. àgǎdzà, àgàdzàdzà, àgàlǎhɔ̃́, àgàlɛ̰̀, àgànɛ̰̀, àgázà, àhɔ̰̀, àkéklé, àzìàbúté, dzĭɖègbè, tègè)

àgàlɛ̰̀ : n. small scorpion (syn. àgǎdzà, àgàdzàdzà, àgǎlàhɔ̃́, àgàlǎʋùí, àgànɛ̰̀, àgázà, àhɔ̰̀, àkéklé, àzìàbúté, dzĭɖègbè, tègè)

àgàlɛ̀ : n. roe fruit

àgàlǎʋùí : n. scorpion (syn. àgǎdzà, àgàdzàdzà, àgǎlàhɔ̃́, àgàlɛ̰̀, àgànɛ̰̀, àgázà, àhɔ̰̀, àkéklé, àzìàbúté, dzĭɖègbè, tègè)

àgàmà : n. chameleon (syn. kpɔ́kú, lìtsà)

àgàmàgbàlɛ̰̀ : n. chameleon skin (syn. lìtsàgbàlɛ̰̀)

àgàmàzɔ̀lì : n. chameleon gait

àgàmàzɔ̀lì (zɔ̀ -) : v. to walk slowly and surely

àgàmè : n. 1. abyss 2. cliff

àgàmègbɔ̰́ : n. antelope

àgàmèdó : n. 1. lair 2.den

àgàmèdzèdzè : n. bankruptcy

àgàmèdzèfé : n. 1. abyss 2. ravine

àgàmèdzèkpé : n. rock in a ravine

àgàmèdzèlá : n. someone who went bankrupt

àgànɛ̰̀ : n. small scorpion (syn. àgǎdzà, àgàdzàdzà, àgǎlàhɔ̃́, àgàlɛ̰̀, àgàlǎʋùí, àgázà, àhɔ̰̀, àkéklé, àzìàbúté, dzĭɖègbè, tègè)

àgànù : n. edge of an abyss

àgàtò : n. 1. cave 2. gulf

àgànɔ̀yì : n. distance

àgànɔ̀fé : n. quarantine

àgànɔ̀nɔ̀ : n. staying away

àgànɔ̀lá : n. 1. whoever stays away 2. someone who is in reserve

àgàyìyì : n. staying away

àgàtsà : n. crab

àgázà : n. scorpion *(syn. àgǎdzà, àgàdzàdzà, àgǎlǎhɔ̃́, àgàlɛ̃̀, àgànɛ̃̀, àgàlàʋúí, àhɔ̀, àkéklé, àzìàbúté, dzǐɖègbè, tègè)*

àgè : n. 1. goal 2. way 3. waste money 4. cross sign 5. hideout

àgè (dó -) : v. to score a goal

àgè (lé - mé ná) : v. 1. to be vigilant 2. to be informed

àgè (tsò -) : v. to dance without rhythm

àgédé : n. 1. smooth puffer 2. globefish 3. prickly puffer *(syn. sàkòví)*

àgèdódó : n. scoring a goal

àgèdólá : n. a goal scorer

àgèlévi : n. 1. apprentice 2. assistant 3. servant

àgéshé : n. a type of recreational drum mostly used in Eʋeland

àgètɔ́ : n. someone who wastes money

àgètsòtsò : n. dancing without rhythm

àgètsòlá : n. someone who dances without rhythm

àgètsú : n. agama lizard *(syn. àdògló, ànàkrǎrǎ)*

àgɛ̀ : n. 1. pixie 2. smart spirit 3. goblin

àgɛ́ : n. reed

àgɛ̀mɔ́ : n. trail of a goblin/pixie

àgɛ̀sì : n. someone who is in contact with pixies and receives their powers

àgèdónyàwó : n. score

àgìdí : n. fermented corn dough enclosed in leaves

àglà̀ : n. 1. revolt 2. rebellion

àglà̀ (dé - mò ná) : v. to provoke

àglà̀ (dzè -) : v. 1. to rage 2. to revolt 3. to rebell

àglá́ : n. chive

àglá́ : n. crab

àglà̀ (dé - mó ná) : v. 1. to provoke 2. to make furious

àglà̀ (dzé -) : v. 1. to be recalcitrant 2. to rebel

àglá́ : n. chive

àglǎ : n. crab

àglǎ (kù -) : v. 1. to catch crab

áglàdzèdzè : n. 1. uprising 2. protestation

àglàdzèlá : n. 1. protester 2. rebel

àglàdzènú : n. 1. fury 2. rage 3. stubbornness 4. obstinacy

àglàdzènú (wɔ̀ -) : v. to become furious/obstinate

àglǎgó : n. big padlock

àglákùkù : n. catching crab

àglákùlá : n. someone who catches crabs

àglàtsà : n. a type of crab

àglò : n. 1. banquet 2. festival 3. feat

àgló : n. 1. pride 2. boasting

àgló (tù -) : v. to do the important thing

àgló (wɔ̀ -) : v. 1. to make fuss 2. to be noticed

àglòbò : n. political campaign

àglòbò (tù -) : v. to do a campaign

àglòbòtùtù : n. doing a campaign

àglótùtù : n. 1. pride 2. revelations

àglówɔ̀wɔ̀ : n. making a fuss

àglɔ̀ : n. gulf

àgò : n. 1. stomach 2. stomach wall of an animal 3. velvet 4. outside

àgò : intrj. request for permission

àgò (ɖi -) : v. 1. to arise 2. to apear 3. to accost

àgò (dó -) : v. to ask permission from

àgò (dzè - ná) : v. to finish

àgó! intj. yes (answer to an inquiry)

àgóà : n. guava (syn. àgówà, àgúwɔ̀, góà, gbàgbɛ́, gbèbɛ́, gbɛ̌gbɛ́)

àgòbò: n. a type of wood bird

àgòbó : n. corn husk

àgòbódzò (ɖè - /klé -): v. to peel off the corn husk

àgòbódzò : n. 1. fire made with corn husks 2. a short lived event

àgòbódzò (dó -) : v. to set fire by using corn husks

àgòbóé, àgòbùí : n. bean paste

àgòdìgó : n. western grey plantain-eater (syn. dzògbètsrímá)

àgòɖiɖi : n. appearance

àgòɖilá : n. 1. survivor 2. someone rejected by the sea (survivor at sea)

àgòdódó : n. 1. excuse 2. request for permission

àgòdzèdzè : n. finish

àgòdzòè : n. curve

àgòdzòè (dó -) : v. 1. to have a curved back 2. to curve

àgòò! : intj. 1. attention! 2. could we enter /could I enter? (a place) 3. notice!

àgòkpó : n. beyond

àgòvɔ́ : n. velvet fabric

àgówà : n. guava (syn. àgóà, àgúwɔ̀, góà, gbàgbɛ́, gbèbɛ́, gbɛ̌gbɛ́)

àgówàtí : n. guava tree

àgɔ̀ : n. 1. fault 2. offence 3. the fruit of the fan-palm tree 4. the fan palm tree 5. a child born by the feet 6. buttocks 7. barracuda (fish) (syn. àlédzí, lídzí, lídzítsú) anus

Agɔ̀ : n. first name given to a child born by the feet

àgɔ̀ (dé -) : v. 1. to be sour 2. to begin to ferment

àgɔ̀ (dzè -) : v. 1. to be guilty 2. to offend 3. to be wrong

àgɔ̀ (ɖù -) : v. to celebrate intensively

àgɔ̀bàyà : n. leaf of the fan-palm

àgɔ̀blí : n. a meal of maize and slices of the fruit of the fan palm

àgɔ̀bɔ́ : n. 1. umbilical hernia *(syn. àgbɔ̀gbɔ́, àklɔ̀bé)* 2. hernia *(syn. àklólòè, àkplólúí, kùtsù)* 2. big belly button

àgɔ̀dòmè : n. an area with on or several fan palm trees

àgɔ̀dzèdzè : n. 1. wrong 2. shortcoming

àgɔ̀dzèhà : n. a fine in the form of a drink

àgɔ̀dzèlá : n. a guilty person

àgɔ̀dzènú : n. fine charged for a wrongdoing

àgɔ̀dzíxè : n. ravem

àgɔ̀ɖà : n. leaf of the fan palm tree

àgɔ̀ɖabɛ́ : n. a mat made of the leaves of the fan palm tree

àgɔ̀àɖà : n. pulp fruit of the fan palm tree

àgɔ̀gàdzè : n. recidivism

àgɔ̀gó : n. buttock

àgɔ̀gòlò : n. basket made of fan palm leaves

àgɔ̀gɔ̀è : n. persistence

àgɔ̀gɔ̀è (dó -) : v. to persist

àgɔ̀gbé : n. a variety of fern

àgɔ̀gbùgbɔ̀dzè, àgɔ̀gbùgbɔ̀gàdzè : n. 1. backsliding 2. recidivism

àgɔ̀gbùgbɔ̀dzèlá, àgɔ̀gbùgbɔ̀dzèlá : n. 1. a backslider 2. an offence repeater

àgɔ̀hà : n. wine of the fan palm

àgɔ̀hàtsìtsì : n. fermented sap of the fan palm tree

Agɔ̀kɔ́lí : n. Agokoli (An Ewe King of the ancient town of Notsie)

àgɔ̀kú : n. nut of the fan palm tree

àgɔ̀kúkú : n. a hat made of leaves of the fan palm tree

àgɔ̀kpàfì : n. 1. little axe 2. adze

àgɔ̀kpò : n. trunk of the fan palm tree

àgɔ̀mè : n. 1. butt 2. anus *(syn. àŋlɔ̀gònù, àŋlɔ̀mè, àŋlɔ̀nù, àŋɔ̀kplí, àzì, émítómè, gɔ̀mè, gbímè, mínyèfé, mító, mítómè)* 3. female genitals 4. background 5. bottom 7. depth

àgɔ̀mè (lè -) : n. 1. below 2. underneath

àgɔ̀mèŋɔ́ŋɔ́tɔ́ : n. someone suffering from fistulas in the anal region

àgɔ̀mèxè : n. blackbird

àgɔ̀né : n. 1. sugar palm fruit 2. nut of the fan palm tree

àgɔ̀nɔ̀ : n. female fan palm tree

àgɔ̀nù : n. 1. buttock 2. rump

àgɔ̀nú : n. 1. error 2. fault

àgɔ̀nùgbó : n. buttock

àgɔ̀nyì : n. a board of palm fruits

àgɔ̀s : n. august

àgɔ̀sì : n. a female child born by the feet

àgɔ̀tè : n. seed tuber of the fan palm tree

àgɔ̀tí : n. 1. fan palm tree 2. palmyra

àgɔ̀tí : n. 1. Agotime (a town in Ghana) 2. a language spoken by an ethnic group in Ghana and Togo

àgɔ̀tsú : n. 1. male fan palm tree 2. male child born by the feet

àgɔ̀ʋú : n. canoe *(syn. àkló, àkplóʋù, àvɔ̀ʋú, lȇʋú, ʋǔ)*

àgɔ̀xá : n. broom made from leaves of the fan palm tree

àgɔ̀xè : n. raven

àgrègàsìɔ̀ : n. 1. aggregation 2. group 3. band 4. cluster

àgrègàsìɔ̀xɔ̀lá : n. associate

àgù : n. 1. sun 2. daytime 3. basement 4. subsoil

àgù (dé tà -) : v. to bow down one's head (in worship) (Biblia alo Ŋɔŋlɔ Kɔkɔe la le Eʋegbe me, 1913,2006, S. Psalmowo 95:6)

àgù (tɔ̀ -) : v. to be dislocated/sprained

Agù : n. Agou (region)

Agù-Gàdzèfé : n. a village of Mountain Agou

Agù-tó : n. Mountain Agou

Aguàwó : n. Inhabitants of Agou

Agùdà : n. Portugal

Agùdà-yèvú : n. 1. Lebanese 2. Portuguese

àgùdùglùì, àgùdùglùlùì : n. a little bat

àgùdròlòè/ àgùdròlùì : n. sea dog

àgùdzànyí : n. sea dog

àgùdzèdzè : n. sunrise

àgùdzèfé : n. east (the place of the rising sun)

àgùdzíxè : n. 1. african jacana 2. great snipe

àgùmè : n. 1. basement 2. underground 3. underground world

àgùmèdà : n. a serpent that lives under the earth

àgùmèdèlá : n. 1. a dead person 2. someone who is on his way to the underworld

àgùmènú : n. tuber

àgùmènúgbé : n. journey to the underworld

àgùmètákú : n. ginger

àgúsí : n. pumpkin/melon seeds

àgùtɔ́ : n. bat *(syn. xɔ̀ŋúgùtɔ́é, xɔ̀ŋúklùklùìví, xɔ̀ŋúŋúí)*

àgúwɔ̀ : n. guava *(syn. àgóà, àgówà, góà, gbàgbɛ́, gbèbɛ́, gbȇgbɛ́)*

àgúwɔ̀tí : n. guava tree

àgbà : n. 1. luggage 2. parcels, 3. burden 4. hassle 5. honeycomb *(syn. ànyítsìtó)* 6. disk 7. banana diet 8. prick (of a bird /aeroplane) 9. plate 10. scaffolding 11. display 12. goitre *(syn. àgbɔ̃́, àkɔ́nɔ́è, àvɔ̀, ègò, gò, kɔ̀tɔ̀kɔ̀lí)*

àgbàdzà : n. syphilis *(syn. bàbà, bàbàdɔ̀, núlɔ́)*

àgbà (dà -) : v. to miss

àgbà (dé - ànyí) : v. to point one's prick downwards (aeroplane/bird) àgbà (dé -.... mè) : v. to load (a vehicle) with items

àgbà (dó -) : v. 1. to load (a vehicle) 2. to prepare the luggage

àgbà (dró -) : v. to load or unload luggage on or from the head

àgbà (dzè - fò) : v. to fight for

àgbà (ḑè - lè ... mè) : v. to unload (a vehicle)

àgbà (ḑè - ná) : v. to deliver (merchandise)

àgbà (ḑó -) : v. 1. to hover 2. to be in equilibrium

àgbà (ḑó .... - dzí) : v. to deposit a dead person having committed a serious offence on a rack

àgbà (dù -) : v. to go bankrupt

àgbà (flè -) : v. to buy goods

àgbà (fò -) : v. to bend down whilst dancing and beating one's arms

àgbà (gbà -) : v. 1. make a gift 2. to give a bonus

àgbà (mè -) : v. to make a plate

àgbà (sà -) : v. 1. to stagger 2. to stroll (syn. dó víví)

àgbà (tsɔ́ -) : v. to carry a luggage

àgbà gòbò : n. bowl

àgbà gòboè : n. small bowl

àgbà gbàdzè : n. flat plate

àgbà tsɔ́tsɔ́ : n. 1. baggage 2. load

àgbàbà : n. side of the face

àgbàbà (fò — mè ná -) : v. to slap someone in the face

àgbàbá : n. fist

àgbàbùbù : n. 1. inventory 2. stocktaking

àgbàbùmɔ̀ : n. 1. calculator 2. computer

àgbàdédè : n. 1. loading 2. cargo

àgbádédé ʋǔ : n. 1.boarding 2. shipping

àgbàdènù : n. 1. yard 2. court

àgbàdènùkpòé : n. terrace

àgbàdò : n. a hole/pit dug in the ground in order to set fire to smoke fish

àgbàdò (ḑè —/kù—) : v. to dig a hole to make fire to smoke the fish

àgbàdó : n. maize (in fetish language)

àgbàdódò : n. 1. loading 2. cargo

àgbàdóḑè : n. cargo to unload

àgbàdóḑè : n. cargo

àgbàdóḑè (dó —) : v. to load something then must again be unloaded

àgbàdòḑèḑè : n. digging a hole/pit over which fish shall be smoked

àgbàdóḑèḑè : n. unloading cargo

àgbàdódó : n. 1. loading 2. cargo 3. load

àgbàdóḑéàgbàdzí : n. 1. overloading 2. overload

àgbàdófè : n. place where cargo is loaded

àgbàdólá : n. someone who charges money in order to load a vehicle with cargo

àgbàdòkùdɔ́ : n. the act of digging a hole/pit over which fish is smoked

àgbàdòkùfé : n. a place where a hole/pit is dug over which fish is smoked

àgbàdòkùzá : n. day on which a hole/pit is dug in the ground over which fish is smoked

àgbàdɔ́ : n. shed.

àgbàdɔ́ (dè - dzí) : v. to walk limping

àgbàdɔ́ (tù -) : v. to assemble a shed

àgbàdɔ́tì : n. pole of a shed

àgbàdɔ́tùtù : n. construction of a shed

àgbàdrèè : n. 1. frequently 2. often

àgbàdrófé : n. 1. a place to offload cargo (mostly carried on the head) 2. dislodging place 3. milestone 4. kilometre marker (syn. *kpétsí*)

àgbàdzá : n. 1. a traditional ewe dance (anlo) 2. bandolier 3. catridge belt 4. gonorrhea accompanied by an abdominal abscess

àgbàdzá : n. 1. quiver (a case for carrying or holding arrows)

àgbàdzá (blá -) : v. to revolt

àgbàdzá (fɔ tú kplé -) : v. to do something at all cost

àgbàdzá (fò -) : v. to play the funeral drums

àgbàdzá (dú -) : v. to dance agbadza (a traditional ewe dance)

àgbàdzá (tsɔ́ tú kplé -) : v. to do something at all cost

àgbàdzábáblá : n. 1. revolt 2. a firm/final decision

àgbàdzágbè : n. a day on which the funeral drums are played

àgbàdzáhà : n. a song that is sung alongside playing the funeral drums

àgbàdzátɔ́ : n. organizer of a funeral singing and drumming group

àgbàdzáví : n. a participant of a funeral singing and drumming group

àgbàdzáʋú : n. funeral drum

àgbàdzáʋúví : n. the smallest of funeral drums

àgbàdzrádófé : n. freight expedition shed (Westermann, Deutsch-Ewe Wörterbuch, 1974, S. 88)

àgbàdzràfé : n. business area (EʋenyigbaTV, Ewenyigba TV Nyadzɔdzɔwo 07.12.21, 2021)

àgbàdzè : n. 1. leather 2. hide 3. skin (syn. *ágbàdzè, àgbàlẽ̀, àyí, lãkúshi, ŋú, ŋùílã̀, ŋútí, ŋútígbàlẽ̀, ŋútílã́*)

àgbàdzé : n. 1. cassava flour sieve 2. tray (for selling foods or drying)

àgbàdzínɔ̀lá : n. 1. sales agent 2. trader 3. manager

àgbàɖèɖè : n. unloading

àgbàɖèɖè lè.....mè : n. 1. unloading 2. discharge

àgbàɖóɖó : n. being in equilibrium

àgbàḍùḍù : n. bankruptcy

àgbàfìà : n. drizzle

àgbàfìà (wɔ̀ -) : v. to drizzle

àgbàflí : n. wholesale

àgbàflò, àgbàflòtí : n. 1. a tree that provides shade 2. palaver tree *(syn. àblɔ̀mètí, àkúvíátí)*

àgbàfɔ̀ : n. ladder

àgbàfɔ̀ (líá -) : n. to climb a ladder

àgbàfɔ̀fɔ̀ : n. 1. move 2. removal 3. relocation

àgbàfɔ̀lá : n. 1. mover 2. remover 3. removal man

àgbàfòtùí : n. 1. a container in which on keeps his clothes 2. cassava flour 3. a deep and usually covered bowl from which foods (such as soup) are served [tureen]

àgbàfútí : n. 1. rib 2. sternum

àgbàgà : n. luggage charge *(syn. àgbàtsì)*

àgbàgátàkú : n. luxury scarf

àgbàgbá : n. 1. effort 2. stress 3. endeavor 4. balance 5. equilibrium

àgbàgbá (dzè -) : v. 1. to make an effort to 2. to strive for 3. to scramble 4. to struggle 5. to toil

àgbàgbá (ḍó -) : v. to carry something on the head without holding with one's hands

àgbàgbá (zɔ̀ -) : v. to walk without carrying anything along

àgbágbá : n. okro (Rongier, Dictionnaire éwé-français, 2015) (*syn.* *àgbòdrò, àklùmã́, àtìsé, fètrí, lùlú, zàmã̀ḍízàmàhlɔ̃́)*

àgbàgbã́ : n. stag

àgbàgbádzèdzè : n. 1. resourcefulness 2. attempt 3. endeavor

àgbàgbádzèlá : n. 1. striver 2. fighter 3. hard worker 4. industrious person

àgbàgbáḍóḍó : n. carrying something on your head without holding it with your hands

àgbàgbádzèfè : n. a year of hard work and achievment

àgbàgbáḍófè : n. center of gravity

àgbàgbádzèfé : n. a place of hard work

àgbàgbè : adj. 1. lively 2. alive

àgbàgbè (nɔ̀ -) : v. to be lively

àgbàgbɛ́ : n. 1. effort 2. stress 3. endeavor 4. balance 5. equilibrium

àgbàgblàɛ́ : n. 1. spindle 2. mandarin

àgbàgblàtí, àgbàgblàvè : n. pitchfork

àgbàgblàʋùì : n. cockroach *(syn. gbàgblàdzà, gbàgblàdzè, gbàgblàʋùdzè, gbàgblàʋùí, kàkàlíkà, kàkàràkà)*

àgbàyí : n. 1. varicella (*syn. klàsí)* 2. measles *(syn. àlɔ̀bèlɛ̀, fùfùkɔ́é, gbàbɔ́é, gbàgblàtsàbí, gbàyí, gbɔ̀ŋgbɔ̀sìví, kúklúí, núsɔ̃́ɔ̃́, núsṹẽ́)*

àgbàkà : n. 1. range 2. row 3. line 4. tier

àgbàkà (nɔ̀ - mè) : v. to be in a row

àgbàkàdódó : n. lining up

àgbàkàgbàkà : n. lining up

àgbàkàmènònò : n. staying in a row

àgbàkànù : n. 1. in a row 2. in a line

àgbáklɛ́ : n. alternanthera pungens

àgbàklí : n. maize silo

àgbákli : n. broken plate

àgbàklikpé : n. 1. arthritis 2. rheumatism (syn. àké dɔsésé, ɖùɖùì, ɲúɖúɖùì, ɲúɖùì, ɲúíɖù, ɲúíɖùɖùì, sìtí, sìtídɔ, tìtí)

àgbàklɔ́ɲùtí : n. a kind of lime that is used to wash the plates

àgbàkɔ́klɔ́ : n. washing of plates

àgbàkɔ́mɔ̀ : n. 1. crane 2. hoist

àgbàkɔ́nú : n. 1. crane 2. hoist

àgbàlẽ : n. 1. paper 2. document (wómá) 3. skin (syn. ágbàdzè, àyí, làkúshì, ɲú, ɲùílã̀, ɲútí, ɲútígbàlẽ, ɲútílá) 4. leather

àgbàlẽ (ɖè -) : v. the change skin/ to moult

àgbàlẽ (ɖó - ɖá) : v. to send a letter

àgbàlẽ (fìá -) : v. to teach

àgbàlẽ (fò -) : v. to type

àgbàlẽ (nyá -) : v. to be educated

àgbàlẽ (ŋlɔ̀ -) : v. to author a book

àgbàlẽ (srɔ́ -) : v. to study a book

àgbàlẽ (xlẽ -) : v. to read a book

àgbàlẽ bàblá : n. volume (of an authored book)

àgbàlẽ kàklá : n. 1. paper 2. wrapper

àgbàlẽbáblá : n. bookbinding

àgbàlẽblàlá : n. bookbinder (profession)

àgbàlẽdàdà : n. 1. map 2. chart 3. card

àgbàlẽdàɖófé : n. shelf

àgbàlẽdɔ́wɔ̀fé : n. office (of a secretary) (syn. dɔ́wɔ̀xɔ̀, ɔ́físí)

àgbàlẽdɔ́wɔ̀lá : n. an academician 2. civil servant 3. bureaucrat 4. an intellectual 5.clerk

àgbàlẽdɔ́wɔ̀wɔ̀ : n. 1. secretarial work 2. office work

àgbàlẽdzádzrá : n. 1. book sales 2. publication

àgbàlẽdzràɖófé : n. library

àgbàlẽdzráfé : n. bookshop

àgbàlẽdzrálá : n. someone who sells books (bookseller)

àgbàlẽɖákà : n. 1. bookcase 2. library furniture

àgbàlẽɖóɖáfé, àgbàlẽɖófé : n. post office (syn. àgbàlẽxɔ̀fé, pósù)

àgbàlẽɖóɖálá : n. 1. sender 2. shipper 3. consignor

àgbàlẽfíáfíá : n. 1. teaching 2. education

àgbàlẽfíáfé : n. 1. school 2. educational institute

àgbàlẽfíálá : n. 1. teacher 2. scribe

àgbàlẽfòfé : n. 1. secretariat 2. typist office

àgbàlẽfòfò : n. typing

àgbàlẽfòlá : n. typist

àgbàlẽfòmɔ̀ : n. typing machine

àgbàlẽfòtènú : n. folder

àgbàlẽgà : n. cash

àgbàlẽgò : n. 1. cardboard 2. carton

àgbàlẽgòlò : n. empty carton

àgbàlẽgbɔ̀sɔ̀sɔ̀ : n. a sheaf of papers

àgbàlèkákɛ́ : n. piece of paper

àgbàlèkáklá̃ : n. notice

àgbàlèkòtòkú : n. envelope

àgbàlèkpétélá : n. tanner

àgbàlèmànyáɖèɖèɖá : n. literacy

àgbàlèmànyáɖèɖèɖá lè xéxémè ŋkèkè : n. International Literacy Day

àgbàlèmànyálá : n. illiterate

àgbàlèmányálá (fíá nú -) : v. to teach an illiterate

àgbàlèmányámànyá : n. 1. ignorance 2. illiteracy

àgbàlèmányáɖèɖèɖá yómè dzènúwó : n. post-literacy

àgbàlèmègbè : n. literary language

àgbàlèmèʋègbè : n. literary ewe

àgbàlènyálá : n. intellectual

àgbàlènyálágã́ : n. a scholar

àgbàlènyányá : n. intellectualism

àgbàlènyàwó : n. literature

àgbàlèŋlɔdzèsì : n. alphabet

àgbàlèŋlɔ̀ɖíwó : n. letters

àgbàlèŋlɔ̀ɖíwó fé sùkú : n. École des Lettres (an institution of higher education in France which specialises in the arts, humanities and social sciences)

àgbàlèŋlɔ̀lá : n. 1. author 2. writer

àgbàlèŋlɔ̀tí, àgbàlèŋlɔ̀tsí : n. 1. pencil 2. pen

àgbàlèŋlɔ̀tsì : n. ink

àgbàlèŋɔŋlɔ̀ : n. writing

àgbàlèŋɔŋlɔ̀mè : n. bibliography

àgbàlèsàfé : n. booksshop

àgbàlèsàtɔ́ : n. bookseller

àgbàlèsɔ́srɔ̃́ : n. 1. studies 2. literacy

àgbàlèsrɔ̃fé : n. 1. school 2. educational institute

àgbàlèsrɔ̃́lá : n. student

àgbàlèsrɔ̃nyà : n. study

àgbàlèsrɔ̃nyàwó : n. studies

àgbàlètáfé : n. printing place

àgbàlêtálá : n. printer

àgbàlêtámɔ̀ : n. printer

àgbàlêtátá : n. printing

àgbàlêtèfé : n. library

àgbàlêtèfédzíkpɔ́lá : n. librarian

àgbàlêtí : n. 1. bookshelf 2. book rack

àgbàlêtɔ́ : n. literary

àgbàlêví : n. 1. ticket 2. prospectus 3. notebook 4. pocket book 5. piece of paper

àgbàlêví mànɔ̀sìtɔ́ : n. 1. an undocumented person 2. illegal immigrant

àgbàlêwó dzràɖófé : n. archives

àgbàlêwɔ̀fé : n. publishing house

àgbàlêwɔwɔ̀ : n. pubishing

àgbàlêxèxlê : n. reading

àgbàlêxèxlê ɖóɖí : n. directed reading

àgbàlêxlêfé : n. reading room

àgbàlêxlêlá : n. 1. reader 2. lector

àgbàlêxɔ̀ : n. 1. library 2. study room

àgbàlêxɔ̀dzíkpɔ́lá : n. librarian

àgbàlêxɔ̀fé : n. post office *(syn. àgbàlêɖóɖáfé, àgbàlêɖófé, pósù)*

àgbàlêxɔ̀lá : n. mail recipient

àgbàlêxɔxɔ̀ : n. receiving of mail

àgbàlì : n. 1. courtyard 2. sparrow 3. destiny

àgbàlí : n. 1. serval (a type of small leopard) *(syn. gbɔ̀lí)* 2. doughnut made from corn or beans

àgbàligbè (ɖó -) : v. to entrust

àgbàlìsàkù : n. a type of medicinal plant

àgbàmèfé : n. pottery

àgbàmèkàkà : n. baggage check

àgbàmèkàkà : n. a gift bought from the market or from a trip

àgbàmèlá : n. potter

àgbàmèmè : n. baking of clay

àgbàná : n. 1. credit 2. a type of medicinal plant 3. an uncultivated land 4. an unfertile land 5. a voucher

àgbàná (ɖù -) : v. 1. to live on credit 2. to pay on credit

àgbàná (flè -) : v. to buy on credit

àgbànáɖóɖó : n. credit sale

àgbànáɖùɖù : n. 1. to live on credit 2. to live beyond one's means

àgbànáɖùlá : n. debtor

àgbànáfèflè : n. buying on credit

àgbànáxɔxɔ̀ : n. credit acquisition

àgbànùnɔ̀fé : n. agency

àgbànùnɔ̀lá : n. sales agent

àgbànùnɔ̀nɔ̀ : n. agency

àgbànùtúnú, àgbànùtúví : n. lid

àgbànyì : n. 1. a type of wild bird 2. sparrow

àgbaŋgbà : adv. face to face

àgbàŋgɔ́ : n. bat

àgbànyàwó : n. transport

àgbàsá : n. 1. behind closed doors 2. in camera 3. closed meeting between fetishes

àgbàsàsà : n. hovering

àgbàsàlíkà : n. medicineal liana

àgbàtè : n. a load to carry

àgbàtèdɔ́ : n. 1. paid work 2. job

àgbàtèdɔ́wɔ̀lá : n. porter

àgbàtèdrólá : n. porter

àgbàtèsràfò : n. mercenary

àgbàtètɔ́ : n. labourer

àgbàtètɔ́lá : n. 1. boss 2. employer

àgbàtètsɔ́lá : n. 1. carrier 2. transporter 3. conveyor

àgbàtí : n. 1. loom 2. platform 3. framework 4. racks 5. length measurement; about 100 meters

àgbàtídàdà : n. pantomime in honor of a dead person

àgbàtítsɔ́lá : n. stretcher bearer (brancardier)

àgbàtíví : n. 1. framework 2. frame

àgbàtɔ́ : n. 1. merchandise owner

àgbàtròxèví : n. 1. grasshopper *(syn. àɖɔ́ɖɔ̀è, gbàgblàmè, gbètrɔ́é, gbògbótsú, kìtsíkpúí, ŋè, sɔ́ví, tòkpó, vè, vètsúví, vètrá, vò, vòdzòdzòè)* 2. desert locust

àgbàtsì : n. luggage charge *(syn. àgbàgà)*

àgbàtsɔ́ : n. the pillars of a house

àgbàtsɔ́lá : n. 1. carrier 2. transporter 3. conveyor 4. porter

àgbàtsɔ́là : n. working animal

àgbàtsɔ́nú : n. luggage rack (on a bicycle, motor, vehicle etc.)

àgbàtsɔ́tsɔ́ : n. haulage

àgbàtsɔ́ʋú : n. cargo truck

àgbǎví : n. 1. saucer 2. small plate

àgbàvù : n. 1. bufallo

àgbàʋú : n. 1. truck 2. lorry 3. van

àgbaʋúdɔ́wɔ̀wɔ̀ : n. 1. transport 2. carriage 3. transportation

àgbàwó : n. 1. baggage 2. luggage

àgbaxɔ̀fé/ àgbaxɔ̀ɣì/ àgbaxɔ̀xɔ̀ : n. delivery

àgbàzí : n. little black canary used for collecting palm wine

àgbè : n. 1. life 2. existence 3. vitality

àgbè (ná -) : intj. viva!

àgbè (dí - ná) : v. 1. to help 2. to rescure

àgbè (dɔ́ -) : v. to sleep well

àgbè (dè… fé - dá) : v. 1. to take the life of something /somebody 2. to kill

àgbè (dù -) : v. to enjoy life

àgbè (gbɔ -) : v. 1. to resuscitate 2. to come back to life

àgbè (nɔ -) : v. to stay alive

àgbè (lè/nɔ - mè) : v. 1. to be active 2.to be alive

àgbè (ná -) : v. to give life

àgbè (tí … fé – yómè) : v. to save life of something/somebody

àgbè (tsí –) : v. to stay alive

àgbè (tsrɔ́ - ná) : v. 1. to annihilate 2. to extinguish

àgbè (xɔ … dé –) : v. 1. to save the life of something/somebody

àgbè bàdà, àgbè bàdàbàdà : n. 1. debauchery 2. perversion 3. misbehaviour

àgbè dìdì, àgbè dzìdzì : n. long life

àgbèàgbè : n. 1. alive 2. lively

àgbèbàdànɔ̀nɔ : n. a life full of debauchery

àgbèbólò : n. bread of life

àgbèdé : n. black-smith

àgbèdɔ́ : n. good deed

àgbèdù : n. 1. a race against death 2. a flee to escape from danger

àgbèdèdè : n. 1. taking away of life 2. annihilation

àgbègbɔ̀àmè : n. reanimation

àgbègbɔ̀àmèfé : n. resuscitation room

àgbègbɔ̀gbɔ : n. resurrection

àgbègbɔ̀gbɔ̀àmè : n. resuscitation

àgbèhìà : n. 1. hassle 2. troubles of life

àgbèhìà (dù -) : v. 1. to be in need 2. to live in misery

àgbèhò : n. butterfish *(syn. zòulè)*

àgbèkà : n. 1. nerv 2. tendon 3. achilles tendon

àgbèkɔé : n. that which spices up life

àgbèkùí : n. cell

àgbèli : n. cassava *(syn. kúté)*

àgbèlidàblùì : n. cassava stew

àgbèlidɔ : n. fibers of the root of cassava

àgbèlifùfù : n. fufu made from cassava

àgbèligblè : n. cassava farm

àgbèligblè (dè -) : v. to cultivate a cassava farm

àgbèligblèdèlá : n. cassava farmer

àgbèligblèdèdè : n. cassava cultivation

àgbèlikà : n. cassava fiber

àgbèlikàkló : n. cakes of cassava flour fried in oil

àgbèlikòkòté : n. cassava chips

àgbèlikɔ́ : n. a slice of boiled cassava

àgbèlikpɔ́nɔ́ : n. cassava bread

àgbèlimá, àgbèlimáwɔ́ : n. cassava dough

àgbèlimáwɔ́kplɛ́ : n. àkplɛ́ made from cassava dough

àgbèlimɔ́ : n . cassava dough

àgbèlimɔ́kplɛ́ : n. àkplɛ́ made from cassava dough

àgbèlimɔ́wɔ́ : n. cassava flour

àgbèlimɔ́wɔ́kplɛ́ : n. àkplɛ́ made from cassava flour

àgbèlití : n. 1. cassava stalk 2. foot (vulg.)

àgbèlitsró : n. cassava bark

àgbèliwɔ́ : n. ground and chopped cassava

àgbèmènú : n. necessity of life

àgbèmènúwó : n. necessities of life

àgbèmènúhíáhíá̃ : n. primary necessity of life

àgbèmènúwɔ̀nà : n. that which one does in life

àgbèmènyà : n. 1. life event 2. life experience

àgbèmènyàwó : n. 1. life events 2. life experiences

àgbèmɔ́ : n. way of life

àgbèmlɛ̀ : n. 1. nostalgia 2. languishing

àgbèmlɛ̀ (ɖó -) : v. to have nostalgia for

àgbèmlɛ̀ kà ... : n + v. 1. to be homesick 2. to have nostalgia for

àgbènɔ̀ : n. survivor

àgbènɔ̀dɔ̀ : n. mild disease

àgbènɔ̀fé : n. habitable place

àgbènɔ̀gbè : n. rest of days a person has to live

àgbènɔ̀yì : n. lifetime

àgbènɔ̀kúnɔ̀kú : n. life full of troubles

àgbènɔ̀mètɔ̀ : adj. 1. dynamic 2. energetic

àgbènɔ̀nɔ̀ : n. 1. manners 2. existence 3. attitude

àgbènɔ̀nɔ̀ : n. good manners

àgbènɔ̀ŋútínyà kpùi : n. 1. curriculum vitae 2. biography

àgbènɔ̀xèví : n. a living bird

àgbènyà : n. something of or pertaining to life

àgbènyánɔ̀nɔ̀ : n. 1. prudence 2. knowledge of living

àgbèŋkèkè : n. lifetime

àgbèŋúsɛ̃́ : n. 1. vitality 2. energy

àgbèŋútínúnyà : n. biology

àgbèŋútínyà : n. biography

àgbèsrɔ̀è : n. life partner (with whom one is not married)

àgbètà : n. end of life

àgbètà (fò -) : v. to to reach the end of one's life

àgbètí : n. tree of life

àgbètià : n. 1. a desperate person 2. a person tired of life àgbètìm : n. 1. nkulengu rail (a type of bird) 2. "I am tired of life"

àgbètòmè : n. 1. in this life 2. in this world

àgbètɔ̀, àgbètɔ̀è : adv. 1. vigorously 2. forcibly 3. mightily

àgbètɔ́ : n. human being

àgbètsì : n. water of life

àgbètsílá : n. survivor

àgbètsítsí : n. survival

àgbèvé : n. safe forest

àgbèvlónɔ̀nɔ̀ : n. living a life of debauchery

àgbèvù : n. 1. fight for life 2. struggle for survival

àgbèvúdò : n. well of life

àgbèxɔ̀xɔ̀ : n. 1. rescue 2. saving of life

àgbèxɔ̀è : n. cell (biology)

àgbèxɔ̀xɔ̀dɔ́ : n. a job which saves lives

àgbèyà : n. oxygen

àgbèzá̃ : n. 1. birthday 2. time of death

àgbèzá̃ (dù -) : v. to celebrate happily

àgbèzá̃dùdù : n. happy celebration

àgbèzɔ̀lì (zɔ̀ -) : v. 1.to walk cheerfully 2. to walk lazily/with an air of easy unconcern

àgbèzɔ̀lìzɔ̀zɔ̀ : n. 1. walking cheerfully 2. walking nonchalantly

àgbì : n. 1. swamp 2. clay in which one could sink 3. moistened clay

àgbì (dó -) : v. 1. to be compact 2. to be concentrated

àgbìmè : n. 1. wet clay 2. jungle

àgbìnà : n. lizard

àgbìtsá : n. 1. garden egg *(syn. àḍìfá, èté, tè̃)* 2. aubergine

àgbìtságblè : n. garden egg farm

àgbìtsámàgbà : n. garden egg leaf

àgbìtsátí : n. stalk/stem of the garden egg plant

àgbìtsátsró : n. skin of garden egg

àgblà : n. 1. jar 2. big pot 3. ringworm (a type of skin disease) *(syn. àbálà, àflíbátá, ànyàmà, bàlà, flíbátá, fòkpòfòkpò, kàvègĕ, kɔ́kɔ́è, zɔ̀lélé, zɔ̀lí, zɔ̀lìlí)* 4. being under scrutiny

àgblà (lè – mè ná) : v. 1. to be under scrutiny

àgblàmè : n. 1. armpits 2. axilla

àgblàvè : n. 1. fork 2. a kind of fork that is put on the neck of a sheep to prevent it from passing through a fence

àgblàzè : n. 1. a big pot 2. a jar

àgblè : n. 1. farm 2. plantation 3. field

àgblè (dè –) : v. to farm

àgblè (drɔ̃ –) : v. to fallow

àgblèàmíégbè : n. the fifth farm day *(syn. fíḍá, fíḍàgbè)*

àgblèdèdè : n. agriculture

àgblèdèdèŋúnúnyá : n. agronomy

àgblèdèdètɔ̀ : adj. agricultural

àgblèdèfé : n. 1. cultivable land 2. arable land

àgblèdèdɔ̀ŋúnyálá : n. agricultural technical officer

àgblèdèdɔ́wó : n. agricultural work

àgblèdèdù : n. agricultural town

àgblèdèyì : n. farming season

àgblèdèkɔ̀lèdzì : n. college of agriculture

àgblèdèlá : n. farmer

àgblèdèláwó : n. farmers

àgblèdèmɔ̀ : n. a machine used in farming (e.g tractor)

àgblèdènú : n. a tool used in farming

àgblèdènyà : n. a matter pertaining to agriculture

àgblèdènyígbá : n. 1. field 2. farm ground

àgblèdèsùkù : n. school of agriculture

àgblèdètɔ̀ : adj. agrarian

àgblèdíŋdí : n. didric cuckoo

àgblèdò : n. 1. an uncultivated field 2. wasteland

àgblèdɔ́ : n. farm work

àgblèdɔ́ (wɔ̀ −) : v. to work on the farm

àgblèdɔ̀drɔ̀ : n. leaving a field fallow

àgblèdɔ́fíálá : n. agricultural supervisor

àgblèdɔ́wɔ̀wɔ̀ : n. farm work

àgblèdrɔ̀lá : n. someone who leaves a field fallow

àgblèdrɔ̀nú : n. fertilizer

àgblèdzínɔ̀lá : n. metayer (one that cultivates land for a share of its yield usually receiving stock, tools, and seed from the landlord)

àgblèdzɔ̀lá : n. someone who watches over a farm

àgblèdzɔ̀xɔ̀ : n. a hut from where a farm is monitored

àgblèdzɔ̀ví : n. farm keeper

àgblèfi : n. 1. mole 2. shrew

àgblègá : n. 1. agricultural supervisor 2. technical officer of agriculture

àgblègàdímɔ́núwó : n. agricultural economy

àgblègáví : n. agricultural supervisor

àgblègbɔ̀é : n. 1. wild goat 2. deer *(syn. àfìà̰, àfìàtsú, àfìàỳi, àtùŋgbà, àvègbɔ̀ḛ́, fí, gbàgbà, gbàgbà̰, zìnɔ̀)*

àgblègbɔ́lɛ : n. weasel

àgblèhà : n. a song sund during whilst working on the farm

àgblèhà (dzì −) : v. to sing a song which is sung whilst working on the farm

àgblèhà (dó - ɖá) : v. to introduce a song which is sung whilst working on the farm

àgblèkɔ́fé : n. 1. a small farming village 2. hamlet

àgblèlélé : n. choosing a field to farm

àgblèlíkà : n. neighbouring farm

àgblèló, àgblèlòé : n. 1. margouillat 2. lizard 3. savannah monitor (a type of lizard)

àgblèmè : n. 1. interior of a farm 2. in the fields

àgblèmègbè : n. a day in the week on which one visits the farm

àgblèmènɔ̀ : n. 1. boor 2. peasant

àgblèmènú : n. 1. produce of the farm 2. agricultural resource

àgblèmènúkú : n. 1. product of the field 2. agricultural resource 3. farm produce

àgblèmènúkú (dí –) : v. to harvest

àgblèmènúkú (dó –) : v. to plant

àgblèmènúkú (ɖè –) : v. to harvest

àgblèmènúkú (dzrà -ɖó) : v. to store farm produce

àgblèmènúkú (fã̀ -) : v. to sow

àgblèmènúkúdídí : v. to harvest

àgblèmènúkúɖéfíásì : n. agricultural fair

àgblèmɔ́ : n. 1. farm road 2. field path 3. farm lane

àgblènɔ̀à : n. farmer that lives on the farm

àgblènú : n. 1. a tool for working on the farm 2. hoe

àgblènúkúwó : n. products of the field

àgblènútí : n. hoe handle/stalk

àgblènyà : n. dispute concerning a farm

àgblènyígbã́ : n. cultivable land

àgblèŋlɔ̀fé : n. arable land

àgblèŋlɔ̀gbè : n. farming day

àgblèŋlɔ̀lá : n. 1. farm worker 2. husbandman 3. plower 4. farmer

àgblèŋlɔ̀mɔ̀ : n. plow

àgblèŋlɔ̀nú : n. 1. hoe 2. plow 3. machette 4. cutlass (an tool for weeding on the farm)

àgblèŋlɔ̀lá : n. 1. husbandman 2. plower 3. farmer

àgblèŋɔ̀ŋlɔ̀ : n. 1. plowing 2. ploughing 3. tillage

àgblèsì : n. peasant farmer (woman)

àgblètà : n. 1. countryside 2. country

àgblètàtɔ́ : n. countryman

àgblètàtɔ́wó : n. rural mass

àgblètó : n. edge of a farm/field

àgblètɔ́ : n. farmer

àgblètɔ́ɖùɖù, àgblètɔ́ɖùɖùì : n. first-fruits (of a harvest)

àgblètɔ́èɡbè : n. first farming day of the week (as used by farmers) *(syn. kɔ̀sídá, kɔ̀sídáɡbè, kwàsídá, kwàsídáɡbè)*

àgblètsì : n. water that is brought to farm workers/ farm water

àgblètsíɡbè : n. a day on which one rests on the farm

àgblèvègbè : n. second farming day of the week (as used by farmers) *(syn. dzòḍágbè)*

àgblèʋú: n. farm drum (tamtam accompanying the songs in the honor of a good day of work at field)

àgblèxè : n. wild guinea fowl

àgblèxɔ̀, àgblèxɔ̀è : n. 1. hut 2. lodge 3. cabin

àgblèyìgbè : n. a day on which one goes to the farm

àgblimɔ̀nɔ̀ : n. someone that does not have the talisman named "afa"

àgblò : n. 1.big jar 2. trap

àgblòlò, àgblòlòè, àgblòlùì : n. 1. a big lizard 2. dolphin

àgblɔ : n. 1. hook 2. sickle 3. drum stick

àgblɔ (dé -) : v. to relax

àgblɔ (dó -) : v. 1. to be soft 2. to be loose 3. to be curved

àgblɔdédé : n. 1. loosening 2. softening, 3. relaxation

àgblɔdódó : n. 1. relaxation 2. thaw 3. loosening

àgblɔ̀ti : n. 1. sickle 2. drum hook

àgblɔʋú : n. 1. long drum 2. long talking drum

àgblɔyi : n. baggy trousers

àgbò : n. 1. ram 2. violence 3. corpulence 4. scolding 5. grey triggerfish *(syn. àkpàngbà)*

àgbò! : intj. oh!

àgbò (dzè -) : v. 1. to be violent 2. to be strong 3. to scold someone 4. to make noise

àgbò (dzɔ̀ -) : v. 1. to be fit 2. to be tall 3. to be corpulent

àgbó : n. 1. portal 2. gate 3. water closet/privy *(syn. àtídzí, kpɔ́gódó, mínyèfé, míxɔ̀)*

àgbó (lè/nɔ̀ - dzí) : v. 1. to be in front of a door 2. to be in front of your house

àgbòbli : n. smallest of three drums

àgbódò : n. 1. pit 2. toilet hole 3. useless effort

àgbòdòdzèdzè : n. the act of applying useless effort

àgbòdòdzèlá : n. someone who applies useless effort

àgbòdòmi : n. a predatory bird

àgbòdrò : n. okro (Rongier, Dictionnaire éwé-français, 2015) *(syn. àgbágbá, àklùmá, àtisé, fètrí, lùlú, zàmàḍízàmàhlɔ́)*

àgbòdzà : n. mane of a ram/goat

àgbòdzà (tó -) : v. to grow a mane/ to grow a tuft of hair

àgbòdzàdzà : n. 1. provocative 2. exciting

àgbòdzèdzè : n. 1. uprising 2. insurrection 3. mutiny

àgbòdzèlá : n. 1. a violent person 2. an angry person

àgbòdzi : n. 1. composure 2. self-control

àgbòdzi (dó -) : v. to control oneself

àgbòdzìdódó : n. 1. controlling oneself 2. having self-control

àgbòdzìdólá : n. someone with self-mastery

àgbòdzròlò : n. 1. sauce 2. light porridge

àgbòɖà : n. 1. boiled maize 2. maize porridge

ágbòè : n. a type of squirrel (syn. àdédé, àdɔ, àdɔ̀è, àɖùdɔ, àkɔdɔ̀è, ànyɔ́ŋɔ́nɔ́è, àtsíákúí, àwúyɛ́, kàdzídɔ́è, kàsànúí, kɛ́ndè, klúlù, kòkòbà, krúɖù)

àgbógá̰ : n. 1. big gate 2. warehouse

àgbógbló : n. 1. plank (used for crossing e.g a water body) 2. board 3. shelf (syn. gbóŋgbló)

àgbògbò : n. 1. a brave or courageous person 2. a type of aggressive bird

àgbògbó : n. african carp (syn. gbògbó)

àgbògbò (dó -) : v. to be tensed

Agbògbò : n. name of a fetish in Notse

àgbògbòdódó : n. 1. affluence 2. swarming 3. swarm

àgbògbòdzí : n. sanctuary of the Ewe people

àgbògbókɔ́nfúá : n. tetra (a type of fish)

Agbògbòzá̰ : n. festival of the region of Notse

àgbòkú : n. 1. loss of consciousness 2. a disease that affects maize

àgbòkú (kú -) : v. to faint

àgbòkúkúkú : n. loss of consciousness

àgbòkúkúlá : n. someone who loses consciousness

àgbòkpùì : n. 1. short size 2. short stature

àgbòkpòè : n. 1. dwarf 2. pygmy

àgbòlá̰ : n. goat meat

àgbòlòhóé : n. bosc's monitor (syn. lòhóé)

àgbòmè : n. 1. small bay 2. creek

àgbònù : n. 1. door 2. gate 3. entrance

àgbònùdzɔ̀lá : n. 1. guardian of the house 2. idol

àgbònùgláwó : n. military ranks

àgbónùmɔ́ : n. 1. entrance 2. gallery

àgbónùxɔ̀ : n. 1. entrance hall 2. lobby 3. foyer

àgbòsègɛ̀ : n. big sea turtle

àgbòsù : n. a type of fish

àgbòtà : n. 1. migraine 2. a ram's head

àgbòtàɖùà : n. lieutenant

àgbòtɛ́ : n. underpants

àgbòtí : n. toilet

àgbòtímèxèví : n. 1. blue-breasted kingfisher 2. woodland kingfisher 3. african dwarf kingfisher 4. white-bellied kingfisher (syn. mílɔ́) 5. shining-blue kingfisher 6. giant kingfisher 7. pied kingfisher

àgbòtò : n. 1. single woman 2. celibate woman

àgbòtòè : n. hyena (syn. àgbòtòè, àhèlá̰, àkpàtàkú, àmègá̰xì, àzìlá̰, dzàyìsà, dzàzìlá̰, gàlàhɛ́, gànà, gǎnà, gànàhɛ́, gànàxɛ́, gli, gbètè)

àgbòví : n. young ram

àgbóví : n. counter

àgbòvú : n. 1. rumen (stomach of a ruminant) [first of four stomachs of a ruminant] *(syn. àgbòuú, vǔ)* 2. bombonne (a large [sometimes earthenware] container for liquids)

àgbòvúnù : n. gullet/oesophagus

àgbòvútɔ̀ : n. gastric acid

àgbòuú : n. rumen (stomach of a ruminant) [first of four stomachs of a ruminant] *(syn. àgbòvú, vǔ)*

àgbòxɔ̀ : n. toilet

àgbòzò : n. tetramorium tonganum (a type of big headed ant)

àgbɔ̀ : n. 1. abundance 2. weakness 3. lack of vitality 4. death

àgbɔ̀ (fò -) : v. 1. to fade 2. to be sickly/weak

àgbɔ̀ (sɔ̀ -) : v. to be abundant

àgbɔ̀ (sɔ̀ – ɖé édzí) : v. to increase

àgbɔ̌ : n. 1. shore 2. shoal 3. ledge 4. a school of fish

àgbɔ́ : n. goitre *(syn. àgbà, àkɔ́nɔ́é, àvɔ̀, ègò, gò, kɔ̀tɔ̀kɔ̀lǐ)*

àgbɔ̀dɔ́ : n. 1.a sluggard 2. a lazy person

àgbɔ̀fòfò : n. 1. fading 2. withering 3. being sickly 4. being apathetic

àgbɔ̀gbɔ́ : n. 1. navel 2. belly button 3. umbilical hernia *(syn. àgɔ̀bɔ́, àklɔ̀bé)*

àgbɔ̀màsɔ̀màsɔ̀ : n. scarcity

àgbɔ́mè : n. 1. lagoon 2. gulf

àgbɔ̀ŋgbɔ́ : n. a big bat

àgbɔ̀sɔ̀mè : n. 1. sum 2. price (of a product)

àgbɔ̀sɔ̀sɔ̀ : n. 1. abundance 2. fullness 3. amount 4. dosage 5. mass

àgbɔ̀sɔ̀sɔ̀ ákpà : n. 1. immensity 2. hugeness

àgbɔ̀sɔ̀sɔ̀ ɖé édzí : n. 1. increase 2. multiplication

àgbɔ̀sɔ̀sɔ̀ sùètɔ́ : n. minority

àgbɔ̀sɔ̀sɔ̀dzídédé : n. 1. intensification 2. increase 3. build-up

àgbɔ̀sɔ̀sɔ̀fiányà : n. adverb of quantity

àgbɔ̀sɔ̀sɔ̀gǎ : n. myriad

àgbɔ̀sɔ̀sɔ̀mè : n. 1. quantity 2. large number 3. sum 4. price (of a product) 5. volume

àgbùgbɔ́ : n. 1. navel 2. belly button

àgbùì : n. a type of fetish

àgbùìsì : n. a voodoo woman who serves the "agbui"

àɣé : n. 1. squandering 2. waste (of money)

àɣé (ɖù -) : v. to squander money

àɣéɖùɖù : n. squandering of money

àɣétɔ́ : n. a wasteful person

àɣlí : n. 1. fishing net 2. liquor 3. rear end of a boat 4. a type of talisman/grigri

àɣlihá̃ : n. centipede

àɣlɔ̃̀ : n. gazelle

àhà/ àhàsésé̃ : v. 1. alcoholic beverage 2.alcohol

àhà (dó -) : v. to measure a quantity of alchohol

àhà (dó -) : v. to ferment palm wine

àhà (dzè -) : v. to buy alchohol

àhà (ɖà -) : v. 1. to prepare a drink 2. to brew beer

àhà (ɖè - ná) : v. 1. to detoxify of alchohol

àhà (fò - ɖí) : v. to pour libation

àhà (fútú -) : v. to mix alchohol

àhà (gbà -) : v. to distil palm wine the first time

àhà (kù -) : v. to serve a drink

àhà (kú -) : v. to be dead drunk

àhà (kpà -) : v. to extract palm wine

àhà (mú -) : v. to get drunk

àhà (ná -) : v. 1. to offer a drink 2. to offer a drink as a means of paying a fine

àhà (nyɔ́ -) : v. to distil palm wine the first time

àhà (ŋkúmè ná -) : v. to feel dizzy

àhà (sì -) : v. to impose a fine which is to be paid in form of a drink

àhà (trɔ́ -) : v. to go and fetch palm wine from the palm tree

àhà (tsrì -) : v. to be sober

àhà (yɔ̀ -) : v. to make a cut in the trunk of the palm tree

àhà (zí -) : v. to ferment palm wine

àhà dò lè ... ŋú : n. to have the effect alchohol subsiding

àhà ɖè fótò- : n. to be an alchoholic

àhà kúkú : n. stale drink

àhà lé (àmè) : v. to be drunk

áhá : part. in order to

àhá̃́ : intj. ah!

àhàblí : n. malt

àhàblùtí : n. stick for stiring palm wine

àhàblùtsì : n. mixture of water and palm wine

àhàdè : n. 1. first wine of palm sugar 2. palm trunk that has not yet been heated for wine extraction.

àhàdódó : n. 1. sale of beverages at a shop 2. measure of a drink

àhàdólá : n. barman

àhàdzà : n. 1. corn flower 2. grass flower

àhàdzádzrá : n. sale of alcoholic beverages

àhàdzàfí : n. demijohn of alchohol

àhàdzèdzè : n.p urchase of drinks

àhàdzèfé : n. a place where one buys drinks

àhàdzèlá : n. someone who purchases drinks

àhàdzrálá : n. barman

ahd̀àblí : n. maize/corn used for making alcohol

àhàd̩àdzò : n. fire used for preparing beverages

àhàd̩àd̩à : n. brewing of beverages

àhàd̩àfé : n. brewery

àhàd̩áka̩ : n. a crate for drinks

àhàd̩àlá : n. brewer

àhàd̩àtí : n. medicinal plant

àhàd̩ózé : n. small canary used to collect palm wine under the trunk of the palm tree

àhàfìà : n. king of the drinkers

àhàfà̩ : n. dregs of palm wine (alchohol)

àhàfòd̩í : n. libation

àhàgé : n. small calabash used to drink or measure palm wine

àhàgò : n. 1. alcohol gourd 2. drunkard

àhàgɔ̀mè : n. the rest of the alcohol that stays at the bottom of the bottle after the bottle of alchohol is almost finished

àhàgùgùi : n. a type of insect that lives on trunks of palm trees that have been cut down for the extraction of palm wine

àhàgbàgbà : n. exhaustion

àhàkɛ́trɛ̀ : n. a case of twelve bottles of gin

àhàkɔ̀ : n. prohibition to drink alchohol

àhàkɔ̀ (dó - ná) : v. to prohibit alchoholic beverages

àhàkɔ̀ (nyì -) : v. to respect the ban on drinking alchohol

àhàkɔ̀dódó : n. prohibition of the drinking of alchohol

àhàkɔ́fé : n. a hut where alchohol is stored and drunk

àhàkɔ̀nyílá : n. someone who respects the ban on alchoholic beverages

àhàkɔ̀nyínyí : n. respecting the ban on alchoholic beverages

àhàkú : n. death as a result of drug abuse

àhàkú (kú) : v. to die as a result of drug abuse

àhàkùkù : n. the act of serving a drink

àhàkúkú : n. 1. death by drug intoxication 2. severe drunkenness 3. heavy intoxication with alchohol

àhàkùà : n. 1. server 2. waiter 3. waitress

àhàkùkùi : n. a type of insect that lives on trunks of palm trees which have been cut to be used for the extraction of palm wine

àhàkùlá : n. 1. server 2. waiter 3. waitress

àhàkúlá : n. 1. someone who died as a result of drug abuse 2. someone who is dead drunk

àhàkpàdɔ́ : n. the work of palm wine extraction

àhàkpàfé : n. a place where palm wine is extracted

àhàkpàhέ : n. knife used in the tapping of palm wine

àhàkpàkpà : n. extraction of palm wine

àhàkpàlá : n. someone who taps palm wine

àhàkpézí : n. small canary used to collect palm wine under the trunk of the palm tree

àhàkplɔ̀ : n. wine table

àhàkplɔ̀ (ɖó) : v. to prepare the wine table

àhàkplɔ̀ɖóɖó : n. preparation of the wine table

àhàkplɔ̀ɖófé : n. the place where the wine table is situated

àhàléàmè : n. state of sickness as a result of drunkenness

àhàlélέ : n. honey fly

àhàlì : n. soaked maize or millet used for the preparation of beer

àhàlìwòé : n. anise

àhàmá : n. 1. allusion 2. insinuation 3. indirect reproach

àhàmáfòfò (fò - /sì -) : v. to insinuate

àhàmáfòfò : n. 1. indirect criticism 2. the act of making an allusion (syn. àhàmásìsì)

àhàmáŋkɔ́, àhàmásìŋkɔ́ : n. 1. nickname (syn. àhànòŋkɔ́, fèféŋkɔ́, mègbéŋkɔ́, ŋkɔ́ dàɖédzíá, ŋkɔ́gbɔ́ŋkɔ́) 2. name which alludes to something or insinuates something

àhàmásìsì : n. 1. the act of making an allusion 2. indirect criticism (syn. àhàmáfòfò)

àhàmè : n. 1. a place where palm wine is tapped 2. a shop selling wines and liquors 3. a restaurant serving liquor and providing entertainment (as by singers or dancers)

àhàmὲ : n. ocinum canum (bot.) ; a type of medicinal plant with a good smell

àhàmúàmè : n. 1. intoxicating drink 2. alcoholic drinking

àhàmúdɔ̀lélé : n. alchoholism

àhàmúfé : n. a place where one gets drunk

àhàmúlá : n. drunkard

àhàmúmú : n. 1. alcoholism 2. drunkenness

àhàmúnɔ̀ : n. drunkard

àhànálá : n. someone who offers a drink

àhànátí : n. sugarcane (syn. àɖá, fòfóŋ, fòfóŋúí)

àhànátígblè : n. sugarcane farm

àhànátígblèdèdè : n. growing of sugarcane

àhànòà : n. drunkard

àhànòdɔ̀ : n. sickness as a result of alchoholism

àhànòdɔ̀ (lé -) : v. to be sick as result of alchoholism

àhànòfé : n. bar

àhànògùgùì : n. a type of insect that lives on trunks of palm trees which have been cut to be used for the extraction of palm wine

àhànògbè : n. a day on which one drinks wine

àhànòhá, àhànòhábɔ̀bɔ̀ : n. an association of drinkers of alchoholic beverages

àhànòkɔ̀kùí : n. adam's apple

àhànòlá : n. drunkard

àhànòmúnɔ̀ : n. 1. alcoholic 2. drunkard

àhànòmúnyà : n. statements made when one is drunk

àhànònò : n. consumption of an alchoholic beverage

àhànònò ákpá : n. overconsumption of an alchoholic beverage

àhànòŋkɔ́ : n. 1. nickname given to someone who drinks alchohol 2. nickname *(syn. àhàmáŋkɔ́, àhàmásìŋkɔ́, fèféŋkɔ́, mègbéŋkɔ́, ŋkɔ́ dàd̩édzíá, ŋkɔ́gbɔ́ŋkɔ́)*

àhànòŋkɔ́nánà : n. the act of giving a nickname to someone who drinks alchohol

àhànòtàkpékpé : n. meeting of drinkers

àhántá : n. 1. marked by hot temper and easily provoked anger 2. an akan speaking tribe in Ghana

àhántá (wɔ̀ -) : v. 1. to be to be irascible 2. to be easily angered

àhántátɔ̀è : adj. irascibleness

àhánùkɔ̀kùí : n. adam's apple

àhàsésé̃ : n. 1. alcohol drink 2. hard liquor

àhàsésétùkpá : n. botte of alchohol

àhàsì : n. remnant liquid that is derived after sodabi/akpeteshie is distilled from palm wine

àhásì : n. 1. fornication 2. prostitution *(syn. àhásìwɔ̀wɔ̀, gbòlòwɔ̀wɔ̀, màtrè, sìdzá)* 3. adultery 4. infedilty 5. adultress

àhásì (wɔ̀ -) : v. 1. to fornicate 2. to prostitute

àhàsìsì : n. a drinking fine

àhásìtɔ́ : n. 1. fornicator 2. prostitute *(syn. àhásìwɔ̀lá, dzàkàsì, dzèhè, gbòlò, gbòlòtɔ́, màtrèwɔ̀lá, sákábó)* 3. adulterer

àhásìví : n. 1. a child born out of prostitution 2. a minor who engages in prostitution

àhásìwɔ̀lá : n. prostitute *(syn. àhásìtɔ́, dzàkàsì, dzèhè, gbòlò, gbòlòtɔ́, màtrèwɔ̀lá, sákábó)*

àhásìwɔ̀wɔ̀ : n. prostitution *(syn. àhásì, gbòlòwɔ̀wɔ̀, màtrè, sìdzá)*

àhásùsɔ̀è : n. a small fly

àhàtà : n. 1. serving (an alcoholic beverage to someone first) 2. first glass of wine that is served for tasting purposes

àhàtà (d̩è -) : v. to taste a drink before offering it to a guest

àhàtà (d̩è - ná) : v. to serve some one first (an alchoholic beverage)

àhàtàd̩èd̩è : n. 1. serving someone to an alchoholic beverage first 2. serving the first glass of alcohol for it to be to tasted àhàtànòlá : n. someone who drinks an alchoholic beverage first

àhàtànònò : n. the act of drinking an alchoholic beverage first

àhàtàsítàsí : n. cessation of drinking

àhàtí : n. palm tree

àhàtígɔ̀mè : n. 1. a tree under which alcoholic beverages are sold 2. a shop selling wines and liquors 3. a place of extraction or distillation of palm wine

àhàtímè : n. a place of extraction of palm wine

àhàtò : n. group of drinkers

àhàtò (dó - /dè -/ xá -) : v. 1. to form a group of drinkers 2. to gather in a group to drink

àhàtɔ́ : n. 1. a person who sells alchoholic beverages 2. a person who is in charge of drinks 3. someone some offers a drink

àhàtré : n. 1. a small calabash used for drinking 2. heavy drinker

àhàtsé (ká -) : v. to crack a joke

àhàtsékáká : n. cracking of a joke

àhàtsékálá : n. 1. someone who crakes jokes 2. comedian 3. joker

àhàtsì : n. the liquid that is discarded off after the distillation of palm wine

àhàtsìtsì : n. 1. fermented alchohol 2. vinegar

àhàtsìtsrì : n. 1. sobriety 2. abstinence from alcoholic beverages

àhàtsrìlá : n. 1. a sober person 2. someone who detests alcohol

àhàtsúnòlá : n. 1. drunkard 2. heavy drinker

àhàvíví : n. 1. lemonade 2. non-alcoholic drink

àhàʋùnú : n. 1. bottle opener 2. corkscrew

àhàyɔ̀lá : n. someone who blows air over the torch introduced into the hole of the palm tree to activate the combustion thus making it possible to extract palm wine.

àhàyɔ̀yɔ̀ : n. blowing the torch for extracting palm wine

àhàxè : n. drunkard

àhàzé : n. jar of wine

àhàzé : n. jar

àhè : n. 1. someone who is not yet a member of a group or community 2. an uninitiated person 3. someone who is not a member of a sect 4. layman 5. a person who is not a follower of fetishism 5. the inside of the cheeks 6. a type of marine mammal

àhè : n. poverty

àhè (dá - /dé - /dó -) : v. 1.to be poor 2. to be needy 3. to be desperate 4. to waste

àhé : n. bad luck

àhè (kpé -) : v. to have bad luck

àhèà : n. 1. poor 2. unappy 3. beggar

àhèdádá : n. 1. misery 2. poverty

àhèdáfé : n. a place of despair

àhèdálá : n. a very poor person

àhèdányà : n. dog story

àhèdédé : n. 1. poverty 2. wastage 3. suffering

àhèdódó : n. 1. poverty 2. wastage 3. suffering

àhèdónúlá : n. wasteful person

àhègbè : n. 1. simple ewe language 2. simple language

àhègò : intj. an expression of surprise

àhèlà : n. hyena *(syn. àgbòtòè, àkpàtàkú, àmègáxì, àzìlà, dzàyìsà, dzàzìlà, gànà, gànà, gli, gbètè)*

àhèmè : n. 1. intimacy 2. nudity 3. professional secret 4. layman

àhèmènyà : n. 1. secret 2. secret affair

àhèmènkɔ́ : n. 1. secret name 2. refused nickname 3. sacred name 4. secret name of a medicinal plant

àhènú : n. bad luck

àhètèkú : n. yellowish patches on the teeth *(syn. hètèkú, kpólò, sògò)*

àhètó : n. single son amongst girls

àhètókpɔ́ : n. a person who does not understand the language of a group or community

àhètɔ́ : n. a poor person

àhí : intj. ouch! (pain)

àhì̀ (yí -) : v. 1. to boast 2. to believe in oneself

àhìà̀ : n. 1. girlfriend 2. concubine

àhìà̀ (dí - /dzí -) : v. to seduce a woman

àhìà̀ (dzè - (ŋútsù/nyɔ́nù)) : v. to fall in love with a man/woman

àhìà̀ (ɖó - ŋkú) : v. to make googoo eyes/ to make puppy eyes

àhìà̀ (wɔ̀ -) : v. to womanize

àhìà̀dídí / àhìà̀dzídzí : n. 1. seduction of a woman/man 2. courtship

àhìà̀dígbɔmè : n. courting a woman

àhìà̀díkè̀ : n. love magic or juju used to induce love

àhìà̀dzèdzè : n. 1. falling in love 2. concubinage

àhìà̀kè̀ : n. love magic or juju used to induce love

àhìà̀kpómìtá : n. 1. seductive attire 2. beautiful woman

àhìà̀mò : n. seductive face

àhìà̀mò (ɖó -) : v. to put on a seductive face

àhìà̀mòɖóɖó : n. putting on a seductive face

àhìà̀mòɖóɖó : n. someone who puts on a seductive face

àhìà̀ŋkú : n. 1. puppy eyes 2. googoo eyes 3. sweet eyes

àhìà̀ŋkúɖóɖó : n. 1. making of puppy eyes/googoo eyes

àhìà̀ví : n. 1. mistress 2. girlfriend 3. boyfriend

àhìà̀wɔ̀lá : n. 1. womanizer 2. philanderer

àhìà̀wɔwɔ : n. chasing after women

àhìhà̀ : n. millepede

àhlɛ̀ : n. yellowed leaf

àhlɛ́ : n. palm fiber

àhlɛ́bàtí : n. palm fiber bed

àhlɛ́kplɔ̀ : n. palm fiber table

àhlɛ́kùsì : n. palm fiber basket

àhlɛ́zìkpùì : n. palm fiber chair

àhlì : n. a type of herb used for the sakpate fetish ceremony

àhlìhằ : n. 1. sediment

àhlìhɑ̌ : n. 1. centipede 2. millipede

àhlìhàkpé : n. sedimentary stone

àhlìhɑ́tásì : n. a type of centipede

àhlìkú : n. a type of black seed used as a marble

àhlìmà : n. small fishing boat

àhlɔ̀ : n. 1. sputum 2. saliva 3. a type of climbing plant of the jungle 4. abomination 5. atrocity 6. an ethnic group in Togo

àhlɔ̀ (bɔ̀ −) : v. 1. to be abnormal 2. to have an abnormal behaviour

àhlɔ̀ (dè − / tú −) : v. 1. to spit 2. to blow one's nose

àhlɔ̀bà : n. slingshot

àhlɔ̀bɔ̀bɔ̀ : n. being abnormal

àhlɔ́bɔ̀lá : n. someone who is abnormal

àhlɔ̌ɛ́ : n. 1. gazelle 2. little grey antelope/ grey duiker 3. grimace

àhlɔ̌ɛ́ (wɔ́-) : v. to grimace

àhlɔ̌ɛ́dzòè : n. lug

àhlɔ̌ɛ́nú : n. grimace

àhlɔ̌ɛ́nú (wɔ̀-dé....ŋú) : v. to grimace

àhlɔ̌ɛ́wɔ̀wɔ̀ : n. grimacing

àhlɔ̌ɛ́wɔ̀lá : n. someone who grimaces

àhlɔ̌gbè : n. igo (Ahlon language)

àhlɔ̌kú : n. a kind of seed used as a pearl

àhò : n. 1. widow 2. widower

àhò (dò lè- mè) : v. to be freed of widowhood rites

àhò (dè -) : v. to marry a widow/widower

àhò (lè - tsì) : v. to be struck by misfortune

àhò (nɔ̀ - mè) : v. to be in widowhood/mourning

àhò (xɔ̀ -) : v. to become widowed (and observe widowhood rites)

àhò (wɔ̀ -) : v. to observe widowhood rites

àhò nyɔ́nù : n. widow

àhò ŋútsù : n. widower

àhò : n. 1. potassium-based drug 2. indigo

àhǒ: n. 1. grass 2. bushes ... piled up in the fields (syn. hò)

àhòé : n. garcinia kola (bitter kola)

àhòé : n. home (syn. àfé)

àhòéfá : n. peace of the house

àhòémè : n. home [building] *(syn. àfémè, kpɔ́mè)*

àhògà : n. a widow's salary

àhòkà : n. 1. a link between the dead and the widowed 2. a string used during widowhood rites

àhòkà (dó -) : v. to put a string of widowhood indicating the beginning of widowhood rites

àhòkà (tsò -) : v. 1. to have first sexual intercourse after the death of a spouse. 2. to cut the windowhood string indicating the end of widowhood rites

àhòkàtsòtsò : n. having of first sexual intercourse after widowhood

àhòkɔnúwó : n. widowhood rites

àhòm : n. 1. storm 2. tornado 3. cyclone

àhòm sésé : n. hurricane

àhòmènɔnɔ : n. duration of widowhood

àhòmtútú sèsé : n. 1. storm

àhòmyà : n. 1. violent wind 2. cyclone

àhòmyà sèsé : n. hurricane

àhòmtsì : n. 1. hurricane 2. storm

àhòsì : n. 1. widow 2. widower

àhòtí : n. Lonchocarpus cyanescens (a type of shrub)

àhòtsì : n. water used for widowhood rites

àhòví : n. 1. nephew 2. spider [nickname] *(syn. àdzàyí, àvàtrɔ́fèyì, àyìyì, d̥ètsɔ̀èví, nyìsã́, yèví, yìyì)* 3. child of a widow called by her new husband

àhóví : n. 1. bad luck 2. an unstabble child that creates problems 3. a child who carries misfortune

àhòvɔ́ : n. black loincloth of a widow

àhòwɔ̀wɔ̀ : n. widowhood

àhòxɔ̀ : n. a house where a widow or widower lives during widowhood rites

àhɔ̃ : n. 1. navel 2. aggression 3. misfortune 4. scorpion *(syn. àgàdzà, àgàdzàdzà, àgǎlãhɔ̃́, àgàlɛ̃, àgànɛ̃, àgàlàʋùí, àgáza, àkéklé, àzìàbúté, dzíd̥ègbè, tègè)*

àhɔ̃ (gé d̥é - mé) : v. 1. to fall into an ambush or a trap 2. to have a misfortune

àhɔ̃ (lé -) : v. to have misfortune

àhɔ̃dòmè : n. head

àhɔ̃drɔ̀ : n. spit

àhɔ̀è : n. gazelle

àhɔ̃gòlòè/ àhɔ̃gòlùì : n. 1. weight 2. suffering

àhɔ̃gòlòè (kplá-) : v. to suffer

àhɔ̃gòlòèkpláfé : n. a place of suffering

àhɔ̃lí : n. stem (of maize, rice, cereals)

àhɔ̃lífé : n. 1. brown nightjar 2. swamp nightjar 3. long-tailed nightjar 4. black-shouldered nightjar 5. plain nightjar 6. freckled nightjar 7. red-necked nightjar 8. european nightjar 9. standard-winged nightjar *(syn. àvàlúfúí)*

àhɔ̃lí (ŋé-) : v. to break the stem (of maize, rice, cereals)

àhɔ̀líɲéɲé : n. cutting of (of maize, rice, cereals)

àhɔ̀líɲɔ̀ŋlɔ̀ : n. cutting of (of maize, rice, cereals)

àhɔ̀lí (ŋlɔ̀-kɔ̀ d̪í) : n. cutting of (of maize, rice, cereals)

àhɔ̀lítí : n. stem (of maize, rice, cereals)

àhɔ̀hlɔ̀ : n. 1. saliva 2. cerebrum 3. sacrilege 4. pain

àhɔ̀hlɔ̀ (bɔ̀ -) : v. 1. to commit sacrilege 2. to cause pain

àhɔ̀hlɔ̀ (tú -) : v. to spit

àhɔ̀hlɔ̀ (wɔ̀ - ɲú dɔ́) : v. 1. to think well 2. to cogitate

àhɔ̀hlɔ̀bɔ̀bɔ̀ : n. 1. disgrace 2. shame 3. sacrilege

àhɔ̀hlɔ̀bɔ̀lá : n.1.author of a sacrilege 2.criminal

àhɔ̀hlɔ̀mè : n. brain

àhɔ̀hlɔ̀mè (kɔ̀) : v. 1. to be intelligent 2. to be brilliant

àhɔ̀hlɔ̀mènú : n. a puzzle

àhɔ̀hlɔ̀mènyà : n. 1. problem 2. puzzle

àhɔ̀hlɔ̀nú : n. 1. infamous action 2. infamous punishment

àhɔ̀hlɔ̀, àhɔ̀hlɔ̀ : n. 1. brain *(syn. àʋìʋlì, ʋùʋù)* 2. mind 3. cerebrum

àhɔ̀hlɔ̀tɔ̀ : adj. 1. cerebral 2. intelligent

àhɔ̀hlɔ̀tɔ̀è : adv. intelligently

àhɔ̀hɔ̀ví : n. cerebellum

àhɔ̀hɔ́ : n. raven

àhɔ̀hɔ̀mènúgbágbèvíwó : n. brain cell

àhɔ̀kà : n. umbilical cord

àhɔ̀lú : n. 1. leader 2. warlord

àhɔ̀né : n. 1. pigeon 2. dove (syn. *gàkɔ̀é, gàkùí*)

àhɔ̀nékpó : n. pigeon house

àhɔ̀nénɔ̀ : n. 1. hen pigeon 2. hen dove

àhɔ̀nétsú : n. male pigeon

àhɔ̀néví : n. a little pigeon

àhɔ̀néxɔ̀ : n. pigeon house

àhɔ̀sú : n. chief

àhɔ̀ví : n. 1. belly button 2. navel

àhɔ̀wɔ̀tɔ́ : n. 1. warrior 2. enemy

àhɔ́ : n. 1. eagle *(syn. hɔ̌, hɔ̃́)* 2. tawny eagle 3. wahlberg's eagle 4. african hawk eagle 5. booted eagle 6. long-crested eagle 7. cassin's hawk eagle 8. crowned eagle 9. martial eagle

àhú : n. 1. fog 2. mist 3. dew

àhú dzà : v. to make dew fall

àhù lè nú : v. to have dew

àhùdó/ àhùdódó : n. fallen dew

àhùdzàdzà : n. fallen dew

àhùgbè : n. exposure to dew

àhùgbè (mlɔ́ -) : v. to spend the night under the stars

àhùgbènɔ̀nɔ̀ : n. being in the dew

àhùhɔ̃ɛ̃ : n. 1. glass (syn. àtùkpá, àbɔ̀dìàbɔ́) 2. mirror

àhùhɔ̃ɛ̃ (kpɔ́ - mé) : v. 1. to look yourself in the mirror 2. to consult the mirror

àhùhɔ̃ɛ̃kpɔ́ŋkúmɛ̀ : n. mirror

àhùhɔ̃ɛ̃kpɔ́nú : n. mirror

àhùmá, àhùmɛ̀ : n. 1. concubine 2. girlfriend

àhùmá (dzè -) : v. to have a girlfriend

àhùmàhùmà (fɔ́ -) : v. to wake up very early in the morning

àkà : n. 1. ordeal 2. clumsiness 3. awkwardness 4. misfortune 5. bravery 6. underprivileged person 7. temminck's courser (a type of bird)

àkà : adj. 1. brave 2. courageous 3. clumsy

àkà (dà-) : v. 1. to be awkward 2. to be stupid 3. to be crazy

àkà (dà/ dé/ ḍè-) : v. 1. to damage 2. to waste 3. to squander

àkà (dò lè-mè) : v. to come out safe and sound from an ordeal

àkà (dó-) : v. put the rope around the neck to kill a culprit

àkà (ḍù - dzí-) : v. to come out safe and sound from an ordeal

àkà (fò-) : v. 1. to be clumsy 2. to be ignorant

àkà (gbɔ̀-) : v. 1. to be paid after an ordeal 2. to escape unscathed from an ordeal

àkà (nyí-) : v. to undergo an ordeal test

àkà (sà-) : v. put the rope around the neck to kill a culprit

àkà (sì-) : v. to be recalcitrant

àkà (tsì- mè) : v. to be found guilty after an ordeal

àká : n. charcoal

àká (dà-, dè-, ḍè-) : v. 1. to waste 2. to damage

àká (ḍè-) : v. 1. to remove embers

àká (mè-) : v. to make charcoal

àká (wɔ̀-) : v. to make embers

àká bìbìwó : n. burning coals

àkàbà : n. tribal mark

àkàbà (dà/sì-) : v. 1. to make a scar 2. to make a tattoo

àkàbàdàdà : n. the art of making a tattoo or scar

àkàbàsìsì : n. the art of making a tattoo or scar

àkàbó : n. 1. flowerbed 2. nursery

àkàdèmí : n. academy

àkàdò : n. coal mine

àkàdódó : n. putting a rope around the neck to detect a culprit

àkàdɔ́ : n. making of charcoal

àkàdɔ́wɔ̀lá : n. coalcutter

àkàdzà: n. 1. branches used to limit a fishing area and prevent fish from escaping 2. promptness 3. direct sense 4. rage 5. anger àkàdzà (dzè -/fé -) : v. 1. to be enraged 2. to angry

àkàdzàdzèdzè : n. being enraged

àkàdzàféfé : n. being enraged

àkàdzò : n. ordeal talisman / grigri

àkàdzò (sà -) : v. to be in posession on an ordeal talisman/grigri

àkádzò : n. charcoal fire

àkádzò (dó -) : v. to light a coal/charcoal fire

àkádzòkpó : n. charcoal cooker

àkàdà : n. machete

àkádá : n. rust

àkádá (dzè -) : v. 1. to rust 2. to be rusted 3. to become unbearable

àkádádzèdzè : n. rust

àkádákpó : n. 1. a mound of land on which an accused sits to detect his guilt 2. undergoing an ordeal or test

àkádí : n. a type of odorless medicinal plant

àkádí : n. 1. lamp 2. lantern 3. headlight

àkádí sésé : n. 1. projector 2. searchlight 3. floodlight

àkádí (sì-) : v. to light up

àkádí (tsì-) : v. to switch off

àkádí (drà-/tó-) : v. to light a kerosene lamp.

àkàdí : n. carbon

àkádí (tò-) : v. to be charred

àkàdídàdrà : n. a lamp

àkàdídòvù : n. oil lamp wick

àkàdígó : n. lamp glass

àkádígòè : n. 1. bulb 2. glow-lamp.

àkádígbà/àkádígbɛ : n. oil lamp

àkádímèdòvú : n. wick of a kerosene lamp

àkádímèkà : n. wick

àkádísìsì : n. lamp lighting

àkádítí : n. 1. candle 2. candlestick

àkádítɔ́tɔ́ : n. lamp lighting

àkádíyà : n. carbon dioxide

àkáfà : n. 1. a type of food made from corn dough which is sold in leaves 2. rifle dog

àkáfàmàkpà : n. sheet in which akassa is sold

àkàfò : n. 1. sling 2. slingshot

àkàfò (blá-) : v. to make a slingshot

àkàfò (dà-) : v. to shoot a slingshot

àkàfò (hè-) : v. to shoot a slingshot

àkàfòbáblá : n. sling manufacture

àkàfòdàdà : n. firing at the slingshot

àkàfòkpé : n. a type of pebble put in the sling

àkàfòtí : n. sling fork

àkàfòfò : n. 1. clumsiness 2. awkwardness 3. indolence

àkàfòlá : n. 1. a rude person 2. a clumsy person

àkàgã́ : n. 1. vulture 2. palm-nut vulture (syn. àklȁtsú, glú, kàblíkányá, kã́ŋgá, kàŋgbá, kpètè, pété, sàkùi, xèvɔ̃́) 3. hooded vulture

àkàgbá : n. a dish or bowl used

àkàgbánú : n. a place where an ordeal takes place

àkàgbɔ̀gbɔ̀ : n. being discharged after an ordeal

àkágò : n. coal bucket

àkàhɛ́ : n. knife used for an ordeal

àkákátí : n. torch

àkákátí (blà -) : v. to make a torch by attaching branches

àkákátí (kɔ́ -) : v. to carry a torch

àkákátíkɔ́kɔ́ : n. carrying a torch

àkákátíkɔ́lá : n. one who carries a torch

àkákátítsɔ́lá : n. a torchbearer

àkákétí : n. angenousus (a species of bacteria)

àkàklã́ : n. 1. unleavened bread 2. banana-based donut 3. matured plantain

àkákòtòkú : n. a bag of charcoal

àkákátí : n. torch

àkákùfé : n. coal mine

àkákùlá : n. one who mines coal

àkákpé : n. coal

àkákpó : n. charcoal stove

àkáló : n. 1. whitewash 2. chalk

àkáló (dé -) : v. to paint

àkáló (ɖà -) : v. to prepare lime

àkáló (sì -) : v. to brush with lime

àkálóɖàɖà : n. preparation of lime

àkálóɖèɖè : n. 1. decking 2. removal of plaster

àkálókpé : n. limestone

àkálósìlá : n. one who paints with lime

àkálósìsì : n. painting with lime

àkálóstí : n. 1. limewater 2. whitewash

àkálɔ́lɔ́ : n. coal pickup

àkámèfé : n. place of manufacture of coal

àkámèlá : n. coal manufacturer

àkámèmè : n. coal making

àkámètí : n. 1. wood used to make charcoal 2. personality 3. important character 4. influential member

àkámètsílá : n. a person convicted aftern an ordeal

àkámí : n. 1. small piece of coal 2. panties

àkámínɛ́ : n. a quarrel

àkámínɛ́ (wɔ̀ -) : v. 1. to be quarrelsome 2. to be insolent 3. to behave badly

àkámínɛ́wɔ̀wɔ̀ : n. 1. insolence 2. effrontery

àkàná : n. machete

àkáná : n. 1. deposit 2. anal scab 3. foam

àkáná (ká -/ ná) : v. 1. to make a deposit 2. to make a down payment

àkáná (xɔ̀ -) : v. 1. to recieve a deposit 2. to recieve a down payment

àkánákákǎ : n. 1. giving a down payment 2. payment of a deposit

àkánánáná : n. 1. giving a down payment 2. payment of a deposit

àkánáxɔ̀xɔ̀ : n. 1. recieving a deposit 2. recieving a down payment

àkànàŋgɔ̀ : n. a place where a river makes waves

àkàní : n. a type of red yam

àkántà : n. 1. counter 2. post 3. bar

àkánúŋlɔ̀tí : n. pencil

àkánúŋlɔ̀ŋlɔ̀ : n. the act of writing with a pencil

àkànyì : n. sediment

àkányí : n. sound

àkànyílá : n. a person who must undergo an ordeal test

àkànyínyí : n. to act of undergoing an ordeal test

àkàŋù : n. a type of fish

àkáŋù : n. 1. potash 2. ashes of banana peels used to make soap or snuff tobacco 3. soda 4. salpetter

àkáŋùgà : n. potassium

àkáó : n. kafue pike (a type of fish)

àkápɛ́ : n. a pair of scissors *(syn. sákísì, sízà, sìzò)*

àkàsà : n. 1. row 2. range (of mountains) 3. column

àkàsà (lè/nɔ̀ - nù) : v. 1. to be in a row 2. to be parallel

àkàsà (zɔ̀ -) : v. 1. to walk in a single file 2. to walk in a row

àkàsànù : n. 1. row 2. alignment

àkàsànùnɔ̀nɔ̀ : v. the act of being in a single file/row

àkàsànùzɔ̀zɔ̀ : v. the act of marching/walking in a single file/row

àkàsá /àkàtsá : n. corn porridge

àkàsá /àkàtsá (fò -) : n. to prepare corn porridge

àkàsá /àkàtsá (nò -) : n. to drink corn porridge

àkàsátsì /àkàtsátsì : n. the liquid component of corn porridge

àkàsèlègbè : n. akasele language

àkàsèlèm : n. the akasele country

àkàsìlá : n. a recalcitrant person

àkàsìsì : n. being recalcitrant

àkàtè : n. protective leather of the trigger of a rifle

àkátí : n. 1. torch 2. wood for production of coal 3. firewood

àkàtɔ́ : n. priest of ordeal

àkátɔ̀ : n. 1. carbonic 2. of or pertaining to carbon

àkátɔ́ : n. coal seller

àkátsá : n. a house with a flat roof

àkàtsáfòfò : n. preparation of corn porridge

àkàtsánònò : n. the act of drinking corn porridge

àkàtsɛ̀ : n. maracas

àkàtsì : n. water mixed with poison that one rubs on the eyes during an ordeal

àkàtsɔ́lá : n. someone who hires an ordeal priest

àkàyà : n. carbon dioxide

àkàyè : n. 1. pod (of pea) 2. shell (of walnut) 3. chopped straw

àkàyɛ̀ : n. maracas

àkàyɛfòlá : n. one who plays the maracas

àkàyɛtɔ́ : n. one who plays the maracas

àkàyì : n. a variety of edible mushromm

àkàyì : n. a variety of edible mushromm

àké : n. rheumatism (that affects the bone) *(syn. àgbàklıkpé, dɔ̀sésé̃, dùdùì, ɲúdúdùì, ɲúdùì, ɲúídù, ɲúídùdùì, sìtí, sìtídɔ̀, tìtí)*

ákè : adv. again

àkèbùgbè : n. akebou/kebou language (in Togo)

àkéklé : n. scorpion *(syn. àgǎdzà, àgàdzàdzà, àgǎlàhɔ̃́, àgàlɛ̃̀, àgànɛ̃̀,* àgàlǎuùí, àgázà, àhɔ̃̀, àzìàbúté, dzǐdègbè, tègè*)*

àkìtì : n. physical force

àkìtí : n. 1. leech 2. foot louse that enters the paws of some animals, especially sheep

àklà : n. 1. delinquent 2. heron 3. black-bellied bustard 3. a drop-out

àklà̃ : n. 1. liver 2. a cake made of beans or plantains 3. canary debris

àklàbí : n. 1. urticaria *(syn. àɲıfh́)* 2. swelling of the knee

àklàbí (dzè – dzí) : v. to be allergic

àklàbí (– bú) : v. to be allergic reaction dissappearing

àklàbí (– hò) : v. to be allergic reaction relapsing

àklàbítɔ́ : v. a person suffering from urticaria

àklàdzá : n. 1. tightness 2. stiffness

àklàdzá (nɔ̀ – mè) : v. to be occupied

àklàdzá (tsí – mè) : v. 1. to be stuck 2. not to be able to move

àklàdzádɔ̀ : n. tetanus

àklàkú : n. light white cotton fabric

àklàlá : n. 1. white veil 2. white loincloth 3. white percale

àklálá : n. canvas for making shirt

àklàláwù : n. white percale clothing

àklàmà : n. 1. good luck 2. chance 3. good fortune 4. guardian angel 5. destiny

àklàmà ḍì ná : n+v +prep. to have good luck

àklàmà lè/nɔ̀... ŋú : n+v . to be lucky

àklàmá : n. 1. great-grandfather 2. great grand-mother

àklámá : n. genie

àklàmàḍiḍì : n. good luck

àklàmàgbàlě : n. lottery ticket

àklàmàgbàlěḍàfé : n. 1. raffle 2. lottery

àklàmàkpàkpè : n. doll

àklàmàkpɔ́ : n. enclosures where hunters keep the bones of killed animals

àklámànú : n. lucky charm

àklàmàtɔ̀ : adj. fortunate

àklàmàtɔ́ : n. a lucky person

àklàmàtɔ̀è : adv. unscathed

àklàmàtɔ̀è : n. luckily

àklàmáwó : n. great grandparents

àklàmáyɔ́ví : n. 1. great grandson 2. great granddaughter

àklàmáyɔ́víwó : n. great grandchildren

àklántíé : n. a type of thorny plant *(syn. àŋùdzà)*

àklàtsà : n. 1. dear/bush buck 2. stag

àklàtsànɔ̀ : n. doe

àklǎtsú : n. vulture *(syn. àkàgǎ, glú, kàblíkányá, káŋgá, kàŋgbá, kpètè, pété, sàkùì, xèvɔ̌)*

àkláví : n. carp (a type of fish)

àklì : n. 1. scabies *(syn. àflɔ́é, àkpà, àkpàkúí, bèlè, bòsòkpà, fòkpòfòkpò, flɔ̀flɔ́, fɔ̀flɔ́, klùsàklúsá, kpìtì, zóŋgólàtsístsì)* 2. yaws *(syn. àkpìǎ, àtsàkpà, dzɔ̀bú, èklì, àklì, klì, tsàgbà)*

àklì (dzè -) : v. 1. to have scabies 2. to have yaws

àklí : n. 1. hip 2. waist 3. femur

àklígòfú : n. 1. pelvic bone 2. iliac bone

àklíkɔ́é : n. femur head

àklíkɔ́fú : n. hipbone

àklító : n. 1. hip 2. side of the buttocks

àklító (fò -/ fú ásí -) : v. to spank the buttocks

àklítófòfò : n. spanking the buttocks

àklítófú : n. hipbone

àkló : n. canoe *(syn. àgɔ̀uú, àkplóuù, àvɔ̀uú, lěuú, uǔ)*

àkló (kù -) : v. to paddle

àklɔ̀bòé : n. 1. navel 2. umbilicus

àklɔ̀bòé : adj. all

àklókùlá : n. a person who works in a canoe

àklólòè : n. 1. hernia *(syn. àgɔ̀bɔ́, àkplólúí, kùtsù)* 2. rupture

àklólòè lé/ḍù/xá : (n+v) to suffer from hernia

àklóloè (- sìì) : v. to suffer from a serious hernia attack *(syn. àklóloè (- tsòè))*

àklóloè (- tsòè) : v. to suffer from a serious hernia attack *(syn. àklóloè (- sìì))*

àklóloè (- hò nè) : phr. he/she has a hernia relapse

àklóloèdò : n. hernia

àklóloèkà : n. herniary bandage/belt

àklóloètó : n. someone suffering from hernia

àklòbé : n. 1. navel 2. belly button 3. umbilical hernia *(syn. àgòbó, àgbògbó)*

àklòbòé : n. 1. a kind of a little bird 2. a kind of mammal

àklùí : n. 1. gruel 2. lump

àklùídzògbó : n. gruel porridge

àklùmá : n. a type of talking drum

àklùmá : n. okro *(syn. àgbágbá, àgbòdrò, àtìsé, fètrí, lùlú, zàmàdízàmàhló)*

àklùmádétsì : n. okro soup

àkò : n. 1. pincer 2. muddy earth 3. barred hogfish 4. locust

ákò : n. 1. parrot 2. grey parrot 3. brown-necked parrot 4. red-fronted parrot 5. senegal parrot 6. red-headed lovebird 7. black-collared lovebird 8. rose-ringed parakeet

ákòbé : n. 1. pliers 2. pincers

àkòbídè : n. little calabash

àkòdè : n. sickle

àkòé : n. 1. cup 2. variety of calabash

àkòémà : n. a type of calabash

àkòélè : n. false-twin

àkòélé : n. twin

Akòété : n. the name given to the first twin

Akòété : n. the name given to the first twin

àkògò : adj. 1. unique 2. single 3. only

àkògò (nyé -) : v. to be lonely

àkògò (tsí -) : v. to be abandoned

àkògòtsítsí : n. 1. abandonment 2. loneliness

àkògònònò : n. solitude

àkògòví : n. only child

àkòŋká : adj. 1. impeccable 2. honest 3. authentic

àkòŋká (nyé ámé -) : v. 1. to be impeccable 2. to be honest 3. to be authentic

àkòŋkányényé : n. 1. being honest 2. being impeccable

àkòsòmbòlà : n. 1. akosombo fish (smoked and salted) 2. a type of catfish

àkòtìà : n. 1. thumbtack 2. canoe driver/paddler

àkòtìá : n. 1. pygmee 2. dwarf

àkòtó : n. a small edible snail

àkòtó (tré -/dá-/ɖúɖú) : v. play at the top

àkòtótétré : n. spinning game

àkótsóví : n. leaf-brown toad

àkɔ̀ : n. 1. vote 2. poll 3. lap 4. knees

àkɔ́ : n. 1. season 2. time

àkɔ̀ (dà -) : v. to vote

àkɔ̀ (ɖí -) : v. to do a wrestling competition

àkɔ̀ (kɔ́....ɖé -) : v. to wear on the knees

àkɔ́ : n. 1. breast 2. chest 3. pride

àkɔ́ (dzè - ànyí) : v. 1. to calm down 2. to be tranquilized

àkɔ́ (fá - ná) : v. 1. to comfort 2. to soothe 3. to calm

àkɔ́ (fú -) : v. 1. to give pain 2. to strive

àkɔ́ (fú àsí -) : v. 1. to take responsibility for 2. to put in charge of

àkɔ́ (kpé -) : v. to compete

àkɔ́ (tɔ́ àsí -) : v. 1. to take responsibility for 2. to put in charge of

àkɔ́ (trì -) : v. 1. to be strong 2. to be powerful

àkɔ́ (tsyɔ́ - ànyí) : v. to lie on the stomach

àkɔ́ (tsyɔ́ - ɖé....dzí) : v. to protect with the body

àkɔ̀ xèlxlɛ̀mè : n. vote count

àkɔ́ (xɔ̀ ɖé -) : v. to take responsibility for 2. to take charge

àkɔ́ (wɔ̀ -) : v. 1. to be proud 2. to boast

àkɔ́ (wú - ná) : v. to exceed

àkɔ̀bɛ́ : n. emotion

àkɔ́ mlí : v. to have chest pain

àkɔ̀bɛ́ (wɔ̀ -) : v. 1. to excite 2. to upset

àkɔ̀blì : n. 1. bronze (Biblia alo Ŋɔŋlɔ Kɔkɔe la le Eʋegbe me, 1913,2006, S. Numbers 21:9) 2. copper

àkɔ̀dàdà : n. 1. gambling 2. election

àkɔ̀dàƒé : n. voting place

àkɔ̀dàgbè : n. voting day

àkɔ̀dàɖákà : n. ballot box

àkɔ̀dàgbàlɛ̀ / àkɔ̀dàgbàlɛ̀ví : n. ballot paper

àkɔ̀dàkpéví : n. dice

àkɔ̀dàlá : n. 1. voter 2. elector

àkɔ̀dànú : n. dice

àkɔ̀dé : n. old gaint palm tree

àkɔ̀dódrómè/ àkɔ̀drómè : n. chest

àkɔ̀dɔ̀è : n. squirrel (syn. àdédé, àdɔ̀, àdʒè, àɖùdɔ̀, ágboè, ànyɔ́ŋɔ́nɔ́è, àtsíákúí, àwúyé, kàdzídʒè, kàsànúí, klúlù, kéndè, kòkòbà, krúɖù)

àkɔ̀ɖíɖí : n. challenge

àkɔ̀ɖìɖì : n. 1.joke 2. pleasantry 3. fun

àkɔ̀dʒè : n. 1. Adam's apple 2. object of desire

àkɔ̀dʒé : n. adze

àkɔ̀dʒètɔ́ : n. object of desire

àkɔdú : n. banana

àkɔ́dzèànyí : n. softening

àkɔdú (dù -/ nyí -) : v. to eat banana

àkɔdú (sì -/ tsò -) : v. to be on banana diet

àkɔdúgblè : n. banana plantation

àkɔdúhó : n. banana plantation

àkɔdúkpé/ àkɔdúkpò : n. a bunch of banana

àkɔdútí : n. banana tree

àkɔdútsró : n. banana peel

àkɔɛ : n. money

àkɔfá : n. 1. fin 2. paddle 3. tranquility

àkɔ́fádɔ́ : n. 1. penance 2. appeasement mission

àkɔ́fáfá : n. 1. appeasement 2. consolation 3. comfort

àkɔ́fáfé : n. a place where one makes appeasement

àkɔ́fálá : n. a comforter

àkɔ́fánú : n. tranquilizing

àkɔ́fányà : n. a comforting word

àkɔfɛ : n. pipe

àkɔ́fú : n. sternum

àkɔ́gò, àkɔ́góè : n. 1. trunk 2. body

àkɔ́yì : n. heron

àkɔ́lí : n. dung

àkɔ́líkpó : n. 1. a heap of dung 2. a pile of manure

àkɔ́línú : n. 1. junk 2. worthless object

àkɔlɔ̀ɛ̀ : n. 1. drowsiness 2. slumber

àkɔlɔ̀ɛ̀ (dɔ́): v. 1. to be drowsy 2. to slumber 3. to sleep whilst standing/sitting

àkɔlɔ̀ɛ̀dɔ́dɔ́ : n. the act of being drowsy 2. the act of slumbering 3. the act of sleeping whilst standing/sitting

àkɔkɔ́ : n. first of twins to be born

àkɔ́kpékpé : n. confrontation

àkɔ́kpélá : n. confrontation

àkɔ́kpélá : n. 1. adversary 2. fighter

àkɔ́kpéfé : n. a place of confrontation

àkɔ́kpúi : n. 1. trunk 2. body

àkɔ́mè, àkɔ́ ..... mè : n. 1. lap 2. bossom 3. space between the legs 4. space in front of oneself 5. belly

àkɔ́mè yèdzèfé dùkɔ́wó : n. countries of the near east

àkɔ́mè (tè ... vá) : v. to approach something

àkɔ́mè fìà X : n + v. to be hungry

àkɔ̀ndé : n. a type of big palm tree

àkɔ́nɔ̀è : n. an object of desire

àkɔ́nɔ́è : n. 1. crop 2. goitre (syn. àgbà, àgbɔ́, àvɔ̀, ègò, gò, kɔ̀tɔ̀kɔ́lí)

àkɔ́nɔ̀è (wɔ̀ -) : v. 1. to be appetizing 2. to smell good

àkɔ́ntà : n. 1. account 2. mathematics 3. calculation 4. arithmetic

àkɔ́ntà (bù -) : v. 1. to account 2. to calculate

àkɔ́ntà (kù ɖé-ŋú) : v. to do maths

àkɔ́ntà (tó - mé) : v. to balance accounts

àkɔ́ntà (wɔ̀ -) : v. to calculate

àkɔ́ntá : n. brother in law

àkɔ́ntàbùbù : n. 1. calculation 2. arithmetic

àkɔ́ntàbùbùdzèsì : n. calculation sign

àkɔ́ntàbùƒé : n. a place where accounts is done

àkɔ́ntàbùlá : n. accountant

àkɔ́ntàbùmɔ̀ : n. calculator

àkɔ́ntàbùmɔ̀ ŋú (tí) dɔ́wɔ̀wɔ̀ : n. mechanography (the use of machines or mechanical devices for logical operations)

àkɔ́ntàdzèsì : n. sign of operation

àkɔ́ntàgbàlɛ̌ : n. 1. calculus book 2. maths book 3. account book

àkɔ́ntàgbàlɛ̌vì : n. invoice

àkɔ́ntàmètólá : n. 1. financial controller 2. auditor

àkɔ́ntàmɔ̀ŋúwɔ̀lá : n. 1. someone who is a specialist in mechanography 2. technician

àkɔ́ntàmɔ̀ŋúdɔ́wɔ̀wɔ̀ : n. mechanography (the mechanical production/reproduction of documents)

àkɔ́ntànáná : n. 1. score 2. tally

àkɔ́ntàŋútínúnyá : n. mathematics

àkɔ́ntàŋútɔ̀ : adj. mathematical

àkɔ́ntàwɔ̀lá : n. accounting

àkɔ́ntàwɔ̀mɔ̀ : n. 1. computer 2. data processor

àkɔ́ntàwɔ̀wɔ̀ : n. inventory

àkɔ̀nú : n. 1. high tide 2. custom

àkɔ́nú : n. pride

àkɔ́nù : adv. in the arms

àkɔ́nù (wɔ̀ -) : v. to look proud

àkɔ́núgóé (ɖù.... -) : v. 1. to defeat 2. to put on the ground

Akɔ̀ŋkágúà-Tó : n. Aconcagua Mountain

àkɔ́ síá : adv. finally

Akɔ́síwá/ Akɔ́síwágǎ/ Akɔ́síwáví : n. the name given to a girl born on Sunday

àkɔ́sú : n. winner

àkɔ́sú (ɖù -) : v. to win

àkɔ́tà : n. 1. chest 2. thorax 3. thoracic cavity

àkɔ́tà (ƒú ásí -) : v. 1. to take charge 2. to take responsibility

àkɔ́tàfú : n. sternum

àkɔ́tàdzé : n. robin

àkɔ́tádzèsì : n. medal

àkɔ́tàgbàdzàtɔ́ : n. a person with strong chest

àkɔ́tàkpékpé : n. judo

àkɔ́tàkpélá : n. 1. wrestler 2. fighter

àkɔ́tàtɔ̀ : n. pectoral

àkɔ́tàvùì : n. judo

àkɔ́tàwù/ àkɔ́tàwùì : n. 1. bodice 2. corsage

àkɔ́tàwùì àbɔ̀ kpùì : n. Body vest

àkɔ̀tíá : n. dwarf

àkɔ́tɔ̀ : adj. 1. proud 2. boastful

àkɔ́tɔ́ : n. crab

àkɔ́tɔ̀ : n. traditional soap made from red oil and cocoa pod ashes

àkɔ́tɔ̀è : adj. proudly

àkɔ́wɔwɔ̀ : n. the act of being proud

àkɔ́wɔ̀lá : n. a proud person

àkɔ́yí : n. a little black-breasted bird

Akrǎ : n. accra (capital city of ghana) [syn. gɛ̀]

àkrɔ̀ : n. a man who is said to be under the control of women and acts feeble and vulnerable instead of active as a man is expected to be (Ameza, 2022)

àkrɔ̀bɔ̀è : n. black-eyed bulbul *(syn. klɔ̀bɔ̀è)*

àkú : n. 1. sheath 2. case 3. hip 4. poverty 5. scar 6. tall grass 7. goal (sports)

Akú : n. name of female born on a Wednesday

àkú (dé hɛ̀ - mè) : v. to put a knife in a sheath

àkú (dó -) : v. to heal

àkú (dzè -) : v. to be poor

àkú (dzɛ̌ -) : v. 1. to overflow 2. to be salient

àkú (ḍè hɛ̀ ḍè - mè) : v. to unsheathe a knife

àkú (ḍó -) : v. 1. to be poor 2. to score a goal

àkú (fò hɛ̀ ḍè - mè) : v. to sheat a knife

àkú (glí -) : v. 1. to dislocate the hip 2. to have a hip pain

àkú (là -/lìà -/lìɔ̀ -/lɔ̀ -) : v. to whistle

àkú (sì -) : v. to be tall (pertaining to herbes)

àkú (tɔ̀ ḍé - dzí -) : v. to limp

àkúàkú : adj. 1. authentic 2. pure

àkúàkúnyényé : n. 1. authenticity 2. purity

àkúdzèdzè : n. poverty

àkúdzí : n. side of the hip

àkúḍóḍó : n. poverty

àkúí : n. 1. poverty 2. what one uses to drink 3. whistling

àkúí (dzè -) : v. to be poor

àkúí (lɔ̀ -/ lìà -) : v. to whistle

àkúídzèdzè : n. poverty

àkúímè : n. 1. in camera 2. restricted committee

àkúímètàkpékpé : n. 1. comittee 2. panel

àkùítɔ́ : n. a poor person

àkùkɔ̀ : n. yellow mombin/ hog plum (a type of fruit from the cherry family)

àkùkɔ̀tí : n. yelllow mombin/ hog plum tree

àkúlàlà /àkúlíàlá /àkúlíɔ̀lá /àkúlɔ̀lá : n. 1. whistle 2. whistling

àkúmèhɛ́ : n. sword

àkúmɛ́ : n. àkplɛ́ (a type of food made from corn meal)

àkùnyà : n. grigri (to attract girls or hypnotize)

àkùnyà (dé- ŋkúmè ná) : v. to hypnotize

àkùnyà (sà -) : v. to possess hypnotic power

àkùnyà (wɔ̀ -) : v. to use hypnotic power

àkùnyàsàlá : n. one who possesses hypnotic power

àkùnyàtɔ́ : n. one who possesses hypnotic power

àkùsìsì : n. loss of voice

àkúsìsì : n. tall grass

àkútɔ́/ àkútɔ́nɔ̀ : n. a poor person

àkùtú : n. orange (Twi) (syn. àŋùtí, ŋùtí)

àkùtsá : n. sponge

àkùtsá (fò -) : v. to weave a sponge

àkùtsá (lè -) : v. to bath with a sponge

àkùtsátí : n. sponge tree

àkùtsákà : n. sponge liana

àkùtsáwɔ́ : n. sponge debris

àkúvíá : n. laziness

àkúvíá (wɔ̀ -) : v : n. to be lazy

àkúvíátí : n. palaver tree (syn. àblɔmètí, àgbàflò, àgbàflòtí)

àkúvíátɔ́ : n. a lazy person

àkúvíáwɔ̀lá : n. lazy person

àkúvíáwɔ̀wɔ̀ : n. being lazy

Akúyò : n. a female born on wednesday

Akúwà : n. a female born on Wednesday

àkpà : n. 1. fish. 2. saddle 3. scabies (syn. àflɔ́é, àkli, àkpàkúí, bèlè, bòsòkpà, fòkpòfòkpò, flɔ̀flɔ́, fɔ̀flɔ́, klùsàklúsá, kpìtì, zóŋgólàtsístsi) 4. pod 5. legume 6. skin

ákpá : adv. too much

àkpã́ : n. 1. a type of food made from corn dough rolled in balls similar to àkplɛ́ 2. snare 3. reef 4. collar

àkpà (blá -) : v. 1. to be ready 2. to be prepared

àkpá : n. 1. part 2. portion 3. detail 4. element 6. camp 7. side

àkpá dèká dzí nɔ̀nɔ̀ : n. partiality

àkpá dèká tɔ́ : adj. partial

àkpá ènèliá : n. quarter

àkpà ètɔ̀liá : n. 1. third part 2. a third part of a whole entity

àkpá fé dìdìmè : n. 1. dimension 2. size 3. proportion

àkpá gã́tɔ̀ : n. majority

àkpà kpò : n. longfin tilapia

àkpá sòétò : n. minority

àkpá ságátò : n. opposite

àkpádékédzímànò : n. neutrality

àkpàbáblá : n. feverish preparation

àkpábɛ́ : n. square mat made of raffia

àkpàblálá : n. one who is active

àkpàblè : n. fishtail

àkpádzrɛ́ : n. partridge

àkpàdzrálá : n. fish merchant

àkpàfíátsì : n. nile tilapia

àkpáfíá̃ : n. caterpillar

àkpàfùfù : n. fish soup

àkpàflè : n. parrot

àkpàyìé : n. mango tilapia (a type of fish) *(syn. lógó-kpà)*

àkpákéví : n. basket in which women keep valuables *(syn. tàziòké)*

àkpàklikè : n. genital disease

àkpàkló : n. goliath heron *(syn. lèglé)*

àkpákú : n. closed calabash

àkpàkú : n. great calabash

àkpàkúí : n. scabies *(syn. àflóé, àklì, àkpà, bèlè, bòsòkpà, fòkpòfòkpò, flòfló, fòfló, klùsàklúsá, kpìtì, zóŋgólàtsístsì)*

àkpàkpà : n. sea turtle

àkpákpà : n. dove

àkpàlá : n. 1. bark 2. peel

àkpálá : n. a type of popular fish in Togo/ terai pompano / atlantic horse mackerel *(syn. kŏbí, kpálá̃)*

àkpàlè : n. 1. beam 2. timber

àkpàlígbè : n. shin

àkpàlígbèfú : n. 1. leg bone 2. shin bone

àkpàngbà : n. 1. grey triggerfish *(syn. àgbò)* 2. blue-spotted triggerfish

àkpànò : n. mangy

àkpànòè : n. blackchin tilapia

àkpànúblánú : n. envelope

àkpànyà, àkpànyàkòtòkú : n. fiber bag

àkpányɛ : n. bad character

àkpányɛ (wò -) : v. to have a bad character

àkpányɛ́tó : n. one who a bad character

àkpányɛ́twòwò : n. maltreatment

àkpàŋóyé : n. spotted tilapia

àkpásà : n. 1. arm chair 2. folding chair

àkpásésɛ̃́ : n. 1. brutality 2. roughness

àkpàsílà̀ : n. 1. tilapia busumana 2. tilapia dageti 3. guinean tilapia 4. redbelly tilapia

àkpàtá : n. 1. kitchen *(syn. dètsìfòfé, dzòdófé, dzòdóxò, dòdófí, núḍàfé, núḍàxò, nyígòmè)* 2. living room 3. balcony 4. refuge 5. shelter àkpàtáflóé/ àkpàtáflúí : n. 1. shed 2. slum

àkpàtàkú : n. hyena (syn. àgbòtòè, àhèlằ, àmègắxì, àzilằ, dzàyìsà, dzàzilằ, gànà, gằnà, gli, gbètè)

àkpàtígbè : n. 1. tibia 2. shin bone

àkpàtígbèfú/ àkpàtígbèfúgắtɔ̀ : n. 1. tibia 2. shin bone

àkpátígbèfú gắtɔ̀ : n. 1. tibia 2.shin bone

àkpàtígbèfú sóètɔ́ : n. fibula

àkpàtsà : n. machete

àkpàtsú : n. guenther's mouthbrooder (a type of fish)

àkpàvì : n. tilapia

àkpàvìắ : n. 1. raven 2. big black crow (syn. mánòwɔ́, nòwɔ́nòwɔ́)

àkpé : n. 1. thanks 2. thousand

àkpé àkpé : n. million

àkpé àkpé àkpé : n. billion

àkpé éwó éwó : n. million

àkpé téfé ákpé : n. million

àkpé dèkálìá : adj. thousandth

àkpédádá : n. 1. recognition 2. gratitude 3. acknowledgment

àkpédádzèsì : n. sign of recognition

àkpédágbálẽ́ : n. letter of thanks

àkpédálá (nyé -) : v. to be grateful

àkpédányá : n. word of thanks

àkpédátɔ́ (nyé -) : v. to be grateful

àkpédédé : n. appreciation

àkpédégbè : n. thank you day

àkpédèdzắ : n. thank you day

àkpédèfòfò : n. 1. clap 2. cheering

àkpémàdámàdá : n.ingratitude

àkpémàdálá : n. 1. ungrateful person 2. ingrate

àkpèsè : n. 1. rhythm of a dance 2. a type of dance of the people of Eʋeland

àkpèsèʋú : n. 1. rhythm for the àkpèsè dance 2. the àkpèsè drum

àkpété : n. briefcase

àkpètèsì : n. 1. akpeteshi 2. brandy 3. calvados

àkpéxɔ̀nú : n. 1. rampart 2. bulwark

àkpɛ̀ : n. a type of dance during which men beat their chests whiles the drums and the castanets are rhythmically sounded

àkpɛ́ : n. a kind of calabash

àkpɛ̀sɛ̀ : n. 1. Akpasse (a type of youth dance) 2. a type of a Ghanaian and Togolese traditional dance performed by the Eʋe people from the mid- Volta of Ghana and Southern Togo including Kpalime and Lome. (syn. bɔ̀bɔ́bɔ̀) 3. a dance to the sound of the drum

àkpɛ̀ʋú : n. 1. the àkpɛ̀ drum 2. rhythm of a the àkpɛ̀ dance

àkpì : n. musk

àkpìà̰ : n. a kind of skin disease called yaws *(syn. àklì, àtsàkpà, dɔ̀kú, dzɔ̀bú, èklì, klì, tsàgbà)*

àkplàkpòè : n. 1. chimpanzee/ a type of monkey, probably the baboon *(syn. àmèkèsé, àzìzá̰, kèségá̰, sìmpàzé-kèsé, yélègbèmè)* 2. fairy 3. spirit of the forest *(syn. àzìzá̰, gbètɔ́àgè, yélègbèmè)*

àkplḛ́ : n. 1. akple 2. banku 3. dough/paste of dried and ground maize

àkplḛ́ɖàtí : n. 1. spatula 2. spoonbill

àkplḛ́gbà : n. plate used for serving àkplḛ́

àkplḛ́kɔ́ : n. a ball of àkplḛ́

àkplḛ́zé : n. a cooking pot in which àkplḛ́ is prepared

àkplígbè : n. 1. tibia bone 2. shinbone

àkplím : n. 1. cannon 2. barrel 3. gun

àkpló : n. wallet *(syn. kpò)*

àkplókú : n. par-dry maize

àkplólúí : n. 1. hernia *(syn. àgɔ̀bɔ́, àklólòè, kùtsù)* 2. rupture

àkplóʋù : n. dug-out canoe *(syn. àgɔ̀ʋú, àkló, àvɔ̀ʋú, lḛ̀ʋú, ʋú)*

àkplɔ̀ : n. 1. lance 2. spear 3. javelin 4. bayonet

àkplɔ̰̀ : n. table

àkplɔ̰̀ (ɖó -) : v. to make the table

àkplɔ̰̀ (fɔ̀ -) : v. to clear the table

àkplɔ̀dàdà : n. the act of throwing a spear/javelin

àkplɔ̀dàlá : n. someone who throws a spear/javelin

àkplɔ̀tsú : n. 1. spotted burro 2. sompat grunt

àkpò : n. 1. short-toed snake eagle 2. western banded snake eagle 3. african harrier hawk 4. pallid harrier 5. eurasian marsh harrier *(syn. àʋàkò)* 6. squacco heron (a type of bird) 7. bag /sack 8. briefcase

àkpò (dzè -) : v. to be negative

àkpò (dzè -) : v. to be negative

àkpó : n. 1. divinatory symbol of negation 2. evil force 3. a blow 4. a protective shield

àkpó : adv. vainly

àkpó! : intj. stop! arrest!

àkpó (dzè -) : v. to fail

àkpókà : n. grigri/talisman that protects one from any evil

àkpóŋù : n. 1. fishing rod 2. hook

àkpóxɔ̀nú : n. 1. something that protects against danger 2. shield

àkpóxɔ̀wù : n. bullet-proof vest

àkpɔ̀ : n. 1. wrinkle 2. ripple 3. dimple

àkpɔ́ : n. a swelling of the lymphs *(syn. zìɔ̀yé, zɔ̀yé, zìɔ̀wóé, zɔ̀wówóé, zɔ̀wɔ́é)*

àkpɔ̀kplɔ̀ : n. 1. toad/ african common toad 2. frog

àkpɔ́lɔ́ : n. silversides *(syn. àsèntìwòè)*

àkpɔ́lɔ́é : n. (young) flat-heat grey mullet

àkpɔ̀nɔ̀ : n. bread

àkpɔ̀nɔ̀ fúfú : n. biscuit

àkpɔ̀nɔ̀ vívi : n. biscuit

Akpɔ̀sɔ̀ : n. a region in south west togo

àkpɔ̀sɔ̀gbè : n. language(a type)Akposso

àkpɔ̀sɔ̀tɔ́ : n. a native of the Akposso region

Aià : n. Allah (name of God)

àlá : n. 1. raffia leaf 2. raffia palm*(syn. lá)* 3. scarification 4. ivory bracelet

àlá (dà -, sì -) : v. to scarify

àlá (dó -) : v. to be as poor as

àlàdà : n. red corn/maize

Allàdà : n. Allada (a city in Benin)

àlàdàdà : n. scarification

àládé : n. nobody

àládódó : n. a ceremony during which a raffia rope is tied around the kidneys of the girl to be presented to her future husband.

àlàdzà : n. big rifle

àlàfá : n. hundred *(syn. gà)*

àlàfá àlàfáwò : n. several hundreds

àlàfádzɔ́ : n. rate

àlàfá dèká : n. one hundred

àlàfádèkálíá : adj. one hundredth

àlàfálíá : adj. hundredth

àlàfálíá : n. percentage

àlàfáliáwó : n. 1. percentage 2. proportion 3. hundredth

àlàfátɔ̀ : n. hundred

àláfɔ̀tí : n. a branch of the raphia palme

àlágà̰ : n. a state of being possessed by the spirit of Yeve

àlágà̰ (dzè -) : v. 1. to be possessed by the spirit of Yeve 2. to be in a trance

àlágà̰ (dè -) : v. to dispossess on who is in a trance/who is possessed with the spirit of Yeve

àlágà̰ (glí -) : v. to get into a trance

àlágà̰ (kplɔ̀ -) : v. to bring back someone who has entered into a state of trance

àlágà̰ (lé -) : v. to recapture someone who has entered into a state of trance

àlágádzèdzè : n. a state of being in a trance

àlágádzèlá : n. someone who is in a state of trance

àlágádèdè : n. dispossession of someone who is in a trance

àlágáglíglí : v. to enter into a trance

àlágálélé : n. catching one who has escaped into a trance

àlágákpɔ̀kplɔ̀ : n. bringing back the one who has escaped in a trance

àlágbà : n. baoba

àlágbàkú : n. baobab fruit

àlágbàkúdétsì : n. baobab fruit juice

àlágbàtí : baobab tree

àlágbó : n. ivory bracelet

àláhùákbárùtɔ́ : n. muslim

àlákà : n. raffia rope

àlákè : n. raffia root

àlákɔ́ : n. raffia fiber *(syn. lákà)*

àlákú : n. raffia fruit

àlàkpà : n. 1. lie 2. untruth 3. deceit

àlàkpà (dà -) : v. to lie

àlàkpà (ɖó -) : v. to refuse the truth

àlàkpà (gblɔ -) : v. to tell lies

àlàkpà núfíáfíá : n. heresy

àlàkpàdàdà : n. 1. lie 2. falsehood 3. deceit 4. untruth

àlàkpàdàlá : n. lair

àlàkpàkrístò : n. Antichrist

àlàkpànú : n. 1. hypocrisy 2. heresy 3. forgery

àlàkpànú (fiá -) : v. to be heretic

àlàkpànú (wɔ -) : v. to pretend

àlàkpànúí : n. hypocrisy

àlàkpànúwɔ̀lá : n. hypocrite

àlàkpànúwɔ̀wɔ̀ : n. simulation

àlàkpànyà : n. hypocrisy

àlàkpàtɔ̀ : adj. 1. false 2. inaccurate

àlàkpàwɔ̀wɔ̀ : n. 1. treason 2. hypocrisy

àlákplò : n. large ivory bracelet

àlàlá : n. quartz

álàm : n. a type of rock to settle water

àlànyà̀ : n. mouth

àlàkpàtɔ́ : n. liar

àlàsìsi : n. sacrification

Aláskà : n. Alaska

Alátà : n. Yoruba Kingdom *(syn. Anàgó, Yúrúbà)*

àlátàtɔ́ : n. a person of the Yoruba ethnic grouping *(syn. ànàgótɔ́, yúrúbàtɔ́)*

àlátí : n. 1. raffia 2. bast

àlátífɔ́ : n. raffia branch

àlátífɔ́ báblá : n. sheaf of raffia

àlátíkpò : n. trunk of raffia

àlátsòtsò : n. raffia cup ceremony

Albánía : n. Albania

álé : adv. 1. so 2. thus

àlè : n. 1. unreasonable act 2. madness (syn. *aɖàvà, àɖàvàdɔ̀, ɖàvà, ɖàvàdɔ̀, èmògbègblɛ́dɔ̀, ètsù, ètsùkúkú, làńú, mògbègblɛ́dɔ̀, tàgbɔ́dɔ̀ tàgbɔ́gbègblɛ́, tàgbɔ́gbègblɛ́dɔ̀, tsù, tsùkúkú*) 3. profit 4. interest

àlè (dà -) : v. 1. to be crazy 2. to make unreasonable acts

àlè àlè (dzè -) : v. to be completely mad

àlè (ɖè -) : v. to have profit or interest

àlè (ɖù -) : v. to make profit

àlè (kpɔ́ -) : v. to make profit

àlè (ná -) : v. to be in a state of sadness/sorrow

àlé : n. lizard

àlé : adv. 1. so 2. like that

àlé nú síá tɔ́gbé : loc. adv. so that

àlé̃ : n. sheep

àlé̃ (nyé -) : v. to be stupid

àlé̃ tátá : n. castrated sheep

àléá : adv. so

àléáké : adv. 1. in the same way 2. as usual

àléáwógbè tà : adv. 1. for that reason 2. that is why

àlé bé : prep. in order that

àlèɖàɖà : n. state of madness/foolishness

àlèdzí : n. barracuda (fish) (syn. àgɔ̀, lídzí, lídzítsú)

àlèɖèɖè : v. to have profit/interest

àlèɖùɖù : v. to make a profit

àlé̃fú : n. 1. wool 2. fleece

àlé̃fúkà : n. wool thread/yarn

àlé̃fúlùlù : n. shearing

àlé̃fútɔ̀ : n. woolly

àlé̃fúwù : n. woolen garment

àlégéli : n. 1. giant rat (syn. àgàdá, bòtòè, kísì, kítì, vúli) 2. fieldmouse

àlé̃gbálé̃ , àlé̃gbàzè : n. sheepskin

àlégbègbè : adv. 1. much 2. a lot 3. plenty 4. so much

àlé̃gbɔ́ : n. sheep

àléhá̃ : n. a flock of sheep

àléké? : adv. how?

àléké! : conj. 1. like that 2. like that 3. as!

àléké! : intj. 1. so 2. then

àléké ... ɖó? : loc. how?

àléké ŋútí ɖó? : loc. why?

àléké tá? : loc. why?

àléké wɔ̀? : loc. why?

àléké ké wònyé hã̀ : conj. 1. what 2. which

àlékéáké : conj. 1. anyway 2. no matter how

àlékéàléké : conj. 1. anyway 2. no matter how

àlékéké, àlékéké....hã́ : conj. 1. anyway 2. no matter how 3. whatever the circumstances may be

àlékétɔ̀? : loc. how?

àlé̃kplɔ̀lá : n. shepherd

àlé̃kplɔ̀tí : n. shepherd's stick

àlé̃kpò, àlé̃kpɔ́ : n. 1. sheepfold 2. paddock

àlèkpɔ́kpɔ́ : n. making profit

àlélà : n. mutton

àlèlè : n. 1. fibroid 2. myoma

àlélè !, àlélélé !, àléléléyi ! : intj. 1. a cry of surpsrise/ecstasy 2. a call for help

àlélè (dó -) : v. 1 to cry of surprise/amazement 2. to shout for help

àlélí : n. rat

àlélùlù : n. mowing (of sheep)

àlémá : conj. as

àlémɔ : n. 1. stupid person 2. an idiot

àlènɔ : n. 1. foolish person 2. an abnormal person

àlḗnɔ : n. ewe (female sheep)

àlènú : n. act of madness/folly

àlènú (wɔ -) : v. to act mad

àlènúwɔwɔ : n. acting mad

àlényilá : n. sheperd

àlési : conj. 1. like 2. as well as 3. as

àlésiàlési ké : loc. conj. no matter how

àlètɔ : adj. 1. abnormal 2. crazy

àlètɔ́ : n. an abnormal or crazy person

àlètɔ̀è : adv. madly

àlétsú : n. ram

àlḗví : n. lamb

àlḗvító : n. sheep's ear

àli : n. 1. pelvis 2. waist 3. hip

àli (dà -) : v. to wiggle your waist

àli (dó àsí -) : v. to put the hands on the hips

àli (ƒó -) : v. to hit the waist

àli (ŋé -) : v. to shake the buttocks while dancing

àli (ʋúʋú -) : v. to shake the buttocks while dancing

àliblɛ : n. belt

àlidà : n. buttocks

àlidàdà : n. shaking the buttocks

àlidɔ : n. waist sickness (syn. àlivé, àlivéé, àlivéàmè, àliví)

àlidzè : n. first child

àlidzí : n. hips

àlidzí (blá -) : v. 1. to wear a belt 2. to be armed or prepared

àlidzíbláblá : n. being armed

àlidzíblákà/ àlidzíblánú : n. 1. belt 2. sash 3. girdle

àlidzítsyɔ́nú : n. loincloth tied around the waist

àlidzònú : n. waistbeads

àlétá : n. leg

àlɛ́xɔ : n. sheepfold

álfábètà : n. alphabet

àliƒò : n. 1. passage 2. empty space

Aliƒòè : n. Alipoe (a name given to a boy born on a journey)

Àlìfòèsì : n. Alipoessi (a name given to a girl born on a journey)

àlìfòfò : n. beating of the waist

àlìfòmèklíkpέ : n. a variety of plant that grows on trails

àlìgó : n. hip

àlìgódzí : n. waist

àlìgókpéfé : n. hip joint

àlìhàdzà : n. maize flower

àlìkà : n. rope

àlìkà (ɖó -) : v. to form a line

àlìkà (ɖó.....ɖé- mé) : v. to put in a row

àlìkà (lè/nɔ̀ - mè) : n. being in a row

àlìlì : n. canopy

àlílí : n. cloud

àlílídzɛ̃́ : n. the death

àlílíkpò : n. cloud

àlílímè : n. 1. sky 2. firmament 3. atmosphere

àlìlɔ̀ : n. red ant

àlìlɔ́ : n. 1. white limestone 2. chalk 3. blessing

àlìlɔ́ (tá -) : v. to pass kaolin on a body

àlìlɔ́ (xɔ̀ -) : v. 1. to be acquitted 2. to be blessed 3. to have a good name

àlìlɔ̃̀ : n. brown ant

àlìlɔ́tátá : n. passing kaolin on a body

àlìlɔ́xɔ̀xɔ̀ : n. 1. acquittal 2. blessing 3. good name

àlìmàmá : n. nudity

àlìmàmá (lè/nɔ̀ -) : v. to be naked

àlìmè : n. pelvic

àlìmèfú : n. pelvic bone

àlìmèsáfúí : n. beads that are put around the kidneys

àlìmèví : n. a child that is born without much difficulty

àlìnù : n. being in line

àlìnù (lè/nɔ̀ -) : v. 1. to stand straight 2. to look like

àlìŋéŋé : n. shaking the buttocks while dancing

àlìvé, àlìvéé, àlìvéàmè, àlìví : n. backache (syn. àlìdɔ́)

àlìʋúʋú : n. shaking the waist

àlìwù : n. camisole

àlìwùtéwùì : n. underskirt

àlkálì : n. alkaline

àlò : n. 1. toothpick 2. dart

àlò (ɖù -) : v. to clean your teeth

Alò : n. Alo (a name given to a monkey)

àló ? àlóó ? : conj. or

àló : conj. 1. or 2.adv. Or else

àló : intrj. hello

àlòbálò : n. 1. charade 2. riddle 3. story 4. history 5. parable

àlòbálò (tó -) : v. to ask a riddle

àlòbálòàhàmà : n. 1. calumny 2. bragging

àlòbálòtóyì : n. a time to tell jokes

àlòkú : n. quiver

àlòmà : n. a variety of bitter leaf used for making sauce which aids digestion *(syn. gbɔ̀)*

àlòmàtí : n. aloma (a type of shrub)

àlɔ̀ : n. hand

àlɔ́ : n. cheek *(syn. àlɔ́gò, lɔ́gò)*

àlɔ̃̀ : n. 1. sleep 2. slumber

àlɔ̀ (dó -) : v. to give a helping hand

àlɔ̀ (dɔ́ - dzí) : v. to make love

àlɔ̀ (ɖó -) : v. make preparations

àlɔ̀ (ɖó - té ná) : v. to put an end to

àlɔ̀ (x ɖó - té ná) : v. to terminate

àlɔ̀ (gblẽ́ -) : v. 1. to kill someone 2. to commit a crime

àlɔ̀ (kè -) : v. to give without counting

àlɔ̀ (lé -) : v. celebrate a wedding

àlɔ̀ (mlɔ́ -dzí) : v. to make love

àlɔ̀ (ná -) : v. 1. to shake hands 2. to greet

àlɔ̀ (nɔ̀ -dzí) : v. to stay on the right

àlɔ̀ (ŋé -) : v. to menstruate *(syn. àsí (ɖó - ànyì), àsí (ŋé –), àxàtsàŋú (tsí -), gbè (lé -), gblẽ́ ŋú, gbɔ̀ (tsí - tó), ylètí (kpɔ́ -))*

àlɔ̀ (tó - dzí) : v. go on the right side

àlɔ̀ (tù -) : v. to punch

àlɔ̀ (ʋù -) : v. to have your hand on your heart

àlɔ̀ (xɔ̀ -ná) : v. to give a hand to

àlɔ̀ (xɔ̀ -nyùí) : v. to predict luck

àlɔ̀ (xɔ̀ - vɔ̃́ẽ́) : v. to anticipate bad luck

àlɔ́ ŋɔ́ŋɔ́ : n. dimple

àlɔ̃̀ : n. sleep

àlɔ̃̀ (dɔ́ -) : v. to sleep

àlɔ̃̀ (kú -) : v. to fall asleep

àlɔ̃̀ (mú -) : v. to doze

àlɔ̃̀ fò : v. to be sleepy

àlɔ̃̀ mú : v. to doze

àlɔ̃̀ tsɔ́ : v. to be sleepy

àlɔ̃̀ (yì - mè) : v. to be asleep

àlɔ̃̀ kpèkpè/ àlɔ̃̀ kpèkpè dɔ́dɔ́ : n. sluggishness

àlɔ̀bàyà : n. hand

àlɔ̀bèlɛ̀ : n. measles *(syn. àgbàyí, fùfùkɔ́é, gbàbɔ́é, gbàgblàtsàbí, gbàyí, gbɔ̀ŋgbɔ̀sìví, kúklúí, núsɔ̃́ɔ̃́, núsṹẽ́)*

àlɔ̃̀dɔ̀, àlɔ̃̀dɔ́dɔ̀ : n. sleeping sickness/ trypanosomiasis

àlɔ̃̀dɔ́dɔ́ : n. sleeping

àlɔ̀dɔ́fé : n. 1. dormitory 2. a sleeping place

àlɔ̀dɔ́tìkè : n. 1. sleeping pill 2. sedative

àlɔ̀dɔ́lá : n. sleeper

àlɔ̀dzè : n. 1. a branch 2. shoot 3. tributary

àlɔ̀dzèdɔ́wɔ̀fé : n. 1. annex 2. branch

àlɔ̀dzèdzè : n. 1. offspring 2. branch 3. bud

àlɔ̀dzɔ̀dzɔ̀è : n. address

àlɔ̀dàŋùdɔ́wɔ̀lá : n. craftsman

àlɔ̀dèdè : n. waving of hands

àlɔ̀dódó : n. preparations

àlɔ̀è : n. jar

àlɔ̀é : n. lark

àlɔ̀fá : n. one hundred Francs

àlɔ̀fé : n. sleep

àlɔ̀fé (lè/nɔ̀ -) : n. being asleep

àlɔ̀léfé : n. 1. tail 2. queue 3. line

àlɔ̀fòfò : n. being sleepy

àlɔ̀fú : n. jugal bone

àlɔ̀gà : n. bracelet

àlɔ̀gàví : n. ring

àlɔ̀gàwó : n. 1. handcuffs 2. cuffs

àlɔ̀gó : n. elbow (EwelanguageTV, 2021) (syn. àlɔ̀glì, àlɔ̀glò, àlɔ̀glònù, àbɔ̌glígó, àbɔ̌glíggúí)

àlɔ̀glì/ àlɔ̀glò/ àlɔ̀glònù : n. elbow (syn. àbɔ̌glígó, àbɔ̌glíggúí, àlɔ̀gó)

àlɔ́gò : n. cheek : n. cheek (syn. àlɔ́, lɔ́gò)

àlɔ́gòfú : n. cheek bone

àlɔ́gòmèdédé : n. a piece/small portion of any kind of foodstuff

àlɔ̀gbégblě : n. crime

àlɔ̀gblɛ́lá : n. 1. criminal 2. assasin

àlɔ̀gblèlì : n. 1. sloth 2. neglect

àlɔ̀gblèlì (wɔ̀ -) : v. to be lazy

àlɔ̀gblèlìwɔ̀lá, àlɔ̀gblèlìtɔ́ : n. lazy person

àlɔ̀gblèlìwɔ̀wɔ̀ : n. 1. negligence 2. laziness

àlɔ̀gblɛ́tɔ́ : n. 1. criminal 2. murderer

àlɔ̀gbɔ̀nùì (kò -) : v. to smile

àlɔ̀kèkè : n. prodigality

àlɔ̀kèlá : n. one who gives freely

àlɔ̀klúgúí : n. elbow

àlɔ̀kúkú : n. falling asleep

àlɔ̀kpá : n. 1. wrist 2. paw

àlɔ̀kpáfètsú : n. claw

àlɔ̀kpáfúwó : n. bones of the hand

àlɔ̀kplí : n. 1. the act of having two people having sexual intercourse with the same woman or man whilst the two people in question are either from the same family or are two close friends 2. a fatal respiratory disease (Potocnik, 2017) 3. a disease caused by an unfaithful woman nursing her (sick) husband àlɔkplídɔ̀ : n. a disease which is acquired as a result of àlɔkplí

àlɔkplíkà : n. talisman/grigri that works against or heals àlɔkplí

àlɔkplíkpé : n. 1. tuberculosis (Rongier, Dictionnaire éwé-français, 2015) 2. a cough which is caused as a result of àlɔkplí *(syn. èkpévɔ̃, kpévɔ̃, yɔ̀mèkpé)* 2. a fatal respiratory disease (Potocnik, 2017)

àlɔkplítí : n. black powder that works against or heals àlɔkplí

àlɔkpò : n. fore-arm

àlɔkpó : n. something that gives sleeping sickness

àlɔlélé : n. 1. wedding 2. alliance

àlɔlélé nùbáblá : n. alliance

àlɔlɔ̃ : n. red magnan ant *(syn. lilɔ̃)*

àlɔlɔ́gó : n. calabash

àlɔ̃màdɔ́, àlɔ̃màdɔ́mádɔ́ : n. 1. insomnia 2. wakefulness

àlɔ̃mè : n. palm of the hand

àlɔ̃mè lè .... sí : v. to be rich

àlɔ̃mè ʋã́ ná : v. to succeed a business

àlɔ́mè : n. inside the mouth

àlɔ́mè (ɖè -) : v. 1. to move the tongue in the mouth 2. to ridicule or make fun off

àlɔ́mè (vívi -) : v. to decieve or flatter

àlɔ́mè lè...sí : v. to be a talker

àlɔ́mèdédé : n. tooth picking

àlɔ́mèɖèɖè : n. 1. derision 2. mockery 3. joke

àlɔ́mèɖèlá : n. one who jokes

àlɔ́mèɖènú : n. appetizer

àlɔ́mènɔ̀sítɔ́ : n. rich person

àlɔ̃mènú (fò -) : v. to talk while sleeping

àlɔ̃mènú (kò -) : v. to smile while sleeping

àlɔ́mènyà : n. futile chatter

àlɔ́mèvíví : n. deception

àlɔ́mèvívítɔ́ : n. one who cheats

àlɔ̃mèyìyì : n. drowsiness

àlɔ̃múmú : n. being sleepy

àlɔ̃múàmè : n. drowsiness

àlɔnáná : n. shaking hands

àlɔnù : n. 1. wristband 2. cuff 3. handwriting 4. wrist

àlɔnù bí : v. to be fast

àlɔnù ɖá : v. 1. to be a kleptomanaic 2. to be a thief

àlɔnù fá : v. to be irreprochable

àlɔnù (lé -) : v. to take by the hand

àlɔnù vé : v. to be stingy

àlɔnùɖáɖá : n. kleptomania

àlɔnùɖátɔ́ : n. kleptomanaic

àlɔnùfúwó : n. wrist bone

àlɔnùgà, àlɔnùgɛ̀ : n. bracelet

àlɔ̀ŋéŋé : n. menstruation *(syn. àsíɖóànyí, àsíɖóɖóànyí, dòdòlèáfémè, dzìnúkpɔ́kpɔ́, gbèlélé, gbɔ̀tó, gbɔ̀tótsítsí, yètíkpɔ́kpɔ́)*

àlɔ̀sɔ̀ : n. sister-in-law

àlɔ̀tí : n. forearm

àlɔ̀tínù : n. 1. wristband 2. cuff 3. bracelet

àlɔ̀tínù gàɖókúì : n. wristwatch

àlɔ̀tínù dzítɔ̀ : n. ulna

àlɔ̀tínùfú gɔ̀mètɔ̀ : n. radius

àlɔ̀tínùfúwó : n. metacarpus

àlɔ̀tínùgà : n. bracelet

àlɔ̀tó : n. 1. wrist 2. front paw

àlɔ̀tùtù : n. a blow given with the hand

àlɔ̀tsɔ́àmè : n. drowsiness

àlɔ̀tsú : n. thumb

àlɔ̀tsúdɔ́lá : n. sleeper

àlɔ̀ví : n. 1. finger 2. forefinger

àlɔ̀ví (tá -) : v. to take finger prints

àlɔ̀ví (tá -) : v. to take fingerprints

àlɔ̀vítátá : n. fingerprints

àlɔ̀vɔ̌ɛ̃́ : n. bad luck

àlɔ̀ʋùlá : n. one who gives generously

àlɔ̀ʋùʋù : n. prodigality

àlɔ̀xátsá : n. 1. fin 2. crop

àlɔ̀xátsá (tsɔ́...ɖé- dzí) : v. to carry in the arms

àlɔ́xɔ́sɔ́mè : n. inside the cheek

Alpè- Tówó : n. Alps

àltárò : n. altar

àlú : n. 1. crazy 2. folly 3. pelican

àlú (dzè -) : v. 1. to be irritated 2. to be furious

àlú (kú -) : v. to scream

àlú lóó! : loc. warning (warning used by fishermen to warn that a big wave is approaching)

àlùbà : n. 1. swelling 2. gout (disease) *(syn. àdɔ̀kɔ́, klìkɔ̀, klìkɔ̌)*

àlùbàtɔ́ : n. someone who suffers from gout

àlùfá : n. a marabout that is spiritually active

àlúgɛ́ : n. 1. pelican (a type of bird) 2. touraco (a type of bird) 3. heron (a type of bird)

àlùgùdɔ́ : n. a type of cotton fabric

àlùgbá : n. 1. a woman (in fetish language) 2. an illiterate woman

àlúgbò : n. an ignorant person

àlùí : n. a type of rat

àlúkúkú : n. howling

àlùmínìɔ̀, àlùmínyɔ̀ : n. aluminum

àmà : n. 1. greenery 2. legume 3. medicinal plant 4. colour 5. green/indigo/blue

àmà (bà -) : v. to look for medicinal plants

àmà (bè -) : v. to disappear and reappear miraculously

àmà (dà -) : v. to pick vegetables

àmà (dé -/ dó -) : v. 1. to dye 2. to be green

àmà (dé.....- mé) : v. to isolate a patient and heal him or her with herbs

àmà (ɖà -) : v. to cook green vegetables

àmà (ɖó -) : v. to captivate

àmà (ɖù -) : v. to eat green vegetables

àmà (kù -) : v. to look for medicinal roots

àmà (nyà -) : v. to knead leaves to make sauce

àmà (wɔ -) : v. to heal with plants

àmà (yì - mè) : v. to become invisible

àmá : n. 1. nudity 2. nakedness 3. nude 4. sex

Amà : n. Ama (the name of a girl born on Saturday)

àmàbàbà : n. looking for medicinal plants

àmádá : n. plantain

àmàdé : n. six

àmàdédé : n. 1. colour 2. greenery

àmàdétsì : n. vegetable soup

àmàdódó : n. 1. dyeing 2. dye

àmàdólá : n. dry cleaner

àmàdónú : n. 1. dyeing 2. dye

àmàdótɔ́ : n. dry cleaner

àmàdɔ̀ (dà -) : v. to heal with plants

ámàdré : n. seven

àmàdzɛ́ : n. Amaranthus viridus (botanical name for a plant)

àmàɖaɖà : n. cooking edible leaves of medicinal plants

àmàɖaŋù : n. chemical industry

àmàɖèɖè : n. 1. examination 2. bareness 3. dispossession

àmàɖùɖù : n. edible leaf

àmàɖùlá : n. vegetarian

àmágùì/ àmágòè : n. bench

àmàgbà : n. leaf

àmágbá : n. a plate in which fermented flour is kept

àmàgbé : n. 1. lettuce 2. vegetable

àmàgblè : n. Botanical garden

àmàkùkù : n. search of medicinal roots

àmàkpà : n. leaf

àmàkpà fúfú : n. dead leaf

àmàkpà múmù : n. green leaf

àmàkpàfúfú : adj. brown

àmàkpàlũlũ : n. falling leaves

àmàkpàmúí, aŋkpàmúídà : n. green mamba (syn. gbèmú)

àmámá : n. 1. nudity 2. nakedness 3. nude

àmámá (ɖè -,lè/nɔ ..,tsí -) : v. to be naked

àmámánɔ̀lá : n. one who is naked

àmámánɔ̀nɔ̀ : n. nudity

àmámátsì : n. 1. water covered with green moulds 2. green (colour)

àmámátsì (dé -) : v. to be covered with green mould

àmàmè (dé -) : v. to isolate a patient in order to heal him or her

àmàmè (nɔ̀ -) : v. to take drugs

àmàmè (yì -) : v. to become miraculously invisible

àmàmè : n. nudity

àmàmènɔ̀nɔ̀ : n. becoming miraculously invisible

àmàmèyìyì : n. becoming miraculously invisible

àmàmòmòè : n. magic lemon

àmàmú/ àmàmùí : adj. green

àmànìá : n. news

àmànìá (bɔ́ -) : v. to give news

àmànònò : n. taking medication

àmànyànyà : n. 1. sauce prepared with kneaded leaves 2. kneading leaves to prepare sauce

àmàtó : n. a variety of edible leaves

àmàtré : n. a calabash with medicine

àmàtsì : n. 1. concoction made from herbs 2. medicinal plant (syn. àtíkè, dɔ̀yɔ̀gbé, gbè) 3. charm

àmàtsì (ɖó -) : v. to apply concoction

àmàtsì (ɖù -) : v. to acquire and believe in a charm of a talisman

àmàtsì (mì -) : v. to swallow a herbal drug

àmàtsì (nò -) : v. to drink herbal concoction

àmàtsì (wɔ̀ -) : v. to heal with plants

àmàtsìgbé : n. medicinal leaf

àmàtsìlɔ́gòè : n. hypodermic syringe (syn. àbùímàtsìlɔ́gòè, àtíkèlɔ́gòè)

àmàtsìwó wɔ̀mɔ̀nú : n. pharmacopoeia

àmàtsìwɔ̀lá : n. herbalist (syn. àtíkèwɔ̀lá, déɖɔ̀dàlá, déɖɔ̀yɔ̀lá, ɖɔ̀dàlá, ɖɔ̀yɔ̀lá, ɖɔ́kítà, ègbèdàlá, gbèdàlá, gbèwɔ̀lá, gbèwɔ̀tɔ́)

àmàtsìwɔ̀wɔ̀ : n. traditional medicine

àmàtsìzé : n. a canary in which drugs are put or prepared

àmàtsrè (lè/nɔ̀ -) : v. to be naked

àmàtsrènɔ̀nɔ̀ : n. 1. nudity 2. being naked

àmáwé/ àmàwɔ́ : n. fermented dough

àmàwɔ́kplé : n. cooked fermented dough

àmàwɔ̀lá : n. traditional therapist

àmàwɔ̀wɔ̀ : n. care for plants

àmàzé : n. a pot in which one puts herbs

Amàzónìà : n. Amazon

Amàzón-Tɔsísí : n. Amazon-river

àmè : n. 1. person 2. fellow

àmè (dé - dò) : v. to bury

àmè (dò -) : v. to work without respite

àmè (dà -) : v. to protect against evil spirit

àmè (dù -) : v. to eat human flesh

àmè (fɔ -) : v. to find out about something

àmè áɖé : n. 1. someone 2. somebody

àmè áɖéké mé…ò : n. no one

àmè áɖéké (ò): n. 1. no one 2.nobody

àmè áɖéwó : n. some people

àmè bàɖà : n. a wicked person

àmè bìàbìà̰ : n. a person with a fair complexion

àmè dáhè : n. 1. poor person 2. poverty-stricken person

àmè dóvò : n. a rascal

àmè dɔ́dɔ́ : n. 1. a delegate 2. an envoy

àmè dɔ́drɔ̰́ : n. 1. mercenary 2. commited person to a certain task

àmè drá : n. 1. a thug 2. an adventurer

àmè dzɔ̀àtsú : n. 1. a giant 2. colossus

àmè dzɔ̀dzɔ̀è : n. a faithful person

àmè ɖífɔ́ : n. damned

àmè ɖìkòkòè : n. a smug person

àmè ɖɔ̀ʋù : n. 1. a good citizen 2. a righteous person

àmè ɖùɖɔ̀èwó : n. 1. a crowd 2. a mob

àmè fiáfiá̰ : n. burnt person

àmè fɔ̀fɔ̀ : n. a found person

àmè fùflù : n. 1. a moron 2. an idiot

àmè fèflè : n. slave (syn. àbòyótɔ́, àbòyóví, àɖɔkɔ́, dzògbèví, fièkpɔ́mè, gàmèmè, gbɔ̀ví, hòmè, klúví, kòsì, ŋdɔ̀ví, ŋkèkèví)

àmè glɔ̀mɔ̀ : n. 1. a person with crooked feet 2. an idiot

àmè gɔ̀gɔ̀ : n. a messy individual

àmè gbégblé : n. 1. someone who is preoccupied with sex 2. disrespectful person 3. a deviant

àmè gblɔ̀dɔ̀ : n. 1. straggler 2. laggard

àmè gbɔ̀gbɔ̀ : n. a lazy person

àmè gbɔ́lò : n. an ordinary person

àmè yí : n. albino (syn. àdásìtsú, àdzàtó, dzàtó, gélèsósí, gésòsí, òfrídzàtó)

àmè kàkòò : n. 1. a giant 2. an athlete 3. a colossus

àmè kè mè : n. that person

àmè klè : n. 1. an idiot 2. a fool 3. an ignorant person

àmè kókó : n. skeleton

àmè kɔ̀kɔ̀è : n. a saint

àmè kúkú : n. 1. corpse 2. dead body

àmè kpékpé : n. guest

àmè kpótùi : n. 1. thug 2. hooligan 3. hoodlum

àmè lélé : n. 1. inmate 2. prisoner 3. detainee

àmè má : n. that one

àmè màdèsrɔ̀ : n. 1. celibate 2. an unmarried person

àmè màʋùŋkú : n. an uncivilized person

àmè nɔ̀èwó gɔ̀mèsèsè : n. agreement

àmè nyànyà : n. an outcast

àmè nyányá / àmè nyányɛ̀ : n. a known person

àmè nyɔ̀nyɔ̀ : n. 1. a celebrity 2. a famous person

àmè sàgã̀ : n. 1. a stranger 2. a foreigner

àmé sì : n. this person

àmè sìà : n. this person

àmé sìwó : n. those people

àmè tátá : n. eunuch

àmè tràmà : n. 1. an eccentric person 2. a person who is grossly unusual

àmè tsíàgbè : n. survivor

àmè tsìlé : n. 1. shipwreck 2. wreck

àmè tútú : n. 1. a powerless person 2. a paralyzed person

àmè véví : n. an important person

àmè vló : n. 1. a violent person 2. a rascal 3. a rogue

àmè xóxó : n. 1. an old person 2. a student who is repeating a class

àmè yéyè : n. a novice

àmèbàbà : n. the act of cheating someone

àmèbàlá : n. a cheat

àmèbèblè : n. 1. the act of cheating/bluffing/deceiving someone

àmèblákà : n. rope (used to tying people)

àmèblèdɔ́ : n. fraud

àmèblèfé : n. 1. scam scene 2. a place of deception

àmèblèlá : n. a cheat

àmèblènyà : n. 1. misleading word 2. false pretext

àmèblíbò : n. 1. body 2. corpse

àmèbùbù : n. 1. obedience 2. submission

àmèbùbùnú : n. pleasantries

àmèbùblá : n. respectful person

àmèdàdà : n. 1. silly 2. abnormal

àmèdàdà (dé.....dzí) : n. initiation

àmèdàdá : n. placenta

àmèdàdèmɔ́dzíʋɔ̀nù : n. correctional room

àmèdáhĕgàtsí : n. spoon of the poor

àmèdáhĕví : n. a poor person

àmèdéàlɔ̃mè : n. anesthesia

àmèdéàlɔ̃mèfé : n. a place of anesthesia

àmèdéàlɔ̃mè ŋútí nũnyà : n. anesthesia

àmèdéàlɔ̃mètíkè : n. anesthesia

àmèdéàlɔ̃mètɔ́ : n. anesthetist

àmèdàdà : n. 1. bump 2. jolt

àmèdèdè : n. going to the bathroom

àmèdèdè àlɔ̌mè : n. anesthesia

àmèdédédò : n. burial

àmèdèfé : n. washroom

àmèdèfé (dè -) : v. go to the toilet

àmèdèdé àsí : n. 1. treason 2. betrayal

àmèdífɔ́ : n. damned

àmèdódó : n. 1. chore 2. following someone's footsteps

àmèdòmèkáklǎ : n. separation

àmèdɔ́ : n. 1. humanitarian work 2. special envoy

àmèdɔ́ (dù -) : v. to fight for others

àmèdɔ́dɔ́ : n. 1. ambassador 2. envoy

àmèdɔ́dɔ́wó : n. delegation

àmèdɔ́drɔ̌ : n. hiring of people

àmèdɔ̀dùlá : n. 1. good samaritan 2. philanthropist

àmèdzǐdétɔ̀ : adj. 1. advantageous 2. beneficial

àmèdzǐdétɔ̀è : adv. advantageously

àmèdzídzèdzè : n. 1. aggression 2. assault 3. borrowing

àmèdzídzèlá : n. 1. attacker 2. assailant

àmèdzìdzi : n. natality

àmèdzídùdù : n. imperialism

àmèdzídùlá : n. imperialist

àmèdzíkpɔ́kpɔ́ : n. looking after someone

àmèdzíkpɔ́lá : n. caretaker

àmèdzíkpɔ́xɔ̀ : n. childrens' home

àmèdzítsàgbàlè̌ : n. 1. circula 2. memo

àmèdzítsàtsà : n.visit

àmèdzɔ̀ : n. trade of people

àmèdzɔ̀ (dó -) : v. to make a trade of people

àmèdzɔ̀àmè : n. reincarnated ancestor

àmèdzɔ̀dódó : n. trading of people

àmèdzɔ̀dólá : n. 1. someone who trades with people 2. slave dealer

àmèdzɔ̀dzɔ̀ : n. 1. reincarnation 2. counsel

àmèdzɔ̀lá : n. 1. ancestor 2. counsellor 3. advicer

àmèdzró : n. 1. guest 2. visitor

àmèdzró kpédénútɔ́ : n. aid worker

àmèdzródzèfé : n. 1. guesthouse 2. hotel

àmèdzródzèfétɔ́ : n. 1. hotel manager 2. hotelier

àmèdzródzèfé dzíkpɔ́lá : n. 1. hotel keeper 2. inn keeper

àmèdzrókɔ́è : n. the act of not blaming a visitor

àmèdzrókɔ́è (dó - ná) : v. to not blame a visitor

àmèdzrókɔ́dódó : n. the act of not blaming a visitor

àmèdzrókɔ́dólá : n. someone who does not blame visitors

àmèdzrómàxɔ̀ : n. xenophobia

àmèdzrómàxɔ̀lá : n. xenophobic person

àmèdzróví : n. 1. foreigner 2. visitor

àmèdzróxɔ̀xɔ̀ : n. hospitality

àmèdzrówó núdùfé : n. restaurant

àmèdzrówɔ̀wɔ̀ : n. 1. hospitality 2. feast

àmèdzróxɔ̀ : n. 1. guesthouse 2. guest room

àmèdzróxɔ̀lá : n. 1. hospitable person 2. host

àmèdzróxɔ̀xɔ̀ : n. reception

àmèdzùnyà : n. insult

àmèdàdà : n. 1. protection against evil spirits 2. training (in a given field)

àmèdàfé : n. 1. a place where one is protected from evil spirits 2. a place of where one is trained in a given field

àmèdàxó : n. sage

àmèdèdè : n. the act of rescuing/saving someone

àmèdèdèdá (lè dù mè) : n. banning someone from a town

àmèdènú : n. 1. cure 2. remedy

àmèdèʋú : n. rescue boat

àmèdibá : n. death mat

àmèdíbìm : n. innocent person

àmèdibɔ́, àmèdibɔ́mè : n. cemetry

àmèdidò : n. 1. tombe 2. grave

àmèdidi : n. 1. burial 2. interment

àmèdífɔ̀ : n. guilty person

àmèdifé : n. cemetery

àmèdifé kpédò : n. catacomb

àmèdigbè : n. burial day

àmèdigbé : n. mortuary herbs

àmèdigbɔ̀ : n. 1. lazy person 2. scoundrel

àmèdihà : n. liquor served at a funeral

àmèdihó : n. money contributed for a funeral

àmèdilá : n. burier

àmèdiláwó : n. buriers

àmèdiʋɔ́ : n. 1. shroud 2. cloth used in burying the dead

àmèdódó nùnɔ̀dɔ́ nù : n. ordination

àmèdókùì : n. oneself

àmèdókùíbɔ̀bɔ̀ : n. humility

àmèdókùìgɔ̀mèsèsè : n. understanding oneself

àmèdókùìdèdèdá : n. suicide

àmèdókùìlélé : n. behaviour

àmèdókùítɔ̀dídí : n. 1. egoism 2. selfishness

àmèdókùítɔ̀dílá, àmèdókùítɔ̀dítɔ́ : n. egoistic

àmèdókùítɔ̀trɔ́ : n. disguise

àmèḍókùítsɔ́tsɔ́ dé àsí : n. sacrifice

àmèḍókùíwùwù : n. suicide

àmèḍɔ̀ : n. lazy person

àmèḍɔ̀ḍɔ̀ : n. laziness

àmèḍɔ̀ḍɔ̀ḍó : n. counsel

àmèḍɔ̀lá : n. someone who encourages laziness

àmèḍùḍù : n. 1. cannibalism 2. biting someone

àmèḍùlá : n. cannibal

àmèfifi : n. kidnapping

àmèfilá : n. 1. abductor 2. kidnapper

àmèflùì : n. a foolish person

àmèflùlá : n. trickster

àmèflùnyà : n. 1. farce 2. prank 3. joke

àmèfɔ̀fɔ̀ : n. unexpected encounter

àmèfɔ̀fé : n. a place of unexpected encounter

àmèfɔ̀lá : n. a person that found a stranger

àmèfùflù : n. 1. comedy 2. deception

àmèfùflùì : n. 1. an abnormal person 2. a foolish person 3. a wacky person

àmèfèflè : n. slave trade

àmèfòfò : n. corporal punishment

àmèfòkà : n. whip

àmèfòmè : n. 1. human race 2. population 3. descendants

àmèfòmèdɔ̀è : n. 1. shortage 2. dearth 3. drought

àmèfòtí : n. 1. stick 2. club 3. cane

àmèfòwɔ̀ : n. elderly person

àmèfú : n. skeleton

àmègá̌ : n. 1. elder 2. lord. 3. captain 4. senator 5. boss

àmègá̌ (ḍù -) : v. to become the head of an entity

àmègá̌ (kú -) : v. to get old

àmègá̌ (nyé -) : v. to become a personality

àmègá̌ (tsì zù -) : v. 1. to become an adult 2. to grow old

àmègá̌ (xɔ̀ -) : v. 1. to rise in rank 2. to get a higher position

Amègá̌ : n. 1. mister 2. sir

àmègá̌ dɔ́wɔ̀hátí : n. peer

àmègá̌ màléhàná : n. 1. an irresponsible man 2. a lazy man

àmègá̌ xóxó : n. an elderly person

àmègá̌dèḍi : n. old man

àmègá̌ḍùḍù : n. becoming a boss

àmègá̌kúkú : n. the state of getting old

àmègá̌kúkúí : n. a very old person

àmègá̌kúbɔ̀lí : n. an old and feeble person

àmègá̌kpúi : n. an old imaginary sage that gives solutions/final verdicts àmègǎkpúigbódèdè : n. deliberaton in camera (behind closed doors)

àmègǎnyényé : n. 1. being a head of an entity 2. lordship

àmègǎsì : n. 1. voodoo priestess *(syn. nyágǎsì)* 2. witch doctor

àmègǎtsìtsì : n. old man

àmègǎvì : n. 1. prince 2. young leader 3. princess

àmègǎwó : n. 1. elders 2. nobles

àmègǎwó fúfòfò : n. 1. commission 2. committee 3. members of a committee

àmègǎwó hábòbò : n. council/assembly of elders

àmègǎwó tàkpékpé : n. meeting of elders

àmègǎxì : n. 1. wolf 2. hyena *(syn. àgbòtòè, àhèlǎ, àkpàtàkú, àzilǎ, dzàyìsà, dzàzilǎ, gànà, gǎnà, gli, gbètè)* 3. jackal

àmègǎxìví : n. cub

àmègǎxóxó : n. an elderly person

àmègǎxóxóbìbì : n. witchcraft

àmègǎxódò : n. a job reserved for great personalities

àmègǎzùzù : n. 1. becoming old 2. becoming a boss 3. becoming a great personality

àmègíglí : n. 1. provocation 2. incitement

àmèglífé : n. a place of provocation

àmèglílá, àmèglító : n. 1. provocator 2. challenger

àmèglítóè : n. provocative

àmègógóógó : n. approaching someone

àmègógófé : n. meeting place

àmègòmèdèdè : n. the act of revealing a secret

àmègòmèdèlá : n. someone who discloses a secret

àmègòmèdùdù : n. 1. treachery 2. sabotage

àmègòmèdùlá : n. 1. slanderer 2. saboteur

àmègòmèmè : n. 1. subordinate 2. junior

àmègòmènòlá : n. 1. subordinate 2. junior

àmègòmètótó : n. 1. denigration 2. treachery 3. disloyalty

àmègòmètólá : n. traitor

àmègòmèzòlá : n. 1. spy 2. secret enquirer

àmègòmèzòzò : n. 1. slander 2. defamation

àmègúdó : n. useless work

àmègúgú : n. 1. ruin 2. wastage

àmègúlá : n. 1. passive citizen 2. spendthrift 3. squanderer

àmègbà : n. 1. human burden 2. responsibility (of people)

àmègbà (drò -) : v. to have a big responsibility (of people)

àmègbàdódró : n. having a big responsibility (of people)

àmègbàgbàdó : n. ruin of a person

àmègbàlè : n. human skin

àmègbè : n. 1. word 2. parole 3. citation 4. advice

àmègbè (dó -) : v. to keep one's words

àmègbè (sè -) : v. to be obedient

àmègbèdódó : n. keeping one's words

àmègbégblẽ : n. 1. giving bad advice 2. training someone the wrong way

àmègbèsèyì : n. reasoning age

àmègbèsèsè : n. obedience

àmègbètɔ̀ : n. scrupulous

àmègbètɔ̀è : n. 1. scrupulously 2. punctiliously exact

àmègbètɔ́ : n. 1. man 2. human being

àmègbètɔ́ blíbó : n. human body (EwelanguageTV, 2021)

àmègbètɔ́fìfì : n. 1. kidnapping 2. abduction

àmègbètɔ́wó : n. 1. humanity 2. the human race

àmègbéʋɔ̀nùdɔ́dró : n. judgment in absentia / judgment by default

àmègbɔ́dzèlá : n. 1. visitor 2. guest

àmègbɔ́là, àmègbɔ́lẽ̀ : n. domestic animal

àmègbɔ́nɔ̀ví : n. 1. househelp 2. maid

àmègbɔ́núí : n. cat (syn. àɖɔ̀è, dàdì, tèkpètè, tòdzò)

àmèyí : n. 1. white person 2. fair skinned person

àmèhá : n. 1. crowd 2. procession 3. public 4. gathering 5. a big problem

àmèhá vlò : n. 1. throng 2. crowd

àmèhá (xɔ̀ -) : v. to have a big problem with a family

àmèhàfé : n. place of assembly

àmèhàgá : n. a crowd

àmèhàhà : n. the art of lecturing to a crowd

àmèhàlá : n. one who lectures to a crowd

àmèhákpɔ́kpɔ́ : n. crowd show

àmèhátí : adj. of the same age

àmèhàtɔ̀ : adj. one who lectures to a crowd

àmèhàtɔ̀è : adj. one who lectures to a crowd

àmèháví : n. 1. neighbour 2. fellow being

àmèhávílɔ̀lá : n. philanthropist

àmèhávílɔ̀lɔ̀ : n. philanthropy

àmèháwó : n. crowd

àmèháxɔ̀lá : n. one who has a big problem to settle

àmèháxɔ̀xɔ̀ : n. having a big a problem

àmèhèɖéɲútí : n. attraction

àmèhèhè : n. discipline

àmèhèhè ɖé ɲú : n. 1. attraction 2. affinity

àmèhèhèɖéɲútí : n. attraction

àmèhèhèɲútínúnyá : n. pedagogy

àmèhèhètɔ̀ : adj. educational

àmèhèlá : n. masseur

àmèhèyiʊɔ̀ : n. quote

àmékà? : pron. who

àmékà fé.....? : pron. whose ?

àmékà tɔ̀.....? : pron. whose ?

àmékà ƙéé : pron. whoever

àmékáklá : n. informing someone of their departure

àmèkèsé : n. chimpanzee *(syn. àkplàkpòè, àzìzá̃, kèségá̃, sìmpàzé-kèsé, yélègbèmè)*

àmèkládzòwò : n. traffic lights

àmèkódɔ́ : n. surgery

àmèkófé : n. 1. theatre 2. surgical block

àmèkòhá : n. humorous song

àmèkòkò : n. mockery

àmèkókó : n. surgical operation

àmèkókóŋútínúnyá : n. surgery

àmèkòlá : n. 1. mocker 2. scoffer 3. sneerer

àmèkòlá : n. surgeon

àmèkómɔ̀ : n. elevator

àmèƙú : n. dead man

àmèƙú (dó-) : v. to wish for someone`s death

àmèƙúdódó : n. wishing someone's death

àmèƙúdólá : n. someone who wishes death for people

àmèƙúdótɔ̀ : adj. wishing death of others through witchcraft

àmèƙúdótɔ̀è : adv. wishing death of others through witchcraft

àmèƙúdɔ́è : n. incurable disease

àmèƙúgbè : n. day of death

àmèkɔ́ʊú : n. bus

àmèƙúƙú : n. corpse

àmèƙúƙúɖákà : n. coffin

àmèƙútɔ̀kú : n. drowned person

àmèkpɔ́kpɔ́ : n. auscultation

àmèkpɔ́kpɔ́ɖá : n. visit

àmèkpùì : n. 1. dwarf 2. midget

àmèƙúhà : n. dirge

àmèƙúhà (dzì -) : v. to sing a dirge

àmèƙúhàdzìdzì : n. singing a dirge

àmèƙúhàdzìlá : n. singer of dirge

àmèƙúƙú : n. corpse

àmèƙúƙú (glá̃ -) : v. to expose a corpse

àmèƙúƙú fúfú : n. mummy

àmèƙúƙúbɔ́ : n. cemetery

àmèƙúƙúdòɖèlá : n. grave digger

àmèƙúƙúdzívɔ́ : n. shroud

àmèƙúƙúdzívɔ́ : n. coffin

àmèkúkúḍilá : n. grave digger

àmèkúkúkókó : n. dissection of a dead person

àmèkúkúgáglá : n. expposure of a dead person

àmèkúkúgbà : n. hammock containing the dead

àmèkúkúhà : n. dirge

àmèkúkú mísà : n. requiem mass

àmèkúkútsógbà : n. n. hammock containing the dead

àmèkúkútsóʋú : n. hearse

àmèkúkúví : n. funeral cry

àmèkúkúví (fà -) : v. to mourn the dead

àmèkúkúvífàfà : n. mourning the dead

àmèkúkúvífàlá : n. mourner

àmèkúkúʋú : n. hearse

àmèkúkúʋú (fò -) : v. to play funeral drum

àmèkúkúʋúfòfò : n. playing funeral drum

àmèkúkúʋúfòlá : n. a funeral drum player

àmèkúkúzá : n. funeral vigil

àmèkúkúzá (drɔ̃ -) : v. keeping watch over the dead

àmèkpèkpè : n. invitation

àmèkpò (lòbòmè) : n. trunk (of the human body)

àmèkpɔkpɔ́ḍá : n. visit

àmèkpòtí : n. trunk (of the human body)

àmèkpùi : n. 1. pygme 2. dwarf

àmèlàḍùḍù : n. cannibalism

àmèlàḍùlá : n. cannibal

àmèlàmèfúwó : n. human skeleton

àmèléḍéḍɔ̀mè : n. hostility

àmèlélà : n. 1. policeman 2. kidnapper

àmèlélé : n. 1. hostage-taking 2. kidnapping

àmèlélé ḍé (núvɔ̃) tà : n. 1. charge 2. indictment

àmèléléḍí : n. detention

àmèlɔ̀àmè : n. 1. philanthropist 2. benefactor

àmèlɔ̀lá : n. 1. philanthropist 2. benefactor 3. kind person

àmèlɔ̀lɔ̃ : n. 1. philanthropy 2. kindness

àmèlɔ̀lɔ̃tɔ̀ : adj. 1. sympathetic 2. tender

àmèlɔ̀lɔ̃tɔ̀è : adv. 1. humanly 2. tenderly 3. sympathetically

àmèmàbùmàbù : n. 1. impoliteness 2. insolence 3. disrespect

àmèmàḍinúí : n. brat

àmèmàlɔ̃màlɔ̃ : n. 1. hate 2. malevolence

àmèmànyánú : n. ignorant

àmèmàʋùŋkú : n. uncivilised individual

àmèmègbèwɔ̀lá : n. someone who cares for lonely people

àmèmègbèwɔwɔ : n. caring for a lonely person

àmèmèmè : n. 1. clay statue 2. cremation

àmèmò : n. mask

àmèmɔlá : n. one who makes love

àmèmɔmɔ : n. making love

àmèmɔtɔ́ : n. one who makes love

ámèn : n. 1. Amen 2. so be it

ámènè : adj. four

àmènófé : n. a place where one is born

àmènólá : n. 1. wizard 2. witch *(syn. àdzètɔ́)*

àmènónó : n. 1. vampirism 2. witchcraft

àmènɔ : n. 1. after-birth 2. placenta *(syn. mègbènú, vìdàdá/vìdádà vólò)*

àmènɔ (dzi -) : v. expel the placenta

àmènɔ (dì -) : v. to bury the placenta

àmènɔdzidzi : n. expulsion of the placenta

àmènɔdidi : n. burial of the placenta

àmènɔágbè : n. a living being

àmènɔàmèŋú : n. 1. a helper 2. an assistance

Amènɔèwó Gɔmèsè Hábɔbɔ́ : n. a counsel group

àmènɔèwó gɔmèsè : n. intercomprehension

àmènɔè gbɔ́ yìyì : n. a friendly visit

àmènɔèwó gɔmèsètàkpékpé : n. a round table of discussion

àmènɔgbè tsyɔ̀évί : n. a person without support

àmènɔví : n. 1. a brother 2. neighbour

àmènɔvílɔ̀lɔ̀ : n. love of the neighbour

àmènú : n. 1. something good 2. something logical

àmènú (tè - sè) : v. to interview

àmènú (vé -) : v. to have pity or sympathy for

àmènú (wɔ -) : v. to do what is good

àmènúbèblè : n. flattery

àmènúblèdɔ́ : n. flattery

àmènúblèfé : n. a place where people are fooled

àmènúblèlá : n. flatterer

àmènúblènú : n. 1. bait 2. artifice

àmènúblènyà : n. bait

àmènùnyàtótó : n. citation

àmènúdóvò : n. monster

àmènúsèsè : n. interview

àmènúwɔwɔ : n. doing what is good

àmènúgbè : n. 1. good word 2. good talk

àmènúgbè (dó -/ wɔ -) : v. 1. to speak well 2. to speak just

àmènúgbèwɔlá : n. 1. one who speaks well 2. one who keeps a promise àmènúgbèwɔtɔ̀/ àmènúgbèwɔ̀tɔ̀è : adv. speaking justly

àmènúgbèwɔ̀wɔ̀ : n. speaking well or just

àmènùmègbè : n. citation

àmènùtèsè : n. interview

àmènùtsòlá : n. complainant

àmènùtsòtsò : n. 1. report 2. prosecution

àmènúvédɔ́ : n. humanitarian assistance

àmènúvélá : n. a compassionate person

àmènúvétɔ̀ / àmènúvétɔ̀è : adv. doing humanitarian work

àmènúvévé : n. 1. grace 2. sympathy

àmènúwɔ̀è : n. an abnormal thing

àmènúwɔlá : n. one who does something logic or normal

àmènúwɔwɔ̀ : n. 1. logic 2. normality

àmènyà : n. a case concerning someone

àmènyà (hè -) : v. 1. to brag 2. to be proud

àmènyà (tó -) : v. 1. to slander 2. to defame

àmènyàgblɔ̀dɔ́ : n. 1. slander 2. defamation

àmènyàgbɔ̀gblɔ̀ : n. 1. slander 2. defamation

àmènyàgblɔ̀lá : n. 1. slanderer 2. storyteller

àmènyàgblɔ̀tɔ̀ / àmènyàgblɔ̀tɔ̀è : adv. 1. by slander 2. by defamation

àmènyàhèhè : n. 1. pride 2. bragging

àmènyàhèlá : n. a proud or boastful person

àmènyà lè dò mè : n. termination

àmènyànyà : n. dismissal

àmènyànyà ɖá (tsó dédú mé) : n. exile

àmènyàtófé : n. a place of slander

àmènyàtólá : n. slanderer

àmènyàtótó : n. 1. slander 2. defamation

àmènyényé : n. 1. personality 2. character

ámènyí : adj. eight

àmènyidɔ́ : n. dietician

àmènyidɔ́ : n. 1. resuscitation 2. act of vampirism

àmènyidɔ́wɔ̀lá : n. resuscitator

àmènyigbè : n. 1. behaviour 2. educational tone

àmènyinúwó : n. provisions

àmènyìnyì : n. 1. education 2. nutrition

àmènyínyí : n. 1. vampirism 2. resuscitation

àmènyónyró : n. nutrition

Amènyrà : a village

àmèŋéɲéɖémè : n. 1. underpayment 2. cheating

àmèŋkɔ́ŋlɔ̀gbàlẽ̀ : n. registration

àmèŋkúmè : n. 1. physiognomy 2. favouritism

àmèŋkúmè! : intrj. it has been a long time

àmèŋkúmè (flú -) : v. play comedy

àmèŋkúmè (kpɔ́ -) : v. to be hypocritical

àmèŋkúmè (kpɔ́ -ná) : v. to be insolent or disrespectful

àmèŋkúmèkpɔ́kpɔ́ : n. favouritism

àmèŋkúmènúwɔ̀lá : n. 1. hypocrite (a person who puts on a false appearance of virtue or religion)

àmèŋkúmènúwɔ̀wɔ̀ : n. hypocrisy

àmèŋkútà : n. personality

àmèŋkútàtɔ́ : n. aristocrat

àmèŋkútàtɔ́dzídúdú : n. aristocracy

àmèŋú : adj. twenty n. face

àmèŋùdzèdzè : n. convenience

àmèŋùdzɔ̀dzɔ̀ : n. 1. guard 2. surveillance

àmèŋùdzɔ̀lá : n. bodyguard

àmèŋúgbàlɛ̀ : n. human skin

àmèŋúgbàlɛ̀ (dó -) : v. to have a fair complexion

àmèŋúlìlì : n. 1. slander 2. defamation

àmèŋɔ̀ŋlɔ̀ : n. 1. census 2. count

àmèŋúkàkà : n. 1. control 2. supervision 3. inspection

àmèŋúnúnyá : n. anthropology

àmèŋúnúnyálá : n. anthropologist

àmèŋúnyónyó : n. charm

àmèŋútínú : n. human body or organ

àmèŋútínúkólá : n. surgeon

àmèŋúvélá : n. sympathiser

àmèŋúvévé : n. 1. compassion 2. clemency 3. mercy

Amérikà : n. America 2. United States of America

Amérikàtɔ́ : n. American

àmèsámálá : n. plaintiff

àmèsásrákpɔ́ : n. visit

àmèsì : n. 1. trade in people 2. deal

àmèsì (flè -/tsà -) : v. to trade people

àmésí : pron. 1. that person 2. this person

àmèsì fé : pron. whose

àmèsì ké : pron. whoever

àmèsìámè : pron. 1. everyone 2. each one

àmèsìámèsì ké : pron. whoever

àmèsìflèflè : n. trade of people

àmèsìflèdɔ́ : n. trade of people

àmèsímèmè : n. an accused

àmèsímèkú : n. death by witchcraft

àmèsímèkú (kú -) : v. to die by witchcraft

àmèsímèkúkúkú : n. death by witchcraft

àmèsímèkúkúlá : n. one who dies by witchcraft

àmèsímènú : n. something that belongs to others

àmèsímènú (ɖù -) : v. to feed on what you are given

àmèsímènú (flé -) : v. to buy second hand

àmèsímènúɖùɖù : n. eating what one is given

àmèsímènúféflè : v. buying second hand

àmèsímèʋú : n. a used car

àmèsímèwù : n. second hand clothing

àmèsímèwùdzádzrá : n. second hand trade

àmèsímèwùdzálá : n. second hand trader

àmèsísí : n. 1. fugitive 2. timidity

àmèsísítsò : n. hosting a fugitive

àmèsitsàdɔ́ : n. trafficking of persons

àmèsitsàfé : n. slave market

àmèsitsàlá : n. slave trader

àmèsitsàtsà : n. slave trade

àmèsòsròɖá : n. courtesy

àmèsɔ́srɔ́ : n. imitation

àmèsrɔ̀ : n. a married woman

àmèsrɔ̀ (dí -) : v. courting a married woman

àmèsrɔ̀ (gbé -) : v. to divorce

àmèsrɔ̀ (gblé -) : v. to make someone's wife infidel

àmèsrɔ̀ (mɔ̀ -) : v. to sleep with a married woman

àmèsrɔ̀ (xɔ̀ -) : v. to take someone's wife or husband

àmèsrɔ̀dídí : n. courting a married woman

àmèsrɔ̀dílá : n. someone courting a married woman

àmèsrɔ̀gbègbè : n. divorce

àmèsrɔ̀gbégblé : n. making someone's wife unfaithful

àmèsrɔ̀gbélá : n. one who divorces

àmèsrɔ̀gbélá : n. one who makes the wife of others unfaithful

àmèsrɔ̀mɔ̀dɔ́ : n. a married woman's sweetheart

àmèsrɔ̀mɔ̀lá : n. one who commits adultery

àmèsrɔ̀mɔ̀mɔ̀ : n. adultery

àmèsrɔ̀xɔlá : n. one who takes the wife or husband of another

àmèsrɔ̀xɔxɔ̀ : n. taking someone's wife or husband

àmèsrɔ́lá : n. imitator

àmètà : n. human head

àmètà (bìá -) : v. to ask someone's hand

àmètà kólóé : n. skull

àmètàbìábìá : n. 1. act of asking for someone's hand

àmètàbìádɔ́ : n. information service

àmètàbìáfé : n. reception information service

àmètàbiálá : n. one who asks for the hand of

àmètàfòtáfó : n. cheating

àmètàfúfú : n. cheating

àmètàfútɔ́ : n. a cheat

àmètàgbá : n. measuring bowl

àmètàkóli : n. skull

àmètàkólífé : n. 1. graveyard 2. place of the skull (Golgotha) (Biblia alo Ŋɔŋlɔ Kɔkɔe la le Evegbe me, 1913,2006, S. Marko 15:22)

àmètàkpò : n. human trunk

àmètàkpɔ́fé : n. place of asylum

àmètàkpɔ́kpɔ́ : n. surveillance

àmètàkpɔ́lá : n. protector

àmètàlá : n. 1. enemy (syn. àḍikàtɔ́, fùtɔ́, kèlélá, kètɔ́) 2. an ungrateful person

àmètálá : n. 1. photographer 2. an artiste

àmètámàkpɔ́màkpɔ́é : adv. without surveillance

àmètàmènú : n. money used to buy slaves

àmètàmènú (xé -) : v. to pay for slaves

àmètàmènúxéfé : n. a place for payment of slaves

àmètàmènúxélá : n. one who buys slaves

àmètàmènúxéxé : n. paying for slaves

àmètàtà : n. hatred

àmètátá : n. 1. photo 2. photography

àmètàtɔ́trɔ́ : n. 1. sabotage 2. slander 3. treachery

àmètàtrɔ́dɔ́ : n. sabotage

àmètàtrɔ́fé : n. place of sabotage

àmètàtrɔ́lá : n. whistle blower

àmètàtrɔ́trɔ́ : n. 1. denunciation 2. termination 3. exposure

àmètàtsòfé : n. place of decapitation

àmètàtsòtsò : n. decapitation

àmètàtsòdɔ́ : n. 1. decapitation 2. work of executioner

àmètàtsòlá : n. executioner

àmètàʋìʋlì : n. 1. advocacy 2. defense

àmètàʋlidɔ́ : n. 1. advocacy 2. defense

àmètàʋlifé : n. lawyer's office

àmètàʋligbè : n. advocacy

àmètàʋlilá : n. 1. litigant 2. defendant

àmètàʋlitɔ̀ / àmètàʋlitɔ̀è : adv. in a pleading manner

àmètétéḍèànyi : n. 1.domination 2. dominion 3. control

àmètéḍétó : n. 1. cheating 2. avidity

àmètéḍétódɔ́ : n. opportunism

àmètéḍétótɔ̀ : adj. 1. opportunist 2. greedy

àmètéḍétótɔ́ : n. 1. a cheat 2. an opportunist

àmètéḍétótɔ́é : adv. opportunely

àmètédùdɔ́ : n. sabotage

àmètédùdù : n. sabotage

àmètédùlá : n. one who sabotages

àmètégégé : n. oppression

àmètégédɔ́ : n. oppression activity

àmètégélá : n. oppressor

àmètégétɔ̀ : n. oppressor

àmètégétɔ̀è : adv. by oppression

àmèténɔ̀dɔ́ : n. working under orders

àmèténɔ̀lá : n. subordinate

àmèténúmè : n. one who knows everything

àmètètèdó : n. lesion

àmètètèdó : n. promotion

àmètéví : n. a dependent child

àmètí : n. corpse

àmètiáfé : n. polling station

àmètiágbàlèví / àmètiátiágbàlèví : n. ballot

àmètiágbè : n. 1. voting day 2. voice (for an election)

àmètíkpàkpè : n. wooden sculpture

àmètiálá : n. selector

àmètiànútóámè, àmètiànútómè : n. electoral area (Ampe (game), 2019)

àmètiátiá : n. 1.selection 2. qualification

àmètiti : n. boredom

àmètɔ̀ : n. one's property

àmètɔ̀ : adj. human

àmètɔ́ : n. father

àmètɔ̀ : adj. number three

àmètɔ̀àmètɔ̀è : adv. individually

àmètsitsi : n. 1. adult 2. grown-up

àmètsitsri : n. 1. hatred 2. contempt

àmètsíʋùmè : n. one who died in an accident

àmètsòdɔ́ : n. immolation of a human being

àmètsòfé : n. sacrificial altar

àmètsòtsò : n. immolation of a human being

àmètsòlá : n. one who kills someone in a sacrifice

àmètsɔ́gbà : n. stretcher

àmètsɔ́dɔ́ : n. hiring someone to accomplish a job

àmètsɔ́lá : n. one who designates

àmètsɔ́tsɔ́ : n. 1. designation 2. nomination

àmètsɔ́tsrɔ̃́ : n. 1. extermination 2. massacre 3. genocide

àmètsɔ́tsrɔ́tɔ́ : n. 1. exterminator 2. one who commits genocide

àmètsɔ́tsrɔ́tɔ̀è : adv. 1. by genocide 2. by extermination

àmètsɔʋú : n. 1. car 2. bus

àmètsrìdɔ́ : n. sowing discord

àmètsrìlá : n. one who hates

àmètsrìlá (nyè) : v. to be scornful

àmètsrìtɔ̀ : adj. hate

àmètsrìtɔ̀è : adv. hatefully

àmètsrɔ́dɔ́ : n. 1. genocide 2. massacre 3. extermination

àmètsrɔ́fé : n. place of massacre or genocide

àmètsrɔ́lá : n. one who commits genocide or massacre

àmètsrɔ́tɔ̀ : adj. genocidal

àmètsrɔ́tɔ̀è : adj. by genocide or extermination

àmètsyɔ̀dɔ́ : n. the art of casting a spell

àmètsyɔ̀lá : n. one who casts a spell

àmètsyɔ̀tsyɔ̀ : n. spell

àmètùtɔ̀ : adj. of others

àmètùtɔ̀nú : n. something that belongs to others

àmètùtù / àmètùtùtù : n. 1. scramble 2. catching up

àmètútú : n. incarceration

àmètùtùɔ̀è : adv. by jostling

àmèvã̀ : n. someone who one can count on

àmèvè : n. 1. couple 2. double

ámèvè : adj. number two

àmèvèdòmènùfòfò : n. dialogue

àmèví : n. a smallish person

àmèvígà : n. shackle

àmèvɔ́vɔ́ : n. 1. obedience 2. fear of someone

àmèwó : n. 1. people 2. population

àmèwó (lè - fé ŋkúmè) : loc. adv. in public

àmèwóyìfé : n. land of the dead

àmèwɔ̀àmè : n. sociable person

àmèwɔ̀àmè (nyé -) : v. to be sociable

àmèwɔ̀fé : n. womb/uterus (syn. dɔ̀, gò, gòlò, vídzìdɔ̀, vídzígòlò)

àmèwɔ̀yì : n. period of fertility

àmèwɔ̀lá : n. gentleman

àmèwɔ̀wɔ̀ : n. 1. kindness 2. amiability

àmèwɔ̀wɔ̀ lè... mè : v. to be sociable

àmèwùḍókúì : n. suicide

àmèwùfòfò : n. deadly blow

àmèwùgbè : n. 1. a day one is killed 2. death sentence

àmèwùgbè (ḍè -) : v. to condemn someone to death

àmèwùgbé : n. a plant that kills

àmèwùlá : n. assassin

àmèwùnɔ̀lá : n. 1. vampire 2. blood thirsty person

àmèwùnyà : n. 1. murder 2. criminal case

àmèwùtí : n. 1. scaffold 2. deadly poison

àmèwùtɔ́ : n. 1. assasin 2. criminal 3. killer

àmèwùwù : n. 1. murder 2. assassination

àmèwùwùtɔ̀ : adj. murderer

àmèwùwùwɔ̀nà : n. 1. assassination 2. human sacrifice

àmèwùzikpùì : n. electric chair (a specialized chair/device used for capital punishment through electrocution)

àmèxèxlɛ̀ : n. census

àmèxlɛ̀fé : n. place of census

àmèxlɛ̀lá : n. census taker

àmèxɔ̀fè : n. 1. living room 2. lounge 3. sitting room

àmèxèxlɛ̀ŋlɔ̀ : n. 1. census 2. count

àmèxɔ̀xɔ̀ : n. 1. welcome 2. reception

àmèyibɔ̀ : n. a dark skinned person

àmèyibɔ̀dɔ̀yɔ̀yɔ̀ : n. traditional medicine

àmèyibɔ̀flèlá : n. 1. slave trader 2. slaver 3. slave driver

àmèyibɔ̀màtsiwɔ̀wɔ̀ : n. African medicine

àmèyibɔ̀tíkèwɔ̀lá : n. African pharmacologist

àmèyibɔ̀tíkèwɔ̀wɔ̀ : n. African pharmacology

àmèyibɔ̀tíkèzázá : n. indigenous therapy

àmèyibɔ̀xéxémè : n. 1. the era of the African/Black man 2. the African/Black man era 3. the African/Black man's life

àmèyìnúgbé : n. dead

Améyò/ Améyògá / Améyòví : n. first name of a girl born on Saturday

àmèyómèmɔ́fiálá : n. traitor

àmèyòmètílá : n. 1. whoever goes in search of 2. persecutor

àmèyɔ́yɔ́ : n. 1. interpellation 2. call

àmèyɔ́yɔ́ vá mégbé : n. revocation

àmèyrè : adj. 1. abnormal 2. stupid

àmèzíɖémè : n. 1. cheating 2. leaving someone in a miserable state

àmèzíɖémèdɔ́ : n. 1. cheating 2. leaving someone in a miserable state

àmèzíɖémètɔ́ : n. 1. a cheat 2. one who leaves someone in a miserable state

àmèzíɖémètɔ̀ : adj. cheat

àmèzíɖémètɔ̀è : adv. by cheating

àmèzíɖétó : n. cheating

àmèzíɖétódɔ́ : n. cheating

àmèzíɖétótɔ́ : n. a cheat

àmèzíɖétótɔ̀è : adv. by cheating

àmèzíɖétódɔ́ : adv. regularly cheating

àmèzízíɖétótɔ̀ : adj. a cheat

àmèzízíɖétótɔ́ : n. a cheat

àmèzízíɖétótɔ̀è : adv. by cheating

àmèzùzù : n. insult

Amè : n. Ame /Ami (the name given to a girl born on Saturday) àmì : n. 1. oil 2. pomade 3. resin

àmì (dá -/ dé -) : v. to be fat

àmì (dzí -) : v. to have fat (in relation to animals)

àmì (ɖà -) : v. to extract oil

àmì (sì -) : v. to smear pommade

àmì (sì - ɖé..(ŋú)/ sì - ná) : v. to anoint with oil

àmì (tó) : v. to make oil

àmì dzẽ : n. palm oil

àmì múmù : n. crude oil

àmì sìsì : n. 1. pommade 2. ointment

àmì tátá : n. 1. pommade 2. ointment

àmì tɔ̀tɔ̀ : n. cooked oil

àmì ʋéʋḗ/ àmì ʋéʋí : n. perfume

Amì / Amígā̌ / Amíví : np. Ami / Amiga / Amivi (the name given to a girl born on Saturday)

àmìằ, àmìằdɔ̀ : n. paralysis (syn. àmìằdɔ̀, àʋàdzí, gbàgbàdɔ̀, lằmètùtúdɔ̀, tùtúdɔ̀)

àmìbà : n. residue of palm oil

àmíbíà : n. amoeba

àmìdédé : n. 1. lubrication 2. oiling 3. greasing

àmìdéfé : n. 1. fat part of an animal 2. gas station

àmìdógbá : n. measuring bowl of oil

àmìdzèfé : n. 1. filing station 2. gas station

àmìdzídzí : n. making oil or fat

àmìɖàdɔ́ : n. oil extraction

àmìɖàfé : n. oil mill

àmìɖèɖè : n. oil change

àmìgò : n. 1. tank 2. reservoir 3. cistern

àmìgò (gbà -) : n. becoming red at sunset

àmìgbá : n. container in which one keeps oil

àmìkằ : n. nerve

àmìkàɖí : n. oil lamp

àmìkásì : n. 1. ointment 2. cream

àmìkè : n. 1. nerve 2. blood vessel

àmìkɔ̀ : n. a totem prohibiting use of or consumption of oil

àmìkɔ̀ (dó - ná) : v. to prohibit one from consuming oil

àmìkɔ̀ (nyì -) : v. to respect something forbidden

àmìkɔ́ : n. solidified oil

àmìkɔ́ésísí : n. anointing

àmìkùfé : n. oilfield

àmìkpé : n. solidified oil

àmìmè : n. 1. a place of oil 2. a critical period of a disease

àmìmú : n. 1. pride 2. insolence

àmìmú (wɔ̀ -) : v. to be arrogant or insolent

àmimúwɔ́lá : n. an arrogant or insolent person

àmimúwɔ̀wɔ̀ : n. 1. pride 2. arrogance

àmimúwɔ̀tɔ̀ : adj. 1. proud 2. insolent

àmimúwɔ̀tɔ́ : n. an arrogant or insolent person

àmimúwɔ̀tɔ̀è : adv. 1. arrogantly 2. insolently

àminòè : n. bonefish

àminɔ̀ : n. 1. a fat animal 2. a fat person

àminú : n. a fat body

àmíŋú : n. 1. insolence 2. pride

àmíŋú (wɔ̀ -) : v. 1. to be insolent 2. to be arrogant

àmíŋúwɔ̀wɔ̀ : n. 1. pride 2. insolence

àmisílá : n. masseur

àmisi : n. 1. massage 2. anointing 3. pommade

àmisi mlɔ̀èà : n. extreme unction

àmisisidɔ́ : n. massage

àmisisidɔ́wɔ̀lá : n. masseur

àmisrɛ̂fé : n. refinery

àmitágbá : n. a bowl containing the necessary toiletries for a newborn

àmitátá : n. anointing

àmití : n. olive tree

àmitùkpá : n. oil bottle

àmitsi : n. 1. glanders 2. water that was used for oil preparation

àmitsi (fi -) : v. to blow the nose

àmizé : n. oil pot

àmlà : n. 1. pickaxe 2. machete/bushknife *(syn. yímlà)* 3. a lie

àmlà (nyí -) : v. to tell lies

àmlànyílá : n. lair

Amlámè : n. Amlame (a city in Togo)

àmlátí : n. 1. fork handle 2. new year

àmlátí (lé -) : v. to clear a forest at the beginning of the year

àmlátí (tsò -) : v. to clear a forest early

àmlátò : n. mulatto

àmli : n. soursop

àmlìmà : n. 1. miracle 2. mystery 3. magic

àmlìmà (dó -/tsí -) : v. to disappear miraculously

àmlìmàdódó : n. ecstasy

àmlìmànú : n. 1. magical thing 2. mystery

àmlìmànú (wɔ̀ -) : v. to do magic

àmlinànúwɔ̀lá : n. 1. conjuror 2. magician

àmlinànúwɔ̀wɔ̀ : n. 1. conjuring 2. making of magic

àmlòàmlò : adv. immediately

àmlɔkɔ́é : n. tax

àmɔ́ / àmɔ̃́ : n. fermented dough

àmɔ́ (zǐ -) : v. making fermented dough

àmɔ́dzògbɔ́ : n. porridge made from fermented dough

àmɔ́kplě : n. banku made from fermented dough

àmɔ́tsi : n. water from fermented dough

àmɔ́wɔ́ : n. fermented dough flour

àmɔ́wɔ́ ʋáʋã́ : n. leaven

àmɔ́zízí : n. the art of squeezing dough to make it ferment

àmpá : adj.1. true 2. exactly (Twi language)

ámpé : n. Ampe (a type of game for ladies)

ámpé (tù -) : v. to play ampe

ámpétùtù : n. playing ampe

àmrálò : n. 1. Admiral 2. Governor

Amù : n. Amou (prefecture and tributary of Mono)

àmùdzíxé : n. 1. cattle egret 2. green-backed heron 3. black heron 4. western reef egret 5. great egret *(syn. àŋɔyí)* 6. little egret 7. intermediate egret *(syn. tɔsíxéví)*

Amùgã́ : n. Volta River

Amúrù-Tɔsísí : n. Amou River

àmùtí : n. mangrove

àmṹ : n. lagoon

ànà : n. 1. witchcraft 2. horn

ànà/àná : n. 1. bridge 2. deck

ànà : n. variety of margouillat/lizard

Anà : n. 1. Ana (female first name) 2. Ana (a name of an ethnic group in Atakpame Togo)

àná : n. coagulated blood

ànágàté : n. stinky ant

ànàgó : n. sweet potato

ànàgó (lé -) : v. to plant sweet potato

Anàgó : n. Anago (Yoruba Kingdom of Nigeria) *(syn. Alátà, Yúrúbà)*

ànàgógblé : n. field of sweet potatoes

ànàgólélé : n. planting sweet potatoes

ànàgólélá : n. one who plants sweet potatoes

ànàgótè, ànàgótɛ̀ : n. potato

ànàgótɔ́ : n. a person belonging to the Yoruba ethnic group *(syn. àlátàtɔ́, yúrúbàtɔ́)*

ànàgbà : n. a variety of mushroom

ànákè : n. dry wood

ànàkráká : n. agama lizard *(syn. àdògló, àgètsṹ)*

ànàmlìsù : n. big fishing net

Anání : n. Anani (first name of a fourth boy in succession)

ànànsè : n. 1. shingles 2. hepers zoster *(syn. èʋã̀, mékpéã́mèɖóò, sàndzà, ʋã̀)*

ànàntàvè : n. smooth hammer-headed shark

Anàpúrnà-Tó : n. Annapurna

ànàtòmí : n. anatomy

ànàtɔ́ : n. 1. witch 2. wizard

ànàvèdú : n. anti-sorcerer fetish

ànázè, ànázì : n. pineapple *(syn. àbàblí, àblàndé, àtɔ́tɔ́, blàfógbè, yèvútɔ́)*

ànázìgblè : n. pineapple farm

ànázìgblèdèdè : n. pineapple cultivation

ànázìkà : n. pineapple fiber

Andà-Tógbèkà : n. Andes mountain range

Andà-Tówó : n. the Andes

Andórà : n. Andorra

Anétò-Tó : n. peak of Aneto

Anɛ́xɔ́-tɔ́ : n. native of Aneho

ànì : n. grandmother

àní : n. 1. lazy person 2. electric catfish *(syn. dzídzí, tsítsí)*

ànídzédzé : n. 1. splendor 2. magnificence 3. radiance

àní (ká -) : v. to be lazy

àníkáká : n. lazziness

ànìmàsìɔ̃́ : n. animation

ànìpáyé : n. largehead hairtail I *(syn. àdèyè, dàyì ŋɔ́páyé, yìkpáyè)*

ànkrà : n. 1. purple heron 2. grey heron

àntsùì : n. african goshawk *(syn. àdrùfé, ntsùì)*

ànɔ̀è : n. cat

Antàrtíkà : n. Antartica

ántò, ántòví : n. monkey

ántòɖóé : n. mumps *(syn. áŋkpɔ̀bɔ́é, àzàgèdèʋùì, àzègèɖèfí, àzègèɖèʋòé, àzègèdèʋùí, àzògèɖèbùí, kìtìkpɔ̀bɔ̀, kìtìkpɔ̀bɔ́é, kìtsìkpɔ̀kpɔ̀, kòklótsùí, kɔ̀klòtsùí, kɔ̀kùí, kpìtìàŋkpɔ̀bɔ́è, zègèdèʋùí)*

ànùfò : n. Anoufo (language)

ànùklò (tsyɔ̀ -) : n. to bet

ànùklòtsyɔ̀tsyɔ̀ : n. bet

ànùklùí : n. jealousy

ànùklùí (wɔ̀ -) : v. to be jealous

ànùklùíwɔ̀lá : n. jealous person

ànùklùíwɔ̀wɔ̀ : n. jealousy

ànùkɔ́ɖé / ànùkwáɖé : n. truth

ànùkɔ́ɖé (ɖí -/tó -) / ànùkwáɖé (ɖí -/tó -) : v. to speak the truth

ànùkɔ́ɖé (nyé-) / ànùkwáɖé (nyé-) : v. to be true

ànùkɔ́ɖéɖíɖí / ànùkwáɖéɖíɖí : n. 1. transparency 2. honesty

ànùkɔ́ɖéɖígbàlè̀ / ànùkwáɖéɖígbàlè̀ : n. 1. will 2. note book

ànùkɔ́ɖémàɖímàɖí / ànùkwáɖémàɖímàɖí : n. 1. dishonesty 2. infidelity

ànùkɔ́ɖémàtómàtó / ànùkwáɖémàtómàtó : n. 1. dishonesty 2. infidelity

ànùkɔ́ɖényà / ànùkwáɖényà : n. true story

ànùkɔ́ɖésé / ànùkwáɖésé : n. 1. loyalty 2. honesty

ànùkɔ́ɖétófé / ànùkwáɖétófé : n. place of truth

ànùkɔ́ɖétótó / ànùkwáɖétótó : n. 1. honesty 2. truthfulness

ànùkɔ́ɖétɔ̀ / ànùkwáɖétɔ̀ : adj. 1. loyal 2. trustworthy 3. sincere

ànùkɔ́ɖétɔ́ / ànùkwáɖétɔ́ : n. 1. a loyal person 2. an honest person

ànùkɔ́ɖétɔ́ (nyé -) / ànùkwáɖétɔ́ (nyé -) : v. to be loyal or honest

ànùkɔ́ɖétɔ̀è / ànùkwáɖétɔ̀è : adv. 1. honestly 2. frankly

ànùkɔ́ɖétɔ́nyényé / ànùkwáɖétɔ́nyényé : n. 1. loyalty 2. honesty

ànùkɔ́fò : n. 1. corner (for splitting wood) 2. an honest person

ànùkú : n. 1. conflict 2. arguement 3. quarrel

ànùkú (tsyɔ́ -) : v. 1. to quarrel 2. to argue

ànùkútsyɔ́fé : n. a place of conflict or dispute

ànùkútsyɔ́lá : n. a quarrelsome person

ànùkútsyɔ́tsyɔ́ : n. 1. conflict 2. dispute 3. revolt

ànùkwáré : n. 1. openness 2. sincerity 3. honesty 3. candidness

ànùkwáréɖéɖé : adj. 1. honest 2. decent 3. truthful 4. upright

ànùkwáréɖíɖí : n. telling the truth

ànùkwárémàɖílá : n. 1. honest person 2. truthful person 3. upright person

ànùkwárémàɖímàɖí : n. 1. dishonesty 2. disloyalty 3. infidelity 4. falseness

ànùkwárényényé : n. 1. sincerity 2. honesty 3. genuineness

ànùkwárétɔ́ : n. honest person

ànùkwárétɔ́é : adv. 1. honestly 2. openly 3. downright

Anùmú : n. Anoumou (first name of a fifth successive boy)

ànùnyám : n. benediction (Twi language)

ànùvɔ́é : n. a naughty person

ànùwóátrè : n. perfume (Twi language)

ànùwóátrè (sì -) : v. to wear perfume

ànyá̃ : n. a variety of perennial spurge

Anyàgá : n. Anyaga (an ethnic group in Togo)

ànyàgágbè : n. Kinyanga (language)

ànyàgàsì : n. a variety of yam

ànyàmà : n. ringworm (syn. *abálà, afíbátá, àgblà, bàlà, flíbátá, fòkpòfòkpò, kàvègɛ̃́, kɔ́kɔ́è, zɔ̀lélé, zɔ̀lí, zɔ̀lìlí*)

ànyàmè : n. source (of a water course)

ànyànyrá : n. a medicinal plant

ànyáŋɔ́ŋɔ̀è : n. a variety of insect

ànyáŋɔ́yɔ́é : n. a kind of wild dog

ànyásà : n. 1. intelligence 2. intellect

ànyásà ʋè dó : v. to not be intelligent

ànýásà lè....sí : v. to be intelligent

ànyátá̋ : n. 1. a traditional white honey candy 2. a base of lemon juice and sugar

ànyátí : n. tree of demarcation

ànyátísɔ̀è : n. shrub species

ànyàtò : n. forest of Anya

ànyátɔ́ : n. fresh water captain " Lates africana"

ànyátsà̋ : n. gills

ànyǎvé : n. forest of "Anya"

ànyi : n. 1. leprosy *(syn. ànyìdɔ̀, ànyìdɔ̀lélé, ànyídzèdɔ̀, dɔ̀ dzɛ̋, èkpòdɔ̀, gbòdò, kpìtsì, kpò, kpòdɔ̀, nògòtòlí, tótrì, zɔ̀kpò)* 2. a sort of fruit 3. a variety of tree that gives shade

ànyí : n. 1. clay 2. bee 3. the bottom 4. soursop

ànyí (blù -) : v. to stir clay

ànyí (dzè -) : v. 1. to fall 2. to go bankrupt 3. to trigger 4. to decant 5. to have leprosy

ànyí (dzè àkɔ́ -) : v. to calm down

ànyí (ḍi -) : v. to gather in large numbers

ànyí (fò -) : v. 1. to mold clay 2. to put clay in a mold

ànyí (kù -) : v. to extact clay

ànyí (lè -/nɔ̀ - kpóó) : v. 1. to be wise 2. to be quiet

ànyí (lè -/nɔ̀ - sésíé) : v. to be stable

ànyí (mlɔ́ -) : v. to sleep

ànyí (nɔ̀ -) : v. 1. to sit 2. to settle down

ànyí (nyà -) : v. to pound clay

ànyí (sɔ̀ -) : v. settle doen quietly

ànyí (tá -) : v. to remove honey from a hive

ànyí (tsí -) : v. 1. to spend the night 2. spend too much time 3. stay in plan

ànyí dzè̋ : n. ocher

ànyídò : n. 1. hole 2. pit

ànyídò (ḍè -) : v. to make a hole

ànyídò (kù -) : v. to dig a hole

ànyíḍóḍó : n. 1.pose 2. laying 3. installing

ànyíḍòḍèdɔ́ : n. the work of digging holes

ànyíḍòḍèḍè : n. digging a hole

ànyídòkùdɔ́ : n. the work of digging holes

ànyídòkùkù : n. digging a hole

ànyìdɔ̀ : n. leprosy *(syn. ànyì, ànyìdɔ̀lélé, ànyídzèdɔ̀, dɔ̀ dzɛ̋, èkpòdɔ̀, gbòdò, kpò, kpòdɔ̀, kpìtsì, nògòtòlí, tótrì, zɔ̀kpò)*

ànyìdɔ̀ (lé -) : v. to have leprosy

ànyídɔ́ : n. clay work

ànyídɔ́ (wɔ̀ -) : v. to work the clay

ànyìdɔ̀lélé : n. leprosy *(syn. ànyì, ànyìdɔ̀, ànyídzèdɔ̀, dɔ̀ dzɛ̋, èkpòdɔ̀, gbòdò, kpìtsì, kpò, kpòdɔ̀, nògòtòlí, tótrì, zɔ̀kpò)*

ànyìdɔ̀dzèlá̋ : n. leper *(syn. ànyìdzèlá̋, dzɔ̀bútɔ́, dzàflò, dzàflá̋, dzɔ̀bútɔ́, kpòdɔ̀lélá̋, kpònɔ̀)*

ànyidɔkɔ̃dzì : n. leprosarium

ànyídɔ́wɔ̀fé : n. potter's workshop

ànyídɔ́wɔ̀lá : n. 1. beekeeper 2. one who works with clay 3. factory worker

ànyídzèdɔ̀ : n. 1. epilepsy *(syn. àdígbò, àdígbòdɔ̀, ànyídzèdzè, ànyídzèdzèdɔ̀, ànyídzègblò, ànyídzègblòdɔ̀, dzèdzòmèdɔ̀, dzèànyígblò, kpéŋúí, kpèŋùídɔ̀, kpóŋúí)* 2. leprosy *(syn. ànyì, ànyidɔ̀, ànyidɔ̀lélé, dɔ̀ dzɛ̃́, èkpòdɔ̀, gbòdò, kpìtsì, kpò, kpòdɔ̀, nògòtòlí, tótrì, zɔ̀kpò)*

ànyídzèdzè : n. 1. defeat 2. overthrow 3. deterioration 4. fall 5. epilepsy *(syn. àdígbò, àdígbòdɔ̀, ànyídzèdɔ̀, ànyídzèdzèdɔ̀, ànyídzègblò, ànyídzègblòdɔ̀, dzèdzòmèdɔ̀, dzèànyígblò, kpéŋúí, kpèŋùídɔ̀, kpóŋúí)*

ànyídzèdzèdɔ̀ : n. epilepsy *(syn. àdígbò, àdígbòdɔ̀, ànyídzèdɔ̀, ànyídzèdzè, ànyídzègblò, ànyídzègblòdɔ̀, dzèdzòmèdɔ̀, dzèànyígblò, kpéŋúí, kpèŋùídɔ̀, kpóŋúí)*

ànyídzègblò : n. epilepsy *(syn. àdígbò, àdígbòdɔ̀, ànyídzèdɔ̀, ànyídzèdzè, ànyídzèdzèdɔ̀, ànyídzègblòdɔ̀, dzèdzòmèdɔ̀, dzèànyígblò, kpéŋúí, kpèŋùídɔ̀, kpóŋúí)*

ànyídzègblòdɔ̀ : n. epilepsy *(syn. àdígbò, àdígbòdɔ̀, ànyídzèdɔ̀, ànyídzèdzè, ànyídzèdzèdɔ̀, ànyídzègblò, dzèdzòmèdɔ̀, dzèànyígblò, kpéŋúí, kpèŋùídɔ̀, kpóŋúí)*

ànyídzèfé : n. place of fall or accident

ànyidzèlá : n. 1. epileptic patient *(syn. àdígbòkúlá, àdígbòtɔ́, kpèŋùídɔ̀nɔ̀)* 2. leper *(syn. ànyìdɔ̀dzèlá, dzɔ̀bútɔ́, dzàflò,*

dzàflá, dzɔ̀bútó, kpòdɔ̀lélá, kpònɔ̀) (Biblia alo Nɔŋlɔ Kɔkɔe la le Evegbe me, 1913,2006, S. Luka 17:12)

ànyídzèlá : n. one who falls

ànyídèɖè : n. clay extraction

ànyídí : n. ant *(syn. ɖiɖí)*

ànyídiɖì : n. 1. gathering 2. descent

ànyídifé : n. public place

ànyídóɖó : n. 1. constitution 2. disposition 3. foundation 4. institute

ànyídóhò : n. swarm of bees

ànyídólá : n. founder

ànyíéhè : n. south

Anyíéhè Afríkà : n. south Afica

Anyíéhè Amérikà : n. south America

ànyíéhè-ɣèdzéfé : n. South-East

ànyíéhè-ɣètóɖófé : n. south-west

ànyíèhètɔ̀ : adj. Southern

ànyíèhètɔ́ : n. a southerner

ànyíèhèví : n. a southerner

ànyíèhèyà : n. south wind

ànyíévɔ̀ : n. 1. rainbow 2. iris (of the eye)

ànyífía : n. queen bee

ànyíflí : n. skin rash/ urticaria *(syn. àklàbí)*

ànyíflíyà : n. 1. storm 2. hurricane

ànyíflúí : n. a disease that is believed to be caused by lighting

àny**í**flà : n. black land

àny**í**glá / àny**í**glágó : n. clod of earth

àny**í**glì : n. soursop

àny**í**glí : n. clay wall

àny**í**gó : n. south

àny**í**gbà : n. radius (of wax)

àny**í**gbà (ɖè -) : v. to remove honeycombs

àny**í**gbá : n. 1. ground 2. territory 3. zone 4. continent 5. nation 6. country 7. hive 8. beehive

àny**í**gbá (ɖè -) : v. to cultivate

àny**í**gbá (dó -) : v. to backfill

àny**í**gbá (ɖè -) : v. to subdivide a plot

àny**í**gbá (flì -) : v. to divide a land

àny**í**gbá dódó : n. bank (land)

àny**í**gbá fé nɔ̀nɔ̀mè : n. 1. world 2. globe

àny**í**gbá gbàdzà : n. plain (land)

àny**í**gbá ɣéɣé : n. ready field

àny**í**gbá kɔ́kɔ́ : n. plateau

àny**í**gbá kùkù : n. fill soil

àny**í**gbá tsyɔ́ : v. to be dark

àny**í**gbá vòvòvòwó ŋù tó : adj. intercontinental

àny**í**gbá vɔ̀vɔ̃̀ : n. abandoned land

Any**í**gbá Yéyè : n. new found land

àny**í**gbádzínɔ̀láwó : n. population

àny**í**gbágɔ̀mèkétékè : n. metropolitan

àny**í**gbágɔ̀mèmɔ́ : n. underground

àny**í**gbádé : n. variety of flower

àny**í**gbádèdè : n. culture of the earth

àny**í**gbádódó : n. backfilling

àny**í**gbádónú : n. bank (land)

àny**í**gbádɔ̀ : n. small pox

àny**í**gbádɔ̀wɔ̀lá : n. geologist

àny**í**gbádzádzrá : n. sale of land

àny**í**gbádzɛ́ : n. a sort of climbing nettle

àny**í**gbádzí : n. surface of the earth

àny**í**gbádzínɔ̀lá : n. inhabitant

àny**í**gbádzídzèdzè : n. invasion

àny**í**gbádzílã̀ : n. terrestrial animal

àny**í**gbádzí : n. surface of the earth

àny**í**gbádzídzélá : n. geometry

àny**í**gbádzínú : n. worldly material

àny**í**gbádzítɔ̀ : adj. aboriginal

àny**í**gbádzítɔ́ : n. native

àny**í**gbàɖèɖè : n. removal of honeycombs

àny**í**gbàɖèlá : n. geometer

àny**í**gbàɖifùkpó : n. penninsula

àny**í**gbàɖófùmè : n. cape

àny**í**gbàɖófùmèkàɖi : n. lighthouse

àny**í**gbáfã́ : n. hemisphere

ànyígbáfíflí : n. allotment

ànyígbáflìlá : n. geometer

ànyígbáféflé : n. desert

ànyígbágɔ̀mè : n. underground

ànyígbáglùmɔ̃ : n. plow

ànyígbágùdù : n. 1. plowing 2. tillage 3. ploughing

ànyígbágùglù : n. ploughing

ànyígbágã́ : n. continent

ànyígbáɣéɣé : n. rental of land

ànyígbáɣélá : n. tenant

ànyígbákɔ́ : n. sod

ànyígbákúí : n. grains left on the ground

ànyígbákúí (tsá -) : v. to pick up grains left on the ground

ànyígbákúítsálá : n. one who picks up grains that is left on the floor

ànyígbákùlá : n. digger

ànyígbákùntrú : n. carpet

ànyígbákùnú : n. 1. pickaxe 2. shovel

ànyígbákpá : n. 1. region 2. province

ànyígbámámá : n. territorial division

ànyígbánú : n. 1. something relative to the land 2. serpent

ànyígbáŋútínúnyá : n. geography

ànyígbáŋútínúnyá (kù ɖé...ŋú) : n. matters relating to Geography

ànyígbáŋútínúnyátɔ̀ : adj. geographical

ànyígbáséfé : n. pole

ànyígbátálá : n. cartographer

ànyígbátátá : n. map

ànyígbátátá nògòò : n. globe

ànyígbátátágbàlɛ̃̀ : n. atlas

ànyígbáté : n. subsoil

ànyígbátémɔ́ : n. tunnel

ànyígbátéxɔ̀ : n. basement

ànyígbátɔ̀ : adj. terrestrial

ànyígbátɔ́ : n. 1. landowner 2. native 3. chickenpox *(syn. àɖibákú, àɖùbàkú, blàfékú)*

ànyígbátù̀, ànyígbátùmè : n. ground basement

ànyígbátùmè ŋútí núnyá : n. geologist

ànyígbátsì : n. puddle

ànyígbátsìkó : n. desert

ànyígbátsyɔ́tsyɔ́ : n. dusk

ànyígbávɔ́ : n. carpet

ànyígbáʋú : n. train

ànyígbáʋúhèmɔ̀ : n. locomotive

ànyígbáʋúʋú : n. earthquake

ànyígbátútúnú : n. 1. floor cloth 2. rag

ànyígbáxɔ̀ : n. house without floor

ànyígbáxɔ̀xɔ̀ : n. occupation (of a country or piece of land)

ànyígbáxɔ̀lá : n. conqueror

ànyígbé : n. 1. downhill slope 2. downstream water

ànyígbè : n. downstream

ànyígbèɖàbà : n. lower lashes

ànyígbèglằ : n. lower jaw

ànyíhó : n. swarm of bees

ànyíklè : n. soursop

ànyíklètí : n. soursop tree

ànyíkɔ́ : n. mound of earth

ànyíkɔ́ fò -/mlí -) : v. to put clay in a ball

ànyíkɔ́ŋútínúnyá : n. pedology

ànyíkpè : n. 1. hive 2. beehive

ànyíkpé : n. brick

ànyíkpé (mè -) : v. to make bricks

ànyíkpé (tsò -) : v. to make bricks

ànyíkpégli : n. brick wall

ànyíkpékúí : n. laterite

ànyíkpémèdɔ́ : n. the work of making bricks

ànyíkpémèfé : n. brickyard

ànyíkpémèlá : n. bicklayer

ànyíkpémèmè : n. making of bricks

ànyíkpétsòtsò : n. making of bricks

ànyíkpézíngì : n. tile

ànyíkpó : n. 1. mound 2. dam 3. clay oven

ànyíkpó (fò -) : v. to make mounds

ànyíkpóé / ànyíkpúí : n. a mound of earth

ànyíkpófòdɔ́ : v. making mounds

ànyíkpófòfò : n. mound making

ànyíkpófòlá : n. a person who makes mounds

ànyíkpɔ́ : n. rampart

ànyímànɔ̀ : n. absence

ànyímànɔ̀mànɔ̀ : n. absence

ànyímè : n. bottom

ànyímè (lè) : adv.below 2.underneath

ànyímèkpá : n. lower part

ànyímèŋɔ́ : n. caterpillar

ànyímètɔ̀ : adj. from below

ànyímlɔ́fé : n. bedroom

ànyímlɔ́fé (yì -) : v. go to bed

ànyímlɔ́fé sòé : n. berth

ànyímlɔ́wù : n. pajamas

ànyímlɔ́xɔ̀ : n. bedroom

ànyímlɔ́xɔ̀ (yì -) : v. go to bed

ànyímɔ́mlɔ́ : n. sleeping

ànyínɔ̀ : n. foundation

ànyínɔ̀dɔ́ : n. work that requires sitting

ànyínɔ̀fé : n. bench

ànyínɔ̀yì : n. 1. stay 2. indwelling 3. homeliness

ànyínɔ̀lá : n. one that remains

ànyínɔ̀nɔ̀ : n. 1. presence 2. stay 3. solidity 4. stability

ànyínɔ̀nɔ̀ ɖáá : n. permanence

ànyínɔ̀nɔ̀mè : n. 1. clay statue 2. behaviour

ànyínɔ̀nɔ̀ kpòò : n. 1. tranquility 2. calm 3. serenity 4. peacefulness

ànyínúmèfé : n. 1. ceramics 2. pottery

ànyínɔxɔ̀mè : n. living room

ànyínù : n. 1. surface of the earth 2. the bottom

ànyínùfáfá : n. evening coolness

ànyínú : n. 1. lower part 2. a tool to work the hand

ànyínúvává : n. day of birth

ànyínyànyà : n. clay plowing

ànyíŋè : n. 1. shout 2. cry 3. scream

ànyínyìlá : n. beekeeper

ànyíŋɔ̀ : n. wax

ànyíplástà : n. plaster

ànyísɔ̀sɔ̀ : n. 1. balance 2. equilibrium

ànyítá : n. traditional white honey candy

ànyítádɔ́ : n. the work of removing honey from beehive

ànyítálá : n. 1. beekeeper 2. one who removes honey from beehive

ànyítátá : n. removing honey from the beehive

ànyìtì : n. 1. soursop 2. variety of turtle

ànyítò : n. 1. hive 2. beehive 3. swarm

ànyítɔ́ : n. termite

ànyítsì : n. honey

ànyítsì (ɖè -/ tá -) : v. remove honey from the hive

ànyítsìdɔ́ : n. night work

ànyítsìɖèɖè : n. removing honey from the hive

ànyítsìɖèlá : n. 1. beekeeper 2. one who removes honey from the hive

ànyítsìhà : n. 1. palm wine 2. honey beer

ànyítsímɔ́é : n. sweet orange

ànyítsìmɔ̀ètí : n. orange tree

ànyítsìtálá : n. 1. beekeeper 2. one who removes honey from the hive

ànyítsìtátá : n. removing honey from the hive

ànyítsítsí : n. 1. overnight stay 2. staying over

ànyítsìtó : n. honeycomb (Agbeny La, 1988, 2006, 2020, S. Lodowo 16:24) *(syn. àgbà)*

ànyítsìwɔ́ : n. honey paste

ànyítsyɔ́tsyɔ̃́ : n. 1. dusk 2. laying on the stomach

ànýítɔ́tɔ́ : n. 1. failure 2. defeat 3. setback

ànyíʋlà : n. kneaded clay

ànyíʋùʋù : n. dust

ànyíxɔ̀ : n. mud house

ànyíyìyì : n. descent

ànyɔ̀ : n. 1. cine secreted by silkworm 2. iron bracelet 3. porcupine *(syn. dzìdzá, dzrìdzá, hlɔ̀màdé, hlɔ̀màdí, kòtòkò)*

ànyɔ̀ ɖóɖóé : n. bells on the arms and legs

ànyɔ̀ ŋɔ̀ŋɔ̀è : n. a sickness

ànyɔ̀ wówóé : n. bells on the arms and legs

ànyɔ̀nyɔ̀ : n. September

ànyɔ́ŋɔ́nɔ́è : n. 1. potto 2. a type of squirrel *(syn. àdédé, àdɔ̀, àdɔ̀è, àɖùdɔ̀, ágbòè, àkɔ̀dɔ̀è, àtsíákúí, àwúyé, kàdzídɔ́è, kàsànúí, kéndè, klúlù, kòkòbà, krúɖù)*

ànyrà : n. 1. violence 2. force

ànyrà (wɔ̀ -) : v. to be violent

ànyrà (wɔ̀ - lè/ɖé....ŋú) : v. to maltreat someone

ànyrá : n. trick

ànyràdɔ̀ : n. 1. rage 2. feigned illness

ànyràdɔ̀ (lè -) : v. to pretend to be sick

ànyrànú (wɔ̀ -) : v. 1. to be wicked 2. to pretend

ànyrànú : n. wickedness

ànyrànúwɔ̀wɔ̀ : n. bad treatment

ànyràtɔ̀ : adj. 1. cruel 2. tyrannical

ànyràtɔ́ : n. wicked person

ànyràtɔ́ (nyé -) : v. to be cruel

ànyràtɔ̀è : adv. 1. wickedly 2. cruelly

ànyràwɔ̀lá : n. cruel person

ànyràwɔ̀wɔ̀ : n. 1. cruelty 2. wickedness

ànyrɔ̀ : n. 1. something not used 2. embellishment

ànyrɔ̀ (ɖì -) : v. to be unused

ànyrɔ̀kɔ́ : n. a gold chain with many ornaments

àŋà : n. 1. shrub 2. a variety of tree that gives sweet fruits

àŋànè : n. 1. something that is sweet 2. unripe palmnut (Spieth, 1906, 2011, S. 742) 3. very sweet palm wine

àŋànyà : n. peanut porridge

àŋànyí : n. pumpkin

àŋè : n. 1. glue 2. rubber 3. elastic 4. plastic

àŋè (dɔ́ -) : v. to load a message

àŋè (té -) : v. to extract latex

àŋè dzɛ̃̀ : n. amber

àŋè kéklɛ́ : n. copal

àŋèdàdà : n. shooting with a slingshot

àŋèdɔ́ : n. message

àŋèdɔ́ (xɔ̀ -) : v. to be responsible for transmitting a message àŋèdɔ́lá : n. one who transmits a message

àŋèdɔ́xɔ̀xɔ̀ : n. being responsible for transmitting a message

àŋèdɔ́xɔ̀lá : n. messenger

àŋègò : n. 1. drum 2. can

àŋgbàdidi : adj. yellow

àŋègùi : n. plastic bottle

àŋègblè : n. rubber plantation

àŋèkòtòkú : n. plastic bag

àŋètí : n. rubber plant

àŋètú : n. 1. sling 2. slingshot

àŋètùkpá : n. plastic bottle

àŋènú : n. plastic object

àŋètsì : n. glue

àŋglìkǎ : n. Anglican

àŋglìkàkɔ́nyínyí / àŋlìkàxɔ̀sè : n. Anglicanism

Aŋgólà : n. Angola

àŋgrè : n. fertilizer

Aŋlɔ̀ : n. Anlo / an Ewe ethnic group in Ghana)

àŋlɔ̀gò : n. buttocks

àŋlɔ̀gònù : n. 1. anus *(syn. àgɔ̀mè, àŋlɔ̀mè, àŋlɔ̀nù, àŋɔ̀kplí, àzì, émítómè, gɔ̀mè, gbímè, mínyèfé, mító, mítómè)* 2. vagina *(syn. àŋlɔ̀mè, àŋlɔ̀nù, dò, dòmè, gɔ̀mè, kólo, nyɔ́nùmè)*

àŋlɔ̀mè : n. 1. anus *(syn. àgɔ̀mè, àŋlɔ̀gònù, àŋlɔ̀nù, àŋɔ̀kplí, àzì, émítómè, gɔ̀mè, gbímè, mínyèfé, mító, mítómè)* 2. vagina *(syn. , àŋlɔ̀nù, dò, dòmè, gɔ̀mè, kóló, nyɔ́nùmè)* 3. buttocks

àŋlɔ̀nù : n. 1. anus *(syn. àgɔ̀mè, àŋlɔ̀gònù, àŋlɔ̀mè, àŋɔ̀kplí, àzì, émítómè, gɔ̀mè, gbímè, mínyèfé, mító, mítómè)* 2. vagina *(syn. àŋlɔ̀gònù, àŋlɔ̀mè, dò, dòmè, gɔ̀mè, kóló, nyɔ́nùmè)*

àŋíníŋɔ̀nɔ̀ : n. something sweet

àŋká : n. 1. coagulated fat 2. oil

àŋkó : n. uniform

àŋkó (wɔ̀ -) : v. 1. to be uniform 2. to be dressed in the same way

àŋkówɔ̀láwó : n. people dressed in the same way

Aŋkú : n. Ankou (the name of a boy born on Wednesday)

áŋkpɔ̀bɔ́é : n. mumps *(syn. ántòdóé, àzàgèdèuùi, àzègèdèfí, àzègèdèuóé, àzègèdèuùí, àzògèdèbùí, kìtikpɔ̀bɔ̀, kìtikpɔ̀bɔ́é, kìtsikpɔ̀kpɔ̀, kòklótsùí, kɔ̀klòtsùí, kɔ̀kùí, kpìtiàŋkpɔ̀bɔ́è)*

àŋɔ̀ : n. 1. rubber 2. nylon 3. glue

àŋɔ̀ (dé -) : v. to asphalt

àŋɔ̀ (dó -) : v. 1. to measure paint 2. to asphalt

àŋɔ̀ (dó -) : v. to be very pretty

àŋɔ̀ (kú -) : v. to be stingy

àŋɔ̀ (sì -) : v. to paint

àŋɔ́ yibɔ̀ : n. tar

àŋɔ̀dédé : n. asphalting

àŋɔ̀délá : n. one who makes tar

àŋɔ̀dódó : n. 1. measure of paint 2. asphalting

àŋɔ̀dólá : n. paint seller

àŋɔ̀ɖafé : n. paint factory

àŋɔ̀gò : n. paint bucket

àŋùgòè : n. quiver

àŋɔ̀gbàlɛ̀ : n. sticker

àŋɔ̀ɣé / àŋɔ̀ɣí : n. fisherman stork

àŋɔ̀ɣɛ́ : n. skull

àŋɔ̀ɣí : n. 1. cattle egret 2. green-backed heron 3. black heron 4. western reef egret 5. great egret *(syn. àmùdzíɣé)*

àŋɔ̀kà : n. 1. thorny vine 2. blackberry tree 3. burr

àŋɔ̀kúkú : n. 1. greed 2. stinginess

àŋɔ̀kúlá : n. a miser

àŋɔ̀kpé : n. solidified paint

àŋɔ̀kpĺ̃ : n. anus *(syn. àgɔ̀mè, àŋɔ̀gònù, àŋlɔ̀mè, àŋlɔ̀nù, àzì, émítómè, gɔ̀mè, gbímè, mínyèfé, mító, mítómè)*

àŋɔ̀lìmè : n. neck

àŋɔ́mè : n. lower abdomen

àŋɔ́mèdɔ́ : n. lower abdomen disease

àŋɔ́mèɖùì : n. lower abdomen

àŋɔ́mèfú : n. pubic hair

àŋɔ̀mì : n. 1. detergent 2. deodorant

àŋɔ̀mɔ́ : n. asphalt road

àŋɔ̀nɛ̀ : n. 1. something sweet 2. walnut almond

àŋɔ̀nɔ̀é! : intrj. it's sugar

àŋɔ́nù : n. pubis

àŋɔ̀nyì : n. edible fruit of a variety of lianas

àŋɔ̀sìdɔ́ : n. painting

àŋɔ̀sìsì : n. painting

àŋɔ̀tí : n. rubber plant

àŋɔ̀tsì : n. resin

àŋɔ̀tsòkòé : n. lower abdomen

àŋɔ̀zé : n. paint bucket

àŋù : n. arrow

àŋùdzà : n. a type of thorny plant *(syn. àklántíé)*

àŋùká : n. iron-ore

àŋùtí : n. 1. orange *(syn. àkùtú, ŋùtí)* 2. lemon

àŋùtítsì : n. 1. orange juice 2. lemon juice

àŋùtrɔ̀ : n. arrow

àŋùtrɔ̀ (dà -) : v. to launch an arrow

àŋùtrɔ́ : n. ankle

àŋùtrɔ̀dzèsì : n. drawn arrow

áò : adv. 1. no 2. not

aò ! : exc. alas !

àpà : n. contract (for a small job)

àpà (dí -) : v. to do a small job

àpà (bɔ́ -) : v. to give a job to do

àpà (tsɔ́ -) : v. to give a job to do

àpà (wɔ̀ -) : v. to do a small paid job

àpá : n. 1. hook 2. iron 3. cocoa dryer

àpàbɔ́bɔ́ : n. hiring

àpàbɔ́lá : n. contracting

àpàdɔ́ : n. contractual work

àpàdɔ́wɔ̀lá : n. contract worker

àpàdídí : n. realization of a contract

àpàdídɔ́ : n. small contract

àpàdífé : n. a place one searches for work

àpàdílá : n. hired worker

àpàgà : n. money earned on a small contract

àpàkà : n. 1. power 2. range (of a firearm)

àpàkǎ : n. palanquin *(syn. sákó)*

àpàké : n. basket for transporting market produce

àpàndà : n. shed

àpàndàtí : n. a picket supporting a shed

àpàpà : n. fan

àpásá : n. treachery

àpásá (bɔ́ -/wɔ̀ -) : v. to betray

àpásánú : n. treason

àpásánúwɔ̀wɔ̀ : n. treason

àpásátɔ́ : n. traitor

àpásáwɔ̀wɔ̀ : n. treason

àpàtɔ́ : n. daily worker

àpéè : n. penalty

àpɛ̀ : n. 1. boasting 2. intrusion

àpɛ̀ (dí -) : v. to boast

àpɛ̀ (yɔ́ -) : v. to be proud of

àpɛ̀dídí : n. bragging

àpɛ̀dínú : n. beauty product

àpɛ̀yɔ̀hàdzìlá : n. griot

àpím : n. a type/variety/species of plantain

àplá : n. 1. board 2. plank

àplàtí : n. 1. beam 2. plank

àplàsómè : n. hinge

àplìm : n. a cannon shot on the occasion of a ceremony

àplìm (dà -) : . to fire a cannon on the occasion of a ceremony

àplìmtú : n. a cannon that is shot on the occasion of a ceremony

àplìmtúkpé : n. gunpowder (used on the àplìmtú)

àplò ! : n. go for it !

àpò : n. fraud
àpò (bɔ́ -) : v. to defraud
àpòbɔ́bɔ́ : n. fraud
àpòbɔ́lá : n. fraudster
àpólò : n. viral haemorrhagic conjunctivitis
àpɔ́stòlò : n. apostle
àpɔ́stòlòdɔ́ : n. apostolate
àpɔ́stòlòdɔ̀déàsí : n. apostolate
àpɔ́stòlìkò : n. apostolic
àpɔ́stòlòtɔ̀ : n. apostolic
àpɔ́stòlònyényé : n. apostolate
àprè ò : loc. nothing at all
àprim : n. shot of a cannon
àprimdàdà : n. cannonade
àpùí ! : n. an expression/sound made with the lips indication that something is worthless
àpril : n. April

àrábìà : adj.1. Arab 2.Arabic 3. Arabian

àrábùgbè : n. arabic language
àrábùtɔ́ : n. arabian
àrál-fù : n. aral sea
àrdzèntínà : n. argentina
àrkèòlòzyí : n. archeology
àrménìà : n. armenia
àrtíkà : n. artic
àsà : n. 1. festival 2. banquet 3. beauty 4. nuisance 5. trap 6. provocation 7. pledge 8. living room 9. hinge 10. aside
àsà (dó -) : v. to mistrust
àsà (ɖé -) : v. 1. to set apart 2. to put away
àsà (ɖó -) : v. to lend money
àsà (ɖó - ná) : v. 1. to tease 2. to hold a trap
àsà (fò -) : v. 1. to fake 2. to avoid 3. to dribble
àsà (hè ɖé -) : v. to put aside

àsà (lɔ̃ -) : v. 1. to be futile 2. to be pretty
àsà (lɔ̃ -) : v. to respond to a provocation
àsà (tó -) : v. 1. to pass by 2. to avoid
àsà (yì ɖé -) : v. to withdraw
àsá : n. 1. balcony 2. row
àsàbù : n. net
àsàbù (dà -) : v. to cast a fishing net
àsàbùdàdà : n. fishing with a cast-net
àsàbùdàlá : n. fisherman (syn. ɖɔdàlá, ɖɔkplɔlá, fèdàlá, làɖèlá, tɔfòdèlá)
àsàbùnùkpé : n. a stone to fix a net at the bottom
àsàdódó : n. mistrust
àsádzí : n. 1. balcony 2. living room
àsàɖá : n. 1. camp 2. behind closed doors 3. gathering 4. gymnastics

àsàɖá (bɔ̀ -) : v. to practice gynamstics / to exercise

àsàɖá (fò -) : v. 1. to rally 2. to gather

àsàɖá (fú -ànyí) : v. 1. to come together 2. to gather

àsàɖá (hò -) : v. to disperse

àsàɖá (lè/nɔ̀ - mè) : v. to be alert

àsàɖábɔ̀bɔ̀ : n. 1. gymnastics 2. physical exercise 3. physical education 4. military parade 5. camping

àsàɖábɔ̀fé : n. 1. exercise field 2. assembly area 3. bivouac
àsàɖábɔ̀wù : n. sportswear

àsàɖábɔ̀xɔ̀ : n. 1. tent

àsàɖáfòfò : n. gathering

àsàɖáxɔ̀ : n. barracks

àsàɖámènɔ̀láwó : n. crowd

àsàdámènɔnɔ : n. 1. a state of being alert 2. being vigilant

àsàdámèsì : n. first name of a girl born during war

àsàdánɔfé : n. military camp

àsàfì : n. fermented palm wine (after a period of 48 hours)

àsàfò : n. 1. notable person of a community 2. warrior

àsàfò (ká -): v. to walk like a warrior

àsàfòhá : n. 1. association 2. society 3. troupe

àsàfòhènè : n. 1. war chief 2. captain

àsàfòhènè (dó -) : v. 1. to enthrone a warlord 2. to rise in ranks in the army

àsàfòhènè (dù -) : v. to become a warlord, captain, officer

àsàfòkɔ́ : n. 1. an army 2. a troop of soldiers

àsàfú : n. gonorrhea

àsàfùí : n. fermented palm wine (after a period of 24 hours)

àsàfòfò : n. 1. dribble 2. avoidance 3. feint

àsàgè : n. small fishing group

àsàgè (dè – (gbé)) : v. to fish in a small group

àsàgbà : n. 1. equilibrium 2. a type of insect with a painful sting

àsàgbà (dó -) : v. 1. to hover 2. to be in equlibrium

àsàgbàdrɛ : n. swallow (a type of bird)

àsàlɔlá : n. 1. a self conceited person 2. someone who doesn't forgive

àsàm : n. floor (of a storey building)

àsàmxɔ : n. a storey building

àsàmàní : n. a variety of yam

àsàngbɛ : n. name given to hunger

àsànténùà : n. a type bird that resides in the forest

àsàntí : n. asante (a tribe in Ghana)

àsàntígbè : n. asante language

àsàntíhéné : n. chief of the asantes

àsàntíkèté : n. asante kente

àsàntítɔ́ : n. someone with an asanti lineage

àsáŋú : n. storey building

àsáŋúgɔmè : n. 1. ground floor 2. first floor

àsàsá : n. multicoloured loincloth

àsàsá (tɔ -) : v. to sew a multicoloured loincloth

àsàságbàdzè, àsàságbàlɛ̀ : n. multicoloured coat/skin

àsàsávɔ́ : n. multicoloured cloth

àsàtòé : n. something that is not done according to laid down standards

àsàtòéàsàtòé : n. 1. without care 2. no matter how

àsàtòé (dù -) : v. to win a spin game (gamble)

àsàtótó : n. 1. deviation 2. bypass 3. to avaid

àsátúí : n. 1. talisman 2. grigri 3. amulet

àsátsómè : n. space between two rows of yams

àsé : n. cat

ásé, áséɖé : prep. until

àsém : n. 1. conversation 2. chat

àsém (ká -) : v. to converse

àsémblímà : n. spinycheek sleeper (a type of fish) *(syn. òkùlò)*

àsémkáká : n. 1. converstation 2. gossip

àsémkálá : n. narrator

àsénɔ : n. mother cat

àsénɔ : n. mother cat

àsèntìwòè : n. jellybean tetra

àséŋú: n. 1. chat 2. report

àséví : n. kitten

àsévíkɔ́là : n. bow tie

àséyé : n. jubilation

àséyé (tsò -) : v. to jubilate

àséyétsòtsò : n. the act of jubilating

àséyétsòtsò : n. the act of jubilating

àsì : n. 1. price 2. value 3. tariff 5. wife 6. female 7. woman 8. priestess of a deity

àsì (ɖí -) : v. 1. to court a woman 2. to woo a woman

àsì (dó - ná) : v. to bargain a price

àsì (ɖè -) : v. to bargain

àsì (ɖí -) : v. to create market

àsì (ƒlè -) : v. 1. to go shopping 2. to make purchases

àsì (ƒò -) : v. to bargain a price

àsì (ká -) : v. to make a quote

àsì (kpé -) : v. to compete

àsì (kpɔ́ -) : v. to have customers / market

àsì (lé -) : v. to take a female child as a future wife

àsì (nyì -) : v. to bargain

àsì (tsà -) : v. to trade

àsì (xɔ -) : v. to be expensive

àsì (yì -) : v. to go trading

àsì kpɔkpɔ̀ : n. low price

àsì lè......ŋú : v. to sell well

àsí : n. hand

àsí (bà - nú) : v. 1. to steal 2. to swindle

àsí (blù - ɖé gà mè) : v. to divert funds

àsí (dà - nú) : v. 1. to steal 2. to swindle

àsí (dà - ɖé...dzí) : v. to agree with

àsí (ɖé -) : v. to touch

àsí (ɖé - àbì mè ná) : v. 1. to provoke 2. to attack morally

àsí (ɖé - àgbàlẽ mè/tè) : v. to sign

àsí (dé - àsí mè ná) : v. 1. to shake hands 2. to walk hand in hand

àsí (dé - àtá mè) : v. to be lazy

àsí (dé - gómè) : v. to urinate

àsí (dé -....ŋú) : v. 1. to punish by striking 2. to commit adultery

àsí (dé - ...mè) : v. to commence

àsí (dé - nù mè) : v. 1. to eat 2. to regret (to have acted badly) 3. to be astonished

àsí (ḍè - lè ... ŋú) : v. 1. to abandon 2. to die

àsí (ḍì -) : v. to grow (of bananas)

àsí (ḍó -) : v. to push (something)

àsí (ḍó - ànyí) : v. to menstruate (syn. àlɔ (ŋé -), àsí (ŋé -), àxàtsàŋú (tsí -), gbè (lé -), gblé ŋú , gbɔ (tsí - tó), ylètí (kpɔ -))

àsí (ḍó - dzí) : v. to stop

àsí (ḍó - zì tó ná) : v. to liberate (someone after an interview)

àsí (fiá -) : v. 1. to point 2. to signal somebody with the hand

àsí (fò -) : v. to be easy

àsí (fò - àkɔ) : v. 1. to be responsible 2. to make a commitment 3. to stand surety

àsí (fò - ànyí ná) : v. to curse

àsí (fò - kplí) : v. to associate with (to do something)

àsí (fú - àkɔ) : v. 1. to be responsible 2. to make a commitment 3. to stand surety

àsí (gbègblé sì - ná) : v. not to have the intention of doing something

àsí (gblé -) : v. 1. to kill 2. to commit a crime

àsí (ká -) : v. to touch

àsí (klɔ - lè ...mè) : v. 1. to wash one's hands off 2. to withdraw (from a case)

àsí (kpé -) : v. 1. establish a union 2. to agree 3. to be the first client

àsí (kplá - kɔ) : v. to give a hug

àsí (kpɔ - lòò) : loc. 1. courage! 2. fortitude!

àsí (lè - /nɔ -) : v. to have

àsí (lì - tà ná) : v. 1. to caress 2. to adulate 3. to deceive someone without him knowing

àsí (lì - ŋú) : v. 1. to drag a matter 2. to beat about the bush 3. to caress

àsí (mìà -) : v. to make a sign with the hand

àsí (mìà - ḍé ... dzí) : v. to be stingy

àsí (ná -) : v. to shake hands

àsí (ŋé -) : v. to menstruate (syn. àlɔ (ŋé -) , àsí (ḍó - ànyí) , àxàtsàŋú (tsí -), gbè (lé -), gblé ŋú , gbɔ (tsí - tó), ylètí (kpɔ -))

àsí (sɔ - ḍé ...ŋú) : v. to work rapidly on

àsí (té - ḍé ŋkú dzí ná) : v. 1. to abuse 2. to intimidate

àsí (trɔ - lè ... ŋú) : v. 1. to find a solution for something 2. to solve a problem àsí (tsà −) : v. 1. to go scrounging 2. to go searching for wood

àsí (tsí −) : v. 1. to be abandoned 2. to be trapped

àsí (tsɔ́ − gã́ ɖòlì - vì) : v. to take on one stronger than oneself

àsí (tù − àkɔ́) : v. 1. to take responsibility 2. to make a commitment

àsí ɖí (lè - /nɔ̀ -) : v. to have a reserve of

àsí èvè ! : loc. 1. fortitude! 2. courage!

àsí lè akɔ́mè lòò ! : loc. enjoy your meal!

àsí lè àsímè : adv. in collaboration

àsí mélè émè dèm ò : v. 1. to be difficult 2. to have hard time making ends meet

àsí sù ... dzí : v. to reach (a goal)

àsìàbí : n. leerfish (syn. dógòvàɖùmí, kɔ̀núgblɛ̃́yí)

àsìàwó : n. 1. the traders 2. the people

àsíbáyá : n. the palm of the hand

àsìbìágbè : n. a soft voice asking for a hand of a woman in marriage

àsíbíɖɛ : n. finger

àsìbíɖɛfú : n. phalanx (of the finger)

àsìbíɖɛfúwó : n. metacarpals (of the hand)

àsìbíɖɛnù : n. fingertip

àsíbíɖɛ dòmètɔ̀ : n. middle finger

àsíbíɖɛ ènèlíá : n. ring finger

ásíbíɖɛ kɔ̀túìtɔ̀ : n. little finger

àsíbɔ́lù : n. handball

àsíbɔ́lùfólá : n. handball player

àsíbùblù ɖé gà mè : n. embezzlement of funds

àsíàɖé : n. a person with six fingers

àsíɖàdà : n. agreement

àsíɖàdà ɖé...dzí : n. 1. agreement 2. ratification

àsìɖàdà ɖé...dzí : n. raising of prices

àsíɖàɖénúdzí : n. 1. agreement 2. ratification

àsíɖéàgbàlẽ̀gɔ̀mè, àsíɖéàgbàlẽ̀mè, àsíɖéàgbàlẽ̀té : n. signature

àsíɖéɖé : n. participation

àsíɖéɖé ɖé ... té : n. participation

àsíɖéɖé ... ŋú : n. 1. touch 2. contact

àsíɖì : n. acid

àsìɖíɖí : n. 1. courting a woman 2. chasing women 3. mating

àsìɖífé : n. 1. a place to look for women 2. a mating place

àsìɖílá : n. womanizer

àsìɖù : n. commercial city

àsìɖùví : n. small commercial town

àsìɖzɔ̀ : n. a share that a worker receives from his work

àsíɖàŋù : n. art

àsíɖéàmè dzí tóhèhè : n. suspension

àsìdèdè : n. reduction of price

àsídèdè : v. to release

àsídèdè (lè ... mè/lè ...ŋú) : n. 1. abandonement 2. treason

àsídèdè lè dɔ̀ ŋútí : n. resignation

àsídèdè lè lánú ŋú : n. 1. uncorking 2. disarmament

àsìdèfé : n. bargaining place

àsìdèlá : n. haggler

àsìdìdì : n. liveliness of the market

àsìdídí : n. buying things from the market

àsídóàmèdzí : n. 1. incarceration 2. arrest (of an individual)

àsídóànyí : n. menstruation (syn. àlɔ̀ŋéŋé, àsídódóànyí, dòdòlèáfémè, dzǐnúkpɔ́kpɔ́, gbèlélé, gbɔ̀tó, gbɔ̀tótsítsí, yètíkpɔ́kpɔ́)

àsìdódó : n. 1. display 2. array 3. showcase

àsídódóànyí : n. menstruation (syn. àlɔ̀ŋéŋé, àsídóànyí, dòdòlèáfémè, dzǐnúkpɔ́kpɔ́, gbèlélé, gbɔ̀tó, gbɔ̀tótsítsí, yètíkpɔ́kpɔ́)

àsídódóglà : n. holding one's head in a way that suggest one is thinking or sad

àsìdófé : n. sales point

àsìdófé : n. key (of a piano/harmonium)

àsìdónú : n. 1. commodity 2. ware

àsíéké : n. nine

àsíékélíá : adj. ninth

àsífìà : n. major finger (middle finger)

àsífíá : n. sample (of an item to be sold)

àsifìáfíá : n. exhibition

àsifíálá : n. exhibitor

àsífiányà : n. demonstration (of how to use something)

àsífiányà : n. adjective

àsíflùì : n. lines of the palm

àsíflúímè bú : n+v. dusk

àsíflúímèbúbú : n. dusk

àsìfèflè : n. trading

àsìflèdɔ́ : n. trader

àsìflèfé : n. market place

àsìflèlá : n. 1. client 2. customer

àsíflò, àsíhlò, àsíʋlò : n. 1. hollow of the hand 2. handful 3. grip

àsífòakɔlá : n. sponsor

àsífòfò : n. 1. smack 2. slap

àsífòfò àkɔ́ : n. 1. term of office 2. mandate 3. tenure 4. pledge

àsìfòmè : n. female

àsífòmè : n. 1. palm (of the hand) 2. rock sole 3. ocellated wedge sole 4. flounder 5. african wide-eyed flounder 6. spotted skate

àsífòmè flì bú : loc. to be in the twilight

àsífòmèbúbú : n. dusk (syn. àsífòmèflibúyí)

àsífòmèflibúyí : n. dusk (syn. àsífòmèbúbú)

àsìfúfú àkɔ́ : n. 1. term of office 2. mandate 3. tenure 4. pledge

àsìfú : n. hand bone

àsìfúwó : n. bones of the hand

àsígà : n. castanet

àsìgã́ : n. elder sister of a wife

àsìgã́mè : n. 1. main market 2. big market

àsígɛ́ : n. ring

àsìgbà : n. 1. commodity 2. ware

àsìgbè : n. market day

àsígbégblɛ̃́ : n. homicide

àsígbɔ́lò : n. empty handed and without money

àsígbùgbòtrɔ́ : n. reorganization

àsíhlò : n. 1. hollow of the hand 2. handful 3. grip

àsíkàbɛ́ (wɔ̀) : v. 1. to steal 2. to pilfer

àsìká ɖé dɔ̀ ŋú : n. quote

àsìkáɖígbé : n. kerosene oil tin can lamp (Ketavibes, 2021) *(syn. tɔ̀kpòdógúí)*

àsìkáká : n. 1. quote 2. estimate 3. price

àsìkáká ɖé...dzí : n. labeling

àsíkáká : n. the act of touching

àsíkáká ... ŋú : n. touch

àsíké : n. 1. tail 2. concubine

àsíké (dzè -, ɖó -) : v. to have a girlfriend

àsíkétí : n. tail

àsíké (tò -) : v. to have a tail

àsíklɔ́fé : n. 1. washbasin 2. bathroom sink

àsíklɔ̀tsí : n. water used for washing the hands

àsíklɔ́vɔ̀ : n. hand towel

àsíkɔ́ : n. swelling on the wrist, cyst (ganglion of the wrist)

àsíkɔ́é : n. knuckles of the hand

àsíkɔ́klɔ́ : n. the act of washing the hands

àsíkúí : n. finger

àsíkúkú : n. thimble

àsíkpákplá kɔ̀ : n. accolade

àsíkpé : n. 1. applaud 2. cheering 3. clap

àsíkpé (fò -) : v. 1. to applaud 2. to cheer 3. to clap

àsíkpé (fò - ná) : v. 1. to applaud for 2. to cheer for 3. to clap for

àsíkpéfòfò : n. 1. applauding 2. cheering 3. clapping

àsìkpékpé : n. marriage *(syn. ɖèɖè, srɔ̀ɖèɖè, srɔ̀kpékpé)*

àsíkpɛ́ : n. ring

àsíkpò : n. 1. punch 2. the back of the hand

àsíkpó : n. kitchen stool

àsíkpólí : n. applaud

àsíkpólí (fò -) : v. to applaud

àsíkpólífòfò : n. applauding

àsíkpòlòè : n. applauding

àsìkpókpó : n. the state/ act of having clients

àsíkpúi : n. a small type of banana

àsílà : n. 1. leopard *(syn. blèkpòè, félà, làklè, kpò, làfià)* 2. fierce animal

àsíléfé : n. handle

àsílélé : n. act of catching with the hand

àsìlílí : n. a ritual ceremony of the market

àsílóló : n. a handful

àsímàdàḑédzí : n. 1. disapproval 2. reproof

àsímàvòlèàkómèdò : n. gonorrhea

àsìmè : n. 1. market 2. betterment

àsímè : n. 1. palm 2. wealth 3. means

àsímègbé : n. back of the hand

àsímègbé (dà -) : v. to strike with the back of the hand

àsímèkèkè : n. generosity

àsìmènú : n. a child born on a market day

àsìmènú : n. 1. property 2. possessions

àsímèsí : n. someone (who's real name is not expicitly mentioned) *(syn. siámàsí)*

àsínáná : n. the act of shaking the hands

àsìnò : n. market woman

àsìnú : n. 1. commodity 2. merchandise 3. ware 4. food sold by the roadside

àsínù : n. 1. handwriting 2. leisure time

àsínù (kpó -) : v. to have spare time

àsínù (kpó ..... -) : v. 1. to wait for something/someone 2. to follow something closely

àsínù (kpó - ná) : v. to hope for something

àsínù (ŋlò -) : v. to hand write

àsínú : n. 1. that which one posses in the hand 2. that which one does with the hand

àsínú (lé -) : v. 1. to steal 2. to pilfer

àsínú (tò -) : v. to sew with the hand

àsínú (tsó -) : v. 1. to steal 2. to pilfer 3. to be kleptomaniac

àsínú (wò -) : v. 1. to steal 2. to pilfer

àsínùdó : n. 1. handiwork 2. artisanal product

àsínùdó (wò -) : v. 1. to do a manual job 2. to do an artisanal job

àsínùdósrófé : n. a place where artisanship is learnt

àsínùdówòlá : n. artisan

àsínùdówòláwó : n. 1. artisans 2. workforce

àsínùdówòwò : n. 1. manufactory 2. industry

àsínùdzòdzò : n. 1. skill 2. dexterity

àsínúkó : n. tip or end of the finger

àsínúlélé : n. 1. stealing 2. pilfering

àsínùmàdzɔ̀màdzɔ̀ : n. 1. clumsiness 2. awkwardness

àsínùmàdzɔ̀màdzɔ̀tɔ́ : n. 1. clumsy person 2. awkward person

àsínúŋɔ̀ŋlɔ̀ : n. handwriting

àsínútɔ̀tɔ̀ : n. an item that is hand sewn

àsínútsɔ́dɔ̀ : n. kleptomania

àsínútsɔ́dɔ̀nɔ̀ : n. a kleptomaniac

àsínútsɔ́lá : n. thief

àsínútsɔ́tsɔ́ : n. 1. thievery 2. pilfering 3. kleptomaniac

àsínútsɔ́tsɔ́dɔ̀ : n. kleptomania

àsínútsɔ́tsɔ́dɔ̀ (lè -) : v. to be kleptomaniac

àsínúwɔ̀wɔ̀ : n. 1. thievery 2. pilfering 3. larceny

àsìnyínyí : n. bargaining a price

àsìsà : n. musc

àsísaŋkú : n. accordion

àsìsì : n. 1. customer 2. stinky ant

àsìsìagbàgá̋ : n. wholesaler

àsìsinɔ̀ : n. client

àsítà : n. back of the hand

àsìtàbíábíá : n. the act of asking of the price of something

àsítàƒú : n. carpal (of the bones of the hand)

àsítégbàlě : n. desk blotter

àsíté : n. the space between two fingers

àsítémè, àsítémè : n. the space beteween two fingers

àsìtò : n. the hollow of the hand

àsìtógbè : n. market preparation day

àsìtɔ̀ : n. female (of an animal)

àsítɔ́núdzínyà : n. nominating

àsítɔ́trɔ́ : n. 1. revision 2. transformation

àsítɔ́trɔ́ lè àgblètànyígbáwó ŋú : n. rural development

àsìtɔ́trɔ́ lè...ŋú : n. manipulation

àsítú : n. 1. pistol 2. gun

àsítùakɔ́ : n. 1. responsibility 2. commitment

àsítùakɔ́lá : n. 1. someone that is responsible for/ committed to something

àsítútúnú : n. 1. towel for wiping the hands 2. serviette 3. napkin

àsìtsàdɔ́ : n. 1. trading 2. commercial activity

àsìtsàdú : n. commercial city

àsìtsàḍàsédígbàlè̋ : n. business degree

àsìtsàƒé : n. 1. shopping arena 2. shopping place 3. shopping mall 4. business establishment

àsìtsàgbè : n. 1. commercial language 2. vehicular language 3. lingua franca

àsìtsàhá : n. enterprise

àsìtsàhásúkù kɔ́kɔ́ : n. 1. business college 2. business school àsìtsàlá : n. 1. trader 2. merchant 3. business person

àsìtsàmɔ́ : n. 1. commercial street 2. main street

àsìtsànú : n. 1. article 2. ware

àsìtsànú vévítɔ̀ : n. main trading item

àsìtsànúdzràɖófé : n. 1. warehouse 2. store

àsìtsànyàwó : n. business news

àsìtsàsùkú : n. business college/school

àsìtsàsùkúdàséɖígbàlẽ̀: n. business degree

àsìtsàtɔ́ : n. trader

àsìtsàtsà : n. 1. trade 2. commerce

àsìtsàtsà kplé mɔ́zɔ̀nyàwó : n. commerce and transport

àsìtsàtsàdɔ́ : n. 1. trade 2. commerce

àsìtsàtsàŋúsẽ́ : n. commercial rights

àsìtsàtsàtɔ̀ : adj. commercial

àsìtsàʋú : n. 1. commercial car 2. van

àsìtsàxɔ̀ : n. 1. business house 2. firm

àsítsɔ́fé : n. what can be achieved

àsítsɔ́fé (tsɔ̀ -) : v. 1. to be at the door of 2. to be easy to get 3. to b easy to win

àsìtsú : n. 1. rival 2. opponent

àsítsyɔ́tsyɔ́ : n.protection 2.guard 3.defense

àsìtsúnɔ̀ : n. rival

àsìtsúví : n. nephew

àsítútúnú : n. 1. hand towel 2. napkin

àsíví : n. little finger

àsìví : n. a betrothed girl

àsíví dígé : n. index finger

àsíviàtɔ̀ : n. Adenia lobata (botanical name)

àsívífú : n. phalanges

àsìvímè : n. small market

àsívítóé: n. little finger

Asívítóé: n. Tom thumb

àsiʋà : n. sister in law

àsíʋló : n. handle

àsíʋú / àsíʋúí : n. small drum

àsiʋú : n. taxi

àsíwùì : n. 1. glove 2. mitt

àsíwùìgã́ : n. manicles

àsìyiʋú : n. taxi

àsìxɔ̀ : n. 1. ware house 2. department store

àsixɔ̀mè : n. 1. ware house 2. department store

àsìxɔ̀gbàlẽ̀ : n. price list

àsìxɔ̀xɔ̀ : n. 1. value 2. worth

àsìyɔ́ / àsìyɔ́é : n. a charm used to trade

àsò : n. sickle

àsòè : n. sieve

Asórà fùdòmèkpówó : n. The Azores (It is an archipelago composed of nine volcanic islands in the North Atlantic Ocean)

àsɔ̀ : n. 1. the iron spike of a trap intended to injure 2. the act of arranging functionally and aesthetically 3. harpoon 4. a disease of the feet

àsɔ̀ (fò -) : v. to arrange well

àsɔ̀è : n. 1. sieve 2. filter

àsɔ̀ɖó : n. snare

àsɔ̀ɖɔ : n. chip (of wood)

àsɔ̀fòfò : n. the act of arraning well

àsɔ̀gò, àsɔ̀gòè : n. maraca

àsɔ̀lɔ́ : n. brushwood

àsɔ̀mɔ̃̀ : n. a trap with quills that is meant to hurt

àsɔ̀ŋɔ́ : n. caterpillar

àsɔ̀sɔ̀ : n. vitelline masked-weaver

àsɔ́sɔ́ : n. sickle used in harvesting cocoa

àsɔ̀tíklàkpà : n. characin

àspìrín : n. aspirin

àsrà : n. 1. fever *(syn. àsrã̀, àvùvɔ̀wɔ̀àmè, dzòxɔ̀xɔ̀, fívà, kpòkpò, ŋdɔ̀gbèè, yèdzà, yèdzàdɔ̀, ŋùdzà, ŋùdzɛ̃́)* 2. purgative

àsrà (dó -) : v. to purge

àsrà (nò -) : v. to drink a purgative

àsrã̀ : n. 1. fever/malaria *(syn. àsrà, àvùvɔ̀wɔ̀àmè, dzòxɔ̀xɔ̀, fívà, kpòkpò, ŋdɔ̀gbèè, yèdzà, yèdzàdɔ̀, ŋùdzà, ŋùdzɛ̃́)* 2. caterpillar (of corn)

àsrã̀ (lé -) : v. to be sick of malaria

àsrá : n. 1. ceiling 2. roof

àsrã́ : n. 1. snuff 2. tobacco in the form of powder which is taken through the nose

àsrã́ (dó -) : v. to snuff tobacco

àsrabɔ̀bɔ̀ : n. 1. parade 2. military parade

àsrã́dódó : n. the act of snuffing snuff/tobacco

àsrã́dólá : n. someone that snuffs snuff/tobaco

àsràdzɛ̃̀, àsrã̀dzɛ̃̀ : n. jaundice/black water fever/hepatitis *(syn. àɖigbóŋùdzà, àɖigbóŋùdzà, àtíkètsì dzɛ̃̀)*

àsràdɔ̀ : n. malaria

àsràfò : n. 1. soldier 2. military

àsràfò (ɖù - , wɔ̀ -) : v. to be come a soldier

àsràfò (zù -) : v. to become a military personell

àsràfò dèŋgɔ̀ : n. officer in the military

àsràfò dzíkpɔ́lá : n. sergeant

àsràfòwó fé xɔ̀ : n. barracks

àsràfò màxòkà : n. 1. private soldier 2. second-class soldier

àsràfò ŋgɔ̀nɔ̀láwó : n. 1. avant-garde 2. soldiers of the front 3. vanguard soldiers

àsràfò sɔ́dóláwó : n. horse riders (of an the military)

àsràfò tsìtsì : n. veteran soldiers

àsràfò yéyè : n. fresh recruits (of the military)

àsràfògbònùglá : n. officer (of the military)

àsràfògbònùglá gòmènòlá : n. non-commissioned officer (of the military)

àsràfòhà : n. military song

àsràfòhá : n. 1. a section of the military 2. squadron 2. regiment

àsràfòhánùnòlá : n. adjutant (of the military)

àsràfòhánùnòlágã́ : n. chief warrant officer (of the military)

àsràfòhátsòtsò : n. 1. section of the military 2. troop (of military) 3. detachment (of the military)

àsràfòhátsòtsò sòé núnòlá : n. lance corporal (of the military)

àsràfòhátsòtsò núnòlá : n. sergeant (of the military)

àsràfòhátsòtsò núnòlágã́ : n. staff sergeant (of the military)

àsràfòhátsòtsò sòé núnòlágã́ : n. corporal (of the military)

àsràfòkpè : n. 1. bugle 2. clarion

àsràfòkplòlá : n. 1. commander 2. general (of the military)

àsràfòkplòlágã́ : n. 1. general (of the military)

àsràfòmègã́ : n. higher grades of the military (corporal, captain, colonel, major, general, etc.)

àsràfòsrṍví : n. military cadet

àsràfòtò : n. of or relating to the military

àsràfòwó kplé gbàdágbàwó ʋàdzèhá : n. regiment (of the military)

àsràfòxò : n. 1. barracks 2. garrison

àsrã́gò, àsrã́gòè : n. snuffbox

àsrámá : n. fireworks

àsrámá (dà -) : v. to shoot fireworks

àsrámátú : n. 1. firecracker 2. banger 3. firecracker

àsràtò : adj. 1. feverish 2. shivery 3. malarial

àsròɖɔ́, àsròlɔ́ : n. brushwood (for setting fire)

àsù : n. idiot

àsù (dzò -, kú -) : v. to be an idiot

àsùdzòdzò : n. 1. idiocy 2. stupidity

àsùfòàmè : n. 1. idiocy 2. stupidity

àsùkúkú : n. 1. idiocy 2. stupidity

àsùkúlá : n. idiot

àsùkúnò : n. idiot

àsùnú : n. stupidity

àsúsɔ́é : n. Ploceus cucullatus (a type of bird) [also known as "village weaver", the spotted-backed weaver or black-headed weave]

àsúsrɔ́é : n. a variety of wild berry with sweet taste

àsùtɔ́ : n. idiot

àtà : n. father *(syn. fòfó, tàtá, tàté, tɔ́)*

àtá : n. thigh

àtá : n. 1. ginger 2. palm wine 3. rifle dog

Atá : n. name of the first of two twins

àtá (dà -) : v. to limp

àtá (dà – ɖé - dzí) : v. to cross one's legs

àtá (dà – nú) : v. to spread one's legs whilst seated

àtá (dè àsí - mè) : v. to be idle

àtá (ɖè … - àbɔ̀è) : v. 1. to search carefully 2. to get to the bottom of things

àtá (ɖó - mè) : v. to hinder

àtá (lé -) : v. to sew anyhow

àtá (tá -) : v. to climb over

àtá kplé àbɔwó : n. members

àtàbá : n. tobacco

àtàbá (dó -) : v. to snuff tobacco

àtàbá (ɖù -) : v. to chew tobacco

àtàbá (nò -) : v. to smoke the pipe

àtàbá (yɔ̀ -) : v. to smoke the pipe

àtàbádódó : n. snuffing tobacco

àtàbádólá : n. someone that snuffs

àtàbánònò : n. the act of smoking the pipe

àtàbáyɔ̀yɔ̀ : n. the act of smoking the pipe

àtàbló, àtàblù : n. 1. paddle 2. rudder

àtàbó : n. a type of tree whose bark is used to make ropes

àtábú : n. 1. oath 2. vow

àtábú (ká -) : v. 1. to take an oath 2. to vow

àtábú (tà -) : v. 1. to make a false oath 2. to perjure

àtábú (tú -) : v. to disrespect an oath

àtábúkáfé : n. a place where an oath is taken

àtábúkáká : n. the act of taking an oath

àtábúkálá : n. someone that takes an oath

àtábútàlá : n. someone who commits perjury

àtábútàtà : n. the act of committing perjury

àtábútúfé : n. a place where perjury is committed

àtábútùtù : n. perjury

àtábútùtɔ̀è : n. violoation of an oath/a vow

àtádàdànú: n. the act of speading the legs

àtàdé: n. sugar palm wine that has been extracted befor heating

àtádí : n. pepper *(syn. àblɛ̀, àdìbòlò, àtàkè, àtíŋúkàlé, ɖòkpò, kàlé, kùklùí, lélékú)*

àtádífíáfíá : n. 1. black pepper 2. shito (ubiquitous in ghanaian cuisine)

àtádɔ̀ : n. a sickness affecting the thigh

àtádzàkplí : n. a traditional stool

àtádzí n. lap

àtáɖèkátɔ́ : n. one legged person

àtàfá : n. 1. hangar 2. shed

àtàfú : n. leg hair

àtáfú : n. femur

àtáfúkɔ́é : n. head of the femur

àtàgá̃ : n. uncle (that is much older than one's father or mother)

àtágbà : n. femoral biceps (muscle of the thigh)

àtágbé : n. a type of grass used to weave ropes

àtágbékà : n. rope woven with àtágbé

àtágbíkà : n. 1. sciatic nerve 2. rope woven with àtágbé

àtágbó : n. thigh flesh (muscle of the thigh)

àtágbógbóé : n. crop (of the digestive system [found in some animals like birds])

àtágbólí : n. femur

àtàhè : n. palm wine

àtàkè : n. chili pepper *(syn. àblɛ̀, àdìbòlò, àtádí, àtíŋúkàlɛ̃́, ɖòkpò, kàlɛ̃́, kùklùí, lélèkú)*

àtákèkè : n. spreading of the legs

àtáklì, àtáklóè, àtákúi : n. meatfly (that gives birth to a maggot)

Atàkòrá : n. Atakora (a ridge of mountains in Togo)

àtákú : n. hot pea (which is chewed and spat on grigri whilst chanting)

àtákú (ɖù -) : v. to own a grigri

Atákúmá : v. Atakouma (name of the junior of a pair of twins)

Atákpámè : v. Atakpame (a city in Togo)

àtákpè : n. hot pea diet

àtàkplàtsú : n. red-headed margouillat

àtákpóé : n. shorts pants

àtákpúí : n. shorts pants

àtálà : n. trousers

àtálálátɔ́ : n. one legged person

àtàm : n. whip

àtàm (dà -) : v. 1. to whip 2. to flog

àtám : n. 1. oath 2. vow

àtám (ká -) : v. 1. to take an oath 2. to vow 3. to dare (by words or gestures)

àtám (tà -) : v. to forswear

àtám (wɔ̀ -) : v. to dissapoint

àtàmá : n. 1. tobacco (plant) *(syn. vùlì)* 2. dope

àtàmá (dó -) : v. to snuff tobacco

àtàmá (nò -, yɔ̀ -) : v. to smoke the pipe

àtàmá sésɛ̃́ : n. hard drug

àtàmádódó : n. snuffing of tobacco

àtàmádólá : n. someone that snuffs tobacco

àtàmátí : n. cigar

àtàmáyɔ̀fé : n. a place where one smokes tobacco

àtàmáyɔ̀ɔ̀ : n. the act of smoking tobacco

àtàmázé : n. tobacco-pipe

àtàmází : n. tobacco-pipe

àtámèkèkè : n. spreading of the legs

àtàmfòfò : n. whipping

àtámidàlà : n. trousers

àtámkáfé : n. a place where an oath is taken

àtámkáká : n. taking of an oath

àtámkálá : n. 1. someone who has taken an oath/ who takes oaths 2. someone that dares

àtámnyà : n. sad news

àtámnyà (gblɔ̀ -) : v. to tell sad news

àtámnyàgblɔ̀fé : n. a place where sad news is told

àtámnyàgbɔ̀glɔ̀ : n. telling of sad news

àtámtàlá : n. someone who forswears

àtámtàtà : n. forswearing

àtànùdózè : n. shrew

àtáŋgbikà : n. rope made from àtáŋgbi

àtáŋú : n. 1. humiliation 2. something that is degrading/awful

àtáŋú (wɔ̀ -): v. 1. to be humiliating 2. to be degrading 3. to be awful

àtáŋúnú : n. 1. humiliation 2. something that is degrading/awful

àtáŋúnú (wɔ̀ -) : v. 1. to humiliate 2. to degrade 3. to be awful

àtáŋúnyà : n. awful news

àtáŋúnyà (gblɔ̀ -) : v. to tell an awuful news

àtáŋúwɔ̀wɔ̀ : n. 1. humiliation 2. indignation

àtàsì : n. 1. glaucoma 2. cataract/white film on the eye *(syn. àɖí, àtàzì, àtɔ̀sì, sì)*

àtásè : n. God has heard

àtátà : n. lap

àtátálé, àtátálí: n. ripe plantain "pancake-style" food

àtátátá : n. spanning

àtàtí : n. 1. pestle 2. drumstick

àtátí : n. femur

àtátràlà : n. trousers

àtátùtúdɔ̀ : n. poliomyelitis *(syn. póliò, tùtúdɔ́)*

àtátútútɔ̀ : n. paralyzed legs

àtátútútɔ́ : n. someone who is paralysed in the legs

àtàví : n. uncle (that is much younger than one' s father or mother)

àtáwù, àtáwùì : n. trousers

àtáwù kpùì, àtáwùì kpùì : n. shorts

àtáxà : n. groin

àtàzi : n. 1. glaucoma 2. cataract/white film on the eye *(syn. àɖí, àtàsì, àtɔ̀sì, sì)* àté : n. 1. pepper 2. dart 3. sting 4. little black ant with a very painful sting 5. ability 6. foolish/insensical/stupid word

àté (dó -) : v. 1. to make an effort 2. say something nonsensical/arrogant

àtékúí : n. 1. vulva 2. clitoris

àtèŋgblɛ̀ : n. a type of drum used during cultural events

àtèŋlɔ̀è : n. black ant

àtètè : n. standing

àtètè (tsí -) : v. to stand up

àtèwóé : n. nurse tetra

àtéyìlá : n. 1. someone who says foolish or arrogant words 2. an arrogang person 3. a haughty person

àtéyìyì : n. speaking arrogant/foolish words

àtɛ̀ : n. 1. joke 2. mockery

àtɛ̀ (yì -) : v. to crack a joke

àtɛ̀yìyì : n. cracking a joke

àtɛ̀yìtɔ̀è : adj. 1. joking 2. mocking

àtí: n. 1. tree 2. stick 3. cane

àtí (blá -) : v. to mount a frame

àtí (dà - ɖé ŋgɔ́ ná) : v. to hinder someone

àtí (dé - àtá mè ná) : v. to hinder someone

àtí (dzá̰ -) : v. to chop a tree [with a tool like an axe for e.g]

àtí (ɖì- ɖé nyà/nú gbɔ́) : v. to make a mark for for indication

àtí (ɖɔ́ -) : v. to make a barrier

àtí (fé -) : v. to chop wood

àtí (flɔ́ -) : v. to scrape wood

àtí (- gè lè ésí) : v. to die (of a fetish) [to have stick fall from one's hand]

àtí (gùglù - ɖé nyà/ɖé nú mè) : v. 1. to make a thorough investigation 2. to be curious

àtí (ká -) : v. to peel a wood

àtí (kó -) : v. to bark a tree

àtí (kpà -) : v. to carve wood

àtí (kpà - dzídzé àfɔ̀ ná) : v. to carve and measure wood

àtí (nyà fé -) : n. the main point of a matter

àtí (tɔ́ -, tɔ́ ɖé - ŋú) : v. to walk with crutches

àtí (tɔ́ - nyà) : v. to start a process, a case or a conversation

àtí (yì - dzí) : v. to go to the toilet

àtí dɔ́dɔ́é : n. 1. scrub 2. bush

àtídɔ̀mè : n. tree-top

àtí dzɛ̀dzɛ̀ : n. 1. plank 2. board

àtídzɛ̀dzɛ̀ : n. sawing

àtídzɛ̀dzɛ̀dɔ́ : n. lumbering

àtídzɛ̀fé : n. 1. saw-mill 2. lumber-mill

àtídzɛ̀lá : n. sawyer

àtí dzèdzè wúwlúí : n. chip of wood

àtí lègbè : n. long tree/wood

àtí nyányúí : n. 1. splint of wood 2. chip of wood

àtí sɔ̀ɔ̀ : n. magic wand

àtí tsékú : n. fruit tree

àtí tsòtsòè : n. log

àtí wɔ̀tò : n. wooden ladle

àtíákpá : n. strong medicine

àtíàtí : adj. 1. raw 2. undiluted 3. pure

àtíbà : n. a variety of shrubs whose stems are used for fishing nets or traps

àtíblɛ : n. 1. amulet 2. talisman

àtíbó : n. a charm

àtíbó (tsà -) : v. to posses a charm

àtíbɔ́lù : n. ball (of wood)

àtídà : n. tree snake

àtídàdà : n. 1. twirling wood 2. game with sticks

àtídàḍédzí : n. cross-bar

àtídó ḍé àtí dzǐ : n. grafting

àtídódó : n. afforestation

àtídzèdɔ́ : n. the work of cutting wood

àtídzèdzè : n. 1. young shoot 2. sucker 3. flowering twig 4. sawing

àtídzèdzèdɔ́ : n. sawing of wood

àtídzèfé : n. 1. sawmill 2. the place where two branches of a tree go from

àtídzèlá : n. sawyer

àtídzí : n. 1. toilet 2. privy 3. water closet (syn. *àgbó, kpɔ́gódó, mínyèfé, míxɔ̀*)

àtíḍɔ̀mè : n. top of a tree

àtíḍiḍi : n. playing sticks

àtíḍùḍù : n. chewing stick

àtíḍùḍù (ḍù -) : v. to chew chewing stick

àtíḍùi, àtíḍùḍùi : n. 1. light fever 2. malaria

àtiéfú : n. a species of yam

àtíféfé : n. breaking/cracking of wood

àtífélá : n. someone who breaks/cracks wood

àtífíènù : n. pleiad (a group of usually seven illustrious or brilliant persons or things)

àtífló : n. chip of wood

àtífò : n. troop

àtífɔkpà : n. wooden shoe/sandals

àtifù : n. a small garment, that covers its user's private parts (for women with a salient/protruding back)

àtifù (ḍè -) : v. 1. to remove one's àtifù 2. to tie a knot at the end of an àtifù

àtifù (tɔ́ - /dó -) : v. to put on one's àtifù or thong

àtifùḍèḍè : n. making of a knot at the end of an àtifù

àtíflólá : n. someone that chops of wood

àtíflómɔ̀ : n. a machine that is used to chop of wood

àtíflógbàlẽ̀ : n. sandpaper

àtífɔ́fé : n. a place where sanding (of wood) takes place

àtífɔ́flɔ́ : n. 1. planning 2. sanding

àtífúfúí : n. monkey tail / corn stick (a type of Ghanaian snack)

àtígá : n. choirmaster

àtíglì : n. stump

àtíglínyì : n. elephant (syn. nyi)

àtígò : n. 1. gourd 2. barrel

àtígóè : n. wooden case

àtígbèàtígbè : n. pain that hurts a lot

àtígbò : n. 1. bud 2. burgeon

àtíhòdó : n. a transplanted plant

àtíká : n. charcoal

àtíkádɔ́ : n. the work of debarking a tree

àtíkáká : n. debarking of a tree

àtíkálá : n. someone that debarks trees

àtíkáké : n. a piece of wood

àtíkè : n. 1. medicine 2. medication (syn. àmàtsi)

àtíkè (nò -) : v. to take medicine

àtíkè (ŋlɔ̀ -) : v. to prescribe medicine

àtíkè (wú -) : v. to spray medicine

àtíkè dódó : n. injectable drug

àtíkè fé dɔ́wɔ̀wɔ̀ ŋútí núnyá : n. pharmacodynamics

àtíkè nònò : n. oral medication (that which is drunk in liquid form)

àtíkè ŋú núnyá : n. pharmacology

àtíkè sésẽ́ : n. 1. drug 2. dope 3. stuff

àtíkè sìsì : n. medicine that is smeared on the skin

àtíkè tsìstɔ̀ : n. syrup

àtíkè ʋéʋé : n. 1. incense 2. perfume

àtíkè wlùìwlùí : n. granulated medicine

àtíkèdéàgɔ̀mè, àtíkèdéàgɔ̀mè : n. suppository

àtíkèdzrádófé : n. a place where medications kept

àtíkèdzráfé : n. 1. pharmacy 2. drug store 3. dispensary

àtíkèdzrálá : n. 1. pharmacist 2. dispenser

àtíkèḍaḍà : n. 1.preparation of a drug 2. drug making

àtíkèḍafé : n. pharmaceutical laboratory

àtíkèḍadɔ́ : n. drug preparation (work)

àtíkèḍalá : n. someone who prepares drugs in the laboratory

àtíkèḍanúwó ŋútí núnyá : n. pharmacognosy

àtíkèflègbàlẽ̀ : n. prescription (medication)

àtíkègò : n. 1. a case in which medications are stored 2. insecticide

àtíkègbàlèví : n. prescribtion (medication)

àtíkèkóé : n. 1. pill 2. tablet

àtíkèkɔ́ : n. 1. pill 2. tablet

àtíkèkɔ́ɛ́ : n. 1. pill 2. tablet 3. witchcraft 4. cruelty 5. great anger

àtíkèkɔ́ɛ́ lè dɔmè ná : n. 1. to be very cruel 2. to be very angry 3. to be a magician/a witch/ a wizard

àtíkèkùí : n. 1. pill 2. tablet

àtíkèlɔ́gòè : n. hypodermic syringe (syn. àbùìmàtsìlɔ́gòè, àmàtsìlɔ́gòè)

àtíkèmámɑ̃́ : n. dosis

àtíkènálá : n. dispensing pharmacist

àtíkènònò : n. taking medicine

àtíkèŋɔ̀ŋlɔ̀gbàlèví : n. prescription (medication)

àtíkèŋúnúnyá : n. pharmacognosy

àtíkèsɛ̃́ŋú : n. hard drug

àtíkètɔ : n. of or relating to medicine

àtíkètùkpá : n. bottle of medication

àtíkètùkpé : n. a stone used to crush drugs

àtíkètsì : n. malaria/fever

àtíkètsì dzɛ̌ : n. 1. black water fever 2. jaundice (syn. àdìgbóŋùdzà, àdígbòŋùdzà, àsràdzɛ̀, àsràdzɛ̀)

àtíkètsìŋùdzà : n. yellow fever

àtíkèwɔ́ : n. powdered medication

àtíkèwɔ̀fé : n. 1. a laboratory where medicine is manufactured 2. hospital (syn. dɔnɔkɔ́dzí, ɖɔkítà, ɖɔkítàkɔ́dzí, dɔyɔfé, gbèdàfé, kɔ́dzí)

àtíkèwɔlá : n. 1. herbalist 2. doctor (syn. àmàtsìwɔlá, dédɔdàlá, dédɔyɔlá, dɔdàlá, dɔyɔlá, ɖɔkítà, ègbèdàlá, gbèdàlá, gbèwɔlá, gbèwɔtɔ́)

àtíkèwɔwɔ : n. 1. medicinal practice 2. traditional medicine

àtíkèwúwú : n. spraying of medicine

àtíkèxɔ : n. drug depot

àtíkèxɔfé : n. dispensary

àtíkèzázá zàzá núnyá : n. pharmacology

àtíklà : n. big stool (Eʋe-Dzesiwo, 2021)

àtíklɛ̀ : n. 1. folding chair 2. folding stool

àtíklókó : n. barking (of a tree)

àtíkɔ : n. protruberance on a tree trunk

àtíkɔmèví : n. 1. adopted child 2. son or daughter of one' husband or wife

àtíkú : n. 1. fruit 2. product

àtíkú (tsé -) : n. 1. to bear fruit

àtíkúgblè : n. 1. orchard 2. cocoa or coffee plantation

àtíkútsétsé : n. fruit

àtíkútsétsé báblá, àtíkútsétsé ɖàɖà: n. 1. jam 2. marmalade

àtíkútsétségblè : n. orchard

àtíkútsétsétí : n. fruit tree

àtíkútsétsétsì : n. fruit juice

àtíkútsétsétsì báblá : n. fruit jelly

àtíkútsì : n. fruit juice

àtíkpàdɔ́ : n. carpentry

àtíkpàfé : n. carpentry

àtíkpàfì : n. plane (of or relating to carpentry)

àtíkpàkpà : n. sculpture

àtíkpàkpàdɔ́ : n. carpentry work

àtíkpàkpὲ : n. wooden statue

àtíkpàkplɔ̀ : n. workbench

àtíkpàlá : n. 1. sculptor 2. carpenter

àtíkpálíkpálí : n. intercrossing sticks

àtíkpḛ̀ : n. horn

àtíkplì : n. part of a tree trunk used as a chair *(syn. zìgìdì, zìkplì)*

àtíkplɔ̀ : n. 1. scepter 2. ultimatum

àtíkplɔ̀ (ɖó - ɖá) : v. 1. to send an ultimatum 2. to send an important message through a messenger

àtíkplɔ̀tɔ́ : n. ambassador

àtíkplɔ̀tsɔ́lá : n. 1. ambassador 2. stick-bearer (one who deliver a message on behalf of of a chief/king/ruler) *(syn. fiàtíkplɔ̀tɔ́, mósì, tsìámè, tsìámi)*

àtíkpò : n. 1. log 2. trunk

Atíkpò : n. Atikpo (masculine first name)

àtíkpòví : n. wedge

àtílámɔ̀ : n. chain saw

àtílɔ̀ : n. tree branch

àtílɔ̀wó : n. tree branches

àtímèàkáwó : n. trees used to make charcoal

àtímèfì : n. the blade of a plane (relating to carpentry)

àtímèhɛ́ : n. a knife with a dent put in a sheath

àtímèkà : n. liana

àtímèlà̰ : n. an animal that lives in a tree

àtímènú : n. red monkey

àtímètsì : n. sap

àtímèʋú, àtsímèʋú : n. 1. wooden drum 2. the lead drum in **kínkà**

àtímì : n. resin

àtímí : n. shavings/chips from a tree

àtímìtsì : n. resin

àtímùmù : n. falling of a tree

àtínùhà : n. fresh palm wine

àtíŋkú : n. bud

àtíŋúkàlé : n. pepper *(syn. àblè, àdìbòlò, àtádí, àtàkè, ɖòkpò, kàlé, kùklùí, lélékú)*

àtísé : n. okro *(syn. àgbágbá, àgbòdrò, àklùmá̰, fètrí, lùlú, zàmáɖízàmàhlɔ́)* àtítà : n. 1. tree stump 2. a bowl in a wood 3. swearing not to do something anymore

àtítà (ká -) : v. to swear not to do something anymore

àtítàkpò : n. tree without branches

àtítàmè : n. top of a tree

àtítè : n. cassava

àtítò : n. the hollow of a tree

àtítòlùì : n. hollow made in a tree

àtítòmè : n. the hollow of a tree *(syn. tòmè)*

àtítòmètsì : n. water in the hollow of a tree

àtítótóé : n. shoots on a stump

àtítótóé (fò -wó) : v. to cut off the shoots of a stump

àtítɔ : adj. wooden

àtítɔdéŋú : n. crutch

àtítɔè : n. black velvet tamarind

àtítɔètí : n. black velvet tamarind tree

àtítúmè : n. heart of a tree

àtítsòdɔ́ : n. cutting down trees

àtítsòdókè / àtítsòdókúì : n. a tree whose branches look like sugar cane

àtítsògà : n. cross

àtítsògà (klá....dé - ŋútí) : v. to crucify

àtítsòmɔ̀ : n. chain saw

àtítsòlá : n. 1. woodcutter 2. woodsman 3. lumberman

àtítsró : n. bark of tree

àtítsúvé : n. virgin forest

àtítsyò : n. 1. parterre 2. plug 3. bung 4. pivot

àtítsyòví : n. pin

àtívé : n. 1. grove 2. woods

àtíví : n. 1. a small piece of wood 2. wooden rod 3. cane

àtívídzì : n. doll (made of wood)

àtívílákpóè : n. a caterpillar that lives in a carapace made of twigs

àtívú : n. wooden car

àtívúí : n. a small drum that is hit with sticks

àtíwlúi : n. twig of wood

àtíwɔ́ : n. sawdust

àtíwɔ̀tò : n. hollow tree

àtíxá : n. broom made of branches of a tree

àtíxálí : n. 1. broom 2. tea towel 3. rag 4. dishcloth

àtíxɔ : n. 1. cottage house 2. house made of woods

àtíyì : n. 1. pea / a type of bean that grows on shrubs (syn. **lúgùnɛ**) 2. ebony

àtíyɔè : n. twig of wood

àtízì : n. twig of wood

àtízòtí : n. 1. cane 2. rod 3. stick

Atlántíkà-fù : n. atlantic ocean

Atlás-Tówó : n. atlas mountains

àtòkòtá : n. sandals

àtòkùí : n. non castrated goat

àtòkplá : n. a type of wild animal with hard skin

àtómì : n. atom

àtómìbóòmbù : n. atomic bomb

àtóŋ : intj. 1. lie! 2. untruth!

àtòpàní : n. a type of talking drum played in pairs

àtòprà : n. pangolin

àtò : n. shrew

àtó : n. 1. crest (of a rooster) 2. cock crow 3. guinea worm *(syn. mfá)* 4. bush mango

àtó (dzè -) : v. to be infected with guinea worm

àtó (kú -) : v. to crow (cock)

àtó (lé -) : v. to be infected with guinea worm

àtò : n. nest

àtó : n. five

àtóágbè : n. fifth day

àtóàtó : adv. in groups of five

àtòdèbòkpé : n. detonator

àtòè : n. 1. sieve 2. filter

àtòènù : n. funnel tube

àtòènùdózé : n. distillation barrel

àtófò : n. a leg that has been infected with the guinea worm disease

àtógè : n. crest

àtògòlò : n. 1. small boil 2. a type of small ant that nests on leaves 3. a type of talisman that captivates women and makes them stink so that men are no longer interested in them

àtókà : n. guinea worm

àtóklíkó, àtóklíkóé : n. wild apple

àtókúkú : n. crowing of the rooster/cock

àtólélé : n. being infected with guinea worm

àtólíá : n. fifth

àtólíágbè : n. fifth day

àtòsì : n. 1. glaucoma 2. cataract/white film on the eye *(syn. àdí, àtàsì, àtàzì, sì)*

àtòsú : n. 1. convulsion 2. spasm *(syn. dògìàdzà, dzìdò, dèvídò, glàkpédò, hèhèdò)*

àtótì : n. wild apple tree

àtótó : n. pineapple *(syn. àbàblí, àblàndé, ànázè, ànázì, blàfógbè, yèvútó)*

àtótónò : n. someone who is not circumcised

àtótóŋùtí : n. big and sweet orange

àtótóŋùtítí : n. orange tree

àtótsú : n. crest of the rooster/cock

àtrá : n. mangrove

àtrádɔ : n. roots of mangrove used as firewood

àtrá̃ : n. 1. maggot 2. worm *(syn. nyé , ŋɔ́)*

àtràdi, àtràditòè : n. 1.non-stop 2. often

àtrákpò : n. club mangrove

àtràkpì, àtràkpòè, àtràkpùì : n. 1. staircase 2. stairway 3. steps

àtràkpùì (flɔ - / fɔ - / liá -) : v. 1. to go upstairs 2. to climb a ladder

àtràkpùìfɔdófé : n. 1. steps (of a staircase) 2. steps of a ladder

àtràkpùìfɔflɔ : n. 1. climbing of the stairs 2. climbing a ladder

àtràkpùìfɔfɔ : n. 1. climbing of the stairs 2. climbing a ladder

àtràkpùìlíàlíá : n. 1. climbing of the stairs 2. climbing a ladder

àtrámègbò : n. great white pelican

àtrámèxè : n. mangrove bird

àtrámèdèkàkpúí : n. mudskipper

àtrátí : n. mangrove tree

àtrávé : n. mangrove forest

àtréví : n. a piece of cloth tied around the waist by (mostly) women to ensure firmness (of an attire)

àtrɛ́ : n. traditional belt (a piece of cloth used in holding the loincloth)

àtrì : n. 1. numbness 2. traditional rhythm 3. botched work

àtrì (dzò -) : v. to make a demonstration of a traditional rhythm

àtrì (dè -) : v. to struggle

àtrì (dú -) : v. to danse to a traditional rhythm

àtrì (fò -) : v. to play a traditional rhythm with the drum

àtrì (gbã̀ - nú) : v. to rush a job

àtrì (kú -) : v. 1. to be numb 2. to lose sensitivity

àtrigòè : n. rice loft

àtrígbàgbà : n. decadence

àtrigbã̀fé : n. a place where work was botched

àtrigbàgbà : n. botching of work

àtrigbàlá : n. someone who botched work

àtrikúkú : n. 1. numbness 2. anesthesia

àtrikpòè : n. a type of traditional rhythm made by beating drums

àtrikpòèʋú : n. a type of drums used for funeral occasions by the Akposso, the Anlos, the people of Tsevie, Tabligbo and Kpele

àtrò : n. 1. misunderstanding 2. discord

àtrò (dó -) : v. 1. to create a misunderstanding 2. to create discord

àtròdódó : n. the act of creating a misunderstanding

àtròdólá : n. someone that creates misunderstanding

àtrɔ́ : n. 1. arrow 2. harpoon

àtsè : n. keloid

àtsì : n. indigestion

àtsìdɔ̀dɔ̀ : n. the condition of experiencing an indigestion

àtsyɔ́bé, àtsyɔ́mbé : n. an excrescence on the anus

àtú : n. embracing open arms

àtú (wɔ̀ -) : v. to embrace with open arms

àtúklúí : n. 1. ball 2. marble

àtùkpá : n. 1. bottle (syn. àbɔ̀ɖìàbɔ́, (Gà̀) àtùŋkpá̃) 2. glass

àtùkpáɖàkágò : n. bottle rack

àtùkpágbàgbɛ̀ : n. bottle shard

àtùkpánùtúnú : n. 1. plug 2. cork (of a bottle)

àtùkpáví : n. 1. small bottle 2. bottle

àtùkpáʋùnú : n. corkscrew

àtùpáxé : n. a bottle broken at the base and plugged with a substance to attract fish (e.g àkplé) which serves as a fish trap (syn. tùkpáxé)

àtùŋgbà : n. 1. moose 2. elk (a type of deer) (syn. àfìà̃, àfìà̀tsú, àfìà̀yì, àgblègbɔ̀é, àvègbɔ̀ɛ́, fíí, gbàgbà, gbàgbà̃, zìnɔ̀)

àtùŋkpá̃ : n. bottle (syn. àtùkpá)

àtúù : n. embracing open arms

àtúù (wɔ̀ -/ xɔ̀... -) : v. to embrace with open arms

àtúwɔ̀lá : n. one who welcomes with an open arms

àtúwɔ̀wɔ̀ : n. warm welcome

àtsã̀ : n. 1. charm 2. spell

àtsá : n. 1. ackee fruit 2. taste 3. chaff (from cereal)

àtsá (sì -) : v. 1. to have good taste 2. to be delicious

àtsàdólá : n. animator

àtsákítsí : n. chaff (from cereal)

àtsákòtòkú : n. a bag of chaff (from cereal)

àtsákú : n. cashew nut seed

àtsàkpà : n. yaws (a skin disease) (syn. àklì, àkpìã̀, dɔ̀kú, dzɔ̀bú, èklì, klì, tsàgbà)

àtsákplá : n. a big flat seed looking like a bean of a climbing plant

àtsàkpòlí : n. 1. toucan (a type of bird) 2. black dwarf hornbill 3. red-billed dwarf hornbill 4. red-billed hornbill 5. african pied hornbill 6. african grey hornbill 7. piping hornbill

àtsánáfù : n. 1. sea 2. ocean

àtsásìsì : n. 1. taste 2. sweetness

àtsátí : n. cashew tree

àtsàtsà : n. thick reed matress

àtsátsá : n. raffia mat

àtsàtsàxòlòtsú : n. big cauri

àtsàwɔ̀lá : n. animator

àtsáyè : n. 1. dust 2. fine sand

àtsè : n. 1. lower jaw 2. mandible 3. a scar that forms a ball 4. a dare

àtsè (dzè -) : v. to be very hot

àtsè (ɖì -) : v. to form a ball or blister (scar)

àtsè (kà -) : v. to dare

àtsè (lé -/lá -) : v. to be acidic

àtsé : n. cat

àtsèɖìɖì : n. 1. ball 2. blister (scar)

àtsègè : n. 1. end of the jaw 2. whiskers 3. cheek pouch (of a monkey)

àtsélì : n. rat

àtsɛ̀ : n. 1. a talisman that protects from enchantment 2. harpoon

àtsɛ́ : n. a type of rat that lives in groups

àtsì : n. 1. constipation 2. indigestion 3. a tree whose leaves are used to wrap a type of bread made of maize

àtsì (dɔ́ -) : v. 1. to constipate 2. to have indigestion

àtsíá̃ : n. cashew

àtsíáfù : n. 1. ocean 2. sea

àtsíáfù (dzè ɖé - dzí) : v. to make a sea-landing

àtsíáfùgòmè : n. beneath the sea

àtsíáfùlèlá : n. swimmer

àtsíáfùmègbè : n. 1. sea flora 2. algae 3. coral

àtsíáfùtɔ̀ : n. oceanic

àtsíágbèkò : n. 1. a type of drum of used in Eʋeland 2. a type of traditional Eʋe dance

àtsíákúí : n. a type of squirrel *(syn. àdédé, àdɔ̀, àdɔ̀è, àɖùdɔ̀, ágbòè, àkɔ̀dɔ̀è, ànyɔ́ŋɔ́nɔ́è, àwúyɛ́, kàdzíɖɔ́è, kàsànúí, kéndè, klúlù, kòkòbà, krúɖù)*

àtsíákpòlí : n. hornbill (a type of bird with a long beak)

àtsíátí : n. cashew tree

àtsìdɔ́dɔ́ : n. 1. constipation 2. indigestion

àtsídzé (lè/nɔ̀ – dzí) : v. 1. to be taken by an urgent job 2. to have a violent quarrel

àtsìtí : n. a tree whose branches are used for wrapping bread made of maize

àtsìtrɔ̀è : n. sparrow

àtsɔ̀dàkpé : n. detonator

àtsɔ̀fɔ́ : n. bodyguard of a chief/king

àtsɔ̀hɔ̀ɛ́ : n. a traditional ceremony to find the cause of a misfortune

àtsɔ̀kɛ́ : n. hare

àtsɔ̀kɔ́è : n. scutiform cartilage

àtsɔ́kɔ́é : n. testicle *(syn. vèkɔ́é, vèkú, vòkú)*

àtsɔ̀nùkpé : n. detonator

àtsɔ̀ɖèbò : n. detonator

àtsɔ̀tsrì : n. crayfish

àtsɔ̀tsrɔ̀è : n. 1. little arrow 2. little harpoon

àtsɔ̀tsrɔ̀è (d̪ì -) : v. to be early

àtsrà : n. second extract of the palm wine

àtsré : n. stairs

àtsrímá : n. 1. peacock 2. great blue turaco

àtsrɔ̀ : n. 1. arrow 2. locks

àtsrɔ̀bɔ̀ : n. flint

àtsrɔ̀bɔ̀tú : n. traditional flintlock rifle

àtsrɔ̀nùbɔ́ : n. flint

àtsrɔ̀kpé : n. 1. steps 2. shelf

àtsrɔ̀kpòè, àtsròɔ̀kpùì : n. staircase

àtsrùé : n. staircase

àtsú : n. 1. male 2. husband 3. manliness 4. something that is huge 5. name of the firstborn (male) twins

àtsú (dó -) : v. to mate

àtsú (dzɔ̀ -) : v. to be huge

àtsú (d̪è -) : v. to get married (for a female)

àtsú (gbé -) : v. to be divorced (for a female)

àtsúàtsú : n. 1. in excess 2. too much

àtsúdódó : n. mating

àtsúdófé : n. mating place

àtsúdzɔ̀dzɔ̀ : n. state of being huge

àtsúd̪èd̪è : n. marriage (pertaining to a woman)

àtsúfé : n. marital home

àtsúfí, àtsúfé : n. name of a twin (female) that comes after a boy (àtsú)

àtsúfé (kplɔ̀ srɔ̃̀ yì -) : v. to lead the bride to her husband's house

àtsúfòmè : n. male gender

àtsúgbégbé : n. 1. divorce (for a female) 2. fleeing the marital home just after marriage

àtsúgbélá : n. 1. a female that leaves her marital home 2. a female that divorces her husband

àtsúnɔ̀víwɔ̀wɔ̀ : n. funeral ceremony

àtsúré : n. ladder

àtsúsì : n. 1. rival (of a marriage) 2. co-wife

àtsúsì (dzè -) : v. to have a co-wife

àtsúsìblèlɛ̀ : n. pin-tailed whydah (a type of bird)

àtsúsìkpɔ́fé : n. jealous atmosphere created a co-wife/rival

àtsúsìví : n. child of a co-wife

àtsútɔ̀ : n. 1. masculine 2. male

àtsútsróè, àtsútsrɛ̀ : n. sparrow

àtsyã̀ : n. 1. beauty 2. decoration

àtsyã̀ (dó -) : v. 1. to beautify 2. to decorate

àtsyã̀ (wɔ̀ -) : v. to give the rhythm of a dance 2. to animate a type of dance

àtsyã̀dódó : n. 1. beautification 2. decoration

àtsyàdólá : n. someone who specializes in decoration

àtsyágàtsí : n. death

àtsyàwɔwɔ : n. 1. giving a dance rhythm 2. animation of a type of dance

àtsyàzɔlizɔzɔ : n. 1. fashion walk 2. fashion show

àtsyò (fò -) : v. to exchange burdens

àtsyɔ́ : n. 1. luxury 2. wealth 3. style

àtsyɔ́ (ɖò -) : v. 1. to be luxurious 2. to be wealthy 3. to beautify 4. to decorate 5. to wear beautiful clothes

àtsyɔ́bé : n. excrescence at the anus

àtsyɔ́dàdà : n. 1. luxury 2. ostentation 3. vanity

àtsyɔ́dàdà (dà -) : v. the love of being dressed

àtsyɔ́dàlá : n. conceited person

àtsyɔ́ɖí : n. 1. stairs 2. fist

àtsyɔ́ɖóɖó : n. 1. garnishing 2. set 3. makeup 4. coquetry

àtsyɔ́ɖólá : n. makeup artist

àtsyɔ́ɖónú : n. 1. ornament 2. an object of decoration

àtsyɔ́ɖósí : n. ring finger

àtsyɔ̀é : n. helping hand

àtsyɔ́kótù : n. gala clothing

àtsyɔ́kùsì : n. luxury basket

àtsyɔ̀mɔ̀ : n. 1. doughnut 2. biscuit

àtsyɔ́nú : n. 1. ornament 2. garnisch 3. adornement

àtsyɔ́núwó : n. 1. ornaments 2. jewelry (plural)

àtsyɔ́nyà : n. the act of flaunting/praising one's clothes or jewelry 2. self-conceit

àtsyɔ́nyà (hè -) : v. to flaunt/praise one's clothes or jewelry

àtsyɔ́tɔ̀ : n. 1. beautiful 2. gorgeous 3. pompous

àtsyɔ́vɔ́ɛ́ : n. ugly person

àtsyɔ́wù : n. beautiful clothes

àtsyɔ́zɔ̀lì : n. a fancy way of walking

àvà : n. 1. attic 2. silo 3. crop/gizzard/craw 4. reed

àvà (ɖó -) : v. to dispose agricultural products in the silo

àvàdzé : n. turnip

àvàdzámè blòlò : n. bayad (a type of fish)

àvàɖóɖó : n. the act of disposing agricultural producst in the silo

àvàɖógbè : n. a day on which agricultural products are disposed in the silo

àvàɖólá : n. someone that stores agricultural products in a silo

àvàfúfú : n. kapok

àvàgɛ̀ : n. mosquito (Mawuli-Torgbui-Akpaklika, 2021) *(syn. flùgùtsú, mú, túlí)*

àvàtí : n. poles used in constructing an attic

àvè, àvě : n. forest

àvè (fò -) : v. 1. to deforest 2. to clear a forest

àvè (dzè -) : v. to cross/pass through a forest

àvè dódó : n. dense forest

àvè sàkɔ́ : n. dense forest

àvèdɔ́wɔ̀wɔ̀ : n. lumbering

àvèdzàmè : n. shrub savannah

àvèdzé : n. nettle

àvèdídɛ́ : n. a type of long snake that has a deadly venom

àvèḍóḍí : n. nature reserve

àvèdzíkpɔ́lá : n. forest ranger

àvèdzrè : n. forest that has suffered a bush fire

àvèflù : n. fallow land

àvèfòfò : n. 1. clearing of forest land 2. deforestation

àvègè : n. jaws

àvègó : n. 1. woods 2. small forest

àvègbàgbà : n. deforestation

àvègbè : n. 1. burnt ground 2. burnt field

àvègblè : n. farm created on deforested land

àvègbɔ̃́ɛ́, àvègbɔ́ɛ̃́ : n. 1. deer (syn. àfìà̰, àfìà̰tsú, àfìà̰yì, àgblègbɔ̀é, àtùŋgbà, fí, gbàgbà, gbàgbà̰, zìnɔ̀) 2. maxwell's duiker (syn. àvŭgbɔ́, àvŭgbɔ̃́ɛ́)

àvègbɔ́énɔ̀ : n. doe (female deer)

àvègbɔ́étsú : n. male deer

àvèhɔ̀lɔ̀ɛ̃̀ : n. shrub savannah

àvèkɔ́, àvèkɔ́é : n. 1. bush 2. small forest

àvèlùʊ̀ : n. a type of non-venomous snake

àvèmèkà : n. liane (a climbing plant of the jungle)

àvèmèkɔ́lɔ̀ : n. wood warbler

àvèmèlá : n. forest animal

àvèmènyì : n. 1. buffalo (syn. àvènyì, gbènyì, tò) 2. bongo

àvèmètí : n. forest tree

àvèmètídódó : n. reforestation

àvèmèxé : n. lesser moorhen

àvèmómóè : n. lemon of the forest

àvènɔ̀ : n. a type of long and venomous snake

àvènyì : n. buffalo (syn. àvèmènyì, gbènyì, tò)

àvènyígbá : n. 1. forest land 2. woodland

àvèsé : n. 1. a type of parrot 2. purple swamphen (syn. gbàtámí) 3. green turaco 4. yellow-billed turaco

àvèté : n. panties (of a woman)

àvètèglí : n. 1. forest patridge 2. latham's forest francolin 3. ahanta francolin 4. double-spurred francolin (syn. dèdí) àvètí : n. wooden twigs that remain after burning of the forest/woods

àvètí (ló -) : v. to pick up burnt wooden twigs

àvètɔ́ : n. liane with big thorns

àvètɔ́é : n. long-thorned tree

àvètsià̰ : n. ackee (a type of fruit typical of west Africa and Jamaica [poisonous when unripe but also delicious when ripe]

àvètsú : n. 1. virgin forest 2. deep forest

àvètsɔ́tsrɔ́ : n. deforestation

àvèxó : n. 1. virgin forest 2. jungle

àvi : n. 1. cry 2. crying

àvi (fà -) : v. to cry

àvià : n. the pointed part of a hoe that is inserted into the head of its' handle

àvià́ : n. a type of thorny three that is often planted in the garden (it is said to have the ability of driving away evil spirits)

àviàtsòè : n. revolving wind

àviàtsú : n. wind that blows from the west

àvifáfá : n. 1. crying 2. cry

àvifáfé : n. 1. a place of crying 2. mortuary house

àvifálá : n. someone that cries

àvigó : n. crybaby

àvigbè : n. 1. whining voice 2. talking whilst crying

àvigbè (dó -) : v. to talk whilst crying

àvigbèdódó : n. talking whilst crying

àvigbèdólá : n. someone who talks whilst crying

àvihà, àvihɛ́ : n. 1. dirge 2. lamentation 3. mournful song

àvinú : n. being on the verge of crying

àvinú (wɔ̀ -) : v. 1. to be on the verge of crying 2. to whimper 3. to snivel 4. to wail

àvinúwɔ̀wɔ̀ : n. 1. weeping 2. crying for nothing

àvinúgbé: n. crybaby

àvinúgbé (wɔ̀ -) : v. 1. to whimper 2. to wail

àvinúgbéwɔ̀lá : n. someone who whimpers/wails

àvinúgbéwɔ̀wɔ̀ : n. 1. whimpering 2. wailing

àvitátá : n. scream

àvitsimègbè : n. 1. sob 2. sobbing

àviwòwɔ̀ : n. 1. funeral 2. funeral ceremony

àvlàkù : n. earthworm *(syn. àvɔ̀klúi, àυlàkùi, blàbútsú, blàŋgú, blàkútsú, dɔ̀mèkplèvi, dɔ̀ŋkplèvi, gbàlàkútsú, vɔ̌, vɔ́kli, vɔ̌klùi, υɔ́kli)*

Avlèsi : n. Avlessi (first name of a female)

àvlɛ̀si : n. adept wife of a voodoo

àvlùmè : n. fertile land

àvò : n. lack of spirit

àvò (kú -) : v. 1. to be in the clouds 2. to have the mind elsewhere

àvò (nɔ̀ - mè) : v. 1. to be in the clouds 2. to have the mind elsewhere

àvò (tù....lè - mè) : v. to bump in on someone

àvòkà : n. type of sea fish /spotted eagle ray / common eagle ray (syn. ábàbù)

àvòliwɔ̀ : n. rhinoceros viper

àvɔ̀ : n. 1. cloth /fabric (syn. ɖò) 2. lazy woman 3. goitre (syn. àgbà, àgbɔ́, àkɔ́nɔ́è ègò, gò kɔ̀tɔ̀kɔ̀lî)

àvɔ̀ (ɖé - mè) : adv. in the arms

àvɔ̀ (fò -) : v. carefully fold the loincloth

àvɔ̀ (lè - mè) : adv. in the arms

àvɔ̀ (lɔ̃ -) : v. to weave a loincloth

àvɔ̀ (kɔ̀ vǐ ɖé - mè) : v. take a child in the arms

àvɔ̀ (ɲé -) : v. carefully fold the loincloth

àvɔ̀ (sà - ɖé àlì) : v. tie the loincloth around the waist

àvɔ̀ (tà -) : v. to wear a loincloth

àvɔ̀ (tsyɔ́ -) : v. to cover oneself with a loincloth

àvɔ̀ sásá : n. loincloth sewn with pieces of different fabrics

àvɔ̀ sésé : n. canvas

àvɔ̀ sòé : n. doily

àvɔ̀ sùè : n. doily

àvɔ̀ vúvú : n. rag

àvɔ̀dɔ̃ : n. 1. crop 2. craw (relating to the digestive system/ stomach)

àvɔ̀dɔ́dzí : n. bed sheet

àvɔ̀dzrálá : n. fabric merchant

àvɔ̀fòfò : n. folding of loincloth

àvɔ̀fòlá : n. one who folds loincloth

àvɔ̀fòtí : n. stick aound which weaving thread is tied

àvɔ̀gbá : n. a bowl in which we put loincloth

àvɔ̀gbàdɔ́ : n. tent

àvɔ̀gbàtí : n. 1. weaving loom 2. tent

àvɔ̀káké : n. 1. rag 2. piece of cloth

àvɔ̀kéví : n. a big basket made of reed

àvɔ̀klúi : n. 1. parasitic worm 2. earthworm (syn. àvlàkù, àulàkùi, blàbútsú, blàŋgú, blàkútsú, dɔ̀mèkplèvì, dɔ̀ŋkplèvì, gbàlàkútsú, vɔ̌, vɔ́klì, vɔ̌klùi, ʋɔ́klì)

àvɔ̀kpò : n. 1. traditional hearse 2. palanquin

àvɔ̀kpó : n. a full piece of cloth

àvɔ́klúitíkè : n. dewormer

àvɔ̀lɔ̃fé : n. 1. weaving center 2. textile factory

àvɔ̀lɔ̃gbàtí : n. weaving loom

àvɔ̀lɔ̃kà : n. weaving thread

àvɔ̀lɔ̃lá : n. weaver

àvɔ̀lɔ̀lɔ̃̀ : n. weaving

àvɔ̀lɔ̀lɔ̀tɔ̀ : adj. textile

àvɔ̀lɔ̃̀mɔ̃̀ : n. weaving loom

àvɔ̀lɔ̀tí : n. looming stick

àvɔ̀lɔ̃̀vú : n. the looming stick that is moved back and forth during the weaving session

àvɔ̀mè : n. 1. sluggish 2. throat

àvɔ̀mèfìàfitɔ́ : n. 1. thief 2. one who acts in secret

àvɔ̀mèfòkà : n. weaving thread

àvɔ̀mèlɔ̃̀kà : n. weaving thread

àvɔ̀mèŋɔ̀é : n. louse, flea (in clothes) *(syn. àvɔ̀mèyɔ̀é)*

àvɔ̀mèpòlísi : n. 1. secret agent 2. a prostitute that doesn't look like a prostitute

àvɔ̀mèyɔ̀é : n. louse, flea (in clothes) *(syn. àvɔ̀mèŋɔ̀é)*

àvɔ̀nù : n. edge of a loincloth

àvɔ̀nú : n. 1. rag 2. cloth

àvɔ̀nùdzà : n. 1. fringe 2. tassel

àvɔ̀núḍèḍì : n. 1. specimen 2. sample (of a cloth)

àvɔ̀nyɔ́nù : n. lazy woman

àvɔ̀ŋélá : n. one who folds cloth

àvɔ̀ŋéŋé : n. folding cloth carefully

àvɔ̀sàsà : n. tying a cloth

àvɔ̀si : n. selling of cloth

àvɔ̀si (tsà -) : v. to sell cloth

àvɔ̀sitsàtsà : n. selling of cloth

àvɔ̀tàtà : n. wearing cloth

àvɔ̀tétré : n. 1. mending of a cloth 2. repair of a cloth

àvɔ̀tévɔ́ : n. an under loincloth

àvɔ̀tó : n. hem of a loincloth

àvɔ̀tó (fò -) : v. to hem a loincloth

àvɔ̀tɔ̀fé : n. sewing workshop

àvɔ̀tɔ̀lá : n. seamstress

àvɔ̀tsikà : n. stretched weaving thread

àvɔ̀tsitsri : n. mending of a cloth

àvɔ̀vlɔ̀ : n. swamp tree

àvɔ̀vú : n. rag

àvɔ̀ʋú : n. 1. canoe *(syn. àgʋú, àkló, àkplóʋù, lɛ̀ʋú, ʋǔ)* 2. salingboat

àvɔ̀wó : n. textiles

àvɔ̀xɔ̀ : n. tent

àvù : n. 1. combat 2. fight 3. conflict

àvù (dó -) : v. to combat

àvù (dɔ́ -) : v. 1. to provoke 2. to cause conflict

àvù (drè -) : v. to make a great effort

àvù (ɖá -) : v. 1. to separate 2. to reconcile

àvù (kú -) : v. 1. to be absent 2. to let go

àvù (lé -) : v. 1. to separate 2. to reconcile

àvù (wɔ̀ -) : v. to fight

àvǔ : n. dog

àvùdèdrè : n. big effort

àvùdódó : n. 1. imposition 2. coercion 3. forcing

àvúdɔ̀ : n. tetanus

àvùdɔ́dɔ́ : n. provocation

àvùdɔ́lá : n. rebel

àvùdrèfé : n. battlefield

àvùdrèlá : n. 1. one who makes a big effort 2. one who struggles

àvǔɖà : n. Lippia chevalieri (a botanical name of a type of dog)

àvǔɖàtí : n. lippia multiflora (a fragrant plant burnt to keep mosquitoes away)

àvǔɖéɖóé : n. a species of sand louse

àvǔɖóhè / àvǔɖóhɔ̀è : n. hide and seek

àvǔɖókò : n. hide and seek

àvǔgbɔ́ : n. 1. doe 2. maxwell's duiker (syn. àvègbɔ̃́ɛ́, àvǔgbɔ̀ɛ̃́)

àvùgbɔ̀ɛ́ : n. 1. doe 2. maxwell's duiker (syn. àvègbɔ̃́ɛ́, àvǔgbɔ́)

àvùkúkú : n. 1. distraction 2. lack of attention

àvùkúlá : n. one who is distracted

àvǔkpó : n. kennel

àvùléfé : n. a place of reconciliation

àvùlélá : n. 1. peacemaker 2. facilitator

àvùlélé : n. 1. separation 2. parting 3. isolation

àvùlétàkpékpé : n. round table for discussion (peace talks)

àvùkpɔ̀ : n. 1. being curled up on oneself (as a result of sickness, distress) 2. state of having a cold

àvùkpɔ̀ (lé -) : v. to be curled up on oneself (as a result of sickness, distress)

àvùkpɔ̀lélá : n. someone who is curled up on himself (as a result of sickness, distress)

àvùkpɔ̀lélé : n. being curled (as a result of sickness, distress)

àvǔné : n. fresh hard almond coconut

àvùnɔ̀ : n. a female dog

àvútɔ̀ : adj. canine

àvǔtsú : n. male dog

àvǔví : n. puppy

àvùvɔ̀ : n. 1. cold 2. cold weather 3. frost (syn. vùvɔ̀)

àvùvɔ̀wɔ̀àmè : n. fever (syn. àsrà, àsrã̀, dzòxɔ̀xɔ̀, fívà, kpòkpò, ŋdɔ̀gbèè, yèdzà, yèdzàdɔ̀, ŋùdzà, ŋùdzɛ̃́)

àvùwò : n. tiger fish (syn. tsinùvùwò, xàtsèxátsé, xàtsàxátsá)

àvùwɔ̀fé : n. battlefield

àvùwɔ̀lá : n. fighter

àvùwɔ̀wɔ̀ : n. 1. conflict 2. fight 2. scruffle

àvǔxɔ̀ : n. kennel

àvǔzí : n. swarming

àvǔzí (nyà - ɖé…ŋú) : v. 1. to fall on 2. to monopolize 3. to trample

àvǔzí (nyè -) : v. to trample

àvǔzínyènyè : n. swarming

àʋà : n. war

àʋà/ àʋǎ : n. 1. penis 2. foreskin (of the penis) (syn. lò)

àʋà (blá -) : v. to be drawn to war

àʋà (dè -) : v. go to war

àʋà (drɔ́ -) : v. recruit for the war

àʋà (dzè -) : v. to be alert for a war

àʋà (ɖó -) : v. to prepare for war

àʋà (kpé -) : v. to fight war

àʋà (kplɔ̀ -) : v. to order a troop at war

àʋà (lí -) : v. to have an erection

àʋà (lɔ́ -) : v. to attack (of war)

àʋà (tsì -) : v. to bring news of war

àʋà (tsí -) : v. 1. to stop war 2. to die or disappear at war

àʋà (tsí - nù) : v. to die at war (syn. tsò àʋà nù, kú àʋàkú)

àʋà (tsò - nù) : v. to die at war (syn. tsí àʋà nù, kú àʋàkú)

àʋà (tsò - (ná)) : v. to circumcise

àʋà (tsò - àmè) : v. to recruit for war

àʋà (wɔ̀ -) : v. 1. to make war 2. to be at war

àʋà kú ná : v. to be impotent

àʋǎ : n. bush

àʋàbáblá : n. preparation for war

àʋàblálá : n. one who prepares for war

àʋàdàdá : n. commanding officer

àʋàdèdè : n. going to war

àʋàdèlá : n. one who goes to war

àʋàdɔ́drɔ́ : n. recruitment for war

àʋàdrɔ̀lá : n. one who recruits for war

àʋàdù : n. war message

àʋàdùdɔ́lá : n. war messenger

àʋàdzèdzè : n. being warned of war

àʋàdzèhá : n. regiment

àʋàdzèhágá̌ : n. brigade

àʋàdzèhágá̌kpɔ̀lá : n. brigadier

àʋàdzèhágá̌kpɔ̀lágá̌ : n. chief- brigadier

àʋàdzèhágá̌kpɔ̀lʋàfìà : n. Brigadier general

àʋàdzèhákpɔ̀lá : n. Lieutenant colonel

àʋàdzɔ̀núgbé : n. 1. a day of battle 2. a difficult period

Aʋàdzí : n. Avadji (the first name given to a child born at war)

aʋàdzí : n. paralysis (syn. àmìà̌, àmìà̌dɔ̀, gbàgbàdɔ̀, là̌mètùtúdɔ̀, tùtúdɔ̀) àʋàḍóḍó : n. war preparations

àʋàfètú : n. war pension

àʋàfɛ́ : n. war cry

àʋàfɛ́ (dó -) : v. to shout a war cry

àʋàfì : n. enemy of war

àʋàfìà : n. 1. general 2. one who declares war

àʋàfìàgã́ : n. army general

àʋàfìàwó dzí fìà : n. army general

àʋàgà : n. 1. bell 2. small bell

àʋàgã́ : n. a commander in charge of a troop at war

àʋàgɔ̀mèdzèdzè : n. attack of war

àʋàgbà : n. 1. food and survival equipments 2. banana hand 3. a slaughtered animal

àʋàgbè : n. military language

àʋàgbè (ḍè -) : v. to speak military language

àʋàgbé : n. battlefield

àʋàgbèdzí : n. battlefield

àʋàgbèḍèḍè : n. military command

àʋàgbèḍèlá : n. 1. commanding officer 2. commander 3. captain 4. major

àʋàgbɔ̀gbɔ̀èví : n. a child born after war

àʋàɣlí : n. alarm

àʋàɣlí (dó -) : v. to shout the alarm

àʋàhà : n. war song

àʋàhá : n. military troop

àʋàhòhò : n. declaration of war

àʋàhòlá : n. one who declares war

àʋàkà : n. a variety of insect that produces a kind of honey

àʋàkàkàlíkà : n. a nerve that allows erection

àʋàkàlɛ̀à : n. veteran

àʋàkàtsá : n. variety of grass

àʋàklì : n. mormyrids (a type of fish) *(syn. lìwóé àtímèkú)*

àʋàkló : n. a charm that makes people brave

àʋàkló (kló -, sá -) : v. to have a charm that makes people brave

àʋàkò : n. 1. short-toed snake eagle 2. western banded snake eagle 3. african harrier hawk 4. pallid harrier 5. eurasian marsh harrier *(syn. àkpò)* 6. hawk *(syn. àyìsú, yìtsú, yìtsùí)* 7. black kite

àʋàkòfáfɛ́ : n. a variety of hawk

àʋàkòlénú : n. scarecrow

àʋàkɔ́ : n. 1. army 2. swarm of locusts

àʋàkɔ́ sòé : n. army division

àʋàkɔ́ sòé kplɔ̀ʋàfìà : n. division general

àʋàkɔ́gã́ : n. army

àʋàkplɔ̀lá : n. general

àʋàkplɔ̀lágã́ : n. captain (military)

àʋàkɔ́gǎkplɔ̀ʋàfìà : n. army general

àʋàkɔ́gbònùgláhá : n. general staff

àʋàkɔ́gbònùgláhánúnɔ̀lá : n. chief of staff

àʋàkɔ́hátsòtsò : n. battalion

àʋàkɔ́kplɔ̀lá : n. chief of battalion

àʋàkú : n. dying in a war

àʋàkú (kú -) : v. to die in a war *(syn. tsí àʋà nù, tsò àʋà nù)*

àʋàkúkú : n. powerlessness (in regards to the male organ penis)

àʋàkúkútɔ́ : n. an impotent man

àʋàkpéfé : n. battlefield

àʋàkpékpé : n. battle

àʋàkpékpé sòé : n. a clash

àʋàkplɔ̀dɔ́ : n. army command

àʋàkpɔ̀kplɔ̀ : n. army command

àʋàkplɔ̀lá : n. army general

àʋàkplɔ̀ʋàfìà : n. general of the corps

àʋálà : n. 1. wing 2. feather

àʋálàfòfò : n. flapping wings

àʋálífó : n. a type of little sleeping bird on the edge of trails

àʋàlílí : n. erection

àʋàlímè : n. rally for war

àʋàlɔ́gó : n. batalion

àʋàlɔ́gó sòé : n. company

àʋàlɔ̀gó sòé kplɔ̀lá : n. lieutenant

àʋàlɔ̀gó sòé kplɔ̀lá kpédéŋútɔ́ : n. second lieutenant

àʋàlɔ̀gó sòé kplɔ̀lágǎ : n. captain of a battalion

àʋàlɔ́gòkpɔ̀lá : n. 1. commanding officer 2. commander 3. captain 4. major

àʋàlɔ́lɔ́ : n. declaration of war

àʋàlúfúí : n. 1. brown nightjar 2. swamp nightjar 3. long-tailed nightjar 4. black-shouldered nightjar 5. plain nightjar 6. freckled nightjar 7. red-necked nightjar 8. european nightjar 9. standard-winged nightjar *(syn. àhɔ̀lífé)*

àʋàmàkátsá : n. a herb used as a medicine against yaws

àʋàmàtsòmàtsòtɔ́ : n. an uncircumcised person

àʋàmèzɔ̀hɛ́ : n. companion of struggle

àʋàmètsílá : n. one who died in a war

àʋàmɔ́gǎ : n. military troop

àʋànù : n. glans penis

àʋànùdùdù : n. accompanying someone to war

àʋànùví : n. one's real child

àʋànùyí : n. penis skin

àʋànùyà : n. 1. war affaires 2. a variety of bird

àʋànúxɔ̀xɔ̀ : n. 1. disarmament 2. uncorking

àʋàŋùgɔ̀gbéá : n. captain

àʋaŋùgɔ̀nɔ̀lá : n. captain of an army

àʋàsàḍá : n. military troop

àʋàsílá : n. 1. a runaway 2. one who flees from a war

àʋàsìsì : n. being surprised by war

àʋàsísí : n. military retreat

àʋàsívé : n. war refugee

àʋàtà : n. glans penis

àʋàtàgbòé : n. glans penis

àʋàtàŋkùí : n. glans penis

àʋàtó : n. the most successful spinning top of a game

àʋàtófé : n. battlefield

àʋàtófé (yì -) : v. go to the front

àʋàtɔ̀ : n. martial

àʋàtówó : n. notable person

àʋàtrɔ́fényí : n. a variety of bird

àʋàtrɔ́fèyì : n. tree spider (syn. àdzàyí, àhòví, àyìyì, ḍètsɔ̀èví, nyìsã́, yèví, yìyì)

àʋàtrɔ́gbɔ̀è : n. resumption of war

àʋàtú : n. 1. war riffle 2. ammunition

àʋàtúgã́ : n. 1. cannon 2. mortar

àʋàtúkpé lɔ̀bɔ̀ : n. shell

àʋàtsáxé : n. hornbill

àʋàtsákpòlí : n. hornbill

àʋàtsì : n. semen

àʋàtsilá : n. war messenger

àʋàtsílá : n. 1. one who stops a war 2. one who dies at a war

àʋàtsínyà : n. a cease fire message

àʋàtsítsí : n. 1. cessation of war 2. dying or disappearing in war

àʋàtsó : n. 1. lie 2. falsehood 3. liar (syn. làlòtɔ́)

àʋàtsó (ká -) : v. to tell a lie (syn. nyí vé)

àʋàtsódzíxɔ̀sè : n. superstition

àʋàtsóḍásè : n. false testimony

àʋàtsóḍásè (ḍí -) : v. to make a false testimony

àʋàtsóḍásèḍíḍí : n. false testimony

àʋàtsóḍásèḍílá : n. one who makes a false testimony

àʋàtsókáká : n. a lie

àʋàtsókálá : n. a lair

àʋàtsòlá : n. someone who performs male circumcision

àʋàtsónyà : n. 1. false report 2. false testimony

àʋàtsónyàgblɔ̀ḍilá : n. false prophet

àʋàtsónyàgbɔ̀ḍìlá : n. 1. agent of the antichrist (Agbeny La, 1988, 2006, 2020, S. 1 YOHANES 4:4) 2. bearer of false testimony 3. false prophet (Agbeny La, 1988, 2006, 2020, S. 1 YOHANES 4:1)

àʋàtsóŋkɔ́ : n. fake name

àʋàtsótámkáká : n. false testimony

àʋàtsótɔ̀ : n. lair

àʋàtsòtsò : n. circumcision

àʋàtsóxɔ̀sè : n. superstition

àʋàtsɔ́tsɔ́ : n. war recruiting

àʋàʋú : n. 1. warship 2. war drum

àʋàʋúkpóxɔ̀nú : n. armored tank

àʋàwɔ̀fè : n. 1. wartime 2. age to go to war

àʋàwɔ̀fé : n. battlefield

àʋàwɔ̀gbè : n. war day

àʋàwɔ̀lá : n. 1. warrior 2. magnan ant (syn. klikásìví, kɔ̀tɔkɔ̀, mànyàɖéɖi, zànúvɔ́é)

àʋàwɔ̀láwó : n. 1. armed forces 2. warriors

àʋàwɔ̀nú : n. 1. weapons 2. arms

àʋàwɔ̀nú (wɔ̀ -) : v. to incite war

àʋàwɔ̀núdzràɖófé : n. 1. arsenal (of war) 2. armory

àʋàwɔ̀núdzràɖólá : n. gunsmith

àʋàwɔ̀núdzrálá : n. arms dealer

àʋàwɔ̀núwó : n. 1. war 2. conflict 3. battle

àʋàwɔ̀núwó xɔ̀xɔ̀ : n. disarmemant

àʋàwɔ̀núwɔ̀lá : n. weapon manufacturer

àʋàwɔ̀nyà : n. case of war

àʋàwɔ̀sé : n. a law that defends war

àʋàwɔ̀trɔ́ : n. a protection fetish at war

àʋàwɔ̀wɔ̀ : n. 1. battle 2. war 3. conflict

àʋàwɔ̀wɔ̀ dzùdzɔ̀ : n. a truce

àʋàwɔ̀wɔ̀ ŋútí àɖaŋù : n. military tactics

àʋàxálɛ́ : n. 1. a watchman 2. a guard

àʋàyí : n. foreskin (on a penis)

àʋàyífè : n. 1. a year of war 2. age to go to war

àʋàyífé : n. a place of war

àʋàyìyè : n. a war dance

àʋàyìyì : n. a time of war

àʋàyìʋú : n. military expect

àʋàyìyì : n. going to war

àʋàzí : n. stampede

àʋàzí (fò -) : v. 1. jostling 2. mass demonstrating

àʋàzí (nyè -) : v. mass demonstrating

àʋàzífòfò : n. 1. stampede 2. mass demonstration

àʋàzínyèfé : n. a place of mass demonstration

àʋàzínyèlá : n. demonstrator

àʋàzínyènyè : n. mass demonstration

àʋì : n. 1. corruption 2. scam

àʋì (ɖù -) : v. 1. to be corrupt 2. to swindle

àʋìà : n. sword

àʋìdùdù : n. 1. corruption 2. fraud

àʋìdùlá : n. 1. a corrupt person 2. a scamer

àʋìdùtɔ̀ : adj. 1. corrupt 2. deprave

àʋìdùtɔ́ : n. 1. a corrupt person 2. a depraved person

àʋìtìkɔ̀fó : n. 1. fresh maize 2. a dish of peanuts and beans

àʋìʋlì : n. brain (syn. àhɔ̀hɔ̃̀, àhɔ̀hlɔ̃̀, ʋùʋù)

àʋìʋlìtɔ̀ : adj. cerebral

àʋlàkùì : n. earthworm (syn. àvlàkù, àvɔ̀klúì, blàbútsú, blàŋgú, blàkútsú, dɔ̀mèkplèvì, dɔ̀ŋkplèvì, gbàlàkútsú, vɔ̆́, vɔ́klì, vɔ̆́klùì, ʋɔ́klì)

àʋlàyɛ̀ : n. skirt

àʋlàyɛ̀téwùì : n. underskirt

àʋlì : n. cat

àʋlí : n. 1. the hereafter 2. death

àʋlìmɛ̀ : n. 1. darkness 2. hell

àʋlìmɛ̀ (yì -) : v. 1. to die (syn. yì bò, dè núgbé, dé àfɔ̀ àtùkpá mè, yì dèmàgbɔ̀núgbé, kú, yì núgbé, vlɔ́, vlɔ́, yì àfégã̀, yì àzìzà ŋ́ú, yì dzògbè, yì gẽ̀ gbɔ́, yì yèdóxɔ̀fé, yì nákè gbé, yì nú gbé, yì nú xà, yì tɔ̀gbùíáwó gbɔ̀, yì tɔ̀mɛ̀, yì tsíè, zù ŋɔ̀lì) 2. to go to hell

àʋlìmɛ̀tènú : n. a charm that delays death

àʋùmɛ̀ : n. 1. boyfriend 2. girlfriend

àʋùmɛ̀tsúfé : n. cohabitation without having a marriage ceremony

àʋùmɛ̀ví : n. a child born in cohabitation

àʋùtítá : n. 1. oar 2. paddle

àwáwá : n. white wood

àwàwlà : n. 1. a variety of yam 2. a variety of plant whose fruit itches

àwí : n. grey fruit bat (syn. drùíví, àdrí)

àwlà : n. 1. an educated woman 2. a variety of yam 3. a variety of plant whose fruit itches

àwlàmàtsìkà : n. a variety of yam

àwlàwù : n. long dress

àwlò : n. hare

àwlòfú : n. fresh maize

àwlɔ̀ : n. a variety of yam

àwlùí : n. a variety of fishing net

áwò : intj. expressing pain or amazement

àwó : v. to be born on Thursday

Awó : n. Awo (the first name given to a girl born on Thursday)

- àwó : art. (signifies plurality of a nown when added to the tail of a word)

- àwó fé : art. of (something)

àwó lòò ! : intj. well done !

àwòè : n. a variety of bat

àwómè : n. rythm of a drum for women

àwɔ̀ : n. 1. wing 2. vomiting 3. nausea

àwɔ̀ (sì -) : v. to vomit *(syn. dzó, dzɔ̀, dzɔ̀ nú, ɖè nú, ɖè xè, trú nú)*

àwɔ̀bá : n. 1. servitude 2. pledge 3. security 4. a pawn

àwɔ̀bá (dé ... -) : v. 1. to mortgage 2. to use something as a collateral

àwɔ̀bá (ɖó -) : v. 1. to mortgage 2. to use something as a collateral

àwɔ̀bá (lè/nɔ̀-) : v. to be in bondage

àwɔ̀bá (tsí -) : v. to remain in bondage

àwɔ̀bá (yì -) : v. 1. to become a slave 2. to enter bondage

àwɔ̀báɖóɖó : n. 1. pledging 2. pawning

àwɔ̀bámè : n. servitude

àwɔ̀bámènɔ̀lá : n. bonded worker

àwɔ̀bámènɔ̀nɔ̀ : n. 1. being in bondage 2. being a slave

àwɔ̀bámètsílá : n. one who remains in bondage

àwɔ̀bámètsítsí : n. remaining in bondage

àwɔ̀bámèyìyì : n. entry into bondage

àwɔ̀bámèyìlá : n. one who enters bondage

àwɔ̀bámèví : n. one born into bondage

àwɔ̀bánú : n. 1. mortgage 2. something that is mortgaged

àwɔ̀bátsítsí : n. staying in bondage

àwɔ̀báxɔ̀lá : n. one who hires workers

àwɔ̀dà : n. wing

àwɔ̀fú : n. wing hair

àwɔ̀mè : n. 1. private 2. out of sight (Mawuvi, 2019, S. 140)

Awɔ̀mèfìà : n. king (paramount chief) of the Aŋlɔ̀ Eʋe

àwɔ̀sìlá : n. 1. someone who vomits 2. an anorexic person

àwɔ̀sìsì : n. vomiting

àwɔ̀wɔ̀è : n. eaglet

àwù : n. 1. cloth 2. vestment 3. outfit

àwù (dó -) : v. 1. to dress 2. to wear clothes

àwù (ɖè -) : v. to undress

àwù (ɖó - dzí) : v. to iron a dress

àwù (lì -) : v. to iron a dress

àwù (nyà -) : v. 1. to wash clothes 2. to do laundary

àwù (tɔ̀ -) : v. to sew a dress

àwù dèdì : n. 1. T-shirt 2. undershirt

àwù dódó : n. 1. clothing 2. costume

àwù ɖèká ŋkúmè : n. a uniform

àwù lègbè : n. 1. dress 2. gown

àwù nyànyà : n. rag

àwù nyànyà (lè/nɔ̀ - mè) : v. to be in rags

àwù vúvú : n. 1. rag 2. a torn dress

àwù ʋlàyà : n. 1. robe 2. gown 3. cassock

àwù xóxó : n. 1. second-hand clothes 2. old clothes

àwù xóxó dzrálá : n. second-hand clothes dealer

àwùà : n. tree hyrax

àwùbɔ́ : n. 1. arm of a cloth 2. sleeve

àwùdò : n. buttonhole

àwùdódó : n. 1. outfit 2. dress 3. attire 4. the act of dressing

àwùdófé : n. 1. fitting room 2. locker room

àwùdólá : n. someone who dresses

àwùdzà : n. 1. ponytail 2. tail of an elephant, a cow or horse used in religious ceremonies

àwùdzí kplé ànyí : n. full suit

àwùdzíblákà : n. belt

àwùdzíblánú : n. belt

àwùdzídódó : n. ironing of clothes

àwùdzídófé : n. a place where clothes are ironed

àwùdzídógà : n. iron

àwùdzídólá : n. someone who irons clothes

àwùdzídónú : n. iron

àwùdzíwùì : n. 1. blouse 2. jacket 3. track suit 4. sweatsuit

àwùdzràdófé : n. wardrobe

àwùdèdè : n. the act of undressing

àwùdèfé : n. 1. changing room 2. locker-room

àwùdèlá : n. someone who undresses

àwùgá̃ : n. 1. cloak 2. mantle

àwùgàví : n. coat hanger

àwùgbùí : n. button

àwùhèkà : n. braces (pertaining to clothing)

àwùhènú : n. braces (pertaining to clothing)

àwùí : n. grigri/talisman for catching thieves

àwùí (sà -) : v. to posses grigri/talisman for catching thieves

àwùísákàdì : n. a plant species used as an insecticide (Mesosphaerum suaveolens)

àwùísàlá : n. someone who makes grigri for catching thieves

àwùísàsà : n. the making of grigri for catching thieves

àwùkákɛ́ : n. torn clothes

Awùkú : n. a first name of a male born on wednesday

àwùkùnú : n. coat hanger

àwùkùtí : n. coat hanger

àwùkplɔ̀nú : n. a brush for cleaning clothes

àwùlìgà : n. iron

àwùlìfé : n. a place where clothes are ironed

àwùlìlá : n. someone who irons clothes

àwùlìlì : n. the act of ironing clothes

àwùlinú : n. iron

àwùmètú : n. 1. pistol 2. gun 3. hand gun

àwùmètúkpùì : n. 1. pistol 2. gun 3. hand gun

Awùnú : n. name given to a male child born in the placenta

àwùnùfú : n. button (pertaining to clothes)

àwùnùfúdò : n. buttonhole (pertaining to clothes)

àwùnùgbùí : n. button

àwùnùgbùí (dé -) : v. to sew a button

àwùnùgbùí (dò -) : v. to button

àwùnùgbùí (ɖè -) : v. to unbutton

àwùnùgbùí (tɔ̀ -) : v. to sew a button

àwùnùgbùídédé : n. the act of sewing a button

àwùnùgbùídò : n. buttonhole

àwùnùgbùídódó : n. the act of buttoning

àwùnùgbùíɖèɖè : n. the act of unbuttoning

àwùnùgbùítɔ̀tɔ̀ : n. the act of sewing a button

àwùnùgbùíwɔ̀fé : n. a place where buttons are made

àwùnùgbùíwɔ̀lá : n. someone that makes buttons

àwùnùgbùíwɔ̀wɔ̀ : n. button manufacturing

àwùnùkpé : n. button (of a garment)

àwùnyàfé : n. a place where we do laundary

àwùnyàlá : n. one who does the laundary

àwùnyànú : n. detergent

àwùnyànyà : n. laundary

àwùŋútíkplɔ̀nú : n. brush (for a coat)

àwùsá : n. a variety of chili

àwùsákàɖi : n. variety of plant

Awúsí : n. Awoussi (the first name of a girl born on Sunday)

àwùsìáwù : n. 1. auction 2. public sale

àwùtéwùì : n. 1. underwear 2. undergarment

àwùtéwùì àlìtɔ̀ : n. underskirt

àwùtɔ̀fé : n. sewing workshop

àwùtɔ̀lá : n. 1. tailor 2. seamstress

àwùtɔ̀nú : n. sewing kit

àwùtɔ̀tɔ̀ : n. dressmaking

àwùtɔ̀vɔ́ : n. 1. fabric 2. cloth

àwùtsɔ́tí : n. 1. hanger 2. coat hanger

àwùwó : n. 1. outfis 2. clothes

àwùxí : n. umbrella (syn. yèxé, yèxí, kàtàwìà, xèxí, wòxí)

àwúyɛ : n. squirrel (syn. àdédé, àdɔ̀, àdɔ̀è, àɖùdɔ̀, ágbòè, àkɔ̀dɔ̀è, ànyɔ́ŋɔ́nɔ́è, àtsíákúí, kàdzídɔ̀è, kàsànúí, kéndè, klúlù, kòkòbà, krúɖù) àxà : n. 1. side 2. part 3. chapter 4. ribs 5. hideout 6. ambush

àxà (gbɔ̀ - ànyí) : v. 1. to bow down 2. to incline

àxà (lè/nɔ̀ - dzí) : v. 1. to be beside 2. to be alongside

àxà (lè/nɔ̀ - ná) : v. to mistrust

àxà (ná -) : v. 1. to avoid 2. to feint

àxà (té ɖé - dzí) : v. 1. to come closer 2. to near 3. to insist

àxà (tré -) : v. to ambush

àxà gbátɔ̀ : n. recto (the side of a leaf [as of a manuscript] that is to be read first)

àxà gódò : n. verso (the side of a leaf [as of a manuscript] that is to be read second)

àxàbútífú : n. 1. ribs 2. flank 3. side (of the body)

àxàdà : n. 1. flank 2. side 3. side (of the body)

àxàdàdzí : n. 1. flank 2. side 3. side (of the body)

àxàdàmè : n. 1. flank 2. side 3. side (of the body)

àxàdàmèfú : n. ribs

àxàdò : n. armpit

àxàdòdòmè : n. armpit

àxàdòmè : n. armpit

àxàdòmè (dé àsí - ná) : v. to tickle under the armpit

àxàdòmèfú : n. armpit hair

àxàdzà : n. 1. rib cage 2. chest

àxàdzíàxàdzí : n. 1. sideways 2. askew

àxàdzífú : n. 1. ribs 2. side-bone

àxàdzínɔ̀nɔ̀ : n. 1. neighbourhood 2. vicinity 3. locality

àxàfú : n. rib

àxàfútí : n. 1. ribs 2. side-bone 3. sternum

àxàgbɔ̀ànyí : n. 1. tilt 2. angle 3. incline

àxálà : n. 1. wing 2. blade 3. fender

àxàlằdzě : n. pheasant (a type of bird)

àxàléàmè : n. 1. side pain 2. sore ribs

àxàmè : n. 1. flank 2. side 3. side (of the body)

àxàmèfú : n. 1. ribs 2. side-bone

àxànáná : n. 1. pretend 2. avoid

àxàtómè : n. armpit

àxàtómèfú : n. armpt hair

àxàtɔ̀ : n. 1. side 2. lateral

àxàtsàŋú : n. little space behind the house

àxàtsàŋú (tsí -) : v. to menstruate (syn. àlɔ̀ (ŋé -), àsí (ɖó - ànyí), àsí (ŋé -), gbè (lé -), gblé ŋú, gbɔ̀ (tsí - tó), ylètí (kpɔ́ -))

àxàtsàŋúnyɔ́nù : n. housewife

àxàtsέ : n. 1. maraca 2. rattle

àxàvé : n. 1. side pains 2. sore ribs

àxàvéàmè : n. 1. side pains 2. sore ribs

àxàwó : n. 1. the sides 2. the ribs 3. the surroundings

àxè : n. dog

àxèɖàkpà : n. dog

àxèví : n. novice

àxlátsá : n. camouflage 2. hide something so as not to get punished

àxlátsá (wɔ̀ -) : v. to camouflage 2. to hide something so as not to be punished

àxlɛ̀ : n. yellowed leaf

àxlɔ̃́ɛ́ : n. a kind of wild animal

àxɔ́ : n. 1. flea (of a dog) 2. tick 3. leech 4. friend

àxɔ̀látsà : n. gills (of the fish)

Axɔ̀lú : n. Aholou

àxɔ̀lú : n. 1. warlord 2. ruler 3. fetish that protects against drunkenness

àxɔ̀lúsì : n. 1. fetishist 2. a follower of fetishism

àxɔ̀sú : n. 1. king 2. chief

àxɔ́tsɔ́ : n. 1. stuffing 2. wadding

àxɔ́tsɔ́ (dà - tú) : v. 1. to shoot with harmless projectiles 2. to shoot blank

àxɔ́tsɔ́ (dé - mè) : v. to stuff/fill a gun

àxɔ́tsɔ́tú : n. traditional gun

àyà : n. 1. pain 2. suffering 3. maraca 4. reed burn

àyà (ɖù -) : v. 1. to suffer 2. to languish

àyǎ : n. 1. comb (syn. àfɛ́, àyídá, liá, yídá) 2. a hand of bananas (in a meal)

àyá : n. a portion of a farm given to a woman by her husband

àyàɖùɖù : n. 1. pain 2. suffering 3. misery 4. anguish

àyàɖùtɔ́ : n. a wretched person

àyàɖùví : n. a poor person

àyágóè : n. castanets

àyàlí : n. sandstorm

àyáwá : n. 1. copper 2. basin/bowl (made of copper)

Ayáwá : n. first name of a female born on a thursday

àyáwágbá : n. basin/bowl (made of copper)

àyáwánú : n. utensils made of copper

Ayàwò : n. first name of a male born on a thursday

àyàyá : n. 1. ear of corn 2. bunch (of rice/millet)

àyáyé : n. 1. errror 2. blunder 3. something that makes you laugh

àyáyénú : n. 1. errror 2. blunder 3. something that makes you laugh

àyáyénú (wɔ̀ -) : v. to make an errror 2. to make a blunder 3. to do something that makes people laugh

àyáyénúwɔ̀lá : n. 1. someone that makes blunders/commits erros 2. someone that makes people laugh àyáyénúwɔ̀wɔ̀ : n. 1. the act of making blunders/committing errors 2. the act of making people laugh

àyè : n. 1. test 2. trial 3. pretext 4. case 5. plea 6. means 7. medium 8. dance of women following warriors 9. reed with a hollow stem 10. singing out of tune

àyè (dzè -) : v. 1. to be careful 2. to be on guard 3. to be alert

àyè (dzì -) : v.. to sing out of tune

àyè (ɖó -) : v. to set a trap (for somebody)

àyè (fú -) : v. to dance and follow warriors (pertains to women)

àyè (kú -) : v. 1. to no longer have any tase 2. to lose one's natural flavor 3. to be tedious

àyè (tré -) : v. 1. to give it a try 2. to try something

àyè (wɔ̀ -) : v. to pretend

àyé : n. answer given by a woman to an inquiry 2. a gesture or utterance made as a greeting or acknowledgment of another's arrival or departure.

àyé (ná -) : v. to greet

àyè núwɔ̀wɔ̀ : n. 1. trick 2. craft 3. trickery 4. cunning

àyèbèblè : n. 1. trickery 2. deception

àyèdé : n. date

àyèdédzrálá : n. dates-seller/merchant

àyèdéhà : n. dates-wine

àyèdékúkú : n. a hat made with date palm leaves

àyèdétí : n. date-palm tree

àyèdétsétsé : n. date (fruit)

àyèdí : n. date fruit

àyèdzèdzè : n. 1. trick 2. astuteness 3. cleverness 4. craftiness

àyèdzèlá : n. a cunning/smart person

àyèdzèmè : n. 1. skill 2. cunning

àyèdzí : n. 1. caution 2. prudence

àyèdzí (lè - /nɔ̀ -) : v. 1. to be cautious 2. to be prudent

àyèdzidzì : n. the act of singing out of tune

àyèdzilá : n. someone who sings out of tune

àyèdzínɔ̀lá : n. someone who is careful

àyèdzínɔ̀nɔ̀ : n. 1. prudence 2. caution

àyèɖóɖó : n. the act of setting a trap (for somebody)

àyèɖólá : n. someone who sets a trap (for somebody)

àyèé : intj. ah!

àyèfúfú : n. womens war dance

àyèfúfé : n. a place where women perform a war dance

àyèfúlá : n. war dancer

àyèké : n. water hyacinth

àyékóó! : intj. 1. good work! 2. used as form of greeting/encouragment (Response: yàà yé, àyé nɔ̃ (= àyé ná wò)) àyèkúkú : n. the act of losing one's natural flavor/taste

àyélé : n. marionnette

àyéléví : n. 1. marionnette 2. puppet 3. doll

àyèmènú : n. 1. slyness 2. sneakiness

àyèmènú (wɔ̀ -) : n. to be sneaky

àyèmènúwɔ̀lá : n. 1. hypocrite 2. a sly person 3. a clever person

àyèmènúwɔ̀wɔ̀ : n. 1. hypocrisy 2. slyness 3. cunning

àyèmɔ́ : n. 1. trick 2. astuteness 3. craftiness

àyénálá : n. the one who salutes/greets

àyénáná : n. greeting

àyènú : n. pretence

àyènúwɔ̀wɔ̀ : n. cunning

àyènyà : n. fallacious question

àyènyà (bíá -) : v. to ask a fallacious question

àyènyà (gblɔ̀ -) : v. to speak fallaciously

àyènyàbíábíá : n. asking of a fallacious question

àyènyàbíálá : n. someone that asks a fallacious question

àyènyàgblɔ̀lá : n. someone that speaks fallaciously

àyèsrã̀ : n. 1. trickery 2. deception 3. fraud 4. scam

àyèsrã̀nú : n. 1. trickery 2. deception 3. fraud 4. scam

àyètétré : n. 1. test 2. attempt

àyètí : n. 1. reed 2. rush 3. calamus

àyètɔ̀ : n. 1. cunning 2. clever 3. sneaky

àyètɔ́ : n. 1. hypocrite 2. a sly person 3. a cunning person

àyètɔ́ (nyé -) : v. to be sneaky

àyètɔ̀è : n. 1. maliciously 2. cunningly

àyètrélá : n. 1. someone who takes a test 2. someone who makes an attempt

àyètrɔ̃́ : n. Hygrophyla auriculata (a medicinal plant in the acanthus family that grows in marshy places and is native to tropical Asia and Africa)

àyèvú : n. cunning dog (etymological construction of the word yèvú) (Ewepride, Facebook, 2022)

àyèwɔ̀lá : n. someone who pretends

àyèwɔ̀wɔ̀ : n. pretence

àyì : n. beans *(syn. gbàgbàyì)*

àyì (fà -) : v. to sow beans

àyì (klẽ̀ -) : v. to shell beans

àyì (xá -) : v. to harvest beans

àyì gbógbǒ : n. 1. green beans 2. french beans

àyí : n. skin *(syn. ágbàdzè, àgbàlẽ̀, làkúshí, ŋú, ŋùílã̀, ŋútí, ŋútígbàlẽ̀, ŋútílã́)*

àyí (fò - , lé -) : v. to be wrinkled

áyì ! : intj. ouch !

àyìblí : n. a meal comprisin beans and corn

àyìblítsí : n. brown loincloth

àyìbòdà : n. a meal made with brown beans

àyìbópɛ̀ : n. cry for help

àyìbɔ̀bɔ̀, àyìbɔ̀bɔ̀è : n. a meal made with brown beans

àyìdìlà̰ : n. a species of fish

àyìdzrálá : n. beans seller

àyídá : n. comb (syn. àfɛ́, àyǎ, lǐá, yídá̰)

àyìdàdà : n. cooked beans

àyìdzàwúgbè : n. new/fresh beans ceremony day

àyìdʒé : n. klaas's cuckoo (syn. twéntwéré)

àyífádḭ́ : n. adultery fine

àyìfàfà : n. sowing of beans

àyìfàlá : n. someone who sows beans

àyìfàyì : n. a season when beans are sown

àyífòfò : n. being wrinkled

àyìgblè : n. beans farm

àyìgblèdèdè : n. cultivation of beans

àyìgblèdèlá : n. someone who cultivates beans

àyìhɔ̰̀ : n. bean stalk

àyìkà : n. 1. bean thread 2. tendril 3. spike

àyìkàmè : n. beans farm

àyìkèklɛ́ : n. shelled beans

àyìkɔ́yìkɔ̀é : n. kidney (syn. tsɛ̀tsɛ̀kùyè)

àyìkú : n. 1. kidney 2. nodule

àyìkúdɔ̀ : n. 1. kidney disease 2. kidney pain

àyìkúḭ́ : n. 1. pimple 2. skin rash 3. an eruption on the skin

àyìkúnɔ̀fé : n. kidney cortex

àyìkpà : n. bean pod

àyìkplɛ́ : n. a meal made of bean paste (similar to àkplɛ́)

àyílélé : n. wrinkle

àyìló kálámḭ́ : n. a type of fried fish that has a flat shape as that of an eel (syn. nípáyé kálámḭ́)

àyìlɔ́ : n. a mixture of fine sand and salt that is eaten, as a craving, (mostly by some pregnant women) (syn. kpándókɔ́, lìlɔ́)

àyìmà : n. edible bean leaves

àyìmàdétsì : n. bean leaf sauce

àyìmàkpà : n. bean leaf

àyìsàà : intj. i apologize

àyìsú : n. hawk (syn. àʋàkò, àyìsú, tsúḭ́, yìtsú, yìtsúḭ́) (Raphael Kwami Ahiabenu, 2014 (first printed 1930), S. 146) 2. african cuckoo hawk 3. black-shouldered kite (syn. kpòkù)

àyìtí : n. sea turtle

àyìtsìà : n. a variety of cashew

àyìtsú : n. sparrowhawk

àyìxáxá : n. harvest of beans

àyìyì : n. spider *(syn. àdzằyí, àhòví, àʋàtrɔ́fèyì, ɖètsɔ̀èví, nyìsắ, yèví, yìyì)*

àyò : n. 1. prodigality 2. wasting of money 3. piggish 4. allium sativum (garlic)

àyò (ɖù -) : v. 1. to be prodigal 2. to waste money

àyó! : n. 1. go on! 2. cheer (as a sign of encouragement)

àyó (tsò -) : v. to encourage with cheers

àyòɖùɖù : n. 1. being prodigal 2. the act of wasting money

àyòɖùlá : n. 1. a prodigal person 2. someone who wastes money

àyòènú (wɔ̀ -) : v. to cause laughter

àyòènúwɔ̀lá : n. someone that makes people laugh

àyòènúwɔ̀wɔ̀ : n. the act of making people laugh

àyòètɔ́ : n. someone that makes people laugh

àyòmàsá : n. onion

àyòŋklɛ́ : n. clay

àyóó : n. 1. all right 2. okay 3. agreed

àyótsòlá : n. 1. leader 2. encourager 3. someone who encourages with cheers

àyótsòhàbɔ̀bɔ̀ : n. cheer group

àyótsòtsò : n. to encourage with cheers

àyòyò : n. 1. talkative 2. conversationalist

àyɔ̀ : n. groin

áyɔ́nì : n. iron

àyràbíí : n. canary (a type of bird)

àyrɛ̀, àyrɛ̀ví, àyrɔ̀è : n. tit (a type of bird)

àyrò : n. 1. courtyard 2. space in fron of a house

àyròɖòé : n. swallow (a type of bird)

àyrɔ̀ɛ̀, àyrɔ̀sɔ̀è : n. sparrow (a type of bird)

áyù : n. garlic

àyùròbòtétí : n. a type of sea bird

àyùɛ̀ : n. 1. joke 2. gag 3. unimportant matter

àyùètɔ́ : n. 1. joker 2. an entertainer

àzà : n. 1. abyss 2. deep hole

àzà (dé -) : v. 1. to be deep 2. to dig a deep hole

àzằ : n. 1. holiday 2. party 3. festival 4. celebration 5.trap 6. ambush 7. palm branch 8. bewilderment 9. curvature

àzằ (dà -) : v. to postpone

àzằ (dé -) : v. to be curved

àzằ (ɖó -) : v. 1. to fix a date 2. to fix a meeting date

àzằ (ɖó ŋkú - dzí) : v. to remember a given date

àzằ (ɖù -) : v. to celebrate

àzằ (fò -) : v. 1. to bewitch 2. to cast a bad spell

àzǎ (lí -) : v. to lay a trap

àzǎ (tré -) : v. to set a trap

àzǎ (tsí - (ná)) : v. to wait

àzǎ (wɔ̀ ɖé - dzí) : v. 1. to respect a date 2. to meet a deadline

àzǎ dè : v. 1. to be time for something 2. to be the moment for something

àzǎdédé : n. 1. depth 2. digging of a deep hole

àzǎɖùɖù : n. celebration

àzǎɖùfé : n. a place of celebration

àzǎɖùlá : n. merrymaker

àzǎɖùnú : n. items used for celebrating an occasion

àzǎé lòò, àzǎé sèè : loc. party party!

àzǎfòfò: n. 1. bewitchment 2. casting of a spell

àzǎfòlá: n. 1. witch 2. wizard 3. sorcerer

àzàgèdèʋùì : mumps (syn. ántòɖóé, áŋkpɔ̀bɔ́é, àzègèɖèfí, àzègèɖèʋòé, àzègèdèʋùí, àzògèɖèbùí, kìtìkpɔ̀bɔ̀, kìtìkpɔ̀bɔ́é, kìtsìkpɔ̀kpɔ̀, kòklótsùí, kɔ̀klòtsùí, kɔ̀kùí, kpìtìàŋkpɔ̀bɔ́è, zègèdèʋúí)

àzàgòé : n. dangerous situation

àzàgbá : n. wasp (syn. àdzàdzà, dzàdzá, kòtókròɖú, kpɔ́tɔ̀klùví, lìlȋ, ʋã́, ʋáʋã́)

àzàgbádzá : n. trap to catch agoutis (a rodent of equal size to a rabbit)

àzàgbèŋkɔ́ : n. birth name given according to the day of the week one is born

àzàkàlɛ̀ : n. roasted corn

àzàkpé : n. stone of an erected trap

àzàkpòtí : n. one of the poles intended to support the stone of an erected trap

àzàkpɔ́ : n. fence-trap

àzàlèbè, àzǎlélé, àzǎlèlɛ̃́ : n. a trap in a fence-trap

àzǎlétí : n. trap stake

àzǎlílí : n. 1. setting of a trap 2. trap 3. snare

àzàmã́ : n. corn pate

àzǎmènú : n. 1. bait 2. lure

àzǎmètí : n. 1. stake to support a trap 2. stick on which a bait is fixed 3. intermidiary between two contenders

àzǎtétré : n. setting of a trap

àzàtɔ̀ : n. 1. periodic 2. cyclical

àzàʋà : n. 1. lower jaw 2. mandible 3. corner of the jaw

àzègèɖètùbò : n. large quantity and good price

àzègèɖèfí : n. mumps (syn. ántòɖóé, áŋkpɔ̀bɔ́é, àzàgèdèʋùì, àzègèɖèʋòé, àzègèdèʋùí, àzògèɖèbùí, kìtìkpɔ̀bɔ̀, kìtìkpɔ̀bɔ́é, kìtsìkpɔ̀kpɔ̀, kòklótsùí, kɔ̀klòtsùí, kɔ̀kùí, kpìtìàŋkpɔ̀bɔ́è, zègèdèʋúí)

àzègèɖèʋòé, àzègèdèʋùí : n. mumps (syn. ántòɖóé, áŋkpɔ̀bɔ́é, àzàgèdèʋùì, àzègèɖèfí, àzògèɖèbùí, kìtìkpɔ̀bɔ̀, kìtìkpɔ̀bɔ́é, kìtsìkpɔ̀kpɔ̀, kòklótsùí, kɔ̀klòtsùí, kɔ̀kùí, kpìtìàŋkpɔ̀bɔ́è, zègèdèʋúí)

Azèbàidzán : n. Azerbaijan

àzi : n. 1. egg 2. peanut 3. groundnut (syn. kìtìwɔ́, kìtsìwɔ̀è) 4. a type of large tree that produces good shade 5. buttocks 6. anus (syn. àgɔ̀mè, àŋlɔ̀gònù, àŋlɔ̀mè, àŋlɔ̀nù, àŋɔ̀kplí, émítómè, gɔ̀mè, gbímè, mínyèfé, mító, mítómè)

àzi (ɖá -) : v. to lay an egg

àzi (ɖá - vóvó) : v. 1. to toil in vain 2. to work for nothing

àzi (fò -) : v. to hatch (relating to eggs)

àzi (fa -) : v. to sew groundnuts/peanuts

àzi (gbò -) : v. to scramble eggs

àzi (kù -) : v. to dig up peanuts

àzi (tɔ̀ -) : v. 1. to fry an egg 2. to fry groundnuts/peanuts

àzi (tsyɔ́ -) : v. to incubate an egg

Azìà : n. Asia

àzìã̀ : n. 1. concubine 2. girlfriend

àzìã̀ (ɖí -) : v. 1. to court 2. to woo

àzìã̀ (dzè -) : v. 1. to live with a woman 2. to go out with a woman 3. to win a woman's love

àzìàbúté : n. scorpion (syn. àgǎdzà, àgàdzàdzà, àgǎlǎhɔ́, àgàlɛ̌, àgànɛ̌, àgàlàʋúí, àgázà, àhɔ̀, àkéklé, dzíɖègbè, tègè)

àzìãdídí : n. courtship

àzìãdzèdzè : n. 1. living with a woman 2. going out with a woman 3. winning a woman's love

àzìãdzèlá : n. 1. someone who lives with a woman 2. someone who goes out with a woman 3. someone who wins a woman's love

àzìãví : n. 1. concubine 2. mistress

àziblí : n. a meal of peanuts and corn

àzidètsì : n. groundnut/peanut soup

àzidò : n. hole left by unearthed peanuts/groundnuts

àzidzɛ̌ : n. egg yolk

àziɖáɖá : n. laying of eggs

àziɖáfé : n. 1. a place where eggs are layed 2. nest

àziɖɔ̀ : n. fresh peanut

àziɖɔ́ɖɔ́ : n. laying of eggs

àziɖɔ́fé : n. ovary

àzifɔ̀tsú : n. a type of grass that collects dew

àzifòfò : n. hatching of an egg

àzifòfòè : n. newly hatched egg

àzigó : n. 1. buttocks (of a monkey) 2. back (of a monkey)

àzìgòɖòè : n. a variety of peanuts

àzìgòkùí : n. a variety of peanuts

àzìgòlò : n. ovary (of a bird/fish)

àzigbé : n. clover

àzìgblè : n. peanut farm

àzìgblè (dè -) : v. to grow peanuts on farm

àzìgblèdèdè : n. peanut farming

àzìgblèdèlá : n. peanut farmer

àzìgbó : n. raw peanut

àzìgbògbò : n. beating of eggs

àzìyí : n. 1. egg-white 2. albumine

àzìkɔ́ : n. peanut pod

àzìkú : n. 1. groundnut 2. peanut

àzìkpàtsà : n. egg shell

àzìkpló : n. ovary (of a bird/fish)

àzìlå̀ : n. 1. oviparous 2. hyena *(syn. àgbòtòè, àhèlå̀, àkpàtàkú, àmègǻxì, dzàyìsà, dzàzìlå̀, gànà, gå̀nà, glì, gbètè)*

àzìlɔ̀dɔ́dɔ́ : n. taking a nap

àzìlɔ̀dɔ́lá : n. someone who takes a nap

àzìlɔ̀ɛ̀ : n. a nap

àzìlɔ̀ɛ̀ (dɔ́ -) : v. to take a nap

àzìmè : n. 1. size 2. height 3. taille

àzìmì : n. groundnut/peanut oil

àzìnògòè : n. a variety of peanuts/groundnuts

àzìnù : n. roots of a tree that serves as a buttress

àzìtí : n. a type of large tree that provides shade

àzìtó : n. peanut shell

àzìtɔ̀tɔ̀è : n. roasted groundnuts/peanuts

àzìtsró : n. 1. egg shell 2. peanut shell

àzìtsró (dè lè - mè) : v. to become an adult

àzìtsyɔ́tsyɔ́ : n. incubation

àzìví : n. newly hatched baby chicken

àzìvlɔ́ : n. a variety of grass that collects dew

àzìwɔ̀ : n. a type of tree whose roots are used as sponges

àzìwɔ̀kpé : n. white quartz

àzìzå̀ : n. 1. dwarf 2. pygmy 3. a spirit who lives in the bush or forest *(syn. àkplàkpòé, gbètɔ́àgè, yélègbèmè)* 4. goblin 5. whirlwind

àzìzǻ : n. 1. chimpanzee *(syn. àkplàkpòè, àmèkèsé, kèségǻ, sìmpàzé-kèsé, yélègbèmè)* 2. estuary

àzìzàgbètɔ́ : n. 1. goblin 2. gnome 3. fairy 4. nymph

àzìzå̀nú : n. 1. mouth 2. estuary 3. river estuary

àzìzå̀ví : n. 1. child sorcerer 2. terrible child

àzìzì : n. 1. drops of water on the body 2. blather 3. hot air

àzìzí : n. ano-rectal prolapse/eruption in the anus *(syn. kɔ̀kɔ̀bó, kplɛ̀)*

àzìzì (ɖó -) : v. 1. to be all wet 2. to have drops of water all over one's body 3. to talk for nothing

àzìzì (ɖó - ɖé nyà mè) : v. 1 to talk painfully 2. to have hard time talking 3. not to be able to talk any more 4. not to give a firm answer

àzògèdèbùí : n. mumps *(syn. ántòdóé, áŋkpɔbɔ́é, àzàgèdèvùì, àzègèdèfí, àzègèdèvòé, àzègèdèvùí, kitikpɔbɔ, kitikpɔbɔé, kitsikpɔkpɔ, kòklótsùí, kɔklòtsùí, kɔkùí, kpitiàŋkpɔbɔé, zègèdèvùí)*

àzɔ : n. 1. smoke 2. work

ázɔ́ : n. 1. now 2. at the moment 3. again

ázɔ́ bé : loc. 1. so (that) 2. in order (that)

ázɔ́ dè! : loc. good!

ázɔ́ kò! : loc. 1. finally! 2. whew!

Azóf-fù : n. sea of azov

àzɔbitó: n. describes a case of being in a messy state/state of complete disorder

àzɔli : n. 1. march 2. walk 3. behaviour 4. way of life

àzɔli (zɔ -) : v. 1. to march 2. to parade

àzɔlidzídèdè : n. 1. slow-down 2. deceleration

àzɔlidèkpɔtɔ : n. 1. slow-down 2. deceleration

àzɔlidídí : n. 1. slow-down 2. deceleration

àzɔlimè : n. 1. gait 2. course of life 3. conduct

àzɔlinú : n. 1. walking 2. running 3. motion

àzɔlizɔdɔ́ : n. 1. walking 3. jogging

àzɔlizɔfé : n. 1. sidewalk 2. pedestrian crossing 3. zebra crossing

àzɔlizɔlá : n. 1. walker 2. jogger 3. hiker

àzɔlizɔzɔ : n. walking

àzóti : n. nitrogen

àzɔ̀tɔ : n. 1. present 2. current 3. today

àzù : n. pus

àzùí : n. 1. rabbit 2. hare *(syn. fɔmízi)*

àzùí (dzɔ -) : v. to be stupid

àzùiá : n. 1. bastard 2. rascal

àzùinú : n. foolishness

B

bà : v. 1. to cheat 2. to deceive 3. to defraud 4. to aid 5. to make mound/ridges 6. to scratch 7. to grab (with a hook/with a finger) 8. to hang 9. to pull

bà : n. 1. mud 2. pancreas 3. stew 4. whip 5. whisk 6. humility / the act of asking for forgiveness

bà : id. describes the sound created when something pasty (e.g **àkplé**) falls

bà (dé - mò ná) : v. 1. to shame 2. to smear with mud

bà (dó - ná) : v. to beat somebody with a stick/cane

bà (dó -) : v. to be stuck in the mud

bà (dí - ... dzí) : v. to take by force

bà (fà -) : v. 1. to be stained with mud 2. to have mud stuck ones shoes or feet

bà (fò -) : v. 1. to be dirty of mud 2. to become pasty

bà (nyí - (ná)) : v. 1. to bow down before someone 2. to ask for forgiveness

bà (... fé tà tsí - mè) : v. not to be rewarded

bá : v. 1. to stain 2. to be stained 3. to be close to

bá : adv. 1. only 2. except 3. at all cost

bà há : v. 1. to abuse 2. to annoy

bà nà : v. 1. to contaminate 2. to infect 3. to pollute

bá nyà : v. 1. to be charged of a wrongdoing

bà tótró : n. wig

bàà : id . wide open

báà : n. 1. bar 2. of course

báà : id. 1. of course 2. certainly

báàtɔ́ : n. barman

bàbà : n. 1. condolence 2. mud 3. termite/white ant 4. syphilis *(syn. àgbàdzà, bàbàdɔ̀, núlɔ́)* 5. gonorrhoea 6. cheating 7. the act of helping 8. making of mound/ridges 9. scratch 10. catching (with a hook/finger)

bàbà (dó - ná) : v. 1. to sympathize with 2. to apologize

bàbá tù àbà : loc. 1. impromptu 2. by surprise

bàbá : n. 1. mud 2. contamination 3. defilement

bàbà tú àbà! : loc. it's amazing!

bábá : id. of course

bàbàà : adj. moist

bàbàà! : id, intj. beware

bàbàbà : id. 1. a lot. 2. the sound made by dripping liquid or by a dripping pasty substance

bábábá : id. 1. very strong 2. with force

bàbábá : id. 1. thick 2. close 3. tight

bàbàdódó : n. the act of presenting condolences

bàbàdólá : n. 1. someone who presents condolences 2. someone wo sympathizes

bàbàdónámègbàlẽ̀ : n. letter of condolence

bàbadɔ̀ : n. 1. gonorrhoea 2. syphilis *(syn. àgbàdzà, bàbà, núlɔ́)* 3. veneral disease

bàbàɖù, bàbàɖùì : adj. eaten by termites

bàbàkɔ́ : n. 1. termitary 2. anthill

bàbàkúàbà : n. black beetle

bàbàlélá : n. 1. gonorrhoea patient 2. syphilis patient

bàbàlíbà : n. all covered in mud

bàbàmè : n. 1. swamp 2. marsh 3. bog

bàbàtí : n. jatropha species

bàbàtídzɛ́ : n. jatropha gessypifolia (red jatropha)

bàbàtíɣí : n. jatropha gurcas (white jatropha)

bàbàtíkè : n. insecticide that kills termites

bàbàtóʋálà : n. winged termite

bàbí : n. a type of yam species

bàbìá : n. 1. request 2. solicitation

bàbìì : adj. 1. obscure 2. blurred 3. doubtful

bàbìtɔ́ : adj. 1. obscure 2. blurred 3. doubtful

bàbìtɔ̀è : adv. 1. obscurely 2. fuzzy way 3. doubtfully

bàblá : n. 1. a bunch of straw/ onions 2. a bouquet 3. a packet 4. bond 5. agreement 6. a set up/conspiration

báblá : adj. 1. tied 2. bounded 3. coagulated 4. frozen

báblá : id. quickly

bàbládzèsì : n. 1. traces left by a fastener 2. evidence of conspiracy

bàbláfé : n. a place where something can be attached/tied

bàblátèfé : n. a place where something can be attached/tied

bàblùmɔ̀ : n. rototiller

bàbòò : adj. 1. broad 2. wide

bàbùbàbù : id. a manner of eating without teeth

bàbùù : id. 1. broad 2. wide

bàdà : adj. 1. muddy 2. sludgy

bàdàfí : n. a red mouse that lives in trees and in bushes

bàdzàà : id. large and wide

bàɖà : adj. 1. bad 2. evil 3. wicked 4. worthless

bàɖà (nú -) : n. something bad

bàɖà (wɔ̀ -) : v. 1. to do something bad 2. to sin

bàɖàà : id. 1. dirty 2. messy

bàɖàà (lè - /nɔ̀ -) : v. 1. to be bad 2. to be badly formed 2. to be deformed

bàɖàbàɖà : adj. 1. in disarray 2. confused 3. disgusting

bàɖàbàɖà (àmè -) : n. 1. swindler 2. thug 3. someon who cannot be trusted

bàɖàbàɖà (nú -) : n. vice

bàɖɛ̀, báɖɛ́ : adj. 1. something unimportant 2. something small

bádɛ́ kò : adv. 1. suddenly 2. all of a sudden

bàdɛ̀ɛ̀, bádɛ́ɛ́ : adj. 1. suddenly 2. fuzzy

bàdì : n. 1. pressure 2. mistreatment

bàdí : n. abuse

bàdí (dó -) : v. 1. to mistreat 2. to overwhelm

bàdìbàdì : n. 1. slowly 2. poorly 3. lazily

bàdídódó : n. abuse

bàdídólá : n. someone who mistreates others

bàdídɔ́ : n. a job that requires a lot of effort

bàdílá : n. someone who puts in a lot of effort to do a job

bàdídí : n. 1. ignorance 2. not being civilized 3. acting by force

bàdìì, bádíí : id. 1. insignificant 2. unimportant

bàdódó : n. 1. sinking in mud 2. being bogged down

bàdófé : n. a place where one risks sinking in mud

bàfá : n. 1. a lame person *(syn. búnɔ̀, tèkúnɔ̀, xɔ̀drɔ̂, xɔ̀ndrɔ̀, xɔ̀ndrɔ̂, xɔ̀ndrɔ̀è)* 2. a paralytic

bàfàfà : n. 1. modeling with clay 2. being stained with mud 3. to have on the sole of one's shoes/feet

bàfìfì : n. 1. rut 2. a muddy place where one sinks

bǎfò : n. bath

báfóbàfó : n. high speed

bàgàà : id. thing and swaying (of a stalk)

bàhà : n. a piece of banana stem used a sponge

báhé : n. 1. thin (of a woman) 2. thin and flexible

bái-bài : intj. bye-bye

Báíkàl-Tá : n. Lake Baikal

bàkà : n. canary (a type of bird)

báká : v. to mix

báká : n. mix

báká nú : v. to make an offering to

bàkàà : adj. 1. wide 2. large

bàkàbáká : adj. 1. wide 2. large 3. mixed

bákábáká : n. mixture

bàkàlòréà : n. Bachelor (of or relationg to a degree)

bák(i) : n. Bachelor (of or relationg to a degree)

bàkítíbàkàtà : n. name of a charm / a type of amulet

bàktèrí, bàktèrìá : n. bacteria

bàkpàằ : n. 1. thick 2. broad 3. voluminous

bàlà : n. ringworm *(syn. àbálà, àflíbátá, àgblà, ànyàmà, flíbátá, fòkpòfòkpò, kàvègɛ̌, kɔ́kɔ́è, zɔ̀lélé, zɔ̀lí̌, zɔ̀lìlí̌)*

bálá : n. catfish

bálá : v. to wrap around

bálá ɖé ... ŋú : v. 1. to wrap around something 2. cling (as vines) 3. to be attached to

bàlàà, bàlàbàlà : id. slow and graceful movements

bàlàfɔ́ : n. balafon (a type of musical instrument)

bálákà : n. 1. belt 2. strap

bàlàmí : n. larva

Bàlàtɔ̃́ -Tá : n. Lake Balaton

bálè : n. barley

Bàlèárè-fùdòmèkpówó : n. Balearic islands

bàlì : n. 1. valley 2. slope

bàlì sùè : n. small valley

bàlìlì : n. smearing of mud/clay on the wall (a rite performed during the *kli-adzima and mama vena* shrine-festival in Agbozume)

Bàlí-fùdòmèkpó : n. Bali

bál : n. ball

bǎlì : n. barrel

bàlìmè : n. 1. valley 2. lowland 3. depression

Bálkàn-Tówó : n. Balkans

Báltíkì-fù : n. baltic sea

bálù : n. ball (a reunion where one dances)

bàm: id. 1. violently 2. slamming

bàmbí : n. a type of donkey

bàmbí : n. 1. mud 2. swamp 3. marsh 4. heath

bàmèɖùì : n. parasite

bàmèló : n. a type of crocodile that lives in swamps/ broad-fronted crocodile *(syn. ló, tàmèló)*

bàmèlòé : n. a type of big lizard that lives in swamps

bàmfá : n. half

bánábáná : n. full and overflowing

bándì : n. 1. firecracker 2. banger 3. squib

bàndzó : n. banjo

báni : n. drum

bàníbà : n. 1. comrade 2. fellow 3. chap 4. boy

bánigbá : n. a metal container in which women put away their clothes

bànìtí : n. 1. drumstick 2. a type of tree

Bánsà : n. name given to a 3rd son in the region of kpando, hohoe, tomegbe

bànyàà : adj. 1. muddy 2. wet

bànyàbànyà : adj. 1. muddy 2. wet

bànyìbànyì : id. 1. swinging 2. tottering 3. staggering 4. instable

bànyígbá : n. 1. swamp 2. marsh

bànyílá : n. 1. someone who prostates 2. someone who subdues himself bànyínyí : n. 1. submission 2. humility 3. request of pardon

bàntsì : n. cassava

bàŋà : adj. 1. wide 2. vast

bàŋá : n. cassava

bàŋàà : adj. widely open

báŋɛ : adj. slightly open

báŋɛ (kè -) : adj. to open slightly

Bàŋglàdésì : n. Bangladesh

bàŋkú : n. banku

bár(ì) : n. bar

bàrázyì : n. barrage *(syn. mɔ́tútú)*

bàsà : id. 1. scattered 2. disorderly

bàsàà (tsí -) : v. to be uncomfortable

bàsàbàsà : id. 1. scattered 2. disorderly

bàsàbàsà (wɔ -) : v. 1. to be disorderly 2. to be indisciplined

básàm : n. 1. balm 2. balsam

bàsɛ̀ɛ̀, básɛ́ɛ́ : id. 1. in no time 2. by mistake

bàsílì : n. bacillus (a type of bacteria)

bàsílìtɔ̀ : n. bacillary

bàsìsì : n. the act of colouring

bàtà : n. 1. to grow together 2. to be faithful to 3. to be linked to

bátá : n. 1. to smear 2. to intertwine 3. to no be able to differenciate

bàtàbátá : id. 1. act of intertwining 2. not being able to differentiate

bàtàhṹ : n. 1. misfortune 2. bad news 3. accident 4. trouble 5. bad luck suffered by an innocent person

bàtàkàlí : n. 1. batakari 2. smock

bàtàkànyà : n. 1. prickly heat 2. heat rash

bàtákpã́ : n. a sauce in which cornflour is placed

bàtálà, bàtálá : n. 1. sail. 2. sailboat 3. european boat 4. boat

bàtálàʋú : n. 1. sailing boat 2. sailing dugout

bàtèrí : n. bacterium

bàtíkì : n. batik

bátrì : n. battery

bàtɔ̀ : n. torrent of mud

bàtsì : n. 1. dear (a term used to affectionately addres one's spouse) 2. cassava

bàtsìkplḗ : n. cooked dough of fermented cassava flour

bàtsìnyè : n. 1. a bug of the wood used for constructing a bed 2. bed bug (bed of straw)

bàyàà : id. 1. hanging 2. pendulous 3. fleshy 4. soft

bàyìfó : n. 1. witch 2. wizard

bàzḗ : n. basin

bè : n. 1. thatch 2. straw 3. quackgrass 4. care 5. concern

bè : v. 1. to shelter 2. to harbor 3. to hide 4. to take refuge

bè (lé -) : v. to take care of

bé : v. 1. to say 2. to pretend 3. to allege that 3. to scrape *(syn. flɔ́)* 4. to sample (a pasty substance) 5. to be bald

bé : conj. 1. if 2. in order that 3. so that

bé (lè -/ nɔ̀ -) : v. to have to

bé (ŋlɔ̀ -) : v. to forget

bé.......máhằ : conj. 1. if 2. whether

bèbè : n. hiding

bèbè (lè - mè) : adv. 1. secretly 2. discreetly 3. slyly

bèbé : n. 1. being bald 2. baldness 3. scratch 4. baby

bébé : v. to be scratched

bébé : adj. bald

bébédɔ́fé : n. a refuge where one can sleep

bèbèfèfé : n. hide and seek (game)

bèbèfé : n. 1. shed 2. shelter 3. refuge 4. den

bébèfé : n. a scratched place

bèbèlá : n. fugitive

bèbèlíbé : n. hide and seek (game)

bèbèmènú : n. secret

bèbèmènúwɔ̀lá : n. a sneaky/cunning person

bèbéví : n. baby

bèbéwú : n. 1. an old fat sheep 2. a big baby

bébì : n. baby

bèblè : n. 1. cheating 2. delusion 3. fallacy

bèblé : n. 1. being abandoned 2. being exposed to everything

béblé : adj. 1. forsaken 2. unprotected 3. obtained without effort

bèblédɔ́ : n. 1. ordinary work 2. unimportant work

bèblé fé : n. 1. public place 2. commonplace

bèblélá : n. an abandoned person

bèblétɔ̀ : adj. abandoned

bèblétɔ́ : n. an abandoned person

bèblétɔ̀è : adv. 1. abandonned 2. helpless

bébli : adv. 1. painfully 2. with difficulty

bébli (háfi) : adv. hardly

béblìtɔ̀è : adv. 1. painfully 2. with difficulty

bèdò : n. 1. stubble 2. thatch

bèdzà : n. thatch fringe (that protrudes from the roof)

bèdzà (nɔ̀ - gɔ̀mè) : v. to hide behind the wall

bèdzàmè : n. a place covered with thatch

bèdzànù : n. thatched edge

bèdzè, bèdzɛ̀ : n. wheatgrass

bédébédé : n. 1. brimful 2. full to overflow

bédì : n. mattress

bèdófé : n. refuge (Eʋegbe Biblia, 2014, S. Psalmowo 119:114)

bèdòmè : n. space under a thatched roof

béé : id. secretly

bèféfé : n. straw

bèfé : n. 1. shed 2. shelter 3. refuge 4. den

bègbàdɔ́ : n. thatched shelter

bègá̰ : n. vice

bèhèbèhè : id. 1. soft flexible and tall 2. heavily and trailing

bèhèè : adj. not consistent enough

bèkà : n. rope of straw

bèkèbèkè : id. slimy and heavy

bèkù : n. dregs of red palm oil

bèkpò : n. 1. sheaf or bale of straw 2. cigar

bèkpòdzò : n. fire of straw/thatch

bèkpòdzò (dó -) : v. to start a straw fire

bèlè : n. frame that supports the straw

bèlé : n. 1. a skin disease/scabies *(syn. àflɔ́é, àklì, àkpà, àkpàkúí, bòsòkpà, fòkpòfòkpò, flɔflɔ́, fɔflɔ́, klùsàklúsá, kpìtì, zóŋgólàtsístsi)* 2. toad

bèlèè : adj. oiled

bèlèbèlè : id. 1. oily 2. wet 3. flexible

bélébélé : n. 1. not very strong 2. soft 3. without much force

bèléfé : n. nursery

bèlègúdù : n. 1. mask 2. disguise 3. blind

bèlélá : n. 1. babysitter 2. someone who takes care of another person

bèlélé : n. 1. care-taking 2. care 3. seriousness 4. prudence 5. caution 6. thoroughness

bèlélé (tsɔ́ - ná) : v. to be meticulous for/in something

béléti : n. belt

bélí : n. 1. weak 2 fragile

bélì : n. 1. weak 2 fragile

bélíbélí : adj., id. 1. lazy 2. weak 3. without force

bélíí : adj. languishing

Bèlùtsistán : n. Baluchistan

bèmàlémàlé : n. 1. neglect 2. negligence

béná : conj. 1. so that 2. in order that 3. that

Bènế : n. Benin

Bènế-kɔ́fé : n. Benin village

Bènế-nyígbà : n. Benin

Bènế-tɔ́ : n. Benin

bènɔ : adj. 1. soft 2. flabby

bènté : n. 1. apron 2. overall

bénté : n. a type of musical instrument

béntúwá : n. 1. enema *(syn. àḍìsàgòè, sàgòè, sàsàgòè)* 2. clyster-pipe 3. syringe

bényènyè : adj., id. wet and heavy

bèŋbèŋ : adj., id. 1. wet 2. sticky and heavy

Bèŋgáli : n. Bengali

bèríbèrí : n. a type of inflammation caused by thiamine (Vit B1) deficiency

bèsìhɛ́ : n. 1. sickle 2. reaping hook 3. scythe

bètà : n. bale of straw that is transportable on the head

bètè : n. 1. small dagger 2. red straw

bètèè : id. 1. rich 2. fortune 3. favoured 4. fresh

bètí : n. main stem

bètò : n. 1. straw 2. thatch

bètò (yì - mè) : v. to go and get/search for straw

bètòmè : n. stubble

bètɔ́ : n. concrete

bètɔ́ (tó -) : v. 1. to make concrete 2. to concretize

bètɔ́tótó : n. 1. concreting 2. making concrete

bètrɔ̀ : n. water harvested from a thatched roof when it rains

bètsèbètsè : id. 1. tall and shaky 2. tall and tottering

bétsébétsé : id. 1. small and rickety 2. small and tottering

bétséé : id. 1. delicately 2. totteriny 3. shaky

bètsìè bèdò : n. remote place

bèwùdɔ́ : n. the work of removing thatch after harvest

bèwùhɛ́ : n. 1. sickle 2. reaping hook

bèwùwù : n. removing thatch after harvest

bèxɔ̀ : n. thatched house

bèxɔ̀è : n. straw hut

bɛ̌ : n. 1. pincers 2. pliers 3. nippers

bɛ́ɛ́ : n. bleat

béntsì : n. bench

bɛ̀tɛ̀ : adj. 1. pasty 2. thick

bɛ̀tɛ̀ɛ̀ : id. 1. rotten 2. flabby 3. soft 4. indolently

bi : v. 1. to burn 2. to scorch 3. to burn off

bi dzò : v. 1. to burn 2. to scorch 3. to blaze 4. to burn up

bi flàflàflà : v. 1. to blaze 2. to flame

bi hèhèhè : v. 1. to blaze 2. to flame

bí : v. 1. to bend 2. to be bent 3. to bend over 4. to be lively 5. to be dynamic 6. to bake 7. to be cooked 8. to have boiled 9. to be skillful

bí dzí : v. 1. to take offense 2. to be angry 3. to get upset bí ḍé ànyí : v. 1. to bend 2. to flex 3. to sag

bí nù mè : v. to have a big mouth

biá : v. 1.to request 2. to seek 3. to beg 4. to solicit 5. to demand 6. to claim

biá àdzɔ̀ lè....sí : v. to tax

biá hlɔ̃ : v. 1. get revenge 2. take vengeance 3. to kill by revenge

biá nú : v. 1. to ask for alms 2. to beg for something

biá mɔ́ bé .... dó gò : v. 1. to ask for a hearing 2. to ask for an audience

biá núgɔ̀mè/ biá nú gɔ̀mè : v. 1. to about something 2. to make enquiries

biá núgɔ̀mè (sè) : v. 1. to about something 2. to make enquiries

biá nyà : v. 1. to ask a question 2. to interview 3. to interrogate 4. to examine

biá sè : v. 1. to inquire 2. to ask a question 3. to consult an oracle

bià : v. 1. to go red 2. to blush 3. to redden

biã̀ : adj. red

biã̀ ŋkú : v. 1. to be envious 2. to get serious 3. to get angry

biàbiá : n. 1. request 2. question 3. interrogation 4. demand

biàbiã̀ : n. 1. the state of getting red 2. the state of blushing

biàbiã̀fé : n. the red part (of a fruit, e.g)

biàbiásè : n. consultation

biáḍù : n. begging for food

biásè : n. oracle consultation

biásè (wɔ̀ -) : v. to consult an oracle

biàvá : n. 1. destiny 2. fate 3. lot

bibi : n. 1. heat (from the sun) 2. flame 3. that which is dangerous/scary

bibí : n. 1. roasting 2. baking 3. skill 4. dexterity 5. heat 6. curvature

bíbí : adj. 1. cooked 2. ready to eat 3. valiant 4.brave 5. courageous

bibibi : id. 1. in large numbers 2. in crowds 3. someone who is afraid

Bíblíá : n. Bible

bíbɔ̀ : v. to fall

bídzɛ́ : v. to hold with one's fingertips

biḍàà : id. (qualifies/describes the rise of flames or the movement of the tongue as it is taken out)

biḍàbiḍà : id. (qualifies/describes the rise of flames or the movement of the tongue as it is taken out)

bíḍɛ́bíḍɛ́, bíḍɛ́ɛ́ : id. (qualifies/describes the rise of flames or the movement of the tongue as it is taken out)

biḍibiḍi : id. 1. bristle 2. dusty

bíḍíbíḍí : id. 1. in fine powder 2. in grains 3. in ashes

bíḍóbíḍó : id. very sharp

bíḍóó : adj. long and pointed

bíḍòè, bíḍùí : adj. 1. sharp 2. pointed 3. peaked

biḍɔ̀ɔ̀ : adj. long and hanging

bíé : adj. narrow

Bièlórúsíà : n. Belarus

biɛ́li : n. connecting rod (mechanics)

bihàà : id. not well cooked

bìì : adj. 1. defiled 2. decomposed 3. starring 4. dumbfounded

bikàbikà : id. that which is not elastic (of fufu)

bíki : n. bic pen

bíklà : n. 1. mason 2. bricklayer

bikùbikù : id. that which is not elastic (of fufu)

bim (ɖí -) : v. 1. to exonerate 2. to acquit

binyà : v. to watch

binyàbinyà : id. 1. quietly 2. secretly 3. on tiptoes (for a corpulent person)

bínyɛ́bínyɛ́ : id. 1. quietly 2. secretly 3. on tiptoes (for a smallish person)

biòlòzyí : n. biology

biòsyimí : n. biochemistry

bisáp : n. roselle (hibiscus sabolariffa)

bisí : n. cola nut *(syn. vi)*

bísì : n. red cloth

bisígblè : n. cola plantation

bisígblèdèlá : n. someone who cultivates cola

bisìì : id. 1. fuzzy 2. blurred 3. swirling

bisítí : n. cola tree

bisítsró : n. cola shell

bitibitì : id. that which is not elastic

bíyà : n. beer

bíyàɖàfé : n. brewery

bíyànòfé : n. beer bar

bíyàtùkpá : n. beer bottle

bíyè dzɛ̃́ : n. one hundred franc coin

blá : v. 1. to tie 2. to fasten 3. to bind 4. to fix 5. to unite 6. to reassmble (a device) 7. to fortify 8. to coagulate 9. to freeze 10. to be viscous/pasty

blá : adv. 1. early 2. soon 3. quickly

blá àbì : v. to dress a wound

blá àbɔ̀ ɖé mègbé ná : v. 1. to prevent from reacting 2. to take someone for a fool

blá àkpà ná : v. to saddle

blá àlì dzí : v. 1. to persever 2. to not be discouraged

blá àsí ɖé mègbé ná : v. 1. to prevent from reacting 2. to take someone for a fool

blá àvɔ̀ ɖé tà : v. to wear a turban

blá ɖé....mè : v. to wrap up

blá ɖé.... ŋútí : v. to plot against

blá ɖó : v. 1. to be well dressed 2. to be well equipped 3. to be armed to the teeth 4. to be alert

blá nù : v. 1. to gag 2. muzzle

blá nú : v. 1. to conspire 2. to plot

blá sé ɔ̃ v. 1. to conspire 2. to plot

blá tà : v. to wear a scarf on the head

blá té ḑèká : v. 1. to go mad 2. to be abnormal

blá tú kplé àgbàdzá : v. 1. to be determined to wrong 2. to be ready for fighting 3. to be armed to the teeth

blá xɔ́lɔ̃ nù : v. to build friendships

blá- : n. 1. about ten 2. multiple of ten (**bláèvè**: twenty, **bláètɔ̃**: thirty, **bláènè**: forty)

bláàdé : a. num. sixty

bláàdélíá : a. num. sixtieth

bláádrè : num. seventy

bláádrèlìà : a. num. seventieth

bláàsíéké : num. ninety

bláàtɔ́ : num. fifty

bláblá : adv. id. 1. quickly 2. rapidly

blàblàblà : id . saying nothing

bláblábláblá : adv. id. 1. quickly 2. very quickly

blàbútsú : n. earthworm (syn. àvlàkù, àvɔklúi, àʋlàkùi, blàŋgú, blàkútsú, dɔ̀mèkplèvì, dɔ̀ŋkplèvì, gbàlàkútsú, vɔ̌, vɔ́klì, vɔ̌klùì, ʋɔ́klì)

bláḑá, **bláḑágbè** : n. Tuesday (syn. dòmègbè)

bláèné : num. forty

bláènyí : num. eighty

bláètɔ̃ : num. thirty

bláèvè : num. twenty

blàfékú : n. chickenpox (syn. àḑibákú, àḑùbàkú, ànyígbátɔ́)

blàfó : n. maize

bláfò : n. kings executioner

blàfógbè : n. pineapple (syn. àbàblí, àblàndé, ànázè, ànázì, àtɔ́tɔ́, yèvútɔ́)

blàkútsú : n. a parasitic worm/ earthworm (syn. àvlàkù, àvɔklúi, àʋlàkùi, blàbútsú, blàŋgú, dɔ̀mèkplèvì, dɔ̀ŋkplèvì, gbàlàkútsú, vɔ̌, vɔ́klì, vɔ̌klùì, ʋɔ́klì)

blàmè : n. a decietful person

blǎnùílélé : n. 1. sadness 2. gloom 3. unhappiness 4. misery

blàŋgú : n. earthworm (syn. àvlàkù, àvɔklúi, àʋlàkùi, blàbútsú, blàkútsú, dɔ̀mèkplèvì, dɔ̀ŋkplèvì, gbàlàkútsú, vɔ̌, vɔ́klì, vɔ̌klùì, ʋɔ́klì)

blàyàà : id. long and dragging

blàyàblàyà : id. 1. long 2. split and trailing

blǎyè : n. 1. pencil 2. crayon

bláyɛ́, **bláyɛ́bláyɛ́** : id. 1. small 2. split and trailing

blè : v. 1. to deceive 2. to lie 3. to comfort

blè : n. tail (of a bird or fish)

blè gɔ̀dɔ̀ɛ̃ : n. 1. harmful element 2. married woman

blè (....) **nù** : v. 1. to flatter 2. to soothe

blè àmè : v. 1. to deceive 2. to cheat 3. to lie

blè mò ná : v. 1. to comfort 2. to flatter to give up

blè vĭ : v. 1. to comfort 2. to solace

blé : v. 1. to be full of 2. to no longer have protection 3. to be at the mercy of all

blèàmè : adj. 1. dishonest 2. illusive

blèàmèdégbè : n. grey-backed camaroptera (syn. **kplɔ̀àmèdégbè**)

blègɔ́ : n. 1. seat 2. bench 3. chair

blèdzɛ̋ : n. a red-tailed bird

blèè : adj. 1. long 2. split and floating

blèyè : n. 1. a name of a type of sea fish 2. false scad 3. mackerel scad (syn. **tsìyi**)

blèyè : n. 1. rainbow runner 2. doctorfish (syn. **kpétàmè**)

blèkò : adj. 1. empty 2. void

blèkò (ḍi -) : v. 1. to be empty 2. to have no value

blèkò (tsí -) : v. to be alone

blèkòḍiḍi : n. 1. having no value 2. nullity

blèkú : n. turtledove (syn. **àféfélùì, fófólúí, fófólí, tsyótsyóglòtsòé, vòlòè, vòlùì, vòlì, ʋlí, ʋúli**)

blèkpònámù : n. 1. milk shark 2. blue shark

blèkpɔ̀ : n. tiger cat

blèkpɔ̀è : n. leopard (syn. **àsílà, félà, làklè, kpɔ̀, làfià**)

blèmà : adj. 1. ancient 2. vintage 3. antique 4. age-old

Blèmà : n. antiquity

blèmà (lè kéké - ké) : adv. 1. long time ago 2. in the old days

blèmà - : n. antique

blèmàblèmà : adj. 1. ancient 2. prehistoric

blèmàblèmà : id. a long time ago

blèmàblèmàtɔ́ : n. prehistoric man

blèmàblèmàtɔ́wó : n. 1. prehistoric men 2. first men

blèmàfòfó : n. partriarch

blèmàhènɔ̀ : n. bard

blèmàkɔ́tɔ́tsí : n. pin-tailed whydah

blèmàmènú : n. 1. an antique object 2. a historical object

blèmànú : n. an antique

blèmànúwó dzràḍófé : n. 1. museum 2. treasury house

blèmànúwó ŋú núnyá : n. Archeology

blèmànyà : n. tradition

blèmàŋɔ̀lì : n. 1. prehistoric time 2. ancient time

Blèmàŋɔ̀lì : n. antiquity

blèmàŋɔ̀lì (lè -) : loc. adv. long ago

blèmàtɔ̀ : adv. 1. ancient 2. archaic

blèmàtɔ́ : n. ancestor

blèmàtɔ́wó : n. ancestors

blènyìì : n. 1. moist 2. wet 3. soaked 4. drenched

blèpònàm : n. a type of fish of the sea

blèè : adj. 1. long 2. split and floating

blèsè : adj. 1. long 2. split and floating

blèsèè : id. 1. long 2. split and floating

blèsùìì, blésúíí : adj. id. to stand on its' wings and fold it's wings to snort (of a bird)

blèwùblèwù : adv. 1. slowly 2. quietly 3. peacefully

blèwùù : adv. id. 1. slowly 2. softly

blèwùwɔ̀wɔ̀ : n. 1. slowness 2. tardiness

blèyì : n. crab

blèzì : n. mirage

blèzìblèzì : n. mirage

blì : id. in large quantities

blí : n. 1. maize 2. corn *(syn. kpélí)*

blí klólóè : n. roasted corn

blí (dó -) : v. to measure corn

blí (fã̀ -) : v. to sow corn

blí tɔ̀tɔ̀ : n. roasted corn

blí ʋá̃ : n. well developed corn

blìbà : v. 1. to be dirty 2. to wallow 3. to be covered with mud

blìbà : adj. 1. dirty 2. messy

blìbàà : id. 1. dirty 2. messy

blíbáblá : id. sheaf of maize

blìbàblìbà : id. all dirty

blíbéblíbɛ́ : id. small and all dirty

blíbɛ́ɛ́ : id. small and dirty

blíbò : adj. id. 1. whole 2. full 3. real 4. authentic 5. perfect 6. ideal 7. substantial

blíbò (àmè -) : n. 1. an illustrious character 2. a wealthy person 3. a renowned person

blíbò (dè -, nɔ̀ -) : v. 1. to go well 2. to be well 3. to be complete

blíbò (nú -) : n. total

blíbò (wɔ̀ -) : v. 1. to go well 2. to be well 3. to be complete

blíbò (wɔ̀ nú -) : v. to do something important

blíbòdèdè : n. perfection

blíbòé : adv. 1. fully 2. completely

blíbòmàdè : n. 1. insufficiency 2. inadequacy

blíbònɔ̀nɔ̀ : n. totality

blíbònyényé : n. 1. oneness 2. unity 3. firmness

blíbòwɔ̀wɔ̀ : n. 1. oneness 2. unity 3. firmness

blìbɔ̀ : v. 1. to wallow 2. to smear 3. to get dirty 4. to be coverd with mud blíbɔ́é : adj. 1. small and dirty 2. small and covered with mud

blibɔblibɔ : n. 1. getting diry 2. getting covered with mud

blibɔblibɔ, blibɔblibɔblibɔ : adj. id. 1. dirty 2. covered with mud

blídzràḍófé : n. maize silo

blǐḍèḍè : n. corn harvest

blífà̰ : n. fresh maize

blífúí : adj. 1. a little cloudy 2. a little blurry 3. in the process of decomposing

blifùù : id. 1. blurred 2. cloudy 3. decomposing

blífàfà̰ : n. sowing of maize

blífà̰fé : n. a place where maize is sown

blífà̰yì : n. season of sowing maize

blífàlá : n. someone who sows maize

blígblè : n. maize farm

blígblèdèlá : n. maize farmer

blígblèdèdè : n. cultivation of maize

blíhà : n. maize beer

blíhá : n. maize stalk that remains after harvesting maize

blíhàdzà : n. maize flower

blíhàlì : n. maize stalk that remains after harvesting maize

blíkàtsá : n. corn porridge

blíkólúí : n. grilled maize

blikɔ́ : n. darkness

blikɔ́ (dó -) : v. to become dark

blikɔblikɔ : id. very dark

blikɔ́dódó : n. becoming dark

blikɔ́dófé : n. a dark place

blíkú : n. a grain of maize

blímàkpà : n. maize leaf

blímèŋɔ́ : n. weevil

blímìkó : n. crop

blímɔ́ : n. fermented corn dough

blímú : n. fresh corn

blínúí : n. scar

blísì : n. traditional blue loincloth

blítí : n. maize stalk (syn. hɔ̀lítí, kpélífɔ̀tí, kpélífòtí)

blitìì : id. 1. something that is not clear 2. blurred 3. dark

blítíkpùi : n. corncob without grains

blítímú : n. fresh maize

blítímúḍùḍù : n. eating of fresh maize

blítɔ́ : n. maize seller

blítsró : n. corn husk

blívà : n. maize barn

blívǎyì : n. good corn growing season

blivává : n. well developed maize

blíwɔ́ : n. corn flour

blò : id. big and fast falling

blóʹ : id. small and fast falling

blòblòblò : id. 1. many 2. big and fast falling

blóblóblóʹ : id. 1. many 2. small and fast falling

blòlò : n. 1. white catfish 2. bagrid catfish (syn. tsìkò, kpòlò)

blòlùì : n. shout

blòlùì (dó -) : v. to shout

blòlùìdódó : n. the act of shouting

blóŋ : n. sausage

blɔ̀ : n. 1. pompano dolphinfish (syn. fèflè, tɔ̀flèsì, yɔ̀) 2. azur 3. blue 4. blue powder

blɔ̀ : v. 1. to lose weight 2. to be thin 3. to be anaemic

blɔ̀ tsítsídí : n. id. violet

blɔ̀kɔ̀ : adj. someone who is too tolerant 2. someone who is not demanding

blɔ̀kɔ̀ íwɔ̀ mò - náî̀ : v. to be tolerant

blɔ́kɔ́é : adj. 1. small and too tolerant 2. small and not demanding

blɔ̀kɔ̀èblɔ̀kòè, blɔ́kóéblɔ́kóé : id. 1. calm 2. not demanding 3. tolerant

blɔ̀kɔ̀ɔ̀ : id. 1. very slowly 2. calmly

blɔ̀ŋù : n. canned fish or meat that is preserved in salt

blɔ́sù : n. brush

blɔ́tɔ̀ : n. blue

blù : v. 1. to trouble 2. to disturb 3. to disrupt 4. to scold 5. to stir (a liquid substance for example with a spoon) 6. to trample (the grass) 7. to knead (the dough) 8. to roar 9. to shout 9. to dazzle

blù : adj. mix 2. confuse

blù : n. akan (an akan person or the akan language)

blù (ŋkúmè - tàmè -) : v. 1. to be dizzy 2. to disrupt 3. to be crazy 4. to be enlightened

blù ɖé ... tà : v. 1. to scold 2. to criticize 3. to revile

blù ŋkúmè ná : v. 1. to confuse somebody 2. to dazzle somebody 3. to disturb somebody

blù tàmè : v. to be perplexed

blù tàmè ná : v. 1. to confuse 2. to perplex 3. to upset 4. to embarrass

blù tó ná : v. to deafen

blú : n. 1. abuse (of power, force, trust) 2. theft 3. blue

blú (dù - ɖé .. dzí) : v. to abuse

Blùàwó : n. akan people

blùblù : adj. navy blue

blùdzín : n. blue jeans

blúdùdù : n. 1. usurpation of law 2. arbitrarily doin the wrong thing

blúdùlá : n. usurper

blúgbè : n. akan language

blùhɔ̀blùhɔ̀ : id. trouble

blùí : adv. 1. something that passes quickly 2. something which one has barely time to see

blùkɔ̀ : adj. 1. blurred 2. something that is not clear 3. something that is not visible

blùkɔ́ : n. 1. dark 2. darkness

blùkɔ̀ɔ̀ : id. 1. dark 2. obscure

blúkútúí : adj. 1. dark 2. obscure 3. obscurely

blùkùtùù : id. 1. curled up 2. dark 3. obscure

blùkùù : id. dark

Blùmè : n. akan speaking area

blùnùí : n. ashanti tattoo

Blúnyà : n. christmas

Blúnyà (d̪ù -) : n. to celebrate christmas

Blúnyàd̪ùd̪ù : n. celebration of christmas

Blúnyàd̪ùlá : n. someone who celebrates christmas

Blúnyàd̪ùgbè : n. christmas day

Blúnyànúnáná : n. christmas gift

Blúnyàtí : n. christmas tree

Blúnyàzà̀ : n. christmas celebration

Blúnyìgbá : n. akan speaking area

blùsì : n. blue-black loincloth

blùsìvɔ̀ : n. calico

Blùtɔ́ : n. a person of akan lineage

blùtù : n. 1. curled up 2. huddled

blútúí : adj. 1. small and curled up 2. small and huddled

bò : n. 1. a portion to be weeded on the farm 2. land of the dead 3. wound/injury

bò (d̪é -) : v. to injure

bò (dzè -) : v. to start clearing a parcel of land

bò (ká -) : v. to divide a portin of land into plots so as to work on them

bò (tsɔ́ -) : v. to take a portion of land to work on

bò (yì -) : v. 1. to die *(syn. yì àʋlìmè, dè núgbé, dé àfɔ̀ àtùkpá mè, yì dèmàgbɔ̀núgbé, kú, yì núgbé, ʋlɔ́, ʋlɔ́, yì àfégá̀, yì àzìzà ɳú, yì dzògbè, yì gè̀ gbɔ́, yì yèd̪óxɔ̀fé, yì nákè gbé, yì nú gbé, yì nú xà, yì tɔ̀gbùíáwó gbɔ̀, yì tɔ̀mè, yì tsíè, zù ɳɔ̀lì)* 2. to lose consciousness 3. to be in the clouds

bó : n. 1. grigri 2. name of a kind of tree 3. string made from the bark of the **bó** tree

bó : adv. at all cost

bó (d̪ó -) : v. to place a grigri/charm somewhere

bó (gbà -) : v. to strike the bark of the **bó** tree to extract fibres

bó (sà -) : v. to learn a type of magic

bó (tré -) : v. to bark the **bó** tree

bòbà : n. one of the three secondary drums used in **kínkà**

bòblò : n. 1. yell (in making an announcement/advertisment)

bòblò (dó -) : v. to yell in order to advertise

bòblòdódó : n. yelling to announce/advertise

bòblòdólá : n. someone who yells in order to advertise

bòbó : n. a loud cry for help

bòbó (dó -/kpà -) : v. 1. to cry for help 2. to shout loudly for help (syn. *dó bóbúí, dó búbúí, dó wùwùí*)

bóbóbó : id. loud (pertainng to voice/song)

bòbódódó : n. the act of shouting loudly for help

bòbódólá : n. someone who shouts loudly for help

bòbókpàkpà : n. the act of shouting loudly for help

bòbókpàlá : n. someone who shouts loudly for help

bòbóé, bóbúí : n. a loud cry for help

bóbúí (dó -) : v. 1. to cry for help 2. to shout loudly for help (syn. *dó/kpà bòbó, dó búbúí, dó wùwùí*)

bòdédé : n. the act of getting injured

bòdòmè : n. middle of a field/farm

bòfòò : id. large/broad (pertaining to a road/an avenue)

bòfò : n. 1. field 2. farm

bòhlí : n. the name given to the panther in storytelling

bòkà : n. 1. grigri 2. fiber to tie a grigri

bòkɔ́ : n. 1. diviner *(syn. dzògbànà, tɔ́bókɔ́)* 2. soothsayer 3. traditional priest 4. follower/believer of Fa divination

bòkɔ́nɔ̀ : n. 1. diviner 2. soothsayer 3. traditional priest 4. follower/believer of Fa divination 5. charlatan

bòkɔ́ví : n. an apprentice of the act of Fa divination

bòlì : n. log

bòlí : n. 1. ball 2. marble

bólí : adj. 1. fat 2. chubby 3. overweight

bòlìbòlì : id. small and fat

bòlìì : id. 1. fat 2. chubby 3. overweight

bólíí : id. 1. small and fat 2. small and chubby

bòlífò : n. 1. boundary between two fields/farms 2. groove between two flowerbeds

bòlífò (dè -) : v. to demarcate a field/farm

bòlífòdèdè : n. demarcation of a field/farm

Bòlívìà : n. Bolivia

bòlòbòlò : n. bread

bòlòbòlò : id. 1. large 2. shiny and soft to touch 3. without roughness

bòlóbòló : n. uncircumcised penis

bólóbóló : id. 1. small 2. shiny and soft to touch

bòlóbòlótɔ́ : n. an uncircumcised person (syn. *bòlómítɔ́, bòlótɔ́*)

bòlómítɔ́ : n. an uncircumcised person (syn. *bòlóbòlótɔ́, bòlótɔ́*)

bòlótɔ́ : n. an uncircumcised person (syn. *bòlóbòlótɔ́, bòlómítɔ́*)

bòmè : n. 1. field/farm 2. cultivated parcel of land 3. the spiritual origin of man

bòmè (tsí -) : v. 1. to be backward minded 2. to be stupid 3. to be uneducated 4. to be uncivilized 4. not to have an open mind

bòmènɔ̀ : n. 1. a woman who cares for children in the fields 2. mother of the spirit world

bòmènú : n. 1. farm product 2. product of the field

bòmènúkú : n. 1. farm product 2. product of the field

bòmèsrɔ̀ : n. 1. a God-given wife 2. soulmate

bòmètítákpò : n. a remaining tree stump in the field

bòmètɔ̀ : adj. 1. backward minded 2. uncivilized 3. narrow minded 4. uneducated

bòmètɔ́ : n. 1. a backward minded person 2. an uncivilized person 3. a narrow minded person 4. an educated person

bòmètsílá : n. 1. a backward minded person 2. an uncivilized person 3. a narrow minded person 4. an educated person

bòmètsínú : n. 1. an absurdity 2. nonsense 3. a silly act

bòmètsínyà : n. a silly statement

bòmètsítsí : n. 1. ignorance 2. stupidity 3. naivity 4. lack of etiquette

bòmèxɔ̀, bòmèxɔ̀è : n. shelter in the field

bónɔ̀ : n. 1. witch 2. wizard 3. someon who posseses grigris/charms

bòŋ : adv. 1. rather 2. instead

bòŋ (ké -) : loc. conj. 1. but rather 2. but still

bòŋbòŋ : adv. 1. heavy and soft 2. heavy and bloated 3. easy to cut

bóŋgò : n. Bongo

bóó : id. 1. far 2. for a long time 3. considerable 4. in particular

bóó (dzì -) : id. high

bòsàlá : n. magician

Bósnià : n. Bosnia

Bósnià-Hèrzègòvínà : n. Bosnia and Herzegovina

bòsò : n. whale

bòsòdèdè : n. whaling

bòsòdèlá : n. whaler

bòsòglàfú : n. whalebone

bòsòkpà : n. scabies (syn. *àflɔ́é, àklì, àkpà, àkpàkúí, bèlè, fòkpòfòkpò, flɔflɔ́, fɔflɔ́, klùsàklúsá, kpìtì, zóŋgólàtsístsi*)

bòsòmì : n. 1. whale fat 2. candle 3. wax

bòsòmìkàdí : n. candle

bòsrã̀ : n. octopus

bòsrò : n. whale

bòtàníkì : n. botanical

bòtí : n. tree used for making grigri/charms

bòtó : n. border/edge of a field

bòtòé : n. giant rat (syn. àgàdá, àlégélì, kísì, kítì, vúlì)

bòtòkɔ́é : n. 1. doughnut 2. puff puff 3. beignet

bòtótí : n. a tree that demarcates a field

bòtòxlá́ : n. name given to the rooster in tales

bòtóxɔ́é : n. 1. hut in the field 2. shelter in the field

bòtɔ̀ : n. bewitched

bòtɔ́ : n. 1. magician 2. witch 3. wzard 4. sorcerer

bòtɔ́lá : n. 1. cripple 2. a lame person

bòtsò : v. 1. to loosen/detach (an object)

bòtsó, bòtsòé : n. carissa edulis (a type of herb)

bòtsòbòtsò : n. loosening

bòtsyó, bòtsyòé, bòtsyɛ́ : n. a tree with leaves that are used to flavour meat

Bòtsùánà : n. Botswana

bòyùvómá : n. leaves used in making sauce

bɔ̀ : v. 1. to reassemble 2. to reunite 3. to gather 4. to combine ingredients for cooking 5. to bend 6. to be hollow 7. to be deformed (metal) 8. to be crazy 9. to close (the mouth)

bɔ̀ : n. 1. cricket 2. cicada 3. egg of a fowl

bɔ̀ àhlɔ̀ : v. 1. to be stupid 2. to be ignorant

bɔ̀ àhɔ̀lɔ̀ : v. 1. to be ashamed 2. to be humilitated 3. to be discredited 4. to scorn 5. to insult

bɔ̀ àpà : v. 1. to hire a worker for the field

bɔ̀ àpã̀ : v. 1. to chain the hands and feet together

bɔ̀ àsàdá : v. 1. to camp 2. to do military exercise 3. to get together in an orderly line

bɔ̀ bùsú : v. 1. to kill somebody 2. to commit an action which could lead to death

bɔ̀ ɖá : v. 1. to pull over 2. to get away 3. to depart (in a group)

bɔ̀ hǎ : v. 1. to associate 2. to group 3. to take yourself to be the equal of 4. lack of respect

bɔ̀ hǎ kplé : v. to treat a equals

bɔ̀ kà : v. to tie with a string

bɔ̀ nú : v. 1. to keep quiet 2. to shut up

bɔ́ : v. 1. to be teeming 2. to be numerous 3. to be in abundance 4. to be current 5. to overwhelm 6. to not sell (because of being in abundance in the market) 7. to scald to remove hairs or feathers then scrape 8. to miss an opportunity 9. to miss a chance

bɔ́ àkpá : v. 1. to be too much 2. to be everywhere

bɔ́ àpá : v. to give a job to do against money

bɔ́ àpã̀ : v. to handcuff the arms and legs

bɔ́ bùsú : v. 1. to make a serious mistake 2. to be guilty

bɔ́ ɖé ànyígbá dzí : v. to be well populated

bɔ́ lè àgbɔ̀sɔ̀sɔ̀ mè : v. 1. to crowd 2. to teem 3. to flock

bɔ̀bì : n. dried herrings

bɔ̀bìì : id. 1. shy 2. harmless 3. amorphous

bɔ̀blɔ̀ : adj. skinny

bɔ̀blɔ̀è : adj. 1. skinny 2. weak

bɔ̀blɔ̀dɔ̀ : n. a disease that cause one to lose weight

bɔ̀bɔ̀ : n. 1. lowering 2. reunion 3. meeting (syn. tàkpékpé) 4. beans 5. a dish of beans with red stew (red-red)

bɔ̀bɔ̀ : v. 1. to soften 2. to crouch 3. to bend 4. to be easy

bɔ̀bɔ̀ : adj. 1. soft 2. simple

bɔ̀bɔ̀ àsí ná : v. to be generous towards

bɔ̀bɔ̀ ná : v. 1. to submit 2. to comply

bɔ̀bɔ̀ (àsì -) : v. 1. to have a lower price 2. to be cheap

bɔ̀bɔ̀ ɖé ànyí : v. 1. to bow down 2. to bend down 3. to demean 4. to humiliate

bɔ̀bɔ̀ ɖé ... dzí : v. to brace oneself

bɔ̀bɔ̀ ɖé ... mè : v. 1. to squat 2. to cower

bɔ̀bɔ̀ ɖé ... té : v. 1. to submit oneself 2. to submit 3. to bow

bɔ̀bɔ̀.....ɖókúí : v. 1. to be modest 2. to be humble

bɔ̀bɔ̀.....ɖókúí ɖé ànyí (ná) : v. 1. to submit 2. to comply

bɔ̀bɔ̀ gódzó(é): v. 1. to bend down 2. to stoop

bɔ̀bɔ̀....mè : v. 1. to loosen 2. unbend

bɔ̀bɔ̀ mò ná : v. 1. to be kind 2. to be forgiving

bɔ̀bɔ̀ nɔ̀ : v. to sit down

bɔ̀bɔ̀ nɔ̀ ányí : v. to sit down

bɔ̀bɔ̀ nɔ̀ ... dzí : v. to be sitting

bɔ̀bɔ̀ tà (ná...) : v. to bow down

bɔ̀bɔ́ : n. 1. abundance 2. swarming 3. snail

bɔ́bɔ́ : n. 1. bald 2. hairless 2. common

bɔ̀bɔ̀bɔ̀ : id. the noise made by liquid being emptied (for example from a bottle)

bɔ̀bɔ̀bɔ̀ : n. a type of traditional dance performed in a type of a Ghanaian and Togolese traditional dance performed by the Eʋe people from the mid- Volta of Ghana and Southern Togo including Kpalime and Lome. (syn. àkpɛ̀sɛ̀)

bɔ̀bɔ̀ɖéànyí : n. 1. humiliation 2. disgrace 3. dishonor 4. lenient 5. quiet 6. calm

bɔ̀bɔ̀è : adj. 1. soft 2. simple

bɔ̀bɔ̀è : id. adv. 1. simply 2. easily

bɔbɔè (lè -/nɔ̀ -) : v. 1. to be easy 2. to be simple 3. to be soft (for example food like fufu)

bɔbɔè (nú -) : n. something that is easy

bɔbɔèḍé : id. 1. easily 2. quietly

bɔbɔèfé : n. 1. a quiet place 2. a peaceful place 3. a place where one can live 4. easy part 5. soft spot.

bɔbɔènɔ̀nɔ̀ : n. 1. ease 2. softness 3. lightness (pertaining to morals)

bɔbɔènyényé : n. 1. ease 2. softness 3. submissiveness

bɔbɔènyényétɔ́è : n. 1. gently 2. obediently 3. submitedly

bɔbɔètɔ̀ : n. 1. obedient 2. submissive

bɔbɔètɔ̀ : adj. 1. elementary 2. basic 3. simple

bɔbɔètɔ́ : n. humble person

bɔbɔfé : n. meeting place

bɔbɔ́fé : n. 1. a place of abundance 2. manufacturing location

bɔbɔ́gbálí : n. 1. beans soup 2. bambara beans

bɔbɔ́gúí : n. snail shell

bɔbɔlɔ́é : n. silver fish (syn. tɔ̀mèsákísí)

bɔbɔsènyè : n. a plant whose leaves are used in wraping corn/maize bread

bɔdi : adj. a lot of

bɔdiabɔ́ : n. bottle

bɔdibɔdi : id. 1. a lot 2. in large quantities

bɔdɔbɔdɔ (lè - ínɔ̀ -) : v. to be soft

bɔè : n. cricket

bɔhlě : n. sugar cane

bɔhɔbɔhɔ : id. adj. 1. big and flexible 2. big and tender 3. heavily (pertaining to walking)

bɔhɔbɔhɔ (zù -) : v. to grow and weaken

bɔ́hɔ́bɔ́hɔ́ : id. adj. 1. small and flexible 2. thin and weak 3. lightly (pertaining to walking)

bɔ́kítɔ̀ : n. bucket (syn. tɔ̀ká, tɔ́kpò, tsikùgànú)

bɔkɔ : adj. 1. calm 2. quiet 3. peaceful

bɔkɔbɔkɔ : id. adj. 1. gently 2. slowly 3. with difficulty

bɔ́kɔ́bɔ́kɔ́ : id. adj. 1. brittle 2. soft touch

bɔ́kɔ́é : adj. 1. small and calm 2. small and comfortable

bɔ́kɔ́éé : id. 1. comfortably 2. calmly 3. comfortable

bɔkɔnɔ̀nɔ̀ : n. 1. ease 2. fluency

bɔkɔɔ : id. adv. 1. calmly 2. quietly 3. slowly 4. with ease

bɔlibɔli : id. 1. moving like a caterpillar 2. move slowly and with difficulty like an elderly person 3. chewing like a toothless old man

bɔ́líbɔ́lí : id. chewing in a quick manner

bɔlii : id. 1. wet 2. wet and slippery

bɔ́líí : id. 1. old and tired 2. wrinkled

bɔlɔ : adj. soft

bɔ̀lɔbɔ̀lɔ̀ : adj. 1. soft 2. malleable 3. moldable

bɔ́lɔ́bɔ́lɔ́ : id. 1. soft 2 . very malleable 3. flexible

bɔ́lɔ́é : adj. 1. moldable 2. smooth (like clay)

bɔ̀lù : adj. tall and long

bɔ̀lú : n. 1. prawn 2. shrimp 3. crayfish

bɔ́lù : n. ball

bɔ́lù (fò -) : v to play ball

bɔ̀lùbɔ̀lù : adj. tall and long

bɔ̀lúbɔ̀tsɛ́ : adj. 1. someone who is not above others 2. someone who is not the strongest

bɔ́lùfòfé : n. 1. football field 2. football ground 3. football stadium

bɔ́lùfòfégã́ : n. 1. stadium 2. sports ground

bɔ́lùfòfò : n. 1 .the act of playing football 2. playing of a ball game

bɔ́lùfòfɔ̀kpà : n. soccer shoe

bɔ́lùfòhá : n. football team

bɔ́lùfòlá : n. 1. football player 2. player of a type of ball game

bɔ́lùfòlá mìàmètɔ́ : n. left winger (of a ball game)

bɔ́lùfòtí : n. 1. bat 2. racket

bɔ́lùfòwù : n. football jersey

bɔ́lùgã́ : n. big ball

bɔ́lúí : adj. small, long and canoe-shaped

bɔ́lùlélá : n. goal keeper

bɔ̀lùù : adj. long, large and canoe-shaped

bɔ̀lúví : n. 1. little shrimp 2. little prawn

bómbà : n. bomb

bómbàtòmíkì : n. atomic bomb

bómbìdròzyénì : n. hydrogen bomb

bómbà : n. bomb

bómbù : n. bomb

bɔ̀nɔ̀ : n. 1. eel 2. herring

bɔ̀nɔ̀bɔ̀nɔ̀ ! : intj. hardiness

bɔ̀nyɔ̀bɔ̀nyɔ̀ : id. 1. fleshy 2. flabby 3. soft

bónyóbónyó : id. tender

bɔ̀ŋgɔ̀xɔ̀ : n. hut

bɔ̀ɔ̀ : n. a type of tobacco

bɔ̀ɔ̀ : id. 1. something that descends very low 2. low

ŋɔ̀néò : n. Borneo

bósù : n. 1. bus 2. autobus

bɔ́tà : n. butter (syn. bùtrù)

bɔ́tàbólò : n. 1. butter-bread 2. buttered bread

bɔ́tàgbã́ : n. bowl of butter used for measuring grains

bɔ̀tètè : n. a type of small fish

bɔ̀tɔ̀bɔ̀tɔ̀ : id. 1. big and ripe 2. big and overripe 3. large and rotting

bɔ́tɔ́bɔ́tɔ́ : id. adj. 1. small and ripe 2. small and overripe 3. small and rotting

bɔ́tɔ́é : adj. easy

bɔ̀tɔ̀èfé : n. comfortable place

bɔ̀tɔ̀ètɔ́ : n. that which is comfortable

bɔ̀tɔ̀ɔ̀ : id. 1. very ripe 2. rotting 3. damp

bɔ̀tɔ̀ɔ̀lú : adj. id. something that is cheap

bɔ̀tsrí : n. 1. cricket 2. dragonfly *(syn.* dèblágɔ̀mè, fiátà, fòtsilètɔ̀mè, nòtsilètɔ̀mè, tádù)

bɔ̀tsúklòlòè, bɔ̀tsúklòlùì : n. locust larva

bɔ̀yì : n. 1. jewelfish 2. banded jewelfish

bɔ́yì : n. boy

bɔ̀yìbɔ̀yì : id. soft and smooth

bɔ̀yìví : n. small boy

brádá, brádágbé : n. Tuesday

bráfò : n. executioner (in the royal palace)

brédì : n. bread

Brémèntɔ́ : n. bremen mission (protestants)

brékì : n. brake

brékilélé : n. braking

brèvé : n. 1. patent 2. certificate 3. brief

Brèzílìà : n. brazil

brèzílìatɔ́ : n. brazilian

Brìtánìà, Brìtánìà-nyígbá : n. great britain

brìké : n. lighter

bù : v. 1. to think 2. to reflect 3. to calculate 4. to guess 5. to respect 6. to obey 7. to appreciate 8. to have consideration for 9. to suppose that 10. to cover (something with a cover) 11. to overturn 12. to turn around

bù àbé : v+conj 1. to think that 2. to consider as

bù àkɔ́ntà : v. 1. to do mathematics 2. to calculate

bù àmè : v. 1. to respect people 2. to be polite 3. to be obedient 4. to be humble

bù àmè àtàmádézìméé : v. to respect (someone) *(syn. kpɔ́ àmè àtàmádézìméé)*

bù ànyí : v. to overturn

bù ḍé ... ŋú : v. 1. to accuse of 2. to suspect

bú fɔ́.....ḍókúí : v. to reproach oneself

bù gã́ : v. 1. to appreciate 2. to value 3. to consider important

bù lè....ŋú : v. 1. to think 2. to reflect 3. to contemplate

bù (lè/nɔ̀ - nú) : v. 1. to have a certain value 2. to be responsible

bù (mé- ... ò) : v. to disobey

bù nàzã́ : v. 1. to believe 2. to imagine

bù (nàné/nù) àtàmádézìméé : v. to respect (something) *(syn. kpɔ́ (nàné/nù) àtàmádézìméé)*

bù nú : v. 1. to obey 2. to comply

bù tàmè : v. 1. to think 2. to reflect 3. to contemplate

bù tàmè lè nyà ŋú : v. 1. to ruminate on something

bù tàmè lè ... ŋú : v. 1. to consider something 2. to think about something 3. to study something

bù tàmè lè ... ŋú(tí) : v. 1. to think about

bù tàmè tsó ... ŋú : v. 1. to deliberate on

bù tàmè ʋíí : v. 1. to focus 2. to think deeply

bù tsyɔ́ : v. to overturn

bù wɔ̀ : v. 1. to do on purpose

bù xà : v. to take for

bù xà (béná) : v (+conj). 1. to wrongly believe that 2. to think wrongly that

bù ... ákpá : v. to overestimate

bù ... ɖókùi : v. 1. to believe in oneself 2. to respect oneself

bù ... gã́ : v. to adore

bù ... mè kpɔ́ : v. to analyze

bù ... ná : v. to attribute

bù ... númàɖìnú : v. to despise

bù ... ŋú : v. 1. to conider 2. to judge 3. to medidate on 4. to think about

bù (...) nɔ̀nɔ̀mè : v. 1. to estimate 2. to assess

bù (...) ŋú(tí) : v. 1. to think about 2. to medidate on

bǔ : adj. 1. another 2. different 3. alternative

bú : v. 1. to vanish 2. disappear 3. to lose 4. to be mistaken

bú ɖé : v+prep. to escape

bú ɖé ... mè : v. to disappear

bú ɖi : v. 1. to dive 2. to plunge

bú fɔ́ : v.1. to accuse 2. to blame 3. to charge 4. to denounce

bú fɔ́ (àmésì wó -) : v. people who have been convicted

bú fɔ́....ɖókùì : v. to reproach oneself

bú gbídíí : v. 1. to disappear forever 2. to be lost forever

bú mɔ́ : v. 1. to get lost 2. to lose your way

bú mɔ́kpɔ́kpɔ́ : v. 1. to despair 2. to lose hope

bú tà : v. 1. to dash off 2. to run away 3. to disappear 4. to flee 5. to die without having children

bú ʋíí : v. to disappear

bùà : adv. id. easily

bùàbùàbùà : id. easily

bùábúábúá : id. quicklty and easily

bùàmè : adj. 1. respectful 2. unassuming

bùblù : n. 1. rumbling 2. grumbling

bùblù : adj. confused

bùblù ɖé ... tà : n. scolding someone

bùblùdɔ́ : n. 1. kneading 2. the act of stirring and mixing

bùblùfé : n. a place of growling/rumbling/snarling/kneading

bùblùlá : n. someone who growls/rumbles/snarls

bùblùmɔ̀ : n. kneading machine

bùbù : n. 1. honor 2. respect 3. politeness 4. calculation 5. estimation

bùbù (dé - ...ŋú) : v. 1. to respect 2. to honour

bùbù (dzè - ...) : v. to be respectable

bùbù (kplé - ...) : prep +n. with respect

bùbù nú vévi : n. 1. importance 2. significance

bùbú : n. 1. loss 2. distraction 3. perdition 4. disappearance 5. extinction

búbù : adj. 1. another 2. different 3. other

búbù (gbè - gbè) : phr. 1. another day 2. another time

búbù fòmèví : phr. another kind of

búbú : n. 1. lost 2. lame

bùbùàwó (kplé -) : prep. etc. (etcetera)

bùbùdéàmèŋú : n. the act of respecting somebody

bùbùdídí : n. the act of looking for glory

bùbùdzèdzè : n. respectability

bùbùdzèsì : n. 1. decoration 2. medal 3. ornamentation 4. mark of respect

bùbùdzèsìxɔ̀lá : n. 1. recipient of an award 2. knight

búbúí (dó -) : v. 1. to cry for help 2. to shout loudly for help (syn. dó/kpà bòbó, dó bóbúí, dó wùwùí)

bùbùkóklό : n. 1. disgrace 2. dishonour

bùbùkú : n. glorious death

bùbùkplɔ̃ : n. 1. table of honour 2. high table

bùbùkplɔ̃ŋúnɔ̀lá : n. guest of honour

bùbùmànɔ̀ŋú : adj. disrespectful

bùbùmè : n. 1. celebrity 2. noble person 3. illustrious person

bùbùmèwó : n. 1. celebrieties 2. noble people 3. illustrious people

bùbùnáná : n. 1. respect 2. reverence 3. veneration

bùbùnɔ̀fé : n. 1. place of honour 2. honourable situation

bùbùnù : n. 1. bunch 2. pile 3. heap

bùbùnú : n. 1. number 2. figure 3. good behaviour 4. reverent conduct

bùbùnú ḍèká : n. singular

bùbùnú gèḍèè : n. plural

bùbùnú (wɔ̀) : v. 1. to behave well 2. to respect oneself

bùbùnúḍùkplɔ̃ : n. high table

bùbùnúwɔ̀wɔ̀ : n. 1. respectful behaviour 2. good behaviour

bùbùŋkɔ́ : n. 1. reputation 2. title (of nobility)

bùbùtèfé : n. 1. respect 2. regard

bùbùtèɟéɖóɖó : n. courtesy

bùbùtɔ̀ : adj. 1. honourable 2. respected

bùbùtɔ́ : n. 1. respectable person 2. reverend

Bùbùtɔ́ : n. Excellency

bùbùtɔ̀è : adv. respectfully

bùbùtsɔ́tsɔ́ (ná) : n. the act of showing respect/honour to

bùbùwó (kplé -) : prep. and others

bùdà : n. buddha

bùdà-kɔ̀nyínyí, bùdà-xɔ̀sè : n. buddhism

bùɖèbùɖè, búɖébúɖé : id. full

bùɖèè, búɖéé : id. 1. very full 2. very much

bùgè : adj. 1. in mounds (yams) 2. uncovered (chest) 3. a domed/curved cover

bùgèbùgè : id. thick (smoke)

búgébúgé : id. light (smoke/vapour)

bùì, bùìé : id. narrow

búì bé : v. to imagine that

búábúlá : n. id. a ridiculous way of walking

búldòzě : n. bulldozer

Bùlgárìà : n. Bulgaria

bùlù : adj. large and deep

búlù : adj. 1. fool 2. idiot 3. non-messy coloured loincloth

búlù ídzɔ̀ - ĩ̀ : v. 1. to be foolish 2. to be stupid

bùlú : n. 1. wooden log 2. blister *(syn. lòhó, lòhólòhó, lóló)*

bùlú ílé - ĩ̀ : v. 1. to swell (blister/boil) 2. to deflate (e.g a ball)

búlùdzɔ̀dzɔ̀ : n. 1. folly 2. idiocy 3. stupidity

búlúí : adj. narrow and deep

búnɔ̀ : n. 1. lame person *(syn. bàɟá, tèkúnɔ̀, xɔ̀drɔ̀, xɔ̀ndrɔ̀, xɔ̀ndrɔ̂, xɔ̀ndrɔ̀è)* 2. a handicapped person 3. a cripple

Burkina Fasó: n. Burkina Faso

Bùrúndì: n. Burundi

bùsú : n. 1. abomination 2. blasphemy 3. sacrilege 4. intolerable fault 6. bad luck 7. disaster 8. curse

bùsú íbɔ̀ - ĩ̀ : v. to curse

bùsú íyɔ́ - ĩ̀ : v. to unleash a curse

bùsúbɔ̀bɔ̀ : n. the act of cursing

bùsúdɔ̀ : n. 1. incurable disease 2. fatal disease 3. a disease of an unknown origin

bùsúdɔ́ : n. 1. a risky venture 2. danger

bùsúfó : n. rascal

bùsúí : n. 1. extraordinary 2. wonderful 3. special

bùsúnú : n. 1. something that brings misfortune 2. danger 3. sacrilege

bùsúnú íwɔ̀ - ĩ̀ : v. to be in danger for commiting a sacrilege

bùsúnúwɔ̀fé : n. 1. a dangerous place 2. a cursed place

bùsúnyà : n. 1. bad news 2. scandal 3. sacrilege 4. blasphemy

bùsúnyà ígblɔ - ī : v. to curse

bùsúnyàgblɔ̀fé : n. a place of blasphemy

bùsúnyàgblɔ̀gblɔ : n. the act of cursing/calling a curse

bùsúnyàgblɔ̀lá : n. a blasphemer

bùsúbùsùí : n. 1. cursing 2. by curse

bùsútɔ́ : n. 1. someone who brings bad luck 2. someone who brings misfortune 3. bird of doom/misfortune

bùsútɔ̀è : n. 1. unfortunately 2. by cursing

bùsúví : n. stubborn child

bùtàmè : adj. 1. reflective 2. thoughtful

bùtɔ̀lá : n. 1. lame person 2. a handicapped person 3. a cripple

bùtrù : n. butter *(syn. bɔ̆tà)*

bútsà : n. butcher

bútrùwɔ̀nú : n. churn

bùtù : n. 1. curled up 2. bundled up

bùtú : n. 1. pocket 2. jute bag

bútú : v. 1. to bundle up 2. to drape 3. to protect (a child by taking him/her in one's arms) 4. to cover up (pertaining to how a hen covers it's chicks) 5. to wrap 6. to camouflage 7. to curl up 8. to stammer 9. to babble

bútú ... ɖé ... mè : v. 1. to swaddle 2. to completely wrap up

bútú ... ɖókùi : v. to drape

bùtùbùtù, bútúbútú : id. 1. boiling 2. in an incomprehensible manner 3. without understanding 4. babbling

bùtùbùtù, bútúbútú (fò nú -) : v. 1. to mummble 2. to babble 3. to chatter

bútúbútú (nùfòfò -) : n. mumbling

bútúí : n. 1. small and protected 2. well wrapped

bútúí : id. 1. all covered 2. dark 3. gloomy

búú : id. very different from

D

dà : v. 1. to place 2. to put 3. to throw 4. to give (a blow) 5. to swing something 6. to shoot (somebody, an animal etc) 7. to fire 8. to postpone 9. to adjourn 10. to pick (herbs, vegetables, leaves of vegetable plants) 11. to burst 12. to fart 13. to explode 14. to dangle 15. to heal 16. to be proud 17. to boast 18. to be swollen 19. to be an intellectual 20. to whistle 21. to weigh something 22. to balance 23. to brandish 24. to hire 25. to push 26. to stretch 27. to be abrupt 28. to be false 29. to act wrongly 30. to distort 31. to go wrong 32. to foul 33. to be in vain 34. to play (lotto, cards) 35. to be silly

dà : n. 1. serpent/snake *(syn. lù)* 2. bow/quiver 3. big sister 4. distaff

dà àbè : v. to jump from branch to branch

dà àbɔ̀ : v. to swing one's arms

dà àdè : v. 1. to chase 2. to hunt 3. to expel

dà àdèlà̀ : v. to go hunting

dà àdzò : v. 1. to burgle 2. to ambush 3. to damage 4. to ravage 5.

dà (tsɔ́......-) : v. to mate

dà àdě : v. to make a mistake while speaking

dà àdì : v. 1. to play the game of oware 2. to stake lotto

dà àdí : v. to spit venom

dà àdú : v. to try to bite (pertaining to e.g dogs)

dà àfà̀ : v. 1. to cry 2. to weep

dà àflágà : v. 1. to brandish 2. to prosper

dà àfɔ̀ : v. 1. to give a kick 2. to commit adultery

dà àfɔ̀ ɖé....mè : v. to set foot somewhere

dà àfɔ̀klì : v. to fear

dà àfɔ̀kpò : v. to give a kick

dà àgè : v. to invite to eat

dà àgbà : v. to miss (a target)

dà àgbà ɖé ... dzí : v. 1. to put a burden on somebody 2. to lie about something

dà àgbàlè̀ : v. to play cards

dà àgbè : v. to miss

dà àgbè ɖé ... dzí : v. to worsen (a situation)

dà àkàfò : v. 1. to slingshot 2. to throw 3. to hang/suspend

dà àkɔ́ : v. to play (with money)

dà àkɔ̀ : v. 1. to vote 2. to draw lots 3. to cast lots

dà àkɔ̀ ná : v. 1. to vote for

dà àkplɔ̀ : v. 1. to harpoon 2. to spear

dà àlà : v. to do a single scarification

dà àlàkpà : v. to lie

dà àlè : v. 1. to be abnormal 2. to be crazy 3. to go astray

dà àlì : v. to wiggle one's buttocks/waist

dà àlìmè : v. to wiggle one's buttocks/waist

dà àmè : v. to hire somebody

dà àŋɛ̀ : v. 1. to shoot the sling 2. to slingshot

dà àŋùtrɔ̀ : v. to shoot an arrow

dà àsàbù : v. to fish with the net

dà àsí : v. 1. to fumble 2. to grope 3. to clap

dà àsí dà fɛ̀ : v. to be able to do everything

dà àsí ḍé......dzí : v. 1. to approve 2. to endorse 3. to agree

dà àtàm : v. 1. to brandish 2. to strike

dà àtá : v. 1. to step over 2. to leap

dà àtí : v. to be parading with a stick/cane

dà àtí ḍé hà dzí : v. to lead (orchestra, choir)

dà àtí ḍé ŋgɔ̀ ná : v. to put a stick in the wheels

dà àtsrɔ̀ : v. to shoot an arrow

dà àtsyɔ́ : v. 1. to parade 2. to boast

dà àzà : v. to be trapped

dà àzá̃ : v. to report

dà àzìmè : v. to wiggle

dà bɔ́lù : v. 1. to serve (tennis) 2. to open/start (a football game)

dà bɔ́mbà : v. to bombard

dà bɔ́mbù : v. to bombard

dà dà : v. to shoot an arrow

dà dàdzró : v. to miss (a target)

dà dàfì : v. 1. to murder 2. to assassinate

dà dàtì : v. to shoot an arrow

dà dɔ̀ : v. 1. to heal 2. to treat

dà dɔ̀ ná : v. to heal

dà dzɛ̀ ƒú : v. to miss (a target)

dà .... dzí : v. 1. to violate the law 2. to transgress 3. to disprespect 4. to encroach on

dà dzò : v. 1. to radiate 2. to shine 3. to sparkle 4. to reflect

dà dzò ... mè : v. 1. to excite 2. to turn on

dà dzò nɔ̀èwó : v. to collide

dà ḍé... ànyí : v. 1. to put down 2. to drop off 3. to deposit

dà ḍé...dzí : v. 1. to lay on 2. to increase (a price) 3. to exaggerate 4. to expand 5. to raise

dà ḍé émè : v. to pause

dà...ḍé...-ƒé : v. 1. to drop off at 2. to deposit 3. to put down 4. to denigrate

dà...ḍé...mè : v. 1. to deposit it 2. to put something into

dà...ḍé... mɔ́ dzí : v. 1. to advise 2. to guide in order to follow the right route 3. to accompany to the gate or a part of the way

dà...ḍé nù : v. 1. to prolong 2. to extend 3. to lengthen

dà...ḍé ŋú : v. 1. to spy 2. to watch

dà...dé té : v. 1. to file under 2. to deposit under

dà...dé yà dzí : v. 1. to expose to the wind 2. to go in the direction of the wind 3. to be trapped 4. to lack the ability of relecting/thinking

dà (........) dí : v. 1. to put 2. to position 3. to place 4. to preserve for future purposes 5. to disappoint 6. to abandon

dà dɔ̀ : v. to fish

dà fè, dà fètsú : v. 1. to scratch 2. to grate

dà fã̀ : v. to harpoon

dà fè : v. 1. to fish with the fishing line 2. to fish with a hook

dà (...) fú, dà fú ànyí : v. 1. to fail (an exam) 2. to miss (a target) 3. to miss (somebody, something)

dà fú dù : v. 1. to run away 2. to clear off 3. to decamp

dà gà : v. to gamble

dà gà ná : v. to invite someone to eat

dà gbè : v. 1. to respond disrespectfully 2. to shout on somebody 3. to send an errand 4. to leave a message

dà gbè dé ... gbɔ́ : v. 1. to leave a message 2. to speak harshly 3. to curse 4. to shout at somebody 5. to respond disrespectfully

dà gbè dé ... ŋú : v. to heal

dà gbè lè ... ŋú : v. to heal

dà gblà : v. to be proud

dà gblàŋùè dé émè : v. 1. to say words that hurt 2. to say something that has no relation to a matter being discussed

dà hà : v. to sing off key

dà hàmblè : v. to hammer

dà hɛ̀ : v. to stab with a knife

dà hɛ̀ kplé àkú : v. 1. to perform an unnecessary act whilst angry 2. to throw the baby out of the bathwater (idiom)

dà hĩ́ã́ dé ... dzí : v. to rush into misery

dà hó : v. 1. to cast a spell on 2. to gamble

dà kà : v. 1. to hang on a rope (as pertaining to climbing a rope) 2. to measure with a rope

dà kàdígbègbè : v. 1. to waste money 2. to throw money out of the window

dà kɔ́ : v. 1. to box 2. to give a punch

dà kɔ́ dé àbɔ̀ dzí: v. 1. to be capricious 2. to be proud 3. to be haughty

dà kpé : v. to stone

dà kpé dé àbù mè : v. to do work that does not pay off

dà kpé nyì dzìví : v. to encourage

dà kpò : v. 1. to go to bed 2. to stagger

dà kpò dé ... dzí : v. 1. to beat (someone) 2. to hit with a stick 3. to comfort

dà ... kpɔ́ : v. 1. to weigh 2. to evaluate

dà lè àdzɔ̀gbèdódó dzí : v. to fail to keep one's promises

dà lótò : v. 1. to gamble 2. to play/stake lotto

dà mègbé : v. 1. to guarantee 2. to secure 3. vouch for

dà mègbé ná : v. 1. to support (somebody) 2. to defend (somebody) 3. to vouch for (somebody)

dà mègbéfɔwó : v. 1. to rush 2. to kick out

dà mègbétú : v. to act behind the back of (someone)

dà mègbétú ná : v. to shoot out of vengeance

dà mlɔ : v. to go to bed

dà mòdzèànyígbè ná : v. 1. to comfort 2. to soothe 3. to console

dà mɔ́ : v. 1. to not be on the right path 2. to lead a bad life

dà nù : v. 1. to babble 2. splutter 3. to slip (pertaining to speech)

dà nú : v. to do a bad job

dà nùgbèdódó dzí : v. 1. to break one's promise 2. to fail to keep one's promise

dà nùmètùí : v. 1. to boast 2. to profess

dà nyà ɖé ... gbɔ́ : v. 1. to be sassy 2. to be cheeky 3. to provoke somebody 4. to challange

dà nyà... kpɔ́ : v. 1. to analyze 2. to weigh the pros and cons of a matter

dà ŋɔtímètú : v. 1. to sneeze 2. to blow one's nose

dà ŋkú ɖé ... dzí : v. 1. to count on someone/something 2. to place one's eyes to something/somebody

dà ŋkú ɖí : v. to observe (discreetly)

dà ŋkúfá : v. 1. to make a divination at the head of a client 2. to take sides for

dà ŋkúfá : v. to suspect

dà ŋkúfá ... dzí : v. to break the law

dà ŋùdzò : v. 1. to look around 2. to peek

dà séblé : v. 1. to swing 2. to hang

dà séké : v. to anchor

dà tà ɖé kɔ mè : v. to look at somebody from above

dà tàmè ná : v. to distract

dà tò : v. to form a circle

dà tó gɔmè : v. to get to the end of

dà tó mè : v. to do a pirouette

dà tú : v. 1. to shoot 2. to kill (with a gunshot)

dà tùbú ná : v. 1. to convince 2. to impel to harm (witchcraft)

dà túkpé gã́ : v. to bombard

dà tsìtsì : v. to watch with binoculars/spectacles.

dà tsyó : v. 1. to grab 2. to snap 3. to chew

dà vè : v. 1. to waddle 2. to wobble

dà vò : v. 1. to commit an offense 2. to make a mistake 3. to encroach upon 4. to be absurde 5. to wander 6. to flow 7. to regret 8. to self-reproach

dà vò ɖé... ŋú : v. to offend

dà vɔ̀é : n. 1. venomous snake 2. viper

dà xó : v. to talk about one's life

dà zù : v. 1. to hit the anvil 2. to hit the iron 3. to be hammered

dàá : n. 1. mother 2. sister 3. female cousin

dá àdè : v. 1. to be sticky 2. to be viscous

dá àfà̀ : v. 1. to scream 2. to exclaim

dá àhé : v. 1. to be impoverished 2. to be poor 3. to be without support 4. to be abandoned 5. to have fortune being dissipated 6. to waste 7. to lavish

dá àfá : v. 1. to shout 2. to raise one's voice 3. to speak out loud

dá àkpé : v. 1. to thank 2. to say thank you

dá àkpé ná : v. 1. to say thank you to 2. to be grateful to

dá àmi : v. to be fat

dá àtá : v. 1. to step over 2. to pass over 3. to step on 4. to ignore one's mistakes

dá tà ná : v. to think about

dá̋ : v. 1. to wander 2. to aimlessly wander 3. to be abandoned 4. to be devalued 5. to be shocked 6. to be very surprised

dàá : n. 1. mother 2. sister 3. cousin (female)

dàágá̋ : n. 1. elderly mother 2. elderly aunt 3. elderly lady

dàáví : n. 1. younger mother 2. younger aunt 3. young lady

dàà̀ : adj. id. elastic

dàbɛ̀ : n. a type of mat

dàblibɛ̀ : n. 1. dirt 2. suffering 3. excruciating pain

dàblibɛ̀ (fò -) : v. 1. to be hang out in the dirt 2. to be suffering excruciatingly 3. to be writhing in pain 4. to beseech humbly

dàblibɛ̀fòfò : n. 1. excruciating pain 2. supplication

dàdà : n. 1. pride 2. arrogance 3. insolence 4. the act of throwing 5. care 6. treatment 7. rental (of car, furniture, room etc. but not including a house) 8. swivel 9. swing 10. measure 11. weight 12. disorder/disturbance (electronic, mental) 13. leaf removal 14. vegetable picking 15. postponement

dàdà : v. 1. to toggle 2. to topple 3. to tumble 4. overbalance

dàdà : adj. 1. rent (a car) 2. crazy 3. abnormal 4. deranged 5. projected 6. cared for 7. pondered 8. leafless

dàdà ɖé ... dzí : n. 1. increase 2. growth 3. augmentation 4. expansion 5. raise

dàdá : n. mother (syn. nà, nànà, nànɛ̀, nɔ̀)

Dàdá : n. Miss

dàdá (nyà -) : n. catchword

dàdá fòmètɔ́ : n. uterine child

dàdá : n. abandon

dàdàdà : id. archery

dàdàdà : id. to pull an elastic substance without reaching its' limit

dádádá : id. to pull an elastic substance to its' limit

dàdàdénù : n. 1. extension 2. prolongation 3. protraction

dàdàdédzí : n. 1. increase 2. growth 3. augmentation 4. expansion 5. raise

dàdàdí : n. 1. placement 2. positioning 3. placing

dàdádìà : n. maternal aunt (who is younger than one's mother)

dàdàɟé : id. a place where one shoots

dàdágã́ : n. maternal aunt (who is older than one's mother)

Dàdágã́ : n. madam

dàdágódìàpú : n. an offensive name given to guys who cry and go back to report to their mothers anytime there is fighting amongst them and their colleagues (Ameza, 2022)

dàdàlá : n. 1. an arrogant person 2. a pretentious person 3. a boastful person

dàdàmè : n. weight

dàdásùkútɔ́ : n. 1. schoolmistress 2. female teacher

dàdátɔ̀ : n. maternal

dàdáví : n. 1. little sister 2. elderly sister

Dàdáví : n. 1. maiden 2. miss 3. an unmarried woman

Dàdávíwó : n. 1. maidens 3. unmarried women

dàdé : n. green snake

dádè : adj. 1. sticky 2. elastic 3. tender (meat)

dàdì : n. 1. cat 2. pussycat *(syn. àdʃè, àmègbɔ́núí, tèkpètè, tòdzò)*

dàdìfú : n. 1. cat hair 2. spiky skin 3. goosebumps

dàdìfú (tó) : v. to have goosebumps

dàdìnɔ̀ : n. female cat

dàdìtsìlèlá : n. dandy

dàdìtsú : n. male cat

dàdìví : n. kitten

dàdò : n. 1. daisy stingray 2. ray (a type of seafish) *(syn. àdàdò)*

dàdónú : n. 1. seasoning 2. spice

dàdrà : n. 1. ignition 2. kindling 3. complication 4. complexity

dàdrà : adj. 1. alight 2. complicated 4. complex

dàdrá : n. 1. indiscipline 2. disobedience

dádrá : adj. 1. impenetrable (forest) 2. hard to cut 3.thug 4. indisciplined

dádrá (àmè -) : n. 1. rascal 2. thug

dàdzò : adj. 1. sparkling 2. glittering 3. gleaming 4. shining

dàdzró : n. 1. fault 2. error 3. failure 4. lack 5. bankruptcy

dàdzù : n. west african spanish mackerel

dàdédzí : n. 1. extension 2. extra 3. second loincloth on top (clothing) 4. frame 5. lath 6. transverse beam *(syn. mlɔ̀dzíá́, xɔ̀sùtí, xɔ̀tí)*

dàdédzí (àtí -) : n. spar

dàḍémè : n. 1. that which is left inside 2. gift on a purchase

dàḍénù : n. extension

dáḍi, ḍáḍíá : n. maternal aunt (who is younger than one's mother)

dáḍi fé ví : n. cousin (child of maternal aunt)

ḍáḍíá fé ví : n. cousin (child of maternal aunt)

dàḍí : adj. 1. preliminary 2. precursory

dàḍí : adv. 1. beforehand 2. in advance

dàḍíávíwó : n. cousins (children of dàḍíá)

dáḍiàyóví : n. 1. nephew 2. niece (relating to the mother side)

dàḍivíwó : n. cousins (children of dàḍi)

dàḍófé : n. 1. deposit 2. depot 3. depository

dàḍuàmè : n. snake bite

dàḍukú : n. death by a snake bite

dàfi : n. 1. assassination 2. murder

dàfi (dà -) : v. 1. to assassinate 2. to murder

dàfidàdà : n. 1. assassination 2. murder

dàfidàfé : n. a place where a murder/crime was committed

dàfidàlá : n. 1. assassin 2. murderer

dàfidànyà : n. 1. murder case 2. criminal case

dàfú : adj. 1. abortive 2. deficient 3. unsuccessful 4. bogus 5. incorrect

dàgà : n. 1. rifle strap 2. shoulder strap 3. trigger of a gun

dàgã́ : n. maternal aunt (older than one's mother)

dàgã́ fé ví : n. cousin (child of dàgã́)

dàgã́dàḍiàvíwó : n. cousins (pertaining to dàgã́)

dàgã́ḍètóḍèví : n. cousin (pertaining to dàgã́)

dàgã́vídàdèví, dàgã́vídàdíví : n. nephew or niece (pertaining to maternal aunt => dàgã́)

dàgã́víwó : n. cousins (children of dàgã́)

dàgã́yóví : n. nephew or niece (as pertaining to maternal aunt => dàgã́)

dàgã́yóví nyónù : n. niece (as pertaining to maternal aunt => dàgã́)

dàgã́yóví ŋútsù : n. nephew (as pertaining to maternal aunt => dàgã́)

dàgã́dàḍivíwó : n. maternal cousins

dàgbà : n. 1. failure 2. missing out 3. swinging 4. back and forth

dàgbà, dàgbàdágbá : v. 1. to be thrown by the waves 2. oscillate 3. to be in inbalance 4. to toil 5. to work hard 6. to walk painfully 7. to wander without friends and without money 8. to be abandoned

dàgbà (dà -) : v. 1. to fail 2. to miss

dágbá : v. 1. to struggle 2. to cope 3. to run right and left 4. to suffer dàgbàdàdà : n. 1. failure 2. missing out 3. swinging 4. back and forth

dàgbàdágbá : n. 1. resourcefulness 2. struggling 3. running right and left

dàgbàdàlá : n. 1. someone who misses (his target) 2. someone who fails

dàgbàdzè : n. snake skin

dàgbàlẽ : n. snake skin

dàgbò : n. 1. failure 2. mishit

dàgbò (dà -) : v. to fail

dàgbòé, dàbgì, dàgbùí : n. royal python (syn. àdèkpé, nyɔ́gbɔ́, tɔ́gbúí)

dàyé : n. moulting (of a snake)

dàyì: n. largehead hairtail (syn. ànìpáyè, àdèyè, ŋɔ́páyé, yìkpáyè)

dàyìdɔ̀dèkè : n. ballyhoo (syn. dàyìnùdèkè)

dàyìnùdèkè : n. ballyhoo (syn. dàyìdɔ̀dèkè)

dáhè : adj. 1. poor 2. pauper 3. destitute

Dàhòmè, Dàhùmè : n. 1. Dahomey 2. Benin

dàkà : n. bowstring

dàkú : n. quiver

dàkpé : adj. grateful

dàkpòé, dàkpùí : n. 1. viper 2. a short poisonous snake

dàlè : adj. 1. abnormal 2. demented 3. insane 4. lunatic 5. off his head

dàlĩ : v. 1. to whisper 2. to be behind close doors

dàlĩ (dè -) : v. 1. to deliberate in camera 2. to go in camera 3. to deliberate behind closed doors

dàlĩ (dó -) : v. 1. to whisper 2. to speak in a low voice 3. to withdraw in camera

dàlĩdèdè : n. 1. whisper 2. whispering

dàlĩdódó : n. 1. whisper 2. whispering 3. in camera consultation

dàlĩdófé : n. 1. a secret place 2. a place where consultation is done in camera/behind closed doors

dàlĩdólá : n. whisperer

dàlìmè : n. 1. secret consultation 2. conversation in secret 3. in camera

dàlìmè (dè -) : v. 1. to consult secretly 2. to converse secretly

dàlìmèdèdè : n. deliberation

dàlìmèdèfé : n. 1. a secret place 2. a place where consultation is done in camera/behind closed doors

dàlìmèdèlá : n. 1. someone who deliberates 2. someone who goes in camera 3. a decision maker

dálìkpé : n. slab

dǎmà : n. dynamite

dámà : n. 1. green 2. virescent 3. in bright colours

dàmàdùàfɔ̀kɔ̀é : n. boot

dámàtɔ̀ : adj. 1.lush 2. opulent 3. luxuriant

dàmè : n. 1. in camera 2. secret meeting before a verdict is pronounced 3. may (month)

dàmè (dè -) : v. 1. to go in camera 2. to meet in secret before pronouncing a verdict

dàmèdèdè : n. 1. in camera 2. a meeting held in camera

dàmèdèfé : n. 1. a secret place 2. a place where consultation is done in camera/behind closed doors

dàmèdèlá : n. 1. someone who deliberates 2. someone who goes in camera 3. a decision maker

dàmèdèyì : n. the moment when the jury goes behind closed doors

dàmènyà : n. the case on which one deliberates on in camera

dàmɛ̀ : n. may (month)

dámì : adj. 1. fat 2. obese 3. well-fed 4. plump 5. fertile 6. rich

dámlɔ́gbèdzí : adj. 1. purple 2. violet

dànlà kpòkpòkú : n. skipjack tuna

dàntélì : n. 1. lantern 2. oil lamp

dànùkpléèvè : n. a variety of snake that looks like a large earthworm

dànùxè : n. a type of bird

Danyì : n. danyi plateau

dàsìámimè : n. august (month)

dàsígɔ̀mè : n. veneral disease

dàtégbè : n. 1. last day of the week of an agricultural or commercial week 2. snake day (day of the sign of the snake) 3. 4th day of a worship week

dàtí : n. 1. bow 2. arc

dàtídàlá : n. 1. archer 2. bowman

dàtɔ́ : n. archer

dàtú : n. shoot a gun

dàví : n. 1. maternal aunt 2. stepmother

Dàví : n. mum (stepmother)

dàvò : n. 1. wrong 2. incorrect

dàvɔ́é : n. a type of poisonous snake

dàυàdàlì : n. a prisoner of war

dàwùté : n. moulting (e.g of a snake) *(syn. wùté)*

dàxó : n. 1. old fashioned 2. outdated

dàyíkpódàyíkpó : n. praying mantis *(syn. ɖɔɖɔ́é, tùkɔ̀mìtùkɔ̀mì)*

dàyɔ́ví : n. 1. nephew 2. niece

dàyɔ́ví nyɔ́nù : n. niece

dàyɔ́ví ŋútsù : n. nephew

dè : v. 1. to go (somewhere) 2. to frequent (an establishment) 3. to reach 4. to reach a sum of 5. to rejoin 6. to arrive at 7. to head towards 8. to unfold 9. to spread 10. to produce 11. to amount to 12. to be in large numbers 13. to be fair 14. to go well 15. to agree 17. to suit 18. to be sufficient 19. to be enough 20. to last 21. to happen 22. to cultivate 23. to till the land 24. to shoot at

dè : n. 1. country 2. homeland 3. country of origin 4. border 5. customs 6. palm nut (palm fruit) 7. oil palm 8. palm kernel 9. behaviour

dè àḍàŋù : v. 1. to relect on one's thoughts 2. to ponder 3. to contemplate

dè àḍàŋù ná : v. 1. to give an advice to 2. to give an idea to

dè àfɔ dzí : v. to go to the toilet

dè àgblè : v. 1. to farm 2. to cultivate

dè àgblɔ : v. to relax

dè àmà mè : v. 1. to hide 2. to disappear by spiritual force

dè bàbìà̰ : v. to be reddish

dè blíbò : v. 1. to be complete 2. to be perfect 3. to be balanced 4. to be right

dè Blù dè Eʋè : v. 1. to have travelled the world 2. to have had a lot of adventures

dè bòtó : v. 1. to remove weeds 2. to clear 3. to lighten 4. to elucidate 5. to make a place less bushy

dè dàlḭ̀ (mè) : v. 1. to attend a secret meeting 2. to have a meeting in camera 3. to keep a secret council

dè dàmè : v. 1. to attend a secret meeting 2. to have a meeting in camera 3. to keep a secret council

dè dègbɔ : v. to make a round trip

dè ... dè kpɔ́ : v. 1. to have been killed by witchcraft 2. to kill by a spell

dè dɔmè : v. to have diarrhea

dè drìkà mè : v. to preambulate

dè dù : v. 1. to spread 2. to diffuse 3. to be renowned 4. to be famous

dè dɔgbé : v. 1. to make an errand 2. to deliver a message 3. to go on a mission 4. to go and offer a service

dè (...) dzí : v. to climb on

dè ... dzí ḍí : v. to supplant

dè ḍìmè : v. 1. to dream 2. to faint 3. to pass out

dè ... ḍókùí : v. to stretch oneself

dè ḍòkùí nù : v. to suffice

dè fìdègbé : v. to poach

dè fútómè ná : v. 1. to be intense 2. to penetrate to the marrow 3. to be well suited to

dè....gé : v. to fail

dè ... gé (klòé) : v. 1. to be about to 2. to fail

dè gǒ : v. be extreme

dè ... gbɔ́ : v. 1. to frequent 2. to patronize 3. to go to visit 4. to go to 5. to have sexual intercourse with

dè gbɔmè : v. 1. to go to town 2. to go out

dè kú fé nù mè : v. to almost die

dè kpé : v. to have a child immediately after another

dè kplé àgɔ̀ : n. everything

dè kpɔ́ xá : v. to go to the office

dè mègbé : v. 1. to retreat 2. move back 3. recede 4. to retrocede 5. to lean against 6. to apostatize

dè mègbé ná : v. to vouch for

dè mègbé xàà : v. 1. to retreat well 2. to pull away 3. to apostatize

dè mùmù gé : v. 1. to stagger 2. to totter

dè...nù : v. 1. to dominate 2. to tame 3. to subdue 4. to master

dè núgbé : v. 1. to go on a mission 2. to die *(syn. yì àulìmè, yì bò , dé àfɔ̀ àtùkpá mè, yì dèmàgbɔnúgbé, kú, yì núgbé, vló, vlɔ́, yì àfégã̌, yì àzìzà ŋú, yì dzògbè, yì gě gbɔ́, yì γèɖóxɔ̀fé, yì nákè gbé, yì nú gbé, yì nú xà, yì tɔ̀gbùɫáwó gbɔ̀, yì tɔ̀mè, yì tsíè, zù ŋɔ̀lì)*

dè nyùí : n. 1. merit 2. worth 3. value

dè nyùìé ! : v. 1. safe journey! 2. take care of yourself!

dè ŋgɔ̀ : v. 1. to improve 2. to progress 3. to advance

dè ŋgɔ̀ wú : v. 1. to be greater than 2. to be superior to

dè ŋgɔ̀gbé ná : v. 1. to be ahead of 2. to be in front of

dè ŋùgblè (tsó … ŋú/ŋútí) : v. 1. to think about something 2. to meditate on something

dè sìsì : v. 1. to have dysentery 2. to have diarrhoea

dè sɔ̀lèmè : v. to go to church

dè srɔ̃gblè : v. to work for one's parents-in-law (the bride working for the parents-in-law)

dè sùkú : v. to attend school

dè tàgbà : v. to defecate

dè tàmè ná : v. 1. to probe somebody 2. to make the law

dè tó : v. 1. to be deep 2. to reach the bottom 3. to be extreme 4. to be rooted 5. to be established

dè tò ɖé : v. 1. to encircle 2. to surround

dè tɔfò : v. to go fishing

dè tɔgbè : v. 1. to be similar 2. to resemble

dè tɔ̀mè : v. to go and fetch water from the pond

dè trɔ̃ mè : v. to indulge in divine vengeance

dè…..tsó…mè : v. 1. to subtract 2. to remove

dè vi : v. 1. to break-up 2. to disintegrate

dé : v. 1. to put 2. to put in 3. to pour 4. to connect 5. to send (someone to school) 6. to bind 7. to miss 8. to be rare 9. to be hard to find

dé àbì dzìgbɔ́ ná : v. to hurt (morally)

dé àbì … ŋú : v. to hurt (physically)

dé àbɔ̀ àbɔ̀ mè : v. to be arm in arm

dé àdã̀ : v. 1. to excite 2. to turn on 3. to rouse

dé àdã̀ mò ná : v. 1. to make furious 2. to anger 3. to push to revolt

dé àdã̀ ŋkúmè ná : v. 1. to make furious 2. to anger 3. to push to revolt

dé àdã̀ tàmè ná : v. 1. to anger 2. to make aggressive

dé àdè : v. 1. to be slimy 2. to become sticky

dé àdzàlẽ̀ : v. 1. to put soap on 2. to add soap to

dé àdzò xá mè ná : v. 1. to prepare a blow against 2. to set a trap for

dé àɖè nù mè ná : v. 1. to try to extract secrets from 2. to pull information through the nose

dé àɖǐ : v. 1. to put soap on 2. to add soap to

dé àɖǐ nù mè : v. to poison

dé àɖè nù mè ná : v. to poison

dé àfɔ̀ àtá mè ná : v. 1.to impede someone's progress 2. to place sticks in someone's wheels

dé àfɔ̀ àtùkpá mè : v. 1. to die 2. to be deceased *(syn. yì àʋlìmè, yì bò, dè núgbé, yì dèmàgbɔ̀núgbé, kú, yì núgbé, vló, vlɔ́, yì àfégã́, yì àzìzà ŋú, yì dzògbè, yì gẽ̀ gbɔ́, yì yèɖóxɔ̀fé, yì nákè gbé, yì nú gbé, yì nú xà, yì tɔ̀gbùíáwó gbɔ̀, yì tɔ̀mè, yì tsíè, zù ŋɔ̀lì)*

dé àfɔ̀ dù mè : v. to run away at full speed

dé àfɔ̀gè nyà : v. 1. to always repeat the same thing 2. to say the essential thing

dé àfɔ̀ ké mè : v. to learn to walk

dé àfɔ̀kú mè : v. 1. to put in danger 2. to jeopardize 3. to risk

dé àfɔ̀ mɔ́ mè ná : v. 1. to accompany to the door 2. to accompany halfway

dé àfɔ̀ tò mè ná : v. 1. to get into a group 2. to initiate

dé àgbà : v. 1. to load (a vehicle) 2. to burden 3. to charge

dé àgbà àsí : v. 1. to deliver 2. to hand over

dé àgbà ʋù : v. 1. to load a vehicle 2. to load a boat 3. to create problems

dé àgbà ɖèká mè : v. to put into the same category

dé àkú mè : v. 1. to poke in 2. to cram into

dé àkùnyà : v. 1. to exert a harmful influence to hijack the plans of 2. to hypnotize by saying incantatory words

dé àkpé : v. to render thanks

dé àlɔ̀nú : v. to carry on the arm

dé àmà : v. 1. to color 2. to dye

dé àmà mè : v. 1. disguise onesself 2. to present oneself in another form

dé àmì : v. 1. to be fat 2. to fatten up

dé àmì núɖùɖù : v. to add oil to food when cooking

dé àŋɔ̀ : v. 1. to tar 2. to asphalt 3. to bituminize

dé (...) àsì : v. 1. to entrust 2. to hand over

dé àsí àgbàlẽ̀ mè : v. to sign a document

dé àsí àmè nú : v. to have sex with someone

dé àsí àsí mè : v. 1. to join hands 2. to shake hands

dé àsí àsítémè : v. to cross hands

dé àsí àtá mè : v. 1. to be idle 2. to place one's hand between one's legs 3. to clean/wash one's private parts

dé àsí dɔ́ mè ná : v. 1. to help 2. to lend a hand to

dé àsí gòmè : v. 1. to place one's hands in one's pocket 2. to urinate 3. to finance 4. to give money to

dé àsí gòmè ná : v. to steal money from

dé àsí ... mè : v. 1. to start 2. to begin 3. to commence 4. to burst out (laughing) 5. to initiate (work)

dé àsí ... nùmè : v. 1. to bite one's fingers (as a result of unpleasant surprise, because of problems) 2. to eat

dé àsí núŋɔ̀ŋlɔ̀ mè : v. to sign a document

dé àsí....ŋú : v. 1. to grope 2. to touch 3. to look for grit

dé àsí....ŋútí : v. 1. to grope 2. to touch 3. to look for grit

dé àsí ... té : v. to sign

dé àsìxɔ̀xɔ̀ ... ŋú : v. 1. to enhance 2. develop 3. to glamorize 4. to valorize

dé àtí àtá mè ná : v. 1. to impede someone's progress 2. to place sticks in the wheels of somebody

dé àtí mè : v. to frame

dé àtí ʋɔ̀ mè : v. 1. to lock the door 2. to pass away

dé àtíkè àgɔ̀mè : v. 1. to place a suppository 2. to use a suppository

dé àtíŋùkàlé ... mè : v. to put pepper in something

dé àxà : v. 1. to hug 2. to tighten onesself close to another object

dé àxà nyà : v. 1. to get away from a case 2. to not get involved 3. to pretend not to see or hear anything

dè bòtó : v. to deepen

dé bùbù ... ŋú : v. to respect

dé dàdónú : v. 1. to spice 2. to season

dé ... dòmè : v. 1. to hire (as pertaining to work) 2. to give yourself a task

dé dɔ̀ làmè ná/ŋú : v. 1. to transmit a disease 2. to make sick

dé dɔ́ nyà : v. 1. to briefly talk about a case 2. to make a resume 3. to summarize

dé dɔ́ nyà mè : v. to intervene

dé ... dòmè ná : v. 1. to speak ill of 2. to denigrate in order to make hated

dé dzè : v. 1. to add salt 2. to have horns 3. to aggravate 4. to compound

dé dzè ... mè : v. 1. to make interesting 2. to make concrete 3. to add salt

dé dzè nù mè : v. to eat

dé dzè nyà : v. to make matters worse

dé dzésì : v. 1. to recognize 2. to identify 3. to notice 4. to indicate 5. to annotate 6. to mention

dé dzèsì dí : v. 1. to predict 2. to calculate

dé dzèsì ná : v. 1. to mark 2. to tag

dé dzèsì tɔ̀xè : v. 1. to specify 2. to indicate

dé dzi fò : v. to encourage

dé dzi fò ná : v. to encourage

dé ... dzí : v. 1. to specify 2. to support 3. to be on the side of 4. to give a surplus of something 5. to give a gift (as pertaining to trading)

dé ... dzí (mé ... ò) : v. to be in disadvantage

dé dzídzɔ̀ ... mè : v. 1. to brighten up 2. to make happy 2. to animate

dé dzíkú ... mè : v. 1. to annoy 2. to anger

dé dzò : v. 1. to animate 2. to fire 3. to heat

dé dzò ... mè : v. 1. to activate 2. to animate 3. to heat

dé dzò ... fé lã̀ mè : v. 1. to revive 2. to invigorate 3. to energize 4. to animate 5. to heat

dé dzò lãmè ná : v. 1. to animate 2. to inspire 3. to stimulate 4. to encourage

dé dzò lãmè ná àmèɖókùí : v. 1. to heat oneself up 2. to animate oneself

dé dzrè àfé : v. 1. to cause a family quarrel

dé dzù ... ŋú : v. 1. to dishonor 2. to denigrate 3. to smear (the name of someone) 4. to defame

dé (...) dí ... ŋú : v. 1. to keep something waiting for a long time

dé dɔ̀ tò : v. 1. to throw the net (in fishing) 2. to hope that a process will bear fruit 3. to start a bad habit again

dé fàfá lãmè : v. 1. to cool oneself 2. to refresh oneself

dé fè : v. 1. to pinch 2. to scratch 3. to imply 4. to say something cryptically

dé fè ... ŋú : v. to make debt

dé fè nyà : v. to be more specific in what one says

dé fètsú : v. 1. to pinch 2. to scratch

dé fètsú nù mè : v. 1. to bite one's fingers 2. to place one's fingers in the mouth

dé fù àsí ná : v. to create difficulties for (somebody)

dé gà : v. 1. to have a cramp 2. to be numb 3. to have a stiff neck (torticollis)

dé (...) gà : v. 1. to condemn 2. to imprison 3. to lock

dé gà gà mè : v. to pay an interest

dé gà...mè : v. 1. to lock 2. to close

dé... gà mè : v. to imprison

dé gà kɔ́ntì mè : v. to credit one's account

dé gàxɔ̀ mè : v. 1. to cage 2. to imprison 3. to lock up

dé gù lãmè ná : v. to inoculate with an invisible evil

dé gù ná : v. to reveal a secret by the making of signs

dé gbè ... ŋú : v. to heal by using herbs

dé gbè tó mè ná : v. 1. to inform 2. to advise

dé hà : v. 1. to align with 2. to make company with 3. to assemble with 4. to be around with

dé hà kplé : v. 1. to have relations with 2. to be seeing someone often

dé hlɔ̀ kɔ̀ ná : v. 1. to create a huge problem with 2. to be suspected of having committed a crime

dé kà : v. 1. to tie 2. to put in a rope 3. to hinder 4. to attach to 5. to grant 6. to accord

dé kà àbùì mè : v. 1. to thread a needle

dé kà....mè : v. to lace up

dé kà....nɔ̀èwó : v. to move in a group

dé kà vè (ná) : v. 1. to hang 2. to strangle

dé kà vè ná àmèɖókúi : v. to hang oneself

dé kè : v. 1. to take root 2. to root

dé ké : v. to cover in sand

dé kòsìdzì fò ná : v. to give false hope

dé kɔ̀ : v. to wear around the neck

dé kɔ̀sɔ̀kɔ́sɔ́ : v. to chain up

dé kpé yí ... ŋú : v. to appreciate too much

dé kpé tsì àgbè mè ná : v. 1. to put sticks in the wheels of (someone) 2. to disturb 3. to prevent the smooth running of (something) 4. to harm

dé kpé vì : v. to give birth to children within a short period of time

dé kpò ... dòmè : v. 1. to hit with a stick 2. to get people out of the way 3. to push people aside

dé kpò ... mè : v. to dance whilst singing and giving thanks

dé máwùtsì tà ná : v. to baptise

dé mè : v. 1. to lean against 2. to lean 3. to rest on

dé mɔ́ ... mè : v. 1. to divide 2. to share

dé ... mɔ́ : v. to imprison

dé mɔ́ ... dòmè : v. 1. to space out 2. to inter space

dé nù : v. 1. to lead (to) 2. to disgorge 3. to dig up

dé nù dò : v. 1. to bow or kneel down or touch the ground with ones forehead in order to ask for forgiveness 2. to touch the ground with the forehead as a sign of respect to greet a personality or a voodoo preist

dé nù mè : v. 1. to interfere 2. to intervene (in a debate, a case) 3. to taste 4. to plunge into

dé nù nyà mè : v. 1. to intervene 2. to interfere 3. to step in a case

dé nù ... ŋú : v. to lie about somebody

dé nú mò ná : v. to make somebody abnormal by a charm

dé nù tó : v. 1. to talk to each other in secret 2. to talk secretly about someone arriving

dé nú víví núɖùɖù mè : v. 1. to season food 2. to spice food

dé núɖùɖù sé : v. to be on diet

dé núvévì : v. to spice

dé núwó xɔ̀mè : v. to put things in a room

dé nyà ... ŋú : v. to respond to

dé ŋèkpé àgbà mè : v. to bang the knees whilst walking

dé ŋkúgà : v. to keep in view

dé ŋúsɛ́ yéyɛ̌....mè : v. 1. to reinforce 2. to strengthen

dé sé : v. 1.to give orders 2. enact a law 3. to institute a law

dé sé (bé) : v. to be forbidden

dé sé kplé nyànyrà̰ : v. to assertively give orders

dé sé ná : v. to enjoin

dé sìmɑ̰́ : v. to cement

dé súklì : v. 1. to put sugar in 2. to sweeten

dé súklì ... mè : v. 1. to put sugar into

dé tà àgù : v. 1. to bow down one's head 2. to prostrate oneself 3. to kowtow

dé tà ànyí : v. 1. to bow one's head 2. to stoop 3. to bend over

dé tà àwɔ́ mè : v. 1. to hide one's face 2. to hide its' head under its' wings (pertaining to birds)

dé tàmè ná : v. 1. to be interested 2. to be concerned

dé tàtí ... mè : v. to pound again

dé tó nyà mè : v. to listen and give one's opinion about a matter

dé tógɛ̀ tó : v. to wear earrings

dé tsì : v. 1. to wet 2. to moisten 3. to soak in water 4. to sap 5. to irrigate 6. to water 7. to rain

dé tsì tà (ná) : v. to baptize

dé vèklɛ́ ... dòmè : v. 1. to disunite 2. to make two people fall out

dé víví ɖé ... nù : v. 1. to show appreciation concerning something 2. to rejoice about something

dé víví nyà mè : v. to make a statement/speech/report interesting

dé vòvò : v. 1. to distinguish 2. to discriminate 3. to differentiate

dé vòvò ... dòmè : v. 1. to distinguish 2. to discriminate 3. to differentiate

dé vòvòtótó ... dòmè : v. 1. to distinguish 2. to discriminate 3. to differentiate

dé ʋàʋà̰ : v. to animate

dé ʋèʋé : v. to embalm

dé ... ʋù ɖé ... ŋú : v. 1. slander 2. to speak badly of 3. to speak ill of

dé wɔ́ : v. 1. to sprinkle flour 2. to put flour into

dé xá : v. 1. to ambush 2. to be on the lookout 3. to be on post

dé xá ɖí : v. 1. to crouch 2. to be on the alert 3. to watch

dé xá ɖí ná : v. 1. to monitor 2. to lay ambush 3. to watch

dé xá ná : v. to watch

dé xɔ̀ : v. 1. to lodge 2. to shelter 3. to house someone at home

dé xɔ̀mè : v. 1. to lock up 2. to shut in a room

dé xɔ̀mènúwó : v. to furnish a room

dé yà....mè : v. 1. to inflate 2. to pump up 3. to bloat

dé yàfámɔ̀ : v. to air-condition

dé yibɔ wɔ gé : v. to brownen/darken the skin

dé … zã ʋú : v. to secretly disappear

dé zì : v. 1. to be abundant 2. to be numerous 3. to be in large numbers

dé zì … dòmè : v. 1. to suddenly disperse 2. to panic

dé … zì (àmè) : v. to alarm somebody

dé zì … mè : v. 1. to excite 2. to disturb 3. to overturn

dé … àbɔ́tà : v. 1. to shoulder 2. to place on the shoulder

dé…..àsí : v. to betray

dé … àsí ná : v. 1. to order 2. to betray 3. to assign (work) 4. to entrust 5. to convey 6. to pass on to 7. to transfer

dé……dzí : v. 1. to support 2. to promote 3. to take sides 4. to give (something) extra as a gift (in the market/ when selling)

dé….dzí (mé…..ò) : v. to be disadvantaged

dé (…) dzímè ná : v. to inspire somebody

dé … ɖókùi … mè : v. 1. to mingle with 2. to join in

dé … émè : v. 1. to grant a stay 2. to reprieve 3. to respite

dé … gà mè : v. 1. to chain 2. to place in a chain

dé … gàxɔ mè : v. to imprison

dé … gù : v. 1. to lower 2. to tilt (the head)

dé … kòtòkú mè : v. to pocket

dé … lãmè ná : v. 1. to contaminate one's body 2. to transmit a disease 3. to hurt 4. to bewitch

dé … mè : v. to dive into something

dé … nù : v. 1. to be equal 2. to be equal to somebody 3. to be superior to

dé … nù mè : v. 1. to taste something 2. to stuff into the mouth

dé … nú mè dzáá : v. to slip something into another thing slowly

dé … nú té : v. to support something

dé … ŋútí : v. to accuse an innocent person

dé … pósù : v. to post

dé … sí : v. 1. to bequeath something 2. to will something to somebody 3. to assign something to somebody 4. to allocate something to somebody

dé … té : v. 1. to support 2. to underpin 3. to insure (something)

dé … tó : v. 1. to submerge 2. to flood

dé … tsì mè : v. 1. immerse in water 2. to soak in water

dé … ʋù mè : v. 1. to embark 2. to load a boat

dé … xɔ mè : v. 1. to lock up in a room 2. to park in a room

d# : v. to stretch

déàmàdzìtɔ : adj. 1. advantageous 2. beneficial

dèbàyà : n. palm branch

dèblágòmè : n. dragonfly *(syn. bctsrl, fiAta, Fotsiletcme, notsiletcme tADu)*

dèblátsì : n. a mixture of crushed palm nuts and water

dèblíbò : adj. important

dèbòtó : adj. 1. something that gets to the bottom 2. something that deepens 3. something that clarifies

dèdè : n. 1. the act of going 2. the act of cultivation 3. arrival 4. sufficiency 5. the act of pulling (a rubber band)

dèdé : n. 1. the act of putting 2. lack 3. scarcity

dèdéàsí : n. 1. attribution 2. assignment 3. allotment

dèdèfé : n. 1. destination 2. the part of an elastic band that is pulled

dèdéfé : n. 1. a place where life is difficult 2. a place where something is hardly found

dèdétsì : n. palm-nut soup

dèdí : n. 1. latham's forest francolin 2. ahanta francolin 3. double-spurred francolin *(syn. àvètèglí)*

dédíé : adj. 1. safe and sound 2. in good condition 3. without problem 4. in safety 5. virgin

dèdièfé : n. 1. a place of safety 2. a secure place

dèdìènònò : n. 1. security 2. safety

dèdò : n. palm disease caused by a caterpillar

dèdó : n. work on the palms

dédòdàdà : n. traditional medicine

dédòdàlá : n. 1. native doctor 2. herbalist *(syn. àmàtsìwòlá, àtíkèwòlá, dédòylá, dòdàlá, dòyòlá, dókítà, ègbèdàlá, gbèdàlá, gbèwòlá, gbèwòtó)*

dédòyòyò : n. traditional medicine

dédòyòlá : n. 1. native doctor 2. herbalist *(syn. àmàtsìwòlá, àtíkèwòlá, dédòdàlá, dòdàlá, dòyòlá, dókítà, ègbèdàlá, gbèdàlá, gbèwòlá, gbèwòtó)*

dédrè̀ : adj. 1. elongated 2. expanded 3. dirty 4. messy 5. unhealthy

dédrè̀ ɖé ... ŋú : n. 1. intrusion 2. tresspass 3. incursion

dèdù : adj. 1. famous 2. popular 3. renowned

dédù : n. hometown

dédùlòlò : n. patriotism

dèdùŋkèkènyùí : n. national holiday

dèdùxè : n. green wood-hoopoe *(syn. àɖìtsí)*

dédzè : adj. horned

dèdzèdzè : adj. 1. transpiration 2. sweating

dédzí : n. 1. gift (from a merchant after buying) 2. tip added to a purchase

dèdzídòwòlá : n. customs officer

dèdzídàdì : n. palm civet *(syn. **dèdzítòdzò**)*

dèɖèè : adj. id. 1. soft 2. flabby 3. loose 4. deflated 5. relaxed 6. elastic 7. dangling (cable)

dèḍɔ : n. 1. palm branch 2. palm bud

dèḍù : n. 1. fibrous tissue at the base of the leaves of the palm tree 2. white fibers that surround the bottom of palm stems

dèfɛ́ : n. young oil palm

dèfìà : n. palm-king

dèfɔ́ : n. 1. central rib of the oil palm leaf 2. palm fiber

dèfú : n. 1. palm grove 2. palm plantation

dèfé : n. 1. destination 2. goal

dégà : n. 1. toll 2. right of passage

dègbàgbà : n. 1. smuggling 2. contraband 3. fraud

dègbàlá : n. smuggler

dègbè : n. mother tongue

dègbénɔ̀nɔ̀ : n. culture *(syn. dékɔ̀nú)* Everlove TV; Charles Agbagedi, 2023 https://www.youtube.com/watch?v=BhWnFxZi0E8 [2]

dègbéwɔ̀lá : n. 1. doctor 2. traditional healer

dègblè : n. 1. palm grove 2. palm plantation

dègblèfètsú : n. thumb

dègbédàlá : n. 1. doctor 2. traditional healer

dègbésùí : n. ocimum viride (a type of medicinal plant)

dègbɔ : n. round trip

dègbɔ̀gbɔ̀è : n. african reed warbler

dègré : n. degree

dèhà : n. 1. palm wine 2. grog

dèhàkpàdɔ́ : n. palm wine extraction (pertaining to this type of work)

dèhè : adj. 1. soft 2. flabby and heavy

dèhèdèhè : id. 1. large, soft, flabby and heavy

déhédéhé : id. 1. small, soft, flabby and heavy

dèhèè : id. 1. large, soft, flabby and heavy

déhéé : id. 1. small, soft, flabby and heavy

dèhó : n. palm grove

dèyè : n. 1. a kind of small fish 2. sardine

dèyi : n. 1. sardine 2. a type of small fish 3. nigerian fangtooth pellonuline

dèhà : n. palm wine

dèkà : n. palm grove

dèkè, dèkɛ̀ : n. palm root

dèklà : n. 1. palms in heap 2. palms with its' thorns

dèklɛ̀ : n. 1. small palms with thorns 2. young palm tree

dèklénúi : n. small palm nuts

dèkli : n. stunted palm

dèkɔ : n. family ban/taboo

dèkɔ́ : n. bunch of palm nuts

dékɔ (dè -, dù -) : v. violate a family ban /family taboo

dékɔnú : n. culture *(syn. dègbénɔ́nɔ́)*

dékɔnú dèdèfiá : n. 1. culture 2. cultural display

dékɔnú dèdèfiá kwàsídá : n. cultural week

dèkɔ́tí : n. old and big palm tree

dèkú : n. palm nut

dèkpà : n. part of the palm tree where thorns are situated

dèkpò : n. palm trunk

dèlå̀ : n. palm nut pulp

dèlègó : n. flacourtia flavescens (botany); a type of medicinal herb native to african and asian tropics

dèlìlà, dèlìlɔ̀ : n. 1. the pulp of palm nut 2. palm nut bran

Dèló : n. Ntrubu (an ethnic group that spans Ghana and Togo with about 18000 native speakers (in the year 2012; wikipedia)

dèlógbè : n. language of the Delo/Ntribu people

dèlɔ́ : n. 1. the pulp of palm nut 2. palm nut bran

dèmà : n. palm leaf

démå̀ : n. fetish buried in the yard to protect the home/house

démå̀ (dó -) : v. to bury a protective fetish of a home/house

démádódó : n. the burial of protective fetishes of a home/house

dèmàgbɔ̀ : n. 1. journey of no return 2. journey into the afterlife

dèmàgbɔ̀ : adj. 1. eternal 2. everlasting

dèmàgbɔ̀ : adv. 1. perpetuity 2. forever 3. eternally

dèmàgbɔ̀núgbé : n. 1. afterlife 2. death

dèmàgbɔ̀núgbé (yì -) : v. to die *(syn. yì àʋlìmè, yì bò, dè núgbé, dé àfɔ̀ àtùkpá mè, kú, yì núgbé, vló, vlɔ́, yì àfégå̀, yì àzìzà ŋú, yì dzògbè, yì gè̂ gbɔ́, yì yèdóxɔ̀fé, yì nákè gbé, yì nú gbé, yì nú xà, yì tɔ̀gbùíáwó gbɔ̀, yì tɔ̀mè, yì tsíè, zù ŋɔ̀lì)*

dèmàgbɔ̀núgbéyìlá : n. someone who has died

dèmàgbɔ̀núgbéyìyì : n. the actof dying

dèmàkpà : n. palm leaf

démè : n. 1. usury 2. interest 3. commission 4. dividend

démè (ná -/xé -) : v. to pay interest

démè (xɔ̀ -) : v. to collect interest

démèhɔ́ : n. centipede

démèŋɔ́ : n. larva

démèxéxé : n. the payment of interest on an amount borrowed

démèxélá : n. someone who is paying interest on a borrowed sum

démèxɔ̀fé : n. a place where taxes are paid/collected

démèxɔ̀lá : n. someone who collects taxes

démèxɔxɔ : n. the collection of interest on a borrowed amount

dèmì : n. palm oil

dénɛ : n. palm nuts

dènù : n. 1. border 2. borderland 2. customs

dènú : n. everything that concernes the palm tree

dènùsɔ́dzà : n. customs officer

dènùsràfò : n. customs officer

dènyá : n. palm nut bran

dényá : n. 1. country news 2. home news

dènyígbá : n. 1. country 2. homeland 3. fatherland 4. motherland 5. native land

dènyígbálɔlá : n. patriot

dènyígbálɔlɔ : n. patriotism

dèŋgɔ : adj. 1. competent 2. developed 3. advanced 4. in progress

dèŋɔ́ : n. palm worm

dèŋúkàyì : n. a small mushroom that grows on palm trunks

dèŋúkɔyɔè : n. false palm diet

dèŋúŋú : n. all the the palm tree produces

dèŋùtsó : n. palm thorn

dèpùité : n. 1. deputy 2. member of paliarment 3. congressman 4. delegate

dèsé : n. 1. necessary 2. imperative

dètà : n. 1. fruit-cluster of the oil palm 2. palm nut diet

dètà (sì -) : v. to cut a fruit-cluster of the oil palm

dètí : n. 1. palm tree 2. oil palm tree

dètò : n. 1. cutting into the palm tree to extract wine 2. interior of the palm trunk

dètó : adj. 1. deep 2. profound

dètótò : n. mortar in which to pound palm seeds

dètótó : n. the act of pounding of palm nuts

dètɔ́ : n. 1. compatriot 2. aborigine 3. countryman 4. countrywoman

dètɔ́gbè : n. native language

dètù : n. empty palm nut diet

dètsì : n. 1. soup *(syn. sópà, tsì)* 2. sauce

dètsì (fò -) : v. to make soup

dètsì (kplɔ -, nò -) : v. to drink soup

dètsìfòfé : n. 1. a place where soup is prepared 2. kitchen *(syn. àkpàtá dzòdófé, dzòdóxɔ, dòdófí, núdàfé, núdàxɔ, nyígɔmè)*

dètsìfòfò : n. preparation of soup

dètsìfògbá : n. saucepan used in prepareing soup

dètsìfòlá : n. someone who prepares soup

dètsìfònú : n. ingredients for making soup

dètsìfòzé : n. a pot used for preparing soup

dètsìgbá : n. 1. soup bowl 2. soup plate

- 235 -

dètsìtsì : n. 1. soup. 2. soup without meat

dètsìzé : n. a pot used for preparing soup

dètsyɔ̀nú : n. palm oil strainer

dèvé : n. palm grove

dèví : n. 1. young palm plant 2. fellow citizen

dèvídódó : n. palm plantation

dèvízǎ : n. palm sunday

dèvɔ̀ : n. 1. traditional costume 2. traditional dress

dèvɔ́ : n. 1. fibrous tissue at the base of the leaves of the palm tree 2. white fibers that surround the bottom of palm stems

dèvɔ̌ɛ̌ : n. false palm diet

dèʋà : n. stalk connecting the fruit-cluster of the oil palm to the trunk

dèʋàyà : n. palm branch

dèʋè : n. stalk connecting the fruit-cluster of the oil palm to the trunk

dèyìgòkpí : n. yellow-tail sardinella

dèzá : n. 1.palm bud 2. palm branch in formation

dèzé : n. 1. a container used to collect palm wine 2. big container in which palm seeds are put

dèzémbà : n. december

dì : v. 1. to be long 2. to stretch

dì : n. a kind of wild mouse which is sought for because of it's flesh

dì : id. to fall down hard

dí : v. 1. to look for 2. to search 3. to desire 4. to wish 5. to want 6. to be near to 7. to remove from the scabbard

dí àsì : v. to court (as pertaining to relationsships)

dí àvù : v. 1. to challenge 2. to provoke 3. to argue

dí bé : v. 1. to have a tendency to 3. to have the intention to

dí bùbù : v. to be ambituous

dí ... ɖé àsí : v. 1. to obtain 2. to get 3. to procure

dí dzɔ̀gbènyùí nà : v. 1. to congratulate 2. to compliment

dí fɔ́ : v. to damn

dí gè (lè ... ŋú) : v. 1. to tease 2. to bother 3. to seek a quarrel with 4. to complain

dí hìǎ : v. to give punishement

dí kú ná : v. to wish death for

dí mɔ́ : v. 1. to orient 2. to look for a place (to work in a school) 3. to go through

dí mɔ́ ná : v. 1. to track 2. to detect 3. to screen 4. to track down

dí ná : v + prep. to counsel

dí nú yómè : v. 1. to flatter 2. to woo 3. to solicit 4. to aspire to 5. to seek (happiness, pleasure) 6. to pursure (a goal) 7. to jostle (to get something)

dí núɖùɖù dà ɖí : v. to get supplies

dí núnyá : v. to be curious

dí núwó dà ɖí : v. to hoard provisions

dí nyà : v. 1. to provoke 2. to induce 3. to give rise to

dí tàḍòfé : v. to orientate

dí tómènúwó : v. to prospect

dí vévíé : v. 1. to long for 2. to ardently desire 3. to crave for

dí vɔ̃ : v. to frighten

dí yómè : v. 1. to pursue 2. to seek 3. to desire 4. to strive to 5. to try to

dìà : id. sound emitted by the breaking of a cord

diàkónò : n. deacon

diámɔ̀n : n. diamond

dibɔ̀ : adj. 1. viscous 2. sticky 3. gooey

dìdi : v. 1. to be far 2. to be away 3. to last 4. to have been a long time (that) 4. to have been an eternity (that) 5. to be long (in terms of time of distance) 5. to stretch

dìdi : adj. 1. distant 2. long 3. verbose 4. tense 5. stretched

dìdi : adv. for a long time

dìdi ḍé : loc. adv. for a long time

dìdi nyà : v. to drag a discussion

dìdi ... ḍé édzí : v. 1. to extend 2. to lenghten

dìdi ... ḍé ... nù : v. 1. to extend 2. to make longer

dìdí : n. 1. desire 2. with 3. will 4. appetence 5. bias 6. reclamation 7. request

dídí : v. to stretch

dididzídzénú : n. length measurement

dididédzí : n. 1. extension 2. reproduction

dididédéfíá : n. recommendation

dididénù : n. 1. extension 2. elongation

didié : adv. for a long time

dìdifé : n. 1. distant 2. far-off

dìdifé (lè -) : adj. far away

dìdifékàfòmɔ̃ : n. telephone

dididifénúḍèfiámɔ̀ : n. 1. television station 2. television antenna 3. television set (syn. àdzɔ̀génúkpɔ́mɔ̀, dìdifénúkpɔ́mɔ̀, nyàsèmɔ̀, tèlé, tèlèvìzíɔ́)

dìdifénúkpɔ́kpɔ́ : n. 1. television viewing 2. television

dìdifénúkpɔ́mɔ̀ : n. television set (syn. àdzɔ̀génúkpɔ́mɔ̀, dìdidifénúḍèfiámɔ̀, nyàsèmɔ̀, tèlé, tèlèvìzíɔ́)

dìdifénúkpɔ́nù : n. 1. telescope 2. binoculars

dìdifénúŋlɔ̀nú : n. telegraph

dìdìidi : id. 1. something that extends over a long period of time or over a long distance 2. something that lasts a long time

dídíidí : id. 1. something that extends over not too long a period or distance 2. something that doesn't last a long time

dìdimè : n. 1. distance 2. range 3. duration 4. longitude

dìdimè kpótiti : n. long jump

dìdìtɔ̀ : adj. 1. long 2. prolonged 3. elongated

dìdó : n. baobab tree

dídrì : n. 1. perfidy 2. betrayal 3. treachery 4. hypocrisy 5. lying

dídrí : v. 1. to squeeze 2. to express (the juice of a lemon) 3. to slide

dìdrìdɔ̀ : n. a sickly inclination to lie

dìdrìdɔ́ : n. 1. a half-done job 2. a poorly-done job

dìdrìdɔ̀lélá : n. 1. a liar 2. someone who has a sickly inclination to lie

dìdrìdɔ̀lélé : n. a sickly inclination to lie

dìdrìdù : n. pretence of running away

dìdrìdù (dó - ná) : v. to run for nothing

dìdrìdù (fú -) : v. to pretend to run away

dìdrìdùfúfú : n. pretending to run away

dìdrìdùfúlá : n. someone who pretends to run away

dìdrìmè : n. 1. traitor 2. perfidy 3. slanderer 4. liar

dìdrìnú : n. 1. unacceptable behaviour 2. treacherous act

dìdrìtɔ̀ : adj. 1. treacherous 2. cowardice 3. loose

dìdrìtɔ́, dìdrìwɔ̀lá : n. 1. traitor 2. coward 3. liar

dìdrìwɔ̀wɔ̀ : n. 1. lying 2. falsehood 3. untruth

dìì : id. 1. without stopping 2. without rest 3. for a long time 4. tight (like a guitar string)

dígò : n. horsefly

dílá : n. 1. investigator 2. researcher *(syn. númèkùlá, nyàgɔ̀mèkùlá, nyàmèkùlá)*

dìnàmíkì : adj. dynamic

dìnyàdìnyà : id. 1. tough 2. resistant

dínyɛ́dìnyɛ́ : id. 1. resistant 2. touch (relatin to a piece of meat) 3. someone/something that makes an effort to liberate himself/itself

dìŋàà : id. relating to something that stretches like chewing gum

dìŋàdìŋà : id. 1. sticky 2. adhesive 3. viscous 4. relating to something that stretches like a chewing gum

díŋdíŋ : id. noise made by a guitar string

díŋɛ́ɛ́, díŋɛ́díŋɛ́ : id. something that stretches like a chewing gum (with quite a small volume)

dìɔ̀, dìɔ̀ : v. 1. to be free 2. to rot 3. to become dust 4. to be weak 5. to be disabled

dìplómà : n. diploma

dískì : n. disc

dò : v. 1. to appear 2. to arise 3. to eject 4. to uncork 5. to go out

dò : n. 1. hole 2. crack 3. trench 4. gutter 5. grave 6. mine shaft 7. excavation 8. pit 9. pothole 10. well 11. lair 12. burrow

dò (dé -) : v. 1. to dig a hole 2. to be dug

dò (kù -) : v. to dig a hole

dò (nùyí -) : n + v. to have prominent lips

dò (- nyùí) : v. to come out well

dò (zǎ -) : v. to be nightime

Dò : n. a name given to a boy or girl born after a pair of twins

dò àtímè : v. to be a fellow/guy

dò ḍá : v. 1. to appear 2. to arise

dò ḍè … dzí : v. 1. to suprise somebody 2. to come unexpectedly 3. to call on somebody

dò féfí : n. 1. split 2. crack 3. slot 4. slit 5. groove 6. vent

dò gò : v. 1. to go out 2. to gush forth 3. to squirt 4. to be ejected

dò gò ḍé yà nú : v. 1. to go outside 2. to go outside for some fresh air

dò gò lè … mè : v. 1. to get out of 2. to com out unscathed

dò gò lè nyà mè : v. to come out clean (e.g from a criminal case/ from trouble)

dò gò tsó … mè : v. 1. to emanate from 2. to arise from

dò gò tsó nyà mè : v. to ensue from case

dò lè dɔ́ mè : v. to resign from work 2. to abdicate a position at work

dò lè flì mè : v. 1. to be out of line 2. disconnect

dò lè … mè : v. 1. to come out unscathed 2. to come out safe and sound

dò lèè : n. 1. pit 2. ditch

dò lègbè : n. trench

dò tsó … mè : v. to come from

dò tsyó : v. to start growing (of legumes, plants)

dó : v. 1. to put 2. to place 3. to deploy the sails 4. to wear (clothes, glasses, etc.) 5. to plant 6. to drain (a piece of land) 7. to lend (money) 8. to have the night fall 9. to measure (wind, oil, drink, flour, corn, etc,) 10. to make fire 11. to feed (somebody with food) 12. to speak (a language) 13. to tell or narrate (a story, proverb) 14. to enact (a law) 15. to be dense 16. to be thick 17. to inflict (a fine)

dó (zǎ -) : v +n . 1. to be nighttime 2. it's the nigh

dó àbɔ̀fúí : v. to raise one's shoulders

dó àbɔ̀gè̀ : v. to be arm in arm

dó àbù : v. to grope

dó àbùì : v. 1. to vaccinate 2. to inject

dó àbùì ná : v. 1. to vaccinate 2. to inject

dó àdǎ ná, dó àdǎ mò ná : v. 1. to excite 2. to arouse

dó àdzà : v. to fringe

dó àdzɔ̀ : v. 1. to be a merchant 2. to trade

dó àḍàŋùdùì : v. 1. to excuse 2. to apologize

dó àḍì ná : v. 1. to infect 2. to corrupt 3. to spoil (something)

dó àḍìkà : v. 1. to compete 2. to challenge (as applies in sports) dó àḍìkằ : v. 1. to become an enemy

dó àfí : v. to be gray

dó àfɔ̀kpà : v. to wear a pair of shoes

dó àfɔ̀kpà ná : v. to wear a pair a shoes for (somebody)

dó àfɔ̀tsrɛ́ : v. to trot

dó àfɔ̀zɛ̃́ : v. to trot

dó àfù : v. 1. to go waste 2. to get spoilt

dó àfá : v. to scream

dó àfá ḍé ... tà ná : v. to decry somebody

dó àgbà ákpá : v. 1. to overload 2. overburden 3. overcharge

dó àgblɔ̀ : v. 1. to relax 2. to loosen 3. unwind

dó àgbògbò : v. 1. to mill about 2. swarm

dó àgbògbò....ḍé....dzí : v. to have in excess

dó àkà : v. to prepare an ordeal

dó àkáló : v. 1. to paint 2. to plaster

dó àkálótsì : v. to paint with a coating

dó àkpé ná : v. to render thanks

dó àmà : v. 1. to colour 2. to dye 3. to tint 4. to shade

dó àmèmò : v. 1. to mask 2. to conceal

dó àmlìmà : v. 1. to have an upset (of life) 2. to become unsettle

dó àmnyítsì : v. 1. to sweeten

dó àsì : v. 1. to trade 2. to bargain 3. to offer a price

dó àsì ḍé ... ŋú : v. 1. to set the price of 2. to assess 3. evaluate 4. to rate

dó àsì ná : v. 1. to estimate 2. to value

dó àsí : v. 1. to go out with (a girl) 2. to patronize (a girl)

dó àsí ḍá : v. to give a hand

dó àsrắ : v. 1. to snuff 2. to take a snuff

dó àtàmá : v. 1. to snuff 2. to take a snuff

dó àtí ḍé ... dzí : v. 1. to graft 2. to transplant

dó àtíkè : v. 1. to dye 2. to stain

dó àtsú : v. 1. to mate 2. to couple

dó àvǔ : v. to be complicated

dó àwɔ̀bá : v. 1. to pledge 2. to pawn

dó àwù : v. to dress up

dó àwù ná : v. to dress somebody up

dó àwù nyàmànyàmà : v. 1. to dress scruffy 2. to dress shabbily

dó àwùnùgbùí : v. to button up

dó bà (xɔ̀) : v. 1. to plaster (a house) 2. to parget (a house)

dó bà ná : v. 1. to whip 2. to flog 3. to lash

dó bàbà ná : v. 1. to express condolences to 2. to feel sorry for

dó blòblòblò : v. 1. to chat 2. to talk a lot

dó bùbù : v. to give credit to

dó dàlì̀ : v. 1. to whisper 2. to hiss

dó ɖí : v. to dive

dó dòtɔ́é : v. 1. to outrage 2. to break down 3. to wreck 4. to go haywire

dó dɔ̀ dzí : v. to endure hunger

dó dɔ́gɔ̀ɛ̀ : v. 1. to snuggle 2. to crouch 3. to squat

dó dɔ́gɔ̀ɛ̀ mè : v. to crouch

dó dɔ̀mèdzòè, dó dɔ̀mèdzùí : v. 1. to be angry 2. to be moody

dó dù ná sɔ́ : v. 1. to make a horse gallop 2. to race a horse

dó dzà ná : v. to welcome

dó dzàdzà : v. 1. to be busy 2. to be worried 3. to be restles

dó dzì : v. 1. to have courage 2. to dare

dó dzì wɔ̀ : v. 1. to undertake 2. to initiate 3. to try an adventure

dó dzì ɖé ... ŋú : v. 1. to count on 2. to have confidence in

dó dzí : v. 1. to tolerate 2. to endure 3. to be tenacious

dó dzìdzɔ̀ : v. 1. to cheer 2. to enthuse 3. to excite

dó dzìdzɔ̀ ná : v. 1. to interest 2. to excite 3. to delight

dó dzìdzɔ̀ylí : v. 1. to shout for joy

dó dzìkú : v. 1. to be angry 2. to annoy 3. to infuriate

dó dzìkú ná : v. 1. to irritate 2. to make indignant 3. to provoke

dó dzìkú ɖé ... tà : v. to be angry as a result of

dó dzìmàɖèè ná : v. to annoy continously

dó dzò : v. 1. to light the fire 2. to set the fire 3. to make fire 4. to ignite

dó dzòdzò : v. 1. to burst 2. to break totally 3. to tear apart

dó dzòkà ná : v. 1. to charm 2. to bewitch

dó dzróàmè :v. 1. to be appetizing 2. to be enticing 3. to be mouth-watering 4. to be seductive 5. to be savory 6. to be luscious

dó dzùdzɔ̀ : v. to be full of smoke

dó ɖá : v + part. 1. to project 2. to send

dó ... ɖá : v. 1. to give out (e.g a hand) 2. to give 3. to send (e.g money) 4. to intone

dó ... ɖé : v. to be surprised by (something)

dó ... ɖé dzí : v. 1. to exalt (somebody) 2. to be surprised by (something)

dó ɖé ŋgɔ̀gbé : v. 1. to advance 2. to move forward

dó ɖí : v. 1. to submerge 2. to sink 3. to dive

dó ɖíŋú ná : v. to curse

dó ɖù kplé kpé ɖé ... mè : v. to arm/ fortify a country with arms

dó fì ná : v. to help each other

dó fù ná : v. 1. to maltreat 2. to torture

dó fú ná : v. to impregnate

dó fùnyá (fùnyá) : v. 1. to torture 2. to torment 3. to persecute

dó fá̃ : v. 1. to scream 2. to yell

dó fòmè (kplé) : v. to be related with

dó fù : v. to fish with a hook

dó fùfú : v. to blow air with the mouth

dó gà : v. to borrow money

dó gá̃ dé édzí : v. to borrow money in excess

dó gàsɔ́, dó kèké : v. to ride a bicycle

dó gò : v. 1. to meet 2. to confront 3. to encounter

dó gò ... nɔ̀èwó : v. to collide

dó gòdzòé : v. 1. to bend 2. to stoop 3. to squat (in order to greet)

dó gól : v. to score a goal

dó ... gɔ̀mè : v. 1. to investigate 2. to examine the origin of 3. to examine the origin of

dó ... gɔ̀mè kpɔ́ : v. 1. to question 2. to examine (somebody) 3. to administer an examination to somebody

dó gù : v. 1. to fail to comply 2. to not be appropriate

dó gbè : v. 1. to speak a language 2. to greet

dó gbè ànyí : v. to agree to

dó gbè dá : v. to pray

dó gbè dá ná : v. to pray to

dó gbè dì : v. to agree to

dó gbè ná : v. 1. to greet 2. to salute

dó gbè ná ... kplé dzìdzɔ̀ : v. 1. to acclaim 2. to cheer

dó yè ná : v. 1. to excite 2. to arouse 3. to turn on

dó ɣlí : v. 1. to shout 2. to cry 3. to scream 4. to yell

dó ɣlí dé ... tà : v. 1. to shout at 2. to decry

dó ɣlí dé tà ná : v. 1. to shout at 2. to decry

dó ɣlí sésíé : v. 1. to howl 2. to yell

dó ɣlí yɔ́ : v. 1. to alarm 2. to shout out

dó hà dá : v. to give a note to start singing a song

dó hàhà dé ... dzí : v. to scare somebody by rushing at him/her

dó "hédè nyùié" ná : v. 1. to wish "goodbye" to 2. to wish "safe journey" to

dó hèhè dé ... tà : v. 1. to boo 2. to make fun of

dó hèhè ... tà : v. 1. to mock 2. to taunt

dó hihlĩ̀ : v. 1. to whisper 2. to hiss 3. to grumble

dó hlílí : v. 1. to whisper 2. to hiss 3. to grumble

dó hòhòhò : v. 1. to be inconsiderate 2. to intimidate

dó hlɔ̃ : v. to commit a crime

dó kà (nyɔ̀nùví) : v. to adorn (a bride)

dó kàdùgbí : v. to tie a knot

dó ké : v. to cover in sand

dó kèké : n. to ride a bicycle

dó kònúkònùí ná : v. 1. to tickle 2. to make one laugh 3. to stimulate

dó kɔ̀kɔ́ : v. to honor (someone)

dó kú : v. to wish the death of (someone/something)

dó kúvíá : v. 1. to relax 2. to have fun 3. to waste time 4. to prevent (someone from working

dó kpá : v. to take a good sip

dó kpálí, dò kpàlìkpálí : v. to place one's foot between someone's leg in order to trip him/her

dò kplàmàtsè : v. 1. to embaras 2. to hinder 3. to interrupt somebody 4. to trip up someone

dó kpàtàklí àmè : v. 1. to obstruct 2. to encumber

dó kpò : v. to not be able to

dó kpò : adv. 1. to be in vain 2. to fail 3. to have bad luck 4. to not succeed

dó kpò ná : v. 1. to beat 2. to fight

dó kpɔ́ : v. 1. to try 2. to experiment 3. to examine

dó là : v. 1. to play with 2. to play the fool 3. to take for a fool 4. to dupe

dó làgbè : v. 1. to yell 2. to scream like a beast 3. to roar

dó lè làmè ná : v. to recover from

dó lélé : v. 1. to shout 2. to shout for help

dó lìà ... ŋú : v. to start quarreling

dó lífó : v. 1. to demarcate 2. to mark out 3. to delimit 4. to border 5. to form a boundary

dó lífó ná : v. 1. to boarder on 2. to touch each other (houses) 3. to be contigious with 4. to limi (e.g powers) 5. to confine 6. to draw a boundary line

dó mè : v. to lean against (a wall)

dó mègbé : v. to turn upside down

dó mègbéfɔ̀ : v. 1. to restart 2. to start off again 3. to turn around 4. to make a U-turn

dó mlìmà : v. to miraculously disappear

dó mlɔ̀è nú : v. 1. to complete 2. to conclude 3. to overcome

dó mò ɖá : v. 1. to look towards 2. to turn one's face towards 3. to show one's face 4. to appear

dó mò dzèglè : v. to scare

dó mɔ́ : v. 1. to accompany a part of the way 2. to construct a road

dó mɔ́ kplékpé : v. to pave/construct a road with stones

dó né : v. 1. to booze 2. to get drunk with an alchoholic beverage

dó nù : v. to reconcile

dó nù ná : v. 1. to reconcile with 2. to inquire about 3. to see into

dó nú nyuíwó : v. 1. to dress elegantly 2. to dress stylishly

dó nù (ɖé ... gbɔ́) : v. 1. to address 2. to approach

dó núblànúí : v. 1. to grieve 2. to be sad

dó núḍùḍù ná : v. to feed (e.g somebody)

dó nùfò ná : v. 1. to bother 2. to make someone talk

dó núkòkòè ná : v. 1. to make one laugh 2. to amuse

dó núkòkùì ná : v. 1. to make one laugh 2. to amuse

dó núkú : v. 1. to sow 2. to strew

dó númègà (ná) : v. 1. to bridle 2. to restrain 3. to put he horse on the bit (to have control over the whole body of the horse)

dó nútsò wú ná : v. 1. to overburden 2. to overload 3. to surcharge

dó nyìfɔkpà : v. to wear oversized clothes

dó nyɔnyɔ̀ètà : v. to have worked for nothing

dó ŋdí ná : v. to greet someone good morning

dó ŋgɔ : v. 1. to precede 2. to be before 3. to be in advance

dó ŋgɔ ná : v. 1. to take the lead 2. to go ahead of (someone, something) 3. to be in the front line

dó ŋgɔ ḍé nyà mè : v. to defend someone with zeal

dó ŋgɔ sùkúféxɔxɔ : n. preschool

dó ŋkú ḍá : v. 1. to show one's eye 2. to stare 3. to germinate

dó ŋkú kplé dzɛ̀ : v. to evert/flip the eyelid

dó ŋɔ́dzí ná : v. 1. to scare 2. to frighten 3. to terrify

dó ŋɔ́dzí tèfé : v. to make dangerous

dó (...) ŋùgbè : v. 1. to promise 2. to commit 3. to swear to

dó ŋùkpè : v. 1. to dishonor 2. to disgrace 3. to denigrate

dó ŋúnyɔ́ nú : v. 1. to hate 2. to detest 3. to disregard

dó ŋúsɛ̃́ : v. 1. to strengthen 2. to fortify

dó ŋúsɛ̃́ nú : v. to make an effort

dó sàkpàtétíkè : v. to inoculate

dó sàŋkú : v. to set the tone for musical display

dó sásã́góé : v. to purge

dó séfé : v. 1. to limit 2. to restrict

dó sésɛ̃́ ná : v. to fortify (e.g a wall)

dó sìká : v. to wear gold jewelry

dó sɔ́ : v. to ride a horse

dó sɔ́kpà ná : v. 1. to harness 2. to put a harness on (e.g a horse, an ox etc.)

dó státsì : v. to be starchy

dó sù : v. 1. to have horse galloping 2. to make a horse gallop

dó súklì : v. 1. to be sugary 2. to be sweet

dó sùsú ḍá : v. 1. to propose 2. to suggest

dó tàflàtsé : v. 1. to give an excuse 2. to apologize 3. to ask forgiveness 3. to plead

dó tó : v. 1. to dig 2. to hollow out

dó tókú : v. 1. to turn a deaf ear to 2. to be insensible to 3. to not be able to be persuaded 4. to disreard 5. to overlook

dó tómèvé : v. to make noise

dó tsì : v. 1. to be drenched 2. to measure a liquid 3. to suppurate 4. to discourage

dó tsìá ɖé ... ŋú : v. to make fun of

dó tsù : v. 1. to get drunk 2. to lose consciousness 3. to make crazy

dó vèvé fé dzi : v. to endure pain

dó vévìé : v. to endeavor

dó vévìé nú : v. to be studious

dó vígbè : v. 1. to talk to a child in a gentle a manner 2. to call one's children 3. to have the hen calling its chicks

dó vèví (ɖé....ŋú) : v. 1. to acknowledge (something) 2. to compliment (something) 3. to flatter 4. to rave about (something)

dó vìví (ɖé....ŋú) : v. 1. to acknowledge (something) 2. to compliment (something) 3. to flatter 4. to rave about (something)

dó víví ná : v. 1. to amuse 2. to entertain 3. to comfort 4. to relieve 4. to season (food) 5. to spice (food) 6. to flavor (food)

dó vìvìtí : v. 1. to be dark 2. to be obscure 3. to be misunderstood 4. to eclipse

dó vló : v. 1. to despise 2. to insult 3. to repel with contempt

dó vòɖí ná : v. to amaze

dó vòvòlò : v. 1. to extort 2. to blackmail

dó vɔ́ɖí ná : v. 1. to alarm 2. to frighten

dó vɔvɔ́ : v. 1. to scare 2. to frighten

dó vɔvɔ́ làmè ná : v. 1. to scare 2. to intimidate

dó vɔvɔ́ ná : v. 1. to scare 2. to frighten 3. to terrorize

dó vɔvɔ̀li ɖé ... dzí : v. 1. to overshadow (somebody/something) 2. to have influence over (somebody)

dó vɔ̀ : v. 1. to lock (the door) 2. to shut the door

dó vɔ̀ ɖé ... nù : v. to shut the door on somebody

dó ʋú : v. 1. to organize a drumming party 2. to organize a ballet

dó ʋù ná : v. to have a blood transfusion

dó ʋú sàsè : v. to wait anxiously

dó ʋúgbè : v. to set the tone of the drums

dó wùwùi : v. 1. to shout for help 2. to yell 3. to call for help

dó xó : v. to be used

dó xòxó : v. to be used

dó yómbó : v. to dye the hair

dó zàzé ná : v. to put finishing touches on (something)

dó zi : v. 1. to be exuberant 2.

dó zí : v. 1. to hide 2. to evade 3. to vanish 4. to make oneself invisible

dó zìdùì : v. 1. to suddenly disappear 2. to pass out

dó zìkpí : v. 1. to disobey 2. to not listen

dó ... àwɔ̀bá : v. to pledge

dó ... ɖá : v. to start singing a song

dó ... ɖà ɖí : v. to fix (a date)

dó ... ɖé dzí : v. to elevate (someone, something)

dó ... ɖé gó : v. to pull out (something)

dó ... ɖé ŋgɔ̀ : v. 1. to develop 2. to forge ahead 3. to build someone up

dó ... ɖé ŋgɔ̀gbé : v. 1. to advance 2. to forge ahead 3. to build someone up

dó ... ɖókùǐ ɖé dzǐ : v. 1. to boast 2. to brag 3. to show off

dó ... gɔ̀mè kpɔ́ : v. 1. to probe 2. to examine

dó ... gɔ̀mè sè : v. 1. to review 2. to investigate

dó ... gbè : v. to speak a language

dó ... kpɔ́ : v. 1. to check 2. to test 3. to critique 4. to touch 5. to look

dó ... lè ... (à)sí : v. 1. to borrow (e.g money)

dó ... ná : v. 1. to lend (e.g money to someone) 2. to help (someone)

dó ... nánétɔ́ : v. 1. to ridicule 2. to fool

dó ... nánétɔ́ : n. 1. appearance 2. flow 3. discharge.

dó ... ŋùgbè : v. to promise to

dó ... zì dòmè : v. to suddleny disperse

dòdò : n. 1. exit 2. appearance 3. flow

dòdó : n. 1. wearing (of clothes) 2. arrival 3. production 4. exigency

dòdó : n. the act of speaking a language

dòdó : n. 1. wearing of clothes 2. dense 3. thick

dódó (nú) : n. 1. seed 2. seedling 3. young plant

dòdóɖá : n. projection

dòdóɖédzí : n. 1. triumph 2. glory 3. victory 4. elevation (to a higher grade)

dòdóɖéŋgɔ̀ : n. 1. development 2. improvement

dòdó lè dùkɔ́ mè mɔ́ɖègbàlɛ̀ : n. exit permit

dòdóɖéŋgɔ̀gà dɔ́wɔ̀ƒé: n. credit union

dòdókpɔ́ : n. 1. examination 2. fitting 3. experience 4. ordeal 5. critique 6. review

dòdókpɔ́ tsìmègbé : n. examination resit

dòdókpɔ́gbàlɛ̀ : n. 1. certificate 2. grade book 3. examination book

dòdókpɔ́lá : n. visitor

dòdókpɔ́nú : n. 1. test 2. trial 3. examination

dòdókpɔ́núŋɔ̀ŋlɔ̀ : n. written examination

dòdókpɔ́tɔ̀ : n. something that is reserved for examinations

dòdókpɔ́wɔ̀lá : n. examiner

dòdókpɔ́yìlá : n. examination candidate

dòdòlèáƒémè : n. menstruation (Dzobo, 2015) (syn. àlɔ̀ɲéɲé, àsíɖóàɲí, àsídódòànyí, dzìnúkpɔ́kpɔ́, gbèlélé, gbɔ̀tó, gbɔ̀tótsítsí, yètíkpɔ́kpɔ́)

dòdómè (lè/nɔ̀ -) : v. to be in the neutral 2. to neutral

dòdòmètí : n. 1. pivot 2. swivel

dòdòtsú : n. smoothback angel shark *(syn. dzàkpàtà)*

dòdròè : id. 1. preterm 2. before term 3. premature

dòdròtíkè : n. 1. laxative/purgative *(syn. dɔ̀trɔ́, dɔ̀trɔ́tíkè, dzètíkè)* 2. castor oil

dódzàdzà : n. 1. busy 2. agitated

dódzì : adj. 1. brave 2. daring 3. bold 4. adventurous 5. valiant 6. hardworking 4. insensitive 7. cold

dòdzí : n. brown mouse

dòdɛdzí : n. 1. overload 2. overcharge 3. surchage

dòdɛdɛ : n. digging

dòdɛfé : n. a place where digging takes place

dòdɛlá : n. 1. someone who digs 2. gravedigger 3. digger

dódí : n. a diving bird

dòfli : n. 1. furrow 2. groove

dòfé : n. 1. exit 2. outlet

Dòfí : n. name given to a girl born after Dò (a girl or boy born after a pair of twins)

dófòmè : adj. 1. related 2. communal

dògá : n. 1. pit 2. trench

dògò : n. a type of wasp

dògó : adj. outgoing

dògó : n. beetle

dógódógó : adj. 1.lively 2. active 3. agile 4. quick

dògófé : n. exit

dógòfé : n. 1. meeting place 2. meeting point

dògòò : id. 1. obtuse 2. heavy 3. thick 4. blunt 5. something that makes no sense

dògòsùí : n. african basil (ocimum gratissimum) (botany) *(syn. srù)*

dógòvàdùmí : n. leerfish *(syn. àsìàbí, kɔ̀núgblɛ̃́yí)*

dògbà : n. an open space in front of a house 2. courtyard

dògbàdòè (dó -) : v. to repeat oneself

dògbàdzí : n. 1. open space in front of a house 2. courtyard

dógbèdàlá : n. worshiper

dògbò: n. one of the clans of the Eʋe people *(syn. àdzɔ̀víá)* (Mawuvi, 2019, S. 157)

dóɣlí : adj. 1. vociferant 2. noisy 3. loud

dòkùkù : n. digging

dòkùfé : n. a place where digging takes place

dòkùlá : n. 1. someone who digs 2. gravedigger 3. digger

dòkpé : n. 1. solid 2. robust

dòkpó : n. 1. foyer 2. fireplace *(syn. mékplí, mlékpúí, mlɛ̃́)*

dòkpózìkpùì : n. small stool which is used in the kitchen/fireplace (**dòkpó**)

dókpòè, dókpúì : adv. 1. in vain 2. without success 3. without result

dòlòwɔwɔ : n. a child's play name

dòmè : loc. 1. middle 2. interval 3. mid 4. space between

dòmè : postp. 1. between 2. in the middle of 3. in the heart of *(syn. títínà)*

dòmè (lè, nɔ ... -) : v. 1. to be in 2. to be in the middle of 3. to be included in

dòmè tútú (tú) : loc. adv. 1. in the middle of 2. right in the middle of

dómè : n. 1. estate 2. heritage

dómè (dù -, nyí -) : v. to inherit

dòmèdòmè : n. 1. average 2. center 3. trunk (of the human body)

dòmèdòmè : post. 1. between 2. among

dòmèdòmètɔ : adj. 1. central 2. centric

dòmèḍùḍù : n. stomach ache

dómèḍùḍù : n. 1. inheritance 2. succession

dómèḍùlá : n. 1. heir 2. inheritor

Dòmèfù : n. mediterranean sea

dòmègbè : n. 1. third farming day of the week (as used by farmers) *(syn. bláḍàgbè)* 2. ordinary day

Dòmègbè : n. middle day (3rd day of the worship/traditional week)

dòmèmɔ́ : n. section (of a road)

dòmènɔlá : n. 1. intermediary 2. mediator 3. middleman

dòmènú : n. 1. tuber 2. tubercle

dómènyílá : n. 1. heir 2. inheritor

dómènyínú : n. 1. heritage 2. inheritance 3. legacy 4. family furniture/paintings/jewelry/heritage

dómènyínúgbàlɛ̃̀ : n. 1. testament 2. will

dómènyínyí : n. 1. heritage 2. inheritance 3. legacy

dómènyítɔ́ : adj. 1. hereditary 2. inherited

dòmèsìgbè : n. second day after market day

dòmètɔ́ : n. one amongst (others)

dòmètɔ́ áḍéké ... ò : phr. pron. neg. none of (the stated)

dòmètɔ́ ḍèká : phr. pron. one of (the stated)

dòmètɔ́ ká... ? : phr. pron. int. which of ?

dòmètsì : n. 1. gutter water 2. gully water

dòmètsòtsò : n. interposition

dòmèzã́ : adj. medium sized

dòmɔ́ : n. 1. trench 2. pit 3. ditch

dònùí : n. 1. relish 2. seasoning

dòrìdórí : n. african finfoot

dòsú : n. 1. beach flea 2. sand flea 3. jigger *(syn. àdèsú, dzìgá, ètsìmàmí, màmídòsú, tsìmàmí, zìzíŋzòsú)*

Dòsú : n. name given to a boy born after a pair of twins

dòtàxè : n. a type of white coloured water bird

dòtɛ́ : n. ginger *(syn. gùmètákúí)*

dòtòé : n. knot (which cannot be undone)

Dòtsɛ́ : n. name given to a second boy born after a pair of twins

dóvévíé : adj. 1. diligent 2. active

dóvìvìtí : adj. 1. dark 2. obscure

dóvló : adj. 1. cursed 2. contemptuous 3. abominable 4. infamous

dóvlóàmè : adj. 1. contemptuous 2. disdainful

dòvó : adj. 1. extraordinary 2. terrible 3. amazing 4. horrible

dóvò : adj. 1. dishonest 2. rotten 3. nauseating 4. stinky 5. infallible 6. blooming

dòvóŋkɔ́ : n. 1. second name 2. surname

dóvòtùí : n. 1. stupidity 2. foolishness

dɔ̀ : v. 1. to crawl 2. to decrease (in speed) 3. to pull 4. to slow down 5. to damn 6. to be damned 7. to brood

dɔ̀ : n. 1. gut 2. intestine 3. disease/sickness *(syn. dɔ̀lèàmè, dɔ̀lélé, èdɔ̀, kpòkpò)* 4. stomach 5. hunger 6. womb *(syn. àmèwɔ̀fé, gò, gòlò, vídzídɔ̀, vídzígòlò)* 7. herpes simplex/herpes labialis/crusted sores *(syn. èdɔ̀)*

dɔ̌ : n. 1. work 2. artwork 3. task 4. service 5. occupation

dɔ̀ àgɔ̀ : v. to swell

dɔ̀ dzɛ̃́ : n. 1. leprosy *(syn. ànyì, ànyìdɔ̀, ànyìdɔ̀lélé, ànyídzèdɔ̀, èkpòdɔ̀, gbòdò, kpìtsì, kpò, kpòdɔ̀, nògòtòlí, tótrì, zɔ̀kpò)* 2. canker 3. cancer *(syn. dɔ̀ dzɛ̃́, kánsà, kã́sà, kã́sàdɔ̀, kã́sɛdɔ̀)*

dɔ̀ èɖókúí : v. 1. to be reckless 2. to create problems

dɔ̀ làkú : v. 1. to make skinny 2. to abstain

dɔ̀ lé : v. 1. to be sick

dɔ̀ mlɔ̀è : n. last born

dɔ̀ tó : n. + v. 1. to have food shortage 2. to be hungry

dɔ̀ xɔ̀lèàmèŋú : n. contagious disease

dɔ̀ wù : v. to be hungry

dɔ̀ (lè - / nɔ̀ -) : v. to be fasting

dɔ̀ (lé - / dzè -) : v. to be sick

dɔ́ : n. 1. work 2. employment 3. profession 4. beak 5. business 6. effort 7. difficulty 8. antenna (of an insect) 8. prong (of an insect)

dɔ́ : v. 1. to send 2. to delegate 3. to order 4. to command 5. to be sleep well 6. to last long 7. to subscribe to 8. to resist 9. to risk 10. to exuberantly grow (relating to grass/herbs)

dɔ́ àfã́ kplé àfã́ : v. 1. to drowse 2. to doze off

dɔ́ àgbè : v. + phr. 1. to sleep well 2. have a good night!

dɔ́ àkɔ̀lɔ̀ɛ̀ : v. to doze off

dɔ́ àlɔ̀ dzí : v. + loc. to sleep with a woman

dɔ́ àlɔ̀ : v. 1. to sleep 2. to doze off 3. to slumber

dɔ́ àlɔ̀ ŋkútà : v. to take nap

dɔ́ àlɔ̀ ví ádé : v. to take a nap

dɔ́ àtsì : v. to be constipated

dɔ́ àzí dzí : v. to brood

dɔ́ dɔ́ : v. to send to work

dɔ̀ hlɔ̀ : v. to commit a crime

dɔ́ là nù : v. to refrain from eating meat

dɔ́ nù : v. 1. to fast 2. to sleep without eating 3. to be reconciled

dɔ́ núdùdù lè ... gbɔ́ : v. to fed by and housed with someone

dɔ́ nyà : v. to look for problems for

dɔ́ ŋù : v. 1. to have a wakeful night 2. to have a wakekeeping 3. to have a sleepless night 4. to stay wake

dɔ́ sòè : n. 1. job 2. small job

dɔ́ véví : n. 1. obligation 2. duty

dɔ́ xéxé : v. 1. to sleep outside 2. to sleep under the stars

dɔ́ ... dá : v. 1. to send 2. to ship

dɔ́ ... dó dé dùtà : v. to export

dɔ́ (...) dókùi : v. to take a risk

dɔ̀ : n. 1. the biggest part 2. corridor 3. hallway

dɔ́ : v. 1. to be resistant 2. to resist

dɔ̀ : v. 1. to have big problems 2. to very annoyed 3. to be weak 4. to be tired 5. to feel bad/sick

dɔ̀ádémàwɔ̀ : n. idleness

dɔ̀bámè : n. infection

dɔ̀bámè (xɔ̀ -) : v. to be infected

dɔ̀dàdà : n. the act of curing (a sickness/disease) (syn. dɔ̀yɔ̀yɔ̀, gàgá̃, gbèdàdà, hàyàháyá)

dɔ̀dàfé : n. 1. infirmary 2. sick bay

dɔ̀dàlá : n. 1. healer 2. herbalist (syn. àmàtsìwɔ̀lá, àtíkèwɔ̀lá, dédɔ̀dàlá, dédɔ̀yɔ̀lá, dɔ̀yɔ̀lá, dɔ́kítà, ègbèdàlá, gbèdàlá, gbèwɔ̀lá, gbèwɔ̀tɔ́)

dɔ̀dàlágá̃ : n. medical doctor

dɔ̀dàláwɔ́ : n. medical staff

dɔ̀déàsí : n. 1. duty 2. task 3. exercise

dɔ̀dílá : n. 1. unemployed person 2. a person looking for a job to do

dɔ̀dɔ́ : n. apostolate

dɔ̀dɔ́ : n. 1. message 2. race 3. duration 4. sleep 5. commission 6. committee 7. risk

dɔ̀dɔ̀ : n. 1. exhaustation 2. fatigue

dɔ̀dɔ́ : n. 1. duration 2. term 3. period

dɔ́dɔ́ : n. 1. exuberant 2. lush

dɔ̀dɔ́dá : n. 1. shipment 2. transporters as well as we

dɔ̀dzìkpɔ̀fé : n. careful examination and security 2. direction dɔ̌dzikpɔ̀fé dɔ́wɔ̀láwó : n. administrative staff

dɔ̀dzíkpɔ́lá : n. 1. foreman 2. director 3. manager

dɔ̌dzítsàlá : n. inspector

dɔ̀dèdè : n. 1. infection 2. contamination 3. contagion

dɔ̌dèlá : n. 1. employer 2. boss

dɔ̌démàkpɔ́wɔ́è : adv. 1. unemployment 2. a type of tree that "cures all dieseases"

dɔ̌démàwɔ̀ètɔ́ : n. 1. lazybones 2. idler

dɔ̌dódó : n. 1. duty 2. commission

dɔ̀ètɔ́ : n. 1. lazybones 2.idler

dɔ́fé : n. 1. accomodation 2. housing 3. lodgement

dɔ̌gã́ : n. company

dɔ̀glàdzà : n. 1. convulsion 2. spasm *(syn. àtɔ̀sú, dzɪ̀dɔ̀, dèvídɔ̀, glàkpédɔ̀, hèhèdɔ̀)*

dɔ̌gbé : n. 1. mission 2. service 3. assignment 4. embassy

dɔ̌gbédèà : n. 1. messenger 2. missionary 3. delegate 4. envoy

dɔ̌gbédèàwó : n. 1. mission 2. missionaries

dɔ̌gbédèlá : n. 1. messenger 2. missionary 3. delegate 4. envoy

dɔ̌gbélá : n. someone who is on strike

dɔ̀gbó : n. 1. stomach 2. craw 3. large intestines 4. tommy

dɔ̀kà : n. intestine

dɔ̀kàgã́ : n. large intestine

dɔ̀kàgã́nú : n. appendix

dɔ̀kàkà : n. epidemic

dɔ̀kànùbàyɛ̀ : n. appendix

dɔ̀kànùbàyɛ̀ (kó -) : v. to operate an appendicitis (inflammation of the appendix)

dɔ̀kànùbàyɛ̀dɔ̀ : n. appendicitis (inflammation of the appendix)

dɔ̀kàví : n. small intestine

dɔ̀kàví gã́ : n. large intestine

dɔ̀kàví sòè : n. small intestine

dɔ̀ktòrà : n. doctorate degree

dɔ̀ktòrà kɔ́kɔ́ : n. Ph.D degree

dɔ̀kù : n. turkey

dɔ̀kú : n. yaws *(syn. àklì, àkpìã̀, àtsàkpà, dzɔ̀bú, èklì, klì, tsàgbà)*

dɔ̀kùnɔ̀ : n. female turkey

dɔ̀kùtsú : n. male turkey

dɔ̀kplɔ̀dànùdèhá : n. board of directors

dɔ̌kplɔ̀lá : n. 1. director 2. leader

dɔ̌kpɔ̀kplɔ̀srɔ̃́sùkù : n. school of administration

dɔ̀lá : n. 1. servant 2. maid 3. attendant 4. apostle

dɔ́lá : n. commissioner

dɔ̀léàmè : n. sickness /disease *(syn. dɔ̀, dɔ̀lélé, èdɔ̀, kpòkpò)* dòlékúí : n. disease germ

dòlélá : n. someone who is sick (syn. dònò)

dòlélé : n. sickness /disease (syn. dò, dòléàmè, èdò, kpòkpò)

dòlélé fé tòtró gbò : n. relapse of a disease or sickness

dòlélé fé vòvò : n. 1. healing 2. cure 3. recovery

dòlélégá : n. a disease that is widespread in a given area

dòlékúí, dòlélékùí : n. 1. microbe 2. germ

dòlélékùífáfá : n. microbial culture

dòlélétòtrógbò : n. relapse of a disease or sickness

dòlélévòvò : n. 1. healing 2. cure 3. recovery

dòlémàfóé : n. terminal illness (syn. èkúdò, kúdò)

dòli : v. to dislocate (syn. hàli)

dóló : adj. being asleep

dómàkpówòtó, dómàkpówòetó : n. 1. unemployed person 2. jobless person

dómàkpówò : n. unemployment

dómàkpówòlà : n. 1. unemployed person 2. jobless person

dómàndsí : n. unemployment

dómànòsító, dómànòàsító : n. 1. unemployed person 2. jobless person

dómànyámànyá : n. 1. incompetence 2. ineptness 3. incapability

dómàténúwò gbèdè : n. permanent incapacity

dómàténúwòè : n. occupational incapacity

dómàténúwòè lè yèyíyì : n. temporary incapacity

dómàwòmàwò : n. idleness

dòmè : n. 1. abdomen 2. belly

dòmè (nyé -) : v. 1. to be sickly 2. to look sick

dòmè sèsé : n. 1. diarrhoe 2. colic

dòmè vé : n. to be angry

dŏmè : n. 1. construction site 2. place of work

dòmèbì : n. stomach ulcer (syn. fòmèbì)

dòmèbòbòtíkè : n. laxative

dòmèbòbòtò : adj. laxative

dòmèdèdè : n. diarrhoea (syn. dòmètótró, dòmètútú, fòmètútú, kpètàlélé, mítsìnyènyè, sìsìnyèny, sìsìdèdè)

dòmèdròtíkè : n. 1. purgativ 2. castor oil

dòmèdzòè, dòmèdzùì : n. 1. anger 2. wrath

dòmèdzòédódó : n. indignation

dòmèdzòékpé : n. 1. anger 2. wrath

dòmèdzùì : n. 1. anger 2. petulance

dòmèdzùìdódó : n. 1. anger 2. getting angry 3. swearword

dòmèdùàmè : n. stomach-ache (syn. dòmèdùdù, dòmèdùì, dòmèvéé, fòmèvéé) dɔmèḍùḍù : n. stomach-ache *(syn. dɔmèḍùàmè, dɔmèḍùì, dɔmèvéé, fòmèvéé)*

dɔmèḍùì : n. stomach-ache *(syn. dɔmèḍùàmè, dɔmèḍùḍù, dɔmèvéé, fòmèvéé)*

dɔmèḍùìtíkè : n. medicine for stomach-ache *(syn. dɔmèmàtsì, fòmèvéémàtsì)*

dɔmèfàà : n. 1. generosity 2. open-handedness

dɔmèfààtɔ́ : n. generous person

dɔmèfáfá : n. 1. graciousness 2. clemency 3. mercy 4. gentleness 5. pacifism

dɔmèfátɔ́ : n. 1. someone who is merciful 2. a gracious person

dɔmèfátɔ̀ : adj. 1. merciful 2. pacifist

dɔmèfátɔ̀è : adj. 1. mercifully 2. leniently

dɔ́mèfɔ̀kú : n. work accident

dɔmèkɔ́klɔ́ : n. enema (intestinal)

dɔ́mèkplévì : n. parasitic worm that infects the gut *(syn. àvlàkù, àvɔklúì, àυlàkùì, blàbútsú, blàŋgú, blàkútsú, dɔŋkplèvì, gbàlàkútsú, vɔ̌, vɔ́klì, vɔ̌klùì, υɔ́klì)*

dɔ́mèkpɔ́lá : n. 1. supervisor 2. labor inspector

dɔmèmànyómànyó : n. 1. stringency 2. austerity

dɔmèmàtsì : n. medicine for stomach-ache *(syn. dɔmèḍùìtíkè, fòmèvéémàtsì)*

dɔmènúwó : n. 1. guts 2. viscera

dɔmènyó : n. 1. favor 2. kindness

dɔmènyó (wɔ̀ - ná) : v. to do a favor for

dɔmènyólá : n. a kind person

dɔmènyónú : n. 1. advatage 2. profit

dɔmènyónúwɔ̀wɔ̀ : n. charity

dɔmènyónyó : n. 1. kindness 2. generosity 3. charity 4. magnanimity

dɔmènyótɔ̀ : adj. 1. benefactor 2. benevolent

dɔmènyótɔ́ : n. benefactor

dɔmèsàsà : n. constipation *(syn. dɔmèxéxé)*

dɔmètòé : n. 1. hollow stomach 2. without eating/food

dɔmètɔ̀ : adj. abdominal

dɔmètɔ́trɔ́ : n. 1. compassion 2. mercy 3. grace 4. stomach upset *(syn. dɔmètútú fòmètútú)*

dɔmètsítsí : n. permanence

dɔmètútíkè : n. 1. purgative 2. purge

dɔmètútú : n. stomach upset *(syn. dɔmèdèdè, dɔmètɔ́trɔ́, dɔmètútú, fòmètútú, kpètàlélé, mítsìnyènyè, sìsìnyènyè, sìsìḍèḍè)*

dɔmèvé : n. 1. anger 2. bitterness 3. insensitivity

dɔmèvéàmè : n. 1. indignation 2. annoyance 3. hatred

dɔ̀mèvéé : n. stomach-ache *(syn. dɔ̀mèɖùàmè, dɔ̀mèɖùɖù, dɔ̀mèɖùì, fòmèvéé)*

dɔ̀mèvévé : n. 1. anger 2. bitterness 3. insensitivity

dɔ̀mèvévétɔ̀ : n. 1. angry 2. sullen 3. in a bad mood 4. gloomy 5. insensitive

dɔ̀mèvévítɔ́, dɔ̀mèvévítɔ́ : n. short-tempered person

dɔ̀mèví : n. one's own child

dɔ̀mèvšétɔ́ : n. 1. a bad person 2. a nasty individual

dɔ̀mèxéxé : n. constipation *(syn. dɔ̀mèsàsà)*

dɔ̀mì : n. 1. balm 2. balsam

dɔ̀mlɔ̀è : n. 1. last born child 2. youngest child

dɔ̀nálá : n. employer

dɔ̀nɔ̀ : n. 1. sick person 2. invalid 3. patient *(syn. dɔ̀lèlá)*

dɔ̀nɔ̀bàtíví : n. stretcher

dɔ́nɔ̀dɔ́nɔ̀ : id. 1. thank you very much 2. moral strength to act despite great difficulties.

dɔ̀nɔ̀dzíkpɔ́lá : n. 1. nurse *(syn. dɔ̀nɔ̀ŋúdzɔ́lá, dzíɖùɖùdɔ́kítàví, ɖɔ́kítàví, dɔ̀yɔ̀láví, fìàhá dɔ́kítàví, fìàhá dɔ̀yɔ̀láví, nɔ́sì)* 2. someone who watches over sick people

dɔ̀nɔ̀dzògbɔ́ : n. 1. porridge prepared for a sick person

dɔ̀nɔ̀kɔ̌dzí : n. 1. hospital 2. clinic *(syn. àtíkèwɔ̀fé, dɔ̀yɔ̀fé, ɖɔ́kítà, ɖɔ́kítàkɔ̌dzí, gbèdàfé, kɔ̌dzí)*

dɔ̀nɔ̀kɔ́ʋú : n. ambulance

dɔ̀nɔ̀mlɔ́fé : n. 1. hospital room 2. hospital ward

dɔ̀nɔ̀ŋúdzɔ́lá : n. 1. nurse *(syn. dɔ̀nɔ̀dzíkpɔ́lá, dzíɖùɖùdɔ́kítàví, ɖɔ́kítàví, dɔ̀yɔ̀láví, fìàhá dɔ́kítàví, fìàhá dɔ̀yɔ̀láví, nɔ́sì)* 2. someone who watches over sick people

dɔ̀nɔ̀wó nɔ̀fé : n. hospital

dɔ̀nù : n. the orifice of the womb

dɔ̀nùbà : n. pancreas

dɔ̀nùbɛ̀ : n. pancreas

dɔ̌núnɔ̀há : n. 1. committee 2. panel 3. board

dɔ̌núnɔ̀hákàmètìà : n. central committee

dɔ̌núnɔ̀lá : n. director

dɔ́nyàɖàsédígbàlɛ̀ : n. certificate of professional competence

dɔ̌nyáláwó : n. specialized staff

dɔ̌nyányá : n. 1. competence 2. skill 3. proficiency 4. ability

dɔ̌ŋ : n. to pull

dɔ̀ŋkplèvì : n. parasitic worm that infects the gut *(syn. àvlàkù, àvɔ̀klúi, àʋlàkùì, blàbútsú, blàŋgú, blàkútsú, dɔ́mèkplévì, gbàlàkútsú, vɔ̌, vɔ́klì, vɔ́klùì, ʋɔ́klì)*

dɔ̀ŋlì : n. 1. shortage 2. famine

dɔ̌ŋúbùhá : n. 1. committee 2. panel 3. board

dɔ̌ŋúɖaŋùɖólá : n. technical advisor

dɔ̌ŋúɖóɖógbàlè̀ : n. memo

dɔ̀ŋúí : n. stinginess

dɔ̀ŋùitɔ́ : n. 1. needy person 2. poor devil 3. stingy person

dɔ̌ŋúkódzóɖífé : n. labour court

dɔ̌ŋúkòdzóɖílá : n. labour court judge

dɔ̌ŋúkòdzógbàlè̀ : n. memo

dɔ̌ŋúnyálá : n. technical officer

dɔ̀ŋùtí : n. 1. lemon 2. lime *(syn. mɔ̀è, mùmɔ́é ŋùtísì, tɔ́tɔ́ŋùtí)*

dɔ̀ŋùtíhà : n. lemonade

dɔ̀ŋùtítí : n. 1. lemon tree 2. lime tree

dɔ̌ŋútítóhɛ̀hɛ̀ : n. 1. suspension (from work) 2. being layed off (from work)

dɔ̀ŋùtísì : n. lemonade

dɔ̀ŋùtítsró : n. 1. lemon peel/skin 2. lime peel/skin

dɔ̀ŋùtítsró kákɛ́ : n. 1. lime peel/skin 2. lemon peel/skin

dɔ̀ŋùtítsróví : n. 1. lime peel/skin 2. lemon peel/skin 3. zest

dɔ̀ŋùtɔ́ : n. 1. stingy person 2. miser

dɔ̀ŋúʋɔ̀nùdrɔ́lá : n. labour judge

dɔ̌ɔ̀ : adj. 1. inert 2. lethargic 3. slow

dɔ̀sésé̃ : n. 1. tetanus 2. rheumatism *(syn. àgbàklìkpé, àké, ɖùɖùì, ŋúɖúɖùì, ŋúɖùì,*

ŋúíɖù, ŋúíɖùɖùì, sìtí, sìtíɖɔ̀, tìtí) 3. convulsion

dɔ̀séséɓɔ̀tàsìtíkè : n. tetanus vaccine

dɔ̀séséɓùì, dɔ̀séséɛ́tíkè : n. tetanus serum

dɔ̀sìáɖɔ̀dàlá, dɔ̀sìáɖɔyɔ̀lá : n. general medical practitioner

dɔ̌sɔ́srɔ́ : n. apprenticeship

dɔ̌srɔ́fé : n. 1. a place of learning 2. apprenticeship school

dɔ̌srɔ́kɔ́lédzì ɖófé gbã́tɔ̀ : n. technical colllege

dɔ̌srɔ́kɔ́lédzì ɖófé èvèlíá : n. polytechnic high school

dɔ̌srɔ́ví : n. apprentice

dɔ̌tèfé : n. job position

dɔ̌tètèkpɔ́ : n. 1. exercise 2. practice

dɔ́tèkpɔ́kpɔ́ : n. application

dɔ́tèkpɔ́sùkú : n. technical school

dɔ̌tógà : n. capital

dɔ̀tóyì : n. period of famine

dɔ̌tónú : n. capital

dɔ̀tótó : n. 1. famine 2. drought

dɔ̌tótó : n. 1. starting of a kind work 2. getting started in a job/trade

dɔ̀tótóé : n. 1. famine 2. drought

dɔ̌tɔ́ : n. 1. employer 2. good worker

dɔ́tɔ́tɔ́ : n. the act of pecking

dɔ̀trɔ́ : n. laxative/purgative *(syn. dòdròtíkè, dɔ̀trɔ́tíkè, dzètíkè)*

dɔ̀trɔ́tíkè : n. laxative/purgative *(syn. dòdròtíkè, dɔ̀trɔ́, dzètíkè)*

dɔ̀tsàtsà : n. 1. food shortage 2. drought 3. scarceness

dɔ̌tsɔ́lá : n. 1. servant 2. messenger 3. employee 4. someone who is always ready to work for others

dɔ̀tsɔ́tíkè : n. 1. laxative 2. purgative

dɔ̌tsɔ́ví : n. 1. maid 2. houseboy 3. servant

dɔ̀ví : n. 1. gut 2. intestine 3. air chamber 4. laziness 5. refill (pen)

dɔ̀vítɔ́ : n. lazy person

dɔ̀vítrélá : n. vulcanizer

dɔ̀vɔ́ : n. 1. smallpox 2. plague 3. pestilence 4. epidemic

dɔ̀vɔ́ɛ̌ : adj. 1. epidemic 2. plague

dɔ̀vɔ́tɔ̀ : adj. epidemic

dɔ̀ʊù : n. stomach

dɔ́wɔ̀fé : n. workplace

dɔ́wɔ̀fé (yì -) : v. to go to the workplace

dɔ́wɔ̀fédzítsàlá : n. work inspector

dɔ́wɔ̀fégá̌ : n. 1. enterprise 2. factory 3. business

dɔ́wɔ̀gàmènɔ̀nɔ̀ : n. 1. seclusion 2. crimanl penalty in which there is deprivation of liberty with obligation to work.

dɔ́wɔ̀gàmènɔ̀nɔ̀ gbìdì : n. life imprisonement

dɔ́wɔ̀gàmènɔ̀nɔ̀ yèyíyì áɖó : n. temporary imprisonment

dɔ́wɔ̀gbè : n. 1. business day 2. workday

dɔ́wɔ̀gbɔ̀gbɔ̀ : n. 1. liveliness 2. high spirits 3. cheerfulness

dɔ́wɔ̀yí : n. 1. working hours 2. work time

dɔ́wɔ̀há : n. business

dɔ́wɔ̀hákplɔ̀há : n. administrative staff

dɔ́wɔ̀hánúnɔ̀há : n. administrative staff

dɔ́wɔ̀hátí : n. 1. colleague 2.work mate

dɔ́wɔ̀hátsótsó : n. 1. commission 2. committee 3. board

dɔ́wɔ̀hátsótsóé : n. sub-committee

dɔ́wɔ̀kplɔ̀ : n. office table

dɔ́wɔ̀lá : n. 1. worker 2.employee

dɔ́wɔ̀là : n. 1. draft beast/animal 2. workaholic

dɔ́wɔ̀láwó há : n. 1. a team of workers 2. staff

dɔ́wɔ̀nà : n. 1. function 2. capacity 3. profession 4. vocation 5. task

dɔ́wɔ̀námè : n. surgical operation

dɔ́wɔ̀nàtɔ̀ : adj. 1. official 2. professional

dɔ́wɔ̀nú : n. 1. tool 2. instrument

dɔ́wɔ̀núɖákà : n. tool box

dɔ́wɔ̀núwó : n. tools

dɔ́wɔ̀nyà : n. verb

dɔ́wɔ̀nyà gèɖèè lè ... mè : v. 1. to be overworked 2. to have too much work

dɔ́wɔ̀nyàɖɔ̀nyà : n. adverb

dɔ́wɔ̀nyàɖɔ̀nyà ŋúséfíátɔ̀ : n. intensity adverb

dɔ́wɔ̀nyàɖèfiámɔ́ : n. infinitive

dɔ́wɔ̀nyàtɔ́trɔ́ : n. conjugation

dɔ́wɔ̀nyàwó : n. public services

dɔ́wɔ̀nyàwó : n. Labour and Public Service

dɔ́wɔ̀nyàwó gbɔ́ kpɔ́lá : n. labour inspector

dɔ́wɔ̀ŋúsẽ́ : n. 1. physical strength 2. power

dɔ́wɔ̀ŋútétébúbú : n. 1. work disability 2. inability to work

dɔ́wɔ̀ŋúsẽ́tébúbú : n. 1. work disability 2. inability to work

dɔ́wɔ̀ŋútétémàŋùítɔ́ : n. invalid

dɔ́wɔ̀ŋúsẽ́màŋùítɔ́ : n. invalid

dɔ́wɔ̀tɔ́, dɔ́wɔ̀ví : n. 1. worker 2. employee 3. labourer

dɔ́wɔ̀vɔ́ : n. 1. apron 2. work coat 3. work overall

dɔ́wɔ̀wɔ̀ : n. 1. work 2. profession 3. job 4. business 5. efficiency 6. operation

dɔ́wɔ̀wɔ̀ dzùdzɔ̀ : n. 1. abdication of work 2. strike

dɔ́wɔ̀wɔ̀ ɖé ... dzí : n. 1. impression (of somebody) [by working more] 2. influence (on somebody) [by working more]

dɔ́wɔ̀wɔ̀mè : n. 1. performance 2. working 3. operation

dɔ́wɔ̀wù : n. 1. apron 2. work clothes 3. work coat 4. work overall

dɔ́wɔ̀wù ʋlàyà : n. 1. work clothes 2. work coat 3. work overall 4. cassock

dɔ́wɔ̀xɔ̀ : n. 1. office 2. workshop 3. working room 4. study room (syn. àgbàlẽ̀dɔ́wɔ̀fé, ɔ́físí)

dɔ́wùàmè : n. 1. hunger 2. famine

dɔ́wùyì : n. 1. period of famine 2. period of drought

dɔ̀wùìtɔ̀: adj. 1. starving 2. starved 3. famished

dɔ̀xɔ̀ : n. 1. hospital 2. clinic 3. dispensary 4. sick bay

dɔ̀xɔ̀ (lè - /nɔ̀ -): v. to be sick

dɔ̀xɔ̀ lè àmè ŋú dɔ̀lékúí : n. virus

dɔ́xɔ̀ : n. bedroom

dɔ̀xɔ̀lèàmèŋú : n. contagious disease

dɔ̀xɔ̀xɔ̀ : n. infection

dɔ̀yí : n. 1. peritoneum 2. diaphragm

dɔ̀yɔ̀fé : n. 1. hospital 2. clinic 3. infirmary (syn. àtíkèwɔ̀fé, dɔ̀nɔ̀kɔ́dzí, ɖɔ́kítà, ɖɔ́kítàkɔ́dzí, gbèdàfé, kɔ̃́dzí)

dɔ̀yɔ̀fé dɔ́wɔ̀láwó : n. hospital staff

dɔ̀yɔ̀fégà : n. 1. university hospital 2. referral center (hospital)

dɔ̀yɔ̀féví : n. 1. clinic 2. dispensary

dɔ̀yɔ̀gbé : n. medicinal plant *(syn. àmàtsì, àtíkè, gbè)*

dɔ̀yɔ̀lá : n. 1. doctor 2. herbalist *(syn. àmàtsìwɔ̀lá, àtíkèwɔ̀lá, dédɔ̀dàlá, dédɔ̀yɔ̀lá, dɔ̀dàlá, ɖɔ́kítà, ègbèdàlá, gbèdàlá, gbèwɔ̀lá, gbèwɔ̀tɔ́)*

dɔ̀yɔ̀lá àmèkólá : n. surgeon

dɔ̀yɔ̀lá kpéɖéŋútɔ̀ : n. paramedic

Dɔ̀yɔ̀lá kpéɖéŋútɔ́wí Sùkú, Dɔ̀yɔ̀lá kpéɖéŋútɔ́wó Hèfé : n. school of paramedics

dɔ̀yɔ̀lágã̀ : n. medical doctor

dɔ̀yɔ̀láví : n. nurse *(syn. dɔ̀nɔ̀dzíkpɔ́lá, dɔ̀nɔ̀ŋúdzɔ́lá, dzíɖùɖùdɔ́kítàví, ɖɔ́kítàví, fìàhá dɔ́kítàví, fìàhá dɔ̀yɔ̀láví, nɔ́sì)*

dɔ̀yɔ̀láwó : n. medical personell

Dɔ̀yɔ̀sùkú kɔ́kɔ́ : n. medical school

dɔ̀yɔ̀tíkè : n. 1. medicine 2. cure 3. remedy

dɔ̀yɔ̀yɔ̀ : n. : n. the act of curing (a sickness/disease) *(syn. dɔ̀dàdà, gàgã́, gbèdàdà, hàyàháyá)*

dɔ̀yɔ̀yɔ̀flì : n. medical domain

drà : v. 1. to stretch 2. to lie down 3. to carry (at arms length) 4. to braid 5. to turn on (lamp) 6. to be strong 7. to be vigorous 8. to be reckless 9. to be stubborn

drà dzò : v. 1. to turn on (a lamp) 2. to light up 3. to celebrate new year's eve

drã́ : adj. 1. thug 2. indiscipline

drã́ (àmè -) : n. 1. bandit 2 .gangster 3. thug

dràɖìì : id. 1. strong 2. vigorous

dráìvà : n. 1. driver 2. pilot

dràlã̀ : adj. 1. slender 2. slim

dràlàà : id. 1. long 2. elongated

drànyàà : id. 1. hard 2. resistant 3. tough

drànyìì : id. 1. hard 2. resistant 3. tough 4. flaccid 5. limp

drè, drẽ̀ : v. 1. to stick 2. to be tenacious

drẽ̀ ɖé ... ŋú : v. 1. to intrude into 2. to tresspas

drẽ̀ lãmè : v. 1. to relax 2. to stretch 3. to unwind

drẽdrẽdrẽ : id. 1. sleek 2. smooth 3. slick

drèlèè : id. 1. elastic 2. soft

drèmũ̀ : id. 1. cheeky 2. sulky 3. moody

drévà : n. 1. driver 2. pilot

drì : n. 1. knee 2. knee joint

drì : adj. 1. a lot 2. very much 3. at a high level

drí : v. to kick

drìbàà : id. 1. elastic 2. flexible 3. endless 4. unlimited 5. without stopping 6. messy 7. confused 8. soiled 9. defiled 10. dirty

drídrí : adj. 1. acidic 2. very bitter 3. sour

drìkà : n. tendon

drìkà (dè - mè) : v. 1. to perambulate 2. to stroll

drìkàdèdè : n. 1. pacing 2. walking with often slow or measured tread

drìnyàà : id. 1. obstinate 2. hard 3. resistant 3. tough 4. complicated 5. sticky 6. viscous *(syn. trìnyàà)*

drìnyà drìnyà (àmè -) : n. 1. treacherous person 2. unfaithful person 3. sluggard

drò : v. 1. to burst 2. to crack

drò ví : v. 1. to miscarry 2. to abort

dró : v. 1. to carry (on the head) 2. to unload (from the head) 3. to load (on the head) 4. to transport (on the head) 5. to become swollen and sore *(syn. drú, dúdrú)* 6. to rest (after having put down one's load)

dró … ɖí : v. 1. to drop off a load 2. to put down a load

dró núɖùɖù vá ná : v. 1. to supply 2. to restock

dròkpòò : id. 1. blunt 2. truncated

dròŋdròŋ : adj. 1. watery 2. aqueous 3. containing water 4. fine 5. feeble

drɔ́ : v. 1. to gather (troops) 2. to review 3. to judge (a case) 4. to negotiate 5. to arbitrate 6. to treat 7. to settle 8. to invite someone

drɔ́ ʋɔ̀nù : v. 1. to judge 2. assess a matter 3. to render a verdict

drɔ̀ : v. 1. to ripen 2. to be half dry 3. to be half done 4. to be muddy 6. to be mucous 7. to be stale 8. to be sick *(syn. trɔ̀, dzè dɔ̀)* 9. to be obsolete

drɔ́ : n. 1. drawer 2. sideboard 3. dresser 4. buffet

drɔ̀ɛ́ : n. dream

drɔ̀ɛ́ (ɖɔ̀ -, lì -) : v. 1. to tell a dream 2. to explain a dream

drɔ̀ɛ́ (kú -) : v. to dream

drɔ̀ɛ́ dzíŋɔ́ : n. 1. nightmare 2. bad dream

drɔ̀ɛ́ dzíŋɔ́ (kú -) : v. 1. to have a nightmare 2. to dream a bad dream

drɔ̀ɛ́ vló : n. 1. nightmare 2. bad dream

drɔ̀ɛ́ vló (kú -) : v. 1. to have a nightmare 2. to dream a bad dream

drɔ̀ɛ́fé : n. dreamland

drɔ̀ɛ́kúkú : n. the act of dreaming

drɔ̀ɛ́kúlá : n. dreamer

drɔ̀gbɔ̀ : id. 1. muddy 2. slimy 3. mucous

drɔ̀gbɔ̀drɔ̀gbɔ̀ : id. 1. muddy 2. slimy 3. mucous

drɔ̀m : n. 1. drum 2. barrel

drɔ̀nyìì : id. 1. soft 2. tender

drɔ̀sì : adj. stale

drɔ̀yì : adj. 1. slippery 2. soft 3. muddy

drɔ̀zìì : n. 1. soft 2. tender

drù : v. 1. to swell 2. to heap 3. to pile up

drù : n. mound of earth in which yam sprouts are planted

drú : v. 1. to be swollen and sore *(syn. dró, dúdrú)* 2. to be curved 3. to be harsh 4. to be cruel 5. to be painful

drùí : n. a little bat

drùíví : n. grey fruit bat *(syn. àdrí, àwí)*

drùkpé : n. small mound of earth

dù : v. 1. to grab 2. to tear 3. to pull 4. to tear 5. draw

dù : n. 1. village 2. town 3. city (with all it's terrtories) 4. country 5. run 6. running 7. race 8. momentum 9. neighbourhood 10. message 11. news 12. divination configuration (syn: àfá)

dù : adv. 1. in common 2. together 3. in a group

dù (ɖé -) : loc. adv. together

dù (lè -) : v. 1. to be togtehte 2. to be in a group 3. to be in common 4. to be neighbours

dù (ɖó - ɖé ... gbɔ́) : v. to send a message to

dù dzí yì : v. to trot

dù sòè : n. village

dùá : n. 1. inhabitant of a city/town 2. city dweller 3. townsman

dùdòmè : n. 1.downtown 2. town center

dùdɔ: n. 1. large forest genet (syn. gbèdàdi) 2. bush genet

dùdɔ́lá : n. 1. minister 2. secretary of state

dùdɔ́ládɔ́wɔ̀fé : n. 1. state department 2. government ministry

dùdɔ́núnɔ̀fè : n. 1. state department 2. government ministry

dùdɔ́núnɔ̀lá : n. minister

dùdɔ́núnɔ̀lá gbãtɔ : n. prime minister

dùdɔ́núnɔ̀lágã : n. secretary of state

dùdɔ́núnɔ̀láwó dɔ́wɔ̀fé : n. 1. state department 2. government ministry

dùdɔ́núnɔ̀láwó fé tàkpékpé : n. 1. cabinet 2. council of ministers

dùdɔ́wó ŋú ɖaŋúnyálá, dùdɔ́wó ŋú ɖaŋúnyálàgã : n. public works engineer

dùdɔ́wɔ̀lá : n. 1. civil servant 2. functionary 3. public officer

dúdrú : v. to be swollen and sore (syn. dró, drú)

dùdù : v. 1. to fall in large numbers (e.g leaves from a tree) 2. to rot 3. to decompose 4. to flee 5. to flow 6. to spread (e.g flour)

dùdzídzèlá : n. invader

dùdzíɖùɖù : n. 1. government 2. governing

dùdzíɖùlá : n. 1. conqueror 2. invader

dùdzíkpɔ́dɔ́wɔ̀fé : n. 1. town hall 2. city hall

dùɖímè : n. 1 race 2. competition

dùɖímè (kè -) : v. 1. to run a race 2. to compete

dùɖímèkèkè : n. 1. race 2. competition 3. tournament

dùɖóɖó : n. 1. sending of a message 2. advertising 3. announcement 4. poster 5. flyer

dùɖónyúí : n. gospel

dùfìà, dùfìàgã : n. 1. village chief 2. king 3. dean of a community

dùfégàkàkà : n. annual state budget

dùfúfú : n. 1. race 2. trot 3. haste

dùfúfú kplé sɔ́, dùfúfú lè sɔ́ dzí : n. gallop

dùfúlá : n. 1. runner 2. racer

dùgà : n. 1. income tax 2. public funds

dùgā́ : n. 1. city 2. capital city

dùgā́ lè ɖókúi sí : n. 1. town 2. township

Dùgadɔ́wɔ̀fé : n. 1. state treasury 2. ministry of finance

dùgā́gbɔ́dúi : n. suburb

dùgàkàkà : n. state budget

dùgā́gbònùglá : n. 1. mayor 2. provost

dùgā́mètɔ́ : n. 1. townsman 2. city dweller

dùglù (dzè -) : v. 1. to be rotten 2. to crumble 3. to moulder

dùgù : v. 1. to crush 2. to reduce to a puree

dùgùdùgù : id. 1. crushed 2. disorderly

dùgbàdzà : n. 1. big city 2. public

dùgbàdzàbɔ́ : n. public garden

dùgbàdzàgbè : n. vehicular language of a city/town

dùgbàdzàtàkpékpé : n. 1. big gathering 2. jamboree

dùgbàlá : n. terrorist : n. terrorist (syn. ŋ́dzídólá)

dùké : n. duke

dùké nyɔ́nù : n. duchess

dùklù : n. a small prey animal

dùkɔ̀ : n. 1. tribal customs 2. inherited customs 3. taboo

dùkɔ́ : n. 1. nation 2. state 3. country 4. people 5. population 6. public 7. tribe of people 8. league 9. confederation

dùkɔ́ fé hà : n. anthem

dùkɔ́ mànɔ̀àkpáɖékédíwó : n. non aligned countries

dùkɔ́ mè : n. national

dùkɔ́ ʋùŋkú : n. developed country

Dùkɔ́fòfúwó : n. united states

dùkɔ́yèɖúɖú : n. 1. traditional dance 2. folk dance

dùkɔ́hà : n. national anthem

Dùkɔ́hábɔ̀bɔ̀ : n. commonwealth

dùkɔ́kplɔ̀lá : n. head of state

dùkɔ́kplɔ̀mɔ́nù : n. government (a way of governing)

dùkɔ́lɔ̀lɔ̀ : n. popularity

dùkɔ́màdèŋgɔ̀wó : n. 1. third world countries 2. underdeveloped countries

dùkɔ́mè : n. 1. nation 2. country

dùkɔ́mèbɔ́lùfòhá : n. national football team

dùkɔ́mèdɔ́wó, dùdɔ́mèdɔ́gā́wó : n. public works

dùkɔ́mègàkàkà : n. budget of the state

dùkɔ́mègànɔ̀fé : n. state treasury

dùkɔ́mègbè gbā́ : n. national language

dùkómèhà : n. national anthem

dùkómènòmóɖègbàlē : n. residence certificate

dùkómènyàwó : n. internal affaires

ɖùkómènyàwó dùdónúnòlá : n. Minister of interior

ɖùkómènyàwóé ɖèɖèfiá kwàsíɖá : n. cultural week

dùkómètàŋúhà : n. national anthem

dùkómètò : adj. national

dùkómètó : n. 1. citizen 2. national (of a country)

dùkómènòmóɖégbàlē : n. residence permit

dùkómèzá : n. national holiday

dùkónúbáblá : n. federation

dùkóŋútò : adj. national

dùkótàkpéfé : n. parliament

dùkótàŋúhà : n. national anthem

ɖùkótàʋìʋlì : n. national defense/security

dùkótèfénòfé : n. embassy

dùkótèfénólá : n. ambassador

dùkótò : adj. 1. national 2. communal

dùkóvóvóvówó ŋútò : adj. international

dùkówó dòmè : n. international

Dùkówó fé gàdzràɖófé : n. International Monetary Fund

dúkù : n. 1. scarf 2. brother in law (brother of one's wife)

dúkùví : n. 1. handkerchief 2. tissue

dùkplòlá : n. 1. president 2. ruler 3. leader

dùkplòlá dówòfè : n. presidency

dùkplòlá fé dówòfè : n. presidency

dùkplòlá fiàsá : n. presidency

dùkplòlá gòmè ɖóànyító : n. founding president

dùkplòsé : n. 1. covil code 2. civil law

dùkpòkplò : n. 1. governance 2. presidency (presidential function) 3. administration (of a country)

dùkplòmónù : n. administration (of a country)

dùlélé : n. receiving a (radio) broadcast

dùmè : n. country

dùmè dùnyàdónúnòhá : n. city committee

dùmèdzíɖùɖù : n. municipality

dùmèdzíɖùɖùtò : adj. municipal

dùmèféfé : n. traditional game

dùmèfià : n. 1. village chief 2. dean of a city 3. king

dùmègā́ : n. 1. local authourity 2. mayor 3. magistrate 4. senator 5. notable person of a village

dùmègā́wó : n. 1. authorities 2. mayors 3. magistrates 4. senators 5. notable people of a village

dùmègā́dówòfé : n. 1. town hall 2. city hall

dùmègā́séwòfé : n. 1. senate 2. statehouse 3. meetinghouse

dùmègáséwɔ̀fémènɔ̀lá : n. 1. senator 2. lawmaker 3. assemblyman 4. legislator

dùmèmètsìtsì : n. 1. notable person in the society 2. a person whose social situation confers on him/her an authourity in public affairs

dùmèmɔ́ví/ dùmèmɔ́ sùè : n. 1. alley 2. back street 3. path

dùmènɔ̀lá : n. 1. city dweller 2. resident 3. citizen

dùmènɔ̀láwó : n. 1. residents of a village/town/city 2. community

dùmètɔ̀ : adj. civic

dùmètɔ́ : n. 1. inhabitant 2. indigene 3. village dweller 4. townsman 5. native 6. citizen of a country

dùmètɔ́nyényé : n. citizenship

dùmèválá : n. 1. migrant 2. immigrant

dùmèvává : n. 1. immigration 2. migration

dùmèví : n. citizen

dùmèvídàsédígbàlẽ̀ : n. national identity card

dùmèvíhèhè : n. civic education

dùmèvíkplɔ̀dódó : n. 1. civil code 2. civil law

dùmèvígbàlẽ̀ : n. national identity card

dùmèvínyényé : n. nationality

dùmèvínyényé dàsédígbàlẽ̀ : n. national identity card

dùmèvínyényé fé dɔ́ : n. civic right

dùmèvínyényé mɔ́nùkpɔ́kpɔ́ : n. civil right

dùmèvínyényéfíáfíá : n. civic education

dùmèvínyényégbàlẽ̀ví : n. national identity card

dùnútòmè : n. 1. region 2. district

dùnyà : n. 1. politic 2. policy

dùnyà (kù ɖé ... ŋú) : v. to be related to/dependent on politics

dùnyàfíáfíá : n. political education

dùnyàgblɔ̀dónúnɔ̀há : n. political office

dùnyàgblɔ̀dónúnɔ̀hámènɔ́lá : n. member of the political office

dùnyàgblɔ̀dónúnɔ̀lá : n. member of the political office

dùnyàgblɔ̀fli : n. political domain

dùnyàgblɔ̀há : n. political party

dùnyàgblɔ̀lá : n. politician (syn. dùnyàhèlá, pɔ́lítíkìwɔ̀lá)

dùnyàgbɔ̀gblɔ̀ : n. politics (syn. dùnyàhèhè, pɔ́lítíkì)

dùnyàhèhè : n. politics (syn. dùnyàgbɔ̀gblɔ̀, pɔ́lítíkì)

dùnyàhèlá : n. politician (syn. dùnyàgblɔ̀lá, pɔ́lítíkìwɔ̀lá)

dùŋù : n. 1. publicity 2. notoriety

dùsédódó : n. 1. confirmation 2. substantiation 3. swearing

dùsénágbàlẽ̀ : n. power of attorney

dùsífé : n. 1. racecourse 2. racetrack

dùsìlá : n. 1. messenger 2. courier 3. runner

dùsílá : n. 1. runner 2. racer 3. trackman

dùsìsì : n. 1. obituary 2. report 3. statement 4. the act of sending a messenger

dùsísí : n. 1. race 2. speed 3. pace 4. competition

dùsísí dzídzèmè : n. average speed

dùsísí kábákábá : n. 1. speed 2. quckness 3. pace

dùsòèmèmɔ́ : n. 1. alley 2. path

dùtà : n. 1. foreign country 2. abroad 3. foreign city 4. district of a city

Dùtà kplé kàdódónyàwó dùdɔ́núnɔ̀lá : n. Minister of foreign affairs

dùtàblɔ́lùfòhá : n. foreign football team

dùtàdzídùfé : n. 1. dependency 2. dependence 2. reliance

dùtàkpéfé : n. 1. town hall 2. forum

dùtàkpékpé, dùtàkpékpégã́ : n. 1. forum 2. congress 3. meeting 4. large gathering

dùtàmèdɔ́dɔ́ : n. 1. emissary 2. foreign missionary 3. foreign delegate

dùtàmèdɔ́dɔ́wó : n. foreign delegates

dùtànyàwó : n. foreign affairs

dùtànyígbá : n. 1. colony 2. foreign country

dùtànyígbátɔ̀ : adj. colonial

dùtàtɔ̀ : adj. foreign (of a foreign country)

dùtàtɔ́ : n. foreigner

dùtàtɔ́sólá : n. foreigner (someone who comes from a foreign land)

dùtítíná : n. 1. town center 2. downtown

dùtòfò : n. 1. public 2. public place 3. outskirts of a city 4. suburb 5. advertising

dùtòfònùfó : n. 1. public discourse 2. public speech

dùtɔ̀ : adj. 1. urban 2. polticial

dùtɔ́ : n. native

dùtsòlá : n. 1. settler 2. pioneer 3. founder

dùtsòtsò : n. foundation of a town or village

dùù : id. 1. in large numbers 2. in heaps

dùù : id. 1. staring 2. looking into the distance 3.

dùvímèmɔ́ : n. 1. alley 2. path 3. back street

dùʋɔ̀nù : n. 1. public place 2. a place in the city where public meetings take place

dùxɔ̀lá : n. conqueror

DZ

dzà : v. 1. to rain 2. to fall (rain) 3. to drop 4. to drip 5. to be clean 6. to be pretty 7. to be pure 8. to slice 9. to trim 10. to cut 11. to be born free

dzà : n. 1. thinned/mixed corn flour (which is used for pouring libation for prayers) 2. welcome 3. mold 4. sacrifice 5. food and drink offering

dzà (ḍè -) : v. to make an offering

dzà (tsìkpé -) : n.+v. 1. to precipitate hail 2. to snow

dzà (wú -) : v. 1. to make a sacrifice 2. to offer first fruits

dzà tsi : v. to drip

dzá : n. 1. pagan sacrifice 2. a herb that causes itching

dzá : v. 1. to chop 2. to slash 3. to cut 4. to be clean 5. to be clear 6. to be fine 7. to be delicate

dzã́ : v. 1. to chop 2. to cut 3.

dzã́ : adj. born free

dzàà : adj. id. 1. slight 2. superficial

dzàà! : intj. id. welcome!

dzàà (dó - ná) : v. to welcome

dzáá : id. 1. quietly 2. discreetly 3. clandestinley 4. surreptitiosly 4. calm 5. without making noise 6. young 7. tender 8. exactly

dzáá (- kò) : adv. 1. unless 2. only

dzàbà : v. 1. to knead the dough in the sauce 2. to mix 3. to be tall and strong

dzàbàdzàbà : id. without resistance

dzábɛ́ : id. 1. tall 2. tall and strong (for a child)

dzábɛ́dzábɛ́ : id. without resistance

dzàdé : adj. sweaty

dzàdzà : n. 1. agitation 2. panic 3. welcome

dzàdzà (dó -) : v. 1. to be agitated 2. to panic 3. to be very busy

dzàdzá : n. wasp *(syn. àdzàdzà, àzã̀gbá, kòtókròḍú, kpɔ́tɔ̀klùví, lìlĩ̀, vã́, vávã́)*

dzádzádzá : adv. 1. quietly 2. peacefully

dzàdzɛ̀ : adj. 1. clean 2. pure 3. chaste 4. sacred 5. virtuos 6. clear 7. without water

dzàdzɛ̀nɔ̀nɔ̀ : n. 1. cleanlines 2. chastity 3. purity 4. simplicity 5. skill 6. dexterity

dzàdzɛ̀nyényé : n. 1. hygiene 2. neatness 3. cleanliness

dzàdzrá : n. 1. sales of 2. bragging 3. showing off

dzàdzràḍó : n. 1. preparation 2. preservation 3. maintenance 4. dressing 5. storage 6. imprisonment 7. detention 8. observation (of a rite) 9. burial

dzàdzràḍó (kútsétsé -) : n. conservation of fruits

dzàdzràḍó (nú -) : n. 1. stock 2. provision

dzàdzràḍó klásè : n. preparatory course

dzádzréɛ́ : n. 1. slim 2. elegant

dzàḍú : n. mackerel

dzáḍùḍù : n. 1. warning 2. caution

dzàfàflà : n. true big-scale tetra

dzàflò, dzàflá : n. 1. leper *(syn. ànyìdzèlá, ànyìdɔ̀dzèlá, dzɔ̀bútɔ́, kpòdɔ̀lélá, kpònɔ̀)* 2. leprous

dzàfù: n. eye discharge

dzàfùfù: n. 1. mold 2. mildew

dzàflá: adj. leprous

dzàgà : adj. 1. enraged 2. ferocious 3. savage 4. furious 5. violent 6. driven mad 7. seditious

dzàgòdzàgò : adj. 1. rough 2. raw 3. heavy

dzágbɛ́ : n. royal sword

dzágbɛ́tsɔ́lá : n. sword bearer representing the state (at war)

dzàkà : n. a type of field rat

dzàkà : adj. 1. enraged 2. ferocious 3. savage 4. furious

dzàká : n. 1. boredom 2. yearning

dzáká (mò -) : v. to be bored

dzàkàà : id. 1. violently 2. with violent movements

dzàkàsì : n. prostitute *(syn. àhásìtɔ́, àhásìwɔ̀lá, dzèhɛ̀, gbòlò, gbòlòtɔ́, màtrèwɔ̀lá, sákábó)*

dzàkpàtà : n. 1. rattle snake 2. smoothback angel shark *(syn. dòdòtsú)* 3. asp (a small venomous snake of Egypt usually held to be a cobra) 3. black cobra

dzàkpɔ̀bɔ̀ : n. big chilli

dzàlélé : n. 1. cry of surprise 2. cry of astonishment 3. cry of distress

dzàlîî : id. 1. rough 2. grainy

dzámà : adj. german

Dzámà : n. Germany

Dzámánìà : n. Germany

dzámàyèvú : n. german

dzámàgbè : n. german language

dzàmàkè : n. incessant rain

dzànyìì : id. 1. long and fat 2. bulky 3. protruding

dzáŋgbɛ́ : n. sword (of the king, of the state)

dzáŋgbɛ́tsɔ́lá : n. sword bearer representing the state (at war)

dzàŋkrɔ̀ɛ́ : n. 1. whooping cough *(syn. kòŋgó, kɔ̀kɔ́dzàyé, kɔ́kɔ́dzàyè, kɔ̀ŋkɔ̀dzàyè, kɔ̀ŋkɔ̀ŋùí, kpétrì)* 2. pertussis

dzàtá, dzǎtá : n. lion *(syn. kìnèkíní)*

dzàtánɔ̀, dzǎtánɔ̀ : n. lioness

dzàtáví : n. pearly razorfish

dzàtí : n. a tree whose sap produces myrrh

dzàtó : n. albino *(syn. àdǎsìtsú, àdzàtó, àmè yí, gélèsósí, gésòsí, òfrídzàtó)*

dzàtsè : n. midday heat

dzàtsì : n. diluted cornflour (used for prayers and libations)

dzàtsìdódó : n. the act of diluting cornflour in water (which is to be used for prayers and libations) dzàwú, dzàwúsí : n. a variety of yam

dzàwútè : n. first yam of the new harvest

dzàwúwú : n. 1. firstfruits ceremony 2. ritual offering during a sacrifice

dzàyìi : id. 1. plaster 2. cracked 3. chipped 4. defective 5. torn 6. hard 7. tough

dzàyìsà : n. hyena *(syn. àgbòtòè, àhèlǎ, àkpàtàkú, àmègáxì, àzìlǎ, dzàzìlǎ, gànà, gǎnà, glì, gbètè)*

dzàzìlǎ : n. hyena *(syn. àgbòtòè, àhèlǎ, àkpàtàkú, àmègáxì, àzìlǎ, dzàyìsà, gànà, gǎnà, glì, gbètè)*

dzè : v. 1. to land 2. to touch down 3. to enter (a port) 4. to dock 5. to anchor (in a port) 6. to descend (a mountain) 7. to rise (pertaining to the sun) 8. to crack 9. to cut into half (with an ax) 10. to saw 11. to cut 12. to chip 13. to split 14. to divide 15. to incise (an abscess) 16. to be cracked 17. to be torn 18. to be broken 19. to be scarred 20. to suit 21. to go (to) 22. to please 23. to be fair 24. to be proper 25. to be benevolent 26. to start 27. to leave 28. to set sail 29. to give way 30. to move aside 31. to become 32. to pull over 33. to park 34. to buy (liquid e.g water, alchohol) 35. to pay for (liquid e.g water, acholol) 36. to be logical 37. to be used 38. to be shabby 39. to be worn out 40. to be exhausted 41. to be in the process of fraying 42. to adjust 43. to accomodate 44. to adapt 45. to come back to 46. to fall 47. to take place 48. to be as it should be 49. to grow 50. to germinate 51. to produce 52. to develop 53. to deserve

dzè : n. 1. salt 2. postash 3. alkaline 4. phosphate 5. flute 6. whistle 7. conversation 8. interview

dzè (álésì é-) : loc. 1. properly 2. as something should be 3. clean (as appropriate)

dzè (dé -) : v. to add salt

dzè (ɖè -) : v. to collect sand (in the dried lagoon)

dzè (ɖó -) : v. 1. to speak 2. to converse 3. to chat

dzè (gbǎ -) : v. 1. to snuffle 2. to speak from the nose

dzè (gbé -) : v. to pass away

dzè (kú -) : v. to play the flute

dzè (mégà- ò) : v. to be disqualified

dzè (nú - ... dzí) : v. to faint

dzè (tú -) : v. to shoot at

dzè àbì : v. 1. to be hurt 2. to have wound

dzè àdǎ : v. to be furious

dzè àdè : v. 1. to sweat 2. be moist

dzè àdèlɛ́ : v. to have an abscess of the tooth

dzè àdènàɖù : v. to sweat for what one eats

dzè àdrù : v. to be moldy

dzè àdzò mè : v. to fall into the hand of criminals

dzè àdú : v. to tie knots (pertaing to a rope, string, cord etc.)

dzè àɖàŋù : v. 1. to be careful 2. to be wise 3. to be insightful 4. to be skilful 6. to be resourceful

dzè àɖàʋà : v. 1. to be crazy 2. to be mad

dzè àfɔ té : v. 1. to start recovering

dzè àfɔ́kú : v. 1. to have an accident 2. to be in danger

dzè àfé xóxóá mè : v. to have worked for nothing

dzè àgà : v. 1. to be resentful 2. to be rebellious 3. to be nervous

dzè àglǎ : v. 1. to revolt 2. to protest 3. to be stubborn 4. to demonstrate violently 5. to be violent 6. to rebel 7. to be seditious 8. to scold 9. to reprimand

dzè àglǎ (ɖé ... ŋú) : v. 1. to protest/rebel against (someone)

dzè àgɔ̀ : v. 1. to be wrong 2. to be at fault 3. to blame oneself (concerning something)

dzè àgɔ̀ lè ... dzí : v. 1. to offend 2. to insult 3. to hurt

dzè àgbàgbá : v. 1. to make an effort 2. to manage 3. to cope 4. to take steps for 5. to toil 6. to work hard 7. to be studious 8. to fight for 9. to handle (something) vigorously

dzè àgbàgbá bé : v. 1. to try to

dzè àgbàgbá lè ... ŋú : v. 1. to cultivate 2. to exploit 3. to jostle

dzè àgbò : v. 1. to get angry 2. to be refractory 3. to be stubborn 4. to be nervous 5. to be agitated (pertaining to the sea) 5. to move brisky and often ostentatiously

dzè àhà : v. to buy a drink

dzè àhiǎ̀ : v. 1. to become the boyfriend of 2. to become the girlfriend of

dzè àkɔ́ ànyí : v. 1. to calm 2. to calm down 3. to behave well 4. to soften up

dzè àkáɖá : v. 1. to rust 2. to revolt 3. to be rude 4. to be uncontrollable (for a person)

dzè àklàbí dzí : v. to be allergic to

dzè àkpà : v. to have scabies

dzè àlɔ̀ : v. 1. to divide 2. to corrugate 3. to ramify

dzè àmè ɖókùi ŋú : v. 1. to be conceited 2. to be proud

dzè àní : v. to be superb

dzè ànyí : v. 1. to fall 2. to fall down 3. to collapse 4. to crumble 5. to get sick 6. to get leprosy 7. to settle

dzè ànyí (mò -) : v. 1. to be quiet 2. to be cool 3. to not be agitated 4. to please 5. to suit 6. to agree 7. to feel good somewhere

dzè ànyí kpò : v. 1. to collapse 2. to fall

dzè ànyí tó ... mè : v. to succumb to

dzè ànyí zì èvè lè kɔ́ ɖèká dzí/ŋú : v. to have made gross mistakes

dzè àsì mè ná : v. to have arrived (as in a posted letter arriving for someone)

dzè àtá : v. 1. to spread the legs 2. to gain importance 3. to become more difficult

dzè àʋà ɖí : v. 1. to be warned 2. to be alert 3. to prepare for war 4. to make war

dzè àʋàwɔ́wɔ́ : v. to have a military training

dzè àʋà gɔ̀mè : v. 1. to start war 2. to attack (as pertaining to the army)

dzè àxlǎ̀ : v. 1. to behave thoughtlessly 2. to act without thinking dzè àxɔ́ : v. 1. to be infested with ticks 2. to have ticks

dzè àyè : v. 1. to be crafty 2. to be astute 3. to be smart

dzè àzɔ̀ : v. to have fever

dzè bé : v. 1. to have to do something 2. to be worth the effort (of doing something)

dzè bèlé : v. 1. to have a skin disease 2. to have scabies

dzè bùbù (sì -) : adj. 1. reputable 2. honourable

dzè dɔ : v. to be sick (syn. drɔ̀, trɔ̀)

dzè dɔ́wɔ̀wɔ̀ gɔ̀mè : v. 1. to start working 2. to start a business 3. to agree

dzè dù : v. 1. to be equal 2. to be tied

dzè dùglù : v. 1. to be rotten 2. to become dust

dzè dzèfɔdzèfɔé : v. 1. to make an effort 2. to fight for 3. to have a relapse

dzè dzèsɔè : v. to balance

dzè dzì ná : v. to be satifsfied with

dzè dzì dzí ná : v. to be satisfied with

dzè (...) dzí : v. 1. to attack 2. to assault 3. to invade 4. to encroach 6. to exaggerate 7. to have a surplus of 8. to sicceed 9. to prosper 10. to introdude oneself (at an occasion) 11. to provoke 12. to train 13. to dart 14. to shoot 15. to rush on 16. to forward to 17. to guess

dzè ... dzí lè àvò mè : v. 1. to attack 2. to attack by surprise

dzè dzò : v. 1. to burn 2. to set on fire 3. to ignite 4. to be bright

dzè ɖé ànyí, dzè ɖé ànyígbá : v. 1. to land 2. to touch down 3. to fall down

dzè ɖé àtsìáfù dzí : v. to make a sea-landing

dzè ɖé ... gbɔ́ : v. 1. to lodge (somebody) 2. to accomodate (somebody) 3. to host

dzè ɖé ... dzí : v. 1. to fall from 2. to descend from

dzè ɖé fú dzí : v. to make a sea-landing

dzè ɖé ɣlètí dzí : v. 1. to land on the moon 2. to establish a contact with the moon

dzè ɖé ŋù ná : v. to coincide with

dzè ɖé ... tó : v. to stand on the edge of

dzè ɖèká : v. 1. to be handsome 2. to be similar/identical

dzè ɖèkápúi : v. 1. to rejuvenate 2. to grow young again 3. to be beautiful

dzè ɖètùgbùi : v. 1. to be beautiful 2. to rejuvenate

dzè ɖí : v. 1. to park 2. to camp

dzè ɖòkùí ŋù : v. 1. to be proud 2. to believe that one is more important than the others

dzè édzí : v. 1. to be satisfying 2. to please 3. to work (as pertains to a machine) 4. to take place

dzè édzí ná : v. 1. to agree 2. to like

dzè égɔ̀mè : v. 1. to begin 2. to start 3. to embark

dzè émè : v. 1. to collapse 2. to be impressed 3. to be flat

dzè èmè (dzì -) : v. to be satisfied

dzè fìà-tó : v. 1. to be well 2. to be satifsfactory

dzè fúfú : v. to be moldy

dzè fáá : v. 1. to become public 2. to be publicized 3. to internationalize 4. to spread 5. to become social 6. to be clear 7. to be obvious 8. to be prominent 9. to appear

dzè fútà : v. 1. to run aground 2. to fail 3. to ruin

dzè gà : v. to deserve prison

dzè gà dzí : v. 1. to do what is right 2 . to act in a way which deserves to be congratulated

dzè gá kúkú : n. 1. siren 2. foghorn

dzè gàtó : v. 1. to be well 2. to be satifisfactory

dzè gò : v. 1. to ruffle 2. to bristle 3. to rider 4. to disturb 5. wandering 6. straying 7. to walk in disorder 8. to accost 9. to disembark (somebody) 10. to put down 11. to clean 12. to wash 13. to sin 14. to make a mistake 15. to become enraged 16. to divulge

dzè gò dé ... dzí : v. 1. to appropriate 2. to make one's own 3. to claim ownership of something, especially in an illicit manner

dzè ... gòmè : v. 1. to start 2. to initiate

dzè gbè : v. 1. to venture out 2. to go out in search of

dzè gbó : v. 1. to logde at 2. to stay at 3. to alight at

dzè hà : v. 1. to be irritable 2. to be susceptible 3. to be lively

dzè há : v. 1. to have good time 2. to prostitute oneself (as pertains to men) 3. to be a homosexual (as pertains to men) 4. to be disobedient 5. to be recalcitrant

dzè kàfùkáfú : v. to be wonderful

dzè klò : v. to kneel down

dzè kò ànyí : v. 1. to stoop 2. to abase oneself 3. to humble oneself

dzè kò dzí ná : v. 1. to embrace 2. to hug 3. to kiss

dzè kò dzí ná àmè : v. 1. to fall on someone's neck 2. to embrace 3. to hug 4. to kiss

dzè kú : v. 1. to deserve death 2. to be liable to death sentence

dzè kpé : v. to harden

dzè ... kplé làxálàxá : v. 1. to saw 2. to cut into

dzè kpò : v. to be leprous

dzè kpó : v. 1. to climb the hill 2. to climb the slope

dzè kpòkpò : v. 1. to be sick 2. to fall sick 3. to have a fever

dzè kpò : v. to jump over the perimeter wall

dzè kpó : v. to escape

dzè kpókpó : v. to be nice to see

dzè lè émè : adj. 1. brackish 2. briny

dzè lè mó dzí : v. 1. to give way 2. to get out of the way

dzè lè ... ŋútí : v. to overtake (with a car)

dzè lè vìvìtí mè : v. 1. to appear in the dark 2. to appear indistinctly

dzè lɛ̀ : v. to produce larvae

dzè mádzègéé : v. 1. to work too much 2. to suffer 3. to have hard time

dzè mò ànyí ná : v. to feel at home

dzè mɔ́ : v. 1. to set off 2. to leave 3. to take off 4. to delimit a road

dzè ná : v. 1. to deserve 2. to be worthy of 3. to merit 4. to earn 5. to chap 6. to crack 7. to give way to 8. to make room for 9. to give way 10. to greet by the name of the day of the week

dzè ná ... bé né : v. to have to

dzè ... nɔ̀èwò yómè : v. to follow each other

dzè nùɖiáɖíá mè lè ... ŋú : v. 1. to provoke 2. to make abusive comments towards

dzè núnyá : v. 1. to beware 2. to be on guard 3. to learn 4. to be educated 5. to be learned 6. to be wise 7. to become careful

dzè nyɛ̃́ : v. 1. to be infested with maggots

dzè nyɛ̃́ gã́ : v. 1. to surpass oneself (in one's work) 2. to act in a way that is appreciated

dzè ŋè : v. 1. to lie face up 2. to lie on one's back

dzè ŋgɔ̀ : v. to be in front of

dzè (...) ŋgɔ̀ : v. 1. to precede 2. to be in front off 3. to dominate 4. to be confronted with 5. to confront

dzè ŋgɔ̀ ... nɔ̀èwó : v. to be face to face

dzè ŋɔ́ : v. to be infested with maggots

dzè (...) ŋú : v. 1. to be pleasant 2. to be happy 3. to be satisfied 4. to raise the taste of

dzè ... ŋútí : v. to pass

dzè ... ŋùkpè dzí : v. to be ashamed

dzè sé : v. 1. to be legal 2. to comply with the law 3. to be normal

dzè sé mè : v. to fall foul of the law

dzè sí : v. 1. to know 2. to recognize 3. to take cognizance of 4. to identify 5. to diagnose (a disease)

dzè sí (mé- ... ò) : v. 1. to ignore (somebody) 2. to not recognize

dzè sí bé : v. to realise that

dzè sí mɔ́ : v. 1. to know your bearing 2. to locate

dzè sréɖì : v. 1. to worry 2. to torment oneself 3. to strive to 4. to try to 5. to take the trouble to

dzè sréɖèè : v. 1. to persevere 2. to make a lot of effort

dzè té : v. 1. to hit rock bottom 2. to recover

dzè tí : v. 1. to stiffen 2. to be numb 3. to be inflexible 4. to be bristle

dzè tó : v. 1. to sound good 2. to be normal 3. to be acceptable

dzè tó mè : v. 1. to understand well 2. to hear well 3. to take note of

dzè tó.....ŋú : v. 1. to overtake 2. to pass 3. to pass near

dzè tɔ̀ : v. 1. to sink 2. to sink into water

dzè tòmè : v. to fall/jump into the waters

dzè tùgbè : v. 1. to be beautiful 2. to be pretty 3. to make young 4. to rejuvenate

dzè tsí : v. 1. to be at an angle 2. to be oblique

dzè vè : v. 1. to be forked 2. to be split in two

dzè vì : v. to bear fruit

dzè víé : v. 1. to crack 2. to be cracked

dzè vɔ̀ : v. to be serious

dzè ʋè : v. 1. to go down a mountain 2. to descend from a hill

dzè ... -wɔ̀wɔ̀ : v. to learn to do

dzè wúwlúí : v. to crumble

dzè xɔ́lɔ̃ : v. 1. to be friends 2. to make friends

dzè ... yòmè : v. 1. to follow 2. to come behind 3. to succed 4. to be successive 5. to follow the advice of

dzè yòmè kplé dù : v. 1. to run after 2. to chase

dzè zɑ̃ : v. to do something at night

dzẽ̀ : n. 1. tan 2. bay 3. sorrel

dzé : v. 1. appear 2. to reflect 3. to be transparent 4. to protrude 5. to be fine 6. to be delicate

dzé : aux verb. 1. must 2. ought to

dzé àbé ... èné : v. 1. to look like 2. to be like 3. to have the appearance of 4. to seem to be like

dzé àní : v. 1. to be beautiful 2. be splendid

dzé flúflúflú : v. to become blurry

dzé gàà : v. 1. to be clear 2. to be visible 3. to not be hidden

dzé ná : v. 1. to appear 2. to be in sight 3. to be discovered

dzẽ́ : n. 1. red 2. red-brown 3. pink 4. violet 5. blond 6. fair 7. equitable

dzẽ́ wɔ̀ gé : v. 1. to be reddish 2. to be gray

dzèàɖàŋù : n. 1. wise 2. ingenious 3. skilful 4. competent 5. shy 6. fearful

dzèàɖàʋà : adj. 1. crazy 2. mad

dzèàglã́ : adj. 1. rebellious 2. resistant 3. wayward 4. turbulent

dzèàgbò : adj. 1. turbulent 2. furious 3. brutal 4. savage 5. stormy

dzèàkɔ̀ànyí : adj. 1. humble 2. submissive 3. quiet

dzèàmè : adj. 1. merit 2. deserved

dzèàmèdzí : n. influenza/flu *(syn. dzèàmèdzídɔ́, èkpé, flú, kpéfòàmè, wɔ̀ɖí, wɔ̀lɛ́)*

dzèàmèdzídɔ́ : n. influenza/flu *(syn. dzèàmèdzí, èkpé, flú, kpéfòàmè, wɔ̀ɖí, wɔ̀lɛ́)*

dzèàmèŋú : n. 1. comfortable 2. pleasant

dzèàní : adj. 1. adorable 2. beautiful 3. pretty

dzèànyígbló : n. epilepsy *(syn. àdígbò, àdígbòdɔ̀, ànyídzèdɔ̀, ànyídzèdzè, ànyídzèdzèdɔ̀, ànyídzègbló, ànyídzègblòdɔ̀, dzèdzòmèdɔ̀, kpéŋùí, kpèŋùídɔ̀, kpóŋùí)*

dzèàvèdzí : n. slight or partial madness *(syn. àḍàuà lálɛ́, dzǐnúdzédzì, mòyɛ̀)*

dzèàyè : adj. 1. clever 2. astute 3. crafty 4. smart 5. shrewd 6. smooth 7. shiny

dzèbùbù : adj. 1. venerable 2. adorable 3. respectable 4. reverend

dzèdódó : n. 1. interview 2. meeting

dzèdɔ̀ : adj. sick

dzèdǔ : adj. 1. in a tie 2. equitable

dzèdzè : v. 1. to branch off 2. to bifurcate

dzèdzè : n. 1. dignity 2. merit 3. crack 4. hole 5. opening (in a wall..) 6. break 7. landing 8. vertigo 9. interruption 10. hiatus 11. rupture

dzèdzè : adj. 1. cleft 2. fissure 3. split 4. crack 5. valuable

dzèdzè ḍé ànyígbá : n. landing

dzèdzè ḍé àtsìáfú dzí, dzèdzè ḍé fú dzí : n. 1. sea-landing 2. ditching

dzèdzè ḍé ylétí dzí : n. moon landing

dzèdzé : n. 1. appearance 2. emergence 3. orientation 4. exhibition 5. landing 6. anchoring (e.g boat) 7. jump 8. vertigo

dzédzé : n. dizziness/ fainting *(syn. àfètrɔ́, àfétrɔ́é, àfétrɔ́tsɔ́àmè, mòtɔ́trɔ́, mòtróé, mòtrɔ́, mòtrɔ́dɔ̀, mòtrɔ́é, ŋkúmètɔ́trɔ́, ŋkúmètrɔ́dɔ̀, ŋùzì)*

dzédzé : adj. 1. gushing 2. visible 3. prominent

dzèdzèfé : n. 1. place of fracture 2. place of rupture 3. place of a crack 4. hole (e.g. in a wall , rock etc.)

dzèdzéfé : n. visible place

dzèdzègòé : n. 1. wart 2. verruca *(syn. dzègògòè, dzògògòè, tsàgbàxɔ́lixɔ́é)*

dzèdzèdzè : adj. 1. norm 2. standard

dzédzédzé : adj. big (for a small person or animal)

dzèdzèdzèè (lè - /nɔ̀ -) : v. 1. to be huge (as pertains to human beings or animals) 2. to be fat (as pertains to human beings or animals)

dzèdzémè : n. image *(syn. nɔ̀nɔ̀mè)*

dzédzèŋkúdzè : n. a type of red and black seed

dzèdzèví : n. 1. offspring 2. sucker

dzèdzèví : n. 1. darling child 2. sweetheart

dzèdzě̌ví : n. 1. baby 2. favourite person

dzèdzèzá̌ : n. 1. a handful (of grains)

dzèdzèzá̌ ḍèká : n. a handful of

dzèdzò : adj. 1. very hot 2. scorching

dzèdzòmèdɔ̀ : n. epilepsy *(syn. àdígbò, àdígbòdɔ̀, ànyídzèdɔ̀, ànyídzèdzè, ànyídzèdzèdɔ̀, ànyídzègblò, ànyídzègblòdɔ̀, dzèànyígbló, kpéŋúí, kpèŋùídɔ̀, kpóŋúí)*

dzèḍèká : adj. 1. handsome 2. gallant 3. in bloom 4. flourishing

dzèḍóḍó : n. 1. conversation 2. chat 3. talk 4. consultation dzèḍóḍótɔ̀ : adj. 1. converstaion-related 2. fluent (as pertains to a language)

dzèḍólá : n. 1. talkative 2. sociable individual

dzèḍùḍù : n. the act of eating salt

dzɛɛ́ : id. 1. tender 2. delicate

dzèfìtó : n. lung

dzèfɔ̀dzèfɔ́é : n. perseverance

dzèfɔ̀dzèfɔ́é (dzè -) : v. to have a relapse

dzèfɔ̀dzèfɔ́édzèdzè : n. 1. relapse 2. setback

dzèfá̰ : n. 1. clear 2. evident 3. visible 4. manifest

dzèfé : n. 1. crack 2. crevice 3. station 4. landing stage 5. port 6. inn 7. restaurant 8. a place where one can spend the night 9. saline place 10. a place where salt can be found

dzèfénámɔ́ḍègbàlɛ̰̀ : n. certificate of accomodation

dzèglè : adj. 1. big pile 2. stack

dzéglé : id. 1. small pile

dzèglèdzèglè, dzégledzéglé : id. in heaps

dzègó : adj. 1. undecided 2. outstanding 3. uncivilized 4. enraged 5. stranded (boat) 6. aground (boat)

dzègòè : n. container in which salt is placed

dzègògòè : n. 1. wart 2. warthog (syn. dzèdzègòé, dzògògòè, tsàgbàxɔ́lìxɔ́é)

dzègɔ̀mè : adj. 1. beginning 2. incipient

dzègùì : n. container in which salt is placed

dzègbà : n. bag of salt

dzègbá : n. salt plate

dzègbàgbà̰ : n. nasalisation

dzègbàgbàtɔ̀ : adj. 1. nasal 2. speaking through the nose

dzègbèlè : n. castor

dzègbèlètsétsé : n. castor bean

dzèhá : n. 1. extravagant 2. cheeky 3. rude 4. vain 5. immoral 6. frisky

dzèhé : n. very fine sand

dzèhɛ̀ : n. 1. prostitute (syn. àhásìtɔ́, àhásìwɔ̀lá, dzàkàsì, gbòlò, gbòlòtɔ́, màtrèwɔ̀lá, sákábó) 2. adulterous woman

dzékè : n. 1. jack 2. lifter 3. capstan 4. winch

dzèkèdzèkè, dzékédzéké : id. 1. bushy 2. hairy 3. long-haired

dzèkèè, dzékéé : id. 1. bushy 2. hairy 3. long-haired

dzèklùí : n. a type of black pepper

dzèkɔ́ : n. salt bread

dzèkú : adj. 1. punishable by death 2. deserving of the death penalty

dzèkúdzègblè : n. a place where people are buried who for example died by car accident (bad death)

dzèkúḍòkùì : n. 1. harmonica 2. accordion

dzèkùfé : n. 1. salt marsh 2. a place of salt

dzèkùkù : n. salt harvesting

dzèkúkú : n. 1. hissing 2. he act of playing the flute

dzèkúlá : n. flute player

dzèkplèlí : n. half-dry corn/maize

dzȇkplé : n. dzenkple (meal of roasted corn flour prepared in palm nut soup)

dzèkpólò : adj. 1. hard (cassava) 2. unpalatable (cassava)

dzèmàbí : n. soot

dzèmèlȃ : n. salty meat

dzèmèkpà : n. over-salted dried fish

dzènà : adj. 1. law 2. right

dzènigbàgò : n. pleiades (a conspicuous cluster of stars in the constellation Taurus that includes six stars in the form of a very small dipper)

dzènú : n. fool

dzèŋédùnú : n. 1. shark *(syn. gblèkpònám, gbòhlótsú, yèkpɔ̀, nyǎnyàkè)* 2. a greedy and ruthless person in business

dzèŋɔ̀gbé : adj. front

dzèŋkúmɛ́ : n. dzenkume (meal of corn flour dough prepared in tomato sauce)

dzèŋkplé : n. dzenkple (meal of roasted corn flour prepared in palm nut soup)

dzèríkà : n. 1. jerrycan 2. gallon

dzèsì : n. 1. accent 2. signature 3. symbol 4. sign 5. mark 6. emblem 7. badge 8. number 9. note 10. beauty spot 11. birth mark 12. formula 13. proof

dzèsì (dé -) : v. 1. to mark 2. to notice 3. to note

dzèsì (dé - ŋú) : v. 1. to have a birth mark 2. to have a beauty spot

dzèsì (fiá -) : v. to wink

dzèsí : v. 1. to know 2. to notice 3. to recognize 4. to mark 5. to perceive 6. to note

dzèsí : adj. 1. known 2. famous 3. familiar

dzèsidédé : n. 1. indication 2. identification 3. note 4. remark 5. qualification 6. rating

dzèsidédé àfȃ : n. 1. average 2. pass mark

dzèsidégbàlȇ : n. 1. report card 2. transcript

dzèsidénú : n. 1. sign 2. signal

dzèsidényá : n. 1. piece of information 2. inquiry 3. intelligence 4. determinant

dzèsidó : n. 1. tattoo 2. tattooing

dzèsɔ̀è : n. 1. equality 2. parity 3. par

dzètè : n. 1. sweet potato 2. yam

dzètèfé : n. 1. a saline place 2. salt marsh

dzèti : n. the smallest variety of small potatoes

dzètí : n. 1. mechanical shaft 2. stiffness 3. rigidity

dzètí : adj. 1. hard as wood 2. stiff 3. inflexible

dzètí (dɔ́ -) : v. 1. to have a colic 2. to have a running stomach/diarrhoea

dzètíkè : n. 1. salt-based medicine 2. a type of purgative *(syn. dɔ̀trɔ́, dɔ̀trɔ́tíkè, dòdrótíkè)*

dzètòè : n. 1. salt deposit 2. salt room

dzètɔ́ : n. 1. token 2. chip 3. counter

dzètɔ̀mè : n. a place (in a lagoon) where salt is gathered

dzètúgbé : n. adj. 1. pretty 2. fine 3. beautiful 4. good-looking (of females)

dzètútú : n. 1. cuckoo /senegal coucal 2. blue-headed coucal *(syn. àdzèyìtútú, dzìnètútú, dzrìkúkú, wlùkúkú)*

dzètsì : n. 1. salt water 2. marinade 3. brine 4. soup with only salt and pepper 5. blood

dzètsìbùí, dzètsìsèrɔ̀m : n. 1. salty serum

dzèvè : adj. 1. split in two

dzèvé : n. 1. a place (in a lagoon) where salt is harvested 2. excess of salt (in a meal)

dzèvé : adj. too salty

dzèvé (fò -) : v. to have food/meal being too salty

dzèvégó : n. excess of salt (in a meal)

dzèvégó (fò -) : v. to have food/meal being too salty

dzèʋè : n. basin of a salt marsh

dzèzɛ̃́ : n. pepper and salt sauce (with neither meat nor fish)

dzèzékplé : n. salted corn flour dough

dzɛ́kɔ̀ : n. robin

dzì : v. 1. to give birth 2. to reproduce 3. to multiply 4. to sing 5. to fear 6. to avoid 7. to respect (for fear of) 8. to scare 9. to close well

dzì : n. 1. heart 2. boldness 3. temerity 4. a type of fish 5. a type of big mouse/rufous bush mouse gerbil 6. dartre (a desquamation of the epidermis accompanied by redness/ tenderness of the skin) 7. eczema *(syn. èdzì)*

dzì (bí -) : v. to get annoyed

dzì (dzɔ̀ - ná) : v. 1. to be happy about 2. to rejoice

dzì (dé - dí) : v. 1. to do something without being in a hurry 2. to negelct 3. to overlook 4. to not take into consideration

dzì (dé - lè fò (ná)) : v. to discourage

dzì (dù - ná) : v. 1. to annoy 2. to disgust

dzì (kplé - blíbò) : n. wholeheartedly

dzì (nú dù - ná) : n + v. to feel sorry for

dzì (nú lè - ná) : n + v. 1. to feel friendship or love for 2. to be in love with

dzì (tè -) : v. 1. to leave 2. to get along

dzì (tsó - mè) : adv. 1. wholeheartedly 2. cordial 3. cordially

dzì : v. to be born

dzì dò vá lè nùmè : n. + v. 1. to get angry 2. to be silent under the effect of anger 3. of or relating to fear or emotion

dzì dzè émè : n. + v. 1. to have confidence 2. to take heart 3. to be consled 4. to relax 5. to be relieved 6. to be calm 7. to calm down

dzì dzɔ̀ ná : n. + v. to be happy

dzì dè lè (...) fò : n. + v. 1. to be discouraged 2. to be disappointed 3. to lose heart

dzì dé dzí : v. 1. to grow 2. to germinate

dzì dé ... dzí : v. 1. to increase 2. accumulate 3. to have a surplus of

dzì dé édzí : v. 1. to accumulate 2. to increase 3. to thicken 4. to develop 5. to multiply 6. to be prolific 7. to be fertile

dzì ... dé édzí : v. 1. to develop 2. to multiply 3. to exaggerate

dzì dù (àmè) : v. 1. to have pain in the heart 2. to have heartache

dzì èvè : v. to give birth to twins

dzì fé dɔ́wɔ̀wɔ̀ : v. 1. heartbeat 2. pulse

dzì dè gbè : v. 1. thunder 2. boom

dzì fá : n. + v. 1. to be at peace 2. to be happy

dzì gbà̰ : n. + v. 1. to have broken heart 2. to be discouraged 3. to hopeless

dzì gbɔ̀ : n. + v. 1. to be calm 2. to calm down

dzì gbɔ̀ dí : n. + v. 1. to calm down

dzì hà : v. 1. to sing 2. to chirp 3. to chant

dzì hà ádé : v. to do what draws curses

dzì hà dé vè mè : v. to hum

dzì hà dé ʋúfòfò ŋú : v. to sing in time

dzì hà lè gbè mè : v. to hum a song

dzì hàdɔ̀ : v. to be satisfied with sex education

dzì kú : v. 1. to be angry 2. to be offended 3. to be frightened 4. to be worried 5. to be excidted 6. to be pleasantly surprised 7. to be enthusiastic 8. to be excited

dzì ... lè àkú mè : v. 1. to hiss 2. to whistle

dzì lé dzò : v. 1. to be excited 2. to be enthusiastic 3. to be carried away (by anger)

dzì lè fò : v. 1. to be brave 2. to have courage 3. to be happy

dzì lè fò ná : v. to be optimistic

dzì nyiví : v. 1. to have a child every three years (as cows do) 2. to forget 3. to be a miracle 4. to be incredible

dzì ŋɔ́ : n. + v. to make larvae

dzì tsì nyà : v. to hear the voice of one's conscience

dzì tsò : n. + v. 1. to panic 2. to be afraid

dzì vì : v. 1. to give birth 2. to have a baby 3. to multiply (pertaining to animals)

dzì vì (là) : v. 1. to multiply 2. to breed

dzì ʋɔ̀ : v. to barricade

dzǐ : n. 1. sky 2. above 3. rain 4. lightning 5. thunder 6. party (to be on the side of someone)

dzǐ (lè) : adv. 1. above 2. overhead

dzǐ (lè -á) : v. 1. to be up there 2. to be yonder

dzǐ fé gbèdèdè : n. 1. thunderbolt 2. crash of thunder

dzì kɔ́kɔ́ dzĭ dèdè : n. cause of misfortune

dzí : v. 1. to rise 2. to inflate 3. to swell 4. to impose oneself 5. to impose respect 6. to secret 7. to ooze 8. to drip 9. to flood 10. to be full of people

dzí : prep. 1. on 2. over 3. upon 4. on the surface of 5. according to

dzí ŋɔ́ : v. 1. to scare 2. to be frightened 3. to terrify 4. to be horrible 5. to terrorize

dzí ŋɔ́ ná : n. + v. to frighten

dzí (lè - /nɔ̀ ... -) : v. 1. to be on 2. to be with 3. to continue

dzí (lɔ̃ ... ɖé -) : v. to agree with (something)

dzí (wɔ̀ nyà -) : v. 1. to do what one has been told 2. to do what one has been asked to do

dzí (xɔ̀ nyà - sè) : v. 1. to believe what is said

dzí (yì -) : v. to continue

dzĭ : adj. 1. red 2. scarlet

dzĭá (lè -) : adv. 1. the top 2. up there

dzibíbí : n. 1. anger 2. vexation 3. animosity 4. apprehension

dziblèàmè : n. 1. fear 2. courage

dzibòlòtɔ́ : n. 1. a nervous person 2. someone who gets angry quickly

dzibòò, dzíbóó : id. 1. swollen 2. inflated 3. puffy

dzídàdà : n. 1. offense 2. insult 3. trespass 4. transgression

dzídàlá : n. trangressor

dzídèdè : n. climbing

dzìdédé : n. 1. a gift (that the seller adds to what has already been bought) 2. support 3. increase

dzìdédéfò : n. encouragement

dzìdéfò : n. 1. boldness 2. temerity 3. nerves 4. audacity 5. security 6. encouragement 7. comfort 8. hope 9. satisfication 10. cheerfulness 11. good humor

dzìdéfò (kplé): adv. 1. frankly 2. with courage 3. courageously

dzìdéfò lè ... sí : v. 1. to be bold 2. to be daring

dzìdéfò núnáná : n. 1. encouragement 2. comforting

dzìdéfònyà : n. 1. encouraging word 2. comforting word

dzìdéfòtɔ́ : n. 1. a brave man 2. a courageous person 3. a generous man

dzìdéfòtɔ̀è : n. courageously

dzìdéhlɔ̃mè : n. child of a first marriage

dzĭdèlá : n. climber

dzĭdélá : n. 1. help 2. support

dzìdódó : n. 1. courage 2. boldness 3. patience 4. tolerance 5. stability

dzìdódó ɖé ... ŋú : n. 1. trust in somebody

dzìdódó núwɔwɔ : n. act of courage

dzìdólá : n. 1. brave person 2. a valiant person

dzìdɔ̀ : n. cardiac disease

dzìdɔ́ : n. 1. convulsion 2. spasm *(syn. àtɔ̀sú, dɔ̀gràdzà, d̪èvídɔ̀, glàkpédɔ̀, hèhèdɔ̀)*

dzĭdɔ́ : n. work at height

dzĭdɔ́ (wɔ̀ -) : n. to work at height

dzìdɔ̀dàdàŋútínúnyà : n. cardiology

dzìdɔ̀dàfé : n. department of cardiology

dzìdɔ̀dàlá : n. cardiologist

dzìdɔ̀lélé : n. heart disease

dzìdɔ́lélé : n. the act of suffering from convulsion /convulsive attack

dzìdɔ́lélá : n. a convulsive patient

dzìdɔ́tíkè : n. a medince for convulsion

dzìdɔ̀tsìàmè : n. heart attack

dzìdrò : n. chilli peper

dzìdzá : n. porcupine *(syn. ànyɔ̀, dzrìdzá, hlɔ̀màdé, hlɔ̀màdí, kòtòkò)*

dzìdzá, dzìdzé : n. hiccup *(syn. dzìdzí, dzikúdzikú, hèdzèhèdzè, hédzɛ̂hédzɛ̂, sìkɔ́sikɔ́, xédzèxédzè)*

dzídzé : n. 1. capacity 2. volume 3. measure

dzídzé : v. 1. to measure 2. to survey (a field) 3. to dose 4. to increase gradually 5. to test 6. to gauge (oil) 7. to try (a gun) 8. to cast lots 9. to compare 10. to aim (hunter) 11. to shine 12. to sparkle

dzídzé àkà d̪é ... nù : v. to draw lots to find out if a person is guilty

dzídzé d̪é àkàsà nù : v. to align

dzídzé kpà : v. to consult fate

dzídzé ŋkú d̪é .. dzí : v. to aim

dzídzé tú : v. to aim (with a rifle)

dzídzé xɔ̀ : v. to measure a house

dzídzé ʋù fé dɔ́wɔwɔ : v. to read blood pressure

dzídzé ... d̪ókuì : v. 1. to measure oneself against 2. to work out

dzǐdzèdzè : n. 1. happiness 2. success 3. achievement 4. satisfaction 5. good result 6. have a good stay 7. attack 8. crisis 9. to rise (of a star)

dzídzèdzè (kpɔ́ -) : v. to have success

dzídzèdzè nyùìé : n. prosperity

dzídzédzé : n. 1. measure 2. dimension 3. rising of a star

dzìdzédzìdzé : id. 1. in measure 2. according to the rule

dzídzékà : id. 1. surveyor's tape 2. cannon

dzídzékpɔ́ : id. 1. attempt 2. comparative

dzǐdzèlá lè vò mè : n. aggressor

dzìdzèmè : n. 1. peace 2. security 3. tranquility 4. absence of worries

dzídzémè : n. 1. banner 2. flag 3. standard 4. dose 5. dosage 6. measure

dzídzénú : n. measuring tool

dzǐdzéènyàbíábíánú : n. confrontation

dzìdzétí : n. 1. ruler 2. meter (to measure)

dzìdzì : adj. 1. productive 2. born

dzìdzì : n. 1. swoon/fainting-fit *(syn. àbò, dzìdzì, ɖǐ mè, fènyí gbàfà, kòmá)* 2. reproduction 3. birth 4. nativity

dzìdzí : n. hiccup *(syn. dzìdzá, dzìdzé, dzikúdzikú, hèdzèhèdzè, hédzɛ̂hédzɛ̂, sikɔ́sikɔ́, xédzèxédzè)*

dzìdzì fò (àmè) : n.+ v. to be afraid

dzídzí : n. electric catfish *(syn. àní, tsítsí)*

dzìdzí : n. rising (of water)

dzìdzìdzì : id. 1. loud 2. loudly

dzídzídzí : id. cold (as in to shiver as a result of cold)

dzìdzìɖàsédígbàlɛ̀ : n. birth certificate

dzìdzìɖédzí : n. 1. development 2. growth 3. expansion

dzìdzìgbàlɛ̀ : n. birth certificate

dzìdzìlá : n. 1. mother 2. one who gives birth 3. one who makes children 4. progenitor

dzìdzìmè : n. 1. generation 2. descent 3. birth 4. gender

dzìdzìmèví : n. offspring

dzìdzìmèvíwó : n. offsprings

dzìdzìŋkèkè : n. birthday

dzìdzìŋkɔ́ : n. name given to a child at birth

dzìdzɔ̀ : n. 1. jubilation 2. joy 3. glee 4. rapture

dzìdzɔ̀ íkpɔ́ - ĩ : v. 1. to rejoice 2. to have a good time 3. to be overjoyed

dzìdzɔ̀ lè/nɔ̀ ... mè : n. + v. to be very happy

dzìdzɔ̀dódó : n. rejoicing

dzìdzɔ̀dónámè : n. 1. kindness 2. indulgence

dzìdzɔ̀gbè : n. 1. happy day 2. joyful day

dzìdzɔ̀ylí : n. 1. cry of joy 2. jubilation

dzìdzɔ̀hà : n. song of joy

dzìdzɔ̀kpɔ́kpɔ́ : n. 1. rejoicing 2. merriment

dzìdzɔ̀màkpɔ́màkpɔ́ : n. 1. discontent 2. dissatisfaction 3. malcontent

dzìdzɔ̀mànɔ̀è : adv. 1. sadly 2. with sadness

dzìdzɔ̀mànɔ̀mànɔ̀ : n. sadness

dzìdzɔ̀mè : n. 1. gaiety 2. merriment

dzìdzɔ̀núɖùɖù : n. 1. treat 2. feast 3. delight

dzìdzɔ̀nyà : n. good news

dzìdzɔ̀sèyè : n. jubilation

dzìdzɔ̀tɔ̀ : adj. 1. cheerful 2. happy 3. lively 4. gorgeous

dzìdzɔ̀tɔ̀è : adv. 1. cheerfully 2. warmly 3. heartily

dzìɖédzí : n. 1. profit 2. gain

dzìɖédzí lè ... fò : n. 1. discouragement 2. despair 3. desolation 4. affliction 5. humiliation 6. prostration 7. cowardice

dzíɖèɖè : n. 1. reduction 2. discount 3. relief 4. solace

dzidèdí : n. 1. security 2. relief 3. alleviation 4. recovery (of health) 5. well-being 6. slowness 7. nonchalance 8. tardiness 9. sluggishness 10. recreation

dzìdègbè : n. 1 lightning 2. thunder 3. thunderbolt 4. scorpion *(syn. àgǎdzà, àgàdzàdzà, àgǎlǎhɔ́, àgàlɛ̀, àgànɛ̂, àgàlàʋùí, àgázà, àhɔ̂, àkéklé, àzìàbúté, tègè)* 5. centipede

dzídègbèlénú : n. 1. lightning rod 2. lightning conductor

dzídègbèŋúsɛ́ : n. 1. electricity 2. tension

dzídèkpɔ̀tɔ̀ : n. 1. rationing 2. limitation

dzìdèdèkpɔ̀tɔ̀ : n. 1. rationing 2. limitation

dzidèlèàmèfò : n. 1. discouragement 2. despair 3. disappointment

dzìdóɖéàmèŋú : n. 1. trust 2. confidence 3. reliance

dzìdóɖéŋú : n. 1. trust 2. confidence 3. reliance

dzìdóɖó : n. 1. faith 2. belief 3. trust 4. hope 5. responsibility

dzidùàmè : n. 1. heart disease 2. heartache 3. grief 4. anger 5. annoyance

dzidùdù : n. 1. heart disease 2. heartache 3. grief 4. anger 5. disappointment

dzídùdù : n. 1. administration 2. government 3. reign 4. victory 5. triumph 6. success 7. subjugation

dzídùdùdɔ́kítàví : n. state nurse *(syn. dɔ̀nɔ̀dzíkpɔ́lá, dɔ̀nɔ̀ŋúdzɔ́lá, dɔ̀yɔ̀láví, ɖɔ́kítàví, fìàhá dɔ́kítàví, fìàhá dɔ̀yɔ̀láví, nɔ́sì)*

dzídùdùdɔ́srɔ̃́sùkú(gǎ) : n. school of administration

dzídùdùdɔ́wɔ̀lá : n. 1. civil servant 2. officer

dzídùdùdàŋú : n. 1. policy 2. course of action

dzídùdùmèdɔ́wɔ̀lá : n. minister of state

dzídùdùmènɔ̀lá : n. official

dzídùdùnùtrènúwó dzíkpɔ́lá : n. keeper of the seals of government

dzídùdùŋgɔ̀nɔ̀lá : n. head of government business

dzídùdùsédzíkpɔ́lá : n. keeper of the seals of government

dzídùdùtéfénɔ̀fé : n. 1. consulate 2. embassy

dzídùdùtéfénɔ̀lá : n. 1. consul 2. ambassador

dzídùdùtéfénɔ̀láɖówɔ̀fé : n. 1. consulate 2. embassy

dzídùdùtɔ̀ : adj. 1. admisnistrative 2. official 3. political 4. fiscal

dzídùfè : n. 1. kingdom 2. realm 3. capital city 4. reign 5. authority 6. country 8. region 9. administration 10. dominion

dzídùɣì : n. reign

dzídùlá : n. 1. conquerer 2. winner 3. ruler 4. governor 5. magistrate 6. official

dzídùláwó : n. 1. authorities 2. leaders

dzìdùnyà : n. 1. score 2. tally

dzìɛ̀ (lè/nɔ̀) : v. to be red

dzíèdzǐgbɔ̀gbɔ̀ : n. 1. panting 2. gasping 3. puffing

dzíèhè : n. north *(syn. yètáfé)*

dzíèhè-yèdzèfé : n. north-east

dzíèhè-yètódófé : n. north-west

dzíèhètɔ́ : n. northener

dzíèhèyà : n. north wind

dzìfá : n. 1. consolation 2. appeasement

dzìfáfá : n. 1. consolation 2. comfort 3. solace 4. peace 5. rest

dzìfè : n. 1. place of birth 2. birthplace

dzǐfó : n. 1. sky 2. heaven 3. firmament 4. upstairs

dzífó (dó - ná) : v. to encourage

dzífó (lè -) : v. 1. to be upstairs 2. to be above

dzífódɔ́lá, dzífòdzɔ̀lá : n. angel

dzífófìàdùfé : n. Kingdom of Heaven

dzìfòfò : n. pulse

dzǐfònɔ̀nɔ̀mè : n. sphere

dzǐfótɔ̀ : n. celestial

Dzǐfóvítɔ̀ : n. God in the heavens

dzǐfóxɔ̀ : n. storey building

dzǐfóxɔ̀ sòè : n. an eleveated platform from where one adresses a gathering

dzǐfóyìyì : n. ascension (to heaven)

dzǐfóyìgbè : n. ascension day

dzìgá : n. 1. sieve 2. riddle 3. crane (a type of bird) 4. jigger (Tunga penetrans; a parasitic insect found in most tropical and sub-tropical climates) *(syn. àdèsú, dòsú, ètsìmàmí, màmídòsú, tsìmàmí, zìzíŋzòsú)*

dzǐgà : n. 1. pickaxe 2. mattock

dzìgògòè : n. pericardium

dzǐgɔ̀mè : n. ground floor

dzìgbàdzì : n. descendant

dzìgbàgbã̀ : n. 1. despair 2. anger

dzígbè : n. birthday

dzǐgbé : n. 1. the top of 2. uphill 3. upstream 4. upper part

dzígbèglá : n. 1. palate 2. upper jaw

dzìgbègbàlɛ̀ : n. birth certificate

dzìgbèŋkèkè : n. 1. birthday 2. anniversary

dzìgbèŋkɔ́ : n. 1. first name 2. a name given at birth to show the day on which one is born

dzìgbèzã́ : n. 1. birthday 2. anniversary

dzìgbɔ́ : n. 1. heart 2. the area where the heart is situated in the body

dzìgbɔ́ tɔ̀ : n.+v. to have nausea

dzìgbɔ̀dànyí : n. 1. patience 2. perseverance 3. endurance 4. tolerance

dzìgbɔ̀dí : n. 1. patience 2. forbearance 3. tenderness

dzìgbɔ̀dí (xɔ̀ -) : n. + v. 1. to calm down 2. to wait

dzìgbɔ̀dítɔ̀è : adv. patiently

dzigbɔ̀gbɔ̀ : n. 1. patience 2. perserverance 3. gentleness 4. tolerance

dzìgbɔ̀nyóàmè : n. 1. patience 2. calm 3. gentleness

dzìgbɔ́tɔ̀àmè : n. the urge to vomit

dzìgbɔ́tɔ́tɔ́ : n. 1. nausea 2. the urge to vomit

dzìhàdzìhà : n. 1. vocalist 2. the act of demanding for someone to sing

dzìkà : n. 1. aorta 2. blood vessel

dzìkà : n. fear

dzìkà tsò (... **fò**) : n. + v. 1. to be afraid 2. to be terrified 3. to be perplexed

dzìkàtsòfò : n. 1. fear 2. anguish 3. pain 4. consternation 5. worry

dzìkàtsòfò (**dó - ná**) : v. 1. to scare 2. to frighten

dzíkèdzò : n. 1. lightning 2. thunderbolt 3. flash of lightning

dzìkìnì : id. shouts of joy from children

dzìklà̀ : n. net used to tie luggage

dzìkógló : n. a type of eagle that screams loudly

dzìkú : n. 1. anger 2. displeasure 3. displeasure 4. upheaval 5. extreme nervousness 6. bitterness 7. distemper 8. apprehension

dzìkú (**dó - ná**) : v. 1. to annoy 2. to irritate 3. to piss off

dzìkúdódó : n. 1. indignation 2. annoyance

dzìkúdzìkú : n. 1. hiccup *(syn. dzìdzá́, dzìdzé, dzìdzí, hèdzèhèdzè, hédzɛ̀hédzɛ̀, sìkɔ́sìkɔ́, xédzèxédzè)* 2. a circumstance whereby parents have a series of still-births

dzìkúdzìkúdzìlá : n. a mother that has a series of stillborn babies

dzìkúdzìkùí : n. 1. still born baby 2. a circumstance whereby parents have a series of still-births

dzìkúdzìkùí núsìsì : n. anti-death sacrifice (a sacrifice performed at birth to protect a baby whose previous siblings died in infancy)

dzìkúdzìkùíví : n. still-born baby

dzìkúdzìkùíŋkɔ́ : n. name given to a child whose precedent siblings died at birth in order to protect the baby from the child killer demon

dzìkúdzìkùví : n. a child whose precedent siblings died at birth

dzìkùídzìlá : n. a mother that has a series of stillborn babies

dzìkùíví : n. still-born baby

dzìkúnútɔ́ : n. 1. irascible person 2. irritable person

dzìkúnyà : n. 1. insult 2. hurtful speech 3. annoying utterance

dzìkpàkpà : n. 1. dwindling 2. shrinking

dzìkpàkpà : n. little butterfly

dzíkpé : n. 1. grain of sand 2. quartz

dzìkpòtó : n. a type of poisonous mushroom that grows on dead wood

dzìkpɔ́dɔ́ : n. surveillance

dzǐkpɔ́fè : n. 1. pension 2. alimony 3. boarding school

dzǐkpɔ́gà : n. alimony

dzǐkpɔ́kpɔ́ : n. 1. protection 2. surveillance 3. supervision 4. treatment 5. daycare

dzǐkpɔ́lá : n. 1. protector 2. guardian 3. supervisor 4. administrator 5. foreman 6. inspector

dzǐkpɔ́lá tèɟénɔ̀lá : n. acting director (of an organisation)

dzikpùitɔ́ : n. someone who gets angry quickly

dzìlá : n. 1. mid-wife /birth attendant *(syn. èvìxélá, vìxélá) 2.* parent 3. progenitor

dzǐlǎ : n. an animal that lives on top of trees

dzìlálá : n. transgressor

dzìláwó : n. parents

dzìlélé ná àmè: n. 1. thrill 2. agitation

dzǐlíálíá : n. climbing

dzǐlɔ̀lɔ̃ : n. 1. consent 2. agreement 3. approval

dzìmàdómàdó : n. 1. lack of patience 2. lack of courage 3. lack of perseverance

dzǐmàdzèàdzè : n. defeat

dzìmàdì : adj. 1. worried 2. anxious 3. fearful 4. shy 5. uncomfortable

dzìmàdìtsítsí : n. 1. worry 2. anxiety 3. concern 4. uneasiness

dzìmàdómàdó : n. 1. impatience 2. intolerance 3. mistrust

dzǐmàdùlá : n. 1. loser 2. underdog

dzǐmàgbɔ̀dí : n. impatience

dzǐmàgbɔ̀dí ná : n. intolerance towards

dzǐmàkplá : n 1. a child that was not well brought up by his /parents 2. slippers

dzǐmàkpɔ́è : n. unattended

dzǐmàxɔ̀sè : n. 1. disbelief 2. religious disbelief

dzǐmàxɔ̀sèlá : n. an unbeliever

dzǐmàxɔ̀sètɔ́ : n. an unbeliever

dzìmè : n. 1. heart 2. self-esteem 3. soul 4. mind 5. thought 7. torso

dzìmè (trɔ́ -) : v. 1. to repent 2. to convert

dzìmè kɔ̀ : n + v. to have a good conscience

dzìmè vɔ̌é : n. 1. wickedness 2. malignity 3. impertinence

dzìmè : n. 1. sky 2. above 3. heavens 4. area 5. extent

dzìmè sésé̋ : n. callosity

dzìmèdídí : n. 1. intimate desire 2. envy

dzìmèfá̋ : n. 1. volition 2. charity

dzìmèfáfá : n. 1. peace 2. contentment 3. tenderness 4. affection

dzìmèfú : n. spine *(syn. mègbékpɔ́, mèkpó, métùmèfú, tùmè, tùmèfú, tùmèsɔ̀fú)*

dzìmèfútómèmì : n. spinal chord

dzìmèfútómèmìdzɔ́fé: n. medulla oblongata

dzìmègbè : n. 1. conciensce 2. back of the torso

dzìmègbè núfòfò : n. 1. remorse 2. compunction

dzìmèkɔ̀kɔ̀ : n. 1. frankness 2. security 3. candour

dzìmèkpó : n. lower back

dzǐmàkpɔ́è : adv. unattended

dzǐmènúwó : n. 1. celestial orb 2. space orbit

dzìmènyà : n. a secret that concerns oneself

dzìmèsésɛ́ : n. 1. insensitivity 2. obstinacy 3. hardness

dzìmèsésɛ́tɔ̀è : adv. with malice aforethought

dzìmèsúsú : n. 1. secret thoughts 2. imagination

dzìmètìtrì : n. 1. insensitivity 2. obstinacy 3. hardness

dzímètɔ̀: adj. 1. from above 2. upper

dzìmètɔ́trɔ́: n. 1. conversion 2. repentance 3. transformation

dzìmètrɔ́lá : n. 1. someone who has repented 2. someone whose mind has been transformed 3. someone who has been converted

dzìmèvòétɔ́ : n. 1. a villain 2. an envious person

dzìmèwù : n. 1. corsage 2. bodice

dzìnètútú : n. 1. senegal coucal 2. blue-headed coucal *(syn. àdzèyìtútú, dzètútú, dzrìkúkú, wlùkúkú)*

dzíni : n. gin

dzǐnɔ̀lá : n. 1. supporter 2. manager

dzǐnɔ̀lá (dènyìgbà -) : n. 1. national of a country 2. native of a country

dzìnù : n. 1. thorax 2. thoracic cavity

dzínù : n. 1. the top 2. region of above

dzǐnú : n. 1. month 2. moon

dzǐnú / ɣlètí sàè : phr. she is pregnant

dzǐnú / ɣlètí tó ètá : phr. she is pregnant

dzǐnú dzè àvè dzí : n. new moon madness (a periodic relapse of insanity)

dzǐnúdzédzí : n. 1. appearance of the moon 2. periodic bout of madness *(syn. àɖàʋà lálɛ́, dzèàvèdzí, mòyè)*

dzǐnúɖiɖì : n. moonlight

dzǐnúíkpómè : n. moonlight

dzǐnúkpɔ́kpɔ́ : n. menstruation (Dzobo, 2015) *(syn. àlɔ̀ɲéɲé, àsíɖóànyí, àsíɖóɖóànyí, dòdòlèáfémè, gbèlélé, gbɔ̀tó, gbɔ̀tótsítsí, ɣètíkpɔ́kpɔ́)*

dzǐnúví : n. star

dzìŋɔ̀, dzǐŋɔ̀lì : n. 1. sky 2. heaven 3. firmament 4. horizon 5. blue

dzǐŋgbè : n. 1. sky 2. firmament

dzǐŋkúsí : n. 1. sky 2. firmament

dzíŋɔ́ : adj. 1. scary 2. fearful 3. awful 4. ghastly 5. hair-raising

dzíŋɔ́ (dó - ná) : v. 1. to frighten 2. to terrify 3. to terrorize 4. to horrify 5. to dismay

dzíŋɔ́dziŋɔ́ : id. 1. frightfully 2. terribly 3. horribly 4. abominably 5. painfully 6. badly

dziŋúlɛ́ : n. a type of water bird

dzípùʊú : n. jeep (car)

dzìsá : n. belief in fa

dzǐsásrá: n. 1. ceiling 2. upper floor of a building 3. roof 4. more than one storey house

dzìsé : n. 1. insensitivity 2. obstination 3. stubbornness

dzìsùsù : n. 1. achievements 2. knowledge

dzìtá : n. guitar

dzìtáfòlá : n. guitarist

dzìtàkóbà : n. variety of seeds that stick to clothes when walking in the bush

dzìté : n. 1. dawn 2. dusk

dzìté tsó : n. + v. 1. to begin to dawn 2. to dawn 3. to day-break

dzìtétsòtsò : n. 1. dawn 2. sunrise

dzìtíkè : n. cardiac medication

dzìtìtrì : n. 1. insensitivity 2. obstinacy 3. tenacity

dzìtó : n. 1. atrium (of the heart) 2. ventricle (of the heart)

dzìtódzìtó : n. lung

dzìtódzìtótɔ̀ : adj. pulmonary

dzìtó : n. 1. brave person 2. bold person 3. valiant person

dzìtɔ̀ : adj. 1. superior 2. upper 3. senior

dzìtónyà : n. 1. challenge 2. disrespectful response 3. word of challenge

dzìtrì : n. courage

dzìtsìnyà : n. 1. conscience 2. compunction 3. remorse

dzǐtsínyà : n. 1. foreboding 2. awareness (of something) 3. premonition

dzìtsìnyàtè : adv. conscientiously

dzìtsítsí : n. 1. anxiety 2. concern 3. worry 4. restlessness 5. haste

dzìtsò : n. 1. anguish 2. anxiety

dzivéàmè : n. 1. heart disease 2. heartache 3. grief 4. disappointment 5. anger

dzìví : adj. 1. teeming 2. torrential

dzǐvì : n. 1. bearing 2. rotation 3. small cushion 4. level

dziwɔ̀wɔ̀ : n. 1. bravery 2. courage 3. valor

dzíwɔ̀wɔ̀ : n. 1. the act of folllowing of given instructions

dzǐwù : n. 1. jacket 2. shirt 3 a sleeved shirt

dzíwùi: n. 1. shirt 2. jacket 3. coat

dzíwùigá: n. 1. coat 2. mantle 3. overcoat

dzìxɔ̀ : n. thoracic cage

dzíxɔ̀ : n. upstairs bedroom

dzíxɔ̀sè : n. 1. faith 2. belief

dzíxɔ̀sè ŋú núfíáfíá : n. 1. doctrine 2. dogma

dzíxɔ̀sèlá : n. believer

dzìxɔ́sènyùítɔ́ : n. 1. optimist

dzíxɔ̀sètɔ́ : n. believer

dzìyà : n. 1. thunder 2. foul wind 3. storm 4. blast 5. weather

dzìyàà : n. a type of eagle

dzìyìyì : n. 1. ascension 2. buoyancy 3. continuation

dzìyɔ́yɔ́ : n. 1. submersion 2. submergence

dzìzízí : n. 1. constraint 2. coercion 3. obligation 4. vehemence 5. offense

dzìzízí (ɖè - mè) : adv. 1. unwillingly 2. reluctantly 3. grudgingly

dzìzízí (nyé -) : v. 1. to be compulsory 2. to be obligatory

dzìzízí (nyé - ná ... bé) : v. 1. to be required to 2. to be obliged to

dzìzízítɔ̀ : adj. 1. mandatory 2. obligatory

dzò : v. 1. to jump 2. to fly 3. to hover 4. to flutter about 5. to fly-away 6. take-off 7. to tremble 8. to throb 9. to beat (referring to the heart for e.g when one is frightened)

dzò : n. 1. fire 2. heat 3. flame 4. bonfire 5. light 6. headlight (of a vehicle) 7. enthusiasm 8. impulse 7. liveliness 8. witchcraft 9. magic 10. fetish 11. talisman 12. horn (of an animal) 13. antenna (of an insect) 14. inflamation (medicine)

dzò (dé - làmè ná) : v. 1. to enthuse 2. to encourage

dzò (dó -) : v. 1. to make fire 2. to set fire

dzò (dzè -) : v. 1. to be hot 2. to have hot climate

dzò (ɖù -) : v. to make a treaty/pact (during a religious proceeding through the fetish priest)

dzò (kplé -) : adv. 1. warmly 2. heartily 3. kindly 4. quickly 5. briskly

dzò (sà - ná) : v. 1. to administer a charm 2. to do magic

dzò (si -) : v. to light a fire

dzò (xɔ̀ -) : v. 1. to be hot 2. to blaze 3. to sparkle

dzò ɖé dzí : v. to jump

dzò ɖé yà mè ʋîî : v. 1. to take off 2. to climb 3. to get up

dzò flì : v. 1. to jump rope

dzò fè dòdò : n. 1. eruption 2. outbreak 3. outburst

dzò gã́ : n. 1. conflagration 2. fire 3. blaze

dzò háhá : v. 1. to frighten 2. to alarm 3. to dismay

dzò háhã́ : v. 1. to hesitate 2. to tremble 3. to startle

dzò háháhá : v. 1. to frighten 2. to alarm 3. to dismay 4. to dread

dzò (àgbè) lè émè : v. 1. to be frisky 2. to be lively

dzò kàndà : v. 1. to paw on the ground (of a horse) 2. to strut 3. to prance 4. to be impatient

dzò kpèkpèkpè : v. 1. to shiver 2. to shiver with cold

dzò kpó : v. 1. to jump over 2. to hop over 3. to crossover

dzò lè fùtà : n. 1. lighthouse 2. beacon 3. lamppost

dzò lè lǎmè : n. 1. enthusiasm 2. liveliness 3. courage

dzò lè yà mè : v. 1. to spin in the air 2. to whirl in the air

dzò nyànyà : v. 1. to shake 2. to shiver 3. to wobble

dzò nyànyànyà : v. 1. to shiver 2. to shake

dzò tó ... mè : v. to cross (by flying)

dzò tó ... tà : v. to fly over

dzò yéyè : n. new antler (horn) [e.g of a deer]

dzó : v. 1. to leave 2. to go 3. to depart 4. to retire 5. to quit 6. to give up 8. to walk away 9. to forsake 10. to vomit (syn. *dzɔ̀, dzɔ̀ nú, ɖè nú, ɖè xè, trú nú, sì àwɔ̀*) 11. to ruminate (something) 12. to meditate

dzó : n. 1. role 2. character (of a theater)

dzó ! : v. go away!

dzó ... ɖù : v. 1. to ruminate 2. to mull over 3. to ponder 4. to chew the cud

dzó ... gàɖù : v. 1. to ruminate 2. to ponder 3. to mull over 4. to chew the cud

dzó lè ... dzí : v. to evacuate

dzó lè ... gbɔ́ : v. 1. to give up (somebody) 2. to leave (somebody) 3. to outrun 4. to outpace 5. to outdo

dzó lè ... mè : v. 1. to leave (a place) 2. to abandon (a place)

dzó xàà : v. 1. to walk away quietly 2. to run away 3. to slip away

dzó yì : v. 1. to go away 2. to leave 3. to flee 4. to disappear

dzòbà : n. mat used by sorcerers

dzòbì : n. 1. burn 2. scalding 3. scorching

dzòbibì : n. 1. flame 2. blaze 3. fire 4. flare

dzòbitèfé : n. 1. stigma 2. stain 3. spot

dzòblè : n. soot

dzòbò : v. 1. to let go 2. to unleash 3. to loosen 4. to relax 5. to soften 6. to slow down

dzòbòkú : n. the largest variety of cowries

dzòdàdà : n. 1. reflection 2. radiance 3. glow

dzòdàdrà : n. 1. new year's eve 2. festive meal on christmas night or the night of december 31st 3. waking up

dzódédé àmè mè : n. 1. making someone lively 2. dynamism 3. alertness

dzódédé lǎ mè : n. 1. rapture 2. enthusiasm 3. inspiration 4. stimulation

dzódéfé : n. ignition (of an engine)

dzòdélǎmè : n. warm-up of the body (during sports)

dzòdénùmè : n. 1. ecstasy 2. enthusiasm 3. inspiration

dzòdénùmèlá : n. 1. animator 2. leader 3. master of ceremonies 4. quiz master 5. sponsor

dzòdénúmènyà : n. 1. slogan 2. cry 3. tag 4. catchword

dzòdòdò : n. 1. eruption 2. outburst

dzòdódó : n. 1. heating 2. warming 3. kindling

dzòdódó lè dzìdzò tèfé : n. bonfire

dzòdófé : n. 1. kitchen *(syn. àkpàtá, dètsìfòfé, dzòdóxò, dòdófí, núɖàfé, núɖàxò, nyígòmè)* 2. hearth 3. fireplace

dzòdófénú : n. kitchen utensil

dzòdòmè : n. 1. vertex 2. fontanel

dzòdónú : n. a tool used to light fire

dzòdóxò : n. 1. kitchen *(syn. àkpàtá, dètsìfòfé, dzòdófé, dòdófí, núɖàfé, núɖàxò, nyígòmè)* 2. hearth 3. fireplace

dzòdràgbè : n. 1. new year's eve 2. festive meal on christmas night or the night of december 31st

dzòdràmì : n. 1. gasoline 2. oil 3. kerosene 4. matches

dzòdrànú : n. a tool used to light fire

dzòdzè : n. 1. february 2. dry season

dzòdzèàfé : n. 1. fire 2. conflagration 3. blaze

dzòdzò : n. 1. heat 2. warmth 3. temperature 4. fever 5. jump 6. flight 6. trembling

dzòdzò : adj. 1. hot 2. warm 3. cosy 4. sultry

dzòdzò háhã́ : n. 1. thrill 2. trepidation 3. strong emotion 4. consternation

dzòdzò nyànyà, dzòdzò nyànyànyà : n. 1. thrill 2. consternation 3. trembling (Biblia alo Ŋɔŋlɔ Kɔkɔe la le Eʋegbe me, 1913,2006, S. Filipitɔwo 2:12)

dzǒdzó : n. 1. departure 2. separation 3. dismissal 4. stingray

dzǒdzó ŋútí wònàwó : n. depature formalities

dzòdzòdròé : n. flying fish / sharp-chin flying fish

dzòdzòdzèŋúsédzídzèmè : n. calorie

dzòdzòdzòé : n. 1. worry 2. anguish 3. anxiety 4. flying fish / atlantic bumper

dzòdzòdzòé : adj. 1. worried 2. anxious 3. nervous 4. agitated

dzòdzòè : adj. 1. hot 2. warm 3. flying 4. zealous

dzòdzòé : adj. 1. hot 2. warm

dzòdzóŋútíwònàwó : adj. depature formalities

dzǒdzrò : n. 1. investigation 2. search 3. amalgamation 4. mixture

dzǒdzró : n. 1. desire 2. longing 3. wish 4. lust 5. will 6. craving 7. eagerness 8. readiness 9. vow

dzǒdzrò : adj. 1. useless 2. insignificant 3. irrelevant 4. absurd 5. unreasonable

dzǒdzró : adv. 1. uselessly 2. in vain

dzǒdzrónònò : n. 1. vanity 2. emptiness

dzóɖá, dzóɖágbè : n. Monday *(syn. àgblèvègbè)*

dzòɖélãmè : n. 1. warming 2. warm up 3. overheating

dzòɖélãmè : adj. warming

dzòdètsɔ́nú : n. fragement of a pot or dish in which pieces of charcoal are transported

dzòdǔ : n. haddock

dzòdùàmè : n. 1. poisoning 2. magic spell 3. black magic 4. bad luck

dzòdùàmètɔ́ : n. magician (that casts bad spells)

dzòdùdù : n. 1. witchcraft 2. making a pact (through, for example, a fetish priest) 3. casting a magic spell 4. plot

dzòdùlá : n. magician (that casts bad spells)

dzòdùxɔ́lɔ̀ : n. accomplice in the act of witchcraft

dzòfì : n. 1. ash 2. cinder

dzòfìkàgbè : n. the last day or last part of a ceremony

dzòfìtɔ́ : n. lung *(syn. fòflòkòdzò)*

dzòflɔ́gà : n. poker

dzòfádé : n. 1. fire 2. flame 3. burn 4. blaze

dzòflùì : n. 1. jump 2. leap

dzògá : n. 1. fire 2. conflagration 3. blaze 4. a type of big butterfly

dzòglàdzèvúí : n. spot-tail (a type of fish) *(syn. kpɔ́lɔ́tsú)*

dzòglò : n. 1. brightness (of something) 2. radiance (of something)

dzòglò (dè -) : v. 1. to burst 2. to split 3. to open up

dzògòè : n. 1. corner 2. angle 3. nook

dzògòèfé : n. 1. corner 2. angle 3. edge 4. border

dzògòèdzídzénú : n. 1. square 2. triangle

dzògòènènú : n. 1. quadrangle 2. square *(syn. skɔ̀yà, sùkɔ́yá)* 3. cube

dzògòètɔ̀nú : n. triangle

dzògògòè : n. 1. wart 2. verruca (syn. *dzègògòè, dzèdzègòé, tsàgbàxɔ́lixɔ́é)*

dzògòlò : n. civettictis civetta (african civet)

dzògbá : n. porridge

dzògbànà : n. diviner *(syn. bòkɔ́, tɔ́bókɔ́)*

dzògbè : n. 1. savannah 2. desert 3. wilderness

dzògbè (wɔ̀ -) : v. 1. to burn the grass 2. to desertify

dzògbèblɔ̀bé : n. 1. aloe 2. agave

dzògbèdù : n. 1. bush town 2. inland town

dzògbèfié : n. savannah monkey

dzògbèklò : n. land turtle

dzògbèkú : n. accidental death

dzògbèkú (kú -) : v. to die an accidental death

dzògbèló : n. savannah crocodile

dzògbènyá, dzògbènyá : n. lily

dzògbèkpá : n. a type of palm tree of the desert

dzògbèlètsù : n. a species of bird that looks like a pelican (pelican-like bird)

dzògbètí : n. savannah tree

dzògbètégli̋ : n. savannah patridge

dzògbètídzì : n. a tree typical to tropical african that rows to a height of 10m (botanical name: Hymenocardia acida)

dzògbètsrímá : n. western grey plantain-eater *(syn. àgòdìgó)*

dzògbèvéhóé : n. a small grove in the savannah

dzògbèví : n. 1. slave *(syn. àbòyótɔ́, àbòyóví, àɖɔkɔ́, àmè fèflè, fièkpɔ́mè, gàmèmè, gbɔ̀ví, hòmè, klúví, kòsì, ŋdɔ̀ví, ŋkèkèví)* 2. "bush-child" 3. a name for slaves

dzògbèzì : n. giraffe *(syn. sɔ́vèdà, zikɔ̀lègbè)*

dzògbɔ́ : n. porridge

dzògbɔ́ (fò -) : v. to prepare porridge

dzògbɔ̀nɔ̀ (wɔ̀ -) : v. to disadvantage somebody

dzògbɔ́zé : n. porridge container

dzòylìì : adv. 1. together 2. in common 3. everyone

dzòhà : n. alchohol

dzòhlòò : id. 1. torn up 2. crevasse 3. of something which has faults

dzòhű̋ví : n. water scooter

dzòkà : n. 1. starter (car) 2. spark plug 3. talisman 4. amulet

dzòká : n. 1. hot coal 2. ember 3. hot ash 4. cinder

dzóka : n. 1. joker 2. wild card 3. lucky charm

dzòkànú : n. of or pertaining to fetish

dzòkàsálá : n. someone in possession of charms

dzòkàtɔ́ : n. someone in possession of charms

dzòké : n. spark

dzòkèké : n. 1.bike 2. motorbike 3. moped 4. lightning 5. light

dzòkèkédólá : n. 1. motorcyclist 2. rider 3. biker

dzòkèklé̋ : n. 1. light 2. luminary 3. glow 4. spark 5. blink 6. gleam 7. glimmer

dzòkó : v. 1. to soften 2. to relax 3. to supple

dzòkòdzókó : n. relaxation

dzòkòò : n. 1. thick 2. fat 3. protruding 4. someone who withdraws in to him/herself

dzòkòtò : n. 1. pocket 2. bag 3. tobacco pouch 4. trousers

dzòkɔ̀ : n. rules that one has to observe if one is carrying a charm on himself

dzòkɔ́mè : n. 1. a place near the fire 2. a little boy who likes to stay by the fire

dzòkú : n. death by burns/fire

dzòkpé : n. 1. hearthstone 2. fireplace 3. furnace (with three stones) 4. sulphur

dzòkplédzɛ̋ : n. glow worm

dzòkpò : n. piece of firewood

dzòkpó : n. 1. stove 2. furnace 3. camping stove

dzòlédzí : n. a type of red fabric

dzòlélé : n. catching fire

dzòlémì : n. 1. gasoline 2. petrol 3. essence

dzòlì : v. 1. to shake 2. to jerk

dzòmàvɔ̀, dzòmàvɔ̀ʋè : n. 1. hell 2. inferno 3. underworld

dzòm! : intrj. go away!

dzòmbúlù : n. machine gun *(syn. dzɔ̀mbùlú)*

dzòmè : n. december

dzòmèfí : n. 1. ash 2. cinder

dzòmèŋɔ̀lì : n. summer

dzòmì : n. palm oil

dzòmòkú : n. the largest variety of cowries

dzòmɔ̀dólá : n. motorcyclist

dzònú : n. 1. bead 2. pearl 3. jewelry 4. amulet

dzònúwó : n. 1. beads 2. pearls 3. jewelry 4. amulets

dzònú tɔ́tɔ́é : n. 1. chaplet 2. rosary 3. string of beads

dzònyìlá (ɖé ... ŋú) : v. to conspire against

dzònyínyí : n. 1. convention 2. treaty 3. agreement 4. federation 5. confederation

dzòŋgòlì : n. salted and roasted corn flour dough

dzòŋgbàtí : n. castor oil tree *(syn. lɔ́ŋgɔ̀)*

dzòŋgbàtímì : n. castor oil

dzòŋgbàtítsétsé : n. castor seed

dzòŋkàyì : n. 1. coal 2. carbon

dzòŋòé : n. 1. spark 2. flame

dzòŋɔ̀ŋɔ̀è : adj. spotted (like the skin of a leopard)

dzòŋɔ̀ŋɔ̀è (fò -) : v. to be spotted

dzòŋú : adj. 1. ardent 2. impatient 3. impetuous 4. excited

dzòŋútɔ́ : n. 1. an impatient person 2. an excited person

dzòsàláhàdzìdzì : n. incantation

dzòsàsà : n. 1. wearing of charms 2. charm 3. spell

dzòsìhè̩ : n. fire pike

dzòsìnú : n. 1. match 2. tinder

dzòsìsì : n. 1. ignition 2. kindling

dzòsìtí : n. matches

dzòsìtígóè : n. box of matches

dzòtèfé : n. 1. place of fire 2. burn 3. scorch

dzòtí : n. 1. firewood 2. cooking wood 3. family tree branch 4. part of the family

dzòtó, dzòtòé : n. volcano

dzòtɔ́gbé : n. 1. fire 2. blaze 3. conflagration

dzòtɔ́tɔ́ : n. 1. burning 2. kindling 3. setting of fire

dzòtɔ́tɔ́ àkpá : n. 1. overheating 2. overburning

dzòtrɔ́ : n. fireworks

dzòtsílá : n. firefighter

dzòtsìyà : n. 1. fume 2. steam

dzòvè : n. january

dzòυú : n. motorboat

dzòwó : n. ashes

dzòwótɔ̀ : adj. 1.ashy 2. gray 4. grey-haired n. grizzle

dzòwɔ̀è : n. spicy peanut balls

dzòwɔ̀lá : n. 1. fetishist 2. magician 3. sorcerer 4. someone who makes amulets

dzòwɔ̀wɔ̀ : n. 1. witchcraft 2. magic

dzòwù : n. a garment to which amulets are attached

dzòxé, dzòxí : n. spark

dzòxɔ̀ : n. 1. lighthouse 2. bonnet 3. hood 4. locomotive 5. engine 6. cowl

dzòxɔ̀xɔ̀ : n. 1. blaze 2. inflammation 3. warming 4. fever *(syn. àsrà, àsrà̰, àυùυɔ̀wɔ̀àmè, fívà, kpòkpò, ŋdɔ̀gbèè, yèdzà, yèdzàdɔ̀, ŋùdzà, ŋùdzɛ̃́)* 5. temperature

dzòxɔ̀xɔ̀ àkpá : n. overheating

dzòxɔ̀xɔ̀ yì... dzí : n. warming

dzòxɔ̀xɔ̀bùí : n. a type of medicine used for treating malaria

dzòxɔ̀xɔ̀dzídzénú : n. thermometer *(syn. tèmɔ̀métà)*

dzòxɔ̀xɔ̀tíkè : n. an antiphlogistic medicine (like paracetamol)

dzòyà : n. 1. steam 2. vapour

dzòyàmè : n. 1. fireplace 2. space above a fire

dzòzùtrɔ́ : n. an amulet elevated to the rank of a deity

dzrikúkú : n. 1. senegal coucal 2. blue-headed coucal *(syn. àdzèyìtútú, dzètútú, dzìnètútú, wlùkúkú)*

dzɔ̀ : v. 1. to happen 2. to occur 3. to erupt (war) 4. to be born 5. to exist 6. to reincarnate 7. to erupt 8. to arise from 9. to be straight 10. to straighten 11. to be righteous 12. to be working properly (a watch) 13. to collect 14. to gather 15. to contribute 16. to wait for somebody 17. to be in expectation of somebody/something 18. to agree with 19. to stand up right (pertaining to troops)

dzɔ̀ (àlɔ̀nù -) : n. + v. to be clever

dzɔ̀ (dzì -) : n. + v. to be happy

dzɔ̀ àgbó nú : v. to guard the entrance (of a builduing, structure, etc)

dzɔ̀ àmè : v. 1. to look good 2. to be a man 3. to be manly

dzɔ̀ àtsú : n. + v. 1. to be strong 2. to be robust

dzɔ̀ dzì : v. 1. to interest 2. to please

dzɔ̀ dzì ná : v. 1. to enjoy 2. to suit 3. to please 4. to make happy

dzɔ̀ ḑé tsítrè : v. to stand up

dzɔ̀ ḑó tà dzí : v. 1.stand up right 2. stand erect

dzɔ̀ gà : v. to contribute money

dzɔ̀ kà : v. to stand up straight

dzɔ̀ kplé : v. + conj. to be in the privacy of

dzɔ̀ kplíi : v. to be hereditary

dzɔ̀ là̰ : v. to be stupid

dzɔ̀ màkú : v. to be immortal

dzɔ̀ mòví : v. 1. to be stupid 2. to be foolish 3. to be ungifted

dzɔ̀ nú : v. 1. to vomit *(syn. dzó, dzɔ̀, ɖè nú, ɖè xè, trú, sì àwɔ̀)* 2. to give (during a collection) 3. to pay tax 4. to contribute

dzɔ̀ ŋú : v. 1. to be awake 2. to keep wake

dzɔ̀ ... ŋú : v. 1. to watch over 2. to monitor 3. to stalk

dzɔ̀ (àsí - , àsínù - nà) : v. 1. to be skilful 2. to aim well

dzɔ̀ (dzì -) : v. 1. to be happy 2. to be delighted 3. to rejoice

dzɔ̀ só : v. to save money collectively

dzɔ̀ (tɔ̀ -) : v. to be right

dzɔ̀ (tɔ̀ mé- ...ò) : v. to be wrong

dzó : v. 1. to drop 2. to vomit *(syn. dzó, dzɔ̀ nú, ɖè nú, ɖè xè, trú nú, sì àwɔ̀)* 3. to ruminate

dzó ... ɖú : v. to ruminate

dzó ... (gà) dù : v. ruminate

dzɔ̀ hǒví : v. 1. to be stupid 2. to be foolish

dzɔ̀àtsú : adj. 1. robust 2. strong 3. sturdy 4. hardy 5. tough 6. stout 7. able-bodied 8. tall

dzɔ̀blè : n. 1. sooth 2. black smoke

dzɔ̀bú : n. yaws *(syn. àklì, àkpià̰, àtsàkpà, dɔ̀kú, èklì, klì, tsàgbà)*

dzɔ̀bú (lé -) : v . to be infected with yaws

dzɔ́bù : n. daily job

dzɔ̀búkúí : n. foot yaws *(syn. àfɔ̀fòmédzɔ̀bú, sàkpàmì, tsàkpàŋkúí)*

dzɔ̀bútɔ́ : n . 1. leper *(syn. ànyìdzèlá, ànyìdɔ̀dzèlá, dzɔ̀bútɔ́, dzàflò, dzàflá, kpòdɔ̀lélá, kpònɔ̀)* 2. someone/a child infected with yaws *(syn. dzùbùví, tsàgbàví)* 3. a person who has elephantiasis

dzùbùví : n someone/a child infected with yaws *(syn. dzɔ̀bútɔ́, tsàgbàví)*

dzɔ̀dzɔ̀ : n. 1. alignment 2. event 3. guardianship 4. surveillance 5. waiting 6. expectation

dzɔ̀dzɔ̀è : adj. 1. upright 2. straight 3. perpendicular 4. upstanding 5. righteous

dzɔ́dzɔ̀è : n. gleanings

dzɔ̀dzɔ̀énɔ̀nɔ̀ : n. 1. righteousness 2. rectitude

dzɔ̀dzɔ̀ènyényé : n. 1. justice 2. law 3. fairness

dzɔ̀dzɔ̀mè : n. 1. nature 2. naturalness 3. character 4. authentic 5. origin

dzɔ̀dzɔ̀mènú : n. 1. matter 2. material 3. heredity

dzɔ̀dzɔ̀mènúnáná : n. 1. innate gift 2. talent

dzɔ̀dzɔ̀mènúnyá : n. talent

dzɔ̀dzɔ̀mènú ŋútí núnyá : n. chemical physics

dzɔ̀dzɔ̀mènúdzràɖófé : n. museum

dzɔ̀dzɔ̀mènúkúí : n. 1. matter 2. material

dzɔ̀dzɔ̀mènútɔ́trɔ́ : n. chemical reaction

dzɔ̀dzɔ̀mènútrɔ́ ŋútí núnyá : n. chemistry

dzɔ̀dzɔ̀mènúwó tɔ́trɔ́ ŋútí núnyá : n. chemistry

dzɔ̀dzɔ̀mètɔ̀ : adj. 1. natural 2. primitive 3. ancient 4. original 5. hereditary 6. inherited

dzɔ̀dzɔ̀mètrɔ́ʋàtú, dzɔ̀dzɔ̀mètrɔ́ʋàwɔ̀nú : n. chemical weapon

dzɔ̀dzɔ̀mèví : n. 1. descendant 2. grandchild

dzɔ̀ɖémè : n. 1. incident 2. mishap 3. episode 4. event

dzɔ̀fitó : n. lung

dzɔ̀fitómètówó : n. bronchial tubes

dzɔ̀fitómèʋàgbàwónɔ̀fé : n. alveoli

dzɔ̀fitótsró : n. pleura

dzɔ̀fé : n. 1. place of origin 2. source

dzɔ̀fé (nyà fé -) : n. 1. origin of a problem 2. cause of a problem

dzɔ̀féɖáséɖígbàlè̀ : n. certificate of origin

dzɔ̀fényényé : n. 1. originality 2. uniqueness

dzɔ̀gàdzɔ́é, dzɔ̀gbàdzɔ́é : n. a child who is the reincarnation of a deceased ancestor of a family

dzɔ̀glè : adj. 1. skinny 2. tall and lean

dzɔ̀gbè : n. 1. fate 2. destiny 3. day of birth 4. day of an event

dzɔ̀gbè fé núnáná : n. 1. fate 2. lot 3. destiny

dzɔ̀gbè núɖóɖí : n. 1. fate 2. lot 3. destiny

dzɔ̀gbèmèsí : n. wife of an aklama (a man to whom she was married in another world)

dzɔ̀gbèmètsùí : n. a man who had a wife before entering this world

dzɔ̀gbènúnáná : n. 1. fate 2. destiny

dzɔ̀gbènyùí, dzɔ̀gbènyùìé : n. 1. asset 2. well-being 3. good fortune 4. luck 5. success

dzɔ̀gbènyùínú : n. lucky charm

dzɔ̀gbènyùítɔ́è : adv. 1. fortunately 2. happily 3. thankfully

dzɔ̀gbènyùíɖínámè núwɔ̀wɔ̀ : n. toast

dzɔ̀gbèŋkɔ́ : n. name given to a child according to the day of birth

dzɔ̀gbètɔ̀ : adj. 1. fortuitous 2. accident 3. fatal

dzɔ̀gbètsì : n. hot spring known for a long period of time

dzɔ̀gbèvɔ̀é : n. 1. bad luck 2. misfortune 3. mishap 4. mischance 5. misadventure

dzɔ̀gbèvɔ̀ẽ́gá : n. 1. disaster 2. catastrophe

dzɔ̀gbèvɔ̀ɛ́tɔ̀ : adj. 1. sinister 2. misfortune 3. disastrously 4. dismal

dzɔ̀gbèvɔ̀ɛ́tɔ̀è : adv. unfortunately

dzɔ̀gbèvɔ̀ɛ́ví : n. child of misfortune

dzɔ̀gbèxɔ́lɔ̃̀ : n. a man to whom a woman has been married to in the other world

dzɔ̀gblɔ̀ɔ̀ : adj. 1. bulky 2. fat 3. corpulent 4. heavy

dzɔ̀gblɔ̀ɔ̀ : id. 1. tottering 2. waddling

dzɔ̀kì : n. oribi

dzɔ̀kpò : n. lung

dzɔ̀lá : n. 1. caretaker 2. warden 3. porter 4. guardian 5. janitor 6. custodian 7. watchman

dzɔ̀lå̀ : adj. 1. simple 2. silly 3. stupid 4. apesque

dzɔ́lè : n. 1. partner 2. boyfriend 3. girlfriend

dzɔ̀mànyàhià̰, dzɔ̀mànyàhìà̰hìá : adj. a state of not knowing what is important in life

dzɔ̀mbùlú : n. name of an old machine gun (syn. *dzòmbúlù*)

dzɔ̀mòví : n. 1. simple 2. silly 3. stupid 4. apesque

dzɔ̀mɔ̀ɔ̀ : id. of something which slightly protrudes

dzɔ̀nyìì : adj. id. 1. long and big 2. voluminous 3. bulky 4. protruding

dzɔ̀sìì : id. in heaps

dzɔ̀tò : n. lung

dzɔ̀tódzɔ̀tó : n. lungs

dzɔ̀tsófé : n. 1. origin 2. source 3. root 4. offspring 5. genealogy

dzɔ̀tsú : adj. 1. robust 2. strong 3. sturdy 4. hardy 5. tough 6. stout 7. able-bodied 8. tall

dzrà : n. welcome

dzrà : adv. 1. suddenly 2. all of a sudden

dzrà àmèɖókùì ɖó : v. to preserve

dzrà (ɖó -) : v. to welcome with all honours

dzrà (...) ɖó : v. 1. to keep 2. to store 3. to put in place 4. to save 5. to invest (money) 6. to place (money) 7. to equip oneself 8. to rehabilitate 9. to assemble (a device) 10. to rectify 11. to fix 12. to mend 13. to take care of 14. to adorn 15. to furnish 16. to arrange 17. to prepare 18. to equip (somebody) 19. to make (the room) 20. to order 21. to improve 22. to preserve 23. to safeguard 24. to cure 25. to dispose (property, land)

dzrà àfèmè ɖó : v. to do the housework

dzrà (...) ɖó ɖí : v. 1. to amass 2. to accumulate 3. to be far-sighted 4. to prepare for

dzrà ... ɖókùì ɖó : v. to dress up oneself

dzrà gà ɖó : v. 1. to save money 2. to economize

dzrà ... nɔ̀èwó (dòmè) ɖó : v. 1. to make up with 2. to reconcile with

dzrà núɖùɖù ɖó nyùìé : v. to garnish the dishes

dzrá ... ŋú : v. to make fun of

dzrà ... xóxó ɖó : v. to keep

dzrá : v. 1. sell 2. retail 3. shop 4. to proclaim 5. to make public 6. to make somebody the talk of the whole town

dzrá ɖě : v. 1. to detail 2. to itemize 3. to retail

dzrá ... ɖókùí : v. to be conceited

dzrá ... gàsíàsí : v. to sell for cash

dzrá ... ŋú : v. 1. to make fun of 2. to mock

dzrá ... sòè sòèŋú : v. 1. to itemize 2. to retail

dzrá ... ví ví : v. 1. to peddle 2. to retail

dzràdódó : n. welcome with all honours

dzràdzràdzrà : id. sound which describes the rustling of leaves

dzràɖófé : n. 1. hideout 2. repository 3. place of conservation 4. place of storage

dzràɖólá : n. 1. repairer 2. renovator

dzràkè : n. name of type of tree whose wood is usedf to make coal

-dzrálá : n. 1. trader 2. dealer 3. shopkeeper 4. vendor 5. tradesman

dzràlàà, dzràlàầ : n. 1. tall 2. long 3. slim

dzrè : n. 1. quarrel 2. feud 3. argument 4. squabble 5. brawl 6. dispute 7. hostility

dzrè (dó -) : n. to start a quarrel

dzrè (hè -, wɔ̀ -, lè - dzí, lè - mè) : v. 1. to argue 2. to quarrel 3. to bicker 4. to disagree

dzrè (lé -) : v. to start arguing

dzrè (lɔ̃ -) : v. to be quarrelsome

dzrèhèhè : n. 1. argument 2. quarrel 3. brawl 4. struggle

dzrèhèlá : n. a quarrelsome person

dzrèkúkú : n. cuckoo (a typ fobird)

dzrènú : n. provocation

dzrènúwɔ̀lá : n. a quarrelsome person

dzrènúwɔ̀wɔ̀ : n. 1. quarrel 2. argument

dzrènyà : n. quarrel

dzrétíá : n. name of a constellation

dzrèwɔ̀lá : n. a quarrelsome person

dzrèwɔ̀wɔ̀ : n. 1. quarrel 2. argument

dzrìdzá : n. porcupine *(syn. ànyɔ̀, dzìdzá, hlɔ̀màdé, hlɔ̀màdí, kòtòkò)*

dzrò : v. to mix (liquids)

dzrò nú mè : v. to be curious

dzrò ... mè : v. 1. to search 2. to probe 3. to do research 4. to investigate 5. to scrutinize

dzrò ... mè kpɔ́ : v. 1. to auscultate 2. to examine 3. to probe 4. to search

dzrò nyà mè : v. 1. to deliberate 2. to verify 3. to search a subject 4. to review a case

dzrò nyà mè kpɔ́ : v. to examine a case

dzrǒ : n. 1. wish 2. vow

dzró : n. 1. pleasure 2. nostalgia

dzró : v. 1. to want 2. to wish 3. to love 4. to be eager to 5. to be tempted by 6. to have the nostalgia for

dzró : adj. 1. yearningly 2. willingly 3. freely 4. no matter the cost 5. purposely 6. in spite of 7. if you please

dzró (àfé -) : n. + v. to be homesick

dzró (àhà -) : n. + v. 1. to indulge in drinking 2. to want to drink

dzró (nú -) : n. + v. 1. to be frolic 2. to be a little crazy

dzró (wɔ̀ - ná àmè) : v. to be hospitable

dzró bé : v. 1. to long for 2. to crave for 3. to lust after 4. to want to

dzró : conj. 1. so 2. therefore 3. thus 4. whereof

dzróàmè : adj. 1.appetizing 2. enticing 3. mouth-watering 4. seductive 5. savory 6. luscious

dzròlòò : id. 1. extended 2. increased

dzróví : id. 1. foreigner 2. strange kid

dzrówɔ̀lá : n. 1. host 2. innkeeper

dzróxɔ̀lá : n. 1. host 2. innkeeper

dzròzá̃ : n. nocturnal animal

dzrú : v. 1. to swell 2. to soak

dzù : v. to insult 2. to abuse 3. to offend 4. to revile

dzù : n. 1. insult 2. abuse 3. slur

dzùàmè : adj. 1. abusive 2. offensive 3. degrading 4. defamatory

dzúbílì : n. jubilee

dzùdzɔ̀ : v. 1. to stop 2. to take a break 3. to interrupt 4. to rest 5. to take a breath 6. to leave (an accomodation) 7. to leave (a piece of clothing) 8. to desist 9. to let go 10. to abdicate

dzùdzɔ̀ : n. 1. stop 2. discontinue 3. interrupt 4. rest 5. smoke 6. puff of smoke 7. vapor 8. smolder 9. steam

dzùdzɔ̀ dɔ́wɔ̀wɔ̀ : v. 1. to be unemployed 2. to stop work 3. to go on strike

dzùdzɔ̀ ná àmè : v. to live alone

dzùdzɔ̀ nùfòfò : v. 1. to keep quiet 2. to shut up 3. to stop talking

dzùdzɔ̀báblá : n. plume of smoke

dzùdzɔ̀fé : n. 1. place of rest 2. place of retreat

dzùdzɔ̀fé lè xéxé : n. camping grounds

dzùdzɔ̀gbè : n. 1. holiday 2. day of rest 3. holiday 4. day off (from work)

dzùdzɔ̀yì : n. 1. pause 2. break 3. moment of respite

dzùdzù : n. 1. insult 2. abuse 3. slur 4. missdeed 5. infarcation 6. offense

dzùdzù : adj. offensive

dzùdzùnyà : n. 1. swearword 2. profane word

dzùnyà : n. 1. swearword 2. profane word

dzùwà (wɔ̀ -) : v. 1. to argue 2. to want to have the last word

Đ

ɖà : v. 1. to cook 2. to prepare a meal 3. to be cooked 4. to be faded 5. to be withered 6. to be blackened 7. to distill 8. to wither 9. to be well educated 10. to make spiritually powerful or invincible 11. to froth 12. to dare

ɖà : n. 1. hair 2. foliage

ɖà (blá -) : v. to make braids

ɖà (blá - ná) : v. to make braids for

ɖà (ɖó -) : v. to grow one's hair

ɖà (fò -) : v. 1. to braid one's hair 2. to do one's hair

ɖà (fò - ná) : v. to do hair for

ɖà (kà - ɖé tà) : v. to comb through

ɖà (kó -) : v. to shave one's head

ɖà (kó - ná) : v. to shave the head for

ɖà (kpà -) : v. to style the hair

ɖà (kpà - ná) : v. to style the hair for

ɖà (lȕ -) : v. to shave one's head

ɖà (lȕ - ná) : v. to shave for

ɖà (tó -) : v. to have hair

ɖà (tú -) : v. to untie/undo one's hair

ɖà (tú - ná) : v. to untie/undo the hair for

ɖà (tsò -) : v. to get a haircut

ɖà (tsò - ná) : v. to cut hair for

ɖà (vù -) : v. to comb hair

ɖà (vù - ná) : v. to comb hair for

ɖà (wɔ̀ -) : v. to make hair (as pertains to women)

ɖà (wɔ̀ - ná) : v. to make hair for (as pertains to women)

ɖà àdzè : v. to tell a lie

ɖà- : conj. (before a verb) 1. for 2. in order to

ɖà gbè ná ... ɖó : v. to prepare an infusion

ɖà nú : v. 1. to cook 2. to prepare a meal

ɖà wɔ̀wɔ̀ : n. wig

ɖá : v. 1. to be sharp 2. to sharpen 3. to be effective 4. to lay an egg 5. to make honey 6. to seperate (people who are fighting)

ɖá (ɖè -) : v. 1. to put aside 2. to put on the sidelines 3. to remove 4. to isolate

ɖá : part. 1. there 2. over there 3. in the distance 4. so 5. see 6. to see

ɖá àzì : v. to lay an egg

ɖȁ : n. 1. scum 2. foam

ɖáá : adv. 1. indefinitely 2. always 3. far 4. certainly

ɖáá (lè - /nɔ̀ -) : v. to be eternal

ɖááhè, ɖáákè, ɖáásì : adv. 1. always 2. often

ɖàbáblá : n. hair braid

ɖabé : adv. 1. thin 2. slender

ɖàbí, ɖàbíɖà, ɖàbíɖàbí : adv. 1. no! 2. not at all! 3. absolutely not!

ɖàblá : adj. 1. fast 2. quick

dàbládɔ́ : n. 1. braiding (as a work/profession) 2. hairdressing

dàbláfé : n. hairdressing saloon

dàblágà : n. 1. loop 2. buckle (for tying the hair) 3. hairclip

dàblágàví : n. 1. loop 2. buckle (for tying the hair) 3. hairclip

dàblálá : n. hairdresser

dàblànú : n. 1. bar 2. cap 3. hair clip

dàblù, dàblùì : n. 1. tuber stew (cassava, sweet potato, yam etc.) 2. boiled yam or coconut

dàbòdàbò : id. 1. like a duck 2. like a goose

dàbòdàbò (lè -/ nɔ̀ -) : v. to be deep

dàbòdàbò (zɔ̀ -) : v. 1. to duck walk 2. to waddle

dàbòdábó : n. goose

dàdzrà : n. a state where one is left to do what he or she pleases

dàdùì : n. 1. a prepared meal 2. goosebumps 3. thrill 4. cat hair

dàdà : n. 1. cooking 2. meal preparation

dàdà : adj. 1. cooked 2. boiled 3. prepared 4. faded 5. withered

dǎdá : n. 1. sharpening 2. laying (of eggs for example) 3. making honey (bees) 4. seperation (of people who are fighting)

dádá : adj. 1. sharp 2. sharpened 3. laid (egg)

dàdàdà : id. 1. too full 2. overflowing 3.

dàbòdàbò (lè -/ nɔ̀ -) : v. 1. to be too full 2. to overflow

dádádá : id. 1. often 2. always

dàdɛ̀ : n. colour of coagulated blood

dàdɛ̀ : adj. 1. cooked (small things) 2. dyed

dádɛ́ : adj. 1. sharp-cutting 2. sharp 3. acute 4. keen 5. severe

dádɛ́tɔ̀ : adj. 1. sharp 2. sharp-cutting

dádɛ́tɔ́ : n. something that is sharp

dàdi : n. a type of partridge

dàdì, dádí : adj. 1. big 2. hard 3. muscular

dàdìì : adj. heavily

dádíí : adj. calmly

dádíí (zɔ̀ -) : v. to walk carefully

dàdiwá : n. 1. fishhook 2. nail 3. spike

dàdódó : n. growing of one's hair

dàdólá : n. someone who grows his/her hair

dàdùwá : n. 1. nail 2. spike

dàflè : n. 1. food for sale 2. ready meal

dàflè (dà -) : v. to prepare a meal for sale

dàflè (dù -) : v. to eat a purchased meal

dàflèdàdà : n. preparing meals to be sold

dàflèdàlá : n. someone who prepares meals to be sold

ḍàflèḍùḍù : n. eating of purchased meals

ḍàflèḍùlá : n. someone who eats purchased food

ḍàfòdɔ́ : n. hairdressing (profession)

ḍàfòfò : n. 1. hairdressing 2. braiding 3. weaving

ḍàfòfé : n. hairdressing saloon

ḍàfòlá : n. 1. hairdresser 2. braider

ḍàgbàré : n. 1. fetish 2. charm

ḍàgbè : n. 1. blessings 2. peace 3. benediction

ḍàgbèḍàgbè : id. in peace

ḍàgbì, ḍàgbùì : adj. 1. small 2. medium sized

ḍàgbìḍàgbì, ḍàgbùìḍàgbùì : id. 1. neither small nor big 2. medium sized

ḍàhè : adv. 1. always 2. often

ḍàkà : adv. something (done by somebody) which is of no value

ḍàká : n. a meal that each family prepares so as to serve others

ḍàká (ḍà -) : v. to prepare meals to serve them to other families

ḍàkáḍaḍá : n. preparation of meals to serve other families

ḍàkáḍàlá : n. someone who prepares meals to be served to other families

ḍàkófé : n. babering shop

ḍàkókó : n. babering

ḍàkólá : n. barber

ḍàkpàfé : n. babering shop

ḍàkpàlá : n. barber

ḍàkpàkpà : n. babering

ḍàkpàmɔ̀ : n. 1. hair clipper 2. hair shaving machine

ḍàkpɔ̀ : n. afro hairstyle

ḍàkpɔ̀ (ḍó -) : v. 1. to have an afro hairstyle 2. to have bush hair

ḍàkpɔ̀ḍóḍó : n. state of having bushy hair

ḍàkpɔ̀ḍólá : n. someone who grows his hair bushy

ḍàlùfé : n. hair salon

ḍàlùlá : n. someone who shaves hair

ḍàlùlù : n. the act of shaving off hair

ḍàmèféfé : n. 1. stingray 2. ray 3. streak

ḍàmèkɛ́ : n. protective grigri that is placed in the hair

ḍàmèlèḍɔ̀núɛ́ : n. death of somebody who has undertaken an important work

ḍàmèmì : n. hair pommade

ḍàmètrɔ́tí : n. 1. comb 2. hairpin

ḍànyà : adj. 1. puffy 2. congested 3. swollen 4. bloated

ḍànyà (lè- /nɔ̀ -) : v. 1.to be puffy 2. to be congested 3. to be swollen 4. to be bloated 5. to be muddy 6. to be purulent

ḍànyàḍànyà, ḍányɛ́ḍányɛ́ : id. 1. puffy 2. congested 3. swollen 4. purulent

ḍàsé : prep. until

ḍàsé : n. testimony

ḍàsé (ḍí -) : v. 1. to testify 2. to attest 3. to make obvious

ḍàsé : n. witness

ḍàsé (ḍí - lè ... ŋú) : v. to bear witness

ḍàséḍíḍí : n. 1. testimony 2. witness 3. testimonial 4. evidence 5. attestation

ḍàséḍígbàlĕ : n. 1. diploma 2. degree 3. qualification

ḍàséḍígbàlĕ kɔ́kɔ́ : n. license

ḍàséḍígbàlĕxɔ̀lá : n. someone who has graduated with a licence/diploma/degree

ḍàsédílá : n. witness

ḍàséḍítɔ́ : n. witness

ḍàsèfó : n. witness

ḍàsètɔ́ : n. witness

ḍási : n. 1. often 2. always

ḍàtútú : n. undoing the hair

ḍàtsà : adj. 1. big 2. hard and dry 3. sharp

ḍàtsàà, ḍátsáá, ḍàtsàḍàtsà : id. 1. big 2. hard and dry

ḍátsɛ́, ḍátsɛ́ḍátsɛ́ : id. 1. small 2. hard and dry

ḍàvùḍɔ́ : n. the act of combining work

ḍàvùfé : n. 1. hairdressing saloon

ḍàvùlá : n. someone who combs hair

ḍàvùvù : n. the act of combing one's hair

ḍàʋà : n. madness (syn. àḍàʋà, àḍàʋàdɔ̀, àlè, ḍàʋàdɔ̀, èmògbègbléd̃ɔ̀, ètsù, ètsùkúkú, lànú, mògbègblé̃, mògbègbléd̃ɔ̀, tàgbɔ́dɔ̀ tàgbɔ́gbègblé̃, tàgbɔ́gbègbléd̃ɔ̀, tsù, tsùkúkú)

ḍàʋàdɔ̀ : n. madness (syn. àḍàʋà, àḍàʋàdɔ̀, àlè, ḍàʋà, èmògbègbléd̃ɔ̀, ètsù, ètsùkúkú, lànú, mògbègblé̃, mògbègbléd̃ɔ̀, tàgbɔ́dɔ̀ tàgbɔ́gbègblé̃, tàgbɔ́gbègbléd̃ɔ̀, tsù, tsùkúkú)

ḍàʋàtɔ́ : n. mad person (syn. àḍàʋàdzè, àḍàʋàdzèà, àḍàʋàdzèlá, àḍàʋàkúà, àḍàʋàkúlá, àḍàʋàtɔ́, mòfùflúítɔ́, mògbégblétɔ́, mòyètɔ́, mòyɛ̀tɔ́, tàgbɔ́gbégblétɔ́, tsùkúnɔ̀, tsùkúnɔ̀tɔ́)

ḍàwàḍáwá : n. mustard

ḍáwɔ̀ : v. to make (Biblia alo Ŋɔŋlɔ Kɔkɔe la le Eʋegbe me, 1913, 2006, S. Mateo 28:19)

ḍàwɔ̀ḍɔ́ : n. hairdressing (the work of or profession of)

ḍàwɔ̀fé : n. hairdressing salon

ḍàwɔ̀lá : n. hairdresser

ḍàwɔ̀wɔ̀ : n. 1. hairdressing 2. hairstyling

ḍáyì : n. 1. always 2. often

ḍàyìḍàyì : id. 1. soft 2. tasteless

ḍàyògblà : n. 1. rough triggerfish (syn. kpàngbà dzòḍèké) 2. garfish/flat needlefish

ḍè : v. 1. to remove 2. to strip 3. to take off 4. to subtract 5. to deduct 6. to infer 7. to deduce 8. to clear out 9. to evacuate 10. to expel 11. to pull out 12. to draw 13. to extract 14. to dig 15. to scoop 16. to drill 17. to deliver 18. to rescue 19. to unplug 20. to marry 21. to reap 22. to harvest 23. to catch 24. to unhook 25. to involve 26. to produce 27. to manufacture 28. to mark 29. to echo 30. to clatter 31. to flood

ɖè: n. libation

ɖè (fò -) : v. to pour libation

ɖè àblá : v. 1. to hurry 2. to hurry up 3. to hasten

ɖè àbóyò : v. to deport

ɖè ... àbóyò : v. to raid

ɖè àbɔ̀ : v. to swing one's arms

ɖè àdè : v. 1. to spit 2. to expectorate

ɖè àdó : v. 1.to fight 2. to battle 3. to entertain 4. to enjoy

ɖè àdrùfè : v. to be asthmatic

ɖè àdzɔ̀gbè : v. 1. to promise that 2. to swear that

ɖè àɖàŋù : v. 1. to think about 2. to brainstorm 3. to mindstorm

ɖè àflágà : v. to lower the flag

ɖè àfɔ̀ : v. 1. to mark time 2. to employ tactics 3. to work well

ɖè àfɔ̀ áɖé : v. 1. to take a step 2. to programme (an action) 3. to be ashamed of

ɖè àfɔ̀ lè bà dzí : v. 1. to give way 2. to give up one's place

ɖè àfɔ̀kpà : v. to take off one's shoes

ɖè àfá dó : v. to yell

ɖè àgàgà lè ... dzí : v. to denigrate

ɖè àgòò : v. 1. to ask permission to enter 2. to ask that one is given way to pass 3. to ask for silence

ɖè àgɔ̀dzèdzè ná : v. to prove wrong

ɖè àgbà (lè ... dzí) : v. 1. to acquit 2. to release 3. to get out of misery

ɖè àgbà (lè ... mè) : v. 1. to unload 2. to offload 3. to discharge

ɖè ... àgbè : v. to save life to

ɖè ... àgbè ɖá : v. to take the life of

ɖè àkálò : v. 1. to strip off the plaster/paint 2. to remove the plaster/paint

ɖè àlɔ̀ : v. 1. to raise one's hand on 2. to grow branches (on a tree)

ɖè àlɔ́mè : v. 1. to take an appetizer 2. to remove food scraps in the mouth with the tongue 3. to joke

ɖè àmá : v. to be naked

ɖè àmàkpà : v. 1. to flake 2. to strip

ɖè àmè : v. 1. to save somebody 2. to get somebody out of a difficult position

ɖè àmè ɖá lè hà mè : v. to expel somebody from a group

ɖè àmì : v. 1. to extract fat (from an animal) 2. to extract oil (from fruits/vegetables) 3. to drill for oil

ɖè ànyí : v. 1. to remove earth 2. to collect a swarm of bees

ɖè àŋɔ̀lìmè : v. to get behind someone and grimace for others to laugh

ɖè àsì : v. 1. to haggle 2. to discuss a price

ɖè àsí : v. 1. to leave 2. to yield 3. to get married to 4. to covert to animism

ɖè àsí ɖá : v. to withdraw the hand

ɖè àsí ɖá lè ... mè : v. 1. to leave something alone 2. to leave somebody alone 3. to withdraw oneself fom a case

ɖè àsí lè ... ŋú : v. 1. to discharge 2. to acquit 3. to exonerate 4. to abandon 5. to give up 6. to let go 7. to dump 8. to leave 9. to let loose 10. to drop 11. to release 12. to set free 13. to free 14. to clear 15. to resign from

ɖè àtá : v. 1. to stride 2. to walk by taking big steps

ɖè àtáwùi tó dzì ná : v. 1. to shame 2. to degrade 3. to debase 4. to be in paing 5. to b ein need

ɖè àtí ɖé ... dzí : v. 1. to beat 2. to thrash

ɖè àtɔ̀ : v. 1. to dig out 2. to unearth 3. to smoke out 4. to hunt down 5. to ferret out secrets

ɖè àtsú : v. to marry a man

ɖè àvɔ̀ : v. to undress

ɖè àwù : v. 1. to undress 2. to resign from office

ɖè bà : v. 1. to remove mud 2. to amuse

ɖè bà lè ... ŋútí : v. 1. to caress 2. to fondle 3. to stroke

ɖè bò : v. 1. to chap 2. to crack 3. to cleave

ɖè bòtsò : v. 1. to say that it doesn't matter 2. to be collapsed

ɖè ɖá ɖé àxàdzí : v. 1. to put aside 2. to isolate 3. to hide

ɖè ɖò : v. 1. to dig 2. to make a hole

ɖè ɖò (ɖè ... mè) : v. 1. to slash 2. to dent 3. to make a notch 4. to make a dent

ɖè... ɖò gò : v. 1. to expel 2. to take out

ɖè ɖɔ̀ : v. 1. to disembowel 2. to eviscerate

ɖè ɖɔ̀ : v. 1. to kill 2. to murder 3. to slay

ɖè ɖɔ̀ ɖé ... ŋú : v. to contaminate

ɖè ɖɔ̀ ná : v. to heal

ɖè ɖɔ̀ nú. ɖè ɖɔ̀ nyà : v. to do careful analyses

ɖè ɖɔ̀ tsó xòmè : v. to do good first at home

ɖè dzèdzé ná trɔ̃́ : v. to cook for the fetishes

ɖè dzi (ɖí) : v. 1. to take one's time 2. to not be in a hurry 3. to calm down

ɖè dzì ɖé ànyí : v. 1. to be patient 2. to be calm

ɖè dzì lè ... fò : v. 1. to let down 2. to frustrate 3. to disappoint

ɖè dzì lè fò ná : v. 1. to despair

ɖè dzì lè ... ŋútí : v. 1. to no longer take care of 2. to get rid of 3. to no longer take into account

ɖè ... dzí : v. 1. to make a discount 2. to exaggerate

ɖè ... dzí ɖɔ̀ɖɔ̀ɖɔ̀ : v. to slow down

ɖè ... dzí kpɔ̀tɔ̀ : v. to ration out

ɖè dzò : v. 1. to sparkle 2. to blink 3. to take an ember /burning coal

ɖè dzò àgblè : v. to clear the area around the field

ɖè dzò ɖé ké dzì ná : v. 1. to tire 2. to annoy 3. to bother

ɖè dzò mè ná : v. to lay charges against

ɖè ... dzó : v. 1. to evacuate 2. to move

ɖè dzòxì : v. to make sparks

ɖè (...) ɖá : v. 1. to remove 2. to delete 3. to cancel 4. to take away the life of 5. to expel somebody 6. to dismiss

ɖè (...) ɖá lè hà mè : v. to excommunicate somebody from a group

ɖè (...) ɖá tsó dù mè : v. to deport

ɖè ... ɖé àfí búbù : v. 1. to set aside 2. to isolate

ɖè ... ɖé àgà : v. 1. to set aside 2. to isolate

ɖè ... ɖé àxàdzí : v. 1. to set aside 2. to isolate

ɖè ... ɖé fìm dzí : v. to film

ɖè ... ɖé gò : v. 1. to make public 2. to publish

ɖè ... ɖé mègbé : v. 1. to leave somebody/something behind 2. to outrun

ɖè ... ɖé nú : v. 1. to disturb at any time 2. to annoy

ɖè ɖé ... ŋútí : v. to leave traces on

ɖè ... ɖé vòvò : v. 1. to set aside 2. to isolate

ɖè ɖèklèmì : v. 1. to criticize 2. to review

ɖè ɖèmè : v. 1. to quarrel 2. to insult

ɖè ɖètíkú : v. 1. to husk cotton seeds

ɖè ... ɖí : v. 1. to omit 2. to forget something 3. to put away 4. to put aside

ɖè ... ɖókúì : v. to liberate oneself

ɖè ... ɖókúì ɖá : v. 1. to withdraw 2. to stand aside 3. to isolate

ɖè (...) ɖókúì fiá : v. 1. to manifest 2. to present oneself/itself

ɖè ɖòkùí gòmè : v. 1. to reveal oneself 2. to reveal one's secrets

ɖè (...) ɖókúì mè : v. 1. to confess 2. to admit

ɖè (...) ɖókúì nù : v. 1. to confess 2. to admit 3. to speak the truth

ɖè ... dù : v. 1. to take 2. to eat 3. to measure (a quantitiy of an item)

ɖè fè : v. 1. to cut one's nails 2. to be in debt

ɖè fè ná : v. to cut fingernails for

ɖè fè dzí : v. 1. to make a reduction 2. to relieve a debt

ɖè fésrè : v. to make a window (in a wall)

ɖè fià lè zikpùì dzí : v. to detrone a king/chief

ɖè ... fiá : v. 1. to illustrate 2. to exemplify 3. to show 4. to exhibit 5. to present 6. to introduce 7. to reveal 8. to disclose

ɖè (...) fiá : v. to illustrate

ɖè (...) fiá lè dìdìfénúkpɔ́mɔ̀ dzí : v. 1. to televise 2. to broadcast ɖè fótò : v. to photograph

ɖè fù : v. 1. to be boring 2. to annoy 3. to be shy

ɖè fù ná : v. 1. to annoy 2. to displease 3. to bother 4. to disturb 5. to derange 6. to trouble 7. to disperse 8. to clear 9. to remove 10. to torment 11. to harass 12. to worry 13. to suffer from

ɖè fù ná ... ɖókúi : v. 1. to bother oneself 2. to hassle oneself 3. to worry oneself

ɖè fú : v. 1. to abort 2. to miscarry

ɖè fú tà mè ná : v. to give goosebumps

ɖè fè : v. 1. to be broken 2. to be cracked

ɖè ... fú gbè : v. to throw away

ɖè fú lè ... mè : v. 1. to bone out 2. to debone

ɖè fùflú : v. 1. to get bare-chested 2. to get naked

ɖè gà : v. 1. to disburse money 2. to unleash 3. to release 4. to deliver

ɖè gàgbè : v. 1. to rattle 2. to jingle 3. to click 4. to ping

ɖè gèflì : v. 1. to somersault 2. to tumble

ɖè gòglòmí, ɖè gòglòmítò : v. 1. to somersault 2. to tumble

ɖè ... gɔmè : v. 1. to explain 2. to interpret 3. to define 4. to translate 5. to reveal a secret

ɖè gbè : v. 1. to scold 2. to roar 3. to tell off 4. to give an order 5. to dictate

ɖè gbè (dzí -) : v. 1. to thunder 2. to boom

ɖè gbè dzè (dzí -) : v. to strike down by lightning

ɖè gbè ɖé ... dzí (dzí -) : v. to be struck by lightning

ɖè gbè lè ... dzí : v. 1. to clear (the land) 2. to announce 3. to declare 4. to notify to

ɖè gbè ná : v. 1. to authorize 2. to permit

ɖè gbèfá : v. 1. to announce 2. to report 3. to declare

ɖè gbèfá (...) lè ràdìó dzí : v. to broadcast on the radio

ɖè gbèsì ɖé ... ŋú : v. 1. to purify 2. to bring luck

ɖè gbètà : v. 1. to introduce a subject 2. to present a program

ɖè (...) gblɔ : v. 1. to announce 2 to declare 3. to speak

ɖè ... gbɔ : v. 1. to travel 2. to shift 3. to move

ɖè hǎ : v. 1. to betray 2. to reveal a secret 3. to shout at somebody to draw attention

ɖè hò : v. 1. to arrange 2. to tidy up 3. to clean up 4. to sweep

ɖè hùm : v. to make the sound "hmm"

ɖè kà : v. 1. to detach 2. to loosen 3. to disconnect 4.to untie 5. to unbind 6. to be in a line 7. to be in a single file

ɖè kà lè gbímè ná : v. 1. to denounce 2. to shame 3. to scorn 4. to boo 5. to dismiss from office

ɖè kà nyíwó : v. 1. to be intelligent 2. to be of the age of reasoning ɖè ké : v. 1. to pick up sand or dirt 2. to change one's place of residence 3. to run away

ɖè ké lè … gɔ̀mè : v. 1. to denigrate 2. to speak ill of 3. to withdraw one's support for

ɖè klè lè … té : v. 1. to abandon 2. to abandon somebody

ɖè kɔ̀ lè … ŋútí : v. 1. to get rid of 2. to neglect 3. to disregard

ɖè kɔ́ : v. 1. to punch 2. to make tubes (of sugarcane) 3. to unearth (so as to dig a burrow)

ɖè kú nyà : v. 1. to investigate thoroughly 2. to search thoroughly

ɖè kúkú : v. 1. to beg 2. to apologize 3. to ask for forgiveness 4. to take of one's hat

ɖè kpé : v. 1. to shoot very far (firearm) 2. to be stronger than 3. to unearth (so as to dig a burrow)

ɖè … kpèkpè dzí : v. 1. to lighten 2. to relieve 3. to alleviate

ɖè kpɔ́ : v. to be in camera

ɖè kpɔ̀tɔ̀ : v. 1. to decrease 2. to disadvantage

ɖè lè àdzò mè : v. 1. to come out unscathed fron an assault 2. to be safe and sound

ɖè … lè dɔ́ nù : v. 1. to dismiss somebody from office 2. to relieve somebody of his functions

ɖè lè émè : v. to exclude

ɖè lè hǎmè : v. 1. to excommunicate 2. to expel somebody from a group

ɖè lè … émè : v. to make an exception

ɖè … lè … émè : v. 1. to subtract 2. to deduct 3. to reduce

ɖè … lè mò ná : v. 1. to ask for advice 2. to forget 3. to give a lesson to

ɖè … lè … nù : v. to resign from

ɖè … lè nù mè ná : v. 1. to take something from the mouth 2. to dismiss 3. to relieve somebody of his functions

ɖè … lè … ŋú : v. 1. to shear 2. to strip off

ɖè … lè … té : v. to dispense

ɖè … lè … tèƒé : v. 1. to move 2. to travel 3. to dislodge

ɖè … lè zikpùi dzí : v. to dethrone

ɖè libù ná : v. 1. to behead 2. to decapitate

ɖè líƒò : v. 1. to delimit 2. to make a border

ɖè … mè : v. 1. to explain 2. to scrape clean

ɖè mìtsì : v. 1. to blow one's nose 2. to snuff 3. to blow mucus

ɖè mò : v. 1. to take a nap 2. to walk one's eyes on something

ɖè mò lè mò mè ná : v. 1. to hold a grudge against 2. to not be on talking terms with

ɖè mòdzáká : v. to entertain

ɖè mòxévɔ́ : v. to unmask

ɖè mɔ́ : v. 1. to make a way 2. to make a road 3. to exempt 4. to allow

ɖè mɔ́ ɖé … mè : v. to make a notch in

ɖè mɔ́ ná : v. 1. to authorize 2. to allow 3. to permit 4. to tolerate 5. to give preferential treatment 6. to give way to

ɖè ná : v. 1. to function well for 2. to annoy 3. to tire

ɖè ... ná : v. to enslave

ɖè ... nɔ̀èwó : v. to marry each other

ɖè ... nɔ̀nɔ̀mè fiá : v. 1. to show 2. to signalize 3. to point out

ɖè ... nù : v. 1. to speak instead of 2. to interpret

ɖè ... nù dzù : v. to insult

ɖè nù lè nyà dzí : v. to explain oneself

ɖè nù lè nyà mè : v. 1. to leave a case 2. to withdraw from a case

ɖè nú : v. to vomit *(syn. dzó, dzɔ̀, dzɔ̀ nú, ɖè xè, trú nú, sì àwɔ̀)*

ɖè nú mè : v. to explain

ɖè nùfè : v. to break one's word

ɖè nùmè : v. 1. to have an appetizer 2. to eat a snack 3. to crack a joke

ɖè (...) nùkpé : v. 1. to unbutton 2. to open

ɖè nùtrénú lè ... ŋú : v. to unseal

ɖè núwó dò gò : v. 1. to get rid off (items in for example a room) 2. to clear (a room) 3. to clean up (a room)

ɖè núwó lè ... dzí : v. to clear (a road)

ɖè nyà ... ɖé gó fiá : v. 1. to reveal a case 2. to disclose a mater

ɖè nyà mè : v. 1. to discuss 2. to analyze 3. to explain a matter 4. to tell the truth

ɖè nyà ná : v. to expose a problem to

ɖè nyɔ̀nù : v. to marry a woman

ɖè ŋkɔ́ : v. 1. to be famous 2. to be known 3. to be recognized

ɖè ŋkɔ́ ná : v. 1. to make known 2. to bring to the knowledge of 3. to announce

ɖè ŋkú ɖé ... dzí : v. 1. to stare at 2. to forget

ɖè ŋkú ɖé ... ŋú : v. 1. to contemplate 2. to think over 3. to consider 4. to examine 5. to discuss 6. to investigate 7. to explore

ɖè ŋkú lè àkpà mè ná : v. 1. to tear/plug out the eyes

ɖè ŋkú lè .... ŋú : v. 1. to no longer speak about 2. to no longer be friends with

ɖè ŋkú lè tò mè ná : v. 1. to tear/plug out the eyes 2. to make blind

ɖè ŋkú tɔ́ : v. 1. to have a grudge with 2. to not be able to feel 3. to want at all cost to hurt somebody

ɖè ŋkúmè : v. 1. to remove something from the eye 2. to walk one's eyes over (something) 3. to take a nap

ɖè ŋkútà : v. to take a nap

ɖè ŋɔ̀ví lè ...mè : v. 1. to take maggots out of 2. to use for the first time

ɖè ... ŋú : v. 1. to cleanse 2. to sanitize

ɖè ŋú ɖí : v. 1. to forget to 2. to ignore 3. not to remember to 4. to be distracted

ɖè ŋùmè : v. to take nap

ɖè ŋúsɛ́ ɖé … ŋútí : v. 1. to strive to 2. to use one's strength to 3. to have fun

ɖè ŋúsɛ́ dzí : v. 1. to disengage 2. to declutch

ɖè ŋútà : v. to take a nap

ɖè ŋútí : v. 1. to remove the packaging 2. to prune (a plant)

ɖè ŋùvɔ́ (ɖé … ŋútí) : v. 1. to distract 2. to do (something) while waiting

ɖè prízì : v. to unplug

ɖè prízì lè émè : v. 1. to disengage 2. to declutch

ɖè sàmè : v. 1. to exclude from a group 2. to banish 3. to excommunicate

ɖè sé dò gò : v. 1. to pass a law 2. to prohibit

ɖè sé lè … nú : v. to allow that which is forbidden

ɖè srɔ̃ : v. 1. to marry 2. to wed 3. to tie the knot

ɖè srɔ̃ ná : v. 1. to marry off 2. to wed

ɖè sùsú : v. 1. to reason 2. to think

ɖè tà : v. to make a pollard (of a tree)

ɖè tà ná : v. to make a pollard (of a tree) 2. to cut a tree back to the trunk so as to promote the growth of a dense head of foliage

ɖè … tà : v. 1. to be the first to 2. to be first

ɖè tà lè nyà mè : v. to withdraw from a case

ɖè tà lè … nú : v. to decapitate

ɖè tá : v. 1. to spit 2. to cough up 3. to drip

ɖè tà dò : v. 1. to stick out one's head 2. to make an appearance 3. to show oneself

ɖè tà ɖé dzí átsɔ́ nù áxɔ̀è : v. 1. to cover one's tracks 2. to have double standards 3. to confuse an issue

ɖè tàkpótí : v. 1. to tumble 2. to somersault

ɖè tèɟé ɖí : v. to leave a space

ɖè tò : v. to make a circle

ɖè tò ɖé … (ŋú) : v. 1. to besiege 2. to encircle

ɖè tò mè : v. 1. to enter a circle 2. to widen a hole 3. to deepen a hole

ɖè tó : v. 1. to keep quiet 2. to be silent 3. to quieten down

ɖè tó lè … mè : v. 1. subtract 2. to minus

ɖè … tóè : v. 1. to disloge 2. to move out

ɖè tólí : v. to make noise

ɖè tɔ́ lè …. dzí : v. to denigrate

ɖè … tsó … mè : v. 1. to deduce 2. to remove 3. to deduct 4. to save from misfortune or illness

ɖè tsró : v. 1. to husk 2. to shell 3. to peel 4. to shave 5. to molt

ɖè tsùìá ná : v. 1. to despise 2. to denigrate

ɖè tù : v. to not be edible (nucleus of a fruit or tuber)

dè tú dé ... dzí : v. 1. to aim with the gun 2. to kill with a gunshot

dè ... vá : v. 1. to bring (something that has been taken from a place) 2. to assign 3. to allocate

dè ... vè mè : v. 1. to clear one's throat 2. to clear one's voice 3. to gargle 4. to eat sweets

dè vì : v. 1. to be positive 2. to be profitable 3. to enjoy 4. to benefit 5. to thrive 6. to gain

dè vì ná : v. 1. to profit from 2. to benefit from

dè vì dó (gò) : v. to outdoor a new born

dè vò : v. 1. to be lonely 2. to be isolated 3. to be outside 4. to isolate oneself

dè vòdàdà : v. to rebuke

dè vɔ̀ : v. 1. to put a worm on the hook 2. to love to eat fish

dè vɔ̀ɛ̀ ná : v. 1. to blame 2. to be against

dè vùdó : v. 1. to dig a well 2. to drill a well

dè vùvɔ̀ : v. to warm up

dè vùvɔ̀ dé ... ŋú : v. 1. to warm up (whilst something) 2. to anticipate

dè ʋè : v. 1. to have holes 2. to have potholes 3. to make a hole in

dè ʋù lè tɔ̀fò : v. to put the canoe on the shore

dè wòlí lè àfɔ̀nù ná : v. to offer

dè wònyì : v. to fish "wonyi" (a type of big fish)

dè xè : v. to vomit : v. to vomit (syn. dzó, dzɔ̀, dzɔ̀ nú, dè nú, trú nú, sì àwɔ̀)

dè xɔ̀nù : v. to make/build an entrane (in construction)

dè yà : v. 1. to deflate 2. to smell bad 3. to stink

dè yà lè ... mè : v. 1. to deflate something 2. to raid

dè... yì : v. 1. to take away 2. to assign 3. to allocate 4. to transfer

dè yɔ̀dò : v. 1. to dig a grave 2. to wish death for 3. to wish misfortune for

dè zằtá : v. 1. to spit out the "night's saliva " in the morning 2. to have breakfast

dè zɔ̀ : v. 1. to hurry 2 .to hasten whilst walking 3. to walk fast

dě : adj. some

dě : pr. 1. thereof 2. this 3. that 4. first time

dě : num. 1. one 2. a 3. an

dě : part. (in implying something negative) 1. not that 2. it's not that

dě : conj. 1. so 2. therefore 3. if

dě ...? : part. 1. is it that 2. is it not so that 3. maybe (as used in a question)

dě ...! : part. 1. the fact is that 2. it is true that 3. of course

dě dě : adv. 1. like this like that 2. mediocre 3. middling 4. so-so

dě fòmèví : adv. 1. haphazardly 2. roughly

ɖě kò, ɖěkò : adv. 1. absoutely 2. at all cost 3. without fail 4. only 5. only that 6. as one wishes 7. indifferently

ɖě ..., né : conj. 1. if ... then

ɖé : v. to reach

ɖé : prep. 1. to 2. towards 3. into

ɖé : art. 1. one 2. some

ɖé ? : pr. 1. what ? 2. where? 3. how? 4. and ...?

ɖé : adv. 1. certainly 2. indeed

ɖé ... dzí : v. to place something on another thing

ɖé ɖě yòmè : adv. 1. successivley 2. one after the other

ɖé ... mè : v. 1. to place something in another thing 2. to put into

ɖé (...) nɔ̀èwó yòmè : adv. 1. successivley 2. one after the other

ɖé ... nú : v. 1. to make up for 2. to balance 3. to offset 4. to compensate for

ɖé ... nú : prep. 1. according to 2. depending on 3. by 4. in accordance with 5. within 6. under 7. by virtue of

ɖé ... ŋú : v. 1. to be against 2. to be versus 3. to be anti 4. to be on 5. to be affected by 6. to be with regard to

ɖé ŋkú ɖé ... ŋú : v. 1. to admire 2. to trust

ɖé ... ŋútí : v. 1. to be against 2. to be versus 3. to be affected by

ɖé ... tá : v. 1. to be because of 2. to be as a result of

ɖé tèfé : v. to be as a result of merit

ɖé ... tèfé : v. to be in place of

ɖé vò : adv. 1. apart 2. seperately 3. aside

ɖéàmèlèdɔ́nù : n. death

ɖébíɖébí : adj. id. 1. good 2. sweet 3. sugar

ɖéblè, ɖèblèkú : n. 1. fog 2. haze

ɖèbùì : n. settling in (of the husband) with the wife at her residence

ɖèbùì (ɖè -) : v. to settle in (a husband) with the wife at her residence

ɖèbùìɖèɖè : n. settling in (of the husband) with the wife at her residence

ɖèbùìɖèlá : n. a husband that settles in with his wife at the residence of the wife

ɖědè lè émè : n. 1. disentangling 2. disentanglement

ɖèdzò : adj. 1. sparkling 2. glistering 3. gleaming 4. shinning 5. blazing 6. twinkling

ɖèdzòɖèdzòè, ɖèdzòɖèdzùì : n. 1. firefly 2. fire worm 3. blinker 4. trafficator

ɖèɖè : n. 1. transfer 2. posting 3. rescue 4. saving 5. life saving 6. deliverance 7. liberation 8. salvation 9. taking away 10. marriage *(syn. àsìkpékpé, srɔ̀ɖèɖè, srɔ̀kpékpé)*

ɖèɖè (kpɔ́ -) : v. 1. to deliver 2. to receive blessings

ɖèɖè dzó yì tèfé : n. 1. posting 2. allocation 3. appropriation 4. assignment 5. appointment

ɖèɖè ɖé àgà, ɖèɖè ɖé àxàdzí : n. 1. insulation 2. isolation 3. sidelining d̀èḍè ḍé mègbé : n. 1. distancing 2. leaving behind

d̀èḍè ḍé nù : n. disturbing at any time

d̀èḍè lè émè : n. 1. disentangling n. disentanglement

d̀ěḍè (kò, kòé, sɔ́ŋ) : adv. 1. alone 2. only 3. only that 4. purely

d̀èḍèdó : n. transplantation

d̀èḍèdɔ́ : n. a type of work in which one is easily transfered from one place/position to another.

d̀èḍèdzó : n. 1. shifting 2. displacement 3. change of place

d̀èḍèḍá : n. 1. displacement 2. movement 3. shifting 4. removal 5. suspension 6. cancellation 7. deletion 8. erasure

d̀èḍèḍá lè ... tèfé : n. 1. displacement 2. movement 3. shifting 4. removal

d̀èḍèḍè : id. 1. shaking 2. trembling

d̀èḍèfiá : n. 1. demonstration 2. display 3. exhibit 4. evidence 5. substantiation 6. illustration 7. showing 8. making public 9. revelation

d̀èḍèfé : n. 1. rift . crack

d̀èḍègbàlɛ̌ : n. notice of transfer

d̀èḍèkpɔ́kpɔ́ : n. 1. deliverance 2. blessing

d̀èḍèkpɔ́lá : n. 1. someone who is delivered 2. someone who is blessed

d̀èḍèlěmè : n. 1. revocation 2. withdrawal 3. cancelling 4. calling off

d̀èḍétsómè : n. subtraction

d̀èḍèyì : n. 1. transfer 2. posting

d̀èḍèyìgbàlɛ̌ : n. notice of transfer

d̀èḍì : n. 1. fatigue 2. tiredness 3. weariness 4. exhaustation 5. overstrain

d̀èḍì : adj. 1. tired 2. weak 3. fragile 4. rotten 5. decaying 6. detergent

d̀èḍí té ... ŋú : n. + v. 1. to be tired 2. to be exhausted

d̀èḍí : n. 1. ant 2. stock 3. supply 4. reserves

d̀èḍimàtéàmèŋútɔ́ : n. someone who is tireless

d̀èḍimàtéàmèŋútɔ́è : adv. 1. tirelessy 2. indefatigably

d̀èḍitéàmèŋú : n. 1. fatigue 2. tiredness 3. weariness 4. exhaustation 5. overstrain

d̀èḍitéàmèŋútɔ́è : adv. 1. tiredly 2. with fatigue

d̀èḍítɔ̀ : n. anthill

d̀èfé : n. 1. part of a cracked object that can be removed 2. joint 3. tube (of sugarcane)

d̀ěféd̀èfé : n. 1. component 2. constituent 3. articulation

d̀èfòfé : n. a place where libation is poured

d̀èfòfò : n. 1. libations 2. prayers

d̀èfògbè : n. libation day

d̀èfògbè : n. libone who pours libations

d̀ègrèd̀ègrè : id. 1. tall 2. lofty 3. slender

d̀ègbè : n. prayer

d̀ègbè : adj. 1. fragile 2. brittle 3. loose

ɖègbè (tsi -) : v. 1. to be fragile 2. to be loose

ɖègbè (dó -, ƒò -) : v. to pray

ɖègbèdódó : n. 1. praying 2. the act of praying

ɖègbèdóƒé : n. place of prayer

ɖègbèdólá : n. someone who prays

ɖègbèɖègbè, ɖégbéɖégbé : id. 1. being a state of looseness 2. ancient 3. gigantic and amazing

ɖègbèɖètsɔé : n. dual function

ɖègbèɖètsɔé : adj. of dual function

ɖègbèè, ɖégbéé : id. 1. being in a state of looseness 2. not well tightened

ɖègbèƒòƒò : n. 1. praying 2. the act of praying

ɖègbèƒòlá : n. someone who prays

ɖègbèƒòƒé : n. place of prayer

ɖègbèƒòzá : n. day of prayer

ɖègblɔ : n. the act of saying what is on one's mind

ɖèká : n. 1. good looks 2. charm

ɖèká : adj. 1. alone 2. only 3. single 4. unique

ɖèká : num. 1. one 2. single 3. alone

ɖèká (blá -) : v. 1. to unite 2. to assemble

ɖèká (dzè -) : v. 1. to be handsome 2. to be well built 3. to coincide perfectly

ɖèká (wɔ -) : v. 1. to unite 2. to reconcile

ɖèká àbé vè èné : loc. 1. dear 2. precious

ɖèká ... ɖèká hã : loc. here and there

ɖèká hɔ̃ : adj. 1. single 2. unique 3. only 4. one

ɖèká ŋkúmè : adj. 1. similar 2. the same 3. equal 4. alike

ɖèkádzèdzè : n. 1. handsomeness 2. majesty (for men) 3. similarity 4. coincidence

ɖèkádzènú : n. 1. finery 2. nice clothes (for young men)

ɖèkádzé : n. 1. young man 2. teenager

ɖèkádzé (vù -, zù -) : v. 1. to be a teenager 2. to attain puberty 3. to become an adult

ɖèkádzé (wɔ -) : v. 1. to dress well 2. to behave in a way that attracts girls

ɖèkádzédɔ : n. activities for teenagers

ɖèkádzémè : n. 1. adolescence 2. teenage

ɖèkádzémènú : n. of or regarding to adolescence/teenage

ɖèkádzénú : n. teenage behaviour

ɖèkádzényà : n. 1. teenage problems 2. pride of being a teenager 3. teenage arrogance 4. teenage affair 5. contention amongst young men about who is most handsome or who has the nicest clothing, etc.

ɖèkádzényà (hè -) : v. 1. to behave like a teenager 2. to be happy to be a teenager 3. to be proud of oneself

ɖèkádzényàhèhè : v. 1. teenage behaviour 2. the state of being happy to be a teenager

dèkádzényàhèlá : v. 1. someone who behaves like a gentleman 2. a proud person 3. a haughty person

dèkádzéví : v. 1. teenager 2. young man

dèkádzéví : v. 1. dressing well 2. behaving in a way that attracts girls

dèkádèká : adv. 1. little by little 2. step by step 3. patiently 4. gradually

dèkádèlá : n. someone who practices monogamy

dèkáè : adv. 1. in community 2. together 3. in one

dèkágbè : adv. 1. in community

dèkákpònyò : n. a type of mouse

dèkákpúi : n. 1. adolescent 2. teenager 3. juvenile 4. young man 5. youth

dèkákpúi (gàtrɔ́ zù -) : v. 1. to rejuvenate 2. to grow young again

dèkákpúi (ʋù -) : v. to reach the age of puberty (pertaining to males)

dèkákpúi (wɔ̀ -) : v. 1. to dress well 2. to behave in a way that attracts girls 3. to think of oneself as handsome 4. to dress like a teenager

dèkákpúi yàmèʋú mè súbɔ́lá, dèkákpúi yàmèʋú mè dɔ́wɔ̀lá (wɔ̀ -) : n. steward

dèkákpúidzènú : n. 1.finery 2. nice clothes (for young men)

dèkákpúimè : n. 1. youth 2. youthfulness 3. youthfulness of a man

dèkákpúinú : n. 1.finery 2. nice clothes (for young men)

dèkákpúinyà : n. 1. teenage problems 2. pride of being a teenager 3. teenage arrogance 4. teenage affair 5. contention amongst young men about who is most handsome or who has the nicest clothing, etc.

dèkákpúinyà (hè -) : v. 1. to behave like a teenager 2. to be happy to be a teenager 3. to be proud of oneself 4. to show off

dèkákpúiʋùʋù : n. 1. the state of reaching puberty (for boys)

dèkákpúixò : n. 1. youth room 2. youth center (for boys)

dèkákpúiwòwò : n. 1. being well dressed (male) 2. behaving so as to attract ladies

dèkámáké : n. the same

dèkánònò : n. 1. solitude 2. unity 3. concord

dèkányényé : n. 1. state of being together 2. state of being a community

dèkányínònò : n. 1. solitude 2. loneliness 3. seclusion 4. desolation

dèkátò : adj. unit

dèkátɔ́ : adj. unitary

dèkátsítsí : n. 1. solitude 2. loneliness 3. seclusion 4. desolation

dèkáwòtàkpékpé : n. round table

dèkáwòwò : n. 1. union 2. unity 3. association 4. communion 5. reconciliation 6. communication

dèkáwòwò dɔ́wòwò : n. cooperation

dèkáwòwò kàdédé : n. cooperation

dèké : pron. 1. none 2. neither 3. no one 4. nothing

ḍèké (mélè - ... ò) : v. to be zero

ḍéké : adj. no

ḍékéḍèké : pron. 1. none 2. no one

ḍékédzèsì : n. 1. zero 2. nothing

ḍékémàḍí : adj. 1. indifferent 2. careless

ḍěkémàtsɔ́lémè : n. 1. indifference 2. unconcern 3. apathy 4. disinterest 5. detachment

ḍěkémàwɔ̀lá : adj. 1. idler 2. lazybones

ḍèklèmì : n. 1. lively response, which shows opposition 2. review 3. criticism 4. lively discussion 5. dispute 6. argument

ḍèklèmì (ḍè -) : v. 1. to answer back 2. to respond (arrogantly) 3. to criticize 4. to discuss

ḍèklèmìḍèḍè : n. 1. review 2. criticism 3. critique 4. discussion

ḍèklèmìḍèlá : n. 1. critic 2. reviewer 3. panelist

ḍèkò : adv. 1. only 2. it's hardly so

ḍèkò ... á- : adv. 1. just 2. only 3. better 4. rather

ḍèlá : n. 1. saviour 2. liberator 3. rescuer

ḍěmànyá : n. innocence

ḍěmànyálá : n. 1. innocent person 2. someone who is not guilty

ḍěmànyámànyá : n. 1. innocence 2. honesty

ḍěmànyátɔ́ : n. 1. innocent person 2. someone who is not guilty

ḍèmè : n. 1. quarrel 2. heated discussion 3. argument

ḍèmè (ḍè -) : v. 1. to quarrel 2. to have a lively discussion 3. to have an argument

ḍèmèḍèḍè : n. 1. quarrel 2. heated discussion 3. argument

ḍèmèḍèlá : n. 1. someone who quarrels 2. someone who insults 3. someone who is involved in a heated discussion

ḍèmèḍètɔ̀è : adv. 1. quareling 2. inslting 3. arguing strongly

ḍèmɔ́ : adj. 1. suggesting 2. by which we can see

ḍènyálì, ḍènyɔ́nù, ḍènyɔ́núì : n. 1. old maid 2. old woman

ḍèŋùḍí : adj. forgetful

ḍèsì : n. 1. badger 2. unpleasant, narrow-minded and petty character 3. brush

ḍèsí : n. anteater/aardvark (syn. gligò, hòtòklòlò, lùmɔ̀)

ḍèsíáḍě : adj. 1. any 2. each

ḍèsíáḍě : pron. 1. any 2. each

ḍèsíáḍě dzí xɔ̀sèlá : n. naive person

ḍèsíáḍě (àfì -) : n. 1. anywhere 2. everywhere

ḍèsíáḍě (àmè -) : n. 1. anyone 2. everyone

ḍèsíáḍě kò : adj. 1. any 2. nondescript

ḍèsíáḍě (nú -) : n. 1. anything 2. everything

ḍètí : n. 1. cotton plant 2. cotton (syn. kɔ́dzédétí)

ḍètí káké : n. pad of cotton wool

dètí tótró : n. spun cotton

dètí tsétsé : n. cotton that is not yet ripe

dètí vúvú : n. sorted cotton

dètí (dè kú -) : v. to gin cotton

dètí (gbè -) : v. to pick cotton

dètí (tré -) : v. to spin cotton

dètídàdà : n. 1. twisted cotton 2. spun cotton 3. spinning cotton

dètídúdɔ́ : n. cotton waste

dètífú, dètífúfú : n. 1. cotton wool 2. cotton fiber

dètífúkɔ́ : n. 1. tampon 2. pad 3. swab 4. cotton ball

dètígòlò : n. large basket in which cotton is kept

dètígbègbè : n. picking of cotton

dètígblè : n. 1. cotton field 2. cotton farm

dètígbò : n. cotton fruit

dètíkà : n. 1. cotton thread 2. cotton field

dètíkɔkpò : n. cotton ready to be spun

dètíkú : n. cotton seed

dètíkúdèdè : n. ginning of cotton

dètíkúdègà : n. metal rod for ginning/shelling cotton

dètíkúmì : n. cottonseed oil

dètísé : n. cotton flower

dètítédɛ́ : n. iron tool for carding cotton

dètítété : n. 1. carding of cotton 2. spinning of cotton

dètítétré : n. spinning of cotton

dètítí : n. cotton plant

dètítótró : n. spinning of cotton

dètítrédà, dètítrédɛ̀ : n. distaff

dètítrédɔ̀ : n. sickness due to the spinning of cotton

dètítrédɔ́ : n. spinning of cotton (work)

dètítrélá : n. someone who spins cotton

dètítrénú : n. distaff

dètítséyì : n. cotton season

dètítsétsé : n. 1. flowering cotton 2. unripe cotton

dètíʋú : n. large basket in which cotton is placed

dètívùvù : n. sorting of cotton

dètíwɔwɔ̀ : n. simple story

dètɔ̀ : n. a common type of disinfectant used in tropical africa (Dettol)

détɔ́ : adj. 1. another 2. different

dètùgbè : n. 1. young lady 2. maiden 3. damsel 4. unmarried lady

dètùgbimè : n. 1. puberty (of a female) 2. youth (of a woman) 3. state of being an unmarried young woman

dètùgbinyà : n. 1. pride of being a young girl 2. affair of young ladies 3. contention amongst young women about who is most beautiful or who has the nicest clothing, etc.

ḍètùgbùì : n. 1. young lady 2. maiden 3. damsel 4. unmarried lady 5. Miss *(syn. tùgbè, tùgbèdzé, tùgbèkpùì)*

ḍètùgbùì (gàtrɔ́ ... zù -) : v. to rejuvenate (women)

ḍètùgbùì (ná ... gàtrɔ́ zù -) : v. to rejuvenate (women)

ḍètùgbùì (ʋù -) : v. 1. to reach puberty (girls)

ḍètùgbùì (wɔ̀ -) : v. 1.to make up 2. to dress in way so as to attract men 3. to behave as a young lady

ḍètùgbùì (zù -) : v. 1. to reach puberty (female) 2. to become a young lady

ḍètùgbùì trènɔ̀ : n. 1. unmarried woman 2. spinster

ḍètùgbùì tsìtsì : n. 1. spinster 2. old maid

ḍètùgbùìàmèxɔ̀lá : n. air hostess

ḍètùgbùìmè : n. 1. puberty (of a female) 2. youth (of a woman) 3. state of being an umarried young woman

ḍètùgbùìmèdɔ́ : n. work intended for a young woman

ḍètùgbùìnú : n. 1. needs of a young lady (clothing, adornment, etc.) 2. advice given to young ladies

ḍètùgbùìnyà : n. 1. pride of being a young girl 2. affair of young ladies 3. contention amongst young women about who is most beautiful or who has the nicest clothing, etc.

ḍètùgbùìnyà (hè -) : v. 1. to make a fuss

ḍètùgbùìnyàhèhè : n. the act of making a fuss

ḍètùgbùìnyàhèlá : n. someone who makes a fuss

ḍètùgbùìví : n. 1. girl 2. young lady

ḍètùgbùìʋùfé : n. behaviour of a young girl

ḍètùgbùìʋùyì : n. age of puberty (girls)

ḍètùgbùìʋùlá : n. a young girl behaving like a woman

ḍètùgbùìʋùnú : n. a way of behaving to attract men or in order to stand out

ḍètùgbùìʋùnyà : n. teenage arrogance

ḍètùgbùìʋùʋù : n. 1. puberty of girls 2. actions undertaken by an adolescent girl in order to noticed

ḍètùgbùìwó : n. 1. misses 2. girls 3. ladies

ḍètùgbùìwɔ̀fé : n. behaviour of a young girl

ḍètùgbùìwɔ̀lá : n. teenage girl who behaves like a woman

ḍètùgbùìwɔ̀wɔ̀ : n. 1. teenage arrogance 2. taking oneself for a young girl

ḍètùgbùìyàmèʋú mè dɔ́wɔ̀lá, ḍètùgbùìyàmèʋú mè xɔ̀lá : n. air hostess

ḍètsɔ̀èví : n. 1. orphan 2. a name given to the spider *(syn. àdzàyí, àhòví, àʋàtrɔ́fèyì, àyìyì, nyìsã́, yèví, yìyì)*

ḍèvì : adj. 1. beneficial 2. juicy

ḍèví : n. 1. child 2. kid 3. infant

ḍèví nútóvòwɔ̀lá : n. delinquent child

d̪èvídɔ̀ : n. 1. convulsion 2. spasm *(syn. àtɔ̀sú, dɔ̀glàdzà, dzìdɔ̀, glàkpédɔ̀, hèhèdɔ̀)* 3. childhood disease *(syn. d̪èvímèdɔ̀)*

d̪èvídɔ̀dàdà : n. pediatrics

d̪èvídɔ̀dàlá : n. pediatrician *(syn. d̪èvídɔ̀yɔ̀lá, d̪èvídɔ́kítà)*

d̪èvídɔ̀dàfé : n. pediatric clinic *(syn. d̪èvídɔ̀yɔ̀fé)*

d̪èvídɔ̀yɔ̀fé : n. pediatric clinic *(syn. d̪èvídɔ̀dàfé)*

d̪èvídɔ̀yɔ̀lá : n. pediatrician *(syn. d̪èvídɔ̀dàlá, d̪èvídɔ́kítà)*

d̪èvídɔ́kítà : n. pediatrician *(syn. d̪èvídɔ̀dàlá, d̪èvídɔ̀yɔ̀lá)*

d̪èvímè : n. 1. childhood 2. infancy

d̪èvímè (nɔ̀ -) : n. to be a child (past tense)

d̪èvímèdɔ̀ : n. childhood disease *(syn. d̪èvídɔ̀)*

d̪èvímèdɔ́ : n. 1. children's work 2. child labor

d̪èvímènú : n. of or regarding children

d̪èvímènɔ̀nɔ̀ : n. 1. childhood 2. infancy

d̪èvínú : n. 1. childish 2. like a child

d̪èvínú (wɔ̀ -) : v. to behave like a child

d̪èvínúwɔ̀lá : n. someone who behaves like a child

d̪èvínúwɔ̀wɔ̀ : n. childish behaviour

d̪èvísùsútɔ́ : n. someon who behaves like achild

d̪èvísùsútɔ́ (nyé -) : v. to be naive

d̪èvítɔ̀ : n. something that is intended for children

d̪èvíwó ƒé dɔ́kítà : n. pediatrician

d̪èvíwó ƒé dɔ̀yɔ̀lá: n. pediatrician

d̪èʋè : n. 1. hollow 2. empty

d̪ěwó : pron. some

d̪ěwó : art. + adj. some

d̪ěwó ányé, d̪ěwó lá, d̪ěwó hã́ lá : loc. + adv. 1. maybe 2. probably 3. it is possible that

d̪ěwód̪ěwó : adv. 1. haphazardly 2. without care 3. so-so

d̪èwód̪ěwó : adv. 1.

d̪èwóhĩ̀ĩ̀, d̪èwómáhĩ̀ĩ̀ : adv. 1. perhaps 2. maybe 3. probabbly 4. perchance 5. possibly 6. supposedly

d̪èyà : adj. 1. deflate 2. foul-smelling 3. smelly

d̪èzɔ̀ : adj. fast

d̪ì : v. 1. to descend 2. to run down 3. to plant 4. to sink in 5. to bring down 6. to lower (price) 7. to be cheap 8. to bury 9. to be buried 10. to alight (from a vehicle e.g) 11. to be ripe 12. to be mature 13. to turn yellow 14. to ring 15. to spread 16. to become public 17. to become known 18. to resemble 19. to be well developed 20. to be efficient 21. to show one's power 22. to be clean 23. to be brilliant 24. to be dazzling 25. to be gracious 26. to be favoured 27. to surprise 28. to arrive unexpectedly 29. to be (indicates a state of being) 30. to sound

ɖi (bú -, dó -) : v. to dive

ɖi (dó -) : v. 1. to get rid of (something that one does not want to do) 2. to shirk one's responsibility

ɖi (fò -) : v. 1. to be dirty 2. to insult 3. to smear

ɖi (kè -) : v. 1. to discuss 2. to debate 3. to contradict 4. to deny 5. to criticize 6. to doubt 7. to hurry

ɖi àbɔ̀ : v. to have long arms

ɖi àbù : v. to go down (a slope)

ɖi àkɔ̀ : v. 1. to joke 2. to tease 3. to make fun 4. to crack a joke

ɖi ànyí : v. to occupy (a place)

ɖi àŋùtígbógbò : v. to become green

ɖi àsì : v. 1. to market 2. to shop 3. to have good market

ɖi àsí : v. 1. to have big hands 2. to be well developed

ɖi àtá : v. to have long legs

ɖi àtsè : v. 1. to be healed 2. to heal 3. to have protruding mandibles

ɖi bà ɖé ... dzí : v. 1. to add 2. to increase

ɖi dù : v. 1. to cross borders 2. to be widespread 3. to be known 4. to be famous 5. to be renowned

ɖi ɖàsé : v. 1. to testify 2. to give evidence 3. to be a witness 4. to attest

ɖi ɖè : v. to make an emotion

ɖi ɖé : v. 1. to surprise 2. to be concerned

ɖi ɖé ɖɔ̀mè : v. 1. to digest 2. to stomach

ɖi ɖé émè : v. 1. to rest 2. to lie down 3. to refresh oneself

ɖi fɔ́ : v. to be damned

ɖi fò : v. to be satisfied

ɖi fò ná (nú -) : v. 1. satiate 2. to satisfy 3. to be satisfied

ɖi fú : v. 1. to be thin 2. to lose weight to the bone 3. to be lean

ɖi gò : v. 1. to get down 2. to berth 3. to land 4. to get ashore 6. to reach the shore

ɖi gbè : v. 1. to resonate 2. to resound 3. to echo 4. to reverberate

ɖi gbɔ̀ : v. 1. to be nothing 2. to dishonour 3. to disgrace 4. to be damned

ɖi gbɔ́lò : v. 1. to be empty 2. to be useless 3. to have no value

ɖi hòò : v. 1. to sound 2. to reverberate 3. to boom 4. to thunder 5. to be widespread 6. to become famous

ɖi kà : v. to become thin

ɖi kà : v. 1. to go down 2. to go down (sea) 3. to reflux (the reflux of the tide toward the sea)

ɖi kòkùì : v. 1. to be ridiculous 2. to be funny

ɖi kɔ̀ : v. 1. to have one's thirst being quenched 2. to quence one's thirst

ɖi kɔ̀ ná : v. 1. to have one's thirst being quenched 2. to quence one's thirst 3. to be satisfied

ɖi kù: v. 1. to be thin 2. to slim down

dì kù ákpá : v. 1. to be skeletal 2. to be very bony

dì kpè : v. 1. to be fat 2. to be tall 3. to be stocky 4. to be well developed

dì kpí : v. 1. to be too much 2. to do too much 3. to happen too often (often used with the work ákpá)

dì là : v. 1. to look like a beast/an animal 2. to have a lot of meat/flesh

dì lè ... dzí : v. 1. to come down from 2.

dì mɔ́ (tó ... dòmè): v. 1. to go through a path 2. to clear a path

dì ... nɔ̀èwó : v. to be similar

dì nú : v. 1. to look like something 2. to have value 3. to be great in quantity 4. to be abundant 5. to be a lot 6. to be fat

dì nyà : v. 1. to be a real deal 2. to become a big deal

dì nyàtèfé ná : v. to be probable

dì nyrí : v. 1. to become famous 2. to be widespread

dì ŋkɔ́ : v. 1. to be famous 2. to be renowned

dì ŋùtídìdì : v. 1. to become yellow 2. to make yellow

dì tíŋ tíŋ : v. 1. to jingle 2. to ring 3. to tinkle

dì tsà : v. 1. to ambulate 2. to take a walk 3. to stroll

dì tsyɔ́ : v. to participate in a funeral

dì vɔ̀ : v. 1. to consider as a sin 2. to bring bad news 3. to look scary

dì vɔ̀ɛ̃̀ : v. 1. to be looked down upon 2. to be frowned upon

dì ... wú àtsíá́ : v. 1. to be like two peas in a pod 2. to look a lot like

dì xɔ́drɔ̀ : v. 1. to not be able to walk anymore 2. to be crippled

dì : n. 1. dirt 2. filth 3. waste 4. litter 5. rubbish 6. garbage 7. depth 8. breaker (rock on which the sea smashes and breaks)

dí : v. 1. to take care of 2. to care for 3. to be (in a state of being) 4. to act as

dí : v. 1. to resound 2. to echo 3. to ring out 4. to jingle 5. to strike 6. to toll

dí : part. adv. 1. in advance 2. downward 3. on the ground 4. abandonned 5. without doing anything

dí (kè -) : v. 1. to discuss 2. to debate 3. to contradict 4. to deny 5. to doubt

dì mè : n. coma *(syn. àbò, dzìdzì, fènyí, gbàfà, kòmá)*

dì (lè - mè) : v. 1. to be in coma 2. to be deeply asleep 3. to be far in one's thoughts

dí ànùkwáré : v. 1. to tell the truth 2. to be faithful

dí bìm : v. 1. to be innocent 2. to be exonerated

dí dàsé : v. 1. to be a witness 2. to testify

dí dé émè : v. 1. to relax 2. to rest 3. to refresh oneself

dí fɔ́ : v. 1. to be guilty 2. to be charged 3. to be condemned

dí gbɔlò : v. 1. to be confident 2. to be empty

dí hìà : v. to suffer

dí kɔ̀ : v. to have fun

dí nù mè : v. 1. to be clever 2. to boast 3. to show off

dìá : v. 1. to spy 2. to snoop 3. to watch 4. to advance (a pawn, whilst playing {chess})

dìá gbè : v. to search (the bush)

dìá ... nù : v. 1. to annoy 2. to irritate 3. to drive mad 4. to provoke

dìdódó : n. 1. submersion 2. submergence 3. diving

dìdólá : n. diver

dìdùmè : n. 1. race 2. competition

dìdùmè (kè -) : n. to run a race (as in a contest)

dìdé : n. puerperal sepsis (syn. vídzìsinɔ́dʒé)

dìdénɔ̀ : n. nursing mother (syn. vídzìlá, vídzìsinɔ̀)

dìdéàmè : adj. 1. surprising 2. amazing 3. astonishing

dìdì : n. 1. interment 2. resemblance 3. similarity 4. likeness 5. similitude 6. descent

dìdì : adj. 1. ripe 2. mature

dìdí : n. 1. sound 2. tone 3. alarm 4. ring 5. jingle 6. slip 7. slide 8. slipping 9. slidding 10. stumble 11. reduction 12. discount 13. ant (syn. ànyídí)

dídí : v. 1. to lower 2. to fall 3. to drop 4. to reduce 5. to decrease 6. to restrain 7. to modify 8. to moderate 9. to be slippery 10. to slip down

dìdì : n. 1. slip 2. reduction

dídí (lè ... nù) : v. 1. to dismiss 2. to dislocate

dídí àzɔ̀lì : v. 1. to slow down 2. to decelerate 3. to slacken

dídí ... dé ànyí : v. 1. to lower 2. to degrade 3. to push down 4. to step down

dídí ... kpɔ̀tɔ̀ : v. 1. to reduce the price 2. to cut the price 3. to lower the price 4. to decrease the price 6. to lower the price

dídí ... tsó dzí : v. to skid

dìdìdéàmè : n. 1. emotion 2. feeling 3. thrill 4. agitation

dìdìdédɔ̀mè : n. digestion

dìdídí : n. 1. sliding 2. slipping 3. slip

dìdìmánɔ̀dókúìsí : n. consonant

dìfɔ́ : adj. 1. guilty 2. culpable 3. damned

dìfé : n. 1. cemetry 2. place of burial

dìfìé : n. 1. spirit of a dead person 2. ghost (syn. àdìfìɛ̀, ŋɔ̀lì, tsíé)

dífò : adj. 1. satisfied 2. satiated

dífò (dù nú -) : v. 1. to eat to one's satisfication 2. to eat till one is full

dífòàmè : n. 1. insult 2. blasphemy 3. shame 4. filth

dìfòfò : n. 1. dirtiness 2. contamination 3. pollution

dìfú : adj. bony

dikàà, dikàdikà : id. 1. continual 2. incessant 3. always 4. forever

dikáá : id. at all cost

dikànákú : n. AIDS (acquired immune deficiency syndrome) *(syn. sídà, sídàdɔ́lélé)*

dikèkè : n. 1. discussion 2. doubt 3. query 4. debate 5. contestation 6. discord 7. haste 8. eagerness

dikèlá : n. 1. protestor 2. someone who criticizes 3. someone who debates 4. someone who doubts 5. someone who hurries

dikòkòè, dikòkùì : adj. 1. funny 2. comic 3. ridiculous 4. silly 5. absurd

dikòkòè, dikòkùì (àmè -) : n. 1. comedian 2. joker

dikòkòè, dikòkùì (nyà -) : n. joke

dikù : adj. 1. stunted 2. sickly 3. undeveloped 4. skeletal 5. skinny

dikpɔ̀ɛ̃ : n. 1. serval 2. stripped cat

dĭmè : n. 1. messy person 2. careless individual

dímè (yì -) : v. to become unconscious

dĭmèàwó : n. 1. people of the underworld 2. dirty people 3. people who live unhygienically

dimènyígbá : n. a fertile land without stones

dĭmètɔ́wó : n. 1. people of the underworld

dinú : n. 1. filth 2. dirt 3. dirtiness 4. spot 5. stain 6. that which is dirty

dinú (wɔ̀ -) : v. 1. to make dirt 2. to wear dirty clothing

diŋú : n. curse

dinú (dó - ná) : v. to curse

diŋúdódó : n. the act of cursing

diɔ́ (xɔ̀ -) : v. 1. to apply plaster to a wall 2. to brush a wall 3. to plaster

divò : n. terrible

dò : n. 1. vagina *(syn. àŋlɔ̀gònù, àŋlɔ̀mè, àŋlɔ̀nù, dòmè, gɔ̀mè, kóló, nyɔ́nùmè)* 2. female genital organ 3. country clothing *(syn. àvɔ̀)* 4. cloth 5. fabric

dò tó : v. 1. to shut up 2. to hold one's peace 3. to hold one's tongue

dó : v. 1. to put 2. to place 3. to display 4. to create 6. to constitute 7. to institute 8. to arrive 9. to reach a goal 10. to get ready (as pertains in the rains getting ready to fall as ina storm for example) 11. to be at hand 12. to classify 13. to decide 14. to take the resolution of 15. to send 16. to join 17. to venture 18. to require 19. to impose 20. to produce 21. to produce tubers 22. to queue 23. to stand in line

dó : . part. 1. to get to 2. depicting some sort of movement (placed at the end of a sentence)

dó ... abɔ̀ : v. 1. to support 2. to help 3. to buttress

dó àdànù : v. 1. to suggest 2. to propose

dó àfɔ̀ ... dzí : v. to trample on

dó àfé : v. to arrive home (used at the beginning of a speech to indicate that one is welcome) ɖó àgà : v. 1. to skid 2. to slue

ɖó àgbàgbá : v. 1. to carry luggage on one's head without holding it 2. to balance 3. to equilibrate 3. to counterbalance

ɖó àgbàkà : v. 1. to line up 2. to stand in line 3. to queue

ɖó àhàŋkɔ́, ɖó àhànòŋkɔ́ : v. to nickname

ɖó àsì : v. 1. to exhibit 2. to display items to be sold 3. to flaunt

ɖó àsí ... dzí : v. 1. to appease 2. to have control over 3. to incarcerate 4. to quieten 6. to sooth

ɖó àtsyɔ́ : v. 1. to garnish 2. to decorate 3. to show off 4. to embellish

ɖó àtsyɔ́ ... kplé séfòfò : v. 1. to decorate with flowers 2. to flourish 3. to bloom

ɖó àxà : v. to number

ɖó bà : v. 1. to mire 2. to entrap 3. to get stuck 4. to get bogged down

ɖó dɔ̀ ná : v. 1. to give work to

ɖó dzè : v. 1. to chat 2. to talk 3. to converse

ɖó (...) dzí : v. 1. to be in turn 2. to be the turn of someone/something

ɖó dzi ɖé ... ŋú : v. 1. to trust in 2. to have confidence in 3. to have faith in

ɖó dzò : v. 1. to scold 2. to set on fire

ɖó dzò dzí : v. 1. to heat up 2. to warm

ɖó (...) dzò dzí : v.1. to reheat 2. to heat up 3. to warm up

ɖó (...) ɖá : v. 1. to accompany 2. to send 3. to post

ɖó ... ɖé : v. to send

ɖó ... ɖé àfé : v. 1. to send home 2. to repatriate

ɖó ... ɖé dùtà : v. to export

ɖó ... ɖé ... dzí : v. to exend on

ɖó ... ɖé flì mè : v. to align

ɖó ... ɖé ... mè : v. 1. to escort 2. to see off

ɖó ... ɖé ... nɔ̀èwó dzí : v. 1. to arrange on one another 2. to overlay

ɖó ... ɖé ... nɔ̀èwó yómè : v. to line up one behind another

ɖó ... ɖé ... ŋú : v. 1. to line up 2. to cover up with tapestries, fabrics, papers, hangings, etc.

ɖó flì : v. 1. to stand in line 2. to queue up

ɖó fúfú : v. 1. to blow air 2. to puff 3. to breathe on

ɖó ... gɔ̀mè ànyí : v. 1. to found 2. to establish 3. to base

ɖó hèhè : v. 1. to sob 2. to burst into tears

ɖó kòkùi : v. to ridicule

ɖó kpé ... dzí : v. 1. to certify 2. to gurarantee 3. to reassure 4. to ratify

ɖó kplɔ̀ : v. to prepare the table for a meal

ɖó ... mè : v. 1. to penetrate 2. to withdraw 3. to recover 4. to become an adult ɖó mò ná : v. 1. to react 2. to have a reaction

ɖó mɔ̀ ná : v. 1. to trap 2. to ensnare

ɖó ... nɔ̀èwó mè : v. 1. to be clamped in 2. to fit together

ɖó nɔ̀fé : v. 1. to establish 2. to become established 3. to initiate

ɖó ... nù : v. to reach (a river)

ɖó nú : v. 1. to put a ban on 2. to place a taboo on 3. to place a mark on (in order to prohibut usage by strangers)

ɖó núgbé : v. 1. to plot 2. to conspire 3. to scheme

ɖó núxóé ɖí : v.1. to save money 2. to economize 3. to put money aside 4. to save up

ɖó núkòmòè : v. to be cheerful

ɖó nùwúfé : v. 1. to arrive at the end 2. to arrive at expiration

ɖó nyà ... nú : v. to reply

ɖó nyònyó : v. 1. to decide to do good things 2. to make good resolutions

ɖó ŋkèkè : v. to make a date

ɖó ŋkɔ́ : v. 1. to surname 2. to nickname

ɖó ŋkù : v. 1. to recognize 2. to retrieve 3. to remember

ɖó ŋkù ... dzí : v. 1. to remember 2. to recall 3. to recollect

ɖó ŋkù ... nú : v. 1. to be amazing 2. to be tremendous

ɖó (...) ŋú : v. to reply 2. to answer 3. to respond 4. to compare 5. to liken 6. to make a comparism

ɖó séfé ná : v. 1. to regulate 2. to control

ɖó stámpò ... dzí : v. to stamp an item

ɖó srɔ̀ɖèɖè mè : v. to be old enough to marry

ɖó tà : v. 1. to be disagreeable 2. to be distasteful to

ɖó tàmè : v. to take a resolution of

ɖó tó : v. 1. to listen 2. to hear

ɖó tó (mè ... ò) : v. to disobey

ɖó tsì : v. to be wet

ɖó tsítrè : v. to stand up

ɖó vò : v. to suffer/to be sick of hydrocele

ɖó vɔ̃ mè : v. to put in a difficult situation

ɖó ʋǔ : v. 1. to take a vehicle 2. to ship off

ɖó ... wɔ̀ : v. to do something on purpose

ɖó xàxá mè : v. to be in distress

ɖó xɔ̀ : v. 1. to lie down 2. to retire to bed 3. to go to bed

ɖó xɔ̀gɔ̀mè ànyí : v. to make the foundations of a house

ɖó yà ná : v. to smell 2. to scent 3. to sniff at

ɖó yàfámɔ̀ : v. 1. to air condition 2. to cool

ɖó ... yì : v. to escort

ɖó ... yì : n. 1. shipper 2. sender 3. consignor

ɖòbó : v. a type of mushroom species

ɖòbòò : id. 1. depressed 2. hollow

ɖóɖí : n. stock (of grains)

ɖŏɖó : n. 1. agenda 2. programme 3. protocol

ɖòɖò : adj. 1. eternal 2. everlasting

ɖòɖó : n. 1. arrival 2. decision 3. decree 4. application 5. principle 6. settlement 7. regulation 8. resolution 9. order 10. command 11. prescription 12. requirement 13. ranking 14. provision 15. arrangement 16. constitution 17. organisation

ɖòɖó ... dzí : n. 1. setting 2. adjustment 3. regulation

ɖòɖó ɖé flì dzí : n. 1. alignment 2. range

ɖòɖó (lè/nɔ̀ - mè) : v. 1.to be aligned 2. to be ordered

ɖòɖó nènémá : adv. 1. so much 2. so such

ɖŏɖó (wɔ̀ -) : v. 1. to plan for 2. to programme 3. to schedule

ɖóɖò : v. 1. to be too many 2. to be too much

ɖòɖódzèsì : n. 1. matriculation 2. registration

ɖòɖódzíkpɔ́lá : n. chief of protocol

ɖòɖódzímàwɔ̀màwɔ̀ : n. indiscipline

ɖóɖódzɛ́ : n. a type of flute

ɖòɖóɖá : n. 1. shipment 2. dispatch 3. expedition 4. conveyance 5. transportation 6. letter postage

ɖòɖòɖò : adv. 1. once and for all 2. all at once 3. all together 4. completely

ɖòɖóɖéɖùtà : n. 1. exportation 2. export

ɖòɖòèkú : n. eternal death

ɖòɖòézìzì, ɖòdùízìzì : n. 1. silence 2. quietness

ɖòɖógbùgbɔ̀wɔ̀ : n. reorganization

ɖòɖómè : n. 1. ranking 2. rating 3. standing

ɖŏɖómègá, ɖŏɖónúnɔ̀lá : n. chief of protocol

ɖòɖówɔ̀lá : n. 1. organizer 2. promoter 3. steward

ɖòɖŏwɔ̀wɔ̀ : n. 1. creating of protocol 2. schedule creation 3. programming

ɖòɖùí, ɖòɖùíwɔ́wɔ́ : n. 1 pride 2. boasting

ɖòɖùí (wɔ̀ -) : v. 1. to be proud 2. to be haughty 3. to be boastful

ɖòɖùízìzì : n. 1. silence 2. quietness

ɖòɖùízìzìtɔ̀è : adv. silently

ɖóè ná ... ɖókúí : v. to commit oneself

ɖòfè, ɖòhò : n. a fine of adultery that must be paid to one's husband

ɖófé : n. destination

ɖŏfé : n. 1. step 2. stage 3. grade 4. degree

ɖŏfékpɔ́kpɔ́ : n. 1. resolution 2. resolve 3. settlement

ɖógbàɖògbà : adj. prickly

ɖókúí : pron. oneself

ɖókúí (lè -/ nɔ̀ ... -sí) : adv. 1. willingly 2. spontaneously 3. to be independent 4. to take charge of one's own destiny

ɖókúíbɔ̀bɔ̀ : n. 1. modesty 2. humility

ɖókúíbɔ̀bɔ̀tɔ̀è : adv. humbly

ɖókúíɖóɖóɖédzĭ : n. 1. pride 2. vanity

ɖókúíɖóɖóɖédzĭlá : n. 1. someone who is full of pride 2. boaster

ɖókúíɖɔ́dɔ́ : n. 1. risk 2. peril

ɖókúídzíɖùɖù : n. 1. self-control 2. coolness 3. state or quality of being resigned

ɖókúídóɖóɖédzí : n. 1. pride 2. boasting

ɖókúíɖéɖéàgà : n. 1. isolation 2. the act of withdrawing from a group

ɖókúíɖèfiágbàlɛ̌ : n. identity card

ɖókúífiáfíá : n. 1. showing of oneself 2. standing out 3. distinguishing oneself

ɖókúífiálà : n. 1. someone who is full of pride 2. boaster

ɖókúígɔ̀mèsèsè : n. 1. self-awareness 2. understanding between different people/entities

ɖókúíkɔ́lá : n. 1. conceited person 2. boastful person

ɖókúímèdzódzrókpɔ́ : n. 1. retreat 2. withdrawal

ɖókúímèyìyì : n. 1. meditation 2. rumination 3. contemplation

ɖókúínùɖènyà : n. 1. alibi 2. excuse

ɖókúínyè : pron. myself

ɖókúíŋùdzèdzè :n. 1. vanity 2. conceit 3. pride

ɖókúíŋùdzèlá : n. 1. conceited person 2. boastful person

ɖókúísí : adj. 1. independent 2. free

ɖókúísídɔ́ : n. 1. liberal profession 2. professional work 3. personal work

ɖókúísínɔ̀lá : n. 1. independent person 2. free person

ɖókúísínɔ̀nɔ̀ : n. 1. freedom 2. liberty 3. unrestraint

ɖókúítàʋlìnyà : n. 1. alibi 2. excuse

ɖókúítàʋlìʋlì : n. 1. self-defense 2. self-protection

ɖókúítɔ́trɔ́ : n. adaptation

ɖókúítɔ́dílá : n. selfish person

ɖókúítɔ́tsɔ́ (-ná) : n. 1. loyalty 2. devotion

ɖókúítɔ́víɖèdídí dzí ɖùmɔ̀nù : n. capitalism

ɖókúíwò : pron. yourself

ɖòkpò : n. pepper (syn. àblɛ̀, àdìbòlò, àtádí, àtàkè, àtíŋúkàlɛ́, kàlɛ́, kùklùí, lélèkú)

ɖòmè : n. 1. vagina (syn. àŋlɔ̀gònù, àŋlɔ̀mè, àŋlɔ̀nù, ɖò, gɔ̀mè, kóló, nyɔ́nùmè) 2. bottom 3. under (syn. gɔ̀mè)

ɖòmètólá : n. 1. slanderer 2. defamer (syn. ɖòmèzɔ̀lá)

ɖòmèyɔ̀é : n. big louse (syn. àvɔ̀mèyɔ̀é, yɔ̀)

ḍòmèzɔ̀lá : n. 1. slanderer 2. defamer (syn. ḍòmètólá)

ḍòndómè : n. 1. puddle 2. pond

ḍòndó : n. 1. armpit drum 2. a small type of drum

ḍònù : n. vulva

ḍóŋdóŋ : n. dondon (describes a type of gobbling sound produced)

ḍóŋùḍéŋú : adj. 1. sincere 2. genuine 3. honest 4. reliable 5. responsible 6. thoughtful

ḍótó : adj. 1. attentive 2. serious

ḍòvóḍòvó : n. a type of big black ant

ḍòvú, ḍòvúvú : n. 1. rag 2. dish cloth 3. wiper 4. wick (of a lamp)

ḍɔ̀ : v. 1. to be lazy 2. to switch 3. to alternate 4. to be weak 5. to be careful 6. to act cautiously 7. to be suspended 8. to describe 9. to depict

ḍɔ̀ : n. 1. young shoot 2. bud 3. offshoot 4. proboscis 5. growing branches 6. trunk (of an elephant) 7. property 8. goods 9. cold sores (syn. àḍì) 10. fish net

ḍɔ̀ (dà -) : v. to throw the net

ḍɔ̀ (kplɔ̀ -) : v. to fish with the net

ḍɔ̀ (tó -) : v. 1. to invest one's goods in a business 2. to grow back (of plants, branches)

ḍɔ̀ (wɔ̀ - nú) : v. to purify a net that no longer catches fish by a religious ceremony

ḍɔ̀ ḍrɔ̀ɛ́ : v. 1. to explain a dream 2. to tell a dream

ḍɔ̀ ... ḍó : v. 1. to improve 2. to do better 3. to refine 4. to purify

ḍɔ́ ... ḍé xɔ̀mè : v. 1. to return back home 2. to get into the room

ḍɔ̀ ... ḍó : v. 1. to arrange 2. to fix 3. to sort 4. to repair

ḍɔ̀ ... gbè : v. to speak quietly

ḍɔ̀ mɔ́ ná : v. 1. to describe a path to 2. to explain a route to

ḍɔ̀ ná : v. to remember

ḍɔ̀ ŋù ḍó : v. 1. to pay attention 2. to be careful 3. to be tactful

ḍɔ̀ ŋù ḍó lè ... ŋú : v. 1. to be careful of 2. to beware of 3. to take care of

ḍɔ̀ tú : v. 1. to test a gun 2. to try a gun

ḍɔ̀ ʊù : v. 1. to be polite 2. to be courteous 3. to behave well 4. to be strong 5. to be resistant

ḍɔ́ : v. 1. to fill 2. to be full 3. to flood 4. to swell (stream) 5. to overflow (river) 6. to tase

ḍɔ́ áḍùḍɔ́: v. to urinate

ḍɔ́ fò : v. 1. to be satisfied 2. to eat enough 3. to be till one is full

ḍɔ́ ... kpɔ́ : v. to tase (food)

ḍɔ́ nú : v. to have diarrhea

ḍɔ́ ... (sè) kpɔ́ : v. to tase (food)

ḍɔ́ tsítsì : v. to wear spectacles

ḍɔ̀ndàdà : n. 1. net fishing 2. casting of a fishing net

ḍɔ̀dàfé : n. fishing place

dɔdalá : n. fisherman *(syn. àsàbùdàlá, dɔkplɔ́lá, fèdàlá, làɖèlá, tɔ́fòdèlá)*

dɔdò : n. mesh (one of the openings between the threads or cords of a net)

dɔdɔdɔ̀ : n. the act of pulling the net

dɔdì : adj. 1. elastic 2. flexible 3. tough

dɔ́dí : v. 1. to be too much (for one person) 2. to be fed up with

dɔdìì : id. 1. protruding 2. unfolding 3. expanding 4. elastic 5. flexible

dɔ́dɔ́ : n. 1. flooding 2. flood

dɔ́dɔ́ : adj. 1. full 2. flooded

dɔdɔdɔ̀ : n. 1. slowly 2. gradually 3. little by little

dɔdɔdó : n. 1. repair 2. mending 3. maintenance 4. reform 5. recovery 6. refurbishment 7. restitution 8. recruitment 9. moving in

dɔdɔ̀è : n. laziness

dɔdɔ̀è : adj. 1. gentle 2. humble 3. kind 4. imploring 5. nonchalant 6. slack

dɔdɔ́é : n. praying mantis *(syn. dàyíkpódàyíkpó, tùkɔ̀mìtùkɔ̀mì)*

dɔdɔkpɔ́ : n. tasting

dɔ̀gbɔ́ : n. 1. shoot 2. offspring 3. asset 4. elephant trunk

dɔkà : n. 1. net 2. mesh (of a net)

dɔkàdzíbɔ́lù : n. volley ball

dɔkítà : n. 1. doctor *(syn. àmàtsìwɔ̀lá, àtíkèwɔ̀lá, dɔ̀yɔ̀lá, gbèdàlá)* 2. hospital *(syn. àtíkèwɔ̀fé, dɔ̀nɔ̀kɔ́dzí, dɔ̀yɔ̀fé, dɔ́kítàkɔ́dzí, gbèdàfé, kɔ́dzí)*

dɔ́kítàgã́ : n. 1. doctor 2. medical doctor 3. chief medical officer

dɔ́kítàkɔ́dzí : n. 1. hospital 2. clinic *(syn. àtíkèwɔ̀fé, dɔ̀nɔ̀kɔ́dzí, dɔ̀yɔ̀fé, dɔ́kítà, gbèdàfé, kɔ́dzí)*

dɔ́kítàví : n. nurse *(syn. dɔ̀nɔ̀dzíkpɔ́lá, dɔ̀nɔ̀ŋúdzɔ́lá, dɔ̀yɔ̀láví, dzíɖùɖùdɔ́kítàví, fìàhá dɔ́kítàví, fìàhá dɔ̀yɔ̀láví, nɔ́sì)*

dɔ́kɔ́dɔ́kɔ́é : n. 1. sweet wine 2. any type of sweet drink

dɔ̀kɔ̀dɔ̀kɔ̀èfé : n. tree-top

dɔ̀kúnú : n. kenkey *(syn. kɔ́ŋù)*

dɔ̀kútsá : n. 1. net sponge 2. synthetic sponge

dɔkplɔ̀fé : n. 1. fishing 2. place where one fishes

dɔkplɔ́lá : n. fisherman (who fishes using a net) *(syn. àsàbùdàlá, dɔdàlá, fèdàlá, làɖèlá, tɔ́fòdèlá)*

dɔkplɔ̀ʊù : n. 1. trawler 2. fishing boat

dɔkpɔkplɔ̀ : n. the act of fishing with a net

dɔ̀lì : v. 1. to change 2. to substitute *(syn. dɔ̀)* 3. to have a dislocation (e.g. of a joint)

dɔ̀lì dówɔ̀nyà : v. to conjugate a verb

dɔ̀lì ŋútí : v. to moult

dɔ̀lì tèfé : v. 1. to move 2. to shift

dɔ̀lì tèfé ná : v. 1. to reverse 2. to invert 3. to change the position of

dɔ̀lì tsró : v. 1. to molt 2. to crack 3. to molt

ɖɔliɖɔ́lí : n. 1. exchange 2. swap 3. interchange 4. dislocation 5. strain 6. sprain 7. twist

ɖɔliɖɔ́líféfé : n. relay (e.g 4 × 400 metres relay)

ɖɔlɔ́lá : n. someone who fabricates nets/fishing nets

ɖɔlɔ́lɔ̃ : n. fabrication of nets/fishing nets

ɖɔmè : n. 1. ridge 2. peak 3. summit 4. crown 5. tip 6. moutain peak

ɖɔmè (àtí fé -) : n. 1. young leaves and shoots of a tree 2. crown (of a tree)

ɖɔnúwɔwɔ̀ : n. 1. religious ceremony done to purify a fishing net that doesn't catch fish anymore

ɖɔŋkɔ́ : n. name given to a child so that he doesn't die like his previous siblings

ɖɔŋkú : n. mesh (one of the openings between the threads or cords of a net) *(syn. ɖɔ́dò)*

ɖɔŋùɖó : adj. careful

ɖɔsiátà : n. a place where fishing nets are spread in order to dry them

ɖɔtɔ́tɔ́ : n. shoot (of a plant)

ɖɔvɔ́ : n. muslin fabric

ɖɔùù : v. 1. to be candid 2. to be humble 3. to be well behaved

ɖɔùù : adj. 1. candid 2. humble 3. well-behaved

ɖɔyiɖɔyi : id. 1. very firm 2. tight 3. stretching 4. packed

ɖù : v. 1. to eat 2. to consume 3. to feed on 4. to devour 5. to nibble 6. to chew 7. to graze 8. to snap 9. to bite 10. to win 11. to gain 12. to celebrate 13. to ache 14. to sting 15. to prickle 16. to wear out 17. to use 18. to spend (money) 19. to celebrate 20. to feast 20. to while (away the day) 21. to be in the role/function of 22. to be overwhelmingly hot (e.g as in the sun burning)

ɖù : n. 1. powder *(syn. pɔ́ɖà)* 2. gunpowder 3. dust

ɖù (dó - ɖé tú mè) : v. to load a gun

ɖù ... àbé ʋètsúví èné : v. to be greedy

ɖù àdzàlẽ̀ lè àsí mè : v. to be shameless

ɖù àdzé : v. to be bewitched

ɖù àdzò : v. 1. to waste 2. to spend without thought

ɖù àdzɔ̀ : v. 1. to be rewarded 2. to receive a reward 3. to be paid for a job

ɖù àdzɔ̀vè : v. to receive two dowries

ɖù àɖè : v. to bite the toungue

ɖù àɖi : v. to be poisoned

ɖù àɖù : v. to gnash the teeth *(syn. ɖù àɖùkli)*

ɖù àɖùfùɖí : v. to be parasitic

ɖù àɖùklí : v. to gnash the teeth *(syn. ɖù àɖù)*

ɖù àfá : v. to practice divination

ɖù àgbà : v. 1. to be in deficit 2. to go bankrupt 3. to be compromised 4. to be jeopardized

ɖù àgbà : v. to enjoy life

dù àkpònú : v. 1. to be parasitic (syn. dù àḋùfùḋí) 2. to be a crook 3. to have ill-gotten wealth

dù àmègá : v. 1. to become powerful 2. to become influential

dù àmì : v. 1. to eat fat 2. to eat oil

dù àmì mè ná : v. 1. to benefit from 2. to enjoy the best

dù àpà : v. 1. to labour daily 2. to do daily work

dù àtí : v. 1. to use a small wooden stick to clean the teeth 2. to use a toothpick

dù àvì : v. to cry

dù àʋànú : v. to accompany somebody to war

dù àyà : v. 1. to suffer 2. to have pain

dù àzǎ : v. 1. to celebrate 2. to feast

dù àzǎgbè : v. to celebrate a party

dù blù : v. to use force

dù blùnyà : v. to celebrate christmas

dù dǒmè : v. to inherit

dù .. dɔ̀ : v. 1. to have pity on 2. to have compassion for

dù .. dɔ̀mè : v. to have stomach ache

dù dù dzí : v. 1. to govern 2. to rule

dù dzà : v. to receive a warning

dù dzè : v. 1. to eat salt 2. to be baptized 3. to understand the language of others

dù dzè né àkɔ návé : v. to be very angry

dù dzì ná : v. 1. to grieve 2. to hurt

dù dzí : v. 1. to prevail 2. to reign 3. to predominate 4. to overcome 5.to qualify 6. to have the majority

dù ... dzí : v. 1. to conquer 2. to govern 3. to triumph 4. to dominate 5. to subjugate 6. to have the majority

dù dzò : v. 1. to bewitch 2. to cast a spell 3. to voodoo somebody 4. to make a pact with the devil (syn. nyí dzò)

dù dzó : v. to eat and spit

dù ḋàsé : v. to bear witness

dù ḋàsěfó ná : v. to be a witness for

dù ... ḋé àdzòȇ mè : v. to cheat discreetly

dù ... ḋé àprím tèfé : v. to eat too much

dù ... ḋòkùì dzí : v. to have self-control

dù dù : v. 1. to drip 2. to ooze

dù fà : v. 1. to babble 2. to chirp

dù fè : v. to be in debt

dù fètsú : v. to nip one's nails

dù féwú : v. 1. to sneer 2. to snigger

dù féwú lè ... ŋú : v. 1. to riducule 2. to humiliate 3. to despise

dù fìà : v. 1. to be king 2. to govern 3. to reign

dù fìȇnúḋùḋù : v. 1. to eat supper 2. to eat dinner

dù fɔ̀mítsí : v. 1. to hurt 2. to be painful

dù fè yéyè : v. to celebrate the new year

dù gà : v. 1. to spend money 2. to embezzle funds 3.

dù gà lè ... sí : v. 1. to spend someone's money at his/her expense 2. to extort money from 2. to earn money through gambling

dù gà lè ... ŋú : v. to file so as to smoothen or roughen or reduce something (syn. dù ... kplé fitɛ̀)

dù gã́ : v. 1. to be the master 2. to be great 3. to be powerful 3. to have preeminence 4. to dominate

dù gã́ dé ... dzí : v. 1. to overcome 2. to triumph over 3. to prevail over 4. to dominate

dù ... gòmè : v. 1. to speak ill of 2. to defame 3. to slander 4. to smear the name of

dù gbè : v. to graze

dù gbè : v. to speak a language

dù hò : v. to earn money

dù hòtsùí nyùí kplé : v. 1. to be friends with 2. to be the companion of

dù kà tsò : v. 1. to revolt 2. to be delinquent 3. to be uncontrollable

dù kápí dé ... ŋú : v. 1. to rise up against 2. to address someone with anger 3. to make nervous 4. to annoy

dù kédzi-bòŋgó : v. 1. to have sex 2. to loose one's virginity 3. to be deflowered

dù kònyí : v. 1. to complain 2. to whine 3. to mourn

dù kɔ̀ : v. to transgress a prohibition

dù ... kplé fitɛ̀ : v. to file so as to smoothen or roughen or reduce something (syn. dù gà lè ... ŋú)

dù ... kpɔ́ : v. to taste

dù lã̀ mè ná : v. to make a big impression on

dù lãmè : v. 1. to hurt 2. to envy 3. to pity

dù màkémàké : v. 1. to get agitated 2. to restless 3. to be sad

dù mí : v. 1. to act thoughtlessly 2. to act stupidly

dù mɔ́hɛ́ fé àsí : v. 1. to seperate from 2. to dissociate oneself from 3. to hate 4. to detest

dù mɔ́kèkè : v. to spend holidays

dù nàgbànàgbà : v. 1. to have jolts 2. to have convulsions 3. to swing

dù nù mè : v. to take over the mouth (e.g when one eats hot pepper)

dù nú : v. 1. to eat 2. to chew

dù nú ŋdɔ́ mè : v. to have lunch

dù nú dì fò : v. to eat to satisfication

dù nú fìẽ̀ : v. to have dinner

dù nú yàbìyábí : v. 1. to eat like a glutton 2. to gormandize

dù nú kplé dzìdzɔ̀ : v. 1. to feast 2. to feast oneself

dù nú ŋú : v. to nibble

dù nú tsàmìtsàmì : v. 1. to slam the tongue against the lips whilst eating 2. to eat noisily ḍù nútsú : v. 1. to be greedy 2. to be voracious

ḍù nyàwó lè àḍè nù : v. 1. to stammer 2. to sputter 3. to jabber

ḍù ŋdínú : v. to eat breakfast

ḍù ŋdɔ́nú : v. to eat lunch

ḍù ŋkèkè nyùí : v. to celebrate a day

ḍù ŋkú mè ná : v. 1. to dazzle 2. to stun

ḍù ŋɔ̀tí lè ŋùgblàdòmè ná : v. 1. to scold 2. to roar after 3. to get mad at

ḍù ... ŋú : v. 1. to gnaw 2. to fret 3. to nibble 4. to eat up

ḍù píkíníkì : v. to have a picnic

ḍù plàsì : v. 1. to joke 2. to make fun of 3. to laugh 4. to tease 5. to chatter

ḍù tà ná : v. 1. to cause one to have a headache 2. to exceed 3. to be beyond the scope of someone/something

ḍù ... tè : v. 1. to not share 2. to be stingy

ḍù ... títì àsí ḍé ... ŋú : v. to be ungrateful

ḍù trɔ̃ : v. to become a follower of a fetish

ḍù tù : v. to be competent

ḍù ... tù ná : v. 1. to be knowledgeable with/in something 2. to master something

ḍù ... tù ḍé nù mè ná : v. to suggest what to say

ḍù ... tù tsyó ḍé ... ŋú : v. to be ungrateful

ḍù tsé : v. 1. to express dissatisfaction 2. to click/slam the tongue as a sign of dissatisfaction 3. to insult

ḍù tsyrɔ̃ : v. to inherit

ḍù ví : v. to behave like a child

ḍù ví ná : v. 1. to pamper 2. to coddle

ḍù vòdú : v. to demonstrate voodoo

ḍù yɔ̀ ná : v. 1. to be patient with 2. to have pity on

ḍù zãnú : v. to be corrupt

ḍú : v. 1. to dance 2. to perform a dance

ḍú ɣè : v. to dance

ḍùàtíḍùàtí : v. big bark beetle (an insect that attacks wood) *(syn.* ḍùglí*)*

ḍùdódó ḍé tú mè : v. to load a gun

ḍùdzè : adj. 1. someone who eats salt 2. smart person 3. thoughtful person

ḍùdzi : adj. 1. distressing 2. something which pains the heart

ḍùdzí : adj. 1. dominant 2. conqueror 3. triumphant

ḍùdzò : n. simultaneous discharge of firearms or successive cannon shots (especially for saluting purposes)

ḍùdzò : adj. someone who has agreed to keep a secret

ḍùdzó : n. 1. whitish vulvar discharge that is sometimes purulent 2. ruminant

ḍùdzɔ̀ : n. inability to retain sperm (by a woman after sexual intercourse)

ḍùḍétóé : n. false labour *(syn.* ḍùtsé*)*

dùdɔ̀ : n. 1. filth 2. trash 3. scum 4. litter

dùdɔ̀ : v. 1. to change 2. to alternate

dùdɔ̀ : adj. 1. low 2. weak 3. poor

dúdɔ́ : v. 1. to lick 2. to kiss 3. to greet with love 4. to help someone carry a load

dúdɔ́ ... fàà : v. 1. to greet 2. to send one's respects 3. to kiss 4. to exchange greetings

dúdɔ́ nù (ná) : v. 1. to kiss 2. to osculate 3. to embrace 4. to hug 5. to cuddle

dúdɔ́ ɲútí : v. to lick oneself

dùdɔ̀dùdɔ̀ : n. 1. change 2. exchange 3. alternation 4. alteration

dùdɔ̀dúdɔ́ : n. exchange

dùdɔ̀è : n. 1. weakness 2. frailty 3. impotence

dùdɔ̀è : adj. 1. contemptuous 2. weak 3. insignificant 4. unimportant

dùdɔ̀èwó : n. 1. ragtag and bobtail 2. scum 3. riffraff

dùdɔ̀kpɔ̀kplɔ̀ : n. sweeping of garbage

dùdɔ̀lɔ́lɔ́ : n. garbage collection

dùdù : n. 1. consumption 2. sting 3. bite 4. tingle 5. prickle 6. privilege 7. wealth

dùdù : adj. 1. edible 2. eatable

dúdú : n. dance

dúdú : v. 1. to spin 2. to whirl 3. to turn 4. to roll

dúdú àvè : v. 1. to spin the top 2. to rotate the top

dùdùà : adj. 1. something that is to be eaten 2. edible

dùdùdzó : n. the act of eating and spitting out

dùdùì : n. rheumatism (syn. àgbàklìkpé, àké dɔ̀sésẽ́, ɲúdúdùì, ɲúdùì, ɲúídù, ɲúídùdùì, sìtídɔ̀, sìtí, tìtí)

dùdúdú, dùdúúdú : n. 1. spinning 2. rolling 3. whirling 4. twirling

dùdúdúfé, dùdúúdúfé : n. place where something turns

dùdùtèfé : n. place to eat

dùfádùfá : n. recurrent pain in the lower abdomen

dùfù : adj. 1. someone who suffers 2. suffering 3. unwell

dùfé : n. 1. privilege 2. favour

dùfékpɔ́lá : n. privileged person

dùglí : n. a type of insect that attacks wood (syn. dùàtídùàtí)

dùgò : n. powder keg [a barrel of gunpowder] (syn. dùgòtí, dùtí)

dùgóé : n. gun powder case

dùgòtí : n. powder keg [a barrel of gunpowder] (syn. dùgò, dùtí)

dùgrèdùgrè : id. very high

dùgbě : adj. herbivorous

dùyì : n. 1. period of celebration 2. period of feasting

dùìnàfònú : n. rainbow wrasse

dùkú : n. poison

dúkù : n. 1. scarf for the head 2. handkerchief 3. namesake (of something which has the same name as another thing)

dùkùí : n. a variety of chilli

dúkùví : n. 1. handkerchief 2. tissue

dúlà̰ : adj. carnivorous

dùmànánòví : n. 1. ban 2. interdiction

dùmànánòví : adj. 1. good 2. unallowable

dùmú : n. gecko

dùsè : n. a type of very loud gun

dùsì : n. a rifle used during ceremonies

dùsí : n. right hand

dùsí (lè - mè) : adv. on the right side (direction)

dùsí mè : adv. to the right

dùsímèhá : n. right (political orientation)

dùsímètò : adv. right handed

dùsímètó : n. right winger (football)

dùsímèʋà, dùsìʋà, dùsíʋàkó : n. right wing of an army

dùtí : n. powder keg [a barrel of gunpowder] *(syn. dùgò, dùgòtí)*

dùtódùtó : n. a type of insect that attaches itself to wood or grains

dùtóé : n. false labour *(syn. dùdétóé)*

dùtré, dùdótré : n. gunpowder calabasch

dùʋùlɛ̀ : n. 1. carnivorous 2. carnivorous animal

E

-è : pron. 1. the 2. this 3. that 4. him 5. her

è- : pron. you

-é : part. 1. it is 2. it is ... that 3. it is ... who

é- : pron. 1. it 2. he 3. her

é- : pron. 1. he 2. she 3. this 4. that 5. his 6. hers 7. the

-é- : pron. 1. he 2. she

é- ... à/lá : pron. 1. his 2. her 3. its 4. their

-é nyé émá : adv. 1. here it is 2. here is

-é nyé ési : adv. 1. here is that 2. this is that 3. there's only

ébéná : conj. 1. he/she/it means that 2. which means that

èblè : n. tail

èdɔ : n. 1. sickness *(syn. dɔléàmè, dɔlélé, dɔ, kpòkpò)* 2. crusted sores /cold sores *(syn. dɔ)*

èdzi : n. 1. eczema *(syn. dzi)* 2. flagfin moarra (a type of fish)

édzí : adv. above

édziédzí : adv. 1. often 2. frequently 3. always 5. ever 6. constantly 7. forever 8. all along 9. fluently

édzíptè : n. egypt

éɖókúí : pron. 1. of himself/herself/itself 2. spontaneously

éɖókúí ná : pron. 1. himself 2. herself 3. itself 4. themselves

éɖɔlì àwù : phr. she is pregnant

éfló : n. 1. shad 2. bonga *(syn. fàfàsìà)*

èfú : n. pregnancy *(syn. fú)*

èfúdzɔ́dzɔ́ : n. spontaneous abortion/miscarriage *(syn. èfúgégé, fúdzɔ́dzɔ́, fúgégé, fúgbégblẽ́)*

èfúɖùàmè : n. labour pain *(syn. èkúlélé, fúɖùàmè, kúlélé)*

èfúgégé : n. spontaneous abortion/ miscarriage *(syn. èfúdzɔ́dzɔ́, fúdzɔ́dzɔ́, fúgégé, fúgbégblẽ́)*

éfé : pron. 1. his 2. her 3. its

èféá : n. tiger nut *(syn. fìẽ̀)*

éfúɖùàmè : n. toothache *(syn. àɖìsí, àɖùɔ́lélé, àɖùɖùàmè, áɖùsí, àɖùvéàmè, áɖùvéé, àɖùvévé, àɖùvévédɔ̀, glàɖùàmè, glàvéàmè, káká)*

ègò : n. goitre *(syn. àgbà, àgbɔ́, àkɔ́nɔ́è, àvɔ̀, gò, kɔ̀tɔ̀kɔ̀lì)*

égɔ̀mè : adv. below

égɔ̀mè ényé (bé) : loc. 1. it means (that) 2. that is to say 3. because

égɔ̀mèsèsè : n. understanding of something

ègùdɔ : n. a sickness resulting from breaking of a taboo *(syn. gù, gùdɔ́)*

ègùtádzè : n. 1. double-toothed barbet 2. bearded barbet 3. yellow-billed barbet

égbàléwógbè : adv. in eight days

égbàléwógbè ŋútí, égbàléwógbè tà : conj. that's why

égbè : n. today

égbè yètrɔ́ : n. this evening

égbè ŋdí : n. this morning

égbè ŋkèkèwó (lè míáɟé - mè) : adv. 1. nowadays 2. now

égbè sìà : n. 1. today 2. nowadays

égbè zằ : n. this night

égbèà : n. 1. today 2. nowadays

ègbèdàlá : n. healer/ herbalist (syn. àmàtsìwɔ̀lá, àtíkèwɔ̀lá, dédɔ̀dàlá, dédɔ̀yɔ̀lá, dɔ̀dàlá, dɔ̀yɔ̀lá, dɔ́kítà, gbèdàlá, gbèwɔ̀lá, gbèwɔ̀tɔ́)

égbĕgbè, égbĕgbè sìà : adv. 1. nowadays 2. currently 3. now 4. presently

égbĕgbètɔ̀ : adj. 1.current 2. up to date 3. modern

égbènyà : n. 1. news 2. latest news 3. event of of the day

égbéví : n. contemporary

égbévíwó : n. the new generation

ègbò : n. african fork-tail snapper

égbévíwó : n. th

égú! : intj. wow!

èhè : n. john dory (a type of fish)

-èhè : suff. (suffix that indicates direction)

èhíì!, èhóò!, èhúǜ! : intj. ohoo!

ékà? : pron. which

èkàrístíà : n. eucharist

ékè, ékèà : pron. that

ékém : adv. so then

ékèmá : pron. 1. this 2. that 3. that one 4. this one

ékémá : adv. so

ékèmɛ̀ : adv. the other

èklì : n. yaws (syn. àklì, àkpìằ, àtsàkpà, dɔ̀kúí, dzɔ̀bú, klì, tsàgbà)

èkɔ̀é : n. soap (syn. àɖì, àdzàlɛ̀, kɔ̀é)

èkɔ̀ŋúnú : n. tonsillitis (syn. kɔ̀kúí, kɔ̀ŋúnú, kɔ̀ŋúnúí, vèmèvéé)

èkɔ̀véé : n. neck pain (syn. kɔ̀véé)

èkúdɔ̀ : n. a general term used for terminal diseases (syn. dɔ̀lémàfɔ́é, kúdɔ̀)

èkùátɔ̀ : n. equator

èkùátɔ̀ kplé èkùátɔ̀likànùflì dòmè : n. latitude

èkùátɔ̀likànùflì : n. longitude

èkúlélé : n. labour pain (syn. èfúɖùàmè, fúɖùàmè, kúlélé)

èkpé : n. cough (syn. kpé, kpédɔ̀)

èkpétíkè : n. cough mixture (syn. kpémàtsì, kpétíkè)

èkpévɔ́ : n. tuberculosis (syn. àlɔ̀kplíkpé, yɔ̀mèkpé, kpèvɔ́)

èkpó : n. hunch/hump (syn. kpó)

èkpòdò : n. leprosy *(syn. ànyì, ànyìdò, ànyìdòlélé, ànyídzèdò, dò dzɛ́, gbòdò, kpìtsì, kpò, kpòdò, nògòtòlí, tótrì, zòkpò)*

ékpò! : intj. 1. phew! 2. how hard it is!

èkpòó : n. louse *(syn. èyò, kpòó, yò, yòè)*

élé dzì : phr. she is pregnant

éliá àtí : phr. she is pregnant

élàbé : conj. because

élàbéná : conj. because

élè bé : loc. 1. it is necessary that 2. it is an obligation to

élè émè bé : loc. 1. of course 2. naturally

élɛtródì : n. electrode

élɛtròfónì : n. 1. electrophone 2. record player

èlikòté, èlikópta : n. helicopter

émà : pron. 1. this one 2. that one

émá : pron. 1. it 2. that 3. that over there 4. that one

émá ké : pron. the same

émáwò : pron. 1. these ones 2. those ones.

émè : n. 1. inside 2. interior 3. heart

émè (dé -) : loc. therein (indicating motion)

émè (lè/nò - ná) : v. to agree to

émè nyó (ná) : adv. so much the better (for)

émègbé : n. 1. afterwards 2. later 3. later then

émèkpókpó : n. tolerance

émènònò : n. 1. countenance 2. being in

émènú : n. 1. content 2. consequences

émènyà : n. 1. content 2. consequences

émènyà vévítò : n. summary

émènyàwó : n. table of contents

émètò : adj. 1. interior 2. internal

émètsónú : n. 1. disadvantage 2. consequence

émèvává : adv. between

émɛ̀ : pron. 1. this one 2. that one

émítómè : n. anus *(syn. àgòmè, àŋlògònù, àŋlòmè, àŋlònù, àŋòkplí, àzì, gòmè, gbímè, mínyèfé, mító, mítómè)*

èmògbègbléɖò : n. madness *(syn. aɖaʋà, aɖaʋàdò, àlè, ɖaʋà, ɖaʋàdò, ètsù, ètsùkúkú, lànú, mògbègblé, mògbègbléɖò, tàgbóɖò tàgbógbègblé, tàgbógbègbléɖò, tsù, tsùkúkú)*

ènè : adj. num. four

èné : conj. as *(syn. nèné)*

èné (àbé ... -) : part. 1. as though 2. such as

ènè ènè : adv. four by four

ènèágbè : n. the fourth day

ènèɖì : n. set of four (the game of oware)

ènèlíá : adj. fourth

ènèlíá dèká : n. quarter

èní : n. 1. namesake 2. homonym

énò gàlìdétsí : phr. she is pregnant

énùénù : adv. 1. constantly 2. often 3. always 4. frequently

énùmáké : adv. 1. immediately 2. right away 3. simultaneously 4. suddenly

énùmáké (lè - /nò -) : v. to be immediate

ènyɛ́ : n. cutaneous migrans/ blisters on the foot (syn. nyɛ́, nyɔ́nùfé, nyɔ́nùfɛ́, nyɔ́nùfɛ̃́)

ènyí : adj. num. eight

ènyí ènyí : adj. num. eight by eight

ènyíágbè : n. the eight day

ènyílíá : adj. num. eighth

ényó : pron. + v. 1. it's good 2. it's ok 3. very good 4. okay

ényó tà : pron. + v. 1. this is very good 2. it is capital

ényó vídé : pron. + v. it is quite good

ènyrè : n. gum

éŋgɔ̀ ʋíí : adv 1. since a long time 2. long before

éŋlɔ̀lá : n. author (of a writing)

èŋúífìèàmè : n. itching (syn. fìèfìè, ŋùífìè, ŋùfìɛ̀, ŋúífíèàmè, ŋútífíèàmè)

èŋúívéámè : n. pain in the skin (syn. èŋúívéé, làmèvéé, ŋúívéámè, ŋúívé, ŋúívéé, ŋúvé)

èŋúívéé : n. 1. cutaneous disease 2. pain in the skin (syn. èŋúívéámè, làmèvéé, ŋúívé, ŋúívéámè, ŋúívéé, ŋúvé)

èŋùítsétsé : n. skin rashes (syn. ŋùítsétsé, ŋútsétsé)

éŋútí : pron. 1. about it 2. about something

énò gàlìdétsí : ph. to be pregnant

èpískɔ́pò : n. bishop

èpískɔ́pògá : n. archbishop

èpískɔ́pògádzídùfé : n. archdiocese

èpískɔ́pògánɔ̀fé : n. 1. a territory under the jurisdiction of an archbisop 2. headquaters 3. archiepiscopal palace 4. province

èpískɔ́pògánɔ̀fé gbèdóxɔ̀ : n. cathedral

èpískɔ́pòtɔ̀ : adj. pastoral

Erópà : n. europe

èrópàtɔ́ : n. european

èsási : n. 1. essence 2. gasoline 3. petrol

èsásìtígó : n. 1. barrel 2. gasoline can

ésì : pron. 1. this 2. that 3. what 4. here

ésì : conj. 1. when 2. as soon as 3. while 4. as 5. since

ésì dzí : loc. on which

ésì ... kò (là) : conj. 1. once 2. as soon as

ésì ... mè : loc. 1. in which 2. where

ésì ... ŋútí : conj. 1. like 2. since 3. given that

ésì ... tà : conj. 1. as 2. since 3. as though 4. like this 5. like that

ésì ... vɔ̀ kò : conj. 1. after which 2. after having 3. once

Esí : n. Esi (name of a female born on a Sunday)

ésìà : pron. 1. this 2. that 3. here 4. this one *(syn. éyi)*

ésìà (lè - mè) : conj. 1. as 2. thus

ésìà (lè - mègbé) : conj. 1. after that 2. thereupon 3. hereupon

ésìà (lè - tà) : conj. 1. because of this/that 2. for this reason 3. that is why

ésìàtà : conj. that is why

ésìàwó : pron. 1. these 2. these ones *(syn. éyiwó)*

ésìké : conj. 1. since 2. as

ésìmè : conj. 1. as 2. because 3. if 4. while 5. whereas 6. when

ésìmè (lè -) : conj. 1. while 2. whereas 3. when

ésìmè (lè - ké) : conj. 1. however 2. yet 3. but

ésìmè ké : conj. 1. while 2. whereas

ésìwó : pron. those that

Estónìà : n. Estonia

ésùsɔ̀ ʋèè : loc. 1. it just takes a little 2. almost 3. nearly

ètàɖúámè : n. headache *(syn. ètàvéé, tàɖù, tàɖùàmè, tàɖùɖù, tàɖùì, tàvéámè, tàvéé)*

ètàkókó : n. baldness *(syn. ètàkpákpã́, tàbébé, tàkókó, tàkpákpã́)*

ètàkpákpã́ : n. baldness *(syn. ètàkókó, tàbébé, tàkókó, tàkpákpã́)*

ètàvéé : n. headache *(syn. ètàɖúámè, ètàvéé, tàɖù, tàɖùàmè, tàɖùɖù, tàɖùì, tàvéámè, tàvéé)*

èté : n. 1. aunty *(syn. tásì, té)* 2. garden egg *(syn. àɖìfá, àgbìtsá, tè̩)*

été : adv. 1. below 2. beneath 3. underneath

étèfé (lè -) : loc. 1. at it's place 2. present

étèfé dìdì : n. + v. 1. it's been a long time since 2. since a long time 3. it is far

ètídzèdzè : n. stiffness *(syn. dzètí, tídzèdzè)*

ètóɖùàmè : n. ear-ache *(syn. ètómèvéé, tóɖùàmè, tómèvéé)*

ètókúnɔ̀ : n. deaf person *(syn. tókú, tókúkútɔ́, tókúnɔ̀)*

ètómèvéé : n. ear-ache *(syn. ètóɖùàmè, tóɖùàmè, tómèvéé)*

étɔ̀ : pron. + v. 1. his/hers

étɔ̀ : adj. num. three

étɔ̀ : loc. adv. three by three

étɔ̀ágbè : loc. the third day

étògbè : n. 1. similar to another 2. equal to each other 3. coequal

étɔ̀líá : adj. num. third

étɔ̀líá dèká : n. a third

ètópik : n. ectopic pregnancy (syn. làwómèfúfófó)

ètrú : n. vomit (syn. trú, xè)

Etsɛ̀ : n. Etse (name given to a male twin that was born as the second)

ètsìlèlè : n. the act of bathing (syn. tsìlèlè)

ètsìmàmí : n. sand flea (syn. àdèsú, dòsú, dzìgá, màmídòsú, tsìmàmí, zìzíŋzòsú)

ètsó : n. 1. xylopia aethiopica 2. guinea pepper 3. negro pepper (a spice which also has medicinal properties)

ètsɔ̀ : n. 1. yesterday 2. tomorrow 3. the future

ètsɔ̀ fé dó: adv. loc. 1. good morning 2. good afternoon (used when two people haven't seen each other since the day before)

ètsɔ̀ fé dó lòò : adv. loc. thank you

ètsɔ̀ fiɛ́ : n. last night

ètsɔ̀ yèláyì : n. tomorrow at the same time

ètsɔ̀ ké : loc. adv. already

ètsɔ̀ ŋdí : loc. adv. tomorrow morning

ètsɔ̀ sì gbɔ̀nà : loc. adv. 1. tomorrow 2. future

ètsɔ̀ sì vá yì : loc. adv. 1. yesterday 3. the past

étsólá : n. 1. porter 2. carrier

ètsòmè : n. future

ètsù : n. madness (syn. àḍàʋà, àḍàʋàḍɔ̀, àlè, ḍàʋà, ḍàʋàḍɔ̀, èmògbègbléd̄ɔ̀, ètsùkúkú, lànú, mògbègblé, mògbègbléd̄ɔ̀, tàgbóḍɔ̀ tàgbógbègblé, tàgbógbègbléd̄ɔ̀, tsù, tsùkúkú)

ètsùkúkú : n. madness (syn. àḍàʋà, àḍàʋàḍɔ̀, àlè, ḍàʋà, ḍàʋàḍɔ̀, èmògbègbléd̄ɔ̀, ètsù, lànú, mògbègblé, mògbègbléd̄ɔ̀, tàgbóḍɔ̀ tàgbógbègblé, tàgbógbègbléd̄ɔ̀, tsù, tsùkúkú)

ètsúí : n. green-chinned sunbird (syn. tsíntsín)

èvàngéliò : n. gospel

èvè : n. 1. pair 2. alligator

èvè : adj. num. two

èvè (lè/nɔ̀ - dòmè) : v. 1. to be in between 2. to be average

èvè èvè : loc. adv. 1. two by two 2. in pairs

èvètɔ̀ : adj. duel

èvèágbè : n. 1. the second middle farming day of the week (as used by farmers) (syn. vèɛ́gbè, kúḍágbè) 2. the second day

èvèdòmènɔ̀nɔ̀ : n. 1. ambiguity 2. embarassment

èvèdòmèfli : n. median

èvèdòmèsí : n. 1. medium 2. medium size

èvèdòmèsínɔ̀nɔ̀ : n. mediocrity

èvèdi : n. set of two (game of oware)

èvèlíá : adj. num second

èvidáfè : n. post-natal clinic *(syn. vidáfè)*

èvixélá : n. mid-wife / birth attendant *(syn. dzilá, vixélá)*

èvò : n. a swelling of the scrotum/hydrocele *(syn. àfò, àfũ, vò)*

évò : pron. +v. 1. but 2. yet 3. that's it 4. it's finished

évòà : conj. 1. but 2. yet 3. however 4. although

èʋã̀ : n. 1. shingles 2. hepers zoster *(syn. ànànsè, mékpéã́mèɖóò, sàndzà, ʋã̀)*

èʋè : adj. eʋe

Eʋe : n. 1. Eʋe (also classified as Gbe) speaking poeple of West Africa (mainly located from the Greater Accra Region in Ghana through to Lagos in Nigeria) 2. Ewe (also known as the ancient Hebrew [Eʋe] /hébritɔ́) (Mawuvi, 2019, S. 185, 192, 193, 194, 196) 3. also known as (Eibe, Eber, Ebwe, Éoué, Eve, Éwé, Efe, Eue, Eyeo, Vhe, Gbe, Krebi, Krebe, Oyeo, Oyo, Pope, Yarba, Yarriba) in other literature (Mawuvi, 2019, S. 182) (Germanwikipedia, 2022) (Frenchwikipedia, 2022) 4. Erverh [Hebrew/Israelite] (Mawuli, 2019)(Names.org, 2022) *(syn. hébritɔ́)*

Eʋèàwó : n. the Eʋe people

Eʋè-blíkú : n. maize

Eʋè-dòmètɔ́wó : n. the Eʋe people of the interior lands

Eʋè-dzidziwó : n. the Eʋe people

èʋègbàlẽ̀fòmɔ̀ : n. 1. Eʋe language keyboard 2. Eʋe language typewriter

èʋègbàlẽ̀xèxlẽ̀ : n. 1. Eʋe language reading book

èʋègbè : n. Eʋe language

Eʋè-mè : n. Eʋeland

Eʋè-nyígbá, Eʋènyígbá : n. Eʋeland

èʋèŋùtí : n. Eʋe orange

Eʋètɔ́ : n. a native of Eʋeland

Eʋèví : n. a native of Eʋeland

èʋèvɔ́ : n. loincloth of Eʋeland

èʋɔ̀ví : n. a type of health condition of a baby/child that deviates greatly from that of standard normal baby/child in that the baby is not able to walk on it's own, has a very malleable body like that of a snake/python, salivates continuously, squints with the eyes , shows its's tongue outwards intermittently, is not able to talk well. *(syn. ʋɔ̀ví)*

èʋùdèdè : n. dysentery *(syn. èʋùnyènyè, èʋùsísídɔ̀, kpètà, sikpùi, ʋùdèdè, ʋùnyènyè, ʋùsísídɔ̀)*

èʋùɖèfé : n. laboratory (for drawing blood) *(syn. ʋùɖèfé)*

èʋùmàtsì : n. blood tonic *(syn. èʋùtíkè, èʋùtrɔ́tíkè, ʋùmàtsì, ʋùtíkè, ʋùtrɔ́màtsì, ʋùtrɔ́tíkè, ʋùtsíkè)*

èʋùnyènyè : n. dysentery *(syn. èʋùdèdè, èʋùsísídɔ̀, kpètà, sikpùi, ʋùdèdè, ʋùnyènyè, ʋùsísídɔ̀)* èʋùsísídɔ̀ : n. bloody flux/dysentery *(syn. èʋùdèdè, èʋùnyènyè, kpètà, sìkpùì, ʋùdèdè, ʋùnyènyè, ʋùsísídɔ̀)*

èʋùsɔ̀gbɔ̀dɔ́ : n. high blood pressure/hypertension *(syn. ʋùkàmèxéxédɔ̀, ʋùsɔ̀gbɔ̀dɔ́)*

èʋùtíkè : n. blood tonic *(syn. èʋùmàtsì, èʋùtrɔ́tíkè, ʋùmàtsì, ʋùtíkè, ʋùtrɔ́màtsì, ʋùtrɔ́tíkè, ʋùtsíkè)*

èʋùtrɔ́tíkè : n. blood tonic *(syn. èʋùmàtsì, èʋùtíkè, ʋùmàtsì, ʋùtíkè, ʋùtrɔ́màtsì, ʋùtrɔ́tíkè, ʋùtsíkè)*

èwó : n. 1. decade 2. group of ten units 3. ten

èwó : adj. num. ten

èwó èwó : loc. adv. ten by ten

èwòá : n. african locust bean (parkia bigloblosa)

èwòá : num. tenth *(syn. èwòlíá)*

èwóàgbè : n. the tenth day

èwóbáblá : n. group of ten units

èwòlíá : num. tenth *(syn. èwòá)*

èwòtɔ̀ : n. a tenth of

èwòtɔ̀ : adj. decimal

éyà : pron. 1. this 2. that 3. this one 4. that one

éyà (tsó - mè) : loc. conj. from the

éyà fòmèví : n. 1. this sort of 2. such

éyà mà : pron. 1. himself 2. herself

éyà má ké : pron. precisely this one

éyà ŋútí : loc. 1. this is why 2. consequently 3. on account of 4. because of

éyà ŋútɔ́ : pron. 1. himself 2. herself

éyà tà : conj. 1. this is why 2. consequently 3. on account of 4. because of

éyà tàé … ɖó : conj. 1. that is why 2. this is why

éyà tɔ̀gbè : pron. 1. such 2. such as this 3. such a

éyá : pron. 1. him 2. it 3. her 4. he 5. she

éyàtɔ̀ : adj. 1. his 2. hers 3. that which belongs to him/her

éyé : conj. 1. then 2. and (expanded form of yé) *(syn. yé)*

éyì : pron. 1. this 2. this one *(syn. ésìà)*

éyìwó : pron. 1. these 2. these ones *(syn. ésìàwó)*

èyɔ̀ : n. 1. tick 2. louse (parasites on human) *(syn. èkpòó, kpòó, yɔ̀, yɔ̀è)*

èyɔ̀è : n. lice (parasites on animals eg. dogs, fowls, etc)

èzàtá : n. saliva that is produced at night during sleep *(syn. zàtá)*

èzè : n. clay pot (mostly used for storing drinking water) (Ketavibes, 2021) *(syn. tsìnòzé)*

ɛ

-ɛ̀ (= a + e) : pron. the

ɛ̀, ɛ̀ɛ̀ : particle. 1. yes adv. 1. so 2. that 3. such 4. as

ɛ̰̀, ɛ̰̀ɛ̰̀ : particle. 1. yes adv. 1. so 2. that 3. such 4. as

ɛ́ ? : interj. 1. what ? 2. which ?

ɛ̃ɛ̃ ɖé! : adv. 1. yes of course! 2. oh yes! 3. but yes!

ɛ̀fɔ́à? : phr. how are you?

ɛ̀hɛ́ɛ̰̀ : adv. 1. ah yes! 2. ah good!

ɛ̀nfràrúzyì : n. adj. infrared

ɛ̀nfràrúzyìkéklḛ̄ : n. adj. infrared ray

F

fà : v. 1. to deplore 2. to sympathize 3. to cry (concerning somebody) 4. to chirp 5. to warble 6. to whistle 7. to scream (bird) 8. to heave a sigh 9. to buzz (insect) 10. to give our a little cry 11. to sing (bird) 12. to dilute 13. to crumble/dissolve in a liquid 14. to make a metal malleable 15. to embrace 16. to trample on 17. to knead

fà àḍàtsì : v. 1. to weep 2. to shed tears

fà àgbàlɛ̀ ḍé ... ŋú : v. 1. to package 2. to wrap

fà àvì : v. 1. to cry 2. to weep 3. to shed tears 4. to sob

fà àvì yí mè : v. 1. to mourn a dead person 2. to be deeply touched

fà àvɔ̀ ḍé ... dzí : v. to cover with fabric

fà bà : v. 1. to walk in the mud 2. to pick up mud with the foot/footwear

fà dzìdzɔ̀ví : v. to shed tears of joy

fà ... ḍé ... ŋú : v. 1. to gild 2. to plate with gold 3. to cover with

fà ... fé ávi : v. 1. to deplore 2. to bemoan

fà hũ : v. 1. to sigh 2. to sob 3. to growl 4. to bellow

fà kònyí : v. 1. to complain 2. to mourn 3. to bewail

fà kònyí lè ... ŋú : v. 1. to cry (concerning somebody) 2. to complain about something 3. to regret 4. to mourn

fá : v. 1. to be soft 2. to mellow 3.to relent 4. to be fresh 5. to be cold 6. to cool down 7. to chill 8. to freeze 9. to frost 10. to be ice 11. to be passive

fá àkɔ́ : v. 1. to console 2. to calm down 3. to refresh

fá àkɔ́ ná : v. 1. to calm 2. to quiet 3. to soothe 4. to tranquilize 5. to ease 6. to console

fá dɔ́ ná : v. 1. to relieve 2. to alleviate 3. to ease 4. to succor 5. to salve

fá dzì ná : v. 1. to calm 2. to quieten 3. to soothe 4. to tranquilize 5. to ease 6. to console

fá ... ná : v. 1. to calm 2. to soothe

fá ... nú : v. to intervene to stop

fá tú : v. 1. to be gentle 2. to be calm 3. to be peaceful

fằ : n. 1. viper 2. adder 3. african egg-eating snake 4. puff adder 5. night viper

fằ (lè - /nɔ̀ -) : v. to be tolerant

fàà : adv. 1. willingly 2. openly 3. with pleasure 4. without hesitation 5. without fear 6. gladly 7. readily

fàà : conj. 1. all the same 2. well 3. so

fàbɛ́ : adj. 1. thin 2. narrow

fàbòò : adj. id. 1. big and tall 2. wide

fádà : n. 1. priest 2. clergyman 3. presbyter 4. clergy

fàdã̀ : adj. 1. big 2. immense 3. wide

fàdàà : adj. id. wide

fádàgã́ : n. priest

fádàví : n. vicar (someone who is second in command in a pastoral office)

fàdrìfànyà : adj. completely ruined

fàfà : n. 1. whining 2. twittering 3. cooing 4. murmur 5. noise (caused by a beast)

fàfá : n. 1. freshness 2. cold 3. humidity 4. softness 5. calm 6. tranquility 8. quietude 9. relief 10. appeasement

fàfá (ná -) : v. to refresh

fǎfá ɖé ... mè : n. 1. acquiescence 2. agreement 3. assent 4. approval 5. submission

fáfá, fáfɛ : adj. 1. cool 2. cold 3. wet 4. frozen 5. air-conditioned 6. lush 7. youthful 8. peaceful 9. calm 10. untroubled 11. sensitive

fáfáá, fáfɛɛ, fáfɛ ɖé : id. 1. peacefully 2. calmly 3. modestly 4. obediently 5. tenderly 6. delicately

fàfàtɔ́ : n. consoler

fǎfáfé : n. 1. cold place 2. quiet place

fǎfáyì : n. cold season

fǎfámè : n. cold season

fàflà : n. 1. fineness 2. delicacy 3. lightness 4. flicker 5. wobbling 6. flaming

fǎflá : n. 1. savings 2. overtaking (as in a car overtaking another) 3. crossing (a stream) 4. the act of camling somebody in trance

fáflɛ : adj. 1. thin 2. light

fàkò : adj. 1. big 2. fat and ugly

fǎkòé : n. little viper

fàkònyí : adj. 1. distressed 2. sad 3. consumed with grief

fǎkpúí : n. burrowing snake

fàlà : adj. 1. thin 2 flat and light

fàlàà : id. 1. lighlty 2. slightly

fáláfálá : id. 1. thin 2 flat and light

fálɛɛ : id. 1. thin 2. flat and light for something small

fáléfálɛ : id. 1. thin 2. flat and light 3. lightly (to touch)

fàlinyà : n. cassava flour

fàm : n. 1. returns 2. harvest (Biblia alo Ŋɔŋlɔ Kɔkɔe la le Eʋegbe me, 1913,2006, S. Nyagblɔla 4:9)

fàmàsì : n. pharmacy

fàmàsìɛ̀ : n. pharmacist

fàmàkòdìnàmì : n. pharmacodynamics

fámàkòlòzyí : n. pharmacology

fàndròò : adj. 1. swaying 2. unstable (syn. fàtròò)

fàndzàà : id. 1. wide 2. big 3. huge

fànyà : v. 1. to knead 2. to mix 3. to crush 4. to massage 5. to palpate 6. to give a good beating 7. to beat (the wheat) 8. to loot 9. to ransack (a city)

fànyàà : id. 1. cheerfully 2. messy 3. in a disorganized way

fànyàà (lè - /nɔ̀) : v. 1. to be cheerful 2. to be happy 3. to be flat

fànyàfànyà : id. 1. messy 2. in a messy way 3. topsy-turvy 4. cheerfully 5. muddy 6. heavily

fányɛ : adj. 1. small 2. stocky

fányɛfányɛ : id. 1. muddy 2. painfully (of describing the gait of very thin person)

fàmíyɔ́ : n. 1. toilet desinfectant 2. detergent

fàtrà : adj. large (surface)

fàtràfàtràfàtrà : id. noise produces when a cow defecates

fátrɛ́ : adj. small (surface)

fátrɛ́fátrɛ́ : id. nose produced when a small animal defecates

fàtròò : id. 1. tall and light 2. wobbly 3. instable

fàtròfàtrò : id. 1. lightly 2. softly

fátròèfàtròè : id. very lightly

fàtù : adj. 1. good 2. kind 3. gentle 4. harmless

fàtsà : adj. rough

fàtsàfàtsà : id. rough (of a big surface)

fátsɛ́ : adj. rough (of a small surface)

fátsɛ́fátsɛ́ : id. rough (of a small surface)

fàtsrà : id. noise produced by the feet

fàvièbùtó, fàvièʋùtó : n. 1. owl *(syn. àdzéxè, kpòkù, ʋlùkùkù, ʋlùkpùkpù, ʋùïʋùï̃, xè dóámèkú)* 2. pel's fishing owl

fáyíkó ! : n. 1. nil 2. nix 3. naught

fáyó : n. powder

fè : v. 1. to garnish 2. to cover 3. to fix 4. to attach

fè : n. 1. debt 2. obligation 3. loan 4. fishhook 5. claw 6. brood 7. dirt 8. filthiness

fè (blà - ná) : v. to give a fine

fè (bù - ná) : v. to ask for the bill

fè (ɖé - ná) : v. 1. to pinch with the fingers 2. to scratch 3. to claw

fè (dó - ná) : v. to charge more

fè (dzè -) : v. 1. to pinch with the fingers 2. to scratch 3. to claw

fè (ɖè -) : v. 1. to repy 2. to pay off debts 3. to cut fingernails

fè (ɖù -) : v. to be in debt

fè (lé -) : v. 1. to brood 2. to hatch

fè (lé - mè ná) : v. to repay part of one's debts

fè (lì -) : v. to claim one's due

fè (ká - mè) : v. to repay of one's debts

fè (kpà -) : v. to cut fingernails

fè (kù tsì ɖé - mè) : v. to give a beating to

fè (nyí -) : v. 1. to be forced to send money (for an unexpected event) 2. to have a deficit 3. to be in debt (to somebody)

fè (sɛ́ -) : v. to refuse to pay debt

fè (sɛ́ -) : v. 1. to pay salary 2. to pay off a debt 3. to reward 4. to remunerate

fè (tsò -) : v. to secure the assets of a debtor

fè (tsò - mè) : v. to cancel debt

fè (wɔ -) : v. 1. to be dirtdy to be messy

fè (xé -) : v. 1. to pay off someone 2. to pay off debts 3. to settle payments fè àkpà ná : v. to cover/wrap (a book)

fè àsí lè ... ŋú : v. to give up (someone)

fè àvɔ ɖé ... dzí : v. 1. to cover with fabric 2. to cover with tissue

fè ɖé ... ŋú : v. 1. to fix on 2. to hang on

fè tsí fè : v. to pay evil with evil

fé : v. 1. to play (syn. gblé, ɖè gbɔ, ɖi kɔ) 2. to act 3. to perform 4. to fight 5. to battle 6. to strive 7. to joke 8. to jest 9. to split 10. to cleave 11. to slit 12. to rip 13. to slice 14.to close

fé : n. 1. dirt 2. filth 3. default 4. crack

fé : n. 1. game 2. play 3. acting

fé àsí lè ... ŋú : v. to avoid (somebody)

fé àtí : v. 1. to chop wood 2. to erupt 3. to start 4. to be on the verge of

fé ... ɖá : v. 1. to push aside 2. to drive away 3. to put aside

fé ɖàmè : v. to create a parting line between the hair, where the scalp is visible

fé lè ... ŋú : v. 1. to joke with 2. to make fun of

fé ŋɔ́ : v. to fart

fé (ɖèví -) : n. 1. baby 2. infant

fèbáblá : n. 1. fine 2. penalty

fèbì : n. a superfical and minor wound

fèdédé : n. the act of scratching/clawing

fèɖè : adj. 1. thin 2. narrow

fèɖèè : id. 1. thin 2. narrow

fèɖèlá : n. 1. someone who pays off his /her debts

fèɖègbè : n. 1. the day after a funeral 2. debt repayment day

fèɖèfé : n. a place where people meet to repay debts (in the aftermath of funerals)

fèɖùɖù : n. 1. debt 2. indebtedness

fèɖùlá : n. debtor

fèfé : n. 1. game 2. fun 3. entertainment 4. joke 5. hilarity 6. concert 7. crack 8. cracking

féfé : n. 1. thorn bush 2. thorny (syn. flífé) 3. twig 4. strand 5. nothing

fèfé (fò -) : v. 1. to braid 2. to plait 3. to twine

fèfé (lɔ̃ -) : v. to love to play

fèfé lè vò : loc. 1. all jokes aside 2. joking aside

fèfé sì àsí ná : loc. 1. by accident 2. without doing it on purpose 3. inadvertently

fé fé : v. 1. to play 2. to act 3. to perform 4. to play out

féfé : adj. 1. split 2. crack

fèféfé : n. 1. game 2. play 3. acting

fèféfé : n. 1. play field 2. play ground 3. sports field 5. recreation area

fèféfé gbàdzà : n. 1.stadium 2. sports ground 3. circus

fèféfòfò : n. 1. braid 2. the act of braiding

fèféƔì : n. 1. break time (in schools) 2. entertainment period 3. recreation time

fèféká : n. 1. twisted thread 2. twisted string 3. twisted rope

fèfékpótìtì : n. 1. gambol 2. frolic 3. prance 4. leap 5. antic

fèfékpɔ́fé : n. 1. theater 2. playhouse

fèfélá : n. player (of a game eg. football)

fèfénú : n. 1. toy 2. plaything

fèfényà : n. 1. joke 2. pleasantry

fèfényà (gblɔ -) : v. to crack a joke

fèféŋkɔ́ : n. nickname *(syn. àhàmáŋkɔ́, àhàmásìŋkɔ́, àhànòŋkɔ́, mègbéŋkɔ́, ŋkɔ́ dàdédzíá, ŋkɔ́gbɔ́ŋkɔ́)*

fèfétí : n. a type of tree that produces fruits similar to small gourds

fèfétɔ̀è : adv. 1. for fun 2. for playing purposes

fèfévídzì̀ : n. 1. doll 2. poppet 3. toy 4. dummy

fèféʋà : n. 1. military exercise 2. military maneuver

fèféʋà (wɔ̀ -) : v. to play a war

fèféwɔ̀fé : n. 1. theater 2. stage

fèféwɔ̀gbè : n. 1. entertainment day 2. theater day

fèféwɔ̀há : n. theatrical group

fèféwɔ̀wɔ̀ : n. 1. dramatization 2. fun 3. concert

fèféwɔ̀zǎ : n. 1. entertainment day 2. theater day

fèfézǎ : n. 1. entertainment day 2. theater day

féfí : adj. 1. slightly split 2. small and split

fègó : n. claw

fègbàlɛ̀ : n. 1. bill 2. voucher 3. receipt

fègbè (dó -) : v. 1. to appease by making promise 2. to beg a creditor so as to make him/her wait in collecting what is owed him/her

fègbèdódó : n. supplicaton to make a creditor wait in collectig what is owed him

fègbèdólá : n. someone who begs in order to make a creditor wait in collecting what is owed him

félá : n. 1. performer 2. artiste 3. entertainer

félà̃ : n. 1. wild animal 2. leopard *(syn. àsílà̃, blèkpɔ̀è, làklè, kpɔ̀, làfìà)*

fèlá̃ : n. incurable wound

fèlélé : n. incubation

fèlilá : n. creditor

fèlifé : n. a place where one claims his money

fèlili : n. debt collection

fèlizikpùi : n. 1. protest chair 2. chair in which on sits when reclaiming his/her money

fèmàxémàxé : n. 1. for free 2. for nothing 3. without reward

fèmè : n. 1. debtor 2. mortgagor

fèmè (ká -) : v. 1. to pay in installments 2. to pay off part of one's debt fèmèkáká : n. payment of debt in installments *(syn. fèmèlélé)*

fèmèkálá : n. someone who pays of debts in installements

fèmèlélé : n. payment of debt in installments *(syn. fèmèkáká)*

fèmi : adj. 1. unfinished 2. half

fèmi (lɔ̀ -) : v. to not really like

fènú : n. 1. filth 2. something messy

fènyílá : n. debtor

fènyínyí : n. 1. deficit 2. loss of money 3. financial damage 4. indebtedness 5. debt

fésrè : n. 1. window 2. shutter

fésrè (dè -) : v. 1. to put a window 2.

fésrèdèfé : n. 1. window opening 2. location of window

fésrènù : n. a glazed frame which closes a window

fésrènùtí : n. 1. window frame 2. window

fésrènùvɔ́ : n. 1. curtain 2. sunblind

fésrètí : n. window frame

fésrètúnú : n. 1. window flap 2. shutter

fètásrɑ̃́ (dè -) : v. 1. to have no value at all 2. to not be worth a nail

fètégbè : n. day of debt (5th day of the week of worship; a day when on works in the field of the future father in law)

fètɔ́ : n. 1. creditor 2. debtor

fètónégbɔ̀dzi : n. a species of cassava that is harvestable in six months

fètrí : n. 1. hibiscus esculentus (okro) 2. dried okro *(syn. àgbágbá, àgbòdrò, àklùmã́, àtísé, lùlú, zàmàdízàmàhlɔ́)*

fètrídètsì : n. okro soup

fètrígblè : n. okro farm

fètú : n. 1. pay 2. wages 3. salary 4. divine punishment

fètú (ná -) : v. to give a price

fètúdɔ́ : n. paid work

fètúfé : n. 1. a place where on pays in a shop 2. checkout 3. office of the paymaster

fètúgbàlè̩ : n. 1. receipt 2. voucher 3. pay slip

fètúgbè : n. pay day

fètúlá : n. someone who has to pay something he/she owes another person

fètúnáná : n. 1. grant 2. award 3. scholarship

fètúnáná núsrɔ̀lá : n. scholarship holder

fètúnáfé : n. place where an award is given

fètúnálá : n. someonw who gives a prize

fètútú : n. 1. payment 2. payoff 3. installment 4. reimbursement 5. refund 6. repayment

fètúxɔ̀gbè : n. pay day

fètúxɔ̀xɔ̀ : n. 1. collection of salary 2. paying for a bad deed 3. state of being punished by nature

fètsòlá : n. someone who makes a deduction (from one's salary)

fètsòtsò : n. 1. suspension of payment 2. seizure of payment 3. restraint

fètsú : n. 1. nail 2. claw 3. hoof (of an animal)

fètsú (dè - /kpà -) : v. to cut the nails/claws/hoof

fètsúdèdè / fètsúkpàkpà : n. cutting of the nails/claws/hoof

fèvɔ́ : n. punishment by nature

féwɔ̀lá : n. a messy person

féwú : n. 1. joke 2. fun

féwú (dé - mè) : loc. adv. 1. carefully 2. in an affectionate manner

féwú (dù -) : v. 1. to crack a joke 2. to have fun

féwú (dù - dé ... ŋú) : v. 1. to make fun of someone 2. to laugh at someone

féwúdùdù : n. 1. joke 2. mockery 3. riducule 4. irony 5. sarcasm 6. disdain

féwúdùdù lè ... ŋú : n. caricature (of somebody)

féwúdùlá : n. someone who jokes about or mocks other people

féwúdùnyà : n. 1. joke 2. mockery 3. riducule 4. irony 5. sarcasm 6. disdain

fèxédàdígbàlè̀ : n. receipt

fèxédàsédígbàlè̀ : n. 1. receipt 2. chit 3. letter of acknowledgment of debt 4. voucher

fèxéfé : n. 1. cashier 2. place of payment

fèxélá : n. someone who pays another person

fèxéxé : n. 1. payment 2. settlement of payment 3. amortization (loan payment)

fɛ́ : n. 1. shoot 2. sprout 3 offspring 4. junk food

fɛ́ : adj. 1. fresh 2. tender 3. very young 4. immature 5. tiny

fɛ̀ɛ̀ : id. 1. with ease 2. without worry 3. comfortably

fɛ̂ɛ̂ : id. quite simply

fɛ́ɛ́ : id. 1. very young 2. very small

féwɔ̀lá : n. 1. slut 2. soemone who makes junk

féwɔ̀wɔ̀ : n. the act of doing dirty things

fi : v. 1. to steal 2. to rob 3. to snatch 4. to kidnap somebody 5. to squirt 6. to spew 7. to itch 8. to borrow (a word)

fi : n. 1. theft 2. stealing 3. plunder 4. robbery 5. cheat 6. plane (carpenter's tool used to remove unevenness fom a wood surface) 7. nosebleed 8. thorn 9. spike 10. cooperation

fi (dó -) : v. to help each other

fi (dó - ná) : v. to assist someone in his/her work

fi (dè -) : v. to help in turn

fi (fò - dé) : v. to curse

fi (ŋɔ́ -) : v. + v. 1. to nose bleed 2. to have one's first period 3. to whistle 4. to sing (bird)

fi àdègbélàwó : v. to poach

fi ... dzù : v. 1. to slander 2. to malign 3. to calumniate fi fi : v. 1. to steal 2. to commit theft 3. to be piercing (relating to sight)

fi (...) kpɔ́ : v. 1. to peek 2. to spy 3. to cheat 4. to take a look (when not allowed hence cheating)

fi mìtsì : v. to blow one's nose

fi núwó : v. to burglarize

fi ŋɔ̀tí(mè) : v. 1. to sneeze 2. to blow one's nose

fi tófí ná : v. 1. to warn secretly 2. to alert 3. to inform discreetly 4. to say in secret 5. to report

fi ... wɔ̀ : v. to do something in secret

fi ... zì wó : v. 1. to steal 2. to commit petty theft

fìà : n. 1. king 2. monarch 3. ruler 4. emperor 5. chief 6. leader

fìà (ɖó -) : v. 1. to enthrone chief/king/ruler 2. to bring to a chief/king/ruler to power

fìà (ɖù -) : v. 1. to reing 2. to be king/ruler/chief

fìà- : adj. 1. majestic 2. royal

fiá (ɖè -) : v. 1. to demonstrate 2. to prove 3. to exhibit

fìà- (wɔ̀ -) : v. to act as a king

fìà (zù -) : v. to become king/ruler/chief

fìà gbè : v. 1. to speak a language with an accent 2. to change the tone of a language

fiá : v. 1. to show 2. to exhibit 3. to point 4. to teach 5. to instruct 6. to indicate 7. to demonstrate 8. to declare (to customs) 9. to report 10. to locate 11. to position 12. to situate 13. to scald 14. to look like 15. to seem 16. to deserve something (as a punishment for a wrongdoing) 17. to speak with an accent 18. to speak a foreign language 19. to speak an incomprehensible language 20. to sing (of birds) 21. to whistle

fiá : n. 1. axe 2. small cooper's ax 3. adze (a cutting tool that has a thin arched blade set at right angles to the handle and is used chiefly for shaping wood)

fiá àdằ : v. 1. to exhibit bravery 2. to be courageous *(syn. fiá àhɔ̀dắ, fiá kàlè̂)*

fiá àdzɔ̀gbè : v. to make a promise

fiá àgbàlè̂ : v. 1. to educate 2. to teach 3. to instruct

fiá àhà : v. to wish good health

fiá àhɔ̀dắ : v. 1. to exhibit bravery 2. to be courageous *(syn. fiá àdằ, fiá kàlè̂)*

fiá àsí : v. to point

fiá dɔ̀ : v. to train somebody (for a profession)

fiá dzèsì : v. 1. to denote 2. to signify 3. to show 4. to point out

fiá dzìɖéfò : v. to exhibit courage

fiá (...) ɖókúí : v. 1. to show oneself 2. to excel 3. to distinguish oneself 4. to be seen

fiá fù : v. 1. to maltreat 2. to torment

fiá kàkáɖédzí : v. 1. to confirm 2. to allege 3. to provide evidence

fiá kàlè̂ : v. 1. to exhibit bravery 2. to be courageous *(syn. fiá àdằ, fiá àhɔ̀dắ)* fiá kɔ́téé : v. 1. to demonstrate with certainty 2. to illustrate 3. to prove

fiá kpɔ́ɖénú : v. 1. to give an example 2. to show an example

fiá ... lè nyà mè : v. 1. to insinuate 2. to suggest 3. to imply

fiá mɔ́ : v. 1. to guide 2. to lead 3. to direct 4. to show the way

fiá ... nú : v. 1. to teach 2. to instruct 3. to educate somebody 4. to train somebody

fiá nú àgbàlɛ̀mànyálawó : v. to teach so as to make literate

fiá nyàtèfé : v. 1. to verify 2. to audit 3. to inspect

fiá nyàtɔ́sí : v. to point the index finger at

fiá tàɖófé : v. 1. to orientate 2. to direct 3. to orient 4. to guide

fiá ... yòmèmɔ́ : v. 1. to betray 2. to be traitor 3. to hand over somebody (to his/her adversaries)

fiá : v. 1. to burn 2. to scorch 3. to mark with hot iron 4. to press 5. to squeeze 6. to wring 7. to lose (money or investment) 8. to deserve something (as a punishment for a wrongdoing) 9. to be finished 10. to be concluded

fiá àvɔ̀ : v. to wring the cloth

fiá kàɖìi : v. 1. to burn completely 2. to calcinate

fiá nótsí ná, fiá ... lè ... mè : v. to milk

fiá ŋɔ̀tí : v. to blow one's nose

fiàdù : n. capital city of a country (syn. fiàgbɔ̀mè)

fiàdùtɔ̀ : adj. metropolitan

fiàdùtɔ́ : n. a metropolitan

fiàdzɔ̀lá : n. 1. royal advisor 2. the king's advisor

fiàɖóɖó : n. 1. election of a ruler 2. enthronement 3. bringing someone to power

fiàɖólá : n. someone who is in charge of enthroning a ruler

fiàɖózã́ : n. ceremonius day on which a ruler/king/chief is enthroned (syn. fiàɖùzã́)

fiàɖùɖù : n. 1. government 2. reign 3. chiefdom 4. regency

fiàɖùfé : n. 1. kingdom 2. monarchy 3. empire

fiàɖùfétɔ̀ : adj. 1. monarchical 2. imperial

fiàɖùzã́ : n. ceremonius day on which a ruler/king/chief is enthroned (syn. fiàɖózã́)

fiàfi : n. 1. thief 2. plunderer 3. looter 4. robber 5. burglar 6. theft

fiàfiá : n. 1. burning 2. heat

fiáfiá : id. immediately

fiàfiá : n. 1. presentation 2. demonstration 3. exhibition 4. teaching 6. training

fiáfiá : adj. 1. burns 2. charred 3. burning 4. very hot 5. hurry 6. compressed 7. crushed

fiàfiábì : n. burn wound

fìàfìalá : n. someone who speaks witha foreign accent

fìàfìákpá : n. mess

fìàfìkáḍí : n. little lantern

fìàfìmáʋùì : n. 1. safe 2. safe-deposit box

fìàfìtɔ́ : n. 1. thief 2. robber 3. burglar (syn. àdzòblásù, àdzòblátɔ́, àdzòglìtɔ́)

fìàfìtɔ́há : n. gang of thieves

fìàfé : n. 1. royal palace 2. chief's house

fìàfémè : n. 1. royal palace 2. chief's cours 3. king's court

fìàfémènyà : n. a case which is to be presented in the royal palace

fìàfémèví : n. royal descent

fìàfòmè : n. 1. royal family 2. dynasty

fìàgá : n. 1. emperor 2. paramount chief 3. traditional leader 4. king

fìàgádzíḍùfé : n. 1. canton 2. township

fìàgbɔmè : n. capital city of a country (syn. fìàdù)

fìàgblɔ̀è : n. stone hatchet

fìàgbɔ́ví : n. 1. king's servant 2. anyone living in the king's court 3. one in attendance at a royal court 4. one who practices flattery

fìàyí : n. a species of sea fish

fìàhá : n. 1. royal court 2. chiefdom council 3. administration 4. state authority

fìàhá dɔyɔ̀láví : n. state nurse (syn. dɔ̀nɔ̀dzíkpɔlá, dzíḍùḍùdɔkítàví, ḍɔkítàví, dɔ̀ylàví, fìàhá dɔkítàví, dɔ̀nɔ̀ŋúdzɔlá, nɔ́sì)

fìàhá dɔkítàví : n. state nurse (syn. dɔ̀nɔ̀dzíkpɔlá, dzíḍùḍùdɔkítàví, ḍɔkítàví, dɔ̀ylàví, fìàhá dɔyɔ̀láví, dɔ̀nɔ̀ŋúdzɔlá, nɔ́sì)

fìàkɔ́mè : n. dynasty

fìàkúkú : n. 1. royal crown 2. royal headdress

fìàkúkúḍɔ́dɔ́ : n. coronation

fìàkúmànɔ̀fìàtéfé : n. 1. venus 2. the shepherd's star 3. the evening star

fìàkpùkpò : n. 1. royal seat 2. stool of the king (syn. fìàzìkpùì)

fìàlà : n. 1. royal animal 2. meat that is expensive

fíálá : n. 1. monitor 2. instructor 3. teacher

fìàmè : n. suitor of the throne

fìàmɔ́ : n. 1. castle 2. palace

fìànú (wɔ̀ -) : v. organize a party in honour of the king

fìànyà : n. royal affairs

fìànyà : v. 1. to mix 2. to scramble 3. to torpedo

fìànyényé : n. 1. royalty 2. majesty

fìànyéví : n. 1. suitor to the principality 2. suitor to the throne

fìànyɔ́nù : n. queen

fìànyɔ́nùví : n. child princess

fiàŋgɔ̀ : n. chief's spokesman (syn. fiàŋgɔ̀nɔ̀lá)

fiàŋgɔ̀nɔ̀lá : n. chief's spokesman (syn. fiàŋgɔ̀)

fiàŋgɔ̀gbé : n. the one who marches in front of the king/chief

fiàŋúdzɔ̀dzɔ̀ : n. 1. the king's/chief's guard 2. guarding of the king/chief

fiàŋúdzɔ̀lá : n. the chief's guard

fiàŋúmè : n. 1. notable 2. chancellor 3. minister

fiàŋúnɔ̀lá : n. 1. notable 2. honourable

fiàŋútídzɔ̀lá : n. 1.the chief's guard 2. the chief's servant

fiàŋútímè : n. royal court

fiàŋútínɔ̀lá : n. 1. the king's adviser 2. a notable who is part of the royal council and who is also a constant companion of the chief

fiàŋúví : n. 1. youngman in the service of a prince/chief/king 2. youg noble boy placed with lord / great lady so as to learn the profession of arms or do honorary service

fiàsá : n. 1. palace 2. presidency building 3. courthouse 4. palaver house

fiàsámè : n. 1. kingdom 2. territory of a monarchy 3. domain

fiásé : n. 1. shop 2. store 3. grocery store 4. boutique 5. ground floor of a house

fiáségã́ : n. 1. department store 2. supermarket

fiàsényálá : n. chancellor

fiásétɔ́ : n. 1. storekeeper 2. shopkeeper

fiàsi : n. wife of the chief/king/ruler

fiàsiḍi/fiàshiḍi : n. a girl or woman dedicated to a god /vodoo as an atonement for a family member or a relative

fiàsrɔ̃ : n. 1. queen 2. wife of a chief/king/ruler

fiátà : n. 1. dragonfly (syn. bɔ̀tsrí, dèblágɔ̀mè, fòtsìlètɔ̀mè, nòtsìlètɔ̀mè táḍù) 2. incantatory word

fiàtámè : n. 1. acquittal 2. payment 3. discharge

fiàtámè (dó -) : v. to acquit somebody because he is influencial

fiàtíkplɔ̀ : n. 1. royal scepter 2. staff of the linguist (syn. tsìámètí, tsìámìtí) 3. pulpit (syn. nyàgblɔ̀tí)

fiàtíkplɔ̀tɔ́ : n. someone who bears the royal scepter (syn. àtíkplɔ̀tsɔ́lá, mósì, tsìámè, tsìámì)

fiàtɔ̀ : adj. 1. royal 2. majestic

fiàtɔ́ : n. 1. adviser to the chief/king/ruler 2. member of the council of elders of a chief/king/ruler

fiàtɔ̀è : adv. majestically

fiàtsɔ́lá : n. the king's bearer (one of the two or four people who carry the chief/king/ruler during solemn procession)

fiàví : n. prince

fiàví nyɔ̀nù : n. princess

fiàví ŋútsù : n. 1. princess 2. male child of the chief/king/ruler fiávi : n. 1. hatchet 2. chopper

fiàvinyényé : n. principality

fiàʋù : n. royal drum

fiàwódzífià : n. emperor

fiàwɔnúwó : n. 1. royal ornaments 2. objects belonging to royal splendor

fiàwɔwɔ : n. royal ceremony that is performed for a chief/king/ruler

fiàxè : n. flying fish

fiàxɔ : n. 1. royal bedroom 2. royal room

fiàyómètɔ : n. ring finger

fiàzi, fiàzikpùi : n. 1. throne 2. stool (syn. fiàkpùkpɔ)

fiàzikpùidzídèdè : n. accession to the throne as chief/king/ruler

fiàzikpùitsɔlá : n. someone that carries the stool/throne of the chief/king/ruler

fiàzikpùitsɔví : n. someone that is in charge of carrying the stool/throne of the chief/king/ruler

fiàzitsɔlá : n. 1. throne/stool bearer 2. venus 3. the shepherd's star 4. the evening star (syn. fiàkúmànɔfiàtéfé)

fidègbédèdè : n. poaching

fidódó : n. 1. mutual aid 2. cooperation

fidóhá : n. 1. cooperative 2. cooperation

fidólá : n. 1. aid worker 2. complement

fidɔ́ : n. organized crime

fidá, fidágbè : n. Friday (syn. àgbleàmíégbè)

fidèdè : n. helping in turn

fidèlá : n. someone whose turn it is to help

fidègbè : n. a day on which we take turns to help

fidifidi : id. 1. blurry 2. friable 3. of or producing a lot of smoke (e.g burning wood)

fiè : v. 1. to boil 2. to seethe 3. to sparkle 4. to sizzle 5. to be melted 6. to itch 7. to crave for 8. to be agitated 9. to swarm

fiè : n. a long tailed monkey

fiè̃ : n. tiger nut (syn. èféá)

fiè (làmè -) : v. 1. to be excited 2. to itch the body

fiè ŋútí ná : v. to irritate the skin

fiè tsi : v. to boil water

fiè ví áɖé : v. 1. to simmer something 2. to boil

fié : n. 1. monkey 2. ape

fièfiè : n. 1. boiling 2. melting 3. itching (syn. èŋúífièàmè, ŋùífiè, ŋùfiè, ŋúífièàmè, ŋútífièàmè) 4. irritation

fièfiè : adj. 1. boiling 2. scalding 3. scorching 4. molten

fièfièfiè : adj. drizzling (rain)

fièfièfé, fièfiètèfé : n. 1. an itcy place 2. part of a stream where the water flows with bubbles emerging

fièkpómè : n. 1. bastard 2. illegitimate 3. misbegotten 4. slave *(syn. àbòyótó, àbòyóví, àdòkó, àmè fèflè, dzògbèví, gàmèmè, gbòví, hòmè, klúví, kòsì, ŋdòví, ŋkèkèví)* 5. bondman

fièkpóvídzìdzì : n. the state of having a bastard son

fièlè, fièlè : n. servant of Yeʋe

fièŋúfièŋú : n. 1. great excitement 2. great envy

fièyómèxè : n. white-crested hornbill

fièyù : n. dungat gorean grouper

fiě : n. 1. evening 2. dusk

fièbà : n. 1. evening 2. towards evening

fièkpá, fièkpádzí : n. evening

fiěmàsàmè : n. 1. dinner 2. supper

fiěmè : n. 1. evening 2. dusk

fiěnúdùdù : n. 1. dinner 2. supper

fièŋyí : n. evening

fièsí : n. evening

fièwòwòèsí : n. evening

fifè : n. fine for theft

fifi: n. 1. theft 2. robbery 3. looting 4. abduction 5. kidnapping *(syn. fifiti)*

fífí : n. 1. present 2. moment

fífí : adv. 1.currently 2. now 3. present 3. right now *(syn. fífíá, fífí làà)*

fífí- : n.compl. 1. current 2. present

fífí dzòdzòmè : n. 1. this generation 2. our generation

fífí làà : adv. 1. instantly 2. right now 3. right away 4. at once 5. immediately 6. as soon as possible

fífí lààsì : n. 1. now 2. just now 3. instantly

fífíá : adv. 1. presently 2. at the present time 3. now

fífíá : n. sweat *(syn. àfífíá, àfífíákpà, àfífíò)*

fífíá té : n. + v. to sweat

fífíáŋòlì : n. 1. warm season 2. heatwave 3. hot weather

fífíátéàmè : n. 1. sweat 2. perspiration 3. transpiration

fífíátéàmè : n. 1. perspiration 2. transpiration

fififi : n. 1. fraud 2. theft 3. looting 4. burglary 5. robbery

fífígbàlěŋlòdíwó : n. modern literature

fífíyèyíyì : n. 1. present time 2. now

fifikpó : n. 1. cheat 2. cheating

fífíŋòlì : n. contemporary period

fífító : n. contemporary

fífítówó : n. the current generation

fìfìwù : n. 1. assasination 2. murder

fífíxéxémè : n. today's world

fìflì : n. 1. cutting in to pieces 2. cutting 3. splitting 4. crumbling

fìflì : adv. 1. cut into pieces 2. fragmented 3. crumbled

fìflì : n. 1. crackle 2. dropout 3. lifting 4. grubbing 5. falling into a trance

fìfòdé : n. 1. curse 2. anathema 3. swearword 4. imprecation

fígì : n. fig

fígìtí : n. fig tree

fìgbè : n. coded language

fìhá : n. 1. association of criminals 2. gang of thieves

fìhá (dé -) : v. to be part of a gang of criminals

fìhádédé : n. being part of a gang of criminals

fìhádélá : n. member of gang of criminals

fíìì : id. 1. in the depths 2. far away 3. a form of assertion or protest

fìlá : n. thief

fìláwó : n. casuarina equisetifolia (a beefwood with very pendulous branches)

fím : n. 1. film 2. movie 3. pellicle

fímá : adv. 1. there 2. over there

fìmɔ́ : n. 1. secret way 2. way of smugglers

fíníkì : n. 1. nothing 2. bagatelle 3. something of little value 4. penny

fìnú : n. stolen goods

fìnú (wɔ̀ -) : v. 1. to be a thief 2. to be a kleptomaniac

fìnúwɔ̀wɔ̀ : n. kleptomania

fìnúwɔ̀lá : n. kleptomaniac

fìnyà : adj. 1. rough 2. muddy

fìnyà mò, fìnyà ŋkúmè : v. 1. to wince 2. to grimace 3. to grin 4. to pull a face

fìnyàà : id. muddy

fìnyàà (lè - /nɔ̀ -) : v. to be muddy

fìnyàfìnyà : id. 1. full of mud 2. muddy 3. theft 4. secret 5. concealed

fínyɛ́ɛ́ : id. muddy (of a realitively small area)

fínyɛ́fínyɛ́ : id. muddy (of a realitively small area)

fìŋkɔ́ : n. name apportioned a thief

fìŋɔ́lá : n. 1. someone who bleeds from the nose 2. a lady who experiences her first period

fìŋɔ́ŋɔ́ : n. 1. bleeding from the nose 2. first menstrual period

fìò : n. sweet peas

fítà : n. 1. mechanic *(syn. mɔ̀gbèdé)* 2. mechanic engineer

fítáá : adj. white

fìtɛ̀ : n. file (a tool usually of hardened steel with cutting ridges for forming or
fìtɛ̀ : n. smoothing surfaces especially of metal)

fìtì : v. 1. to trick 2. to defraud 3. to steal

fítí : v. 1. to almost fall 2. to roll down (stone) 3. to burst out laughing 4. to surprise 5. to catch unawares

fìtìì : id. 1. cheerfully 2. dark 3. blurry 4. dense 5. well-covered

fìtfìtì : id. 1. fraudster 2. suspicious 3. shady

fìtfìtì (lè - /nɔ̀ -): v. 1. to be dark 2. to be blurry 3. to be dense

fívà : n. fever : *(syn. àsrà, àsrã̀, àvùvɔ̀wɔ̀àmè, dzòxɔ̀xɔ̀, kpòkpò, ŋdɔ̀gbèè, yèdzà, yèdzàdɔ̀, ŋùdzà, ŋùdzɛ̃́)*

fívàtíkè : n. fever medication

fívé : n. 1. impatience 2. haste

fìvó : n. blaming for no reason

fìvó (dó - ŋú) : v. 1. to blame withouth reason 2. to suspect or accuse withouth reason

fìxɔ̀fìxɔ̀ : id. snoring and wheezing

fíyè : n. cypress (a coniferous tree with dark green foliage, straight and slender shape)

fìzíkì : n. physics

fìsìòlòzhí : n. physiology

fìsìòlòzhítɔ̀ : n. physiological

flà : v. 1. to flicker 2. to ignite

flà : n. 1. rope 2. bar (as used in high jump)

flà : adj. thin and light

flá : v. 1. to save 2. to spare 3. to economize 4. to set apart 5. to pass 6. to calm down (somebody who is in a trance) 6. to purify (in the religious sense) 7. to ward off a curse 8. to catch fire 8. to ignite 9. to blaze

flá : n. a type of herb used for purification purposes

flá (dzò -) : v. to jump over to the other side

flá (ná -) : v. to purify

flá (xɔ̀ -) : v. to be purified

flá : n. franc currency *(syn. frã́)*

flá : adj. 1. slim 2. frail 3. slender 4. small

flá àlàfá dèká gà : n. one hundred franc coin

flá àlàfá dèká-gbàlɛ̃̀ : n. one hundred franc note

flábóé : id. 1. wide 2. broad (of a small path)

flàbòò : id. 1. wide 2. broad (of a big path)

flàflàflà : id. 1. blazing 2. flickering

fláflɛ́ : adj. 1. fragile 2. brittle 3. light *(syn. flɛ̃́)*

flágà : n. 1. pennant 2. flag *(syn. àflágà)*

flágàtí : n. 1. mast 2. pole on which a flag is hoisted

flàgbàà : id. 1. thin 2. flat (of or referring to a large surface)

flágbɛ́ɛ́ : id. 1. thin 2. flat (of or referring to a small surface) 3. light 4. lightweight

flánálá : n. traditional purifier

flánáná : n. traditional purification

fláskì : n. 1. flask 2. thermos 3. vacuum flask

flàvòkíni : n. flavoquine (a type of medication used in treating malaria)

fláxɔ̀fé : n. a place of traditional purification

fláxɔ̀lá : n. someone who is purified traditionally

fláxɔ̀mà : n. a herb used for traditional purification purposes

fláxɔ̀xɔ̀ : n. traditional purification

flé, flé̋ : v. 1. to pluck 2. to pick 3. to remove 4. to break

flé̋ : adj. brittle *(syn. flá̋flé̋)*

flì : v. 1. to cut out 2. to cut up 3. to crumble 4. to be striped 5. to be spotted 6. to be scratched

flì : n. 1. lin,e 2. stroke 3. scratch 4. bar 5. stripe 6. trail 7. fold 8. limit *(syn. flú̋, flùí)*

flì : n. 1. margin 2. to (versification)

flì (tá -) : v. to show the way

flì (tè -) : v. 1. to draw a line 2. to hatch

flì (tsó - tìtìtì) : v. since time in memorial

flì ànyígbá : v. 1. to parcel out a piece of land 2. to divide a piece of land

flì kòtò : n. large circle

flì tsàyàà : n. stripe

flì wlùíwlùí : v. to cut into pieces

flí̋ : v. 1. to crack 2. to crackle 3. to break up 4. to snatch 5. to buy on credit 6. to jump 7. to cede 8. to unhook 9. to fall into a trance 10. to give up 11. to rush on

flí̋ : n. 1. handle 2. shaft

flí̋ : adv. according to rumor

flí̋ (sè -) : v. to hear a rumor

flí̋ ... ɖá : v. 1. to pluck 2. to remove

flíbátá : n. ringworm *(syn. àbálà, àflíbátá, àgblà, ànyàmà, bàlà, fòkpòfòkpò, kàvègé̋, kɔ́kɔ́è, zɔ̀lélé, zɔ̀lí̋, zɔ̀lílí̋)*

flìbó : n. cobra

flìdòmèflì : n. space between two written or printed lines

flífé : n. thorny bush *(syn. féfé)*

flíflí̋ (hò -) : v. to have an uprising

flìflìflì : id. 1. friable 2. brittle 3. crumbly

flìflìflì (lè -/ nɔ̀ -) : v. to be brittle

flìgòdò : n. circle

flìkpùì : n. hyphen

flìmè : n. 1. prefecture 2. circle

flìtènú : n. rule/ruler (instrument)

flìtètè : n. 1. trace 2. line 3. drawing of a line 4. act of crossing out (cancelling/annuling)

flìtètè ɖé ... mè : n. 1. deletion 2. cancellation 3. annulment

flìtètè mànyàmànyà : v. scribbling in disorder

flìtètí : n. rule /ruler

flìtɔ̀ : adj. linear

flìtsògàèkùátɔ̀ : n. meridian

flìtsògàèkùátɔ̀séfé ànyíéhètɔ̀ : n. south pole

flìtsògaèkùátɔ̀séfé dzíèhètɔ̀ : n. north pole

flìyàflìyà : id. 1. fragile 2. brittle

flò : adj. 1. perforated 2. full of holes

flò : id. noise produces when something is pierced

fló : v. 1. to take off 2. to take down 3. to peel off 4. to remove

fló : n. rectangular house with a flat roof with serves as residence for young people

fló .. ɖá : v. 1. to remove from 2. to pluck from

fló : n. 1. herring (fish) 2. a type of sea fish

flòflòflò : id. noise produced when something is pierced several times

flógbòflógbò : n. dandruff (syn. *fógbòfógbò, fòkpòfòkpò, tàmèfófó*)

flòyà : id. very light

flòyàflòyà : id. 1. light 2. thin 3. porous 4. lightly

flɔ̀ là : v. to prepare meat by adding oil, pepper, onion, etc.

flɔ̀ : id. noise produced when one walks in water or mud

flɔ́ : v. 1. to overfill 2. to climb (a staircase, a ladder, a tree, etc.) 3. to raise loads (one after another) 4. to be far from 5. to jump 6. to be high enough

flɔ́ ... nù : v. 1. to complete 2. to round off

flɔ̀flɔ̀flɔ̀ : id. noise produced when one walks in water or mud

flù : v. 1. to fake 2. to divert 3. to baffle 4. to distract 5. to be dizzy 6. to be mistaken 7. to go wrong 8. to delude 9. to be puzzled 10. to be delirious 11. to embarass 12. to be embarassing 13. to be self confident (in a specific field, subject, domain etc.)

flù : n. an old and abandoned field

flù (ŋkúdzì -) : v. 1. to not see distinctly 2. to not see well 3. to see blurry

flù (ŋkúmèì -) : v. 1. to have lost one's mind 2. to be crazy

flù àmèŋkúmè : v. to play comedy

flù bé : v. to pretend to

flú : n. 1. line 2. stripe 3. bar 4. uncultivated land 5. wasteland 6. fallow land (syn. *flúgbé)* 7. scum 8. drool 9. foam (syn. *fú)* 10. rumor 11. hearsay (syn. *àflùí)* 12. flu/influenza (syn. *dzèàmèdzí, dzèàmèdzídɔ́, èkpé, kpéfòàmè, wɔ̀dí, wɔ̀lɛ́)*

flùflù : n. 1. dizziness 2. being confused

flùflù : adj. 1. obscure 2. gloomy 3. blurry 4. spotted

flúglùtsú : n. a type of wasp (syn. *tsúglùtsú)*

flùgùtsú : n. 1. fly 2. gnat 2. mosquito (syn. *àvàgè, mú, túlí)*

flùgbè : n. abandoned field

flúgbè : n. 1. line 2. stripe 3. bar 4. fallow land 5. uncultivated land (syn. *flú)*

flùì : adj. 1. barely noticeable 2. obscure

flùí (wɔ̀ nú -) : v. to do something funny

flùkɔ́ : n. 1. scum 2. foam

flùkɔ́ (tsɔ́ - , wɔ̀ -) : n. 1. to froth 2. to make froth 3. to be frothy

flùkpè : adj. 1. mauve 2. purple 3. spotted 4. grey 5. dark 6. obsure 7. dumb 8. livid

flùkpèè (lè - / nɔ̀ -) : v. 1. to be mauve 2. to be purple 3. to be dark 4. to be obscure 5. to be dumb 6. to be livid

fò : adj. 1. brittle 2. lightweight

fò : adv. 1. suddenlty 2. unexpectedly

Fò : n. 1. God 2. Father

fó : v. 1. to take off 2. to peel 3. to skin

fó tsró : v. 1. to take off 2. to remove the bark (of a tree)

fò : n. 1. big brother 2. cousin (elderly) 3. seam 4. edge

fó àfɔ mè : v. to injure the sole of the foot

fòbòò : id. 1. large 2. immense 3. as far as the eye can see

fòflòkòdzò : n. lungs (syn. dzòfitɔ́)

fòflòkòdzò : adj. 1. blond 2. clear 3. light (liquid) 4. loose 5. weak

fòfò : n. 1. flexibility 2. lightness

fòfó : n. 1. father (syn. àtà, tàtá, tàtɛ́, tɔ́) 2. elderly brother

Fòfó : n. 1. father (syn. àtà, tàtá, tàtɛ́, tɔ́) 2. mister

fòfódè : n. 1. fatherland 2. country

fòfógǎ : n. 1. elderly brother 2. papa

fòfóŋ : n. sugarcane (syn. àɖá, àhànátí, fòfóŋúí)

fòfóŋsùklì : n. sugar derived from sugarcane

fòfóŋtsì : n. sugarcane juice

fòfóŋúí : n. sugarcane (syn. àɖá, àhànátí, fòfóŋ)

fòfótɔ̀ : n. paternal

fòfóví : n. 1. brother 2. child of the same father 3. cousin

Fòfóví : n. mister (younger than you)

Fògǎ : n. 1. mister 2. elderly brother (much older than you)

fógbòfógbò : n. dandruff (syn. flógbòflógbò, fòkpòfòkpò, tàmèfófó)

fòkpòfòkpò : n. 1. bedsore 2. ringworm (syn. àbálà, àflíbátá, àgblà, ànyàmà, bàlà, flíbátá, kàvègɛ̌, kɔ́kɔ̀è, zɔ̀lélé, zɔ̀lí, zɔ̀lílí) 3. scabies (syn. àflɔ́é, àklì, àkpà, àkpàkúí, bèlè, bòsòkpà, flɔ̀flɔ́, fɔ̀flɔ́, klùsàklúsá, kpìtì, zóŋgólàtsístsì) 4. dandruff (syn. flógbòflógbò, fógbòfógbò, tàmèfófó) 5. cruelty

fòklínyà : n. 1. starch 2. arrowroot 3. maranta (a tropical plant cultivated for its' rhizomes from which arroroot is derived) 4. tapioca 5. fermented fresh cassava flour

fòlòò : id. lightweight

fònògráfí : n. phonograph

fòŋfòŋ : adj. 1. plump 2. soft on touch

fòŋfóŋblè : n. sugarcane plantation

fòŋfóŋblèdèdè : n. cultivation of sugarcane

fòŋfóŋgblèdèlá : n. sugarcane farmer

fòŋlì : n. 1. dawn 2. early in the morning

fòròm : n. forum

fótò : n. 1. photo 2. photograph 3. portrait 4. drawing

fótò (ɖè -) : v. to take a picture

fótò (klɔ́ -) : v. to develop a filmstrip

fótò tàtsòtsò : n. ID photo

fótòɖèdɔ̀ : n. photography (work)

fótòɖèɖè : n. 1. the act of taking a picture 2. photography

fótòɖèɖè núŋɔnlɔ̀ : n. photocopy

fótòɖèɖè ŋútí nùnyà : n. the art of photography

fótòɖèfé : n. 1. photo studio 2. x-ray (in a hospital/health centre setting)

fótòɖèlá : n. photographer

fótòɖèmɔ̀ : n. camera

fótòɖènúŋɔŋlɔmɔ̀ : n. photocopier

fòtòfòtò : id. voluminous and lightweight

fótófótóé : id. very light (for something that is voliminous)

fótòmɔ̀ : n. camera

fótókópì : n. photocopy

fótókópìmɔ̀ : n. photocopier

fòví : n. 1. younger brother 2. cousin

Fòví : n. mister (younger than you)

fòxòò : adj. 1. empty 2. full of holes

fòyɔ́ví : n. 1. little brother 2. cousin (syn. tsɛ́)

fɔ̀ : v. 1. to pick up 2. to gather 3. to mop up 4. to find 5. to peck 6. to be versed in 7. to be a specialist in 8. to like/enjoy

fɔ̀ : v. african black plum

fɔ̀ àgbà : v. to move out

fɔ̀ ànyíɖáɖá kplé gò : v. to earn eternal happiness

fɔ̀ ... dé ... mè : v. to take back (something)

fɔ̀ dɔ̀ : v. to contract a disease

fɔ̀ dɔ́ : v. to find work

fɔ̀ ... gɔ̀mè : v. 1. to disregard 2. to control well 3. to be disrespectful

fɔ̀ ... kplɔ̀ : v. to clean the table after a meal

fɔ̀ ... ná : v. to explain to

fɔ̀ ŋkú ɖé ... dzí : v. 1. to have something in view 2. to think about something that one wants to do 3. to watch something attentively 4. to focus on 5. to gape at

fɔ̀ ŋkú ɖé ... ŋútí : v. to stare at

fɔ̀ tɔ̀ : v. to cross (a river)

fɔ̀ yɔ̀ ná : v. 1. to rid (a living being) of its' lice 2. to be satisfied with (somebody)

fɔ̀ ... vɛ̀ : v. to bring (several items)

fɔ́ : v. 1. to get up 2. to wake up 3. to ascend (star) 4. to be wet fɔ́ : n. 1. palm fiber 2. guilt 3. care

fɔ́ (bù -) : v. 1. to condemn 2. to convict

fɔ́ (dí -) : v. 1. to be guilty 2. to be condemned

fɔ́ (lé -) : v. 1. to take care 2. to pay attention to (something)

fɔ́ ... dé tè : v. 1. to erect 2. to raise 3. to make something stand

fɔ́ dé tsítrè : v. 1. to erect 2. to stand up

fɔ́ fú : v. 1. to be pregnant 2. to double (figure of speech)

fɔ́ gbɔ̀mè fú : v. to get pregnant without knowing who is responsible for the pregnancy

fɔ́ ... dé xɔ̀mè : v. 1. to get in 2. to go in 3. to return

fɔ́ kɔ̀ té : v. 1. to look up 2. to raise one's head

fɔ́ lè ... dzí : v. to get up (e.g from bed)

fɔ́ mò té : v. 1. to look up 2. to raise one's head 3. to be awake

fɔ́ : v. 1. to wake up 2. to get up 3. to resurrect 4. to be (as in greetings e.g how are you?)

fɔ́ : n. 1. palm stalk 2. comb of the loom (made from palm stems) 3. teeth of the sawfish

fɔ́ lè àlɔ̀ mè : v. to wake up from sleep

fɔ́ ... lè zì mè : v. to have somebody reappear, who has mysteriously disappeared

fɔ́báké : n. basket made from palm leaf

fɔ́bùbù : n. 1. accusation 2. charge 3. sentence 4. condemnation 5. conviction 6. indictment

fɔ́bùlá : n. guilty person (syn. fɔ́dílá)

fɔ́bùmè : n. convict

fɔ́dídí : n. culpability

fɔ́dílá : n. guilty person (syn. fɔ́bùlá)

fɔ̀fɔ̀ : n. 1. collecting 2. collection 3. gathering 4. discovery

fɔ̀fɔ́ : n. 1. rebound (case) 2. trigger 3. uprising 4. discovery

fɔ̀fɔ́ : n. 1. reawakening 2. rebound 3. trigger 4. uprising

fɔ̀fɔ́è : n. nigeriensis (syn. nɔ̀gbé)

fɔ̀fɔ́mè : n. dawn

fɔ̀fú : adj. pregnant

fɔ̀kú : n. plum kernel (seed of the african black plum)

fɔ́lélé : n. 1. concentration 2. focus

fɔ́lémè : n. 1. pocket knife 2. penkife

fɔ̀lì : n. a type of oyster

fɔ́lífɔ́lí (dì -) : v. 1. to be very clean 2. to be very smooth 3. to be united

fɔ́màdílá : adj. 1. honest 2. blameless (Agbeny La, 1988, 2006, 2020, S. Lododowo 13:6)

fɔ́màdímàdí : adj. not convicted

fɔ́màdímàdítɔ̀è : adv. without conviction (syn. fɔ́màdítɔ̀è)

fɔ̀mítsí (dù -) : v. to pinc (somebody)

fɔmízì : n. 1. rabbit 2. hare (syn. àzǔí)

fɔ́ŋlì : n. 1. dawn 2. daybreak 3. dusk 4. twilight (syn. fɔ́ŋɔ̀lì)

fɔ́ŋlìmènyà : n. a very serious case which is handled at dawn in the family

fɔ́ŋlìmènyà (gblɔ̀ -) : v. to handle a very serious matter at dawn in the family

fɔ́ntété : n. amaranthus hybridus (green amaranth; a type of weedy flowering plant)

fɔ̀tí : n. plum tree

fɔ́tɔ́ : v. to mix

fɔ̀yì : v. wild plum

fɔ̀yìtí : v. wild plum tree

fɔ̀zɔ̀è : n. 1. back and forth 2. reciprocation 3. seesaw motion

fɔ̀zɔ̀è (fɔ̀ - / zɔ̀ -) : v. 1. to come and go 2. to go back and forth

fràgbàà : id. 1. thin 2. flat

fràmàà : id. 1. narrow 2. thin 3. flat

frá̃ : n. franc

frá̃s : n. 1. france

frá̃sègbè : n. french language

frà̃sé-nyɔ́nù : n. french woman

frà̃sé-ŋútsù : n. french man

frà̃sévì : n. french person

frídzì, frìgò : n. 1. fridge 2. freezer

frízà : n. freezer (syn. tsìkpéwɔ̀mɔ̀, tsìkpéwɔ̀mɔ̀)

frìzyìdè̀ : n. fridge

frú : n. 1. to penetrate 2. to infiltrate 3. to enter entirely

fù : v. to be white 2. to bleach 3. to whiten

fù : n. 1. mourning (in white) 2. difficulty 3. pain 4. sorrow 5. grief 6. hate

fù (dè - ná) : v. 1. to trouble (somebody) 2. to annoy 3. to bother

fù (dó -) : v. 1. to let something spoil 2. to waste

fù (ḍè - ná) : v. 1. to annoy 2. to disturb

fù (kpé -) : v. 1. to suffer 2. to toil

fù (lé -) : v. 1. to hate 2. to be on bad terms with

fù (lé - ... nɔ̀èwó) : v. to be on bad terms with each other

fù (nyì - ná) : v. 1. to mourn over 2. to be grieved by

fù (wɔ̀ -) : v. 1. to mistreat 2. to hurt

fù dzà : v. to mold

fù yíé : v. to be white

fú : v. 1. to dilute fermented corn flour in water 2. to wash (one's face with water) 3. to cut (stone) 4. to reduce to fine particles 5. to grind 6. to blow 7. to go up 8. to stand up

9. to leap over 10. to soar 11. to bounce

fú : n. 1. hair 2. bristle 3. fur 4. feather 5. plumage 6. fetus 7. embryo 8. pregnancy (syn. èfú) 9. foam 10. drool 11. fallow land 12. uncultivated land (syn. flú) fú : adv. early in the morning

fú (fɔ́ -) : v. to be pregnant

fú (- lè ésí) : phr. she is pregnant

fú (nyɔ̀ -) : v. to depilate

fú (tè -) : v. 1. to be moldy 2. to ferment

fú (té -) : v. to froth

fú (tó -) : v. 1 .to be hairy 2. to grow (hair, feathers) 3. to be covered with feathers

fú (tsɔ́ -) : v. to froth

fú (wɔ̀ -) : v. to froth

fú àkà ɖé ŋkú mè ná : v. to rub somone's eyes in order apply poison there during an ordeal

fú dzɔ́dʒè : n. 1. to abort 2. to give birth prematurely (syn. fú gégé)

fú ɖù : v. to be in labour (during childbirth)

fú dzɔ́ : v. to have a miscarriage

fú fɛ̃́ : n. 1. early pregnancy 2. fine, soft hair (in some animals and plants)

fú gé lè éfò : v. 1. to abort (by accident or as a result of sickness) 2. to give birth prematurely

fú gégé : v. 1. to abort 2. to give birth prematurely (syn. fú dzɔ́dʒè)

fú lè ... fò : v. to be pregnant

fú mò : v. to wash the face with water

fú ŋɔ̀tí mè : v. to blow one's nose

fú tsràà : v. 1. to be prominent 2. to be very fat 2. to exceed the normal range

fùdódó : n. 1. torture 2. agony 3. ordeal 4. anguish 5. misery 6. scourge

fúdódó : n. getting pregnant

fùdzà : adj. moldy

fùdzá : n. discharge that lies on the surface of the eye (mostly in the mornings or after waking up from sleep)

fùdzè, fùdzèè : adj. + id. fleece

fùdzèfùdzè : id. 1. hairy 2. fleece

fùdzèfùdzè (lè -/ nɔ̀ -) : v. 1. to be hairy 2. to be fleece

fúdzéfúdzé : id. 1. hairy 2. fleece (for something small)

fúdzɔ́dzɔ́ : n. spontaneous abortion/miscarriage (syn. èfúdzɔ́dzɔ́, èfúgégé, fúgégé, fúgbégblɛ̃́)

fúɖè : n. 1. funnel 2. pipe 3. chimney

fùɖèɖè : n. 1. inconvenience 2. abuse (syn. fùwɔ̀wɔ̀)

fúɖèɖè : n. abortion

fúɖèfé : n. a place where abortions are perfomed

fúɖèlá : n. abortionist

fúɖùàmè : n. being in labour (during childbirth) (syn. èfúɖùàmè, èkúlélé, kúlélé)

fúɖùɖù : n. muscle contractions during labour

fùflù : n. 1. illusion 2. delusion 3. thoughtlessness

fùflù : adj. 1. puzzled 2. stupid

fùflùì : adj. stupid

fùflùtɔ̀è : adj. delirious

fúfò : n. womb

fúfɔ́fɔ́ : n. 1. pregnancy 2. state of being pregnant

fúfɔ́yì : n. period of pregnancy

fùfù : n. 1. fufu (a firm and starchy mixture made from cassava, yams or plantain) 2. whiteness 3. headband 4. breath

fùfù (blà - ná) : v. 1. to put a blindfold (on the eyes of) 2. to deceive 3. to abuse

fùfù (ká̀ -) : v. to turn fufu with the hand whilst it is being pounded

fùfù (tó -) : v. to pound fufu

fùfù (trɔ́ -) : v. to turn fufu with the hand whilst it is being pounded

fùfù gé ḍé dètsí mè : fig. to be happy (literally : fufu has fallen into the soup)

fúfù : n. 1. dust 2. cotton fibre (syn. fú)

fúfú : adj. 1. open eyes (like that of a newly born animal) 2. intelligent 3. capable

fúfú : v. 1. to be intelligent 2. to be capable

fúfú (dzè -) : v. 1. to be mossy 2. to be moldy

fùfùfù : id. 1. completely 2. all together

fùfùkáká̀ : n. the act of turning fufu with the hand whilst it is being pounded

fùfùká̀lá : n. someone who turns fufu with the hand whilst it is being pounded

fùfùkɔ́é : n. measles (syn. àgbàyí, àlɔ̀bèlɛ̀, fùfùkɔ́é, gbàbɔ́é, gbàgblàtsàbí, gbàyí, gbɔ̀ŋgbɔ̀sìví, kúklúí, núsɔ́ɔ́, núsúɛ́)

fùfùtótò : n. fufu pestle

fùfùtótó : n. the act of pounding fufu

fùfùfù : id. 1. panting 2. throbbing (syn. fùgèfùgè, fùkèfùkè, fùxèfùxè)

fùfɔ́flɔ́ : n. the act of shaving

fùgèfùgè : id. 1. panting 2. throbbing (syn. fùfùfù, fùkèfùkè, fùxèfùxè)

fúgégé : n. 1. spontaneous abortion/miscarriage (syn. èfúdzɔ́dzɔ́, èfúgégé, fúdzɔ́dzɔ́, fúgbégblɛ́) 2. premature childbirth

fúgégéé : n. an aborted foetus

fúgbégblɛ́ : n. spontaneous abortion/miscarriage (syn. èfúdzɔ́dzɔ́, èfúgégé, fúdzɔ́dzɔ́, fúgégé)

fúgblɛ́fé : n. a place where abortion is perfomed

fúgblɛ́lá : n. abortionist

fúgbòè, fúgbúí : n. an embryo that has not developed

fúífúífúí : id. 1. breathless 2. panting (like a dog)

fúkà, fúkɛ̀ : n. charm worn by a woman is with a child

fùkèfùkè : id. 1. panting 2. throbbing (syn. fùfùfù, fùgèfùgè, fùxèfùxè)

fúkókó : n. shearing

fùkpéfé : n. 1. place of suffering 2. difficult situation 3. long and painful ordeal

fùkpékpé : n. 1. torture 2. agony 3. ordeal 4. anguish 5. misery 6. scourge

fùkpélá : n. someone who is suffering

fúlà : n. animal covered with hair or feathers

fúlàní : n. 1. an ethnic group found mainly in west africa 2. peuhl (the language of the fula people)

fùlélá : n. resentful person

fùlélé : n. the act of holding a grudge

fùlìì : n. 1. dark 2. gloomy 3. foggy

fùmè (nyé -) : v. to be miserable

fùndràà : id. 1. gloomy 2. obscure 3. grated 4. worn out 5. faded 6. withered (syn. *fùtràà*)

fúnè, fúnɛ̀ : n. funnel

fúnɔ̀ : n. 1. pregnant woman 2. spider carrying its cocoon

fùnyàfùnyà : id. signifying a rustling noise

fùnyàfùnyà (lè - /nɔ̀ -) : id. being nasty

fùnyàfùnyà (wɔ̀ -) : v. 1. to be nasty 2. to annoy 3. to harass

fùnyàfùnyàwɔ̀wɔ̀ : n. 1. nastiness 2. wickedness

fùnyínyí : n. 1. mourning 2. affliction

fùnyɔ̀fùnyɔ̀ : id. 1. with large pieces 2. in large quantities

fùnyɔ̀fùnyɔ̀ (àlɔ́ -) : n. big dangling cheeks

fúnyɔ̀nyɔ̀ : n. 1. hair removal 2. plucking of feathers

fúnyɔ́ɔ́ (kò nú -) : v. to smile

fútáá : id. 1. white 2. very white (syn. *fútáfútá*) 3. openly

fútáfútá : id. very white(syn. *fútáá*)

fùtàtà : n. saliva

fùtété : n. 1. lold 2. fermentation (of alchohol)

fútɛ́ɛ́, fútɛ́fútɛ́ : id. 1. very early in the morning 2. dawn

fútótó : n. growth (of hair/ feathers)

fùtɔ́ : n. 1. opponent 2. adversary 3. enemy (syn. *àḍìkàtɔ́, àmètàlá, kèlélá, kètɔ́*)

fùtɔ́nyáḍéyàmèuú : n. fighter-bomber

fùtràà : id. 1. gloomy 2. obscure 3. grated 4. worn out 5. faded 6. withered (syn. *fùndràà*)

fùtù : adj. 1. heavy (weather) 2. covered in mist

fútú : v. to mix

fùtùù : id. 1. heavy (weather) 2. covered in mist

fùtùfùtù : id. 1. heavy (weather) 2. covered in mist 3. soft to touch 4. fine

fùtùfútú : n. chip, thin ribbon detached (from a piece of wood etc.) by a sharp instrument

fútúfútú : id. 1. slightly heavy (weather) 2. slightly covered in mist 3. slightly soft to touch 4. slightly fine

fútúkpɔ̀ : n. 1. foam 2. mousse 3. lather 4. bubble 5. drool 6. saliva

fútúkpɔ̀wó : n. 1. scum 2. froth 3. foam

fútsótsó : n. lathering *(syn. fútsɔ́tsɔ́, fúwɔ̀wɔ̀)*

fútsɔ́lá : n. pregnant woman

fútsɔ́tsɔ́ : n. 1. lathering *(syn. fútsótsó, fúwɔ̀wɔ̀)* 2. pregnancy 3. being pregnant

fùtsràà : id. 1. leafless 2. naked

fùũ̀ : id. sigh

fùũ̀ (gbɔ̀ -) : v. to sigh

fúṹ : id. 1. a lot 2. in great quantity

fùví : n. 1. a child born in difficult times 2. a child without support

fùwɔ̀lá : n. 1. wicked person 2. executioner

fùwɔ̀fé : n. 1. place of torture 2. place of suffering

fùwɔ̀mètɔ́ : n. poor person

fùwɔ̀wɔ̀ (- àmè) : n. 1. torment 2. agony 3. intense suffering 4. ordeal 5. anguish 6. torture

fúwɔ̀wɔ̀ : n. lathering *(syn. fútsótsó, fútsɔ́tsɔ́)*

fùxèfùxè : id. 1. panting 2. throbbing (*(syn. fùfùfù, fùgèfùgè, fùkèfùkè)*

F

fà, fȁ : v. 1. to sow 2. to cultivate 3. to grow 4. to farm 5. to produce 6. to belch 7. to burp

fà, fȁ : n. 1 lees (of wine) 2. sediment 3. sludge (of a battery) 4. dregs 5. discharge on /in the eyes 6. harpoon 7. belch

fȁ : adv. 1. suddenly 2. unconscioulsy 3. inadvertently

fȁ (lù - /nò -) : v. to snore

fȁ (nyè -) : v. to secrete discharge (in the eyes)

fȁ gɛ̀ɛ̀ : v. 1. to burp 2. to belch

fá, fá̋ : v. 1. to apply an ointment such that an object becomes clearer 2. to polish 3. to wax 4. to shine 5. to varnish

fá : n. heterotis (a type of fish)

fá̋ : v. 1. to begin to ripen 2. to be half-ripe

fá̋ : n. the act of molting

fá̋ (dè -) : v. to molt (of or pertaining to serpents)

fá̋ (dè gbè -) : v. 1. to proclain 2. to declare openly 3. to advertise

fá̋ (nù tsò -) : v. to have sores at the corners of the lips

fá̋á̋ : id. 1. clearly 2. obvious 3. in broad daylight 4. rarely

fá̋á̋ dè : conj. 1. unless (syn. fá̋á̋ né)

fá̋á̋ (dzé -) : v. to be obvious

fá̋á̋ háfí : v. to be rare to

fá̋á̋ (kɔ̀ -) : v. 1. to be clear 2. to be understood

fá̋á̋ (sɔ̀ gb wú -) : v. to be much more

fàdrȁ : n. 1. agitated 2. restless (of a pertaining to a child) 3. unstable

fàfà : n. sowing

fàfȁ : v. 1. to be infected 2. to be rotten 3. to digest 4. to be digested

fàfȁ : n. infection

fàfȁ : adj. digested

fá̋fá̋ : n. 1. the process of starting to ripen 2. a type of fish that is found in the sea/ jack mackerel

fá̋fá̋ : adj. of something which has begun to mature

fàfù : adj. long and wide

fàfùù : id. long and wide

fá̋fúí : id. a little bit long and a little bit wide

fȁlùlù : n. snoring

fȁlùlá : n. someone who snores

fȁlùtɔ́ : n. someone who snores

fȁnònò : n. snoring

fȁnyènyè : n. secretion of discharge in/on the eyes

fátsá : n. 1. to grow 2. to be strong

fátsáfátsá : n. 1. strength 2. solidity

fè : n. 1. year 2. age 3. fishhook

fè (dà - /dó -) : v. to fish with a fishhook

fè (dù -) : v. to celebrate christmas

fè (dù - ná) : v. to give christmas gifts to

fè (lè - dzí) : v. to be on christmas

fè (trɔ́ - tà) : v. to celebrate a traditional annual ceremony during which offerings are made to the fetishes/gods

fè àlàfá : n. century

fè kpé : n. + v. to be finished (pertaining to a year)

fè trɔ́ : n. + v. to begin a new year

fè yéyè : n. new year

fè yéyè gbè : n. 1. new year greeting 2. first day of the year

fè xóxó : n. past year

fé : prep. 1. of 2. to 3. from 4. by 5. with 6. at 7. out of 8. off

-fé : suff. 1. the place whee 2. the place of 3. indicates the feminine of certain names

fèàlàfádèkáxɔlá : n. 1. centenary 2. a hundred-year old person

fèàlàfáyéyíyì : n. century

fèàwótsòfè : adv. every year

fèdàdà : n. fishing with hook

fèdàfé : n. 1. a place where one fishes with the hook 2. a place of fishing 3. fishing

fèdàlá : n. fisherman (syn. *àsàbùdàlá, ɖɔdàlá, ɖɔkplɔlá, làɖèlá, tɔ́fòdèlá*)

fèdèkádzòɖèkɛ́ : n. stag ("one year horn")

fèɖóɖó : n. fishing with the hook

fèɖólá : n. someone who fishes with the hook

fèɖùɖù : n. christmas celebration

fèɖùlá : n. someone who celebrates christmas

fèèwóyèyíyì : n. decade

fèflè : n. 1. pompano dolphinfish (syn. *blɔ, tɔflèsì, yɔ*) 2. purchase

fèflè : adj. purchased

féflé : adj. 1. naked 2. not covered 3. with no eyelids (e.g snake)

féflélù, féflélùì : n. turtle-dove

fègàflè : n. 1. commerce 2. retail

fèkà : n. fishing rod wire

fèkáflè : n. retail purchase

fèkáflètɔ́ : n. someone who buys retail

fèkpálìkpá : adv. 1. all year round 2. year in year out 3. for a long time

fèkpékpé : n. 1. end of the year 2. new year 3. end of year meeting

fèlà̃ : n. a wound that does not heal

fèmègà : n. 1. church tax 2. church collection

fènùlà̃ : n. bait

fènyí : n. 1. fainting 2. asphyxia 3. apparent death 4. unconsciousness 5. coma (syn. *àbò, dzìdzì, ɖǐ mè, gbàfà, kòmá*)

fènyí (kú -) : v. 1. to faint 2. to lose consciousness

fènyìfènyì : adv. every year

fènyíkúkú : n. 1. fainting 2. unconsciousness 3. blackout

fèsì : n. 1. annual fair 2. annual market

fètàtɔ́trɔ́ : n. traditional annual ceremony during which offerings are made to the fetishes/gods

fètɔ́trɔ́ : n. 1. new year 2. change of year

fèxɔxɔ : n. age

fɛ : n. a type of tree whose wood is appreciated

fɛ̀ : n. small canary inteded to serve palm wine

fɛ́ : adj. 1. very young 2. very small 3. very fresh

fɛ́ɛ́ : id. 1. sound of a horn or trumpet

fɛtí : n. a tree whose buds are used in cooking as an substitute for potash

-fí : suff. indicates the female of some proper nouns

fí : n. 1. antelope 2. doe 3. deer (syn. àfiằ, àfiàtsú, àfiàyì, àgblègbɔ́é, àtùŋgbà, àvègbɔ́é, gbàgbà, gbàgbằ, zìnɔ) 4. hind

fìà : n. 1. buzz 2. hurly-burly 3. whirlwind

fìà : id. 1. quickly 2. in the twinkle of an eye 3. like lightning

fìàà : id. 1. long and round (syn. fìàŋbàà) 2. sound of torrential water

fìàfìà : adj. 1. boiling 2. well cleaned

fìàfìà (dì -) : v. to be well cleaned

fìàfìàfìà : id. 1. noise produced when one drags his/her feet in thick shoes 2. squealing 3. crunching

fìàŋbàà: id. long and round (syn. fìàà)

fìàtàfìàtà : id. noise produces when one takes long walking strides

fídɛ : adj. 1. pointed 2. sharpened

fídɛɛ : id. thin and sharp

fífí : n. 1. sea breeze 2. wind that comes from the direction of the sea

fífí : adj. dry

fìòò : id. 1. long and round 2. noise produces by a whistling train that passes by at high speed

fíóó : id. 1. all 2. completely

flà : adj. 1. uneven 2. rough 3. rugged

flà : adv. suddenly

flà, flá : id. effect produced when one suddenly enters a place

flá : v. 1. to spare (of or relating to sickness) 2. to hasten 3. to be enthusiastic

flàlàà : id. 1. large and high 2. slender (syn. flàlùù)

flálúí : adj. slender

flàlùflàlù : adj. 1. large and high 2. long

flálúíflálúí : id. 1. slender 2. long

flàlùù : id. 1. large and high 2. slender (syn. flàlàà)

flàtsàà : id. 1. hard to the touch 2. rough

flàtsàflàtsà : id. 1. rough 2. rugged (for something big or heavy)

flátséflátsé : id. 1. rough 2. rugged (for something small or light)

flàyìì : id. hard to the touch

flè : v. 1. to buy 2. to acquire 3. to pay

flè (fò -) : v. to pile up to sell

-flè : suff. 1. to buy 2. intended to be bought

flè àsì : v. 1. to shop 2. trading

flè ... dà dí : v.1.stock up 2.supply

flè kú ná : v. to wish death for

flè núdùdù : v. 1. to buy food 2. to buy food supplies

flè ŋkúsì : v. to spy on each other whilst looking at each other in the eyes

flègàflè : n. 1. sales agent 2. retail dealer

flèkáflè : n. retailing

flèkáflètó : n. 1. someone who buys retail 2. junk dealer 3. broker

flè ... vá : v. to import

flé : adj., id. 1. to be ill 2. to not develop 3. to not grow (pertaining to animals)

flì : n. 1. handle 2. cobra

flì (tù -) : v. 1. to no longer have a handle 2. to have lost a handle

flì, flìbó : n. spitting cobra

flí : v. 1. to be sick 2. to push 3. to come out of the ground

flìflìflì : id. moving in large numbers

flò : id. 1. sound produces when when something is spat out of the mouth 2. sound produced when an animal suddenly appears from somewhere

fló : adj. 1. uneven 2. rugged 3. rough

fló : adv. id. 1. quickly 2. suddenly

flòflòflò : id. 1. noise produces by seeds 2. noise produced when animals rush out of somewhere 3. noise produced when armed machines fire bursts of rockets

flóflófló : id. 1. noise produces by seeds 2. noise produced when small animals rush out of somewhere 3. noise produced when small firearms are used in firing 4. very smooth 5. very clean 6. very beautiful (clothing) 7. very clear (sky)

flòtsòò : id. 1. unevenly 2. roughly

fló : v. 1. to scrape *(syn. bé)* 2. to scratch 3. to shave 4. to scale off 5. to sow 6. to fall (as pertains to hair) 7. to be dried 8. to blow (on fire)

fló : adj. 1. worn out 2. shabby

fló dzò dó : v. to blow on fire

fló dí lè ... ŋú : v. 1. to take dirt out of something 2. to cleanse

fló tá : v. to shave the head

fló tsró : v. to scale

fló yà dé : v. to blow (with the mouth, with a bellows)

flòfló : v. 1. a type of sickness that causes itching 2. scabies *(syn. àflóé, àklì, àkpà, àkpàkúí, bèlè, bòsòkpà, fòkpòfòkpò, fòfló, klùsàklúsá, kpìtì, zóŋgólàtsístsì)*

flù : id. sound produced when something swiftly enters a given space

flú : id. sound produced when something swiftly enters a given space

flùflùflù : id. 1. continual noise 2. a repeated noise caused by somehting coming in or out of something 3. noise caused by footsteps in dead leaves

flùflùflù (zɔ̀ -) : v. to have an energetic demeanour

flúflúflú : id. 1. continual noise 2. a repeated noise caused by somehting of small nature coming in or out of something

fò : v. 1. to beat 2. to hit 3. to drum 4. to ramm 5. to tremble 6. to shake 7. to play (e.g football, drum, piano, etc.) 8. to ring 9. to blow (wind) 10. to hatch 11. to be stained with 12. to braid (e.g hair) 13. to shrink 14. to fold 15. to mould into a specific shape (e.g as a dough is moulded into a specific shape of bread) 16. to establish (an organization)

fò : n. 1. stomach 2. tummy 3. belly 4. millet 5. canary-seed 6. flat surface 7. lowland 8. expanse

fò : postp. 1. on 2. above 3. on the surface of

fò (dé dzi - ná) : v. to encourage

fò (dɔ̀ -) : v. to fall sick

fò (dzi lè/nɔ̀ - ná) : n. + v. to dare

fò (dzidzi - (àmè)) : n. + v. 1. to have the jitters 2. to have butterflies in the stomach 3. to have stage fright

fò (dè dzi lè - ná) : v. 1. to demoralize 2. to discourage

fò (dí -) : v. 1. to be full 2. to be satisfied 3. to be convinced

fò (di -, dɔ̀ -) : v. 1. to be full 2. to be satisfied

fò (kpé -) : v. to have a cold

fò (látríki -, lɛ́tríki -) : v. to electrocute

fò (lé dzi dé -) : v. 1. to persevere 2. to keep courage

fò (ŋɔ̀tímèkpé -) : v. to have a cold

fò (tú -) : id. to shoot at

fò (sò -) : id. to be arched

fò (tsi -) : id. to be wet

fò (tsɔ́ - àsí) : v. 1. to not consider 2. to play down 3. to give no importance to

fò àbàyà : v. to make brooms/brushes using leaves of the palm tree

fò àbi : v. to dress a wound

fò àbólò : v. to shape the dough (e.g used in baking bread)

fò àdà̰ : v. to dissolve the corn flour in water to prepare the dough

fò àdà̰ mè ná : v. 1. to incite violence 2. to provoke

fò àdè : v. 1. to be slimy 2. to be full of saliva 3. to be full of sweat

fò àdègbè : v. 1. to tell about the past 2. to talk talk about one's old days or one's adventures

fò àdègbè fúflú : v. 1. to talk for nothing 2. to recollect one's past for nothing

fò àdabà : v. to blink one's eyes/eyelids

fò àḍè : v. to click the tongue

fò àḍè ḍé nù mè ná : v. 1. to kiss on the mouth 2. to insert one's tongue into mouth of another person 3. to be fascinated by

fò àḍègbè : v. to boast

fò àfɔ ḍé ... mè : v. 1. to trample on 2. to mark time

fò àfɔ ná : v. to perform a ceremony of purification for a woman who has committed adultery

fò àfɔḍí : v. 1. to come often to a specific place 2. to frequent a place

fò àfémènù ná : v. 1. to give family counsel 2. to give family advice to

fò àgbà : v. 1. to miss 2. to fail

fò àgbì : v. 1. to confusing 2. to be a complicated problem to solve

fò àhàmá : v. 1. to boast 2. to reprimand gently

fò àkà : v. 1. to be stupid 2. to be vain 3. to know nothing

fò àká : v. to be very dirty (like coal)

fò àkàtsá : v. to prepare porridge

fò àkɔ : v. 1. to hit one's chest (in order to show that one is capable or strong) 2. to be sincere in one's commitments

fò àkpàkò : v. 1. to pass by 2. to not affect 3. to be away from 4. to spare

fò àkpé : v. 1. to applaud 2. to congratulate 3. to thank *(syn. fò àsíkpé, fò àsíkpólí)*

fò àlàkpànù : v. to tell lies

fò àlì : v. to hit the waist (e.g during sexual intercourse)

fò àlɔ mè ná : v. to hit one's palm (e.g as an act of punishment)

fò àmì : v. 1. to be soaked in oil 2. to be covered in greasy sooth

fò ànyíkɔ́ : v. to create a ball of clay

fò àsá ná : v. 1. to save 2. to spare 3. to avoid 4. to get away from

fò àsì ḍé ... ŋútí : v. to propose/offer a price

fò àsí : v. 1. to be easy 2. to take into consideration

fò àsí àkɔ : v. 1. to take care of 2. to take responsibility for

fò àsí àkɔ ná : v. 1. to support 2. to guarantee

fò àsí ànyí ná : v. 1. to curse 2. to damn

fò àsí ḍé àxátómè ná : v. to tickle in the armpit so as to cause someone to laugh

fò àsí ḍé ... mè : v. to involve oneself in

fò àsí ḍé nù mè : v. 1. to remain speechless 2. to be surprised

fò àsí ḍé nyà xà : v. to say implicitly

fò àsí ḍé vènòvízé mè : v. 1. to steal 2. to be a thief (as a profession)

fò àsí ḍì : v. to make something dirty with one's hands (whenever one touches something)

fò àsí nù : v. to shout for help

fò àsíkpé : v. 1. to applaud 2. to congratulate 3. to thank *(syn. fò àkpé, fò àsíkpólí)*

fò àsíkpólí : v. 1. to applaud 2. to congratulate 3. to thank *(syn. fò àkpé, fò àsíkpé)*

fò àsíkplí ɖé … ŋú : v. 1. to give a helping hand (in large numbers) 2. to participate in large numbers

fò àsɔ̀ : v. to arrange something around in a bowl/pan so that it/they do not fall

fò àvè : v. 1. to deforest 2. to clear the bush

fò àyí : v. 1. to be wrinkled 2. to have wrinkles

fò àzã̀ : v. to kill by bewitchment

fò àzi : v. to hatch (an egg)

fò bà : v. 1. to be muddy 2. to become pasty (of tubers)

fò blìbàà : v. 1. to be completely covered with mud 2. to be all dirty (of something with a large size)

fò blìbέ ná : v. 1. to beg (whilst kneeling, lamenting) 2. to ask for forgiveness

fò blìbέέ : v. 1. to be completely covered with mud 2. to be all dirty (of something with a small size)

fò dàblíbέ : v. 1. to beg by throwing oneself onto the ground 2. to be writhing in pain 3. to roll on the ground in pain

fò … dé xɔ̀ : v. 1. to be confined to bed 2. to lock up a widow or widower (as done in widowood rites)

fò ɖé … dzí : v.1. to overwhelm 2. to overpower 3. to oppress 4. to overburden 5. to weigh down

fò ɖètsi : v. to prepare soup

fò dù ɖé … ŋú : v. 1. to hurry up 2. to hasten

fò dzátsi ɖí : v. to pour libation

fò dzò : v. 1. to scorch 2. to blaze 3. to burn lightly 4. to pass lightly to the fire (e.g leaves)

fò dzèvé : v. to contain too much salt

fò dzògbɔ́ : v. to prepare porridge

fò ɖà : v. to braid one's hair

fò ɖè : v. to pour libation

fò ɖè … dzí : v. 1. to overwhelm 2. to take by surprise

fò ɖè … mè : v. 1. to introduce 2. to put in

fò … ɖè … mè : v. 1. to thrust in 2. to push in 5. to sink in

fò ɖè … mè (yà -) : v. 1. to ventilate 2. to aerate

fò ɖi : v. 1. to soil 2. to tarnish 3. to make dirty 4. to mess up 5. to be dirty

fò ɖi ŋkɔ́ ná : v. 1. to smear the name of 2. to dishonor the name of

fò … ɖókúi fú : v. 1. to pile up 2. to stack up

fò drù : v. 1. to make mounds 2. to garnish (a plant eg. yam, sweet potato) with soil that is raised at the level of the foot-

- 375 -

fò émè : v. 1. to avoid 2. to not have been there 3. to go without passing through (e.g a place)

fò fè ḍé ... ŋú : v. 1. to scratch 2. to hand on with the claws 3. to take good care of

fò fèfé : v. 1. to braid 2. to plait 3. to wreathe

fò fèfé ḍé ... ŋú : v. 1. to embed 2. to sit down 3. to sit next to 4. to stay calm

fò fì ḍé : v. to curse

fò ... fé nù ḍá, fò ... fé nù dà : v. to interrupt

fò fòmlì : v. to be charitable

fò fú : v. 1. to assemble 2. to put together 3. to group 5. to gather 6. to bring together 7. to accumulate 8. to heap up

fò ... fú ànyí : v. to knock out (as in combat sports)

fò gà : v. to ring the bell (e.g house bell)

fò gò : v. 1. to meet by chance 2. to play maracas

fò gó ná : v. to fine someone

fò gbè : v. 1. to lie 2. to tell lies 3. to boast

fò gbè : v. 1. to weed 2. to fetch grass (to feed livestock)

fò hà ḍé ... nù : v. 1. to compel someone to sing 2. to be required to

fò hè ḍé : v. to stab with a knife

fò kà : v. 1. to call on the phone 2. to braid 3. to twine a rope

fò kè ḍé tó : v. 1. to take root 2. to be well protected by charms 3. to be protected by spirits

fò ké : v. to be full of sand

fò klè : v. to weave palm leaves into a basket

fò klò : v. 1. to kneel 2. to kneel down

fò kókó ná : v. 1. to beg 2. to entreat 3. to implore 4. to plead 5. to beseech 6. to supplicate

fò kɔ́ : v. to put in balls

fò kɔ́ ḍó ná : v. 1. to finish 2. to conclude 3. to accomplish 4. to consummate

fò kúdɔ́ : v. 1. to be seriously ill 2. to fight for one's life as a result of sickness

fò kpàkpàkpà : v. to shiver

fò kpàkpàkpà ḍé ... ŋútí : v. 1. to let out one's joy in a burst (as a result of e.g a discovery) 2. to tremble with joy 3. to not be able to hold back one's joy

fò kpé : v. 1. to stone 2. to have a cold

fò ... kplé àtí : v. to beat up with a stick

fò ... kplé kpò : v. to beat up with a stick

fò ... kplé ŋkú : v. to glare at

fò ... kplí : v. to have had sexual intercourse with the same woman or man

fò kpò : v. 1. to knock out 2. to strike someone with a club

fò kpó ná : v. 1. to stumble 2. to trip

fò lè ... nù : v. to be pregnant

fò mèfí ná : v. to spank on the buttocks

fò mlà : v. to congratulate

fò mlá... lè yòyó mè : v. 1. to invoke 2. to refer to 3. to adduce

fò mɔ̀ : v. 1. to type 2. type on the computer

fò nɔ̀èwó : v. to fight each other

fò nù : v. 1. to speak 2. to talk 3. to converse 4. to have a discourse 5. to speak with 6. to chat

fò nù blóblóbló : v. 1. to speak without thinking 2. to gossip 3. to be talkative 4. to babble 5. to chat 6. to mumble 7. to have vague notion of

fò nù bùtùbùtù : v. 1. to whisper 2. to mumble 3. to grumble 4. to lisp

fò nù ɖé ànyígbá mè : v. to sink deep into the soil (roots)

fò nù ɖé dìdìfé : v. 1. to talk from a distance 2. to make a phone call

fò nù ɖé gbè mè : v. to speak quietly

fò nù ɖé ... nù : v. to speak in place of

fò nù ɖé ... ŋù : v. 1. to reprimand 2. to reproach 3. to talk badly about someone in his absence

fò nù ɖèká : v. to speak with one voice

fò ... nù fú : v. 1. to group 2. to assemble

fò nù gbɔ́lò : v. to talk nonsense

fò nù káká flù : v. to be eloquent

fò nù kplé àdà, fò nùkplé dzò : v. 1. to speak with passion 2. to speak with enthusiasm

fò nù kpólúí : v. 1. to babble 2. to talk for nothing

fò nù kpótúíkpótúí : v. to talk incessantly

fò nù ná : v. 1. to talk to 2. to advice 3. to moralize

fò nù sè : v. to establish a contract

fò nù tsó ... ŋú : v. to make a presentation on

fò nú : v. to pounce on prey (as pertains to e.g birds)

fò nùmèdétsi : v. to build castles in the air

fò nyà : v. to report

fò nyà dzí : v. 1. to quote 2. to conclude

fò nyà ɖé ... nù : v. 1. to oblige to speak 2. to bring someone to speak 3. to convince 4. to force a false confession

fò nyàtà : v. 1. to conclude 2. to draw a conclusion

fò nyàtsí vè ná : v. to cause somebody to confess

fò nyikɔ́ ɖé ... dzí : v. to bury a criminal alive

fò nyíkɔ́ ɖé ... dzí : v. 1. to swear 2. to insist on

fò ŋkɔ́ ɖó : v. 1. to praise the name of 2. to encourage 3. to congratulate

fò ŋkɔ́ ɖó ná : v. to give a nickname to

fò ŋkú ɖé ... dzí : v. 1. to stare at something 2. to take a look at something

fò ŋúzímè ná : v. to visit without informing

fò sé : v. to flower

fò ... sé : v. to agree on/to

fò sò : v. to be arched

fò sòè, fò sùè : n. 1. millet 2. canary seed

fò tà : v. to germinate (pertains to tubers)

fò ... tà : v. 1. to domiante 2. to surpass

fò tà ɖé ... mè : v. 1. to engage oneself to 2. to commit oneself

fò tà ná : v. 1. to be way above 2. to incomparable to 2. to conclude

fò tàmè ná : v. 1. to remember something 2. to recollect

fò té : v. 1. to heap 2. to pile up 3. 4. to tighten 5. to bind 6. to store 7. to get ready 8. to assemble 9. to block 10. to arrange 11. to settle down 12. to become wise

fò té ɖókúi : v. to stay calm

fò tìtìtì : v. 1. to shiver 2. to tremble

fò tó : v. 1. to take an elderly person or one's superior to be one's co-equal

fò tó ɖó ná : v. 1. to moralize 2. to advice

fò tó ná : v. to hem

fò tómè ná : v. to slap on the cheek/on the face

fò tɔ́ gàfò : v. to blow in gusts

fò trɔ́ : v. to fall in a trance whilst performing vodoo dance

fò tú : v. 1. to shoot 2. to kill with a gun

fò ... tú : v. to put a lid on

fò tsà : v. 1. to grab 2. to seize abruptly

fò ... tsá : v. to join two pieces/ends

fò tsì : v. 1. to be damp 2. to be quenched 3. to be wet 4. to be drunk to death

fò tsì ɖí : v. to pour libation

fò tsì ná : v. to wash (a sick person, a baby or an elderly person) with hot water

fò ... tsì : v. to turn off

fò tsó : v. 1. to be bow legged 2. to rinse

fò tsɔ́ : v. 1. to put upside down 2. to fall asleep deeply 3. to take away one's prey

fò tsyòtí ɖé ... tó : v. to encourage to fight

fò ví : v. 1. to hatch 2. to open

fò ʋɔ̀ : v. 1. to knock on the door 2. to ask for the hand of a lady in marriage by officially visiting the family of the lady

fò ʋù : v. to splash blood

fò ʋǔ : v. to drum

fò ʋùʋùdédí : v. 1. to be dusty 2. to be powdery

fò xlá : v. 1. to surround 2. to enclose 3. to encompass 4. to encircle 5. to get around 6. to circle 7. to turn around 8. to make a detour 9. to make a circle around 10. to circumcise

fò xlá ... gòdòò : v. to take a tour of

fò xlá kpé ɖó : v. 1. to surround 2. to encircle 3. to circumvent 4. to make a detour 5. to search with a fine comb

fò wɔ̀ : v. to have grey or white hair

fò wɔ̀ : v. 1. to blow air 2. to ventilate 3. to be cleared 4. to be free (pertains to e.g route) 5. to be empty (pertains to e.g a courtyard)

fò zằ : v. to have a wake-keeping ceremony and as well be playing drums during the funeral celebraton

fò zì : v. 1. to stare 2. to move in crowds

fò zì ɖé ... ŋú : v. 1. to clump on 2. to agglutinate on

fò zù gbàdzàà : v. 1. to flatten 2. to press out 3. to beat flat

fǒ : n. sorghum *(syn. àfó)*

fó : n. to be dry

fó dzò : n. to warm oneself by the fire

fòàkà, fòkà : adj. 1. foolish 2. stupid 3. lazy 4. rascal

fòàká : adj. very dirty

fòàmèʋúí : n. meningitis

fòàtífòàtí : n. woodpecker (bird) *(syn. fòlèàtíkɔ́é, fòʋúlèàtíkɔ́é, fòʋúlèàtílɔ̀è)*

fòàvè : n. thirteenth month of the year (of the Eʋe calendar)

fódó : n. 1. stomach 2. belly 3.tummy 4. pregnancy

fódó (ɖí -) : v. 1. to be satisfied 2. to be full 3. to be convinced

fódó (ɖɔ́ -) : v. to be satisfied 2. to be full

fódó (kpɔ́ - dzí - ná) : v. to feed someone

fódó lè/nɔ̀ ... nù/sí : v. to be pregnant

fódó lé mègbétí : v. to lose weight as a result of hunger

fódó tsì ná : v. to be due (to put to birth)

fódóɖíɖí : n. 1. satiation 2. satisfaction 3. conviction

fódóɖzíkpɔ́lá : n. 1. the one who feeds someone 2. breadwinner

fódóɖílá : n. 1. someone who is full 2. someone who is satisfied 3. someone who is convinced

fódóɖífé : n. a place where one is satisfied

fódóɖínyà : n. 1. word of ecouragement 2. word of satisfication

fódóɖɔ́ɖɔ́ : n. 1. satiation 2. satisfication

fódóɖɔ́lá : n. someone who is full

fódóɖɔ́fé : n. a place where one is satisfied

fódógắtɔ́ : n. 1. someone with a big belly 2. a pregnant woman 3. a greedy person

fòɖì : adj. 1. dirty 2. nasty 3. unclean 4. messy 5. untidy

fòɖíɖí : n. satisfaction

fòɖílá, fòɖítɔ́ : n. 1. someone that is full 2. someone that is satisfied

fòɖɔ́ɖɔ́ : n. satisfaction

fòé : n. 1. little sister 2. younger sister 3. female cousin

fòfé : n. 1. keyboard 2. keypad

fóflólúí : n. turtledove *(syn. àféflélùì, blèkú, fófólí, tsyótsyóglòtsòé, vòlòè, vòlùì, vòlì, ʋlí, ʋúlí)*

fòfò : v. to lick with the finger

fòfò : n. 1. strike 2. hitting 3. beating 4. ringing 5. blowing (of the wind) 6. tremor 7. shaking 8. trembling 9. hatching

fòfòdɔ̀ : n. 1. morbus parkinson 2. tremor

fòfòḍénù : n. 1. extension 2. prolongation

fòfòé : n. 1. boil *(syn. àḍí, núfòàmè, núfòfò, núfòfòé, nútèàmè, nútètè)* 2. furuncle 3. carbuncle 4. ulcer

fófólí : n. turtledove *(syn. àféflélùi, blèkú, fóflólúí, tsyótsyóglòtsòé, vòlòè, vòlùi, vòlì, vlí, vúli)*

fòfòlí : n. 1. navel 2. belly button

fòfòsé : n. 1. contract 2. covenant 3. agreement

fòfòtìtì : n. 1. shiver 2. tremor

fòfú : v. 1. to amass 2. to accumulate 3. to heap up 4. to stack

fòfú : n. 1. total 2. collection (e.g of people, objects etc.)

fòfú : adj. 1. assembled 2. gathered

fògòlò : n. 1. obesity 2. potbelly 3. paunch

fòkàtsá : n. millet porridge

fòkplí : adj. 1. clumped 2. agglutinated

fòkplí (fò - ...) : v. 1. to agglutinate 2. to put against each other

fòlèàtíkɔ́é : n. woodpecker *(syn. fòàtífòàtí, fòvúlèàtíkɔ́é, fòvúlèàtílɔ̀è)*

fòmè : n. 1. family 2. race 3. tribe 4. sole of the foot 5. belly 6. abdominal cavity 7. any form of cavity 8. laziness

fòmè (àmèwó fé -) : n. humanity

fòmè (ḍó -) : v. to be related

fòmè (klã́ -) : v. to not get along (pertains to people of the same family)

fòmè (sá -) : v. to be related to

fòmè (wɔ̀ -) : v. 1. to be lazy 2. to be idle

fòmè ḍù : n. 1. to have a stomach ache 2. to have a running stomach

fòmè kplé (ḍó -) : v. 1. to be related to 2. to have sexual relations with

fòmè- : n.compl. ancestral

fòmèàwó : n. 1. members of the same family 2. kinsmen

fòmèbì : n. stomach ulcer *(syn. dɔ̀mèbì)*

fòmèdódó : n. 1. affiliation 2. kinship 3. communion 4. society

fòmèdónyà : n. 1. family affair 2. article (grammar)

fòmèdzìdzì : n. 1. kinship 2. family member 3. tribal member 4. descendant

fòmèdzíkpɔ́gàkáká : n. family budget

fòmèdzrè : n. family quarrel

fòmèḍé : n. spleen

fòmèḍèkátɔ̀ : adj. belonging to the same family

fòmèḍèkátɔ́ : n. one that is of the same family

fòmèfiàɖùɖù : n. dynasty

fòmègblènɔ̀nɔ̀ŋúɖóɖó,
fòmègbènɔ̀nɔ̀ŋúɖóɖó : n. family planning

fòmèkàwó, fòmèkàdódówó : n. family ties

fòmèŋkɔ́ : n. 1. surname 2. last name

fòmèŋúɖóɖó : n. 1. maintenance (the means of living) 2. alimony

fòmètɔ̀ : adj. 1. sex 2. tribe 3. clan 4. ethnic

fòmètɔ́ : n. 1. family member 2. kinsman (syn. fòmèví, gómètɔ́, hlɔ̃, kɔ̀, kɔ̀mè, sã́)

fòmètɔ́wó : n. 1. family members 2. kinsmen

fòmètsátsá : n. 1. kinship 2. affiliation

fòmètútú : n. stomach upset (syn. dɔ̀mètɔ́trɔ́, dɔ̀mètútú)

fòmèvéé : n. stomach-ache (syn. dɔ̀mèɖùàmè, dɔ̀mèɖùɖù, dɔ̀mèɖùì, dɔ̀mèvéé)

fòmèvéémàtsì : n. medicine for stomach-ache (syn. dɔ̀mèɖùìtíkè, dɔ̀mèmàtsì)

fòmèví : n. 1. descendant (of a family line) 2. kinsman (syn. fòmètɔ́, gómètɔ́, hlɔ̃, kɔ̀, kɔ̀mè, sã́) 3. species 4. type of 5. variety 6. manner

fòmèví : adj. 1. weird 2. strange 3. funny

fòmèví (àmè -) : n. 1. mediocre person 2. insignificant person 3. weird individual

fòmèwɔ̀lá : n. lazy person

fòmèwɔ̀wɔ̀ : n. 1. nepotism 2. family bonding 3. laziness 4. idleness

fòmɔ́ : n. fermented red millet paste

fònù : n. 1. conversation 2. chirping

fònù : adj. 1.speaker 2. hissing 3. vocalist

fònù blòblòblò : adj. 1. showy 2. of being very vocal (but worthless in value)

fònù gèɖèè : adj. 1. talkative 2. voluble

fònú : n. gastritis

fònú : n. adj. preying (of birds)

fònú (xè -) : n. predatory bird (syn. xèɖùlã̀, xéɖùlɛ̃̀, xéɖùʋùlɛ̃̀, xèfònú)

fòsé : adj. 1. blooming 2. flowery

fòté : adj. 1. tidy 2. gathered 3. piled up

fòtéfòté : n. 1. arrangement 2. assembly 3. the act of putting things together

fòtótóè : n. stomach ache

fòtrɔ́ : adj. unruly individual

fòtú : adj. 1. to kill or injure by gunshot 2. closed by a cover

fòtsá : adj. joint

fòtsì : adj. 1. moist 2. wet 3. drenched

fòtsì : adj. 1. extinct 2. dead 3. lifeless 4. off

fòtsìlètɔ̀mè : n. dragonfly (syn. bɔ̀tsrí, dèblágɔ̀mè, fiátà, nòtsìlètɔ̀mè, táɖù)

fòtsò : adj. 1. rinsed 2. arched

fòtsò hlòmè : v. to gargle

fòtsò nù mè : v. to rinse one's mouth

fòvì : adj. hatched

fòvŭ : v. to play the drum

fòvŭléàtílòè : n. woodpecker (syn. fòàtífòàtí, fòlèàtíkóé, fòvŭléàtíkóé)

fòwó : adj. 1. covered in powder 2. coverd in flour

fòyà : n. sea breeze

fòzì : adj. clumped

fòzídéàmèlá : n. agitator

fɔ̀ : v. 1. to belch 2. to mop up

fɔ̀ɛ́ : n. bush tree

fɔ̀flɔ́ : n. 1. scraping 2. scrape 3. dehydration 4. rough skin (as is seen when on has a ringworm infection) 5. name of a skin disease that causes itching 6. scabies (syn. àflóé, àklì, àkpà, àkpàkúí, bèlè, bòsòkpà, fòkpòfòkpò, flɔ̀flɔ́, klùsàklúsá, kpìtì, zóŋgólàtsístsì)

fɔ̀fɔ̀ : n. belching

fɔ̀ɔ̀ : id. sound produced by a marching band

fù : v. 1. to hit 2. to strike 3. to throw

fù : n. 1. sea 2. ocean 3. tide 4. fish hook 5. fishing line 6. fishing rod

fù (dà -) : v. 1. to fish with a fishing hook 2. to cast the fishing hook

fù (dó -) : v. to wait for a bite (on the fishing hook)

fù (zɔ̀ - dzí) : v. to make a sea trip

fù àdɔ̀ : v. to peck

fù dè : v. to catch on the fishing hook

fù èvè dòmènyígbá : n. 1. strip of land found between two water bodies 2. isthmus

fù kpé : v. to throw stones at

fù kúkú : n. dead sea

fú : v. 1. to be dry 2. to curl 3. to push with force 4. to be hard 5. to skim (milk, broth)

fú : n. bone

fú : adj. 1. dry 2. dried

fú : id. (refers to something that passes by quickly)

fú (dì -) : v. 1. to be very thin 2. to have a lot of bones

fú (fò -) : v. 1. to gather 2. to assemble 3. to convene

fú (fò ... nù -) : v. to gather

fú (tsɔ́ nyà - dzí) : v. 1. to put the blame on.. 2. to make responsible

fú (yɔ́ ... fò -) : v. to call ... to assemble

fú àdè : v. 1. to click the tounge (as a sign of dissatisfaction) 2. to taste

fú àdì : v. to move a seed (as is done in the game of oware) to the next box that already contains several seeds

fú àfɔ̀ ànyí : v. to stomp

fú àkɔ́ : v. to take charge

fú àkɔ́ (àtí) : v. to climb a tree (syn. liá)

fú àmì : v. to swim in oil (as done by insects)

fú ànyí : v. 1. to knock down 2. to throw on the ground

fú àsí : v. 1. to clap 2. to give a blow with the hand

fú àsí àgbàlẽ̀ dzí : v. 1. to swear 2. to take an oath

fú àsí àkɔ́ : v. 1. to guarantee 2. to vouch for 3. to answer for

fú àsí ànyí ná : v. to curse

fú àsí ànyígbá : v. to clap one's hand on the ground (as a sign of affirmation or curse)

fú àsí ... dzí : v. to swear to only tell the truth

fú àsí nù : v. to call for help by hitting oneself on the mouth

fú àsí nyà dzí : v. 1. to affirm 2. to assert

fú àtí nyà : v. 1. to say explicitly 2. to reveal a case

fú dù : v. 1. to run 2. to race 3. to rush 4. to be rapid 5. to gallop

fú dù dzóbóé : v. to trot

fú dù kpàtà : v. 1. to go at a pace faster than a walk 2. to run

fú dù sésíẽ́ wú : v. to accelerate

fú ... dù sésíẽ́ ɖé dzí wú : v. 1. to accelerate 2. to speed up 3. to hasten 4. to quicken

fú dù vá : v. to come running, hurrying

fú dzò : v. 1. to heat up 2. to reheat 3. to warm up (near the fire)

fú dzò tà ná : v. 1. to fascinate 2. to enthuse 3. to go up to one's head

fú ɖóɖóé : n. sacrum

fú (...) gbè : v. to throw away 2. to discard 3. to throw out

fú kéŋkéŋ : v. 1. to wither 2. to dry out 3. to dessicate

fú kòdzòè ànyí : v. 1. to lose consciousness 2. to faint

fú kòdzòètà ànyí : v. to start fieldwork

fú kólóé : n. 1. dry bone 2. skeleton

fú kótsóé : n. 1. bone 2. skeleton

fú légbà : v. 1. to erect 2. to raise

fú kpé : v. to throw a stone at

fú nù : v. 1. to bite 2. to drink (in) 3. to taste

fú ŋdɔ̀ : v. 1. to bask in the sun 2. to take a sunbath

fú nènètsi : v. to swim on the back

fú tà ... ŋú : v. 1. to start (something) 2. to seize 3. to snatch

fú tó ànyí : v. to listen (as pertains to a serious matter)

fú tsi : v. 1. to swim 2. to absorb (liquid) 3. to wipe off

fú vè mè : v. to be thirsty

fú xá ɖí ná : v. to spy on (the conduct of)

fú xɔ̀ : v. to plaster the walls of a house with clay

fú xlɔ̀è : n. cartilage

fú zì ... ŋú : v. to scream for no apparent reason

fùá : id. sound produced when something fragile breaks

fùáfúáfúá : id. crunching (when eating something hard)

fùdò mè : loc. adv. in the open sea

fùdódó : n. 1. fishing with the line 2. fishing with the hook

fùdòmènyígbá : n. 1. island 2. isle *(syn. fùdòmèkpó, fùkpó, fùmèkpó, tɔ̀dòmè)*

fùdòmèkpó : n. 1. island 2. isle *(syn. fùdòmènyígbá, fùkpó, fùmèkpó, tɔ̀dòmè)*

fùdɔ́ : n. 1. work at sea 2. offshore work

fùdùlùlùì : n. a species of seabirds that runs mostly on the seashore

fùdzídzòdàdà : n. sea piracy

fùdzídzòdàlá : n. sea pirate

fùdzídɔ́wɔ̀lá : n. 1. marine 2. sailor 3. seaman 3. seafarer

fùdzísráfò : n. 1. marine 2. navy officer

fùdzísráfòwó : n. naval army

fùdzízɔ̀lá : n. 1. sailor 2. navigator

fùdzízɔ̀tɔ̀ : adj. nautical

fùdzízɔ̀zɔ̀ : n. 1. navigation 2. sea trip

fùdɔ̀ : n. fishing net (at sea)

fùdɔ́dɔ́ : n. a continuous flow (as of a stream)

fùdɔ́dɔ́ kplé fùmièmìè : n. tide

fùèvèdòmènyígbá : n. 1. strip of land found between two water bodies 2. isthmus

fùféfé : n. 1. closed fracture 2. crack

fùflú : adj. 1. empty 2. vacant 3. blank 4. hallow 5. naked 6. withouth anything 7. fool 8. stupid 9. despicable 10. fake

fùflú : adv. 1. in vain 2. for nothing

fùflú (nyà -) : n. 1. joke 2. triviality

fúflúnɔ̀nɔ̀ : n. 1. emptiness 2. nudity

fúfòfé : n. 1. place of reunion 2. reunion 3. confluence 4. junction

fúfòfò : n. 1. assembly 2. collection 3. community 4. combination 5. meeting

fúfòfò héná dɔ́wɔ̀wɔ̀ : n. 1. alliance between entities to pursue common interests 2. league

fúfònú : n. accumulator

fùfótìtrì : n. plywood

fǔfú : n. 1. drying out 2. drought 3. dessication

fúfú : v. to harden

fúfú : n. breath

fúfú : adj. 1. arid 2. dry 3. withering 4. hard 5. lifeless

fúfú (dɔ́ -) : v. 1. to blow air on 2. to blow off

fùfùfù : id. 1. describes the beating of the pulse 2. violently 3. terribly

fúfúí : n. 1. dry 2. arid 3. dessicated

fŭfúífé : n. 1. dry place 2. dry land

fúfúímè : n. dry season

fúfúlòtòè : v. 1. soap bubble 2. balloon

fùgã́ : n. ocean

fùgó : postp. 1. towards the sea 2. by the sea

fùgɔ̀mè : n. seabed

fùgbàgbã̀ : n. breaking of waves of a water body

fúgbàgbã̀ : n. state of having a bone break at several places (for example as in the case of an accident)

fùí : n. 1. little sister 2. younger sister 3. female cousin

fùìḍàà, fùìḍòò : adj. 1. long 2. thin and pointed

fùkà : n. fishing line

fúkákã̀ : n. bone injury

fùké : n. sea sand *(syn. fùtàké)*

fùkédìḍì : n. 1. ebb 2. reflux

fúkólóé, fúkótsóé : n. 1. bare bone 2. skeleton

fùkɔ́mè : n. 1. gulf 2. bay 3. estuary 4. cove

fùkpé : n. rock (of the sea)

fùkpéfé, fúkpékpé : n. 1. joint 2. knuckle

fúkpó : n. island (in the sea) *(syn. fùdòmènyígbá, fùdòmèkpó, fùmèkpó, tɔ̀dòmè)*

fúkpódùzínɔ̀lá : n. islander

fúkpòló : n. skeleton

fùkpófã́ : n. peninsula *(syn. fùkpólényígbá)*

fùkpóhá : n. archipelago

fùkpólényígbá : n. peninsula *(syn. fùkpófã́)*

fùkpó-nútómè : n. gulf prefecture of the country of Togo

fùkpóví : n. small island

fùlèlè : n. 1. swimming 2. sea bath

fúmánɔ̀mèé : adj. boneless

fùmèdàdì : n. common tiger shark

fùmèylètíví : n. starfish

fùmèhà : n. dolphin

fùmèklò : n. 1. sea turtle 2. green turtle 3. olive ridley turtle 4. hawksbill turtle 5. loggerhead turtle

fùmèklòé : n. seashell

fùmèkòklòví : n. mermaid (mythical animal)

fùmèkùtsá : n. sea sponge

fùmèkpà : n. 1. sea fish *(syn. àkùtsá)* 2. lined chromis 3. sergeant major (a type of fish)

fùmèkpó : n. island *(syn. fùdòmènyígbá, fùdòmèkpó, fúkpó, tɔ̀dòmè)*

fùmèlã̀ : n. 1. fish 2. marine animal

fùmèlòklòví : n. 1. seal *(syn. fùmèmè, nyò)* 2. mermaid

fùmèlòklóví : n. mami wata (water spirit venerated in west, central, southern africa, in the african diaspora and the americas; mami wata spirit is usually female but could also sometimes be male)

fùmèmὲ : n. seal *(syn. fùmèlòklòví, nyò)*

fúmèmì : n. bone marrow

fùmìèmìè : n. 1. ebb 2. reflux

fùmímlí : n. 1. flow of a water body 2. breaking of the waves of a water body

fùnù : n. 1. littoral 2. coastline 3. beach

fúnùɖèfé, fúnùkpéfé : n. joint *(syn. fúnùkpéfé)*

fúŋéŋé : n. open fracture of a bone

fùŋú : n. sea side

fùtà : n. 1. shoreline 2. coastline 3. seaboard 4. shore 5. beach 6. seashore

fùtà- : adj. maritime

fùtà ŋkúmè : n. the piece of land seen from the sea (from the sea)

fùtàdù : n. 1. coastal city 2. seaside town

fùtàgàtsí : n. underwater mountain

fùtàké : n. sea sand *(syn. fùké)*

fùtàkpá : n. sea side

fùtàkpádzí : n. maritime region of togo (a political administrative region of Togo)

fùtànɔ̀lá : n. inhabitant of the coast *(syn. fùtàtɔ́)*

fùtànyígbá : n. coastal land

fùtàtó : n. 1. cape 2. promontory (a high point of land or rock projecting into a body of water)

fùtàtɔ̀ : adj. 1. maritime 2. coastal

fùtàtɔ́ : n. inhabitant of the coast *(syn. fùtànɔ̀lá)*

fùté : n. a small lake near the beach

fùté- : n.compl. adj. subamrine

fùtéʋú : n. subamrine

fùtó : n. sea side

fútómè : n. 1. hollow of a bone 2. medullary cavity of a bone

fútómèmì : n. bone marrow

fútótró : n. bone dislocation

fùtɔ̀ : adj. marine

fùtɔ́ : n. marine

fùtsì : n. sea water

fùtsì : adv. adrift

fùtsótsóé : n. 1. wave of a water body 2. billow 3. surge of the sea

fùtsótsóégắ : n. tsunami

fùtsótsóéwó : n. 1. surging waves of a water body 2. billows

fùtsótsúí : n. 1. sea wave 2. tide 3. billow

fùù : id. 1. sound produced when air escapes from an air chamber (e.g from a balloon) 2. sound produced when on farts

fùvèdòmènyígbà : n. isthmus

fúví : n. ossicle

fúwó : n. bones

fúwɔ̀wɔ̀è : n. artificial bone

fùxáxfé : n. an arm of the sea between two lands close to each other and which connects the two seas

fúxlɔ́é : n. cartilage

fùyà : n. 1. sea breeze 2. monsoon

G

gà : v. 1. to plow 2. to weed 3. to hoe 4. to remove weeds 5. to clear a land

gà : n. 1. iron 2. metal 3. ore 4. bell 5. gongong 6. time 7. clock 8. watch 9. money 10. currency 11. metal ornament 12. cross 13. prison 14. seashell 15. shell 16. plot 17. part of a farm 18. latch 19. customary leader 20. notable 21. barrier 22. place/at this place *(syn. gὲ, àfí)* 23. earl/duke/prince 24. envelope (with money)

gà : adj. num. hundred *(syn. àlàfá)*

gà : id. 1. big and tall 2. across

gà (bɔ̀ -) : v. to save money

gà (dà -) : v. to invite (somebody) over to come and eat [out of politenes]

gà (dé -) : v. 1. to imprison 2. to put in the cage 3. to close somebody/something behind bars 4. to monitor 5. to be under surveillance 6. to be numb 7. to have a feeling of pins and needles (dysesthesia) in one's leg 8. to have a part of the body being numb/paralyzed

gà (dí -) : v. 1. to seek for funds 2. to look for money

gà (dó - dé édzí) : v. 1. to worsen 2. to accentuate 3. to be in full swing

gà (dó - lè ... sí) : v. to borrow money from

gà (dzɔ̀ -) : v. 1. to make a money collection 2. to make a tontine

gà (dó -) : v. 1. to borrow money 2. to be rich 3. to strike the gongong 4. to announce 5.

gà (dɔ́/dɔ̀lì -) : v. to change money

gà (dù -) : v. 1. to spend money 2. to embezzle funds 3. to earn money

gà (flè -) : v. to borrow money with interest

gà (fò -) : v. 1. to ring the bell (of a house) 2. to ring the bell 3. to strike the gongong 4.

gà (fò - dé .... dzí) : v. 1. to declare (somebody) publicly dishonest 2. to exclude from the community

gà (gbà -) : v. to change moey

gà (gblé -) : v. to waste money

gà (kpɔ́ -) : v. 1. to earn money 2. to be rich

gà (kù -) : v. to extract iron ore

gà (té -) : v. 1. to be numerous 2. to be crowded 3. to be filled with people

gà (tsò -) : v. 1. to print money 2. to bar 3. to block

gà (ʋúʋú -) : v. to shake a bell

gà (wɔ̀ -) : v. 1. to make money 2. to make banknotes 3. to manufacture fake banknotes

gà (wɔ̀ - dí) : v. 1. to put money aside 2. to save money

gà (xé -) : v. 1. to pay 2. to refund

gà (zí -) : v. 1. to ring the bell/doorbell

gà- : adj. 1.metallic 2. mineral

gà- : adv. 1. again *(syn. gbà-)* 2. once again 3. anew 4. also 5. in the same way 6. no longer (when used in the negative form) 7. not to (do something)

gà áɖéwó mè : loc. adv. sometimes

gà- ... áké : adv. 1. again 2. once again

gà bidùì : n. punch

gà dzḗ : n. copper

gà dùdù : n. money to spend

gà gbàgbà : n. 1. change (money) 2. coins (syn. gà sòè)

gà lè kɔ ŋú ná : phr. 1. to have a neck chain 2. to have a collar

gà ŋú dɔ́wɔwɔ : n. finance

gà ŋú dɔ́wɔwó : n. movemnt of funds (money)

gà sésḗ : n. 1. steel 2. diamond

gà sòé : n. coin (syn. gà gbàgbà)

gà sùsòé : n. remainder (of money after spending)

gà wlúíwlúí : n. 1. coins 2. change

gà wùí èvè : n. midday

gà yìbɔɔ : n. iron

gà : v. 1. to cross 2. to be across

gà (tùtù -) : v. 1. to be steep 2. to be abrupt

gá : v. 1. to escape (a dangerous/unpleasant situation) 2. to recover from an illness (syn. gḗ)

gá : n. 1. leader 2. foreman 3. someone who is responsible

gḗ : adv. there

gḗ : v. to recover (syn. hàyá)

Gḗ : n. 1. an ethnic group found in Ghana 2. the Ga language

gà̰ : n. 1. elder 2. senior

gḗ : adj. 1. big 2. very huge (syn. gḗgḗ) 3. important 4. noble 5. old 6. elderly

gḗ : v. 1. to be big 2. to be important 3. to be healthy 4. to be healed (of a disease) 5. to emerge victorious 6. to escape unscathed (from an accident) 7. to clear a land (syn. gà)

gḗ (dó - tèfé ná) : v. to honour

gḗ (dù -) : v. 1. to be in the front row 2. to be the first 3. to show off

gḗ (gbè -) : phr. 1. strong voice 2. big voice

gḗ (ŋútsù -) : n. an old and honourable man (syn. àmègḗ)

gḗ (tsɔ́ - ná) : v. 1. to give precedence to 2. to honour

gḗ (zḗ -) : phr. in the middle of the night

gḗ ádé : phr. greatly

gḗ wú : v. to be superior

gàà : id. 1. staring 2. accurately

gáá : id. 1. in widening the eyes 2. staring 3. wide awake

gàbàdà : n. 1. grigri that attract girls who are resistant 2. for girls (ghanaian slang)

gàbàtí : n. metal bed

gàbìá : v. 1. to ask again 2. to demand

gàblá : n. 1. wire (used in tying) 2. iron hoop 3. rim

gàblá : v. to reconnect

gàblá ... nù : v. reconnect

gàbɔ̀bɔ̀ : v. to soften

gàbɔ̀bɔ̀ : n. the act of saving

gàbútú : n. 1. purse 2. wallet 3. waist bag (in which money is placed)

gàdà : n. 1. remote place 2. isolated place 3. micropogon (a type of fish)

gàdàɖókúì : n. spring (metallic object)

gàdáglàmákúí, gàdáglàmáŋkúí : n. 1. lens (of the eyes) *(syn. ŋkúvì)* 2. medical glasses 3. artificial lens 4. eyeball

gàdéàmè : n. hancuffs

gàdé mègbé : n. to retreat

gàdé àgbà : n. to reload

gàdé àmà : n. to green (to flourish)

gàdé dzò ... mè : n. to warm up

gàdé sé : n. to bloom again

gàdé yà : n. to re-inflate

gàdédé : n. the act putting into schackles

gàdédzòmèkà : n : a divine judgment in which the shins are smeared with a red-hot iron (knife), if it only singes the skin without causing any further damage, the accused is innocent *(syn. yíkpókà)*

gàdífé : n. a place where money is earned

gàdídí : n. 1. fundraising 2. the act of searching for money 3. loan application

gàdílá : n. 1. loan applicaant 2. someone who is in search of money

gàdó àtí : v. reforest

gàdó gò : v. to see each other again

gàdódó : n. 1. loan (money) 2. giving orders by means of a bell

gàdófé : n. 1. bank 2. stock exchange

gàdòkpó : n. 1.furnace 2. stove 3. barbecue

gàdólá : n. 1. debtor 2. creditor 3. banker

gàdɔ́ : n. paid work

gàdɔ́wɔ̀dɔ́ : n. salaried work

gàdɔ́wɔ̀fé : n. 1. financial office 2. public treasury

gàdɔ́wɔ̀wɔ̀ : n. 1. remuneration 2. paid work 3. working for money

gàdzà : n. 1. wire mesh 2. barbed wire 3. metal cage *(syn. gàdzàkpɔ́)* 4. tetanus (disease) *(syn. gàdzàdɔ̀)* 5. cramp 6. stiffness of the limbs *(syn. hèhèdɔ̀)*

gàdzàã̀ (dò -) : v. 1. to be open 2. to not be covered 3. to be prominent

gàdzàbùí : n. tetanus vaccine

gàdzàdɔ̀ : n. tetanus (disease) *(syn. gàdzà)*

gàdzàdzràɖó : n. 1. economics 2. saving of money 3. thrift

gàdzàkpɔ́ : n. 1. wire mesh 2. metal cage *(syn. gàdzà)*

gàdzè ànyí : v. 1. to relapse 2. to fall back

gàdzè ... gɔ̀mè : v. 1. to start again 2. to resume

gàdzé : v. to reappear

gàdzè àgɔ̀ : v. 1. to reoffend 2. to backslide

gàdzè égɔ̀mè : v. 1. to start again 2. to resume

gàdzèfé : n. railway junction

gàdzɛ̃ : n. 1. copper 2. brass 3. tin 4. bronze

gàdzɛ̃ : n. a type of dance which is accompanied by the beating of drums

gàdzɛ̃gbá : n. copper tray

gàdzɛ̃nú : n. copper wire

gàdzɛ̃ŋúdɔ́wɔ̀lá : n. coppersmith

gàdzɛ̀tɔ̀ : n. 1. of copper 2. of brass 3. of tin 4. of bronze

gàdzigà (dó -) : v. to borrow or lend money with interest

gàdzigàdólá : n. usurer (someone who lends money mostly at an exorbitant rate)

gàdzíkpɔ́lá : n. 1. banker 2. treasurer 3. bursar

gàdzítrɔ́fé : n. bank

gàdzítrɔ́lá : n. banker

gàdzò : n. a type rhythm played on the tamtam (drum)

gàdzó : v. to start off again

gàdzòdzòká : n. 1. hot coal 2. forge fire

gàdzɔ̀ : v. to straighten out

gàdzɔ̀ ké : v. 1. to recur 2. to be resuscitated 3. to come back

gàdzɔ̀dzɔ̀ : n. 1. membership fee 2. collection 3. contribution

gàdzɔ̀lá : n. 1. collector (an employee who moves from home to home collecting money or in order to recover effects)

gàdzrà ɖó : v. 1. to restore 2. to rearange 3. to renovate 4. to repair

gàdzràɖó : n. 1. money savings 2. restoration 3. renovation 4. repair

gàdzràɖófé : n. 1. treasury 2. bank

gàdzràɖófé dɔwɔlá : n. 1. banker 2. employee of a bank

gàdzràɖófé nyàwó : n. banking affairs

gàɖákà : n. 1. metal case 2. metal trunk 3. safe

gàɖákàví : n. 1. piggy bank 2. moneybox

gàɖiɖi : n. 1. jingling (of metal/ of money) 2. rumbling

gàɖihlà : n. 1. melting 2. smelting

gàɖó ànyí : v. 1. to reorganize 2. to restore 3. to rebuild

gàɖó ... tèfé : v. 1. to replace 2. to put back in place

gàɖóɖó : n. 1. announcement made by striking the gongong 2. notification 3. communique 4. publication

gàɖófé : n. a place where announcements are made

gàɖólá : n. 1. gongong beater 2. town crier 3. griot

gàɖɔ̀ ɖó : v. 1. to be restored (healthwise, businesswise, etc.) 2. to settle (a matter) gàdɔ́lá : n. 1. trader 2. stockbroker 3. banker

gàdɔdɔ́ : n. 1. the act of making money 2. money exchange

gàdɔ́lì : n. change (money)

gàdɔ́lìfé : n. foreign exchange office

gàdɔ́lìlá : n. 1. money broker 2. stock broker

gàdɔ́lìsì : n. exchange rate

gàdùdɔ́fé : n. 1. foreign exchange office 2. stock exchange

gàdùdɔ́lá : n. 1. stock broker 2. banker

gàdùdù : n. 1. expenditure 2. purchasing power 3. currency

gádùdù : n. 1. superiority 2. pride 3. arrogance

gàfíá : v. to show again

gàfìì : id. 1. hollow 2. sunken

gàfìì (wɔ̀ -) : v. 1. to be flat 2. to be amazed

gàflò : n. fork

gàfɔ̀ : v. 1. to find 2. to recover

gàfɔ́ : v. 1. to rebound 2. to revive 3. to resuscitate 4. to wake up again

gàfɔ̀kpà : n. 1. horseshoe 2. metal shoe

gàfèflè : n. borrowed money with interest

gáfé : n. altar of a diety

gáfé (yì -) : v. to go and make altar offering to a diety in order to thank the diety for healing from a sickness

gàflé : n. 1. mold 2. conch

gàfò sé : v. to bloom again 2. to flourish again

gàfòdókúì : n. 1. watch 2. clock 3. alarm clock 4. pendulum

gàfòdókúìdzràdófé : n. watchmaking workshop

gàfòdókúìdzràdólá : n. watchmaker

gàfòdókúìdzráfé : n. a place where watches are sold

gàfòfò : n. 1. hour 2. time 3. moment 4. period 5. bell 6. the act of ringing (a bell)

gàfòfò dé ... dzí : n. 1. boycott 2. ban 3. quarantine 4. blacklisting

gàfòfò dèkátɔ̀ : s. adj. 1. schedule 2. timetable

gàfòfò sìá gàfòfò : s. adv. every hour

gàfòfú : n. 1. capital 2. savings

gàfògà : n. interest (of or relating to money)

gàfòlá : n. 1. gongong beater 2. town crier 3. bell ringer 4. griot

gàfòmɔ́ : n. 1. rail 2. railway

-gàgà : n. 1. weeding 2. plowing 3. clearing

gágà : n. 1. cheap white cotton canvas 2. corese canvas 3. sailcloth 4. veil

gàgã́ : n. 1. banknote 2. healing/recovery (syn. dɔ̀dàdà, dɔ̀yɔ̀yɔ̀, gbèdàdà, hàyàháyá) gágà : n. 1. white canvas 2. calico 3. white percale

gágá : id. 1. large 2. very huge *(syn. gã́)*

gàgàsú : n. 1. bullying 2. roughness *(syn. gàglású)*

gàgàsú : adv. forcibly

gàglà : adj. 1. fast 2. agile

gàglá : adj. 1. exhibited 2. exposed 3. open 4. public

gàglà̀ : adv. 1. openly 2. publicly

gáglá : n. 1. assembly 2. mounting 3. consolidation 4. strengthening 5. establishment

gáglàfé : n. 1. public place 2. open area *(syn. gàglàgbè)*

gàglàfé (lè -) : loc. adv. 1. publicly 2. outdoors

gàglàgbè : n. 1. public place 2. open area *(syn. gáglàfé)*

gàglàgbè (lè -) : loc. adv. 1. publicly 2. outdoors

gàglàgbègàdéàmè : n. jail *(syn. gàxɔ̀, mɔ́, ŋkúgáɖéàmè, ŋkúgádédé)*

gàglàsú : n. coercion by force *(syn. gàgàsú)*

gàglàsú (ɖù -) : v. 1. to coerce by force 2. to harass

gàgò : n. 1. metal container 2. jerrycan 3. tin can 4. metal tank

gàgòè : n. 1. cup 2. mug 3. goblet

gàgɔ́ɔ́ : n. 1. galette 2. a flat round cake made from a very simple mixture

gàgbá : n. metal basin

gàgbàfé : n. a place where money is changed

gàgbàgbà : n. 1. change (money) 2. the act of changing money

gàgbàlá : n. 1. stockbroker 2. someone who changes money

gàgbàlè̀ : n. 1. checkbook 2. money order 3. draft (to pay)

gàgbàsì : n. exchange rate

gàgbè : n. 1. clatter 2. rattling

gàgbé : n. silver pan (utensil)

gàgbèdé : n. black-smith

gàgbégblé : n. 1. lavishness 2. wastage of money

gàgbègàbè : n. hand bell

gàgblélá : n. someone that squanders money

gàgblèvè : n. an iron forked material used by the town crier as a bell

gàgblɔ̀ : v. 1. to repeat 2. to reiterate

gàgbɔ̀ : v. 1. cinder 2. uncleanliness 3. rust

gàgbɔ̀ àgbè : v. 1. to be reborn 2. to come alive

gàgbɔ̀ yà : v. to catch one's breath

gàgbùgbɔ̀ tó : v. to grow back again (as in weeds, plants, hair, etc.)

gàgbùgbɔ̀ ... trɔ́ : v. to reverse

gàɣáɣlá : n. 1. economics 2. economy 3. saving

gàɣí : n. 1. tin 2. zinc 3. chromium

gàhòmè : n. amount (of money)

gàkà : n. 1. wire 2. cable 3. creeping plant (syn. kà, kɔ̀èsã́)

gàkáká : n. 1. budget 2. credit

gàkákpɔ́ : n. metal fence (syn. gàkpɔ́)

gàkè : n. bean

gàké : n. small basket (syn. gàkéví)

gàkéví : n. small basket (syn. gàké)

gàké : conj. 1. but 2. although 3. yet 4. however

gàké hã́ lá : conj. 1. yet 2. however 3. on the other hand 4. nontheless

gàké ... kòè : loc. conj. 1. still 2. anyway 3. nevertheless

gàklì : n. piece of rusty iron

gàkógóè : n. 1. gong 2. percussion bell 3. percussion instrument

gàkókúí : n. small bell (syn. gàkpéví)

gàkólá : n. 1. welder 2. someone who works with iron

gàkòtòkú : n. 1. wallet 2. purse 3. huge amount of money

gàkòtòkúví : n. 1. wallet 2. purse (syn. gàkpété)

gàkɔ̀é : n. dove (syn. àhɔ̀nɛ́, gàkùí)

gàkɔ̀kɔ̀ : n. cast iron

gàkókpò : n. furnace

gàkɔ̀lá : n. founder (someone who founds metal)

gàkɔ́ntàbùbù, gàkɔ́ntàdɔ̀ : n. accounting

gàkɔ́ntàbùlá, gàkɔ́ntàdɔ̀wɔ̀lá : n. 1. accountant 2. economist

gàkúàkú : n. small change

gàkúàkú : adv. 1. cash 2. in cash

gàkùfé : n. 1. iron mine 2. ore

gàkùí : n. dove (syn. àhɔ̀nɛ́, gàkɔ̀é)

gàkùkù : n. 1. mineral extraction 2. iron extraction

gàkúkú : n. metal helmet

gàkpàvì : n. twin gongong

gàkpé : v. 1. to join 2. to meet again

gàkpé : n. 1. iron ore 2. iron ball 3. iron bar

gàkpèkpéɖéŋú : n. 1. grant 2. scholarship 3. monetary support 4. subsidy

gàkpété : n. 1. wallet 2. purse 3. coin purse (syn. gàkòtòkúví)

gàkpéví : n. small bell (syn. gàkókúí)

gàkpò : n. 1. rail 2. track 3. iron bar

gàkpòdzídɔ́wɔ̀lá : n. railway worker

gàkpòdzíʋú : n. 1. train (syn. kètékè, kètíkè, pípã̀) 2. railcar

gàkpòmɔ́ : n. 1. railroad 2. railway

gàkpòví lè tsìkpé dzí : n. ski

gàkpɔ́ : n. 1. metal fence *(syn. gàkàkpɔ́)* 2. mesh enclosure 3. prison

gàkpɔ́ : v. 1. to retrieve 2. to find

gàkpɔ́ àgbè : v. 1. to come alive again 2. to be reborn

gàkpɔ́ (tɔ̀ -) : v. to build a metal fence

gàkpɔ́dzíkpɔ́lá : n. prison guard

gàkpɔ́fé : n. a place where one can earn money

gàkpɔ́kpɔ́ : n. 1. wealth 2. finances 3. emolument

gàkpɔ́lá : n. a wealthy person *(syn. gàtɔ́, hòkúítɔ́, hòtɔ́, hònɔ̀, hòtsúítɔ́)*

gàkpɔ́mènɔ̀lá : n. prisoner

gàlá̃ : n. crab

gàlá̃ lèdzè : n. rainbow crab

gàlá̃ zìfò : n. a type of crab that is huge in size and contains lots of eggs and usually found mainly in lagoons and lakes (e.g Volta lake)

gàlàhɛ́ : id. a type of hyena that is known for its cruelty *(syn. gànàhɛ́, gànàxɛ́)*

gàlégà : n. magnet

gàlénú : n. vice (a press formed by two rods terminated by jaws that can be brought together at will, so as to hold the objects that you want to work firmly)

gàlí : n. gari (powdery food material flour made from the tuberous roots of the cassava plant, which in the process of its manufacture is changed into dry edible granules)

gàlí (tɔ̀ -) : v. to roast gari

gàlíá : v. to re-ascend

gálígálí : id. 1. hard 2. steep and point up (e.g scorpion tail, erect penis)

gálíí : id. 1. hard 2. steep and point up (e.g scorpion tail, erect penis)

Gálíà : n. Gaul (ancient country of western Europe comprising the region now occupied by France and Belgium and at one time also the Po River valley in northern Italy)

Gáliàtɔ́ : n. a citizen of Gaul

gàlísísí : n. a type of gari based dish

gàlítɔfé : n. a place where gari is roasted / a gari factory

gàlítɔ̀gbà : n. bowl in which gari is roasted

gàlítɔlá : n. someone that roasts gari

gàlítɔtɔ̀ : n. the act of roasting gari

gàlóló : n. cast iron

gàlólódɔ̀ : n. metallurgy

gàlólókpó : n. blast furnace

gàlólózé : n. melting pot (used in metallurgy)

gàlɔlɔ̀ : n. wire mesh manufacturing

gám, gámá : adv. 1. there 2. over there *(syn. àfímá)*

gàmàkéklɛ́ : n. gamma ray

gàmànɔ̀amèsí : n. someone who is penniless

- 395 -

gàmànɔ̀amèsítɔ́è : adv. penniless

gàmàxémàxé : adv. free

gàmè : n. 1. clock 2. time 3. prison

gàmè (ɖé - dzí) : loc. adv. on time

gàmè sù(ná) : v. to be time for

gàmèdzímànɔ̀ : n. 1. being not on time 2. tardiness

gàmèdzínɔ̀lá : n. someone who is punctual

gàmèdzínɔ̀nɔ̀ : n. punctuality

gàmèdzínɔ̀tɔ̀ : adj. puctual

gàmèmè : n. 1. prisoner 2. slave *(syn. àbòyótɔ́, àbòyóví, àɖɔkɔ́, àmè fèflè, dzògbèví, fièkpɔ́mè, gbɔ̀ví, hòmè, klúví, kòsi, ŋdɔ̀ví, ŋkèkèví)* 3. someone who is in shackles (or who is greatly hindered)

gàmènɔ̀lá : n. prisoner

gàmènɔ̀nɔ̀ : n. 1. confinement 2. captivity

gàmètí : n. 1. hook (of a door) 2. latch

gàmètɔ́ : n. prisoner

gámɛ́ : adv. over there

gàmí : n. 1. iron filings 2. iron rust

gàmìè : v. 1. to repel 2. to put off 3. to fend of

gàmɔ́ : n. 1. rail 2. railway track

gàmɔ́ (ɖó -) : v. to travel by rail

gàmɔ̀ : n. a trap made of iron

gànà : n. 1. hyena *(syn. àgbòtòè, àhèlã̀, àkpàtàkú, àmègã́xì, àzilã̀, dzàyìsà, dzàzilã̀, gã̀nà, glì, gbètè)* 2. bear

gànà : adj. protruding (e.g as pertaining to the buttocks)

gàná : v. 1. to restore 2. to give back 3. to give again

Gàná : n. Ghana

gã̀nà : n. 1. jackal 2. hyena *(syn. àgbòtòè, àhèlã̀, àkpàtàkú, àmègã́xì, àzilã̀, dzàyìsà, dzàzilã̀, gànà, glì, gbètè)*

gànàà : id. 1. curved 2. arched

gànàà (bí -) : v. to be bent by the weight of the years

gànàà (lè -) : v. to be projecting (e.g as pertaining to the buttocks)

gànàdzɛ̀ : n. a type of crocodile

gànàgànàgànà : id. 1. stirring big protruding buttocks 2. wiggling buttocks

gànàhɛ́ : n. a type of hyena that is known for its cruelty *(syn. gàlàhɛ́, gànàxɛ́)*

gànàkúkú : n. an imaginary animal

gànáná : n. cash donation

gànàʋù : n. hyena drum (a type of drum played [sounds like the roar of the hyena] in the old Ghana Empire to announce the arrival and depature of chiefs to public functions) (Kumassah, The Most Authentic Migration Saga of the Anlo-Ewes of Ghana, p. 9, 2016)

gànàxɛ́ : n. a type of hyena that is known for its cruelty *(syn. gàlàhɛ́, gànàhɛ́)*

gánɛ̀ ? : pr. int. where

gànèmèséfòfò : n. mirabilis jalapa (four o'clock flower)

gánɛ : adj. protruding (e.g as pertaining to small buttocks)

gánɛ (lè -) : v. to be projecting (e.g as pertaining to small buttocks)

gánɛgánɛgánɛ : id. 1. stirring small protruding buttocks 2. wiggling buttocks

gànú : n. 1. bowl 2. pan 3. tin containter used to contain oil/essences 4. something that is to be bought

gànúgúí : n. small metal container *(syn. gànúví, kóŋkò)*

gànúmèlà̀ : n. 1. canned fish 2. canned meat

gànúví : n. small metal container *(syn. gànúgúí, kóŋkò)*

gànúwó : n. 1. junk 2. scrap metal

gànyà : n. 1. finances 2. a situation that involves expenditure of money

gànyá : v. 1. to recognize 2. to remember

Gànyáwó : n. Economics and Finances

gányényé : n. 1. majesty 2. grandeur 3. lordliness

gàŋkúí : n. 1. spectacles *(syn. tsítsì)*2. barnacles 3. telescope

gàŋkúídzrálá : n. optician

gàŋlɔ́ : v. 1. to fold up 2. to fold again

gàŋúnyányánágbàlè̀ : n. credit advice

gànútété : n. 1. funds 2. financial capacity

gàrázyì : n. garage (e.g of a car) *(syn. ʋúdàɖófé, ʋúnɔ̀fé)*

gàsɛ́ ɖé dzí : v. 1. to redouble 2. to increase 3. to reduplicate

gàsè àgbè lè làmè : v. 1. to relive 2. to come alive again 3. to be reborn

gàsèsrèdɔ́ : n. metallurgy *(syn. gàtsètsrèdɔ́)*

gàsì ɖé ... mè : v. 1. to repaint 2. to redecorate

gàsíàsí : adv. cash

gàsíàsí (dzrá ... -) : v. to sell for cash

gàsòè : n. 1. coin 2. small change 3. token

gàsɔ́ : n. bicycle

gátágátá : id. 1. sound of raindrops hitting a surface 2. sound produced by trampling on a surface

gàtàgbádzè : n.1. nail *(syn. pléŋgò)* 2. screw 3. clove *(syn. ádríkè, àdríkì, péprè)*

gàtàgbádzètrónú : n. screwdriver

gàté : n. mill

gàtí : n. 1. iron bar 2. capital

gàtì kpó : v. 1. to bounce 2. to rebound 3. to start up

gàtìgó : n. 1. gong 2. gong-gong

gàtò : n. 1. metal mortar 2. metal bowl

gàtó : v. 1. to repel 2. to fend off 3. to regrow

gàtòò : id. 1. curved 2. hooked

- 397 -

gàtɔ̀ : adj. 1. metallic 2. paying

gàtɔ́ : n. wealthy individual *(syn. gàkpɔ́lá, hòkúítɔ́, hòtɔ́, hònɔ̀, hòtsùítɔ́)*

gàtɔ́ : n. prisoner

gàtɔ́trɔ́ : n. rate of exchange (of or relating to money)

gàtré : v. to weld

gàtrélá : n. welder

gàtrɔ́ : v. 1. to come back 2. to become again

gàtrɔ́ gbɔ̀ ná (dɔ̀ -) : v. to have a relapse (of a sickness)

gàtrɔ́ vá yì : v. to pass by again

gàtùtùdó : n. funds (of or relating to money)

gàtsákátsáká : n. alloy

gàtsètsrèdɔ́ : n. metallurgy (syn. *gàsèsrèdɔ́*)

gàtsí : n. 1. spoon 2. ladle 3. spatula

gàtsí ... mè : v. to repeat (a class)

gàtsíàsí : adv. quickly (of selling)

gàtsíflì : n. 1. edible marine mollusk with a shell 2. shell

gàtsòfé : n. a place where money is made

gàtsòlá : n. someone who prints money

gàtsòtsò : n. printing of money

gàtsɔ́ : v. 1. to resume 2. to take back 3. to get back

gàtsɔ́ fiá : v. 1. to remake 2. to show again

gàtsɔ́ ... dzó : v. 1. to win 2. to obtain 3. to carry

gàtsòě : n. arrow

gàtsyálá : n. welder

gàtsyátsyá : n. welding

gàtú : v. 1. to recap (e.g a bottle) 2. to plug

gàtúlá : n. black-smith

gàvá émè : v. to recur

gàví : n. 1. wire 2. jewel 3. a kind of basket 4. small amount of cash/money

gàwɔ̀ dɔ́ : v. to work again

gàwɔ̀lá : n. someone who works with iron

gàwɔ̀wɔ̀ : n. iron work

gàwù : n. 1. metal body 2. metal frame

gàwú : n. 1. a flat round cake made from a very simple mixture 2. rake (Rongier, Dictionnaire francais-ewe suivi d'un index ewe-francais , 1995)

gàxá : n. rake

gàxélá : n. someone who repays money

gàxéxé : n. 1. reimbursement 2. retrieval

gàxlẽ̀ : v. to read over

gàxɔ̀ : n. 1. prison 2. jail *(syn. gàglàgbègàdéàmè, mɔ́, ŋkúgádéàmè, ŋkúgádédé)* 3. container

gàxɔ̀ (lè ... dé - mè) : v. to imprison

gàxɔ̀ (lè - /nɔ̀ - mè) : v. to be imprisoned

gàxɔ̀ (kpɔ́ - dzí) : v. to watch over the prison

gàxɔ̀ (dò lè - mè) : v. to get out of jail

gàxɔ̀fé : n. 1. a place where money is given out/kept 2. bank

gàxɔ̀gbàlẽ̀ : n. 1. cheque 2. chequebook

gàxɔ̀gbàlẽ̀bábláa : n. chequebook

gàxɔ̀gbàlẽ̀ɖèɖí : n. cheque

gàxɔ̀lá : n. money recipient

gàxɔ̀mènɔ̀lá : n. 1. prisoner 2. detainee 3. inmate

gàyì : v. 1. to go again 2. to go on

gàyì àlɔ̀ mè : v. to go back to sleep

gàyibɔ̀ : n. iron

gàyibɔ̀ : adj. ferrous

gàyibɔ̀àkùàkùtɔ̀ : adj. ferric

gàyibɔ̀dówɔ̀fé : n. steel industry

gàyibɔ̀nɔ̀mètɔ̀ : n. ferrous

gàzázã́ : n. expenditure

gàzé : n. 1. pan 2. metal container 3. toilet

gàzé (dè -) : v. to defecate

gàzé (gbɔ́ -) : v. to empty the septic tank

gàzé (kɔ́ -) : v. to empty the toilet tank

gàzégbɔ̀gbɔ̀ : n. emptying of a septic tank

gàzégbɔ́ʋú : n. a truck that is used in empyting a septic tank

gàzékɔ́kɔ́ : n. emptying of a septic tank/of the toilet

gàzékɔ́lá : n. someone who empties a septic tank/the toilet

gàzì : n. insult (Rongier, Dictionnaire français-éwé: suivi d'un index français-éwé, 1995)

gàzí : n. 1. small change 2. petty cash

gàzò : n. a type of rhythm of the drum

gázyì : n. gas

gè : n. 1. beard 2. small roots 3. ariel roots 4. provocation 5. quarrel

gè : id. 1. suddenly 2. bang

gè (dí -) : v. 1. to provoke 2. to pick a quarrel

gè (dí - lè ... ŋú) : v. to provoke somebody

gè (ɖó -) : v. to grow a beard

gè (flɔ́ -) : v. to shave the beard

gè (lũ -) : v. to shave the beard

gè (tó -) : v. to be bearded

gè dzè tsi mè : v. to be fortunate

gé : v. 1. to fall 2. to drop 3. to fail 4. to hasten 5. to humiliate 6. to denigrate

gé : part. about to (indicates something that is about to take place)

gé (àtí - lè ... sí) : v. to die (used for people deemed important)

gé dzè mè : v. 1. to lose weight (as a result of sickness or worries) 2. to shrink

gé dzè tsì mè : v. 1. to drown 2. to be happy 3. to be lucky 4. to fall into water

gé ɖé àkplɛ́tsì mè : v. to arrive in time for a meal

gé ɖé lãmè : v. 1. to captivate 2. to fascinate

gé ɖé dzí : v. to visit someone

gé ɖé ... mè : v. 1. to enter 2. to penetrate 3. to engage in 4. to go to 5. to lose weight

gé ... ɖé ... mè : v. to drip into

gé fúú : v. to hurry

gé lè ... ŋú : v. to leave one's own behind (as in to die)

gé lè ... sí mè : v. 1. to escape to 2. to lose (one's job)

gé nú : v. 1. to give a tip 2. to donate some money

gé nú ná : v. to give a tip

gé tsó ... dzí : v. to tumble down

gé ʋíí : v. 1. to hurry 2. to hasten

géà : adv. here

gèbèè : id. 1. curved 2. arched

gèbù : adj. 1. lots of 2. protruding

gèbùgèbù : id. 1. obese 2. in large numbers

gébúgébúí : id. 1. small and obese 2. in small quantities

gébúí : id. full of (something) [in small quantities]

gébúíí : id. small and obese

gèbùù : id. 1. lots of 2. in large quantities

gèbùù (lè - nɔ̀ -) : v. 1. to be fat 2. to be obese

gèdè : adj. 1. difficult 2. complicated 3. critical

gèdè (dó -) : v. 1. to be difficult 2. to be complicated 3. to be hard

gèdègèdè : id. rolling noise

gèdídí : n. 1. provocation 2. incitement

gèdídí : adj. contentious

gèdílá : n. 1. quarrelsome person 2. challenger

gèdínú : n. object of contention that triggers a quarrel

gèdzèè : adj. 1. huge 2. tall 3. high 4. that which is protruding 5. large and bent

gédzéé : adj. small and bent

gèɖèà(wó) : adj. 1. most people 2. majority 3. popularly

gèɖèè : id. 1. several 2. various 3. big, round and protruding *(syn. gèɖègèɖè)*

gèɖèè wú: loc. adv. 1. more than 2. more of

géɖéé : loc. adv. small, round and protruding *(syn. géɖégéɖé, géɖígéɖí, géɖíí)*

gèɖègèɖè : id. big, round and protruding *(syn. gèɖèè)*

gédégédé : id. small, round and protruding (syn. gédéé, gédígédí, gédíí)

gèdèwó : adj. 1. many 2. a multitude of

gédígédí : id. small, round and protruding (syn. gédéé, gédégédé, gédíí)

gédíí : id. small, round and protruding (syn. gédéé, gédégédé, gédígédí)

gèè : adv. id. 1. bad (odor) 2. smelly

gèè (fà̰ -) : v. to burp (syn. gèɛ̀ (fà̰ -))

gèfià : n. bearded fish / royal threadfin

gèfli : n. 1. tumbling 2. rolling 3. somersault

gèfli (ɖè -) : v. 1. to somersault 2. to do a barrel roll

gèfɔ́flɔ́ : n. shaving of the beard

gèflɔ́fé : n. shaving salon

gèflɔ́lá : n. barber

gègè : n. pushing to

gègè (dé -) : v. to incite

gègè (dé - nyà mè) : v. 1. to give false testimony 2. to incite to 3. to worsen an already precarious situation

gègé : n. 1. fall 2. failure 3. defeat 4. humiliation 5. denigration

gègé tsó … dzí : n. a plunge

gègèdédé : n. the act of inciting somebody

gègèdélá : n. 1. instigator 2. catalyst element

gègédzòyà : n. parachute (syn. gègéxèxí)

gègéɖélàmè : n. 1. captivation 2. enthrallment

gègéɖémè : n. penetration

gègègè : id. 1. bad (odor) 2. heavily (of walking/marching) [for example as an obese person walks]

gégégé : id. 1. nimbly 2. highly 3. greatly

gègèlá : n. loser

gègèmè : n. messy individual

gègéxèxí : n. parachute (syn. gègédzòyà)

gèglèglè : id. 1. piled up 2. in a big pile (syn. glèglèglè)

gèkɔ́é : n. marine beaded fish / west african goatfish

gèkùí : n. small fluff of beard under the chin

gékú : n. 1. yellowfin tuna 2. bigeye tuna

gélèsòsí : n. albino (Jim-Fugar & Jim-Fugar, April 2017) (syn. àdǎsìtsú, àdzàtó, àmè yí, dzàtó, gésòsí, òfrídzàtó)

gèli : adj. 1. something that rises (like smoke) 2. something that comes out in a powdery form (milled substance)

gèlí : n. elephant (in fairy tales)

gèligèli : id. 1. smelly 2. that which arises (like smoke) 3. wriggling 4. waddling 5. that which falls heavily

gèlùgèlù : n. the act of shaving the beard

gèlùfé : n. salon, where the beard (and for that matter the hair) is shaved gèlṹhɛ́ : n. razor blade

gèlṹlá : n. barber

gènɔ̀ : n. bearded man (Rongier, Dictionnaire français-éwé: suivi d'un index français-éwé, 1995)

gènù : n. bearded man (Rongier, Dictionnaire éwé-français, 2015)

gènyè : adj. 1. plump 2. obese 3. tall and plump

gényé : adj. small and plump

gènyègènyè, gènyègènyègènyè : id. 1. big 2. plump 3. walking heavily like an elephant

gényégényé : adj. 1. small and plump 2. walking heavily like a young elephant

gésòsí : n. a type of fish that lives in the mud during the dry season and emerges during the first rains (Rongier, Dictionnaire éwé-français, 2015)

gésòsí : n. albino (Dzobo, 2015) *(syn. àdǎsìtsú, àdzàtó, àmè yí, dzàtó, gélèsòsí, òfrídzàtó)*

gètsú : n. 1. a type of sea fish / west african ladyfish / ten-pounders 2. (adult) flat-head grey mullet 3. long mustache 4. long whiskers

gèzélé : n. dwarf

gèzúwὲ : adj. 1. good (party) 2. good 3. excellent

gɛ́ : adv. here

-gɛ́ : suff. small piece of metal (jewelry, earrings, rings)

gɛ̌ : n. 1. ring *(syn. àsígɛ́)* 2. earring *(syn. tógɛ́)*

Gɛ̌ : n. Accra (capital city of Ghana, where the Ga speaking people are largely located)

gὲɛ̀ : id. sound produces when one burps *(syn. gèè)*

gὲɛ̀ (fã̀ -) : v. to burp *(syn. gèè (fã̀ -))*

Gɛ̌nyí : n. Guins of Anexo and Glidji (from Ghana, 1680) (Rongier, Dictionnaire éwé-français, 2015)

gɛ̌nyígbè : n. Mina (a dialect of the Eʋè language spoken mainly in the region from Lome to Anexo)

gìdì : id. 1. suddenly 2. quickly 3. with great noise 4. tumultuously *(syn. gìdìgìdì)*

gìdìgìdì : id. 1. loudly 2. tumultuously *(syn. gìdì)*

gìdìgìdì (wɔ̀ -) : v. to make noise marked by tumult

gídígàdà : id. 1. of describing something that is great 2. of something overwhelming

gìdìgblàdzà : n. 1. ferocious animal 2. strong man 3. something of huge proportions

gìdìgblàdzà ! : intj. used as a form of encouragement

gìdìgbám : n. guinea pig

gìglì : v. 1. to rub 2. to grind

gìglì : n. action (unusual)

gìglì : adj. 1. shoddy 2. sloppy

gìglí : v. to hobble

gìglí : n. 1. disassembly 2. trance 3. wobbling 4. collaps 5. deviation 6.

swaying (walking) 7. dislocation (joint, bone)

gìtá : n. guitar

gìtá (fò -) : v. to play the guitar

gìtáfòfò : n. playing of the guitar

gìtáfòlá : n. guitarist

glà ! : id. indicating a sharp sound (rupture) or a sudden event

glà : adv. 1. spontaneously 2. suddenly

glằ : n. jaw

glằ (ɖè - mè) : v. 1. to have a dessert 2. to have an appetizer

glằ (ɖó àsí -) : v. to hold the jaw thoughtfully (at the level of the jaw)

glằ (kè -) : v. 1. to hang one's jaws 2. to open one's jaws

glằ (ʋà -) : v. to wiggle one's jaws

glá : v. 1. to consolidate 2. to prepare 3. to protect with juju/charms 4. to revive (e.g a horse) 5. to excite 6. to encourage

glá ... ɖókùi : v. 1. to protect oneself with charms or bodyguards 2. to become invincible

glá ... kpɔ́ : v. 1. to try 2. to attempt

glá (tsɔ́ àsí - àlì) : v. to hold the hips

glàdzà : adj. 1. sturdy 2. big 3. fat

glàdzàà : id. 1. big 2. bulky 3. very tall 4. imposing 5. stubborn 6. unpredictable

glàdzàglàdzà(glàdzà) : id. 1. of denoting power 2. manly 3. with agitation

gládzɛ́ : adj. small and sturdy

glằɖùàmè : n. toothache (syn. àɖisí, àɖùɔ́lélé, àɖùɖùàmè, áɖùsí, àɖùvéàmè, áɖùéé, àɖùévé, àɖùévéɖɔ, éfúɖùàmè, glằvéàmè, káká)

glàfùù : id. 1. thin 2. skeletal

glàglàglà : id. 1. a sound produced similar to that which a bulldozer makes when moving 2. joslting violently 3. denotes a cracking noise

glằfú : n. jaw bone

glàglà : id. 1. active 2. energetic 3. vigorous

glằglằ : adj. small and lively

gláglágla : id. 1. jostling violently (of something small in size) 2. denotes a cracking noise (of lower intensity)

glàgòò : id. 1. strong 2. powerful

glằgɔ̀mè : n. chin

glàhùù : id. haggard

glằkà : n. jaw ligament

glằkà (hè -) : v. 1. to argue 2. to discuss

glằkàhèhè : n. 1. argumentation 2. discussion

glằkàhèlá : n. 1. someone who argues 2. someone who discusses

glằkànyà : n. argument

glằkèkè : n. opening of the jaw

glằkpéɖɔ : n. 1. convulsion 2. spasm/tetanus (syn. àtɔ̀sú, dɔ̀glàdzà, dzìdɔ, ɖèvíɖɔ, hèhèɖɔ)

glàlà : adj. 1. perceptible 2. tall

glàlǎ : adj. 1. thin 2. of walking aimlessly or up and down 3. full of animation

glàlàà : adj. in a visible manner

glàlàà (lè - /nɔ̀ -) : v. 1. to be visible 2. to be tall

gláĺɛ : adj. 1. small and noticeable 2. slim and tall

gláĺɛ́ɛ́ : id. in a visible manner (for something that is small)

gláĺɛ́ɛ́ (lè - /nɔ̀ -) : id. 1. to be small but visible 2. to be small but noticeable

glàmǎ : adj. malformed

glàmàà : id. 1. uneven 2. rugged 3. rough 4. turbulent

glàmàà (nyà -) : n. bone of contention

glàmǎǎ : id. strangely

glàmǎǎ (lè - /nɔ̀ -) : v. to be malformed

glàmàfólù, glàmàfónù : n. 1. record player (Jim-Fugar & Jim-Fugar, April 2017) 2. turntable

glàmàglàmà : id. 1. zigzaging 2. staggering 3. unsteadily

glàmè (ɖé -) : v. 1. to make a dessert 2. to crack jokes

glámɛ́ : adj. small and malformed

glámɛ́ɛ́ : id. strangely (of or referring to something or someone smallish)

glámɛ́ɛ́ (lè - /nɔ̀ -) : v. to be small and malformed

glámɛ́glámɛ́ : id. 1. zigzaging 2. staggering 3. unsteadily (of or referring to something or someone smallish)

glàmèɖèɖè : n. 1. taking a desert 2. cracking jokes

glàmèɖènú : n. appetizer

glàmèɖènyà : n. joke

glǎnù : n. chin

gláŋgó, gláŋgòé : n. a military cap with a round flat top usually sloping toward the front and a visor (cap)

glásè : n. glass

glásètùkpá : n. glass bottle

glàtò : adj. wide and hollow

glátóé : adj. 1. small and hollow 2. narrow

glàvéàmè : n. toothache *(syn. àɖìsí, àɖùɖɔlélé, àɖùɖùàmè, áɖùsí, àɖùvéàmè, áɖùvéé, àɖùvévé, àɖùvévéɖɔ, éfúɖùàmè, glǎɖùàmè, káká)*

glàʋàʋà : n. shaking of the jaws

glè : n. 1. viper 2. yellow mamba

glèbè : adj. 1. big and fat 2. imposing 3. hunchbacked

glèbèè (lè - /nɔ̀ -) : v. 1. to be big and fat 2. to be imposing

glébéé (lè - /nɔ̀ -) : v. to be small and imposing

glèbèglèbè : adj. 1. big and fat 2. imposing

glébéglébé (lè - /nɔ̀ -) : v. to be small and imposing

glèbètɔ́ : n. hunchback *(syn. kpónɔ̀, kpótɔ́, kpótɔ́nɔ̀)* glèdzà : n. black mamba (syn. glètsú)

gléglé : adj. piled up

glèglèglè : id. 1. in a heap (of big items) 2. bulging (e.g of or referring to big eyes)

glégléglé : id. 1. in a heap (of small items) 2. bulging (e.g of or referring to small eyes)

glèŋ : n. haughty person

glèŋ : adj. 1. tall 2. slender 3. having long legs (syn. glèŋùi)

glèŋ (dzè -) : v. to boast

gléŋ : id. ding dong (sound of a bell ringing)

glèŋ(glèŋglèŋ) : id. leaping

glèŋùi : adj. 1. skinny (a tall person) 2. tall and having long legs (syn. glèŋ)

glèŋùi (lè - /nɔ̀ -) : v. to be skinny (a tall person)

gléŋúí : adj. skinny (a smallish person)

gléŋúí (lè - /nɔ̀ -) : v. to be skinny (a smallish person)

glètsú : n. black mamba (syn. glèdzà)

glì : v. 1. to do (something which is out of the ordinary) 2. to grate 3. to grind 4. to rush

glì : n. 1. wall 2. bulwark 3. ancenstral town 4. abandoned city 5. hyena (syn. àgbòtòè, àhèlâ, àkpàtàkú, àmègáxì, àzìlâ, dzàyìsà, dzàzìlâ, gànà, gânà, gbètè) 6. thief

glì : adj. 1. firm 2. strong 3. in large numbers

glì : id. 1. heavily and loudly 2. many

glì (ɖó -) : v. to climb a wall

glì ... dó : v. 1. to miss 2. to misfire

glì gbàgbà : n. 1. ruin 2. abandoned city

glì kɔ́ : v. to knock the head

glì kɔ́kɔ́ : n. high wall

glí : v. 1. to dismantle 2. to wobble 3. to collapse 4. to deviate 5. to wiggle while walking 6. to go into a trance 7. to cause an uproar 8. to cancel (an appointment, a party, etc.) 9. to run off in large numbers 10. to shout for joy 11. to be curved 12. to dislocate 13. to be trampled upon (foot)

glí : n. 1. tale 2. story 3. strain

glí (tó -) : v. to tell a tale

glí hòò : v. 1. to express joy loudly 2. to give a standing ovation 3. to raise a hue and cry

glìdzà : adj. 1. colossal 2. bulky 3. expansive

glìdzàà : id. colosally

glìdzàà (lè - nɔ̀ -) : v. to be colossal

glìdzàglìdzà : adj. 1. colossal 2. uneven 3. rocky (path)

glìdzàglìdzà : id. 1. colosally 2. uneven 3. rocky (path)

glìdzàglìdzà (lè - nɔ̀ -) : v. 1. to be monstrous 2. to be rocky (path)

glídzáglìdzá : id. 1. small and monstrous. to be uneven 3. to be rocky (path with small pebbles)

glídzáglìdzá (lè - nɔ̀ -) : v. 1. to be monstrous (for something smallish) 2. to be uneven 3. to be rocky (path with small pebbles)

glídzɛ́ : adj. small and monstrous

glídzɛ́ɛ́ : id. monstrously (for something smallish)

glídzɛ́ɛ́ (lè - nɔ̀ -) : v. 1. to be monstrous (for something smallish) 2. to be unven/rocky (path filled with small pebbles)

glídzɛ́glídzɛ́ : id. monstrously

glìdzítí : n. 1. beam 2. timber 3. girder 4. yarn-beam 5. stringer

glìɖódɔ́wó : n. masonry

glìɖóɖó : n. erection of a wall

glìɖógàtsí : n. trowel

glìɖófé : n. foundation pit of a wall

glìɖólá : n. 1. mason 2. bricklayer *(syn. kpéɖólá)*

glìgà : v. 1. to grate 2. to miss (a goal...)

glìgà : adj. 1. strong 2. stubborn

glìgàà : id. 1. mightily 2. stubbornly

glígáá : adv. 1. firmly 2. unmistakably

glìgànú : n. an object used for grating

glìglìglì : id. in large quantities

glìgò : n. anteater/aardvark *(syn. ɖèsí, hòtòklòlò, lûmɔ̀)*

glìgò : adj. 1. round and scary 2. fat and shapeless 3. bulky

glìgòò : id. heavily

glígbàlɛ̀ : n. storybook

glíhà : n. group of storytellers

glíhá : n. fairytale song

glìkpàhɛ́ : n. machete used to carve a mud wall under construction

glìkpànú : n. a tool for leveling a mud wall *(syn. xɔ̀plástàtí)*

glìkpò : n. 1. old wall 2. ruined wall

glìkpɔ́ : n. wall

glìkpùì : n. clay fortification post (of a hut)

glìnyà : adj. of having one's feet covered with sores

glìnyàà : id. with sore feet

glìnyàà (lè -/nɔ̀ -) : v. to have sores on one's feet

glìnyàglìnyà : id. walking as though one were to be walking on eggshells

glínyɛ́ : adj. having one's feet covered with sores

glínyɛ́ɛ́ : id. with sore feet

glínyɛ́ɛ́ (lè -/nɔ̀ -) : v. to have sores on one's feet

glínyɛ́glínyɛ́ : id. walking as though one were to be walking on eggshells (for a smallish person)

glìŋú : id. 1. the greater part 2. the better part *(syn. glìŋútɔ̀)*

glìŋúgàfòɖókúi : n. 1. pendulum 2. clock

glìŋútɔ̀ : n. 1. the greater part 2. the lion's share *(syn. glìŋú)*

- 406 -

gliŋúwɔ́tsì : n. 1. pendulum 2. clock

glìtátá : n. storytelling *(syn. glìtótó)*

glìtátí : n. a forked pole that supports the roof *(syn. glìtótí)*

glítófé : n. a place where tales are told

glítólá : n. 1. storyteller 2. tale teller

glìtótí : n. a forked pole that supports the roof *(syn. glìtátí)*

glítótó : n. storytelling *(syn. glìtátá)*

glìxɔ̀ : n. 1. mud house 2. stone house

glìyà : adj. 1. awkward 2. tottering 3. cumbersome

glìyàà : id. akwardly

glò : v. to search throughly

glò : n. abrupt and sudden change of opinion/plan

glò ! : n. noise produced by suddenly turning around

glò (trɔ́ -) : v. to turn around suddenly

gló : v. 1. to be too much 2. to exceed 3. to surpass 4. to curl

gló : adv. 1. too much 2. a little to much

gló (né è- ʋùù hà̰) : phr. even if things get extreme

gló (wɔ̀ -) : v. 1. to exaggerate 2. to show oneself a little too much

glòbà : adj. wide and curved

glòbà (lè -/nɔ̀ -) : v. to be wide and curved

glòbàglòbàglòbà : id. wide and large

glóbɛ́, glóbɛ́ɛ́ : id. small, large and curved

glóbɛ́ɛ́ (lè - /nɔ̀ -) : v. to be small, wide and curved

glóbɛ́glóbɛ́glóbɛ́ : id. small, large and curved

glòbò : adj. 1 deep and wide 2. bottomless

glóbó : adj. narrow and deep *(syn. glóbúí)*

glóbóé (lè - /nɔ̀ -) : v. to be angular

glòbòèfé : n. angle

glòbòfé : n. 1. hollow part 2. deep place *(syn. gblòbò)*

glòbòglòbòglòbò : adj. 1. deep 2. bottomless

glòbòglòbòglòbò (lè - /nɔ̀ -) : v. to be deep

glòbòò : id. deeply

glóbóó : id. deep and tight

glòbòmè : n. depth

glòdzò : n. 1. large 2. curved and scary 3. uneven 4. lurking

glòdzò (lè - /nɔ̀ -) : v. 1. to be large 2. to be curved and scary 3. to be lurking

glòdzòglòdzòglòdzò : id. 1. large 2. curved and scary 3. huge and threatening

glódzóé : id. small and curved

glódzóglódzóglódzóé : id. small, curved and scary

glódzóéglódzóéglódzóé : id. waddling

glòglòglò : id. sound produced when a big rat is running away

glòégló́églóé : id. sound produced when a little rat is running away

glòfé : n. deep

glőlóé : adj. circular

glólóló : id. small and circular

glòmìnàà : id. 1. hollow 2. curve

glòsàglòsà : adj. 1. hooked 2. rickety 3. unsteadily 4. knotted (tree)

glɔ̀ !, glɔ̀ glɔ̀ glɔ̀ : phr. 1. sound produced when one is drinking 2. sound produced when the heart beats

glɔ́ : v. 1. to balance 2. to curl 3. to be twisted out of a natural / normal shape (e.g wheel)

glɔ́ : adj. 1. curved 2. oblique 3. spiral

glɔ̀dzɔ̀ : adj. 1. monstrous 2. dreadful

glɔ̀dzɔ̀ (lè - /nɔ̀ -) : v. 1. to be monstrous 2. to be dreadful

glɔ̀dzɔ̀ɔ̀ : id. monstrously

glɔ́dzɔ́é : adj. 1. tall and thin 2. small and rounded (of a mountain)

glɔ́dzɔ́é (lè - / nɔ̀ -) : v. 1. to be tall and thin 2. to be small and rounded (of a mountain)

glɔ́dzɔ́églɔ́dzɔ́églɔ́dzɔ́é : id. 1. tall and thin 2. small and rounded (of a mountain)

glɔ́dzɔ́étɔ́ : adj. 1. tall and thin 2. small and rounded (of a mountain)

glɔ̀dzɔ̀tɔ́ : adj. monstrous

glɔ̀dzù : adj. bulging

glɔ̀dzù (lè - /nɔ̀ -) : v. to be bulging

glɔ̀dzùglɔ̀dzù, glɔ̀dzùglɔ̀dzùglɔ̀dzù : adj. 1. knotty 2. rough 3. bulging

glɔ̀dzùglɔ̀dzùglɔ̀dzù (lè - /nɔ̀ -) : v. to be bulging

glɔ́dzúí : n. small and bulging

glɔ́dzúí (lè - /nɔ̀ -) : v. to be small and bulging

glɔ́dzúíglɔ́dzúíglɔ́dzúí : adj. small and bulging

glɔ́dzúíglɔ́dzúíglɔ́dzúí (lè - /nɔ̀ -) : v. to be small and bulging

glɔ̀glɔ̀glɔ̀ : id. sound of boiling water

glɔ̀mɔ̀ : adj. 1. curved 2. malformed

glɔ̀mɔ̀ (lè - /nɔ̀ -) : v. 1. to be curved 2. to be malformed

glɔ̀mɔ̀glɔ̀mɔ̀ : adj. 1. curved 2. malformed

glɔ́mɔ́é : adj. 1. thin 2. small and curvy

glɔ́mɔ́é (lè - /nɔ̀ -) : v. 1. to be thin 2. to be small and curvy

glɔ́mɔ́églɔ́mɔ́é : id. 1. thin 2. small and curvy

glɔ́mɔ́églɔ́mɔ̀è (lè - /nɔ̀ -) : v. 1. to be thin 2. to be small and curvy

glɔ̀mɔ̀ɔ̀ : id. 1. hooked 2. rickety

glɔ̀ŋù : adj. malformed with small bumps

glɔ̀ŋùglɔ̀ŋù : adj. m malformed with small bumps

glɔ̀ŋùglɔ̀ŋù (lè - /nɔ̀ -) : v. to be malformed with small bumps

glɔ́ŋúí : adj. small, thin and malformed with small bumps

glɔ́núí (lè - /nɔ̀ -) : v. to be small, thin and curved with small bumps

glɔ́ŋúíglɔ́ŋúíglɔ́ŋúí : adj. small, thin and malformed with small bumps

glɔ́ŋúíglɔ́ŋúíglɔ́ŋúí(lè - /nɔ̀ -) : v. to be small, thin and malformed with small bumps

glɔ́núí (lè - /nɔ̀ -) : v. to be small, thin and curved with small bumps

glɔ̀ŋùù : adj. malformed with small bumps

glɔ̀ŋùù (lè - /nɔ̀ -) : v. to be malformed with small bumps

glɔ̀sɔ̀ : adj. 1. curved 2. twisted 3. hooked

glɔ́sɔ́è : adj. 1. small and curved 2. small and sagging

glɔ̀sɔ̀ : adj. 1. completely curved 2. all sagging

glɔ̀sɔ̀ (lè - /nɔ̀ -) : v. 1. to be curved 2. to b slumped

glɔ̀sɔ̀glɔ̀sɔ̀ : adj. 1. completely curved 2. all twisted 3. alll sagging

glɔ́sɔ́glɔ́sɔ́ : adj. 1. small and completely curved 2. small and all twisted 3. small and all sagging

glɔ̀vú : adj. 1. bold 2. striking 3. shiny

glù : v. 1. to stir vigorously (with a ladle, a stick, etc.) 2. to stir/turn (the earth with e.g hoe) 3. to dig 4. to decorticate

glù : id. noise produced when one swallows

glù mɔ́lì : v. to cultivate rice

glú : n. glue

glú : n. vulture *(syn. àkàgá̃, àklá̃tsú, kàblíkányá, ká̃ŋgá, kàŋgbá, kpètè, pété, sàkùì, xèvɔ́̃)*

glùbùù : id. 1. deep 2. hollow

glùglùglù : id. sound made whilst getting animal out of its' hole

glùglùglù : id. with haste

glúglúglúí : id. with haste and levity

glùlùù : id. 1. fat 2. thick 3. corpulent 4. strong

gò : n. 1. side 2. direction 3. shore (of a river) 4. beach 5. area 6. waist 7. hips 8. case 9. shell 10. reservoir 11. gourd 12. calabash 13. pocket 14. neighbourhood 15. suction cup 16. growth (on a plant) 17. traditional panties 18. thong 19. briefs *(syn. gòdòé)* 20. pride 21. arrogance 22. outside 23. nudity 24. goitre *(syn. àgbà, àgbɔ́̃, àkɔ́nɔ́è, àvɔ̀, ègò, kɔ̀tɔ̀kɔ̀lì)* 25. womb *(syn. àmèwɔ̀fé, dɔ̀, gòlò, vídzídɔ̀, vídzígòlò)*

gò : adv. 1. just 2. even 3. absolutely 4. only

gò ! : id. when on tramples heavily

gǒ : n. 1. situation 2. event

gò (àfímá – dzí) : loc. adv. 1. over there 2. somewhere over there

gò (àkɔ́tá tsí -) : v. to be bare-chested

gò (blá – dzí) : v. 1. to work hard (e.g for an examination, a competition, etc) 2. to tighten one's belt 2. to be determined 3. to be well dressed 4.

gò (dè -) : v. to be near the end

gò (dó -) : v. 1. to meet *(syn. fò gò)* 2. to apply suction cups by putting a snail horn or a small calabash on the skin

gò (dzà -) : v. 1. to complete 2. to overcome

gò (dzè -) : v. 1. to be recalcitrant 2. to be disobedient 3. to get angry 4. to reach the shore 5. to be thrown back by the sea 6. to run aground (on the coast)

gò (dzè - dó) : v. to scold (someone)

gò (ɖè -) : v. to flow towards the same stream (of river) *(syn. tsó gò)*

gò (ɖè ... ɖé -) : v. 1. to introduce (in a speech) 2. to reveal (e.g a secret) 3. to denounce

gò (ɖì -) : v. 1. to land 2. to reach the shore 3. to be thrown back by the sea or by a water body

gò (ɖó -) : v. 1. to aspirate impure blood through a box containing carbon dioxide 2. to apply suction cups 3. to have growths (of plants) 4. to be made invisible by charms

gò (fò -) : v. to meet *(syn. dó gò)*

gò (gbã̀ -) : v. 1. to overflow 2. to inundate 3. to be abundant

gò (hè ... ɖé -) : v. to make (something) public

gò (lè - dèsíáɖè mè) : loc. conj. in any case

gò (lè ... - dzí) : loc. adv. towards

gò (lè -sìà mè) : loc. 1. in that regard 2. in that case 3. in so far as

gò (lè - má mè) : loc. conj. in that/this case

gò (lè - mè) : postp. in case of

gò (tsí -) : v. 1. to be naked 2. to be uncovered 3. to be abandoned to oneself

gò (tsò -) : v. to flow towards the same stream (of water) *(syn. ɖè gò)*

gò (tsɔ́ ... dò -) : v. 1. to take away 2. to carry outside

gò (yí -) : v. to be proud

gó : v. 1. to suddenly fly away 2. to gallop away 3. to walk fast 4. to leave

gó : adv. 1. outside

gó (dò -) : v. to go out

gó (dzè -) : v. 1. to become famous 2. to wander 3. to behave strangely 4. to be mad

gó ɖé ... ŋú : v. 1. to pursue 2. to quickly reach 3. to get closer to

gó lè ... sí : v. to hurry up (to)

góà : n. guava *(syn. àgóà, àgówà, àgúwɔ̀, gbàgbɛ́, gbèbɛ́, gbɛ̌gbɛ́)*

gòbà : adj. 1. arched 2. curved

gòbà : n. a type of tradiational drum

gòbàà : id. 1. arched 2. curved

gòbàà (lè -/ nɔ̀ -) : v. 1. to be arched 2. to be curved

gòbàà (xá -) : v. 1. to be curved

gòbàgòbà : id. 1. curved 2. arched

gòbàgòbà (lè -/ nɔ̀ -) : v. 1. to be arched 2. to be curved

gòbé : n. a type of drum *(syn. gòmbé)*

góbɛ́ɛ́ : n. small and curved

góbɛ́ɛ́ (lè -/ nɔ̀ -) : v. to be small and arched

góbɛ́ɛ́ (xá -) : v. to be small and curved

góbɛ́góbɛ́ : id. small and curved

góbɛ́góbɛ́ (lè -/ nɔ̀ -) : v. to be small and curved

góbíí : adj. 1. precise 2. exact 3. concrete

góbíí : adv. 1. precisely 2. exactly 2. concretely *(syn. trùbìí)*

gòbò : adj. 1. voluminous 2. large and deep 3. hollow

gòbó : v. to be deep

gòbòò : id. 1. deep 2. large and deep 3. hollow

gòbòò (lè -/nɔ̀ -) : v. 1. to be voluminous 2. to be large and deep

góbóé, góbúí : adj. 1. not very bulky/voluminous 2. small and a bit deep

góbóé (lè -/nɔ̀ -) : v. 1. to not be very bulky/voluminous 3. to be small and a bit deep

gòbògòbò : id. 1. voluminous 2. large and deep

gòbògòbò (lè -/nɔ̀ -) : v. 1. to be voluminous 2. to be large and deep

góbóégóbóé : id. 1. not very voluminous 2. small and shallow

góbóégóbóé (lè -/nɔ̀ -) : v. 1. to not be very volumnous 2. to be small and shallow

gòbòèfé, gòbòfé : n. 1. angle 2. nook

gòdàà : id. 1. arched 2. curved 3. sunken

gòdé : n. 1. briefs 2. panties (of a woman)

gòdévíí : n. underpants

gòdí : adj. clear (explanation)

gòdò : adj. 1. around 2. entirely

gòdò (trɔ́ -) : v. 1. to stroll 2. to ride around

gódò : n. postp. 1. outside 2. behind 3. on the other side

gòdódó : n. 1. meeting 2. reunion 3. collision 4. cupping *(a therapy in which heated glass cups are applied to the skin along the meridians of the body, creating suction as a way of stimulating the flow of energy)*

gòdódó héná nùfòfò : n. interview

gódòdò : n. 1. exit 2. outing

gòdódónùfò : n. interview

gòdóé : n. 1. briefs 2. panties *(syn. gòdùí)*

gódóé : n. short tour

gódóé (trɔ́ -) : n. to take a little trip

gòdófé : n. 1. intersecti 1. appointment 2.meeting

gòdógódó : adv. 1. at all costs 2. certainly *(syn. gódóó)*

gòdóɣì : n. meeting time

gòdólá : n. the other party with whom one has to meet

gòdómè : n. joint

gòdòò : id. 1. all around 2. everywhere (in the world)

gódóó : id. 1. at all cost 2. for sure 3. generally 4. frequently

gòdúí, gòdúíví : n. 1. underpants 2. pants

gòdzà : adj. 1. huge 2. curled and scary

gòdzàà : id. 1. huge 2. curled and scary

gòdzàgòdzà, gòdzàgòdzàgòdzà : adj 1. huge 2. curled and scary

gòdzèdzè : id. 1. reprimand 2. reproach 3. angry 4. recalcitrance 5. rejection of a foreign body (by the sea)

gódzèdzè : n. 1. grounding 2. being stranded 3. vagrancy

gòdzèlá : n. someone who reproaches

gódzèlá : n. prowler (a person who moves through an area or place in a quiet and stealthy way in order to commit a crime)

gódzé : adj. small, curvy and scary

gódzégódzé : adj. small, curvy and scary

gódzí : n. post. 1. side 2. on the side of 3. in the direction of 4. towards

gódzí (lè...-) : loc. prep. 1. around 2. in the vicinity of

gòdzò : adj. 1. lowered 2. squatting *(syn. gódzóé)*

gòdzò (bɔ̀bɔ̀ -) : v. 1. to bend down 2. to squat 3. to be busy 4. to make an effort

gòdzó : n. the state of being folded in half

gòdzó (dó -) : v. 1. to break into two 2. to fold in half 3. to curve

gòdzó (lè - /nɔ̀ - mè) : v. 1. to in a state of being broken into two 2. to be in a state of being folded in half 3. to be curved

gòdzóé : adj. 1. curved 2. split in half

gódzóé : adj. 1. lowered 2. squatting *(syn. gòdzò)*

gòdidi : n. 1. docking 2. to be rejected by the sea/a waterbody

gòdifé : n. docking place

gòdò : adj. big and round

gódò : n. cola nut *(syn. górò)*

gódòtí : n. cola nut tree *(syn. góròtí)*

gòdódó : n. 1. aspiration of impure blood through a can containing carbon dioxide 2. placing of suction cups 3. growths (on a plant) 4. mystical invisibility (as a result of charms)

gódóé : adj. small and round/spherical

gódóégódóé : id. small and round

gòdògòdò : id. big and round

gòdòò : id. big and round/spherical

gódòtí, góròtí : n. cola nut tree

gòè : n. 1. gourd 2. calabash 3. case

gòfìì : id. 1. big and round 2. round

gòglò : v. to be deep

gòglò : n. 1. deepening 2. curvature 3. rib cage

gòglò : adj. 1. deep 2. profound 3. curved

gòglòfé : n. 1. deep place 2. nook 3. belly/abdomen

gòglòmè : n. 1. depth 2. hip circumference 3. flank (of a man) 4. curvature

gòglòmí : n. 1. somersault 2. tumble

gòglòmí (ḍè -) : v. 1. to somersault 2. to fall with one's head first

gòglòmíḍèḍè : n. the act of somersaulting

gòglòmíḍèlá : n. someone who somersaults

gòglòmító : n. 1. somersault 2. tumble

gòglòmító (ḍè -) : v. 1. to somersault 2. to fall with one's head first

gòglòmítóḍèḍè : n. the act of somersaulting

gòglòmítóḍèlá : n. someone who somersaults

gòglòxɔ̀è : n. small round box

gògó : n. 1. approach 2. haste

gògó : n. pussycat

gógó : v. 1. to come closer 2. to be near

gógó : adv. 1. in fact 2. indeed 3. truly

gògòdzέ : n. a type of drum

gògòè : adj. 1. good 2. solid

gògòè : adv. 1. well 2. solidly

gògòglò : id. deeply

gògògò : id. 1. knocking several times (e.g on a door) 2. sound produced by footsetps

gògògó : id. 1. approaching 2. oncoming

gògòlí : n. 1. bean-based corn cake 2. nudity 3. tortoise

gògòligò : adj. big and round/spherical

gògòlígò : n. nudity

gògòlígò : adj. naked

gògòlígò (lè -/nɔ̀ -) : v. to be naked

gógólígóé : adj. small, round and strong

gógbàgbằ : adj. overflowing

gòkà : n. tendril of the gourd plant

gòkú : n. gourd seed

gòlò : n. 1. ostrich *(syn. tàtábòlí, tsàtsábòlí)* 2. small bag made of palm leaves 3. charm that is capable of making someone invisible 4. skin of small animals 5. rat 6. womb *(syn. àmèwɔ̀fé, dɔ̀, gò, vídzídɔ̀, vídzígòlò)* 7. yellow-billed stork 8. woolly-necked stork 9. white stork 10. saddle-billed stork 11. marabou stork *(syn. kpàklǒ)*

gòlò (ḍì -) : v. to ripen

gòlò (ḍó -) : v. to make oneself invisible

gòlò (ḍó - tsì) : v. to prevent the rain from falling (as a result of a charm)

gòlòḍóḍó : n. the act of making oneself invisible

gòlòḍólá : n. someone who makes himself invisible

gòlòḍóámè : n. theft by invisibility

gòlòḍókà : n. a charm that makes it possible for one to become invisible gòlòè (trè -) : v. 1. to scratch the skin of dead animal 2. to remove the skin of a dead animal

gólógóló : id. 1. well hidden 2. well covered

gòlùì : n. 1. small basket in the shape of a bag to keep smoked or dried fish/meat 2. animal skin

gòlòkòtòkú : n. a pouch made from animal skin

gòlɔ́gúí : n. 1. satellite villages/town 2. surrouding villages/town

gòlú : n. goal (of football/soccer)

gòlú (dó -) : v. to score a goal

gòlúmènɔ̀lá : n. goalkeeper

gómà : n. 1. starch 2. glue 3. adhesive

gómè : n. 1. share 2. benefit 3. camp (during a game or match) 4. family 5. kinship

gómè : postp. 1. towards 2. in the direction of

gómè (kpɔ́ -) : n. 1. to benefit from 2. to participate in

gómè (lè -) : phr. in the case of

gómèkàɖí : n. 1. flashlight

gómèkàɖígbé : n. kerosene lamp (kerosene hurricane lantern)

gómèkpɔ́kpɔ́ : n. 1. participation 2. gain 3. contribution 4. portion (Agbeny La, 1988, 2006, 2020, S. Psalmowo 73:26)

gómèkpɔ́lá : n. participant

gòmèlã̀ : n. 1. sea shell 2. shellfish 3. mollusc

gómètɔ́ : n. kinsman *(syn. fòmètɔ́, fòmèví, hlɔ̃, kɔ̀, kɔ̀mè, sã́)*

gónù : n. 1. coast 2. beach 3. shore

gònyàà : id. 1. unwieldily 2. heavy 3. huge

gònyògònyògònyò : id. big and round/spherical (of an object or person)

gònyòò : id. 1. fat and round 2. overweight

gòŋ : id. 1. sound produced when a bell is rang 2. large (fruit)

gòŋ : adv. exactly

gòŋgò : n. superior of vodoo practitioners

góŋgóŋ : id. 1. airtight 2. securely 3. hermetically

góŋgóŋ (lè -) : v. to be hermetic

góŋgóŋgóŋ : id. 1. sound produced when a bell is rang 2. sound produced when one knocks several times on the door 3. hermetically

gòŋù : adj. tall and big

gòŋú : n. an area where one can walk (at the sea, in a river ,etc.)

gòŋúgòŋú : n. a place where one can walk (at the sea, in a river, etc.)

górò : n. cola nut *(syn. góɖò)*

góròtí : n. cola nut tree *(syn. góɖòtí)*

gósìmítì : n. jeweler

gòtà : n. 1. outside 2. seashore *(syn. gòtó)* 3. exposed place gòtèfé : n. 1. protuberance 2. partitioning knot of the bamboo tree or the sugarcane

gòtó : n. 1. seashore (syn. gòtà) 2. piece of tied loincloth in which money is kept

gòtòéfé : n. 1. còrner 2. angle

gótóé : n. 1. small and round 2. small and hollow (syn. gòtòò)

gòtòò : n. 1. round 2. hollow (syn. gótóé)

gòtsítsí : n. 1. nudity 2. being on your own

gòví : n. gourd

gòʋú : n. tamtam made of calabash and skin

gòwó (lè - kátá́ mè) : loc. adv. generally

gǒwó (lè - kátá́ mè) : v. to tarnish (Rongier, Dictionnaire francais-ewe suivi d'un index ewe-francais , 1995)

gòwɔ́ : n. fleshy part of the gourd

gòyílá : n. arrogant person

gòyíyí : n. pride

gɔ̀ : adv. 1. frequently 2. continually

gɔ̀ : id. onomatopeoeia of a dry noise/strike

gɔ́ : v. 1. to add to 2. to supplement

gɔ̌ : v. 1. to have the colour of an object fade with a remnant yellowish tint 2. to become dull (colour) 3. to be a bad cook 4. to be a bad houswife 5. to be a messy (woman) 6. to not have a good education 7. to be incorrigble 8. to not be well done

gɔ̌ : conj. 1. thus 2. therefore 3. whereof

gɔ̃̌ : adj. 1. dull 2. dim

gɔ̃̌ hà̀ : loc. adv. 1. even 2. moreover

gɔ̃̌ hà̀ mé- ... ò : loc. adv. not even

gɔ́béé : adj. 1. thin 2. flexible and curved

gɔ̀dɔ̌ : n. paste crumbled into water and then cooked (food for children)

gɔ́dɔ́, gɔ́dɔ́ɛ́ : adj. 1. winding 2. curve

gɔ̀dɔ̀glɔ̀mɔ̌ : adj. 1. strong built but with small feet 2. someone who has a clubfoot 3. bent

gɔ́dɔ́glɔ́mɔ́ : adj. 1. small and curved 2. someone who has a small clubfoot

gɔ́dɔ́gɔ́dɔ́ɛ́ : adj. 1. winding 2. curve

gɔ̀dɔ̌gɔ̀dɔ̌ (lè -/nɔ̀ -) : v. 1. to be winding 2. to meander

gɔ̀dɔ̌ɔ̌ (lè -/nɔ̀ -) : v. 1. to be winding 2. to meander

gɔ̀dzɔ̌ : adj. 1. large in size 2. high (referring to a mountain)

gɔ̀dzɔ̌ɔ̌ : id. 1. swollen 2. knotty

gɔ́dzɔ́ɛ́ : adj. 1. small in size with a rounded back 2. low (referring to a mountain)

gɔ̀dzɔ̀gɔ̀dzɔ̀, gɔ̀dzɔ̀gɔ̀dzɔ̀gɔ̀dzɔ̀dzɔ́ : id. 1. tall 2. huge (mountain)

gɔ́dzɔ́gɔ́dzɔ́ɛ́ : id. 1. small in size with a rounded back 2. low (montain)

gɔ̌èfé : n. 1. curvature 2. inflection

gɔ̀glɔ́ : n. curl

gɔ́glɔ́ : adj. 1. curled 2. twisted

gòglɔ́fé : adj. part of an object that is curved

gòglɔ̀gɔ̀ : adv. 1. often 2. regularly 3. really 4. actually

gòglɔ́mè : adv. 1. buckling 2. curvature

gòglɔ́tɔ̀ : adv. 1. curved 2. twisted

gògó : n. buttock

gɔ̀gɔ̀ : adj. 1. dull 2. faded 3. a bad housewife 4. messy (woman)

gɔ̌gɔ́ : n. addition

gɔ́gɔ́ : adv. (preceded by a personal pronoun or a name) myself/yourself/himself/herself/themselves/ourselves/me/you/him/her/them/they/us

gɔ̀gɔ̀fé : adj. 1. part of an object that is dull or faded

góli : v. to belch

gɔ̀mè : n. 1. bottom 2. foundation 3. basement 4. foot 5. meaning 6. anus *(syn. àgɔ̀mè, àŋlɔ̀gònù, àŋlɔ̀mè, àŋlɔ̀nù, àŋɔkplí, àzi, émítómè, gbímè, mínyèfé, mító, mítómè)*

7. vagina *(syn. àŋlɔ̀gònù, àŋlɔ̀mè, àŋlɔ̀nù, ɖò, ɖòmè, kóló, nyɔ́nùmè)*

gɔ̀mè : adj. not knowing

gɔ̀mè : prep. 1. under 2. below 3. underneath

gɔ̀mè (dó ... -) : v. 1. to investigate 2. to probe 3. to inquire

gɔ̀mè (dó nyà - kpɔ́) : v. to examine/investigate a case

gɔ̀mè (dzè ... -) : v. to begin

gɔ̀mè (ɖè ... -) : v. 1. to explain 2. to reveal (e.g a secret)

gɔ̀mè (ɖè ... - fiá) : v. 1. to unveil (a secret) 2. to lay bare a matter 3. to let something be known

gɔ̀mè (ɖó ... - ànyí) : v. 1. to found 2. to initiate 3. to lay the ground work for

gɔ̀mè (fiá ... -) : v. 1. to explain 2. to define

gɔ̀mè (fɔ ... -) : v. 1. to know (someone) well 2. to not respect 3. to annoy

gɔ̀mè (lè/nɔ ... -) : v. to be under the authority of

gɔ̀mè (sè ... -) : v. to understand

gɔ̀mè (tó ... -) : v. to do something without knowing

gɔ̀mè (tó nyà -) : v. 1. to narrate 2. to talk for nothing

gɔ̀mè (zɔ ... -) : v. 1. to sabotage 2. to report

gɔ̀mèdódó : n. investigation

gɔ̀mèdólá : n. 1. investigator 2. interrogator

gɔ̀mèdzèdzè : n. 1. beginning 2. debut *(syn. gɔ̀mètótó)*

gɔ̀mèdzèfé : n. 1. starting point 2. source (e.g of a river, etc.)

gɔ̀mèdzègbalẽ̀ : n. syllabus

gɔ̀mèdzèklásè : n. preparatory course

gɔ̀mèdzèklásè èvèlíá : n. elementary course

gòmèdzèklásè gbátɔ̀ : n. preparatory course

gòmèdzèlá : n. 1. beginner 2. novice 3. junior

gòmèdzèsràfòhá : n. soldier

gòmèdzèsùkú : n. 1. elementary school 2. primary school

gòmèdzèsùkú núfíálá : n. assistant primary school teacher

gòmèdzèsùkú núfíálá dɔ̀tékpɔ́lá : n. assistant primary school teacher trainee

gòmèdzèsùkú núfíálágã́ : n. primary school teacher

gòmèdzètɔ̀ : adj. 1. elementary 2. basic

gòmèdzètɔ́ : adj. 1. initiator 2. beginner

gòmèɖá : adj. 1. basic 2. staple

gòmèɖèɖè : n. 1. definition 2. betrayal

gòmèɖèlá : n. 1. someone who explains/interprets 2. traitor

gòmèɖóànyílá : n. 1. founder 2. intiator

gòmèɖóànyífé : n. 1. place where something is founded 2. foundation (of a building)

gòmèɖóɖó : n. 1. foundation 2. establishment 3. bedrock

gòmèɖóɖóànyí : n. 1. foundation 2. initation

gòmèɖólá : n. 1. founder 2. initator

gòmèfíáfíá : n. 1. explanation 2. discolsure of a secret

gòmèfíálá : n. someone who explains

gòmèfɔ̀fɔ̀ : n. 1. annoyance 2. lack of respect

gòmènɔ̀lá : n. 1. deputy 2. junior

gòmèsèlá : n. someone who understands

gòmèsèsè : n. 1. understanding 2. intelligence 3. knowledge

gòmètótó : n. 1. beginning 2. debut *(syn. gòmèdzèdzè)*

gòmètútúgbé : n. abutilon mauritianum (a type of tropical plant also known as flowering maple)

gòmèzɔ̀lá : n. traitor

gòmèzɔ̀zɔ̀ : n. 1. sabotage 2. treason

gòmɔ̃̀ : adj. 1. curved 2. deformed

gómɔ́ɛ́ : adj. 1. small and curved 2. small and deformed

gótà : n. 1. channel 2. gutter 3. ditch

gòvùgòvù : id. snapping of the lips in a odd manner

gòvùù : id. 1. having one's legs apart 2. puffy 3. heaped up 4. badly done 5. clumsy

grám : n. gram

gràmòfónù : n. record player

gránítò : n. granite

Greenwich kplé flìtsògà èkùàtɔ̀ dòmè : n. longitude (Rongier, Dictionnaire éwé-français, 2015)

gréfù : n. graft

gréfùwɔ̀wɔ̀ : n. grafting

gù : v. 1. to tighten with a rope 2. to tie securely

gù : n. 1. pit 2. misfortune 3. curse 4. disease acquired as a result of doing something that is prohibited (syn.ègùdɔ̀, gùdɔ̀)

gù (dé tà -) : v. to bow one's head

gù (dó -) : v. 1. to break the rules of decourum/respect or politeness 2. to get sick (e.g edema) as a result of breaking laid down rules

gù (ḍè -) : v. to dig a hole

gù (ḍè - ná) : v. 1. to reveal a secret by talking to 2. to treat a disease acquired after having broken ancestral rules 3. to perform rites for someone who has violated a prohibition

gù (tɔ̀ -) : v. 1. to break 2. to bend

gú : v. 1. to waste (eg. time, energy, money, etc.) 2. squander 3. to make a nursery 4. to ferment (in order to change the colour or smell of an object eg. cocoa, cola, tobacco, etc.) 5. to chew 6. to avoid

gú ... nù : v. to annul

gú àtàbú : v. to break a promise/oath

gù gà yí ḍé ... ŋú : v. 1. to cover something with zink 2. to galvanize

gù sìká ḍé ... ŋú : v. to cover something with gold

gúdá : v. 1. to annul 2. to remove 3. to handle roughly

gùdàgùdà : id. 1. bubbling 2. rustling (trees) 3. whispering (water)

gùdódó : n. 1. bad deed 2. the act of doing something that is wrong

gùdɔ̀ : n. disease acquired as a result of doing something that is prohibited (syn. ègùdɔ̀, gù)

gùdù : v. 1. to plow 2. to turn (e.g the earth) 3. to crumble (e.g paper)

gùdùgùdù : id. 1. in small pieces 2. in crumbles 3. in splint 4. crumbled

gùdùgbàbà (fò -) : v. to sit cross-legged

gùdùù : id. piled up

gùḍèḍè : n. 1. digging up a hole 2. betrayal of a secret 3. an indirect, usually subtle suggestion

gùglù : n. 1. vigorously stirring (e.g with a ladle) 2. turning of the earth (e.g with a hoe or tractor) 3. shelling (e.g of rice)

gùglùglù : id. clumsy

gùgù : n. the act of tightening with a rope

gùgú : n. 1. inconvenience 2. loss

gúgùbè : n. a type of corn porridge (hominy corn porridge) syn. (óbláyò)

gùgúlá : n. 1. loser 2. underdog

gùgbɔ̀ ḍè : v. to fish out

gùì : n. 1. small box 2. tin can

gùmè : n. 1. subsoil 2. basement 3. cellar

gùmèbìsí : n. acridocarpus smeathmannii (a type of medicinal tropical plant)

gùmèblèmánúwó ŋútí ŋúnyá : n. archeology

gùmèlà̀ : n. an animal that lives underground

gùmèkétékè : n. 1. subway 2. underground 3. train

gùmètákúí : n. ginger *(syn. dòtɛ́)*

gùmètè : n. anchomanes difformis (a type of tropical flowering plant with spiny stalks and tuberous rhizomes that have eyes)

gùmètíkpò : n. stump

gùmètú : n. 1. mine 2. explosive (under the soil)

gùmètúkpéwó : n. 1. mine(s) 2. explosive(s)

gùmèʋú : n. tube (train that travels underground)

gúmì : n. 1. rubber 2. eraser 3. ointment

gùnù : n. 1. origin 2. cradle 3. headquarters

gùnú : n. 1. crime 2. abomination

gùnyàà : id. wrinkled

gùsì : v. to rub between the hands

GB

gbà : v. 1. to break 2. to shatter 3. to collapse 4. to scream

gbà : n. 1. wedge (to chock something) 2. crop 3. stomach (of a bird)

gbà : adj. num. thirty *(syn. gbà̰)* (Rongier, Dictionnaire éwé-français, 2015)

gbà (ŋkú -) : v. to be blind *(syn. tsí ŋkú)*

gbà àgò : v. to walk with pride

gbà àhà : v. 1. to be rotten 2. to weaken 3. to lose consciousness

gbà àhàdzà : v. to bloom (eg. maize or sugarcane)

gbà àmìgò : v. to shine (e.g as the sun shines on the horizon)

gbà àví : v. to burst into tears

gbà àʋàlífòzì : v. 1. to sleep to much 2. to love to sleep

gbà dɛ̀ : v. 1. to defarud 2. to cheat

gbà ...dó : v. 1. to reduce to nothing 2. to ruin

gbà ɖé ànyí : v. to fall and spill on the ground/floor

gbà ɖé ... nù : v. 1. to have enough of 2. to be overwhelmed with 3. to be fed up with

gbà gà : v. to change money

gbà gà : v. 1. to overflow 2. to flood 3. to submerge 4. to give birth 5. to walk casually

gbà ... kplé ɖù múmù : v. to mine

gbà làmè ná : v. 1. to exhaust 2. to be boring

gbà làmè ná (àmè) : v. to exhaust oneself

gbà ŋgó (kplé) : v. 1. to be confronted with 2. to meet someone face to face

gbà ŋkú : v. 1. to be blind 2. to sleep (pertains to babies) 3. to fade 4. to be dull (colour) 5. to tarnish

gbà tà : v. 1. to think 2. to crack one's mind concerning something

gbà tà ... kplé kpò : v. to break someone's head with club

gbà ! : intj. expresses a shock for a sudden strike (Rongier, Dictionnaire éwé-français, 2015)

gbà- : part. again (denotes the state of repitition) *(syn. gà-)*

gbá : v. 1. to eliminate 2. to marginalize 3. to cover 4. to roof (with thatch) 5. to growl 6. to moan *(syn. gbá̰)* 7. to hide

gbá : n. 1. belly 2. paunch

gbá ɖé ... ŋú : v. to lean against

gbá àkɔ́ : v. to cover one's chest with loincloth

gbá xɔ̀ : v. to make the roof of a building

gbà̰ : adj. num. thirty *(syn. gbà)* (Rongier, Dictionnaire éwé-français, 2015)

gbà̰ ! : id. expresses the sound produced when an object is struck suddenly

gbá̰ : v. 1. to spit (as a snake) 2. to hiss in defense (as a cat) 3. to growl 4. to moan *(syn. gbá)* 5. to be important/famous

gbá̰ : adv. firstly

gbá̰ gbɔ̀ : adv. 1. first of all 2. foremost

gbàbàà : id. 1. flat 2. wide and thick 3. large

gbàbàgbàbà : id. tall and big

gbàbɛ́ : n. guava *(syn. àgówà, àgúwɔ̀, góà, gbàgbɛ́, gbèbɛ́, gbɛ̌gbɛ́)*

gbábɛ́ : id. wide and thick (for a child)

gbàbɔ́é : n. 1. skin rash 2. measles *(syn. àgbàyí, àlɔ̀bèlè, fùfùkɔ́é, gbàgblàtsàbí, gbàyí, gbɔ̀ŋgbɔ̀sìví, kúklúí, núsɔ́ɔ̌, núsúɛ́)*

gbàbù : adj. tall and wide

gbàbùù (lè -/nɔ̀ -) : v. to be tall and wide

gbábúí : id. huge and large (for something or somebody that is small)

gbàdà : n. 1. time 2. moment 3. hour

gbàdà : v. to not have all of one's wits

gbàdà yì : n. + v. to be too late

gbàdágbà : n. 1. soldier 2. gendarme

gbàdàgbàdà : id. 1. violent 2. very strong (rainfall) 3. covered in blisters

gbàdágbàhátsòsònúnɔ̀lá : n. sergeant (cavalry or artillery non-commissioned officer)

gbàdágbàhátsòsònúnɔ̀lágá̌ : n. chief sergeant

gbàdágbàwó dɔ́wɔ̀fé : n. gendarmerie

gbàdràbè : n. a type of bug *(syn. trèyɔ́é)*

gbàdràfòò : id. flat

gbàdrèè : id. 1. without limit 2. not stopping 3. continually

gbàdzà : n. 1. empty 2. roof rack

gbàdzà : adj. 1. large 2. wide 3. extensive

gbàdzà dzí : loc. adv. 1. outdoors 2. beneath the stars

gbàdzà (tà -) : n. square head

gbàdzàà (lè -/nɔ̀ -) : v. 1. to be flat 2. to be wide 3. to be extended

gbàdzàfé : n. 1. flat surface 2. flat country 3. plain

gbàdzàmè : n. 1. vacuum 2. void 3. space *(syn. wɔ̀yà)*

gbàdzàdzí : n. roof rack

gbàdégbè : n. the past *(syn. gbèdégbè)*

gbàdégbè : adv. 1. one day (in the past or future) 2. once upon a time *(syn. gbèdéwógbè)*

gbàdégbè (lè -) : loc. adv. 1. formerly 2. in the past

gbàdégbè lé gbàdégbè fú ànyí : loc. to have had one's good times

gbàdégbè ŋútínyà : n. prehistory

gbàdéwógbè : adv. 1. sometimes 2. some days

gbàfà : n. 1. great shock *(syn. àbò, dzìdzì, dǐ mè, fènyí, kòmá)* 2. great fear 3. violent and sudden emotion

gbàfè : n. destructive grigri

gbàfìè : n. drizzle

gbàfìè nyɔ́ : n. + v. to drizzle *(syn. gbàfìè wɔ̀)*

Gbàgà : n. lake Togo

gbàgàgbàgà : id. 1. tall and slim 2. slender

gbàgbà : n. 1. wreck 2. deer *(syn. àfìằ, àfìằtsú, àfìằyì, àgblègbɔ́é, àtùŋgbà, àvègbɔ́ế, fí, gbàgbằ, zìnɔ̀)* 3. great antelope 4. lightning strike 5. demolition

gbàgbà : v. to spread

gbàgbà : adj. 1. dilapidated 2. hoarse

gbàgbà ḍé ... dzí : v. 1. to overwhelm 2. to overflow (boiling water) 3. to submerge

gbàgbà kɔ̀ ḍé ... dzí : v. to spread over

gbàgbà kɔ̀ ḍí : v. to spread

gbàgbá : n. howl

gbàgbằ : n. deer *(syn. àfìằ, àfìằtsú, àfìằyì, àgblègbɔ́é, àtùŋgbà, àvègbɔ́ế, fí, gbàgbà, zìnɔ̀)*

gbàgbàdɔ̀ : n. 1. paralysis *(syn. àmìằ, àmìằdɔ̀, àvàdzí, lằmètùtúdɔ̀, tùtúdɔ̀)* 2. palsy 3. stroke

gbàgbàdzòḍèkɛ́ : n. unicorn *(syn. àfìằdzòḍèkɛ́)*

gbàgbàgbà : id. 1. a lot 2. very much

gbá̋gbá̋gbá̋ (bìằ -) : v. to be dark red

gbàgbágbè : n. village square *(syn. àblɔ̀)*

gbàgbàsìví : n. mild skin rash

gbàgbằnɔ̀ : n. doe (female deer)

gbàgbằtsú : n. deer (male deer)

gbàgbằví : n. fawn (young deer)

gbàgbàyì : n. a variety of beans *(syn. àyì)*

gbàgbɛ̀ : n. breakage

gbàgbɛ̀ : adj. 1. impressed 2. flat 3. lively

gbàgbɛ́ : n. guava *(syn. àgówà, àgúwɔ̀, góà, gbàbɛ́, gbèbɛ́, gbɛ̆bɛ́)*

gbàgbè (nú -) : n. a living being

gbá̋gbíá̋gbá̋ : adv. 1. first 2. in the beginning

gbàgblà : adv. suddenly

gbàgblà (lè - /nɔ̀ -) : v. to be boastful

gbàgblàdzà : n. cockroach *(syn. àgbàgblàʋúí, gbàgblàdzè, gbàgblàʋùdzè, gbàgblàʋúí, kàkàlíkà, kàkàràkà)*

gbàgblàdzàkè : n. a variety of sea fish / black spadefish / common spadefish /african sicklefish

gbàgblàdzè : n. cockroach (Rongier, Dictionnaire francais-ewe suivi d'un index ewe-francais , 1995) *(syn. àgbàgblàʋúí, gbàgblàdzà, gbàgblàʋùdzè, gbàgblàʋúí, kàkàlíkà, kàkàràkà)*

gbàgblàkú : n. a variety of large bean seeds

gbàgblàmè : n. a variety of grasshopper *(syn. àḍɔ̀ḍɔ̀è, àgbàtròxèví, gbètrɔ́é, gbògbótsú, kìtsíkpúí, ŋè, sɔ́ví, tòkpó, ʋè, ʋètsúví, ʋètrá , ʋò, ʋòdzòdzòè)*

gbàgblàtsàbí : n. measles *(syn. àgbàyí, àlɔ̀bèlɛ̀, fùfùkɔ́é, gbàbɔ́é, gbàyí, gbɔ̀ŋgbɔ̀sìví, kúklúí, núsɔ̋ɔ̋, núsɛ̋ɛ̋)* gbàgblàvè : n. 1. a long-handled agricultural tool with two or more prongs 2. fork

gbàgblàʋùdzè : n. cockroach *(syn. àgbàgblàʋúí, gbàgblàdzà, gbàgblàdzè, gbàgblàʋúí, kàkàlíkà, kàkàràkà)*

gbàgblàxètsú : n. 1. seagull *(syn. léglɛ́)* 2. gull-billed tern 3. caspian tern 4. royal tern 5. lesser crested tern 6. sandwich tern 7. roseate tern 8. arctic tern

gbàyí : n. 1. measles *(syn. àgbàyí, àlɔ̀bèlɛ̀, fùfùkɔ́é, gbàbɔ́é, gbàgblàtsàbí, gbɔ̀ŋgbɔ̀sìví, kúklúí, núsɔ́ɔ́, núsúɛ́)* 2. rubella

gbàhlòyòò : id. 1. nonchalant 2. indifferent 3. careless 4. neglectful 5. insensitive 6. deaf

gbàkú : n. a variety of beans *(syn. kpókpò)*

gbàlằ : id. 1. watery 2. of or containing lots of water

gbàlàà : id. 1. watery 2. liquid

gbàlàà (fò - /wɔ̀ -) : v. 1. to twist 2. to be agitated

gbàlàgbàlà (yɔ́ -) : v. 1. to be full to overflow 2. to be full to the edges

gbàlàkútsú : n. 1. worm 2. earthworm *(syn. àʋlàkù, àʋɔ̀klúí, àʋlàkùì, blàbútsú, blàŋgú, blàkútsú, dɔ̀mèkplèʋì, dɔ̀ŋkplèʋì, vɔ̌, vɔ́klì, vɔ̌klùì, ʋɔ́klì)*

gbálò : adj. empty *(syn. gbɔ́lò)*

gbàm : id. indicates a violent crash

gbàm ! : id. violent clash

gbàmìdó : n. edible larva of a type of worm found in dead palms

gbànyàà : id. flat

gbànyàà (wɔ̀ -/nɔ̀ -/lè -) : v. to be flat

gbányí : n. spotted redshank (a type of bird)

gbànyàà : id. flat

gbàŋgbà : adj. 1. true 2. genuine

gbàŋgbàŋ : id. 1. large 2. wide

gbàsrà : n. 1. perch 2. grass-eater (a type of fish)

gbàtàlí : n. aquatic bird

gbàtámí : n. purple swamphen *(syn. àvèsé)*

gbàtó : n. physalis anguslata (an erect, herbaceous, annual plant belonging to the nightshade family solanacea)

gbàtòò : n. 1. wide and round 2. flat and round

gbàtɔ́ : n. someone with a stomach of a bird

gbắtɔ̀ : adj. 1. first 2. primitive

gbàtógbàtó : n. stinking passionflower

gbàtsàà (d̪è -) : v. to be tired

gbàtsàà (d̪è -, tsí -) : v. 1. to get caught doing something wrong 2. to be embarassed

gbàtsàbì : n. smallpox

gbàvùù (àmè -) : n. 1. a strong man with reckless temperament 2. a violent and passionate person

gbàwòò : id. 1. vast 2. as far as the eye can see

gbàwótsógbè : adj. 1. always 2. everyday (syn. *gbèsiágbè, yèsiáyí*)

gbàxlè : n. senegal thick-knee (syn. gbòtàlè)

gbàxlɛ́ : n. a type of mouse/striped mouse *(syn. àfi)*

gbàyàà : n. 1. wide 2. wide open

gbè : v. 1. to pluck 2. to resonate 3. to twist

gbè : n. 1. day 2. date 3. voice/tone 4. language *(syn. làsó)* 5. herb 6. grass 7. bush 8. savannah 9. sheaf 10. medicinal plant *(syn. àmàtsì, àtíkè, dɔ̀yɔ̀gbé)* 11. greeting 12. spiritual force that transforms life or maintains it 13. agreement 14. speech 15. noise

gbè (dà -) : v. 1. to disrespect 2. to insult 3. to talk rudely

gbè (dà - ɖí) : v. 1. to leave a note 2. to leave a message

gbè (dà - lè ... ŋú) : v. to cure

gbè (dé - àsí ná) : v. to charge somebody with

gbè (dé - tómè ná) : v. 1. to say in secret 2. to whisper into the ear

gbè (dó -) : v. 1. to greet 2. to speak a language 3. to make noise

gbè (dó - ɖá) : v. to pray

gbè (dó - ná) : v. to greet

gbè (ɖè - ná) : v. to order (somebody) to

gbè (ɖì -) : v. 1. to resonate 2. to resound (drum)

gbè (évá émè - ɖèká) : loc. adv. once upon a time

gbè (fiá -) : v. to speak a language the Eυes do not understand

gbè (fò -) : v. to lie

gbè (fò - tó) : v. 1. to exaggerate 2. to brag

gbè (lé -) : v. to menstruate *(syn. àlɔ̀ (ŋé -), àsí (ɖó - ànyí), àsí (ŋé –), àxàtsàŋú (tsí -), gblɛ́ ŋú, gbɔ̀ (tsí - tó), ylètí (kpɔ́ -))*

gbè (lɔ̃ -) : v. to respond to a greeting

gbè (nyá -) : v. to understand a language

gbè (sà -) : v. 1. to utter incantatory words 2. to say magic words

gbè (sè -) : v. 1. to understand a language 2. to testify (in the presence of personalities) 3. to listen 4. to be obedient

gbè (sè - né wòádè ... gbɔ́) : loc. 1. to say to 2. to make known to 3. to serve as an intermidiary to 4. to interpret to

gbè (sè - ná) : v. 1. to obey 2. to be obedient

gbè (sì -) : v. 1. to weed 2. to clear (a field of vegetation)

gbè (sɔ̀ -) : v. 1. to be ready 2. to be just

gbè (té - ɖé ...dzí) : v. 1. to stress the importance of 2. to emphasize

gbè (tɔ́ -) : v. 1. to challenge 2. to order to stop 3. to stop 4. to make incantations 5. to invoke the spirits

gbè (trɔ́ -) : v. 1. to change one's language 2. to swap words 3. to say the opposite of what one said

gbè (trɔ́ - ɖé nyà ŋú) : v. to prnounce a word in a different manner

gbè (tsì - ná) : v. to promise to

gbè (tsò -) : v. 1. to cut grass/herbs 2. to bet

gbè (tsò - lè núfèƒlè ŋú) : v. to make a deal

gbè (tsò - ɖé ... dzí) : v. to bet on

gbè (wɔ̀ - ná) : v. 1. to treat with herbs 2. to make a herbal preparation (herbal tea) for

gbè (xɔ̀ -) : v. 1. to respond to a greeeting 2. to agree

gbè (xɔ̀ - sè) : v. 1. to submit 2. to carry out an order 3. to no longer revolt

gbè (xɔ̀ - lè .... sí) : v. to cut off (someone when he/she is talking)

gbè (yɔ̀ -) : v. 1. to inhale (water vapour in order to treat sickness) 2. to smoke marijuana

-gbè : suff. used with figures to indicate ordinal numbers (e.g fourth, fifth, sixth, etc.) *(syn. lìá)*

gbè bàɖà : n. 1. gibberish 2. swear word

gbè dzè ànyí : n. + v. 1. to stop talking 2. to calm down

gbè dzè ɖèká : n. + v. 1. to agree 2. to be unanimous

gbè dzè gbè dzí : n. + v. 1. to get along 2. to agree with

gbè ɖàɖà : n. herbal tea/preparation

gbè ɖèká : adv. 1. one day/one fine day 2. once 3. unanimously 4. with one voice

gbè ƒúƒlú : n. weed

gbè gã́ : n. loud voice

gbè ... kplé kò lègbè : v. to drop (a fruit from a tree) with a long stick

gbè lè/nɔ̀ dù : n. + v. 1. to speak with one voice 2. to be united

gbè (mɔ́lì -) : n. sheaf (of wheat/corn)

gbè sɔ̀ : n. + v. 1. to speak with one voice 2. to be united 3. to be ready

gbè vívì : n. 1. nice melody/tune 2. nice voice

gbè xá ná : n. + v. 1. to lose one's voice 2. to have broken voice

gbé : v. 1. to deny 2. to reject 3. to refrain from 4. to refuse to 5. to forbid from 6. to fend off

gbé : v. 1. region 2. neighbourhood 3. place

-gbé : part. 1. for the purpose of 2. in order to

gbé àkplɛ́ : v. to be dead

gbè bé ... ò : v. 1. to renounce 2. to neglect

gbé dɔ̀ : v. 1. to refuse to work 2. to resign from work 3. to go on strike

gbé dzè : v. to be dead

gbé ná ... bé : v. to forbid to

gbé ... náná : v. 1. to deprive 2. to deny

gbé nú lè/tsó ...gbɔ́ : v. 1. to refuse something 2. to decide to stop/reject something

gbé nyà ná : v. 1. to advise 2. to reprimand

gbé srɔ̃ : v. 1. to divorce 2. to repudiate (one's wife/husband)

gbé tám : v. to make a firm decision

gbèbɛ́ : n. guava *(syn. àgówà, àgúwɔ̀, góà, gbàbɛ́, gbàgbɛ́, gbɛ̌gbɛ́)*

gbèbúgbè : n. 1. another day 2. another time

gbèdàdà : n. the act of curing (a sickness/disease) *(syn. dɔ̀dàdà, dɔ̀yɔ̀yɔ̀, gàgã́, hàyàháyá)*

gbèdádá : n. 1. desert 2. wilderness 3. emptiness

gbèdádáfò : n. a place far from dwellings/human settlements

gbèdàdì : n. 1. wild cat/large forest genet/bush genet *(syn. dùdɔ̀)* 2. a cat that has run away from home and lives in the bush *(syn. tsàgbábí)*

gbèdàfé : n. 1. hospital 2. clinic 3. infirmary *(syn. àtíkèwɔ̀fé, dɔ̀nɔ̀kɔ̃́dzí, ɖɔ́kítà, ɖɔ́kítàkɔ̃́dzí, dɔ̀yɔ̀fé , kɔ̃́dzí)*

gbèdàlá : n. 1. doctor 2. herbalist *(syn. àmàtsìwɔ̀lá, àtíkèwɔ̀lá, dédɔ̀dàlá, dédɔ̀yɔ̀lá, dɔ̀dàlá, dɔ̀yɔ̀lá, ɖɔ́kítà, ègbèdàlá, gbèwɔ̀lá, gbèwɔ̀tɔ́)*

gbèdè : n. 1. yellow-throated tinkerbird 2. yellow-rumped tinkerbird

gbèdé : n. black-smith *(syn. gbɛ̀dɛ́, gblã̀)*

gbèdé lè yɔ́xɔ̀mè : n. a workshop where wrought iron is produced or where iron is made malleable

gbèdéàsí : n. 1. message 2. commission

gbèdéàsítsɔ́lá : n. messenger

gbèdègà : n. name of a star

gbèdódó : n. 1. talking 2. greeting

gbèdódóɖá : n. prayer

gbèdóɖáfé : n. chapel

gbèdódógbàlẽ̀ví : n. postcard

gbèdòmè : n. bush

gbèdòmèxɔ̀ : n. large inhabited building in the bush or in the savannah

gbèdònámè : n. 1. greeting 2. salutation

gbèdòxɔ̀ : n. 1. church 2. chapel 3. temple

gbèdòxɔ̀dzíkpɔ́lá : n. someone in charge of the maintenance of a place of worship

gbèdòxɔ̀gã́ : n. cathedral

gbèdòxɔ̀sòè : n. chapel

gbèdrò, gbèdrù : n. 1. grass-snake (a non-poisonous snake found commonly in europe) 2. african house snake *(syn. gbèdzòlò, gbèdzrò)*

gbèdzè : n. red ant

gbèdzégbè : n. 1. tall grass 2. treeless savannah

gbèdzèmɔ́ : n. 1. foothpath 2. trail

gbèdzí : n. 1. abroad 2. foreign country 3. field 4. pasture 5. adventure

gbèdzí (yì -) : v. 1. to travel abroad 2. to go on an adventure

gbèdzídèlá : n. 1. someone who has travelled abroad 2. someone who has gone on an adventure

gbèdzídèdè : n. 1. the act of travelling abroad 2. to act of embarking on an adventure

gbèdzímàní : n. news from abroad

gbèdzímàní (bɔ́ -) : v. 1. to report of one's experience abroad 2. to give a report of happenings abroad

gbèdzínúɖùɖù : n. 1. picnic 2. meal eaten outdoors, in nature

gbèdzínyà : n. news from abroad

gbèdzítɔ́ : n. 1. someone who comes from elsewhere 2. foreigner

gbèdzíyìlá : n. 1. someone who has travelled abroad 2. someone who has gone on an adventure

gbèdzòlò : n. 1. grass-snake (a non-poisonous snake found commonly in europe) 2. african house snake *(syn. gbèdrò, gbèdrù, gbèdzrò)*

gbèdzrò : n. 1. grass-snake (a non-poisonous snake found commonly in europe) 2. african house snake *(syn. gbèdrò, gbèdrù, gbèdzòlò)*

gbèdzrógbè : n. ordinary day

gbèɖà : n. 1. leader 2. an animal that leads a group or a herd

gbèɖàɖà : n. decoction

gbèɖé ! : intj. never!

gbèɖé ò : adv. 1. never 2. not at all

gbèɖèɖè : n. 1. roar 2. order 3. click 4. rattling

gbèɖèɖè ((gà) ... ɟé -) : n. jingle

gbèɖégbè : n. the past *(syn. gbàɖégbè)*

gbèɖégbè : adv. 1. one day 2. in the old days *(syn. gbàɖégbè)*

gbèɖégbè (lè -) : adv. formerly *(syn. lè gbàɖégbè)*

gbèɖégbèɖé ! : intj. 1. never 2. no way 3. not at all

gbèɖékádɔ́wɔ̀lá : n. day laborer

gbèɖékágbè : n. 1. one day 2. once upon a time

gbèɖétɔ́wó : n. 1. the elders 2. the ancestors

gbèɖiɖi : n. 1. resonance 2. sounding 3. melody

gbèɖóànyí : n. appointment

Gbèɖóɖédidiɟé Dɔ́wɔ̀fèànyí : n. post and telecommunications

gbèɖóɖí : n. 1. rendevous 2. agreement 3. convention

gbèɖóɖó : n. rendevous

Gbèɖóɖó ɖé Dìdiɟé Nyàwó : n. post and telecomunications

gbèɖúɖɔ́ : n. 1. garbage 2. filth

gbèɖúɟé : n. pasture (e.g for feeding/breeding animals) *(syn. nyiɟé)*

gbèɖúlá : n. herbivore

gbèfḗ : n. 1. shrub 2. young shoot

gbèfì : n. bush rat/three-striped mouse

gbèfá́ : n. 1. announcement 2. declaration

gbèfá́ (ɖè -) : v. 1. to announce 2. to make a declaration 3. to proclaim

gbèfá́ɖèɖè : n. 1. announcement 2. advertisement 3. notification 6. declaration

gbèfá́ɖèlá : n. 1. someone that announces 2. preacher

gbèfá́ɖènyà : n. 1. announcement 2. declaration 3. dissemination

gbèfá́ɖèmɔ̀ : n. 1. radio 2. radio set

gbèfúfúvá : n. haystack

gbègá́dzí : n. 1. savannah 2. desert 3. wilderness

gbègá́dztɔ́ : n. 1. someone who lives in the savannah 2. someone who hails from the savannah region.

gbègɔ̀mèɖèɖè : n. 1. translation 2. interpretation

gbègɔ̀mèfíáfíá : n. grammar

gbègbè : n. picking

gbègbè : adj. 1. deep huge 2. twisted

gbègbè : adv. 1. so much 2. to a degree so high.. that

gbĕgbé : n. 1. refusal 2. denial 3. restriction 4. Icacina trichantha (a small shrub producing climbing stems up to 2 metres long from a very large tuber. The plant is gathered from the wild and used locally as a source of food, medicines and fuel.)

gbĕgbè : n. 1. steppe 2. savannah 3. desert

gbégbé : n. inhibition

gbégbé : adj. 1. negativ 2. adverse

gbègbègbè : id. 1. heavy and large in numbers 2. flexible and heavy

gbégbégbé : id. 1. light and large in numbers 2. flexible and light

gbĕgblé́ : n. 1. destruction 2. ruin 3. corruption 4. decadence 5. amusement

gbégblé́ : adj. 1. spoilt 2. nasty 3. unpleasant 4. perverted 5. immoral 6. pampering (of a child)

gbègblé́ɖí : n. 1. abandonment 2. desertion 3. legacy

gbégblé́ɖí : adj. 1. abandoned 2. desperate

gbègblèvèè : n. 1. cleft 2. something having the shape/the appearance of a fork

gbègbɔ̀ : n. a small prey animal

gbègbɔ̀glɔ̀ : n. 1. speech 2. pronounciation 3. language 4. dialect

gbègbùgbɔ̀ɖì : n. echo

gbèhà : n. 1. guinea pig 2. warthog 3. wild boar (syn. hàdzé́, xɔ̀ví)

gbèhàví : n. young boar

gbèhèè : id. 1. long 2. prolonged

gbèhlò : n. a type of yam that grows in the wild (syn. hlò)

gbèkà : n. liana rope

gbèkágbè...? : pr. intj. 1. when...? 2. which day...? *(syn. gbènégbè ?)*

gbèkè : n. root (of grass)

gbèkègbè : conj. sub. 1. the day when 2. when *(syn. gbèsigbè)*

gbékéé : n. a type of herb whose root is used as perfume

gbéklé : n. grass that grows in thick clumps

gbèklɔ́ : n. 1. mousse 2. froth

gbèkòdzímɔ̀ : n. amplifier

gbèkòkló : n. black crake

gbèkɔ̀ : n. a type of danse of the Eʋe people

gbèkɔ́ : n. pile of hay/grass

gběkɔ̀ɖɔ́fé : n. 1. refuse damp 2. dumping ground *(syn. àɖùkpó, gbèlɔ́fé, kɔ́kɔ́lí, kɔ́lì)*

gbèkú : n. seed (of a herb)

gbèkúí : n. 1. cereal 2. fonio (a species of millet) 3. a bush that bears berries 4. marijuana

gbèkúkú : n. straw hat

gbèkpákpáxé : n. 1. spur-winged goose 2. hartlaubs's duck 3. knob-billed duck

gbèléá, gbèlélá : n. someone who menstruates

gbèlékà : n. 1. magnetic tape 2. cassette tape

gbèlélé : n. menstruation *(syn. àlɔ̀ɲéɲé, àsíɖóànyí, àsíɖóɖóànyí, dòdòlèáfémè,*

dzìnúkpɔ́kpɔ́, gbɔ̀tó, gbɔ̀tótsítsí, yètíkpɔ́kpɔ́)

gbèlémɔ̀ : n. 1. tape recorder 2. voice recorder

gbèlɔ́fé : n. 1. refuse damp 3. dumping ground *(syn. àɖùkpó, gběkɔ̀ɖɔ́fé, kɔ́kɔ́lí, kɔ́lì)*

gbèlɔ́kpé : n. herbs/grasses that indicate the path to follow

gbèlɔ̀lɔ̀ : n. response to a greeting

gbèlɔ́nú : n. 1. rubbish collector 2. trash can 3. dustbin

gbèmàɖèkùí : n. chlorophyll

gbèmágbè : n. 1. on that day 2. at that time

gbèmágbè (tsó -) : loc. adv. 1. since then 2. since that day

gbèmágbè (váséɖé -) : loc. adv. 1. until that day 2. until then

gbèmágbè ké : n. the same day

gbèmàsè : n. the state of not understanding a language

gbèmè : n. 1. jungle 2. uninhabited place 3. bush 4. savanah 5. wilderness

gbèmè- : adj. 1. rural 2. savage 3. uncivilized

gbèmègbɔ̃ : n. wild goat

gbèmèhɛ̃ : n. hummed song

gbèmèhɛ̃ (dzi -) : v. to hum a song/ a tune

gbèmèkà : n. creeping/climbing plant of the tropical forest/jungle

gbèmèlǎ : n. 1. wild animal 2. bush animal 3. uncivilized person 4. savage

gbèmèlǎɖìsɔ́ : n. zebra

gbèmèmè : n. 1. joker 2. clown

gbèmèmɔ́ : n. 1. footpath 2. pathway in the bush

gbèmènyìtsì : n. natural honey

gbèmèntíwó : n. 1. thicket (a dense growth of shrubbery or small trees) 2. bush

gbèmètɔ̀ : adj. 1. rustic 2. bushy

gbèmètɔ́ : n. 1. bushman 2. uncivilized individual

gbèmú : n. green mamba *(syn. àmàkpàmúí, àŋkpàmúídà)*

gbèmúmù : adj. green

gbèmúmùtɔ̀ : adj. green

gbènégbè ? : pr. 1. when 2. which day? *(syn. gbèkágbè ?)*

gbènònò : n. a drink containing a herbal preperation with medical or hygienic properties

gbènɔ̀dù : n. unanimity

gbènɔ̀dùtɔ̀è : adv. unanimously

gbènyálá : n. someone who is knowledgeable in herbs

gbènyì : n. beer made of maize or guinea corn *(syn. lìhà)*

gbènyì : n. buffalo *(syn. àvèmènyì, àvènyì, tò)*

gbènyì : adj. soft (or or relating to meat)

gbènyígli : n. african custard-apple

gbènyìì : id. 1. soft (or or relating to meat) 2. tender *(syn. gbènyìgbènyì)* 3. stagnant (water)

gbènyìgbènyì : n. stagnant (water) *(syn. gbènyìì)*

gbèŋgbèŋ : id. trembling (without firmness)

gbèŋú : n. dew *(syn. àdzàdzà)*

gbèŋúɖóɖó : n. grammar *(syn. gbèŋútísé)*

gbèŋúnúnyá : n. linguistics

gbèŋúnúnyálá : n. linguist

gbèŋútínúnyá : n. 1. linguistics 2. language science

gbèŋútínúnyálá : n. linguist

gbèŋútísé : n. grammar *(syn. gbèŋúɖóɖó)*

gbèŋútíségbàlɛ̀, gbèŋútísényágbàlɛ̀ : n. grammar book

gbèsà : n. 1. incantation 2. magic words 3. magic tricks done whilst talking

gbèsàlá : n. 1. someone who utters incantatory words 2. someone who does magic tricks whilst talking

gbèsàsà : n. 1. uttering words of incantation or bewitchment 2. incantation

gbèsásá : n. the act of fixing a day

gbèsè : n. lynx [any of several wildcats with relatively long legs, a short stubby tail, mottled coat, and usually tufted ears that are thought to comprise a distinct genus (*Lynx*) of the cat family or to be part of a genus (*Felis*) that includes the domestic cat and cougar] (Websters, 2021)

gbèsèlá : n. 1. interpreter 2. linguist

gbèsèlá : adj. obedient

gbèsèlá (nyé -) : v. to understand a language

gbèsèsè : n. 1. obedience 2. understanding language 3. interpretation

gbèsètó : n. translation

gbèsètólá : n. translator

gbèsi : n. misfortune

gbèsíágbè : adj. 1. daily 2. every day *(syn. gbèwókátágbè, yèsíáyì, wòàdzàwóé)*

gbèsíágbè : adv. every day

gbèsíágbètò : adj. 1. daily 2. polyglot

gbèsíflá : n. Ipomoea asarifolia (ginger-leaf morning-glory)

gbèsigbè : conj. sub. 1. the day when 2. when *(syn. gbèkègbè)*

gbèsihɛ́ : n. false

gbèsisi : n. 1. cutting grass 2. cutting bushes

gbèsɔ̀ : n. unanimity

gbèsɔ̀gbɔ̀dólá : n. polyglot

gbèsòsò : n. 1. unanimity 2. promptness

gbèsrálá : n. 1. hunter 2. someone who stalks game in the bush *(syn. gbètàsrálá)* 2. soldier on guard/watch duty

gbètà : n. 1. nature 2. greenery 3. panorama (of greenery) 4. outside 5. overseas 6. abroad 7. a far away land

gbètàdzíkpɔ́xɔ̀ : n. tower

gbètàkpɔ́lá : n. 1. scout 2. boy scout 3. watchman

gbètàkpɔ́kpɔ́ : n. recognition of a place

gbètàkpɔ́xè: n. hooded vulture *(syn. àkàgã̌, glú, kã́ŋgá, kàŋgbá)*

gbètàsásrã̌ : n. 1. recognition of a place 2. scout

gbètàsrálá : n. 1. scout/pioneer scout 2. someone who stalks game in the bush *(syn. gbèsrã́lá)*

gbètè : n. 1. hyena *(syn. àgbòtòè, àhèlà̌, àkpàtàkú, àmègã́xì, àzilã̌, dzàyìsà, dzàzilã̌, gàlàhɛ́, gànà, gã̌nà, gànàhɛ́, gànàxɛ́, gli)* 2. wolf

gbètédédzí : n. 1. conviction 2. insistence

gbètèfé : n. 1. lawn 2. meadow 3. clump of grass

gbètètè : n. 1. roar 2. growl

gbètétédédzí : n. 1. insistence 2. stress 3. urgency

gbètí : n. bush

gbètímè : n. a location in the bushes that is far from human settlement

gbètímètɔ́ : n. 1. a non-civilized person 2. bushman

gbètɔ̀àgɛ̀ : n. a spirit who lives in the bush or forest *(syn. àkplàkpòé, àzizã̌, yélègbèmè)*

gbètɔ́àmè : n. 1. challenge 2. provocation 3. impudent response

gbètɔ́dzòyɔ̀yɔ̀ : n. fumigation

gbètɔ́tɔ́ : n. confusion of languages

gbètrɔ́é : n. 1. grasshopper *(syn. àɖɔɖɔè, àgbàtròxèví, gbàgblàmè, gbògbótsú, kìtsíkpúi̇̀, ŋè, sɔ́ví, tòkpó, ʋè, ʋètsúví, ʋètrá, ʋò, ʋòdzòdzòè)* 2. locust

gbètùkpé : n. stone on which medicinal herbs are crushed

gbètsáxé : n. 1. white-breasted guinea fowl 2. crested guinea fowl 3. helmeted guinea fowl 4. black crowned crane

gbètsì : n. 1. an infusion of dried leaves or flowers 2. spiritual force that transforms life or maintains it 3. evil spirit *(syn. kútó)* 4. vows that an individual's soul takes before taking leave of God by making a series of existential choices regarding what it would do on earth, including the time and manner of death (syn. **kpóli̇́**) (Gbolonyo, 2009) 5. misfortune 6. drop of rain/dew drop 7. herbes used in religious purifications, where libation is poured

gbètsì (ɖè - ná) : v. to perform a ceremony to drive out evil spirits from a misfortune

gbètsiɖèɖè : n. the act of performing a ceremony to drive out evil spirits from a misfortune

gbètsiɖèlá : n. someone who drives out evil spirits from a misfortune

gbètsìkà : n. 1. suspenders 2. strap passing through the shoulders that is supposed to protect from the torments of gbètsì

gbètsìvì : n. 1. a bad or mischievous person 2. a bird of misfortune

gbètsìvɔ́ : n. 1. devil 2. demon

gbètsòfé : n. 1. a place where bets are made 2. weeding place

gbètsòhó : n. 1. an amount placed as a bet 2. free donation used for getting a good deal

gbètsòlá : n. 1. someone who cuts grass, makes hay 2. gambler 3. someone who closes on a good deal

gbètsòtsò : n. 1. closing a bargain 2. betting 3. sales agreement

gbèvíáví́á : n. maceration

gbèvíáví́átsì : n. macerated water

gbèvíví : n. nice melody

gbèvú : n. 1. wild dog/hunting dog 2. jackal 3. otter *(syn. tɔ̀vú̀)* 4. thug 5. rascal

gbèvú : adj. 1. rude 2. indiscipline

gbèvúhá : n. bunch of thugs

gbèvúví : n. 1. street child 2. thug 3. rascal

gbèvùvù : n. weeding

gbèʋéʋí : n. fragrant plan

gbèwó : n. vegetation

gbèwókátágbè : adj. 1. always 2. every day *(syn. gbèsíágbè, yèsíáyì, wòàdzàwóé)*

gbèwɔ̀lá : n. herbalist *(syn. àmàtsìwɔ̀lá, àtíkèwɔ̀lá, dédɔ̀dàlá, dédɔ̀yɔ̀lá, dɔ̀dàlá, dɔ̀yɔ̀lá, ɖɔ́kítà, ègbèdàlá, gbèdàlá, gbèwɔ̀tɔ́)* gbèwɔ́tɔ́ : n. herbalist *(syn. àmàtsiwɔ̀lá, àtíkèwɔ̀lá, dédɔ̀dàlá, dédɔ̀yɔ̀lá, dɔ̀dàlá, dɔ̀yɔ̀lá, ɖɔ́kítà, ègbèdàlá, gbèdàlá, gbèwɔ̀lá)*

gbèxè : n. bush bird

gbèxɔ̀ : n. straw hut

gbèxɔ̀gã́ : n. barn

gbèyèdí : n. wild date

gbèyigbè : conj. 1. the day when 2. when

gbèyigbèyi : id. 1. akwardly 2. heavy and swaying 3. bulky

gbèyɔ̀lá : n. 1. fumigator (person) 2. someon who inhales marijuana

gbèyɔ̀tɔ̀ : adj. 1. fumigation 2. inhalation

gbèyɔ̀yɔ̀ : n. 1. fumigation 2. inhalation 3. the act of smoking drugs

gbèzé : n. a pot/jar/container in which herbal medications are prepared *(syn. ègbèzé)*

gbè : id. intj. 1. knock! 2. bang!

gběbɛ́ : n. guava *(syn. àgówà, àgúwɔ̀, góà, gbàbɛ́, gbàgbɛ́, gbèbɛ́)*

gběbɛ́tí : n. guava tree

gběbɛ́kú : n. guava seed

gbɛ̀ɛ̀ : id. signifies a sudden dispersal of persons/animals from a location

gbɛ̀ɛ̌ : id. scattered

gbi : v. 1. to braid 2. to twist 3. to stir 4. to stretch

gbì : adj. 1. to braided 2. stretched

gbì ! : id. 1. noise produced the fall of a heavy object

gbì àkplé̃ : v. to stir àkplé̃ for it to harden

gbǐ : n. 1. buttocks *(syn. gbǐ, gbǐnù)* 2. a style of hair

gbǐ : buttocks *(syn. gbǐ, gbǐnù)*

gbǐ : n. hole in the shell of a turtle in the anus region

gbǐ (mí́á - ɖé nú dzí) : v. 1. to keep something to oneself 2. to be stingy

gbidi : v. 1. to trample on 2. to crush 3. to crumple 4. to knead 5. to take away (a child) 6. to plow the earth

gbidi : n. 1. sin 2. hastiness 3. stampede

gbidi : id. 1. quickly 2. suddenly

gbidi lè ... dzí : v. to understand (something) completely

gbidigbidi : id. loudly

gbídígbídí : id. 1. absolutely 2. completely 4. forever

gbídíí : adv. 1. absolutely 2. completely 4. forever

gbídòmè : n. line in between the buttocks

gbìgbì : n. stirring (food)

gbìgbì : adj. stirring (food)

gbìgbì nù : v. 1. to be gloomy 2. to be cantankerous 3. to be dissatisfied

gbìgbigbì : id. 1. firmly 2. with force

gbìgblìi : id. stiff

gbǐ̂ì : id. 1. tense 2. tight

gbímè : n. 1. anus *(syn. àgɔ̀mè, àŋlɔ̀gònù, àŋlɔ̀mè, àŋlɔ̀nù, àŋɔ̀kplí, àzì, émítómè, gɔ̀mè, mínyèfé, mító, mítómè)* 2. spanking given on the buttocks

gbìnì : id. 1. flexible and sticky 2. elastic or soft

gbìnù : n. buttock (EwelanguageTV, 2021) *(syn. gbí, gbì)*

gbìtsà : n. zebra (Dzobo, 2015)

gblà : v. 1. to hit (during an accident) 2. to expand space 3. to dilute 4. to be loosen 5. to be intellectual 6. to strive for 7. to be authoritarian 8. to be proud

gblà : id. 1. all at once 2. suddenly and with a loud crash

gblà ɖé ... nù : v. 1. to take care of everything 2. to want to act alone

gblã : n. 1. blacksmith *(syn. gblɛ̀)* 2. the head of a corporation of blacksmiths

gblàà : id. 1. with a crash 2. without warning 3. tall 4. wide

gblàdzà : id. 1. full 2. thick 3. plump 4. large 5. something that appears to be strong

gblàdzàà : id. 1. fully 2. widely

gblàdzàà (lè - /nɔ̀ -) : v. to be corpulent

gbládzɛ́ (lè - /nɔ̀ -) : v. to be corpulent (buth without strength)

gblàgblà : adj. 1. lively 2. skillful 3. big 4. inattentive 5. indifferent

gblàgblà : id. 1. briskly 2. with agility 3. skillfully 4. indifferently 5. inattentively

gblágblá : adv. strong

gblágblá (ŋdɔ̀ -) : n. great heat

gblàgblàgblà : id. 1. all at once 2. hastily 3. loudly

gblàgblàgblà (dò gó -) : v. 1. to like going out 2. to like showing off in public

gblágblágblá : id. 1. to the extreme 2. very huge

gblàhà : adj. 1. large 2. with a large opening

gblàhàgblàhà : id. 1. wobbly 2. swinging

gbláhɛ̀ : n. 1. palm tree producing tastless wine, which when mixed with another palm wine spoils the whole mixture (**gblɛ̀ àhàè**) 2. disruptor 3. spoiler

gblàlà : adj. 1. expansive 2. corpulent 3. huge 4. strong *(syn. gblàlà̀)*

gblàlàà : id. big

gblàlàgblàlà : id. in fits and starts (noise produced by an engine that is not running smoothly)

gblàlà̀ : adj. 1. expansive 2. corpulent 3. huge 4. strong (syn. **gblàlà**) (Rongier, Dictionnaire éwé-français, 2015)

gblànyàà : id. 1. of taking up a lot of space 2. of providing a lot of shade 3. of extending over a large area (e.g a tree) *(syn. gblányɛ́)* 3. big 4. of lasting a long period of time 5. tenaciously

gblànyàà (lè - /nɔ̀ -) : v. 1. to be active 2. to be tenacious 3. to be resolute

gblànyàà (ʋùʋù -) : v. to be open wide

gblányɛ́: id. of extending over a large area (e.g a tree) *(syn. gblànyàà)* (Rongier, Dictionnaire éwé-français, 2015)

gblàŋ : adj. 1. big 2. wide

gblàtòò, gblàtògblàtò : id. of being hollow and bulky

gblátóé, gblátóégblátóé : id. of being hollow an small in size

gblàvùù, gblàvùgblàvù : id. of being hollow and taking up a large space

gblávúí, gblávúígblávúí : id. of being hollow and taking up a small space

gblàwòò, gblàwògblàwò : id. of being hollow and occupying space

gbláwóé, gbláwóégbláwóé : id. of being hollow and occupying little space

gblàyàà, gblàyàgblàyà : id. of being heavy and dangling

gbláyɛ́, gbláyɛ́gbláyɛ́ : id. of being light and dangling

gblàzìì, gblàzìgblàzì : id. of being big and rough

gblázíí, gblázígblází : id. of being smallish and rough

gblè èvè : s. adj. double

gblé : v. 1. to have fun 2. to play *(syn. fé)*

gblé … ɖí : v. 1. to abandon 2. to leave (something e.g for somebody) 3. to leave/evacuate (a place)

gblě : n. a kind of maize-bread (Dzobo, 2015) *(syn. gblɛ̌)*

gblé : v. 1. to spoil 2. to ruin 3. to mess up 4. to damage 5. to wreck 6. to be false 7. to destroy 8. to lay waste 9. to damage 10. to be defective 11. to be inoperative 12. to pamper 13. to mar 14. to harm 15. to wreck havoc 16. to ravage 17. to disrupt 18. to sabotage

gblé (dòmè -) : v. 1. to have a quarrel 2. to have a falling out with someone over something

gblé (làmè -) : v. to faint 2. to be sick

gblé (ŋkɔ́ -) : v. to have a bad reputation

gblé (tàmè -) : v. to be crazy

gblé (tsì -) : v. to be shipwrecked

gblé àbà : v. 1. to soil the mat (pertains to child, a sick individual or elderly person has either unrinated, defecated or vomited on his/her mat/bed) 2. to commit adultery (a woman that cheats on her husband on their marital bed)

gblé àgbè dòmè ná : v. 1. to waste life on 2. to ruin one's life 3. to kill

gblé àlɔ : v. 1. to kill 2. to commit a crime

gblé àlɔ ɖé … ŋú : v. 1. to hurt 2. to be mean to

gblé … dòmè : v. 1. to waste 2. to denigrate 3. to damage

gblé dɔ̀ ná : v. to spoil one's work

gblé dɔ̃ ná : v. to make (a woman) sterile

gblé … ɖá : v. to devastate

gblé … ɖé àkɔ́ ná : v. to leave something in the responsibility of (another person)

gblé … ɖé ànyí : v. 1. to abandon somebody/something 2. to let go of somebody/something

gblé ɖé dzí : v. 1. to worsen 2. to deteriorate (health) 3. to weaken

gblé … ɖé … dzí : v. 1. to leave (somebody) in charge of (something) 2. to leave all the work for (somebody) to do gblḗ ... ḍí : v. 1. to abandon 2. to leave (something e.g for somebody) 3. to leave/evacuate (a place)

gblḗ ... ḍí (dzó) : v. 1. to abandon 2. to desert 3. to leave

gblḗ ... ḍí ná : v. to bequeath

gblḗ ... gbí mè : v. 1. to cause one's own dishonor 2. to defecate on oneself 3. to urinate on oneself 4. to soil oneself

gblḗ ... gà : v. to waste money

gblḗ ... kɔ̀ ḍó : v. 1. to transgress a religious precept or taboo 2. to desecrate

gblḗ lè ... mè : v. to disorganize

gblḗ ... nɔ̀nɔ̀mè : v. to stain

gblḗ nú : v. 1. to deform 2. to destroy 3. to lavish

gblḗ nú (lè ... ŋú) : v. 1. to cause damage to 2. to cause harm to

gblḗ nú (mè- ò) : v. to be harmless

gblḗ ŋkɔ́ : v. 1. to discredit 2. to denigrate

gblḗ ŋkɔ́ ná : v. 1. to defame 2. to wrongly accuse 3. to humiliate

gblḗ ŋú : v. to menstruate (syn. àlɔ̀ (ŋé -), àsí (ḍó - ànyí), àsí (ŋé –), àxàtsàŋú (tsí -), gbè (lé -), gbɔ̀ (tsí - tó), ylètí (kpɔ́ -))

gblḗ ... ŋú : v. 1. to waste 2. to spoil

gblḗ tàmè ná ... ḍókúi : v. to take drugs

gblḗ tó mè ná : v. 1. to spoil 2. to give bad education to 3. to slander 4. to report something that is to be kept secret

gblḗ vìdzìdɔ̀ ná nyɔ́nù : v. to make a woman sterile

gblḗ wú : v. to worsen

gblḗ wú ... kátá̌ : v. to be the worst of

gblḗgà : adj. 1. lavish 2. wasteful

gblègblègblè : adj. long and pending

gblèhèè : id. 1. flabby 2. slack 3. loose

gblèkpònám : n. shark (syn. dzèŋéḍùnú, gbòhlótsú, yèkpɔ̀, nyǎnyàkè)

gblèlè : adj. long

gblèlèè : id. at length

gblélé : n. harmattan (syn. yí, yíyà, pépí)

gblèlègblèlègblèlè : id. 1. for a long time 2. at length (and without energy)

gblèlègblèlègblèlè (wɔ̀ -) : v. to undulate (of a rope being waved)

gblèyè : adj. 1. flexible 2. having no stability

gblèyèè : id. 1. slowly and flexibly 2. without force

gblɛ̀ : n. 1. blacksmith (syn. gblɛ̀) 2. a kind of maize-bread (syn. gblɛ̀)

gblì ! : id. boom (sound produced when something falls) (syn. gblò !)

gblí : v. 1. to sigh 2. to moan 3. to lament

gblìgblìgblì : id. 1. badaboom (indicates the sound of a rolling body with a crash) 2. sound produced when one drinks loudly 3. sound produced when soldiers heavily march 4. sound produced when people run together in large numbers

gblò : v. 1. to mix liquids 2. to be too tall 3. to be too loose (e.g clothing,) 4.

gblò : id. 1. suddenly 2. unexpectedly 3. boom (sound produced when something falls) *(syn. gbli)*

gblòbò : n. lowest part of something hollow (e.g a pocket) 2. deep place *(syn. glòbòfé)*

gblòbò : adj. 1. wide and deep 2. wide and hollow

gblòdzòò : id. 1. stout 2. fat

gblògblò : id. 1. continuous nose 2. in spurts

gblòhògblòhò : id. 1. massive 2. huge 3. poorly assembled 4. noisy

gblòlòò : id. 1. fat 2. stout

gblòtí : n. a type of precious pearl found in the soil

gblòtsì (àhà -) : n. palm wine mixed with water

gblòtòò : id. 1. very wide (e.g pants, container) 2. puffy 3. swollen 4. pot-bellied

gblòvùù : id. 1. swollen 2. puffy

gblɔ : v. 1. to say 2. to speak *(syn. lĩ́, lṹ, nṹ)* 3. to narrate 4. to render (something in another language) 5. to be weak 6. to loosen 7. to languish 8. to decrease (speed) 9. to be lukewarm 10. to soften 11. to reheat 12. to scorch 13. to enlarge 14. to relax

gblɔ : id. broken

gblɔ àdǒnyà : v. 1. to defame 2. to slander *(syn. gblɔ àmènyà)*

gblɔ àmènyà : v. 1. to defame 2. to slander *(syn. gblɔ àdǒnyà)*

gblɔ bùsúnyà : v. to speak/bring in bad news

gblɔ ... dà dé émè : v. to say at radom

gblɔ dà dí : v. 1. to predict 2. to prophesy *(syn. gblɔ dí)*

gblɔ dzùnyà : v. to say a swear-word /curse

gblɔ dí : v. 1. to predict 2. to prophesy *(syn. gblɔ dà dí)*

gblɔ ɛ́ɛ́ : v. 1.to agree 2. to answer affirmatively

gblɔ ... fàà : v. to speak frankly

gblɔ ... fiá : v. 1. to show 2. to give information 3. to express (an opinion) 4. to narrate

gblɔ ... "hédè nyùíé" : v. 1. to wish a good trip 2. to say goodbye (to someone who is leaving/who has departed e.g to the world of the dead)

gblɔ lè nyà mè : v. to express

gblɔ kplɔ̌núgbèdódódá : v. to pray at the table before eating a meal

gblɔ kpùié : v. 1. to abbreviate 2. to say in a few words

gblɔ Máwúnyà : v. 1. to preach 2. to evangelize

gblɔ ... ná : v. 1. to inform of 2. to say something to

gblɔ ná ... bé né- : v. to order (somebody) to

gblɔ ... nɔnɔmè : v. to characterize (orally)

gblɔ nyà : v. 1. to state a fact 2. to make a speech 3. to tell tales 4. to discusss 5. to lecture 6. to make a point 7. to slander

gblɔ nyà dà ɖí : v. 1. to leave a message 2. to make a decision

gblɔ nyà (...) dà ɖí : v. 1. to predict 2. to prophesy

gblɔ nyà ɖé ànyí : v. 1. to predict 2. to prophesy

gblɔ nyà ɖé àtsì dzí : v. 1. to not say what one thinks 2. to speak against one's heart desire *(syn. gblɔ nyàdzínyà)*

gblɔ nyà ɖí : v. 1. to predict 2. to prophesy

gblɔ nyà ɖó ɖé : v. to send a word to

gblɔ nyà fíá : v. 1. to explain a case 2. to narrate

gblɔ nyà fùflù : v. 1. to rave 2. to be in a state of delirium

gblɔ nyà gã́ : v. to swear/say a swear word

gblɔ nyàdzínyà : v. 1. to not say what one thinks 2. to speak against one's heart desire *(syn. gblɔ nyà ɖé àtsì dzí)*

gblɔ nyà ná : v. to make a commission for

gblɔ nyà ná àmè : v. to speak on one's behalf

gblɔ nyà tútútú : v. to adjudicate

gblɔ ... ŋútínyà : v. 1. to talk about 2. to tell a story of 3. to describe

gblɔ kpùíé : v. to summarize

gblɔ tútúútú : v. to specify

gblɔdɔ : adj. 1. loose 2. softened (by liquid) 3. sluggish

gblɔdɔɔ : id. 1. softened 2. saggy 3. weak *(syn. gblɔlɔɔ, gblɔyìì)*

gblɔdɔgblɔdɔ : id. 1. loose 2. unstretched 3. flabby

gblɔdɔè, gblɔ́dɔ́é, gblɔdɔgblɔdɔè, gblɔ́dɔ́gblɔ́dɔ́é : id. 1. indolently 2. helplessly

gblɔè : adj. low (grade/duty)

gblɔètɔ : adj. humble

gblɔgblɔ : adj. lukewarm

gblɔlɔɔ : id. 1. softened 2. saggy 3. weak *(syn. gblɔdɔɔ, gblyɔìì)*

gblɔyìì : id. 1. softened 2. saggy 3. weak *(syn. gblɔdɔɔ, gblɔlɔɔ)*

gblɔyɔ : adj. weak

gblɔyɔɔ, gblɔyɔgblɔyɔ : id. weakly (of something or somebody with a heavy structure)

gblɔ́yɔ́é, gblɔ́yɔ́gblɔ́yɔ́ : id. weakly (of something or somebody with a light structure)

gblù : intj. boom! (indicates the sound produced when something hits the [for example] the ground)

gblùlù : n. 1. a fall 2. the act of tampling

gbò : v. 1. to seize by force 2. to snatch

gbò : n. big eggplant

gbò ! : n. of something/somebody that falls down heavily

gbò (dzè -) : v. to push

gbò (trɔ́ -) : v. to be turned upside down

gbó : v. 1. to swear 2. to scream

gbó : n. 1. unripe fruit 2. a variety of tomato 3. wild fig 4. acorn (of corn) 5. node/knot (syn. *gbòé*) 6. protuberance (syn. *gbòé*) 7. pimples found on the lips or above the lips of mostly in humans or poultry which signifies a kind of illness accompanied with fever

gbó : adj. 1. green 2. unripe (syn. *gbógbò*)

gbòdò : v. to be turbulent

gbòdò : adj. turbulent

gbòdò : id. suddenly

gbòdò : n. 1. leprosy (syn. *ànyì, ànyìdɔ̀, ànyìdɔ̀lélé, ànyídzèdɔ̀, dɔ̀ dzɛ̃́, èkpòdɔ̀, kpìtsì, kpò, kpòdɔ̀, nògòtòlí, tótrì, zɔ̀kpò*) 2. serious unexpected problem

gbòdò (wɔ̀ -) : v. 1. to be turbulent 2. to be brutal

gbòdògbòdò : id. 1. turbulently 2. brutally 3. of showing no respect to law

gbòdògbòdò (lè -) : v. 1. to be turbulent 2. to be brutal

gbòdòò : id. 1. violent 2. violently

gbòdròò : id. 1. corpulent 2. shapeless

gbòdɔ̀òò : id. 1. oblong 2. plain 3. smooth 4. well-shaped

gbòé : n. 1. node/knot 2. protuberance (syn. *gbó*)

gbògbló : n. 1. board 2. plank

gbògbó : adj. strong

gbògbó : n. african carp (syn. *àgbògbó*)

gbógbò : adj. 1. green 2. unripe (syn. *gbó*)

gbógbógbó : id. in large quantities

gbógbótɔ̀ : n. majority

gbógbótɔ̀ : adj. the most of

gbògbótsú : n. 1. grasshopper (syn. *àɖɔɖɔ̀è, àgbàtròxèví, gbàgblàmè, gbètrɔ́é, kìtsíkpúì, ŋè, sɔ́ví, tòkpó, vè, vètsúví, vètrá, vò, vòdzòdzòè*) 2. locust 3. helicopter

gbògbótsúyàmèvú : n. helicopter (syn. *lìkɔ̀tɛ̀*)

gbòhlótsú : n. shark (syn. *dzèŋéɖùnú, gblèkpònám, yèkpɔ̀, nyǎnyàkè*)

gbòlò : n. prostitute (syn. *àhásìtɔ́, àhásìwɔ̀lá, dzàkàsì, dzèhɛ̀, gbòlòtɔ́, màtrèwɔ̀lá, sákábó*)

gbòlò, gbóló : id. 1. light (sauce/porridge) 2. having a state of less conentration (a mixture)

gbòlò (wɔ̀ -) : n. to prostitute

gbòlòbá : n. anthocleista vogelii (a type of tree with large leaves with a medicinal properties) (Africa Museum, 2015, S. Ref. HH 52)

gbòlògbòlò, gbólógbóló : id. 1. light (sauce/porridge) 2. having a state of less conentration (a mixture) 3. watery

gbòlògbólóé : n. light porridge

gbòlòhɛ̀ : n. seduction song

gbòlòtɔ́ : n. 1. prostitute *(syn. àhásìtɔ́, àhásìwɔ̀lá, dzàkàsì, dzèhè, gbòlò, màtrèwɔ̀lá, sákábó)* 2. whore

gbòlòwɔ̀wɔ̀ : n. prostitution *(syn. àhásì, àhásìwɔ̀wɔ̀, màtrè, sìdzá)*

gbómá : n. spinach

gbóŋgbló : n. 1. board (used to cross something e.g a water body) 2. bridge *(syn. àgbógbló)*

gbòŋgbóŋ : n. a small spotted prey animal *(syn. klìgbòŋgbóŋ)*

gbòò : adj. loudly

gbòtàlè : n. senegal thick-knee *(syn. gbàxlè)*

gbótí : n. fig tree

gbòtɔ́trɔ́ : n. reversal

gbòtsétsé : n. fig

gbɔ̀ : v. 1. to come back 2. to arrive 3. to go by 4. to breathe 5. to clean something (e.g maize or rice) by shaking it in a container 6. to be slow 7. to be careless 8. to be soft 9. to be weak 10. to be a coward 11. to be tasteless 12. to be watery

gbɔ̀ : n. 1. village 2. city 3. district 4. neighbourhood 5. a place where the narrator lives *(syn. gbɔ̀dòmè, gbɔ̀mè)* 6. a type of bitter leaf used in preparing sauche which aids digestion *(syn. àlòmà)*

gbɔ̀ : adj. 1. preliminary 2. tasteless 3. aqueous

gbɔ̀ : adv. 1. in the meantime 2. currently 3. firstly

gbɔ̀ (dè - mè) : v . to commit adultery (pertains to a woman)

gbɔ̀ (dè - mè ná) : v . to court (someone)

gbɔ̀ (d̪è -) : v . 1. to play 2. to play sports *(syn. fé, gblé)*

gbɔ̀ (fò nù - àfé ŋú) : v . 1. to talk too much 2. to exagerrate (when talking)

gbɔ̀ (tsí - tó) : v . to menstruate *(syn. àlɔ̀ (ŋé -), àsí (d̪ó - ànyí), àsí (ŋé -), àxàtsàŋú (tsí -), gbè (lé -), gblé ŋú, ylètí (kpɔ́ -))*

gbɔ̀ àgbè : v . 1. to resurrect 2. to revive 3. to come back to life

gbɔ̀ àkà : v . 1. to be badly developed 2. to be rickety

gbɔ̀ ... àxà ànyí : v . to incline

gbɔ̀ àxlɔ̀ɛ́ : v . 1. to not have developed well 2. to be rickety 3. to be stunted

gbɔ̀ dòmè : v . in the streets (not at home)

gbɔ̀ d̪é émè : v . to rest

gbɔ̀ dzì (- d̪í, - ànyí) : v . 1. to be patient 2. to endure 3. to be quiet 4. to be tolerant

gbɔ̀ (...) dzí : v . 1. to exagerrate 2. to surpass 3. to abuse

gbɔ̀ dzì d̪í ná : v . to tolerate

gbɔ̀ dzìèdzì : v . 1. to gasp 2. to pant *(syn. gbɔ̂ édzíédzí)*

gbɔ̀ ... dzí : v . 1. to exceed 2. to have a surplus of

gbɔ̀ d̪á : v . 1. to arrive 2. to be coming

gbɔ ɖé èmè , gbɔ ɖé mè : v. to rest (syn.*gbɔ̃ ɖé èmè*)

gbɔ ɖé mè (xɔ -) : v. to be retired

gbɔ ɖé (...) ŋú : v. to sniff (something)

gbɔ ɖé xéxé : v. to breath out

gbɔ (ɖì -) : v. 1. to be empty 2. to be without strength 3. to be useless 4. to not know how to do anything

gbɔ ... gbé : v. going to (+ an infinitive of another verb) [indicates that something is about to take place]

gbɔ ... ŋútí : v. to overtake another (person/thing) [on a route]

gbɔ ŋè : v. 1. to be excommunicated 2. to fail (e.g in a coup d'etat)

gbɔ ... ŋú : v. 1. to pass 2. to suprass 3. to overtake

gbɔ ... mè : v. 1. to exaggerate 2. to exceed the limit

gbɔ tsó ŋɔtí mè : v. to breath through the nose (syn. *gbɔ̃ tsó ŋɔtí mè*)

gbɔ yì lã̀ mè : v. to breath in (Rongier, Dictionnaire francais-ewe suivi d'un index ewe-francais , 1995) (syn. *gbɔ̃ yì mè*)

gbɔ́ : prep. 1. at 2. near 3. amongst 4. towards

gbɔ́ (lè - /nɔ ... -) : prep. 1. to be in the home of somebody 2. to be in the vicinity of 3. to be with

gbɔ́ lɔfò : prep 1. near 2. by 3. not far from

gbɔ̃ : v. 1. to breathe 2. to blow 3. to sniff 4. to winnow 5. to blow/fan (fire)

gbɔ̃ : n. goat (syn. *kpàkpò*)

gbɔ̃ dò gò : v. to expire

gbɔ̃ dó : v. to breathe (on somebody)

gbɔ̃ dzì, gbɔ̃ dzì ɖé ànyí, gbɔ̃ dzì ɖí : v. 1. to be patient 2. to wait patiently

gbɔ̃ ɖé émè : v. to rest (syn.*gbɔ̃ ɖé èmè, gbɔ̃ ɖé mè*)

gbɔ̃ ɖé émè ná : v. to inspire confidene in (somebody)

gbɔ̃ édzíédzí : v. 1. to pant 2. to gasp (syn. *gbɔ dzìèdzì*)

gbɔ̃ fíxɔ́fíxɔ́ : v. 1. to breath heavily 2. to sniff loudly 3. to snort (horse)

gbɔ̃ fùù̀ : v. 1. to sigh (of relief, of satisfaction) 2. to breathe out loudly (after a test/trial)

gbɔ̃ fùfùfù : v. 1. to breathe loudly 2. to gasp

gbɔ̃ fúgéfúgé : v. 1. to breathe with difficulty 2. to have dyspnoea

gbɔ̃ fúxéfúxé : v. 1. to suffocate 2. to have dyspnoea

gbɔ̃ tsó ŋɔtí mè : v. to breathe through the nose (syn. *gbɔ tsó ŋɔtí mè*)

gbɔ̃ yà : v. 1. to breathe 2. to ventilate

gbɔ̃ yì mè : v. to breath in (syn. *gbɔ yì lã̀ mè*)

gbɔ́ : v. 1. to suck 2. to aspirate

gbɔ̀dòmè : n. 1. village 2. city 3. district 4. neighbourhood 5. a place where the narrator lives *(syn. gbɔ̀, gbɔ̀mè)*

gbɔ́dzɔ́ : v. 1. to weaken 2. to be exhausted 3. to be disappointed 4. to become impotent *(syn. tú)* 5. to grow tired

gbɔ́dzɔ́ àzɔ̀lì : v. to slow down

gbɔ̀dzɔ̀è : n. 1. relief 2. healing 3. solace

gbɔ̀dzɔ̀gbɔ́dzɔ́ : n. 1. impotence *(syn. tùtú)* 2. weakness

gbɔ̀dzɔ́kà : n. umbilical cord

gbɔ̀ɖémè : n. 1. half-time 2. break 3. retirement 4. convalescence

gbɔ̀ɖémè (lè -) : v. 1. to be recovering 2. to be at rest

gbɔ̀ɖémè (xɔ̀ -) : v. to retire

gbɔ̀ɖémè mànɔ̀ŋútɔ̀è : adv. 1. tirelessly 2. unrelentingly

gbɔ̀ɖémèfé : n. resting place

gbɔ̀ɖémèxɔ̀lá : n. pensioner

gbɔ̀è, gbɔ̀ègbɔ̀è : n. an animal, belonging to the cat family, that looks like a leopard but smaller than it *(syn. gbɔ̀nyì, gbɔ̀yì)*

gbɔ̀èví : n. senegal bush baby

gbɔ̂fú : n. goat fur

gbɔ̂fúkúkú : n. felt hat (made of goat fur/skin/hide)

gbɔ̂fé : n. 1. fontanel 2. mold (of a skull) (Rongier, Dictionnaire éwé-français, 2015)

gbɔ̀gɔ̀ : n. a type of hat made of straw

gbɔ̀gblɔ̀ : adj. lukewarm

gbɔ̀gblɔ̀xètsú : n. sea bird

gbɔ̀gbɔ̀ : n. 1. arrival 2. return 3. river fish (Rongier, Dictionnaire éwé-français, 2015) 4. respiration 5. aspiration 6. spirit

Gbɔ̀gbɔ̀ Kɔ̀kɔ̀è : n. Holy Spirit

gbɔ̀gbɔ̀ dò gò : n. expiration

gbɔ̀gbɔ̀ ɖé xéxé : n. breathing out

gbɔ̀gbɔ̀ ŋútí wɔ̀náwó : n. formalities of arrival

gbɔ̀gbɔ̀ : n. 1. breath 2. respiration 3. spirit

gbɔ̀gbɔ̀mètɔ̀ : adj. 1. spiritual 2. intelligent

gbɔ̀gbɔ̀tsífò : n. 1. asphyxia 2. panting 3. gasping

gbɔ̀gbɔ̀tsíxè, gbɔ̀gbɔ̀tsíxì : n. 1. shortness of breath 2. breathlessness *(syn. gbɔ̀gbɔ̀xéxé)*

gbɔ̀gbɔ̀tsíxè, gbɔ̀gbɔ̀tsíxì (lé - ɖé ... fò) : v. to hold one's breath

gbɔ̀gbɔ̀tsíxèkú, gbɔ̀gbɔ̀tsíxìkú : n. death by asphyxiation

gbɔ̀gbɔ̀vɔ́ : n. 1. demon 2. evil spirit

gbɔ̀yì : n. 1. arrival 2. return

gbɔ̀yí : n. 1. drizzle 2. mistiness

gbɔ̀yí dzà : v. to drizzle

gbɔ̀hà : n. 1. peer 2. social class

gbɔ̀kà : n. 1. rank 2. boundry 3. limit

gbɔ̀lɛ̀ : n. a type of yam

gbɔ̀lí : n. serval (a type of small leopard) (syn. àgbàlí)

gbɔ́lò : adj. 1. useless 2. empty-headed 3. free 4. empty (syn. gbálò) 5. bald-headed

gbɔ̀lò (flɔ́ tà -) : v. to shave one's head

gbɔ̀lò (lè -/ nɔ̀ -) : v. 1. to be free 2. to be useless 3. to be empty

gbɔ̀lò (tsì -) : n. nothing but water

gbɔ̀lɔ́lá : n. demonstrator

gbɔ̀lɔ́lɔ́ : n. 1. procession 2. walking around town

gbɔ̀mè : n. 1. village 2. city 3. district 4. neighbourhood 5. a place where the narrator lives (syn. gbɔ̀, gbɔ̀dòmè)

gbɔ̀mèkpɔ̀kplɔ̀ : n. 1. cleaning 2. sweeping of the locality before a new yam harvest

gbɔ̀mèsì (dè -) : v. to marry another man's wife (after having damaged the previous husband of the woman in question)

gbɔ̀nà (sì -) : adj. next (week, month, year, etc.)

gbɔ̀nɔ̀ : n. nanny-goat

gbɔ̀nú : n. 1. sieve 2. large flat wooden container

gbɔ̀nyì : n. a leopard-like animal (syn. gbɔ̀yì, gbɔ̀è, gbɔ̀ègbɔ̀è)

gbɔ̀ŋgbɔ̀sìví : n. measles (syn. àgbàyí, àlɔ̀bèlè, fùfùkɔ́é, gbàbɔ́é, gbàgblàtsàbí, gbàyí, kúklúí, núsɔ́ɔ́, núsúɛ́)

gbɔ̀tà : n. 1. city 2. district (of a city)

gbɔ́tà (tsɔ́ -) : v. to send a fool out shopping

gbɔ̀tí : n. a type of tree with sour leaves which are also edible

gbɔ̀tó : n. 1. outskirts 2. suburb 3. edge 4. entrance 5. menstruation (syn. àlɔ̀ŋéŋé, àsídóànyí, àsídódóànyí, dòdòlèáfémè, dzìnúkpɔ́kpɔ́, gbèlélé, gbɔ̀tótsítsí, yètíkpɔ́kpɔ́) 6. puberty rite

gbɔ̀tó (tsí -) : v. 1. to have one's period/ to menstruate (syn. àlɔ̀ (ŋé -) , àsí (ŋé –), àsí (dó - ànyí), àxàtsàŋú (tsí -), gbè (lé -), gblɛ̃́ ŋú, ylètí (kpɔ́ -)) 2. to be deflowered

gbɔ̀tó (wɔ̀ -) : v. to celebrate a marriage (pertains to women)

gbɔ̀tótsíá : n. a woman in her menstrual period

gbɔ̀tótsítsí : n. menstruation (syn. àlɔ̀ŋéŋé, àsídóànyí, àsídódóànyí, dòdòlèáfémè, dzìnúkpɔ́kpɔ́, gbèlélé, gbɔ̀tó, yètíkpɔ́kpɔ́)

gbɔ̀tówó : n. 1. outskirts 2. surroundings of a city/town etc.

gbɔ̀tóxɔ̀ : n. a house at the outskirts of a town for housing women in their menstrual period

gbɔ̀tsú : n. billy-goat

gbɔ̀ví : n. 1. native servant (who lives with the master in the same house) 2. slave (syn. àbòyótɔ́ , àbòyóví, àdɔ̀kɔ́, àmè fèflè, dzògbèví, fìèkpɔ́mè, gàmèmè, hòmè, klúví, kòsì, ŋdɔ̀ví, ŋkèkèví)

gbɔ̀ví : n. kid (of a goat)

gbɔ̀vù : n. 1. dispute between two families or jurisdictions

gbɔ̀xá : n. 1. outskirts of a city 2. a city as seen from it's outskirts

gbɔ̀xí : n. 1. asthma 2. distress

gbɔ̀xlɔ̀è : n. a type of striped-haired mice that lives alongside trails

gbɔ̀yà : adv. 1. without landmarks 2. on one's own

gbɔ̀yà (tsí -) : adv. 1. to be forsaken 2. to be left to one's own fate

gbɔ̀yì : n. a leopard-like animal *(syn. gbɔ̀è, gbɔ̀ègbɔ̀è, gbɔ̀nyi)*

gbù ! : id. boom!

gbùdù : adv. suddenly

gbùdùgbàdà : id. 1. strong 2. violently

gbùdùgbùdù : id. 1. loudly (fight) 2. strong 3. hard

gbùgbà : v. to be boiling over

gbùgblùù : id. 1. thick 2. solid

gbùgbɔ̀ : v. 1. to come back 2. to recur 3. to once again do something

gbùgbɔ̀ àgɔ̀ dzè : v. to re-offend

gbùgbɔ̀ blá : v. 1. to repack 2. to screw

gbùgbɔ̀ dé : v. 1. to sew back on 2. to place (something) again at it's original place

gbùgbɔ̀ dé dzò ... mè : v. to reheat

gbùgbɔ̀ ... dó : v. to transplant

gbùgbɔ̀ dó àwù : v. to dress again

gbùgbɔ̀ dzè égɔ̀mè : v. to resume

gbùgbɔ̀ dzó : v. to sett off again

gbùgbɔ̀ dzrá : v. to resell

gbùgbɔ̀ ɖè : v. to remove from water (something that has already fallen into it)

gbùgbɔ̀ ɖè ... fíá : v. to retransmit

gbùgbɔ̀ ɖè srɔ̀ : v. to remarry

gbùgbɔ̀ ɖi : v. to descend again

gbùgbɔ̀ ɖó : v. to reorganize

gbùgbɔ̀ ɖó ɖá : v. to resend

gbùgbɔ̀ flè : v. to redeem

gbùgbɔ̀ gàgblɔ̀ : v. to repeat (what one has said) *(syn. gbùgbɔ̀ gblɔ̀)*

gbùgbɔ̀ gàsrɔ̃́ : v. 1. to reeducate 2. to rehabilitate *(syn. gbùgbɔ̀ srɔ̃́)*

gbùgbɔ̀ gàtìá : v. re-elect

gbùgbɔ̀ gblɔ̀ : v. to repeat (what one has said) *(syn. gbùgbɔ̀ gàgblɔ̀)*

gbùgbɔ̀ kù : v. to re-hang (something)

gbùgbɔ̀ miè : v. to resprout

gbùgbɔ̀ nyà : v. to rewash

gbùgbɔ̀ ŋlɔ̀ : v. to rewrite

gbùgbɔ̀ ŋlɔ́ : v. to re-fold

gbùgbɔ̀ sì nú ná : v. to repaint

gbùgbɔ̀ srɔ̃́ : v. 1. to re-educate 2. to rehabilitate *(syn. gbùgbɔ̀ gàsrɔ̃́)*

gbùgbɔ ... tá : v. 1. to redraw 2. to reproduce an image

gbùgbɔ tó : v. to re-grow (eg. weeds, flowers)

gbùgbɔ ... tɔ : v. to re-stitch

gbùgbɔ trɔ́ àsí : v. 1. to retouch 2. to alter

gbùgbɔ trɔ́ àsí lè ... ŋú : v. to reorganize

gbùgbɔ tsɔ́ : v. 1. to retake 2. to take back

gbùgbɔ tsyá : v. to reconnect

gbùgbɔ (...) tù : v. to reconstruct

gbùgbɔ (...) wɔ : v. to redo

gbùgbɔ ... xé : v. to reclose

gbùgbɔ yì : v. to restart

gbùgbɔ (...) yɔ́ : v. to remention

gbúgbɔ́ : v. 1. to suck 2. to flatter (someone)

gbúgbɔ́ nù ná : v. to kiss (on the mouth)

gbùgbɔdèfíá : n. rebroadcast

gbùgbɔdódá : n. 1. resending 2. return 3. rebroadcast

gbùgbɔdódó : n. reorganization

gbùgbɔflè/gbùgbɔgàflè : n. repurchase

gbùgbɔgàdzì : n. 1. rebirth 2. born-again (as pertains to christianity for e.g)

gbùgbɔgàdzɔ : n. reincarnation

gbùgbɔgàdì : n. echo

gbùgbɔgàgblɔ : n. repetition

gbùgbɔgàtíá : n. re-election

gbùgbɔgàtsɔ́ : n. 1. resumption 2. reprise

gbùgbɔgàtù : n. reconstruction

gbùgbɔgàʋù, gbùgbɔʋù : n. reopening

gbǔgbɔ́gbɔ́ : n. sucking

gbùgbɔgbùgbɔ : n. 1. return 2. retour

gbùgbùgbù : n. detonation

gbùgbùgbù : id. 1. heavily 2. sound produced by the footsteps of dancers

gbúí : n. bud

gbúí : v. remarry

Y

ɣá : v. 1. to scratch 2. to prick

ɣàà : id. 1. flowing 2. of having a quality of melting easily 3.

ɣàbìì : id. 1. friable (tubers) 2. dust 3. turning into dust 4. rotting

ɣàbùɣàbù, ɣàbùɣàbùɣàbù : id. 1. walk of a fat person who is in a hurry 2. too fast 3. voraciously 4. greedily

ɣàbùɣàbù (dù -) : v. 1. to devour 2. to eat too fast

ɣábúɣábú, ɣábúɣábúɣábú : id. walk of a smallish person who is in a hurry

ɣá fè : v. to scratch

ɣàdzàà : id. 1. light 2. lightly 3. in clusters 4. in small heaps

ɣàdzàɣàdzà : id. 1. light 2. lightly

ɣǎylá : n. 1. concealment 2. hiding place 3. secret

ɣǎylá (lè - mè) : adv. 1. discreetly 2. clandestinely

ɣáylá : adj. 1. clandestine 2. hidden 3. stealthy

ɣáylá vìì : adj. very dark

ɣáylá (nú - /nyà -) : n. secret

ɣáylá (wɔ̀ -) : v. to play hide and seek

ɣǎyláfé, ɣǎyléfé : n. 1. hiding place 2. den 3. underground or ill-famed bar 4. infamous neighbourhood

ɣǎyláwɔ̀lá : n. someone who plays hide and seek

ɣǎyláwɔ̀wɔ̀ : n. playing hide and seek

ɣáláá : n. 1. beautiful 2. admirable

ɣáláá (lè - nɔ̀-) : v. 1. to be beautiful 2. to be admirable

ɣàyàà : id. 1. bushy 2. woody 3. hairy

ɣàyì : adj. soft (to touch)

ɣàyìɣàyì : id. 1. crumbly 2. tender 3. soft (to touch)

ɣè : n. 1. sun (syn. wè, wé, wò) 2. star 3. dance 4. jawbone (fish) 5. catfish (syn. àdèyè, àdèwù)

ɣè (dú -) : v. to dance (syn. ɣè (ŋé -))

ɣè (lè/nɔ̀ - nù) : v. 1. to be sunny 2. to be in the sun

ɣè (ŋé -) : v. to dance (syn. ɣè (dú -))

ɣè fé xɔ̀dófé / ɣè fé xɔ̀dóyì : n. sunset

ɣè tsɔ́ : v. 1. to want to dance 2. to be carried away by the dance

ɣě : adj. tasteless

ɣé : v. 1. to borrow 2. to lend 3. to rent

ɣé : n. chalk

ɣé : adj. 1. white 2. grey

ɣé (dó - ...ná) : v. to rub some chalk on the arm of.. (mark of acquittal at court)

ɣé (fò) : v. to be soiled with chalk or kaolin

ɣé (sì -) : v. to dispense chalk or kaolin on the body or face

ɣé (tá - ná) : v. 1. to whitewash 2. to exonerate

ɣé (xɔ̀ -) : v. 1. to be acquitted 2. to be discharged

ɣé ànyígbá : v. to rent a piece of land

ɣé kpìì : v. to be gray

ɣèádéɣì : adv. for a while

ɣèádékéɣì : adv. 1. never 2. at no moment

ɣèádéwóɣì : adv. 1. sometimes 2. occasionally

ɣèàléɣì : adv. 1. at the same time 2.

ɣèàwókátãɣì, ɣèàwótsóɣì : adv. 1. always 2. regularly 3. at any time

ɣèbìà : n. 1. rust 2. mildew 3. name of various plant dieases

ɣèbìà (lé -) : v. 1. to be rusty 2. to be attacked by mildew

ɣèbùɣèbù : id. describes movement of the jaw when one is toothless

ɣébúɣébú : id. describes movement of smallish jaws when one is toothless

ɣèbúɣì : adv. 1. soon 2. another time

ɣèdóvìvìtí : n. eclipse of the sun

ɣèdóxɔ̀fé : n. west/occident *(syn. ɣètódófé, hòyìxɔ̀)*

ɣèdóxɔ̀ɣì : n. 1. dusk 2. twilight

ɣèdzà, ɣèdzàdɔ̀ : n. fever/malaria *(syn. àsrà, àsrã̀, àvùvɔ̀wɔ̀àmè, dzòxɔ̀xɔ̀, fívà, kpòkpò, ŋdɔ̀gbèè, ŋùdzà, ŋùdzɛ̃́)*

ɣèdzèdzè : n. sunrise

ɣèdzèfé : n. 1. east 2. orient *(syn. àgùdzèfé, ɣètsófé, hòdzíédó)*

ɣèdzèfé lɔfò : n. towards the east

ɣèdzèfé nyígbáwó : n. countries of the east (countries bordering eastwards of the mediterranean sea)

ɣèdzèfé títínà : n. the far east

ɣèdzèfé tɔ̀ : adj. 1. eastern 2. oriental

ɣèdzèfé tɔ́wó : n. citizens of countries of the east

ɣèdzèfé ʋíí dùkɔ́ : n. a country of the far east

ɣèdzèfédé : n. palm seeds yellowed by the sun

ɣèdzòè : n. ansorge's fangtooth pellonuline (a type of fish)

ɣèdótà, ɣèdótàfé, ɣèdótàfò : n. 1. noon 2. zenith

ɣèdótó, ɣèdótóémè : n. sunset

ɣèdúdú : n. dance *(syn. wòdúdú)*

ɣèdúfé : n. dancing grounds

ɣèdúlá : n. dancer

ɣègàfòdókúì : n. sundial (an instrument to show the time of day by the shadow of a gnomon on a usually horizontal plate or on a cylindrical surface)

ɣègbàmìgò : n. 1. beautiful sunset 2. red sunset

ɣèyè : adj. 1. tasteless 2. unpleasant taste

ɣěɣé : n. loan

ɣéɣì : adj. young

ɣèkáɣì ? : adv. 1. when ? 2. at which moment?

ɣèkáɣì (tsó - dzí?) : adv. since when?

yèkéklḗ : n. 1. rays of the sund 2. sunlight

yèklḗfé : n. 1. glade 2. sunny place

yèkpɔ́ : n. shark *(syn. dzèŋéḍùnú, gblèkpònám, gbòhlótsú, nyǎnyàkè)*

yèkpɔ́fé : n. a place where the sun can be viewed

yèláyì : adv. 1. at the same time 2. the good moment 3. the opportune moment

yèmáyì : adv. at that time

yènɔ̀ : n. 1. cuttlefish 2. knife

yèŋéfé : n. dancing grounds

yèŋélá : n. dancer

yèŋéŋé : n. dancing

yèsíáyì : adj. 1. daily 2. every day *(syn. gbèsíágbè, gbèwókátā́gbè, wòàdzàwóé)*

yèsíáyì : conj .1. anytime 2. whenever 3. always 4. constantly

yèsíáyì sì : conj. 1. whenever 2. when

yèsìyì sì : conj. 1. as 2. when

yésìsì : n. the act of painting the body or face with chalk or kaolin

yètáfé : n. towards the north *(syn. dzíèhè)*

yètàfò : n. zenith

yètátá : n. the act of drawing on the body or face with chalk or kaolin

yètóḍóḍó : n. sunset

yètóḍófé : n. 1. west/occident *(syn. yèdóxɔ̀fé, hòyìxɔ̀)* 2. countries of the western world

yètóḍófé Afríkà Gàdímɔ́nù Hábɔ̀bɔ̀ : n. ECOWAS (Economic Community of West African States)

yètóḍófé Afríkà Gàdzràḍófé fé Gùnù : n. West African Central Bank

yètóḍófé Afríkà Gàḍèkáḍùhábɔ̀bɔ̀ : n. West African Monetary Union

yètóḍófé tɔ̀ : adj. 1. western 2. occidental

yètóḍófé tɔ́wó : n. citizens of countries of the west

yètótó, yètótóé : n. 1. ray of the sun 2. sun

yètɔ̀ : adj. solar

yètrɔ́, yètrɔ́bà : n. 1. afternoon 2. evening

yètrɔ́ dzìdzɔ̀kpɔ́kpɔ́ yèḍúḍú : n. dance of the evening

yètrɔ́kpá : n. evening

yètrɔ́mè : n. 1. late afternoon 2. evening

yètrɔ́vɔ́ě̀ : n. hot afternoon sun

yètsófé : n. 1. east 2. orient *(syn. àgùdzèfé, yèdzèfé, hòdzíédó)*

yèxé, yèxí : n. 1. umbrella 2. parasol *(syn. àwùxí, kàtàwìà, xèxí, wòxí)*

yèxɔ̀ḍófé : n. sunset

yèxɔ̀ḍóyì : n. sunset

yèyíyì : n. 1. time 2. period 3. date 4. season 5. era

yèyíyì (lè -à nù) : adv. to be modern

γèyíyì (lè - dèká mè) : adv. simultaneously

γèyíyì (lè - lá dzí) : adv. just in time

γèyíyì (lè/nɔ̀ - à nù) : v. to be modern

γèyíyì dèkà mè tɔ́ : n. 1. contemporary 2. coeval

γèyíyì dìdì : adj. for a long time

γèyíyì mèmɔ́zɔ̀gbàlẽ̀ : n. 1. passport 2. travel permit

γèyíyì mlɔ̀èà (lè - dzí) : adv. 1. on time 2. barely

γèyíyì fé yìyì mè : adv. in a short time

γèyíyì kpùì : n. a short period time

γèyíyì kpùì (lè - àɖé mè) : adv. 1. in no time 2. in the blink of an eye

γèyíyì nyùí : n. 1. chance 2. opportunity

γèyíyì nyùí(tɔ̀) (lè - dzí) : n. adv. at the right time

γèyíyì sì ává : n. next time

γèyíyì sì gbɔ̀nà : n. future

γèyíyì sì mè ŋkèkè kplé zã̀ wósɔ̀ : n. equinox

γèyíyì sì gbɔ̀nà (lè - mè) : adv. in the time(s) to come

γèyíyì sì vá yì : n. 1. past 2. preterite (grammar)

γèyíyì sì vá yì ŋgɔ̀yì mɔ́ : n. imperfect (grammar)

γèyíyì ví áɖé : n. 1. a moment 2. a jiffy

γèyíyì ví áɖé vá yì : phr. 1. a little while a go 2. not long ago

γèyíyìmámá : n. time management

γèyíyìmámá ɖé kɔ̀síɖá ɖèká nù : n. weekly

γèyíyìmè- : adj. temporary

γèyíyìmè mɔ́zɔ̀zɔ̀gbàlẽ̀ : n. visa (syn. mɔ́ɖègbàlẽ̀, mɔ́zɔ̀ɖégbàlẽ̀, vìzǎ)

γèyíyìmè ŋú dɔ̆ɖóɖó : n. timetable

γèyíyìmètɔ́ : n. 1. contemporary 2. coeval

γèyíyìtɔ̀ : adj. temporal

γèzé : n. yellow clay pot (syn. wòzé)

γì : n. 1. rice husk 2. rice straw

-γì : suff. 1. epoch 2. period 3. moment 4. time

γí : v. to be fallow

γí : n. harmattan (syn. gblélé, yíyà, pépí)

γí : adj. 1. white 2. gray 3. pale

γíé (lè- /nɔ̀-) : v. to be white

γíyà : n. harmattan wind (syn. gblélé, yí, pépí)

ɣlá : v. 1. to hide (syn. wlɔ́) 2. to cover 4. to nestle 5. to take refuge 6. to be incomprehensible 7. to be mysterious

ɣlá ... ɖí : v. to have in reserve

ɣlá ... ɖókùì : v. to take refuge

ɣlá ... nú : v. to save money

ylá nyà dé tàmè : v. 1. to keep something in the mind for oneself 2. to memorize

yláfé : n. 1. hideout 2. lair

ylètí : n. 1. moon 2. month 3. star

ylètí (lè - nù) : adv. 1. in the light of the moon 2. moonlit

ylètí (kpɔ́ -) : v. to menstruate *(syn. àsí (dó - ànyí), àsí (ŋé –), àxàtsàŋú (tsí -), gbè (lé -), gblḯ ŋú, gbɔ̀ (tsí - tó),)*

ylètí ètɔ̀ fòfú : n. 1. trimester 2. a quarter of a year 3. a term

ylètí ètɔ̀ síá ylètí ètɔ̀ : adv. quarterly

ylètí síá ylètí : adv. monthly

ylètí sɔ̀sɔ̀è : adv. full moon

ylètí tóàsíké : n. comet

ylètídidì : n. moonlight

ylètífètú : n. monthly payment

ylètígbàlḕ : n. calender *(syn. ylètíŋkèkègbàlḕ)*

ylètígbàlḕgá : n. almanac

ylètíkáká : n. crescent moon *(syn. ylètíkákɛ́)*

ylètíkèkélí : n. moonlight *(syn. ylètíkéklḯ)*

ylètíkéklḯ : n. moonlight *(syn. ylètíkèkélí)*

ylètíkúkú : n. end of month

ylètíkúkú- : adj. monthly

ylètíkúkúgà : n. monthly salary

ylètíkpɔ́yì : n. period of menstruation

ylètíkpɔ́lá : n. a woman that has her period

ylètíkpɔ́kpɔ́ : n. menstruation (Raphael Kwami Ahiabenu, 2014 (first printed 1930)) *(syn. àlɔ̀ŋéŋé, àsídóànyí, àsídódóànyí, dòdòlèáfémè, dzìnúkpɔ́kpɔ́, gbèlélé, gbɔ̀tó, gbɔ̀tótsítsí)*

ylètíléyè : n. eclipse of the moon

ylètíŋkèkè : n. date of the moneth

ylètíŋkèkègbàlḕ : n. calender *(syn. ylètígbàlḕ)*

ylètítɔ̀ : n. 1. monthly 2. lunar

ylètíví : n. star

ylètíví mè àfákáká : n. astrology

ylètíví ŋú núnyá : n. astronomy

ylètíví ŋú núnyálá : n. astronomer

ylètíví tóàsíké : n. 1. shooting star 2. comet

ylètíví tsàtsà : n. planet

ylètívídzífò : n. starry sky

ylètívíkèklḯ : n. glow of the stars

ylètívíkpɔ́fé : n. astronomical observation station

ylètívítɔ̀ : n. 1. stellar 2. astral

ylètívíwó gbè kà : n. milky way galaxy *(syn. màsámèylètíví)*

ylí : n. 1. cry 2. shout 3. complaint

ɣlí (dó -) : v. 1. to scream 2. to cry out 3. to cry for help

ɣlí (dó - ɖé ... tà) : v. to scream on

ɣlídódó : n. 1. screaming 2. howling

ɣlídólá : n. 1. town crier 2. someone who shouts 3. muezzin

ɣlídómɔ̀ : n. megaphone

ɣlídónyà : n. interjection

ɣlídónyà : n. 1. rumor 2. noise

ɣlòlòò : id. sparse

ɣlòlòò (lè - nɔ̀ -) : v. to be sparse

H

hà : v. 1. to rush on 2. to pounce on 3. to snatch (from the hands of)

hà : n. 1. song 2. pig (syn. **àféhà, kplákò, pràkò**) 3. serious problem 4. bad luck

hà : adj. broad

hà (bɔ̀ -) : v. 1. to be insolent towards 2. to take for one's equal

hà (dé - àmè) : v. 1. to put one's exploits in a song

hà (dó - ɖá) : v. to give a song to be sung

hà (dzè -) : v. 1. to be disobedient 2. to be careless 3. to start going mad

hà (dzì -) : v. to sing

hà (dzì - káfú) : v. to sing praises

hà (fɔ̀ -) : v. to sing solo

hà (kpà -) : v. to compose a song

hà (tó - ɖá) : v. to sing a song

hà (xé -) : v. to take a song in progress (in a choir)

hà (xɔ̀ -) : v. 1. to take a song in progress (in a choir) 2. to sing in canon 3. to have a serious problem 4. to have bad luck

hà ɖé (nú) nú : v. 1. to give importance to 2. to take care of

hà lè ... sí : v. to snatch (something) from

hà nú : v. to rush or jostle each other in order to have one's part (of something)

hà víví : n. nice melody/tune/song

há : v. 1. to yawn 2. to scratch 3. to grate 4. to scrape off a pasty material 5. to collect (e.g cow dung) 6. to remove (e.g mud) 7. to take too much sauce (e.g with a main meal like **àkplé**) 8. to be damaged

há : n. 1. group 2. team 3. collection 4. herd 5. outfit 6. variety 7. species 8. comrade 9. fellow 10. food debris left in it's container 11. crust

há (bɔ̀ -) : v. 1. to form a group 2. to be many (syn. **dé há**)

há (bɔ̀ - kplé) : v. 1. to live in fellowship with 2. to be in the company of

há (dé -) : v. 1. to be in a group 2. to be many (syn. **bɔ̀ há**) 3. to be part of a group

há (ɖó -) : v. to create an association (syn. **wɔ̀ há**)

há (wɔ̀ -) : v. to create an association (syn. **ɖó há**)

há àdè : v. 1. to wipe off sweat 2. to toil 3. to make an effort

há ɖófé gbãtɔ́, èvèlíátɔ̀, ètɔ̀líátɔ̀ ... : n. first division, second division, third division ...etc. team

há fé séwó : n. canon law

hǎ tsòtsò : n. 1. pack 2. platoon

hà̃? : part. is it that? (syn. **máhà̃, zã́**)

hã́ : adv. 1. also 2. as well as 3. likewise (syn. **tsã́**)

hàà : n. 1. extension 2. development 3. spread

hàà̰ : adv. 1. wide open 2. expansive

háá́ : adv. 1. exactly 2. closely 3. just next to

hábɔ̀ : adv. harbour

hábɔ̀àmè : n. 1. insolence 2. lack of respect 3. rudeness

hàblù : n. mud turned over by pigs

hábɔ̀bɔ̀ : n. 1. association 2. union 3. company 4. troop 5. relationship

hàdé : n. 1. group of people 2. company

hàdédé : n. the act of making somebody the subject of a song

hǎdédé : n. 1. fellowship 2. company 3. the state of being numerous

hádòmèbènɔ̀nɔ̀ : n. 1. social affair 2. savoir-vivre

hádòmèbènɔ̀nɔ̀ dɔ́wɔ̀fé : n. social center

hádòmèbènɔ̀nɔ̀fíáláwó hèfé : n. social training school

hádòmèbènɔ̀nyà : n. 1. social behaviour 2. social affair

hǎdɔ́ : n. group work

hǎdɔ́ (wɔ̀ -) : v. to work in a group

hǎdɔ́wɔ̀lá : n. 1. member of a group of workers 2. co-worker

hǎdɔ́wɔ̀wɔ̀ : n. 1. working together in a group 2. collaboration

hàdzàà : id. 1. with a light rustle 2. silently

hàdzèdzè : n. 1. vagrancy 2. walking about randomly

hàdzèlá : n. 1. wanderer 2. disordered person

hàdzɛ̃́ : n. wild boar *(syn. **gbèhà**, **xɔ̀ví**)*

hàdziɖóɖó : n. music theory

hàdzidzì : n. 1. singing 2. song

hàdzifé : n. 1. choir 2. a place where one sings

hàdzigbá : n. 1. compact disc (CD) /DVD 2. musical instrument

hàdzigbàfòmɔ̃̀ : n. record player

hàdzigbàlɛ̃̀ : n. hymn book

hàdzigbátrómɔ̀ : n. record player

hàdzigbè : n. 1. beautiful voice (which is suitable for singing) 2. choir practice day 3. worship song 4. a song used to invoke spirits

hàdzigbè : n. medicinal herb intended to improve the voice of singers

hàdzihá : n. choir (Rongier, Dictionnaire éwé-français, 2015)

hàdziháwó : n. chorus (Rongier, Dictionnaire éwé-français, 2015)

hàdzilá : n. 1. chorister 2. singer 3. griot

hàdzilágã́, hàdziláŋkɔ́ŋúá : n. star musician

hàdzimɔ̀ : n. music player (machine)

hàdzɔ̃́é : n. horsefly

hàɖé, hàɖé ò : adv. not yet (expresses negativity) *(syn. **hàɖéké ò**)*

hàɖéké ò : adv. not yet (expresses negativity) *(syn. **hàɖé**, **hàɖé ò**)*

hàɖihàɖi : id. 1. dirty 2. poorly catered for

hàdìì : id. 1. very dirty 2. poorly catered for

hádíí : id. 1. very dirty (for something or somebody smallish) 2. poorly catered for (for something or somebody smallish)

hǎdódó : n. creation of an association

hàdɔ̀ (dzì -) : v. to sing a song containing allusions or invectives

hàfì : n. 1. adze-like hatchet used to fell palm trees by cutting at the roots (syn. tsó) 2. a type of adze

háfí : prep. before

háfí : conj. 1. yet 2. but 3. while 4. when

hàflá : n. skin rash

hàfɔ̀fɔ̀ : n. piece played or sung by a single performer (soloist)

hàfɔ̀lá : n. solo singer

hàgbè : n. 1. lyrics of a song 2. a voice that is suitable for singing (syn. hàdzìgbè) 3. notation of all the parts of a musical composition

hàgbé : n. 1. weeding with a hoe backwards 2. trianthema portulacastrum (a species of flowering plant in the ice plant family known by the common names desert horsepurslane, black pigweed, and giant pigweed)

hàgbé (yì -) : v. to weed with a hoe backwards

hágbè : n. advice given in group

hágbè (blè -) : v. to give bad advice in a group

hàgbèdìdì : n. 1. melodie 2. tune 3. tone

hàgbènyálá : n. musician

hàgbéyìyì : n. the act of weeding with a hoe backwards

hàyíé : n. a type big boar

hàylí : n. shouted song

hàhà : v. to boil (water)

hàhà (dó - dé (àmè)) : v. to frighten (someone)

hàhà dzò : v. 1. to scorch 2. to burn lightly

hǎhá : v. to yawn (syn. híhá)

háhá : id. frightened (syn. háhá̃)

háhá : id. frightened (syn. háhá̃)

hàhàhà (kò nú -) : v. to burst out laughing

hàhlà : n. 1. bloating 2. to be bloated

háhódédíénɔ́nɔ́ : n. social security

háhòdɔ̀, háhòdɔ̀lélé : n. epidemic

háhòmòdzákádèfé : n. 1. community center 2. dance party 3. ball 4. popular festival/celebration

háhòkpédéɳúdɔ́ : n. social work

háhòò : id. 1. in larg numbers 2. in heaps (syn. hàyòò)

háhòòdɔ̀lélé : n. epidemic disease (syn. hámèdɔ̀lélé)

hàkà : n. 1. cassette 2. grigri that makes it possible to sing well

hàkpá : n. 1. an enclosure where one learns how to sing 2. to play the tamtam/drum or to perform an act hàkpàfé : n. songwriting studio

hàkpàkpà : n. composition of music

hàkpàlá : n. 1. song writer 2. poet 3. griot

hàkpànyà : n. lyrics

hákplɔ́lá : n. someone that leads a group or an association

hákplɔ̀kplɔ́ : n. management of a group or an association

hákpó : n. 1. piggery 2. sty

hákplɔ̀lá : n. 1. pastor 2. leader 3. ruler

hákplɔ̀láwó tùɖófé : n. 1. seminar 2. workshop

hàlàsé : prep. until

hàlà̃ : n. pork

háléhálé : id. 1. shiny 2. radiant 3. smooth as glass

hàlì : v. to dislocate *(syn. dɔ̀lì)*

hàlìblí : n. corn (used during the *kli-adzima and mama vena* shrine-festival in Agbozume)

hàló : n. contents of a song

hàlɔ̀lɔ̃ : n. 1. the act of taking part in a song being sung 2. accompaniment to a song

hàmákà : n. a swinging couch or bed usually made of netting or canvas and slung by cords from supports at each end (hammock)

hàmákàtsɔ́lá : n. hammock carrier

hàmàtsákà : n. a species of vine

hámè : n. 1. society 2. association 3. a celebrity 4. species 5. genre

hámèdàdá : n. woman in charge of an association or group

hámèdɔ̀ : n. epidemic

hámèdɔ̀ (lè - /xɔ̀ -) : v. to be infected by an epidemic disease

hámèdɔ́ : n. group work

hámè hámè : adv. 1. in groups 2. in herds 3. in swarms

hámèdɔ̀lélé : n. epidemic disease *(syn. háhòòdɔ̀lélé)*

hámèdɔ́wɔ̀fé : n. a place where one works in a group

hámèfòfó : n. head (male) of an association or group

hámèhámè : n. 1. species 2. genre 3. category

hámèmè : n. fellow

hámèmè : adj. sociable

hámèmègã́ : n. 1. head of a group or congretation 2. deacon

hámèmènyényé : n. sociability

hámènɔ̀lá : n. member of a group or association *(syn. hámènɔ̀ví, hámètɔ́, hámèví)*

hámènɔ̀nɔ̀ : n. 1. membership in a group or association 2. living in a society 3. association 4. communion

hámènɔ̀ví : n. member of a group or association *(syn. hámènɔ̀lá, hámètɔ́, hámèví)*

hámènú : n. 1. of or relating to a group or association 2. property of a group/community

hámènúdzòdzò : n. 1. fund-raising for a common cause 2. collection (church money)

hámènúnòlá : n. 1. minister (religious) 2. leader

hámètàkpékpégã́ : n. 1. synod 2. congress

hámètɔ́ : n. 1. member of a group or association *(syn. hámènòlá, hámènòví, hámèví)* 2. layman

hámèví : n. member of a group or association *(syn. hámènòlá, hámènòví, hámètɔ́)*

hámèwù : n. uniform of a group or association

hàmì : n. 1. saturated fat that forms a thick layer in the subcataneous tissue of pigs 2. bacon

hànò : n. an adult female pig (sow)

hánòfé : n. parish

hánòfédzíkpɔ́lá : n. priest

hàntsìhàntsì : id. 1. hard 2. tenacious 3. elastic 4. dispersed

hànú : n. 1. subject of a song 2. something appalling

hànú (fò -) : v. to improvise a song

hànúfòlá : n. 1. song composer 2. improviser 3. spokesperson/delegate of a group or association

hǎnúgbé : n. group trip/travel

hǎnúgbé (yì -) : n. 1. to go on a round trip 2. to travel in a group

hǎnúgbéyìyì : n. 1. the act of traveling together in a group 2. group travel

hǎnúgbéyìlá : n. a member of a traveling group

hànùhɛ́ : n. somebody of the same age

hánùhɛ́ : n. steering committee of an association or group

hǎnúwɔ̀wɔ̀ : n. the act or working together in a group

hànyàà : id. 1. large 2. wide 3. lofty 4. dirty and messy

hànyàhànyà : id. 1. heavily (walking) 2. of or like a pig 3. messy

hányáhányá : id. lightly (walking) 2. hopping (like a dove)

hàŋhàŋ : adv. disorderly

hàŋhàŋ (dù nú -) : v. 1. to eat greedily 2. to eat disorderly/anyhow

hàtàlí kòfí : n. 1. atlantic sail fish 2. black marlin 3. blue marlin 4. white marlin 5. swordfish

hǎtí : n. 1. comrade 2. fellow 3. friend 4. mate

hàtífífè : n. tree of the forest

hǎtímè : n. 1. class mate 2. mate

hǎtímètɔ́ : n. people of the same class

hàtú (dà -) : v. 1. to fire salutes 2. to fire shots in the air

hàtsì : n. 1. corn pudding soaked in water (food for children) 2. dirty water in which pig food is placed

hátsòtsò : n. 1. series 2. group

hátsòtsòè : n. team

hàtsràà : id. 1. dispersed 2. isolated

hàtsú : n. boar

hàví : n. 1. neighbor 2. fellow 3. piglet

hàvòò : id. 1. large 2. with a large opening

hàʋè : n. a pit dug as a trap for wild boars (Dzobo, 2015)

háwɔwɔ : n. 1. association 2. cooperative

háwúí : n. bigeye grunt

hàxé, hàxélá : n. the one who off-takes a song in progress (in a choir)

hàxɔlá : n. 1. the one who off-takes a song in progress (in a choir) 2. someone who has serious problems

hàxɔnyà : n. a matter that leads to serious problems

háyá : v. 1. to recover (from an illness) *(syn. gã́)* 2. to rent

hàyàháyá : v. 1. the act of curing (a sickness/disease) *(syn. dɔdàdà, dɔyɔyɔ, gàgã́, gbèdàdà)* 2. hiring/renting

hàyì : n. wild black pig

hàyòò : id. 1. in large numbers 2. in heaps *(syn. háhòò)*

hè : n. monrovia doctorfish *(syn. hɛ̀)*

hè : v. 1. to pull (towards oneself) 2. to attract 3. to be tender (e.g the skin of the tamtam) 4. to lengthen 5. to stretch 6. to be elastic 7. to massage 8. to deal with (a case) 9. to lead (e.g a country) 10. to be responsible for (e.g a family) 11. to take care of (somebody) 12. to educate 13. to discuss/to argue

hè : adv. 1. even (in an interrogative sentence) 2. even (in an affirmative sentence) 3. therefore 4. rather

hè ! : intj. 1. why! 2. hallo! 3. look! 4. what!

-hè ! : suf. (indicates a direction) e.g **ànyíèhè** *south,* **dzíèhè** *north*

hè àɖìkà vá : v. 1. to look for an argument 2. to provoke a fight

hè àmè : v. 1. to be attractive 2. to educate/ to give an early education

hè ... àsí vɛ̀ : v. to bring along

hè dɔ vá : v. to cause illness

hè dɔ̆ vá : v. to create jobs

hè dù : v. to administer a community/village/town/city

hè dù vá ná : v. to bring a message (to oneself) (Rongier, Dictionnaire éwé-français, 2015)

hè dù yì ná : v. to bring a message (to someone)

hè dzrè : v. to argue

hè dzrè vá : v. to provoke a quarrel

hè dzrè vá ná : v. to seek a quarrel (with/for another person)

hè ɖá : v. to move away

hè ... ɖé gò : v. 1. to reveal 2. to shed light on 3. to denounce hè ... ɖé mègbé : v. 1. to retreat 2. to fall back 3. to delay

hè ɖé nù ná : v. 1. to be a burden for 2. to be ashamed

hè ... ɖé nyà mè : v. to involve (somebedy) in a matter

hè ... ɖé ... ŋú : v. to motivate

hè ... ɖé ... ŋútí : v. 1. to train 2. to coax

hè ɖókùì ɖá (tsó ... ŋú) : v. 1. to mistrust 2. to distance oneself from

hè fè vá : v. to cause debt

hè gé ɖé ... té : v. 1. to be subject to 2. to be under the command of

hè kà sésẽ́ : v. 1. to be difficult 2. to be tense (situation/business)

hè làmè ná : v. to give a massage to

hè lè ànyígbá : v. to drag on the ground

hè mègbélélé : v. to act slowly

hè mǒ ɖé àgà : v. to look away

hè nù ná : v. 1. to argue with 2. to scream too much

hè nyà : v. to argue vigorously

hè nyà ɖé ... ŋú : v. 1. to reprimand 2. to scold 3. to judge someone

hè ŋkú ɖé ... ŋú : v. to stare at

hè ŋkúmè ɖá : v. 1. to turn ones gaze away from 2. to turn one's head away from

hè ŋkúmè vè : v. to approach with one's face (in order to see well)

hè ŋkúmè yì : v. 1. to move back one's face (in order to see well) 2. to look away

hè ŋkútà : v. to frown

hè ŋɔ̀tí ɖé àgà : v. 1. to turn away from un unpleasant smell 2. to turn one's nose away

hè tó : v. 1. to punish to 2. to pull the ear

hè tó ná : v. 1. to punish to 2. to pull the ear of

hè ... tó bà mè : v. 1. to mistreat 2. to drag (someone) in the mud

hè tó vá nyà gbɔ́ : v. 1. to listen attentively 2. to approach (in order to listen)

hè tùkáɖá : v. 1. to trigger 2. to ignite

hè tùkáɖá vè : v. to bring in troubles/problems

hè (...) vè, hè (...) vá : v. 1. to provoke 2. to trigger 3. to cause

hè yì : v. to go away

hě ! : intj. 1. keep on talking ! 2. this one again! (Rongier, Dictionnaire éwé-français, 2015)

hé : v. 1. to go away 2. to leave 3. to rejoin 4. to restore 5. to wrap 6. to be left with

hé àƒé : v. 1. to manage a family 2. to cleanse a house (religiously)

hé fã̀-tsìhé dà ɖé ...gbɔ́ : v. to wait for too long

hé tsìhé : v. to curl up

hé tsìhé dà ɖé ... gbɔ́ : v. 1. to wait for too long 2. to make people wait for nothing

hé- : pref. 1. and then 2. then

hé- (né -) : conj. pref. that

hébrìtɔ́ : n. 1. Hebrew 2. ancient Hebrew [Eʋe] (Mawuvi, 2019, S. 185, 192, 193, 194, 196) 3. Erverh (Hebrew/Israelite) (Mawuli, 2019) (Names.org, 2022) *(syn. Eʋe)*

héé : n. a cry/shout to call for attention

hèdzèhèdzè : n. hiccup *(syn. dzìdzá, dzìdzé, dzìdzí, dzìkúdzìkú, hédzɛ̂hédzɛ̂, sìkɔ́sìkɔ́, xédzèxédzè)*

hèdzèhèdzè wɔ̀ : n.+v. to be asthmatic

hédzɛ̂hédzɛ̂ : n. hiccup *(syn. dzìdzá, dzìdzé, dzìdzí, dzìkúdzìkú, hèdzèhèdzè, sìkɔ́sìkɔ́, xédzèxédzè)*

hédzɛ̂hédzɛ̂ (tsɔ́ -) : v. to have hiccups

hèhè : n. 1. education 2. sob 3. traction 4. mockery 5. a type of hardwood tree 6. treaty

hèhè ɖé mègbé : n. 1. suspension 2. delay

hèhè vɛ̀ : n. 1. trigger 2. attraction

hèhè (ɖó -) : v. to sob

hèhè (ɖó - ɖé - tà) : v. 1. to mock 2. to make fun of

hèhèdɔ̀ : n. 1. tetanus 2. cramp 3. stiffness of the limbs *(syn. gàdzà, gàdzàdɔ̀)* 4. convulsion 5. spasm *(syn. àtɔ̀sú, dɔ̀glàdzà, dzìdɔ̀, ɖèvídɔ̀, glàkpédɔ̀)*

hèhèdɔ̀lélé : n. a state of suffering from convulsion

hèhèdɔ̀lélà : n. a convulsion patient *(syn. glàkpédɔ̀lélá)*

hèhèɖóɖó : n. sobbing

hèhèɖólá : n. someone that sobs

hèhèfé : n. 1. educational centre 2. rehabilitational centre

hèhèhè : id. 1. flamboyant 2. sobbing

hèhètí : n. a type of hardwood tree

hèhètɔ̀xènálá : n. tutor

hèhèvɛ̀ : n. 1. attraction 2. release

hèhèyìmègbé : n. 1. delaying 2. the stae of becoming lesser developed/lesser improved 3. shrinkage

hěhlé : n. 1. dropping in large numbers (leaves) 2. dispersion

hèlè : n. beauty

hèlè : adj. 1. beautiful 2. lush

hèlèhèlè : id. 1. beautiful 2. lush

hèlèhèlè (lè - nɔ̀ -) : v. to be beautiful/ admirable

héléhélé (lè - nɔ̀ -) : v. to be beautiful /admirable (for something smallish)

hèlèhélé : n. sorrow

hélíhélí : adj. 1. very 2. blood red 3. very bitter 4. painful

hèklé : n. woven design

héktà : n. hectare

hèlàgbè : n. greek (Agbeny La, 1988, 2006, 2020, S. Dɔwɔwɔ 21:37)

héná : prep. 1. in order to 2. in view of

héná tègbèè : loc. + adv. 1. in perpertuity 2. for live

hènɔ̀ : n. 1. griot 2. songwriter 3. singing coach *(syn. hèsìnɔ̀)*

hèpàtìtìs : n. hepatitis

Hèrtz gbèḍìḍìyàmɔ̀ḍélá : n. hertzian wave

hèsìnɔ̀ : n. griot *(syn. hènɔ̀)*

hèsrè : n. a type of plant whose leaves are used as a purgative

hèsrèè : adj. 1. spacious 2. large 3. extended

hètèkù : n. osier

hètèkú : n. 1. a disease which affects maize plants and renders them yellowish 2. yellowish patches on the teeth *(syn. àhètèkú, kpólò, sògò)*

hètèkú (dzè -) : v. 1. to be attacked by the corn diesease **hètèkù** 2. to become reddish (maize) 3. to dry out 4. to wither 5. to spoil (teeth)

hètèkùkù : n. 1. a type of bird species 2. a game of hide and seek whereby participants are blindfolded

hètsrà : adj. 1. in torrents 2. surging

hétsrà : n. torrent

hètsràtsì : n. rainstorm

hèyè : adj. 1. bushy (eg. hair, beard) 2. frilly (dress)

hèyèhèyè : id. 1. describes the swinging back and forth motion of animal hair/fur 2. describes the to and fro movement of the fringes of a dress 3. isolated 4. scattered

héyéhéyé : id. 1. describes the swinging back and forth motion of the hair/fur of a smallish animal 2. describes the to and fro movement of the fringes of a light dress

hɛ̀ : n. 1. knife 2. pocket knife *(syn. kàklá)* 3. monrovia doctorfish *(syn. hè)*

hɛ̀ (fɔ́ - lè émè) : v. to open a penknife/pocket knife

hɛ̀ (lé - ḍé émè) : v. to close a penknife/pocket knife

hɛ̀ gòbɛ̀ : n. 1. counterfeit 2. fake 3. dummy

hɛ̀dɔ́ : n. surgery

hɛ́ɛ́ : adj. 1. pink 2. orange (colour) *(syn. hɛ̂ɛ̂, ɲútíḍìḍì, ɲútíḍìḍì hélíhélí)* 3. golden

hɛ̂ɛ̂ : adj. 1. orange (colour) *(syn. hɛ́ɛ́, ɲútíḍìḍì, ɲútíḍìḍì hélíhélí)* 2. pink 3. rose-colored

hɛ́ɛ́ (lè ɲùdzɔ̀ -) : v. 1. to be well awake 2. to be very attentive

hèví : n. 1. penknife 2. small knife

hiá̰ : v. 1. to be in need of 2. to demand 3. to oblige 4. to be necessary *(syn. zìá̰)* 5. to concern

hiá̰ : adj. 1. clean 2. bright 3. clear

hiá̰ : adv. suddenly (describes a quick movement)

hià̰ (dà - ḍé ... dzí) : v. 1. to create a difficult situation 2. to put in need

hià̰ (ḍí -) : v. to be poor

- 460 -

hìá̰ (ká -, kpé -) : v. 1. to be in distress 2. to be in disarray

hìá̰á̰ : id. clearly

hìà̰dídí : n. 1. poverty 2. a state of being in need

hìà̰dílá : n. a poor/needy person

hìá̰gɔ̀ : intj. oh really ? (surprise) (syn. zìá̰gɔ̀)

hìà̰gbè : n. 1. need 2. difficult moment 3. distress 4. danger

hìà̰gbètɔ̀ : adj. 1. perilous 2. dangerous

hìà̰gbètɔ̀ (nyé -) : v. 1. to be perilous 2. to be dangerous

hìá̰yè : n. sun rising on an azure sky and which warms the poor who have no clothes (syn. hìá̰wè, zìá̰wè)

hìà̰híá̰ : n. 1. need 2. deprivation 3. danger 4. distress

hìà̰híá̰ kábá : n. emergency

hìà̰híá̰ vévì : n. 1. urgent need 2. emergency

hìà̰híá̰ : adj. 1. dangerous 2. perilous

hìá̰yèyíyì : n. period of need

hìà̰káká : n. 1. torment 2. poverty 3. worry (syn. hìà̰kámè)

hìà̰kámè : n. 1. need 2. poverty 3. worry (syn. hìà̰káká)

hìà̰nyà : n. important matter

hìà̰nyányá : n. 1. misery 2. suffering 3. knowledge 4. experience

hìà̰ŋkèkè : n. difficult period

hìà̰tɔ̀ : adj. 1. needy 2. poor

hìà̰tɔ́ : n. poor/needy person

hìà̰tútú : n. 1. pain 2. misery

hìá̰wè : n. sun rising on an azure sky and which warms the poor who have no clothes (syn. hìá̰yè , zìá̰wè)

hìá̰wó : adv. immediately

híhá̰ : v. to yawn (syn. hǎhá̰)

hí ḭ̂ : adv. 1. maybe 2. maybe if

hìhì, híhí : id. indicates laughter

hìhìhì, híhíhí : id. indicates laughter

híhlḭ̂dódó : n. 1. whisper 2. whispering (syn. hlìlì)

híndù-kɔ̀nyínyí, híndù-xɔ̀sè : n. hinduism

hlà : v. to be bloated

hlà : id. noise produced when a sachet is pierced

hlàhlàhlà : id. noise produced e.g when a pig is eating cassava

hláhláhlá : id. noise produced e.g when a pig is chewing palm seeds or something dry

hlàdzà : adj. 1. large 2. muscular

hlàdzàà : id. 1. large and muscular 2. of something that stretches far/spreads wide

hládzɛ́ : adj. small and muscular

hládzɛ́ɛ́ : id. small and muscular

hlàdzàhlàdzà : id. large and muscular

hládzéhládzé : id. small and muscular

hlàhlà : id. loudly (of or referring to laughter)

hlàhlà (kò nú -) : v. to laugh loudly

hlàhlàhlà (wɔ̀ nú -) : v. 1. to be fast 2. to be alert 3. to be agile

hlànhlàn : adj. 1. vast 2. wide

hlàyà : adj. 1. spacious 2. oversized and torn apart (clothing)

hlàyàà : id. 1. spacious 2. oversized and torn apart (clothing)

hlàyàhlàyà : id. 1. spacious 2. oversized and torn apart (clothing)

hláyɛ́ : adj. 1. spacious 2. oversized and torn apart (for somebody smallish)

hláyɛ́ɛ́ : id. 1. spacious 2. oversized and torn apart (for somebody smallish)

hláyɛ́hláyɛ́ : id. 1. spacious 2. oversized and torn apart (for somebody smallish) 3. tattered

hlàyìhlàyì : adj. noise produced by rough clothes

hlé : v. 1. to fall (in great numbers) 2. to fall apart 3. to scatter 4. to fly apart in all directions

hlé ... àʋálà mè : v. 1. to snort (e.g the rooster snorts) 2. to spread it's wings

hlé ɖé ... ŋú : v. to splash on

hlé túkpé : v. 1. strafe 2. to volley

hlɛ̃́ : v. 1. to open one's eyes wide (syn. klé) 2. to expand 3. to deploy (syn. kàkà) 4. to tear off

hlɛ̃́ : n. 1. loom (blue) 2. bud 3. indigo

hlɛ̃́ dzòxì : v. to make sparks

hlɛ̃́ ... ɖé ... dzí/ŋú : v. 1. to sprinkle on/at 2. to spray on/at

hlɛ̃́ tsì : v. to splash water

hlĩ : n. 1. tiger 2. jaguar

hlĩ́ : n. 1. ace 2. champion

hlìdzà : adj. 1. rough 2. rugged (syn. hlìgbà)

hlìdzàhlìdzà : id. rough (syn. hlìgbàhlìgbà)

hlídzɛ́ : adj. 1. rough 2. rugged (of or referring to something smallish) (syn. hlígbɛ́)

hlídzɛ́hlídzɛ́ : id. rough (of or referring to something smallish) (syn. hlígbéhlígbɛ́)

hlìgbà : adj. rough (syn. hlìdzà)

hlìgbàhlìgbà : id. rough (syn. hlìdzàhlìdzà)

hlígbɛ́ : id. rough 2. rugged (of or referring to something smallish) (syn. hlídzɛ́)

hlígbɛ́hlígbɛ́ : id. rough (of or referring to something smallish) (syn. hlídzɛ́hlídzɛ́)

hlígbàlɛ̀ : n. ace/king (cards)

hlílídódó : n. role

hlìhà : n. 1. yeast 2. baking powder 3. iron ore

hlìhá : n. 1. centipede 2. millepede

hlihó : n. 1. half-cooked maize 2. maize used in making beer

hlihòò : id. of something falling in large numbers (e.g leaves)

hlìkpòò : id. big and robust *(syn. hlìkpùù)*

hlíkpóé : id. small and robust *(syn. hlíkpúí)*

hlìkpùù : id. big and robust *(syn. hlìkpòò)*

hlíkpúí : id. small and robust *(syn. hlíkpóé)*

hlìlì : n. whisper *(syn. híhlìdódó)*

hlìlì (**dó** -) : v. 1. to whisper 2. to moan 3. to complain 4. to clear one's throat

hlìlìdódó : n. 1. whispering *(syn. híhlìdódó)* 2. moaning 3. complaining 4. clearing of one's throat

hlìlìdólá : n. whisperer

hlìlìì : id. 1. rough 2. small and thin (e.g dwarf, stick)

hlílíí : id. tiny

hlíví : n. a very large genus of tropical plants (family Euphorbiaceae) with alternate leaves and small monoecious flowers succeeded by polycarpellary capsules

hlíví dzì : n. phyllantus odontadenus (a species of the phyllantus genus of tropical plants)

hlíyáá : adj. shaggy *(syn. hlòyìì)*

hlò : n. 1. throat 2. larynx 3. mushroom *(syn. hló, υló, υùdò)* 4. thorny creeper 5. circle 6. ring 7. an iron ring around a gun 8. banana tree flower 9. a type of yam that grows in the wild *(syn. gbèhlò)* 10. coconut tree flower

hlò : id. noise produced when one is eating porridge or a sauce

hló : n. mushroom *(syn. hlò, υló, υùdò)*

hlò (ló tsì ɖé - mè) : v. to gargle

hlò (tsò -) : v. 1. to kill 2. to slaughter 3. to commit suicide

hlòdzòò : id. 1. rough 2. prickly 2. hard

hlòkà : n. trachea

hlòkàví : n. bronchus

hlólóé (tsò -) : v. 1. to strive to 2. to make an effort to

hlòmè : n. throat

hlòmèfàfà : n. cooling

hlòmèvèvé : n. sore throat

hlòmèvédɔ́ : n. 1. angina 2. pharyngitis

hlòyìì : id. 1. careless 2. shaggy *(syn. hlíyáá)*

hlòyòò : id. 1. big 2. vast

hlɔ̃ : v. 1. to stop growing (prematurely) 2. to become hardened (e.g as with legumes)

hlɔ̃ : n. 1. kinsman *(syn. fòmètɔ́, fòmèví, gómètɔ́, kɔ̀, kɔ̀mè, sã́)* 2. crime (of vegeance) 3. boa (a type of snake)

hlɔ̃ : adj. useless

hlɔ̃ (bìá -) : v. to take (bloody) revenge

hlɔ̃ (dó -) : v. to become responsible for a crime of revenge

hlɔ̃ (nyà -) : v. to prosecute a criminal case

hlɔ̀ (sí -) : v. to be on the run for a crime committed

hlɔ̀ (tɔ́ -) : v. to accuse of a crime

hlɔ̀ (tsì -) : v. to cover up a criminal case

hlɔ̀ (xé -) : v. to stop a revenge by giving giving a daughter in marriage to the family whose member has been killed

hlɔ̀ : v. 1. to bewild with black humor 2. to be stunted 3. to be underdeveloped 4. to have hardened (e.g okra) 5. to make an effort

hlɔ̀ ŋkúmè : v. 1. to frown one's face 2. to look offended

hlɔ̀bíábíá : n. blood revenge (vengeance through murder)

hlɔ̀bíálá : n. 1. avenger 2. murderer

hlɔ̀dómèhlɔ̀ : n. a small family living under the protection of a larger family

hlɔ̀dódó : n. 1. crime 2. committing murder

hlɔ̀dólá : n. 1. criminal 2. murderer

hlɔ̀dɔ́dɔ́ : n. 1. crime 2. assassination *(syn. hlɔ̀ɖèɖè)*

hlɔ̀dɔ́lá : n. 1. criminal (who took revenge) 2. murderer

hlɔ̀fè : n. damages paid by the family of a murderer to that of the victim

hlɔ̀fè (xé -) : n. to pay a fine for a crime (of murder)

hlɔ̀fèxélá : n. someone who pays a fine for crime (of murder)

hlɔ̀fèxénú : n. fine for a crime (of murder)

hlɔ̀fèxéxé : n. the act of paying a fine for a crime (of murder)

hlɔ̀hlɔ̀hlɔ̀ : id. 1. rough 2. hard

hlɔ̀kè : n. main root (of a tree)

hlɔ̀màdé, hlɔ̀màdí : n. 1. hedgehog 2. urchine 3. porcupine *(syn. ànyɔ̀, dzidzá, dzridzá, kòtòkò)*

hlɔ̀màdzé : n. porcupine fish /spiny puffer

hlɔ̀mè : n. 1. criminal 2. a person murdered by vengeance

hlɔ̀mètɔ́ : n. 1. kinsman 2. someone of the same race/ethnicity/caste/clan/family

hlɔ̀nú : n. crime

hlɔ̀nú (wɔ̀ - ɖé .. ŋú) : v. to suffer from the mistreatment of

hlɔ̀nyà : n. 1. murder 2. criminal case

hlɔ̀nyànyà̀ : n. 1. the act of hunting down a criminal/murderer 2. destruction of the property of a criminal/murderer

hlɔ̀nyàdrɔ́fé : n. criminal court

hlɔ̀nyàlá : n. 1. police officer (in charge of a criminal case) 2. police officer of the criminal investigation department

hlɔ̀nyànyà : n. 1. prosecution of a criminal case 2. legal proceeding

hlɔ̀ŋkɔ́ : n. 1. family name 2. surname

hlɔ̀sì : n. young lady/girl given in marriage by the family of a murderer for a crime of revenge in compensation to that of the victim

hlɔ̀sì : n. 1. hand of a person belonging to the family of a murdered person; if the murderer touches it he will die 2. hand that committed a crime of revenge

hlɔ̃sílá : n. someone on the run for a crime of revenge

hlɔ̃sísí : n. 1. being on the run for a crime of revenge 2. flight for fear of revenge by blood

hlɔ̃téhlɔ̃ : n. a family under the protection of another family

hlɔ̃tɔ̀ : adj. 1. murderer 2. criminal

hlɔ̃tɔ́ : n. 1. murderer 2. criminal

hlɔ̃tɔ̀è : adv. criminally

hlɔ̃tsítsí : n. the act of covering up a criminal/murder case

hlɔ̃xéxé : n. the act of giving of a dauther in marriage to a family whose member has been murdered

hlúbú : adj. 1. deep 2. profound

hò : v. 1. to uproot (e.g a palm tree, weeds) 2. to dig up 3. to take off (e.g aeroplane, rocket) 4. to move 5. to relocate 6. to rise (to the surface) 7. to lift (the anchor) 8. to ferment 9. to appear 10. to become visible 11. to accumulate

hò : n. 1. noise 2. bush 3. pile of grass 4. strange place 5. foreign country

hò (dó -) : v. 1. to lend money 2. to borrow money

hò (ɖó -) : v. 1. to put the grass in a pile 2. to be irritated (but not to show it)

hò (ɖó - ɖé ... nù/dzí) : v. 1. to be obliged (to do something painful) 2. to loot 3. to raid

hò (lɔ́ -) : v. to pick up the grass

hò (xɔ̀ -) : v. 1. to be expensive 2. to be precious

hò (tɔ́ dzò -) : v. to burn the grass

hò àʋà : v. to declare war

hò àʋà ɖé ... ŋútí : v. to rise up against

hò ... dá : v. to pluck (grass)

hò ... ɖàdó : v. to transplant

hò ... ɖé dzí : v. 1. to swell 2. to mount (something) 3. to raise 4. to hoist 5. to be stormy (sea)

hò ... dó : v. to transplant

hò ké : v. to uproot

hò ... lè ... mè : v. 1. to pull out 2. to undo (something that has been nailed down)

hò nú gã̀ ádé : v. to do somehting important so as to make oneself famous

hò ʋù : v. 1. to leave to settle elsewhere 2. to depart

hò xɔ̀tà : v. to find a roof

hò : n. 1. cowry shell 2. money 3. wealth 4. price 5. dice 6. grass 7. bushes ... piled up in the fields *(syn. àhǒ)*

Hò : n. Ho (city in Ghana, capital of the Volta Region)

hòdàdà : n. 1. lottery 2. gambling 3. game of dice

hòdàlá : n. someone who stakes lotto/gambles

hòdànú : n. 1. dice 2. coin

hòdó : n. transplantation

hòdódó : n. 1. loan 2. borrowing/loaning (of money)

hòdófé : n. a place where money is lent/borrowed (e.g financial institution)

hòdólá : n. 1. someone/institution that lends money 2. someone that borrows money

hòdòmè : n. 1. far away country 2. abroad 3. a place far away

hòdzíédó : n. 1. east 2. orient *(syn. àgùdzèfé, yèdzèfé, yètsófé)*

hódzóé : adj. light

hògbéfé : n. 1. geographic origin 2. native country/village 3. a place abandoned by its inhabitants 4. ruined house

hòhò : n. 1. extraction 2. uprooting 3. taking off 4. exodus 5. migration 6. swelling 7. outbreak (e.g of war)

hòhó : n. 1. bush fowl 2. perdix 3. patridge (of the savannah) 4. francolin 5. great bittern 6. little bittern 7. dwarf bittern 8. white-creted tiger heron 9. white-backed night heron 10. black-crowned night heron *(syn. tèglí, ténglí)*

hòhò ɖé zí : n. 1. inflation 2. swelling

hòhò kplé kè : n. uprooting

hòhòdó : n. transplantation

hòhòɖédzí : n. 1. rise (e.g of someobedy in rank) 2. increase 3. hoisting

hòhòlíhóè : n. 1. hairless 2. bald or to have one's hair completely shaved

hòhòò : id. 1. descibes a loud resound 2. of or pertaining to many voices

hòkà : n. 1. a necklace of 35 or 40 cowries 2. large amount of money 3. cowries

hòkàtɔgɛ : n. equivalent of 6 pence

hòkɔ́ : n. 1. pile of grass/garbage 2. pile of cowrie shells

hòkú, hòkúí : n. cowry

hòkúítɔ́ : n. 1. wealthy individual *(syn. gàkpɔ́lá, gàtɔ́, hòtɔ́, hònɔ̀, hòtsùítɔ́)* 2. someone who has a lot of cowries

hòkpɔ́kpɔ́ : n. wealth

hòkpɔ́tsyɔ̀è : adv. cheap

hólí : n. 1. curlew sandpiper *(syn. tókóntsúí)* 2. eurasian curlew (syn. *vàngá)*

hólólóló : id. covered in blisters

hòlòtsú : n. large mussel

hómàlè : n. a set of 30 coweries *(syn. hòmèli, wómàlè)*

hòmè : n. 1. amount 2. sum (of money) 3. price 4. slave *(syn. àbòyótɔ́ , àbòyóví, àɖɔkɔ́, àmè fèflè, dzògbèví, fièkpɔ́mè, gàmèmè, gbɔ̀ví, klúví, kòsì, ŋdɔ̀ví, ŋkèkèví)* 5. plantation (e.g banana plantation) 6. locality 7. neighbourhood

hòmè : adv. 1. far away 2. abroad

hòmèlì : n. an equivalent of 30 cowries *(syn. hómàlè, wómàlè)*

hòmìè : n. a type of shrub that is planted on the property boundary of two farms

hònɔ̀ : n. wealthy individual *(syn. gàkpɔ́lá, gàtɔ́, hòkúítɔ́, hòtɔ́, hòtsùítɔ́)*

hòò : id. 1. noise of a crowd or heavy rain 2. "shame on you" (describes a shameful situation)

hòò (wɔ̀ -) : id. 1. to shout at or call (somebody) 2. to make big noise 3. to mock

hòó ! : intj. stop!

hóó : id. 1. shame 2. woe

hòsùhòsù : id. 1. violent 2. carried away

hòsùhòsù (dó - ɖé ... ŋú) : v. 1. to act violently against 2. to get angry with

hòtákpó : n. half a cord/string of cowry shells

hòtákpúi : n. 1. small amount of money 2. trifles

hòtákpúitɔ́ : n. poor person

hòtéli : n. 1. brothel 2. brothel hotel

hòtòklò : n. mole

hòtòklòlò : n. badger

hòtòklóló : n. anteater/giant anteater/aardvark (syn. ɖèsí, glìgò, lũ̀mɔ̀)

hòtɔ́ : n. wealthy individual (syn. gàkpɔ́lá, gàtɔ́, hòkúítɔ́, hònɔ̀, hòtsùítɔ́)

hòtsùí : n. 1. cowry 2. money 3. currency 4. wealth 5. large sums of money

hòtsùí nyúí ɖùɖù : n. good relations

hòtsùí nyúí ɖùɖù lè/nɔ̀ ... dòmè : phr. to get along with

hòtsùídɔ́ : n. paid work

hòtsùítɔ́ : n. wealthy individual (syn. gàkpɔ́lá, gàtɔ́, hòkúítɔ́, hònɔ̀, hòtɔ́)

hòʋìʋlì : n. 1. competition 2. rally 3. match

hòʋìʋlì lè ... nɔ̀èwó dòmè : n. tournament

hòʋìʋlìnúwúlá : n. finalist (of a competition) (syn. hòʋlìlá sùsɔ̀ɛ́)

hòʋìʋlì ŋú núfíáfíá : n. physical education

hòʋìʋlì sùsɔ̀ɛ́ : n. final (of a competition)

hòʋlìlá : n. competitor

hòʋlìlá sùsɔ̀ɛ́ : n. finalist (of a competition) (syn. hòʋìʋlìnúwúlá)

hòwɔ̀wɔ̀ : n. 1. jabber 2. loud noise 3. screams from a crowd

hòyìxɔ̀ : n. west/occident (syn. yèdóxɔ̀fé, yètóɖófé)

hòyìhòyì : id. 1. deafening sound 2. painful 3. hot 4. biting

hòyòhòyò : adj. 1. without care 2. messy 3. quarrelsome/pugnacious (Rongier, Dictionnaire éwé-français, 2015)

hòyòhòyòwɔ̀lá : n. someone who disrupts

hòzì : n. a stool/title that depicts the wealth a chief/king/the one installed

hɔdémèkú : n. african wood owl (syn. xè ɖóámèkú)

hɔ̃̀ : n. 1. imbecile 2. idiot 3. fool

hɔ̃̀ : adj. 1. visible 2. distinct

hɔ̃̀ : adv. 1. visibly 2. distinctly

hɔ̃̀ (dzɔ̀ -) : v. 1. to be a fool 2. to be an idiot 3. to be silly hɔ̃ (zì -) : v. 1. to shut up 2. to stay calm

hɔ̌ : n. 1. eagle *(syn. àhɔ̃́, hɔ̃́)* 2. tawny eagle 3. wahlberg's eagle 4. african hawk eagle 5. booted eagle 6. long-crested eagle 7. cassin's hawk eagle 8. crowned eagle 9. martial eagle 10. stem (of a cereal) 11. tail (of a fruit)

hɔ̃́ : n. 1. eagle *(syn. àhɔ̃́, hɔ̌)* 2. tawny eagle 3. wahlberg's eagle 4. african hawk eagle 5. booted eagle 6. long-crested eagle 7. cassin's hawk eagle 8. crowned eagle 9. martial eagle

hɔ̃́ : adj. 1. unique 2. only one

hɔ̃́ (dèká -) : loc. 1. alone 2. unique

hɔ̀dì : adj. 1. dirty 2. messy

hɔ̀dìhɔ̀dì : id. dirty

hɔ́díhɔ́dí : id. dirty (refers to someone or an object that is smallish in size)

hɔ̀dìì : adj. dirty

hɔ́díí : adj. dirty (refers to someone or an object that is smallish in size

hɔ̀ȩ̀ : n. small scar on the face

hɔ̀ȩ̀ : n. sound of a crying baby

hɔ̀hlíhɔ̀ : n. a type of aquatic bird species

hɔ̀hɔ̀hɔ̀ : adj. slimy

hɔ̀kà : n. umbilical cord

hɔ̀lítí : n. corn stalk *(syn. blítí, kpélífɔ̀tí, kpélífòtí)*

hɔ̀lìhɔ̀lì (gblɔ̀ nyà -) : v. 1. to speak in a low voice 2. to whisper 3. to talk in secret

hɔ̀lɔ̀ : adj. dirty

hɔ̀lɔ̀hɔ̀lɔ̀ : id. 1. smooth 2. slippery (syn. hɔ̀lɔ̀hɔ̀lɔ̀) 3. messy

hɔ̀lɔ̀hɔ̀lɔ̀ (dó - ... dòmè) : v. to cause an emotional stir amongst (people)

hɔ́lɔ́hɔ́lɔ́ɛ̃́ : id. smooth 2. slippery (refers to something smallish in size) 3. messy (refers to something smallish in size)

hɔ̀ndrɔ̀hɔ̀ndrɔ̀ : id. 1. slippery 2. sticky

hónyɔ́ : adj. 1. full of fat 2. of not being well attached

hɔ̀nyɔ̀hɔ̀nyɔ̀ : id. 1. full of fat 2. of not being well attached

hónyɔ́hónyɔ́ : id. 1. full of fat (refers e.g to a smallish animal) 2. of not being well attached (refers to something smallish in size)

hɔ̀ɔ̀ : id. 1. reddish/shiny (eyes) 2. bulging and scary (eyes) 3. fixed (gaze) 4. snoring 5. openly

hɔ̃́ɔ̃́ : adv. 1. one 2. only

hɔ̀tí : n. stalk of a cereal

hɔ̀trú : n. 1. door 2. hatch *(syn. vɔ̀trú)*

hɔ̀ví : n. 1. an individual who cannot be relied on 2 idiot 3. imbecile

hɔ̌ví : n. eaglet

hɔ̀yɔ̀ : adj. 1. hairy 2. scruffy 3. frilly underwear

hóyɔ́ : adj. 1. hairy (refers to a person or an animal that is smallish in size) 2. scruffy (refers to a person or an animal that is smallish in size) 3. frilly underwear (that is small in size)

hɔ̀yɔ̀hɔ̀yɔ̀ : id. 1. hairy 2. scruffy 3. frilly underwear r *(syn. hɔ̀yɔ̀ɔ̀)* hɔ́yɔ́hɔ́yɔ́é : id. 1. hairy (refers to a person or an animal that is smallish in size) 2. scruffy (refers to a person or an animal that is smallish in size) 3. frilly underwear (that is small in size)

hɔ̀yɔ̀ɔ̀ : id. 1. hairy 2. scruffy 3. frilly underwear *(syn. hɔ̀yɔ̀hɔ̀yɔ̀)*

hrá : v. 1. to swear 2. to take an oath by hitting the ground with the palm/hand 3. to take an oath

hù : v. to sigh . 1. to get up 2. to start

hù : n. 1. sigh 2. bug (insect) 3. voodoo spirit 4. secret

hù (dzè -) : v. to become a vodoo devotee

hù (dzè - nyà) : v. to reveal a secret

hù (ɖè -) : v. to sigh

hù (sè -) : v. to believe in voodoo

hù (wɔ̀ -) : v. to be a vodoo devotee/follower

hù àʋà ɖé ... ŋú : v. to attack (e.g as in war)

hùbónɔ̀ : n. 1. fetish priest of the yèʋè cult 2. voodoo priest

hùɖèɖè : n. 1. the act of sighing 2. to breath heavily (usually occurs when one cries louldy/energetically)

hùgbè : n. vodoo language

hùgbè (dó -) : v. to speak the vodoo language

hùhɔ̀è : n. acacia

hùnɔ̀ : n. 1. fetish priest 2. voodoo priest

hùsèsè : n. belief in voodoo

hùsì : n. priestess/follower (feminine) of a voodoo

hùsònɔ̀ : n. fetish priest of the yèʋè cult

hùsrú : n. priestess/follower (masculin) of a voodoo

hṳ̀ṳ̀ : n. 1. buzz 2. whisper

hṳ̀ṳ̀ : id. in a whispering manner/in whispering

hṳ̀ṳ̀ : intj. 1. o really! 2. is that so!

hṳ̀ṳ̀ (ɖè -) : v. 1. to buzz 2. to whisper

hùwɔ̀wɔ̀ : n. vodoo worship

hwègbè : n. hwe language

I

- **ì** : pron. depicts third person singular (grammar) e.g. he/she/the/him/her/it

ìdròzyénì : n. hydrogen

ìfɛ́-gbe : n. ife language

ìks-kéflɛ̌ : n. x-ray (Rongier, Dictionnaire éwé-français, 2015)

índìà, índìà-dùkɔ́ : n. india

índzìn : n. 1. engine 2. motor

índzìníyà : n. engineer

íŋkè : n. inch

íŋkì : n. ink

íŋkìfòfò : n. dried ink (of a letter)

íŋkìtùkpá : n. ink bottle

íŋkìgò, íŋkìgùì, íŋkìnú : n. ink bottle

ìráki : n. irak

ìráni : n. iran

ìslám : n. Islam

ìslám gbèdóxɔ̀ : n. mosque

ìslám kɔ̀nyìnyì, íslám xɔ̀sè : n. islamism

ístà : n. easter *(syn. páki, páskà)*

ìtálìà : n. italy

ìtálìàgbè : n. italian (language)

ìzràélì : n. israel

ìzràélìví : n. israelite

K

kà : v. 1. to concern 2. to be concerned 3. to be too bad (for) 4. to search 5. to spread 6. to disperse 7. to diffuse 8. to separate

kà : n. 1. liana 2. creeping plant *(syn. gàkà, kɔ̀èsã́)* 3. tendril 4. a bind 5. thread 6. cord 7. string 8. cable 9. nerve 10. ligament 11. vein 12. fiber 13. tendon 14. climbing stalk 15. grade 16. field (an agrarian area unit: about 15 m²) (Rongier, Dictionnaire éwé-français, 2015) 17. leash 18. telephone line 19. king cards

kà : pron. 1. what 2. which 3. who

kà : adv. 1. upright 2. erect 3. suddenly 4. firmly

kà (bálá -) : v. 1. to wrap oneself in a loncloth 2. to put on a belth

kà (dà -) : v. 1. to stretch a thread 2. to measure with a rope/string

kà (dé - vè) : v. to hang oneself

kà (dé - vè ná) : v. to hang someone

kà (dé -) : v. 1. to tie 2. to strap

kà (dé - dzɛ̃́) : v. to have traces of blood

kà (dé - ... dà ɖí) : v. 1. to retain (somebody) 2. to cause somebody to keep waiting

kà (dé - ná nyɔ́nùví) : v. to adorn the bride-to-be

kà (dé - nù) : v. 1. to muzzle 2. to tie with a rope

kà (dzɔ̀ -) : v. to stand upright

kà (ɖi -) : v. 1. to resemble 2. to take after 3. to bury wires/cables 3. to lose weight *(syn. kà (zù -))*

kà (ɖó - ná) : v. to set a trap with a rope

kà (ɖù - tsò) : v. 1. to cut a wire with one's teeth 2. to revolt

kà (fò -) : v. to make a phone call

kà (fɔ -) : v. 1. to find a string 2. to sneak out 3. to braid a string/rope 4. to jumprope/skip rope 5. to climb the rope

kà (gbi -) : v. to braid a liana or a rope

kà (hè -) : v. 1. to pull a rope 2. to be difficult to do

kà (lè - mè) : v. 1. to be in a line 2. to be in a single file 3. to be in contact (e.g per telephone)

kà (ná -) : v. 1. to ascend 2. to give a rank to

kà (nyà -) : v. to be responsible (for)

kà (nyà -) ? : pron. 1. what? 2. which matter?

kà (ŋkú mè -) : v. 1. to feel lonely 2. to be bored 3. to be nostalgic 4. to be overwhelmed

kà (sà -) : v. 1.to put on a loincloth 2. to sell thread/strings/ropes 3. to make charms

kà (tàmè -) : v. 1. to be immersed in one's thoughts 2. to be distracted

kà (tó -) : v. to align

kà (tsí trè -) : v. 1. to stand up straight 2. to get up suddenly

kà (tsò -) : v. 1. to cut a thread/string/rope/liana 2. to become a thug

kà (tsyá -) : v. 1. to connect 2. to make friends/connections kà (xɔ̀ -) : v. to have a grade

kà (zù -) : v. to lose weight (syn. kà (ɖì -))

kà àgbàlɛ̀ mè : v. 1. to open a book 2. to browse through a book

kà àfá : v. 1. to divine 2. to consult an oracle

kà àgbà mè ná : v. 1. to be searched (by customs) 2. to search (a baggage) 3. to give a gift on arrival

kà àhátsè : v. to joke

kà ànyígbá̀ : v.to scrape the ground

kà àtsè : v. 1. to dare 2. to try to

kà àʋàtsó : v. to lie

kà dzòfi mè : v. to look for leftovers the day after a party

kà ɖé ... dzí : v. 1. to be sure (something) 2. to assure oneself of

kà ɖèbì ná : v. to injure (morally, recalling a painful event)

kà hǎtsè : v. 1. to tell jokes 2. to tell stories

kà hìà̀ : v. 1. to be in misery 2. to be in need

kà hlé̌ : v. 1. to disperse 2. to discard (of a colour) 3. to give up (on a project) 4. to put aside

kà kà kà (zɔ̀ -) : v. to walk a the pace of a goose

kà kɔ́kpò : n. 1. clue 2. indication

kà ... mè : v. to search through

kà ... mè (àgbàlɛ̀) : v. 1. to analyze a book 2. to examine the content of a book 3. to browse a book

kà mɔ́ ná : v. 1. to go in search of 2. to track down

kà nú : v. 1. to consult the oracle 2. to divine

kà tétré : n. braided thread/wire

kà tɔ́ : v. to go fishing

ká : v. 1. to cut 2. to break 3. to shatter 5. to seperate 6. to secure 7. to nail down 8. to press in 9. to touch 10. to take (part of something) with the hand 11. to serve oneself or another person (while eating) 12. to bite 13. to get hurt 14. to wane (e.g the moon) 15. to unwind (thread) 16. to meet 17. to get along (with) 18. to pin up 19. to display 20. to turn fufu by the hand in the mortar 21. to narrate 22. to report 23. to repair (e.g shoes, chairs, etc) 24. to patch up (something) 25. to be/become a bit of

ká (mé- ò) : v. 1. to not speak to each other 2. to be in conflict

ká ! : id. onomatopoeia of a snap/knock

ká àbì : v. to get hurt

ká àbólò : v. 1. to break bread 2. to cut a piece of bread

ká àdà̀ : v. 1. to talk loudly and angrily 2. to threaten 3. to talk disrespectfully 4. to talk like a soldier 5. to give orders 6. to make a promise

ká ànyígbá : v. to parcel out (a piece of land)

ká àsém : v. 1. to converse (with) 2. to brag

ká àsì ná : v. 1. to give the price (of) 2. to labe 3. to brand

ká ... àsí : v. 1. to receive 2. to acquire 3. to find (something)

ká àsí ná : v. 1. to receive 2. to obtain

ká àsí nyà : v. 1. to discuss a topic 2. to introduce a case *(syn. ká fènyà)*

ká àsí àmèsrɔ̀ ŋú : v. to sleep with someone else's wife

ká àsí ... ŋú : v. 1. to touch (with the hand) 2. to pat

ká àtábú : v. 1. to take an oath 2. to swear 3. to make a promise *(syn. ká àtám)*

ká àtám : v. 1. to take an oath 2. to swear *(syn. ká àtábú)*

ká àtí : v. 1. to plant a stake 2. to mark a tree with a sign (to delimit a field)

ká àtí dé ... ŋú : v. to nail (e.g a board)

ká àvɔ̀ : v. to mend

ká àυàtsó : v. to tell a lie *(syn. nyí vé)*

ká àυàtsótábú, ká àυàtsótám : v. 1. to commit a perjury 2. to make a false oath

ká bà : v. to improve (e.g in health matters)

ká dǎ : v. to throw a challenge

ká dé ... dzí : v. 1. to have faith in 2. to trust in 3. to insist on 4. to gamble 5. to protest

ká dé édzí (bé) : v. 1. to be certain (that) 2. to assure (that) 3. to certify (that) 4. to guarantee (that)

ká dé édzí bé (mé - ò) : v. to despair

ká dé ... dzí ná : v. 1. to confirm 2. to reassure

ká dé émè : v. 1. to get (a little) better 2. to improve 3. to recover (in matters of health)

ká dé nyà dzí : v. 1. to confirm (what has been already said) 2. to affirm 3. to stress on a detail 4. to protest

ká dé ... ŋú : v. 1. to say emphatically (that) 2. to rely on (somebody) 3. to get into one's mind to do something 4. to threaten to

ká fè : v. 1. to scratch 2. to prevent in secret 3. to warn/inform secretly 4. to impose a fine

ká fè dzí : v. to pay of part of a debt owed

ká fè mè : v. 1. to make a part payment of debt owed 2. to give away half the price (of something)

ká fènyà : v. 1. to discuss a topic 2. to introduce a case *(syn. ká àsí nyà)*

ká fù : v. 1. to disturb 2. to annoy (someone)

ká fú : v. 1. to append 2. to plaster

ká gà : v. 1. to charge a fine 2. to give/say the price of (an item)

ká hìǎ : v. 1. to hurt 2. to abuse 3. to impoverish 4. to give/say the price of (an item) 5. to disturb 6. to annoy (someone)

ká là : v. 1. to pick up meat or fish with one's fingers 2. to share/cut meat or fish into small pieces 3. to be seriously hurt

ká là dé àfísì mélè ò : v. 1. to show one's strength/ to prove what one is capable of (e.g in dispute) 2. to put everything in it's orderly place 3. to do an organ transplantation

ká mò ná : v. 1. to rebuke 2. to blame 3. to insult 4. to incriminate

ká mɔ́ : v. 1. to bypass 2. to change direction 3. to leave the way

ká ... ná : v. to distribute (after having cut or broken an item)

ká nùmè : v. 1. to boast 2. to show off

ká nyà fú : v. to create serious problems

ká nyà tà : v. 1. to present the headlines 2. to give an introduction 3. to notify 4. to report (speech)

ká ŋkúmè : v. 1. to make a remonstrance 2. to reproach 3. to confront

ká ŋɔ̀tí ná : v. 1. to provoke 2. to hate

ká ŋútí : v. to touch

ká tó : v. to be chipped

ká tó ná : v. 1. to make a mark (e.g on an animal for identification purposes) 2. to cut a piece of fabric (e.g loincloth)

ká yì ḍé mègbé : v. to go a little further back

ká̰ : v. 1. to not be friendly 2. to disagree

kàatúí : n. 1. roncador 2. bastard grund

kábá : adv. 1. quickly 2. fast 3. promptly 4. hastily 5. early

kábá : adj. 1. quick 2. agile 3. prompt

kábá ákpá : adj. 1. premature 2. too early

kábákábá, kábákábákábá : adv. 1. quickly 2. fast 3. promptly 4. hastily 5. early

kábáwɔ̀wɔ̀ : n. 1. acceleration 2. acting quickly

kàbìì : id. with elasticity

kàbìì, kábíí (lè -/nɔ̀ -) : id. to be sticky

kàbìkàbì (lè -/nɔ̀ -) : id. to be sticky

kàblà : n. knife

kàblá : n. a grigri which consists of a piece of wood on which tree bark, rags, etc. are attached (syn. kàblɛ́)

Kàblè : n. 1. kabiye (an ethnich group which resides mainly in the north of Togo) 2. a name given to a child if the preceeding child died, in order to protect the child from the evil spirit that killed the preceeding/dead one.

kàblè : adj. kabiye

káblè : adj. foolish

kàblègbè : n. kabiye language

káblì : n. 1. monkey/gorilla/baboon/ape (syn. káblìkádzá, kèsé) 2. insult

káblìkádzá : n. a name given to the gorilla in tales and song (syn. káblì, kèsé)

kàblíkányá : n. vulture (syn. àkàgá̰, àklà̰tsú, glú, ká̰ŋgá, kà̰ŋgbá, kpètè, pété, sàkùì, xèvɔ̰́)

kábò ḍé àfé ŋú : v. to come home by making a detour

kàbòkàbò, kàbòò : id. deep and scary

kàbɔ́nì, kàbɔ́nù : n. carbon

kádá : n. a non poisonous black snake

kàdàdà : n. 1. measure with a rope/string 2. twisting or winding a thread

kàdàlá : n. 1. surveyor 2. someone who measures with a rope

kàdàŋgó : n. a type of chair

kàdédé : n. 1. relationship 2. ties 3. agreement

kàdédé (lè/nɔ̀ - mè) : v. 1. to be in relation with 2. to be in connection with

kàdédévè (ná) : n. 1. strangulation 2. hanging

kàdévè : n. 1. hanging 2. rope prepared to hand someone or to commit suicide 3. noose 4. trap

kàdévèká : n. 1. a rope that is used to hang 2. a kind of ordeal

kàdévètí : n. gallows

kàdígó : n. a certain quantity of yarn

kàdinál, kàdináli : n. cardinal

kàdináli tàkpékpé : n. conclave

kàdináldɔ́déàsì : n. cardinalate

kàdódó : n. 1. connection 2. relationship 3. communication 4. correspondence 5. borrowing a string/cord/rope *(syn. kàyéyé)* 6. bride dressing

kàdógbí : n. 1. knot 2. noose

kàdógbí (dó -) : v. to tie a knot

kàdólá : n. negotiator

kàdzàkàdzà : id. 1. non-aesthetic approach (reminiscent of monkeys) 2. awkwardly 3. clumsily

kàdzɛ̀ : n. 1. coagulated blook 2. blood flowing from a wound

kàdzíbɔ́lùfòfé : n. volleyball court

kàdzíbɔ́lù : n. volleyball

kàdzíbɔ́lùfòfò : n. playing of volleyball

kàdzíbɔ́lùfòlá : n. volleyball player

kàdzídɔ́è : n. squirrel/ side-striped squirrel *(syn. àdédé, àdɔ̀, àdɔ̀è, àdùdɔ̀, ágbòè, àkɔ̀dɔ̀è, ànyɔ́ŋɔ́nɔ́è, àtsíákúí, àwúyɛ́, kàsànúí, kéndè, klúlù, kòkòbà, krúḓù)*

kàdzídzɔ̀lá : n. 1. tightrope walker 2. acrobat

kàdzòdzò : n. 1. jump rope 2. high jump

kàdzòdzò kplé àtí : n. pole vault

kàḓà ! : intj. expresses mockery

kàḓà ! : intj. 1. atttention 2. warning !

kàḓàà, kànḓàà : adj. 1. thin 2. skinny

káḓáá : id. 1. skinny 2. long *(syn. káḓɛ́ɛ́)*

kàḓèḓè : n. the act of going to look for lianas in the bush/forest

káḓédzí : n. 1. assurance 2. certainty

kàḓèvé : n. child's play name

kàḓévè : n. 1. noose 2. trap

káḓɛ́ɛ́ : id. 1. skinny 2. long *(syn. káḓáá)*

kàḓì : adj. 1. tough 2. sticky 3. obstinate

kàḓì : adv. in the act

kàdí : n. 1. lamp 2. oil/kerosene lamp *(syn. kàdígbé)*

kàdidi : 1. resemblance 2. weight loss 3. extreme thinness

kàdígbé : n. 1. lamp 2. oil/kerosene lamp *(syn. kàdí)*

kàdígbéví : n. oil/kerosene lamp without a glass covering

kàdìì : id. 1. sticky 2. sticky and tough 3. old 4. describes something that has been around for a long time

kàdikàdi : id. 1. sticky 2. sticky and tough

kàdódó : n. 1. reflection (on) 2. trap

kàdùgbí : n. 1. node 2. knot

kàé nyé ésìà ! : intj. 1. which ... ! 2. what ... !

kàé nyé ésìà : adj. 1. which 2. what

káfằ : n. naphthalene

káfàmàkpà : n. vegetable leaf in which one wraps a ball of corn or millet dough/pastry

káfè : n. coffee *(syn. kófè, kófi)*

káfèkú : n. coffee bean

káfètí : n. coffee tree

kàfìè : n. palm fruit flesh boiled with banana (as food or a confection)

kàfĭέ : n. a type of forest tree

káflà ! : intj. 1. excuse ! 2. sorry !

káflá : n. long-finned herring

kàfòò : id. soft and crumbly

kàfɔ̀fɔ̀ : n. 1. sewing large stitches to temporarily hold (parts of an object) 2. climbing a rope

káfú : v. 1. to congratulate 2. to recommend (somebody/something) 3. to praise 4. to appreciate

káfúhà : n. 1. song of praise 2. hymn 3. canticle *(syn. kàfùkáfúhà)*

kàfùkáfú : n. 1. compliment 2. praise 3. appreciation 4. commendation 5. triumph 6. glory 7. merit

kàfùkáfúfètú : n. 1. price 2. bonus 3. reward

kàfùkáfúhà : v. 1. songs of praise 2. hymn *(syn. káfúhà)*

kàfùkáfúlá : v. 1. admirer 2. glorifier 3. appreciator

kàfòfé : n. 1. a place where one makes calls (call center) 2. telephone booth

kàfòfò : n. 1. making a phone call 2. phone call 3. telephone communication

kàfògbàlɛ̀ : n. 1. telegram 2. cablegram

kàfòlá : n. 1. someone who makes a phone call 2. telepone operator

kàfòmɔ̀ : n. telephone device

kàfòtí : n. 1. winch 2. capstan

kàgbàlɛ̀ : n. skein (a loosely coiled length of yarn or thread wound on a reel)

kàgbìgbì : n. braiding of thread/rope/liana

kàyéyé : n. borrowing a string/cord/rope *(syn. kàdódó)*

kàhèhè : n. 1. pulling a rope 2. difficulty in doing something

kàhèlá : n. 1. someone who pulls a rope 2. sailor 3. seaman

kàhèláwó : n. crew (of a ship/boat)

kàkà : v. 1. to communicate 2. to announce 3. to broadcast 4. to convey 5. to spread *(syn. hlé)* 6. to propagate 7. to publish 8. to disclose 9. to unveil 10. to reveal 11. to sprinkle 12. to scatter 13. to disperse 14. to be disheveled 15. to dismantle 16. to take apart 17. to tear down 18. to put into circulation (money) 19. to dismiss (troops) 20. to dilate 21. to discard (of a colour) 22. to get rid of 23. to put aside 24. to give up on/to abandon (a project) 25. to dispel (a fortune) 26. to squander 27. to dissipate 28. to dissolve 29. act of picking up/gathering food with one's fingers (Rongier, Dictionnaire éwé-français, 2015) 30. act of serving oneself (at the table) (Rongier, Dictionnaire éwé-français, 2015)

kàkà : n. 1. analysis 2. excavation 3. research 4. diffusion 5. scattering 6. despoliation 7. lightning strike (Rongier, Dictionnaire francais-ewe suivi d'un index ewe-francais , 1995)

kàkà : adj. 1. divinatory 2. sporadic 3. scattered

kàkà : adv. in disarray

kàkà (sùsúwó -) : v. 1. to distract 2. to lose focus 3. to be distracted

kàkà àflùí : v. 1. to divulge a secret 2. to spread news that has not yet been officially released

kàkà lè sùsú mè : v. 1. to confuse 2. to distract 3. to dispel

kàkà lè sùsúmè : n. 1. dissipation 2. lack of concentration 3. deconcentration 4. confusion

kàkà (kà) lè sùsú mè : n. dissipation

kàkà súsú ná : v. to dispel

kàká ɖé … dzí : v. 1. to affirm 2. to confirm

kàká ɖé … dzí : n. 1. affirmation 2. confirmation

kàká ɖé nyà dzí : v. to accentuate/stress a word

kàká ɖé nyà dzí : n. 1. accent (on a word) 2. accentuation

kàká ɖé nyà dzí kplé àtám : v. 1. to attest 2. to certify

kàká ɖé nyà dzí kplé àtám : n. 1. attestation 2. certification

kàká : n. act of posting/putting up posters

káká : n. 1. toothache *(syn. àɖìsí, àɖùdɔlélé, àɖùɖùàmè, áɖùsí, àɖùvéàmè, áɖùéé, àɖùvévé, àɖùvévédɔ, éfúɖùàmè, glàɖùàmè, glàvéàmè)* 2. piece 3. portion 4. serving 5. act of turning fufu with the hand in the mortar 6. act of nailing 7. act of telling

káká, káká yì : v. + prep. until

káká : adv. 1. long time 2. so much

káká (wɔ -) : v. 1. to strive for 2. to work hard for

kákábòtòbí : n. masquerade

kàkámòtòví : n. 1. clown 2. masquerade

kàkáɖédzí : n. 1. assurance 2. confirmation 3. certainty 4. exactness 5. details 6. emphasis 7. accentuation

kàkáɖédzífé : n. 1. safe place 2. safety *(syn. kàkáɖédzítèfé)*

kàkáɖédzímɔ́ : n. indicative (grammar)

kàkáɖédzínyà : n. 1. assurance 2. resolution

kàkáɖédzítèfé : n. 1. safe place 2. safety *(syn. kàkáɖédzífé)*

kàkáɖédzítɔ̀è : adv. 1. surely 2. securely 3. with assurance 4. doubtless

kàkàkà : n. 1. diffusion 2. broadcasting 3. scattering

kákáɖémè : n. 1. improvement of health 2. being in the process of recovery

kàkáɖéŋú : n. 1. bragging 2. being sure of oneself

kàkàkà : adv. crackle

kàkàkà (zɔ̀ -) : v. to walk confidently

kákáká, kákákáká, kákákákáká : adv. 1. so much 2. infinitely

kàkàkú : n. a type of grigri

kàkàlíkà : n. cockroach *(syn. àgbàgblàʋúı̃́, gbàgblàdzà, gbàgblàdzè, gbàgblàʋùdzè, gbàgblàʋúı̃́, kàkàràkà)*

kàkàlíkè : n. nerve/ligament located under the penis

kàkàráká : n. cockroach *(syn. àgbàgblàʋúı̃́, gbàgblàdzà, gbàgblàdzè, gbàgblàʋùdzè, gbàgblàʋúı̃́, kàkàlíkà)*

kàkàrákàtíkè : n. 1. a potion that gets rid of cockroaches 2. insecticide

kákátí : n. torch

kákétí : n. entanda africana (a genus of flowering plants in the family Fabaceae that is used in traditional medicine as a treatment for various types of illnesses)

kákɛ́ : n. 1. piece 2. portion 3. fragment 4. steak (of fish) 5. a slice (of sausage) 6. a piece of rag 7. debris

kákɛ́ : adj. waning (moon)

kákɛ́kákɛ́ : id. 1. in shreds 2. in pieces

kàkí : n. 1. khaki (colour) 2. diospyros kaki (oriental persimmon)

kàklá : n. knife *(syn. hɛ̀)*

kàklá : n. 1. divorce 2. separation 3. prior notice 4. farewell 5. notification 6. poster 7. warning

káklá : n. cooked cornball

káklá : adj. seperate

kǎklǎylí : n. 1. alert 2. warning 3. alarm

kàklã́náná : n. 1. warning 2. caution 3. admonition

káklè : adj. shattered

káklɛ́ : n. small cooked corn dumpling

kàkló : n. plantain fritter

kàkló (tɔ̀ -) : v. to fry plantain fritters

kàklódzrálá : n. plantain fritter seller

kàklótɔ́ : n. plantain fritter seller

kàklótɔ̀fé : n. a place where plantain fritters are fried

kàklótɔ̀gbá : n. a pan used for frying plantain fritters

kàklótɔ̀lá : n. a person who fries plantain fritters

kàklótɔ̀tɔ̀ : n. plantain fritters

kàkòò : adj. id. 1. robust 2. well built 3. black like charcoal 4. coagulate

kàkòò (lè -/nɔ̀ -) : v. 1. to be robust 2. to be well built 3. to be black like charcoal

kàkònɔ̀nɔ̀ : n. 1. corpulence 2. robustness

kàlàbá : n. 1. limestone 2. kaolin

kàlàkálɛ : n. 1. the best 2. the most precious

kálámí : n. fried fish *(syn. kánámí)*

kàlàzín : n. kerosene

kàlɔ̀lɔ̃ : n. embroidery

kàlè : n. 1. fearlessness 2. courage 3. bravery

kàlè (wɔ̀ -) : v. 1. to be brave 2. to be fearless

kàlé : n. pepper *(syn. àblɛ̀, àdìbòlò, àtádí, àtàkè, àtíŋúkàlé, ḍòkpò, kùklúí, lélèkú)*

kàlédzí : n. a male child born after the death of his father

kàlégélègè : n. a variety of pepper *(syn. kúklúí)*

kàlésí, kàléshí : n. a female child born after the death of her father

kàlɛ̀tɔ̀: adj. 1. brave 2. valiant

kàlɛ̀tɔ́: n. 1. a brave person 2. courageous

kàlɛ̀tɔ̀è : adv. 1. bravely 2. courageously

kàlèwɔ̀lá : n. 1. hero 2. heroine

kàlèwɔ̀wɔ̀ : n. 1. heroism 2. boldness

kàléyì : n. 1. pepper 2. xylopia aethiopica

kàléyìgblè : n. a plantation/farm of xylopia aethiopica

kàléyìgò : n. the case which encloses the spice/pepper of the xylopia aethiopica

kàléyìkà : n. the stem/branches of the pepper plant (xylopia aethiopica)

kàléví : n. an apprentice fisherman

kàlìálíá : n. climbing a rope

kàlìátí : n. climbing plant

kàlìgràfí : n. calligraphy *(syn. núŋɔ̀ŋlɔ̀tátá)*

kàlítsì : n. 1. crushed pepper pods 2. chili/pepper crushed with onion, tomato and dried or fried fish

kàsìóm : n. calcium

kàlòrí : n. calorie

kàlváríà : n. calvary

kàmàló : n. variety of peanuts with large seeds

kàmbètè : n. 1. gymnastic 2. sport 3. match

kàmè : n. 1. nerve 2. muscle strength 3. robust individual

kàmè (dè -) : v. 1. to warm up before entering a field 2. to perambulate kàmè (té -) : v. to struggle against

kàmèdèdè : n. warming up

kàmègòè : n. cover- up

kàmèsésé : n. muscle and nerve strength

kàmètèyì : n. a moment reserved for sport

kàmètèhábɔ̀bɔ̀ : n. sports team

kàmè (tè-kplé) : v. to fight against

kàmètèkpé : n. arena

kàmètèlá : n. 1. sportsman 2. athlete 3. fighter

kàmètèfé : n. arena

kàmètènyà : n. 1. sport affairs 2. sports news *(syn. kàmètètènyàwó)*

kàmètètè : n. 1. sports 2. gymnastics 3. competition 4. wrestling 5. boxing

kàmètètè- : n. compl. 1. jock 2. athlete

kàmètètè- : adj. athletic

kàmètètè fé núsrɔ́srɔ́ : n. 1. training 2. physical education

kàmètètèfíáfíá : n. physical and sports education

kàmètètèfíáfé : n. 1. a training place 2. a place where one teaches physical education

kàmètètèfíálá : n. 1. a physical sports and education teacher 2. coach

kàmètètèflì : n. sports field

kàmètètènyà : n. a matter relating to physical education

kàmètètèsrɔ̃fé : n. 1. a training place 2. a place where one learns physical education

kàmètètènyàwó : n. sports news *(syn. kàmètènyà)*

kàmètètènúdzráfé : n. sports shop

kàmètèwù : n. 1. sportswear 2. jersey 3. tracksuit 4. t-shirt *(syn. kàmètèwùì)*

kàmètèwùì : n. 1. jersey 2. t-shirt *(syn. kàmètèwù)*

kàmísà : n. 1. a woman's shirt 2. bodice

kàmkpɔ́é : n. candidiasis

kánàbó : n. mondia whitei (a popular medicinal plant endemic to africa)

kánámí : n. fried fish *(syn. kálámí)*

kànáná : n. the act of designating someone/something with a grade

kàndàà : id. 1. rearing up 2. impetuous

kàndạ̀à : adj. id. 1. skinny 2. slim 3. long

kánsà : n. cancer *(syn. dɔ̀ dzẽ́, kã́sà, kã́sàdɔ̀, kã́sɛ́dɔ̀)*

kàntɔ̃́ : n. 1. canton 2. township

kànúlɔ̀lɔ̀wó : n. macrame (a coarse lace or fringe made by knotting threads or cords in a geometrical pattern)

kànyà : adj. 1. muddy 2. mucky 3. clumsy

kànyàà (lè - /nɔ̀ -) : v. 1. to be muddy 2. to be soiled 3. to be wet and heavy (as happens to a loincloth) 4. to be clumsy

kànyàà (ŋdí -) : v. 1. at dawn 2. early in the morning

kàŋ : n. narrow way

káŋ : n. absolutely

káŋgá, kàŋgbá : n. vulture *(syn. àkàgá, àklàtsú, glú, kàblíkányá, kpètè, pété, sàkùi, xèvɔ̃́)*

kàŋglàà : n. 1. shapeless 2. hooked 3. crooked

kàŋgùrú : n. kangaroo

kàŋkàŋ : adj. 1. shiny 2. dazzling

kàŋkàŋ (fò nú -) : v. to talk in moving or agressive manner

kàŋlɔ̀è : n. insulated cotton yar

kàpitàlízmù : n. capitalism

kápità : n. carpenter

kàpiténi : n. captain *(syn. kàptín)*

kàpòrál : n. corporal

kàptín : n. captain *(syn. kàpiténi)*

Kàrá : n. a city in northern Togo

kàrátè : n. karate

kàrò : n. tile *(syn. kàrókpé)*

kàró (té -) : n. to tile

kàrókpé : n. 1. slab 2. tile *(syn. kàrò)*

kàrótété : n. floor tile

kàrówó : n. 1. tiling 2. paving 3. mosaic

kàrɔ́tì, kàrɔ́tè : n. carrot

kàsà : n. 1. row 2. alignment

kàsà (d̪é - nù) : v. 1. to align 2. to put in a row

kàsà (lè - /nɔ̀ - nù) : v. 1. to be in the continuation of 2. to be in a row 3. to be in alignment

kásà (d̪ì - /d̪ù -) : v. 1. to try to destroy 2. to act illegally 3. to practice usury

kā́sà : n. cancer *(syn. dɔ̀ dzɛ̃́, kánsà, kā́sàdɔ̀, kā́sɛ́dɔ̀)*

kā́sàdɔ̀ : n. cancer *(syn. dɔ̀ dzɛ̃́, kánsà, kā́sà, kā́sɛ́dɔ̀)*

kā́sà (lé -) : v. to be sick of cancer

kā́sàdɔ̀lélá : n. cancer patient *(syn. kā́sɛ́dɔ̀lélá)*

kàsàd̪ídí : n. 1. false testimony 2. practice of usury 3. usury (money crime) 4. extortion of money

kàsàd̪ílá : n. 1. usurer 2. slanderer

kàsàntì : n. a type/variety of yam species *(syn. tè)*

kàsànúí : n. a type of squirrel *(syn. àdédé, àdɔ̀, àdɔ̀è, àd̪ùdɔ̀, ágbòè, àkɔ̀dɔ̀è, ànyɔ́ŋɔ́nɔ́è, àtsíákúí, àwúyɛ́, kàdzídɔ̀è, kéndè, klúlù, kòkòbà, krúd̪ù)*

kàsàŋkú : n. stringed instrument (e.g. guitar, violin, piano, organ , harmonica, harmonium, harp, banjo, lute, etc.)

kàsàŋkú (fò -) : v. to play a stringed instrument

kàsàŋkúfòfò : v. the act of playing a stringed instrument

kàsàŋkúfòlá : n. someone who plays a stringed instrument

kàsàsà : n. 1. wrapping oneself in a loincloth 2. the act of putting on a belt

kásàtíkè : n. anticancer drug

kásédɔ : n. cancer *(syn. dɔ dzé, kánsà, kásà, kásàdɔ)*

kásédɔlélá : n. cancer patient *(syn. kásàdɔlélá)*

kàséti : n. cassette

kásíá : adj. 1. chubby 2. plump 3. well priced

kásíá : adv. conj. 1. suddenly 2. all of a sudden 3. as soon as 4. this 5. that is 6. there

kásíá háfí : loc. conj. just before

kásíáá (lè - nɔ -) : v. to be plump

kàsìì : adj. id. 1. blaze 2. flame 3. burnt

kásùwéli : n. castor

kátá : adj. 1. total 2. whole 3. all

kátá, kátáá : adj. all *(syn. klɔ́é, kpátáá, kpókpó)*

kátá, kátáá : adv. completely

kàtàkàtà : id 1. one by one 2. scattered 3. scattered raindrops

kàtàkàtà (lè - /nɔ -) : v. to be scattered

kàtàkládùgbéá : n. 1. stilt (one of two poles each with a rest or strap for the foot used to elevate the wearer above the ground in walking) 2. a pile or post serving as one of the supports of a structure above ground or water level

kàtàklàyì : adj. 1. torn 2. ragged

kàtàkplálè : adj. a species of wasp

kàtàlɔ́gè, kàtàlɔ́gì : n. catalog

kàtàmá : n. canopy *(syn. kàtàmúsù)*

kàtàmúsù : n. canopy *(syn. kàtàmá)*

kàtàpílà : n. caterpillar

kátátɔ : adj. 1. general 2. universal

kàtàwìà : n. 1. parasol 2. umbrella *(syn. àwùxí, yèxé, yèxí, xèxí, wòxí)*

kàtèkízmò : adj. catechism

kàtèkísì, kàtèkístì : n. catechist

kàtí : n. 1. spool 2. bobibin 3. agrarian measure: approximately 10 meters squared (10m²)

kàtíkpó : n. 1. coil 2. reel 3. spool

kàtíkpóè : n. 1. can 2. bottle 3. spool

kàtísrò : n. 1. mussel 2. a spieces of oyster

kàtólíkì, kàtólíkò : adj. catholic

kàtólíkìtɔ́, kàtólíkòtɔ́ : n. catholic (a person who is of the catholic faith)

kàtólíkòkɔ̀nyìnyì, kàtólíkòxɔ̀sè : n. catholicism

kàtólíkòtɔ : adj. catholic

kàtòkàtò : adj. 1. curved *(syn. kàtòò)* 2. crippled 3. lame

kàtóndrò : n. a variety of pepper

kàtòò : adj. curved *(syn. kàtòkàtò)*

kàtɔ́gè : n. 5 strings of cowrie shells (equals 50 pence as a monetary unit) kàtɔ́tɔ́ : n. alignment

kàtsá : n. the stem of a climbing plant/creeper *(syn. kàtsàkɛ́)*

kàtsàkàtsà : adj. id. stiff/straight (of or relating to the hair)

kàtsàkɛ́ : n. the stem of a climbing plant/creeper *(syn. kàtsá)*

kàtsè : v. 1. to risk 2. to dare 3. to beware

kàtsɛ́ (kpé -) : n. 1. shard of stone 2. pebble 3. flint

kátsímá : n. a contract with a woman to cook and bring food

kàtsòlá : n. 1. liana/creeper cutter 2. someone who falls into delinquency

kàtsòtsò : n. 1. cutting vines/lianas 2. falling into delinquency

kàtsitsì : n. 1. stubbornness 2. obstinacy

kàtsú : n. 1. tendon 2. big liana

kàtsyátsyá : n. 1. connection 2. the act of making friends 3. making relationships

kàvègɛ̀ : n. 1. two (2) strings of cowrie shells (equals 30 cents as a former monetary unit)

kàvègè : n. acute boil *(syn. sìmpùà, sènúnyí)*

kàvègɛ̀ : n. ringworm *(syn. àbálà, àflíbátá, àgblà, ànyàmà, bàlà, flíbátá, fòkpòfòkpò, kɔ́kɔ́è, zɔ̀lélé, zɔ̀lí, zɔ̀lìlí)*

kàvègɛ̀tɔ̀ : n. 1. six (6) strings of cowrie shells (equals 90 cents as a former monetary unit)

kàví : n. cord

kàxòò : id. 1. rough 2. unequal 3. curved

kàxɔxɔ : n. 1. state of having a rank 2. being a graduate 3. having a degree

kàyà : adj. 1. useless 2. good for nothing *(syn. yàkà)*

kàyìì : adj. 1. empty 2. flaccid

Kàzàxàstán : n. Kazakhstan

kàzɔ̀hà : n. 1. comrade 2. companion

kàzɔ̀lá : n. satellite

kàzùzù : n. weight loss

k.bb (kplé búbùwò) : abbrev. et cetera (and so on)

kè : v. 1. to flourish 2. to open 3. to deploy 4. to widen 5. to enlarge (e.g a road) 6. to be wide 7. to stretch out 8. to dawn (day) 9. to complete 10. to be completed 11. to cease 12. to split 13. to crack 14. to give as a gift 15. to forgive 16. to argue 17. to discuss 18. to struggle against

kè : n. 1. root 2. origin 3. pocket 4. basket 5. bag 6. path 7. resentment 8. enmity 9. hatred

kè (dó -) : v. to be well rooted

kè (lé -) : v. to bear a grudge

kè (lé ... ɖé - mè) : v. to hate

kè (lí -) : v. 1. to root 2. to establish 3. to consolidate

kè (tsó - mè) : v. 1. to be from the roots 2. to be radical

kè (tsɔ́ ... -) : v. 1. to forgive 2. to give (something) away 3. to gift (something) to (someone)

kè àtá : v. 1. to open one's legs wide 2. to be astride

kè àsí mè : v. 1. to be benevolent 2. to be generous 3. to be liberal

kè dù ḍi mè : v. to jog

kè dzò : v. 1. to make lightning 2. to flash (light) 3. to sparkle 4. to shine

kè ḍé ... dzí : v. to dwell on

kè ḍé ... mè : v. 1. to find out 2. to discover

kè ḍé ... ŋú(tí) : v. 1. to find 2. to stumble on 3. to discover

kè ḍì : v. 1. to criticize 2. to argue 3. to doubt 3. to put in question 4. to frustrate 5. to hurry

kè ḍì dùmè : v. to run to a better state

kè mɔ́ : v. 1. to be on vacation 2. to allow to pass 3. to discharge

kè mɔ́ ḍèvíwó : v. to give vacation to children

kè nù : v. to open the mouth

kè nù ḍé yà mè : v. to open the mouth wide

kè ŋkú : v. to open the eyes wide

ké : v. 1. to gather (pepper, beans, flowers, etc) 2. to harvest 3. to fall off 4. to drip 5. to jump 6. to rain hailstones

ké : n. 1. hail 2. hailstone *(syn. kétsì, kpétsì, tsìkpé, tsìkpékɔ́)*

ké : n. 1. dust 2. sand *(syn. ŋúsíké)* 3. earth 4. cane/rush (used for manufacturing mats or bags)

ké : conj. 1. but 2. however 3. yet 4. for this reason 5. again 6. then 7. therefore

ké : part. same

ké (àbé ... - èné) : conj. 1. just like 2. exactly like

ké (àfísì -) : loc.rel. wherever it is

ké (àmésì -) : loc.rel. anybody

ké (ḍì -) : v. 1. to discover (what was hidden) 2. to reveal

ké (ḍó -) : v. to silt up

ké (núsì -) : loc.rel. anything

ké (kpé -) : v. 1. to be rotten 2. to be disgusting 3. to be overcooked

ké (váséḍé -) : v. loc. until

ké fè : v. to scratch

ké hã́ lã́ : conj. 1. nevertheless 2. in any case 3. but

kèdònú : n. dowry

kèdzèè : adj. id. 1. bushy 2. long haired 3. hairy

kèdzímànɔ̀ : n. 1. imbalance 2. unsteadiness

kèdzò : n. lightning

kédzùdzɔ̀ : n. cloud of dust

kèdzòèkèdzòè : n. firefly

kèḍèè : id. 1. bald 2. bare 3. hairless

kèḍèkèḍè, kèḍèè : id. 1. loose 2. loosened 3. wobbly 4. of that which is not fixed

kédịdị : n. sand winning *(syn. kékùkù)* (EwenyigbaTV)

kèdịzã́ : n. name of a star

kéé : adj. same

kèfá : n. 1. stone 2. large rock *(syn. kèfás)* (Agbeny La, 1988, 2006, 2020, S. Yohanes 1:42) (Agbanu, 2022)

kèfás : n. 1. stone 2. large rock *(syn. kèfá)* (Biblia alo Ŋɔŋlɔ Kɔkɔe la le Eʋegbe me, 1913, 2006, S. Yohanes 1:42)

1. stone 2. large rock

kéfùtà : n. beach sand

kéfùtà : v. 1. to be wide 2. to be vast 3. to stretch 4. to extend

kégéé, kéŋgéé : adj. id. 1. thin 2. skinny 3. sharp

kégéé (lè -/nɔ̀ -) : v. 1. to lose weight 2. to be thin

kèkè : v. 1. to be wide 2. to be extended 3. to scatter 4. to disperse 5. to enlarge 6. to spread 7. to be unrolled 8. to litter 9. to open up 10. to blossom

kèkè : n. 1. opening 2. span 3. enlargement 4. spacing

kèkè : adj. 1. large 2. vast 3. wide

kèkè (lè ... sí) : v. to be uncertain

kèkè àtá mè : v. 1. to sit astride 2. to open one's legs wide

kèkè ɖé ... dzí : v. 1. to enlarge 2. to widen 3. to prolong

kèkè ɖé ... nù : v. 1. to stretch out 2. to expand 3. to widen 4. to broaden 5. to diffuse

kèkè ɖé : v.+ prep. to hurry

kèkè ɖé (...) nù : v. 1. to dilate 2. to stretch 3. to increase 4. to extend 5. to prolong

kèkè ɖé ... ŋú : v. to develop

kèkè gbè mè : v. to clear one's throat

kèkè tà : v. 1. to be tall 2. to be immense 3. to be infinite 4. to enlarge 5. to develop 6. to increase 7. to be complicated 8. to complicate

kèkè vé mè : v. 1. to cough and expel thick sputum 2. to crumble 3. to clear one's throat

kèké : v. 1. bicycle 2. tricycle 3. cycle 4. wheelbarrow 5. cart 6. spoon (of cotton) 7. wheel 8. pulley 9. spindle *(syn. kiké)* 10. shaft (of a pump) 11. mandrel

kěké (dó - /kù -) : v. to ride a bicycle//tricycle/motorcycle/cycle

kěké (kù - vɛ̀) : v. to come by bicycle//tricycle/motorcycle/cycle

kěké (né ... - ... hã̀ lá) : loc. conj. even if

kéké ... ké : loc. prep. 1. since 2. until

kékéáké : adj. 1. at least 2. lesser

kékéáké : adv. 1. even 2. precisely

kékéáké ... áléá : loc. adv. 1. so 2. like that

kěkédódó : n. cycling *(syn. kěkékùkù)*

kěkédólá : n. cyclist *(syn. kěkékùlá)*

kěkédzrálá : n. cycle dealer/seller

kèkèɖédzí : n. enlargement

kèkèḍénù : n. 1. extension 2. enlargement

kèkèḍénúṇú : n. 1. discovery 2. finding

kèkèḍéṇú : n. ascertainment

kékéké : adv. for a long time

kěkékùlá : n. cyclist *(syn. kěkédólá)*

kěkékùkù : n. cycling *(syn. kěkédódó)*

kěkékpá : n. tire

kěkéli : n. 1. light 2. daylight *(syn. kékéli, kélè, kéli)*

kékéli : n. daylight *(syn. kěkéli, kélè, kéli)*

kěkélítótóé : n. ray of light

kèkèlòlòmè : n. 1. area 2. size

kèkèmè : n. 1. width 2. breadth 3. extent 4. capacity 5. dimension 6. circumference

kèkèmètí : n. radius/spoke (of a wheel)

kěkémɔ́ : n. 1. bicycle road 2. cycle path

kékéŋ : n. 1. deep 2. meticulous 3. conscientious

kěkéví : n. 1. bicycle 2. tricycle 3. cart 4. trolley 5. shopping cart 6. stroller 7. rickshaw 8. spindle 9. pulley 10. distaff 11. wheelbarrow

kěkéví (kù - lè tsìkpé dzí) : v. 1. to sleigh 2. to sled

kèklè ḍé ... dzí : v. 1. to overload 2. to weigh on

kěklé : n. peeling

kěklé̃ : n. 1. light 2. glow 3. reflection 4. sparkle 5. radiation

kéklé̃ : adj. 1. shining 2. lucid 3. luminous 4. radiant

kéklé̃yàmɔ̀ḍèlá : n. electromagnetic wave

kèkèrèpè (ḍi -) : v. 1. to be precocious 2. to be sufficient 3. to be pedantic 4. to be snared 5. to be a stutterer

kèkú : n. 1. hatred 2. resentment *(syn. kèkúbɔ̀bɔ̀)*

kèkú (bɔ̀ -) : v. 1. to hate 2. to have hatred towards someone to the point of wanting to kill the person

kèkúbɔ̀bɔ̀ : n. 1. hatred 2. resentment *(syn. kèkú)*

kèkúbɔ̀lá : n. 1. a resentful person 2. a hateful person

kèkúbɔ̀tɔ̀ : adj. resentful

kékùfé : n. sand quarry

kèkúí : n. grain of sand

kékùkù : n. sand winning *(syn. kéḍiḍi)* (EwenyigbaTV)

kèkpò : n. 1. dune 2. sandbank 3. shoal

kèlè : n. october (the 10th month of the Eʋe calender; which corresponds to the month of october) *(syn. kèlèmè)*

kélè : n. daylight *(syn. kěkéli, kékéli, kéli)*

kélè (è)tɔ̃̀ zã̀ (è)tɔ̃̀ : n. a type of rain that falls for three (3) days and three (3) nights continuosly

kèlèlá : n. 1. enemy (syn. àḍikàtɔ́, àmètàlá, fùtɔ́, kètɔ́) 2. someone that is hated

kèlèlé : n. 1. hostility 2. hatred

kèlèmè : n. 1. autumn 2. period of harvest 3. small rainy season 4. october *(syn. kèlè)*

kèlètsì : n. 1. autumn *(syn. kpábà)* 2. rain of the second rainy season

kèlì : n. daylight *(syn. kěkéli̊, kékéli̊, kélè)*

kèlílí : n. 1. firmness 2. stability 3. rooting 4. consolidation 5. ratification

kémá : conj. 1. so 2. therefore

kémá : pr. 1. that one 2. this one

kémáwó : pr. those ones

kèmè : adj. 1. next 2. other 3. another

kèmègbé : n. west african freshwater goby

kémègbúí : n. antlion *(syn. kùlúkùlú)*

kèmè : adj. 1. other 2. another

kémistri : n. chemistry

kéndè : n. a variety of squirrel *(syn. àdédé, àdɔ̀, àdɔ̀è, àḑùdɔ̀, ágbòè, àkɔdɔ̀è, ànyɔ́ŋɔ́nɔ́è, àtsíákúí̊, àwúyé, kàdzídɔ́è, kàsànúí̊, klúlù, kòkòbà, krúḑù)*

kèndzè (tsɔ́ -) : v. to meddle in other people's affairs

kènyà : n. 1. origin (e.g of a problem/case) 2. source 3. cause

Kènyà : n. Kenya

kènyí, kènyígbà : n. sandy terrain

kéŋ, kéŋkéŋ, kéŋŋ, kéŋ klòé : adv. loc. 1. completely 2. totally 3. fully 4. absolutely 5. entirely 5. all together *(syn. sɔ́ŋ, tóŋtóŋ)* 6. exactly

kèŋglèè : adj. id. 1. high 2. stacked

kéŋkéŋ : id. 1. completely 2. totally 3. everything 4. all

kèròzí̊ : n. kerosene

kèsé : n. ape family in general (monkey, gorilla, chimpanzee, cynocephalus, baboon, etc.) *(syn. mìáhá̊)*

kèségã̊ : n. 1. chimpanzee *(syn. àkplàkpòè, àmèkèsé, àzìzã̊, sìmpàzé-kèsé, yélègbèmè)* 2. cynocephalus

kèsénɔ̀ : n. mother (female) monkey

kèsi̊ : n. tobacco roll

kèsinɔ̀ : n. 1. rich individual 2. pasha 3. bourgeois

kèsinɔ̀nú : n. 1. treasure 2. fortune 3. wealth

kèsinɔ̀nyényé : n. being wealthy

kèsinɔ̀tɔ̀ : adj. rich

kèsinɔ̀tɔ́ : n. rich person

kèsinɔ̀tɔ́ (nyé -) : v. to be a wealthy person

kèsù : n. cheese

Kétà : n. Keta (a city in the Volta region of Ghana)

Kétà sàbúlɛ : n. allium bescaloxicum (a variety onion from Keta)

kètè : n. 1. clarinet 2. flute

kèté : n. Kente (a colourfully patterned cloth traditionally woven by hand in Ghana) kètékè : n. train (syn. gàkpòdzíúú, kètíkè, pípǎ)

kètékèdzèfé, kètékèdófé : n. train station (syn. kètékèvútófé, pípǎdzéfè, stésìn, stésyn, vúdzèfé, vǔtó)

kètèkèkpá : n. compartment of a train

kètékèkùlá : n. 1. train conductor 2. machinist

kètékèmèmègǎ : n. 1. train conductor 2. person in charge of handling a train

kètékèmɔ́ : n. 1. railway 2. railroad

kètèkètè : n. donkey (syn. tédzí)

kètékèvútófé : n. train station (syn. kètékèdzèfé, kètékèdófé, pípǎdzéfè, stésìn, stésyn, vúdzèfé, vǔtó)

kètèkèwó (sì -) : v. to walk on your feet and hands

kètètsí : n. a hat made from palm fibers

kétí : n. 1. swamp rush 2. reed 3. basket (syn. kétsí)

kétíbá : n. a mat made with reeds (syn. kétsíbá)

kètíkè : n. train (syn. gàkpòdzíúú, kètékè, pípǎ)

kétíkèví : n. a basket made of reed

kètò : v. 1. to leave alone 2. to not intevene

kètɔ́ : n. enemy (syn. àḍìkàtɔ́, àmètàlá, fùtɔ́, kèlélá)

kétrɛ̀ : n. a large narrow-necked bottle usually enclosed in wickerwork

kétrɛ̀ : n. kettle

kétsì : n. hailstone (syn. ké, kpétsì, tsìkpé, tsìkpékɔ́)

kétsí : n. 1. swamp rush 2. reed 3. basket (syn. kétí)

kétsíbá : n. a mat made with reeds (syn. kétíbá)

kètùmè : n. 1. bowels of the earth 2. a country where Eʋes come from

Kévé : n. Keve (a village in Togo)

kéví : n. 1. a bag braided with rushes 2. basket 3. slated crate 4. crate

kèwɔ̀wɔ̀ : n. hatred

kèyèkèyè : adj. 1. tender 2. crumbly

kélègɛ̀ : n. a variety of beans

kɛ̀mɛ̀ : pr. that one

kɛ̀mɛ̀ : adv. over there

kìdì : n. one of the three secondary drums used in kínkà

kìké : n. spindle (syn. kěké)

kìló : n. kilogramme

kìló ákpé : n. tonne

kìlòmétà, kìlòmítà : n. kilometre

kìlòmétàkà, kìlòmítàkà : n. square kilometre

kìlòmétàkàkpé, kìlòmítàkàkpé : n. 1. kilometre post (marker) 2. mile marker

Kínà : n. China

kínàgbè : n. chinese language

kinèkíní : n. lion *(syn. dzàtá, dzà̰tá)*

kiní : n. quinine

kinimákisi : n. quinimax (medication used in treating malaria)

kinìtí : n. neem tree

kínkà : n. 1. type of recreational drum mostly used by the Aŋlos 2. a popular Anlo-Eʋe recreational dance-drumming group of recent origin (ca. 1950s)

Kirgizistán : n. Kirghistan

kisì : n. a kiss

kísì, kíti : n. giant rat *(syn. àgàdá, àlégéli, bòtòé, ʋúli)*

kitikpɔ̀bɔ̀, kitikpɔ̀bɔ́é : n. 1. mumps *(syn. ántòɖóé, áŋkpɔ̀bɔ́é, àzàgèdèʋùi, àzègèɖèfí, àzègèɖèʋóé, àzègèɖèʋùí, àzògèɖèbùí, kìtsìkpɔ̀kpɔ̀, kòklótsùí, kɔ̀klòtsùí, kɔ̀kùí, kpìtìàŋkpɔ̀bɔ́è, zègèdèʋúí)* 2. swollen cheeks (disease)

kitiwɔ́ : n. 1. peanut 2. groundnut *(syn. àzí, kìtsiwɔ̀è)*

kitsì / kìtsikitsì : adj. 1. very tiny 2. skinny

kitsikpɔ̀kpɔ̀ : n. 1. mumps *(syn. ántòɖóé, áŋkpɔ̀bɔ́é, àzàgèdèʋùi, àzègèɖèfí, àzègèɖèʋóé, àzègèɖèʋùí, àzògèɖèbùí, kìtikpɔ̀bɔ̀, kìtìkpɔ̀bɔ́é, kòklótsùí, kɔ̀klòtsùí, kɔ̀kùí, kpìtìàŋkpɔ̀bɔ́è, zègèdèʋúí)* 2. swollen cheeks (disease)

kitsíkpúi : n. 1. grasshopper 2. cricket *(syn. àɖɔɖɔè, àgbàtròxèʋí, gbàgblàmè, gbètrɔ́é, gbògbótsú, ŋè, sɔ́ví, tòkpó, ʋè, ʋètsúví, ʋètrá , ʋò, ʋòdzòdzòè)*

kitsiwɔ̀è : n. 1. peanut 2. groundnut *(syn. àzí, kìtìwɔ́)*

klà : adj. 1. rich 2. influential

klà̰ : n. 1. colobus monkey *(syn. àtàkpà, klà̰yìè)* 2. liver 3. calico

klà̰ : adj. 1. corpulent 2. chubby 3. fat

klá̰ : v. 1. to display 2. to advertise 3. to post up 4. to warn 5. to inform 6. to caution 7. to divorce 8. to separate 9. to bid farewell 10 to nail 11. to be fat 12. to be obese 13. to invite

klá̰ : n. 1. part 2. region

klá̰ ... ɖé àtítsògà ŋú : v. to crucify

klá̰ ... ɖé ... mé : v. 1. to drive a nail into something 2. to fix into something

klá̰ ... ɖé ... ŋú : v. 1. to fix on/against 2. to pin up (to display)

klá̰ nyà ɖó ɖé : v. to send a message to

klàbí : n. urticaria

klàbìi : adj. 1. rotten 2. muddy

klàɖóbà : n. 1. lock 2. padlock

kláfú : adj. 1. skinny 2. lean

kláfúú (lè -/nɔ̀ -) : v. 1. to be lean 2. to be skinny 3. to be haggard 4. to be weird

klálá : adj. 1. tall and thin 2. haggard 3. striped

kláláá (lè -/nɔ̀ -) : v. 1. to be tall and thin 2. to be haggard klàlèklàlὲ : adj. striped

klálò : adj. 1. alert 2. ready

klálò (lè - /nɔ̀ -) : v. 1. to be alert 2. to be ready 3 .to be quick

klálònɔ̀nɔ̀ : n. 1. being alert 2. being ready

klákè : n. 1. clerk 2. civil servant 3. gentleman

klànàà : adj. id. slient

klànàà : adv. silently

klántè : n. 1. cutlass (syn. klátè, krátè) 2. sword

klànyà : adj. 1. muddy 2. soft 3. rotting 4. fat 5. clumsy

klànyàà : id. 1. solidly built 2. awkwardly

klànyàà (lè -/nɔ̀ -) : v. 1. to be muddy 2. to be in a state of decomposition 3. to be rotten 4. to be fat 5. to be clumsy

klàŋklàŋ : adj. 1. hasty 2. confused 3. emotionally moved

klàsà : adj. 1. unsound 2. weak 3. shaky 4. winded (truck)

klàsàà (lè -/nɔ̀ -) : v. 1. to be weak 2. to be shaky 3. to be wobbly 4. to be winded

klásè : n. class

klásè àtɔ́líá : n. fifth class

klásè étɔ̀líá/ klásè ènèliá : n. elementary course

klásè gbátɔ̀ /klásè èvèliá : n. preparatory course

klásèmèví : n. classmate

klásè nùwútɔ̀ : n. final year class

klásèèvèliámèsràfò : n. 2nd grade/rank soldier

klásègbátɔ̀mèsràfò : n. 1st grade/rank soldier (private)

klàsí : n. varicella (syn. àgbàyí)

klàsí : n. kerosene

klátǎ : n. wrapping paper (syn. krátà)

klátè : n. cutlass (syn. klántè, krátè)

klātré : n. calabash used as symbol of the guardian spirit

klàtsà : n. 1. striped antelope (syn. làŋlò, sé) 2. gazelle

klàtsà : adj. 1. clumsy 2. big and muscular 3. hefty

klàtsàà : id. 1. long 2. skinny 3. approximate 4. having a scary shape

klàtsàà (lè -/nɔ̀ -) : v. 1. to be tall and muscular 2. to be big 3. to be strong

klàtsànɔ̀ : n. 1. hind leg 2. butt 3. ploughshare

klátsì (lè -) : v. to wash with water

klàyà : adj. 1. dry 2. skeletal 3. hard 4. dead (tree)

klàyàà (lè - /nɔ̀ -) : v. 1. to be lean 2. to be skeletal 3 . to be dead (tree) (syn. lè - /nɔ̀ klàyòò)

kláyɛ́ : adj. 1. smallish and lean 2. smalishl and dry 3. smallisch and dead (tree)

kláyɛ́ɛ́ (lè - /nɔ̀ -) : v. 1. to be smallish and skeletal 2. to be smallish and dry 3. to be smallish and dead (tree)

kláyékláyɛ́ : adj. id. 1. in disorder 2. ragged 3. torn *(syn. klàyii)*

klàyì : adj. 1. ragged 2. torn 3. destitute 4. skeletal

kláyí : adj. 1. smallish and ragged 2. smallish and shabby 3. smallish and skeletal

klǎyiè : n. colobus monkey *(syn. àtàkpà, klǎ)*

klàyiì (lè - /nɔ̀ -) : v. 1. to be ragged 2. to be shabby 3. to be haggard

kláyíí (lè - /nɔ̀ -) : v. 1. to be smallish and ragged 2. to be smallish and shabby 3. to be smallish and haggard

klè : n. 1. a coarse basket made of palm leaves 2. bastard

klè : adj. 1. bastard 2. savage

klè (fò -) : v. to weave a palm leaf basket

klé : v. to open one's eyes wide *(syn. hlé)*

klé/ klɛ́ : v. 1. to peel 2. to shell 3. to remove the bark of 4. to tear off the husks of (e.g corn)

klé àsí lè ... ŋú : v. to open by force

klɛ́ : v. 1. to shine 2. to be radiant 3. to illuminate 4. to open 5. to burst (out of its's bud e.g flowers) 6. to show (by opening) 7. to peel off (e.g the skin of the banana fruit) 8. to become too much

klɛ́ (lè - mè) : v. to crouch

klɛ́ àɖù : v. 1. to show one's teeth 2. to snare 3.

klɛ́ dà dzò : v. 1. to shine 2. to radiate

klɛ́ ɖé ... dzí : v. to illuminate

klɛ́...gáá : v. to widen

klɛ́ ŋkú : v. 1. to keep the eyes wide open 2. to widen the eyes 3. to sparkle (eyes) 4. to intimidate 5. to frighten 6. to dazzle 7. to blind (the eyes with light)

klɛ́ ŋkú gáá : v. 1. to open the eyes wide 2. to dazzle

klɛ́ ŋkú ná : v. 1. to be dazzling (light) 2. to be blinding (light)

klɛ́ ŋù (gà - ná) : v. to be greedy

klɛ́ ŋù (-) : v. to be jealous of

klɛ́ ŋù ná (-) : v. 1. to marvel at 2. to be eager to

klébéɖéé : adj. 1. thin 2. narrow

klébí (wɔ̀ -) : v. 1. to be restless 2. to be cheeky

klèfè, klèfɔ̀è : n. tailspot ctenopoma (a type of fish)

klèklèklè : adj. resteless

klèkpèè : adj. id. 1. compressed 2. confined

klèlèè : adj. id. 1. long 2. skinny

klèfòfò : n. palm leaf basket weaving

klèfòlá : n. someone who weaves basket out of palm leaves

klénéé : id. 1. silent 2. silently 3. completely 4. without showing any signs of life

klènɔ̀ : adj. 1. stupid 2. imbecile 3. cowardly

klèŋklèŋ : adj. 1. sonorous 2. creaking 3. agitated 4. excited klězí : n. 1. petroleum 2. paraffin oil 3. kerosene (american english) 4. gasoline

klězí (kù -) : v. to extract petroleum/kerosene

klězíkùfé : n. oilfield

klězíkùdɔ́ : n. the work of oil extraction

klězíkùkù : n. the act of oil extraction

klězíkùlá : n. someone who extracts oil

klěklê̌ : id. dragging

klì : v. 1. to hit 2. to stumble against 3. to trip over 4. to misstep 5. to bump into 6. to flinch (horse) 7. to stagger 8. to meet by chance 9. to come across 10. to recoil in fear 11. to snatch 12. to pluck 13. to avoid 14. to regard as forbidden *(syn. tèrì)* 15. to stutter 16. to wince in pain 17. to break 18. to push 19. to knock 20. to kick

klì : adj. 1. worn out 2. reduced (for metal instruments)

klì : n. yaws *(syn. àklì, àkpìǎ, àtsàkpà, dɔ̀kú, dzɔ̀bú, èklì, tsàgbà)*

klì àfɔ : v. 1. to stumble over 2. to misstep 3. to trip over

klì àfɔ nyùí : v. 1. to have good luck 2. to arrive (somewhere) at an opportune time

klì àfɔ vɔ́ɛ̌ : v. 1. to be unlucky 2. to arrive (somewhere) at the wrong time

klìbàà : adj. id. 1. dirty 2. greasy *(syn. klìkà)*

klìbàklìbà : id. moving slowly (e.g as in the crawling motion of a tortoise)

klìfòò (lè - /nɔ̀ -) : v. 1. to be deaf (noise) 2. to be muffled (sound) 3. to be dull 4. to be truncated 5. to be thick 6. to be large

klìgbòŋgbóŋ : n. a small spotted prey animal *(syn. gbòŋgbóŋ)*

klìkà : adj. 1. powerful 2. violent 3. dirty 4. greasy *(syn. klìbàà)*

klìkàà : id. 1. nervously 2. energetically 3. with difficulty

klìkàà (lè - /nɔ̀ -) : v. 1. to be nervous 2. to be energetic 3. to be difficult

klìkásìví : n. ant magnan *(syn. àʋàwɔ́lá, kɔ̀tɔ̀kɔ̀, mànyàɖéɖì, zànúvɔ́ɛ́)*

klíkó : v. 1. to scratch 2. to scrub 3. to scrape 4. to nibble

klìkòò : adj. id. 1. large 2. irregularly shaped 3. truncated

klìkòklíkó : n. 1. scratching 2. munching

klìkɔ, klìkɔ̌ : n. gout (disease) *(syn. àdɔ̀kɔ́, àlùbà)*

klíkpà : n. 1. barrel 2. cask

klìnì : n. 1. quay 2. wharf 3. viaduct 4. bridge

klìnyòtá̌ : n. 1. turn signal 2. blinker 3. winker

klísì : n. 1. earthenware 2. porcelain

klísìgbá : n. 1. earthenware dish 2. porcelain dish

klísìkɔ́pò : n. porcelain cup

klísìkpé : n. earthenware tile

klìtsàà : id. 1. rough to the touch 2. full of slits

klìtsàà (lè - /nɔ̀ -) : v. 1. to be rough 2. to be knotty 3. to be uneven

klìtsàklìtsà : adj. id. rough

klìtsàklìtsà (lè - /nɔ̀ -) : v. 1. to be rough 2. to be coarse 3. to be uneven

klìtsànɔ̀nɔ̀ : n. 1. roughness 2. coarseness

klìtsú : adj. 1. colosal 2. tall and muscular 3. burly

klò : n. 1. knee *(syn. kòlì)* 2. tortoise *(syn. kpátsáklòkpɛ̀)* 3. leatherback sea turtle 4. winch 5. a poor/wretched person

klò (dzè -) : v. 1. to kneel 2. to prostrate 3. going bankrupt

klò (lè - dzì /nɔ̀ - dzí) : v. 1. to be on one's knees 2. to prostrate

kló : v. 1. to discolour 2. to dispel 3. to threaten (to rain) 4. to uncover 5. to be naked 6. to be torn from 7. to be conceited 8. to upset 9. to frustrate 10. to scatter 11. to be avoided 12. to prevent 13. to avoid

kló : adj. vain

kló, klòé : adv. 1. almost 2. nearly

kló àgè : v. to equalize (e.g a goal; in sports)

kló àsì : v. to slash prices

kló àtábú : v. to take an oath that has no value

kló bùbù lè ... ŋú : v. to dishonour

kló nú lè ... ŋú : v. 1. to unpack 2. to unwrap

klòbá : n. woven mat of wild palm fibers used for making fences

klòbò : adj. 1. arched (e.g legs, trunk, etc.) 2. wobbly legs

klóbódóé : adj. steep

klòbòklòbò : v. to be with bow or crooked legs

klòbòò (lè - /nɔ̀ -) : v. 1. to be arched (e.g legs) 2. to be wobbly (e.g legs)

klòbòtòtò (yèdúdú -, hàdzìdzì -, - sì wósrɔ́á àmè lè) : n. round (dancing in a circle, singing in a circle, mimicing in circle

klòdé : n. a variety of palm oil

klòdòmè : n. knee pit/hollow of the knee

klòdzèdzè : n. 1. kneeling down 2. prostration

klòé : adj. approximate

klòé : adv. 1. approximately 2. nearly 3. almost

klófíí : adj. 1. internally curved 2. concave 3. hollow

klógbógbóé : n. a type of lily *(syn. kòlìgbógbó)*

klòfú : n. patella (kneecap) *(syn. klòkpévɪ́, klònùfú, klòtéfúí)*

klògò : n. turtle shell

klòklòklò : id. 1. hastily 2. quickly

klòkɔ́ : n. swelling of the knee

klòpàklòpà, klópɛ́klópɛ́ : adv. hobbling

klòkpákpá : n. name of a type of forest tree

klòkpátsà : n. turtle shell

klòkpátsé : n. having bad luck (bad luck turtle)

klòkpévî : n. kneecap (patella) *(syn. klòfú, klònùfú, klòtéfúí)*

klólóé : adj. shallow

klòlòlòlò : id. drag

klòlòlòlò (fɔ̀ -) : v. 1. to mistreat 2. to abuse 3. to speak evil of

klòlòé, klòlòò : adj. id. 1. clear 2. without trees 3. bare 4. dessicated

klòmàtsìfɛ́ : n. a septic spot on the knee/around the knee or a swelling of the knee *(syn. kòlimàtsìfɛ́)*

klòmì : n. a large aquatic bird

klònù : n. knee

klònùfú : n. kneecap (patella) *(syn. klòfú, klòkpéví, klòtéfúí)*

klòpɔ́tù : n. charcoal stove

klòròfíl : n. chlorophyll

klòsálò : n. 1. silver metal 2. jewel

klòsálòbɔ̀gàví : n. silver bracelet

klòsálògàví : n. jewel

klòsálònú : n. 1. silver object 2. money item

klòsòò : adj. 1. curved 2. rounded *(syn. klɔ̀sɔ̀ɔ̀)*

klòtéfúí : n. kneecap (patella) *(syn. klòfú, klòkpéví, klònùfú)*

klòtéví : n. knee pad *(syn. klòwùi)*

klòtínù (lè - /nɔ̀ -) : v. to squat

Klòtó : n. Kloto (a prefecture of Togo)

klòtsì : n. turtle soup

klòtsò : adj. top (shoes)

klòtsò, klòtsòklòtsò : adj. id. 1. high and tall 2. something which makes a loud noise

klòtsòò : adj. 1. bare 2. arched

klòtsù : adj. arched 2. wobbly (legs)

klòtsùù (lè - /nɔ̀ -) : v. 1. to have wobbly legs 2. to have arched legs

klòʊúdó : n. a type of edible mushroom

klòwùi : n. knee pad *(syn. klòtéví)*

klòyìi : adj. id. hanging

klòyòò : id. 1. bare 2. tall and slim 3. lanky

klɔ̀ : v. 1. to be conceited 2. to be haughty

klɔ́ : v. 1. to wash 2. to clean 3. to purify

klɔ́ : n. a tree whose fruits are used to make soap

klɔ́ àfɔ̀ : v. to wash the legs

klɔ́ àgbà(wó) : v. to wash the dishes

klɔ́ àsí : v. to wash one's hands

klɔ́ dzó : v. 1. to discolor 2. to fade

klɔ́ ... mè : v. to wash (the inner part of something e.g a plate)

klɔ̀bìi : id. in the process of rotting away

klɔ̀bɔ̀è : n. black-eyed bulbul *(syn. àkrɔ̀bɔ̀è)*

klɔ́é : adj. 1. all 2. entire *(syn. kátã́, kátã́ã́, kpátáá, kpókpó)*

klɔ̀nyìì : id. 1. decomposing 2. soft and heavy 3. swollen 4. formless

klɔ̀sɔ̀ɔ̀ : adj. 1. curved 2. rounded *(syn. klòsòò)*

klɔ̀tí : n. a type of tree

klɔ̀tówó : n. inhabitants of the upper world who are believed to have descended to earth by means of a rope

klù : v. to scoop

klù : adj. 1. inflected 2. curved 3. broken

klú : n. a male slave

klùbó : n. 1. horned viper 2. forest tree

klùí : n. 1. pigeon pea 2. clover

klúlù : n. a kind of squirrel *(syn. àdédé, àdɔ̀, àdɔ̀è, àd̪ùdɔ̀, ágboè, àkɔ̀dɔ̀è, ànyɔ́ŋɔ́nɔ́è, àtsíákúí, àwúyɛ́, kàdzídɔ́è, kàsànúí, kéndè, kòkòbà , krúd̪ù)*

klùnú : n. 1. a shovel with a handle 2. a container that is used to scoop

klúnù: n. clown

klùsàklúsá: n. a kind of rash/scabies *syn. àflɔ́é, àklì, àkpà, àkpàkúí, bèlè, bòsòkpà, fòkpòfòkpò, flɔ̀flɔ́, fɔ̀flɔ́, kpìtì, zóŋgólàtsístsì)*

klùù : adv. 1. in a heap 2. in large numbers

klúví : n. 1. a male slave *(syn. àbòyótɔ́ , àbòyóví, àd̪ɔ̀kɔ́, àmè fèflè, dzògbèví, fièkpɔ́mè, gàmèmè, gbɔ̀ví, hòmè, kòsì, ŋdɔ̀ví, ŋkèkèví)* 2. a captive

Klúví : n. Klouvi (a first name given to males)

klúvímènɔ̀nɔ̀ : n. 1. servitude 2. slavery

klúvínyényé : n. 1. the state of being a slave 2. the state of being in servitude

klúvísísí : n. 1. the act of fleeing slavery 2. the state of being abandoned on a deserted island

klúvísìtsàlá : n. a slave trader *(syn. klúvítɔ́)*

klúvísìtsàtsà : n. slave trade

klúvítɔ́ : n. 1. a slave owner 2. slave trader *(syn. klúvísìtsàlá)*

klúvítɔ́è : adv. like a slave

klùzí : n. a medicinal plant

kò : v. 1. to make fun of 2. to laugh at 3. to sneer

kò : n. 1. sterile woman 2. childless woman 3. sterility 4. infertility 5. deficiency 6. desire 7. destitution

kò : adv. 1. only 2. on purpose 3. haphazardly 4. then

kò (d̪é - mè) : loc. adv. backwards

kò (d̪ó -) : v. 1. to be destitute 2. to be poor 3. to be sterile (e.g. the earth, a woman) 4. to have no children

kò (tsí -) : v. 1. to be sterile 2. to have no children

kò (àmè) : v. to laugh at (someone)

kò àlɔ́gbɔ́nú, kò àlɔ̀gbɔ́núí : v. 1. to smile 2. to chuckle

kò dɔ̀ ná : v. to make fun of someone because of an illness

kò nú : v. 1. to laugh 2. to sneer 3. to chuckle 4. to giggle kò nú fúnyóé : v. to smile lovingly

kò nú hàhàhà : v. 1. to giggle 2. to laugh nervously 3. to laugh loudly 4. to laugh stupidly

kò nú lè dɔ̀ mè : v. 1. to chuckle softly 2. to laugh quietly

kònú nyɔ́nɔ́é/ nyɔ́ŋóé /nyɔ́góɛ̌ : v. to smile

kò nú tsítsítsí : v. 1. to have a chuckle 2. to laugh nervously 3. to giggle

kó : v. 1. to cut 2. to operate 3. to butcher 4. to carry out 5. to kill (an animal) 6. to skin (an animal) 7. to shave the head 8. to be naked 9. to be bald 10. to make balk 11. to neigh 12. to strip 13. to be stripped 14. to uncover

kó : n. 1. gizzard 2. stomach (of a bird or animal) 3. a tall reed

kó : intj. 1. pleasant surprise 2. indignation

kó (- àmè) : v. 1. to bleed someone 2. to make an incision in order to eradicate a disease/sickness 3. to perform surgery on someone

kó dzí (ɖé -) : loc. in words

kó dzó : v. to take a nap

kó ɖà : v. 1. to cut one's hair 2. to shave one's hair

kó fú : v. 1. to mow 2. to shear off

kó fú lè ... ŋú : v. to shear off

kó là̃ : v. 1. to butcher 2. to skin (e.g meat)

kó mɔ́ : v. to go through

kó tà : v. to shave one's head

kòbàà : adj. curved

kǒbí : n. 1. terai pompano 2. atlantic horse mackerel (syn. àkpálá, kpálá̃)

kóbókóbó : id. 1. quickly 2. nimbly (syn. kóbóló)

kóbókóbó (fò ... -) : v. to seriously insult (somebody)

kóbóló : id. 1. quickly 2. nimbly (syn. kóbókóbó)

kóbù : n. waterbuck

kòdógólí : n. common sandpiper

kódzé : adj. squat

kòdzì : n. hoe

kòdzìdàdà : n. blow hoe

kòdzó : n. 1. court (of justice) 2. trial 3. court session 4. lawsuit

kòdzó (ɖó - , drɔ́ -) : v. 1. to do a trial 2. to judge a case

kòdzó (ɖó - ná) : v. to judge

kódzó : n. 1. cache-sex 2. thong

kòdzòbí : n. hawthorn fruit

kòdzóɖófé : n. 1. court 2. tribunal

kòdzóɖófé kɔ́kɔ́, kòdzóɖófé kɔ́kɔ́gá̃ : n. supreme court

kòdzóɖólá : n. 1. judge 2. magistrate

kòdzòè, kòdzùì : n. hoe

kódzóé : n. 1. a small red antelope/ red duiker 2. a name given to the leopard kòdzógà : n. a belll that is rang to call people to court

kòdzógá̋ : n. appeal court

kòdzógbàʊònù : n. court of cassation

kòdzògbè : n. the world of the living

kòdzògbèáwó : n. the living

kòdzógbùgbɔ̀yɔ́ : n. appeal (in court)

kòdzógbùgbɔ̀yɔ́ʊɔ̀nù : n. appeal court

kòdzómè : n. court

kòdzrà, kòdzràkòdzrà : id. 1. heavy and awkward movment *(syn. kòndzrà, kòndzràkòndzà)* 2. clumsy and unsightly

kódzɔ́ : adj. bristling

kódzɔ́ (wɔ̀ -) : v. to bristle

kòɖà : adj. 1. thin 2. skinny

kòɖàà : id. 1. thin 2. skinny

kòɖì : adj. dirty

kòɖòò : adj. big (e.g head)

kóɖóó : adj. small (e.g head)

kòɖóɖó : n. 1. deprivation 2. poverty 3. sterility

kóɖóé : adj. 1. only 2. merely

kòɖólá : n. 1. poor person 2. wretched person

kóɖóó : adj. 1. solitary 2. desolate

kóɖóó (lè - /nɔ̀ -) : v. 1. to be deserted 2. to be isolated

kòé : n. 1. only 2. merely

Kòfí : n. Kofi (the first name of a boy born on Friday)

Kòfivi : Kofivi (the first name of a second Kofi living in the same household)

kòfiwɔ̀dɔ́ : n. 1. reel 2. spool

kòfòò : adj. 1. curve 2. curved

kògà : n. straightjacket

kògò : n. 1. circumference 2. dimension

kòglòmàdígúí : n. tadpole

kògbè : n. 1. the outer side 2. outside

kòhòè : n. the poor

kòklò : v. to fail

kòkló : n. 1. hen 2. fowl

kòkló fḗ : n. 1. chicken 2. fowl

kókló (yà - ɖé dzì mè) : v. to stretch

kókló : adj. faded

kòklóàzinɔ̀ : n. hen

kòklóɖàmè : n. ocimum basilicum (a culinary plant that belongs to the family of mints and is native to the tropical regions of central africa and southeast asia)

kòklódzà : n. 1. chicken coop 2. a tub

kòklòfú : n. 1. fluff 2. feather of a fowl

kòklókókó : n. 1. others ways 2. other customs

kòklókpó : n. hen coop

kòklónɔ̀ : n. hen

kòklòò : adj. 1. shriveled 2. stiff 3. dry

kòklótàdzòɛ́ : n. 1. crest 2. indian turnsole

kòklòtsú : n. 1. cock 2. rooster

kòklótsú tátá : n. capon

kòklótsùí : n. 1. tonsil (Rongier, Dictionnaire éwé-français, 2015) 2. mumps (Dzobo, 2015) (syn. ántòɖóé, áŋkpɔ̀bɔ́é, àzàgèdèʋùì, àzègèɖèfí, àzègèɖèʋòé, àzègèɖèʋùí, àzògèɖèbùí, kìtìkpɔ̀bɔ̀, kìtìkpɔ̀bɔ́é, kìtsìkpɔ̀kpɔ̀, kɔ̀klòtsùí, kɔ̀kùí, kpìtìàŋkpɔ̀bɔ́è, zègèdèʋùí)

kòklóví : n. chick

kòklóvíhá : n. brood

kòklóvínɔ̀ : n. mother hen

kòklóvínɔ̀ (ɣlètíví -) : n. 1. a galaxy of stars 2. a type of constellation (of stars) (syn. ʋùsì)

kòklóxɔ̀ : n. hen coop

kòklóyɔ́è : n. chicken louse

kòklózì : n. chicken egg

kòklózìtsró : n. egg shell

kòkò : n. 1. laughter 2. mockery 3. sarcasm 4. disdain 5. appeal 6. supplication

kòkò : adj. 1. ridiculous 2. honor 3. dirty

kòkò : adv. absolutely

kòkò (fò - ná) : v. 1. to implore 2. to beg

kòkò (nú -) : n. 1. filth 2. scrap 3. rubble

kòkó : n. supplication

kòkó : n. 1. baldness 2. skinning 3. disembowelment

kòkó : n. cocoa

kókò : n. haemorrhoids/piles

kókó : n. tadpole (syn. kókóví, kókúí)

kókó : adj. 1. bald 2. hairless

-kókó : n. act of butchering or cutting into pieces (of an animal)

kòkòbà : n. a type of squirrel (syn. àdédé, àdɔ̀, àdɔ̀è, àɖùdɔ̀, ágboè, àkɔ̀dɔ̀è, ànyɔ́ŋɔ́nɔ́è, àtsíákúí, àwúyɛ́, kàdzídɔ́è, kàsànúí, kɛ́ndè, klúlù, krúɖù)

kòkòɖàbì : n. loach

kòkòè : adj. 1. of something that is funny 2. ridiculous (syn. kòkùì)

kòkòè (ɖì -) : v. to be funny

kókóé : n. bread baked in leaves (syn. kókúí)

kókóé : adj. 1. bare 2. bald 3. naked 4. skinned

kòkòètɔ́ : n. clown

kòkòfìlòè : adj. a kind of arrow used by children

kòkòfòfò : n. 1. appeal 2. prayer 3. supplication

kòkógblè : n. cocoa plantation

kòkòkò : adj. 1. rickety 2. of something that is shaky

kòkòkò : adv. 1. absolutely 2. at all cost 3. no matter what 4. only 5. still

kòkòkò ... ɖáá : loc. adv. always

kòkókú : adv. 1. cocoa pod/seed (that is used in making chocolate)

kòkókpɔ́nɔ́ : n. chocolate

kòkòlìì : adj. 1. naked 2. of not having a tail 3. small

kòkómɔ́ : n. cocoa line (railway)

kòkòŋté : n. kokonte (a simple dish made from dried and pounded cassava, or manioc, root and takes upon a brown appearance once made) (syn. kòkòté, kòŋgònté, kòŋgòté)

kòkòŋtékplɛ́ : n. a meal of made of kokonte dough

kòkòŋtéwɔ́ : n. kokonte flour

kòkòòkò : adv. 1. absolutely 2. at all cost 3. no matter what 4. still

kòkòté : n. 1. kokonte (a simple dish made from dried and pounded cassava, or manioc, root and takes upon a brown appearance once made) (syn. kòkòŋté, kòŋgònté, kòŋgòté) 2. copra (dried coconut meat yielding coconut oil) (syn. kóprà, nékòkòté)

kòkótí : n.cocoa tree

kòkòtsítsí : n. a type of fish with a stinger

kókóví : n. tadpole (syn. kókó, kókúí)

kòkùì : n. threshold

kòkùì : adj. 1. of something that is funny 2. ridiculous (syn. kòkòè)

kòkùì (ɖi -) : v. to be funny

kókúi : n. tadpole (syn. kókóví, kókó)

kókúí : n. bread baked in leaves (syn. kókóé)

kòkùnyígbá : n. calcareous ground

kòkùtí : n. yoke

kòlá : n. 1. scoffer 2. mocker

kólèrà, kòlèrá : n. cholera

kòlèstèrɔ́l : n. cholesterol

kòli : n. knee (syn. klò)

kólí : n. poor person

kólíá : n. solitude

kólíá : adj. alone

kólíágbè : n. 1. lonliness 2. lonely place

kòlìàlìàtɔ́ : n. stubborn person

kòligbógbó : n. a type of lily (syn. klógbógbóé)

kòlíkò : n. 1. fried yam 2. fried potato 3. blanquillo / zebra tilefish

kòlìkòlì : adj. 1. blaze 2. burned 3. scorched

kòlíkòlì : id. noise produced when large animals are running

kòlíkòtɔ́ : n. fried yam/potato seller

kòlìlì : n. heap

kòlìmàtsìfɛ́ : n. swelling of the knee (syn. klòmàtsìfɛ́)

kòlò : n. ceramic bowl

kòló : n. large flat plate

kóló : n. 1. vagina *(syn. àŋlɔgònù, àŋlɔmè, àŋlɔnù, ḍò, ḍòmè, gɔ̀mè, nyɔ́nùmè)* 2. vulva

kólófú : n. vagina (pubic) hair

kólókóló : n. 1. carefully 2. diligently

kòlònél : n. colonel

kólótí : n. clitoris

kólótógbà : n. vulva (lips of the vagina)

kólɔ̀kì : n. symposium

kòmá : n. coma *(syn. àbò, dzìdzì, ḍǐ mè, fènyí, gbàfà)*

kòmàndǎ : n. commanding officer

kòmàndó : n. commando

kòmèdzà : n. mane (long and heavy hair that grows about the neck and head of some mammals (e.g horses and lions) *(syn. kɔ̀dzá, kɔ̀mèdzà)*

kòmìtí : n. committee

kòmúnyɔ̀ : n. communion

kòndòò : adj. curved

kòndòò (bí -) : v. to be curved

kòndzrà, kòndzràkòndzà : id. heavy and awkward movment *(syn. kòdzrà, kòdzràkòdzrà)*

kóndɛ́ɛ́ : adj. 1. lean 2. flat (belly)

kɔ́plò : n. corporal

kónò : n. cone

kònɔ̀ : n. 1. sterile/barren woman 2. an animal that has no babies

kònɔ̀ (nyé -) : v. to be sterile

kònùí : n. tickling *(syn. kònùíkònùí)*

kònùí (dó - ná) : v. to tickle

kònùíkònùí : n. tickling *(syn. kònùí)*

kònúkònùídódó : n. the act of tickling

kònúkònùídógà : n. spur (a sharp pointed object that is attached to the heel of a horse rider's boot and that is pressed into the horse's side to make the horse go faster)

kónùkùì : n. stomach (of a bird)

kònyàà : adj. 1. slow 2. motionless

kònyí : n. 1. lamentation 2. supplication

kònyí (fà -) : v. 1. to lament 2. to beg

kònyí (fà - lè...ŋú) : v. to lament over a cirumstance (e.g death)

kònyífàfà : n. 1. lamentation 2. complaining 3. mourning

kònyífàlá : n. one who laments

kònyìkònyì : adj. 1. curly 2. frizzy 3. shriveled 4. wrinkled

kóŋ : adj. 1. calm 2. silent 3. particular 4. exact

kóŋ : adv. 1. especially 2. perfectly 3. simply

kóŋkò : n. 1. tin can 2. small metal container *(syn. gànúgúí, gànúví)*

kòŋlòò : adj. id. 1. aligned 2. rolled up

kòŋgó : n. whooping cough *(syn. dzàŋkrɔ́ɛ́, kɔ́kɔ́dzàyé, kɔ́kɔ́dzàyè, kɔ̀ŋkɔ̀dzàyè, kɔ̀ŋkɔ̀ŋṹí, kpétri)*

kòŋgònté, kòŋgòté : n. kokonte (a simple dish made from dried and pounded cassava, or manioc, root and takes upon a brown appearance once made) *(syn. kòkòŋté, kòkòté)*

kóò ! : intrj. oh ! (unpleasant surprise or indignation)

kóprà : n. copra (dried coconut meat yielding coconut oil) *(syn. kòkòtè, nékòkòté)*

Kòrã́ : n. Koran

kòsà (**bɔ̀** -) : v. to repair superficially (something that is broken)

kòsì : n. slave (female) *(syn. àbòyótɔ́ , àbòyóví, àḍɔ́kɔ́, àmè fèflè, dzògbèví, fièkpɔ́mè, gàmèmè, gbɔ̀ví, hòmè, klúví , ŋdɔ̀ví, ŋkèkèví)*

Kòsì : n. Kossi (a feminine first name)

kòtà : n. coaltar

kòtò : n. snail (a small spieces of snail)

kòtò : adj. 1. round 2. circular

kòtòò (lè - nɔ̀ -) : v. 1. to be round 2. to be circular

kòtòdzɛ̀ : loc. adv. in slices

kòtòdzɛ̀ : n. 1. washer 2. ring *(syn. kòtògbàdzɛ̀)*

kòtòè : adj. 1. round 2. circular *(syn. kòtòklò)*

kótóé : adj. id. 1. small and round 2. curved

kótóé (lè - /nɔ̀ -) : v . to be small and round

kòtògbàdzɛ̀ : n. 1. washer 2. ring *(syn. kòtòdzɛ̀)*

kòtòklò : adj. 1. round 2. circular *(syn. kòtòè)*

kòtòklóbó : n. 1. a type of tree of the genus commiphora whose bark is used to make perfume 2. frankincense (Agbeny La, 1988, 2006, 2020, S. Mateo 2:11)

kòtòkò : n. porcupine *(syn. ànyɔ̀, dzìdzá, dzrìdzá, hlɔ̀màdé, hlɔ̀màdí)*

kòtòkótóè : n. a type of beans

kòtókrò : n. speckled tinkerbird

kòtókròḍú : n. wasp (reddish in colour) *(syn. àdzàdzà, àzàgbá, dzàdzá, kpɔ́tɔ̀klùví, lìlî, vã́, vávã́)*

kòtòkú : n: 1. pocket 2. bag 3. pouch 4. envelop

kòtòkúví : n. 1. wallet 2. case

kòtòò : adj. id. 1. curved 2. arched

kòtɔ́ : n. a poor person

kòtsítsí : n. 1. sterility 2. infertility (of a woman)

kòtsò : v. to rinse (the mouth)

kótsó : adj. 1. naked 2. bare 3. exclusive

kótsókótsó : adj. id. 1. alone 2. one by one 3. exclusive

kòtsòò : adj. id. in grains

kòtsóó : id. 1. exclusively 2. only

kótúí (xɔ̀ -) : n. a small annex to the house of an animist priest, in which he keeps his objects of worship

kòxàà̰ : id. curved

Kòwétì : n. Kuwait

kɔ̀ : v. 1. to be clear 2. to be bright 3. to be transparent 4. to be visible 5. to illuminate 6. to not be drunk anymore 7. to be pure (religion) 8. to be holy 9. to be calm 10. to be conscious 11. to be in good health 12. to be tidy 13. to be in order 14. to be sparse 15. to be sincere 16. to empty 17. to pour 18. to spill 19. to prune (a tree) 20. to chop/fell a tree 21. to make a way by cutting branches (of a tree)

kɔ̀ : n. 1. neck *(syn. vè* 2. family *(syn. hlɔ̀, kɔ̀mè, sà̰, tó)* 3. parents 4. customs 5. tradition 6. totem 7. something that is forbidden 8. edge 9. being satisfied after drinking (water)

kɔ̀ : adv. 1. continuously 2. often

kɔ̀ (ɖi -) : v. to play *(syn. gblé, ɖè gbɔ̀, ɖi kɔ̀, fé)*

kɔ̀ (ɖó - ɖá) : v. 1. to bring one's neck 2. to pull one's neck

kɔ̀ (ɖɔ̀ -) : v. 1. to introduce (somebody) 2. to initiate (somebody)

kɔ̀ (émḛ̀ -) : v. 1. to be clear 2. to be understandable

kɔ̀ (lằmè -) : v. to be in good health

kɔ̀ mè (lè - /nɔ̀ -) : v. to be forbidden

kɔ̀ (mé - ò) : v. 1. to be dirty 2. to be unclean 3. to be unhealthy

kɔ̀ (mò -) : v. 1. to be sober 2. to be calm 3. to look good (in the face) 4. to be awake 5. to find one's way (after getting lost e.g on a route) 6. to be clean

kɔ̀ (mò - ná) : v. 1. to be awake 2. to look good (in the face) 3. to be sober

kɔ̀ (nyé -) : v. to be forbidden

kɔ̀ (nyì -) : v. 1. to respect a prohibition 2. to respect a totem

kɔ̀ (tsɔ́ -) : v. to have the same habits/behaviour as (e.g one's father or mother)

kɔ̀ dɔ̀mè ná : v. to do good to

kɔ̀ ... ɖé ... mè : v. to put into

kɔ̀ ... mè : v. 1. to untangle 2. to manage

kɔ̀ ... ŋú : v. 1. to inaugrate 2. to purify

kɔ́ : v. 1. to raise (something e.g one's voice) 2. to be tall 3. to have a respectable position 4. to honour (e.g somebody) 5. to carry 6. to transport

kɔ́ : n. 1. lump (e.g of sand) 2. mass 3. clot 4. heap 5. termite mound 6. knot 7. ball (of string) 8. fist 9. fight 10. boxing 11. neighbourhood

kɔ́ (dà -) : v. 1. to fight 2. to punch

kɔ́ (ɖó -) : v. 1. to make a heap 2. to build a termite mound

kɔ́ (ɖó -) : v. to pile up

kɔ́ (glì -) : v. to punch (e.g on the head)

kɔ́ (ŋlɔ́ -) : v. to clench one's fist

kɔ́ (sà -) : v. to tie a knot

kɔ́ (tɔ́ -) : v. to punch

kɔ́ ... dzí : v. to raise (e.g one's voice)

kɔ́ ɖé dzí : v. 1. to raise (e.g one's hand) 2. to pull up

kɔ́ ... ɖé ... dzí : v. to put on

kɔ́ ... ɖé ... mè : v. to pour into

kɔ́ ... ɖókúì : v. to boast

kɔ́ fò ... tà : v. to dominate

kɔ́ nù lè ... dzí : v. to reveal

kɔ́ ... ŋútí : v. to sanctify

kɔ́ ... vɛ̀ : v. to bring something

kɔ́ ... yì dzí : v. to raise

kɔ́bà : n. a penny

kɔ̀bì̂ : n. ocher earth

kɔ́blì : n. copper

kɔ́blìakùakùtɔ̀ : adj. cupric

kɔ́blìnɔ̀mètɔ̀, kɔ́blìtɔ̀ : adj. coppery

kɔ́dàdà : n. 1. boxing 2. brawl 3. fighting

kɔ́dàfé : n. a place of fight

kɔ́dàgbà, kɔ́dàféàgbà : n. a platform surrounded by ropes, where boxing, wrestling, martial arts or any other other fighting sports arts are practiced

kɔ́dàlá : n. 1. fighter 2. boxer

kɔ̀dzá : n. mane (long and heavy hair that grows about the neck and head of some mammals (e.g horses and lions) (syn. kòmèdzà)

kɔ̀dzètídɔ̀ : n. meningitis

kɔ́dzédétí : n. a variety of cotton (syn. ɖètí)

kɔ̌dzí : n. 1. hospital 2. clinic (syn. àtíkèwɔ̀fé, dɔ̀nɔ̀kɔ̌dzí, dɔ̀yɔ̀fé, ɖɔ́kítà, ɖɔ́kítàkɔ̌dzí, gbèdàfé)

kɔ̌dzíví : n. 1. clinic 2. dispensary

Kɔ̀dzó : n. Kodzo (the name of a male born on Monday) (syn. Kwadzó)

kɔ̀dzɔ̀ɔ̀ : id.. 1. having one's legs apart 2. puffy 3. heaped up 4. badly done 5. clumsy

kɔ̀dzràsà : n. a dog-sized predator

kɔ̀ɖì : n. 1. an act of playing 2. game

kɔ̀ɖìɖì : n. 1. an act of playing 2. satisfaction 3. conviction 4. quenching thirst

kɔ̀ɖìfé : n. playground

kɔ̀ɖínú : n. 1. toy 2. a thing of no importance

kɔ̀ɖɔ̀bɔ̀è : adj. adv. 1. feigned 2. lacking naturalness

kɔ̀ɖɔ̀bɔ̀è (wɔ̀ -) : v. to be unnatural

kɔ̀ɖɔ̀ɖɔ̀ : n. 1. ceremonies 2. custom 3. the act of designating the ancestors of a deceased person during a funeral ceremony

kɔ́ɖɔ́fòyìmì kɔ̀kɔ̀sìsì : n. extreme unction

kɔ̀ɖɔ̀kɔ́ɖɔ́é (yɔ́ -) : v. to be full to the brim

kɔ̀é : n. 1. heap 2. a little piece 3. tuft

kɔ̌é : n. soap (syn. àɖì̌, àdzàlɛ̂, èkɔ̀é)

kɔ̀èkɔ̀è : n. blue-spotted sea bass

kòèsá : n. 1. vine 2. creeping plant *(syn. kà, gàkà)*

kɔ́fɛ̀, kɔ́fì : n. coffee *(syn. káfè)*

kɔ́fɛ̀gblè, kɔ́fìgblè : n. coffee plantation

kɔ́fètí, kɔ́fìtí : n. coffee tree

kɔ́fé : n. village

kɔ́fégá : n. 1. hamlet (small group of houses away from a village) 2. a small village

kɔ́fémèsùkù : n. rural school

kɔ́fétɔ́ : n. 1. someone who resides in the village 2. someone who operates an agricultural estate (in the village) 3. bushman 4. redneck 5. villager

kɔ́fétɔ̀ : adj. 1. rural 2. peasant

kɔ̀gà : n. 1. clavicle *(syn. kɔ̀tí)* 2. iron that is put on the neck to chain

kɔ́gìglì : n. the act of giving a pat on the head

kɔ̀glɔ̃̀ɔ̃̀ : adj. 1. crooked 2. twisted 3. curved

kɔ́gò : n. 1. exterior 2. exterior surface 3. circumference

kɔ́gbè : n. 1. outer side 2. frontier

kɔ́kè : n. 1. cork (e.g of a bottle) 2. stopper 3. plug

kɔ́kèsùkúlù : n. corkscrew

kɔ̀klòtsùí : n. 1. tonsil (Rongier, Dictionnaire éwé-français, 2015) 2. mumps (Dzobo, 2015) *(syn. ántòɖóé, áŋkpɔ̀bɔ́é, àzàgèdèvùì, àzègèdèfí, àzègèdèvòé, àzègèdèvùí, àzògèdèbùí, kìtikpɔ̀bɔ̀,, kìtikpɔ̀bɔ́é, kìtsikpɔ̀kpɔ̀, kòklótsùí, kɔ̀kùí, kpìtiàŋkpɔ̀bɔ́è, zègèdèvùí)*

kɔ̀klóvà : n. a big snail

kɔ́klí : n. corn dough which has been grounded into grits

kɔ́klíɖzògbɔ́ : n. a type of porridge made of corn dough which is typical for the Eʋes in West Africa

kɔ̀kɔ̀ : n. 1. clarity 2. purity 3. neatness 4. holiness

kɔ̀kɔ̀ : adj 1. clean 2. pure 3. neat 4. holy

kɔ̀kɔ́ : adj. 1. height 2. altitude 3. chuckle

kókɔ́ : v. 1. to cackle 2. to giggle 3. to stutter *(syn. kúkɔ́)*

kɔ́kɔ́ : n. superiority

kɔ́kɔ́ : adj. 1. honoured 2. esteemed 3. hight

kɔ̀kɔ́ (xɔ̀ -) : v. to receive honours

kɔ̀kɔ́dzàyé, kɔ́kɔ́dzàyè : n. a strong cough/pertussis *(syn. dzàŋkrɔ́é, kòŋgó, kɔ̀kɔ́dzàyé, kɔ́kɔ́dzàyè, kɔ̀ŋkɔ̀dzàyè, kɔ̀ŋkɔ̀ŋùí, kpétri)*

kɔ̀kɔ̀bò : n. dwarf mongoose

kɔ̀kɔ̀bó : n. ano-rectal prolapse/eruption in the anus *(syn. àzizi, kplẽ̀)*

kɔ̀kɔ̀ɖá : n. emptying

kɔ̌kɔ́ɖédzí : n. 1. praise 2. exaltation

kɔ̀kɔ̀ɖí : n. 1. the act of pouring (something) 2. debit 3. yield kɔ̀kɔ̀ɖìì : adj. adv. 1. awkwardly 2. clumsy 3. clumsily

kɔ̀kɔ̀ɖikɔ̀ɔ̀ : adj. id. 1. fat 2. chubby 3. corpulent

kɔ̀kɔ̀è : adj. 1. clear 2. clean 3. holy 4. pure

kɔ̀kɔ̀è : adv. 1. properly 2. neatly

kɔ́kɔ́è : n. ringworm *(syn. àbálà, àflíbátá, àgblà, ànyàmà, bàlà, flíbátá, fòkpòfòkpò, kàvègɛ̌, zɔ̀lélé, zɔ̀lí̃, zɔ̀lìlí̃)*

kɔ̀kɔ̀èfé : n. 1. holy place 2. healthy environment

kɔ̀kɔ̀ènɔ̀nɔ̀ : n. 1. purity 2. holiness 3. fidelity *(syn. kɔ̀kɔ̀ènyényé)*

kɔ̀kɔ̀ènyényé : n. 1. purity 2. holiness 3. fidelity *(syn. kɔ̀kɔ̀ènɔ̀nɔ̀)*

kɔ̀kɔ̀ètɔ́ : n. a saint

kɔ̀kɔ̀èwɔ̀wɔ̀ : n. sanctification

kɔ̀kɔ́fè : n. 1. high place 2. mountain peak 3. elevation

kɔ́kɔ́kɔ́ : id. sound produced when one knocks on a door

kɔ́kɔ́kɔ́ : id. in a heap

kɔ́kɔ́lí : n. 1. dumping ground 2. disposal *(syn. àɖùkpó, gběkɔ̀ɖɔ́fé, gbèlɔ́fé, kɔ́lì)*

kɔ̀kɔ̀límàkɔ̀ : n. a variety of yam

kɔ́kɔ́lító : n. an area where refuse is dumped

kɔ̀kɔ̀mè : n. 1. debit 2. output

kŏkɔ́mè : n. 1. height 2. elevation 3. altitude

kɔ̀kɔ̀tè : n. 1. a type of seafish 2. smooth-mouth sea catfish 3. giant sea catfish

kɔ̀ktél : n. cocktail

Kɔ̀kú : n. a first name given to a male born on Wednesday (Koku)

kɔ̀kúí : n. 1. tonsil (Rongier, Dictionnaire éwé-français, 2015) 2. tonsillitis *(syn. èkɔ̀ŋúnú, kɔ̀ŋúnú, kɔ̀ŋúnúí, vèmèvéé)* 3. mumps (Dzobo, 2015) *(syn. ántòɖóé, áŋkpɔ̀bɔ́é, àzàgèdèʋùì, àzègèɖèfí, àzègèɖèʋòé, àzègèdèʋùí, àzògèdèbùí, kìtikpɔ̀bɔ̀, kìtikpɔ̀bɔ́é, kìtsikpɔ̀kpɔ̀, kòklótsùí, kɔ̀klòtsùí, kpìtiàŋkpɔ̀bɔ́è, zègèdèʋúí)*

kɔ̀kùì (ɖì -) : v. to be ridiculous

kɔ̀kùtí : n. yoke

kɔ́kpékpé : n. round (as in time frame e.g first round of boxing)

kɔ́kpò : n. ball (made of thread)

kɔ́kpɔ́ : n. necklace (jewellery)

kɔ́kpɔ́ (ɖè -) : n. to remove a necklace

kɔ́là : n. 1. necktie 2. flying tie 3. cravat

kɔ́lédzì : n. 1. college 2. high school

kɔ́lédzì ɖòfé èvèliá : n. high schoo

kɔ́lédzìví : n. high school student

kɔ̀lèɛ̀ : id. of having a long neck

kɔ́lì : n. 1. dumping ground 2. disposal *(syn. àɖùkpó, gběkɔ̀ɖɔ́fé, gbèlɔ́fé, kɔ́kɔ́lí)*

kɔ̀liáɖé : n. a type of herb whose seed is used in treating meningitis kɔ̀lìàlìà : n. 1. torticollis 2. obstinacy

kɔ̀lìàlìà : adj. describes a person who has a torticollis

kɔ̀lìàlìàtɔ́ : n. 1. someone who has torticollis 2. stubborn person 3. wayward animal

kɔ̀lìì : id. 1. in thick curls 2. in large numbers (syn. kɔ̀tɔ̀ɔ̀)

kɔ̀lìlì : n. piling up

kɔ́lílí : n. heap

kɔ̀lɔ̀kɔ̀lɔ̀ : n. a type of wild dove

kòmè : n. 1. collar (of a clothing) 2. members of the same family living together (syn. hlɔ̃̀, sɑ̃̀, kɔ̀, tó)

kòmèblànú : n. 1. necklace 2. scarf 3. something that is put around the neck

kòmèdùnyàgblɔ̀hɑ́ : n. basic/base cell

kòmènùí : n. winged termite

kómègá : n. district manager

kòmètɔ́ : n. member of a family

kòmìnízmì : n. communism

kòmínyɔ̃̀ : n. communion

Kómlá : n. Komla (a first name of a male born on Tuesday) (syn. kwàmlá, kwámlá)

kɔ̀mɔ̀è : n. snare (syn. mɔ̃̀)

kòmèdzà : n. mane (syn. kɔ̀dzá, kòmèdzà)

kɔ̀mpá / kɔ̀mpásì : n. compass

kɔ̀mprèsìɔ̃́ : n. compression

kɔ̀ndɔ̀ɔ̀ : adj. 1. curved 2. hooked

kɔ̀ndɔ̀bɔ̀ : n. a variety of yam

kónòtsì : n. a reed straw used for drinking water or palm wine

kóntì : n. account

kɔ̀ntrá : n. contract

kɔ̀ntròlá : n. controller

kɔ̀nú : n. 1. traditional ceremony 2. custom 3. tradition 4. initiation (rite) 5. totem

kɔ̀nùgé . n. necklace

kɔ̀núgblɛ̃́yí : n. leerfish (syn. àsìàbí, dɔ́gòvàd̪ùmí)

kɔ̀nùí : n. tonsils (syn. kɔ̀ɲí)

kɔ̀númàtrɔ́ : n. tradition

kɔ̀núwó : n. 1. customs 2. rites

kɔ̀núwɔ̀wɔ̀ : n. 1. traditional ceremony 2. ceremony of initiation

kɔ̀nyèmàdé : n. digitalis (a medicinal/poisonous herbaceous plant (digitaline) bearing a long cluster of pendulous flowers with a corolla in the shape of a finger-stall) (syn. àdèflò)

kɔ̀nyìnyì : n. 1. honouring a totem 2. religion 3. observance of rituals

kɔ̀nyìlá : n. one who observes rituals

kɔ̀nyɔ̀ɔ̀ : adj. id. thick (e.g. soup, porridge, pasta)

kóŋlítì : n. 1. concrete wall 2. concrete

kɔ̀ŋlɔ̀ɔ̀ (lè -/ nɔ̀ -) : v. to be prominent

kɔ̀ŋgrɛ́ : n. congress

kɔ̀ŋklávì : n. conclave

kɔ̀ŋkɔ́ : n. glass (for drinking)

kɔ̀ŋkɔ́ (àgbèlì -) : n. dish of pounded cassava with palm oil

kɔ̀ŋkɔ̀dzàyè : n. whooping cough *(syn. dzàŋkrɔ̀ɛ́, kòŋgó, kɔ̀kɔ́dzàyé, kɔ́kɔ́dzàyè, kɔ̀ŋkɔ̀ŋʋ̀í, kpétrì)*

kɔ́ŋɔ́ŋlɔ́ : n. 1. fist 2. clenching of the fist

kɔ̀ŋkɔ̀ŋʋ̀í : n. whooping cough *(syn. dzàŋkrɔ̀ɛ́, kòŋgó, kɔ̀kɔ́dzàyé, kɔ́kɔ́dzàyè, kɔ̀ŋkɔ̀dzàyè, kpétrì)*

kɔ̀ŋkɔ̀ŋʋ̀ítíkè : n. whooping cough medicine

kɔ̀ŋí : n. 1. tonsil 2. jugular gland *(syn. kɔ̀nʋ̀í)*

kɔ́ŋù : n. kenkey *(syn. ɖɔkúnú)*

kɔ̀ŋúnú : n. tonsillitis *(syn. èkɔ̀ŋúnú, kɔ̀kúí, kɔ̀ŋúnúí, vèmèvéé)*

kɔ̀kúí : n. 1. tonsil (Rongier, Dictionnaire éwé-français, 2015) 2. tonsillitis *(syn. èkɔ̀ŋúnú, kɔ̀ŋúnú, kɔ̀ŋúnúí, vèmèvéé)*

kɔ̀ɔ̀ : adv. 1. immediately 2. right away

kɔ̀ɔ̀kɔ̀ɔ̀ : id. unfairly

kɔ̀ɔ̀kɔ̀ɔ̀ (drɔ́ ʋɔ̀nù -) : v. to judge unjustly

kɔ́pò : n. 1. drinking glass 2. cup

kɔ́pòví : n. 1. cup 2. small cup

kɔ̀rístà : n. chorister

kɔ́sàsà : n. tying a knot

kɔ̀sétì : n. concert

Kɔ̀sí : n. Kosi (a first name of a male born on Sunday) *(syn. Kwàsí)*

kɔ̀síl : n. council

kɔ̀sídá : n. 1. Sunday *(syn. àgblètɕègbè, kɔ̀sídágbè, kwàsídá, kwàsídágbè)* 2. week

kɔ̀sídá ƒé nùwúwú : n. week-end

kɔ̀sídágbè : n. Sunday *(syn. àgblètɕègbè, kɔ̀sídá, kwàsídá, kwàsídágbè)*

kɔ̀sìì : adj. id. 1. heaped up 2. full

kɔ̀símègònì, kɔ̀shímègònì : n. cosmology

kɔ̀símèlógó, kɔ̀shímèlógó : n. cosmology

kɔ̀smɔ̀s : n. cosmos

kɔ̀sìɔ̀kɔ́ : n. kwashiorkor *(syn. kɔ̀syɔ̀kɔ̀)*

kɔ̀sɔ̀kɔ́sɔ́ : n. 1. chain 2. pendant

kɔ̀sɔ̀kɔ̀sɔ̀fɔ̀tímɔ̃̀ : n. caterpillar (machine)

kɔ̀sùlá : n. consulat

kɔ̀súl : n. consul

kɔ̀syɔ̀kɔ̀ : n. kwashiorkor *(syn. kɔ̀sìɔ̀kɔ́)*

kɔ̀tà : n. 1. ethnicity 2. tribe

kɔ̀tà- : adj. 1. ethnic 2. tribal

kɔ̀tàɖèɖè : n. racism *(syn. kɔ̀tàtsìtsrì)*

kɔ̀tàɖèlá : n. racist

kɔ̀tàgbè : n. dialect

kɔ̀tàtɔ́ : n. 1. ethnic group 2. people of the same tribe

kɔ̀tàtsìtsrì : n. racism *(syn. kɔ̀tàḍèḍè)*

kɔ́téé : adj. 1. concrete 2. particular

kɔ́téé : adv. 1. perfeclty 2. without any doubt

kɔ̀tèfé : n. 1. fight 2. a place where one fought

kɔ̀tí : n. 1. clavicle *(syn. kɔ̀gà)* 2. atlas (bone) 3. axis (bone)

kɔ́tí : n. fist

kɔ̀tó : n. edge *(syn. kɔ̀tóé)*

kɔ̀tòè (àmè -) : n. last person in a row/line

kɔ̀tóé : n. edge *(syn. kɔ̀tó)*

kɔ̀tɔ̀klɔ́ : n. 1. hinge 2. pole used to move a boat

kɔ́tɔ́klɔ́ : n. wooden hook used to pull weed that are to be cut with a machete

kɔ̀tɔ̀kɔ̀ : n. 1. ant magnan *(syn. àʋàwɔ̀lá, klikásìví, mànyàḍéḍì, zànúvɔ́é)* 2. hedgehog

kɔ́tɔ́lá : n. someone who threw a punch

kɔ̀tɔ̀kɔ̀lî : n. 1. goitre *(syn. àgbà, àgbɔ́, àkɔ́nɔ̀è, àvɔ̀, ègò, gò)* 2. crop (of a bird)

kɔ̀tɔ̀ɔ̀ : id. in large numbers *(syn. kɔ̀lìì)*

kɔ́tù : n. judicial court *(syn. ʋɔ̀nù)*

kɔ́tɔ́tɔ́ : n. the act of throwing a fist

kɔ́tùtù : n. 1. fist fight 2. boxing

kɔ̀tsyɔ̀kɔ́ḍí : n. a rope made with cotton threads

kɔ́víwó : n. termites

kɔ̀véé : n. neck pain *(syn. èkɔ̀véé)*

kɔ̀ʋúmè : n. 1. cervical plexus 2. neck tendon *(syn. ʋúmè, kɔ̀ʋúmèkà)*

kɔ̀wlà : n. 1. pendant 2. necklace

Kɔ̀wù : n. Kowu (the name of a boy born on Thursday) *(syn. Kɔ̀wùì, Kwàwù, Yàò, Yàwò)*

kɔ́yà : n. 1. choral 2. choir

Kɔ́yàhá : n. choir (group)

kráḍùbá : n. 1. padlock 2. lock

krántè : n. cutlass *(syn. klántè, klátè)*

krátà : n. wrapping paper *(syn. klátǎ)*

kráólù : n. crawl

krémà : n. 1. cream 2. custard 3. sour milk

krílílí : n. cricket

Krísmàsì : n. christmas

Krísmàsìḍùfé : n. christmas celebration

krístòhá : n. christianity

krístòhámè : n. church

krístòhámèsé : n. cannon (set of books recognized by the christian churches as belonging to the Bible)

Krístòhámèséwó nɔ̀vísìléhá : n. Council of the Churches

krístòhátɔ́ : n. ecclesiastical

krístòkɔ̀nyìnyì, krístòxɔ̀sè : n. christianity

krístòtɔ́ : n. christian

Króátíà : n. croatia

kròfìì : id. hollow (face)

krònòmɛ́tà : n. chronometer

krɔ́ŋ : adj. 1. purely 2. exactly 3. clearly 4. intelligibly

krɔ́m / krɔ́mù : n. chromium

krùɖù : n. a kind of squirrel *(syn. àdédé, àdɔ̀, àdɔ̀è, àɖùdɔ̀, ágbòè, àkɔ̀dɔ̀è, ànyɔ́ŋɔ́nɔ́è, àtsíákúí, àwúyɛ́, kàdzídɔ́è, kàsànúí, kéndè, kòkòbà, klúlù)*

kù : v. 1. to drive 2. to steer 3. to row 4. to dig up 5. to scrape 6. to extract 7. to scratch 8. to scoop 9. to draw (e.g water) 10. to harvest 11. to transport

kù : n. 1. thinness 2. drool 3. nocturnal saliva

kù (...) ɖé ... ŋú : v. 1. to suspend on 2. to hang on 3. to hook on 4. to cling on 5. to depend on 6. to hang 7. to dangle

kù (ɖì -) : v. 1. to be thin 2. to be skinny 3. to lose weight

kù (kùxí -) : v. 1. to stop 2. to restrain 3. to have an impediment

kù ... gɔ̀mè : v. 1. to proble (a matter) 2. to discover the secrets of (a matter) 3. to investigate on (a matter)

kù ké ɖé ... dzí : v. to cover in sand

kù ... kɔ̀ ɖé ... dzí : v. to pour over

kù nú mè : v. 1. to document 2. to research

kù ŋútí : v. to scratch oneself

kù sí : v. to turn around (by car)

kù tsì : v. 1. to fetch water 2. to draw water

kù ... vá : v. to import

kù vé mè : v. 1. to cough up 2. to clear one's throat 3. to grumble

kù ... vɛ̀ : v. 1. to go and bring/fetch (something)

kú : v. 1. to die *(syn. yì àʋlìmè, yì bò , dè núgbé, dé àfɔ̀ àtùkpá mè, yì dèmàgbɔ̀núgbé, yì núgbé, vlɔ́, vlɔ́, yì àfégã̌, yì àzìzà ŋú, yì dzògbè, yì gẽ̀ gbɔ́, yì yèɖóxɔ̀fé, yì nákè gbé, yì nú gbé, yì nú xà, yì tɔ̀gbùíáwó gbɔ̀, yì tɔ̀mè, yì tsíè, zù ŋɔ̀lì)* 2. to expire 3. to be finished 4. to end 5. to be barren (earth) 6. to be very sick 7. top blow (e.g horn, trumpet etc.) 8. to whistle 9. to heal (e.g a wound)

kú : n. 1. death *(syn. tságàtsí, tsálágàtsí)* 2. drought 3. shortage (e.g of food) 4. seed 6. grain 7. fruit 8. tablet (of medicine) 9. species 10. kind (of something) 11. quality (of)

kú : adj. 1. alone 2. single

kú (àmè) (dzì -) : v. to be upset/offended

kú (dò -) : v. to wish death

kú (dzì - ì) : v. to be upset/offended

kú (flè - vɛ̀) : v. to bring home a deadly disease

kú (nù -) : n.+ v. 1. to be dismayed 2. to be speechless 3. to be moved

kú àdè : v. 1. to have the jitters 2. to be nervous

kú àhà : v. to be drunk

kú àmègá : v. 1. to be old 2. to become an old man

kú àtɔ́ : v. to crow (e.g cock)

kú dàlì : v. to speak in a low voice about someone who has just died

kú drɔ̀ɛ̃́ : v. to dream

kú dzì : v. 1. to be irritated 2. to be annoyed

kú dzì ná : v. to be angry about/with (something)

kú dzò : v. to be punished by a spell

kú dzódzó : n. sudden death *(syn. kúdzí, kúdí)*

kú ɖì : v. to have dryness/drought

kú fènyì : v. 1. to pass out 2. to be in coma

kú kútrí : v. to persevere

kú kpɛ̃̀ : v. to whistle

kú nù : v. to be surprised

kú nù ná : v. 1. to astonish 2. to surprise

kù nú : v. 1. to be crazy 2. to be alienated

kú tó : v. to be deaf

kú tó ... mè : v. succumb to

kú tsù : v. 1. to loose one's mind 2. to be stupid

kú vùvɔ̀ : v. to be almost frozen to death

kú ʋŭkpɛ̃́ : v. 1. to honk 2. to toot

kùádáyí : n. a variety of water bird

kúbá : n. a mat on which a deceased is put

kúbá (ɖó -) : v. to prepare a death bed

kúbàlì : n. 1. valley of death 2. sunless valley (Agbeny La, 1988, 2006, 2020, S. Psalmowo 23:4)

kùbìkùbì : adj. in a state of decomposition/falling in to ruins

kúblátí, kúblétí : n. wooden part of a loom around which the wooven fabric is wrapped

kùdàlì : adv. 1. weakly 2. weak

kúdí : n. sudden death *(syn. kú dzódzó, kúdzí)*

kúdò : n. tomb

kúdò (tó - nù) : v. to escape death

kúdódó : n. wishing death for someone

kúdólá : n. one who wishes death for someone

kúdɔ̀ : n. terminal illness *(syn. èkúdɔ̀, dɔ̀lémàfɔ́é)*

kúdɔ̀ (fò -) : v. to be dying

kúdɔ̀ (lé -) . v. to be seriously ill

kúdɔ̀è : adj. seriously ill

kúdɔ̀fòlá : n. someone who is dying or in the process of dying

kúdù : n. announcement of death

kúdzí : n. 1. sudden death *(syn. kú dzódzó, kúdí)* 2. mortality kúdzù : n. running to escape danger or death

kúdzù (fú -) : v. to run to escape danger or death

kúdzùfúfú : n. the act of running to escape a danger or death

kúɖá : n. Wednesday (syn. èvèágbè, kúɖágbè, vèɛ́gbè)

kúɖágbè : n. Wednesday (syn. èvèágbè, kúɖá, vèɛ́gbè)

kùɖéàmèŋú : adj. endearing

kùɖèɖè : n. the act of pitting

kúɖémí, kúɖémé : n. a product of microbial and biochemical disintegration of cassava which when added to àgbèlìmɔ́ gives it a smoothened finish (Belinda Ann Yehowali, 2022) (SABLAH, 2002)

kùɖiɖi : n. 1. slimming 2. the act of losing weight

kúɖiɖi : n. 1. drought 2. famine

kúɖìfè : n. year of drought

kúɖìyì : n. dry season

kúɖinyígbá : n. desert

kúɖóɖó : n. the act of keeping the rain away

kúɖólá : n. a person who keeps rain away by magic

kúɖɔ́ : n. 1. helm 2. shaft 3. rudder

kúɖɔ́ (- ɖó -) : v. 1. to be at the helm 2. to steer

kúɖɔ́ɖóɖó : n. 1. steering 2. piloting

kúfíà : n. believed to be another name for the goddess sodza (queen of death)

kúfíá : n. death sentence

kúfíá (tsò - (ná)) : v. to pronounce death penalty on

kúfíátsòlá : n. a judge responsible for pronouncing a death sentence

kúfíátsòtsò : n. death sentence

kúfé : n. 1. place of death 2. funeral home

kúgbàlɛ̀ : n. announcement of death

kúgbè : n. day of death

kúgbètsì : n. water used to wash a dead body

kúgblèɖèɖè : n. name of a funeral ceremony

kúyì : n. hour of death

kùí :n. 1. grain 2. seed

kùklù : v. 1. to fail 2. to not be able to (syn. kòklò)

kùklùí : n. pepper (syn. àblɛ̀, àdìbòlò, àtáɖí, àtàkè, àtíŋúkàlɛ̃́, ɖòkpò, kàlɛ̃́, léléku)

kúklúí : n. 1. small 2. tiny 3. unimportant

kúklúí : n. measles (syn. àgbàyí, àlɔbèlɛ̀, fùfùkɔ́é, gbàbɔ́é, gbàgblàtsàbí, gbàyí, gbɔŋgbɔsìví, núsɔ̃́ɔ̃́, núsũ̀ɛ̃́)

kúklúí (nú -) : n. 1. object of little value 2. an unimportant item

kùklúkpá : n. a variety of yam

kúkó : v. 1. to gnaw 2. to nibble

kúkó ... kplé àdù : v. to gnaw with the teeth

kúkɔ́ : v. to stutter *(syn. kɔ́kɔ́)*

kúkɔ́ : n. stammering

kúkɔ́lá : n. someone who stutters/stammers

kùkù : n. 1. extraction 2. mining 3. suspension (of an object)

kǔkú : adj. dying

kúkù : n. 1. cook *(syn. núɖàlá)* 2. chef

kúkú : n. 1. hat 2. cap

kúkú : adj. 1. dead 2. extinct

kúkú (àmè) : n. 1. corpse 2. a dead person

kúkú (ɖè -) : v. 1. to take off one's hat 2. to beg

kúkú (ɖɔ̀ -) : v. put on a hat

kúkú gláŋgò : n. cap

kúkúɖèɖè : n. 1. solicitation 2. begging

kúkúɖèlá : n. 1. solicitor 2. beggar

kúkúí : adj. 1. dying 2. in the process of healing

kúkúví : n. 1. beret 2. cap 3. a soft, round and flat wooly hairstyle

kúlɛ̀gé : n. a bean variety

kúlélé : n. labour pains *(syn. èfúɖùàmè, èkúlélé, fúɖùàmè)*

kùlúkùlú : n. antlion *(syn. kémègbúí)*

Kúmànyéfìè : n. 1. venus 2. the evening star 3. the star of the shepherd

kúmègbéɖóɖó : n. 1. will 2. testament

kùndɔ̀ɔ̀ adj. 1. thin 2. slender

kùntrú : n. blanket

kúnú : n. 1. funeral custom 2. deadly/dangerous products

kúnú (wɔ̀ -) : v. to perform traditional ceremonies at a funeral

kùnyà : n. a variety of gigri

kúnyà : n. death announcement

kùnyàà, kùnyɔ̀ɔ̀ : id. 1. huddled 2. snuggled up

kùnyɔ̀wù : n. 1. handcuffs 2. shackles

kúrá, kúráá : adv. 1. at all 2. all together 3. absolutely

kùsè : n. expression of pity/indignation/disapproval *(syn. kùsèè, kùsɛ̀)*

kùsè (dó - ná) : v. 1. to admit one's mistake/wrongdoing 2. to apologize 3. to express one's indignation

kùsèè : n. expression of pity/indignation/disapproval *(syn. kùsè, kùsɛ̀)*

kùsɛ̀ : n. expression of pity/indignation/disapproval *(syn. kùsè, kùsèè)*

kùsì : n. 1. basket 2. hamper

kùsì : adj. 1. tender meat 2. boneless meat

kùsì (lɔ̀ -) : v. to weave a basket

kùsí : v. to perforate

kúsí : v. 1. to turn 2. to veer

kùsìbɔ́lùfòfò : n. basketball

kùsìlɔ̃fé : n. a place where baskets are woven

kùsìlɔ̃lá : n. basket-maker/weaver

kùsìlɔ̃lɔ̃ : n. basket weaving

kúsɔ̀lèmè, kúsùbɔ̀súbɔ́ : n. requiem mass

kùsùù : adj. id. 1. bushy 2. dark 3. hairy 4. well-covered

kúté : n. cassava (syn. *àgbèli*)

kútèfé : n. 1. funeral home /mortuary (syn. *yɔ̀fé*) 2. funeral

kùtí : n. a variety of fan palm

kútó : n. evil spirit (syn. *gbètsì*)

kútɔ̀ : adj. 1. deadly 2. zealous

kútɔ́ : n. relative of a deceased

kútɔ̀kútɔ̀è : adv. 1. horribly 2. grievously 3. loudly

kútrí : n. 1. great effort 2. perseverance 3. endurance

kútrí (kú -) : v. 1. to preserve 2. to make a great effort

kútríkúkú : n. 1. endurance 2. perseverance

kútríkúlá : n. one who perseveres

kùtù : n. kneeling down (as a sign of submission)

kútú : n. a black earthenware pot for cooking soup (syn. *kútúgbá, kútúzé*)

kútúgbá : n. a black earthenware pot for cooking soup (syn. *kútú, kútúzé*)

kùtùù : adj. id. 1. dense 2. crowded 3. packed 4. on top of each other

kútúzé : n. a black earthenware pot for cooking soup (syn. *kútú, kútúgbá*)

kútsétsé : n. 1. something which bears fruit 2. fruit

kútsétsé báblá : n. 1. jam 2. marmalade 3. jelly (syn. *kútsétsé dzògbɔ̀, kútsétsé gbàgbà*)

kútsétsé dzògbɔ̀ : n. 1. jam 2. marmalade 3. jelly (syn. *kútsétsé báblá, kútsétsé gbàgbà*)

kútsétsé gbàgbà : n. 1. jam 2. marmalade 3. jelly (syn. *kútsétsé báblá, kútsétsé dzògbɔ̀*)

kútsétsétí : n. fruit tree

kútsígbàlè̀ : n. death announcement

kútsìtsì : n. death announcement

kùtsù : n. 1. hernia (syn. *àgɔ̀bɔ́, àklólòè, àkplólúí*) 2. rupture

kùtsùkà : n. 1. a device worn to prevent hernia by pressure 2. belt

kùù̀ : adj. 1. nauseating 2. stinking 3. infected 4. of something which extends/stretches

kúví (dó -) : v. to prevent

kúviá : n. 1. laziness 2. stupor

kúviá (ɖó -) : v. to prevent (someone/something) from working

kúvíá (lè/ nɔ̀ - mè) : v. 1. to be idle 2. to remain idle

kúvíá (wɔ̀ -) : v. to be idle

kúvíáblègɔ́ : n. armchair

kúvíámènɔ̀nɔ̀ : n. idleness

kúvíátí : n. a tree stump which serves as a seat

kúvíátɔ́ : n. 1. sluggard 2. lazy person *(syn. kúvíáwɔ̀lá)*

kúvíáwɔ̀lá : n. 1. sluggard 2. lazy person *(syn. kúvíátɔ́)*

kúvíáwɔ̀wɔ̀ : n. laziness

kúʋɔ̀nù (drɔ́ -) : v. to inform the notables of a death

kùxí : n. 1. impediment 2. obstacle

kúyà : n. nitrogen

Kwàblá : n. Kobla (a first name of a male born on Tuesday) *(syn. Kɔ́blá)*

Kwàdzó : n. Kodzo (a first name of a boy born on Monday) *(syn. Kɔ̀dzó)*

Kwàkú : n. Kwaku (a first name of a boy born on Wednesday) *(syn. Kɔ̀kú)*

Kwàmlá : n. Kwamla, Komla (a first name of a male born on Saturday) *(syn. Kɔ́mlá)*

Kwàsí : n. Kosi (a first name of a male born on Sunday) *(syn. Kɔ̀sí)*

kwàsíɖá : n. 1. Sunday *(syn. àgblètɔ́ègbè, kɔ̀síɖá, kɔ̀síɖágbè, kwàsíɖágbè)* 2. week

kwàsíɖágbè : n. Sunday *(syn. àgblètɔ́ègbè, kɔ̀síɖá, kɔ̀síɖágbè, kwàsíɖá)*

Kwàwù : n. Kwawou (a first name of a male born on Thursday) *(syn. Kɔ̀wù, Kɔ̀wùì, Yàwò, Yàò)*

KP

kpà : v. 1. to carve 2. to cut 3. to trim 4. to peel with an instrument (e.g knife, cutlass) 5. to extract 6. to compose (e.g a text or a song) 7. to carry a child on the back 8. to arrange 9. to give way 10. to insist on 11. to feign/pretend 12. to design/invent/fabricate

kpà : adj. 1. such 2. like that

kpà : adv. 1. immediately *(syn. kpàmàà)* 2. at all cost 3. as soon as

kpà né (... -) : loc. adv. 1. as long as 2. until

kpà àɖù : v. 1. to carve out a tooth 2. to clench the teeth

kpà àtí : v. 1. to woodwork 2. to sculpture wood

kpà àtí ná : v. to carve wood for (something)

kpà dzí : v. to make thinner, finner (e.g by carving/cutting out)

kpà ɖà : v. to cut one's hair

kpà ɖà ná ... dókúí : v. to cut one's own hair

kpà ɖé ... ŋú : v. to hide behind someone

kpà ná àmèwó : v. 1. to be suspicious 2. to avoid something 3. to dribble

kpà (fú)lè ... ŋú : v. 1. shear 2. shear off

kpà ... ná : v. to crop off

kpà nù ... ná : v. to give a pledge to someone who talks lightly

kpà nyà : v. to invent a case (lie)

kpà ... ŋú : v. 1. to plane 2. to shave

kpà sà ɖá ... ná : v. 1. to give way to (e.g a car) 2. to leave the way clear

kpà ... tà : v. to cut the hair

kpà tsì : v. to skim

kpà vì : v. 1. to carry child on the back 2. to form cobs (e.g as in the maize plant forming cobs)

kpà ʊǔ : v. 1. to carve out a canoe 2. to be warped/twisted (wood) 3. to be thrown off (a canoe)

kpá : v. 1. to be bald 2. to wither 3. to be discolored

kpá : n. 1. destiny 2. fence (*syn. kpɔ́*) 3. pandanus (*syn. kpã́, léklé*)

kpá (dzídzé -) : v. to consult a diviner (before undertaking an activity)

kpã́ : v. to finish a job

kpã́ : n. pandanus (*syn. kpá, léklé*)

kpààkpàà : n. common shelduck *(syn. tɔ̀mèkòkló)*

kpábà : n. autumn *(syn. kèlètsi)*

kpàbàà : id. 1. dry 2. hard 3. wide and flat

kpábɛ : n. mat made of pandanus leaves

kpábɛɛ : id. 1. dry 2. hard 3. flat 4. compressed

kpàbù : adj. id. 1. short and stocky 2. firmly 3. well

kpádzídzé : n. 1. the act of consulting a diviner 2. consultation of an oracle 3. divination

kpàɖàà (tró -) : v. 1. to be cruncy 2. to be fried

kpàdị : n. hook for catching crabs

kpàdịì : adj. id. 1. hard 2. resistant 3. obstinate

kpádíkpádí : id. 1. stubbornly 2. obstinately

kpáfóé : adj. 1. slim 2. thin 3. narrow

kpàfòò : adj. id. 1. big 2. thick 3. wide

kpàfùù : adj. id. 1. dark 2. cloudy 3. dull

kpàflɛ̀ : n. a variety of parrot

kpàgâă : adj. id. 1. oblique 2. strabismic 3. cross-eyed (syn. kpàŋgâă)

kpằké : n. basket made from pandanus leaves

kpằkéví : n. small basket made from pandanus leaves

kpàkló : n. 1. yellow-billed stork 2. woolly-necked stork 3. white stork 4. saddle-billed stork 5. marabou stork (syn. gòlò)

kpàkòò : adj. 1. hard 2. firm 3. strong

kpàkpà : v. to tremble with fear

kpàkpà : n. mistrust

kpàkpà (nú -) : n. 1. sculpture 2. carving

kpàkpá : n. 1. fruit of some legumes and plants that splitt into two slits (e.g vanilla) 2. pod

kpákpà : n. 1. palm dove [spilopelia senegalensis] (a small piegeon that is a resident breeder in Africa, the Middle East, South Asia and Western Australia) 2. red-eyed dove 3. african mourning dove 4. vinaceous dove 5. african collared dove 6. european turtle dove 7. laughing dove

kpákpá : n. duck (syn. kpákpáxè)

kpắkpắ : id. 1. for good 2. very far

kpàkpàdéŋú : n. the act of hiding behind somone

kpàkpàkpà : id. 1. trembling 2. exactly 3. certainly

kpákpálùʋì : n. butterfly (syn. kpákpálùʋɔ̀)

kpákpálùʋɔ̀ : n. butterfly (syn. kpákpálùʋì)

kpákpánɔ̀ : n. female duck (syn. kpákpáxènɔ̀)

kpákpáví : n. duckling (syn. kpákpáxèví)

kpákpáxè : n. 1. duck 2. drake (syn. kpákpá)

kpákpáxènɔ̀ : n. female duck (syn. kpákpánɔ̀)

kpákpáxèví : n. duckling (syn. kpákpáví)

kpàkpɛ̀ : adj. 1. cut 2. carved

kpàkpɛ̀ (àmè -) : n. human sculpture carved out of wood

kpàkpɛ̀ (àtí -) : n. wood carving/sculpture

kpàkplà : phr. hanging all around (syn. kplà)

kpàkplé : conj. and (used before the last term of an enumeration)

kpàkpò : n. goat (syn. gbɔ̀̃)

kpàlà : v. to rinse

kpàlà nù mè : v. to rinse the mouth

kpálá : n. 1. husk 2. fibre (of nuts)

kpálá́ : n. 1. a type of popular fish in Togo 2. terai pompano 3. atlantic horse mackerel *(syn. àkpálá́, kóbí)*

kpàlà̀ (kù -) : v. 1. to lost one's way 2. to be confused *(syn. trè)*

kpàlàdzàà : id. 1. stiff 2. steep *(syn. kplàdzàà)*

kpálí : v. to cross

kpálí : n. 1. beams arranged in a cross pattern one above the other 2. washroom 3. toilet *(syn. kpɔ́xá)*

kpálí (dó - àmè) : v. 1. to cool one's heels 2. to wait standing *(syn. kpàlìkpàlì (dó - àmè))*

kpálí mɔ̀ : v. to monitor a trap

kpálíbá : v. to intertwine

kpàlìì : id. 1. strongly 2. with force 3. categorically

kpàlìkpàlì (dó - àmè) : v. 1. to prevent someone from leaving by clinging on him 2. to cool one's heels *or* to wait while pacing *(syn. kpálí (dó - àmè))* 3. to discuss 4. to have an argument with

Kpálímè : n. Kpalime (name of a town in Togo as well in Ghana)

kpàm : id. onomatopoeia which signifies a dry sound or a shotgun blast

kpàmà : intj. astonishment

kpàmàà : adj. id. 1. compressed 2. flat 3. fast *(syn. kpà)*

kpàmàà : loc. conj. as soon as

kpàmènyì : n. a variety of snail

kpándókɔ́ : n. a mixture of fine sand and salt that is eaten, as a craving, (mostly by some pregnant women) *(syn. àyìlɔ́, lílɔ́)*

kpàndúblàdzó : n. a variety of plantain

kpàngbà dzòdèké : n. rough triggerfish *(syn. dàyògblà)*

kpànyà̀ : v. to be sticky hence easily attaching to each other

kpànyàà : adj. id. in large clusters/bunches

kpáŋ : id. 1. very far 2. full of 3. many *(syn. kpáŋkpáŋ)*

kpàngà̀à̀ : adj. id. 1. oblique 2. strabismic 3. cross-eyed *(syn. kpàgà̀à̀)*

kpáŋkpáŋ : id. 1. very far 2. full of 3. many *(syn. kpáŋ)*

kpáò, kpáòò : adv. 1. not at all 2. never 3. absolutely not

kpàsà : v. 1. to give way 2. to withdraw in favour of 3. to rinse

kpàsà ... dá : v. to push (somebody) aside

kpàsà ... dó : v. 1. to run behind 2. to pursue

kpàsàà : id. 1. sloping 2. inclied 3. oblique

kpàtà : adj. suddenly

kpátá : n. damages and interests

kpátá : v. 1. to appease 2. to settle (a case)

kpàtàà : id. all of a sudden

kpátáá : adj. all *(syn. kàtá̀á̀, kátá̀, klɔ́é)*

kpàtàklí : n. obstacle

kpàtàklí (dó - ná) : v. to obstruct

kpàtàklí (dó - àmè) : v. 1. to be bulky 2. to be cumbersome

kpàtàklídódó : n. 1. congestion 2. obstruction

kpàtàkpàtà : id. 1. hastily 2. suddenly

kpàtàkpàtà (lè- /nɔ̀ -) : v. to be urgent

kpàtàkpátá : n. 1. settlement 2. reconciliation

kpàtìì : adj. id. 1. stiff 2. hard *(syn. kpàtòò)*

kpátímà : n. Nova bididia laevis (a tree species that grows near houses and whose leaves are used for purification ceremonies)

kpátímà dzɛ̌ : n. Erythrina senegalensis (a plant in the pea family Fabaceae, native to West Africa)

kpátròtí : n. a type of tree species that loses its leaves in the cold season

kpàtòò : adj. id. 1. stiff 2. hard *(syn. kpàtìì)*

kpátú : v. 1. to act quickly 2. to arrive unexpectedly 3. to surprise

kpàtsàà : adj. 1. rough 2. resistant 3. hard

kpàtsà : n. machete

kpátsáklòkpɛ̀ : n. tortoise *(syn. klò)*

kpàtsàtí : n. flamboyant

kpàtsràà : id. 1. cracked 2. broken

kpàyàà : adj. 1. bushy 2. hairy 3. dense *(syn. kpòyìì, kpòyòò)*

kpàyìì : adj. 1. withered 2. wasted

kpàyìì (ŋkúmè kú -) : v. to look desperate

kpè : v. 1. to be heavy 2. to weigh 3. to be huge 4. hips

kpè (dó - ɖé mègbé) : v. 1. to be petty 2. to be stingy 3. to be disagreeable 4. to be unkind

kpè (ɖi -) : v. to be corpulent

kpè (ŋù -) : v. 1. to be ashamed 2. to be shy

kpè (tà mè tè -) : v. to be bald

kpè (té - àgbàlɛ̌) : v. 1. to tan 2. to remove hair from the skin

kpè ŋù : v. 1. to be shy 2. to be ashamed

kpè (ŋù - ná) : v. to be ashamed of

kpè ... dzí : v. 1. to master 2. to overcome

kpé : v. 1. to meet 2. to invite 3. to touch each other 4. to collide

kpé : n. 1. stone 2. rock 3. cough *(syn. èkpé, kpédɔ)* 4. battery 4. pawn 5. dryer 6. platform

kpé (dé - vi) : v. to be pregnant soon after childbirth

kpé (ɖi -) : v. to surprise someone

kpé (ɖó - dzí) : v. 1. to confirm 2. to ratify

kpé (tè -) : v. 1. to not grow 2. to lay tiles

kpé (tsò -) : v. to make bricks

kpé (tsò - ɖé ... dzí) : v. 1. to make an arrangement 2. to establish an agreement

kpé àkɔ́ (kplé) : v. to fight (against)

kpé dzò : v. to make a bonfire

kpé ɖé ... nɔ̀èwó ŋú : v. to help each other

kpé ɖé ... ŋú : v. 1. to help (someone) 2. to support

kpé ɖé ... ŋú ... dzó : v. 1. to troubleshoot 2. to repair (e.g a car) 3. to tow down a broken car

kpé fù : v. 1. to suffer 2. to toil

kpé ... ná : v.. 1. to tender (something) to (someone) 2. to give to 3. to pass to

kpé nákè : v. to gather firewood

kpé nú : v. 1. to see an apparition 2. to have a misfortune

kpé núwó ɖèká : v. to gather necessary/important items

kpé (nyé -) : v. to be rocky

kpé kpé : v. to cough

kpé tà : v. to meet

kpḗ : n. wind instrument (e.g saxophone, trumpet, whistle, flute, horn, etc.)

kpḗ (kú -) : v. to play a wind instrument

kpé mèmè : n. brick

kpébú : n. rocky valley

kpéɖàkè : n. slingshot

kpéɖé : v. to walk lightly

kpéɖéví : n. a little child whose sibling(s) is/are closely spaced in relation to age *(syn. **kpéví**)*

kpéɖò : n. 1. hole in a rock 2. grotto 3. cavern

kpéɖɔ̀ : n. cough (sickness) *(syn. **èkpé, kpé**)*

kpéɖèfé : n. quarry *(syn. **kpégbàfé**)*

kpéɖéŋútɔ́ : n. 1. helper 2. accomplice

kpèɖìɖì : n. 1. size 2. corpulence

kpéɖó : adv. all round

kpéɖódzí : n. 1. confirmation 2. affirmation

kpéɖódzígbàlḕ : n. 1. certificate 2. diploma

kpéɖódzínyà : n. 1. justification 2. confirmation 3. decision

kpéɖóɖó : n. 1. bench 2. terrace

kpéɖólá : n. mason *(syn. **gliɖólá**)*

kpéɖónúdzí : n. ratification

kpéfúfú : n. stone cutting

kpéfúlá : n. stonecutter

kpéfé : n. 1. juncture 2. joint 3. meeting place

kpéfòàmè : n. 1. influenza *(syn. **dzèàmèdzí, dzèàmèdzídɔ́, èkpé, flú, wɔ̀dí, wɔ̀lɛ́**)* 2. cough

kpégli : n. stone wall

kpégbànù : n. 1. cataract 2. waterfall

kpégbàfé : n. quarry *(syn. **kpéɖèfé**)*

kpègblḕ : adj. medium sized

kpègblě : adv. 1. accidentally 2. incidentally

kpégbɔ́nɔ̀lá : n. genie that is responsible for the life of a person *(syn. túkpéɖóé)*

kpèhèè : adj. id. scattered

kpèì : n. 1. bristle-nosed barbet 2. naked-faced barbet

kpèkèè : adj. id. thick (soup, mud)

kpèkèè (wɔ̀ -) : v. to be thick (mud)

kpèkɔ́é : n. a type of termite that builds low and flat termite moulds

kpěkúhá : n. orchestra

kpékúí : n. 1. gravel *(syn. kpékúí wlùíwlúí)* 2. pebble 3. chipping 4. laterite stone

kpékúí wlùíwlúí : n. gravel *(syn. kpékúí)*

kpékúkú : n. helmet (of metal)

kpěkúkú : n. playing a wind instrument

kpěkúlá : n. someone who plays a wind insturment

kpèkpè : n. weight

kpèkpè : adj. heavy

kpèkpè dzíɖèɖè : n. 1. relief 2. alleviation

kpékpé : n. invitation

kpékpé ɖé àmè ɖókúì : n. self help

kpékpé ɖé àmè nɔ̀èwó ŋú : n. solidarity

kpékpé ɖé àmè ŋú : n. assistance *(syn. kpékpéɖéŋú)*

kpékpéɖéŋú : n. assistance *(syn. kpékpé ɖé àmè ŋú)*

kpèkpèfé : n. majority

kpékpéfé : n. meeting place

kpèkpèkpè : adj. id. 1. dark 2. dense 3. trembling

kpèkpèmè : n. 1. weight 2. volume

kpèkpèmè wódzóétɔ̀ : n. lightweight

kpèkpèmè kɔ̀kɔ́tɔ̀ : n. heavyweight

kpèkpèmè èvèdòmèsìtɔ̀ : n. light heavyweight

kpèkpèmè títínàtɔ̀ : n. middle weight

kpèkpètòxɛ̀ : n. density

kpèkplèmìtè : n. seba mono (a type of fish)

kpèlì : id. 1. haphazardly 2. randomly 3. through and through *(syn. kpòlòè)*

kpèlì (fò - nù) : v. 1. to speak indiscriminately 2. to gossip 3. to chat *(syn. fò nù kpòlòè)*

kpélí : n. maize *(syn. blí)*

kpélífɔ̀tí, kpélífòtí : n. corn stalk *(syn. blítí, hɔ̀lítí)*

kpélítí : n. corncob

kpélíʋálá : n. corn leaf

kpélòtòè : n. cartridge belt

kpèm : adv. 1. in great number 2. well

kpèm (glí -) : n. + adv. often said at the beginning to tell a story

kpémàtsì : n. cough mixture *(syn. èkpétíkè, kpétíkè)*

kpèmè : n. buttocks

kpénɔ̀ : n. soft stone

kpényígbá : n. rocky terrain

kpèŋkpà : n. west african spadefish

kpéŋùí : n. epilepsy *(syn. àdígbò, àdígbòdɔ̀, ànyídzèdɔ̀, ànyídzèdzè, ànyídzèdzèdɔ̀, ànyídzègblò, ànyídzègblòdɔ̀, dzèànyígbló, dzèdzòmèdɔ̀, kpèŋùídɔ̀, kpóŋúí)*

kpéŋúí (kú -) : v. to be epileptic

kpéŋúíkúkú : n. being epileptic

kpèŋùídɔ̀ : n. epilepsy *(syn. àdígbò, àdígbòdɔ̀, ànyídzèdɔ̀, ànyídzèdzè, ànyídzèdzèdɔ̀, ànyídzègblò, ànyídzègblòdɔ̀, dzèdzòmèdɔ̀, dzèànyígblò, kpéŋùí, kpóŋúí)*

kpèŋùídɔ̀nɔ̀ : n. epileptic patient *(syn. àdígbòkúlá, àdígbòtɔ́, ànyìdzèlá)*

kpésè (àmènù -) : v. to have absolute silence when everyone is sleeping *(syn. àmènù kpétsé)*

kpètà : n. 1. dysentery *(syn. èʋùdèdè, èʋùnyènyè, èʋùsísídɔ̀, sìkpùì, ʋùdèdè, ʋùnyènyè, ʋùsísídɔ̀)* 2. buttocks

kpètà (lé -) : v. to suffer from dysentery

kpètàlélé : n. the state of having watery excreta/diarrhoea *(syn. dɔ̀mèdèdè, dɔ̀mètɔ́trɔ́, dɔ̀mètútú, fòmètútú, mítsìnyènyè, sìsìḍèḍè, sìsìnyènyè̂)*

kpétàmè : n. 1. rainbow runner 2. doctorfish *(syn. blèyè)*

kpétàmè, kpétàmì : n. boe drum (a type of fish)

kpétátá : n. statue

kpétátágắ : n. monument

kpètè : n. vulture *(syn. àkàgắ, àklàtsú, glú, kàblíkányá, káŋgá, kàŋgbá, pété, sàkùì, xèvɔ́)*

kpétèglí : n. a variety of partridge *(syn. kpétèxlé)*

kpétélá : n. tanner

kpètété : n. 1. tanning 2. tan

kpétèxlé : n. a variety of partridge *(syn. kpétèglí)*

kpètì : n. a stem without leaves or branches

kpètí : adj. 1. distinguished 2. honorable

kpètí (àmè -) : n. notable personality

kpètíí : adj. id. 1. midget 2. paralyzed 3. skinny

kpétíkè : n. 1. toffee 2. lozenge 3. cough mixture *(syn. èkpétíkè, kpémàtsì)*

kpétíkègòè, kpétíkègùì : n. candy box

kpétó : n. 1. cavern 2. grotto

kpétòmè ŋɔ̀tsà : n. canary drum

kpétòmèdàdò : n. brown or peacock ray

kpétòmèfìàyì : n. 1. greater amberjack 2. cotton-mouth jack

kpétòmètsìyì : n. blue runner

kpétrè : n. persistent cough that is attributed to a grigri

kpétrì : n. whooping cough *(syn. dzàŋkrɔ́ɛ́, kòŋgó, kɔ̀kɔ́dzàyé, kɔ́kɔ́dzàyè, kɔ̀ŋkɔ̀dzàyè, kɔ̀ŋkɔ̀ŋùí)*

kpétrìtíkè : n. whooping cough medicine

kpétsé (àmènù -) : v. to have absolute silence when everyone is sleeping *(syn. àmènù kpésè)*

kpétsì : n. 1. hailstorm 2. hailstone *(syn. ké, kétsì, tsìkpé, tsìkpékɔ́)*

kpétsí : n. 1. fruit from a tree used to make beer 2. kilometre marker *(syn. àgbàdrófé)*

kpétsòdɔ́ : n. manufacture of bricks/tiles

kpétsòfé : n. a place where bricks/tiles are manufactured

kpétsòlá : n. someone who manufactures bricks/tiles

kpétsòtsò : n. 1. manufacture of bricks/tiles 2. agreement 3. treaty

kpétsú : n. 1. quartz 2. rock crystal

kpéví : n. 1. pebble 2. small child *(syn. kpéɖéví)*

kpěví : n. whistle

kpévɔ́ : n. tuberculosis *(syn. àlɔ̀kplíkpé, èkpévɔ́, yɔ̀mèkpé)*

kpéxɔ̀àsì : n. marble

kpèxòé (tsí -) : v. 1. to remain dwarfed 2. to stay crippled

kpèyè (dé - hà mè) : v. to make a mistake while singing

kpèyèè : adj. id. 1. well covered with leaves or hair 2. bushy (e.g eyebrows)

kpèyìkpèyì : id. 1. trembling 2. shaking

kpézé : n. palm wine pot

kpézíŋgì : n. tile

kpěkúhá : n. 1. fanfare 2. band 3. orchestra

kpéɛ́, kpɛ́ɛ́ : adj. pale

kpèkpɛ́ : n. 1. handcuffs 2. bracelets

kpékpɛ́ : n. treculia (a tree that bears edible melon-like fruits)

kpɛ́́nɔ̀nɔ̀ : n. paleness *(syn. kpɛ́́wɔ̀wɔ̀)*

kpété : n. 1. bag 2. pannier

kpɛ́́wɔ̀wɔ̀ : n. paleness *(syn. kpɛ́́nɔ̀nɔ̀)*

kpì : adv. 1. very 2. highly 3. much

kpí (ɖì -) : v. 1. (intj.) to be very 2. to be at the highest point 3. to surprise (somebody) 4. to arrive/happen without being expected

kpìì : id. 1. gloomy 2. cloudy 3. hazy

kpìkpìkpì : id. 1. firmly 2. confidently

kpìkpìkpì (zɔ̀ -) : v. to walk with a firm step

kpìkpìníkpì : id. 1. in vain 2. without result

kpíkplì : v. to hinder

kpìlìxàà : adj. id. 1. dull 2. colourless 3. faded

kpiti : n. 1. scabies *(syn. àflɔ́é, àklì, àkpà, àkpàkúí, bèlè, bòsòkpà, fòkpòfòkpò, flɔ̀flɔ́, fɔ̀flɔ́, klùsàklúsá, zóŋgólàtsístsì)* 2. itch

kpitiàŋkpɔbɔ́è : n. 1. a disease that causes the cheeks to swell 2. mumps *(syn. ántòdóé, áŋkpɔbɔ́é, àzàgèdèʋùì, àzègèdèfí, àzègèdèʋòé, àzègèdèʋúí, àzògèdèbúí, kìtìkpɔbɔ̀, kìtìkpɔbɔ́é, kìtsìkpɔkpɔ, kòklótsúí, kɔ̀klòtsúí, kɔkúí, zègèdèʋúí)*

kpìtìì, kpìtìkpìtì : adj. id. 1. opaque 2. in large volutes (e.g of smoke) 3. in thick clouds 4. in rumor 5. trampling 6. sound of footsetps of a crowd

kpìtsì : n. leprosy *(syn. ànyì, ànyìdɔ̀, ànyìdɔ́lélé, ànyídzèdɔ, dɔ dzɛ́, èkpòdɔ, gbòdò, kpò, kpòdɔ, nògòtòlí. tótrì, zɔ̀kpò)*

kplà : id. 1. all of a sudden 2. unexpectedly

kplà : phr. hanging all around *(syn. kpàkplà)*

kplá : v. 1. to educate 2. to train 3. to learn 4. to fold (e.g hands, arms) 5. to put around/on 6. to circulate (something) 7. to pass (something) 8. to put in a shoulder strap 9. to be in competition with

kplá àsí ɖé ... ŋú : v. to help

kplá àsí kɔ : v. 1. to kiss 2. to embrace

kplá àsí tà : v. 1. to be worried 2. to put one's hands on the head

kplá àʋǔ ná : v. to incite to fight

kplà nú : v. 1. to study 2. to be fat 3. to carry babies (animals)

kplá núnyá : v. 1. to acquire knowledge 2. to serve as a lesson

kplá nútsɔ́wó : v. to equip oneself *(syn. kplá núwó)*

kplá núwó : v. to equip oneself *(syn. kplá nútsɔ́wó)*

kpláà : adj. id. 1. hard 2. dry

kplábà : intj. 1. exclamation 2. surprise

kplábé (ɖè àfɔ - ná) : v. 1. to trip over 2. to trip

kplàdzàà : adj. id. steep

kplàfùù : adj. 1. blurry 2. thick (fog) 3. drowsy 4. numb

kplákò : n. pig *(syn. àféhà, hà, pràkò)*

kplàkòò adj. id. 1. strongly 2. vigorous

kplàkplàkplà : adj. 1. hastily 2. applauding

kplàlàà : adj. id. 1. hard 2. strong

kplàmàà : adj. crooked

kplámásé : n. a child that refuses to take instructions despite being taught by the parents/guardians

kplàmàtsɛ : n. obstacle

kplàmàtsɛ (dó -) : v. to obstruct

kplànyàà : id. in large clumps

kplànyàà : adv. everywhere

kplàsùù : id. curved

kplàtsà : adj. broad and hard

kplàtsàà : id. 1. very angry 2. in a bad mood

kplé : conj. 1. and 2. with *(syn. kplí)*

kplé àdằ : adv. 1. in torrents 2. with force

kplé búbùwó, kpl .bb. : loc. adv. 1. and so on 2. and so forth 3. et cetera

kplé dù : adv. 1. at full speed 2. hastily 3. swiftly

kplé gbè ḍèká : adv. unanimously

kplé ɣlí : adv. loudly

kplé mèkɔ̀kɔ̀ : adv. in detail

kplȅ : n. ano-rectal prolapse/eruption in the anus *(syn. àzìzì kɔ̀kɔ̀bó)*

kplȇ : n. outbreak of pimples on the buttocks

kplèhèkplèhè : adj. id. swinging and heavy

kplì : adv. suddenly

kplí : conj. 1. and 2. with *(syn. kplé)*

kplí (fò -) : v. 1. to gather close together 2. to clump together

kplìbòò : id. clumping together

kplíbɔ́ : v. 1. to atrophy (feet) 2. to be crippled

kplìfùù : adj. 1. obscure 2. withered

kplíkpá : v. 1. to cause concern 2. to send (somebody) for an urgent errand 3. to send off

kplìkpàà : adj. dirty

kplíkpáá : id. 1. energetically 2. firmly

kplíkplí : n. 1. jump sport 2. leap

kplíkplíkplí : adj. following each other closely

kplìmɔ̀ɔ̀ : adj. 1. round 2. swollen

kplìxàà : adj. id. 1. light brown 2. reddish 2. neither white nor red

kplògòdò : adj. global

kplòlòò : adj. id. 1. hard 2. stiff 3. chubby

kplóŋkplòŋ : adj. id. bulky

kplɔ̀ : v. 1. to lead 2. to govern 3. to accompany 4. to drink in small sips 5. to sweep 6. to graze 7. to brush over 8. to flow (with) 9. to drip

kplɔ̀ : n. 1. escort 2. conduct (of animals) 3. accompaniment (of a woman to be married)

kplɔ̀ (nú) : v. to sweep

kplɔ̀ ... ḍó : v. 1. to follow 2. to accompany

kplɔ̀ ... gbɔ̀ : v. to bring back

kplɔ̀ ... mè : v. 1. to sweep up 2. to furrow

kplɔ̀ ... nyìwó : v. to lead/conduct cattle

kplɔ̀ ... ŋú : v. to brush

kplɔ̀ tsì : v. 1. to trickle 2. to flow (tears)

kplɔ̀ ... vá : v. to bring back

kplɔ̀ ... vɛ̀ : v. to bring

kplɔ̀ ... yì : v. 1. to lead 2. to accompany

kplɔ̃̀ : n. table

kplɔ̃̀ (dè - ŋú) : v. to share the Lord's Supper

kplɔ̀ (ɖó -) : v. to set the table

kplɔ̀ (ɖó - ná) : v. 1. to set the table for (someone to eat) 2. to invite (someone) to eat

kplɔ̀ (kpé ... vá - ŋú) : v. 1. to invite (to a meal) 2. to invite to sit down to eat

kplɔ̀ (lè / nɔ̀ - ŋú) : v. to be at the table

kplɔ̀àmèdégbè : n. grey-backed camaroptera *(syn. blèàmèdégbè)*

kplɔ̀dzívɔ̀ : v. tablecloth *(syn. kplɔ̀vɔ̀)*

kplɔ̀dzívɔ̀ sùè : v. doily *(syn. kplɔ̀vɔ̀ sùè)*

kplɔ̀dzɔ̀ɔ̀ : adj. id. 1. thick 2. big

kplɔ̀ɖóɖó : n. the act of setting the table

kplɔ̀hɔ̀ɔ̀ : adj. id. 1. thick (e.g soup) 2. in disorder 3. messy

kplɔ̀lá : n. 1. guide 2. leader 3. conductor 4. driver 5. guardian

kplɔ̀mɔ̀kplɔ̀mɔ̀ : id. 1. messy 2. confusedly

kplɔ̀ŋúɖákà : n. table drawer

kplɔ̀ŋúdèdè : n. communion

kplɔ̀tà : n. table top

kplɔ̀vɔ̀ : n. tablecloth *(syn. kplɔ̀dzívɔ̀)*

kplɔ̀vɔ̀ sùè : n. doily *(syn. kplɔ̀dzívɔ̀ sùè)*

kplɔ̀zìkpùì : n. table-bench

kplú : n. 1. cup 2. stoneware 3. jug 4. pot 5. container

kpò : n. 1. baton 2. cudgel 3. club 4. stump 5. cluster 6. wallet *(syn. àkpló)* 7. preparations (for a party, a play, etc.) 8. ball 9. skin rash 10. leprosy *(syn. ànyì, ànyìdɔ̀, ànyìdɔ̀lélé, ànyídzèdɔ̀, dɔ̀ dzɛ̃́, èkpòdɔ̀, gbòdò, kpòdɔ̀, kpìtsi, nògòtòlí, tótrì, zɔ̀kpò)* 11. giraffe catfish 12. wahrindi

kpò : v. 1. to be ready (for preparations of a party, show, etc.) 2. to no longer be useful 3. to be no longer fertile 4. to be blunt

kpò : adv. suddenly

kpò (dà -) : adv. 1. to go to bed 2. to have sunset 3. to be passed (time) 4. to hit with a club

kpò (ɖó -) : v. 1. to fail 2. to do something in vain 3. to be incapable of

kpò (dzè -, lé -) : v. 1. to have leprosy 2. to have gone mad

kpò ɖé ... gbɔ́ : v. 1. to return to .... from 2. to have the ball being in one's court

kpò ɖé ... sí : v. 1. to concern 2. to affect

kpò (lè - /nɔ̀ -) : v. to be inert

kpò lègbè : n. long pole used for knocking fruits off a tree

kpò ví : v. to not be able to have children

kpó : n. 1. protuberance 2. bump 3. hunch/hump *(syn. èkpó)* 4. hill 5. mountain 6. dam 7. reservoir 8. flower bed 9. a clump (of flowers) 10. bundle (of clothes) 11. a slice (eg. of a knife, of a book etc) 12. backbone (of a fish) 13. horse stable 14. chicken coop 15. jump 16. oven 17. block

kpó (dò -) : v. 1. to proclaim 2. to declare

kpó (dzò -) : v. to jump *(syn. tì kpó)*

kpó (ɖó -) : v. 1. to be hunchbacked 2. to be rich 3. to be influential

kpó (tì -) : v. to jump *(syn. dzò kpó)*

kpó ... ɖé ... dzí (ɖó -) : v. to be under one's influence

kpó ... lè ... mè (ɖó -) : v. to understand something perfectly

kpóbì : id. 1. by surprise 2. unexpectedly

kpòdódó : n. inability

kpódódó : n. 1. publication 2. proclamation

kpòdónú : n. inability

kpòdòmè : n. furrow

kpòdɔ̀ : n. leprosy *(syn. ànyì, ànyìdɔ̀, ànyìdɔ̀lélé, ànyídzèdɔ̀, dɔ̀ dzɛ̃́, èkpòdɔ̀, gbòdò, kpò, kpìtsì, nògòtòlí. tótrì, zɔ̀kpò)*

kpòdɔ̀lélá : n. leper *(syn. ànyìdzèlá, ànyìdɔ̀dzèlá, dzɔ̀bútɔ́, dzàflò, dzàflá, dzɔ̀bútɔ́, kpònɔ̀)* (Agbeny La, 1988, 2006, 2020, S. Luka 17:12)

kpòdzí : n. assignment

kpódzò : n. fire (of an oven)

kpódzòdzò : n. 1. leap 2. jump

kpòɖòò : adj. id. 1. round (like a balloon) 2. spherical

kpóɖóɖó : n. the act of developing a hunch

kpòɖòò : adj. id. 1. short 2. truncated *(syn. kpòfòò)*

kpòè : n. podium

kpòfòò : adj. id. 1. short 2. truncated *(syn. kpòɖòò)*

kpógídí : adj. 1. small 2. short 3. low *(syn. kpógídzí)*

kpógídzí : adj. 1. small 2. short 3. low *(syn. kpógídí)*

kpógɔ̀ɛ̃̀ : n. hill

kpògbòɖògbòtí : n. wooden leg *(syn. kpògbòɖòtí)*

kpògbòɖòtí : n. wooden leg *(syn. kpògbòɖògbòtí)*

kpòkè : n. 1. wooden bat 2. slingshot (used for playing) *(syn. kpòtróví)*

kpòkù : n. 1. owl *(syn. àdzéxè, fàvìèbùtó, fàvìèʋùtó, ʋlùkùkù, ʋlùkpùkpù, ʋùîʋùí, xè dóámèkú)* 2. african cuckoo hawk 3. black-shouldered kite *(syn. àyìsú)* 4. african hobby 5. lanner falcon 6. peregrine falcon

kpòkú : n. tuna

kpòkɔ̃́dzí : n. leprosarium

kpòkplòò : adj. id. 1. small 2. chubby 3. plump 4. strong

kpòkpò : n. 1. fever *(syn. àsrà, àsrã̀, àvùvɔ̀wɔ̀àmè, dzòxɔ̀xɔ̀, fívà, ŋdɔ̀gbèè, yèdzà, yèdzàdɔ̀, ŋùdzà, ŋùdzɛ̃́)* 2. sickness /disease *(syn. dɔ̀, dɔ̀léàmè, dɔ̀lélé, èdɔ̀)*

kpòkpò (dzè -) : v. to be sick of fever

kpókpó : n. a variety of beans

kpókpó : adj. all *(syn. kátã̀ã̀, klɔ̃́é, kpátáá)*

kpòkpòkú : n. 1. frigate tuna / atlantic little tunny/ tuna 2. atlantic bonito / belted bonito *(syn. tɔ̀dù)*

kpókpóókpó : adv. 1. quietly 2. peacefully

kpólí : n. 1. an infusion of dried leaves or flowers 2. spiritual force that transforms life or maintains it 3. evil spirit 4. vows that an individual's soul takes before taking leave of God by making a series of existential choices regarding what it would do on earth, including the time and manner of death (syn. **gbètsì**) (Gbolonyo, 2009)

kpòlò : n. bagrid catfish *(syn. blòlò, tsìkò)*

kpòlò : adj. 1. hard 2. fibrous 3. stringy 4. tendinous

kpólò : n. yellowish patches on the teeth *(syn. àhètèkú, hètèkú, sògò)*

kpòlòè : id. 1. randomly 2. through and through *(syn. kpèlì)*

kpòlòè (fò nù -) : v. 1. to speak indiscriminately 2. to speak in metaphors

kpòlòò : adj. id. folded together

kpòlòhòò : adj. id. 1. fleshy 2. well-fed

kpòlú : n. 1. trouble 2. corpulent 3. a treacherous individual

Kpòlú : n. 1. a nickname given to a hyena 2. a nickname given to a warthog

kpòmàdòé : adv. assiduosly

kpòmàdómàdó : n. assiduity

kpòmàdótɔ̀ : adj. diligent

kpòmàdótɔ́ : n. a diligent person

kpòmbòò : adj. id. 1. big 2. massive 3. hefty

kpómè : n. a tough guy

kpómì : n. a type of tree whose bark is used to cure dysentery

kpònɔ̀ : n. leper *(syn. ànyìdzèlá, ànyìdɔ̀dzèlá, dzɔ̀bútɔ́, dzàflò, dzàflá, dzɔ̀bútɔ́, kpòdɔ̀lélá)*

kpónɔ̀ : n. hunchback *(syn. glèbètɔ́, kpótɔ́, kpótɔ́nɔ̀)*

kpònògòò : n. 1. large 2. bulky 3. short and fat 4. stocky

kpónyí : n. a large domestic ox characterized by a fatty bump on the withers

kpóŋúí : n. epilepsy *(syn. àdígbò, àdígbòdɔ̀, ànyídzèdɔ̀, ànyídzèdzè, ànyídzèdzèdɔ̀, ànyídzègblò, ànyídzègblòdɔ̀, dzèdzòmèdɔ̀, dzèànyígblò, kpéŋùí, kpèŋùídɔ̀)*

kpòó : n. louse *(syn. èkpòó, èyɔ̀, yɔ̀, yɔ̀è)*

kpóó : adj. quietly

kpòrò : n. a type of insect that destroys coconut trees

kpósí : n. a dish from a menu

kpòsɔ̀ : n. lesser bush baby *(syn. ŋkúlì)*

kpósɔ́ : n. camel

kpòtí : n. 1. club 2. name of a type of fish found in the river

kpòtíbá : n. club

kpótìtì : n. jumping

kpótítí dùfúfú : n. gallop

kpòtòkú, kpòtòkúí : n. 1. river fish 2. stargazer (a type of fish) *(syn. tsètsègóyí)*

kpòtòkpòtò : adj. id. 1. rough *(syn. kpòtòò)* 2. sounds produced when several fruits, etc. fall from e.g a tree

kpótókpótóé : adj. all kinds of

kpòtòò : adj. id. 1. rough *(syn. kpòtòkpòtò)* 2. sound produced when someone knocks on the door

kpótɔ́ : n. hunchback *(syn. glèbètɔ́, kpɔ́nɔ̀, kpótɔ́nɔ̀)*

kpótɔ́nɔ̀ : n. hunchback *(syn. glèbètɔ́, kpɔ́nɔ̀, kpótɔ́)*

kpòtróví : n. 1. cricketer 2. wooden bat 3. slingshot (used for playing) *(syn. kpòkè)*

kpòtsòò : adj. id. 1. rigid 2. brittle

kpòvì : n. cudgel

kpóvíó kplé gbòvíó : adv. here and there

kpòvítɔ́ : n. police officer *(syn. pòlísi, pɔ́lísi)*

kpòvítɔ́ dzòkékédólá : n. police motorcyclist

kpòvítɔ́mègā́ : n. police commissioner

kpòvítɔ́wó : n. police officers

kpòvítɔ́wó fé dɔ́wɔ̀fé : n. police station

kpóʋè : n. uneven ground

kpòyìì : adj. id. 1. hairy/dense *(syn. kpòyòò, kpàyàà)* 2. bushy 3. uneven

kpòyìì (gbā̀ -) : v. to smash

kpòyòò : adj. 1. bushy 2. hairy 3. dense *(syn. kpòyìì, kpàyàà)*

kpòzḗ : n. mitracarpus hirsuta (bot. name); a type of medicinal plant *(syn. kpɔ̀ndɛ́)*

kpɔ́ : v. 1. to see 2. to observe 3. to visualize 4. to consult 5. to seek advice from 6. to examine 7. to auscultate 8. to experience 9. to obtain 10. to consider 11. to take (e.g somebody/something) for

kpɔ́ : n. 1. pen 2. enclosure 3. fence 4. hedge

kpɔ́ : adv. 1. once 2. already 3. never

kpɔ́ (dó ... -) : v. 1. to examine 2. to test 3. to experiment

kpɔ́ (dzè -) : v. 1. to be disclosed to 2. to become public 3. to break down (e.g a fence)

kpɔ́ (kplɔ̀ ... dè -) : v. to take someone aside (to talk to him/her face to face)

kpɔ́ (tsò -) : v. to be speckled

kpɔ́ (tɔ̀ -) : v. to make a fence/hedge

kpɔ́ àgbè : v. 1. to escape unscathed from an incident 2. to be saved or to have salvation

kpɔ́ àmènúvévé : v. to have compassion for

kpɔ́ àmè àtàmádézìméé : v. to respect (someone) *(syn. bù àmè àtàmádézìméé)*

kpɔ́ (mé- ... ò) : adv. 1. never 2. not at all

kpɔ́ (...) dó ŋgɔ̀ : v. 1. to anticipate 2. to forsee

kpɔ́ ... dzí : v. 1. to take care of someone 2. to protect 3. to watch over kpɔ́ dzìdzɔ̀ : v. 1. to be happy 2. be delighted

kpɔ́ dzìdzɔ̀ ŋútɔ́ : v. to be very delighted

kpɔ́ dzìdzɔ̀tɔ̀è : v. to contemplate

kpɔ́ (...) ɖá : v. 1. to look at 2. to check 3. to verify 4. to visit

kpɔ́ ... ɖá : adv. 1. here is 2. this is

kpɔ́ ɖòfé : v. 1. to regularize 2. to resolve

kpɔ́ ... ɖókùì : v. to look after oneself

kpɔ́ émè : v. to be tolerate

kpɔ́ ... gblɔ : v. to make a report

kpɔ́ gòmè : v. 1. to participate 2. to benefit from 3. to have one's share in

kpɔ́ hià̰ : v. to hurt the heart

kpɔ́ hòtsùí : v. to become rich

kpɔ́ ... klòé : v. 1. to brush against 2. to have almost (of a certain experience)

kpɔ́ ... kpɔ́ : adv. loc. 1. never 2. once 3. already

kpɔ́ ... mè : v. 1. to visit 2. to examine

kpɔ́ ... mè ná : v. 1. to do a favour for 2. to respond favourably

kpɔ́ ... mègbé : v. to hesistate

kpɔ́ ... mɔ́ : v. 1. to hope 2. to expect 3. to have the right to 4. to find one's way

kpɔ́ (nàné/nú) àtàmádézìméé : v. to respect (something) *(syn. bù (nàné/nú) àtàmádézìméé)*

kpɔ́ nú nù : v. to be curious *(syn. kpɔ́ nú tsító/tsítótsító)*

kpɔ́ nú tsító/tsítótsító : v. to be curious *(syn. kpɔ́ nú nù)*

kpɔ́ núblánúí ná : v. to have pity on

kpɔ́ núdzɔ̀dzɔ̀ : v. 1. to make an observation/a finding (etc. eg. concerning a case) 2. to make a statement

kpɔ́ nyà mè : v. 1. to elucidiate (a matter) 2. to investigate

kpɔ́ nyùìé : v. to see clearly

kpɔ́ nyùìé! : intj. 1. be careful ! 2. warning !

kpɔ́ nkú mè : v. to have the responsibility of

kpɔ́ nkú mè ná : v. 1. to disrespect 2. to consider (somebody) as one's coequal

kpɔ́ ... ŋlɔ̀ : v. to copy

kpɔ́ ŋùdzèdzè lè ... ŋú : v. to appreciate (somebody/something)

kpɔ́ ŋúsḛ́ : v. 1.to be strong 2. to have the right 3. to be healthy

kpɔ́ ... tèfé : v. 1. to attend 2. to witness an event/ocassion

kpɔ́ xɔ̀nòmè : v. to have a place to lodge oneself

kpɔ̰̀ : n. leopard *(syn. àsílà̰, blèkpɔ̀è, félà̰, làfìà, làklè)*

kpɔ̀bɔ̀ɔ̀ : adj. id. 1. bouncy 2. chubby 3. big

kpɔ́dòmè : n. 1. alley 2. space between two fences/walls (e.g in the village, in the slums, etc.) 3. bathroom [in the dialect of the people of Anfoe Traditional Areas in the Volta Region of Ghana] *(syn. tsìlèfé, tsìlèkpɔ́mè, tsìlèxɔ̀)*

kpɔ́dòmèmè : n. an individual that wanders in the streets or in a village *(syn. kpɔ́dòmèví)*

kpɔ́dòmèmɔ́ : n. 1. alley 2. space between two fences/walls (e.g in the village, in the slums, etc.)

kpɔ́dòmèví : n. an individual that wanders in the streets or in a village *(syn. kpɔ́dòmèmè)*

kpɔ́dzídzé : n. 1. example 2. proof 3. attempt

kpɔ́ɖálá : n. visitor

kpɔ́ɖèɖè : n. 1. state of being behind closed doors 2. deliberation

kpɔ́ɖèfé : n. behind closed doors

kpɔ́ɖéŋú : n. 1. example 2. sample 3. exemplar

kpɔ́ɖéŋú (lè - mè) : adv. for example

kpɔ́ɖíí : adj. id. 1. crouched 2. curved 3. leaning 4. thick 5. fat

kpɔ́ɖíí (lè/nɔ̀ -) : v. 1. to be crouched 2. to be hunched 3. to be thick 4. to be fat

kpɔ́ɖíí (tsí -) : v. 1. to be found guilty 2. to be sentenced 3. to be ashamed 4. to be confused

kpɔ́ɖíí (wɔ̀ -) : v. 1. to be crouched 2. to be snuggled up

kpɔ̀dɔ̀ɔ̀ : adj. id. 1. strong 2. strongly 3. distinct *(syn. kpɔ̀ndɔ̀ɔ̀)* 4. distinctly 5. projecting 6. stubborn 7. refractory

kpɔ̀ẽ̀ : adj. 1. slow 2. nonchalant 3. clumsy

kpɔ̀èkà : n. a type of climbing plant whose sap is used to kill fish

kpɔ̀ékpɔ́é : n. rubber resin

kpɔ̀fùù : adj. id . 1. fat 2. bloated

kpɔ̃̀gè : n. 1. whiskers (cat) *(syn. lòglòká)* 2. sideburns (man)

kpɔ́gódó : n. 1. toilet 2. water closet *(syn. àgbó, àtídzí, mínyèfé, míxɔ̀)*

kpɔ́hɔ̃̀ : n. a type of bird that huge in size

kpɔ̃́kèkè : n. a species of wine tree that has medicinal properties (pergularia dacmia)

kpɔ́kú : n. chameleon *(syn. àgàmà, lìtsà)*

kpɔ̀kplɔ̀ : n. 1. sweeping 2. escort 3. conduction (of animals) 4. riding school (for horses) 5. accompaniment (of a woman to be married) 6. presidency 7. dominion 8. patronage

kpɔ̀kplɔ̀ (ɖó - mè) : v. to be of marriageable age

kpɔ̀kplɔ̀dɔ́ : n. commandment

kpɔ̀kplɔ̀ɖó : n. pursuit

kpɔ̀kplɔ̀ténɔ̀nɔ̀ : n. the state of being under the dominion of

kpɔ̀kplɔ̀yiɖémè : n. 1. introduction 2. preface

kpɔ̀kpɔ́ : n. 1. ascertainment 2. consultation

-kpɔ́kpɔ́ : n. 1. ascultation 2. the act of seeing (somebody/something)

kpɔ́kpɔ́ɖá : n. 1. review. 2. visit 3. tour

kpɔkpɔdɔɔ. kpɔkpɔdɔkpɔɔ : adj. id. 1. all wet 2. drenched 3. weighty

kpɔkpɔ́líkpɔ̀ví : n. a fast growing child

kpɔ́lɔ́tsú : n. spot -tail (a type of fish) *(syn. dzògladzèvúí)*

kpɔ́mè : n. 1. courtyard (closed) 2. enclosure 3. colonial house 4. colonial town 5. pregnant 6. concession

kpɔ́mèdógbàlɛ̀ : n. ticket

kpɔ́mènɔ̀lá : n. 1. intern 2. boarder 3. residential student

kpɔ́nàmètí : n. 1. helper 2. adviser

kpɔ̀ndɛ́ : n. mitracarpus hirsuta (bot. name); a type of medicinal plant *(syn. kpòzɛ́)*

kpɔ̀ndɔɔ : adj. id. 1. strong 2. strongly 3. distinctly *(syn. kpɔ̀dɔɔ)*

kpɔ́nɔ́ : n. 1. bread 2. biscuit

kpɔ́nɔ́ (mè -) : v. to bake bread or biscuit

kpɔ́nɔ́ tsòtsò : n. bread slice

kpɔ́nɔ́fòfé : n. bakery

kpɔ́nɔ́fòlá : n. baker

kpɔ́nɔ́mèdɔ́ : n. bread baking

kpɔ́nɔ́mèlá : n. baker

kpɔ́nɔ́mèfé : n. bakery

kpɔ́nɔ́mèmè : n. baking bread

kpɔ́nɔ́tɔ́ : n. bread seller

kpɔ́nɔ́víví : n. 1. cake 2. biscuit 3. cookie

kpɔ́nù : n. 1. opening 2. entrance to a courtyard

kpɔ́nú : adj. showy

kpɔ́nùʋɔ̀ : n. front door

kpɔ́núʋɔ̀trú : n. barrier

kpɔ̀ŋblɔ̀ɔ̀ : adj. id. 1. swollen 2. puffed up 3. congested (face)

kpɔ́ŋkéké : n. Pergularia dacmia (*bot.*) is a hispid, perennial vine in the family Asclepiadaceae, with an extensive range in the tropics and subtropics. It has been used traditionally to treat a number of ailments

kpɔ́ŋkúítɔ́ : n. eye-witness

kpɔ̀ɔ̀ : adj. 1. well-fed 2. exuberant 3. slow 4. curl

kpɔ̀sɔ̀ɔ̀ : adj. 1. crooked 2. oblique

kpɔ́tà : n. in sight

kpɔ́tí : n. 1. iron bar 2. a shrub used to make hedges

kpɔ̀tɔ̀ : v. 1. to be lacking 2. to remain

kpɔ̀tɔ̀ vìè kòtí : v. 1. to almost reach a specific goal 2. to miss by a hair

kpɔ̀tɔ̀ɔ̀ : adj. id. 1. muddy 2. murky 3. messy

kpɔ̀tɔ́é (nú -) : n. the rest (of something)

kpɔ́tɔ́è : n. 1. trap 2. fish trap

kpɔ́tɔ̀klùví : n. wasp *(syn. àdzàdzà, àzãgbá, dzàdzá, kòtókròdú, lìlî, ʋã́, ʋãʋã́)*

kpɔ́tɔ̀tɔ̀ : n. the act of making a fence

kpɔ́tsɔ́è : adv. 1. cheap 2. at low price

kpɔ́tsɔ́tsɔ́ : n. flaw

kpɔ́ví : n. behind closed doors

kpɔ́vídèdè, kpɔ́vídèdè : phr. deliberation behind closed doors

kpɔ́ʋɔ̀sìʋɔ́é : n. a type of bird that lives in flocks

kpɔ́wɔ̀ : n. imitation

kpɔ́xá, kpɔ́xáxɔ̀ : n. 1. washroom 2. toilet (syn. *kpálí*)

kpràɖìì : adj. id. 1. hard 2. stiff

kpùɖùù : adj. id. 1. short an fat 2. stocky

kpùì : n. a piece of (something)

kpùì : adj. 1. short 2. small

kpùí : n. podium

kpùìè : n. briefly

kpùìè (lè -/ nɔ̀ -) : v. 1. to be small 2. to be short 3. to be brief

kpùìfé : n. 1. proximity 2. nearby place

kpùìfé (lè -/ nɔ̀ -) : v. to be near

kpùkplùù : adj. id. 1. chubby 2. beefy

kpúkpò : n. 1. stool 2. chair

kpúkpúì : n. 1. verse 2. stanza

kpùtùù : adj. id. 1. hard 2. strong 3. violent 4. heavy

L

là : v. to stir

là : part. 1. therefore 2. thus 3. whereof

là àkú : v. 1. to whistle 2. to hiss

là àsí : v. to stir with the finger

lá : n. raffia palm *(syn. àlá)*

lá : adv. 1. at the moment 2. suddenly *(syn. tètè)*

lá : art. def. 1. the 2. (in relation with "sì") who/whose/where/which etc. [e.g sì...lá or sìwò ... lá]

lá : part. indicates a state which shall definitely occur in the future

-lá : suf. agent of qualification of an word *(e.g nùfìàlà, dɔwɔ́lá)*

lá fé : suf. indicates something belongs to someone

là : n. 1. animal 2. beast 3. idiot 4. simple person

là (dzɔ -) : v. 1. to be silly 2. to be crazy

là (nyì -) :v. to raise animals

là (tá -) : v. to castrate an animal

là (wɔ nú dé - mè) : v. to be have like a mad person

là gbégblé : n. body of a dead beast or a rotting corpse

là mèmè : n. the act of grilling meat

là núdzódùlá : n. ruminant

là tɔtɔ : n. fried fish/meat

lá tɔxɛ : n. totem

là wɔàdà : n. 1. wild cat 2. wild animal

lá : v. 1. cut down 2. to amputate 3. to be sour

lá : n. 1. large ulcer 2. wound

lá àtsè : v. 1. to be sour 2. to be acidic

là gbègblé : n. dead and putrefying flesh

làà : adv. 1. distant 2. long

làà (fífí -) : loc. adv. 1. right away 2. right now 3. immediately

làà sì : adv. 1. sometimes 2. the other day

làà sì (fífí -) : loc. adv. 1. right away 2. immediately

làbàà, làbàlàbà, lábáá, lábálábá : adj. 1. slender 2. long

làdɔyɔlá : n. veterinarian

ládzà : n. a raffia branch used as a stake/pole

làdzò : n. 1. horn (of an animal) 2. horn (instrument)

làdzɔdzɔ : n. 1. stupidity 2. crazy

làdaʋadɔ : n. 1. rage 2. rabies

làdaʋabɔtàsìtíkè : n. rabies vaccine

làdaʋadɔtíkè : n. anti-rabies serum

làdèdè : n. 1. fishing 2. hunting 3. trapping of animals

làdèlá : n. 1. fisherman *(syn. àsàbùdàlá, dɔdàlá, dɔkplɔlá, fèdàlá, tɔ́fòdèlá)* 2. hunter

làdìsɔ́ : n. mule

làdùgbè : n. herbivore

làḍɔ́kítà : n. veterinarian

làḍùlà : n. carnivore

láfì : n. cat

làfìà : n. leopard (syn. àsílà̰, blèkpɔ̀è, félà̰, kpɔ̀, làklè)

làfìètsì : n. 1. broth 2. stock

láfɔ́ : n. branch of raffia

làfɔ̀yì : n. 1. paw of an animal that was killed 2. leg of a dead animal

làflèfè : n. meat/ fish market

làfé : n. enclosure where animals are kept

làfɔ̀nè : n. 1. an animal that has four legs 2. quadruped

làfú : n. wool

làfúwù : n. woolen fabric

làfèáwó : n. 1. the wise 2. the so-called wise

làglà : n. jawbone of an animal

làglàkpɔ́ : n. small enclosure where animal jawbones are kept

làgòlò : n. 1. animal skin bag 2. animal skins sewn togetherS

làgòlòé : n. 1. small game (wild animal hunted for sport or food) 2. small cone-shaped basked with a lid in which smoked fish or meat is stored

làgbàdzè : n. 1. animal skin/hide 2. leather (syn. làgbàlḛ̀)

làgbàlàgbàtí : n. a state of serious illness

làgbàlḛ̀ : n. 1. animal skin/hide 2. leather (syn. làgbàdzè)

làgbàlḛ̀kòtòkúkpḛ́ : n. bagpipes

làgbàlḛ̀kpétélá : n. tanner (syn. làgbàlḛ̀télá)

làgbàlḛ̀télá : n. tanner (syn. làgbàlḛ̀kpétélá)

làgbèdódó : n. grunting

làgbèlàgbè : n. 1. lamentation 2. complaint

làgbèlàgbè (dó -) : v. 1. to lament 2. to complain

làgbégblḛ́ḍùlá : n. scavenger

làhá : n. 1. herd 2. flock

làháwó : n. livestock

làhàlàhà̰ : adj. id. 1. shiny 2. glistening

làhɛ̀ɛ̰̀ : adj. id. 1. reddish 2. bright 3. shining 4. crystal clear

láka : n. raffia fiber (syn. àlákɔ́)

láká : n. 1. starving 2. weak

lákáá : adj. id. 1. extended 2. stretched 3. starving 4. weak

lákátí : adj. 1.thin 2. tired 3. scarred (as a result of a disease)

lákéví : n. raffia leaf bag

làklè : n. 1. leopard (syn. àsílà̰, blèkpɔ̀è, félà̰, kpɔ̀, làfìà) 2. tiger 3. panther 4. wild animal

làklèfè : n. 1. claws of the leopard/panther 2. rake

làklènú : n. ceremony performed after killing a leopard/panther làkókó : n. the act of butchering, cutting an animal into pieces

làkɔ̀ : n. ceremony performed after killing wild meat

làkɔ̀ (nyì -) : v. 1. to perform traditional rites after killing game 2. to not eat meat

làkɔ́ : n. piece of meat

làkɔ́ɖéàlínùmèmè : n. skewer *(syn. tsyàtsyàŋgá, tsyìtsyìŋgá)*

làkúkónú : n. rodent

làkúshí : n. skin *(syn. ágbàdzè, àgbàlɛ̀̃, àyí, ŋú, ŋùílà̃, ŋútí, ŋútígbàlɛ̀̃, ŋútílã́)*

làkpɔ́ : n. 1. stockyard 2. enclosure to keep animals

làkpàkpà : n. bedbug

làlà : v. to wait

làlà : n. waiting

làlã́ : n. sourness

làlàfé : n. waiting room

làlàlà : adj. id. slowly flowing *(syn. lálɛ́)*

làlã̀lã̀ : adj. id. shiny *(syn. lã̀lɛ̀)*

láli : n. lawsonia inermis (bot.) (also known as the egyptian privet, the mignonette tree or the henna tree)

láli : adv. 1. immediately 2. right away

làlòò : adj. id. 1. long and shapeless 2. tasteless

làlòtɔ́ : n. 1. liar *(syn. àʋàtsó)* 2. ugly

làmámlá : n. dressage

làmè : n. body (human or animal)

làmè (dó vɔ̀vɔ́ - ná) : v. to frighten

làmè (ɖù - ná) : v. 1. to cheer up 2. to long for

làmè (lé - ɖé tè) : v. keep in shape

làmè (kpɔ́ -) : v. 1. to grow bigger 2. be in good shape

làmè fé tòtò : n. muscularity

làmè gblé : v. to be sick

làmè kɔ̀ : v. to feel good and fit

làmè sɛ́ : v. to be in good health

làmèdzódzóé : n. good health *(syn. làmèsésɛ́)*

làmèfìèfìè : n. over excitement

làmègbégblɛ̀̃ : n. bad health

làmègbɔ́dzɔ́ : n. weakness

làmèhèhè : n. massage

làmèkà : n. 1. nerve 2. tendon 3. vein

làmèkɔ̀kɔ̀ : n. health

làmèlélé ɖé tè : n. keeping in shape

làmènú : n. organ

làmènúwó : n. organs of the body

làmènúsèsè : n. sensation

làmèŋúsɛ́ : n. physical strength

làmèsɛ́ : n. health

làmèsɛ́fèfé : n. 1. sports 2. exercise

làmèsémónùdìdówòlá : n. hygiene assistant

làmèsémónùdìdí : n. hygiene

làmèsényàwó : n. health matters

làmèsésé : n. 1. good health (syn. làmèdzódzóé) 2. strength

làmèséxònú : n. 1. gymnastics 2. sports

làmètòtò : n. musculaturity

làmètùgùdàdà, làmètùgùdàfé : n. traumatology

làmètùgùdàlá : n. traumatologist

làmètùtúdò : n. 1. paralysis (syn. àmìà̀, àmìàdò, àvàdzí, gbàgbàdò, tùtúdò) 2. limping

làmètùtútó : n. 1. paralytic 2. a lame person

làmèvéé : n. 1. muscle aches 2. bodily pains (syn. èɲúívéámè, èɲúívéé, ɲúívé, ɲúívéé, ɲúvé, ɲúívéámè)

làmèvé lè ... ɲú : v. to have body aches

làmèvédónámè : n. torture

làmèvétíkè : n. pain killer

làmèxòxò : n. captivation

làmlálá : n. tamer

lànòfé : n. zoo

lànú : n. 1. madness (syn. àḍàvà, àḍàvàdò, àlè, ḍàvà, ḍàvàdò, èmògbègbléd̀ò, ètsù, ètsùkúkú, mògbègbléd̀ò, tàgbódò, tàgbógbèglé, tàgbógbègbléd̀ò, tsù, tsùkúkú)2. stupidity 3. something that is stupid

lánú : n. a tool used for cutting

lànúḍùnú : n. 1. manger 2. creche

lànúwòwò : n. 1. crazy behaviour 2. idiocy

lànúxòxò lè ... sí : n. disarmament

lànyà : n. 1. foolishness 2. word or speech that does not make sense

lànyàà : adj. id. 1. weak 2. slowly 3. heavily

lànyìlá : n. 1. stock breeder 2. livestock farmer

lànyìfé : n. a place where livestock is bred

lànyìnyì : n. animal husbandry

lànyìnyìdódóḍéŋgò dówòfé : n. office of animal production

làŋlò : n. striped anelope (syn. klàtsà)

láṣésì : n. 1. licence 2. permit

làsó : n. language (syn. gbè)

làtàgá : n. 1. idiot 2. scary character

làtàgá (àmè -) : n. 1. stupid person 2. powerful individual in things of witchcraft/magic

làtátá : n. 1. reptile 2. castrated animal

látí : n. raffia

látìgbè : n. latin language

làtìì : adj. id. very strong

làtò : adj. 1. mad 2. crazy

làtó : n. 1. insane peson 2. idiot

làtɔ̀è : adv. madly

làtónyényé : adv. 1. stupidity 2. idiocy

làtɔ̀tɔ̀è : n. fried meat/fish

látríkì : n. electricity

látríkì : adj. electrical

látríkì (sì -) : v. to turn on the light

látríkìdòsinú : n. electric switch *(syn. létríkìdòsinú)*

látríkìkà : n. electric wire

látríkìkàtsàfé : n. electric pole

látríkìkàtsàfé núwùfé : n. negative pole (of electricity)

látríkìkàtsàfé gùnù : n. positive pole (of electricity)

làtsì : n. 1. meat and vegetable broth 2. meat juice

làtsòfé : n. slaughterhouse *(syn. làwùfé)*

làtsòlá : n. butcher *(syn. làwùlá)*

làvílàví : n. a species of wild cat

lávíndà : n. perfume

lávíndàwɔ̀fé : n. perfumery

lávɔ́ : n. raffia fabric

làʋùdzì̀ : n. 1. flesh 2. pulp

làwó mlálá : n. 1. tamer of animals 2. animal trainer

làwó nɔ̀fé : n. zoo

làwótsró : n. 1. pushover 2. child's play

làwɔ́ : n. 1. bone-free meat 2. muscle

làwɔ́lá : n. 1. imbecile 2. idiot

làwɔ́mèfúfɔ́fɔ́ : n. ectopic pregnancy *(syn. ètɔ́pìk)*

làwùfé : n. slaughterhouse *(syn. làtsòfé)*

làwùlá : n. butcher *(syn. làtsòlá)*

làwùyà : n. a species of squirrel which resembles a fox

láxá : n. raffia leaf broom

làxàlàxà : n. adj. id. 1. rough 2. rampant

làxálàxá : n. saw

làxɔ̀ : n. farm courtyard reserved for poultry farming and small domestic animals.

làyìgà : n. grill

làzé : n. pot au feu (a french boiled dinner of meat and vegetables)

lè : v. 1. to bath 2. to scrub

lè : prep. 1. at 2. in

lè/nɔ̀ : v. 1. to be (at a place, in a condition, in time) 2. to be situated at

lè/nɔ̀ àdà̀ dzí : v. to be fierce/threatening

lè àdzàlè̀ : v. to bath with soap

lè/nɔ̀ àgbè : v. to be alive

lè/nɔ̀ ... (àmè) mè : v. 1. to experience 2. to feel

lè/nɔ̀ ànyí : v. 1. to be seated 2. to survive

lè/nɔ̀ ànyí kpóó : v. to be seated quietly

lè/nɔ̀ ànyí sésíɛ̃́ : v. to be steady

lè ... (à)sí : v. 1. to have 2. to possess

lè/nɔ̀ àsí : v. to have

lè/nɔ̀ ... àsí ɖí : v. to have in reserve

lè/nɔ̀ àxà : v. to be next to

lè bé : v. + conj. 1. to have to 2. to be necessary to

lè/nɔ̀ blèwùù : v. to be slow

lè/nɔ̀ bɔbɔ̀è : v. to be easy

lè/nɔ̀ dòdòmè : v. 1. to be neutral 2. to be in the middle of

lè/nɔ̀ ... dòmè : loc. v. 1. in 2. amongst 3. in the middle of 4. to be included

lè/nɔ̀ dɔ̀ : v. to fast

lè/nɔ̀ dù dzí yì : v. to trot

lè/nɔ̀ dzàà : v. 1. to be quiet 2. to be superficial

lè/nɔ̀ dzí : v. to persist

lè/nɔ̀ ... dzí : loc. v. 1. to be on 2. to be about to 3. to support

lè/nɔ̀ dzíɛ̃̀ : v. to be red/reddish in colour

lè/nɔ̀ dzò gbɔ́ : v. 1. to warm up 2. to be near the fire

lè/nɔ̀ ... dzòdzò : v. to be hot

lè/nɔ̀ dzrè dzí : v. to quarrel

lè/nɔ̀ dzrè mè : v. to be at loggerheads

lè/nɔ̀ ɖáá : v. to be eternal

lè/nɔ̀ ɖĭ mè : v. to be in coma

lè/nɔ̀ ɖòɖó mè : v. 1. to be in order 2. to be in a row 3. to be in line

lè/nɔ̀ ɖòɖó nú : v. 1. to be logical 2. to be regular

lè/nɔ̀ ɖòɖùízìzì mè : v. to be silent

lè ésìmè : loc. conj. 1. wheras 2. whilst

lè ésìmè ké : loc. conj. 1. however 2. but

lè/nɔ̀ fã̀ : v. to be tolerant

lè/nɔ̀ fàà : v. to be free

lè/nɔ̀ flùkpèè : v. to blurry

lè/nɔ̀ ... gɔ̀mè : v. to be below

lè/nɔ̀ gbàdzàà : v. to be flat

lè/nɔ̀ gbòdògbòdò : v. to be turbulent

lè (...) gbɔ́ : loc. 1. near to 2. in the proximity of 3. to have the "ball being in one's court" (to be responsibility for a specific outcome)

lè/nɔ̀ ... gbɔ́ : v. to be next to 2. to be beside

lè/nɔ̀ gbɔ́lò : v. 1. to be useless 2. to be free

lè/nɔ̀ kè dzí : v. to be in equilibrium

lè/nɔ̀ klálò : v. to be ready

lè/nɔ̀ klìtsàklìtsà : v. to be rough

lè/nɔ̀ kplɔ̃̀ ŋútí : v. 1. to be at the table 2. to sit down (at the table)

lè/nɔ̀ ... -m : v. to be in the process of

lè ... mè : loc. 1. in the process of 2. during 3. at

lè/nɔ ... mè : v. 1. to be in 2. to be included in 3. to contain

lè/nɔ ... mè (àgbè) : v. to be dynamic

lè/nɔ ... mè (dzìdzɔ) : v. to be cheerful

lè/nɔ ... mɔ́ ... nù : v. to play a role

lè/nɔ ... nù dìdì : v. to resist

lè nyàmà /lè nyàmã̀ : v. to be in shambles

lè/nɔ nyànyá mè : v. 1. to know of 2. to be aware of

lè/nɔ nyàhèhè dzí : v. 1. to still be arguing 2. to still be bickering

lè (...) ŋgɔ : loc. 1. in front of 2. on the surface of

lè/nɔ ... ŋú : loc. + v. 1. to lean against 2. to lean/be on

lè/nɔ ŋùtè : v. to be valiant

lè/nɔ sèsìɛ́ : v. 1. to be strong 2. to be of good health

lè... sí : loc. with

lè/nɔ ... sí : v. 1. to have 2. to posses

lè/nɔ ... sí (àlɔmè -) : v. to be wealthy

lè/nɔ ... sí (ŋúsɛ́ -) : v. to have the right

lè/nɔ ... sí dí : v. to have in reserve

lè ... tà : loc. because of

lè/nɔ ... tà : v. 1. to be as a result of 2. to be on/above

lè tàmè : v. 1. to be above 2. to be on top

lè/nɔ tàmèbùbù mè : v. 1. to be in a thinking mode 2. to be steady

lè/nɔ ... té : v. to be under

lè/nɔ ... tèfé : v. 1. to represent 2. to be in place of

lè/nɔ ... tó(mè) : v. 1. to border 2. to be on the edge of

lè/nɔ tómè ná : v. to border

lè/nɔ tɔxɛ̀ɛ̀ : v. 1. to be special 2. to be typical

lè/nɔ tráléɛ́, lè/nɔ trálétrálé : v. to be thin (syn. lè/nɔ tsráléɛ́)

lè tsì : v. to bath

lè/nɔ tsì ŋgɔ : v. to float

lè/nɔ tsìtrè (nù) : v. to stand erect

lè/nɔ tsráléɛ́ : v. to be thin (syn. lè/nɔ tráléɛ́, lè/nɔ trálétrálé)

lè/nɔ víé : v. to be small

lè/nɔ vévíé : v. to be important

lè/nɔ vòvò, lè/nɔ vòvòvò : v. to be different

lè/nɔ wúsá(wúsá) : v. to be thin and flexible

lè ... xà : loc. 1. close to 2. next to

lè/nɔ ... xà : v. 1. to be next to 2. to catch/stop/capture (somebody/something) 3. to register 4. to engulf

lé : v. 1. to catch 2. to stop (somebody) 3. to block 4. to engulf 5. to record

lé (dzòdzò -) : v. to be hot

lé àmedókúì nyùìé : v. to keep up morale

lé àvù : v. to separate people who are fighting

lé àvù lè ... nɔ̀èwó dòmè : v. to reconcile

lé àyí : v. to wrinkle

lé bè : v. take care

lé bè ná : v. take care of

lé blànù́ : v. to be sad

lé dɔ̀ : v. to be sick

lé dzì ɖé fò : v. to have courage

lé dzì ná (nú -) : v. 1. to please 2. to like

lé dzì : v. 1. to not be postponed 2. to take place

lé dzò : v. to catch fire

lé dzòdzò : v. to heat up

lé ... ɖé àsí : v. 1. to hold in hand 2. to maintain 3. hook on

lé ... ɖé ...dòmè : v. to hate

lé ... ɖé dɔ̀ mè káɖíí : v. to bear a grudge against

lé ... ɖé ... tà : v. to charge

lé ɖé tè : v. 1. to maintain 2. to support (e.g trousers) 3. to perform the ceremony of the firstfruits

lé ... ɖé tsítrè : v. 1. to support 2. to leave in uncertainty

lé ... ɖókúi : v. to behave

lé ... ɖókúi kpóó : v. to stay calm

lé fè : v. to brood

lé fù : v. to bear a grudge against

lé héná ʋɔ̀nùdɔ́drɔ́é : v. to incarcerate

lé hlò : v. to strangle

lé yèbìà : v. 1. to oxidize 2. to rust

lé ... kɔ́ kpɔ́ : v. to weigh

lé kpɔ́ : v. 1. to feel 2. to palpate

lé nyà ɖé tà mè : v. 1. to keep something in mind 2. to memorize

lé nyà ɖé tó mè : v. 1. to keep in mind 2. to grasp (understand)

lé nyàwó ... fò fú : v. to summarize

lé ŋkú : v. to be attractive

lé ŋkú ɖé ... ŋú : v. 1. to take not of 2. to observe 3. to inspect

lé tèfé : v. to reserve a place

lé tó ɖé ... ŋú : v. to pay attention

lé tɔ̀tɔ́ : v. to brake

lé ... tsó : v. to raise

lé ... tsó : n. a labourer

lɛ̀ : n. 1. bridge 2. larva 3. mosquito larva

lɛ̃́ : adj. stupid

lèbè : n. a species of wild cat

lèbèè̀ : adj. id. 1. long 2. slender

léblè : n. labourer

lédémè : n. 1. pocket knife 2. penknife

lèdzɛ̀ɛ̀ : n. 1. long 2. slender 3. stretched

lédénú (nyà -) : n. 1. password 2. code

lédí : n. documentary

lèè : adj. id. 1. streched 2. long

léfé : n. key (e.g of piano /harmonium, etc.)

lègèdè : n. 1. hypocrisy 2. gossip 3. cunningness

lègèdè (wɔ̀ -) : v. 1. to gossip 2. to be cunning

lègèdètɔ́ : n. 1. a hypocrite 2. a liar 3. a gossip 4. a cunning person

légéléĺé : n. a variety of pepper

léglé : n. goliath heron (syn. àkpàklɔ́)

léglɛ́ : n. seagull (syn. gbàgblàxètsú)

lèglètsú : n. 1. margouillat 2. lizard (syn. àdòglɔ́)

légbá : n. idol

lègbèè : adj. id. 1. slender 2. long

lègblàtí : n. 1. outgrowth (of a tree) 2. tree with knots 3. a variety of orchid that grows on trees and whose purple flowers look like matchsticks

lèkè : n. 1. ornament 2. fine clothes 3. elegance

lèkè (wɔ̀ -) : v. 1. to dress up (in beautiful clothes) 2. to adorn

lèkèwɔwɔ : n. 1. facelift 2. dressing

léklé : n. pandanus (syn. kpɑ́, kpɑ̃́)

lèklègbèdódró : n. varicose vein (syn. vùkàtètèdɔ̀)

lékóklóé : n. fox (usually used in fairy tales)

lèkpèȇ : id. 1. thick 2. swollen 3. prominent

lěĺe : n. 1. capturing 2. recording 3. handling

léĺe : n. 1. shout 2. screaming

léĺe (dó -) : v. to shout for help

lèléɖèàsí : n. 1. maintenance 2. retention 3. defence

lěléɖéŋúŋúsɛ́ : n. magnetic force

lèlédí : n. 1. conservation 2. preservation

léléku : n. pepper (syn. àblè, àdibòlò, àtádí, àtàkè, àtíŋúkàlɛ́, ɖòkpò, kàlɛ́, kùklùí)

lélèkúgblé : n. pepper farm

lélèkúgò : n. 1. pepper container 2. pepper pot

lélèkúkà : n. pepper plant/shrub

lèlèlè : adj. id. 1. slender 2. long (syn. léléle)

lélélé : id. strong (syn. léléle)

lèlémè : n. outfit

lèlèwùlèlé : n. a type of long and venemous snake

lélòvèmásàɖiné : n. worm-jawed mormyrid (a type of fish)

lèli / lèliví : n. 1. tiny worms that thrive in dirty water 2. a type of bird species

lèŋgèè : adj. id. slender

léŋúléŋú : n. toad

létà : n. letter

létàd̩ód̩áfè : n. postage fee

létàdzínú : n. stamp (e.g of a letter)

létàfètútú : n. the act of paying for postage

létàkòtòkú, létàkòtòkúví : n. envelope

Létónià : n. Latvia

lȅ : n. larva

lȅgȅȅ : n. 1. long 2. thin

lȅkúlá : n. 1. idiot 2. stupid person

lélélé : id. strong *(syn. lélélé)*

lélélé : id. very slowly

lèsèpàsé : n. give-way (laisser-passer; french)

lȅsì : n. meagre (a type of fish)

lȅsì blèyè : n. greater soapfish

létríkì : n. electricity

létríkìd̩ówòlá : n. electrician

létríkìkpó : n. electric oven

létríkìmɔ̀ : n. electrical appliance

létríkìŋúsȇ : n. electric current

létríkìŋúsȇtèfé : n. 1. power station 2. power plant

létríkìdòsìnú : n. electric switch *(syn. látríkìdòsìnú)*

létròfónù : n. record player

lȇví : n. 1. larva 2. amoeba 3. sperm *(syn. àfɔ̀ná, ŋútsúsí)* 4. tiny worm

lȇvȗȗ : adj. id. 1. large 2. bulky 3. slow

lȇυú : n. canoe *(syn. àgɔ̀υú, àkló, àkplóυὺ, àvɔ̀υú, υǔ)*

lì : v. 1. to be 2. to be there 3. to caress 4. to iron (laudry) 5. to claim

lì : n. 1. sorghum 2. pearl millet

lì (àkpóxɔ̀nú -) : v. to protect

lì (- àwù) : v. to iron (clothes)

lì (- drɔ̀é) : v. retell

lì (dzòdzò -) : v. to be hot

lì (fàfá -) : v. to be cold

lì (mè - ò) : v. to be absent

lì àsí : v. 1. to stroke 2. to smooth

lì àsí ... mè ná : v. 1. to massage 2. to knead

lì àsí ... ŋú : v. 1. to caress 2. to pat

lì d̩áá : v. to be eternal

lì éd̩ókúì d̩é ... ŋú : v. 1. to rub against 2. to caress (with the body e.g like the cat) 3. to send erotic signals

lì gà ... dzí : v. to iron (laundry)

lì tà tà ŋú : v. to seek advice from

lì vɔ̀ : v. to rave

lìυílìυí : adj. id. 1. growling 2. murmuring

lí : v. 1. to be well planted/fixed 2. to consolidate 3. to be erect *(syn. lǐ)* 4. to point at

lí ɖé ... ŋú : v. 1. to be discreet 2. to keep one's mouth shut

lí ɖé ... ŋú (fè -) : v. to be in debt for a long time

lí ɖé ... sì : v. to have a lot of

lí ɖé tsítrè : v. to stand up straight

lí ɖí : v. 1. to resist 2. to be well fixed

lí kè : v. to be well rooted

lí kè àtí : v. to sink a peg well

lí kɔ̀ : v. to hold one's head up straight (e.g when carrying a load with one's head)

lí kɔ́ : v. to stack up

lí kpó : v. to be inert

lí légbá : v. to erect an idol

lì : v. to speak (in some expressions)

lì : n. a type of tree species

lì àmè ŋú : v. to speak ill (of someone)

lì ɖròè ná : v. explain a dream to

lì fè : v. to claim back what is owed

lì lìʋílìʋì : v. 1. to whisper 2. to murmur

lì ... ŋú : v. to slander

lǐ : v. 1. to be erect *(syn. lí)* 2. to stiffen 3. to speak *(syn. gblɔ, lṹ, nṹ)*

lìà : v. 1. to harden 2. to be fragile 3. to be overwhelming 4. to be persistent

lià : n. ladder

lià (kɔ̀ - ná) : v. to have torticolis

liá : v. 1. to climb 2. to warm up (e.g food)

liá : n. comb *(syn. àfɛ, àyǎ, àyíɖá, yíɖá)*

-liá : suff. depicts position (e.g th. as in fourth, fifth, sixth, etc.)

liá (ɖɔ́ - ... ŋú) : v. to argue for no reason

liá : id. 1. gulp 2. swallow (all at once)

liáliá, liáliáliá : id. 1. several times 2. gluttony (e.g as in swallowing)

liàlià : adj. 1. clean 2. naked 3. empty

liàlià (ɖè -) : v. 1. to be wide awake and constantly moving (e.g one's eyes) 2. to spin like a searchlight

liàlià (ɖi -) : v. 1. to be clean 2. to be naked 3. to be empty 4. to be beautiful (e.g a route)

líblá : n. 1. whirlpool 2. geyser

lídzí, lídzítsú : n. barracuda (fish) *(syn. àgɔ̀, àlédzí)*

liɖɔ́ɖɔ́ : n. 1. dislocation 2. replacement

liɖɔ́ɖɔ́ àfɔ́ : n. slight sprain (of the leg)

lifi : n. plain flour *(syn. wɔ́)*

lífí : n. 1. boswellia [an important genus of incense-yielding trees of the family burseraceae] (whose resin is used to make incense) 2. incense 3. myrrh (Agbeny La, 1988, 2006, 2020, S. Mateo 2:11)

lifú, lifúfú, lifúlífú : n. a black non-venomous snake

lìfùù : adj. id. 1. gloomy 2. sleepy 3. whitish

lífò : n. 1. furrow 2. limit 3. border

lífò (dó -, ḑè -, ḑó -) : v. 1. to delimit 2. to make a border

lìgbàlìgbà : adj. id. 1. nauseating 2. of giving off a bad smell

lìgblà : n. goddess of blacksmiths (syn. lìgblɛ̰̀)

lìgblɛ̰̀ : n. goddess of blacksmiths (syn. lìgblà)

lìhà : n. beer made of maize or guinea corn (syn. gbènyì)

lìhɔ̰̀ : n. 1. reflection 2. image 3. shadow (syn. lùʋɔ̀)

líkà : n. straight line

líkà : n. a large edible mushroom

lìkànúflì : n. 1. parallel 2. parallel line

lìkɔ̀tɛ̀ : n. helicopter (syn. gbògbótsúyàmèʋú)

lìlì : v. 1. to smear 2. to rub 3. to sway

lìlì : n. 1. friction 2. concealment 3. black wasp

lìlì ŋú : v. 1. brush against 2. graze

lìlì ... wó nɔ̀èwó ŋú : v. to rub against each other (e.g to rub the hands against each other)

lìlḭ̀ : n. wasp (syn. àdzàdzà, àzàgbá, dzàdzá, kòtókròḑú, kpɔ́tɔ̀klùví, ʋá̰, ʋáʋá̰)

lílí : n. 1. rooting 2. security 3. stiffness 4. erection 5. firm hold

lílí : v. 1. to surprise 2. to hug each other 3. to approach

lìlìlì : id. 1. smelly 2. in thick curls

lìlìlì (ʋé -) : v. 1. to have a bad smell 2. to have a nauseating smell

lílílí : id. 1. of smelling good 2. fragrant 3. in thin swirls 3. very. 4. in the depths of 5. in the middle of the night

lílílí (ʋḛ́ -) : v. to smell good

lílɔ́ : n. a mixture of fine sand and salt that is eaten, as a craving, (mostly by some pregnant women) (syn. àyìlɔ́, kpándókɔ́)

lìlɔ̰̀ : n. red magnan ant (syn. àlɔ̀lɔ̰̀)

lìnyàlìnyà : adj. 1. slowly 2. heavily (walking/ someone heavy walking)

línyɛ́línyɛ́ : adj. 1. slowly 2. cautiously (walking /someone of light weight walking)

lìŋɔ̀ : n. corncob of guinea corn

líŋɔ́ɔ́ : adj. 1. crawling 2. walking slowly

lìòḑòò : adj. id. 1. naked 2. stretched out

lìòtènà̰ : n. lieutenant

lìòtènà̰-kòlònɛ̀l : n. lieutenant-colonel

lìòtènà̰ kpéḑéŋútɔ́ : n. second lieutenant

lìɔ̀ : v. 1. to sharpen 2. to be pointed 3. to be stiff 4. to finish 5. come to an end 6. to withdraw

lìɔ̀ àkú : v. to whistle (with the mouth)

lìɔ̀ : v. 1. to grow well 2. to become an adolescent/ an adult lìɔgbɔ̀ : adj. 1. round 2. big and long

lìɔgbɔ̀ɔ̀ : id. 1. pointed 2. tapering

lìɔ̀lìɔ́yì : n. adolescence

lìsá̀sì : n. licence

lìsé : n. 1. high school 2. secondary school *(syn. lìsésùkúgá́)*

lìsédèlá : n. high school student

lìsénúfíálá : n. high school teacher

lìsésùkúgá́ : n. 1. high school 2. secondary school *(syn. lìsé)*

lísì : n. 1. helix 2. propeller

lítà : n. litre

lìtìì : adj. id. 1. dark 2. obscure 3. grey 4. dark brown 5. blackish 6. hazy 7. bulky 8. large

Lìtùánìàì : n. Lituania

lìtùrdzí : n. liturgy

lìtsà : n. chameleon *(syn. àgàmà, kpɔ́kú)*

lìtsàgbàlè̀ : n. chameleon skin *(syn. àgàmàgbàlè̀)*

lìʋílìʋí́ : n. murmur

lìʋùí : n. pangolin

lìwóé : n. ray-finned fish

lìwóé gòkpò : n. bebe bebe (a type of fish)

lìwóé núkpúí : n. elephant nose (a type of fish)

lìwóé nɔ́gbé : n. cornish jack (a type of fish)

lìwóé gɔ̀dɔ̀gɔ́ : n. elephant snout (a type of fish)

lìwóé àtímèkú : n. mormyrids (a type of fish) *(syn. àʋàklì)*

lò : n. foreskin (of the penis) *(syn. àʋà)*

ló : v. 1. to resist (water, wind, etc.) 2. to melt

ló : n. 1. slender-snouted crocodile *(syn. bàmèló, tàmèló, tɔ̀mèló)* 2. alligator 3. proverb 4. parable

ló (dó -) : v. 1. to tell a proverb 2. to speak in parables

lòbòmè : n. trunk

lő : v. 1. to live long 2. to last

lő ... lè ... dzí : v. to remove from

lóbòlí : n. bush tree

lòbòò : id. 1. round 2. oval 3. oblong

lódódó : n. 1 proverb 2. parable

lódólá : n. someone who speaks in parables

lódónú : n. something that is of proverbial importance

lódónyà : n. 1. proverb 2. parable 3. maxim

lòglò : n. raffia leaf hat which is usually worn by hunters

lòglòtí : n. a variety of orchid *(syn. lògblàtí)*

lòglòká : n. whisker (of the cat) *(syn. kpɔ̀gè)*

lòglòkú : n. a type of climbing plant that is very tough

lògò : n. common white grouper / seaperch *(syn. àfìbà)*

lógó-kpà : n. mango tilapia (a type of fish) *(syn. àkpàyìé)*

lógò : n. baobab fruit

lògòdzòò : id. 1. voluminous 2. protruding

lògòò : adj. id. 1. protruding 2. voluminous

lógòtí : n. baobab tree

lògblàtí : n. a variety of orchid *(syn. lòglòtí)*

lòhó : n. blister *(syn . bùlú, lòhólòhó, lóló)*

lòhóé : n. bosc's monitor *(syn. àgbòlòhóé)*

lòhòlòhò : id. 1. very full 2. soft and shiny (e.g breasts, buttocks, etc.)

lòhólòhó : n. blister *(syn. bùlú, lòhó, lóló)*

lòhólòhó : adj. id. 1. of having or being covered with blisters 2. of not yet being mature

lòhólòhó (dò -) : v. to form blisters

lòklòví : n. name of a species of fish

lóklóví : n. mermaid

lòkò : n. 1. iroko 2. african oak tree

lòkòyìὲ : n. black iroko

lòkpó : n. 1. green parrot 2. fringed garment

lòkpòò : adj. id. 1. big 2. big and long 3. protruding

lòlò : v. 1. to be tall 2. to be massive 3. to be fat 4. to be expansive 5. to grow

lòlò : n. 1. greatness 2. size

lòlò : adj. 1. big 2. massive 3. vast 4. extended

lòlò (...) dé dzí : v. 1. to enlarge 2. to dilate

lòlò gã́ : v. 1. vast 2. wide

lóló : v. 1. to melt 2. to form blisters from burns or pressure 3. to peel off 4. to no longer be good 5. to rot

lóló gà : n. melt iron

lóló : n. 1. blister (e.g in the hands, etc.) 2. blister *(syn. bùlú, lòhólòhó, lòhó)*

lóló (dó -) : v. to have blisters

lòlòè : n. a type of tree species *(syn. lòlòsḗ)*

lólóé : adj. 1. small 2. few

lólóé (dì - tsì) : v. to suppurate

lòlòdédzí : n. dilation

lòlóló : n. 1. greatness 2. dilution

lòlóló : n. melting

lòlòmè : n. 1. volume 2. size

lòlòsḗ : n. a type of tree species *(syn. lòlòè)*

lòò ! : (incitement) come on

lóò : adv. how

lóó ! : excl. used in demanding a confirmation of a request

lóó àló : loc. conj. either ... or

lótàmèkpé : n. diamond (shiny stone in the head of the crocodile) lòtò : n. banana or plantain flower that has not yet opened

lòtòò : adj. id. 1. big and round 2. oblong

lòtòfé : n. upper (thick) part of fan palm stem

lòtɔ́ : n. uncircumcised person

lòxòò : id. 1. in grains 2. raw

lóvé : n. gall of the crocodile (which is poisonous)

lɔ́ : v. 1. to gather 2. smash against 3. to be vain 4. to be slender

lɔ́ àvètí : v. 1. to clean a burnt field that has just been cleared 2. to pick up pieces of and wood and roots

lɔ́ ... àtúù : v. recieve with open arms

lɔ́ ... dé xɔmè : v. to pack/stack (things) in a room

lɔ́ dù : v. 1. to run away 2. to bolt

lɔ́ ɖé émè : v. 1. to shock 2. to offend

lɔ́ ɖi : v. to be stained

lɔ́ kà : v. to shackle in a rope

lɔ́ kplé gàxá : v. to rake

lɔ́ ... nɔ̀èwó : v. to clash with each other

lɔ́ sɔ́ : v. to touch the tontine

lɔ̀ : v. 1. to accept 2. to consent 3. to love 4. to like 5. to wish 6. to estimate 7. to weave 8. to braid

lɔ̀ : n. bush tree

lɔ̀ ɖé dzí : v. to agree (on something)

lɔ̀ ... fé nyà : v. to love/like (somebody)

lɔ̀ ... fé nyà : v. to respond to a greeting

lɔ̀ kúkú : v. 1. to be fragile 2. to die (grass/plant) 3. to be eradicated

lɔ̀ nú lè ... gbɔ́/ŋú : v. 1. to love/like (somebody) 2. to have a heart for

lɔ̀ núsɔsrɔ̃ : v. to be studious

lɔ̀ ... nyàwúàmètɔ̀è : v. to resign (onself)

lɔ̀ tà : v. to nod the head (as a sign of agreement)

lɔ̀ wɔ̀ : v. to do something on purpose

lɔ̀ wú : v. to prefer

lɔ̀àmè : adj. friendly

lɔ́àtílɔ́àtí : n. golden-tailed woodpecker (syn. tʃɔ̀àtítʃɔ̀àtí)

lɔ̀bɔ̀ɔ̀ : adj. id. 1. oval 2. oblong (syn. lɔ̀gbɔ̀ɔ̀, lɔ̀dzɔ̀ɔ̀)

lɔ̀dzɔ̀ɔ̀ : adj. id. 1. oval 2. oblon (syn. lɔ̀bɔ̀ɔ̀, lɔ̀gbɔ̀ɔ̀)

lɔ́é : n. name of a type of tree

lɔ̀fò : n. 1. region 2. direction

lɔ̀fò : adv. 1. approximately 2. in the neighbourhood of

lɔ̀fùù : adj. id. 1. long 2. protruding

lɔ́gò : n. cheek (syn. àlɔ́, àlɔ́gò)

lɔ̀gbɔ̀ɔ̀ : adj. id. 1. oval 2. oblong (syn. lɔ̀bɔ̀ɔ̀, lɔ̀dzɔ̀ɔ̀)

lɔ́kè : n. lock (syn. lɔ́ki)

lɔ́kì : n. lock (syn. lɔ́kè)

lɔ́kètùlá : n. locksmith

lɔ̃líɔ̃ : n. attainment of adolescence

lɔ̃lɔ́ : n. 1. collection 2. infection

lɔ̃lɔ̃ : n. 1. love 2. affection 3. acceptance 4. charity

lɔ̃lɔ̃ : adj. 1. affectionate 2. loved 3. darling

lɔ̃lɔ̃nù : n. 1. will 2. desire

lɔ̃lɔ̃nùnúnáná : n. charity

lɔ̃lɔ̃nùnyùídɔ́wɔ̀lá : n. volunteer (syn. lɔ̃lɔ̃nùnyùítɔ́)

lɔ̃lɔ̃nùnyùítɔ́ : n. volunteer (syn. lɔ̃lɔ̃nùnyùídɔ́wɔ̀lá)

lɔ̃lɔ̃séfòfò : n. rose (flower)

lɔ̃lɔ̃tɔ́ : n. lover

lɔ́ŋgɔ̀ : n. castor oil tree (syn. dzɔ̀ŋgbàtí)

lɔ̃ʋúí : v. to be negligent whilst running errands

lɔ̃xó : v. mothe-in-law (mother of one's wife)

lù : v. 1. to fall down (on) 2. to befall 3. to shave

lú : n. 1. sorghum 2. wheat

lǔ : n. 1. large antelope/ western hartebeest 2. bubali major (a genus of asiatic bovines)

lũ : v. 1. to be loose 2. to lose (it's leaves) 3. to rush on 4. to shave

lũ : n. 1. a variety of pepper 2. serpent/snake (syn. dà)

lũ ɖé … dzí : v. 1. to pounce on 2. to lynch

lũ fú ná : v. 1. to mow for 2. to shear for 3. to shave for

lũ ʋà : v. 1. to dash 2. to rush out

lũ ʋɔ̃ : v. 1. to whistle (into the ears of) 2. to vibrate

lú : n. 1. hole 2. cavity 3. terrier (syn lùdòé)

lú : n. to speak (syn. gblɔ̃, lí, nú)

lùbùù : id. 1. profound 2. hollow

lùdóé : n. 1. small path that leads to the house (syn. nùdóé). 2. track (of an animal) 3. opening (of a window) 4. brown spots on coconut leaves 5. terrier (syn lú)

lùfí : n. a type of rat with a prominent mouththat lives in groups and feeds on earthworms

lùgú : n. Anona muricata (a type of evergreen tree that produces the soursop fruit)

lùgùlùgù : adj. id. stupid

lùgùlùgù (zɔ̀ -) : v. to walk with back bent and one's head down

lúgùnɛ́ : n. a type of bean that grows on shrubs (syn. àtíyí)

lũhãlũhã̀ : adj. id. 1. briliant 2. dazzling

lùlù : n. 1. shaving 2. mowing

lùlú : n. dried okro (Rongier, Dictionnaire éwé-français, 2015) (syn. àgbágbá, *àgbòdrò, àklùmã́, àtísé, fètrí, zàmãɖízàmàhlɔ̃*)

lùlù̃ : v. 1. to let go 2. to lose (it's leaves) 3. to remove from 4. to start up 5. to jump

lúlúlú : id. 1. secretly 2. in a straight line

lúlúlú (ɖi -) : v. to secret

lũ̀mɔ̀ : n. anteater/aardvark *(syn. ɖèsí, glìgò, hòtòklóló)*

lũ̀mɔ̀dó : n. a grave in the house which has its' opening outside the wall of the house

lũ̀mɔ̀ɔ̀ : id. of describing the movement or the running movement of smaller animals like the hare or the porcupine

lùsùù : adj. id. 1. tasteless 2. slow 3. stupid

lùtù : n. a ceremony/rite performed in the rememberance of departed family member(s) and is accompanied by partying and merry making *(syn. lùtùɖèɖè)* (Dzobo, 2015)

lùtùɖèɖè : n. a ceremony/rite performed in the rememberance of departed family member(s) and is accompanied by partying and merry making *(syn. lùtù)* (Dzobo, 2015)

lùtùù : adj. id. 1. large and bushy 2. thick

lùʋɔ̀ : n. 1. soul 2. lifeblood 3. shadow/reflected image e.g in water/morror *(syn. lìhɔ̀)* 4. soul

lùʋɔ̀ dzó lè ... tà : phr. to go mad

lùʋúlùʋù, lùʋúílùʋùí, lùʋúlùʋùí : n. 1. giant pangolin 2. long-tailed pangolin

M

m- : pron. 1. me 2. myself 3. I

m- ... ò : loc. adv. not (negates a statement/phrase)

-m (lè/nɔ̀ ...-) ò : v. to be in the process of

mà-, mà- ... mà- : phr. 1. without 2. of not doing (something)

-mà- ... -é : prep. without

mà : v. 1. to try 2. to test

mà nú kpɔ́ : v. to venture to

má : v. 1. to distribute 2. to divide

má : v. to accustomed to

má : adv. 1. that 2. this

má : pron. 1. that one 2. this one

má : pron. that

má àmè : v. 1. to be used to 2. to be accustomed to

má ... ɖé àkpá àkpá : v. to subdivide

má ké : pron. that

má sì ké : pron. 1. that 2. who 3. which

má tó : v. to be familiar (with)

má tó ná : v. to be familiar with (in terms of hearing)

máá : conj. 1. therefore 2. thus 3. so

màbùàmè : adj. rude

màdèblíbò : adj. incomplete

màdètó : adj. superficial

màdèŋgɔ̀ : adj. underdeveloped

màdzèmàdzè : adj. 1. coarse 2. rude

mádzíki : n. 1. magic 2. conjuring

mádzíkiŋúsé : n. magic power

mádzíkitɔ́ : n. magician *(syn. mádzíkiwɔ̀lá)*

mádzíkiwɔ̀lá : n. magician *(syn. mádzíkitɔ́)*

mádzíkiwɔ̀wɔ̀ : n. 1. the act of performing magic

màdzímàdzí : n. stye/hordeolum *(syn. tègbitègbì, ŋkútɔ́, ŋùkpɔ́è)*

màdzɔ̀kpɔ́ : adj. odd occurance

màdzùdzɔ̀è : loc. adv. relentlessly

màdzùdzɔ̀màdzùdzɔ̀è : loc. adv. without stopping

màdzùdzɔ̀màdzùdzɔ̀tɔ̀è : loc. adv. without cease

màḍinú, màḍinùí : n. an insignificant thing

màḍinúwó (nú -) : n. 1. rubbish 2. cheap junk

màḍótó : adj. disobedient

màḍɔ̀ḍó : n. incorrectness

màgàrínibútrù : n. margarine

máhã̀ : adv. is it that...? *(syn. hã̀, zã́)*

máhĩ̀ : adv. is it that...? (with a sense of doubt or uncertainty)

màhógànì : n. mahogany (khaya senegalensis)

màkáḍéḍzí : n. 1. to not be certain 2. indecision 3. hesitation

màkáḍéḍzísúsú : n. illusion

màkàròní : n. Macedonia

Màkédónìà : np. fruit salad

màkɔ̀màkɔ̀ : n. impurity

màkɔ̀màkɔ̀ : adj. impure

màkɔ̀màkɔ̀nyényé : n. impurity

màkpɔ́màkpɔ́ (lè mɔ́ - mè) : adv. unexpectedly

màkùɖéxɔ̀sèháŋú : n. secular

màlɛ : n. charred grass particles suspended in the air

màlímàlí : n. imbalance

màlɔ̃nú : adj. 1. strict 2. harsh

màmá / màmã́ : n. grandmother

mǎmá : n. 1. distribution 2. division

màmádɔ́ : n. transmission

màmádzò : n. hot fresh morning sun

màmã́gã́ : n. grandmother's older sister

màmã́gbɔ́vínú (wɔ̀ -) : v. to be pampered

màmã́líxóé : n. very old woman

màmàmà : adj. id. 1. brilliant 2. dazzling 3. brightly coloured 4.

màmámàmá, màmã́màmɛ : n. great-grandmother

màmámàmáyɔ́ví : n. 1. great grandson 2. great granddaughter

màmámè : n. 1. paragraph 2. section

màmáví : n. grandmother's young sister

màmáyɔ́ví : n. grandchild

màmáyɔ́ví nyɔ́nù : n. granddaughter

màmáyɔ́ví ŋútsù : n. grandson

-mámá dɔ́ : n. transmission

màmè : n. someone whom one doesn't want to name

màmɛáwóù : n. small dieties *(syn. trɔ̃, vòdú, vɔ̀nú, ʋɔ̀lú)*

màmídòsú : n. 1. sand flea 2. beach flea 3. jigger *(syn. àdèsú, dòsú, dzigá, ètsìmàmí, tsìmàmí, zizíŋzòsú)*

màmíwàtá : n. 1. mermaid 2. a water spirit venerated mostly in West, Central, Southern Africa, the African diaspora and the Americas

mámlá : v. to tame

mámlɛ : adj. 1. last 2. rearmost

mámlɛ (nú -) : n. 1. remainder 2. remnant

mámlɛ(àwó) : n. 1. remainder(s) 2. remnant(s)

mámlɛtɔ́ : n. the last (item)

mánámàná : n. deprivation

mánòwɔ́ : n. big black crow *(syn. ákpàvìã̀, nòwɔ́nòwɔ́)*

mándàrínàŋùtí : n. tangerine

mànyàɖéɖì : n. magnan ant *(syn. àʋàwɔ̀lá, klikásìví, kɔ̀tɔ̀kɔ̀, mànyàɖéɖì, zànúvɔ̃́é)*

mànyágblɔ̀ : adj. 1. unbelievable 2. unimaginable

mànyátànù : adj. funny

- 551 -

mànyètó, mànyètòfónù : n. tape recorder

mànyɛ́ : n. scurvy (gum sore) *(syn. àdèlá̋, àdèlɛ́̋, nùmèvúvú)*

mànyómànyó : adj. 1. naugty 2. bad 3. evil

máŋgò : n. mango

máŋgòtí : n. mango tree

mànkàní, màŋkàní : n. colocasia esculenta (cocoyam, taro) *(syn. ʋlȅ̀)*

màsà : n. june (month)

màsámèylètíví : n. 1. milky way (galaxy) *(syn. ylètívíwó gbè kà)* 2. galaxy

màséfé : n. infinity

másɛ́ : n. rainy season

màsɔ̀màsɔ̀ : n. 1. litigation 2. disagreement

mástɛ́sì : n. master's degree (studies)

màtrè : n. 1. prostitution *(syn. àhásì, àhásìwɔ̀wɔ̀, gbòlòwɔ̀wɔ̀, sìdzá)* 2. fornication

màtrè (wɔ̀ -) : v. 1. to prostitute 2. to fornicate

màtrèwɔ̀lá : n. 1. prostitute *(syn. àhásìtɔ́, àhásìwɔ̀lá, dzàkàsì, dzèhɛ̀, gbòlò, gbòlòtɔ́, sákábó)* 2. whore 2. fornicator 3. ill-joyed woman

mátsésì : n. matches

màví : n. herring (fish)

màvívídètsí : n. 1. fulvous whistling duck 2. white-faced whistling duck 3. egyptian goose 4. african pygmy poose 5. common teal

màvɔ̀ : adj. 1. infinite2. eternal

màvɔ̀màvɔ̀ : n. eternity

màvɔ̀màvɔ̀ : adv. 1. forever 2. infinitely

màvɔ̀màvɔ̀mè : n. 1. eternity 2. infinity

màvɔ̀màvɔ̀tɔ̀ : adj. 1. eternal 2. infinite 3. endless

màvɔ̀màvɔ̀tɔ́ : n. everlasting

màvɔ̀tɔ̀ : adj. 1. eternal 2. infite

màʋàmàʋà : n. immobilization

màʋàmàʋà : adj. 1. motionless 2. immobile

màwɔ̀nú : n. 1. arid 2. barren

Máwú : n. God

Màwù fé gbèfá̧dèlá : n. prophet of God

máwúdɔ̀lá : n. 1. angel of God 2. messenger of God

máwúdɔ̌gbédèlá : n. missionary

máwúdzímàxɔ̀sètɔ́ : n. atheist *(syn. máwúgbélá)*

Máwúdèkáètɔ̀ : n. Trinity

máwúfíànyɔ́nù : n. goddess

máwúfé : n. kingdom of God

máwúgbélá : n. atheist *(syn. máwúdzímàxɔ̀sètɔ́)*

máwúkpɔ́ : n. a little crib in which offerings to a god is put

Máwúéná : n. Mawuena (first name : gift of God)

máwúmènúvɔ́ : n. sacrilege

Máwúnú : n. Mawunu (first name : a thing of God)

máwúnùnɔ̀lá : n. clergyman

máwúnùnɔ̀láwó : n. clergymen

máwúnyà : n. 1. sermon 2. the good news 3. the word of God

máwúnyà ŋú núnyá dètónyálá : n. doctor of theology

máwúnyà ŋútí núnyá : n. theology

máwúnyà ŋútí núnyálá : n. theologian

máwúnyàdɔ̌gbédèà : n. missionary

máwúnyàgbɔgblɔ : n. 1. preaching 2. sermon

máwúnyàgblɔ́lá : n. preacher

Máwúnyàkàkà Nɔvísíléhá : n. Evangelical Community of Apostolic Action

máwúnyàkàkàlá : n. 1. missionary 2. preacher

máwúnyényé : n. divinity

máwúsì : n. priestess of God

Máwúsí : n. Mawusi (first name : hand of God)

Máwúsínú : n. Mawusinu (first name : a sign of the hand of God)

máwúsúbɔ́lá : n. 1. servant of God 2. worshipper of God

Máwútɔ̀ : n. Mawutor (first name : property of God)

máwútsì : n. baptismal water

máwútsì (dé - tà ná) : v. to baptize (somebody)

máwútsìdédétà : n. the act of baptising in God

máwútsìdétà, máwútsìlèlè : n. baptism

máwúví : n. 1. child of God 2. little deity

Máwúví : n. Mawuto (first name : child of God)

Máwúwɔ̀à : n. Mawuwoa (first name: creation of God)

máwúxɔ : n. temple of God

mè : v. 1. to grill 2. to roast 3. to burn (e.g. poultry, hair, etc.)

mè : postp. 1. inside 2. in

mè àká : v. to make/manufacture charcoal/coal

mè (dzò) : v. to burn

mè (lè - /nɔ̀... -) : v. 1. to be part of 2. to be included in 3. to contain 4. to experience

mè (lè é-) : loc. inside of

mè- : pron. i

mè- ...ò : adv. not

mé : v. 1. to be well made 2. to be fine

mɛ̀ : n. back

médé ... dzí ò : v. 1. to be a disadvantage 2. to defavour

mèḍóḍó : n. 1. impregnation 2. penetration

mèfí : n. buttocks

mèfímè : n. butt hole

mégà- **...ò** : adv. he/she/it does/did not do (something)

mègà- **...ò** : adv. to not do (something)

mègbé : n. 1. back 2. at the back of 3. the rear (e.g as in a football player who is a defender)

mègbé- : adj. 1. posterior 2. behind

mègbé- : prep. from behind

mègbé (dè -) : v. 1. to withdraw 2. to retreat

mègbé (dè - ná) : v. to vouch for

mègbé (dé -) : v. to lean back

mègbé (kpɔ́ ... ɟé -) : v. wait for the return of (something/somebody)

mègbé kò : conj. 1. after which 2. after having (happened)

mègbé ʋíí (lè -) : v. to be far behind

mègbédànú : n. guarantee *(syn. mègbéɖónú)*

mègbédèdè : n. retreat

mègbédèdè ná : n. + prep. the act of vouching for (someone)

mègbédédé : n. backing

mègbéɖóɖó : n. 1. testament 2. will

mègbéɖógà : n. 1. alimony 2. pension

mègbéɖónú : n. guarantee *(syn. mègbédànú)*

mègbéfɔ : n. hind limb

mègbéfɔ (dó -) : v. 1. to follow up 2. to go back 3. to flip-flop

mègbégà : n. latch *(syn. mègbétí)*

mègbéhùhɔé : n. mirror (e.g of a car) that allows the driver to see behind him without having to turn around *(syn. mègbékpɔ́hùhòế)*

mègbékpɔ́hùhòế : n. mirror (e.g of a car) that allows the driver to see behind him without having to turn around *(syn. mègbéhùhɔé)*

mègbékpó : n. spine *(syn. dzìmèɟú, mèkpó, métùmèɟú, tùmè, tùmèɟú, tùmèsɔ̀ɟú)*

mègbékpɔ́kpɔ́ : n. 1. the act of looking back 2. hesitation

mègbékpɔ́kpɔ́tɔ́è : adv. hesitantly

mègbékpɔ́lá : n. 1. someone in charge of (e.g a task) 2. an honest person

mègbémàkpɔ́lá : n. 1. a dishonest person 2. an irresponsible person 3. a hypocrite

mègbémàkpɔ́màkpɔ́ : n. the act of not hesitating/not pondering over the past

mègbémàkpɔ́màkpɔ́tɔ́è : adv. without hesitation

mègbémè : n. 1. spokesperson 2. advocate

mègbémègbé : adv. backwards

mègbémègbé (zɔ̀ -) : v. to walk backwards

mègbémègbéví : n. 1. descendant 2. offspring

mègbènú : n. 1. after-birth 2. placenta *(syn. àmènɔ̀, vìdàdá/vìdádà, vólò)*

mègbéŋkɔ́ : n. nickname *(syn. àhàmáŋkɔ́, àhàmásiŋkɔ́, àhànòŋkɔ́, fèféŋkɔ́, ŋkɔ́ dàdédzíá, ŋkɔ́gbɔ́ŋkɔ́)*

mègbétí : n. latch *(syn. mègbégà)*

mègbétɔ̀ : adj. 1. posterior 2. late

mègbétɔ́ : n. 1. latecomer 2. the last person/item

mègbétsílá : n. someone who is late in arriving

mègbétsítsí : n. 1. the act of being late 2. delay

mègbéví : n. youngest child

mègbéyibɔ̀ : n. blue cotton print fabric

mèkàkà : n. 1. analysis 2. examination

mèkɔ̀kɔ̀ : n. clarification

mékpéámèdóò : n. 1. shingles 2. hepers zoster *(syn. èʋã̀, ànànsè, sàndzà, ʋã̀)*

mékplí : n. 1. traditional (Eʋè) earthenware tripod cooking oven (Ketavibes, 2021) 2. foyer *(syn. mlɛ́, mlékpúí, dòkpó)*

mèkpó : n. spine *(syn. dzìmèfú, mègbékpó, métùmèfú, tùmè, tùmèfú, tùmèsɔ̀fú)*

mélè : n. 1. ship 2. boat 3. vessel *(syn. méli)*

mélè émè ò : prep. except

méli ... ò : v. to be absent

mélí ò : v. to be out of balance

mèmágli : n. partition (e.g a wall that partitions two chambers)

mèmámá : n. 1. division 2. partition

mèmè : adj. 1. grilled 2. roasted

mémí : adj. fine (e.g sand, flour)

mèmìè : n. sprout (e.g of a plant)

mémlédá : n. Saturday *(syn. àfénɔ̀ègàgbè, mémlédágbè)*

mémlédágbè : n. Saturday *(syn. àfénɔ̀ègàgbè, mémlédá)*

ménɔ̀ kè dzí ò : v. to be out of balance

ménɔ̀ ... ò : v. to be absent

mèsèdí : n. a variety of ochre

mèsèkpótóé : n. 1. someone who is passionate about tam-tam and dance 2. enthusiastic admirer

mèsídzóé : n. euphorbia

mètà : n. metre

métódísti : n. methodist

métótó : n. 1. crossing 2. passage

mètròpòlítí : n. metropolitan

mètsònú : n. impediment

mètsónú : n. 1. consequence 2. result

méli : n. 1. ship 2. vessel 3. boat *(syn. mélè)*

mélidzèfé : n. harbour

méligò : n. hold (of a ship)

mélikùlá : n. captain (of a ship)

métùmèfú : n. 1. backbone 2. vertebral column 3. spine *(syn. dzìmèfú, mègbékpó, mèkpó, tùmè, tùmèfú, tùmèsɔ̀fú)*

mfá : n. guinea worm *(syn. àtɔ́)*

mì : v. 1. to swallow 2. to eat (as in swallowing)

mì : n. 1. excrement/ dung *(syn. mí́, sébè)* 2. angle between the wall and the ceiling *(syn. mìmè)*

mì (tsò -) : v. to commit suicide

mì (ɖè -) : v. to complete

mì (nyẽ -) : v. to defecate

mì àfɔ : v. to sink (one's feet) into (something)

mì émè : v. to walk for a long time without stopping

mì- : pron. you (plural)

mí- : pron. 1. us 2. we

mí́ : n. 1. excrement/ dung *(syn. mì, sébè)*

mìà : n. 1. left 2. left hand 3. left side

mìà (wɔ -) : v. to be left-handed

mìà àsí : v. to make a sign with the hand

mìà ŋkú ɖé : v. to wink at (with the eye)

mìà tà : v. to nod with the head

mìà tà ɖé ànyí : v. 1. to be cruel 2. to be unpleasant (to)

mìà : pron. 1. your (singluar/plural) 2. you (plural)

mìà nɔ̀èwó : pron. 1. you 2. each other 3. amongst yourselves

mìà ... wó : pron. your

mìá : pron. our

mìá : v. 1. to tighten 2. to squeeze 3. to be compressed 4. to be crowded together 5. to blink (e.g with the eyes)

mìá àsí : v. to clench one's fist

mìá ŋkú: v. to close one's eyes

míá ...-wó: pron. our

míá hlò ná : v. 1. to strangulate 2. to suffocate 3. to press one's windpipe/larnyx

míá vè ná : v. 1. to press ones' throat 2. to strangulate 3. to suffocate

mìàà : id. 1. straight 2. very slow and quietly

mìàfé (...-à/lá) : pron. your

mìàfé ... wó : pron. your (plural)

mìáhá : n. ape family in general (e.g cynocephalus, monkey, gorilla, chimpanzee) *(syn. kèsé)*

míágàdó gò : phr. 1. goodbye 2. till we meet again 3. so long ! *(syn. míágàkpé)*

míágàkpé : phr. 1. goodbye 2. till we meet again 3. so long ! *(syn. míágàdó gò)*

mìàmè : adj. left

mìàmètɔ̀ : adj. left-handed

mìàmètɔ́ : adj. left winger (football)

mìàmìá : n. tightness

mìàmìàmìà : adj. id. 1. radiant 2. brilliant

míámíámíá : adj. id. 1. cool 2. icy

mìànɔ̀ : n. left-handed

míánɔ̀ : n. our mother (the earth)

mìàsí : n. 1. left 2. left hand

mìàtɔ̀ : pron. yours (plural)

míátɔ̀ : pron. 1. our 2. ours

mìàwó : pron. you (plural)

míáwó: pron. 1. we 2. us

míáwó ɲútɔ́ : pron. ourselves

mìàwóé zɔ̀ !: you (plural) are welcome

mìàwɔ̀lá : n. a left handed person

mìàʊà : n. 1. left flank of an army 2. left winger (football)

mídàwò : n. chief fetish priest (Yeve cult)

mìè : v. 1. to sprout 2. to swell 3. to dry up

mìè- : pron. you (plural)

míé- : pron. 1. we 2. us

mìèmìè : n. 1. seed 2. germ 3. germination

mìèmìèfé : n. 1. place of germination/sprouting 2. seed

mìì : id. 1. in a single file 2. crawling

míkɔ́é : n. solid faeces

mìkró : n. microphone

mìkrɔ́bi : n. microbe

mìkrɔ̀skópìdɲ́wɔ̀lá : n. microscopist

mìlìà : n. billion

míliàdɛ : n. billionaire

milimétà : n. millimeter

mìlìɔ̀ : n. million

mìlìɔ̀nɛ́ : n.millionaire

mílɔ́ : n. 1. a type of little black bird 2. white-bellied kingfisher (syn. àgbòtímèxèví)

mìmè: n. angle between the wall and the ceiling (syn. mì)

mìmètí: n. 1. ridge 2. ridge beam (syn. mìsótí)

mìmì : n. the act of swallowing

mìmì ɖèká : n. 1. a mouthful 2. a gulp

mímí : v. 1. to squeeze (e.g a lemon, etc) 2. to grind (e.g wheat) 3. to corner

mímí ... nɔ̀èwó : v. 1. to huddle together (crowd) 2. to gather and be stacked in a crowd

mímí núɖùɖù : v. to eat with a toothless mouth

mímí vè ná : v. to squeuze in one's throat

mìmìmì : id. 1. in line 2. stretched out

mínàwò : n. chief fetish priestess (Yeve cult)

mínítì : n. minute

mínístà : n. minister

mìnyà, mìnyàmìnyà : v. 1. to move slowly 2. to sneak 3. to crouch so as not to be seen

mìnyà, mìnyàmìnyà : id. 1. without being seen 2. without noise 3. gently

mínyá, mínyámínyá : id. 1. without being seen 2. without noise 3. gently (of something smallish in size)

mínyèfé : n. 1. water closet (syn. àgbó, àtídzí, kpɔ́gódó, míxɔ̀) 2. anus (syn. àgɔ̀mè, àŋlɔ̀gònù, àŋlɔ̀mè, àŋlɔ̀nù, àŋɔ̀kplí, àzì, émítómè, gɔ̀mè, gbímè, mító, mítómè)

mìɔ̀ɔ̀ : adj. id. 1. cool 2. peaceful 3. refreshing 4. thick (e.g grass etc.)

mísà : n. mass (church gathering, especially of the catholic church)

mísàsúbɔ́lá, mísàsúbɔ́ví : n. altar boy

mísédá, mísélá, mísédá ... hḯḯ : adv. 1. maybe 2. most likely

mìsil : n. missile

mìsɔ́tí : n. ridge beam (syn. mìmètí)

mísyn : n. mission

mítí : n. 1. a fragrant tree/wood 2. olax subcorpioides (a traditional herb used in the treatment of malaria)

mító, mítómè : n. anus (syn. àgɔ̀mè, àŋlɔ̀gònù, àŋlɔ̀mè, àŋlɔ̀nù, àŋɔ̀kplí, àzì, émítómè, gɔ̀mè, gbímè, mínyèfé)

mìtràyέtì : n. machine gun (syn. mìtràyòézì)

mìtràyòézì : n. machine gun (syn. mìtràyέtì)

mìtsì : n. 1. snot 2. resin

mìtsì (dè -) : v. to blow one's nose (syn. mìtsì (fì -))

mìtsì (fì -) : v. to blow one's nose (syn. mìtsì (dè -))

mìtsì (tè -) : v. to sniff

mítsì : n. 1. watery excreta 2. diarrhoea (syn. sàsrà)

mìtsìdèdè : n. blowing of the nose (syn. mìtsìfìfì)

mìtsìfé, mìtsìfέ : n. running nose

mìsìfé, mìtsìfέ (wɔ̀-) : n. to have a running nose

mìtsìfìfì : n. blowing of the nose (syn. mìtsìdèdè)

mìtsìdènú : n. handkerchief

mítsìnyènyè : n. the state of having watery excreta/diarrhoea (syn. dɔ̀mèdèdè, dɔ̀mètɔ́trɔ́, dɔ̀mètútú, fòmètútú, kpètàlélé, sìsìdèdè, sìsìnyènyè̀)

mìtsìtètè : n. sniffing (syn. mìtsìtètèdó)

mìtsìtètèdó : n. sniffing (syn. mìtsìtètè)

mìtsòlá : n. someone that commits suicide

mìtsòtsò : n. suicide

mívɔ́é : n. cholera

mìxɔ̀ : n. a hut with a canonical roof (usually reserved for women)

míxɔ̀ : n. water closet (syn. àgbó, àtídzí kpɔ́gódó, mínyèfé)

mlá : v. 1. to encourage 2. to incite 3. to tame 4. to train 5. to brandish 6. to be in full swing 7. to strike/to hit

mlá̰ : adv. 1. of something that is constanly in motion 2. staggering 3. from all sides 4. suddenly 5. stealthily

mlá̰ : v. 1. to provoke (somebody) 2. to cheer

mlá̰ nyà : v. to provoke (somebody) 2. to cheer (a speech) 3. to encourage (a speaker)

mláfòfò : n. invocation

mlàgòò : adj. id. 1. thick 2. round

mlàkpà : n. side of the face

mlàkpà (fò - mè ná) : v. to slap

mlálá : n. 1. trainer 2. tamer

mlàmlàmlà : adj. 1. blazing 2. flickering 3. stealthily

mlátò : n. mulatto

mlɛ̀ : adj. 1. the last 2. residual

mlɛ̰́ : n. 1. ulcer 2. foyer (syn. *dòkpó, mèkplí, mlékpúí*)

mlɛ̰́ (ɖì -) : v. to build a fireplace

mlɛ̰́kpé : n. stone used in construction of a fireplace

mlékpúí : n. 1. foyer 2. stove (syn. *dòkpó, mlɛ̰́, mèkplí*)

mlì : v. 1. to roll 2. to wallow (e.g in the mud) 3. to begin to form fruits

mlí : v. 1. to round 2. to surge 3. to flock 4. to arrive in large numbers 5. to ball up

mlí (àkɔ́ -) : v. 1. to feel sick in the stomach 2. to feel like vomiting

mlí vá kɔ̀ : v. 1. to surge 2. to break out

mlìgòè : adj. cylindrical

mlìmà : n. mystical power (which allows one to disappear and reappear)

mlìmà (dó -) : v. to mysteriously disappear

mlímè (nyé -) : v. to be seriously ill

mlìmímlìmí : n. 1. dung beetle 2. sacred beetle

mlìmɔ̀ɔ̀ : adj. id. 1. fat and shapeles 2. cynlindrical

mlímɔ̀ (nú -) : n. sphere

mló : v. 1. to unroll 2. to stretch 3. to prolong

mlɔ́ : v. to lie down

mlɔ́ ànyí : v. 1. to go to bed 2. to sleep

mlɔ̀dzíá : n. beam (syn. *dàɖédzí, xɔ̀sùtí, xɔ̀tí*)

mlɔ́ɛ́ : n. 1. the rest 2. the leftover 3. that which comes in last

mlɔ̀ɛ̀bá : adv. 1. finally 2. at last

mlɔ̀ɛ̀tɔ̀, mlɔ̀ɛ̀tɔ́ : adv. last

mlɔ́fé : n. 1. sleeping place 2. bedroom sleeping

mlɔ̀mlɔ̀mlɔ̀ : id. 1. round 2. protruding

mò : n. 1. face 2. surface (of water)

mò (àɖànù lè - ná) : v. 1. to know how to solve problems 2. to be smart

mò (dó àsí - ná) : v. to threaten by pointing one's hand in the face of (somebody)

mò (dé - tó) : v. 1. to lower one's head 2. to be ashamed

mò (dzè - ànyí ná) : v. 1. to suit (somebody) 2. to feel good (somewhere)

mò (ḍè - ḍá) : v. to look away from

mò (ḍè - ḍá ... gbɔ́) : v. to no longer want to deal with

mò (ḍó -) : v. 1. to be spoiled 2. to look cute

mò (ḍó - vévíé) : v. to look serious

mò (ká - ná) : v. to rebuke

mò (lé - sà) : v. 1. to sulk 2. to put on a sullen look

mò (tò -) : v. to look around

Mòbá : n. Moba (an ethnic group in Togo)

Mòbátɔ́ : n. a person belonging to the Moba ethnic group of Togo

mòdèrètɔ́ : n. moderator (e.g of a church)

mòdzáká : n. 1. boredom 2. lassitude

mòdzáká (ḍè -) : v. 1. to entertain 2. to have fun

mòdzáká (ḍè - ná) : v. to entertain (someone/people)

mòdzákáḍèḍè : n. 1. entertainment 2. amusement 3. condert

Mòdzákáḍèfé : n. House of Culture 2. a place where arts and culture are displayed

mòdzákáḍèyì : n. leisture time

mòdzákátsàḍìḍì : n. 1. tourism 2. sightseeing

mòdzákátsàḍìlá : n. tourist

mòdzèànyí : n. 1. well-being 2. tranquility

mòfùflúítɔ́ : n. a mad person *(syn. àḍàvàdzè, àḍàvàdzèà, àḍàvàdzèlá, àḍàvàkúà, àḍàvàkúlá, àḍàvàtɔ́, ḍàvàtɔ́, mògbégblétɔ́, mòyètɔ́, mòyètɔ́, tàgbɔ́gbégblétɔ́, tsùkúnɔ̀, tsùkúnɔ̀tɔ́)*

mòfúfú : n. the act of washing the face (with water)

mòfúfé tsìdò : n. bathroom sink (where one washes the face in the mornings)

mòfúgbá : n. 1. bowl (used when washing the face with water in the mornings) 2. bathroom sink

mògbègblé : n. madness *(syn. àḍàvà, àḍàvàdɔ̀, àlè, ḍàvà, ḍàvàdɔ̀, èmògbègbléḍɔ̀, ètsù, ètsùkúkú, lằnú, mògbègbléḍɔ̀, tàgbɔ́ḍɔ̀ tàgbɔ́gbègblé, tàgbɔ́gbègbléḍɔ̀, tsù, tsùkúkú)*

mògbègbléḍɔ̀ : n. madness *(syn. àḍàvà, àḍàvàdɔ̀, àlè, ḍàvà, ḍàvàdɔ̀, ètsù, ètsùkúkú, lằnú, mògbègblé, tàgbɔ́ḍɔ̀ tàgbɔ́gbègblé, tàgbɔ́gbègbléḍɔ̀, tsù, tsùkúkú)*

mògbégblétɔ́ : n. mad person *(syn. àḍàvàdzè, àḍàvàdzèà, àḍàvàdzèlá, àḍàvàkúà, àḍàvàkúlá, àḍàvàtɔ́, ḍàvàtɔ́, mòfùflúítɔ́, mòyètɔ́, mòyètɔ́, tàgbɔ́gbégblétɔ́, tsùkúnɔ̀, tsùkúnɔ̀tɔ́)*

mòyì : n. hunger

mòhámédtɔ́ : n. muslim

mòkáká : n. 1. reprimand 2. rebuke

mòkákámànɔ̀ŋútɔ́ : n. a blameless person

mòkpɛ́tɔ́ : n. 1. someone with a pale face 2. caucasian

mòŋùítɔ́ : n. someone who is physically and mentally handicapped

Mòldávìà : n. Moldovia

mòléd̩énúŋú : n. 1. focus 2. concentration

mòmènúvévé : n. bad treatment

mòmló : n. 1. progress 2. development

mósì : n. 1. ambassador 2. stick-bearer (one who deliver a message on behalf of of a chief/king/ruler) (syn. àtíkplɔ̀tsɔ́lá, fìàtíkplɔ̀tɔ́, tsìámè, tsìámì) (Ellis, 2015)

mòtɛ̀ : n. engine

mòtɔ́trɔ́ : n. 1. vertigo (syn. àfétrɔ́, àfétrɔ́é, àfétrɔ́tsɔ́àmè, dzédzé, mòtróé, mòtrɔ́, mòtrɔ́dɔ̀, mòtrɔ́é, ŋkúmètɔ́trɔ́, ŋkúmètrɔ́dɔ̀, ŋùzì) 2. frivolity (of character) 3. lightness

mòtróé : n. dizziness (syn. àfétrɔ́, àfétrɔ́é, àfétrɔ́tsɔ́àmè, dzédzé, mòtɔ́trɔ́, mòtrɔ́, mòtrɔ́dɔ̀, mòtrɔ́é, ŋkúmètɔ́trɔ́, ŋkúmètrɔ́dɔ̀, ŋùzì)

mòtrɔ́ : n. dizziness (syn. àfétrɔ́, àfétrɔ́é, àfétrɔ́tsɔ́àmè, dzédzé, mòtɔ́trɔ́, mòtróé, mòtrɔ́dɔ̀, mòtrɔ́é, ŋkúmètɔ́trɔ́, ŋkúmètrɔ́dɔ̀, ŋùzì)

mòtrɔ́é : n. vertigo (syn. àfétrɔ́, àfétrɔ́é, àfétrɔ́tsɔ́àmè, dzédzé, mòtɔ́trɔ́, mòtróé, mòtrɔ́, mòtrɔ́dɔ̀, ŋkúmètɔ́trɔ́, ŋkúmètrɔ́dɔ̀, ŋùzì)

mòtrɔ́dɔ̀ : n. vertigo (syn. àfétrɔ́, àfétrɔ́é, àfétrɔ́tsɔ́àmè, dzédzé, mòtɔ́trɔ́, mòtróé, mòtrɔ́, mòtrɔ́é, ŋkúmètɔ́trɔ́, ŋkúmètrɔ́dɔ̀, ŋùzì)

mòtsyɔ́tsyɔ́ : n. 1. glare 2. dazzle

mòtsyɔ́vɔ́ : n. veil

mòvévíéd̩ód̩ó : n. being serious

mòvì : n. stupidity

mòvì (dzɔ̀ -) : v. 1. to be stupid 2. to be foolish

mòvìdzɔ̀dzɔ̀ : n. 1. stupidity 2. foolishness

mòvìnú : n. a stupid/foolish thing

mòvìtɔ̀ : adj. 1. stupid 2. dumb

mòvìtɔ́ : n. a stupid/foolish person

mòvìtɔ̀è : adv. 1. stupidly 2. foolishly

mòyɛ̀ : n. slight or partial madness (syn. ad̩àvà lálɛ́, dzɛ̀àvèdzí, dzìnúdzédzí)

mòyɛtɔ́, mòyɛ̀tɔ́ : n. mad person (syn. ad̩àvàdzè, ad̩àvàdzèà, ad̩àvàdzèlá, ad̩àvàkúà, ad̩àvàkúlá, ad̩àvàtɔ́, d̩àvàtɔ́, mòfùflúítɔ́, mògbégblɛ́tɔ́, tàgbɔ́gbégblɛ́tɔ́, tsùkúnɔ̀, tsùkúnɔ̀tɔ́)

mɔ̀ : v. 1. to make love to 2. to have sex with

mɔ̀ : n. 1. machine 2. device 3. radio/television set (receiver) (syn. mɔ̀)

mɔ̀ klàtsà, mɔ̀ klìtsà : n. 1. caterpillar 2. tractor

mɔ̀ nú d̩é ... ŋú : v. to justify the conduct of

mɔ́ : v. 1. to put in the mouth (to feed a baby that refuses to eat) 2. to feed

mɔ́ : n. 1. path 2. road 3. vessel (blood vessel) 4. fissure 5. fresh flour (of cassava, corn, etc.) 6. jail *(syn. gàxɔ̀, gàglàgbègàdéàmè, ŋkúgáɖéàmè, ŋkúgáɖéɖé)* 7. denial

mɔ́ (dzè -) : v. to set off (on a journey)

mɔ́ (ɖè -) : v. to construct a road

mɔ́ (ɖè - ná) : v. 1. to give permission to

mɔ́ (kè -) : v. 1. to be on leave 2. to be on vacation

mɔ́ (kpɔ́ -) : v. 1. to have permission to 2. to have the opportunity/chance to

mɔ́ (kpɔ́ - dzí) : v. to be careful (on the road)

mɔ́ (kpɔ́ - dzí nyùíé !) : v. 1. to be careful (on a journey) 2. to have a nice trip ! 3. to have a goodbye (said to someone who is leaving)

mɔ́ (kpɔ́ - ná) : v. 1. to be expecting (someone/something)

mɔ́ (lè/nɔ̀ ... - dzí) : v. 1. to be in the process of 2. to be on the road

mɔ́ (lè/nɔ̀ - nù) : v. to play a role

mɔ́ (tá -) : v. to remove weeds at the edge of a road

mɔ́ (tà -) : v. 1. to construct a road 2. to cut the grass along a road

mɔ́ (trà -) : v. 1. to lose one's way 2. to derail *(syn. trè, trè mɔ́)* 3. to get off a topic

mɔ́ (tsɔ́ kè -) : v. to sentence to life imprisonment

mɔ́ (tsɔ́ -) : v. to take a path/road

mɔ́ (xé -) : v. 1. to block the way 2. to prevent (from) 3. to barricade

mɔ́ (xé - ná) : v. to prohibit (from)

mɔ́ fé dìdìmè : n. 1. distance 2. journey (duration/distance of)

mɔ́ kpùì : n. shortcut

mɔ́ màkpɔ́màkpɔ́ (lè - mè) : adv. unexpectedly

mɔ́ nú : v. to deny (something)

mɔ̃ : n. 1. machine 2. device 3. radio/television set (receiver) *(syn. mɔ̀)*

mɔ̃ : n. snare *(syn. kɔ̀mɔ̀è)*

mɔ̃ : v. to know

mɔ̃ dò ná : v. 1. to know perfectly 2. to master (a subject)

mɔ̃ nú dzè ... ŋú : v. 1. to know 2. to know (something) of

mɔ̃ (ɖó -/tré -) : v. to set a trap

mɔ̃ (lé ... ɖé - mè) : v. to ensnare

mɔ̃ (nú) : v. to deny a fact

mɔ́ : n. 1. castle 2. fortress 3. fort 4. prison 4. big butterfly 3. deep place in a river or marigot

mɔ́dé : n. oar

mɔ́dìdì : n. orientation

mɔ́dò : n. trench

mɔ́dódó ŋú ɖàŋùnyàlá/mɔ́dódó ŋú ɖàŋùnyàlàgã̀ : n. road and bridge engineer

mɔ̀dólá : n. motorcyclist

mɔ́dólá : n. road worker

Mɔ́dóláwó Túɖófé : n. Regional Training Center for Road Maintenance

mɔ́dògòfé : n. 1. crossing (of roads) 2. junction *(syn. mɔ́dógúi mɔ́dzèfé mɔ́dzèkplí, mɔ́dzèkplínù, mɔ́ènè, mɔ́kpéfé, mɔ́tàkpéféfé, mɔ́tsògà)*

mɔ́dógúi : n. crossroads *(syn. mɔ́dògòfé mɔ́dzèfé mɔ́dzèkplí, mɔ́dzèkplínù, mɔ́ènè, mɔ́kpéfé, mɔ́tàkpéféfé, mɔ́tsògà)*

mɔ̀dóhó : n. money for travelling purposes

mɔ́dówɔ̀lá : n. road mender

mɔ́dzèfé : n. junction (of a road) *(syn. mɔ́dògòfé mɔ́dógúi, mɔ́dzèkplí, mɔ́dzèkplínù, mɔ́ènè, mɔ́kpéfé, mɔ́tàkpéféfé, mɔ́tsògà)*

mɔ́dzèklɛ́ : n. bifurcation (of a road) *(syn. mɔ́dzèvè)*

mɔ́dzèkplí : n. crossroads *(syn. mɔ́dògòfé mɔ́dógúi, mɔ́dzèfé, mɔ́dzèkplínù, mɔ́ènè, mɔ́kpéfé, mɔ́tàkpéféfé, mɔ́tsògà)*

mɔ́dzèkplínù : crossroads *(syn. mɔ́dògòfé mɔ́dógúi, mɔ́dzèfé, mɔ́dzèkplí, mɔ́ènè, mɔ́kpéfé, mɔ́tàkpéféfé, mɔ́tsògà)*

mɔ́dzèvè : n. bifurcation (of a road) *(syn. mɔ́dzèklɛ́)*

mɔ́dzítétɔ́tɔ́ : n. transit

mɔ́dzítétɔ́lá : n. forwarding agent

mɔ́dziyìʋú : n. 1. bush taxi 2. an automobile that is used for travelling purposes

mɔ́dzɔ̀dzɔ̀ : n. steering

mɔ̀dzɔ̀ɔ̀ : adj. id. prominent

mɔ́dzɔ̀tí : n. steering wheel

mɔ̀ɖaŋù : n. technical works

mɔ́ɖèɖè : n. 1. permission 2. authorization 3. roadblock (on a road)

mɔ́ɖègbàlɛ̀ : n. 1. permit 2. visa (syn. yèyíyìmè mɔ́zɔ̀zɔ̀gbàlɛ̀, mɔ́zɔ̀ɖégbàlɛ̀, vìzǎ)

mɔ̀ɖèsúsú : n. 1. computer 2. data processor

mɔ̀è : n. little lemon *(syn. dɔ̀ŋùtí, mùmɔ́è, ŋùtísì, tɔ́tɔ́ŋùtí)*

mɔ́ènè : n. crossroads *(syn. mɔ́dògòfé mɔ́dógúi, mɔ́dzèfé, mɔ́dzèkplí, mɔ́ènè, mɔ́dzèkplínù, mɔ́kpéfé, mɔ́tàkpéféfé, mɔ́tsògà)*

mɔ́fíádzò : n. traffic light

mɔ́fíálá : n. 1. someone who shows the way 2. guide 3. forefinger (index finger) *(syn. mɔ́fíàsí, mɔ́fíàsíbíɖè)*

mɔ́fíánú : n. landmark

mɔ́fíásí : n. index finger *(syn. mɔ́fíálá, mɔ́fíàsíbíɖè)*

mɔ́fíásíbíɖè : n. index finger *(syn. mɔ́fíálá, mɔ́fíàsí)*

mɔ́fíátí : n. 1. sign post 2. signboard

mɔ́fò : n. 1. pavement 2. surface of a road

mɔ̀fòlá : n. typist

mɔ́gánútèwòè : n. longfin tetra

mɔ̀gbàʋú : n. bulldozer

mɔ̀gbèdé : n. mechanic *(syn. fítà)*

mɔ́gígIí : n. deviation (from original route)

mɔ́gó : n. embankment

mɔ́gò : n. a type of wild vine

mɔ̀gɔ̃ɔ̃, mɔ̀gbɔ̃ɔ̃ : adj. id. 1. long 2. protruding

mɔ́hé : n. a variety of rice

mɔ̀hèmɔ̃ : n. tractor

mɔ́kèyì : n. holiday period

mɔ́kàkà : n. 1. screening 2. detection 3. unearthing

mɔ́kèkè : n. 1. leave 2. holiday 3. vacation

mɔ́kèkèdùlá : n. holiday maker

mɔ́kèkèválá : n. someone who is on or who has come for vacation

mɔ́kèkèxɔ̀lá : n. someone who has taken vacation

mɔ́kèkèyìlá : n. someone who has gone on vacation

mɔ́kɛ́ : n. a variety of rice

mɔ̀klìtsà : n. 1. tractor 2. caterpillar

mɔ́kpéfé : n. crossroads *(syn. mɔ́dògòfé mɔ́dógũĩ, mɔ́dzèfé, mɔ́dzèkplí, mɔ́ènè, mɔ́dzèkplínù, mɔ́tàkpéféfé, mɔ́tsògà)*

mɔ́kpɔ́kpɔ́ : n. 1. hope 2. expectation

mɔ̀lèkúl : n. molecule

mɔ́lì : n. rice *(syn. mɔ́lù)*

mɔ́lì (glù -) : v. to plant rice

mɔ́lì màtómàtó, mɔ́lù màtómàtó : n. paddy (unhusked rice)

mɔ́lìgblè, mɔ́lùgblè : n. rice farm

mɔ́lìkplé : n. rice balls *(syn. mɔ́lùkplé)*

mɔ́lìfɔ̀tí, mɔ́lùfɔ̀tí : n. rice stalk

mɔ́lìgùglù, mɔ́lùgùglù : n. the act of planting rice

mɔ́lìyì, mɔ́lùyì : n. a variety of brown rice

mɔ́lù : n. rice *(syn. mɔ́lì)*

mɔ́lùkplé : n. rice balls *(syn. mɔ́lìkplé)*

mɔ́màkpɔ́mɔ́màkpɔ́ (lè - mè) : adv. unexpectedly

mɔ̀mè : n. mechanics

mɔ̃mèfìà : n. 1. governor 2. commander of a fort

mɔ̀mèmì : n. fuel (e.g petrol, diesel, gas, etc.)

mɔ̀mènú : n. mechanics

mɔ̃mèyèvú : n. european officer

mɔ̀mìì : adj. 1. sailent 2. protruding

mɔ́nágbàlè̀ : n. 1. license 2. permit

mɔ́náná : n. 1. authorization 2. permission

Mɔ́nɔ̀ : n. Mono river (Togo)

Mɔ́nɔ̀ bùbúdzèsì : n. Order of the Mono

mɔ́nù : n. 1. method 2. process 3. entrance (e.g of a room) 4. exit (eg. of a room)

mɔ́nù (kpɔ́ -) : v. 1. to have an opportunity 2. to have the chance to 3. to find a solution

mɔ́nù (kpɔ́ - ná) : v. 1. to be expecting (something/someone) 2. to hope for

mɔ́nùɖèɖè : n. 1. opening 2. aperture

mɔ́nù ... fòmèví : n. 1. style 2. design

mɔ́nùkpɔ́kpɔ́ : n. 1. possibility 2. solution

mɔ́nùwó : n. 1. machines 2. devices

mɔ̀ské : n. mosque *(syn. mɔ́slɛ̀mgbèdóxɔ̀)*

mɔ́slɛ̀mgbèdóxɔ̀ : n. mosque *(syn. mɔ̀ské)*

mɔ́slɛ̀mkpòdólá : n. muezzin

mɔ́slɛ̀mtɔ̀ : adj. 1. muslim 2. islamic

mɔ́slɛ̀mtɔ́ : adj. muslim

mɔ́tà : n. 1. halfway 2. on the way (to)

mɔ́táfé : n. 1. roadside weeding (work) 2. roadweeding (work)

mɔ́tàkpéféfé : n. crossroads *(syn. mɔ́dògòfé mɔ́dógúí, mɔ́dzèfé, mɔ́dzèkplí, mɔ́ènè, mɔ́dzèkplínù, mɔ́kpéfé, mɔ́tsògà)*

mɔ́tálá : n. roadmender

mɔ́tátá : n. 1. the act of removing weeds on the side of the road 2. road construction

mɔ́tàtrà : n. 1. the act of losing one's way 2. taking the wrong road 3. the act of skidding (off a path/road) 4. state of a person who deviates from common sense 5. transgression

mɔ̀té : n. mill

mɔ̀tétré : n. the act of setting up a trap

mɔ̀tétùlá : n. miller (someone who operates a mill)

mɔ́tó : n. roadside

mɔ́tómɔ́é : n. path or driveway along a major road

mɔ̀tɔ̀è : adv. mechanically

mɔ́tɔ́trɔ́ : n. deviation

mɔ̀tràkpùì : n. elevator

mɔ́tràlá : n. 1. someone who goes astray 2. someone who hast lost his way 3. someone who transgresses

mɔ̀trónú : n. 1. crank 2. handle

mɔ́tsògà : n. crossroad *(syn. mɔ́dògòfé, mɔ́dógúí, mɔ́dzèfé, mɔ́dzèkplí, mɔ́ènè, mɔ́dzèkplínù, mɔ́kpéfé, mɔ́tàkpéféfé)*

mɔ́tsòtsò (ná) : n. interception (of)

mɔ́tútú : n. 1. barrage *(syn. bàrázyi)* 2. roadblock

mɔ́ʋè : n. ravine

mɔ́ví : n. 1. gate 2. barrier

mɔ́wó : n. routes

mɔ́wɔ̀lá : n. 1. lair 2. someone with a honey-tongued

mɔ́xáfé : n. a place where a track turns; curve (e.g of a street, road, etc.)

mɔ́xáxá : n. a track that turns; a curve (e.g of a street, road, etc.)

mɔ́xélá : n. 1. roadblock 2. an idol placed at the entrance of a village that is believed to prevent evil spirits from entering the village

mɔ́xénú : n. obstruction

mɔ́xéxé : n. 1. roadblock 2. impediment

mɔ́xétí : n. 1. barrier 2. fence 3. hurdle

mɔ̀zínú : n. 1. press 2. racket press

mɔ́zɔ̀ɖákà : n. suitcase

mɔ́zɔ̀ɖégbàlɛ̌ : n. 1. travel document 2. visa (syn. ɣèyíɣìmè mɔ́zɔ̀zɔ̀gbàlɛ̌, mɔ́ɖègbàlɛ̌, vìzǎ)

mɔ́zɔ̀gbàlɛ̌ / mɔ́dzɔ̀gbàlɛ̌ví : n. passport

mɔ́zɔ̀gbàlɛ̌ví : n. passport

mɔ́zɔ̀hà : n. 1. travel group 2. travel agency

mɔ́zɔ̀lá : n. 1. traveller 2. pilgrim

mɔ́zɔ̀nú: n. means of transport

mɔ́zɔ̀tàksí : n. 1. taxi 2. bush taxi

mɔ́zɔ̀xɔ̀ : n. 1. tent 2. canvas 3. pavilion

mɔ́zɔ̀zɔ̀ : n. 1. trip 2. journey

mɔ́zɔ̀zɔ̀mètétɔ́tɔ́ : n. stopover

mù : v. 1. tear down 2. tumble down 3. fall down 4. stagger

mú : v. 1. to be intoxicated (e.g with alchoholic beverages) 2. to get drunk 3. to have a smell that want to make one vomit

mú : n. 1. mosquito *(syn. àvàgè, flùgùtsú, túlí)* 2. gnat

mú : adj. 1. fresh 2. raw 3. green

mú àhà : v. to be drunk (with an alcoholic beverage)

múàhà : adj. drunk

múdɔ́ : n. mosquito net

múdɔ́ (dó -) : v. to fix a mosquito net

mùlátò : n. mulatto (someone born with either of parents being of black origin whilst the othe parent is of caucaian/asian origin)

múmè : n. countries and tribes bodering the Eʋes in the north (eg. àkpɔ̀sɔ̀, bògò, àdèlèà, kòtòkòlí)

mùmɔ̀é : n. little lemon *(syn. ɖɔ̀ŋùtí, mɔ̀è, ŋùtísì, tɔ́tɔ́ŋùtí)*

mùmù : n. 1. fall 2. downfall 3. overthrow

múmù : adj. 1. raw 2. fresh 3. green 4. cheeky 5. prankish

múmú : v. to give off an unpleasant smell

múmú : adj. 1. dumb 2. deaf-mute

múmú : n. a mute person *(syn. àɖètúnɔ̀, àɖètútútɔ́)*

múmú (tó -) : v. to become mute/dumb *(syn. zù múmú)*

múmú (zù -) : v. to become mute/dumb *(syn. tó múmú)*

múmú ... ŋú : v. 1. to insult 2. to mistreat for no reason

múmúí : n. 1. mute 2 dark green

mútí / mútímútí : v. to grumble

mùzíkì : n. music

N

nà : n. mother *(syn. dàdá, nànà, nànè, nɔ̀)*

nà- : pron. 1. you (singular) 2. you (injunctive 2nd pers. singular)

ná : v. 1. to give 2. to give away 3. to hand over 4. to emit 5. to let (something happen)

ná : prep. 1. for 2. so that 3. in favor of 4. thanks to

ná àsì : v. 1. to valorize 2. to appreciate

ná àsrà̃ : v. to purge

ná bùbùdzèsì : v. 1. to decorate 2. to embellish

ná dɔ́fé : v. 1. to house 2. to accomodate (e.g in a lodge)

ná dzèfé : v. 1. to accommodate 2. to shelter 3. to lodge

ná dzèsì : v. 1. to note 2. record 3. write down

ná dzèsìdédé : v. 1. to note 2. to give a mark

ná dzĭdzèdzè : v. 1. to satisfy 2. to gratify

ná dzìdzèmè : v. 1. to appease 2. to soothe

ná ɖòɖɔ́dzèsì : v. to register

ná éɖókúì : pron. to oneself / himself / herself

ná fàfá : v. 1. to refresh 2. to cool

ná gà héná : v. to contribute money (in order to)

ná gbè : v. to give permission to

ná gbɔ̀dzɔ̀è : v. to relieve

ná gbɔ̀ɖémè : v. 1. to refresh 2. to rest

ná kăkáɖédzí : v. 1. to attest 2. to certify 3. to confirm

ná kèklé̃ : v. to shine

ná kèsínɔ̀nú : v. to enrich

ná kpékpéɖéŋú : v. 1. to give help to 2. to rescue

ná mɔ́ : v. 1. to allow 2. to give permission to

ná né : conj. 1. to cause such that 2. to make (something) happen

ná nó : v. to breast-feed

ná nɔ́bà : v. to register (e.g a car by giving it a number)

ná nú : v. 1. to reward 2. to atone for 4. to give *(syn. ná núnáná)*

ná núɖùɖù : v. to feed

ná núɖùɖù ákpá : v. to give too much to eat

ná núnáná : v. 1. to reward 2. to atone for 4. to give *(syn. ná nú)*

ná nyănyá : v. to inform

ná ŋkɔ́ : v. 1. to name 2. to name 3. to entitle 4. to baptize

ná ŋkɔ́ ná : v. 1. to register 2. to enroll

ná ŋúsé̃ : v. 1. to permit 2. to allow 3. to give strength to

ná sítsòfé : v. 1. to accomodate 2. to shelter

ná ... sɔ̀ : v. 1. to balance 2. to equilibrate

ná tà : v. 1. to capitulate 2. to surrender 3. to resign

ná tóhɛ̀hɛ̀ : v. to inflict a penalty on

ná vòvò : v. 1. give a moment of respite to 2. to liberate

ná … dà ḍí : v. 1. to inform in advance 2. to advance (e.g payment of money)

ná … gàklɛ́ : v. to let (something) shine

ná … làlà : v. to make (someone/something) waiting

ná … nyà : v. send a word to

-nà : postp. indicates an activity which is habitual

ná- : part. to have to (indicates something that is imperative)

nà? : adv. 1. really? 2. is that so?

nàdzá : n. naja (a type of poisonous snake)

náḍahètɔ́ : n. a spendthrift

náḍé : pron. 1. something 2. anything

nàgã́ : n. 1. a maternal aunt that is older than one's mother 2. mother from a second marriage (out of respect or if she is older than the father) 3. housewife

náglàté : n. big black ant *(syn. náglàtsú, nyàtsú)*

náglàtsú : n. big black ant *(syn. náglàté, nyàtsú)*

nàgbànàgbà (ḍú -) : v. 1. to wiggle 2. to undulate 3. to embark on a journey without money

nàhànàhàkú : n. rodent

Nàidzà : n. Niger

Nàidzérìà : n. Nigeria

nákè : n. 1. firewood 2. piece of wood

nákè (fɔ -) : v. to collect firewood

nákè báblá : n. a bundle of dry wood/firewood

nákè wúwwùlúí : n. 1. piece of wood 2. twig

nákèfɔfɔ : n. collection of firewood

nákèfɔfé : n. firewood collection point

nákèfɔlá : n. 1. woodsman 2. wood picker

nákègbà : n. a load/bundle of firewood

nákègbè : n. search for firewood

nàkó : n. naco

nálá : n. 1. donor 2. giver

nám : v. + pron. 1. to me 2. for me 3. me

nàmányínúí : v. to have bad luck

nànà : n. mother syn. *(dàdà, nà, nànɛ̀, nɔ̀)*

nǎná : n. 1. pride 2. boastfulness

-náná : n. 1. gift of 2. concession of

nàné : pron. 1. something 2. article 3. item

nánéké ò : n. 1. nothing 2. nil 3. zilch 4. zero

nánéké kúrá ò (mé- …) : loc.adv. to do nothing ….. at all

nánéké mé- …ò : loc. 1. nothing 2. to do …. nothing

nánéwó : n.pl. a lot of

nànɛ̀: n. mother syn. *(dàdà, nà, nànà, nànɛ̀, nɔ̀)*

nàví : n. 1. a father's new wife 2. maternal aunt younger than the mother

nè- : pron. You

né : n. 1. nuts (in general) 2. coconut 3. palm nut

né : conj. 1. if 2. whether 3. when 4. provided that 5. until

né- : part. 1. so that 2. the imperative form of the third person

né ɖě : conj. if

né ..., ékèm (á) : loc.conj. if then...

né ... énùmáké : loc.conj. as soon as *(syn. trùbìì)*

né ényé (= nényé) ɖě ...lá, ...: loc.conj. if..then

né ... kò (à) : conj. 1. as soon as 2. provided that

né ... lá, (ɖé ..., -) : n. if ... (then)...

né ményé nèném ò lá : conj. 1. if not 2. otherwise

nèdzì : n. lower part of the spine

néfí : n. palm kernel/nut

nègè : n. big (head)

négò : n. coconut shell

négbé : conj. 1. except 2. even if

négblè : n. coconut plantation

négbé gódóó : conj. at least

néká : n. 1. a cluster of coconuts 2. a bunch of palm nuts *(syn. néxá)*

nékòkòté : n. copra (dried coconut meat yielding coconut oil) *(syn. kòkòté, kóprà)*

nékú : n. 1. palm kernel 2. testicle

nékpálá : n. coconut fiber

nékpè, nékpègò : n. coconut diet *(syn. nékpò)*

nèkpli : n. a type of lizard

nékpò : n. coconut diet *(syn. nékpè, nékpègò)*

némì : n. 1. palm nut kernel oil 2. coconut oil

nénè : n. 1. how many 2. how much *(syn. nénìè)*

nèné : conj. as *(syn. èné)*

nènéá : conj. 1. so 2. thus

nèném : adv. 1. thereby 2. so 3. thus

nènémá : adv. 1. like that 2. this way 3. so

nènémá ké, nènémá kéé : adv. 1. also 2. likewise 3. equally

nènémá gbègbè : adv. 1. so much 2. such

nènémá héyì : conj. and so on

nènémáké nyé : conj. 1. as well as 2. just as much

nénìè : adv. 1. how much? 2. how many? *(syn. nénè)*

néníètɔ̀ : adv. 1. at how much 2. of how many/much

nénɔ̀ àgbè ɖáá ! : intj. live long !

nényé : conj. suppose that (var. né ényé)

nèɔ̃ : n. neon

nétà : n. 1. coconut diet 2. the fruit of the coconut tree

nétí : n. coconut tree

nétsì : n. coconut milk

nétsró : n. 1. palm nut/ coconut shell 2. stuffed (with coconut)

névé : n. coconut groove

néxá : n. 1. a cluster of coconuts 2. a bunch of palm nuts (syn.. néká)

nɛ́ : n. palm or coconut kernel

nɛ́ : pron. 1. him 2. give it to him or her 3. her 4. for him

nòètrɔ̀ : n. neutron

Nìèmén-tɔ̀sísí : n. Niemen river

Nìgéri : np. Niger

nìglì : adj. 1. truncate 2. cripple

nígbíí : adv. 1. forever 2. completely

nígbíí : id. 1. disappeared 2. secret 3. hidden

nìgbìnìgbìkú (kú -) : v. to lose speech due to illness

nìgbìnìgbìnú : n. 1. secret affair 2. secret business

Nìkàrágúà : np. Nicaragua

nìkpì : adj. 1. short 2. bulky 3. blunt 4. stubborn 5. resistant 6. of someone who speaks very little 7. of a shy person

nìkpìì : id. 1. completly 2. entirely

nìkpìì (bú -) : v. to disappear completly

nìkpìì (zì -) : v. 1. to be silent 2. to be shy

Níli-tɔ̀sísí : n. Nile river

nìlɔ̃́ : n. nylon

níní : v. 1. to be smooth 2. to glide

níŋá : v. 1. to stick 2. to glue

níŋá : adj. 1. empty 2. smooth

níŋáníŋá : adj. neatly

níŋáá (kpé -) : v. 1. to reunite 2. to get together

níŋáá (lè -) : v. to be toothless

nìŋɔ̀ɔ̀ : adj. id. 1. plain 2. smooth

nípáyé kálã́mí : n. a type of fried fish that has a flat shape as that of an eel (syn. àyìló kálã́mí)

nívàkíní : n .nivaquine (a quinine-based antimalarial drug)

nò : v. 1. to drink 2. to absorb 3. to consume 4. to need water (earth)

nò àtámà : v. to smoke tobacco

nò àtíkè : v. to take medicine

nò fã̀ : v. to snore

nò kplé dzìdzɔ̀ : v. to drink with joy

nò mè ná : v. 1. to slap 2. to smack

nò nɛ̀ : v. to booze

nò tsì : v. to drink water

nò yàà : v. 1. to breath 2. to go a lont time without eating (crocodile)

nó : n. 1. breast   2. udder 3. knot found on the legs of some animals (e.g cows, horses)

nó (ḍè ḍèví lè - nù) : v. to wean an infant

nó (ná - ḍèví) : v. to breastfeed a child

nó (tsò - ná) : v. to wean an infant off the breast

nó nó : v. 1. to suckle 2. to suck breast

nòè gló : v. to get drunk

nòè mú : v. to get drunk

nòfé : n. 1. hideout 2. refuge

nògó : n. hiding place

nògòè : adj. 1. round 2. spherical

nògólɛ́ : n. a name given to all small animals

nògòò : adj. 1. round 2. spherical

nògòtòlí : n. a type of description of leprosy (syn. ànyì, ànyìdɔ̀, ànyìdɔ̀lélé, ànyídzèdɔ̀, dɔ̀ dzɛ̃́, èkpòdɔ̀, gbòdò, kpò, kpìtsì, kpòdɔ̀, tótrì, zɔ̀kpò)

nólénú : n. brassiere (syn. nólèwù, nówúi)

nólèwù : n .brassiere (syn. nólénú, nówúi)

nònáná : n. the act of breastfeeding

nònò : n. 1. the act of drinking 2. beverage

nònò : adj. drinkable

nónó, nónónó : n. breastfeeding

nònóyì : n. breast feeding time

nónù : n. areola of the breast

nónùví : n. infant

nótsì : n. breastmilk

nòtsìlètɔ̀mè : n. dragonfly (syn. bɔ̀tsrí, dèblágɔ̀mè, fiátà, fòtsìlètɔ̀mè, táḍù)

nótsòtsò : n. weaning

nówúi : n. brassiere (syn. nólénú, nólèwù)

nòwɔ́nɔ̀wɔ́ : n. 1. raven 2. crow (syn. àkpáviã̌, mánòwɔ́, nòwɔ́nòwɔ́)

nɔ̀ : v. to live (syn. lè) 2. to stay 3. to stand 4. to be (past tense)

nɔ̀ : n. 1. mother (syn. dàdá, nà) 2. female animal 3. someone who suffers from (something) 4. office administrator 5. someone who presides (an assembly, an organized group, a meeting) to direct work

nɔ̀ àfé : v. to be a virgin

nɔ̀ àgbè : v. to be alive

nɔ̀ ànyì (lòò !) : loc. hello ! (when one doens't know which time it is)

nɔ̀ ànyí : v. 1. to be seated 2. to be stable 3. to remain 4. to be present

nɔ̀ émè : v. to have to be true

nɔ̀ émè ná : loc.v. to agree to

nɔ̀ ... gɔ̀mè : v. to be under the authority of

nɔ̀ ... mè : v. to be a member of

nɔ̀ ŋùdzɔ̀ : v. to be awake

nɔ̀ tè : v. 1. to wait for 2. to come to halt

nɔ̀ ... tèfé : v. to be present at (e.g an ocassion)

nɔ̀ zì mè ná : v. to preside over

nɔ̀àgbèmákúí : n. someone who lives for a long time

nɔ̀àgbènàkpɔ́è : n. Noagbenakpoe (a first name of a person : stay alive and you will see)

nɔ̀àmèsí : n. wealth

nɔ̀àmèsítɔ́ : n. wealthy person

nɔ̀bá : n. a mat given by the parents of a mother in which the body of a deceased is wrapped

nɔ́bà : n. 1. number *(syn. nɔ́mbà)* 2. size

nɔ́bɔ́ : n. front leg of a slaughtered animal

nɔ̀dzí : n. 1. seat 2. couch 3. nephew 4. niece (relative to maternal aunt younger than the mother)

nɔ̀dzìdzì : n. a child whose father is unknown

nɔ̀ɖè : n. 1. father's youngest maternal aunt 2. mother from a second marriage *(syn. nɔ̀ɖì, nɔ̀ɖìà)*

nɔ̀ɖèyɔ́ví : n. 1. nephew 2. niece (relative to the mother's younger maternal aunt) *(syn. nɔ̀ɖìàyɔ́ví, nɔ̀ɖìyɔ́ví)*

nɔ̀ɖèyɔ́ví nyɔ́nù : n. niece

nɔ̀ɖèyɔ́ví ŋútsù : n. nephew

nɔ̀ɖì : n. 1. father's youngest maternal aunt 2. mother from a second marriage *(syn. nɔ̀ɖè, nɔ̀ɖìà)*

nɔ̀ɖìà : n. 1. father's youngest maternal aunt 2. mother from a second marriage *(syn. nɔ̀ɖè, nɔ̀ɖì)*

nɔ̀ɖìàyɔ́ví : n. 1. nephew 2. niece (relative to the mother's younger maternal aunt) *(syn. nɔ̀ɖèyɔ́ví, nɔ̀ɖìyɔ́ví)*

nɔ̀ɖìyɔ́ví : n. 1. nephew 2. niece (relative to the mother's younger maternal aunt) *(syn. nɔ̀ɖìàyɔ́ví, nɔ̀ɖèyɔ́ví)*

nɔ̀ɖókùìsí : adj. independent

nɔ̀è : n. 1. everything that is female 2. female drum (atompani)

nɔ̀èwó : pr. each other

nɔ̀ɖèyɔ́ví, nɔ̀ɖìyɔ́ví : n. 1. nephew 2. niece (relative to the maternal aunt younger than the mother)

nɔ̀ɖèyɔ́ví nyɔ́nù, nɔ̀ɖìyɔ́ví nyɔ́nù : n. niece

nɔ̀èɡbɔ́nɔ̀èɡbɔ́ : adj. close to each other

nɔ̀fé : n. 1. residence 2. location 3. seating place 4. field

nɔ̀fé kɔ́kɔ́ : n. podium

nɔ̀fédzèsì : n. address

nɔ̀fédákàví : n. post box

nɔ̀fédédzí : n. podium

nɔ̀fégã́ : n. a town or city that is the administrative centre of a region

nɔ̀fémɔ́ : n. address

nɔ̀fòmè : n. maternal family

nɔ̀gá : n. father's eldest maternal aunt

nɔ̀gàmèdzí : adj. punctual

nɔ̀gávínɔ̀dèví, nɔ̀gávínɔ̀dìví : n. nephews and nieces on the mother side

nɔ̀gávínɔ̀dèví, nàgávínɔ̀díí, nɔ̀gáyɔ́ví : n. nephew, niece (relative to maternal aunt older than mother)

nɔ̀gáyɔ́ví : n. nephew, niece (relative to father's eldest maternal aunt)

nɔ̀gáyɔ́ví ŋútsù : n. nephew (relative to father's eldest maternal aunt)

nɔ̀gáyɔ́ví nyɔ́nù : n. niece (relative to father's eldest maternal aunt)

nɔ̀gómè, nɔ̀gómèàwó : n. maternal family *(syn. nɔ̀gómèfòmètɔ́wó)*

nɔ̀gbé : n. nigeriensis *(syn. fɔ̀fɔ́é)*

nɔ̀gómèfòmètɔ́wó : n. maternal family *(syn. nɔ̀gómè, nɔ̀gómèàwó)*

nɔ̀hànɔ̀hà : n. a type of red ant *(syn. nɔ̀hànɔ̀hàkú)*

nɔ̀hànɔ̀hàkú : n. 1. a type of poisonuos mushroom 2. a type of red ant *(syn. nɔ̀hànɔ̀hà)*

nómbà : n. number *(syn. nɔ́bà)*

nɔ̀nɔ̀ : n. 1. presence 2. state of being

nɔ̀nɔ̀ ŋkèkèwó : n. 1. stay 2. sojourn

nɔ́nɔ̀ : n. in fact *(syn. vávà̰)*

nɔ̀nɔ̀mè : n. 1. image/form *(syn. dzèdzémè)* 2. attitude 3. behavior 4. atmosphere

nɔ̀nɔ̀mè bàdà : n. 1. bad behavior 2. bad attitude

nɔ̀nɔ̀mè (lè - sìàwó tà) : loc. because of this/these

nɔ̀nɔ̀mèbúbù : n. another character

nɔ̀nɔ̀mèfiányà : n. adjective

nɔ̀nɔ̀mèŋkúdódzíkpé : n. statue

nɔ̀nɔ̀mètátá : n. 1. image 2. drawing 3. movie

nɔ̀nɔ̀mètátádèfé : n. movie theater (building)

nɔ̀nɔ̀mèwó dèdèfiá : n. 1. exhibition 2. display

Nɔ̀nyè : n. Mama (mother)

nɔ̀ŋùdzɔ̀ : adj. vigilant

nɔ̀ŋùtè : adj. 1. courageous 2. valiant

Nɔ̀rvédzìà : n. Norway

nɔ́sì : n. nurse *(syn. dɔ̀nɔ̀dzíkpɔ́lá, dɔ̀nɔ̀ŋúdzɔ́lá, dɔ̀yɔ̀láví, dzídùdùdɔ́kítàví, dɔ́kítàví, fìàhá dɔ́kítàví, fìàhá dɔ̀yɔ̀láví)*

nɔ̀srɔ̰̀ : n. 1. step father 2. a term used by a woman in addressing a man older than her

nɔ̀tɔ̀ : n. a brother or sister from the same mother but different fathers

Nɔ̀vémbà : n. November

nɔ̀vì : n. 1. brother or sister (of the same mother) 2. cousin 3. mother of a second marriage 4. brother *(syn. tɔ́ví)*

nɔ̀ví nyɔ́nù : n. sister

nɔ̀ví sòètɔ́ : n. younger sibling

nɔ̀ví tsìtsìtɔ́ : n. elder sibling

nɔ̀ví (wɔ̀ -) : v. to live in friendly relations

nɔ̀vínɔ̀ví : n. first cousin

nɔ̀vínyɔ̀nù : n. sister

nɔ̀víŋùtsú : n. brother

nɔ̀vísí : n. solidarity

nɔ̀vísí (lé -, ná -) : v. 1. to reconcile 2. to love each other

nɔ̀vísíléhá : n. brotherhood

nɔ̀vísílélé, nɔ̀vísínáná : n. 1. cessation of hostilities 2. fraternity

nɔ̀víwɔ̀wɔ̀ : n. fraternity

nɔ̀yɔ́ví : n. 1. nephew 2. niece (relative to the maternal aunt)

nɔ̀yɔ́ví nyɔ́nù : n. niece

nɔ̀yɔ́ví ŋútsù : n. nephew

nɔ̀wɛ́ : n. maytenus senegalensis (bot.) [A shrub or tree to 8 m high by 25 cm (sometimes to 70 cm, 21) in girth, of savanna from sea-level to montane situations, throughout the Region from Senegal to Nigeria, and widespread in the savanna regions across Africa.]

ntó : n. lip (syn. nùgbí nùyí)

ntsùì : n. african goshawk (syn. àdrùfé, àntsùì)

nù : n. 1. snout 2. mouth 3. representative 4. sharp part (of a knife) 5. quantity 6. effect 7. the essence of (something) 8. one's turn (to have one's round/turn at something) 9. in accordance to (e.g the law) 10. tip/ end 11. edge

nù (dà -) : v. to say rude or irreverent words (not on purpose)

nù (dé - mè) : v. to taste (e.g food)

nù (ɖè -) : v. 1. to fall (tide) 2. to begin

nù (ɖé ... -) : prep. instead of

nù (lè ... -) : v. to have

nù (lè àkàsà) : v. to be in line

nù (lè àzɔ̀lì -) : v. to be walking

nù (lè ŋdɔ̀ -) : v. to be in the sun

nù (lè tsítrè -) : v. to be standing

nù (mɔ́ lè -) : v. to have the possibility of

nù (ɖè nyà -) : v. to introduce a topic

nù (tsò tà lè ... -) : v. 1. to behead 2. to decapitate

nú : v. 1. to say (syn. gblɔ, lí̃, lṹ) 2. to refer to

nú : n. 1. thing 2. object 2. something 3. state/condition

nú blíbò : n. total

nú dàdà : n. missile

nú dódó : n. seed

nú dzèglẽ̀ : n. 1. clutter 2. overcrowding 3. something huge

nú dzɔ̀àtsú : n. huge accomplishment

nú ɖiɖéàmè : n. surprise

nú ɖúɖɔ́é : n. something trivial

nú ɖɔ̀lì : n. spare part

nú fɔ̀fɔ̀ : n. 1. a find 2. a discovery

nú gã́ : n. an expliot

nú yáylá : n. a secret

nú gbégblɛ́wó ɖèɖèɖá : n. 1. the act of purifying/cleaning

nú kà ...? : n. what ...?

nú káká : n. a slice (of something)

nú kpàkpà : n. a sculpture

nú kpɔ̀tɔ́é : n. 1. the remnant 2. the last time

nú màmlɛ́ : n. 1. the remainder 2. the last thing

nú mlìmɔ̀ : n. a sphere

nú nògò : n. 1. a sphere 2. a globe

nú nyǔí : n. 1. kindness 2. benevolence

nú sùsɔ́é : n. 1. the rest (of something) 2. the last thing

nú tɔ̀xɛ̀ sɔ̀srɔ̀ : n. specialization

nú tsrólóé : n. 1. something that is in liquid form 2. fluid

nú vévi : n. something that is important

nú vló wɔ̀wɔ̀ : n. 1. the act of committing a crime 2. delinquency

nú vóvó : n. 1. something that is rotten 2. corruption

nú wɔ̀wɔ̀ : n. 1. creature 2. product

nú yéyè : n. 1. a new thing 2. a novelty

nú yɔ́yɔ́ : n. 1. a terminology 2. a word

nùà : n. 1. voodoo priest *(syn. trɔ̃́nùà)* 2. director *(syn. nùɔ̀)*

núbáblá : n. 1. package 2. binding 3. league 4. will 5. abstinence

Nùbáblá xóxó : n. new testament

Núbáblá yéyè : n. old testament

nùbábláylètí : n. 1. ramadan 2. month of fasting

núbáblɛ́ : n. 1. packet 2. package

núbíábíá : n. 1. demand 2. request 3. supplication

núbíálá : n. 1. beggar 2. supplicant 3. solicitor

nùbláyì : n. period of lent

núblánú : n. 1. twine 2. rope 3. anything that can be used to tie something

núblánúí : n. 1. pity 2. mercy 3. sadness

núblánúí (kpɔ́ - ná) : v. to have pity on

núblánúí (wɔ̀ -) : v. 1. to be miserable 2. to pity

núblánúí (nyé - bé) : v. to be a pity that

núblánúíkpɔ́kpɔ́ : n. the state of having pity/mercy

núblánúíkpɔ́lá : n. a compassionate person

núblánúítɔ́ : n. 1. an unfortunate person 2. a bereaved person

núblánúítɔ̀è : adv. 1. sadly 2. unfortunately

núblánúíwɔ̀wɔ̀ : n. 1. misery 2. feeling of compassion

núblùtí : n. spatula

nùdàdà : n. the act of saying a swear word

núdàdà : n. the act of throwing

núdàdàfiáfíá : n. an opinion profoundly at odds with what is generally accepted (heresy)

núdàdàfiálá : n. a heretic (someone that supports a heresy)

núdàɖófé : n. 1. shelf 2. rack 3. reservoir

núdàkpé : n. weight (of a scale)

núdàmɔ̀ : n. 1. scale (for weighing) 2. weighing machine *(syn. núdànú)*

núdànú : n. 1. scale (for weighing) 2. weighing machine *(syn. núdàmɔ̀)*

nùdédé : n. interference (eg. in a matter/conversation)

nùdédényàmè : n. interference

nùdényèmèlá : n. someone who interfers in a case

núdídàɖí : n. provision

núdídí : n. excavation

núdódó : n. 1. the act of wearing (e.g clothes) 2. clothing 3. the act of sowing 4. seedling

núdódókpɔ́ : n. 1. verification 2. experimentation 3. test

núdókpɔ́fé : n. laboratory

nùdóé : n. 1. air pocket 2. secret entrance *(syn. lùdóé)*

núdólá : n. planter

núdónú : n. 1. measure of capacity 2. dry measure

núdónúí : n. 1. spices 2. vegetables

núdɔ́dɔ́ : n. 1. order 2. prescription

núdɔ̀mèfàatɔ́ (nyé -) : v. to be generous

núdzádzrá : n. 1. items to be sold 2. sales

núdzèàmèdzí : n. 1. fainting 2. unconsciousness 3. black-out

núdzèàmèwɔ̀wɔ̀ : n. good manners

nùdzèdzè : n. 1. a small crack in the epidermis 2. incision 3. slit

núdzídzé : n. 1. the act of measuring 2. measure 3. aim

núdzídzénú : n. measuring device

núdzíkpɔ́lá : n. steward

núdzíxɔ̀sè : n. 1. belief 2. faith

núdzíxɔ̀sèlá : n. believer

núdzòdzòè : n. insect

núdzòdzòèɖùlá : n. insectivorous animal

núdzòdzòètíkè : n. insecticide *(syn. núdzòdzòèwùtíkè)*

núdzòdzòèwùtíkè : n. insecticide *(syn. núdzòdzòètíkè)*

núdzódzró : n. 1. desire 2. lust 3. solution

núdzóɖùlá : n. ruminant

núdzɔ̀dzɔ̀ : n. 1 .event 2. report (verbal or written) of an event 3. occurrence 4. contribution (money) 5. quest

núdzɔ̀dzɔ̀ yéyè : n. current affairs (news)

núdzɔ̀dzɔ̀ɖùlá : n. ruminant

núdzɔ̀ɖéàmèdzí : n. 1. adventure 2. experience

núdzɔ̀lá : n. 1. tax collector 2. someone who collects contributions (of money)

núdzràɖó : n. 1. something that has been repaired 2. savings (e.g money)

núdzràɖófè : n. warehouse

nùdzràɖróɖófé : n. 1. store room 2. warehouse

núdzràɖólá : n. repairman

núdzráfé : n. 1. market 2. shop

núdzrálá : n. 1. vendor 2. trader

núɖàɖà : n. food preparation

núɖàfé : n. kitchen *(syn. àkpàtá, dètsìfòfé, dzòdófé, dzòdóxɔ̀, dòdófí, núɖàxɔ̀, nyígɔ̀mè)*

nùɖàgbá : n. 1. saucepan 3. pot 4. casserole

núɖàlá : n. 1. chef 2. cook *(syn. kúkù)*

núɖàɖónú : n. something miraculous

núɖàtí : n. laddle

núɖàxɔ̀ : n. kitchen *(syn. àkpàtá, dètsìfòfé, dzòdófé, dzòdóxɔ̀, dòdófí, núɖàfé, nyígɔ̀mè)*

núdàzé : n. cooking pot

núɖèdzò : n. a charm believed to be used to expel evil spirits from a body *(syn. núɖèɖèdzò)*

núɖèɖèdzò : n. a charm believed to be used to expel evil spirits from a body *(syn. núɖèdzò)*

nùɖèɖè : n. 1. ebb tide 2. withdrawal (of the sea) 3. reply to a speech 4. interpretation 5. withdrawal (from a case); so as to declare oneself no more interested in the certain case

núɖèɖè : n. 1. extraction 2. vomiting

núɖèɖè lè là mè : n. taking out diseases by mystical means

núɖèɖè lè ... dzí : n. 1. subtraction 2. clearing

núɖèɖèdzò : n. charm believed to extract diseases from a body *(syn. núɖèɖèdzò)*

núɖèɖèɖá lè ... dzí : n. 1. disengament 2. clearance

núɖèfiá : n. 1. exposition 2. exhibition

núɖèfiásì : n. an exhibition fair

núɖènyà : n. alibi

nùɖiáɖíá : n. 1. irritation 2. teasing

nùɖiálá : n. offender

nùɖiánú : n. offense

núɖíɖéámè : n. unexpected event

núɖóànyí : n. 1. regulation 2. decree

núɖóànyí kɔ̀kɔ̀è : n. sacrament

núɖóɖá : n. export

núɖóɖàlá : n. 1. sender 2. exporter

núɖóɖó : n. 1. agreement 2. establishment 3. the act of making a mark on (something)

núdódó nú : n. marking (something)

núdɔ́dɔ́ : n. description

núdɔ́dɔ́kpɔ́ : n. the act of tasting (something)

núdólá : n. 1. someone who gives orders 2. initiator 3. sender

núdɔdó : n. 1. storage 2. innovation 3. rehabilitation

núdɔli : n. spare part

núdɔlidɔli : n. 1. barter 2. swap 3. exchange

núdɔnú : n. object of exchange/barter

núdúdɔ́ : n. the act of licking

núdùdù : n. 1. food 2. foodstuffs 3. consumption 4. meals

núdùdù kɔkɔ̀è : n. communion

núdùdù tɔ́trɔ́ (lè dɔ̀mè) : n. digestion (syn. núdùdùgbàgbã̀)

núdùdùdákà : n. pantry

núdùdùgbàgbã̀ : n. digestion (syn. núdùdù tɔ́trɔ́ (lè dɔ̀mè))

núdùdùgbàlẽ̀, núdùdùwó : n. menu

núdùfé : n. 1. eating place 2. restaurant

núdùyìyèdúdú : n. surprise party

núdùlá : n. 1. someone that easts 2. consumer

núdùsí : n. 1. right hand 2. the hand with which one eats

núdùxɔ̀ : n. dining room

núfágò : n. 1. cooler 2. ice house

núfámɔ̀ : n. 1. deep freezer 2. refrigerator

nùfè (dè -) : v. to get into trouble by talking too much

núfíáfíá : n. 1. teaching 2. doctrine 3. instruction

núfíáfíá dòfé gbátɔ̀, èvèliá ... : n. 1st degree education, 2nd degree education ...

núfíádódókpɔ́ dàsédígbàlẽ̀ : n. a certificate that qualifies someone to teach (e.g at secondary school level, university, etc.)

núfíádɔ́dzíkpɔ́lá : n. director of education

núfíádɔ́dáŋúdólá : n. 1. educational consultant 2. pedagogical adviser

núfíáfíádɔ́ : n. teaching job

núfíálá : n. 1. teacher 2. instructor 3. professor

núfíálágá́ : n. professor

núfíálágá́wó fé tàkpékpé : n. 1. teachers council 2. professors' council

núfíáláví : n. instructor

núfíámè : n. education

núfíámè ŋútí nyà : n. morality

núfíámènyà : n. morality (e.g. of a story/tale)

núfíámènyàkàkà : n. 1. journal 2. magazine

núfíámènyàkàkà ná nyɔ́nùwó : n. womens magazine

núfíámènyàkàkà ná ŋútsùwó : n. mens magazine

núfíámɔ́nù : n. method (of teaching)

núfífí : n. 1. theft 2. robbery 3. something that has been stolen

núfífíkpɔ́ : n. cheating

núfíkpɔ́lá : n. a cheat

núflúíwɔwɔ : n. being funny

núfófló : n. the act of peeling off

nùfú : moustache *(syn. ŋùgè, nùtógòè)*

núfà (dó - ná) : v. to bother

núfàfà : n .1. sowing 2. seedling

núfèflè : n. 1. purchase 2. buying

núflèlá : n. 1. buyer 2. client

nùfò : n. 1. conversation 2. speech

nùfò (dó ... ná) : v. to disturb (someone)

nùfò sɔ̀gbɔ̀ fúflù : n. ramble

núfòàmè : n. boil (a closed abscess that is large and painful) *(syn. àɖí, fòfóé, núfòfò, núfòfóé, nútèàmè, nútètè)*

núfòdónámè : n. 1. disturbance 2. teasing

núfòfé : n. speech center (brain)

núfòfìá : n. talk (oral presentation)

nùfòfò : n. 1. conversation 2. narrative 3. speech 4. the spoken word

núfòfò : n. boil (a closed abscess that is large and painful) *(syn. àɖí, fòfóé, núfòàmè, núfòfóé, nútèàmè, nútètè)*

núfòfóé : n. boil (a closed abscess that is large and painful) *(syn. àɖí, fòfóé, núfòàmè, núfòfò, nútèàmè, nútètè)*

nùfòlá : n. speaker

nùfòmɔ̃ : n. microphone

nùgà : n. bridle *(syn. nùmègà)*

núgàdídí : n. reprieve

núgã́dílá : n. 1. an ambitious person 2. an opportunist *(syn. nùgã́dítɔ́)*

núgã́dílá (nyé -) : v. 1. to be ambitious 2. to be an opportunist

nùgã́dítɔ́ : n. 1. an ambitious person 2. an opportunist *(syn. núgã́dílá)*

núgàgà : n. weeding

nùgè : n. moustache *(syn. nùfú, nùtógòè)*

núgódó : n. 1. toilet 2. loo

núgóè : n. 1. tube 2. pipe

nùgɔ̀mè : n. explanation

núgɔ̀mèbìábìá : n. request for explanation

núgɔ̀mèdídí : n. 1. investigation 2. inquiry

núgɔ̀mèkùkù : n. 1. investigation 2. inquiry 3. probe

núgɔ̀mèkpɔ́kpɔ́ : n. 1. curiosity 2. inquisitiveness

núgɔ̀mèmàsè : n. 1. misunderstanding 2. confusion

núgɔ̀mèmàsèmàsè : n. 1. failure to understand 2. incomprehension

núgɔ̀mèsèsè : n. undertanding

núgúi : n. 1. box 2. can 3. case 4. tin

núgbàgbà ziwɔwɔ : n. 1. crash 2. smash 3. clatter

núgbágbè : n. living thing

núgbágbè ŋútí núwó ŋú núnyá : n. anatomy

núgbágbè mè núwó tɔtrɔ ŋú núnyá : n. biochemistry

núgbágbè mè núkúíwó fé kpéɖékàdzínɔnɔ : n. biological constant

nùgbè : n. promise

nùgbè (dó - ná) : v. to promise

núgbé : n. 1. adventure 2. beyond 3. conspiracy

núgbé (dè - gbɔ) : v. to come back from a mission

núgbé (dó -) : v. 1. to conspire 2. to plot

núgbé (yì -) : v. 1. to go on a trip 2. to die (syn. yì àvlìmè, yì bò , dè núgbé, dé àfɔ àtùkpá mè, yì dèmàgbɔnúgbé, kú, vlɔ, vlɔ, yì àfégã, yì àzìzà ŋú, yì dzògbè, yì gè gbɔ, yì yèɖóxɔfé, yì nákè gbé, yì nú gbé, yì nú xà, yì tɔgbùíáwó gbɔ, yì tɔmè, yì tsíè, zù ŋɔli) 3. to be dead

nùgbèdódó : n. the act of making a promise

nùgbèdólá : n. one who makes a promise

núgbéɖóɖó : n. the act of conspiring

núgbéɖólá : n. schemer

núgbégbé : n. renunciation

núgbégbé lè àmèɖókúi gbɔ : n. renunciation

núgbégbé lè ... gbɔ : n. abstinence

núgbégblẽ : n. 1. delinquency 2. sabotage

núgbégblẽ (wɔ -) : v. to behave badly

núgbégblẽwɔlá : n. one who behaves badly

núgbégblẽwɔwɔ : n. the act of being delinquent

núgbènúgbè (wɔ -) : v. 1. to be out of oneself (e.g with grief, joy etc.) 2. to be extravagant 3. to be eccentric

núgbéyìyì : v. 1. going on a trip/mission 2. dying

núgbléfè : n. 1. damages 2. expenses for a law court

núgblénú : n. disaster

nùgbɔ : n. tip (of something)

núgbɔlá : n. winnower

nùgbí : n. lip (syn. ntó nùyí)

núɣáɣlá : n. 1. secret 2. mystery

núɣéɣé : n. loan

nùhàhà : n. 1. chatter 2. babble 3. talkativeness

núhàhà : n. 1. theft 2. booty 3. scramble to get one's share (of something)

núhíáhíã : n. something that is necessary thing

núhíáhíãwó dídí vè mɔnù : n. the act of refueling/supplying

núhíáhíá vévi gbátò : n. essential product

nùi mú : v. to get drunk

nùkà (hè -) : v. 1. to quarrel 2. to be quarrelsome

núkà : pr.rel. what

núkà : pr.int. what?

núkà! : intrj. what!

núkà gbó : loc.pr. 1. from where? 2. why?

núkà ŋútí : loc.pr. why? (syn. núkàtà)

nùkàhèhè : n. arguement

nùkàhèlá : n. quarrelsome person

núkàkà : n. 1. scattering 2. disassembly 3. divination (syn. àfákàkà)

núkàlá : n. 1. fetish priest 2. seer 3. charlatan

núkàtà : adv. why? (syn. núkà ŋútí)

núkè (ḍè -) : v. 1. to be mean 2. to be close to one's money

nùkèkè : n. syllable

núkìklì : n. 1. the act of tripping/stumbling 2. an object on which one stumbles

núkléà : adj. nuclear

núkléàʋàwònú : n. nuclear weapon

nùklèó : n. nucleon

núkóklό lè ... ŋú : n. unpacking

núkòkò : n. 1. laughter 2. the act of laughing

núkòkòè : n 1. laughter 2. something that is funny 3. prank 4. sneer

núkòkòè (dì -) : v. to be hilarious/funny

núkòkòè (dó - ná) : v. 1. to make (someone) laugh 2. to tickle

núkòkòè (dó - ná só) : v. to spur a horse

núkòkòèdónámè : n. 1. comedy 2. the act of making people laugh

núkòkòèdónámètó : n. prankster

núkòkòènyà : n. 1. joke 2. a story intended to make someone laugh

núkòmò : n. smiling face

núkòmòè : n. 1. smile 2. grin

núkónúí : n. spur

núkónúí (dó - ná só) : v. to spur a horse

núkó : n. slice

nùkókó : n. syllable

nùkú : n. 1. astonishment 2. amazement

nùkú (ná -) : v. to amaze

nùkú (nyé -) : v. 1. to be rough 2. to be clumsy

nùkú (wò -) : v. 1. to be astonishing 2. to be mysterious

núkú : n .1 . seed 2. kernel 3. grain

núkú (wò -) : v. to be fertile

núkódódó : n. the act of sowing

núkúḍèḍè : n. 1. the act of harvesting 2. reaping

núkúḍèlá : n. 1. harvester 2. reaper

núkúḍèmɔ̃ : n. combine harvester *(syn. núkúxàmɔ̃)*

núkùfé : n. 1. mine 2. research center

núkúí : n. 1. element 2. matter

núkúklúídzíxɔ̀sè : n. superstition

núkúklúídzíxɔ̀sèlà : n. one who believes in superstitions

núkúlúídzíxɔ̀sèlá (**nyé -**) : v. to be superstitious

nùkúkɔ́ŋtàbùbù : n. 1. cabalistic calculations 2. surprising calculations

nùkúkú : n. 1. being petrified 2. surprise

núkùkù : n. 1. eructation 2. belching

núkúkú : n. 1. inanimate body 2. dead animal 3. dementia 4. insanity

núkúkú (**nyé -**) : v. to be mortal

núkúkúḍùlá : n. scavenger

núkúkúwó : n. 1. materials reduced to unusable debris (e.g. garbage) 2. dead matter

nùkúnú : n. 1. consternation 2. miracle 3. mystery *(syn. nùkúnyà)*

núkùnú : n. 1. rod 2. hanger

nùkúnúwɔ̀lá : n. 1. magician 2. enchanter

nùkúnyà : n. 1. miracle 2. wonder 3. mystery *(syn. nùkúnú)*

nùkútɔ̀è : adv. 1. with astonishment 2. magically

núkúxálá : n. harvester

núkúxáxá : n. the act of harvesting

núkúwó xáɣì : n. harvest time

núkúxàmɔ̃ : n. combine harvester *(syn. núkúḍèmɔ̃)*

núkpàkpà : n. 1. sculpture 2. invention

núkpàkpɛ̀ : n. sculpted object

núkpàlà : n. the act of rinsing *(syn. núkpàlàkpàlà)*

núkpàlá : n. sculptor

núkpàlàdɔ́ : n. the work of washing dishes (e.g in a restaurant, canteen, etc.)

núkpàlàkpàlà : n. the act of rinsing *(syn. núkpàlà)*

núkpéàmè : n. difficulty

núkpékpé : n. 1. monster 2. evil spirit 3. misfortune

núkplɔ̀mɔ̀ : n. a machine used in sweeping/cleaning (e.g vacuum cleaner)

núkplɔ̀nú : n. something that is used to sweep/clean (e.g broom, brush, etc.)

nùkpólòè : n. gossip *(syn. nùkpólúí)*

nùkpólòè (**fò -**) : v. to gossip *(syn. nùkpólúí (fò -))*

nùkpólòèfòfò : n. the act of gossiping *(syn. nùkpólúífòfò)*

nùkpólúí : n. gossip *(syn. nùkpólòè)*

nùkpólúí (**fò -**) : v. to gossip *(syn. nùkpólòè (fò -))*

nùkpólúífòfò : n. the act of gossiping (syn. nùkpólòèfòfò)

nùkpólúífòlá : n. talkative

núkpɔ́fé : n. 1. theater 2. stage 3. playhouse 4. visual cortex (brain)

núkpɔ́fédèdè : n. the act of going to a show/theater

núkpɔ́gblɔ̀ : n. 1 . report 2. reportage 3. coverage

núkpɔ́gblɔ̀lá : n. 1. reporter 2. commentator (syn. nyàdzɔ̀dzɔ̀gblɔ̀lá, nyàdzɔ̀dzɔ̀xlɛ̀lá, nyàxlɛ̀fiálá)

núkpɔ̀kplɔ̀ : n. sweeping

núkpɔ́kpɔ́ : n. 1. perception 2. show 3. gain 4. income 5. possession

núkpɔ́kpɔ́ dó ŋgɔ̀ : n. 1. forecast 2. anticipation

núkpɔ́kpɔ́ wɔ̀nà : n. 1. comedy 2. dramatics

núkpɔ́kpɔ́gã́ : n. monument

núkpɔ́lá : n. 1. spectator 2. seer 3. possessor

núkpɔ́láwó : n. audience

núkpɔ́ŋlɔ̀ : n. the act of copying

núkpátsé : n. lesser african threadfin (syn. núkpɔ́tsé, tsúkúí)

núkpɔ́tsé : n. lesser african threadfin (syn. núkpátsé, tsúkúí)

núkpúí : n. a type of big rat/ great rat cane

núlélé : n. 1. something that has been captured 2. prey

núlélé ḍé tà mè : n. memorization

núléŋúsɛ́ : n. magnetic force

núlìlá : n. ironer

núlìlì : n. 1. ironing 2. grating

núlòlòkpɔ́hũ̀hɔ̃̀ : n. magnifying glass

núlɔ́ : n. 1. syphilis 2. gonorrhoea 3. general STD [sexually transmitted disease] (syn. àgbàdzà, bàbà, bàbàdɔ̀)

núlɔ́kèké : n. wheelbarrow

núlɔ̃́lá : n. 1. basket-maker 2. weaver

núlɔ́lɔ́ : n. 1. name of a type of veneral disease 2. contamination

núlɔ̃́lɔ̃̀ : n. 1. basket-making 2. weaving

númàdzɔ̀màdzɔ̀ : n. injustice

númàḍinú : n. unimportant thing

númàḍówɔ̀ : n. improvisation

númàḍùmàḍù : adj. 1. without eating 2. on an empty stomach

nùmàfòè : adv. without repyling

númàkpɔ́è : adv. without visibility

númámá, númámã́ : n. the act of sharing (something)

númámè : n. habit

númámè yèyíyì : n. 1. habitual 2. frequentative

númànyálá : n. an ignorant person (syn. númànyátɔ́)

númànyámànyá : n. ignorance

númànyátɔ́ : n. an ignorant person *(syn. númànyálá)*

númànyáyɔ̀yɔ́ : n. distortion (of a word)

númátà : conj. that is why

númàʋàmàʋà ŋútí núnyá : n. the study of bodies in equilibrium/balance (as opposed to dynamic bodies)

nùmè : n. oral cavity

númèbɔ̀bɔ̀ : n. relaxation

númèdzòdzrò : n. 1. research *(syn. númèkùkù, nyàgɔ̀mèkùkù)* 2. analysis

númèdzòdzrò hábɔ̀bɔ̀ : n. research group

númèdzòdzròwɔ̀wɔ̀ : n. research activity

númèdzrɔ̀fé : n. 1. laboratory 2. analytical laboratory *(syn. númèkàfé)*

númèdzrɔ̀lá : n. laboratory worker

númèdzrɔ̀tàkpékpégã́ : n. forum (research forum)

númèɖèɖè : n. 1. explanation 2. an act of declaration (in speech or writing)

númèɖèlá : n. 1. someone who explains (something) 2. informant

nùmèɖènú : n. 1. confection 2. finger food

númèɖètàkpékpé : n. conference

nùmègà : n. bridle *(syn. nùgà)*

nùmègbè : n. something heard aloud

númèkàkà : n. 1. inspection 2. analysis

númèkàfé : n. analytical laboratory *(syn. númèdzrɔ̀fé)*

nùmèklɔ́nú : n. toothpaste *(syn. nùmèklɔ́tíkè)*

nùmèklɔ́tíkè : n. toothpaste *(syn. nùmèklɔ́nú)*

númèkùdɔ́ : n. research work *(syn. númèkùkùdɔ́, nyàgɔ̀mèkùdɔ́)*

númèkùfé : n. research laboratory

númèkùkù : n. 1. research *(syn. númèdzòdzrò, nyàgɔ̀mèkùkù)* 2. investigation

númèkùkù dèbòtó dòdókpɔ́ : n. 1. doctorate examination 2. Ph.D

númèkùkù dèbòtó ɖàséɖígbàlè : n. 1. doctorate certificate 2. Ph.D certificate

númèkùkù dèbòtó ɖèséɖígbàlè tɔ̀xɛ̀ : n. university doctorate certificate

númèkùkù dètó dzàdzràɖóɖàsèɖígbàlè : n. diploma of advanced studies

númèkùkù dètó ɖàséɖigbàlè : n. doctorate certificate

númèkùkù kù ɖé núnyàdètó ŋú : n. scientific resaerch

númèkùkùdɔ́ : n. research work *(syn. númèkùdɔ́, nyàgɔ̀mèkùdɔ́)*

númèkùlá : n. researcher *(syn. dílá, nyàgɔ̀mèkùlá, nyàmèkùlá)*

nùmèkpé (dà -) : v. to render thanks (in words only)

númèkpɔ́lá : n. one who asks questions or probes

númèlá : n. 1. potter 2. someone who makes objects out of clay 3. one who offers sacrifice

númèmè : n. 1. roasting 2. pot making 3. the act of raking 4. offering of burnt sacrifices

númémé : n. the end (of something)

númémé (kpɔ́ -) : v. to examine closely

númèmìè : n. 1. plant 2. sprout

númèmìèwó ŋútí nùnyá : n. botany *(syn. númíèmòèwó ŋútí ŋùnyá)*

númènú : n. 1. any tool used in offering a sacrifice 2. any tool used in roasting

númènyálá : n. 1. an initiated person 2. conjurer 3. a person that asks for the death of another person

nùmètèlá : n. a curious person

númètésè : n. 1. referendum 2. interview

númètété : n. dosage

númètótó : n. 1. revision 2. exploration

nùmètsì : n. 1. saliva 2. the saliva of a dead person that is used for certain rituals

númètsònú : n. 1. incident 2. consequence 3. reaction

númètsòtsò : n. 1. crossing 2. passage

nùmèvívì : n. 1. flattery 2. foundness for sweets

nùmèvívì : adj. 1. sugary 2. smooth

nùmèvívíɖùlá : n. someone who loves sweets

nùmèvívílá : n. 1. flatterer *(syn. nùmèvívítɔ́)* 2. lair

nùmèvivínyà : n. sweet talk

nùmèvívítɔ́ : n. 1. flatterer *(syn. nùmèvívílá)* 2. gourmet

nùmèvúvú : n. scurvy (gum sore) *(syn. àdèlá̃, àdèlɛ̃́, mànyɛ́)*

númíèmìè : n. 1. any growing plant 2. anything that is in a state of germination 3. germination

númíèmìèwó : n. vegetation

númíèmòèwó ŋútí ŋùnyá : n. botany *(syn. númèmìèwó ŋútí nùnyá)*

nùmìkó : n. crop (of a bird)

núnálá : n. 1. giver 2. donor

núnámègbɔ̀gbɔ̃̀ : n. generosity

núnámètɔ́ (nyé -) : v. to be generous

núnáná : n. 1. gift 2. present 3. reward 3. contribution

núnònò : n. 1. drink 2. beverage

núnɔ̀agbèɖéŋú : n. livelihood

nùnɔ̀dɔ́ : n. priestly service *(syn. nùnɔ̀nɔ̀dɔ́)*

núnɔ̀dzí : n. 1. seat (bench, chair) 2. stepladder

nùnɔ̀lá : n. 1. priest 2. clergyman

núnɔ̀lá : n. 1. leader 2. director 3. priest

nùnɔ̀lágá̃ : n. bishop

núnɔ̀lágá̃ : n. representative (of an association)

nùnɔ̀lágá̃dzíɖùfé : n. archdiocese

nùnɔ̀lágá̃nɔ̀fé : n. 1. diocese 2. office of a bishop 3. jurisdiction of a bishop nùnɔ̀lágã́wó fé tàkpékpé : n. council of bishops

nùnɔ̀lágã́wó nùnɔ̀lá : n. archbishop

nùnɔ̀lákpéɖéŋútɔ́ : n. someone who assists a priest by performing minor duties

nùnɔ̀lányényé : n. priesthood

nùnɔ̀lánényétɔ̀ : adj. priestly

nùnɔ̀láwó fé há : n. clergy

núnɔ̀mèsí : n. 1 .wealth 2. affluence

núnɔ̀nɔ̀ : n. adminstration

nùnɔ̀nɔ̀dɔ́ : n. priestly service *(syn. nùnɔ̀dɔ́)*

núnɔ̀sítɔ́ : n. a rich person

núnɔ̀síwó : n.pl. 1. possesions 2. wealth

núnùkpɔ́kpɔ́ : n. 1. curiosity 2. inquisitiveness

núnyá : n. 1. intelligence 2. wisdom 3. discretion

núnyá (dzè -) : v. 1. to be crafty 2. to be wise

núnyádètó : n. science

núnyádètó ɖàséɖígbàlẽ́ : n. University Diploma of Scientific Studies (a certificate)

núnyádètó ŋú ŋúmèkùkù : n. scientific research

núnyádètónyálá : n. doctor of literature

núnyádètótɔ́ : n. doctor (a doctorate certificate/qualification)

núnyàfé : n. 1. laundry 2. wash house

núnyàgbá : n. 1. basin 2. bowl (for laundry)

núnyágblètàdèà : n. 1. teaching assistant 2. assistant professor

núnyágblètàdèà dèbòtɔ́ : n. associate professor

núnyákɔ́kɔ́ : n. philosophy

núnyákɔ́kɔ́srɔ̃́fé : n. philosophy department

núnyàlá : n. 1. laundry man 2. washerwoman *(syn. núnyàtɔ́)*

núnyálá : n. 1. scholar 2. expert

núnyálágã́ : n. learned person

núnyámèkùkù : n. philosophy

núnyámèkùlá : n. philosopher

núnyányá : n. 1 .knowledge 2. cognition

núnyánùnɔ̀mègã́ : n. lecturer

núnyànyã̀ : n. 1. laundry 2. the act of washing

núnyànyàdɔ́ (wɔ̀ -) : v. to do the laundry

núnyányrá : n. the act of sharpening (something)

núnyàtɔ́ : n. 1. laundry man 2. washerwoman *(syn. núnyàlá)*

núnyátɔ́ : n. 1. a wise person 2. philosopher

núnyáwɔ̀wɔ̀ : n. 1. knowledge work 2. the act of doing something on purpose

núnyì : n. 1. sustenance 2. nourishing food 3. nourishing fluid 4. vitamin *(syn. núnyìàmè)* núnyìamè : n. 1. sustenance 2. nourishing food 3. nourishing fluid 4. vitamin *(syn. núnyì)*

núnyìamè (nyé -) : v. to be nourishing

núnyìamègblè : n. food field

núnyrákpé : n. 1. millstone 2. whetstone *(syn. núnyrèkpé)*

núnyrèkpé : n. 1. millstone 2. whetstone *(syn. núnyrákpé)*

núnyúí : n. whitlow *(syn. núvɔ́ɛ́)*

núnyúíé : n. a good thing

núnyúíwɔ̀wɔ̀ŋúsɛ́ : n. virtue

núŋéyì : n. harvest season

núŋélá : n. 1. reaper 2. harvester

núŋéŋé : n. 1. harvest 2. harvesting

núŋkɔ́ : n. 1. name of a thing 2. substantive 3. noun *(syn. nyíkɔ́, ŋkɔ́)*

núŋlɔbé : n. 1. oversight 2. forgetting 3. something that has been forgotten

núŋlɔdɔ́wɔ̀fé : n. secretariat

núŋlɔdémègbàlɛ̀ : n. 1. notebook 2. book

núŋlɔyé : n. chalk

núŋlɔklá : n. 1. sign 2. notice

núŋlɔkpé : n. 1. slate 2. blackboard 3. writing board

núŋlɔlá : n. 1. secretary 2. author 3. weeder (a device used to weed e.g hoe) 4. someone who hoes the ground

núŋlɔlágã́ : n. general secretary

nùŋlɔlágã́ dɔ́wɔ̀fé : n. office of the secretary general

núŋlɔnú bú : n. refill (e.g an ink pen)

núŋlɔtí : n. 1. pencil 2. crayon 3. that which is used in writing

núŋlɔtsì : n. ink

núŋlɔtsìgòè : n. 1. inkwell 2. inkstand

núŋlɔtsùmí : n. 1. pencil 2. crayon

núŋɔ́núí : n. 1. drill 2. tendril

núŋɔ̀ŋlɔ̀ : n. 1. writing 2. prescription 3. the act of weeding (e.g with the hoe)

núŋɔ̀ŋlɔ̀ nyùì : n. orthography

núŋɔ̀ŋlɔ̀tré : n. the act of labeling

nùŋɔ́ŋɔ́ : n. puncturing of the lip (e.g as done with piercings)

núŋɔ́ŋɔ́ : n. 1. puncturing (something) 2. puncture 3. piercing

núŋùbùdètó : n. philosophy

núŋùbùdètódɔ́kítà : n. doctor of philosophy *(syn. núŋùbùdètó ŋú ŋùnyálá)*

núŋùbùdètónyálá : n. philosopher

núŋùbùdètó ŋú ŋùnyálá : n. doctor of philosophy *(syn. núŋùbùdètódɔ́kítà)*

núŋúdzɔ̀dzɔ̀ : n. 1. guardianship 2. custody

núŋúgbégblé : n. 1. mess 2. wastage 3. extravagance

núŋúkɔ̀kɔ̀ : n. 1. initiation 2. inauguration 3. sanctification

núŋúmànyálá : n. layman

núŋúsɛ́ : n. 1. energy 2. power

núŋútíkókó : n. consecration

núŋútútú : n. 1. friction 2. rubbing 3. cleaning (of something)

nùɔ̀ : n. priest (e.g vodoo priest) *(syn. nùà)*

nùsàŋkú : n. harmonica

núsèfé : n. auditory canal

nùsègbè (tsò -) : v. to not keep one's promise

nùsɛ́lá : n. 1. someone who doesn't change his or her mind 2. a loudmouthed person

núsènú : n. 1. earphone 2. earpiece

núsèŋlɔ̀ : n. dictation

núsésɛ̃́ : n. solid

núsésɛ̃́ : n. 1. denial 2. refusal

núsèsè : n. 1. perception 2. hearing (the sense of hearing) *(syn. núsèŋútété)* 3. feeling

núsèsrɛ̀ : n. refining

núsèŋútété : n. hearing (the sense of hearing) *(syn. núsèsè)*

núsi : pr. 1. what 2. that 3. which 4. whatsoever *(syn. núsi ké)*

núsi ké : loc. 1. what 2. anything *(syn. núsi)*

núsià : pr. this thing

núsíákà : n. drying line

núsíànú : adj. 1. everything 2. all

núsíànúɖùlá : n. omnivore

núsíànúŋɔ́ŋlɔ́ : n. 1. scribble 2. scrawl 3. doodle

núsìsì : n. 1. tattoo 2. scar 3. painting

núsísí : n. mistrust

núsìtà : pr. 1. the reason why 2. that's why

núsɔèkpɔ́húhɔ́ɛ́ : n. magnifying glass

núsɔèkpɔ́mɔ̀ : n. microscope

núsɔ̃́ɔ̃́ : n. measles *(syn. àgbàyí, àlɔ̀bèlɛ̀, fùfùkɔ́é, gbàbɔ́é, gbàgblàtsàbí, gbàyí, gbɔ̀ŋgbɔ̀sìví, kúklúí, núsúɛ̃́)*

núsɔ́srɔ̃́ : n. 1. study 2. lesson 3. survey 4. enlightenment

núsɔ́srɔ̃́kpéɖéŋúgà : n. grant (study)

núsɔ́srɔ̃́lɔ̀lá : n. a studious person

núsrèfè : n. refinery

núsrɔ̃́fé : n. a place where one learns (e.g school, training center, university faculty ,etc.)

núsrɔ̃́fé gàkpèkpéɖéŋú : n. scholarship

núsrɔ̃́lá : n. 1. disciple 2. student *(syn. srɔ̃́lá)*

núsrɔ̃́nyà : n. 1. study 2. research

núsrɔ̃́tàkpélá : n. seminarian

núsɔ̀sɔ̀ : n. 1. unanimously 2. unanimity

núsɔ́srɔ̃́wó : n. studies

núsrɔ̃́gbàlè : n. 1. manual 2. textbook 3. handbook 4. guidebook núsū́ḗ : n. measles *(syn. àgbàyí, àlɔ̀bèlɛ̀, fùfùkɔ́é, gbàbɔ́é, gbàgblàtsàbí, gbàyí, gbɔ̀ŋgbɔ̀sìví, kúklúí, núsɔ́ɔ́)*

nùtà : n. the space between the mouth and nose

nútáfú : n. maxillary bone

nútágbàlḕ : n. sketchbook

nútàkúkúlá : n. martyr

nútálá : n. 1. painter 2. artiste

nútámí (ɖó -) : v. to be persistent

nútàtà : n. 1. a style of dressing using a fabric 2. clothing (country dress)

nútátá : n. 1. painting 2. drawing 3. the act of taking an oath 4. oath

nútàtrà : n. 1. acting outside the rules 2. strange behaviour 3. enumeration of relatives of a deceased and determination of their respective contributions to burial expenses

nútàʋlìlá : n. someone who pleads in court

nútèàmè : n. 1. boil *(syn. àɖí, fòfòé, núfòàmè, núfòfòé, núfòfò, nútètè)* 2. refusal to give (something)

nútéámè : n. any insect that bites

nútèƒé (wɔ̀ -) : v. 1. to do something well 2. to be honest 3. to behave

nútèƒékpɔ́kpɔ́ : n. 1. testimony 2. experience

nútèƒékpɔ́lá : n. 1. witness 2. onlooker 3. housekeeper

nútèƒékpɔ́láwó : n. audience

nútèƒémàwɔ̀lá : n. dishonest person

nútèƒémàwɔ̀màwɔ̀ : n. 1. dishonesty 2. roguery

nútèƒéwɔ̀lá : n. a faithful person

nútèƒéwɔ̀wɔ̀ : n. loyalty

nútèƒéwɔ̀wɔ̀tám : n. loyalty oath

nútèkpɔ́ : n. 1. test 2. experiment

nútètè : n. 1. boil *(syn. àɖí, fòfòé, núfòàmè, núfòfòé, núfòfò, nútèàmè)* 2. carbuncle 3. cyst

nútètètsì : n. pus

nùtétré : n. 1. gluing 2. sealing

nùtí : n. 1. snout 2. muzzle *(syn. ŋùzɔ̀, nùzɔ́)*

nútò : n. 1. region 2. rubble 3. locality

nútò sòè dzíkpɔ́lá : n. leader of a small community *(syn. nùtòmèdzíkpɔ́lágɔ̀mènɔ̀lá)*

nútóè : n. 1. corner 2. nook 3. recess

nútógà : n. edge (of an object)

nùtógòè : n. moustache *(syn. nùfú, ŋùgè)*

nútòmè : n. 1. neighborhood 2. vicinity 3. consistuency

nútòmè núdùɖùgblèdèdè dɔ́wɔ̀ƒé : n. Office of Regional Food Products

nútòmèdzíɖùƒé : n. administrative office/seat of a community/region

nútòmèdzíkpɔ́lá : n. administrator/manager of a commnity/region nútòmèdzíkpɔ́lágɔ̀mènɔ̀lá : n. leader of a small community *(syn. nútò sòè dzíkpɔ́lá)*

nùtòmènyà : n. regional news

nútòmèví : n. 1. resident of the region 2. small community

nútòtrò : n. 1. pipe 2. hose

nútòtròmè : n. hidden corner

nútóvè̀, nútótóvè̀ : n. 1. invention 2. fabrication

nútóvèlá : n 1. inventor 2. fabricator

nútòwó mè : n. in the surrounding area

nútòwó mè (lè àfi -) : adv. 1. over there 2. thereabouts

nútɔ́ : n. 1. possessor 2. author

nútɔ́àmè : n. 1. splinter 2. something that is prickly

nútɔ̀gbá : n. frying pan

nùtɔ̀lá : n. 1. seamstress 2. tailor 3. someone who fries (something)

nútɔ̀lá nyɔ́nù : n. seamstress

nútɔ̀lá ŋútsù : n. tailor

nùtɔ̀mɔ̀ : n. sewing machine

nútɔ́nú, nútɔ́núí : n. any instrument used to pierce

nútɔ̀tɔ̀ : n. 1. sewing 2. machine stitching 3. fried food

nútɔ́tɔ́ : n. 1. the act of piercing 2. piercing

nútɔ́trɔ́ : n. 1. detour 2. transformation

nútɔ́trɔ́ tó dàdà mè : n. distillation

nútràmàwɔ̀lá : n. a clumsy person

nútràmàwɔ̀lá (nyé -) : v. to be clumsy

nútràmàwɔ̀wɔ̀ : n. clumsiness

nútrénú, nútrénúí : n. any tool used to glue

nútrɔ́gbɔ̀ : n. inversion

nútsì : n. solution

nútùgà : n. hammer

nùtùlá : n. 1. black-smith 2. miller

nútúnú : n. 1. lid *(syn. nútúví, nútsyɔ́nú)* 2. electrical outlet

nútùnú : n. a bowl or surface in/on which items (e.g. pepper, onions, etc.) are crushed

nútúnúí : n. small lid

nútútrú : n. vomiting

nútùtù : n. 1. the act of forging 2. the act of crushing

nútútú : n. the act of wiping

nùtúví : n. lid *(syn. nútúnú, nútsyɔ́nú)*

nútsétsé : n. 1. pimple (on the body) 2. decline (of fortune) 3. ebb/fall (of the tide)

nútsítókpɔ́kpɔ́ : n. curiosity

nútsítókpɔ́lá : adj. meticulous

nútsítókpɔ́lá (nyé -) : v. to be meticulous

nùtsítsí : n. suppression

nùtsítsídɔ́ : n. 1. fasting 2. abstinence

nùtsìtsrì : n. 1. avoidance 2. abstension

nútsò : n. ending

nútsòfé, nútsònú : n. metallic part (of an instrument, of a cutting tool) that is used in cutting

nútsòlá : n. 1. harvester 2. informant

nùtsòtsò : n. the act of cutting off

nútsòtsò : n. 1. harvest 2. accusation

nútsɔ́ : n. loading

nútsɔ́lá : n. carrier

nútsɔ́tsɔ́ : n. transport

nútsɔ́wó : n. luggage

nútsúḍùḍù : n. gluttony

nútsúḍùlá : n. glutton

nùtsúfòlá : n. talkative

nútsyɔ̀nú : n. 1. sieve 2. strainer

nútsyɔ́nú : n. lid (syn. nútúnú, nùtúví)

nútsyɔ̀tsyɔ̀ : n. deposition

nútsyɔ́tsyɔ́ : n. 1. the act of recovering/collection 2. retrieval

núvàfé : n. nursery (e.g for plants) (syn. núvíàfé)

núvàvà : n. the act of making a nursery (e.g for plants) (syn. núvíàvìà)

núvávémè : n. the occurence of an event

núvávémèwó : n. 1. conjuncture 2. events

núvéàmè : n. sorrow

núvélá : n. 1. miser 2. frugal person (syn. núvénámètɔ́, núvínámètɔ́)

núvénámètɔ́ : n. 1. miser 2. frugal person (syn. núvélá, núvínámètɔ́)

núvévé : n. 1. the act of economising 2. avarice

núvévínyényé : n. being important

núvéví (wɔ̀ - àmè) : v. to assault someone

núvévíwɔ̀wɔ̀ (- àmè) : n. the act of assaulting someone

nùví : n. 1. connection/fitting (e.g of a bicycle or football pump)

núvíàfé : n. nusery (e.g. of plants) (syn. núvàfé)

núvíàvìà : n. the act of making a nursery (e.g for plants) (syn. núvàvà)

núvínámètɔ́ : n. 1. a frugal person 2. miser (syn. núvélá, núvénámètɔ́)

núvínámètɔ̀ : adj. stingy

núvlówɔ̀wɔ̀ : n. the act of committing bad deeds

nùvò : adj. open

núvɔ̃́ : n. 1. sin 2. crime

núvɔ̃́wɔ̀lá : n. 1. criminal 2. wrongdoer

núvɔ̃́wɔ̀wɔ̀ : n. 1. delinquency 2. wrongdoing

núvɔ̃́àmè : n. misfortune

núvɔ̃́àmètɔ́ : n. an unfortunate person

núvɔ̃́ḍèḍè : n. driving out evil

núvɔ́ɖì : n. bad deed

núvɔ́ɖìwɔ̀lá : n. wrongdoer

núvɔ́é : n. whitlow *(syn. núnyúí)*

núvɔ́gɔ̀mèʋùʋù : n. confession *(syn. núvɔ̃́mèʋùʋù, núvɔ̃́mèʋùʋùsésé)*

núvɔ̃́kèkè : n. forgiveness

núvɔ̃́mèʋùlá : n. confessor *(syn. núvɔ̃́mèʋùʋùsélá)*

núvɔ̃́mèʋùʋù : n. confession *(syn. núvɔ̃́gɔ̀mèʋùʋù, núvɔ̃́mèʋùʋùsésé)*

núvɔ̃́mèʋùʋùsélá : n. confessor *(syn. núvɔ̃́mèʋùlá)*

núvɔ̃́mèʋùʋùsésé : n. confession *(syn. núvɔ̃́gɔ̀mèʋùʋù, núvɔ̃́gɔ̀mèʋùʋù)*

núvɔ̃́wɔ̀lá : n. 1. a sinner 2. criminal

núvɔ̃́wɔ̀wɔ̀ : n. the act of committing bad deeds

núvɔ̃́wɔ̀wɔ̀dzídédé : n. encouragement to do evil

núʋàlá : n. a jealous person

núʋàʋã̀ : n. jealousy *(syn. ŋ̀ùʋàʋã̀)*

núʋàʋã́ : n. 1. well-developed grain cob 2. well-developed bunch of bananas 3. something that is fermented

núʋèʋéséfé : n. olfactory cortex (brain)

núʋéʋí : n. spice

núʋéʋíwó : n. spices

nùʋùhà . n. a gift of alcohol by which negotiations for a marriage begins

núʋùkà : n. ribbon

núʋùʋù : n. the act of opening/unclogging something

núwó : n. 1. equipment 2. items

núwó kátã́ : n. 1. all 2. whole

núwòwlò : n. 1. the act of shoving something 2. the act of stirring something in a hole

núwówó : n. 1. explosion 2. explosive

núwɔ̀àmè : n. misfortune

nùwɔ̀àmèlá : n. 1. one who causes harm 2. someone/something that brings misfortune

núwɔ̀àmètɔ́, núwòàmitɔ́ : n. 1. a handicapped person 2. cripple *(syn. wɔ̀mitɔ́)*

núwɔ̀dónɔ̀ : n. a person in a seriously detestable state

núwɔ̀mètɔ́ : n. a physically and mental disabled person

núwɔ̀fé : n. 1. ceremonial place 2. factory

núwɔ̀kpɔ́ : n. 1. test 2. trial

núwɔ̀lá : n. 1. actor 2. performer 3. charlatan 4. witch doctor 5. diviner

núwɔ̀nà : n. 1. way of doing things 2. event 3. fact 4. behaviour

núwɔ̀nú : n. 1. article 2. commodity 3. item

núwɔ̀nùì : n. element

núwɔ̀wɔ̀ : n. 1. activity 2. ceremony

núwɔ̀wɔ̀kpɔ́kpɔ́ : n. mime

nùwùfé : n. 1. end 2. extreme point

núwúwlú : n. litter

núwlúíwlúí : n. 1. crumbs 2. debris

nùwúwú : n. 1. end 2. conclusion

núxàxà : n. 1. lamentation 2. misfortune

núxàxà (kplé) : n. sympathy for

núxéxé : n. 1. impediment 2. promise made to a fetish

núxèxlě : n. 1. reading 2. counting

núxèxlěgbàlě : n. reading book

núxí (ɖó -) : v. 1. to economize 2. to save money

núxíɖóɖó : n. 1. being thrifty 2. the act of saving money

núxlělá : n. 1. reader 2. lector

núxlɔ̃àmèlá : n. counselor

núxlɔ̃mènyà, núxlɔ̃àmènyà : n. 1. advice 2. counsel 3. guidance

núxlɔ̃lá : n. 1. adviser 2. counselor

núxlɔ̃nyà : n. 1. advice 2. word of exhortation

núxóé : n. 1. reserve 2. stock

núxɔ̀lá : n. recipient

núxɔxlɔ̃ : n. 1. advice 2. exhortation 3. admonition

núxɔxɔmè : n. volume

núyè : n. noodles

nùyí : n. lip (syn. **ntó, nùgbí**)

núyɔ́ŋlɔ̃ : n. dictation

núzázá̃ : n. 1. utensil 2. anything related to clothing

núzázã̃wó : n. 1. utensils/ equipment 2. materials (related to clothing)

núzízí : n. 1. sadness 2. pity

nùzɔ̃ : adj. vigilant

nùzɔ̃ (nɔ̀ -) : v. to be vigilant

nùzɔ̃nɔ̀lá : n. a watchful person

nùzɔ̃nɔ̀nɔ̀ : n. the state of being vigilant

nùzɔ́ : n. 1. snout 2. muzzle (syn. **nùtí, ŋùzɔ̀**)

NY

nyà : v. 1. to drive out 2. to chase away 3. to be excluded 4. to wash 5. to knead

nyà : n. 1. speech 2. word 3. news 4. case (e.g a trial) 5. conduct

nyà (gblɔ̃ -) : v. 1. to speak 2. to preach

nyà (ɖé - mè) : v. to be involved in a matter

nyà (ɖó -) : v. 1. to prepare a speech 2. to agree

nyà (ɖó - ná) : v. to accuse wrongly

nyà (fiá nú ... lè - mè) : v. 1. to inform by illusion 2. to give a tip to 3. to insinuate

nyà (lɔ̃ ... ɟé -), nyà (lɔ̃ ... ɟé - gbɔ́) : v. to like (someone)

nyà (tsɔ́ - ɖé ... ŋú) : v. to accuse

nyà áɖéké : n. 1. nothing 2. no matter/problem

nyà áɖéké ò : n. 1. nothing 2. naught

nyà àvùzí : v. 1. to throw oneself on 2. to trample on

nyà bàɖà : n. 1. misadventure 2. mishap

nyà dzɔ̀dzɔ̀è : n. 1. justice 2. fairness

nyà ... ɖá : v. 1. to exclude 2. to expel

nyà ɖèká dzínɔ̀nɔ̀ : n. insistence

nyà ... ɖó : v. to model

nyà ... ɖó ɖá : v. to drive away (an animal)

nyà fùflù : n. foolishness

nyà gbɔ̀gblɔ̃ : n. recital

nyà ɣáylá : n. secret

nyà kàkà : n. communique

nyà lè ... mè : v. to exclude

nyà nú : v. to do the laundry

nyá : v. 1. to know 2. to do well 3. to be easy

nyá (mé - ... ò) : v. to ignore

nyá (mé - nánéké ò) : v. to be innocent

nyá (né ... -) : conj. as soon as

nyá àgbàlẽ̀ : v. to be educated (syn. nyá nú)

nyá kpɔ́ : v. 1. to be lovely 2. to be able to

nyá kpɔ̌kpɔ́ : v. to be beautiful

nyá lè wɔ̀wɔ̀m (bé) : v. 1. to pretend 2. to feign

nyá wlùíwlùí : n . 1. rumor 2. hearsay

nyá mɔ́ : v. to know the way

nyá mɔ́nù ná : v. to know the ways and means (of something)

nyá ... ná : v. to be able to

nyá nú : v. 1. to be educated (syn. nyá àgbàlẽ̀) 2. to be intelligent

nyá nú tsó ... ŋú : v. to knowledge about something

nyá nyùié : v. 1. to be certain 2. to know very well

nyá tà lè ... nù : v. to have knowledge about something

nyá tsó : v. 1. to be bearable 2. to be admissible

nyá xlḗ : v. 1. to know how much 2. to be able to count

nyã̀ : v. 1. to wash 2. to drive away

nyã̀ àfá ná : v. 1. to help someone 2. to rescue/assist (a person in danger)

nyá ɖɔ̌ : v. to be competent (in a specific field of work)

nyã̀ã̀ : id. 1. slowly and quietly 2. drizzling 3. dripping

nyàbìábíá : n. 1. question 2. interview

nyàbìásèwó : n. 1. questionnaire 2. quiz

nyàblányà : n. conjunction

nyàdídí : n. 1. provocation 2. incitement

nyàdígbàlẽ̀ : n. dictionary *(syn. nyàgɔ̀mèɖègbàlẽ̀, nyàgbàlẽ̀)*

nyàdíkòkló : n. a hen that looks for trouble

nyàdílá : n. 1. someone that challenges another person 2. a researcher (of stories, history etc.)

nyàdódó : n. 1. conversation 2. report

nyàdólá : n. 1. reporter 2. someone that narrates (e.g a story)

nyàdɔ́drɔ́ : n. 1. judgement 2. verdict

nyádɔ́ : adj. competent

nyàdɔ̀é : n. 1. gossip 2. backbiting 3. grumble

nyàdɔ̀é (wɔ̀ -) : v. 1. to slander 2. to grumble

nyàdɔ̀éwɔ̀lá : n. slanderer

nyàdɔ̀éwɔ̀wɔ̀ : n. 1. the act of slander 2. the act of grumbling

nyàdɔ́lá : n. accused

nyàdrĩ̀ĩ̀ : id. 1. hard 2. tiring 3. fatiguing 4. undisciplined

nyàdrɔ́fé : n. court

nyàdrɔ́lá : n. judge

nyàdù : n. literature

nyàdùɖɔkítà : n. doctor of literature

nyàdùnyà ɖàséɖígbàlẽ̀ : n. University Diploma of Literary Studies

nyàdzíwɔ̀lá : n. one who is disciplined

nyàdzíwɔ̀wɔ̀ : n. the act of observance of prescription/an order

nyàdzɔ̀dzɔ̀ : n. 1. news 2. an event

nyàdzɔ̀dzɔ̀ (gblɔ̀ -) : v. 1. to tell a story 2. to narrate the news

nyàdzɔ̀dzɔ̀ɖámèdzí : n. event

nyàdzɔ̀dzɔ̀gbàlẽ̀ : n. 1. newspaper 2. journal

nyàdzɔ̀dzɔ̀gbàlẽ̀ bábláwó : n. bundle of newsspapers

nyàdzɔ̀dzɔ̀gbàlẽ̀ mèdzódzró : n. newspaper review

nyàdzɔ̀dzɔ̀gbàlẽ̀mènyà : n. newspaper article

nyàdzɔ̀dzɔ̀gblɔ̀lá : n. news reporter *(syn. núkpɔ́gblɔ̀lá, nyàdzɔ̀dzɔ̀xlèlá, nyàxlèfiálá)*

nyàdzɔ̀dzɔ̀ŋlɔ̀lá : n. journalist

nyàdzɔ̀dzɔ̀xlèlá : n. news reporter *(syn. núkpɔ́gblɔ̀lá, nyàdzɔ̀dzɔ̀gblɔ̀lá, nyàxlèfiálá)*

nyàdzɔ̀yì : n. event

nyàdzɔ̀dzɔ̀wó : n. pl. news

nyàdèdè : n. explanation (of a matter)

nyàdèdèfiá : n. revelation

nyàdidámè : n. surprise

nyàdóànyí : n. 1. statement 2. subject 3. center of interest

nyàdódá : n. 1. an issued statement 2. a communicated message

nyàdódó : n. 1. preparation of speech 2. editing of text/speech

nyàdɔ̀nyà : n. modifier

nyádúi : n. suction cup

nyádúi (fò - ... ná) : v. 1. to put suction cups on 2. to sucker

nyàfìi : id. concave

nyàfɔ̀kpé : n. 1. sentence/phrase *(syn. nyàgbè)* 2. parable

nyàfúfofò : n. group of words

nyágá̋ : n. old woman *(syn. nyágá̋dèdi, nyágá̋kúbɔ̀lí)*

nyàgàà : id. messy *(syn. nyàŋàà)*

nyàgádzɛ : n. 1. little red beetle 2. red loincloth 3. name of a kind of fabric 4. female panties

nyágá̋dèdi : n. old woman (weak) *(syn. nyágá̋, nyágá̋kúbɔ̀lí)*

nyágá̋kúbɔ̀lí : n. very old woman *(syn. nyágá̋, nyágá̋dèdi)*

nyàgárà-tsìtsétsé : n. Niagara falls

nyàgàsí : n. a variety of yam

nyágá̋sì : n. voodoo priestess *(syn. àmègá̋sì)*

nyàgɔ̀mèdèdè : n. interpretation

nyàgɔ̀mèdègbàlè̋ : n. 1. dictionary *(syn. nyàdígbàlè̋, nyàgbàlè̋)* 2. lexicon

nyàgɔ̀mèdèlá : n. translator

nyàgɔ̀mèkùdɔ́ : n. research work *(syn. númèkùdɔ́, númèkùkùdɔ́)*

nyàgɔ̀mèkùkù : n. research *(syn. númèdzòdzrò, númèkùkù)*

nyàgɔ̀mèkùlá : n. researcher *(syn. dílá, númèkùlá, nyàmèkùlá)*

nyàgɔ̀mèkùlágá̋ : n. inspector

nyàgɔ̀mèmàdèmàdè : adj. without explantion

nyàgbà : adv. 1. really 2. truly *(syn. nyàgbàgbà, nyàwó, vávà̋)*

nyàgbàgbà : adv. 1.really 2. truly *(syn. nyàgbà, nyàwó, vávà̋)*

nyàgbàlè̋ : n. 1. lexicon 2. dictionary *(syn. nyàdígbàlè̋, nyàgɔ̀mèdègbàlè̋)*

nyàgbè : n. 1. sentence/phrase *(syn. nyàfɔ̀kpé)* 2. word 3. topic 4. oral literature 5. reflection (as pertains to thinking) nyàgbèfádèfé : n. broadcast center *(syn. nyàkàkàmɔ̀dɔ́wɔ̀fé)*

nyàgbégbé : n. 1. refusal 2. prohibition

nyàgbèkɔ̀sɔ̀kɔ́sɔ́ : n. proposition

nyàgbèkɔ̀sɔ̀kɔ́sɔ́ ɖòkùísínɔ̀tɔ̀ : n. independent proposition

nyàgbèkɔ̀sɔ̀kɔ́sɔ́ sɔ̀títɔ̀ : n. principal proposition

nyàgbèkɔ̀sɔ̀kɔ́sɔ́ mànɔ̀ɖókúìsí : n. subordinate proposition

nyàgbèŋútídɔ́wɔ̀lá : n. 1. literary person 2. writer

nyàgbètí : n. proposition

nyàgblɔ̀ɖí : n. 1. prophecy 2. prediction

nyàgblɔ̀ɖílá : n. prophet

nyàgblɔ̀fiá : n. a brief speech on a specific topic

nyàgblɔ̀fé : n. a place of meeting

nyàgblɔ̀lá : n. 1. speaker 2. clergyman

nyàgblɔ̀sí : n. index finger

nyàgblɔ̀tí : n. pulpit *(syn. fiàtíkplɔ̀)*

nyàgbɔ̀gblɔ̀ : n. 1. speech 2. sermon 3. recital

nyàyáylá : n. secret

nyàhèhè : n. 1. argument 2. discussion 3. debate 4. disputation

nyàhèhè (lè/ nɔ̀ - dzí) : v. to persistently argue

nyàhèlà : n. one who argues

nyàkàkà : n. 1. evangelisation 2. the act of expanding a matter 3. dissemination

nyàkàkàlá : n. 1. evangelist 2. disseminator

nyàkàkàmɔ̀dɔ́wɔ̀fé : n. broadcasting station *(syn. nyàgbèfádèfé)*

nyàkàmɔ̀wò, nyàkàkàmɔ̀núwó : n. mass media

nyákólúí : n. selfish person

nyákólúí (nyá -) : v. to be selfish

nyákólúínyányá : n. selfishness

nyàkòò : id. 1. clumsy 2. awkward 3. heavy-gaited

nyàkpàkpà : n. 1. composition of a tale 2. fable

nyàkpé (kpé -) : v. to peddle

nyàkpèkpè : n. kigelia africana (the so-called sausage tree grows a poisonous fruit that is up to 60cm long, weighs about 7kg and resembles a sausage in a casing)

nyàkpòò : id. short and thick

nyákpɔ́ : adj. 1. stylish 2. elegant 3. fashionable

nyàléɖí : n. 1. summary 2. resume *(syn. nyàléfòfú)* 3. abstract

nyàléɖiwó : n. recording [sound] (of texts, conversations, etc.)

nyàléfòfú : n. 1. summary 2. resume *(syn. nyàléɖí)*

nyàlélé, nyàlélékpɔ́ : n. discussion

nyàlémɔ̀ : n. 1. recorder (voice/sound) 2. tape recorder

nyàlétí : n. antenna

nyàlíĩ : id. of (something) that gives seeds

nyàlílíámè : n. surprise

nyàlɔ̀lɔ̀ : n. agreement (on something)

nyàmà : v. 1. to knead 2. to trouble 3. to molest

nyàmã̀ (lè -) : v. to be in disorder

nyàmàà : id. disorderly *(syn. nyàmàà)*

nyàmànyàmà : id. disorderly *(syn. nyàmànyàmà)*

nyàmèdzòdzrò : n. 1. research 2. investigation 3. deliberation *(syn. nyàmèkùkù, nyàmètiátíá)*

nyàmèdzrògbàlɛ̀ : n. research journal *(syn. nyàmèdzòdzrògbàlɛ̀)*

nyàmèdzòdzrògbàlɛ̀ : n. research journal *(syn. nyàmèdzrògbàlɛ̀)*

nyàmèdèdè : n. 1. solution 2. explanation 3. negotiation

nyàmèdètàkpékpégã́ : n. symposium

nyàmèdódó : n. 1. intervention 2. mediation

nyàmèkùlá : n. researcher *(syn. dílá, númèkùlá, nyàgɔ̀mèkùlá)*

nyàmèmè : n. an accused person

nyàmèkùfé : n. 1. a building or room devoted to study or literary pursuits 2. instruction room

nyàmèkùkù : n. 1. inquiry 2. investigation 3. deliberation *(syn. nyàmèdzòdzrò, nyàmètiátíá)*

nyàmènyà : n. 1. expression 2. coded speech 3. idiom 4. secret word 5. password

nyàmètiátíá : n. delibration *(syn. nyàmèdzódzró, nyàmèkùkù)*

nyàmètsògbàlɛ̀ : n. record (of justice)

nyàmètsòhá : n. 1. jury 2. panel 3. board of examiners

nyàmètsòlá : n. arbitrator

nyàmètsòtsò : n. 1. arbitration 2. judgment

nyàmèʋùʋù : n. confession

nyàmídúíà : n. alstonia boonei (bot.) [a deciduos tropical forest tree of the Apocyanaceae family that is native to tropical West Africa, extending into Ethiopia and Tanzania]

nyàmtùgù : np. Niamtougou (city in Togo)

nyànú : n. 1. an event that becomes known across a country 2. a fact that becomes proverbial

nyánú : adj. intelligent

nyánú (nyé àmè -) : v. to be an intelligent person

nyànúdèdè : n. 1. interpretation 2. response

nyànúdèlá : n. 1. spokesperson 2. interpreter

nyànùwúwú : n. 1. resolution 2. settlement 3. solution

nyànyà : n. 1. washing 2. kneading 3. exclusion 4. eviction

nyànyà lè dɔ́ mè : n. dismissal from work

nyànyà lè àmènɔ̀fé tóhɛ̀hɛ̀, nyànyà lè dùmè tóhɛ̀hɛ̀ : n. relegation

nyǎnyá : n. knowledge

nyǎnyá (lè/nɔ̀ - mè) : v. to be aware of

nyǎnyá (ná -) : v. 1. to inform 2. to warn

nyányá : adj. 1. famous 2. known (syn. *nyányɛ*)

nyǎnyàkè : n. shark (syn. *dzèŋéɖùnú, gblèkpònám, gbòhlótsú, yèkpɔ̌*)

nyányákpɔ́ : n. 1. splendor 2. radiance

nyànyánágbàlě : n. circular (a paper [such as a leaflet] intended for wide distribution)

nyǎnyánálá : n. informant (syn. *nyànyánálá*)

nyǎnyánáná : n. the act of informing

nyànyànyà : id. 1. loudly 2. trembling 3. of (something) which produces many shoots 4. all wet

nyányányá : id. in tiny amounts

nyànyánálá : n. informant (syn. *nyǎnyánálá*)

nyányɛ : adj. 1. known 2. famous (syn. *nyányá*)

nyányɛ (àmè -) : n. someone that is known (e.g an acquaintance)

nyànyrà : n. ugliness

nyànyrǎ : adj. 1. fierce 2. furious (syn. *nyrǎ*)

nyànyràtɔ̀ wú : adj. worse

nyànyùé, nyànyùì : n. 1. gospel 2. good news

nyànyùì- : adj. evangelical

nyànyùídɔ̀gbédèà, nyànyùídɔ̀gbèdèlá : n. missionary

nyànyùíhá, nyànyùíhámè : n. evangelical church

nyànyùíhámè gbèdóxɔ̀ : n. protestant temple/church

nyànyùíhámètɔ́ : n. member of a protestant church

Nyànyùíkàkà Dɔ̌gbédénɔ̀vísíléhá : n. Gospel Commission of Apostolic Action

nyàŋà : n. 1. wicked 2. spoiled 3. tasteless/useless (food)

nyàŋàà : id. 1. messy (syn. *nyàgǎǎ*) 2. tasteless 3. bad

nyàŋúɖóɖó : n. the act of replying/answering

nyàŋùù : id. 1. rough 2. uneven

nyásǎ : n. intelligence

nyàsèlá : n. listener

nyàsèláwó : n. audience

nyàsèmɔ̀ : n. 1. radio 2. television set (syn. *àdzɔ̀génúkpɔ́mɔ̀, dìdìdìfénúɖèfiámɔ̀, dìdìfénúkpɔ́mɔ̀, tèlé, tèlèvìzíɔ̃́*)

nyàsésɛ́hèlá : n. 1. an authoritative person 2. a tough person

nyàséséhèlá (nyè) : v. to be authoritative/tough

nyàsètó : n. 1. knowledge 2. truth

nyàsrɔ́gblɔ : n. 1. recitation 2. a school exercise which consists of reciting a literary text learned by heart

nyàtàdèlá : n. presenter

nyàtàkáká : n. 1. report 2. debriefing

nyàtèfé : n. truth

nyàtèfé (dì - ná) : v. to be probable

nyàtèfé (lè - mè) : adv. honestly

nyàtèfé (nyé -) : v. to be true

nyàtèféà? : int. is it true?

nyàtèféé : adv. 1. really 2. truly

nyàtèfétótó : n. 1. the act of being truthful 2. trustfulness

nyàtèfétɔ́ : n. sincere person

nyàtèfétɔ̀è : adv. 1. really 2. truly

nyàtèfétɔ́ (nyé -) : v. to be truthful

nyàtèfófúnyà : n. conjunction

nyàtí : n. 1. main theme 2. piece of evidence

nyàtíví : n. mallotus oppositifolius (bot.) [a medicinal plant in the genus mallotus found in Africa]

nyàtósí : n. forefinger

nyàtótó : n. 1. story 2. adage 3. oral tradition

nyàtófúí : n. nagging complaint

nyàtófúí (gblɔ -) : v. to disagree with something and express one's displeasure about it

nyàtɔ̀ : adj. civilly responsible

nyàtɔ́ : n. 1. plaintiff 2. someone who has an interest in a matter *(syn. nyàtsɔ́dèàmèŋúlá)*

nyàtɔ́ŋkúmèʋɔ̀nùdɔ́drɔ́ : n. contradictory judgement

nyàtɔ́wó : n. parties to a trial

nyàtrɔ́gblɔ : n. inversion (displacement [of a word or a group of words] in relation to the usual order of construction.

nyàtrɔ́lá : n. 1. hypocrite 2. someone who deceives 3. liar *(syn. àdèvètɔ́)*

nyàtsɔ́tsɔ́ dé ... ŋú : n. indictment

nyàtsàǎ : id. 1. uneven 2. rough

nyàtsídófé : n. 1. where a case which is finally sealed 2. where a case/ matter was lastly left

nyàtsɔ́dèàmèŋú : n. complaint

nyàtsɔ́dèàmèŋúlá : n. plaintiff *(syn. nyàtɔ́)*

nyàtsú : n. 1. big black ant *(syn. náglàté, náglàtsú)* 2. pimple

nyàvɔ̃́ : n. 1. misfortune 2. bad news

nyàʋíʋlí : n. 1. conflict 2. argument

nyàwó : adv. 1. truly 2. really *(syn. nyàgbà, nyàgbàgbà, vávã́)*

nyàwó gbɔ́kpɔ́lá : n. someone responsible/ in charge of (a specific duty)

nyàwó nyàwó : id. real thing

nyàwóé : adv. in truth

nyàwòò : id. vaguely round

nyàwówóè : n. sleigh bell *(syn. nyàwówóèbɔ́gà)*

nyàwówóèbɔ́gà : n. sleigh bell *(syn. nyàwówóè)*

nyáwɔ̀ : n. technology

nyàwúàmè : n. resignation

nyàxèxlẽ̀ : n. literature

nyàxèxlẽ̀fiá : n. the subject of literature

nyàxlẽ̀fiálá : n. 1. reporter 2. commentator *(syn. núkpɔ́gblɔ̀lá, nyàdzɔ̀dzɔ̀xlẽ̀lá, nyàdzɔ̀dzɔ̀gblɔ̀lá)*

nyàxɔ̀ɖéàkɔ́ : n. defense

nyàxɔ̀ɖákɔ́lá, nyàxɔ̀ɖéàkɔ́lá : n. 1. lawyer 2. solicitor (Agbeny La, 1988, 2006, 2020, S. Yohanes 14:26)

nyàxɔ̀ɖéàmètà : n. intervention

nyàxɔ̀xɔ̀ ɖé àkɔ́ ná : n. intercession

nyàzá́ : n. judgment day

nyàzá́ (ɖó -) : v. set the day of judgment

nyè : v. 1. to sneeze *(syn. nyɔ̀nyi)* 2. to protrude in order to close up or heal

nyè (- tré) : v. to have a wound close up and seal

nyè : pron. 1. me 2. myself 3. I

nyè- : pron. I

-nyè- : pron. me *(syn. -yè-)*

-nyè, -nyè- : pron. my

nyě- : pron. my

nyé : n. 1. maggot 2. worm *(syn. àtrã́, ŋɔ́)*

nyé : v. 1. to be (something or somebody) 2. to consist of 3. to cut (the straw) 4. to collapse 5. to give up

nyé (-tɔ̀ -) : v. to belong to

nyé àdzè : v. to be false

nyé àɖi : v. 1. to be toxic 2. to be poisonous

nyé àgbà : v. to be a burden

nyé àmè nyánú : v. to be an intelligent person

nyé ànúkwárémàɖílá : v. 1. to be a liar 2. to be unfaithful

nyé ànúkwárétɔ́ : v. 1. to be a truthful person 2. to be sincere

nyé àyètɔ̀ : v. to be sneaky

nyé bèlénánútɔ́ : v. to be meticulous

nyé bèmàlénánútɔ́, nyé bèmàlétɔ́ : v. 1. to be negligent 2. to be messy

nyé dɔ̀mè : v. to be sickly

nyé dzìdólá : v. to be brave

nyé dzìzízí : v. to be compulsory

nyé dzìzízí (ná ... bé) : v. to be required to

nyé ɖé émè : v. 1. to collapse 2. to cave-in

nyé ésíà : pr. 1. here it is 2. this is it

- 602 -

nyé fùlélá : v. be resentful

nyé fùmè : v. to be miserable

nyé ... gòmè : v. to be the cause of

nyè là (- dò dà) : v. to have flesh/skin heal up on a wound and by so doing closing up the wound

nyè mí : v. to defecate

nyé nyùìtɔ (lè ... gbɔ́) : v. to be better than

nyè ŋɔ́ : v. to fart

nyé tùkádá : v. to be a burden

nyé tùkádámè : v. to be a restless person

nyé vévítɔ : v. to be of importance

nyé zì : v. to be noisy

nyè zì dé ... dzí : v. 1. to invade 2. to encroach on

nyè ... wó : poss.pron. my

nyè̌ : v. 1. to turn 2. to throw 3. to shake 4. to wag (e.g it's tail as in a dog wagging it's tail) 5. to heal (e.g as in a wound healing) 6. to sneeze

nyé̌ : n. 1. larva 2. loom spool *(syn. nyè̌dé, nyè̌kpòè, nyè̌tí)*

nyé̌ : v. 1. to tie (e.g in a bouquet) 2. to be hollow

nyèdrìkàkà : n. cobweb *(syn. yíyí fé dɔ, yíyídɔ)*

nyè̌dé : n. loom spool *(syn. nyè̌, nyè̌kpòè. nyè̌tí)*

nyèè : id. brightly

nyéé : id. slightly bright

nyè̌glì : n. molar *(syn. nyìglì)*

Nyèkɔ̀nàkpɔ́è : n. Nyekonakpoe (district of Lome)

nyè̌kpòè : n. loom spool *(syn. nyè̌, nyè̌dè, nyè̌tí)*

nyènyè : n. the act of sneezing

nyè̌nyé : n. 1. state of being 2. portrait

nyènyè̌ : n. 1. gills (e.g of a fish) 2. crop (e.g of a bird) 3. the interior of the mouth

nyè̌nyéŋútínúnyá : n. psychology

nyè̌tí : n. loom spool *(syn. nyè̌, nyè̌dè, nyè̌kpòè)*

-nyèwó : poss.pron. my

nyɛ́ : n. cutaneous migrans/ blisters on the foot *(syn. ènyɛ́, nyɔ́nùfɛ́, nyɔ́nùfɛ́, nyɔ́nùfɛ̃́)*

nyi : v. 1. to feed 2. nourish 3. to raise (e. g a children [derogatory] or animals) 4. to observe religious practices

nyì : n. 1. bovine 2. cow 3. ox 4. bull 3. elephant *(syn. àtíglínyì)*

nyì àhà : v. to prevent palm wine from becoming sour by mixing it with salt

nyí : v. 1. to dissolve 2. to suck/suckle (e.g a juicy fruit) 3. to revive 4. to be worn out 5. to agree with 6. to levy a tax 7. to give a fine to 8. to crumble

nyí àsì : v. to negotiate a price

nyí (- bà (ná)) : v. 1. to bow down before someone 2. to ask for forgiveness nyí dòmè : v. to inherit *(syn. nyí trsɔ̃́)*

nyí dzò : v. 1. to bewitch 2. to enter into a pact with the devil during a religious ceremony *(syn. ɖù dzò)*

nyí fè : v. 1. to owe (money) 2. to lose (money)

nyí fè (lè ... sí) : v. to be indebted (to someone)

nyí gà (ɖé ... gbɔ́) : v. to invest money (with someone/an institution, etc.)

nyì gà ɖé ... gbɔ́ : v. to give money to someone to keep

nyì lầ : v. to breed animals

nyì ... ná : v. to forbid from

nyí tátá : n. castrated cow

nyí trsɔ̃́ : v. to inherit *(syn. nyí dòmè)*

nyí vè : v. to lie

nyìdɔ́ : n. 1. heat 2. midday *(syn. ŋdɔ̀, ŋdɔ̀mè, ŋdɔ̀kpá)*

nyìɖù : n. tusk (of an elephant)

Nyiɖùfùtà : n. Cote d'ivoire

nyìɖùkpɛ̃̀ : n. trumpet made with the tusk of an elephant

nyìfɔ̀kpà (dó -) : v. to wear oversized shoes/clothing

nyìfé : n. pasture (e.g for feeding/breeding animals) *(syn. gbèɖúfé)*

nyìglì : n. molar *(syn. nyɛ̀glì)*

nyígɔ̀mè : n. small room that serves as a kitchen *(syn. àkpàtá, dètsìfòfé, dzòdófé, dzòdóxɔ̀, dòdófí, núɖàfé, núɖàxɔ̀)*

nyìgblầ : n. deity (of lightning)

nyìkɔ̀ (fò -, ɖé - ɖé ... dzí) : v. to kill a person in debt

nyíkɔ́ : n. name *(syn. ŋkɔ́, núŋkɔ́)*

nyìkɔ̀ʋú : n. a drum that is played when a criminal is buried alive or when a person involved in money problems has been killed

nyìkplɔ̀lá : n. 1. herdsman 2. someone who leads cattle

nyìkplɔ̀tí : n. herdsman's staff

nyìkpɔ́ : n. 1. barn 2. cowshed

nyìlầ : n. beef

nyìlá : n. debtor

nyímè : n. a short, strong and stocky person

nyìmí : n. cow dung

nyìnè : n. maternal uncle

nyìnègá : n. maternal uncle older than the mother

nyìnèví : n. maternal uncle younger than the mother

nyìnótsì : n. cow milk

nyìnótsìŋègùì : n. 1. baby bottle 2. nursing bottle

nyìnótsìtèfé : n. dairy

nyìnɔ̀ : n. 1. cow 2. female elephant

nyínɔ̀ : n. little mouse

nyinɔ̀è : n. heifer (a young cow) (syn. nyinɔ̀vǐ)

nyinɔ̀vǐ : n. heifer (a young cow) (syn. nyinɔ̀è)

nyinyi : n. 1. breeding 2. the act of raising/producing/generation 3. the act of sneezing

nyìnyí : n. dilution

nyisǎ : n. a name given to the spider in tales (syn. àdzǎyí, àhòví, àvàtrɔ́fèyi, àyìyì, d̀ètsɔ̀èvǐ, yèvǐ, yìyì)

nyisíké : n. cow or elephant tail used by chiefs for religious ceremonies

nyísíkétsɔ́lá : n. an ambassador (of a chief/leader)

nyítò : n. beehive

nyitsɔ̀ : n. adj. 1. the day before yesterday 2. the other day 3. a few days ago 4. the day after tomorrow 5. in a few days (into the future) 6. last/next /in some eight days/in some fifteen days [when used in addition to a noun]

nyitsɔ̀ fé d̀ɔ́ : n. salutation (greeting used after having seen each other for more than two or three days [mostly after some work or activity was done during the last encounter])

nyitsɔ̀ lè ... ŋkèkè èvè mègbé : adj. after two days later

nyitsɔ̀ má : n. that day

nyitsɔ̀ sì gbɔ̀nà : n. 1. the day after tomorrow 2. other day (referring to the future)

nyitsɔ̀ ... sì gbɔ̀nà : adj. signifies a next day (e.g the next sunday/monday/tuesday, etc.)

nyitsɔ̀ sì vá yì : adv. 1. the day before yesterday 2. other day (referring to the past)

nyitsɔ̀ ... sì vá yì : n. adj. signifies a previous day (e.g the previous sunday/monday/tuesday, etc.)

nyitsù : n. bull

nyiví : n. calf

nyivló, nyivúdó : n. a variety of large mushroom

nyiyòmèxè : n. cattle egret (syn. tòtàmèxè, tòtàxè)

nyizɔ̀ : n. elephantiasis (syn. zibó, zòbó, zùbó)

nyò : n. seal (syn. fùmèlòklòvǐ, fùmèmɛ̀)

nyó : v. to be good

nyó : n. brother-in-law (brother of the woman)

nyó (àsínù - ná) : v. 1. to be skillful 2. to have a beautiful writing 3. to be a good worker (in works like carpentry, sculpture making, etc.)

nyó blíbò : v. to be perfect

nyó d̀èká : v. 1. to be unique 2. to be identical

nyó ... ŋú : v. 1. to suit 2. to please

nyó ŋútɔ́ : v. to be excellent

nyó tùgbè : v. to be beautiful

nyó tútútú : v. be perfect

nyó wú : v. to be better than

nyòé : adj. beautiful (syn. **nyùí**)

nyǒfé : n. quality

nyǒnyó : v. 1. the state of being good 2. prosperity

nyǒnyó ŋútɔ́ : n. perfection

nyǒnámè : n. 1. asset 2. trump

nyǒnyómè : n. 1. quality 2. beauty

nyòò : adv. very

nyɔ̀ : v. 1. to be famous 2. to be awake 3. to wake up 4. to be popular 5. to pluck 6. to pull out feathers (of a bird)

nyɔ̀ : n. manatee (marine mammal, larger than a seal, with a thick spindle-shaped body and an indented fin)

nyɔ̀ ... ɖé ... ŋú : v. 1. to motivate 2. to sensitize

nyɔ̀ (ŋkɔ́ -) : v. to be famous

nyɔ̀ ɖà : v. to pull out hair

nyɔ̀ fú : v. to pluck out feathers

nyɔ́ : v. 1. to shell 2. to drizzle 3. to sprinkle 4. to sprout

nyɔ́ : n. 1. sister inlaw (brother's wife) 2. brother inlaw (sister's husband) (var. **nyó**)

nyɔ́ àɖi : v. to spit venom

nyɔ́ ŋú : v. to be disgusting

nyɔ́ ŋú ná : v. to disgust

nyɔ́ tá : v. to spit

nyɔ́ tsi : v. to sprinkle water on the ground (before sweeping) so as to reduce the amount of dust that could be be produced by sweeping the ground dry

nyɔ̀ɖìì : id. 1. soft 2. sweet

nyɔ̀fùù : id. 1. chubby 2. stiff 3. tight

nyɔ̀gɔ̀ɔ̀ : id. smiling (syn. **nyɔ́gɔ́é**)

nyɔ́gɔ́é : id. smiling (syn. **nyɔ̀gɔ̀ɔ̀**)

nyɔ́gbɔ́ : n. royal python (syn. **àdèkpè, dàgbòé, dàbgi, dàgbùí, tɔ́gbúí**)

nyɔ̀mɔ̀ɔ̀ : id. repulsive (syn. **nyɔ́mɔ́ɔ́**)

nyɔ́mɔ́é : id. repulsive (syn. **nyɔ́mɔ́é**)

nyɔ́nù : n. 1. woman 2. female

nyɔ́nù àfélíkà : n. neighbour (female)

nyɔ́nù nùkpɔ́lúífòlá : n. a woman who gossips

nyɔ̀nù nútɔ́lá : n. seamstress

nyɔ̀nù súbɔ́lá : n. a maid (syn. **nyɔ́nùdɔ́lá**)

nyɔ̀nù trènɔ̀ : n. 1. spinster 2. old girl (syn. **nyɔ̀nùví trè**)

nyɔ́nù trɔ̃́ : n. goddess (syn. **nyɔ́nù vódù**)

nyɔ́nù vódù : n. goddess (syn. **nyɔ́nù trɔ̃́**)

nyɔ́nù yàmèʋú dɔ́wɔ̀lá : n. air hostess

nyɔ́nùdɔ́lá : n. maidservant (syn. **nyɔ́nù súbɔ́lá**)

nyɔ́nùdzízízí : n. rape

nyɔ́nùɖèlá : n. future husband

nyɔ́nùɖèláwó : n. parents of the future husband who ask for a girl's hand in marriage

nyɔ́nùfé : n. 1. foot blisters between the toes 2. cutaneous migrans *(syn. ènyɛ́, nyɛ́, nyɔ́nùfɛ́, nyɔ́nùfɛ́)*

nyɔ́nùfɛ́, nyɔ́nùfɛ́ : n. 1. cutaneous migrans 2. foot blisters between the toes *(syn. ènyɛ́, nyɛ́, nyɔ́nùfé)*

nyɔ́nùfòmè : n. 1. female family 2. female classification (of)

nyɔ́nùgá : n. 1. eldest daughter 2. tall/big girl/woman

nyɔ́nùmè : n. 1. vagina *(syn. àŋlɔ̀gònù, àŋlɔ̀mè, àŋlɔ̀nù, ɖò, ɖòmè, gɔ̀mè, kóló)* 2. female genitalia *(syn. nyɔ́nùmènúwó)*

nyɔ́nùgbɔ̀mè : n. 1. a man who loves to stay amongst women and enjoys their gossip (Ameza, 2022) 2. a boy who hangs out with girls (Ameza, 2022)

nyɔ́nùmèdɔ̀ɖàfé : n. a gynaecological hospital/center

nyɔ́nùmèdɔ̀ɖàlá : n. gynaecologist

nyɔ́nùmèdɔ̀yɔ̀yɔ̀ : n. gynaecology

nyɔ́nùmèɖóɖó : n. puberty (of females)

nyɔ́nùmènúwó : n. female genitalia *(syn. nyɔ́nùmè)*

nyɔ́nùnúfíálá : n. 1. female teacher 2. mistress of a school

nyɔ́nùsɔ̀gbɔ̀ɖèɖè : n. the act of marrying several women (polygamy)

nyɔ́nùtàbíábíá : n. marriage proposal

nyɔ́nùtàbíáféyiyì : the act of going to ask for a girl's/woman's hand in marriage

nyɔ́nùtàtà : n. women's clothing

nyɔ́nùtɔ̀ : adj. feminine

nyɔ́nùví : n. 1. girl 2. little girl

nyɔ́nùví báìtì : n. lady

nyɔ́nùví ɖètùgbùì : n. young lady

nyɔ́nùví trè : n. 1. old maid 2. spinster *(syn. nyɔ́nù trènɔ̀)*

nyɔ́nùwó fé nyényé : n. status of women

nyɔ̀nyì : v. 1. to sneeze *(syn. nyè)*

nyɔ̀nyɔ̀ : n. 1. awakening 2. release

nyɔ̀nyɔ̀ : adj. decomposed

nyɔ̀nyɔ̀ɖémè : n. total destruction

nyǒnyɔ́ɖéŋú : n. 1. seinsitization 2. mobilization

nyɔ́nyɔ́é : adj. small

nyɔ́nyɔ́è (kò nú -) : v. 1. to laugh quietly 2. to smile

nyɔ̀nyɔ̀nyɔ̀ : id. of or relating to something that drizzles

nyɔ̀nyrɔ̀ : n. 1. state of being black 2. the act of dipping something (in something) 3. baptism

nyɔ̀nyrɔ̀ ɖé tsì mè : n. immersion in water

nyɔ̀nyrɔ̀lá : n. drowned person

nyɔ́ŋú : adj. 1. ugly 2. disgusting

nyɔ̀ɔ̀ : id. in large numbers

nyɔ́yɔ́ví : n. 1. brother in law (wife's brother) 2. sister in law (wife's sister)

nyrà (ná) : v. 1. to scold (someone) 2. to worsen 3. to grumble

nyrà : adj. 1. ugly 2. wicked

nyrà dè ... nù : v. to be stupid like

nyrà ɖé ... dzì : v. to worsen

nyrá : v. to sharpen

nyrã̀ : v. 1. to be furious 2. to scold

nyrã̀ : adj. furious *(syn. nyànyrã̀)*

nyrã̀ ɖé ... ŋú : v. 1. to abuse 2. to insult

nyràkú : v. to be wicked

nyràŋùù : id. big and curvy

nyrɛ̀ : n. a piece of reed

nyrɛ́ : v. to sharpen

nyrî :n. uncle (brother of the mother)

nyrîgá : n. mother's older brother

nyrîví : n. mother's younger brother

nyrîyɔ́ví : n. 1. nephew 2. niece

nyró : v. 1. to take care of (a child) 2. to feed

nyròè : n. maternal uncle *(syn. nyrùì)*

nyròègá : n. maternal uncle (older than the mother)

nyròègáyɔ́ví : n. nephew (whose maternal uncle is older than the mother)

nyròègáyɔ́ví nyɔ́nù : n. niece (whose maternal uncle is older than the mother)

nyròèví : n. maternal uncle (younger than the mother)

nyròèvíyɔ́ví : n. nephew (whose maternal uncle is younger than the mother)

nyròèvíyɔ́ví nyɔ́nù : n. niece (whose maternal uncle is younger than the mother)

nyròèyɔ́ví : n. nephew (of maternal uncle)

nyròèyɔ́ví nyɔ́nù : n. niece (of maternal uncle)

nyrɔ̀ : v. 1. to be dark 2. to blacken 3. to be dark green 4. to be dark blue 5. to plunge (something into another thing) 6. to overturn 7. to capsize *(syn. nyrɔ̃̀)*

nyrɔ̀ ɖé tsì mè : v. to submerge in water

nyrɔ̀ hɛ̀ : v. to sharpen a knife

nyrɔ̀ tsíɖítsíɖí : v. 1. to very dark 2. to be really black *(syn. nyrɔ̀ tsírítsírí)*

nyrɔ̀ tsírítsírí : v. 1. to be very dark 2. to be really black *(syn. nyrɔ̀ tsíɖítsíɖí)*

nyrɔ̃̀ : v. 1. to sink 2. to capsize 3. to overturn *(syn. nyrɔ̀)*

nyrɔ̃̀ ... ɖé (tsì) mè : v. to immerse

nyrùì : maternal uncle *(syn. nyròè)*

nyrùì fé vì : n. cousin (of a maternal uncle)

nyrùìgá : n. maternal oncle older than the mother

nyrùìgá fé ví : n. cousin (child of a maternal uncle older than the mother)

nyrùìgáyɔ́ví : n. nephew (of a maternal uncle older than the mother)

nyrùìví : n. maternal uncle younger than the mother

nyrùìví ɟé ví : n. cousin (of a maternal uncle younger than the mother)

nyrùìvíyɔ́ví : n. nephew (of a maternal uncle younger than the mother)

nyrùìvíyɔ́ví nyɔ́nù : n. niece (of a maternal uncle younger than the mother)

nyrùìvíyɔ́ví : n. nephew or niece (of a maternal uncle)

nyrùìyɔ́ví nyɔ́nù : n. niece (of the maternal uncle)

nyùí : n. 1. good 2. well

nyùí : adj. 1. good 2. beautiful

nyùí : adv. 1. good 2. very much (in a positive sense) *(syn. nyùìé, nyùìédé)*

nyùídínámègbàlé : n. letter of good wishes

nyùìé : adv. 1. well 2. good 3. very much (in a positive sense) *(syn. nyùí, nyùìédé)*

nyùìédé : adv. well *(syn. nyùìé nyùí)*

nyùìé (lè -/nɔ̀ -) : v. 1. to be well 2. to be healthy

nyùìé ŋútɔ́ : adv. perfectly

nyùìé wú : adv. better than

nyùítɔ̀ : adj. best

nyùìtɔ́ : adj. the best

nyùnyɔ̀ : v. 1. to rot 2. to knead

ŋ

ŋàà : adj. 1. big 2. vast

ŋáá : n. meat (childish language) *(syn. ŋáná)*

ŋàdràà : id. 1. foggy 2. vast

ŋànà : n. meat (childish language) *(syn. ŋáá)*

ŋáná : adj. sweetened *(syn. ŋánáŋáná, ŋáné, ŋánéŋáné)*

ŋáná (lè -/nɔ̀ -) : v. 1. to be strange 2. to have a funny taste

ŋànàmè : n. a remote place

ŋánáŋánà : id. 1. strangely 2. sweetened *(syn. ŋáná, ŋáné, ŋánéŋáné)* 3. pleasant flavour

ŋáné : id. sweetened *(syn. ŋáná, ŋánáŋánà, ŋánéŋáné)*

ŋáné (lè -/nɔ̀ -) : v. 1. to be sweetened 2. to be seductive

ŋánéŋáné : id. sweetened : id. 1. strangely 2. sweetened *(syn. ŋáná, ŋánáŋánà, ŋáné)*

ŋáŋá : n. a newborn baby *(syn. ŋéŋé)*

ŋátíáá : id. 1. rude 2. poorly done

ŋàtìŋátí : n. 1. brown-cheeked hornbill 2. black-casqued hornbill 3. yellow-casqued honrbill *(syn. ŋɔ̀tìŋɔ́tí)*

ŋ̀bó : intj. just go/let's go (encouragement)

ŋdé : n. 1. morning 2. good morning (salutation) *(syn. ŋdí)*

ŋdí : n. morning 2. good morning (salutation) *(syn. ŋdé)*

ŋdí ! : n. good morning! *(syn. ŋdí lòò !, ŋdí ná mì lòò!, ŋdí ná wò lòò !)*

ŋdí kányáá : n. dawn

ŋdí lòò ! : intj. good morning! *(syn. ŋdí ! , ŋdí ná mì lòò! ŋdí, ná wò lòò !)*

ŋdí ná mì lòò! : intj. good morning to you (plural)! *(syn. ŋdí ! , ŋdí lòò !)*

ŋdí ná wò lòò ! : intj. good morning to you (singular)! *(syn. ŋdí ! , ŋdí lòò !)*

ŋdíbólò : n. breakfast *(syn. ŋdínú, ŋdínúdùdù)*

ŋdíkpá : n. 1. morning 2. forenoon *(syn. ŋdímè, ŋdísí)*

ŋdímè : n. morning *(syn. ŋdíkpá, ŋdísí)*

ŋdínú : n. breakfast *(syn. ŋdíbólò, ŋdínúdùdù)*

ŋdínúdùdù : n. breakfast *(syn. ŋdíbólò, ŋdínú)*

ŋdísí : n. morning *(syn. ŋdíkpá, ŋdímè)*

ŋdísíáŋdí : n. every morning

ŋdóŋúítɔ́ : n. someone that sells meat or fish

ŋdɔ̀ : n. 1. midday 2. noon *(syn. nyìdɔ́, ŋdɔ̀mè, ŋdɔ̀kpá)*

ŋdɔ̀ ná mì ! : intj. good afternoon to you! (plural);(response : ŋdɔ̀ gò tɔ̀ɔ̀ !)

ŋdɔ̀ ná wò ! : intj. good afternoon ! (singular) (response : ŋdɔ̀ gò tɔ̀ɔ̀ !)

ŋdɔ̀ (lè - gbè) : v. to be in the sun

ŋdɔ ʋù : n. 1. sun rise 2. to be very hot (as a result of the sun shining)

ŋdɔ̀gbè : n. in the sunshine

ŋdɔ̀gbèè : n. fever (syn. àsrà, àsrâ, àvùʋɔwɔ̀àmè, dzòxɔ̀xɔ̀, fíʋà, kpòkpò, yèdzà, yèdzàdɔ̀, ŋùdzà, ŋùdzɛ̃́)

ŋdɔkùtsù : n. 1. the sun 2. the scorching sun 3. the heat/light from the sun

ŋdɔ̀kpá : n. 1. midday 2. afternoon (syn. nyìdɔ́, ŋdɔ̀, ŋdɔ̀mè)

ŋdɔ̀mè : n. 1. midday (syn. nyìdɔ́, ŋdɔ̀, ŋdɔ̀kpá) 2. in the hot hours of the day

ŋdɔ̀nù : n. under the sun

ŋdɔ̀nú : n. lunch (syn. ŋdɔ̀núdùdù)

ŋdɔ̀núdùdù : n. lunch (syn. ŋdɔ̀nú)

ŋdɔ̀nùmànyánɔ̀ : n. the fact of not being able to stay in the sun

ŋdɔ̀ví : n. slave (syn. àbòyótɔ́, àbòyóví, àdɔkɔ́, àmè fèflè, dzògbèví, fièkpɔ́mè, gàmèmè, gbɔví, hòmè, klúví, kòsì, ŋkèkèví)

ŋdɔʋùʋù : n. 1. the heat from the sun 2. sunrise

ŋdɔlɔ̃ : n. afternoon nap (syn. ŋdɔkútsúlɔ̃, ŋdɔkútsúmèlɔ̃)

ŋdɔkútsúlɔ̃ : n. afternoon nap (syn. ŋdɔlɔ̃, ŋdɔkútsúmèlɔ̃)

ŋdɔkútsúmèlɔ̃ : n. afternoon nap (syn. ŋdɔlɔ̃, ŋdɔkútsúlɔ̃)

ŋè : v. 1. to groan 2. to lie on one's back/to fully stretch oneself out whilst lying on one's back 3. to push (whilst giving birth, defecating or whilst making an effort to do such)

ŋè : n. 1. the back 2. the spine 3. grasshopper (syn. àdɔdɔè, àgbàtròxèví, gbàgblàmè, gbètrɔ́é, gbògbótsú, kìtsíkpũí, sɔ́ví, tòkpó, ʋè, ʋètsúví, ʋètrá, ʋò, ʋòdzòdzòè)

ŋè (dzè -) : v. to lie on one's back (syn. ŋè (dzè - sì, mlɔ́ -))

ŋè (dzè - sì, mlɔ́ -) : v. to lie on one's back (syn. ŋè (dzè -))

ŋè (gbɔ -) : v. to fail in an attempt (e.g to do something evil)

ŋé : v. 1. to break 2. to disjoin 3. to reap (harvest e.g as in harvesting corn) 4. to fold (e.g a fabric)

ŋé àdàbà fú nú dzí : v. to pretend not to see

ŋé dzìmè : v. dancing while „breaking one's back" (to dance flexibly with one's spine)

ŋé nyà dé ... nù : v. to not let to talk

ŋé dé ... mè : v. to break in(to) (something)

ŋèè : id. 1. of a hovering character 2. of a trembling/vacillating character

ŋéféé : id. paralyzed

ŋènè : n. groaning

ŋéŋé : adj. broken

ŋènèdémè : n. loss

ŋèŋèŋè : id. of (something) that burns and shines

ŋèŋé : n. fracture

ŋéŋὲ (zɔ̀ -) : v. to walk backwards

ŋèŋɛ́ : n. a newborn baby *(syn. ɲáŋá)*

ŋètí : n. a big snake-like fish

ŋgó : n. forehead (EwelanguageTV, 2021) *(syn. ŋgónú)*

ŋgófú : n. bone of the forehead *(syn. ŋgónùfú)*

ŋgógɔ̀è (dò - ɖé nyà mè) : v. to be good or passionate about a subject

ŋgógbà : v. name of a kind of sea fish / alexandria pompano/ african threadfish/ african moonfish/ african lookdown

ŋgónú : n. forehead (EwelanguageTV, 2021) *(syn. ŋgó)*

ŋgónùfú : n. bone of the forehead *(syn. ŋgófú)*

ŋgɔ̀ : n. 1. surface 2. the front

ŋgɔ̀ : adv. in front

ŋgɔ̀ (dè -) : v. 1. to progress 2. to improve

ŋgɔ̀ (dó -) : v. to be in front

ŋgɔ̀ (lè ... -) : adv. before

ŋgɔ̀ (lè -/nɔ̀ -) : v. 1. to be on the surface 2. to be infront of 3. to be superior

ŋgɔ̀ (kpɔ́ -) : v. to look ahead

ŋgɔ̀ (yì -) : v. to advance

ŋgɔ̀dèdè n. 1. progress 2. competence 3. develpoment

ŋgɔ̀dèdètùtùɖóxɔ̀fé : n. place of specialization

ŋgɔ̀dèdèmɔ́ : n. way of development

ŋgɔ̀dèdètùtùɖó : n. specialization *(syn. ŋgɔ̀dèdèxɔ̀xɔ̀, ŋgɔ̀yìyìxɔ̀xɔ̀)*

ŋgɔ̀dèdètùtùɖó (xɔ̀ -) : v. to specialize

ŋgɔ̀dèdètùtùɖóxɔ̀xɔ̀ : n. the act/process of specialization

ŋgɔ̀dèdèxɔ̀xɔ̀ : n. specialization *(syn. ŋgɔ̀dèdètùtùɖó, ŋgɔ̀yìyìxɔ̀xɔ̀)*

ŋgɔ̀dèdódó : n. 1. a blueprint 2. the (development) plan

ŋgɔ̀dóáwó : n. pl. those who are/have gone ahead

ŋgɔ̀dódó : n. the act of taking the lead

ŋgɔ̀dódɔ́ : n. preliminary work

ŋgɔ̀dólá : n. predecessor *(syn. ŋgɔ̀dzèlá)*

ŋgɔ̀dzè : prep. in front (of) *(syn. ŋgɔ̀gbé)*

ŋgɔ̀dzèdzè : n. the state of being in front (of)

ŋgɔ̀dzèlá : n. predecessor *(syn. ŋgɔ̀dólá)*

ŋgɔ̀dzènyà : n. 1. preface 2. headline

ŋgɔ̀fìfí : n. windshield *(syn. ŋgɔ̀gbéfìfí)*

ŋgɔ̀gbé : prep. 1. in front (of) *(syn. ŋgɔ̀dzè)* 2. before

ŋgɔ̀gbédzìdzì : n. 1. firstborn *(syn. ŋgɔ̀gbéví)* 2. primogeniture

ŋgɔ̀gbédù : n. 1. incisor 2. front tooth

ŋgɔ̀gbédù tù : v. to be unlucky

ŋgɔ̀gbéfífí : n. windshield *(syn. ŋgɔ̀fìfí)*

ŋgɔ̀gbéfɔ̀ : n. foreleg

ŋgɔ̀gbénɔ̀lá : n. 1. leader *(syn. ŋgɔ̀nɔ̀lá)* 2. someone who goes ahead (of others) 3. intercessor 4. orator

ŋgɔ̀gbéklàsè : n. higher class *(syn. ŋgɔ̀gbéxɔ̀)*

ŋgɔ̀gbéví : n. firstborn *(syn. ŋgɔ̀gbédzìdzì)*

ŋgɔ̀gbéxɔ̀ : n. higher class *(syn. ŋgɔ̀gbéklàsè)*

ŋgɔ̀yì : n. development period

ŋgɔ̀nɔ̀lá : n. 1. director 2. leader *(syn. ŋgɔ̀gbénɔ̀lá)*

ŋgɔ̀yìyì : n. 1. progress 2. development

ŋgɔ̀yìyìtèfé : n. middle course

ŋgɔ̀yìyìxɔ̀xɔ̀ : n. specialization *(syn. ŋgɔ̀dèdètùtùɖó, ŋgɔ̀dèdèxɔ̀xɔ̀)*

ŋíní : v. 1. to itch 2. to tickle

ŋínígbɔ́é : adj. toothless

ŋkè : n. 1. the day before 2. the eve

ŋkèkè : n. 1. day *(syn. ŋùkèkè)* 2. daytime 3. dawn 4. date

ŋkèkè álésì : loc. conj. as long as

ŋkèkè ɖèkà dó ŋgɔ̀ : n. the day before

ŋkèkè gã́ : loc. early in the morning

ŋkèkè (lè míáfé - wó) : adv. nowadays

ŋkèkènyùí : n. 1. public holiday 2. holiday 3. festivity

ŋkèkènyùígbàdɔ́ : n. party shed

ŋkèkèví : n. 1. someone who wasn't born free 2. slave *(syn. àbòyótɔ́, àbòyóví, aɖɔkɔ́, àmè fèflè, dzògbèví, fièkpɔ́mè, gàmèmè, gbɔ̀ví, hòmè, klúví, kòsì, ŋdɔ̀ví)*

ŋkɔ́ : n. 1. name *(syn. núŋkɔ́, nyíkɔ́)* 2. reputation 3. news (from) 4. sound (to hear „sound" of [someone/something]

ŋkɔ́ (dà - ɖé) : v. to give a name (nickname) [to someone/something]

ŋkɔ́ (fò - ɖó ná) : v. to encourage someone by shouting his or her name or by glorifying the person

ŋkɔ́ (ná -) : v. 1. to sign on 2. to give a name

ŋkɔ́ bɔ́bɔ́ : n. common name

ŋkɔ́ dàɖédzíá : n. nickname *(syn. àhàmáŋkɔ́, àhàmásìŋkɔ́, àhànòŋkɔ́, fèféŋkɔ́, mègbéŋkɔ́, ŋkɔ́gbɔ́ŋkɔ́)*

ŋkɔ́ ɖè dù : v. to be famous

ŋkɔ́ ɖèkátɔ̀ : n. singular

ŋkɔ́ gã́ : n. good reputation

ŋkɔ́ gèɖè : n. plural

ŋkɔ́ nyùì : n. good reputation

ŋkɔ́ tɔ̀xè : n. surname

ŋkɔ́dzèsí : n. signature

ŋkɔ́dzèsí (ŋlɔ̀ -) : v. to sign

ŋkɔ́ɖèɖè : n. qualification

ŋkɔ́dɔ́nyá : n. adjective

ŋkɔ́fòfòdó : n. glorification of a nickname

ŋkɔ́gbàlɛ̀ : n. nominative list

ŋkɔ́gbɔ́ŋkɔ́ : n. nickname (syn. àhàmáŋkɔ́, àhàmásiŋkɔ́, àhànòŋkɔ́, fèféŋkɔ́, mègbéŋkɔ́, ŋkɔ́ dàḍédzíá)

ŋkɔ́mè : adj. renowned (syn. ŋkɔ́ŋú)

ŋkɔ́náná : n. the act of naming

ŋkɔ́ŋlɔ̀fé : n. 1. records office 2. a place where names are recorded 3. Out Patient Department [OPD] (e.g in a hospital setting)

ŋkɔ́ŋɔ́ŋlɔ́ : n. 1. registration 2. inscription (of name)

ŋkɔ́ŋɔ́ŋlɔ́ ḍé ... té : n. the act of appending a signature

ŋkɔ́ŋú : adj. 1. renowned (syn. ŋkɔ́mè) 2. great

ŋkɔ́tèfénɔ̀nyà : n. pronoun

ŋkɔ́tóḍémè : n. acronym

ŋkɔ́tɔ̀ : adj. 1. nominal 2. of the name

ŋkɔ́tɔ́trɔ́ : n. change of name

ŋkɔ́xɔ̀xɔ̀ : n. the state of being/becoming a renowned

ŋkɔ́yɔ́gbàlɛ̀ : n. 1. register (book) 2. logbook

ŋkɔ́yɔ́yɔ́ : n. the act of calling a name

ŋkràwùsá : n. wild ginger

ŋkú : n. eye (syn. ŋù)

ŋkú (àbì fé -) : n. surface of a wound

ŋkú (ḍó - dzí) : v. to remember

ŋkú (gbè -) : v. to fall asleep

ŋkú mìá̰ (ḍé, té - ḍé) : v. 1. to pretend to 2. to be unresponsive (to a situation that normally needs a response)

ŋkú (tè fé -) : n. yam micropyle

ŋkú (tré -) : v. to make googoo eyes

ŋkú (trɔ́ - ḍé) : v. to cast a look of disapproval at

ŋkú bìà̰ : v. 1. to be very busy 2. to do whatever it takes 3. be covetous 4. to be revengeful 5. to be afflicted

ŋkú ḍó mègbé dzí : n. the act of remembering (something of the past)

ŋkú fé áxàdzí : n. corner of the eye

ŋkú fé ɣíéfé : n. eye white

ŋkú fé ɣìbɔ̀ : n. pupil of the eye

ŋkú ʋù : v. 1. to be civilized 2. to be awake 3. to be intelligent

ŋkúágbàtɔ́ : n. a blind person (syn. àfábè, ŋkúgbàgbàtɔ́, ŋkúgbàǹɔ, ŋkúnɔ̀, ŋkúnɔ̀tɔ́, ŋkútótótɔ́)

ŋkúdéḍénúmè : n. 1. verification 2. investigation 3. enquiry

ŋkúdéḍénúmèlá (nyé -) : v. to be meticulous

ŋkúdò : n. pupil (of the eye) (syn. ŋkúgbé)

ŋkúdɔ̀ : n. 1. conjuntivitis 2. disease of the eye (syn. ŋkúlélé, ŋkúvéàmè, ŋkúvé, ŋkúvéé)

ŋkúdɔ̀dàdà : n. ophtalmology

ŋkúdɔ̀dàlá : n. ophthalmologist

ŋkúdɔ̀lélá : n. someone who suffers from an eye disease

ŋkúdzɛ́tɔ̀è : adv. 1. zealously 2. hastily

ŋkúdzí kɔ̀ : v. 1. to be sober 2. to be calm 3. to see things clearly

ŋkúḍèkánɔ̀ : n. someone who has lost one eye (syn. *ŋkúḍèkátɔ́*)

ŋkúḍèkátɔ́ : n. one- eyed person (syn. *ŋkúḍèkánɔ̀*)

ŋkúḍódzí : n. remembrance

ŋkúḍódzínú : n. souvenir

ŋkúḍódzízá̋ : n. 1. anniversary 2. memorial party

ŋkúḍóḍó : n. 1. remembrance 2. recall

ŋkúḍóḍó ... dzí : postp. in memory of

ŋkúfùflúnúmàkpɔ́ : n. microscopic

ŋkúfùflúnúmàkpɔ́mɔ̀ : n. microscope

ŋkúfúfúítɔ́ : n. 1. intelligent person 2. prudent person

ŋkúgáḍèàmè, ŋkúgáḍéḍé : n. police custody : n. jail (syn. *gàxɔ̀ , mɔ́, gàglàgbègàḍéàmè*)

ŋkúgátɔ́ : n. 1. a person with big eyes 2. someone who wants everything for himself

ŋkúgó : n. eye-socket

ŋkúgɔ̀mèyí : n. dark circles under the eyes

ŋkúgbá : n. eyelid

ŋkúgbágɔ̀mè : n. bag under the eyes

ŋkúgbàgbà : n. blindness (syn. *ŋkútótó, ŋkútsítsí, ŋkútsɔ́tsrɔ́*)

ŋkúgbàgbàtɔ́ : n. a blind person (syn. *àfábè, ŋkúágbàtɔ́, ŋkúgbàǹɔ, ŋkúnɔ̀, ŋkúnɔ̀tɔ́, ŋkútótótɔ́*)

ŋkúgbàǹɔ : n. a blind person (syn. *àfábè, ŋkúágbàtɔ́, ŋkúgbàgbàtɔ́, ŋkúnɔ̀, ŋkúnɔ̀tɔ́, ŋkútótótɔ́*)

ŋkúgbé : n. pupil (of the eye) (syn. *ŋkúḍò*)

ŋkúkplédzɛ̀ : n. corner of the eye (syn. *ŋkúkplìmè*)

ŋkúkplìmè : n. corner of the eye (syn. *ŋkúkplédzɛ̀*)

ŋkúkpɔ́séfé : n. horizon

ŋkúléḍéḍɔ́ŋúlá, ŋkúléḍéḍɔ̀ŋútɔ́, ŋkúléḍénúŋúlá : n. inspector

ŋkúlélé : n. 1. eye disease (syn. *ŋkúdɔ̀, ŋkúvéàmè, ŋkúvé, ŋkúvéé*) 2. analysis (of a situation) 3. a glance

ŋkúlélé ḍé ... ŋútí : n. 1. alertness 2. paying attention to (something)

ŋkúléḍénúŋútɔ́ : n. observer

ŋkúléḍéŋúlá : n. supervisor

ŋkúlélé ḍé ... ŋú : n. supervision

ŋkúlélé ḍé nú ŋú : n. inspection

ŋkúléléḍéŋú : n. observation

ŋkúlì : n. lesser bush baby (syn. *kpòsɔ̀*)

ŋkúmàḍónúdzí : n. oversight

- 615 -

ŋkúmàlé : n. 1. negligence 2. lack of attention

ŋkúmàlémàlé : n. lack of supervision

ŋkúmè : n. 1. face 2. area

ŋkúmè blù : v. 1. to be crazy 2. to be confused 3. to be distracted

ŋkúmè kɔ̀ : v. 1. to be intelligent 2. to come to one's senses

ŋkúmè kú : v. to be ashamed

ŋkùmè (àmàḍé fé -) : n. someone's face

ŋkùmè (àmàḍéké fé -) : n. no one's face

ŋkúmè (dzè -) : v. to please

ŋkúmè (kpɔ́ ... fé -) : v. to be partial

ŋkúmè (lè -) : adv. infront of

ŋkúmè (sɛ̃́ -) : v. 1. to be bold 2. to be fearless

ŋkúmèdzáká : n. 1. nostalgia 2. boredom

ŋkúmèkáká : n. reproach

ŋkúmèkpɔ́kpɔ́ : n. 1. disprespect 2. nuisance

ŋkúmèkúkú : n. shame

ŋkúmèsìsì : n. 1. scaring of the face (practiced as a ritual in several african ethnic groups) 2. face tattoo

ŋkúmètɔ́trɔ́ : n. dizziness (syn. àfétrɔ́, àfétrɔ́é, àfétrɔ́tsɔ́àmè, dzédzé, mòtɔ́trɔ́, mòtróé, mòtrɔ́, mòtrɔ́dɔ̀, mòtrɔ́é, ŋkúmètrɔ́dɔ̀, ŋùzì)

ŋkúmètrɔ́dɔ̀ : n. vertigo (syn. àfétrɔ́, àfétrɔ́é, àfétrɔ́tsɔ́àmè, dzédzé, mòtɔ́trɔ́,

mòtrɔ́, mòtrɔ́dɔ̀, mòtróé. mòtrɔ́é, ŋkúmètɔ́trɔ́, ŋùzì)

ŋkúnɔ̀ : n. a blind person (syn. àfábè, ŋkúágbàtɔ́, ŋkúgbàgbàtɔ́, ŋkúgbàn̄ɔ̀, ŋkúnɔ̀tɔ́, ŋkútótótɔ́)

ŋkúnɔ̀tɔ́ : n. a blind person (syn. àfábè, ŋkúgbàgbàtɔ́, ŋkúágbàtɔ́, ŋkúgbàn̄ɔ̀, ŋkúnɔ̀, ŋkútótótɔ́)

ŋkúnú : n. amazing fact

ŋkúnú (flè -, kpɔ́ -) : v. to window shop (to look at an item without the intention to buy)

ŋkúŋútínúnyálá : n. opthamologist

ŋkúsì : n. 1. name of a type of game (syn. ŋkúvà) 2. looking around

ŋkúsí (flè -) : v. to look at each other without saying a word

ŋkúsì (tsà -) : v. to look around

ŋkúsìtsàdɔ́ : n. 1. investigation 2. prospecting 3. spying

nkùsìtsàtsà : n. the act of looking around

ŋkútà : n. 1. eyebrows (syn. àdzù, àdzùgófú, àdzùgómèḍà, àdzùmèḍà, àdzùmèfú, àḍàbàdígó, àḍàbàdzígó, àḍàbàtàfú, àḍàdzígó) 2. part of the face immediately above the eyes 3. nap 4. that which is visible (before one's eyes)

ŋkútà : adj. main (e.g work)

ŋkútà (àmè -) : adj. 1. distinguished person 2. smart person

ŋkútàtɔ̀ : adj. 1. distinguished 2. smart

ŋkúté : n. part of the face immediately below the eyes

ŋkútíkè : n. medication that is used for/on the eyes

ŋkútó : n. cavity of the eye

ŋkútótó : n. blindness *(syn. ŋkúgbàgbâ, ŋkútsítsí, ŋkútsɔ́tsrɔ̃́)*

ŋkútótótɔ́ : n. a blind person *(syn. àfábè, ŋkúgbàgbâtɔ́, ŋkúágbâtɔ́, ŋkúgbân̂ɔ, ŋkún̂ɔ, ŋkún̂ɔtɔ́)*

ŋkútɔ́ : n. stye *(syn. màdzímàdzí, ŋùkpɔ́è, tègbìtègbì)*

ŋkútsàlá : n. 1. military scout 2. spy

ŋkútsàtsà : n. spying

ŋkútsítsí : n. blindness *(syn. ŋkúgbàgbâ, ŋkútótó, ŋkútsɔ́tsrɔ̃́)*

ŋkútsɔ́tsrɔ̃́ : n. blindness *(syn. ŋkúgbàgbâ, ŋkútótó, ŋkútsítsí)*

ŋkútsró : n. eyelid

ŋkúvé, ŋkúvéé : n. 1. eye pain 2. conjunctivitis *(syn. ŋkúlélé, ŋkúdɔ̀, ŋkúvéàmè)*

ŋkúvéàmè : n. 1. disease of the eye 2. conjunctivitis *(syn. ŋkúlélé, ŋkúdɔ̀, ŋkúvé, ŋkúvéé)*

ŋkúví : n. pupil of the eye

ŋkúʋà : n. name of a type of game *(syn. ŋkúsì)*

ŋkúʋùʋù : n. 1. state of having one's eyes open 2. open-mindedness 3. civilization

ŋkúyí : n. eyelid

ŋlànyàà : id. 1. rotting 2. slow

ŋlèŋlèŋlè : id. shiny

ŋlísì : adj. English

ŋlísì- : n. of or relating to English

ŋlísì-blòtsí : n. England

ŋlísìgbè : n. English language

ŋlísìgbèdólá, ŋlísìgbègblɔ̀lá : n. English-speaker

ŋlísì-Tógó : n. British Togoland (Western Togoland)

ŋlísìví : n. Englishman

ŋlísì-yèvú : n. Englishman (having a caucasian skin)

ŋlò : v. to weed *(syn. ŋlɔ̀)*

ŋlɔ̀ : v. 1. to weed 2. to write 3. to engrave 4. to be speckled *(syn. ŋlò)*

ŋlɔ̀ àbɔ̀ : v. to garden

ŋlɔ̀ àsídédé ... té : v. to sign (one's signature)

ŋlɔ̀ ... bé : v. to forget

ŋlɔ̀ gbè : v. to weed

ŋlɔ̀ ... nɔ̀nɔ̀mè : v. to characterize

ŋlɔ̀ nú : v. to write

ŋlɔ̀ nú dé ... dzí : v. to fill out something (eg. to fill out a form)

ŋlɔ̀ ŋkɔ́ : v. 1. to register 2. to make a list

ŋlɔ̀ ŋkɔ́dzèsìdédé ... té : v. to sign (e.g one's signature)

ŋlɔ́ : v. 1. to bend 2. to rewind 3. to roll up 4. to snuggle up 5. to squeeze 6. to be uptight

ŋlɔ́ (kà -) : v. to have a cramp

ŋlɔ́ ... ɖé ɖù : v. make a single tuft (of hair)

ŋlɔ́ ... ɖókùi : v. 1. to curl up 2. to squat

ŋlɔ́ kɔ́ : v. to clench the fist

ŋlɔ̀bé : n. 1. forget 2. oversight

ŋlɔ̀lá : n. author

ŋlɔ̀mè (wɔ̀ -) : v. 1. to be heartless 2. to be envious

ŋlɔ̀mètɔ́, ŋlɔ̀mèwɔ̀lá : n. 1. a jealous person 2. a wicked person

ŋlɔ̀ŋlɔ̀ŋlɔ̀ : id. 1. dark 2. dazzled

ŋm : intj. response to a solicitation/request

ŋóní : n. tickle

ŋɔ̀ (kú -) : v. to be stingy

ŋɔ́ : v. to perforate

ŋɔ́ : n. 1. maggot/worm(syn. àtrã́, nyé) 2. fear

ŋɔ́ (dzí -) : v. to be afraid

ŋɔ́ (wɔ̀ -) : v. to bewitch (syn. wɔ̀ ànyrã̀, ɖù ŋɔ́)

ŋɔ́ dò : v. to dig/make a hole

ŋɔ́ ɖé ... mè : v. to understand

ŋɔ́ fi : v. 1. to bleed from the nose 2. have one's first menstruation

ŋɔ́dzí : n. 1. fright 2. frightening object

ŋɔ́dzí (dó - ná) : v. to frighten

ŋɔ́dzídódó : n. 1. terrorism 2. intimidation

ŋɔ́dzídólá : n. terrorist (syn. dùgbàlá)

ŋɔ́dzínú : n. something which frightens

ŋɔ́dzínyà : n. 1. threat 2. hazard

ŋɔ́dzítɔ̀è : adv. 1. excruciatingly 2. terribly

ŋɔ̀dzòmè : n. concealment

ŋɔ̀dzòmènú : n. discretion

ŋɔ̀dzòmènú (wɔ̀ -) : v. to act discreetly 2. to conceal

ŋɔ́ɖúbá : n. anona muricata (bot.) / soursop

ŋɔ́é : adv. 1. a little 2. nothing

ŋɔ̀kúkú : n. 1. stinginess 2. greed

ŋɔ̀kúlá : n. a stingy person(syn. ŋɔ̀kúnɔ̀)

ŋɔ̀kúnɔ̀ : n. a stingy person (syn. ŋɔ̀kúlá)

ŋɔ̀li : n. 1. ghost (syn. àɖìfìè, ɖìfìé, tsíé) 2. snapshot (e.g photo) 3. of or relating to a specific period in time

ŋɔ́lí : v. to arrive on the side where one does not expect

ŋɔ̀liwó : n. 1. spirits of the ancestors 2. ghosts

ŋɔ̀liwɔ̀wɔ̀ : n. 1. the act of haunting like a spirit 2. appearance after death

ŋɔ̀lixèví : n. african hoopoe

ŋɔ̀liyɔ́yɔ́ : n. invocation of a spirit (syn. xɔ̀yɔ́yɔ́)

ŋŏŋlɔ́ : n. winding

ŋɔ̀ŋlɔ̀dzèsì : n. 1. alphabet 2. letter

ŋɔ̀ŋlɔ̀è : adj. speckled (syn. ŋɔ̀ŋɔ̀è)

ŋɔ́ŋɔ́ : adj. punctured

ŋɔ́ŋɔ́ : n. perforation

ŋɔ̀ŋɔ́dòè : n. skylight

ŋɔ̀ŋɔ̀è : adj. 1. spotted 2. specked (syn. ŋɔ̀ŋlɔ̀è)

nɔ̀ŋɔ̀ŋɔ̀ : id. speckled (syn. ŋɔ̀tàà, ŋɔ̀tàŋɔ̀tà)

ŋɔ̀ŋɔ́fé : n. 1. aperture 2. opening

ŋɔ́páyé : n. largehead hairtail (syn. àdèyè, ànipáyè, dàyì, yìkpáyè)

ŋɔ̀tàà : id. speckled (syn. ŋɔ̀ŋlɔ̀è, ŋɔ̀tàŋɔ̀tà)

ŋɔ̀tàŋɔ̀tà : id. speckled (syn. ŋɔ̀tàà, ŋɔ̀ŋlɔ̀è)

ŋɔ̀tí : n. 1. nose 2. lagoon fish (syn. ŋɔ̀tíàgɔ́é)

ŋɔ̀tí (gbà -) : v. to speak from the nose

ŋɔ́tí (tó -, yì -) : n. to have a nasalized vowel

ŋɔ̀tíàgɔ́é : n. 1. lagoon fish (syn. ŋɔ̀tí) 2. space between parallel rows (e.g of trees, etc)

ŋɔ̀tídòmè : n. nasal region

ŋɔ̀tídò : n. nostril

ŋɔ̀tídzí : n. bridge of the nose

ŋɔ̀tígò : n. nose size

ŋɔ̀tígbóé : n. pointed nose

ŋɔ̀tíkà : n. nasal nerve

ŋɔ̀tímè : n. nostril

ŋɔ̀tímègbè : n. nasal voice

ŋɔ̀tímègbè (dó -) : v. to speak in a nasalized voice

ŋɔ̀tínù : n. tip of the nose

ŋɔ̀tínú : n. septum of the nose

ŋɔ̀tínùfú : n. 1. nose hair 2. moustache

ŋɔ̀tiŋɔ́tí : n. 1. brown-cheeked hornbill 2. black-casqued hornbill 3. yellow-casqued honrbill (syn. ŋàtiŋátí)

ŋɔ̀títà : n. tip of the nose

ŋɔ̀títètèɖó : n. sniffing

ŋɔ̀tsé, ŋɔ̀tsié : np. Notse (a town in Togo)

ŋɔ̀tsétɔ́ : np. a native of Notse

ŋɔ̀tsá : n. 1. law croaker 2. small-mouth croaker 3. cassava fish 4. cassava croaker 5. long-neck croaker

ŋɔ́víꞌ ŋɔ́víwó : n. 1. parasites 2. worms

ŋù : n. 1. eye (syn. ŋkú) 2. face 3. daylight 4. thorn 5. shame

ŋù : v. 1. to be awake 2. to be vigilant

ŋù (dɔ́ -) : v. to spend the night awake

ŋù (dzɔ̀ -) : v. to be vigilant

ŋù (ɖè - ɖé ànyí, ɖè -ɖí) : v. 1. to be careless 2. to be forgetful ŋù (dè - dí lè ... ŋú) : v. 1. to leave out of sight 2. to leave unattended

ŋù (dó -) : v. to remember

ŋù (dó - dé) : v. to rely on

ŋù (nyɔ́ - ná) : v. to disgust

ŋù (tsò -) : v. to look around eagerly without moderation

ŋú : n. 1. the exterior part 2. the surface (syn. ágbàdzè, àgbàlḕ, àyí, làkúshí, ŋùílā̀, ŋútí, ŋútígbàlḕ, ŋútílā̋)

ŋú : postp. 1. on 2. near 3. around 4. about

ŋú (dzɔ̀gbènyùíé lè ... -) : v. 1. to be lucky 2. to be happy

ŋú (dè àsí lè ... -) : v. 1. to hand over 2. to give up

ŋú (dé ... -) : loc. conj. 1. according to 2. with

ŋú (éyá -) : loc. conj. 1. therefore 2. wherefore 3. because of

ŋú (fè lè ... -) : v. to be indebted

ŋú (lè -/nɔ̀ ... -) : v. to be (leaning) on/ against (something)

ŋú (mégàlè - ò) : adv.neg. 1. no longer 2. not anymore

ŋú (tè ... -) : v. to have too much

ŋú (wɔ̀ ...- dɔ́) : v. to make use of (something)

ŋú fá : v. 1. to be comfortable 2. to be at ease

ŋú nyó : v. 1. to be lucky 2. to be happy

ŋùbìàbìā̀ : n. 1. envy 2. redness of the eye

ŋùbìālá : n. an envious person

ŋùbìālá (nyé -) : v. to be ambitious

ŋùbùhá : n. comittee

ŋùdòmèkɔ̀ : n. cheekbone

ŋúdɔ́ : n. use

ŋùdɔ́dɔ́ : n. keeping wake

ŋùdɔ́fé : n. a place where a vigil is held

ŋùdɔ̀kpá : n. noonday

ŋùdɔ́lá : n. 1. one who is holding a vigil 2. watchman

ŋúdɔ́wɔ̀nú : n. 1. instrument 2. working materials

ŋúdɔ́wɔ̀wɔ̀ : n. 1. employment 2. the practice (of something)

ŋùdzá : n. high fever (syn. àsrà, àsrā̀, àvùvɔ̀wɔ̀àmè, dzòxɔ̀xɔ̀, fívà, kpòkpò, yèdzà, yèdzàdɔ̀, ŋdɔ̀gbèè, ŋùdzē̋)

ŋùdzèdzè : n. 1. accomplishment 2. satisfaction

ŋùdzèdzè (kpɔ́ - ná) : v. 1. to be successful with 2. to be satisfied with

ŋùdzèdzèkpɔ́kpɔ́ : n. 1. satisfaction 2. complacency 3. pomp

ŋùdzē̋ : n. fever (syn. àsrà, àsrā̀, àvùvɔ̀wɔ̀àmè, dzòxɔ̀xɔ̀, fívà, kpòkpò, yèdzà, yèdzàdɔ̀, ŋdɔ̀gbèè, ŋùdzá)

ŋùdzò (dà -) : v. 1. to look over 2. to cast a glance

ŋùdzɔ̀ : n. vigilance

ŋùdzɔ̀ : adj. 1. awake 2. on the lookout 3. vigilant

ŋùdzɔ̀ (lè -/nɔ̀ -) : v. 1. to be cautious 2. to be ready 3. to be vigilant

ŋùdzɔ̀ (lè -/nɔ̀ - ɖé ... ŋú) : v. to be vigilant towards

ŋùdznònɔ̀lá : adj. a watchful person

ŋùdzɔ̀mànɔ̀mànɔ̀ : n. 1. negligence 2. recklessness

ŋùdzɔ̀nɔ̀nɔ̀ : n. 1. watchfulness 2. prudence

ŋùɖèɖèɖí, ŋùɖèɖí : n. 1. well-being 2. contentment 3. recklessness

ŋùɖèɖí (lè - mè) : adv. inadvertently

ŋùɖèlá : n. a negligent person

ŋùɖóɖó : n. 1. reply 2. objection 3. programme

ŋùɖóɖó ɖé ... ŋú : v. to trust in

ŋùɖóɖéŋú : n. trust

ŋùɖóɖó : n. liturgy

ŋùɖɔ̀ɖó : n. caution

ŋùɖɔ̀ɖɔ̀ : precaution

ŋúɖúɖùi : n. rheumatism (syn. àgbàklikpé, àké dɔsésẽ́, ɖùɖùi, ŋúɖùi, ŋúíɖù, ŋúíɖùɖùi, sití, sitíɖɔ, tití)

ŋúɖùi : n. 1. rheumatism (syn. àgbàklikpé, àké dɔsésẽ́, ɖùɖùi, ŋúɖúɖùi, ŋúíɖù, ŋúíɖúɖùi, sití, sitíɖɔ, tití) 2. bone disease (syn. ŋúíɖù, ŋúíɖùɖùi)

ŋúɖúitíkè : n. antidrepanocyte

ŋùfiề : n. 1. itch 2. itching (syn. èŋúífiềàmè, fièfiè, ŋùífiè, ŋúífiềàmè, ŋútífiềàmè)

ŋùfɔ́kè : n. the next day

ŋùfɔ́kè ŋdí : n. next morning

ŋúfésí : n. nile perch (a type of fish)

ŋùgádzòè : n. makeup

ŋùgbè : n. promise

ŋùgbè (dà - dzí) : v. to fail to keep one's promise

ŋùgbè (dó - ná) : v. to promise

ŋùgbé : n. 1. species 2. category (syn. ŋùgbí)

ŋùgbèdódó : n. 1. engagement 2. promise

ŋùgbèdólá : n. one who makes a promise or commitment

ŋúgbèɖóɖó : n. 1. terrorism 2. conspiracy

ŋúgbèɖólá : n. 1. terrorist 2. plotter

ŋùgbètɔ́ : n. 1. fiance/fiancee 2. betrothed

ŋùgbètɔ́srɔ̃̀ : n. 1. fiancee 2. bride

ŋùgbí : n. 1. species 2. kind 3. category (syn. ŋùgbé)

ŋùgblàdòmè : n. 1. space between the eyebrows 2. space between eye and nose

ŋùgblè : n. 1. reflection 2. thinking

ŋùgblè (dè -) : v. 1. to think 2. to reflect

ŋùgblè (lè / nɔ̀ - mè) : v. to be concerned

ŋùgblèdèdè : n. 1. reflection 2. meditation

ŋùgblèdèfé : n. a place of meditation

ŋùgblèdèlá : n. meditator

ŋùí : n. 1. body 2. waist

ŋúídù : n. 1. rheumatism *(syn. àgbàklìkpé, àké dɔsésɛ̃́, dùdùì, ŋúdúdùì, ŋúdùì, ŋúídúdùì, sìtí, sìtídɔ̀, tìtí)* 2. bone disease *(syn. ŋúdúì, ŋúídùdùì)*

ŋúídùdùì : n. 1. rheumatism *(syn. àgbàklìkpé, àké dɔsésɛ̃́, dùdùì, ŋúdúdùì, ŋúdùì, ŋúídù, sìtí, sìtídɔ̀, tìtí)* 2. bone disease *(syn. ŋúdúì, ŋúídù)*

ŋùífíè : n. itching *(syn. èŋúífíèàmè, fìèfìè, ŋúfíɛ̃̀, ŋúífíɛ̃̀, ŋútífíèàmè)*

ŋúífíèàmè : n. itching *(syn. èŋúífíèàmè, fìèfìè, ŋùífíè, ŋúfíɛ̃̀, ŋútífíèàmè)*

ŋùígbɔ̀nú : n. 1.fan 2. ventilator

ŋùímámá : n. 1. habit 2. knowledge

ŋùíkpó (dè -) : v. to strip off all of one's jewellery

ŋùílã̀ : n. 1. flesh 2. body *(syn. àgbàdzè, àgbàlɛ̃̀, àyí, làkúshí, ŋú, ŋútígbàlɛ̃̀, ŋútílã̀)*

ŋùítsétsé : n. small skin rash *(syn. èŋùítsétsé, ŋútsétsé)*

ŋúívé : n. pain in the skin *(syn. èŋúívéámè, èŋúívéé, lãmèvéé, ŋúívéámè, ŋúívéé ŋúvé)*

ŋúívéé : n. 1. cutaneous disease 2. bodily pains *(syn. èŋúívéámè, èŋúívéé, lãmèvéé, ŋúívé, ŋúívéé, ŋúívéámè, ŋúvé)*

ŋúívéámè : n. 1. cutaneous disease 2. bodily pains *(syn. èŋúívéámè, èŋúívéé, lãmèvéé, ŋúívé, ŋúívéé, ŋúvé)*

ŋùkàlì (hè - mè) : v. to frown

ŋùkèɣlètíví : n. 1. morning star 2. Venus

ŋùkèkè : n. 1. sunrise 2. day *(syn. ŋkèkè)*

ŋùkéklɛ́ : n. 1. greed 2. envy

ŋúkɔ̀kɔ̀ : n. inauguration

ŋùkpè : n. 1. disgrace 2. shame

ŋùkpè lé : v. to be ashamed

ŋùkpèdódó : n. to put to shame

ŋùkpèmànɔ̀mèè : adv. shameless

ŋùkpènyà : n. shameful affair

ŋùkpètɔ̀ : n. a shameful/shy person

ŋùkpɔ́é : n. lower eyelid disease/stye/hordeolum *(syn. màdzímàdzí, ŋkútɔ́, tègbìtègbì)*

ŋùmàdɔ̀dó : n. recklessness

ŋùmàdɔ̀dólá : n. a reckless person

ŋùmè : n. 1. face 2. figure

ŋúmèwó : n. attendants (of a president or a king)

ŋúnɔ̀lá : n. 1. apostle 2. servant 3. subject

ŋùnú : n. a type inmstrument used for cutting

ŋúnú : n. 1. supernatural beings around us 2. guardian angel

ŋùnúkpòé : n. roman balance (steelyard balance)

ŋùnyɔ́ : n. disgust

ŋùnyɔ́nú : n. something that is disgusting

ŋúsḗ: : n. 1. force 2. energy 2. power

ŋúsḗ (dó -) : v. 1. to strengthen 2. to encourage 3. to confirm (to confirm the sacrament of confirmation)

ŋúsḗ (lè - nù) : loc. under the influence of

ŋúsḗ (lè/nɔ̀ ... - nù) : v. to be under the effect of

ŋúsḗ (ná -) : v. 1. to consolidate 2. to strengthen 3. to confer power

ŋúsḗ lè/nɔ̀ ... sí : v. to have the right to (something)

ŋúsḗdóàmè : n. encouragement

ŋúsḗdóàmègbàlḕ : n. letter of encouragement

ŋúsḗdódó : n. 1. encouragement 2. confirmation (religious sacrament)

ŋúsḗdɔ́ : n. 1. hard work 2. forced labour

ŋúsḗdɔ́ (wɔ̀-) : v. 1. to do hard work 2. to perform miracles

ŋúsḗgbàlḕ : n. letter of credence

ŋúsḗlá : n. strong man

ŋúsḗmànɔ̀sí : n. incapacity

ŋúsḗmànɔ̀sítɔ́ : n. a powerless person

ŋúsḗnágbàlḕ : n. power of attorney

ŋúsḗnágbàlḕŋlɔ̀lá : n. notary

ŋúsḗŋúsḗ : id. energetically

ŋúsḗtɔ̀ : adj. 1. powerful 2. strong

ŋúsḗtɔ̀è : adv. forcefully

ŋúsḗtɔ́ : n. a strong/powerful individual

ŋúsḗtɔ́wó : n. strong/powerful people

ŋúsíké : n. 1. dust 2. sand *(syn. ké)*

ŋùtà : n. wickedness

ŋùtà (sé -) : v. to be wicked

ŋùtàsḗlá : n. a tyrant (a cruel and harsh person)

ŋùtàsésḗ : n. 1. wickedness 2. cruelty

ŋùtè : adj. 1. vigilant 2. ever ready

ŋùtè (lè -/ nɔ̀ -) : v. 1. to be vigilant 2. to be ready

ŋùtèklḗ : n. 1. awakening 2. vigilance 3. standing guard

ŋútété : n. 1. the fact of being able (to do something) 2. competence 3. empowered to (do something)

ŋútété (tsɔ́ - kátã́) : v. to do everything possible

ŋùtí : n. orange *(syn. àkùtú, àŋùtí)*

ŋùtí gbò : n. unripe orange

ŋútí : n. 1. body 2. skin 3. outer surface *(syn. ágbàdzè, àgbàlḕ, àyí, làkúshí, ŋú, ŋùílà, ŋútígbàlḕ, ŋútílá)* 4. stem 5. wall

ŋútí : postp. 1. around 2. about

ŋútí kɔ̀ : n. + v. 1. to be clean 2. to be worthy

ŋútídɔ́ : n. 1. usage 2. practice

ŋútídidì : adj. 1. orange (colour) (syn. hḗḗ, hɛ̀ɛ̂, ŋútídidì hélíhélí) 2. yellow

ŋútídidì hélíhélí : adj. orange (colour) (syn. hḗḗ, hɛ̀ɛ̂, ŋútídidì)

ŋútídódó : n. 1. response 2. programme

ŋútífáfá : n. 1. peace 2. tranquility

ŋútífáfá (ná -) : v. to pacify

ŋútífáfá - fú : np. Pacific Ocean

ŋútífáfánálá : n. peacemaker

ŋútífáfáwɔ̀yì : n. period of pacification

ŋútífáfáwɔ̀wɔ̀ : n. pacification

ŋútífíèàmè : n. itching (syn. èŋúífíèàmè, fìèfìè, ŋùífíè, ŋúfíê, ŋúífíèàmè)

ŋútífúwó : n. fur

ŋútígbàlɛ̀ : n. 1. complexion 2. body (syn. ágbàdzè, àgbàlɛ̂, àyí, làkúshí, ŋú, ŋùílà, ŋútí, ŋútílã́)

ŋútígbàlètɔ́trɔ́ : n. the act of making up

ŋútíklónú : n. bleaching agent

ŋútíkɔ̀kɔ̀è : n. 1. glory 2. holiness (Agbeny La, 1988, 2006, 2020, S. Yesaya 60:1)

ŋútílã̀ : n.1. flesh 2. body (syn., àgbàdzè, àgbàlɛ̂, àyí, làkúshí, ŋú, ŋùílã̀, ŋútígbàlɛ̀) 2. flesh (EwelanguageTV, 2021)

ŋútílã̀ kúkú : n. corpse

ŋútílã̀fùwɔ̀àmè : n. torture

ŋútílã̀kàkàtrè, ŋútílã̀tsàtsà : n. the act of grafting

ŋútílã̀tsòfé : n. a place where female circumcision is performed

ŋútélã̀tsòtsò : n. female circumcision (syn. ŋútónútsòtsò)

ŋùtí : postp. about (syn. tí)

ŋútímè : n. 1. companion 2. family member (syn. ŋútínɔ̀lá)

ŋútínɔ̀lá : n. family member (syn. ŋútímè)

ŋútínú : n. 1. member 2. something that touches someone/something closely 3. that which belongs to (parents, body parts, organs etc).

ŋútínúgɔ́glɔ́dɔ̀dàdà : n. orthopedics

ŋútínúgɔ́glɔ́dɔ̀dàlá : n. orthopedist

ŋútínyà : n. 1. history 2. description

ŋútínyà (kù dé - ŋú) : v. to relate to history

ŋútínyà kpàkpà : n. novel

ŋútínyàŋlɔ̀lá : n. novelist

ŋútínyàŋútɔ̀ : adj. historical

ŋútíŋúnyà : n. affair (concerning)

ŋútínyàxlɛ̀fìá : n. historical

ŋútíségbàlɛ̀ : n. grammar book

ŋùtísì : n. lemon (syn. dɔ̀ŋùtí, mɔ̀è, mùmɔ̀é, tɔ́tɔ́ŋùtí)

ŋùtítí : n. orange tree

ŋútísìhà : n. orange juice

ŋútíwù : n. corsage

ŋútónútsòtsò : n. female circumcision *(syn. ŋútélàtsòtsò)*

ŋútótó : n. potrusion

ŋútɔ́ : adj. 1. itself 2. oneself 3. himself 4. herself 5. own

ŋútɔ́ : adv. enormously

ŋùtsɔ́àmè : n. splinter

ŋútɔ́ŋútɔ́ : adj. veritable

ŋútsé : n. 1. spear with an iron tip 2. iron scabbard

ŋútsétsé : n. small skin rash *(syn. èŋùítsétsé, ŋùítsétsé)*

ŋùtsí : adj. blind

ŋútsihé : n. crown of thorns

ŋùtsò (ná -) : v. 1. giving with a little haste 2. to regret giving

ŋútsù : n. 1. man 2. penis 3. spouse

ŋútsù (dé - là mè ná) : v. to encourage

ŋútsù (wɔ̀ -) : v. to be manly

ŋútsù dzìdólá : n. a courageous man

ŋútsù xóxó : n. an adult male

ŋútsùgã́ : n. big boy

ŋútsùmè : n. male genitalia : n. male genitalia *(syn. ŋútsùmènúwó)*

ŋútsùmèdódó : n. male puberty

ŋútsùmènúwó : n. male genitalia *(syn. ŋútsùmè)*

ŋútsùnyà (hè -) : v. to brag like a man

ŋútsùtàtà : n. men's clothing

ŋútsúsí : n. sperm *(syn. lèví, ŋútsúsí)*

ŋútsùvì : n. 1. little boy 2. son

ŋùvé : n. a wood without any thorns

ŋúvé : n. pain in the skin *(syn. èŋúívéámè, èŋúívéé, làmèvéé, ŋúívéámè, ŋúívé, ŋúívéé)*

ŋùvɔ́ (ɖè -) : v. to calm down

ŋùvɔ́ (ɖè - ɖé ... ŋú) : v. to have fun with

ŋùʋàlá (nyé -) : v. to be jealous

ŋùʋàʋà : v. 1. envy 2. jealousy *(syn. núʋàʋà)*

ŋùzɛ́ : adj. 1. of not being sufficient 2. of not being full

ŋùzí : n. 1. vertigo *(syn. àfétrɔ́, àfétróé, àfétrɔ́tsɔ́àmè, dzédzé, mòtɔ́trɔ́, mòtróé, mòtrɔ́, mòtrɔ́dɔ̀, mòtrɔ́é, ŋkúmètɔ́trɔ́, ŋkúmètrɔ́dɔ̀)* 2. fainting

ŋùzɔ̀: n. 1. muzzle 2. snout *(syn. nùtí, nùzɔ́)*

ŋùzɔ̀zɔ̀ : n. 1. investigation 2. espionage 3. slander

O

ò : adv. no

ò ? : part. resumes a closed question

ò ... ò : loc. conj. 1. or 2. nothing ... nor 3. either ... or

ò (mé ... -) : adv. 1. do not 2. not

ò ɖé : loc.int. isn't it?

òà ? : loc.int. don't ... not?

òbì-Tɔsísí : np. Ob river (in Russia)

óbláyò : n. a type of corn porridge (hominy corn porridge) *(syn. gúgùbè)*

òbóbóè : intrj. anyway!

òbùí : n. shell

óbóbòè : intj. 1. anyhow 2. nevertheless 3. regardless

óbùí : intj. 1. shell 2. bombshell

òdér-Tɔsísí : np. Oder river (in Europe)

òɖúm : n. iroko tree

òfètóríò : n. offertory

òfrídzàtó : n. albino *(syn. àdǎsìtsú, àdzàtó, àmè yí, dzàtó, gélèsòsí, gésòsí)*

òyIí : n. name of a charm

òháyó-Tɔsísí : n. Ohio river

òhéè ! : intrj. i don't know *(syn. òhóò)*

òhéhè : intrj. intj. 1. I do not care 2. It does not concern me

òhó ! : intrj. indicates a surprise

òhóò : intrj. 1. oh good (a pleasant surprise) 2. too bad (regret) 3. i don't know *(syn. òhéè)*

òkéáníà : np. Ocean

òkùlò : n. spinycheek sleeper (a type of fish) *(syn. àsémblímà)*

ònégà-Tá : np. lake Onega

óò ! : intrj. 1. no ! oh (refusal) 2. oh wow ! what a surprise 3. oh

òrènókè-Tɔsísí : np. Orinoco river

òsɔ́fò n. 1. pastor 2. moderator

òsɔ́fòtɔ́ adj. pastoral

òyɔ́ : np. Oyo (city in the Oyo state of Nigeria)

- 626 -

Ɔ

ɔ̀dìnàtɔ̀ : n. computer

ɔ́físà : n. officer

ɔ́físì : n. office *(syn. àgbàlẹ̀dɔ́wɔ̀fé, dɔ́wɔ̀xɔ̀)*

ɔ̀físìé : n. officer

ɔ́késtrà : n. orchestra

ɔ̀ksìdzíni, ɔ̀ksìzyéni : n. oxygen

ɔ́tòdɔ́ksì hámètɔ́ : n. a member of the orthodox church

ɔ́tòdɔ́ksìtɔ́: n. an orthodox person (belonging to the orthodox church)

ɔ́tòdɔ́ksìà, ɔ́tòdɔ́ksì-kɔ̀nyìnyì, ɔ́tòdɔ́ksùbɔ́súbɔ́: : n. 1. orthodoxy 2. orthodox worship

ɔ́kùtóbà : n. october

ɔ̀ntáríò-Tá : np. Lake Ontario

ɔ̀strìà : n. Austria

ɔ̀sùtrálíà : np. Australia

P

pàà : id. slamming

páá : id. a lot

pàkàpàkà : id. swinging

pákè : n. package (cigarettes) *(syn. páki)*

páki : n. 1. Easter *(syn. ístà, páskà)* 2. package *(syn. pákè)*

pákìstằ : n. Pakistan

pàlèstínà : n. Palestine

pàmplò : n. bamboo

pàmplòmúsù : n. grapefruit

pàmplòtí : n. bamboo tree

páni : n. pan

pání : n. hypodermic needle (injection needle) *(syn. àbùí)*

pàpà : n. fan

pàpá : n. father

pápà : n. Pope

pàpàhű : n. 1. towel *(syn. pàpàŋú)* 2. napkin

pápàdzíɖùfé, pápàdzíɖùyì : n. Papacy *(syn. pápànyényé)*

pápànyényé : n. Papacy *(syn. pápàdzíɖùfé, pápàdzíɖùyì)*

pàpàŋú : n. towel *(syn. pàpàhű)*

pàpátàyí :n. pawpaw tree

pápàtsyátákpékpé : n. conclave

pàpù-nyígbá : np. Papua

pàràɖísò : n. Paradise

pàràgùáyì : np. Paraguay

pàràgùáyì-Tɔsísí : np. Paraguay river

pàràná-Tɔsísí : n. Parana river

pàràsyútì : n. parachute

pás(- ná) : v. to make a pass to

pási ná : v. to make a make a pass at

pásíndzà : n. 1. passenger 2. voyager

páskà : n. Easter *(syn. ístà, páki)*

páskà-fùdòmèkpó : n. Easter island

pàspɔ́tì : n. passport

pástɔ : n. pastor

pástɔ̀tɔ̀ : adj. pastoral

pátàgóníà : np. patagonia

pàtí : n. party

pàtòlòdzí, pàtòlòzyí : n. pathology

pàtòò : adv. 1. widely 2. randomly

Páúlò : np. Paul

páwà : n. 1. power 2. strength

pèdálì : n. pedal

Pèkí : np. Peki (a village in Ghana)

pèlikùílì : n. photographic film

pènàtǐ : n. penalty

péni : n. 1. coin 2. a penny

pènìsìlíní : n. penicillin

péniví : n. penny

péniví (mé- ... -ò) : n. not to have a penny

péntà : n. painter

pèntèkóstè, pèntèkɔ́stì, pèntèkótí : n. Pentecost

pépà : n. 1. paper 2. document 3. letter

pépàdzráfé : n. stationery store

pépàɣlánú : n. 1. wallet 2. purse

pépàtsɔ́nú : n. 1. wallet 2. purse 3. pocket book

pépàví : n. ticket

pèmì : n. 1. permit 2. order 3. license

pépí : n. harmattan *(syn. gblélé, ɣí, ɣíyà)*

péprè : n. clove (a spice with medicinal values) *(syn. ádríkè, àdríkì, gàtàgbádzè)*

Pèrú : n. Peru

pèsèpésé : id. 1. in clumps 2. curly

Pɛ́sìà, Pɛ́ɛ́síá : n. Persia

pété : n. vulture *(syn. àkàgã́, àklã̀tsú, glú, kàblíkányá, kã́ŋgá, kàŋgbá, kpètè, sàkùì, xèvɔ́)*

pétéé : adv. everything

pètró, pètrómì : n. petrol

péyà : n. avocado

pɛ̀ : n. chisel

pɛ́ : adv. precisely *(syn. pɛ́pɛ́ɛ́pɛ́)*

pɛ́ɛ́ : intj. exactly!

pékò : adv. only

pɛ́pɛ́ɛ́pɛ́ : id. precisely *(syn. pɛ́)*

piáŋpíáŋ : id. in small steps

piànò : n. piano

píkìníkì : n. picnic

pínì : n. 1. thumbtack (to fix) 2. pin

pinɔ̃̀ : n. pinon (a type of dish made from gari)

pípã̀ : n. train *(syn. gàkpòdzíúú, kètékè, kètíkè)*

pípã́dzéfè : n. train station *(syn. kètékèdzèfé, kètékèḍófé, kètékèʋútɔ́fé, stésìn, stésyn, ʋúdzèfé, ʋútó)*

pípàgàkpò : n. rail

pípã́kùlá : n. train driver

pípàmɔ́ : n. railways

pípã̀tà : n. locomotive

pìrèné-Tówó : np. the Pyrenees

pìstòlé : n. 1. gun 2. pistol

pistɔ̃́ : n. piston

plànétì : n. planet

plánì : n. 1. map 2. plan 3. blueprint 4. scheme

plàsí : n. 1. joke 2. irony

plástà : v. to coat with plaster

plástà : n. 1. plaster 2. adhesive plaster

pléŋgò : n. nail *(syn. gàtàgbádzɛ̀)*

plɔ́gì : n. 1. electrical outlet 2. spark plug

pò ! : id. boom! (fall)

pòàró : n. leek

pòdiɔ́m : n. podium

pòlikòpìè : v. 1. to mimeograph 2. to photocopy

pòlikòpìè : n. 1. mimeograph 2. photocopy

pòlinézíà : n. Polynesia

pólìò : n. poiliomyelitis *(syn. àtátùtúdɔ́, tùtúdɔ́)*

pòlísì : n. police *(syn. kpòvítɔ́, pɔ́lísì)*

pòlìsìtɔ́ : n. police officer *(syn. pɔ́lísìtɔ́)*

pòlísìtɔ̀wó : n. 1. policemen 2. police officers

pòló : n. polo shirt

Pòlóníà : n. Poland

pòplòwòè : n. globe fish *(syn. ʋùʋlùyè)*

póskártè : n. 1. postcard 2. postal card

pòtó : n. post (a long, sturdy piece of timber or metal set upright in the ground and used to support something or as a marker) *(syn. pòtótí)*

pòtòmántò : n. suitcase

pòtótí : n. post *(syn. pòtó)*

pɔ́ : v. 1. to be soaked/wet 2. to be rich 3. to be pale

pɔ́ɖà : n. 1. powder 2. talc *(syn. ɖù)*

pɔ́é, pɔ́épɔ́é : n. little frog

pɔ́lísì : v. to polish

pɔ́lísì : n. police *(syn. kpòvítɔ́, pòlísì)*

pɔ́lísìtɔ́ : n. police officer *(syn. pòlísìtɔ́)*

pɔ́lísìtɔ́wó : n. police officers

pɔ́lítíkì : n. politics *(syn. dùnyàgbɔ̀gblɔ̀, dùnyàhèhè)*

pɔ́lítíkìwɔ̀lá : n. politician *(syn. dùnyàgblɔ̀lá, dùnyàhèlá)*

pɔ́mpì : n. 1. pump 2. tap

pɔ́mpìmètsì : n. water from a pump or tap

pɔ́mpìnùví : n. bicycle pump *(syn. vèntílì)*

pɔ́mpìʋùfé : n. 1. tap 2. cock 3. faucet

pɔ̃̀mè : n. port

pɔ́ŋ : n. pound

pɔ́píí : adj. 1. ashamed 2. shy

pɔ́síí : adj. 1. hairy 2. drenched

pòskátè : n. postcard

pósù : v. 1. to post 2. to station

pósù : n. post office *(syn. àgbàlẽ̀ɖóɖáfé, àgbàlẽ̀ɖófé, àgbàlẽ̀xɔ̀fé)*

pósùdɔ̀wɔ̀lá : n. post office worker

pósùɖákàví : n. mailbox

pósùtɔ̀ : n. postman

pósùxɔ̀ : n. post office building

pòtásìɔ́m : n. potassium

pɔ̀tɔ́kígbè, pɔ̀tɔ̀kùígbè : n. portuguese language

pɔ̀tɔ́kí-nyígbá : n. Portugal

pɔ̀tɔ̀ɔ̀ : id. 1. very dirty 2. thick and coagulated 3. muddy

pràkò : n. pig : n. pig *(syn. àféhà, hà, kplákò)*

pràsàà : id. wet

pràtàà : adv. in disorder

prátìsì : n. 1. practice 2. training

prèfě : n. prefect

prèsbitéríàkɔ̀nyìnyì, prèsbitéríàxɔ̀sè, prèsbitéríàhá : n. presbyterianism

prètsí : n. little mouse

príkú : n. black antelope

primɛ́ : n. primary school

Príntsípè : n. Principe (the smaller, northern major island of the country of Sao Tome and Principe lying off the west coast of Africa in the Gulf of Guinea.)

pró : n. palm squirrel/peel's flying squirrel

pròtéstántè : adj. protestant

pròtéstántètɔ́ : n. protestant

prɔ̀ɔ̀ : adj. decay *(syn. prɔ̀pìì)*

prɔ̀pìì : adj. decay *(syn. prɔ̀ɔ̀)*

pú : v. 1. to be bald 2. to be scalded 3. to husk (rice)

púsɛ̀ : n. plantain bark used as a sponge

púsíí : adj. slightly

pùtùpùtù : id. 1. pulverize 2. lushly

pwàró : n. leek (green onion)

R

ràdí : n. radish

ràdió : n. 1. radio 2. radiography 3. x-ray (syn. rèyɔ̃ íksì)

ràdió (ɖè -) : v. to make an x-ray

ràdiòàktìvìté : n. radioactivity

ràdíódèdè : n. the act of making an x-ray

ràdìòdɔ́wɔ̀fé : n. broadcasting station

ràdìòkàsétì : n. 1. radio-cassette 2. tape player

ràdìótí : n. radio antenna

ràlì : n. rally

rèsó : n. 1. schock absorber 2. spring 3. resilence

Rèwùnyɔ̃-fùdòmèkpó : np . Reunion island

rèyɔ̃ kɔ̀smíkì : n. cosmic rays

rèyɔ̃ èfràrùzyì : n. infrared ray

rèyɔ̃ gǎmà : n. gamma rays

rèyɔ̃ ùltràvìòlé : n. ultraviolet ray

rèyɔ̃ íksì : n. x-ray (syn. ràdíó)

rézà : n. 1. razor blade 2. razor

rèzèntí : n. grape tree

rɛ̃́-tɔ̀sísí : n. Rhine river

rìɖìɖì : id. 1. quickly 2. hastily

ròbó : n. robot

ródè-fùmèkpó : np. Rhodes island

ròdézíà : n. Rhodesia

róni-tɔ̀sísí : n. Rhone river

rómà : n. Rome

rómàtɔ́ : n. Roman

rózìséfófó : n. rose flower

rózìtí : n. a rose plant

róbà : n. 1. plastic 2. rubber

róbàtú : n. sling

róm : n. rum (syn. róm (ù))

róm (ù) : n. rum (syn. róm)

rónbà : n. rhombus

ròsáríò : n. rosary chaplet

rósíà : n. Russia

rósíàgbè : n. russian language

r.p.t (épétè) : np. RPT (a political party in Togo)

rùmáníà : n. Romania

rùwándá : n. Rwanda

S

sà : v. 1. to avoid 2. to sell 3. to tie 4. to be bound 5. to be entangled 6. to be difficult to learn 7. to mend a net

sà (lé mò -) : v. to make funny faces

sà àdà : v. to be fast

sà àsàbù : v. to repair a net

sà àsí : v. to glean

sà àsíwó : v. cross hands

sà àvɔ̀ : v. to tie a loincloth around the loins

sà … ɖí : v. 1. leave aside 2. to forget/omit

sà dzò : v. to make a charm

sà gbè dó : v. 1. to bewitch 2. to voodoo

sà kà : v. 1. to make a knot 2. to make a charm

sà kɔ́ : v. 1. to make a knot 2. to be complicated 3. to be entangled

sà ŋkúmè : v. 1. to make faces 2. to not be in good shape

sà mò : v. 1. to make grimaces 2. to convulse the face

sà ná : v. to avoid

sá : v. 1. to be quick 2. to be agile

sá : n. neighborhood

sá gbè, sá gbè : v. to promise

sá vɔ̀, sá vɔ̀ɛ̌ : v. 1. to sacrifice 2. to immolate

sá xɔ̀dzí : v. to cap (a piece)

sá̋ : v. 1. to dribble 2. to put across *(syn. srá̋)* 3. to be multicoloured 4. to administer an enema

sá̋ (- àɖi) : v. to administer an enema

sá̋ : n. 1. building 2. storey house/ceiling/top floor *(syn. sé̋, srá̋)* 3. scaffold 5. luggage rack 6. kinsman *(syn. fòmètɔ́, fòmèví, gómètɔ́, kɔ̀, kɔ̀mè, hlɔ̌, tó)* 7. a diet of bananas

sáà : n. saw *(syn. sákà)*

sàà̀ : id. 1. disgusting 2. a feeling of falling due to dizziness

sàà̀ (mò wɔ̀ -) : v. to be scared of heights

sá̋á̋ : adv. 1. swiftly 2. enormously 3. infinity 4. at length

sàbálà : n. onion *(syn. sàbólà)*

sábè, sá̋bè : n. a disease of the skin, also of tubers *(syn. sámbè)*

sàbólà : n. onion *(syn. sàbálà)*

sàblà : n. a type of charm

sàblàfé : n. gallows at the entrance of a village to ward off evil spirits

sàblàtí : n. crosspieces of gallows at the entrance of a village intended to ward off evil spirits

sàblìi : id. muddy

sàdè : n. antelope *(syn. sàndɛ̀)*

sàdè dzě : n. red antelope/red-flanked duiker

sádé : n. small mouse

sádé, sá̋dé : adj. 1. agile 2. lively

sàdè yìbɔ̀ : n. black antelope

sàdí, sàdínè : n. sardine

Sàdíníà : np. Sardinia

sàdzí : n. sergeant

sàdzígá̰ : n. chief sergeant

sàɖágà : n. monastery (syn. sàɖágàfé, sàɖágàxɔ̀)

sàɖágàfé : n. monastery (syn. sàɖágà, sàɖágàxɔ̀)

sàɖágàŋútɔ́ : n. nun

sàɖágàxɔ̀ : n. monastery (syn. sàɖágà, sàɖágàfé)

sàɖágàtɔ́ : n. 1. monk 2. hermit

sàfírì : n. sapphire

sáfúí : n. key

sáfé (yì -) : v. to send a gift to the bride's family in order to close a marriage contract

sàgà : adj. 1. odd 2. strange

sàgā̰ : n. the opposite (of something)

sàgàà (lè -/nɔ̀ -) : v. to be in disorder

sàgā̰ā̰ : id. 1. curved 2. inclined 3. shaky 4. fluttering (in the wind) 5. staggering 6. deformed

sàgàtɔ̀ : n. 1. the opposite 2. the contrary

sàgā̰tɔ̀ : adj. opposite

ságàtsí : adj. dead

ságàtsí : n. death (syn. sálágàtsí)

sàgè : adj. squinting

sā̰gḛ̄ : adj. cross-eyed

sàgbà : n. swarm

sā̰gòè : n. enema (syn. àɖìsā̰gòè, béntúwá, sàsā̰́gòè)

sàgbàdrɛ́ : n. 1. swallow (bird) 2. sabines's spinetail 3. black spinetail 4. mottled spinetail 5. cassins's spinetail 6. african palm swift 7. pallid swift 8. common swift 9. white-rumped swift 10. little swift 11. mottled swift 12. alpine swift

sàgbàsàgbà : id. hovering

ságblè (ɖè -) : v. to work in the field of one's father in order to pay the dowry

sàhà : n. palm wine that a young man must gift to his future in-laws

sàhlàdzà : n. a variety of crab

Sàhárà : np. Sahara

sàhɛ̀l dùkɔ́wó : n. sahel countries

sàhó : n. bride's dowry

sàkà : n. a variety of a climbing plant

sáka : n. saw (syn. sáà)

sàkàà : id. 1. in disorder 2. without discipline 3. corrupt 4. fiery (horse)

sákábó : n. 1. something that is used and worn out 2. prostitute (syn. àhásìtɔ́, àhásìwɔ̀lá, dzàkàsì, dzèhɛ̀, gbòlò, gbòlòtɔ́, màtrèwɔ̀lá)

sàkàsàkà : id. 1. messy 2. indisciplined 3. debauched 4. corrupt 5. fiery (horse)

sàkɛ̀ : n. a vine or rope used for fishing

sákísì : n. a pair of scissors *(syn. àkápɛ́, sízà, sìzò)*

sákó : n. 1. a sack in which cocoa or coffee is loaded in 2. sedan chair for a chef/palanquin *(syn. àpàkã́)*

sàkòò : id. 1. rough 2. rugged

sàkùi : n. vulture *(syn. àkàgã́, àklã̀tsú, glú, kàblíkányá, káŋgá, kàŋgbá, kpètè, pété, xèvɔ̃́)*

sàkúmé (sà kà -) : v. to tie tightly with a string

sàkpàà : adv. id. of being itchy all over

sàkpàmì : n. foot yaws *(syn. àfɔ̀fòmédzɔ̀bú, dzɔ̀búkúí , tsàkpàŋkúí)*

sàkpàná : n. smallpox *(syn. sàkpátɛ̀, sàkpátɛ̀dɔ̀, sàkpátɛ̀dɔ̀vɔ̃́)*

sàkpátɛ̀ : n. 1. smallpox *(syn. sàkpàná, sàkpátɛ̀dɔ̀, sàkpátɛ̀dɔ̀vɔ̃́)* 2. cow-pox

sàkpátɛ̀ : np. name of a fearsome fetish

sàkpátɛ̀dɔ̀ : n. 1. smallpox *(syn. sàkpátɛ̀, sàkpàná, sàkpátɛ̀dɔ̀vɔ̃́)* 2. cow-pox

sàkpátɛ̀dɔ̀vɔ̃́ : n. 1. smallpox *(syn. sàkpátɛ̀, sàkpàná, sàkpátɛ̀dɔ̀)* 2. cow-pox

sàkplà : n. long sword

sàkplàtòkè : n. a large bat *(syn. tòkè)*

sàkplɛ́tí : n. 1. pontoon 2. floater

sàkplí (sà -) : v. 1. to slander 2. to gossip

sàkplísàlá, sàkplítɔ́ : n. 1. a gossip 2. a slanderer

sàkpòò : n. 1. bundled up 2. veiled

sàlàà : adj. of (something) which rises or descends in the air (e.g bird of prey)

sàládà : n. salad

sàládàgbá : n. salad bowl

sálágàtsí : n. death *(syn. ságàtsí)*

sàlɔ̀mè : n. a man who stays with a woman or moves in with a woman or is being catered for by the wife or girlfriend (Ameza, 2022)

sàlùù : id. 1. hard 2. tough 3. tasteless

sálúmɔ̀ : n. salmon

sàmà : v. 1. to tie cloth around the loins 2. uncover the upper body (in the presence of one's superiors)

sámá : v. 1. to summon 2. to complain against

sámá : n. 1. summon 2. subpoena

sámá : adj. assigned

sámádzá : n. glow-worm

sàmàníkpé : n. 1. a passionate person 2. someone who is always in a hurry 3. careless individual

sàmànyíkpémè : n. skilful, energetic and intelligent person

sàmàsámá : n. the act of making a complaint/ the act of summoning

sàmásè : n. a variety of melon

sámásì : n. summons

sámáxɔ̀lá : n. 1. an assigned person 2. someone who has been summoned

sámbè : n. a disease of the skin, also of tubers *(syn. sábè, sábè)*

sámbí : n. cracking on the side/heel of the foot *(syn. àfɔ̀kpódzí wówó, àfɔ̀tógà wówó, àfɔ̀xá wówó, símbí)*

sámèmègá : n. head of a household or clan

sámètɔ́, sámèví : n. member of a clan

sàndàà, sándɛ́ɛ́ : id. 1. lively 2. active

sàndɛ̀ : n. antelope *(syn. sàdè)*

sándrófí : n. a type of bird

sándzá : n. honey fly /bee

sàndzà : n. 1. shingles 2. herpes zoster *(syn. ànànsè, èʋã̀, mékpéámèɖóò, ʋã̀)*

sànkúmádzí : n. swallow-tail sea perch

sàntím : n. cent (unit of money)

sàntìmɛ́tà : n. centimetre

Sán-Tòmé : np. Sao-Tome

sànú : np. gifts that a future groom must give to his bride *(syn. tàfè, tànú vìgbàtsúnú)*

sányà : n. 1. aluminium 2. tin

sányàgbá : n. 1. aluminum saucepan 2. casserole

sànyòò : adj. 1. muddy 2. damp

sáŋ : adv. downright

sàŋgà : n. a type of creeping plant whose fruits are used as vegetables

sàŋgàà, sàŋgầà : adj. 1. oblique *(syn. sàŋglàà)* 2. shaking *(syn. sàŋbàà)* 3. curve 4. insolent 5. fallacious 6. deformed

sàŋgbàà : adj. shaking *(syn. sàŋgàà, sàŋgầà)*

sàŋglàà : adj. oblique *(syn. sàŋgàà, sàŋgầà)*

sàŋgblàà : adj. 1. wide (area) 2. as far as the eye can see

sàŋkú : n. 1. organ 2. harmonium 3. string instrument (e.g guitar)

sàŋkú (fò -) : v. to play the harmonium, organ, a string instrument, etc.

sàŋkúfòfò : n. playing of the harmonium, organ, a string instrument, etc.

sàŋkúfòlá : n. someone who plays the harmonium, organ, a string instrument, etc.

sàpàà, sàpràà : adj. 1. moist 2. wet

sàpìì : adj. muddy

sàrákàwá : np. Sara-Kawa (a city in northern Togo)

sàsà : n. the act of tying (something)

sàsá : n. 1. piece of cloth 2. rag

sàsàbɔ̃̀sám : n. 1. devil 2. demon of the bush 3. being in a fabulous state

sàsàɖá : adj. 1. from the side 2. lateral of (something)

sàságòè : n. enema *(syn. àɖisàgòè, béntúwá, sàgòè)*

sàságòè (dó -) : v. to purge (with enema)

sàsá̂góèdódó : n. the act of applying an enema

sásɛ́ (ɖó ʋú -) : v. to be anxious

sásíá : adj. dried

sàsrà : n. 1. trickle (e.g of water) 2. purgative 4. diarrhoea (syn. *mítsi*)

sàsrà : adj. 1. lively (water) 2. trickle (e.g of water)

sàsrà̀tíkè : n. purgative

sàsùù : adj. 1. tough 2. fibrous

sàtèlítè : n. satellite

sàtínè : n. satin

sàtú : n. 1. loop 2. node

sàví : n. betrothed

sàwùì : n. smashed root of a climbing plant (**gbògbòtríkà**) used as a toothpaste or perfume

Sàxàlínì : np. Sakhalin (an elongated island in Northeast Asia, located just 6.km (4.0 miles) off the southeastern coast of Russia's Khabarovsk Krai, and 40 km (25 miles) north of Japan's Hokkaido.)

sè : v. 1. to understand 2. to comprehend 3. to hear 4. to smell 5. to feel 6. to taste 7. to listen and obey 8. to worship (e.g vodoo)

sè : n. 1. doe 2. gazelle

sè dó ŋgɔ̀ : v. 1. to forebode 2. to make one aware of (something) in advance

sè ɖá : v. to listen!

sè gbɔ̀dzɔ̀gbɔ́dzɔ́ lè làmè : v. to feel weak

sè ... gɔ̀mè : v. to understand

sè kpɔ́ : v. to listen in order to make an opinion

sè nɔ̀èwó gɔ̀mè : v. to get along with (one another)

sè nyà : v. to understand

sè nyà lè émè : v. to grasp the meaning (of something)

sè nyà tsó ... ŋú : v. to have information on (a subject matter)

sè ... ŋkɔ́ : v. to have news of

sè sèsèɖélàmè : v. to be sensitive

sè vèvé : v. 1. to suffer 2. to feel remorse for 3. to be painful

sè vèvé ɖé àmè ŋú (tí) : v. 1. to be friendly 2. be sympathetic towards someone

sè vèvé ɖé ... ŋú (tí) : v. to sympathize with

sè yìbɔ̀ : n. bongo (a large, mostly nocturnal, forest-dwelling antelope , native to Sub-Saharan Africa)

sé : v. 1. to reach 2. to take a long time 3. to stop 4. to bud/to shoot

sé : n. 1. law 2. flower 3. God 4. destiny

sé : v. loc. until

sé (blá -) : v. to plot

sé (dé -) : v. to make a decree

sé (dà - dzí) : v. to act against the law

sé (fò -) : v. to bloom

sé (gbằ -) : v. to repeal a law

sé (lè - nù) : adv. in accordance with the law/rule

sé (wɔ̀ - dzí) : v. to act in accordance with the law

sé- : conj. and (before a verb)

sé dè nyùiè ! : expr. safe journey !

sé ŋkúmè : v. to not be intimidated

sé ŋú : v. 1. to be difficult 2. to be serious

sé ... sé : adv. for the last time

sé tàmè : v. 1. to persist 2. to be mean (syn. sế tàmè)

sé tó : v. to disobey (syn. sế tó)

sế : v. 1. to be hard 2. to be difficult 3. to be strong/healthy 4. to be serious 5. to cut

sế : n. 1. ceiling /top floor (syn. sấ, srấ) 2. a metal ring worn by town criers 3. variety of antelope [striped antelope] (syn. klàtsà)

sế ḍé édzí : v. to be more and more difficult

sế nù : v. to deny

sế ŋú : v. 1. to be strong 2. thank you (for the trouble that one took on him or herself)

sè ... ŋùtà : v. to be cruel

sế tàmè : v. 1. to persist 2. to be mean (syn. sế tàmè)

sế tó : v . to disobey (syn. sế tó)

sế xɔ̀ dzí : v. 1. to make a second floor 2. to make a concrete ceiling

sébè : n. excrement (syn. mì, mĩ́, sébè)

sébé : n. leather amulet

sébíò : intrj. apology (syn. tàflàtsé)

séblá : n. conspiracy

sèblèsèblè : adj. 1. fattish 2. shapeless 3. trailing

sèblì, sèblìsèblì : n. a type of a small bird

sédà : n. silk

sédé, sếdé : n. a type of yellow seeded palm

sédédé : n. 1. the act of legislating 2. the act of banning 3. decree

sédélá : n. legislator

sédzídàdà : n. 1. transgression 2. offence

sédzínɔ̀dàsédígbàlẽ̀, sédzínɔ̀gbàlẽ̀ : n. criminal record

sédzíkpɔ́lá : n. bailiff

sédzíwɔ̀lá : n. one who obeys the law

sédzíwɔ̀wɔ̀ : n. obedience of the law

sédzímàwɔ̀màwɔ̀ : n. indiscipline (the act of disobeying the law)

séḍé : prep. until

séḍé ésìmè : conj. until

séḍófé : n. extreme point

sèè : adv. deeply

sếế : adv. 1. deeply 2. for a long time

séfù : n. a safe (in which valuable items are kept)

séfé : n. 1. limit 2. boundary 3. regulation

séfénáná : n. limitation

séfòfò : n. flower

séfòfòmètsì : n. nectar

sègè, sègèdè : adj. 1. swaying 2. dangling

sègèmè (tsí -) : v. to be neither one nor the other

sègètí : n. a beam supported by two posts

sègèsègè : adj. 1. swaying 2. shaking 3. dangling

séké : n. anchor

séké (dà -) : v. to drop the anchor

séké (hò -) : v. to raise the anchor

sèkúndè : n. second

sèmìnárì : n. seminary

sèmpòziòm : n. symposium

sèmùlú : n. semolina (coarsely milled durum wheat mainly used in making couscous, pasta and sweet puddings)

Sènègálì : np. Senegal

Sènègálì-tó : np. Senegalese

Séni-tòsísí : np. Senegal river

sènòò : id. of draggging (something)

sèntìmétà : n. centimeter

sènú : adj. 1. attentive 2. obedient

sénù : n. one who denies

sènúnyí : n. acute boil (syn. **kàvègè, sìmpùà**)

sényàgbàlẽŋlòlá : n. notary (syn. **séŋúgbàlẽŋlòlá**)

sényálá : n. lawyer

sényínyí : n. violation (of the law)

séŋúgbàlẽŋlòlá : n. notary (syn. **sényàgbàlẽŋlòlá**)

séŋútínúnyá : n. 1. matters of the law 2. right as pertains to law

séŋgbé (dè ... dé -) : v. to excommunicate

séŋú : adj. 1. hard 2. strong 3. in good health

séŋùtà : adj. 1. cruel 2. heartless

sèràmíkà : n. 1. ceramic 2. poetry

sérbíà : n. Serbia

Sèróm : n. serum

sèsè : n. 1. sensation 2. hearing

sèsè dé làmè : n. sensation

sèsèlè làmè : n. feeling

sèsé : n. 1. hardness 2. cruelty 3. severity 4. difficulty

sésé : v. 1. to be hard 2. to be difficult 3. to be resistant 4. to be solid

sésé : adj. 1. hard 2. strong 3. resistant 4. vigorous 5. difficult 6. powerful

sěsétòè : adv. barely

séséé̯ ɖé : loc.adv. strong

sèsèmásè : n. a melon variety

sésénúɖùlá : n. 1. a violent person 2. a provocative person

sésétɔ́ : adj. 1. hard 2. difficult

séséwú : n. a type of tree that resembles mahogany

sésíé : adv. 1. strongly 2. loudly 3. quickly

sésíé (nɔ́ ànyì -!) : v. be well!

sésíé (lè -/nɔ́ -) : v. to be strong/vigorous

sèsrè : n. the act of casting of a metal

sétàmè : adj. 1. obstinate 2. persistent 3. stubborn

sètémbà : n. September

sétí : n. canon (rule)

sètùù : adj. twisted in all directions

séwàyà : n. razor blade

séwó : n. 1. statute-book 2. code

séwó ŋútí núnyá fé sùkǔ : sn. Law school

séwɔ̀fé : n. parliament

Séwɔ̀fé : n. National Assembly

séwɔ̀fémènɔ̀lá : n. member of parliament

séwɔ̀tàkpékpé : n. 1. senate 2. legislature

séwɔ̀tàkpéfé mènɔ̀lá : n. 1. senator 2. legislator

sèzyǎ : n. sergeant

sèzyǎgǎ : n. chief sergeant

shíkplé : n. 1. grey snapper 2. atlantic emperor

sì : n. 1. glaucoma 2. cataract/white film on the eye *(syn. àɖí, àtàsì, àtàzì, àtɔ̀sì)*

sì : v. 1. to cut oneself 2. to touch/reach (as in terms of a war reaching a people/village/city/country, etc.) 3. to turn on (the light) 4. to paint

sì : pr.rel. 1. who 2. what 3. which 4. whom 5. that 6. this

sì : dem. adj. 1. this 2. that

sì ké (nyé) : loc.rel. who is

sì àbɔ́tà : v. to vaccinate

sì àdódóé : v. to describe

sì àkàbà : v. to be scarred (e.g in the face as tribal marks)

sì àkàbà ná : n. to scar (e.g in the face as tribal marks) *(syn. sì ŋkúmè ná)*

sì àkálótsì : v. to paint *(syn. sì àŋɔ́ ná)*

sì àmì : v. 1. to oil one's skin 2. to apply perfume/deodorant 3. to polish (e.g shoes)

sì àmì ná : v. 1. to grease 2. to massage

sì àmì ʋéʋí : v. to apply perfume/deodorant *(syn. sì lávíndà)*

sì àŋɔ́ ná : v. to paint *(syn. sì àkálótsì)*

sì àtíkè : v. to apply medicine/a pharmaceutical product

sì dó ŋgɔ̀ : prop.rel. that which precedes (another)

sì dzò : v. 1. to light up 2. to switch on 3. to enkindle sì ɟé : pron . 1. of which 2. whose

sì ké : rel. pr. who

sì ... (là) / sì ...(à) : pron. 1 .who 2. which 3. whom 4. that 5. this

sì lávíndà : v. to put on perfume *(syn. sì àmì ʋéʋí)*

sì ... ná : pr.rel. 1. to which 2. for which 3. for whom

sì nɔ̀ ànyí vá yì : prop.rel. 1. something which used to be in existence 2. previous

sì nú : v. to get a tattoo

sì nú ... ɖé ɖà mè : v. to dye one's hair

sì nú .. ɖé mò ná : v . to appply make up

sì nú ɖé ... mè : v. 1. to dye 2. too stain 3. to discolor

sì nú ná : v. 1. to paint 2. to draw 3. to tattoo 5. to wax

sì nú yìbɔ̀ ná : v. 1. to blacken 2. to darken 3. to smut

sì ŋkúmè ná : v. to give a tribal mark *(syn. sì àkàbà ná)*

sì ŋútí : pron. 1. whose 2. of which

sì tsì : v. to color

sì ... ɖé ... dzí : v. to apply (e.g a cream) on

sì vá yì : adv. 1. past 2. of something which is past

sí : v. 1. to run away 2. to flow

sí : postp. 1. to be with (something) 2. to have (something)

sí (lè/nɔ̀ ...-) : v. to possess

sí àkpé : v. to applaud

sí àʋà : v. to flee from war

sí dù : v .1. to run 2. to run away

sí dzó lè ... mè : v. to desert

sí kà : v. to attach to a rope

sí kàkà : v. to flee in disarray

sí kà ... ɖí : v. to restrain

sí kplé : v. to abduct

sí kpódù : v. to gallop *(syn. sí kpótítídù)*

sí kpótítídù : v. to gallop *(syn. sí kpódù)*

sí lè ... gbɔ́ : v. 1. to flee from 2. to escape from

sí tó lè ... mè : v. to escape from

sí tó ... mè : v. to run through (something)

sìà : pron. this

sìá : v. 1. to spread out/ expose (in order to be dried by help of the sun or air) 2. to dry (by hanging or spreading) 3. to wax/ shine

sìá : adv. 1. together 2. at the same time

sìá, -sìá : part. every

sìáá, sìáà : adv. 1. all 2. all together 2. all of them

sìáá (kplé...) : loc. adv. all together with

sìáɖì : n. small container for cooking soup

sìáfé : n. 1. drying room 2. dryer 3. drying cupboard

sìàkpàà : adj. wide

sìàkpàà : adv. widely

sìámàsí : n. designation of a person whose name is not explicitly mentioned (syn. àsímèsí)

sìámlɔ́m : n. July

sìàndè dzɛ̃́ : n. small red antelope (syn. tsítsrìdzá)

Sìàrí-Tɔsísí : Chari river (a long river that flows in Central Africa)

sìàsìà : adj. 1. crack 2. cracked 3. torn 4. very long

sìàsìá, sìàsìá : n. 1. dessication 2. exposure (to the sun or air in order to dry) 3. making shiny

sìásíá : adj. clean

sìásíá : adv. 1. all 2. all of the

Sìbérià : np. Siberia

sídà, sídàdɔ̀lélé : n. AIDS (Acquired immunodeficency Syndrome) (syn. dìkànákú)

Sídáríà- Tɔsísí : np. Syr Darya river / Jaxartes (a river in Central Asia)

sídì : n. cedi (currency of Ghana)

sìdzá : n. prostitution (syn. àhásì, àhásìwɔ̀wɔ̀, gbòlòwɔ̀wɔ̀, màtrè)

sìdzá (wɔ̀ -) : v. to indulge in prostitution

sìdzáxɔ̀è : n. a house in which unmarried young men live

sídzèdzè : n. 1. recognition 2. awareness

sídzèdzèsɔ́srɔ̃́ : n. philosophy

sídzèdzèsrɔ̃́fé : n. department of philosophy

sídzènú : n. 1. mark 2. testimony 3. sense 4. meaning

sídzóè : adj. shiny

Sìérà Lèónè : n. Sierra Leone

Sìérà Lèónèví : n. Sierra Leonean

sìgá : n. 1. cigar/cigarette (syn. sìgàréti) 2. ring of the oil palm bark

sìgá (yɔ̀ -) : v. to smoke cigar/cigarette

sìgáò : n. 1. wardrobe 2. cupboard

sìgàréti : n. cigarette (syn. sìgá)

sìgáyɔlá : n. someone who smokes cigar

sìgàrètìyɔ̀lá : n. someone who smokes cigarette

sìgàtàkpùì : n. 1. cigarette butt 2. cigar butt

sígli : n. a type of herb that is prepared as a vegetable

sìgbè : conj. 1. in this way 2. like this 3. such

sìgbè (álési) èné : conj. 1. like this 2. similar to (this) 3. as (syn. àbé (álési) èné)

sìhà : n. a charm/spell that renders (someone/something) invisible

síhlɔ̀ : n. slope

sîìsîì : n. someone small who drags and waddles

sìká : n. 1. gold (Agbeny La, 1988, 2006, 2020, S. Mateo 2:11) 2. money 3. ore

Sìká : np. Sika (first name of a girl)

síká : n. 1. to hold someone (in captivity) 2. to load (a gun)

sìkádódó : n. wearing gold jewellery

sìkádówòlá : n. jeweler

sìkáflá : n. golden sword

sìkáfèflè : n. borrowing money with interest paid in cash

Sìká-fùtà : n. Gold coast (a former British Crown Colony on the Gulf of Guinea in West Africa from 1821 until its independence in 1957)

sìkákó : n. gold bar

sìkákòwlà : n. gold necklace

sìkámí : n. gold powder *(syn. sìkáwó)*

sìkánú : n. 1. jewellery 2. golden item

sìkàsíká : n. 1. sea bream 2. angolan dentex 3. canary dentex 4. congo dentex 5. blue-spotted sea bream

sìkàsíkáví : n. red pandora

sìkáwó : n. gold powder *(syn. sìkámí)*

sìkò : n. giant african threadfin

síkóni : n. anis seeds used for perfumes

sìkósìkó : n. hiccups *(syn. dzìdzá, dzìdzé, dzìdzí, dzìkúdzìkú, hèdzèhèdzè, hédzèhédzè)*

sìkéli : n. 1. balance/weighing scale 2. seesaw

sìkpìì : adj. 1. resistant 2. hard 3. not well dried

sìkpùì : n. dysentery *(syn. èvùdèdè, èvùnyènyè, èvùsísídò, kpètà, vùdèdè, vùnyènyè, vùsísídò)*

síli : n. shilling (a former currency of Ghana)

sílívà : n. silverware *(syn. sílvá)*

sílívàgbá : n. silver tray/plate *(syn. sílvàgbá)*

sílvá : n. silverware *(syn. sílívà)*

sílvàgbá : n. silver tray/plate *(syn. sílívàgbá)*

sìmá : n. 1. cement 2. grout *(syn. sìmíti)*

símbí : n. cracking on the side/heel of the foot *(syn. àfòkpódzí wówó, àfòtógà wówó, àfòxá wówó, sámbí)*

símè : n. swampy land *(syn. sìnyígbá)*

sìmègbògbò : n. luciscus (a type of fish)

sìmíti : n. 1. cement 2. mortar *(syn. sìmá)*

sìmíti (dé -) : v. to cement

sìmítinyànyà : n. the act of making cement

sìmítiwòfé : n. cement factory

sìmpàzé-kèsé : n. chimpanzee *(syn. àkplàkpòè, àmèkèsé, àzìzá, kèségá, yélègbèmè)*

sìmpùa : n. acute boil *(syn. kàvègè, sènúnyí)*

Sínàyi : np. Sinai

sìnì, sìnìmá, sìnémá : n. cinema

sìnìmá (ɖè -) : v. to project a film

sìnìmá (wɔ̀ -) : v. to shoot a movie

sìnìmáɖèɖè : n. projection of a movie

sìnìmáɖèfé : n. movie room/theater

sìnìmáɖèlá : n. 1. operator of a cinema 2. a camera man

sìnìmáɖèmɔ̀ : n. video camera

sìnìmáxɔ : n. 1. cinema building 2. movie theatre

sìnìmáwɔ̀fé : n. filming location (of a movie)

sìnìmáwɔ̀lá : n. movie actor

sìnìmáwɔ̀wɔ̀ : n. film shooting

sìnódì : n. synod

síŋgɔ̀ : n. chewing-gum

sìnyígbá : n. a swampy land (syn. símè)

sínú : n. 1. quantity 2. portion 3. asset

sìóó : adj. dried up

sìɔ̌ : v. 1. to be arrogant 2. to be delicate/cute

sìɔ́bóé : adj. 1. pointed 2. full of implications

sìpá : n. spades (card game)

Síríà : np. Syria

sìrótíkè : n. syrup

sìsì : v. 1. to apply by rubbing 2. to dip a piece of bread/àkplɛ́/fufu, etc. in a sauce 3. to dip

sìsì (ɖè -) : v. to have diarrhoea

sìsì àfɔ̀ : v. to wipe one's feet (e.g on a doormat)

sìsì bà lè àfɔ̀ ŋú : v. to wipe the mud from one's shoes

sìsì bɔ̌tà, sìsì bùtrù : v . to apply butter

sìsì ... ɖé ... dzí : v. to apply (a product) on (something)

sìsì ... ŋú : v. 1. to scrub 2. to rub

sìsí : n. 1. flight 2. escape 3. watery stool/diarrhoea

sísí : n. 1. livelihood 2. money for living purposes 3. travel costs

sìsíblìsí : n. 1. a bear-like animal 2. african golden cat[3]

sìsìɖèɖè : n. diarrhoea (syn. dɔ̀mèdèdè, dɔ̀mètɔ́trɔ́, dɔ̀mètútú, fòmètútú, kpètàlélé, mítsìnyènyè̌, sìsìnyènyè̌)

sìsílá : n. fugitive

sìsìnyènyè̌ : n. diarrhoea (syn. dɔ̀mèdèdè, dɔ̀mètɔ́trɔ́, dɔ̀mètútú, fòmètútú, kpètàlélé, mítsìnyènyè, sìsìɖèɖè)

sìsìná : n. 1. dress 2. jumpsuit

sìtí : n. 1. muscle cramp/muscle pull 2. arthritis (rheumatism) (syn. àgbàklìkpé, àké dɔ̀sésɛ́, ɖùɖùì, ŋúɖúɖùì, ŋúɖùì, ŋúíɖù, ŋúíɖùɖùì, sìtí, sìtíɖɔ̀, tìtí)

sítì : n. stomachache/diarrhoea

síti (ḍé -, nyɛ̀ -) : v. 1. to have a stomachache 2. to have diarrhoea

sitídɔ : n. rheumatism *(syn. àgbàklìkpέ, àké dɔ̀sésɛ̃́, ḍùḍùì, ŋúḍúḍùì, ŋúḍùì, ŋúíḍù, ŋúíḍùḍùì, sìtí, tìtí)*

sitítíkὲ : n. anti-rheumatic drug

Sìtsílíà : np. Sicily

sítsòfé : n. 1. refuge 2. asylum 3. strength (Biblia alo Ŋɔŋlɔ Kɔkɔe la le Eʋegbe me, 1913,2006, S. Psalmowo 73:26)

sítsòfé dílá : n. refugee

síza : n. a pair of scissors *(syn. àkápέ, sákísì, sìzò)*

sìzò : n. a pair of scissors *(syn. àkápέ, sákísì, síza)*

sízĩ̀ : n. season

Skàndìnávíà : n. Scandinavia

skándrì : n. 1. timber 2. plank

skí : n. ski

skótì : n. scout

Skótíà : np. Scotland

skɔ̀yà : n. 1. square *(syn. dzògòènènú, sùkɔ́yá)* 2. triangle

Slòvákíà : np. Slovakia

Slòvéníà : np. Slovenia

sò : n. 1. lightning 2. thunder 3. ravenala madagascariensis (traveller's tree)

Sò : np. god of lightning and thunder *(syn. Sògblá̃)*

sò émè ná : v. to dribble

sóbó : n. calf *(syn. àfɔʋútí, sóbúí)*

sóbókà : n. 1. back of the knee 2. shank

sóbúí : n. calf *(syn. àfɔʋútí, sóbó)*

sòdzà : n. goddess

Sòdzà : np. 1. divinity 2. wife of Sò or Sògblá̃

sòḍàbì : n. 1. sodabi 2. locally brewed gin (akpeteshi)

sòḍàbìtùkpá : n. locally brewed gin bottle

sòḍàgà, sòdìɔ́m : n. sodium

sòὲ : adj. small

sòὲ (lè -/ nɔ̀ -) : v. to be small

sòὲ áḍé : adv. a little

sòὲsòὲ : adj. little

sòὲtɔ̀ : adj. 1. the lesser/smaller of 2. the smallest

sòὲtɔ́ : n. the smaller/smallest

sòfàtí : n. surf (from September to December)

sófì : n. shovel/spade *(syn. sɔ́fì)*

sòfíá : n. 1. prunning hook of the divinity/god Sò 2. meteorite *(syn. sòkpé)*

sógló : n. cassava

sògò : n. tartar/ yellowish patches on the teeth *(syn. àhὲtèkú, hὲtèkú, kpólò)*

sógó : n. one of the three secondary drums used in kínkà

sògblǎ, sògblɛ̀ : n. big bat

Sògblǎ : n. lightning god *(syn : Sò)*

sòkè, sòkèví : n. a bag or basket made of the leaves of the sòkútí *[a variety of ravenala madagascariensis (travelers' tree)]*

sòklòò : adj. 1. clumsily 2. unwiedly 3. sloping *(syn. sɔ̀klɔ̀ɔ̀)*

Sòkòdé : np. Sokode (a city in Togo and capital of the Central Region)

sòkú : n. fruit of a variety of ravenala madagascariensis (travelers' tree)

sòkútí : n. a variety of ravenala madagascariensis (travelers' tree) *(syn. sò)*

sòkpé : n. 1. meteorite *(syn. sòfiá)* 2. thunder stone

sòkpò : n. monitor lizard

sòlàgà : n. priest or priestess of the diety Sò *(syn. sòsì)*

sòlĩ̀ : n. herb used to smoke meat

Sòmálíà : np. Somalia

sòmí ! : intrj. dissappointment

sònú : n. shard (of a broken pot)

sònyá : n. euphorbia *(any of a family (Euphorbiaceae) of widely distributed herbs, shrubs, and trees often with a bitter milky juice)*

sópà : n. soup *(syn. dɛ̀tsì, tsì)*

sòsì : n. priest or priestess of the diety Sò *(syn. sòlàgà)*

sòsìsɔ́ : n. sausage

sòsròdá : n. 1. politeness 2. reverence

sòví : n. 1. pruning hook 2. adze

sɔ̀ : v. 1. to be equal 2. to be identical 3. to be flat 4. to match with (clothing) 5. to agree with 6. to be suitable 7. to be pleasant to 8. to come together (for) 9. to do something together

sɔ̀ ànyí : v. to have balance

sɔ̀ (ɣlètì -) : n. full moon *(to have a state of full moon)*

sɔ̀ (mé- ... ò) : v. 1. to not agree 2. to be suspicious

sɔ̀ (nù -) : v. to fit together

sɔ̀ dé ... ŋú : v. 1. to be equivalent to 2. to gather around 2. to make comparism with

sɔ̀ gbè : v. 1. to be ready 2. to be OK 3. to agree (with) 4. to be perfect

sɔ̀ gbɔ̀ : v. 1. to be plentiful 2. to be enough

sɔ̀ gbɔ̀ àkpá : v. 1. to be too many/much

sɔ̀ gbɔ̀ dé édzí : v. to augment in quantity (whilst already being plentiful)

sɔ̀ kplé : v. 1. to be equivalent with 2. to be equal to

sɔ̀ nù : v. to agree

sɔ̀ tà kplé : v. to be the same size as

sɔ́ : n. 1. horse 2. tontine (a joint financial arrangement whereby the participants usually contribute equally to a prize that is awarded entirely to the participant who survives all the others)

só (dà -) : v. 1. to rent out (e.g to give out a loan) 2. to play a game of dice 3. to gamble

só (dè - dzí) : v. to climb/ride a horse

só (dó -) : v. to ride a horse

só (dzɔ̀ -) : v. to collect or contribute money for a common purpose *(syn. sɔ́gà (dzɔ̀ -))*

sɔ́dàdà : n. 1. the act of leasing/renting out something 2. the act of playing a game of dice 3. the act of gambling

sɔ́dódó : n. the act of horse riding

sɔ́dódódɔ́ : n. horse riding (as a form of work)

sɔ́dólá : n. horse rider *(syn. sɔ́dzínɔ̀lá)*

sɔ́dzà : n. 1. soldier 2. military person

sɔ́dzàdɔ́ : n. military service

sɔ́dzàgbé : n. spiny pigweed (amaranthus spinosus)

sɔ́dzàwù : n. military uniform

sɔ́dzídèdè : n. the act of climbing/riding a horse

sɔ́dzídèlá : n. someone who climbs/rides a horse

sɔ́dzínɔ̀lá : n. 1. horse rider *(syn. sɔ́dólá)* 2. someone who is on a horseback

sɔ́dzɔ̀dzɔ̀ : n. the act of collecting or contributing money for a common purpose

sɔ̀è : adj. 1. suitable 2. fitting

sɔ́fi : n. shovel/ spade *(syn. sófi)*

sɔ́fòkà : n. whip (for driving horses)

sɔ́gà : n. money derived from contributions for a common purpose (tontine)

sɔ́gà (dzɔ̀ -) : v. to take the collection (money)

sɔ́gàdzɔ̀dzɔ̀ : n. the act taking/making the collection

sɔ́gàdzɔ̀lá : n. one who makes a takes part in taking/making the collection

sɔ́gàxɔ̀xɔ̀ : n. the act of recieving money from the tontine

sɔ̀gɔ̃̀ɔ̃̀, sɔ̀glɔ̃̀ɔ̃̀ : adj. swaying

sɔ́gbé : n. 1. grass 2. lawn

sɔ̀gbɔ̀ : adv. 1. a lot 2. enough

sɔ̀gbɔ̀wó : adj. 1. several 2. numerous

sɔ́hɛ́ : n. youth

sɔ́hɛ́wó : n. youth (young people)

Sɔ́hɛ́ kplé kàmètètè dɔ̌dzíkpɔ́fé : sn. Directorate of Youth and Sports

Sɔ́hɛ́ kàmètètè kplé dùkɔ́mè núnyàwó : sn. Youth, Sports and Culture

sɔ́hɛ́fía : n. youth supervisor

sɔ́hɛ́fé : n. 1. youth centre *(syn. sɔ́hɛ́wó-fémè, sɔ́hɛ́wó mòdzákáḍèfé)* 2. a house where young people live

sɔ́hɛ́wó-fémè, sɔ́hɛ́wó mòdzákáḍèfé : n. youth centre *(syn. sɔ́hɛ́fé)*

sɔ̀klɔ̃̀ : adj. 1. akward 2. unwiedly 3. sloping *(syn. sòklòò)*

sɔ́kpà : n. saddle

sɔ̀kpɔ̀ɔ̀ : adj. 1. curved 2. folded

sɔ̀lè, sɔ̀lèmè : n. 1. religious worship 2. church/temple 3. mass

sɔ̀lèmèdèlá : n. church-goer

sɔ̀lèmèválá : n. 1. one who goes to church 2. someone who manifests an outrageous and narrow devotion

sɔ̀lìxɔ̀ : n. chapel/temple (the building)

sɔ̀lɔ̀ɔ̀ : adj. of something which soars

sɔ́mè : n. (market) display

sɔ́nɔ̀ : n. the female of a horse or other equine animal

sɔ́ŋ, sɔ́ŋsɔ́ŋ : adv. 1. really 2. therefore 3. during 4. all together *(syn. kéŋ, tóŋtóŋ)* 5. nothing but/only

sɔ́sí : n. 1. ponytail 2. fly repellent

sɔ̀sɔ̀ : n. level

sɔ̀sɔ̀, sɔ̀sɔ̀è : adv. 1. equal 2. equally *(syn. sɔ̀sɔ̀mìésɔ́è)*

sɔ̀sɔ̀mìésɔ́è : adv. equally *(syn. sɔ̀sɔ̀, sɔ̀sɔ̀è)*

sɔ̀sɔ̀mísɔ̀ : n. equalization

-sɔ́srɔ̃́ : n. 1. study of 2. exercise

sɔ̀srɔ̃́gɔ̀mèdzèdzè : n. introductory course

sɔ́tà : n. a coin of 25 CFA franc (in kpalime)

sɔ́tí : n. 1. pillar 2. pivot

sɔ́tɔ́ : n. horse owner

sɔ́tsú : n. stallion (a male horse)

sɔ́vèdà : n. giraffe (Ewepride, Facebook, 2021) *(syn. dzògbèzì, zikɔ̀lègbè)*

sɔ́ví : n. 1. foal 2. colt 3. grasshopper *(syn. àdɔ́dɔ̀è, àgbàtròxèví, gbàgblàmè, gbètrɔ́é, gbògbótsú, kìtsíkpúì, ŋè, tòkpó, ʋè, ʋètsúví, ʋètrá , ʋò, ʋòdzòdzòè)* 4. locust

Sɔ́wlúí : np. god of wealth

sɔ́xɔ̀ : n. stable

Spánía : np. Spain

spánìagbè : n. spanish language

spéli : v. to spell out

spríngi : n. 1. spring 2. resilience

srà : v. 1. to sift 2. to purify 3. to roam the country

srà : id. noise produced when cutting (an item)

srá : v. to visit

srá … kpɔ́ : v. 1. to review 2. to pay a visit to

srã́ : v. to put across *(syn. sã̀)*

srã́ : n. 1. a house with a ceiling *(syn. sã̀, sẽ́)* 2. hematoma

srã́ (ɖó -) : v. to bruise oneself (consequential hematoma)

srã́ xɔ̀ dzí : v. 1. to build a house with a ceiling 2. to build a house with more than one floor

sràmàsràmà : id. unpleasant smell

srànùí : n. sieve

sràmàà, sráméɛ : adj. 1. slender 2. elegant 3. smell of onions

srɛ̌ : v. 1. to melt metal 2. to refine

srɛ̌ : n. 1. niger hind (a type of fish) *(syn. tɔ̀nɔ́tsí)* 2. cactus

srédí (dzrɛ̀ -) : v. 1. to trouble oneself (to obtain something) 2. to practice at (something)

Srí Láŋkà : np. Sri Lanka

srò : n. 1. courtesy 2. reverence

srò : v. 1. to drizzle 2. to drip

srò ... ɖá : v. 1. to be considerate 2. to worship (e.g God)

sròò : adv. it's not worth it

srɔ̀ : n. 1. husband 2. wife 3. spouse

srɔ̀ nyɔ́nù : n. wife

srɔ̀ ŋútsù : n. husband

srɔ́ ... ɖìà : n. sister-in-law

srɔ̀ (ɖè -) : v. to marry

srɔ̀ (ɖè - ɖèká) : v. to ally (between two clans) / to marry one spouse

srɔ̀ (ɖè - ná) : v. to give in marriage/ to marry for

srɔ̀ (gbé -) : v. to divorce

srɔ́ : n. 1. small rain cloud 2. a tree with edible fruits

srɔ́ : v. 1. to imitate 2. to study

srɔ̀ɖèɖè : n. marriage *(syn. àsìkpékpé, ɖèɖè, srɔ̀kpékpé)*

srɔ̀ɖèfé : n. venue of a marriage ceremony

srɔ̀ɖègbè : n. day of marriage

srɔ̀ɖèyì : n. marriage (duration of the festivities)

srɔ̀ɖèhà : n. drinks for the marriage ceremony

srɔ̀ɖèkáɖèɖè : n. monogamy

srɔ̀ɖèkáɖèlá, srɔ̀ɖèkátɔ́ : n. monogamist

srɔ̀ɖèlá : n. betrothed

srɔ̀ɖèláwó : n. spouses

srɔ̀ɖènú : n. dowry

srɔ̀ɖètɔ̀ : adj. nuptial

srɔ̀ɖèʋú : n. 1. marriage drum 2. a car decorated for the marriage ceremony

srɔ̀ɖìà : n. sister-in-law or brother-in-law (younger than the husband or wife)

srɔ̀fé : n. 1. husband's residence 2. home

srɔ̀fòmètɔ́ : n. 1. in-law 2. a family member of the in-laws's family

srɔ̀gã́ : n. sister-in-law or brother-in-law (older than the husband or wife)

srɔ̀gèɖèɖèɖè : n. polygamy

srɔ̀gèɖèɖèlá : n. polygamist

srɔ̀gbàlɛ̀ : n. marriage manual

srɔ̀gbè : n. married life *(syn. srɔ̀gbènɔ̀nɔ̀)*

srɔ̀gbégbé : n. divorce

srɔ̀gbélá : n. a divorcee

sràgbènònò : n. married life *(syn. sràgbènònò)*

sròkpékpé : n. marriage *(syn. àsìkpékpé, ḍèḍè, sròḍèḍè)*

sròkpòkplò : n. the act of sending the bride to the husband

srólá : n. learner *(syn. núsrólá)*

sróló : n. chip

srònúnáná : n. dowry

srònyí : n. 1. nephew 2. niece

srònyònú : n. 1. married woman 2. wife

sròŋkùí (sà -) : v. to speak frankly to

sròŋútsù : n. 1. married man 2. husband

sròtó : n. 1. married person 2. spouse

sròví : n. 1. sister-in-law (wife of a younger brother younger than the husband) 2. sister-in-law (who marries the brother of her deceased first husband)

sròwògbònàmìètá : n. giant sensitive tree (mimosa pigra (botany))

srù : n. african basil (ocimum gratissimum(botany)) *(syn. dògòsùí)*

srùí : adv. suddenly

stámpò, stámpù : n. stamp

stámpòḍóḍó : n. postage (of a letter)

státíkì : adj. static

stésìn, stésyn : n. train station *(syn. kètékèdzèfé, kètékèḍófé, kètékèvútófé, pípáḍzéfè, vúdzèfé, vǔtó)*

stìló : n. pen

sù : v. 1. to be enough 2. to have what one deserves 3. to be realized 4. to be satisfied (to have achieved something) 5. to be within easy reach 6. to be ready 7. to have arrived

sù nyà dzí : v. to answer a call

sù (àsí - dzí) : v. 1. to overcome 2. to have the upper hand (over)

sù (gàmè -) : v. to be the moment

sù (gàmè -) : n. the moment has arrived

sù àsí : v. 1. to manage to have 2. to get/receive

sù té : v. to be ready

sú : v. to get one's share

sú : n. swelling on the thighs

sú xò : v. to lay the foundations of a house

súbó : v. 1. to worship 2. to adore 3. to serve

súbólá : n. servant

súbólá nyònù : n. housemaid

sùbòsúbó : n. 1. worship 2. adoration 3. service

sùbòsúbóḍóáwó : n. 1. (religious) worship 2. mass (religious) 3. cult

sùbòsúbógbàlẽ : n. religious book

sùbòsúbókònú : n. 1. religious practice 2. cult

súbóví : n. 1. servant 2. maid

súbù : n. 1. lead 2. mesh

Sùdánì : np. Sudan

súɖásúɖá : id. 1. shriveled 2. shrunk (syn. súlásúlá)

súɖúí : n. 1. cushion 2. pillow (syn. tázíɔnú)

sùgùù : id. 1. wrapped up 2. covered

sùè : adj. 1. small 2. tiny

sùè áɖè : adv. little

sùètɔ : adj. 1. the small one 2. basic

sùí : n. coral

sùíí (fà -) : v. to puff after eating something spicy

Sùísì : np. Switzerland (country)

súklì : n. sugar

súklìɖɔ : n. diabetes

súklìɖùɖù : n. sugar consumption

súklìgòè : n. sugar bowl

súklìtsì : n. 1. syrup 2. sugary water/liquid

súklìnɔùmè : n. blood sugar

súklìtsùbùì, súklìtsìsèrɔ́m : n. serum glucose

sùkɔyá : n. square (syn. dzògòènènú, skɔyà)

sùkú : n. school

sùkúdèdè : n. schooling

sùkúdèɖàséɖígbálé : n. school certificate

sùkúdèkpéɖódzígbàlẽ : n. schooling

sùkúdèlá : n. someone who attends school

sùkúdènyàwó : npl. matters pertaining to education

sùkúdódókpɔ́ : n. school exam

sùkúdɔdéàsí : n. 1. (school) homework 2. school lesson to be learned

sùkúdzíkpɔ́lá : n. school principal

sùkúɖóɖó : n. school rules

sùkúfè : n. school fees

sùkúfé : n. school compounds/enclosure

sùkúgã́ : n. 1. high school 2. college

sùkúgã́ ɖòfé gbã́tɔ́ : sn. College of General Education

sùkúgã́dèlá : n. high school student

sùkúgã́dzíkpɔ́lá : n. principal of a college/high school

sùkúgã́dzíkpɔ́lá kpéɖéŋútɔ́ : n. deputy principal of a college/high school

sùkúgã́núfíálá : n. high school teacher

sùkúgã́nùwùdòdòkpɔ : n. high school/college examination

sùkúgã́nùwùdòdòkpɔ gbã́tɔ / - èvèlìà : n. 1st high school/college examination/ 2nd high school/college examination

sùkúgã́nùwúɖàséɖígbàlẽ : n. high school/college certificate

sùkúgɔmèdzèdzè : n. commencement of school activities

sùkúgɔ̀mèdzèyì : n. beginning of school year

sùkúhèhè : n. academic education

sùkúhèhè dǒdzíkpɔ́lá : n. minister of education

sùkúhèhè dǒdzíkpɔ́láwó : n. 1. officials of the ministry of education 2. ministry of education

sùkúkɔ́kɔ́ : n. university

sùkúkɔ́kɔ́ dòdókpɔ́ : n. university licensing examination

sùkúkɔ́kɔ́ dòdókpɔ́ dètó : n. master's examination (of a university)

sùkúkɔ́kɔ́ dzíkpɔ́lá : n. rector (syn. sùkúkɔ́kɔ́ fé ámègã́)

sùkúkɔ́kɔ́ ḍàséḍígbàlẽ̀ : n. university degree

sùkúkɔ́kɔ́ ḍàséḍígbàlẽ̀ dètó : n. master's degree

sùkúkɔ́kɔ́ ḍàséḍígbàlẽ̀xɔ̀lá : n. graduate (from a higher educational institution e.g university)

sùkúkɔ́kɔ́ fé ámègã́ : n. rector (syn. sùkúkɔ́kɔ́ dzíkpɔ́lá)

sùkúkɔ́kɔ́ gɔ̀mèdzè dòdókpɔ́ : n. entrance examination (e.g of a higher educational institution e.g university)

sùkúkɔ́kɔ́ gɔ̀mèdzè ḍàséḍígbàlẽ̀ : n. certificate that makes one eligible to study at a higher educational institution (e.g university)

sùkúkɔ́kɔ́ lɔ̀dzè : n. university faculty

sùkúkɔ́kɔ́ lɔ̀dzè dɔ́dàdàsrɔ̃́fé : n. faculty of medicine (of a university)

sùkúkɔ́kɔ́ lɔ̀dzè nùnɔ̀lá : n. dean of faculty (of a university)

sùkúkɔ́kɔ́núfíálá : n. professor of university

sùkúkɔ́kɔ́dèlá : n. student of a university

sùkúkpó, sùkúkpódzí : n. schoolyard

sùkúkpɔ́kpɔ́lá kpéḍéŋútɔ́ : n. vice-rector

sùkúlù : n. 1. bolt 2. nut 3. screw

sùkúlùtrónú : n. screwdriver

sùkúmègã́ ŋkúléḍénúŋúlá : n. school inspector

sùkúmɔ́kèkè : n. school vacation

sùkúnú : n. 1. school affairs 2. school stuff

sùkúnúhíáhíã́wó : n. school materials

sùkúsédzíkpɔ́lágã́ : n. school superintendent

sùkúví : n. 1. student 2. pupil

sùkúví dɔ̀fé : n. 1. boarding school 2. residential school

sùkúví ŋkútà : n. valedictorian of a class

sùkúvídzílá : n. parent of a student

sùkúvíwó nɔ̀fé : n. boarding school

sùkúwó : npl. schooling

sùkúwó dzíkpɔ́lá : n. teaching director

sùkúxɔ̀ : n. 1. classroom 2. schoolroom

sùkúxɔ̀nù : n. classroom

súkpá : v. to be covered with shame 2. to dishonour

súkpá (dó -) : v. to dishonour

súlásúlá : id. shriveled (syn. súɖásúɖá)

sùmátrà : np. Sumatra

sùnyàà : id. 1. wrinkle 2. fade

sùómì : np. Finland

sùsɔ̀ : v. 1. to stay 2. to remain 3. to be left

sùsɔ̀ ɖí : v. to rest

sùsɔ̀ ... ɖí : v. to reserve

sùsɔ̀ ... ɖí ná : v. 1. to book 2. set aside 3. reserve 4. have in store

sùsɔ̀ lè ... àsí : v. to have a reserve

sùsɔ̀ ... ná : adv. fewer

sùsɔ̀ víɖé : adv. 1. almost 2. in a little moment

súsɔ́ : v. 1. to be headstrong 2. to irritate

súsɔ́ : n. a tool for picking cocoa

sùsɔ̀é : n. the rest

sùsɔ̀é : adj. 1. last 2. latter

sǔsú : n. 1. opinion 2. suggestion 3. proposition 4. intention

sǔsú bàɖà, sǔsú vɔ̃́ : n. 1. bad idea 2. suspicion

súsú : v. 1. to think 2. to suppose 3. imagine 4. to guess 5. consider

sǔsú (ɖè -) : v. 1. to reflect 2. to give one's opinion

súsú ɖě gblɔ̀ : v. 1. to improvise 2. to vamp

sùsú ... gblɔ̀ : v. 1. to guess 2. to sense 3. infer

súsú nú ɖé ... ŋú : v. 1. to suspect 2. to doubt 3. to smell a rat

súsú tsó ... ŋú bé : v. 1. to suspect 2. to doubt

súsúíé : adv. 1. enough 2. quite 3. relatively

sǔsúɖóɖóɖá : n. 1. proposal 2. proposition 3. suggestion

sùsúɖóɖóɖénúŋú : n. 1. focusing 2. concentration

sǔsúɖèɖè : n. 1. reasoning 2. rationale

sùsúɖèƒé : n. frontal cortex (brain)

sǔsúɖèɖèfiá : n. expression of ideas

súsúí : n. river fish

sǔsúkàkà : n. 1. dissipation 2. dispersal

sǔsúlèɖí : n. 1. draft copy 2. draft

sùsúmèdzòxɔ̀xɔ̀ : n. 1. overwork 2. over strain

sǔsúsóètɔ́ : n. a poor guy

sùsùsù : adj. timid

sùsùsù (wɔ̀ -) : v. to be timid

sǔsúwó : n. mentality

súwá ! : intrj. No !

swá, swáswá : adj. which moves quickly

swá (bú -) : v. to shrink

syέkì : n. cheque

syìmì : n. chemistry

swàzilándà : np. Swaziland

swɛ́ɛ́ : id. discreetly

T

tà : v. 1. to put on 2. to take an oath

tà : n. 1. head 2. summit 3. cause 4. sort 5. division 6. main part 7. lake

tà : adv. 1. much 2. very

tà : postp. 1. on the surface of 2. because of

tà (àgblè -) : v. at the farm

tà (bɔ̀bɔ̀ -) : v. to submit

tà (ɖè ... -) : v. to taste first

tà (ɖó - ná nyà, ɖó - nyà nù) : v. to settle a deal

tà (lè ...) : v. to cause

tà (ná -) : v. to resign

tà (nyé ... ƒé -) : v. to be the head of

tà àvɔ̀ : v. to dress in clothes

tà nú : v. 1. to take an oath 2. to swear 3. to bet

tá : v. 1. to draw 2. to prune 3. to publish 4. to castrate 5. to crawl 6. to level 7. to photograph 8. to relate

tà : n. 1. area 2. surface 3. ground 4. top

tá : n. 1. saliva 2. sputum *(syn. tágbá)*

tá (ɖè -) : v. to spit

tá (nyɔ́ -, tú -) : v. to spit

tá dzódzó : n. lava

tá ɖi ɖé ... ŋú : v. 1. to stain 2. to spot 3. to blemish

tá flù mè : v. working a piece of land with a hoe

tá ɣé ná : v. 1. to be cleared of all suspicion 2. applying makeup with a chalk

tá mɔ́ : v. to layout a route

tá tè : v. cut the first yam tubers

tá̰ : v. to destroy the reputation of

Tá̰ Dzitɔ̀ : n. Lake Superior (the largest freshwater lake in the world by surface area and the third-largest freshwater lake by volume, holding 10% of the world's fresh water. It is located in central North America)

táá : id. shouting

tààkútààkú : id. adj. multiple *(syn. vòvòvò)*

tàbá : n. tobacco

tàbá (yɔ̀ -) : v. to smoke tabacco

tàbáblá : n. tying a scarf on your head

Tábáskì : n. tabaski / eid ul-adha /feast of sacrifice

tàbázé : n. 1. pipe 2. wine cask

tàbébé : n. baldness *(syn. ètàkókó, ètàkpákpã́, tàkókó, tàkpákpã́)*

tàbébétɔ́ : n. a bald person

tàbìábíá : n. marriage proposal

tàbìágbè : n. day when the marriage proposal is made

tàbìáyì : n. marriage proposal

tàbìánú (wò) : n. dowry

tàblánú : n. scarf *(syn. tàblátsé)*

tàblátsé : n. scarf *(syn. tàblánú)*

- 655 -

Tábligbó : np. Tabligbo (a village in Togo)

tábúlátábúlá (zɔ̀ -) : n. walk with a light step

tàdè : n. head of a bed

tàditùkpé : n. traditional pepper grinding stone (Ketavibes, 2021)

tàdzóɛ́ : n. crest (of the rooster) *(syn. tàmèdɔ̀è)*

tàdòmí : n. meeting

tàdòmí (trɔ́ -) : v. to spin

Tádó : np. Tado (a locality of Togo)

tàdzɔ : n. 1. tax 2. levy 3. imposition

tàdzi : n. edible mushroom

tádzífé : n. salivary gland

Tàdzíkístàn : np. Tajikistan

tàɖà : n. 1. hair 2. a lock of hair

tàɖèɖè : n. 1. presentation 2. the act of tasting first (either by drinking, eating, etc.)

táɖèɖè : n. 1. the act of spitting 2. sputum 3. drop by drop

tàɖèlá : n. 1. presenter 2. one who tastes first

tàɖódzí : n. 1. goal 2. purpose 3. objective

tàɖódzínú : n. the main purpose/objective

tàɖófé : n. 1. destination 2. orientation 3. purpose

tàɖófé-dàŋùɖólá : n. guidance counsellor

tàɖófédídí, tàɖóféfíáfíá : n. orientation

tàɖù : n. headache *(syn. ètàɖúámè, ètàvéé, tàɖùàmè, tàɖùɖù, tàɖùì, tàvéámè, tàvéé)*

táɖù : n. dragonfly *(syn. bɔ̀tsrí, dèblágɔ̀mè, fiátà, fòtsílètɔ̀mè, nòtsílètɔ̀mè)*

tàɖùàmè : n. headache *(syn. ètàɖúámè, ètàvéé, tàɖù, tàɖùɖù, tàɖùì, tàvéámè, tàvéé)*

tàɖùɖù : n. headache *(syn. ètàɖúámè, ètàvéé, tàɖù, tàɖùàmè, tàɖùì, tàvéámè, tàvéé)*

tàɖùì : n. headache *(syn. ètàɖúámè, ètàvéé, tàɖù, tàɖùàmè, tàɖùɖù, tàvéámè, tàvéé)*

tàɖùtíkè : n. medicine for treating headache *(syn. tàvétíkè, tàvémàtsi)*

táfà : v. to deceive

tàfè : n. 1. bride price *(syn. sànú, tànú, vìgbàtsúnú)* 2. ransom to be paid to free a slave

táfítáfí : id. snow white *(syn. fútáá)*

tàflàtsé : n. 1. excuse me 2. excuse to go to the bathroom 3. reason

tàflàtsé (dó -) : v. to apologize

tàflàtsé : intrj. apology *(syn. sébíò)*

táflò : n. 1. table 2. board 3. blackboard

táfú : v. to cheat

táfú (- àmè) : v. to cheat someone

táfúlá : n. someone who cheats others

táfútáfú : n. cheat

tàfòfò : n. domination

tàfònyà : n. conclusion

tàfɔ́flɔ́ : v. haircut

tàfú : n. skull

tàfúmè : n. brain

tágá : n. paternal uncle

tàgálàfú : n. strong feathers of a bird's wings

tàgátɔ́ : n. 1. one with a big head 2. wizard

tàgè (là -) : v. to shave half of your head

tàgó : n. papaya (among the largest)

tàgbà : n. 1. dry lagoon *(syn. tɔ̀gbà)* 2. hassle

tàgbà (nyè -) : v. to be exhausting

tàgbà lè ... dzí : v. to be exhausted

tágbá : n. saliva *(syn. tá)*

tàgbàmű : n. 1. lagoon 2. Keta lagoon

Tàgbàmű : n. Keta lagoon

tàgbàtsú : n. fly

tàgbàtsútsú : n. housefly

tàgbàtsúví : n. 1. gnat 2. midge

tàgbèkplɔ̀ : n. nightstand

tàgbláwùsí : n. deep thought

tàgbɔ́ : n. 1. intelligence 2. bedhead 3. crown

tàgbɔ́dɔ̀ : n. 1. madness *(syn. àɖàʋà, àɖàʋàdɔ̀, àlè, ɖàʋà, ɖàʋàdɔ̀, èmògbègbléɖɔ̀, ètsù, ètsùkúkú, lằnú, mògbègblé, mògbègbléɖɔ̀, tàgbɔ́gbègblé, tàgbɔ́gbègbléɖɔ̀, tsù, tsùkúkú)* 2. a disease realating to the head

tàgbɔ́gbègblé : n. madness *(syn. àɖàʋà, àɖàʋàdɔ̀, àlè, ɖàʋà, ɖàʋàdɔ̀, èmògbègbléɖɔ̀, ètsù, ètsùkúkú, lằnú, mògbègblé, mògbègbléɖɔ̀, tàgbɔ́dɔ̀, tàgbɔ́gbègbléɖɔ̀, tsù, tsùkúkú)*

tàgbɔ́gbègbléɖɔ̀ : n. mental illness *(syn. àɖàʋà, àɖàʋàdɔ̀, àlè, ɖàʋà, ɖàʋàdɔ̀, èmògbègbléɖɔ̀, ètsù, ètsùkúkú, lằnú, mògbègblé, mògbègbléɖɔ̀, tàgbɔ́dɔ̀, tàgbɔ́gbègblé, tsù, tsùkúkú)*

tàgbɔ́gbégblétɔ́ : n. mad person *(syn. àɖàʋàdzè, àɖàʋàdzèà, àɖàʋàdzèlá, àɖàʋàkúà, àɖàʋàkúlá, àɖàʋàtɔ́, ɖàʋàtɔ́, mòfùflúítɔ́, mògbégblétɔ́, mòyètɔ́, mòyètɔ́, tsùkúnɔ̀, tsùkúnɔ̀tɔ́)*

tàgbɔ́kúkútɔ́ : adj. idiot

tàgbɔ́tɔ́tɔ́ (lè núsɔ́srɔ̃́ tà) : n. overwork (academic)

tàgbàxèví : n. common redshank (a type of bird)

tágbáyíyí : n. XXXX (..... a rite performed during the *kli-adzima and mama vena* shrine-festival in Agbozume)

Tàhítì : np. Tahiti (the largest island of the Windward group of the Society Islands in French Polynesia)

Tàilándà : np. Thailand

táifɔ̀d : n. typhoid

tàkàà : id. 1. straight in the air 2. straight ahead *(syn. táké)*

tàkàtàkà : id. 1. which scatters 2. without balance 3. sloshing

tàkàlí : n. 1. a piece of cloth that is tied around the waist (mostly by women) as a means of supporting their dressing/for fashion purposes 2. a piece of rope that is drug on the floor of a water body (eg. lagoon) as a means of teasing out the fish hiding in the mud/on the floor of the water body for fishing purposes

tàké : n. a charm attached to the hair

táké : id. straight ahead *(syn. tàkàà)*

tàkèkè : n. 1. immensity 2. hugeness 3. vastness

tàklàyà : adj. hairy

tàkógóè: n. skull

tàkókó : n. baldness *(syn. ètàkókó, ètàkpákpá̃, tàbébé, tàkpákpá̃)*

tàkólì : n. skull *(syn. tàkólóé)*

tàkólìtɔ́ : n. bald person

tàkólóé, tàkólúì : n. 1. skull 2. cranium *(syn. tàkólì)*

tàkɔ̀gò : n. 1. skull 2. cranium

tàksí : n. 1. taxi 2. cab

tàkù : n. pond

tàkú : n. 1. scarf 2. ribbon

tàkúví : n. pocket handkerchief

tàkúkú : n. 1. an uneducated individual 2. a stupid person

tákùntá : n. tupentine

tàkpákpá̃ : n. baldness *(syn. ètàkókó, ètàkpákpá̃, tàbébé, tàkókó)*

tàkpákpá̃tíkè : n. medicine for treating baldness

tàkpéfé : n. the location of a meeting

tàkpélá : n. a participant of a meeting

tàkpékpé : n. 1. meeting 2. gathering

tàkpákpégá̃ : n. 1. symposium 2. forum

tàkpékpémèdèlá : n. a participant of a meeting

tàkpékpémèŋgɔ̀nɔ̀lá : n. a speaker of a meeting

tàkpékpéwɔ̀fé : n. conference room

tàkpéxɔ̀ : n. meeting room

tákpó : adj. incomplete

tàkpòè : n. weevil

tàkpótí : n. somersault

tákpí : n. weavel (found eg. in maize)

tàkpùì : n. stump/stub

tàkpùí : n. cigar butt

tálkòpɔ́ɖà : n. 1. talc 2. talcum

tàlùlù : n. hair shaving

tàmè : n. 1. inside the head 2. head 3. brain 4. the upper part (of something)

tàmè - : adj. mental

tàmè (bù -) : v. 1. to think 2. to contemplate

tàmè (ɖé -) : adv. mentally

tàmè (ɖó -) : v. to have the intention of

tàmè kà : v. 1. to be nonchalant 2. to have lost one's mind

tàmè sɛ̃́ : v. 1. to be capricious 2. to be mean

tàmè trɔ́ : v. to change your way of seeing

tàmè vɔ̀ súsú : n. suspicion

tàmèbùblù : n. confusion

tàmèbùbù : n. 1. thinking 2. meditation 3. worry

tàmèbùbù ʋí : n. focusing

tàmèbùbù (lè - mè) : v. to be concerned

tàmèbùlá : n. a thinker

tàmèdàdà : n. idiocy *(syn. tàmègbégblɛ̃́)*

tàmèdɔ̀è : n. crest (of the rooster) *(syn. tàdzòɛ̃̀)*

tàmèɖóɖó : n. 1. resolution 2. decision

tàmèfófó : n. dandruff *(syn. flógbòflógbò, fógbòfógbò, fòkpòfòkpò)*

tàmègbégblɛ̃́ : n. idiocy *(syn. tàmèdàdà)*

tàmèkàkà : n. 1. distraction 2. thoughtlessness

tàmèló : n. broad-fronted crocodile *(syn. bàmèló, ló)*

tàmèmàbùmàbù : adv. lack of thought

tàmèmàbùmàbùtɔ̀è : adv. without thinking

tàmèsɛ̃́ : n. toughness (of the mind)

tàmèsélá : n. a wicked person

tàmèsésɛ̃́ : n. 1. wickedness 2. obstinacy 3. toughness (of the mind)

tàmèsésɛ̃́nú : n. atrocity

tàmèsésɛ̃́núwɔ̀wɔ̀ : n. violence

tàmèsɛ́tɔ̀è : adv. wickedly

tàmèsúsú : n. 1. reflection 2. meditation

tàmèsùsù vévíé : n. 1. focusing 2. concentration

tàmètɔ́tɔ́nú : n. drug

tàmètɔ́trɔ́ : n. change of opinion

tàmèwódzóé : adj. inconsiderate

Tàmízì-Tɔ̀sísí : np. River Thames (a river that flow through southern England including London)

tàmpɔ́ : n. tampon

tànáná : n. 1. submission 2. capitulation

tánkà : n. 1. tank 2. reservoir 3. cistern

tání : v. filled to the brim *(syn. tàŋ, táŋŋ)*

tànògùí : n. 1. pin 2. scarf-pin

tànú : n. bride price *(syn. sànú, tàfè, vìgbàtsúnú)*

tànyà : n. 1. title 2. headline 3. chapter

táŋ, táŋŋ : id. filled to the brim *(syn. tání)*

Tàŋgànyíkà : np. Tanganyika (a sovereign state comprising the mainland part of present-day [2024] Tanzania, that existed from 1961 until 1964)

Tàŋgànyíkà- Tá : np. Lake Tanganyika (lake in eastern Africa in the Great Rift Valley between the Democratic Republic of the Congo and Tanzania)

tàŋbàtàŋgbà : id. shaking

táŋtáŋ : adj. dotted

táŋtáŋ : id. 1. completely 2. full

tàpiókà : n. tapioca

tàpòlí : n. 1. tarpaulin 2. canvas

tàpòlígbàdɔ́ : n. 1. tarpaulin shelter 2. marquee

tàpòlíxɔ́ : n. 1. tent 2. canvas

tàsàà : id. inclined

tàsàà : n. 1. silver catfish 2. african butter catfish

tásì : n. paternal aunt *(syn. èté, té)*

tásì fé ví, tásìgá fé ví, tásìví fé ví : n. cousins (of the paternal aunt)

tàsí : v. 1. to cease 2. to desist

tàsì : n. taxi

tàsíáḍàm : n. 1. chariot (Agbeny La, 1988, 2006, 2020, S. Psalmowo 20:7) *(syn. tàtsìàḍàm)* 2. wagon

tàsìfè : n. taxi price

tásígǎ : n. paternal aunt (older than the nephew/niece's father)

tásígǎ fé ví : n. cousin (of paternal aunt)

tásígǎyɔ́ví : n. nephew or niece (of paternal aunt)

tásígǎyɔ́ví nyɔ́nù : n. niece

tásígǎyɔ́ví ŋútsù : n. nephew

tàsìkùlá : n. taxi driver

tàsíví : n. paternal aunt (younger than the nephew/niece's father)

tásíví fé ví : n. cousin (of paternal aunt younger than the father)

tásíví nyròèví/ nyrùìví : n. cousin

tásí nyròèyɔ́víwó/ nyrùìyɔ́víwó : n. cousins

tásívíyɔ́ví : n. nephew or niece (of the paternal aunt younger than the father)

tásívíyɔ́ví nyɔ́nù : n. niece

tásíyɔ́ví ŋútsù : n. nephew

tásíyɔ́ví : n. nephew or niece (of paternal aunt)

tásíyɔ́ví nyɔ́nù : n. niece

tásíyɔ́ví ŋútsù : n. nephew

tàsòè : n. pond

Tàsmáníà : np. Tasmania

tàtá : n. 1. father 2. Papa *(syn. àtà, fòfó, tàtɛ́, tɔ́)*

tàtá : n. 1. portrait 2. drawing 3. crawling (walking on all four legs) 4. castration 5. map (plan) 6. number (of a volume)

tátáátá : id. very white

tàtábòlí : n. ostrich *(syn. gòlò, tsàtsábòlí)*

tàtàfláálà : n. tree with rough leaves used as emery paper

tátálé : n. a soft plantain pancake made from ripe plantains, onions, pepper, seasoning and a little flour (usually roasted corn flour). *(syn. tátálí)*

tátálí : n. a soft plantain pancake made from ripe plantains, onions, pepper, seasoning and a little flour (usually roasted corn flour). *(syn. tátálé)*

tàtàtà : id. 1. in bunches (e.g of vegetables) 2. in bundles

tátátá : id. trembling

tàténɔ̀fé : n. place of honour (e.g at a meeting)

tàtí : v. to stop

tàtí : n. 1. pestle 2. a kind of grasshopper

tàtìì : id. 1. steep 2. perservering

tàtɔ́ : n. 1. leader 2. manager

tàtɔ́trɔ́ : n. 1. slander 2. defamation

tàtrɔ̃́ : n. 1. name of engraved tutelary image 2. divinity which resides in the head of a priest

tàtrà : n. 1. transgression of customs 2. fish line

tàtrɔ́lá : n. whistleblower

tàtsì : n. name of a star

tàtsìàɖàm : n. 1. chariot *(syn. tàsíáɖàm)* 2. tank

tàtsɔ́ : n. 1. load 2. load carried on the head

tàvéámè : n. headache *(syn. ètàɖúámè, ètàvéé, tàɖù, tàɖùàmè, tàɖùɖù, tàɖùì, tàvéé)*

tàvéé : n. headache *(syn. ètàɖúámè, ètàvéé, tàɖù, tàɖùàmè, tàɖùɖù, tàɖùì, tàvéámè)*

tàvétíkè : n. medicine for treating headache *(syn. tàɖùtíkè, tàvémàtsì)*

tàvémàtsì : n. medicine for treating headache *(syn. tàɖùtíkè, tàvétíkè)*

Táví : np. Tavi (Ghanaian ethnicity)

tàvɔ̃́ : n. bad luck

tàʋìʋlì : n. defence

tàʋlìlá : n. defender

tàʋìʋlìdɔ̀ : n. the work which involves defending an accused (e.g lawyer)

tàʋùmè : n. neck

tàwàlàà : id. well fed

táwlò : n. bathroom towel

Táxò-Tɔ̀sísí : np. Tagus (the longest river in the Iberian Peninsula)

tàxɔ̀xɔ̀ : n. submersion

táyà : n. tire

tàyì : n. variety of yam

táyìàbɔ̀ : n. narrow way

tàzìɔ̀ké : n. basket in which women keep valuables *(syn. àkpákéví)*

tázìɔ̀nú : n. pillow *(syn. súɖúí)*

tè : v. 1. to make way 2. to approach 3. to swell 4. to scribble 5. to emit sound 6. to drag 7. to refuse 8. to retreat

- 661 -

tè : n. 1. yam *(syn. kàsànti)* 2. standing position 3. white film on the eye

tè : adj. 1. straight 2. solid

tè (àsí -, àlɔ̀ -) : v. to be lucky (an expression used especially for women who sell the meals they prepare well)

tè (dzè -, dzè àfɔ̀ -) : v. 1. to recover well from an illness 2. to stand well on one's legs 3. to be well established

tè (lè -/ nɔ̀ -) : v. 1. to stand 2. to stop

tè (lé .. ɖé -) : v. 1. to support something so it cannot fall 2. to sustain

tè (nù tsí -) : v. 1. to remain speechless 2. to be very surprised

tè (nú - ... ná) : v. to have an abscess

tè (tsí -) : v. to stand up straight

tè (tsɔ́ àgbà -) : v. 1. to carry a load for payment 2. to work as a labourer

tè (wú mò -) : v. to raise one's head (so that the face can be seen)

tè àdzùmè : v. to frown one's face

tè ànyí : v. to drag on the ground

tè blá dzí : v. 1. to be uncompromising 2. to be determinded to

tè dzì : v. to go away

tè (...) ɖá : v. 1. to step aside 2. to give way 3. move away

tè ... ɖá (tsó ... gbɔ́) : v. 1. to move away from 2. to abstain from

tè ...ɖé àmè ŋú lɔ̀lɔ̃̀ɔ̀ɛ̀ : v. to be affectionate

tè ɖé dzì dzí, té ɖé dzì dzí : v. to be very unhappy

tè ɖé ... ŋú/ŋútí : v. 1. to come closer to 2. to near *(syn. tè ɖé (...) ŋú)*

tè ɖé (...) ŋú : v. 1. to come closer to 2. to near *(syn. tè ɖé ... ŋú/ŋútí)*

tè fífíá, té fífíá : v. 1. to sweat 2. to be moist

tè flì : v. 1. to draw a line 2. to scribble

tè flì ɖé ... mè : v. 1. to rule out 2. to cancel 3. to annul

tè flì ɖé ... ŋú : v. to scratch

tè flì ɖé ...té : v. 1. to underline 2. to highlight 3. to point out

tè flì mànyàmànyà : v. 1. to scribble 2. to cross out

tè flì wúwlûiwó : v. to shade

tè fú : v. to foam

tè fò fú : v. to gather

tè gbè : v. to growl

tè góŋgóŋ (lè -/nɔ̀ -) : v. to be firmly rooted

tè kàmè : v. 1. to participate in combat sports 2. to build one's muscles (sports)

tè kplé núwɔwɔ : v. to start doing something

tè ... kpɔ́ : v. 1. to attempt 2. to provoke 3. to try (something) to see 4. to practice

tè kpɔ́... ɖá : v. to attempt to

tè mìtsì ɖó : v. to snort

tè nú : v. to deny somebody of something he/she is entitled to

tè núḍùḍù : v. to put on diet

tè yì : v. to move away

té : v. 1. to sting (of an insect) 2. to squeeze 3. to sharpen 4. to contract 5. to be better than 6. to have enough of (something)

té : n. 1. aunt (sister of the father) *(syn. ètè, tásì)* 2. the lower part of 3. the back of (something) 4. grinding stone 5. a piece of fabric 6. nephew/ niece *(syn. tèyɔ́ví)*

té : prep. underneath

té (dè -) : v. to put (something) in a safe place

té (ḍèḍì - ... ŋú) : v. to be exhausted

té (fò ḍé (...) -) : v. to impose by force

té (kú -) : v. 1. to be stunted 2. to remain a dwarf

té ... ná(nú) : v. to have an abscess

té (nɔ ... -) : v. to be under the rule of

té dà : v. 1. to kill someone by shooting the person with an arrow 2. to shoot with a bow

té ḍé ...dzí : v. 1. to burden 2. to impose

té ... ḍé ... mè : v. to push into

té ḍèḍì ... ŋú : v. to be exhausting

té fífíá : v. to be sweaty

té gbè ḍé ... dzí : v. 1. to emphasize on 2. to insist on

té kpè : v. 1. to arrive at the intended place 2. to approach

té kpè àgbàlɛ̀ : v. to tan the skin/hide

té kpé : v. to stone

té kpé ḍé ... dzí : v. 1. to insist 2. to persist

té kpɔ́ : v. to feel (e.g as in feeling/checking the pulse of a patient by a doctor)

té nú mè : v. 1. to be curious 2. to be alert 3. to be omnipresent

té ŋú : v. 1. to be able 2. to succeed (in doing something) 3. to afford to (do something)

té ... ŋú : v. 1. to weaken 2. to hunger

té (...) ŋú (ḍèḍì -) : v. 1. to be tired 2. to be exhausted

té ŋú nyé bé : v. to be probable that

tẽ : n. eggplant (*syn. àḍifá, àgbìtsá, èté*)

tèbà : n. yam porridge/ yam puree

tèbà (fò -) : v. to prepare yam porridge/ yam puree

tèbàfòfò : n. preparation of yam porridge /yam puree

tèbèè : id. full to the brim *(syn. tɛ̀bɛ̀ɛ̀)*

Tèbènòè : n. a name of a star

tédàdá : n. millstone

tèdòxé : n. March

tèdrù : n. a hill planted with yams

tèdrò (ḍè -) : v. to plant a hill of yams

tédzí : n. donkey *(syn. kètèkètè)*

tèdzògbɔ́ : n. yam porridge (mixed with palm oil)

tédzísɔ́ : n. mule

tédzítsú : n. male donkey

tédzíví : n. donkey (small donkey)

tèɖèè : id. flattened

tèɖóɖó : n. 1. arranging tubers of yams 2. yam harvest festival

tèɖùzǎ : n. yam festival *(syn. tèzǎ)*

tɛ̀ɛ̌ : id. straight ahead

tèfú : adj. 1. foamy 2. frothy

tèfùfù : n. yam fufu

tèfé : n. 1. place 2. location 3. times (as in multiplication)

tèfé (ɖó -) : v. 1. to show up (e.g as in the day showing up at dawn) 2. to establish

tèfé (ɖó - ná) : v. 1. to repay 2. to avenge

tèfé (lè/nɔ̀ ... -) : v. 1. to represent 2. to be true 3. to be present at

tèfé (lé -) : v. to book a seat

tèfé (xɔ̀ -) : v. 1. to invade (a place) 2. to occupy (a place)

tèfé búbù (lè -) : adv. elsewhere

tèfé ènè : n. quadruple

tèfé kɔ̀kɔ̀è lè àvè mè : n. 1. a piece of land in the forest/bush/jungle/woods that has been cleared 2. glade

tèféɖóɖó : n. 1. the act of compensation 2. settlement

tèféɖónú : n. 1. an item used as a remuneration 2. compensation

tèfélélé : n. 1. reservation 2. booking

tèfénɔ̀lá : n. 1. representative 2. resident

tèfénɔ̀nɔ̀ : n. 1. presence 2. attendance

tèfétèfé (lè -) : adv. 1. everywhere 2. in different places

tèféxɔ̀xɔ̀ : n. apostrophe

tèféxɔ̀xɔ̀ : n. 1. density 2. specific gravity 3. occupation 4. invasion

téfò : n. grindstone

tègè : n. scorpion *(syn. àgǎdzà, àgàdzàdzà, àgǎlǎhɔ̌, àgàlɛ̂, àgànɛ̂, àgàlǎuùí, àgázà, àhɔ̀, àkéklé, àzìàbúté, dzǐɖègbè)*

tégé : v. 1. to be crowded 2. to be pressed against each other

tègètègè : id. 1. waddling 2. shaky *(syn. tègètègè, tèŋgètèŋgè)*

tègètègè : id. 1. waddling 2. shaky *(syn. tègètègè, tèŋgètèŋgè)*

tègètégé : n. 1. stuffing 2. compression 3. heaping

tèglí : n. 1. bush fowl 2. perdix 3. patridge (of the savannah) *(syn. tèglíví)* 4. francolin 5. great bittern 6. little bittern 7. dwarf bittern 8. white-creted tiger heron 9. white-backed night heron 10. black-crowned night heron *(syn. téŋglí, hòhó)*

tèglífɔ̀è : n. mushroom

tèglívi : n. partridge *(syn. tèglí)*

tègbà : n. scaffolding on which tubers of yams are stored

tègbá : n. a piece of boiled yam *(syn. tèkɔ́)*

tègbé : n. a piece of land on which yam is cultivated

tègbé (sì -) : v. to clean the land on which one is going to cultivate yam

tègbèè : adv. 1. continually 2. always 3. ever 4. constantly

tègbésìsì : n. clearing land for yam cultivation

tègbitègbi : n. small swelling around the eye/stye/hordeolum *(syn. màdzímàdzí, ŋkútɔ́, ŋùkpɔ́é)*

tègbétí : n. 1. harlequin quail 2. stone partridge

tègblêê̂ : id. 1. round 2. circular and large *(syn. tègblɛ̂ɛ̂, tégblíí, trègblìì)*

tégblíí : id. 1. round 2. circular and large *(syn. tègblêê̂, tègblɛ̂ɛ̂, trègblìì)*

tèhèè : id. 1. spread apart 2. isolated 3. heavy 4. soft and shiny *(syn. tɛ̀hɛ̀ɛ̀)*

tɛ̀hɛ̀ɛ̀ : id. 1. spread apart 2. isolated 3. heavy 4. soft and shiny *(syn. tèhèè)*

tèkà : n. yam vine

tèkàlì : n. 1. girdle 2. belt

tèkɔ́ : n. a piece of boiled yam *(syn. tègbá)*

tèkùkù : n. yam harvest

tèkúnɔ̀ : n. a lame person *(syn. bàfá, búnɔ̀, xɔ̀drɔ̂, xɔ̀ndrɔ̀, xɔ̀ndrɔ̂, xɔ̀ndrɔ̀è)*

tèkpètè : n. cat *(syn. àɖɔ́è, àmègbɔ́núí, dàdì, tòdzò)*

tèkpó : n. a mound of yam

tèkpó (fò -) : v. to make yam mounds

tèkpòḍòè : n. 1. small rounded yam tuber *(syn. tèvídzí)* 2. male child *(syn. tènú)*

tékpɔ́lɔ́ : n. hollow space below the stone millstone

télà : n. tailor

tèlầ : n. the largest and most beautiful yam tubers

tèlé : n. 1. television 2. television set *(syn. àdzɔ̀génúkpɔ́mɔ̀, dìdìdìfénúɖèfiámɔ̀, dìdìfénúkpɔ́mɔ̂, nyàsèmɔ̀, tèlèvìzèíɔ́)*

tèlèfónù : n. telephone

tèlègrámù : n. telegram

tèléksì, tèlɛ́sì : n. telex

tèlèvìzíɔ́ : n. 1. television 2. television set *(syn. àdzɔ̀génúkpɔ́mɔ̀, dìdìdìfénúɖèfiámɔ̀, dìdìfénúkpɔ́mɔ̂, nyàsèmɔ̀, tèlé)*

tèlî̀ : n. a variety of wasp

tèmèkúkà : n. a variety of yam *(syn. àdzɔ̀bɔ̀lì)*

tèmlíkúí : n. the dry period from the end of July to the beginning of August

témplò : n. temple

tèndè : n. flute

tèndrèʊú : n. cotton from the cotton plant/tree *(syn. ʊútútú)*

tènísì : n. tennis

tènísìfòfé : n. tennis court

ténɔ́lá : n. 1. subject 2. subordinate

tènù (lè -/nɔ̀ -) : v. to stand upright

tènú : n. male child *(syn. tèkpòɖòè)*

tènú (wɔ̀ -) : v. to be spoiled / to be poorly brought up (pertains to a boy child) *(syn. hè vìnú)*

tènúnɔ̀ : n. a mother of only one child or of a preferred child

tènɔ̀nɔ̀ : n. 1. cessation 2. the state of being ready

tènùví : n. 1. only son 2. spoiled child 3. favourite child

tènúwɔ̀lá : n. one who spoils a child

tènúwɔ̀wɔ̀ : n. 1. the act of spoiling a child 2. the act of showing preference for a child

téŋ : adv. 1. entirely 2. through and through

tèŋgètèŋgè : id. 1. waddling 2. shaky *(syn. tègètègè, tɛ̀gètɛ̀gè)*

tèŋgblìì : id. 1. small in height 2. plump *(syn. tèblɛ̀ɛ̀, tègblɛ̀ɛ̀)*

téŋglí : n. 1. bush fowl 2. perdix 3. patridge (of the savannah) 4. francolin 5. great bittern 6. little bittern 7. dwarf bittern 8. white-creted tiger heron 9. white-backed night heron 10. black-crowned night heron *(syn. hòhó, tègli ́)*

tèrì : n. to regard as forbidden *(syn. klì)*

tèsì : n. female child

tèsì (wɔ̀ -) : v. 1. to be poorly brought up 2. to misbehave (pertains to girls)

tètà : n. yam sprout

tètè : v. 1. to make way for 2. to go aside

tètè : adj. insignificant

tètè : adv. 1. then 2. at the moment 3. suddenly *(syn. lá)*

tètè kò : adv. suddenly

tèté : n. 1. pressure 2. stinging

tètèdɔ̀ : n. any illness that causes swelling or puffiness

tètéɖànyí : n. decadence

tètéɖédzí : n. 1. pressure 2. oppression

tètèɖikpɔ̀ɔ̀ : id. pursing the lips so as not to laugh *(syn. tètèkpɔ̀ɖìì)*

tétékplálɛ́ : n. name of a little wasp

tètèklòlò : n. woodpecker

tètèkpɔ́ : n. 1. trial 2. test 3. temptation

tètèkpɔ̀ɖìì : id. pursing the lips so as not to laugh *(syn. tètèɖikpɔ̀ɔ̀)*

tètètíkè : n. anti-inflammatory medicine

tètèyì : n. 1. displacement 3. the act of moving away

tètì : adv. at least

tètì ò : adv. not even

tètí : n. yam stump

tètìè hǎ : adv. even

tètókà : n. brake (of a bicycle)

tètónú : n. 1. a brake 2. a restraint

tétùḍókúi : n. a mill/grinder supposed to exist in deep forests

tétùlá : n. miller

tètsóé : n. a small slice of yam cut from the shoot and eaten

tèvàdzé : n. a variety of yam

téví : n. 1. subordinate 2. a mobile upper grindstone

tèvídzí : n. small rounded yam tuber *(syn. tèkpòḍòè)*

tèxɔ̀ : n. a hut on the farm for storing tubers of yam

tèyóví : n. 1. nephew 2. niece *(syn. té)*

tèzǎ : n. yam festival *(syn. tèḍùzǎ)*

tèzì fàfɛ̀ : n. part of the yam tuber that carries germ

tɛ̀bèɛ̀ : id. full to the brim *(syn. tèbèè)*

tέk, tέkì : n. 1. teak 2. teak wood

tέktí, tέkìtí : n. teak tree

tèkníkì : adj. technique

tèknòlòzyì : n. technology

tèmòdìnàmíkì : n. thermodynamics

tèmɔ̀métà : n. thermometer *(syn. dzòxɔ̀xɔ̀dzídzénú)*

tèmɔ̀stá : n. thermostat

tèrègálì, tèrgál : n. tergal (a type of synthetic fiber)

tèrègálìvɔ́ : n. a cloth made of tergal

tì : v. 1. to be worn out 2. to have had enough 3. to exceed the limit of

tì fèfékpó : v. to gambol

tì kɔ̀ : v. 1. to be exhausting 2. to be tiring/tired

tì kɔ̀ ná : v. to be exhausted/tired

tì kpó : v. 1. to jump 2. to hop 3. to dive

tì kpó áké : v. 1. to bounce 2. to rebound

tí : n. 1. a wren (a type of bird) *(syn. tíŋtí)* 2. an insect bite 3. a grigri in carbon that is supposed to heal

tí : adv. 1. together 2. with 3. joining

tí : postp. about *(syn. ŋùtí)*

tí (dzè -) : v. 1. to be numb 2. to be cold 3. to be stiff

tí (fè -) : v. to pay debts

tí (fɔ̀ŋlì -) : v. be early in the morning

tí (tɔ̀ -) : v. to prepare a carbon charm/grigri

tí (zǎ -) : v. to become midnight

tí ... mè : v. to divide into equal parts

tí trè : v. 1. to flay 2. to remove the skin

tí trè ... ḍù : v. 1. to load too much 2. to put too many things on your head tí ... yòmè : v. 1. to pursue 2. to persecute

tí yòmè ná : v. to follow

tìá : v. 1. choose 2. to delegate 3. to annoy

tìá ... mè : v. 1. to sort out 2. to select

tìá nyà mè : v. to deliberate

tìáá : id. shouting

tìáḍítíáḍí : id. in the process of dragging oneself

tìátàkpɔ́fé : n. theatre

tìàtìà : id. walking quickly

tìǎtìá : n. 1. selection 2. choice 3. series

tìátíá : adj. elected/chosen

tìátíáfòfú : n. 1. collection 2. treasure

tìátíáwɔ̀lá : n. 1. selector 2. breeder

tìátìkpɔ̀fé : n. 1. theater 2. stage 3. playhouse

tìàtyràtìàtyrà : id. powerful gait of someone standing stiffly

Tìbé : np. Tibet

tìbòtìbò : id. in default

Tìbrè-Tɔ̀sísí : np. Tiber river

tídzèdzè : n. stiffness (syn. dzètí, ètídzèdzè)

tìéṇḍétíéṇḍé : id. swinging the belly

tìétíé : id. by words

tífé : n. 1. medium 2. middle (syn. títínà)

tígé : v. 1. to pile up 2. to be pressed against each other (syn. tígí)

tígí : v. 1. to pile up 2. to be pressed against each other (syn. tígé)

tìgìtìgì : id. 1. blunt 2. violently

tíglífú : n. hip bone

tígló : n. hip joint

tígò : n. 1. trunk (of a tree) 2. barrel 3. gourd

tígóé : n. 1. a bottle of powder 2. a small bottle/gourd which is used to keep grigri „tí" which is supposed to heal 3. Lagenaria siceraria (bot.) (a type vine grown for its fruit (bottle gourd)

tígɔ̀mègbá : n. saucer

Tìgrè-Tɔ̀sísí : np. Tigre river

tíì : n. 1. tea 2. herbal tea 3. powder

tíìì : id. in a long line/row

tíìḍónú : m. teapot

tíìgbé : n. lemongrass

tíìgbéḍàḍà : n. herbal tea made of (cooked) lemongrass

tíìkplú : n. teapot (syn. tíìzé)

tíìzé : n. teapot (syn. tíìkplú)

tìkàà : id. 1. strong (syn. tíkèè) 2. embarrassed 3. entangled 4. hard/resistant (syn. tsìkàà)

tìkàtìkàtìkà : id. 1. walking heavily 2. of being difficult to handle 3. violently 4. of using all of one's might

tìké : n. 1. ticket 2. travel ticket *(syn. tíkétì)*

tíkétì : n. 1. ticket 2. travel ticket *(syn. tìké)*

tikéxɔ̀fé : n. ticket office

tíkɛ̀ɛ̀ : id. strong *(syn. tìkàà)*

tíkétíké : id. light gait

tìkìtìkì : id. 1. by force 2. violently

tílà : n. talisman

tìm : n. bread made from coarsely ground corn kernels

tìm : v. to fall

tím : adv. 1. all 2. all together 3. everything at the same time

tìmátì : n. tomato *(syn. tòmátò)*

tíndíbání : n. the two shortest walls of a rectangular house

tìn : tin

tìnyàà : id. 1. hard 2. tough 3. complicated

tìnyàtìnyà : id. 1. moving up and down 2. of fighting against (something)

tìŋkúŋ : id. kind of bell *(syn. tíŋkwé)*

tíŋkwé : id. kind of bell *(syn. tìŋkúŋ)*

tíŋtí : n. wren (a type of bird) *(syn. tí)*

tíŋtíŋdìdì : n. 1. jingle 2. ringing 3. tinkle

tíɔ́tíɔ́ : id. showing aspect of a determined gait of someone tall and thin

tìtì : v. 1. to pass the hand over 2. to wipe with the hand 3. to polish *(syn. tútú)*

tìtì dí : v. 1. to colour 2. to scribble

tìtí : n. 1. rheumatism 2. joint pains 3. gout 4. arthritis *(syn. àgbàklikpé, àké dɔ̀sésé, dùdùì, ɲúdúdùì, ɲúdùì, ɲúídù, ɲúídùdùì, sìtí, sìtídɔ̀)*

tìtìdó : n. 1. prosecution 2. pursuit

Tìtìkáká-Tá : np . Lake Titicaca

títíkè : n. anti rheumatic medication *(syn. tìtítíkè)*

tìtìléámè : n. 1. rheumatism 2. gout

títínà : n. middle *(syn. tífé)*

títínà : post. 1. between 2. in the middle of 3. in the heart of *(syn. dòmè)*

Títínà áfríkà : np. 1. Central Africa 2. Central African Republic

Títínà áfríkà dètsònyà hábɔ̀bɔ̀ : sn. Customs and Economic Union of Central Africa (U.D.E.A.C)

Títínà ámèrìkà : np. Central America

Títínà àsìà : np. Central Asia

títínà dɔ̌dzíkpɔ́há : sn. central committee

títínà dɔ̌dzíkpɔ́hámènɔ̀lá : sn. member of the central committee

títínà dónùnɔ̀lá : sn. central committee *(syn. títínà dàŋùdóhá)*

títínà dàŋùdóhá : sn. central committee *(syn. títínà dónùnɔ̀lá)*

Títínà Erópà : np. Central Europe

Títíná yèdzèfé (dùkówó) : sn. (countries of the)Middle East

Títíná Sùkú, Títíná Sùkú núháhò Srɔ́fé : sn. General Education College (C.E.G)

Títíná Sùkú dòdókpɔ́ : sn. Brevet d'Etudes Superieures (B.E.S) (exam)

Títíná Sùkú fíádɔnyá dòdòkpɔ́/ɖàsìgbàlɛ̌ ètɔ̀lìá : sn. (C.A.P,C.E.G) (exam/diploma)

Títíná Sùkú dŏnyányá dòdókpɔ́/ɖàsédígbàlɛ̌ èvèlìà : sn. C.A.P 2nd degree (exam/diploma)

Títíná sùkú núfíáɖɔnyá (dòdókpɔ́/ɖàsédígbàlɛ̌) : sn. Elementary Certificate of Teaching Aptitude (exam/diploma) (C.E.A.P) 2nd degree

Títíná Sùkú nùwú (dòdókpɔ́/ɖàsédígbàlɛ̌) : sn. Basic First Cycle Certificate (exam/diploma) (B.E.P.C)

Títíná-fù : np. Mediterranean Sea

títínàfú : n. spine

títínàfúí : n. vertebrate

títínàgbè : n. standard language

Títínàkpádzí : np. Central Region (of Togo)

títínàsí : n. middle finger

títínàsùkǔ : n. Secondary school

títínàsùkǔ núfìálá : n. secondary school (CEG)teacher

títínàsùkǔ núsɔ́rɔ̌wó : np. secondary education

títínàtèfé : n. elementary course

títínàʋègbè : n. standard ewe

titìtì : id. 1. trembling 2. of or pertaining to the sound of footsteps when running

titìtì (fò -) : v. to tremble with fear

títítí : id. 1. since a long time 2. dazzling white

titítíkè : n. anti rheumatic medication *(syn. titíkè)*

titíxámè : n. attack of arthritis

títɔ̀tɔ̀ : n. carbonization of ingredients which serves as a charm or mystical protection

títrè : adj. of or pertains to standing up straight *(syn. tsítrè)*

titrì : adj. 1. thick 2. heavy 3. dense

titrí : n. 1. snap 2. thickness

titrikú : n. thick peasant clothing

titrìmè : n. 1. thickness 2. width

tívì : n. television

tò : v. 1. to be muscular 2. to be thick 3. to be complex 4. to shrivel up 5. to pull in (one's horns) 6. to roar 7. to purr 8. to call it's chicks (clouque)

tò : n. 1. buffalo *(syn. àvèmènyì, àvènyì, gbènyì)* 2. mortar 3. mortarboard 4. circle 5. the space left empty for a speaker or dancers during a meeting or a show 5. hole 6. hollow 7. pulverized bark of „tòtì" *(a type of tree whose wood is used to prepare charms and medicine)* used during religions ceremonies 8. shellfish 9. creche 10. child's bed (baby cot) 11. manger 12. stable (for animals e.g horses, cattle) 13. hutch

tò : id. describes the sound of a balloon popping

tò (dè - (dé)) : v. to encircle

tò (dó -) : v. to stand in the circle to speak or to dance (during a meeting or a show)

tò (wɔ̀ -) : v. to be hollow

tò (tsí trè dé - mè) : v. to be surrounded by a crowd

tò fé zǎ : n. last night

tò mò : v. 1. to frown 2. to look to the right and left while searching

tó : v. 1. to pound (e.g cereals) 2. to grind 3. to bring out 4. to begin to 5. to become fashionable 6. to be in vogue 7. to tell 6. to germinate 7. to make/grow (one's teeth) 8. to pass by/through

tó : n. 1. mountain 2. basement 3. ear 4. depth 5. father-in-law 6. son-in-law 7. family (in the broad sense) / parent *(syn. hlɔ̃, kɔ̀, kɔ̀mè, sǎ̀)*) 9. edge 8. neighbourhood 9. family in the broad sense *(syn. kɔ̀*) 10. a unit of leaves or mushrooms *(syn. tógbá)*

tó : adj. deep

tó : prep. 1. on the edge of 2. alongside

tó (dè -) : v. to be deep

tó (dě ... -) : v. 1. to lower the head 2. to hide

tó (dó - kú) : v. 1. to be deaf to 2. to hide

tó (dzè - mè ná) : v. to understand well

tó (dè ... - lè ... mè) : v. 1. to take away from 2. to substract 3. come out of 4. to deliver

tó (dó -) : v. 1. to listen 2. to have the sun set

tó (fò -) : v. to make a hem (e.g as pertains to clothing)

tó (fò - dó ná) : v. to give advice

tó(hè - ná) : v. to punish

tó (tì -mè ná) : v. 1. to be tired of 2. to have enough of *(syn. tsì tó mè ná)*

tó (tsì -mè ná) : v. 1. to be tired of 2. to have enough of *(syn. tì tó mè ná)*

tó (yì -) : v. 1. to sink 2. to be lost 3. to be ruined 4. to be deep

tó àlòbáló : v. to ask a riddle

tó dó nyà : v. to be conciliatory

tó ... dé ... àsí : v. to deliver a message

tó ... gɔ̀mè : v. to begin

tó ... dò : v. to pierce

tó ... dzí : prep. thanks to

tó ... dzí : v. 1. to review 2. to go through

tó dzò : v. 1. to burn 2. to be horned

tó égbɔ́, tó égbɔ́ bé : conj. 1. though 2. although 3. despite the fact that 4. nevertheless *(syn. tó gbɔ́ bé)*

tó fú : v. 1. to be hairy 2. to have feathers

tó gè : v. to have a beard

tó gbɔ́ bé : conj. 1. although 2. despite the fact that *(syn. tó égbɔ́ bé)*

tó gbɔ́ bé ... hǎ́ : conj. although

Tó γié : sn. Mount Blanc

tó kɔ́kɔ́tɔ̀ : sn. climax

tó kú : v. to be grainy

tó kplé ŋúsɛ́ : v. 1. to gush forth 2. to spray out 3. to spout up

tó lè ... mè : v. 1. to escape unscathed 2. to not have anything

tó lè émè : v. 1. subtract 2. to remove 3. to take away

tó lè ŋúdɔ́wɔ̀wɔ̀ mè : v. to be out of use

tó ... mè : v. 1. to cross 2. to revise 3. to go through

tó ... mè hɑ̃́ : conj. 1. even in spite of 2. despite

tó ... mè hé : conj. to get to

tó mɔ́ : v. 1. to find a way 2. to go on a tour

tó nyà : v. 1. to recount 2. to narrate 3. to tell

tó nyà xóxó : v. to tell an old story

tó ... ŋú : v. 1. to exceed 2. to overtake

tó ... tà : loc. above

tó ... tà : v. to go above

tó ... vɛ́ : v. to invent

tó vò : v. to be different

tó vò ɖé ... ŋú : v. to speak badly of someone

tó vò ná : adv. unlike in

tó vòvò : v. 1. to be different 2. to vary

tó vòvò lè ... ŋútí : v. to be different from

tó ʋù : v. to bleed

tó ʋù ná wò ! : v. you did well ! (congratulations to a woman who just had a child)

tó ... yì : v. 1. to pass 2. to exceed

tő : adj. 1. alone 2. single

tő : adv. 1. just 2. only 3. one

tóbá : n. large mat (syn. àbà, tsìtsé)

tóbàyà : n. a covering or protective device for the ear (syn. tógóé)

tóbìdzò : n. volcano

tòbòlò : intrj. tra la la (in songs)

tóbótóbó : id. 1. dark red 2. very soft to the touch

tòdɛ̀ : n. little snakes that live in the earth

tódò : n. auditory canal

tódòmè : n. 1. valley 2. a village or town located in a valley

Tódòmèkpádzí : np. Plateaux region (in Togo)

tódɔ̀dɔ̀ : n. 1. fine 2. punishment

tódzɛ̀ (fò -) : v. to lift load from the head without being helped

tódzínɔ̀lá : n. someone who lives in the mountains

tódzò : adj. horned

tòdzò : n. cat (syn. àɖɔ́è, àmègbɔ́núí, dàdì, tèkpètè)

tòdzɔ̀kè : n. sea fish (a type of fish in the sea)

tòdèdè : n. the act of forming a circle or standing together such that a circle is formed

tódò : n. 1. weathercock/wind vane 2. twirl

tódódó : n. 1. sunset 2. the act of listening 3. obedience 4. paying attention

tódódóé : n. cricket

tódófòfò : n. 1. moral 2. ethics

tódóyì : n. 1. the moment of sun set 2. time to pay attention 3. time to listen

tódólá : n. listener

tódóláxɔ̀ : n. 1. one who listens at the door 2. eavesdropper *(syn. tódóxɔ̀lá)*

tódòmè : n. the area behind the ear

tódónú : n. 1. earphone 2. headset 3. device placed at the ear to increase the capability of hearing clearly

tòdòò : id. 1. round 2. chubby

tódóxɔ̀lá : n. 1. one who listens at the door 2. eavesdropper *(syn. tódóláxɔ̀)*

tódùàmè : n. ear-ache *(syn. ètómèvéé, ètódùàmè, tómèvéé)*

tófì : n. secret told by word of mouth

tófì (fì - ná) : v. 1. to reveal a secret 2. to warn quietly

tòflòkò : n. 1. smooth talker 2. someone who speaks to say nothing

tòflòkò : adj. 1. vain 2. empty

tófú : adj. hairy

tófé : n. 1. route 2. passage 3. course

tófòdó : n. 1. brainwashing 2. advice 3. slogan *(syn. tófòfòdó)*

tófòdólá : n. 1. advisor 2. counsellor

tófòdónyà : n. 1. a word of caution/advise 2. slogan

tófòfò : n. 1. the act of making a hem 2. hemstitch

tófòfòdó : n. 1. slogan 2. advice *(syn. tófòdó)*

tófú : n. 1. coccyx 2. hip bone

tógà : n. 1. edge 2. border

tógǎ : n. brother of a brother-in-law who is older than oneself

tógɛ̀ : n. earring *(syn. tògɛ̀ blàyà)*

tógɛ̀ (dé -) : v. to wear earrings

tògɛ̀ blàyà : n. earring *(syn. tògɛ̀)*

tógɛ̀dófé : n. ear lobe

tógó : n. 1. dried and salted baby tilapia (a type of fish) 2. coast with hills

Tógó : n. 1. Togo 2. Togoville (a city in Togo)

Tógó àgblèdènúkúwó-Sìtsàfé : n. Office of Agriculttural Products (O.P.A.T)

Tógó dùkɔ́ fé hǎbɔ́bɔ́ : np. RPT gathering of the Togolese People (political party)

Tógó dètígblèdèdè dɔ́wɔ̀fé : sn. Togolese Cotton Company (SO.TOGO)

Tógó kplé Líbìà Gàdzràdófé : sn. Libyan Arab Togolese Export Bank (B.A.L.T.E.X)

Tógó Létríkì dówòfé : sn. Electric Energy Company of Togo (C.E.E.E.T)

Tógó núkú dówòfé, dzràdófé : n. Togo Grains

Tógó-Tíkútsétsé dówòfé : n. Togo-Fruits

tògòdò : n. 1. outline 2. contour 3. shape

tógódóxò : n. a house surrounded by a veranda

tógóé : n. a covering or protective device for the ears *(syn. tóbàyà)*

tògòò : id. 1. describes a turning movement 2. describes a situation in which one is heavily walking

tògòtógóé : n. commotion

Tógótó : n. Togolese *(syn. Tógóví)*

Tógó-Tònù : n. Lake Togo

Tógóví : np. Togolese *(syn. Tógótó)*

Tógó-tsátsá : n. unification of Togo

tógúídòmè : n. hollow behind the ear

tógbá : n. 1. pinna of the ear 2. lip of the vagina 3. unit of leaves or mushrooms *(syn. tó)*

tògbátò : n. 1. a big forest fly 2. tsetse fly *(syn. àdzòè)*

tógbényà : n. cap/hat that covers the ears *(syn. tógbényàkúkú)*

tógbényàkúkú : n. cap/hat that covers the ears *(syn. tógbényà)*

tógbè : n. 1. hill 2. plateau

tógbékà : n. 1. mountain range 2. cordillera

tógbí : n. earlobe

tógbó : prep. 1. despite 2. in spite of 3. in the face of

tógbó bé .. hã : conj. 1. though 2. whatever

tòyè : n. circle (dance)

tóhèhè : n. 1. punishment 2. sanction *(syn. tóhèhè)*

tóhèhè : n. 1. punishment 2. sanction *(syn. tóhèhè)*

tóhèhènúdódó, tóhèsésé : n. penal/criminal code

tòhlò : n. mushroom

tòkè : n. big bat *(syn. sàkplàtòkè)*

tóké : n. bell or ring that is put on the finger

tóklánánávó : n. 1. streamer 2. pennon

tòkòdzé : n. fish hook

tókòlò : n. little pot

tókóntsúí : n. curlew sandpiper *(syn. hólí)*

tòkòtókó (tsí - mè) : v. 1. to be embarrassed 2. not knowing what to do

tòkòfè : n. a type of disease of the fingers and toes

tókógbè : n. slope

Tókóé : np. Tokoin (a district of Lomé)

tókú : n. deaf person *(syn. ètókúnɔ̀, tókúkútɔ́, tókúnɔ̀)*

tókú (dó -) : v. 1. to turn a deaf a ear to 2. not pay attention to

tókúkú : n. deafness

tókúkútɔ́ : n. deaf person *(syn. ètókúnɔ̀, tókú, tókúnɔ̀)*

tókúnɔ̀ : n. deaf person *(syn. ètókúnɔ̀, tókú, tókúkútɔ́)*

tókúnɔ̀ kplé àḍètútútɔ́ : n. 1. someone who is deaf and mute 2. deaf-dumb person

tòkpó : n. 1. grasshopper 2. locust *(syn. àḍɔ̀ḍɔ̀è, àgbàtròxèví, gbàgblàmè, gbètrɔ́é, gbògbótsú, kìtsíkpúi, ɳè, sɔ́ví, ʋè, ʋètsúví, ʋètrá, ʋò, ʋòdzòdzòè)*

tòkpòè : n. 1. a game of six 2. hemisphere game (a type of game that is similar to oware)

tólằ : n. an animal or fish that lives in the depths of the sea

tòlì : n. 1. shell fish 2. sea shell

tólíḍèḍè : n. 1. noise 2. rumor 3. disturbance

tòlìì, tòlìtòlì : id. 1. who rolls 2. who is tossed

tólǔ : n. 1. guinea fowl *(syn. tsàxé)* 2. temple *(syn. tɔ́nù)*

tómànúí (fò -) : v. to murmur

tómànúí (wɔ̀ -) : v. 1. to tease 2. to annoy

tómàtí : n. 1. pestle 2. drumstick

tòmàtò : n, tomatoe *(syn. tìmáti)*

tòmàtòs : n. pemphigus bolus *(syn. àḍibá)*

tòmátòtɔ̀ : adj. of or relating to the tomotoe

tòmátòtɔ́ : n. tomatoe seller

tòmè : n. 1. circle 2. hoop 3. arena

tómè : n. 1. ear 2. inside of the ear 3. slap 4. bottom 5. cavity 6. hollow *(syn. àtítómè)*

tómè (fò -) : v. to slap

tómè (lè/nɔ̀ - ná) : v. to be on the edge of

tómè (wɔ̀ - nú) : v. to be sneaky

tòmè núwó : n. rubble

tómèdà : n. caecilian

tómèdégè : n. earring

tòmèḍí : n. seeds used in the game of àwàlè/òwàrè/àḍi

tómèḍitsì : n. a pus-discharging ear *(syn. tómètɔ́tsì)*

tómèdù : n. a city or region surrounded by mountains

tòmèfáfá : n. 1. tranquility 2. peace

tómèfìàmè : n. itching ear

tómèfòfò : n. slap

tòmèfòlá : n. the one who slaps

tómègbé : n. area behind a mountain

tòmèkótsó : n. sand frog

- 675 -

tómèmí : n. ear wax *(syn. tómènúí)*

tómènú : n. 1. resource (mining resource) 2. murmur 3. conspiracy 4. deviousness

tómènúí : n. ear wax *(syn. tómèmí)*

tómènúkùfé : n. a place where mining is done

tómènúkùlá : n. someone who mines

Tómènúwó ɖɔ́wɔ̀fé : n. Department of Mines

tómènúwɔ̀lá : n. 1. someone that is sneaky 2. a schemer

tómènyà : n. 1. secret 2. a word whispered in the ear

tómètíé : n. 1. heart of wood 2. lignite

tómètíé (xɔ̀ -) : v. to grab the lion's share

tómètóví : n. hollow of the ear

tómètótsì : n. a pus-discharging ear *(syn. tómèɖitsì)*

tómètsì : n. 1. spring water 2. mineral water (from the ground)

tómètsìtùkpá : n. bottle of mineral water

tòmìnàà : id. 1. reddish 2. ruddy 3. apparently in good health

tòmlìì : id. oval

tómèvéé : n. ear-ache *(syn. ètómèvéé, ètóɖùàmè, tóɖùàmè)*

tóndró : n. variety of pepper

tòn : n. tonne

tònú : n. ceremony performed after killing a buffalo

tónù : n. 1. temple *(syn. tólù̀)* 2. tonne

tónú (sè -) : v. 1. to be obedient 2. to be easy to direct

tónùfùí : n. temple

tónúmàsèlá (nyé -) : v. to be inattentive

tónúséfé : n. auditory cortex (brain)

tó-ŋɔ́tí kplè vémè dɔ̀dàdà : n. otolaryngology

tó-ŋɔ́tí kplè vémè dɔ̀dàlá : n. otolaryngologist

tóŋù : adj. thorny

tòŋtòŋ : adj. 1. moving 2. swaying 3. with vehemence/ excitement

tóŋtóŋ : n. drop (e.g drop of water)

tóŋtóŋ : id. 1. in a state of hitting a surface with great force (e.g the heavy rains hitting the ground with great force) 2. all together *(syn. kéŋ, sɔ́ŋ)*

Tòrɔ́ntò : np. Toronto

tósélá : n. disobedient person

tósésé : n. disobedience

tótàmè : n. 1. summit 2. height

tòtàmèxè : n. cattle egret *(syn. nyìyòmèxè, tòtàxè)*

tòtàxè : n. cattle egret *(syn. nyìyòmèxè, tòtàmèxè)*

tòtí : n. 1. pestle 2. drumstick 3. a type of tree whose wood is used to prepare charms and medicine

tòtò : n. 1. a kind of dove 2. shikra 3. red-thighed sparrowhawk 4. long-tailed hawk

5. african green pigeon 6. bruce's green pigeon

tòtò : adj. 1. thick 2. muscular

tòtó : n. pounding

tòtó kplé ŋúsɛ́ : n. gushing/spurting

tòtòè : adj. 1. compact 2. heavy 3. difficult 4. worthless

tòtòèàmè : n. 1. complex part 2. difficult aspect

tòtòèƒé : n. a kind of drum (syn. tòtòémè)

tòtòémè : n. a kind of drum (syn. tòtòèƒé)

tótófó : n. toothless

tótófó (nù mè -) : n. a toothless mouth

tòtòkúi : n. little grasshopper (syn. ʋòtòkùí, ʋòtòkúkúí)

tótóvɛ̀ : n. invention

tótrì : n. leprosy (syn. ànyì, ànyìdɔ̀, ànyídɔ̀lélé, ànyídzèdɔ̀, dɔ̀ dzɛ́, èkpòdɔ̀, gbòdò, kpò, kpìtsì, kpòdɔ̀, nògòtòlí, zɔ̀kpò)

tòtrò : n. 1. pipe 2. hose

tòtró : n. 1. rotation 2. turnover

tótró : n. a large wooden peg used to make fences

tótróé : adj. 1. frizzy 2. bushy 3. poorly combed (hair)

tótúí : n. bud

tóvélá : n. inventor

tóví : n. father-in-law's brother younger than oneself

tòviàkù : n. a type of plant with sword-like leaves

tóvù : n. boxing match between children from different families

tówó : n. parents-in-laws

tówó dòmè : n. 1. bowl 2. basin 3. pan

tówùwù : n. deafening

tòxɔ (ɖó -) : v. 1. to brood 2. to incubate

tóyìyì : n. 1. darkening 2. capsizing

tòyɔ̀è : n. grave of a person who died suddenly or accidentally

tóyɔ́ví : n. 1. son-in-law 2. daughter-in-law

tóyɔ́vígã́ : n. eldest son-in-law

tóyɔ́vívì : n. youngest son-in-law

tòxɔɖóɖó : n. brooding

tɔ̀ : v. 1. to sew 2. to fry 3. to be abundant 4. to be cheap/to sell well 5. to be unemplyed 6. to have time 7. to respond (e.g when one's name is called) 8. to be abandoned 9. to be without defense 10. to be dislocated/sprained (syn. tɔ̀ àgù) 4. to limp (tɔ̀ àbù, tɔ̀ bú)

tɔ̀ : n. 1. any waterbody (e.g lake, river, lagoon, etc.) 2. portion 3. turn (his turn/her turn/their turn etc.) 4. property of

tɔ̀ (nyé -) : v. to be the property of

tɔ̀ - : adj. aquatic

tɔ̀, -tɔ̀ : pr. 1. that of 2. the one (of) 3. the property of

tɔ̀ àbù : v. to limp *(syn. tɔ̀, tɔ̀ bú)*

tɔ̀ àfí ádé : v. to make a stitch (somewhere)

tɔ̀ àgbàtè : v. to hire someone to transport loads or for any other work

tɔ̀ àgù : v. to be dislocated/sprained *(syn. tɔ̀)*

tɔ̀ àkádí : v. to burn to a cinder

tɔ̀ bú : v. to limp *(syn. tɔ̀, tɔ̀ àbù)*

tɔ̀ gã́ : n. a big river

tɔ̀ kpɔ́ : v. 1. to fence 2. to protect

tɔ̀ kpɔ́ xlã́ : v. to put up a fence around (an object)

tɔ̀ nú : v. to sew

tɔ̀ zì : v. to excite

-tɔ́ : adj. a figure of speech that transforms an adjective into a pronoun; a verb, verbal phrase or nominal into an agent noun *(e.g sùètɔ́: the small one, kɔ́ŋùtɔ́: the kenkey seller)*

tɔ́ : v. 1. to stop 2. to park 3. to touch 4. to stumble and trip over 5. to hit/knock 6. to pierce 7. to prick 8. to dip in/to soak in 9. to be delirious 10. to be disgraced 11. to dilute (with water)

tɔ́ : n. 1. father *(syn. àtà, fòfó, tàtá, tàté)* 2. master

-tɔ́ : n. 1. seller 2. indicates belonging to a certain group or having the qualities of the word to which the word tɔ́ is a suffix *(e.g èʋètɔ́: member of the èʋè ethnic group, lòlòtɔ́: the big one)*

tɔ́ àdèkpùì : v. 1. to stab 2. to put a knife into

tɔ́ àfɔ̀ tó : v. 1. stand up to 2. to make a firm decision (to)

tɔ́ àfɔ̀kpódzígà : v. to hit with the stirrup (e.g the horse)

tɔ́ àkplɔ́ : v. to pierce with a spear

tɔ́ àsí : v. 1. to touch with the hand 2. to emphasize 3. to point a finger/fingers

tɔ́ dɔ̀ : v. to peck

tɔ́ dù : v. to send an urgent message to

tɔ́ ... dzí : v. to start (with something)

tɔ́ dzò : v. to set on fire

tɔ́ dzò ákpá : v. to overheat

tɔ́ dzònú ḍé ... ŋú : v. to string beads on (something)

tɔ̀ ḍà : v. to braid the hair

tɔ́ ḍé tsìtrè : v. to stand up

tɔ́ gàtàgbàdzé : v. to nail

tɔ́ gbè : v. 1. to respond in a brazen manner 2. to reprimand

tɔ́ hɛ̀ : v.1. to stab 2. to put a knife into

tɔ́ kú dù (vá) : v. to recieve a death notice

tɔ́ màʋàmàʋà : v. to immobilize

tɔ́ dzìgbɔ̀ ná : v. to make (somebody) to want to vomit

tɔ́ nú : v. 1. to point/dot 2. to mark

tó ŋkú : v. to be shocking

tó tè : v. 1. to stop 2. to pin down 4. to stand still

tó tómè : v. 1. to have a different sound 2. to have difficulty hearing (something)

tó ʋǔ : v. to park (a car)

tɔ́ : n. climbing plant whose tubers are eaten

tɔ́àtítɔ́àtí : n. golden-tailed woodpecker *(syn. lɔ́àtílɔ́àtí)*

tɔ́bá : n. mat given by the father's parents in which the body of a deceased is wrapped

tɔbénɔbé : n. animal resembling a small cat and whose smell is very strong

tɔ́bókɔ́ : n. diviner *(syn. bòkɔ́, dzògbànà)*

tɔdà : n. eel

tɔdɛ́ : n. a small snake that lives in water

tɔdòmè : n. island in a river *(syn. tɔdòmèkpò)*

tɔdòmèfùkpó : n. island *(syn. tɔdòmènyígbá)*

Tɔdòmèfùkpówó : n. West Indies

tɔdòmèkpò : n. island (in a river) *(syn. tɔdòmè)*

tɔdòmènyígbá : n. island *(syn. tɔdòmèfùkpó)*

tɔdù: n. atlantic bonito /belted bonito *(syn. kpòkpòkú)*

Tɔdzí : n. Todzi (Red Volta; a waterbody located in Ghana and Burkina Faso)

tɔ́dzìdzi : n. child of a father (out of wedlock)

tɔdzílà: n. a fish or any other animal that lives at the edge or surface of a waterbody

tɔdzímɔ́zɔ̀yì: n. crossing (a waterbody) (by using a boat/ferry)

tɔdzísásá : n. bridge

tɔdzísìtsàtsà : n. 1. goods transported by ship 2. maritime trade

tɔdzíʋú : n. any vessel or machine used on water bodies (e.g ship, boat, canoe, etc.)

tɔdzíʋúdzèfé : n. maritime port

tɔdzíʋúkùkù : n. navigation of any vessel or machine used on water bodies

tɔdzíʋúkùlá : n. sailor/seafarer

tɔdzíʋúmèdɔ́wɔ̀lá : n. seaman/sailor

tɔdzíʋúmènɔlá : n. one who travels by water

tɔdzízɔ̀zɔ̀ : n. travelling by water (e.g boat/ship/ etc.)

tɔdzɔfé : n. source of a watercourse

tɔɖédzí : n. equilibrium

tɔ́ɖè : n. 1. nephew or niece of a paternal uncle younger than the father *(syn. tɔ́ɖìyɔ́ví)* 2. brother-in-law (husband's brother)

tɔ́ɖɛ̀ : n. uncle younger than one's father *(syn. tɔ́ɖì, tɔ́ɖìà)* tɔ́dèyɔ́ví : n. 1. nephew or niece younger than the father (syn. tɔ́dìyɔ́ví) 2. sister-in-law (wife of a brother older than her husband, in relation to a man)

tɔ́dì : n. uncle younger than one's father (syn. tɔ́dɛ̀, tɔ́dìà)

tɔ́dìà : n. uncle younger than one's father (syn. tɔ́dɛ̀, tɔ́dì)

tɔ́dì fé ví, tɔ́dìà fé ví : sn. child of a paternal uncle younger than one's father

tɔ̀dìì : n. 1. tough 2. elastic

tɔ́dìyɔ́ví : n. 1. nephew or niece of a paternal uncle younger than the father (syn. tɔ́dèyɔ́ví) 2. sister-in-law (wife of a brother older than her husband in relation to a man)

tɔ́dìyɔ́ví nyɔ́nù : n. niece of a paternal uncle who is younger than the father

tɔ́dìyɔ́ví ŋútsù : n. nephew of a paternal uncle who is younger than the father

tɔ̀dɔ́dɔ́ : n. flood (of a river)

tɔ̀dɔ̀ɔ̀ : n. 1. swaying 2. swinging

-tɔ̀è : suff. a suffix that when added to a word qualifies it as an adjective or adverb (adverbial/adjectival maker)

tɔ́é (dó - dé ... ŋú) : v. 1. to take everything for oneself 2. to seize 3. to irritate/annoy

tɔ́édólá : n. 1. hoarder 2. an annoying individual

tɔ̀fìì : id. 1. gently (syn. tɔ̀fìtɔ̀fì) 2. soft

tɔ̀fìtɔ̀fì : id. gently (syn. tɔ̀fìì)

tɔ́fìtɔ̀fì : n. a small herb used as medicine

tɔ̀fɔ̀fé : n. 1. a place where one crosses a watercourse 2. ferry

tɔ́fé : n. 1. a place where one is expected to stop 2. intersection (e.g of a road) 3. parking lot 4. paternal house

tɔ̀fò : n. water surface

tɔ̀fò (dè -, yì -) : v. to go fishing

tɔ́gbɔ́dzàdù : n. wahoo

tɔ̀flèsì : n. 1. pompano dolphinfish (syn. blɔ̀, fèflè, yɔ̀) 2. common dolphinfish

tɔ́fòdèlá : n. 1. fishing 2. the act of going to sea

tɔ́fòdèdè dɔ́wɔ̀fé : n. fisheries service (syn. tɔ́fòdèláwó fé dɔ́wɔ̀fé)

tɔ́fòdèláwó fé dɔ́wɔ̀fé : n. fisheries service (syn. tɔ́fòdèdè dɔ́wɔ̀fé)

tɔ́fòdèlá : n. fisherman (syn. àsàbùdàlá, dɔ̀dàlá, dɔ̀kplɔ̀lá, fèdàlá, làdèlá)

tɔ̀gã́ : n. 1. paternal uncle (older than the father) 2. grandfather 3. ancestor 4. brother-in-law (husband's brother)

tɔ́gã́ fé ví : n. 1. male cousin 2. female cousin (son or daughter of a paternal uncle who is older than the father)

tɔ́gã́ fé ví nyɔ́nù : n. female cousin (daughter of a paternal uncle who is older than the father)

tɔ́gã́ fé ví ŋútsù : n. male cousin (son of a paternal uncle who is older than one's father)

tɔ́gã́ tɔ́dìàví : n. cousin

tɔ́gã́ tɔ̀dìvíwó : n. cousins

tɔ́gǎvítɔ́dèví : n. nieces and nephews on the paternal side

tɔ́gǎyɔ́ví : n. 1. nephew or niece (whose paternal uncle is older than the father) 2. sister in law (wife of a brother older than her husband; realating to a woman)

tɔ́gǎyɔ́ví nyɔ́nù : n. niece (whose paternal uncle is older than the father)

tɔ̀gó : n. 1. bed (of a river) 2. river bank (syn. tɔ̀kɔ̀, tɔ̀kɔ̀tó, tɔ̀tó)

tɔ̀gódò : n. upstream

tɔ̀gódòtɔ́ : n. someone who lives upstream

tɔ̀gòè : n. stream

tɔ̀gódònyígbá : np. Lagunes Region (Togo)

tɔ́gómè : n. paternal family

tɔ́gómèàwó : n.pl. members of the paternal family

tɔ́gómèfòmètɔ́wó : n.pl. family members of the paternal family

tɔ̀gɔ̀mèʋú : n. submarine

tɔ̀gbà : n. 1. pond 2. lagoon (syn. tàgbà)

tɔ̀gbá : n. 1. bowl 2. roasting plate 3. ceramic

tɔ́gbé : n. 1. grandfather (syn. tɔ́gbó) 2. old man 3. patriarch 4. ancestor 5. head of the family 6. chief

tɔ̀gbì : n. 1. a kind (of) / a genre (of) (syn. tɔ̀gbè) 2. analogous case 3. example of (something) 4. a clone

tɔ̀gbì : adj. similar

tɔ́gblɔ́ : n. 1. annoyance 2. boredom 3. discomfort

tɔ́gblɔ́é (ɖó - ɖé ... ŋú) : v. 1. to tease 2. to annoy

tɔ̀gbɔ́dzádù : n. wahoo (a type of fish)

tɔ́gbó : n. 1. grandfather 2. ancestor (syn. tɔ́gbé)

tɔ́gbɔ́námɛ : n. paternal grandmother

tɔ́gbúí : n. 1. grandfather 2. forefather 3. ancestor 4. royal python (syn. àdèkpè, dàgbóé, dàbgi, dàgbùí, nyɔ́gbɔ́) 5. chief (syn. tɔ́gbóé, tɔ́gbé)

Tɔ́bgúí : np. Grandfather 2. His excellency

tɔ́gbúígǎ : n. 1. great uncle older than the father 2. head of the family 3. grandfather 4. ancestor 5. patriarch (syn. tɔ́gbúítɔ̀gbùì)

tɔ́gbúíglìkpò : n. ancestral home

tɔ́gbúínú : n. property inherited from ancestors (syn. tsìtsìnú)

tɔ́gbúíŋkɔ́ : n. 1. patriarchal name 2. surname/ family name

tɔ́gbúítɔ̀gbùì : n. 1. great-grandfather 2. ancestor (syn. tɔ́gbúígǎ)

tɔ́gbúítɔ́gbúíyɔ́ví (ŋútsù/ nyɔ́nù) : n. great grandson or great granddaughter (in relation to the great grandfather)

tɔ́gbúítrɔ̃́ : n. 1. family or tribal deity 2. deity transmitted by the ancestors

tɔ́gbúíwó tɔ̀ (ɖé – dzí) : loc. according to tradition

tɔ́gbúíyɔ́ví : n. grandson or granddaughter (in relation to the grandfather)

tɔ́gbúíyɔ́ví nyɔ́nù : n. granddaughter

tɔ́gbúíyɔ́ví ŋútsù : n. grandson

tɔ́gbúíyɔ́víwó : n. pl. grandchildren

tɔ́gbúízikpùi : n. seat inherited from the ancestors

tɔ́hóé : n. a big snake that lives in the river (syn. tɔ́υóé)

tɔ̀ká : n. bucket (syn. bɔ́kítɔ̀, tɔ́kpò, tsikùgànú)

tɔ̀klá, tɔ̀klá̃ : n. black colobus (monkey)

tɔ̀klò : n. river turtle (syn. tɔ̀mèklò)

tɔ̀kòklóè : n. coot / moorhen (syn. tɔ̀lém)

tɔ̀kɔ̀ : n. 1. river bank 2. shore 3. along the waterways (syn. tɔ̀gó, tɔ̀kɔ̀tó, tɔ̀tó)

tɔ́kɔ̀ : n. ancestral prohibition

tɔ̀kɔ́kòkúlí : n. 1. buff-spotted flufftail (syn. tɔ̀mèkòklɔ́) 2. grey-throated rail 3. white-spotted flufftail

tɔ́kɔ̀ (nyì -) : v. to respect an ancestral prohibition

tɔ̀kɔ́mè : n. downstream

tɔ̀kɔ́mènɔ̀lá : n. one who lives downstream

tɔ̀kɔ́mètɔ́ : n. one who lives downstream

tɔ̀kɔ́nùxé : n. a type of aquatic bird that lives in large flocks

tɔ́kɔ̀nyìnyì : n. respect for ancestral prohibition

tɔ̀kɔ̀tí : n. woodpecker

tɔ̀kú : n. death by drowning

tɔ̀kú (kú -) : v. to drown

tɔ́kú (kú -) : v. to be killed by the spirit of a father

tɔ̀kúkúlá : n. a drowned person

tɔ̀kpènɔ̀kpè : n. a rhythm of a drum

tɔ́kpò : n. bucket (syn. bɔ́kítɔ̀, tɔ̀ká, tsikùgànú)

tɔ́kpó : n. clay pot used for making soap

tɔ̀kpòdógúí : n. kerosene oil tin can lamp (Ketavibes, 2021) (syn. àsikádígbé)

tɔ̀lã̀ : n. aquatic animal

tɔ̀lém : n. 1. coot 2. moorhen (syn. tɔ̀kòklóè)

tɔ̀lɔ̃xó : n. name given to a type of frog

tɔ̀lém : n. 1. coot / moorhen (syn. tɔ̀kòklóè) 2. levaillant's cuckoo 3. red-chested cuckoo

tɔ̀màtsò : adv. without crossing a river

tɔ̀mbòlá : n. raffle

tɔ̀mè : n. 1. river 2. lake 3. pond 4. any accumulation of water 5. a place where water can be drawn (syn. tɔ̀)

tɔ̀mè (dè -/yì -) : v. to go to a waterbody in order to fetch water

tɔ̀mèdà : n. 1. spotted blind snake 2. african sand snake 3. water snake tòmèdèdè : n. the act of going to waterbody in order to fetch water

tòmèdèlá : n. one who goes to a waterbody to fetch water

tòmèdèzè : n. an earthenware utensil used for carrying water

tòmèhà : n. 1. golden african snapper 2. gorean lagoon snapper

tòmèhà dzá : n. african brown snapper

tòmèhà dzɛ̃́ : n. african red snapper

tòmèklàtsà : n. water chevrotain (syn. tòmèsɛ̃́)

tòmèklò : n. river turtle (syn. tòklò)

tòmèkòkló : n. 1. common shelduck (syn. kpààkpàà) 2. african crake 3. buff-spotted flufftail (syn. tòkɔ́kòkúlí)

tòmèkótsó : n. 1. river frog 2. purple frog

tòmèkpákpáxé : n. 1. little grebe 2. cape teal

tòmèkpé : n. reef

tòmèlã̀ : n. 1. fish 2. any animal that lives in water 3. heart

tòmèlã̀dzráfé : n. fish shop

tòmèlã̀dzrálá : n. 1. fishmonger 2. someone that sells fish/aquatic animals

tòmèlã̀dɔ̀dàfé : n. cardiology (department)

tòmèlã̀dɔ̀dàlá : n. cardiologist

tòmèlã̀fú : n. fish bone

tòmèlã̀tíkè : n. cardiotonic

tòmèló : n. slender-snouted crocodile (syn. ló)

tòmèmè : n. mermaid (tòmèmɛ́, tsìmèmɛ́)

tòmèmɛ́ : n. mermaid (syn. tòmèmè, tsìmèmɛ́)

tòmènyì : n. 1. rhinoceros (syn. tònyì) 2. hippopotamus (syn. tsìmènyì)

tòmèsákísì : n. silver fish (syn. bɔ̀bɔ̀lɔ̀é)

tòmèsɛ̃́ : n. water chevrotain (syn. tòmèklàtsà)

tòmèʋàkò : n. 1. giant atlantic manta 2. greater guinean mobula

tòmèʋú : n. 1. boat 2. vessel

tònàà : id. far

tòndrɔɔ̀ : id. 1. nonchalant 2. careless

tònɔ̀ : n. a type of big river fish

tònɔ́tsí : n. niger hind (a type of fish) (syn. srɛ̀)

tɔ̃̀nɔ̀víwó : n. triplets

tònúɖùɖù : n. inheritance

tònúɖùɖù : n. ceremonies performed during royal ceremonies

tònúí : n. 1. sewing needle (syn. àbùì) 2. larva 3. white worm

tònùkpé : n. a charm that causes a reporter to injure his mouth by falling on a stone

tònyè : poss. pron. mine

tònyényé : n. possesion

tònyényéfíátò : adj. possesive

tònyèwó : pr. poss.pl. mine (whereas the mine in this case is referring to several objects/individuals)

Tònyèwó : pr. poss.pl. Gentlemen

tònyì : n. rhinoceros (syn. tòmènyì)

tònyòtònyò : id. 1. elastic 2. tender

tòò : id. signifies familiarity/politeness/respect/consideration

tòò (làlà -) : v. please wait (often used to respond to a greeting)

tòsè : n. bongo (percussion instrument)

tòsìsì : n. fishing

tòsísí : n. 1. river 2. stream

Tòsísí - blótò : np. the Blue river (Yangtze river)

tòsísídzèfé : n. estuary

Tòsísí Gã́tò : np. Rio Grande

tòsòò : id. 1. uneven 2. knotted

tòsíxéví : n. 1. little egret 2. intermediate egret *(syn. àmùdzíxé)*

tósrò : n. stepmother / father's wife (in case of polygamy)

tòsùù : id. 1. describes a swelling 2. describes a situation whereby something increases in volume by puffing up

tòtó : n. bank (river bank) *(syn. tògó, tòkò, tòkòtó)*

tòtò : n. 1. the act of sewing 2. dressmaking/tailoring 3. the act of frying 4. the act of answering

tòtò : adj. fried

tŏtó : n. 1. interruption 2. parking 3. disorder 4. delirium 5. dizziness 6. brake (e.g of a car)

tòtó ɖà : v. to portray

tŏtó ɖà ná : v. to bring one's hair into disorder

tótó ɖé ... ɖókúí mé : v. 1. to become confused 2. to be troubled

tótó : v. 1. to confuse/to be confused 2. to get mixed up *(syn. tútó)*

tótó (tàgbó -) : v. 1. to be troubled 2. to overwork oneself

tótó gbè ná/ tótó nyà ná : loc. to interrupt someone while he/she is speaking

tòtòɖòò : id. 1. swollen 2. wet *(syn. tòtòɖòtòò, tòtròtòò)*

tòtòɖòtòò : id. 1. swollen 2. wet *(syn. tòtòɖòò, tòtròtòò)*

tŏtófé : n. station

tŏtólélé : n. the act of braking

tòtòtò : id. 1. falling drop by drop 2. describes the sound produced when a liquid is boiling

tótótó : id. in large numbers

tòtòlélé : n. braking

tótóŋùtí : n. lemon *(syn. dòŋùtí, mòè, mùmòé)*

tɔtrɔ́ : n. 1. return 2. transformation 3. version of a text 4. maneuver

tɔtrɔ́ àfá̃ : n. about-turn

tɔtrɔ́ ɖó ɖá : n. 1. the act of resending something to the original source *(syn. tɔtrɔ́ɖóɖá́)* 2. reshipment

tɔtrɔ́ nyúí : n. 1. improvement 2. amelioration 3. mending

tɔtrɔ́dzi : n. 1. refrain 2. tune

tɔtrɔ́ɖóɖá́ : n. the act of returning a package/ an item *(syn. tɔtrɔ́ ɖó ɖá)*

tɔtrɔ́é : n. twist

tɔtrɔ́gbɔ : n. 1. return 2. re-entry

tɔtrɔ́kɔ̀ɖí : n. the act of overturning /spillage

tɔtrɔ́kɔ̀kɔ̀è : n. consecration

tɔtrɔ́lá : n. prowler

tɔtrɔ́mànɔ̀mèè̀ : adv. without change

tɔtrɔ̀tɔ̀ : n. 1. soak 2. swell

tɔtrɔ̀tɔ̀ : id. 1. swollen 2. wet *(syn. tɔtɔ́ɖòtɔɔ̀, tɔtɔ́ɖɔ̀ɔ̀)*

tɔtrɔ́ʋàdzò : n. a type of big black bird with a crest

tŏtrɔ́ʋù : n. reopening

tɔtrɔ́wɔ̀ : n. reorganization

tŏtrɔ́yi : n. return

tótsi : n. flashlight

tótsi (sì -) : n. to light the torch

tótsikpé : n. torch battery

tɔtsòfè : n. money for the ferryman (to cross a river) *(syn. tɔtsòhòé)*

tɔtsòhòé : n. money for the ferryman (to cross a river) *(syn. tɔtsòfè)*

tɔtsòlá : n. ferryman (one who helps people to cross a river/waterbody)

tɔtsòtsò : n. crossing a waterbody

tɔtsràà : n. a type of big snake living in water *(syn. tɔʋɔ̀)*

tɔtsrɔ̃́ : n. a tree whose leaves, when thrown into water, numb the fish in the water

tóví : n. 1. brother or sister of the same father but different mothers 2. brother *(syn. nɔ̀ví)*

tóvínɔ̀ví : n. first cousin

tɔvù : n. 1. wet wood 2. wet forest

tɔvú : n. 1. channel 2. canal *(syn. tsìvù)*

tɔvṹ : n. otter *(syn. gbèvú)*

tóvónɔ́vɔ́ : n. a dress/cloth that is used in dressing a corpse

tɔʋɔ̀ : n. a type of big snake living in water *(syn. tɔtsràà)*

tɔʋú : n. 1. stream 2. brook

tɔwò : poss.pron. Yours

tɔwó (kplé -) : conj. and others

tɔwòwó : pr.poss.pl. yours

tòxɛ̀ : adj. 1. particular 2. special 3. extraordinary 4. typical 5. famous 6. proper (name)

tòxɛ̀ : adv. 1. separately 2. for oneself *(syn. tòxɛ̀ ... tòxɛ̀)*

tòxɛ̀ ɖé : adv. 1. exceptionally 2. particularly 3. typically *(syn. tòxɛ̀ɛ̀)*

tòxɛ̀ ... tòxɛ̀ : adv. 1. separately 2. for oneself *(syn. tòxɛ̀)*

tòxɛ̀ɛ̀ : adv. 1. exceptionally 2. particularly 3. typically *(syn. tòxɛ̀ ɖé)*

tòxéxé : n. dam

tòxènyényé : n. 1. originality 2. particularity 3. specialty

tòyò : n. 1. edges of a watercourse 2. land bordering a river

tóyóví : n. nephew or niece in relation to the maternal uncle

tóyóví nyɔ́nù : n. niece in relation to the maternal uncle

tóyóví ŋútsù : n. nephew in relation to maternal uncle

trà : v. 1. to cross the line 2. to commit adultery 3. to find out that 4. to tear off 5. to put aside 6. to detach oneself from

trà : adv. all of a sudden

trà (ɖɔ́ -) : v. to have slept too much

trà dzì ɖó : v. 1. to breath one's last breathe 2. to moan

trà ... ɖí : v. to set aside

trà lè ... ŋú : v. to float/flutter (in one's clothes)

trà nú àmè kúkú gbɔ́ : v. to list the parents/relatives of the deceased at a funeral

trà mɔ́ : v. 1. to lose one's way 2. to go astray 3. to go off topic 4. to derail

trà wɔ̀ɔ̀ : v. to collapse from exhaustion

trá : v. 1. to enter by force 2. to enter incognito 3. to drag (somebody) into 4. to entangle 5. to break down (e.g a door) 6. to tighten up

trá lè ... ŋú : v. 1. to annoy 2. to bother

tràfùù : id. 1. weak 2. dull 3. dreary

tràfùù (ŋkú -) : n. 1. squinting/crossed eye 2. dull look (of the eye)

trákɛ́ : adj. broken calabash *(syn. tré kákɛ́)*

tràkpàà : id. of someone/something that suddenly appears

tràlà : adj. 1. long 2. frail 3. slender

tràlàà : id. 1. sturdy 2. long *(syn. tsràlàà)*

tràlàà (dzɔ̀ -) : v. 1. to be very long 2. to be straight

trálálálálálá (dzɔ̀ -) : v. to be long and straight

trálɛ́ : adj. slender and slim

trálɛ́ɛ́ : adj. 1. slim 2. slender 3. thin

trálɛ́ɛ́ (dzɔ̀ -) : v. 1. to be straight 2. to be long and thin

trálɛ́ɛ́ (lè -/nɔ̀ -) : v. 1. to be slim 2. to be thin 3. to be slender

tràmà : adj. 1. clumsy 2. awkward

tràmàà (lè -/nɔ̀ -) : v. 1. to be clumsy or akward

tràmàtɔ̀ : adj. clumsy

tràmàtɔ́ : n. a clumsy person

tràmàtràmà : id. 1. insensitive 2. benumbed 3. staggering 4. drunk

Trànsvál : np. Transvaal (of south africa)

tràsìì : id. of or being in the process of rotting/putrefying

tràtràtrà : id. describes formation of spikes that resemble corn ears

trátrátrá (dì -) : v. to be crowded

tràzìstónyàsèmɔ̀ : n. transistor radio

trè : v. 1. to skid off 2. to have lost one's way *(syn. trè mɔ́)* 3. to be confused *(syn. kpàlǎ (kù -))*

trèdzò : n. a type of plant (of the euphorbiaceae family) used to poison fish *(syn. tròdzò)*

trèdzòè : n. bedbug

trè : n. 1. bachelor 2. an unmarried person 3. celibate

trè : adj. 1. right 2. law

trè (lè- /nɔ̀) : v. 1. to be standing 2. to be upright

trè (tsí-) : v. 1. to stand up 2. to be single 3. to be an old bachelor 4. to be an old maid

tré : v. 1. to glue 2. to seal 3. to be the first to (do something) *(syn. tsí)* 4. to arrive earlier than 5. to turn 6. to spin 7. to coat 8. to smear

tré : n. 1. calabash 2. a round gourd

tré (sì-) : v. to hollow out a gourd to make a calabash

tré àbɔ̀dìàbɔ́ nù : v. 1. to close 2. to cork a bottle

tré àgbàlẽ̀ví dé ... dzì : v. 1. to label 2. to tag

tré àzǎ : v. to set a trap *(syn. tré, mɔ̀, tré mɔ̌)*

tré ... dé (glì) ŋú : v. to stick on the wall

tré ... dé ... ŋú : v. to stick onto (something)

tré ... dódó : v. to arrive first

tré gòlò : v. 1. to skin (an animal) 2. to change one's skin 3. to come out of one's skin

tré káké : adj. broken calabash *(syn. tráké)*

tré kú dé ... ŋú : v. to let someone mistreat you (on order to make him feel guilty)

trè mɔ́ : v. 1. to lost one's way 2. to derail *(syn. trà mɔ́, trè)* 2. to venture

tré mɔ̀ : v. 1. to ambush/ to set a trap *(syn. tré àzǎ, tré mɔ̌)* 3. to venture

tré xɔ̀ tò : v. to coat a wall with mud

trèdzò : n. a type of plant (of the euphorbiaceae family) used to poison fish *(syn. tródzò)*

trègblìì : id. round *(syn. tègblẽ̀ẽ̀, tègblẽ̂ẽ̂, tégblíí)*

trègbólìké : n. small edible mushroom

tréɣé : n. skin of the serpent/snake

trékà : n. 1. calabash tree 2. calabash tree tendril

trékákɛ̀ : n. floating pontoon (made of wood)

trèkàsàŋkú : n. violin

tréklɔ́nú : n. sponge (usually made from vegetables) for washing gourds

trékú : n. gourd seed

trékpé : n. a gourd that has not yet been opened

trékpézé : n. a gourd used for drawing water from a well

trékpó : n. a badly shaped gourd

trènɔ̀ : n. an unmarried woman

trésìsì : n. that act of hollowing/emptying out a gourd

trèvàgá̰ : n. a place where a dead person is buried in his/her on house

tréví : n. small gourd

trèʋú : n. a bachelor's water drum

trì : v. 1. to be thick 2. to be fat 3. to be strong 4. to be vigorous 5. to be compact 6. to be difficult

trì (nùyí) : v. to have thick lips

trì àgbà : v. to be robust

trì àkɔ́ : v. 1. to be robust 2. to be strong 3. to be superb

trì tó : v. to be stubborn

trì tó ɖé nyà ŋú : v. to refuse to listen

trí : v. to slam

trìàkɔ́ : adj. 1. robust 2. muscular 3. superb

trìkàà : id. 1. hard 2. calloused (syn. *trìkpàà*)

trìkó : n. T-shirt

trìkpàà : id. 1. hard 2. calloused (syn. *trìkàà*)

trìkpòò : adj. 1. big 2. fat 3. plump 4. thick (syn. *trìkpùí*)

trìkpùí : adj. 1. big 2. fat 3. plump 4. thick (syn. *trìkpòò*)

tríníí (wɔ̀ -) : v. to spring forth

trìnyàà : id. 1. hard 2. tough 3. gluey 4. dirty *(syn. drìnyàà)*

trò : onom. describes the sound of crackling, popping, bursting, tearing

tró : v. 1. to turn 2. to rotate 3. to screw/unscrew 4. to be frizzy 5. to be curly 6. to be woolly

tró gàtàgbàdzè : v. to screw *(syn. tró sùkúlù, tró vísì)*

tró lè yà mè : v. 1 . to twirl in the air 2. to wheel in the air

tró sùkúlù : v. to screw *(syn. tró gàtàgbàdzè, tró vísì)*

tró vísì : v. to screw/unscrew *(syn. tró gàtàgbàdzè, tró sùkúlù)*

tròdzò : n. a type of plant (of the euphorbiaceae family) used to poison fish *(syn. trèdzò)* tróɖóó : id. 1. all 2. whole *(syn. tróɖóɖó, tróɖótróɖó, trúɖúɖú)* 3. only 4. no more

tróɖóɖó : id. 1. all 2. whole *(syn. tróɖóó, tróɖótróɖó, trúɖúɖú))*

tróɖótróɖó : adj. 1. all 2. whole *(syn. tróɖóɖó, tróɖóó, trúɖúɖú))* 3. describes a situation where one is paddling or splashing around

tròpíkà : n. tropic

tròpíkàyà : 1. tropical climate 2. monsoon

trɔ̀ : v. 1. to be steep 2. to be oblique 3. to have a relapse 4. to be sick *(syn. drɔ̀, dzè dɔ̀)*

trɔ̀ tsì : v. to collect water (from the roof)

trɔ́ : v. 1. to turn 2. to return (something) 3. to decline (the sun) 4. to turn back 5. to turn around 6. to change 7. to transform 8. to convert 9. to divert 10. to steer (somebody) 11. to scathe

trɔ́ (yè -) : v. to be afternoon

trɔ́ (ŋkúmè -) : v.to be disfigured

trɔ̀ (nyɔ̀nùà -) : phr. the woman is pregnant

trɔ́ (mò -) : v. 1. to change one's face/appearance 2. to feel/be dizzy

trɔ́ ... ànyí : v. to plant in the ground

trɔ́ àsí : v. to do a retouch

trɔ́ àsí lè ... ŋú (tì) : v. 1. to prepare (e.g meals) 2. to revise 3. to regulate 4. to change

trɔ́ àzɔ̀li ɖɔ̀ɖɔ̀ɖɔ̀ : v. to slow down

trɔ́ ... bù (ànyí) : v. to turnover

trɔ́ dò : v. to reappear

trɔ́ dò gò : v. to come out again

trɔ́ dò gǒ : v. 1. to come out (again) 2. to show up

trɔ́ dzé : v. to reappear

trɔ́ dzìmè : v. 1. to repent 2. to change one's mind

trɔ́ dzó : v. 1. to leave 2. to return

trɔ́ ɖà : v. to replace

trɔ́ ... ɖé ... mè : v. to pour ... into

trɔ́ ɖé ... ŋú : v. adapt to

trɔ́ ɖèkákpúì : v. rejuvenate (for a man)

trɔ́ ɖètùgbùì : v. rejuvenate (for a woman)

trɔ́ ... ɖó ɖé : v. to resend

trɔ́ ... ɖókúì : v. to disguise oneself

trɔ́ ... ɖókúì ɖé ... ŋú : v. adapt to

trɔ́ ɖè : v. 1. to recover 2. to fish out

trɔ́ gbò : v. 1. to reverse 2. to overturn

trɔ́ gbɔ̀ : v. 1. to return 2. to come back

trɔ́ ... gbùgbɔ̀ ɖà : v. to replace

trɔ́ ... γèγíγì : v. to postpone

trɔ́ ... kɔ̀ ɖí : v. 1. to spill 2. to overturn

trɔ́ ... lè dɔ̀mè : v. to digest

trɔ́ lè yómè ná : v. to turn away from

tró módzòtí : v. 1. to point (e.g a weapon at a target) 2. to aim (something at another thing) 3. to turn (a steering wheel)

tró ... mù : v. 1. to topple 2. to capsize

tró ná : v. 1. to understand 2. to make understand

tró nònòmè : v. to change one's attitude

tró ... sì : v. 1. turn back on 2. to light again/to rekindle

tró ... tà : v. 1. to defame 2. to speak ill off

tró tàmè : v. to change one's mind

tró tàmè ná : v. 1. to charm 2. to bewitch

tró tsyà : v. 1. to renew 2. to reconnect

tró ... tsyó : v. 1. to spill 2. to overturn

tró (...) và : v. 1. to come back 2. to bring back 3. to be restored

tró và : v. 1. to restore 2. to return

tró và ɖó : v. 1. to arrive again 2. to come back (again)

tró và mègbé : v. 1. to take a step back 2. to fall back on 3. to retreat

tró wò : v. 1. to redo 2. to reorganize

tró yì : v. 1. to go back 2. to return

tró yì àlɔ̀ mè : v. to fall back asleep

tró zù : v. 1. to become 2. to turn into

tró zù dzùdzɔ̀ : v. to evaporate

trɔ̃ : n. 1. fetish 2. small deities *(syn. màméáwóù, vòdú, vɔ̀lú, vɔ̀nú, vɔ̀lú, vɔ̀nú)* 3. deity 4. god

trɔ̃ : adj. sacred

trɔ̃ (dè -) : v. to approach a deity for the purpose of prayer and asking questions

trɔ̃ (dè ... - mè) : v. to hand over (somebody) to a deity in order to be punished

trɔ̃ (ɖó ... - mè) : v. 1. to seek refuge in a deity 2. to become a follower of vodoo 3. to offend a deity

trɔ̃ (fò -) : v. to enter into a trance

trɔ̃ (yó -) : v. to invoke a deity to punish or to witness an event

trɔ̃bà : n. mud collected in the area of location of a fetish and used for religious purposes

trɔ̃èsì : n. a female fetishist or fetish priestess *(syn. trɔ̃sì, vɔ̀lúsì, vɔ̀núsì, vɔ̀lúsì, vɔ̀núsì)*

trɔ̃fé : n. 1. a place where a deity manifests itself by denouncing a guilty person and a place where the deity is worshipped 2. fetish house

trɔ̃fédèdè : n. 1. the act of going to the fetish house 2. the act of approaching a deity (for something)

trɔ̃fétí : n. sacred tree of a deity

trɔ̃fòfò : n. 1. the state of being possessed by a deity 2. the act of entering into a trance

trɔ̃fòlá : n. 1. someone who has been possessed by a deity 2. someone who has entered/who enters into a trance

trɔ̃gà : n. a bell used during religious ceremonies (of the deity)

trɔ́gbà : n. a dish for offerings (for the deity)

trɔ́yè : n. a dance performed in honour of a divinity

trɔ́yèɖúlá : n. someone who performs a dance in honour of divinity

trɔ́kɔ̀nú : n. 1. a fetish practice 2. a fetish ceremony

trɔ́klù : n. male servant of a deity (usually children who are dedicated to the deity before their birth) *(syn. trɔ́ví)*

trɔ́kpɔ́ : n. an enclosure in which the idol of a deity is found

trɔ̀lɔ̀ɔ̀ : id. 1. long 2. describes a state of having a long neck (e.g like that of a gourd) *(syn. tsrɔ̀lɔ̀ɔ̀)*

trɔ́mèɖèɖè : n. the act of making an offering to a deity

trɔ́mèɖéɖé : n. the act of surrendering a person to a deity so that he or she may be punished

trɔ́mèɖóɖó : n. 1. offence to a deity 2. taking refuge in a deity 3. the act of becoming a follower of voodoo or of a deity

trɔ́mèɖóklúí : n. a person who becomes a follower of deity and who consequently becomes its slave

trɔ́mèɖólάí : n. 1. a person who takes refuge in a deity 2. a voodoo follower

tròmɔ̀ɔ̀ : id. long and pointed

trɔ́nɔ̀ : n. fetish priest *(syn. trɔ́nùà)*

trɔ́nú : n. power of a divinity

trɔ́nú (wɔ̀ -) : v. to have a celebration in honour of a deity

trɔ́nùà : n. voodoo priest *(syn. nùà)*

trɔ́nùà ɖùfìà : n. chief fetish priest (of a town/ large area)

trɔ́nùnɔ̀lá : n. chief fetish priest

trɔ́pέtìkpɛ̀ : n. trumpet

trɔ́sì: n. fetish priestess *(syn. trɔ́èsì, vɔ̀lúsì vɔ̀lúsì, vɔ̀núsì, vɔ̀núsì)*

trɔ́súbɔ̀lá : n. 1. someone who worships a deity 2. idolater 3. pagan worshipper

trɔ́súbsúbɔ́ : n. 1. idolatry 2. paganism 3. fetish worship

trɔ́tí : n. 1. a stick/sceptre used by the fetish priest 2. sacred tree

trɔ́tsi : n. water in which a priest baths and which is used as medicine

trɔ́tsòèmɔ́ : n. shortcut

trɔ́vè : n. sacred forest (in which a deity lives)

trɔ́ví : n. a small hut where a deity is worshipped *(syn. trɔ́xɔ̀ví)* 2. servant of a deity *(syn. trɔ́klù)*

trɔ́vífèflè : n. purchase (often before birth) of a child in order for him/her to serve a deity.

trɔ́xá : n. a broom used during religious ceremonies

trɔ́xɔ̀ : n. a hut where a deity is worshipped

trɔ́xɔ̀ví : n. a small hut where a deity is worshipped *(syn. trɔ́ví)* trɔ̃yɔ́lá : n. one who invokes deity

trɔ̃yɔ́yɔ́ : n. invocation of a deity

trɔ̃zì n. stool/title that depicts the seat of a deity

trú : v. 1. to vomit *(syn. dzó, dzɔ̀, dzɔ̀ nú, ḍè nú, ḍè xè, sì àwɔ̀)* 2. to boil over

trú (- nú) : v. 1. to vomit *(syn. dzó, dzɔ̀, dzɔ̀ nú, ḍè nú, ḍè xè, sì àwɔ̀)* 2. to build 3. to construct 4. to work 5. to join 6. to grind 7. to go wild 8. to stamp 9. to hit

trùbìì : id. 1. exactly *(syn. góbíí)* 2. immediately 3. right away *(syn. énùmáké)*

trúḍúḍú : adv. 1. all *(syn. tróḍóḍó, tróḍóó, tróḍótróḍó)* 2. directly 3. on the spot

trúgbè : n. a herb with a strong smell

trùkàà : id. 1. suddenly 2. without one's knowledge 3. off guard

tù : v. 1. to build 2. to manufacture 3. to stamp (e.g with the leg) 4. to grind 5. to forge (e.g iron) 6. to join 7. to push back (something) 8. to hit 9. to rage (storm) 10. to burst forth 11. to reach or meet (a point/a goal) 12. to receive 13. to catch up (e.g with somebody)

tù : n. 1. interior of the earth 2. hearth (of a tree) 3. marrow 4. tumor 5. clay earth 6. silt *(syn. tsù)* 4. birthmark

tù àfé : v. 1. to approach 2. to build a house

tù dzùdzɔ̀ : v. 1. to make smoke 2. to make steam

tù àfɔ̀ ànyí . v. 1. to put one's foot down (especially on a matter) 2. to stamp (one's foot on the ground)

tù àfɔ̀ ḍé édzí bé : v. to decide (that)

tù àfɔ̀ nyà mè : v. 1. to neglect 2. to sulk

tù ámpé : v. to play the game of ampe (a game played usually by girls which involves jumping)

tù àsàḍá : v. to set up camp

tù ḍé nù : v. to be in a row

tù ... ḍó : v. to train

tù ḍó ... ḍí : v. 1. to pile up 2. to put in a heap

tù gló : v. 1. to be proud 2. to show off

tù kɔ́ : v. 1. to hit with the fist

tù ... mègbé : v. to hit/stamp the back of

tù nɔ̀fé : v. 1. to establish oneself 2. to build one's residence

tù ... (ḍé) ... nù : v. 1. to be left (on) 2. to have enough of

tù ŋkúmè : v. 1. to tackle (something e.g a problem, an assignment, etc.) 2. to orient oneself towards

tù ŋkúmè ná : v. 1. to be incumbent on 2. to be up to (somebody to decide

tù stámpò : v. to put a stamp on

tù tằpɔ́ ... dzí : v. to stamp

tù tè : v. to be almost there

tù wɔ́ : v. to grind/ to mill

tù xó : v. 1. to tell the story of times gone by 2. to recount tradition

tú: v. 1. to become impotent *(syn. gbɔ́dzɔ́)* 2. to close 3. to expectorate *(syn. tṹ)* 4.

to be compact 5. to loosen 6. to squirt/erupt 7. to spit/throw 8. to be paralysed 9. to pay (e.g debt) 10. to plant (e.g a flag, a pole, etc.) 11. to not be in order 12. to not be successful in the preparation of food that is done with dough (e.g **àkplɛ́**) 13. to overflow (e.g with boiling water) 14. to dissolve/to abolish 15. to emigrate/to move 16. to be the first (to do something) 16. to germinate/to grow 17. to lock up/ to be incarcerated

tú : n. 1. gun 2. firearm

tű : v. to expectorate *(syn. tű)*

tú (àɖè -) : v. to be mute

tú (dà -) : v. to fire a firearm

tú (fò -) : v. to kill (with a gunshot)

tú (gbèmè -) : v. 1. to be hoarse 2. to have a horse voice

tú (làmè -) : v. to be weakened (by illness)

tú àlá : v. cutting raffia ropes (during ceremonies)

tú àtàbú : v. to break an oath

tú ... dòmè : v. to separate

tú ɖé gòtà : v. to vomit

tú ɖókúi : v. to lock oneself away

tú fè : v. to settle a debt

tú gbè : v. 1. to be discouraged 2. to be dismayed

tú gbɔgbɔ : v. to be stifling

tú gbɔgbɔ ná : v. to suffocate somebody

tú gbɔgbɔ ɖé fò : v. to be suffocating

tú gbɔgbɔ ná ... ɖókúi : v. to choke

tú kà : v. to untie

tú kà ná : v. to unlace (something)

tú ... kplé kráɖùbá : v. to lock with a padlock

tú ... kplé sáfúi : v. to lock with a key

tú lètàfè : v. to pay the fee for a letter to be posted

tú ... ná : v. to do before

tú ... nù : v. to cover up

tú núbáblá : v. to break an oath

tú ... sì dó dòtɔ́é : v. untangle

tú tsì : v. to reconcile (by taking water in the mouth and spraying it on each other)

tú tsì ɖé ... ŋú : v. to splash somebody with water with the mouth

tú tsì ná : v. to reconsile (with someone) (by taking water into the mouth and spitting it out on each other)

túbóó : id. pierced

tùbɔɔ : id. 1. protruding 2. overflowing 3. inflated 4. swollen

túdàdà : n. 1. gunshot 2. shooting 3. detonation 4. shoot-out

túdàdàtɔ́tɔ́ : n. cease fire

túdàlá : n. gunman

túɖèkátɔ́wó : n. 1. allies 2. allied tribes

tùɖó : n. 1. rich 2. infuential and famous 3. intelligent

- 693 -

tùfáfá : n. 1. gentleness 2. tranquility

tùfálá : n. a peaceful/gentle person

tùfìɛ ! : excl. an exclamation made when the remainder of a drink used a libation is poured on the ground

túflí : n. a knife without handle

túfòfò : n. the act of firing a gun

tùgá : v. to be vertical

tùgá (tù -) : v. 1. to be steep 2. to be abrupt

túgà : n. gun barrel

tùgù : v. 1. to crumple 2. to scrub 3. to grind 4. to hand wash

túgú : v. 1. to cheat (at a game) 2. to deceive

tùgùtùgù : id. of something which crumbles to dust

tùgùtúgú : n. crumpling

tùgbè : n. 1. young lady (syn. ɖètùgbùì, tùgbèdzé, tùgbèkpùì) 2. beauty (of a woman)

tùgbè (dzè -) : v. to be beautiful

tùgbèdzé : n. 1. young lady 2. adolescent (female) 3. Miss (syn. ɖètùgbùì, tùgbè, tùgbèkpùì)

tùgbèdzèdzè : n. feminine beauty (syn. tùgbènyónyó)

tùgbèdzèmè : n. the period of adolescence of a girl

tùgbèkpùì : n. young lady (syn. ɖètùgbùì, tùgbè, tùgbèdzé)

tùgbènyónyó : n. feminine beauty (syn. tùgbèdzèdzè)

túgbɛ : n. gun dog

túhlɛ̀kpé sòè : n. machine gun

túhlò : n. a shortgun with bajonett (a blade that is fixed to the muzzle of a rifle and used to stab an opponent in hand-to-hand fighting)

tùì : n. 1. broom 2. brush (syn. tùxé)

tùkáɖá : n. 1. turbulence 2. hassle 3. trouble

tùkáɖá (hè - vá) : v. 1. to cause tension 2. to trigger (a problem)

tùkáɖá (wɔ̀ -) : v. 1. to be restless 2. to hassle 3. to be turbulent

tùkáɖámè (nyé -) : v. 1. to be a restless person 2. to be a person that generates tension/problems

tùkɔ̀mìtùkɔ̀mì : v. praying mantis (syn. dàyíkpódàyíkpó, ɖɔɖɔé)

túkúí : adj. 1. small 2. tiny (syn. túkúítúkúí)

tùkùtùkù : id. describes something that moves violently/lively

túkúítúkúí : adj. 1. small 2. tiny (syn. túkúí)

tùkpáxé : n. a bottle broken at the base and plugged with a substance to attract fish (e.g àkplé) which serves as a fish trap (syn. àtùpáxé)

túkpé : n. 1. cartridge (of a gun) 2. lead (of a gun) 3. bullet (of a gun) 4. bombshell

túkpé kplé ɖù : n. ammunition

túkpébì : n. gunshot wound

túkpédàdókùi : n. missile

túkpédóé : n. genie responsible for a man's lifespan (syn. kpégbɔ̀nɔ̀lá)

túkpégã́ : n. bombshell

túkpéhlétú : n. machine gun

túkpékpé : n. battle

túkpètúkpè : n. child's toy gun

tùkpɔ̀ɔ̀ : adj. 1. confused 2. embarassed

túkpúi : n. 1. pistol (gun) 2. a magic gun which is used to bewitch

tùlá : n. 1. builder 2. constructor

túlí́ : n. mosquito (syn. àvàgè, flùgùtsú, mú)

tùmè : n. 1. heart of a tree (heartwood) 2. spine (syn. dzìmèfú, mègbékpó, mèkpó, métùmèfú, tùmèfú, tùmèsɔ̀fú)

tùmèfú : n. vertebral coloumn (syn. dzìmèfú, mègbékpó, mèkpó, métùmèfú, tùmè, tùmèsɔ̀fú)

tùmèsɔ̀fú : n. vertebral coloumn (syn. dzìmèfú, mègbékpó, mèkpó, métùmèfú, tùmè, tùmèfú)

túnégbã́ : n. a charm that works against rifle bullets

Tùnísíà : np. Tunisia

túnù : n. gun muzzle

tùnùhlò : n. a blade that may be fixed to the muzzle of a rifle and used to stab an opponent in hand-to-hand fighting

túnùvè : n. double barrel short-gun

túŋú : n. a drum that is played at the birth of twins

Tùrkèstán : np. Turkestan

Túkìà : np. Turkey

Tùrkùmènístán : np. Turkmenistan

tútí : n. 1. gun barrel 2. a soldier armed with a rifle

tùtɔ̀ : adj. 1. strange 2. foreign

tútɔ́ : v. to be confused (syn. tɔ́tɔ́)

tùtrú : n. 1. belching 2. vomiting

tùtù : v. 1. to push (something/someone) 2. to shove (people)

tùtù : n. 1. construction 2. training 3. manufacturing 4. the act of grinding/milling

tùtù : adj. ground (as in grinding)

tùtú : n. 1. impotence (syn. gbɔ̀dzɔ̀gbɔ́dzɔ́) 2. closing (e.g of a door) 3. disentangling

tútú : v. 1. to wipe 2. to polish/to pass the hand over (syn. tìti) 3. to overflow (boiling water/liquid) 4. to hurry up/to run like crazy

tútú : adj. 1. closed 2. paralysed 3. precise

tútú : adv. precisley

tútú ... kplé blɔ́sù : v. to clean (something) with a brush

tútú kplé gúmì: v. to clean (something) with an eraser

tútú ... kplé núkplɔ̀nú : v. to clean/sweep (a place) with a broom/brush

tútú ... ŋú : v. to rub/scrub (something)

tútú ʊ̀ʊʊ̀dédí : v. to dust

tùtùdɔ́ : n. construction works

tùtúdɔ̀ : n. 1. poliomyelitis *(syn. àtátùtúdɔ́, póĺìò)* 2. paralysis *(syn. àmìà̰, àmìàdɔ̀, àʊàdzí, gbàgbàdɔ̀, làmètùtúdɔ̀)*

tǔtúɖá : n. 1. cleaning 2. wiping out *(syn. tútúɖá)*

tútúɖá : n. 1. cleaning 2. wiping out *(syn. tǔtúɖá)*

tùtùɖó : n. 1. culture (knowledge) 2. seminar 3. training/education 4. construction 5. erecting

tùtùɖó (xɔ̀ -) : v. to do an internship

tùtùɖóxɔ̀fé : n. venue of a seminar

tútúí : adj. without handle/ grip

tùtùkplí (ɖé - nú mè) : v. to ruin a business or no longer find interest in something ... and dissuade others from it

tútútú : adv. 1. exactly 2. precisely 3. absolutely 4. surely *(syn. tútúútú)*

tútútú (mé - ... - ò) : id. + neg. 1. almost not 2. not really

tútútúé : adv. 1. correct 2. accurate

tútúútú : adv. 1. exactly 2. precisely 3. absolutely 4. surely *(syn. tútútú)*

tútúútú (dzè -) : v. to be precise enough

tùù tùù : id. 1. in large numbers 2. in groups

túú : id. sound generated by blowing a trumpet

túíí : id. 1. in small numbers 2. in small groups

túʊà̰ : n. trigger (of a gun)

tùxé : n. 1. broom 2. brush *(syn. tùì)*

túzɔ̰́ : n. tip of a gun

twéntwéré : n. klaas's cuckoo *(syn. àyìɖɔ́é)*

tyàkpàà : id. 1. weighty 2. difficult to handle 3. dry and hard 4. clumsy

tyàndàà : id. 1. tall 2. slender

tyètrèè : id. upstanding

tyíí : id. describes sound produced when one is crying/screaming, shouting, etc.

tyròlòò : id. 1. long an thin 2. clear/light (pertaining to liquids)

TS

tsà : v. 1. to wander 2. to walk in search of 3. to stroll 4. to trade 5. to sell 6. to search 7. to flow (e.g water flowing in the river)

tsà (ḍì -) : v. to take a walk

tsà (lè -) : v. 1. to grab 2. to grasp keenly

tsà àdè : v. to wander about

tsà àsì : v. 1. to trade 2. to go from one market to another 3. to share [something] (with someone else)

tsà àsí : v. 1. to grope around 2. to search right and left

tsà àsí ànyí : v. 1. to grope one's way 2. to make efforts to get by

tsà dù : v. 1. to go from country to country 2. to go sightseeing

tsà ... dzí : v. to pay a visit to

tsà kpɔ́dòmè : v. 1. to go from one neighbourhood to another 2. to wander

tsà ŋkú : v. to look around

tsà ŋkú lè ... mè/dzí : v. to explore

tsà tsàglǎlà : v. 1. to wander aimlessly 2. to roam *(syn. tsà tsàglàlɛ̀)*

tsà tsàglàlɛ̀ : v. 1. to wander aimlessly 2. to roam *(syn. tsà tsàglǎlà)*

tsá : v. 1. to join 2. to lose flavour/taste

tsá ... ḍé ... ŋútí : v. to attach (something) to

tsã́ : adv. 1. also 2. as well as 3. likewise *(syn. hã́)* 2. previously/formerly

tsã́ : intj. 1. ah? 2. really? 3. what?

tsáá : intj. indicates contempt/condescension

tsádzádzè (ḍó -) : v. to cause a lot of agitation without any real purpose 2. to display a know-it-all attitude whilst being a hindrance or being of no use

tsàdzàdzètsà : n. an individual who cannot stay at one place

tsâdzràà : id. 1. tall 2. slender *(syn. tsâdzràà)*

tsâdzràà : id. 1. tall 2. slender *(syn. tsàdzràà)*

tsàḍiḍi : n. 1. circulation 2. a state of flowing (e.g river) 3. the act of going for a walk/excursion/visit 4. a ride (e.g with a car)

tsàḍifé : n. 1. a place of excursion 2. a place to stroll

tsàḍilá : n. 1. tourist 2. visitor

tsàḍití : n. walking stick

tsàḍitɔ : adj. migrator

tsàḍitɔ́ : n. migratory bird

tsàḍiyinɔvígbɔ́ : n. friendly visit

tsàfé : n. traces/track (e.g of an animal)

tsáfé : n. joint

tságàtsí : n. death (nickname/euphemism for death) *(syn. kú, tsálágàtsí)*

tsàglàlàtsàlá : n. 1. adventurer 2. wanderer

tsàgbà : n. 1. yaws *(syn. àkli, àkpiǎ, àtsàkpà, dɔkú, dzɔbú, èkli, kli)* 2. chicken diesease

tsàgbàbì : n. an ulcer caused by yaws

tsàgbábí : n. 1. wild cat/large forest genet/bush genet 2. a cat that has run away from home and lives in the bush *(syn. gbèdàdì)*

tsàgbàtsì : n. water/ solution used to wash/clean the **tsàgbà** wounds *(syn. àdègbè, tsàgbè)*

tsàgbàtsì (lè -) : v. to clean/wash yaws wounds

tsàgbàví : n. a child affected with **tsàgbà** (yaws) *(syn. dzɔ̀bùtɔ́, dzùbùví)*

tsàgbàxɔ́lìxɔ́é : n. wart *(syn. dzèdzègòé, dzègògòè, dzògògòè)*

tsàgbàlèlì : n. harmattan wind *(syn. tsàgblèlì)*

tsàgbàtsè : n. something that is gleaned

tsàgbè : n. lotion for cleaning wounds due to yaws *(syn. àdègbè, tsàgbàtsì)*

tsàgblàyòò : id. 1. bare 2. without ornaments (e.g on the neck, ankles, wrists, etc.) *(syn. tsàŋgbàlàà)*

tsàgblèlì : n. harmattan wind *(syn. tsàgbàlèlì)*

tsàká : n. spur panties *(syn. tsàŋká)*

tsáká : v. 1. to mix 2. to blend 3. to dilute 4. to be confused

tsáká : n. mixture

tsáká nú : v. to splutter

tsàkàà : id. 1. jumbled 2. mixed 3. entangled

tsákáá : id. in disorder

tsàkàdì : n. 1. favorite 2. favorite woman

tsàkàtsàkà : id. describes a violent and uncontrolled movement

tsàkàtsáká : n. 1. mixture 2. confusion

tsákátsáká : adj. 1. blended 2. mixed

tsákátsáká : id. in disorder

tsákítí : n. lump (in corn flour)

tsàklìì : adj. 1. uneven 2. rugged (landscape) 3. monstrous

tsàkpànà : n. smallpox

tsálágàtsí : n. death (nickname/euphemism for death) *(syn. kú, tságàtsí)*

tsàŋká : n. panties with spurs *(syn. tsàká)*

tsàkpàŋkúí : n. foot yaws *(syn. àfɔ̀fòmédzɔ̀bú, dzɔ̀búkúí, sàkpàmì)*

tsàlí : n. 1. a type of small aquatic bird 2. bridled tern 3. sooty tern 4. damara tern 5. little tern 6. whiskered tern 7. black tern 8. white-winged tern

tsàmènyì : n. a difficult task

tsámítsámí (dù nú -) : v. the act of smacking the lips while eating

tsámítsámígbɛ́, tsámítsámíkpɛ́ : n. a plot of food

tsánúnyà : n. 1. tradition 2. ancient knowledge

tsátsábòlí : n. 1. heron

tsànyàà : adj. 1. large 2. very heavy

tsàŋgbàlàà : id. 1. bare 2. without ornaments (e.g on the neck, ankles, wrists, etc.) *(syn. tsàgblàyòò)*

tsàntsàŋ : adj. 1. shiny 2. glossy *(syn. tsèŋtsèŋ)*

tsátɔ̀ : adj. 1. former 2. ancient 3. the preceeding (referring to an object, situation, person, etc.)

tsátsówó : n. 1. the ancestors 2. people who lived before the current generation

tsàtsà : adj. fast

tsàtsàflálá : n. 1. someone who is full of enthusiasm 2. someone who is always busy or in a hurry *(syn. vòflé)*

tsàtsábòlí : n. ostrich (Ewepride, 2021) *(syn. gòlò, tàtábòlí)*

tsàtsàklíkà : n. something that is rough

tsàtsàlá : n. 1. wanderer 2. travelling merchant 3. street vendor

tsàtsàlá : n. one who goes from door to door

tsàtsàtrɔ́ : n. foreign divinity

tsàtsràà : adj. 1. strong 2. vigorous

tsàtsràtíkè : n. purgative

tsàtsúɖʋʋlúlù : n. a big venomous snake

tsàxé : n. guinea fowl *(syn. tólũ)*

tsàxéví : n. the young of a guinea fowl

tsàyàà : adj. 1. broken 2. split in small pieces

tsáyí : id. 1. fall 2. downfall

tsè nù : v. 1. to recede 2. to go down (e.g tide)

tsè gã́ : v. 1. to be across 2. to be lying across

tsé : v. 1. to be covered with rashes/eruptions 2. to produce (e.g fruit) 3. to fall in a cascade (water)

tsé : n. 1. European clothing 2. a piece of cloth 3. rag

tsé : adv. worse

tsé (ɖù -) : v. 1. to smack the tongue (as a sign of displeasure) 2. to crack (tree branch)

tsé (klẽ -) : v. to worsen

tsèɖèè : adj. id. 1. hanging 2. suspended

tséɖùɖù : n. the act of smacking the tongue (as a sign of displeasure)

Tsékíà : n. Czech republic

Tsékò-Slòvákìà : n. Czechoslovakia

Tsètsénìà : n. Chechnya

tsékú (àtí -) : n. fruit tree *(syn. tsétsé (àtí -))*

tsélèɲǔí : n. a tree that resembles the vòtí *(syn. vòtsélèkógbè)*

tsènɖèè : id. refers to something that swings

tsèŋtsèŋ : adj. 1. shiny 2. glossy *(syn. tsàŋtsàŋ)*

tsètsè nù : v. to ebb (e.g the tide)

tsětsé : n. fruit *(syn. tsétsé)*

tsétsé : n. 1. fruit *(syn. tsḗtsé)* 2. production

tsétsé : adj. of (something) that bears fruit

tsétsé : adv. worse

tsétsé (**àtí -**) : n. fruit tree *(syn. tsékú (àtí -))*

tsétsé ḓá : n. v. 1. to leave 2. to go away

tsètsègóyí : n. stargazer (a type of fish) *(syn. kpòtòkú, kpòtòkúí)*

tsètsèkùyè : n. kidney *(syn. àyìkɔ́yìkɔ́é)*

tsétsékpò : n. 1. cluster 2. bunch

tsétsétsé : id. 1. good 2. neatly

Tsévíé : n. Tsevie (a city in Togo)

Tsévíé : n. Tsevie (a city in Togo)

tsɛ́ : n. 1. little brother 2. cousin

tsɛ̀ : adj. 1. small 2. trivial

tsì : v. 1. to grow 2. to become an adult 3. to ferment 4. to announce/to say/to tell 5. to hang (something)/to suspend 6. to catch (with a hook) 7. to strangle

tsì : n. 1. water 2. juice 3. soup *(syn. dètsì, sòpá)* 4. pustular 5. liquid (liquid state of an item) 6. fashion

tsì (**dè -**) : v. 1. to divert a watercourse 2. to cause the rain to fall (magically)

tsì (**dè - àmè**) : v. to help someone cross a river

tsì (**dé -**) : v. to water

tsì (**dó -**) : v. to shower

tsì (**ḍó -**) : v. 1. to collect rainwater 2. to heat water for washing

tsì (**fò -**) : v. to be wet

tsì (**fú -**) : v. to swim

tsì (**lè-/nɔ̀ -** ...**dzí**) : v. to be fashionable

tsì (**ménɔ̀à - ò**) : v. to be hydrophobic

tsì (**mìè -**) : v. to dry up

tsì (**sì gbɔ̀à -, sì lɔ̀à -, sì nɔ̀à -**) : v. to be hydrophilic

tsì dɔ́ : v. 1. to overwhelm 2. to submerge

tsì kà : v. 1. to be stubborn/to persist 2. to attach 3. to bind/fix

tsì kú : v. 1. to announce a death 2. to approach death/to grow old

tsì kú : n. + v. to be dried up

tsì kpàtà : n. downpour (of rain)

tsì nònò : n. drinking water

tsì nú : v. to be liquid

tsì nyà : v. to narrate

tsì nyùí : n. pure water

tsì sàsrà : n. running water

tsì xáxá : n. 1. puddle 2. stagnant water

tsí : v. 1. to stay somewhere 2. to stay behind 3. to be in the process of extinction 4. to extinguish 5. to turn/put off 6. to be blunt/worn out 7. to decrease 8. to be first to do something *(syn. tré)* 9. to do something with zeal

tsí : n. 1. ladle 2. spatula 3. wooden spoon

- 700 -

tsí : adj. 1. different 2. various

tsí (dzè -) : v. to be stiff

tsí (gbɔgbɔ - ɖé ... fò) : v. to run out of breath

tsí àgbè : v. 1. to survive 2. to stay alive

tsí àfé : v. to stay at home

tsí àkɔ dzí ná (hũɖèɖè -) : v. to have a heavy heart

tsí àkɔ ná : v. to be under the responsibility of

tsí ànyí : v. 1. to spend the night 2. to stay alone 3. to stay for a long time

tsí àʋà : v. to have die in battle/at war

tsí àyá mè : v. 1. to remain without support 2. to be abandoned by everyone

tsí bòmè : v. 1. to be stupid 2. to be uncivilized

tsí dɔ̃ : v. 1. to fast 2. to have eaten nothing

tsí ... dɔ́ : v. to spend the night (somewhere)

tsí dɔ́wɔ̀fé : v. to stay at work

tsí dɔ́wɔ̀wɔ̀ : v. to stop work

tsí dɔ́ɔfé : v. to be hospitalized

tsí dzi : v. 1. to be impatient 2. to be in a hurry 3. to be very surprised

tsí dzi ɖé ... ŋú : v. to be concerned about (something)

tsí dzi ɖé ná : v. to rush (somebody)

tsí (...) dzí : v. 1. to be a burden on 2. to be too much

tsí émè : v. 1. to be gripped (e.g by the antenna of a car) 2. to cost (someone) dearly

tsí ... fé mɔ́ : v. to know about

tsí gbɔló : v. to remain empty

tsí ... mè : v. to die (e.g violently per accident, natural disaster, etc.)

tsí dzikú ná : v. to soothe

tsí dzimàɖi : v. to be anxious

tsí dzódzódzóé : v. 1. to be worried 2. to be very surprised

tsí ɖé ... fò : v. to be suffocating

tsí ɖèká : v. to be lonely

tsí fúyéfúyé : v. 1. to be very tired 2. to have lost weight as a result of illness

tsí gli dòmè : v. to be walled in (e.g after the collapse of a building)

tsí gbɔgbɔ : v. to be exhausted

tsí gbɔgbɔ ɖé fó : v. to be suffocating

tsí gbɔgbɔ ɖé fò ná : v. 1. to suffocate 2. to choke

tsí kpóó : v. to remain calm

tsí mègbé : v. 1. to be late 2. to delay

tsí mɔ́ tà : v. 1. to abort (e.g. a project) 2. to be stuck on the road

tsí ... nù : v. 1. to avoid 2. to attenuate 3. to turn off 4. to finish

tsí nù dɔ́ : v. to fast

tsí ŋkú : v. 1. to become blind (syn. gbà ŋkú) 2. to be close fisted/stingy

tsí ... ŋù : v. 1. to remain to do 2. to miss

tsí ... ŋú : v. 1. to not receive 2. to have to

tsí tɔ̀mè : v. to drown

tsí ... tè (nù -) : v. 1 to remain open-mouthed (in astonishment) 2. to remain speechless

tsí trè : v. to stand up

tsí trè! : imp. stand up!

tsí trè dé ... ŋú : v. 1. to protest against 2. to disapprove 3. to be harsh on 4. to conspire (against)

tsí trè dé ... ŋú (tí) : v. to contest/oppose a matter

tsí trè dé nyà ŋú : v. to object (to a matter)

tsí trè lè àdzà mè : v. to plot/conspire (against)

tsí trè nù : v. to stand up

tsí tsì dzí : v. to float (on water)

tsí tsì mè : v. 1. to die at birth 2. to be stillborn

tsí ʋù mè : v. 1. to bathe in one's own blood 2. to have been murdered 3. to die accidentally 4. to be stillborn

tsí ʋù mè kú : v. to die in an accident

tsí yà : v. to be amazed/surprised

tsí yà mè : v. 1. to float (in the air) 2. to be abandoned by all

tsí yí nù : v. to be killed with a bladed weapon (e.g knife)

tsìà : v. 1. to reprimand by shouting 2. to invoke a charm in the event of an accident

tsìà (lá -) : v. 1. to make a cut 2. to injure by cutting

tsìá : intj. 1. annoyance 2. contempt 3. disdain

tsìá (dè - ná) : v. 1. to despise 2. to disdain

tsìà (dó -) : v. 1. to say tsìá as a sign of disregard/disdain

tsìádódó : n. the act of showing one's displeasure by uttering the word tsìá

tsìámè : n. 1. spokesman of the chief/king 2. an intermediary between two dialoguing partners 3. vice president 4. prime minister (syn. àtíkplɔ̀tsólá, fìàtíkplɔ̀tó, mósì, tsìámì)

tsìámètí : n. the staff of the chief's/king's spokesman (syn. fìàtíkplɔ̀, tsìámìtí)

tsìámì : n. 1. linguist 2. orator of the chief/king 3. an intermediary between two dialoguing partners 4. vice president 5. prime minister (syn. àtíkplɔ̀tsólá, fìàtíkplɔ̀tó, mósì, tsìámè)

tsìámìtí : n. 1. royal sceptre 2. staff of the linguist (syn. fìàtíkplɔ̀, tsìámètí)

tsìàtòè : adj. 1. small 2. stocky

tsíaʋà : adj. killed in battle

tsíbòmè : adj. 1. stupid 2. uncivilized 3. uneducated

tsìdédé : n. the act of watering (e.g a plant)

tsìdédé ànyígbá : n. irrigation of the land *(syn. tsìkàkà ɖé ànyìgbá)*

tsìdédé nù : n. traditional baptism *(syn. tsìtɔ́tɔ́ nù)*

tsìdédé nù (àmè -) : n. a ceremony performed after buying a slave

tsìdédé nù (- ná èvèdzìláwó) : n. a ceremony performed after the birth of twins

tsìdédé tà : n. religious baptism *(syn. tsìdétà)*

tsìdétà : n. religious baptism *(syn. tsìdédé tà)*

tsìdò : n. 1. well (of water) 2. water hole 3. underground cistern (for storing water) 4. fountain 5. swimming pool *(syn. tsìfúdò)* 6. gutter 7. ditch

tsìdrɔ̃ : n. little rain cloud

tsìdùdù : n. 1. leakage of water 2. flow of water

tsìdzàdzà : n. rain

tsìdzàdzgã́ kpàtà : n. sudden heavy downpour (rain)

tsìdzàgbè : n. 1. rainy day 2. rainy weather

tsìdzàyì : n. rainy season *(syn. tsìdzàŋɔ̀lì, tsìŋɔ̀lì)*

tsìdzàŋɔ̀lì : n. rainy season *(syn. tsìdzàyì, tsìŋɔ̀lì)*

tsìdzɛ̃ : n. little rain

tsìdzídzí : n. 1. fountain 2. water source

tsìdzískì : n. water skiing

tsìdzískítɔ́ : n. water skier

tsìdzítɔ́ : adj. water sports (e.g. skiing)

tsìdzódzò : n. 1. edema/hydropsy (a condition characterized by an accumulation of watery fluid in the tissues or in a body cavity) 2. bubble of boiling water

tsìdzɔ̀fé : n. 1. source (of water) 2. fountain

tsìdzùdzɔ̀tɔ́tró : n. evaporation

tsìɖèɖè : n. diversion of a watercourse

tsíɖítsíɖí : id. 1. purely black 2. very dark *(syn. tsírítsírí)*

tsíɖítsíɖí (blɔ́ -) : n. 1. purple 2. navy blue

tsìɖóɖó : n. 1. the gathering of rain clouds, signaling impending rainfall 2. the act of collecting rainwater 3. the act of heating water for washing

tsìɖógbá : n. water kettle

tsìɖómɔ̀ : n. a device for heating water

tsìɖɔ́ɖɔ́ : n. 1. flood 2. flooding

tsìɖɔ́yì : n. period of flooding

tsíé : n. spirit of a dead person *(syn. àdìfìè, ɖìfìẽ́, ŋɔ̀lì)*

tsíéfé : n. 1. the afterlife 2. the real of the spirit 3. the underworld *(syn. tsíéwódè)*

tsíéfétɔ́wó : n. 1. beings of the spirit realm 2. beings of the underworld

tsíéwódè : n. 1. the afterlife 2. the other world *(syn. tsíéfé)*

tsìfágò : n. ice cooler

tsìfámɔ̀ : n. 1. refrigerator 2. freezer

tsìfìèfìègbètsì : n. infusion

tsìfìèfìègbètsìwɔ̀wɔ̀ : n. the act of making infusion

tsìfɔ̀nú : n. blotting paper

tsífé : n.1. a place where one rests 2. a place where something remains

tsìfòdí : n. libation

tsífòmè : n. a type of termite

tsífòzé : n. a container in which soup is prepared

tsìfídò : n. swimming pool *(syn. tsìdò)*

tsìfúfé : n. a place where one can swim

tsìfúfú : n. the act of swimming

tsìfúfúdɔ̀ : n. swimming (sports)

tsìfúlá : n. swimmer

tsífùmè : adj. drowned at sea

tsìfùnú : n. 1. fin (of fishes) 2. flipper

tsìgádzí : n. soaked corn

tsìgádzí : adj. old fashioned

tsìglàmàkè : n. a spell which makes one opponent unable to speak in court

tsìgò : n. 1. water container 2. gourd *(syn. tsìgòè)* 3. cistern 4. radiator (of a car)

tsìgòè : n. 1. water container 2. gourd *(syn. tsìgò)* 3. lumbar region

tsìgbà : n. water bowl

tsìgbé : n. 1. rain 2. in the rain

tsìgbé : adj. describes a state of being exposed to the rain

tsìhé : n. a pad (placed on the head for cushioning purposes when carrying water or other loads on the head)

tsìhéhlé : n. splash (of water)

tsìhè : n. palm wine mixed with water

tsíhlí nyà : n. a matter about which one never stops arguing/fighting

tsíí ! : intj. a sound produces by clicking the tongue which indicates contempt, condescension or frustration

tsìkà : n. 1. trough 2. canalization 3. pipeline

tsìkàà : n. 1. hard 2. resistant *(syn. tìkàà)*

tsìkàkà : n. irrigation

tsìkàkà dé ànyìgbá : n. irrigation of the land *(syn. tsìdédé ànyígbá)*

tsìkò : n. bagrid catfish *(syn. blòlò, kpòlò)*

tsìkòè : n. sea captain

tsìkókló : n. 1. the act of of preventing rainfall 2. dissipation of clouds (of rain)

tsìkɔ̀ : n. thirst

tsìkɔ́ : n. ice cube/ ice block *(syn. tsìkpékɔ́é)*

tsìkɔ̀dí, tsìkɔ̀kɔ̀dí : n. the act of pouring libation (for a dead person) tsìkɔ̀wùàmè : n. the state of being thirsty

tsìkú, tsìkúḍíḍí : n. 1. water shortage 2. dry season

tsìkùgànú : n. bucket *(syn. bɔ́kítɔ̀, tɔ̀ká̃, tɔ́kpò)*

tsìkùkù : n. act of drawing water

tsìkpá : n. river fish

tsìkpàkpà : n. scooping (of water)

tsìkpé : n. 1. snow 2. hailstone 3. hail *(syn. ké, kétsì, kpétsì, tsìkpékɔ́)*

tsìkpé dzà : v. to snow

tsìkpé dzí kèkéví : n. 1. snow scooter 2. sled

tsìkpédzàdzà : n. the act of snowing

tsìkpékɔ́ : n. hailstone *(syn. ké, kétsì, kpétsì, tsìkpé)*

tsìkpékɔ́gã́ : n. iceberg

tsìkpékɔ́é : n. ice cube *(syn. tsìkɔ́)*

tsìkpéwɔ̀mɔ̀, tsìkpéwɔ̀mɔ̃̀ : n. freezer *(syn. frìzà)*

tsìkpó : n. a basket or frame used for carrying heavy loads *(syn. tsòkpó)*

tsíkpò : adj. 1. dull 2. gloomy 3. blunt 4. not very sharp

tsìkpɔ́ : n. 1. reservoir/dam (on a watercourse) *(syn. tsìléfé)* 2. halo (a circle of light appearing to surround the sun or moon and resulting from refraction or reflection of light by ice particles in the atmosphere) 3. small white clouds around the sun believed to be a sign of rain

tsìkpɔ́ (tɔ̀ -) : v. to have a halo

tsìkpɔ́tɔ̀tɔ̀ : n. the act of forming a halo

tsìlè : n. ditch/gutter

tsìlé : n. 1. pink dentex 2. sea bream

tsìléàmè : n. 1. drowning 2. shipwreck

tsìlèfé : n. bathroom *(syn. tsìlèkpɔ́mè, tsìlèxɔ̀, kpɔ́dòmè)*

tsìléfé : n. 1. dam 2. water reservoir *(syn. tsìkpɔ́)*

tsìlègbá : n. a cup/bowl used for fetching water to shower oneself whilst bathing

tsìlèkòlò : n. 1. a large container for taking a bath (e.g for children) 2. a large container in which medicinal pictures are prepared

tsìlèkpɔ́mè : n. bathroom *(syn. kpɔ́dòmè, tsìlèfé, tsìlèxɔ̀)*

tsìlèlè : n. 1. the act of bathing *(syn. ètsìlèlè)* 2. inundation

tsìlènú : n. something that is used in bathing (e.g sponge, towel, soap, etc.)

tsìlèté : n. bathroom towel *(syn. tsìlètsé)*

tsìlètsé : n. bathroom towel *(syn. tsìlèté)*

tsìlèwù : n. swimming suit

tsìlèxɔ̀ : n. bathroom *(syn. kpɔ́dòmè, tsìlèfé, tsìlèkpɔ́mè)*

tsìlèzé : n. bathing bucket

tsìlì : n. 1. gutter 2. channel 3. ditch 4. furrow

Tsílì : np. Chile

tsìlílíkpó : n. rain cloud

tsìlùmɔ̀dó : n. a ditch caused by heavy rain

tsìmàfòtó : n. wide brim hat

tsìmàkpɔ́nò : n. shortage of (drinking) water

tsìmàmí : n. 1. sea lice 2. sand flea *(syn. àdèsú, dòsú, dzìgá, ètsìmàmí, màmídòsú, zìzíŋzòsú)*

tsìmánɔ̀à : adj. hydrophobic

tsìmè : n. 1. rainy season 2. flooded place

tsímè : n. lumbar region

tsìmèbólò : n. steamed cornbread

tsìmèdzògbèɖé : n. first rain after the drought

tsìmègbé : adj. 1. late 2. belated

tsìmèmέ : n. mermaid *(syn. tɔmèmè, tɔmèmέ)*

tsìmèmɔ́ : n. a canal or duct through which water passes

tsìmènyì : n. hippopotamus *(syn. tɔmènyì)*

tsìmènyígbá : n. flooded land

tsìmètsítsí : n. death of a child during birth

tsìmèwù : n. raincoat *(syn. tsìwù)*

tsìmì : n. perfume

tsìmì ʋéʋé : n. 1. perfume 2. fragrance oil

tsímíní : n. lamp glass

tsìmɔ́ : n. water channel

tsìndɔ́ : n. oppressive heat after rain

tsìndrɔ̀ɔ̀ : adj. viscous

tsìnìgbòò : adj. bald/hairless

tsìnòà : adj. hydrophilic

tsìnòfé : n. 1. water trough 2. a place water is drunk

tsìnògbè : n. a day (of the week) on which water is drunk

tsìnònò : n. the act of drinking water

tsìnònú : n. cup/mug/ any drinking vessel

tsìnòzé : n. clay pot (mostly used for storing drinking water) (Ketavibes, 2021) *(syn. èzè)*

tsìnɔ̀fòdòmèdɔ̀ : n. ascites (a type disease which is as a result of abnormal fluid build-up in the abdomen)

tsíntsín : n. green-chinned sunbird *(syn. ètsúí)*

tsìnú : n. 1. humidity 2. liquid 3. any animal with a moist body (e.g worm, frog, etc.)

tsìnú lè (...) ŋú : v. to be wet

tsìnúmàtsàkà : n. emulsion

tsìnúŋlɔ̀tí : n. pen (with ink)

tsìnùvùwò : n. tiger fish *(syn. àvùwò, xàtsèxátsé, xàtsàxátsá)*

tsìnyàà : adj. id. 1. dense 2. impenetrable

tsìnyìgà : n. swamp

tsìŋkú : adj. 1. economical 2. stingy

tsìŋɔ̀li : n. rainy season *(syn. tsìdzàyì, tsìdzàŋɔ̀li)*

Tsìŋúnyàwó dɔ́wɔ̀fé : n. water authority (government entity)

tsìŋúsɛ́ : n. water current

tsírítsírí : id. 1. purley black 2. very dark *(syn. tsídítsídí)*

tsìsásá : n. bridge

tsìsísí : n. water stream/current (e.g sea, river, etc.)

tsítè : n. 1. standing 2. erect *(syn. tsítrè)*

tsìtèfé : n. 1. swamp 2. flooded place 2. water level (e.g of a river, lake, etc.)

tsìtɛ̀ : n. file (a tool usually of hardened stell with cutting ridges for forming or smoothing surfaces especially of metal)

tsìtíkè : n. 1. liquid medication 2. syrup

tsìtò : n. 1. tank 2. cistern

tsítótsító : id. 1. strictly 2. meticulously

tsítótsító : n. cabinet

tsìtɔ̀ : adj. 1. hydraulic 2. liquid

tsítɔ̀mè : n. drowning in a river/stream

tsìtɔ́tɔ́ : n. the act of diluting with water

tsìtɔ́tɔ́ nú : n. a ceremony performed for the birth of twins

tsìtɔ̀trɔ̀ : n. the act of collection of water (eg. from the roof)

tsìtrè : adj. 1. standing 2. erect *(syn. tsítè)*

tsìtrè (lè - /nɔ̀ -) : v. to be standing

tsítrèmàtsímàtsí : n. the state of being married

tsítrèmàtsímàtsí : adj. without getting up

tsìtrènɔ̀nɔ̀ : n. the state of being in a standing position

tsítrènù : n. standing *(syn. tsítrè)*

tsítrènúdɔ̀ : n. an illness that does not cause the sick person to be bedridden or confined to bed

tsìtrènùdɔ̀lélá : n. a sick person who is not bedridden or confined to bed

tsítrènùɖàkà : n. wardrobe

tsítrètsíɖéŋúlá : n. protester

tsítrètsíɖéŋútɔ́ : n. opponent *(syn. tsítrètslá)*

tsítrètsígbè : n. resurrection day (Easter)

tsítrètsílá : n. 1. opponent *(syn. tsítrètsíɖéŋútɔ́)* 2. rebel

tsítrètsítsí : n. 1. rebellion 2. resurrection 3. celibacy

tsítrètsítsí ɖé ... ŋú : n. + loc. disapproval

tsítrètsítsí ɖé nyà ŋú : n. + loc. 1. objection 2. opposition 3. contradiction

tsítrètsítsíɖéŋú : n. 1. contestation 2. opposition

tsítrɔ́é : n. a small grey bird

tsìtrɔ̀nú : n. 1. a pipe, duct, or orifice from which water is spouted or through which it is carried 2. roof pipe for collecting rainwater.

tsìtùkpá : n. water bottle

tsìtútú : n. 1. the act of turning off the water tap 2. the act of cutting off water supply 3. sprinkling/gushing of water 4. family reconciliation ceremony 5. benediction

tsítsà : n. 1. teacher 2. professor

tsìtsé : n. 1. mat 2. small rug *(syn. àbà, tóbá)*

tsítsèŋlɔ́gbé : n. the last part of a funeral ceremony

tsìtsétsé : n. waterfall

tsìtsì : v. 1. to smear 2. to caress 3. to be pressed against each other

tsìtsì : n. 1. the act of ageing 2. old age 3. dean *(syn. tsìtsìà)* 4. the act of growing/increasing

tsìtsì : adj. 1. aged 2. old 3. grown up

tsítsì : n. 1. telescope 2. spectacles *(syn. gàŋkúí)*

tsítsì (gblɔ̀ nyà ɖé - mè) : v. to discuss a problem until it is completely resolved

tsítsì (ɖɔ́ - / glá -) : v. to wear glasses

tsítsí : n. 1. electric catfish *(syn. àní, dzídzí)* 2. extinction 3. retention

tsìtsìà : n. dean *(syn. tsìtsì)*

tsítsíɖɔ́ɖɔ́ : n. the act of wearing spectacles/glasses

tsítsíɖɔ́lá : n. someone who wears spectacles/glasses

tsìtsìàwó : n. 1. the elderly 2. the seniors/grown-ups (at school)

tsìtsilɔ̀glɔ̀ : n. a sharp response (to a young person who speaks rudely)

tsìtsilɔ̀glɔ̀ (ɖó - àmè) : v. to respond sharply to (a young person) who speaks rudely

tsìtsìmè : n. old age

tsìtsìmèdɔ̀ : n. senile dementia

tsìtsìnú : n. property inherited from the ancestors *(syn. tɔ́gbúínú)*

tsìtsìtɔ̀ : adj. 1. older 2. aged

tsìtsìtɔ́ : adj. 1. oldest 2. eldest 3. seniormost

tsìtsìví : n. 1. a stick that is used in stirring soup 2. spatula

tsìtsòtsò : n. the act of crossing a river

tsìtsrì : n. 1. disdain 2. something that is forbidden/to be avoided

tsítsrìdzá : n. small red antelope *(syn. sìàndè dzẽ́)*

tsìtsrìì : adj. id. swollen/bloated

tsìtsyɔ̀mɔ̀ : n. water filter (device)

tsìtsyɔ̀nú : n. water filter *(syn. tsìzrɔ̃̀nú)*

tsìvé : n. 1. wet wood 2. wet forest

tsìvù : n. 1. channel 2. canal *(syn. tɔ̀vú)*

tsìʋè : n. 1. swimming pool 2. pool

tsíʋùmè : adj. 1. describes someone bathing in his blood 2. being killed by accident 3. having died a violent death 4. being stillborn

tsìwù : n. raincoat *(syn. tsìmèwù)*

tsìwúnú : n. watering can

tsìwúwú : n. 1. spraying of water 2. fine rain

tsìxáxá : n. 1. stagnant water 2. puddle of water

tsìxɛ́xɛ́ : n. dam

tsìxó : n. 1. a hot spring known for a long period of time *(syn. dzɔ̀gbètsi)* 2. seaside resort

tsìyà : n. 1. wind that precedes a downpour of rain 2. hydrogen

tsíyà : n. chair *(syn. zìkpùi)*

tsìyì : n. 1. false scad 2. mackerel scad *(syn. blèyè)*

tsìyìví : n. round scad

tsìzé : n. 1. jar 2. water pot

tsìzí : n. 1. darkness 2. obscurity

tsìzrɔ̀glè : n. spreading field

tsìzrɔ̀nú : n. water filter *(syn. tsìtsyɔ̀nú)*

tsò : v. 1. to cut 2. to intercept/capture 3. to cross/to pass through 4. to pay 5. to found (e.g house, institution, town, etc.) 6. to construct 7. to manufacture 8. to no longer flow 9. to dry up 10. to finish 10. to be classified 11. to be constellated (with stars) 12. to be spotted 13. to no longer have appetite 14. to be tense (muscles) 15. to pronounce the verdict 16. to cut down a tree 17. to kill an animal 18. to divide 19. to break 20. to interrupt 21. to harvest

tsò (dzìkà -) : v. to be nervous/afraid

tsò àbò : v. to isolated

tsò àbò (lè ... ŋútí) : v. to be far away from

tsò àbɔ̀ : v. to make a garden

tsò àbɔ̀ : v. to lie in ambush

tsò àbɔ̀ ná : v. to set an ambush for

tsò àfìà : v. to condemn

tsò àfìà ná : v. to pronounce a verdict against

tsò àƒé : v. to build a house

tsò àséyè : v. 1. to cheer 2. to rejoice 3. to shout for joy 4. to glorify

tsò àséyè ɖé ... ŋú : v. to give glory to

tsò àtékúí : v. to excise

tsò àtsíáƒù : v. to make a crossing over the sea

tsò àʋà : v. to circumcise

tsò ... dòmè : v. 1. to interpose/interject 2. to intervene

tsò ɖà gɔ̀mè : v. to shave the hair all around

tsò (ɖé) ànyí : v. to bring down (one's opponent e.g in a fight)

tsò ... ɖé bòlí mè : v. 1. to cut down (e.g trees) 2. to log

tsò ... ɖó : v. 1. to meet by chance 2. to catch (somebody) in the act 3. to have more

tsò (...) ɖí : v. 1. to spare a place (e.g as in fire outbreak) 2. to not have been burnt tsò émè ná : v. to pretend

tsò fè : v. to seize the debtor's property/assets

tsò fú yí : v. to have a few white hairs (on a dark background e.g like that of the sheep)

tsò gà : v. 1. to cross paths 2. to be lying accross

tsò gà (tsɔ́ .... -) : v. to put across

tsò gà tò : v. to be lying across

tsò gbè (ɖé ... dzí) : v. to bet on

tsò gbè ɖà ɖé ... dzí : v. to avenge a wrong

tsò hlólóé, hlólúí : v. 1. to make an effort 2. to surpass oneself

tsò hũ̀ : v. to sigh

tsò kólótí : v. to excise the clitoris

tsò kúfìà : v. to pronounce the death penalty

tsò ... mè : v. 1. to cross 2. to cross out (e.g a word) 3. to cancel (e.g an appointment)

tsò mì : v. to strangle

tsò mɔ́ ná : v. to cut off the road /to block the road

tsò nó ná : v. to wean off breast milk

tsò ... nù : v. 1. to bring a lawsuit against 2. to prosecute

tsò nyà : v. 1. to interrupt a speech 2. to find a compromise (for a case) so as to settle the matter

tsò nyà mè(bé) : v. to judge a matter (such that)

tsò ŋkú : v. to look around

tsò sòmè : v. 1. to dribble 2. to fake

tsò tà(ná) : v. to decapitate

tsò tà (lè ... nù) : v. to decapitate

tsò ʋù : v. 1. to slice the throat 2. to sacrifice

tsò ... xɔ̀ : v. to intercept

tsò xɔ̀ mè : v. to divide a house into several rooms

tsò xɔ̀ ná : v. to rescue

tsó : v. 1. to originate from 2. to come from 3. to stand up/get up

tsó : v. loc. from (origin)

tsó : n. 1. crampon 2. hook 3. clothes peg (syn. tsyó) 3. picket 4. canine 5. a climbing plant whose leaves are used to treat smallpox 6. an iron instrument used to knock down oil palm nuts (syn. hàfi)

tsó : adv. 1. certainly 2. of course

tsó : intj. 1. indicates an unpleasant surprise or displeasure 2. come on !

tsó àlàfá ɖèká mè : loc. adv. percentage

tsó ázɔ̃́ dzí : loc. henceforth

tsó ... dzí : loc. 1. from 2. since

tsó ɖé ... dzí : v. to respect

tsó ɖé édzí : v. to hurry up

tsó ɖé éŋú : v. to get started (with something)

tsó ɖé ... ŋútí dzí : v. to respect

tsó ... ɖó : v. to connect/to link

tsó ésíà dzí : conj. 1. henceforth 2. from now on

tsó fifiá dzí yinà : conj. 1. henceforth 2. from this very moment onwards

tsó ... gbɔ́ : conj. 1. from 2. since

tsó ... ké : conj. 1. since 2. from

tsó kéké (ésì) : conj. 1. since (that) 2. for a long time (that) 3. from (that)

tsó lè ... mè : v. to leave a place

tsó ... mè : conj. 1. to be as a result of 2. to be due to

tsó ... ŋú : conj. 1. about 2. relating to 3. on the subject of

tsó ... ŋútì : conj. 1. on the subject of 2. relating to

tsòɖó : n. coincidence

tsòɖó (ɖù -) : v. to arrive while people are at the table and also take part in a meal

tsóé : n. 1. thorn 2. stubble

tsòfé : n. 1. crossroads 2. junction

tsófé : n. 1. origin 2. reason 3. circumstance

tsóhlóé, tsóhlóéyíí : n. 1. shaking 2. rocking

tsòhlòmkùí (tsò -) : v. to fail to commit suicide

tsòkɔ́ : adj. 1. swollen 2. knotted

tsòkpò : adj. 1. a type of disease of the heart 2. traditional bag made of leather or plant fibres 3. a catfish variety

tsòkpò (tsì -) : n. 1. a watercourse in the process of drying up 2. a stream in which water stagnates

tsòkpó : n. a basket for carrying heavy loads (syn. tsìkpó)

tsòkpɔ́ : adj. 1. spotted 2. speckled 3. stained

tsònùnɔ̀lágã́ : n. master sergeant

tsóò ! : intrj. 1. an expression of anger 2. an expression of unpleasant surprise

tsótí : n. 1. stake 2. picket

tsòtsò : n 1. cutting 2. carving 3. trimming

tsòtsò : adj. 1. cut 2. separated 3. sheared

tsòtsò (klì -) : v. to stumble

tsòtsò sá vɔ̀ : n. 1. self-immolation 2. immolation

tsòtsó : n. 1. red phalarope (a type of bird) 2. origin 3. the act of getting up 4. the fact of being able (to do something)

tsótsóé, tsótsúí : n. uprising

tsòtsòfé : n. 1. separation (e.g by a wall) 2. place of separation /division of two entities

tsóvitsóví : n. skin eruptions on little children

tsówó dé : n. land of the dead

tsòyòò : adj. 1. bulky 2. spacious 3. loosened

tsɔ̀ : v. 1. to speed up 2. to move fast (e.g the clock) 3. to be early 4. to be skillful 4. to be within reach 5. to be short-lived 6. to concern

tsɔ̀ ... gbɔ́ : v. to be close

tsɔ̀ kpùi : v. to be very close

tsɔ̀ ná : v. to hurry

tsɔ̀ ná (àmè) : v. 1. to hurry 2. to hasten

tsɔ́ : v. 1. to take 2. to carry 3. to support 4. to utilize

tsɔ́ : n. contact

tsɔ́ : prep. 1. from 2. since

tsɔ́ (àlɔ̀ -) : v. 1. to feel sleepy 2. to fall asleep

tsɔ́ (dzídzá -) : v. to have hiccups

tsɔ́ àfɔ́ : v. 1. to move forward 2. to take place

tsɔ́ àgbà : v. to carry a heavy load

tsɔ́ àmèɖókúi dé àsí : v. 1. to indulge in 2. to sacrifice oneself (for)

tsɔ́ àʋà : v. to look for allies

tsɔ́ àyè : v. to employ tactics

tsɔ́ ... dà : v. to place (something)

tsɔ́ ... dà ɖí : v. 1. to put on the ground 2. to put down

tsɔ́ ... dé àsì : v. 1. to deliver 2. to hand over

tsɔ́ ... dé ... sí : v. 1. to give to 2. to hand over to 2. to entrust to

tsɔ́ dè ! : v. 1. have a good trip ! 2. goodbye !

tsɔ́ dé kpó mè : v. 1. to put in the oven 2. to bake

tsɔ́ dé lè ... mè : v. 1. to worry about 2. to care about 3. to be interested in

tsɔ́ ... dé ... mè : v. 1. to introduce into 2. to place into

tsɔ́ ɖěké lè ... mè : v. to not care about

tsɔ́ ... dó kpó : v. to publish

tsɔ́ dɔ̀mèdzòè : v. 1. to get carried away 2. to get angry

tsɔ́ dzòtɔ́ : v. to hire a wizard/witch doctor

tsɔ́ ... dé fè dòmè : v. to add a pinch of (something)

tsɔ́ ɖě lè émè : v. 1. to take into consideration 2. to take (a part of something)

tsɔ́ ɖě lè émè ná : v. 1. to be concerned by 2. to pay attention to

tsɔ́ ɖě émè ná (mé-) : v. to make fun of

tsɔ́ ɖě lè .. mè : v. to be interested in

tsɔ́ dé ... ŋútí dzí : v. to respect (something)

tsɔ́ ... dé ... tèfé : v. 1. to confuse (one thing with another thing) 2. to mix up

tsɔ́ ... ɖí : v. to get rid of

tsɔ́ ... ɖó : v. to present to

tsɔ́ ... ɖókúi : v. to dedicate oneself to

tsɔ́ ... ɖókúi ná : v. 1. to offer oneself for/to 2. to be destined for/ to 3. to devote oneself to

tsɔ́ fiá : v. 1. to present 2. to introduce

tsɔ́ fú : v. to foam

tsɔ́ ... fò ɖó : v. 1. to stuff 2. to cram

tsɔ́ gàlégà lé : v. to magnetize

tsɔ́ (...) gbɔ̀ : v. to bring back

tsɔ́ ... gbùgbɔ̀ dà : v. to replace

tsɔ́ ... kè : v. 1. to forgive 2. to pardon

tsɔ́ kɔ̀ : v. 1. to waddle 2. to wobble 3. to wag

tsɔ́ ... kpé : v. to add

tsɔ́ ... mlɔ́ ànyí : v. to cut down (e.g a tree)

tsɔ́ ná : v. + prep. to participate in

tsɔ́ ... ná : v. 1. to give 2. to hand over

tsɔ́ nyà ɖé ... ŋú : v. to accuse

tsɔ́ ŋkú tsò : v. 1. to guess 2. to imagine

tsɔ́ ŋútété kátã́ : v. to do everything possible

tsɔ́ súsú ɖó ... ŋú : v. 1. to concentrate 2. to focus

tsɔ́ ... tù ànyí : v. 1. to pose 2. to set/place down

tsɔ́ tsì : v. to play in water

tsɔ́ ... tsɔ́ (kplé) : v. to compare to

tsɔ́ ... vá : v. to bring

tsɔ́ ... vé : v. 1. to bring 2. to bring along

tsɔ́ vɔ̀ : v. to bring bad news

tsɔ́ ... wɔ̀ : v. 1. to do 2. to undertake

tsɔ́ wɔ̀ núnáná : v. 1. to offer 2. to give as an offering

tsɔ́ ... yì : v. to take away

tsɔ́ ... yì xɔ̀mè : v. to return (something) back to the room

tsɔ́ɖúí : n. 1. profit 2. interest

tsɔ́ɖúí (kpɔ́ - lè ... ŋú) : v. 1. to discover a weakness in someone/something 2. to take advantage of (someone)

tsɔ́fé : n. circumstance

tsɔ́fúɛ́ : adj. 1. salient 2. protruding

tsɔ̀kɔ̀ɔ̀ : adj. 1. well fed 2. uncouth 3. difficult to handle 4. heavy (system)

Tsɔ̀kɔ̀sí : n. Tchokossi (ethnic group of Togo)

Tsɔ̀kɔ̀sítɔ́ : n. someone that belongs to the Tchokossi ethnic group

tsɔ̀kplḗ : n. **àkplḗ** that was prepared a day ago

tsɔ̀mè : n. future

tsɔ̀nágàtsí : n. dead

tsɔ̀nyɔ̀ɔ̀ : adj. lots of

tsɔ̀tsɔ̀ : n. 1. speed 2. skill 3. equality 4. same level

tsɔ̌tsɔ́ : n. 1. seizure 2. act of taking 3. transport

tsɔ̌tsɔ́ (lè/nɔ̀ - dzí) : v. to be handy

tsɔ̀tsɔ́ (lè/nɔ̀ - mè) : v. to be bearable

tsɔ̀tsɔ́ sá vɔ̀ : n. 1. immolation 2. self immolation

tsɔ̌tsɔ́ vá émè : n. importation

tsɔ̌tsɔ́ vɛ̀ : n. 1. the act of bringing 2. importation

tsɔ̌tsɔ́dò : n. 1. exportation 2. export

tsɔ̌tsɔ́fìá : n. presentation of papers

tsɔ̌tsɔ́kè : n. 1. pardon 2. forgiveness

tsɔ̌tsɔ́kpéwɔ̀wɔ̀ : n. addition

tsɔ̌tsɔ́vɛ̀ : n. contribution

tsɔ̌tsrɔ́ : n. 1. destruction 2. extermination

tsɔ̀yìátsúfé : n. african emerald cuckoo

tsɔ̀yìtsɔ̀yì : adj. filled to the maximum

tsrà : v. 1. to slide 2. to trickle 3. to flow (in large quantities) 4. to taste 5. to empty 6. to spill 7. to be loosened 8. to sag 9. to sift

tsrà : n. 1. whistling 2. rattling (e.g of an engine) 3. noise generated by scrap metal

tsrà àfɔ̀ ànyí : v. 1. to slip and fall 2. to drag one's feet

tsrà àmá : v. 1. to undress 2. to get naked

tsrà wɔ́ : v. 1. to stir flour in order to remove bad grains 2. to sift flour

tsràlàà : id. 1. sturdy 2. long (syn. tràlàà)

tsràlàà (lè/nɔ̀ -) : v. to be big and fat

tsrálɛ́ : adj. slender

tsrálɛ́ɛ́ : id. slim and slender

tsrálɛ́ɛ́ (lè/nɔ̀ -) : v. to be slim and slender

tsrànùí : n. sieve

tsrì : v. 1. to detest 2. to avoid 3. to consider as taboo 4. to mend

tsrítsrí : id. black

tsrìgbóŋgbóŋúí : n. a small prey animal

tsríkóé :id. completly worn out (syn. tsrìkòò)

tsrìkòò :id. completly worn out (syn. tsríkóé)

tsró : n. 1. husk of grain 2. shell 3. bark 4. pod 5. horny skin 6. integument 7. peel (e.g of banana) (syn. tsrókpá)

tsró (ɖè -) : v. to change skin

tsróɖèɖè : n. 1. the act of husking 2. the act of molting

tsrókpá : n. 1. husk of grain 2. shell 3. bark 4. pod 5. horny skin 6. integument 7. peel (e.g of banana) (syn. tsró)

tsrókpàtí : n. forest tree

tsrólà : n. animals with scales or rough skin

tsróló : id. giggling (e.g when drinking) (syn. tsrólóló)

tsrólóló : id. giggling (e.g when drinking) (syn. tsróló)

tsròlòò : id. 1. wet (e.g eyes) 2. not consistent enough (e.g soup) 3. too liquid

tsròlòè : adj. 1. liquid (e.g porridge) 2. lightweight 3. non thick

tsròlòè (lè/nò -) : v. to be liquid

tsrò : adj. 1. clumsy 2. cumbersome

tsró : v. 1. to decimate 2. to massacre

tsrɔ̃ : v. 1. to be annihilated 2. to destroy 3. to waste away 4. to disapper (e.g as in customs disappearing when they are no longer being practiced)

tsrɔ̀lɔ̀ɔ̀ : id. 1. long 2. describes a state of having a long neck (e.g like that of a gourd) *(syn. trɔ̀lɔ̀ɔ̀)*

tsrɔ̃nú : n. 1. heritage 2. inheritance 3. legacy

tsrɔ̃nyílá : n. inheritor

tsù : n. 1. madness *(syn. àd̯àʋà, àd̯àʋàd̯ɔ̀, àlè, d̯àʋà, d̯àʋàd̯ɔ̀, èmògbègbléd̯ɔ̀, ètsù, ètsùkúkú, lànú, mògbègblé, mògbègbléd̯ɔ̀, tàgbɔ́d̯ɔ̀, tàgbɔ́gbègblé, tàgbɔ́gbègbléd̯ɔ̀, tsùkúkú)* 2. clay 3. quarry 4. silt *(syn. tù)* 5. lead (as in the material used for e.g for pencils)

tsù : adj. 1. stupid 2. insane

tsù (kú -) : v. to be crazy

tsú : adj. 1. male 2. strong 3. virile

tsú (dó -) : v. to mate

tsú (dzɔ̀ -) : v. 1. to be strong 2. to be big 3. to be imposing

tsú (sɔ́ -) : n. stallion (horse)

tsùdzùwɔ́ : n. corn porridge *(syn. tsùtsùwɔ́)*

tsùè : adj. 1. abrupt 2. pointed (e.g peak or summit)

tsùɛ̀fé : n. peak (e.g of a mountain)

tsúglùtsú : n. a type of wasp *(syn. flúglùtsú)*

tsúí : n. hawk *(syn. àʋàkò, àyìsú, yìtsú, yìtsúí)*

tsúítsùì : n. a type of small squirrel

tsútsùì : n. a small bird with green and black feathers

tsùkànà (kpɔ́ nú -) : v. to have a blank stare

tsúkúí : n. lesser african threadfin *(syn. núkpátsé, núkpɔ́tsé)*

tsùkúkú : n. madness *(syn. àd̯àʋà, àd̯àʋàd̯ɔ̀, àlè, d̯àʋà, d̯àʋàd̯ɔ̀, èmògbègbléd̯ɔ̀, ètsù, ètsùkúkú, lànú, mògbègblé, mògbègbléd̯ɔ̀, tàgbɔ́d̯ɔ̀, tàgbɔ́gbègblé, tàgbɔ́gbègbléd̯ɔ̀, tsù)*

tsùkúnɔ̀ : n. mad person *(syn. àd̯àʋàdzè, àd̯àʋàdzèà, àd̯àʋàdzèlá, àd̯àʋàkúà, àd̯àʋàkúlá, àd̯àʋàtɔ́, d̯àʋàtɔ́, mòfùflúítɔ́, mògbégblétɔ́, mòyètɔ́, mòyètɔ́, tàgbɔ́gbégblétɔ́, tsùkúnɔ̀tɔ́)*

tsùkúnɔ̀tɔ́ : n. mad person *(syn. àd̯àʋàdzè, àd̯àʋàdzèà, àd̯àʋàdzèlá, àd̯àʋàkúà, àd̯àʋàkúlá, àd̯àʋàtɔ́, d̯àʋàtɔ́, mòfùflúítɔ́, mògbégblétɔ́, mòyètɔ́, mòyètɔ́, tàgbɔ́gbégblétɔ́, tsùkúnɔ̀)*

tsùkpémè : n. a hole in which clay is pounded

tsùmí : n. 1. lead 2. ore 3. limestone deposit 4. limestone

tsùtótí : n. pestle for pounding clay

tsùtótò : n. a mortar in which clay is pounded

tsútsóé : adj. 1. pointed 2. carved 3. tapered

tsútsɔ́ : v. 1. to make sharp 2. to taper 3. to be pointed/conical/tapered/carved

tsútsúgbá́ : adv. firstly *(syn. tsútsúgbɔ́́)*

tsútsúgbá́tɔ̀ : n. the first time

tsútsúgbɔ́́ : adv. firstly *(syn. tsútsúgbá́)*

tsùtsùwɔ́ : n. corn porridge *(syn. tsùdzùwɔ́)*

tsùzé : n. clay pot

tsyá : v. 1. to weld 2. to connect 3. to pick up

tsyá !, tsyá́ ! : intrj. 1. indicates anger/discontent/condescension 2. indicates sorrow/unpleasant surprise

Tsyádì : np. Chad

Tsyádì-Tá : np. Lake Chad

tsyàtsyàŋgá : n. skewer *(syn. làkɔ́ɖéàlínùmèmè, tsyìtsyìŋgá)*

tsyédzì : n. 1. change 2. balance 2. currency

tsyìɔ̀ àkànyí : v.1. to squat 2. crouch

tsyítsyì : n. glasses

tsyìtsyìŋgá : n. skewer *(syn. làkɔ́ɖéàlínùmèmè, tsyàtsyàŋgá)*

tsyò : adv. 1. firmly 2. holding well

tsyó : n. 1. clothes peg *(syn. tsó, tsyótí)* 2. canine (tooth) 3. sharp tooth 4. young sprout (as of maize when germinating)

tsyó (dà -) : v. to try to bite (e.g as in a dog seeking to bite)

tsyó fòmèví : n. different kinds of

tsyòò : adj. 1. extended 2. describes something which falls abundantly (e.g rain)

tsyòò (kè -) : v. 1. to be large 2. to be extensive

tsyóò ?! : intrj. 1. how?! 2. what?!

tsyótsyóglòtsòé : n. turtledove *(syn. àféflélùì, blèkú, fóflólúí, fófólí, vòlòè, vòlùì, vòlì, ʋlí, ʋúlì)*

tsyótí : n. 1. hook 2. peg 3. dowel (wooden) *(syn. tsó, tsyó)*

tsyɔ̀ : v. 1. to filter 2. to infiltrate 4. to ooze 5. to drip 6. to drain 7. to secrete 8. to collect (e.g rainwater) 9. to press (something)

tsyɔ̀ àdè : v. 1. to drool 2. to salivate

tsyɔ̀ tsì : v. to be permeable

tsyɔ́ : v. 1. to cover oneself e.g with cloth (syn. *tsyɔ́́*) 2. to be veiled 3. to be covered 4. . to spread over 5. to be bushy 6. to fall (e.g as in the night falling or a person falling) 7. to see blurry 8. to overlook

tsyɔ́ : n. funeral *(syn. tsyɔ́ɖìɖì)*

tsyɔ́ (dé ... -) : v. to close a book

tsyɔ́ (ɖì -) : v. to organize a funeral

tsyɔ́ (ŋkúdzí -) : v. to be blind

tsyɔ́ àkɔ́ ànyí : v. to lie on the stomach

tsyɔ́ ànùkú : v. 1. to discuss 2. to contest

tsyɔ́ ànyí : v. 1. to fold down 2. to overturn

tsyɔ́ àvɔ̀ tà : v. to wear a turban

tsyɔ́ ... dzí : v. 1. to litter 2. to be lying down (on)

tsyɔ́ mò ànyí : v. 1. to fall face down 2. to have one's face looking down

tsyɔ́ ànyí (trɔ́ nyá -) : v. to distort a matter (e.g to say the opposite of the truth)

tsyɔ́ : v. to cover oneself e.g with cloth (syn. *tsyɔ́*)

tsyɔ́diḍi : n. funeral *(syn. tsyɔ́)*

tsyɔ̀ɛ́ví : n. orphan child *(syn. tsyɔ̀ɛ́, tsyɔ̀ɛ́ví)*

tsyɔ̀ɛ́ : n. orphan *(syn. tsyɔ̀ɛ́ví, tsyɔ̀ɛ́ví)*

tsyɔ̀ɛ́ví : n. orphan child *(syn. tsyɔ̀ɛ́, tsyɔ̀ɛ́ví)*

tsyɔ̀ɛ́víwó hèfé : n. orphanage *(syn. tsyɔ̀ɛ́víwó hèfé)*

tsyɔ̀ɛ́víwó hèfé : n. orphanage *(syn. tsyɔ̀ɛ́víwó hèfé)*

tsyɔ́fúú : adj. 1. pointed 2. conical *(syn. tsyɔ́ʋúú)*

tsyɔ́ɛ́tsyɔ́lɛ́ (àmè -) : n. someone who meddles in matters that do not concern him

tsyɔ̀kì : n. 1. wedge 2. chock

tsyɔ̀nú : n. 1. strainer 2. sieve

tsyɔ̀tsì : n. permeable

tsyɔ̀tsì (nyé nú -) : v. to be permeable

tsyɔ́tsí : n. church

tsyɔ́tsyì : n. 1. worship 2. mass

tsyɔ̀tsyɔ̀ : n. 1. purification 2. filtration 3. seepage

tsyɔ́ʋúú : adj. 1. pointed 2. conical (syn. **tsyɔ́fúú**)

tsyɔ̀wó : n. funerals

tsyɔ́wɔ̀wɔ̀ : n. organization of a funeral

tsyɔ́xɛ́ɛ́ : adj. pointed *(syn. tsyɔ́xɔ́ɔ́)*

tsyɔ́xɔ́ɔ́ : adj. pointed *(syn. tsyɔ́xɛ́ɛ́)*

V

và : v. 1. to tighten 2. to bind (a bundle) 3. to hug 4. to kiss 5. to hold tight 6. to wander. to be arrogant 7. to sow in a nursery

vǎ mí- : prep. mark of the first person plural in the cohortative imperative

vá : v. to come

vá : part. 1. emphatic future tense 2. eventuality 3. to come to do

vá (kplɔ̀ -) : v. to bring along

vá (tsɔ́ -) : v. to bring

vá dzɔ̀ : v. to happen

vá ɖó : v. to arrive

vá émè : v. 1. to take place 2. to achieve

vá yì : v. 1. to pass by 2. mark the attribution *(syn. yì)*

vàà : id. 1. wide open 2. large

vàbòò, vàhòò : id. wide open

vàgɔ́ : n. wagon

válá : n. the one who comes

vàngá : n. 1. eurasian curlew *(syn. hólí)* 2. common snipe

vànùàtù : np. Vanuata, New Hebrides

vànyàà : id. 1. large 2. flat *(syn. vàvòò)*

váséɖé : prep. 1. until 2. up to (a specified point) *(syn. yìɖàsé)*

váséɖé ésì ... mè : conj. until

váséɖé káká ... ké : prep. 1. until 2. up to

váséɖé ... ké : prep. until

vǎvá : n. 1. coming 2. arrival 3. influx

vávà̀ : adv. 1. definitely 2. in fact *(syn. nɔ́nɔ́, vávɛ́)*

vávà̀ (élè émè - bé) : adv. obviously

vává́ : adv. 1. really 2. authentic *(syn. nyàgbà, nyàgbàgbà, nyàwó)*

vǎváyì : n. 1. invasion period 2. time of arrival 3. (moment of) passage

vávànyényé : n. authenticity

vávàtɔ̀ : adj. 1. real 2. true

vàvòò : id. 1. large 2. flat *(syn. vànyàà)*

vàyàà : adj. 1. very sweet 2. delicious 3. lush

vàyòò : adj. 1. wide-meshed 2. restricted

vě : n. 1. monitor lizard *(syn. vɛ̀)* 2. nile monitor

vè : n. 1. throat *(syn. vé)* 2. neck *(syn. kɔ̀)*

vé : v. 1. to be painful 2. to regret 3. to be sorry 4. to be expensive 5. to be bitter 6. to hate 7. to be scarce 8. to be difficult to

vè : n. 1. throat *(syn. vè)* 2. pain

vé àɖì : v. to be toxic

vé (dɔ̀mè -) : v. to be/get angry

vé (dɔ̀mè - ŋútí) : v. to be vexed

vé (hè - ɖé) : v. to make funny faces at

vé (làmè -) : v. 1. to be sore 2. to have body pains

vé (nú -) : v. to be sad

vé (nyí -) : v. to tell lies (syn. ká àʋàtsó)

vé dzè : v. to be dirty

vé dzì : v. to hurt the heart

vé lè nù mè : v. to be bitter (in the mouth)

vé ... nú : v. 1. to love 2. to take care of 3. to be merciful towards

vé nú : v. to be stingy

vé ŋkúmè ɖé ... nù : v. 1. to mistreat 2. to reprimand

vé tó mè ná : v. 1. to make a deafening noise 2. to be painful to be ear

vé ... ŋú : v. 1. to give in reluctantly 2. to complain about

vèdòmèsí : adj. tolerable

vèdú : n. fetish

vèɛgbè : n. Wednesday (syn. èvèágbè, kúɖá, kúɖágbè)

vèɛtógbè : n. the third middle day of the weeks as used by farming communities (syn. yáwóɖá, yáwóɖágbè)

véhló : n. 1. windpipe/trachea 2. esophagus

vèkàtí : n. 1. neck muscles 2. neck tendon

vèklá, vèklé : n. a charm that separates two friends/ a husband from his wife, etc.

vèkɔé : n. testicle (syn. àtsɔ́kɔ́é, vèkú, vòkú)

vèkú : n. testicle (syn. àtsɔ́kɔ́é, vèkɔé, vòkú)

vèkúyí : n. scrotum (syn. vòyí)

vèkplí : n. throat

vèkplì (gbà - ɖé nyà dzí) : v. to speak indistinctly

vélè : n. candle

vèmàɖùì : n. oilfish (syn. vèmàɖùì)

vèmè : n. throat

vémèhɛ́ : n. hummed air/tune

vémèhɛ́ (dzì -) : v. to hum a song

vèmèvéé : n. 1. pain in the throat 2. tonsillitis (syn. èkɔ̀ŋúnú, kɔ̀kúí, kɔ̀ŋúnú, kɔ̀ŋúnúí)

vèmèvíví : n. 1. persuasion 2. flattery 3. seduction

vèmèvívílá : n. 1. flatterer 2. seducer

vèmèvívítɔ̀ : adj. describes someone who is fond of sweet/good things

vèmèvívítɔ́ : n. 1. someone who one who loves sweet things/sugar 2. someone who flatters

Vènèzùélà : np. Venezuela

vènɔ̀màdódzóè : n. albizia adianthieolia (a large deciduous tree als know as the flat-crown that is typically found in eastern and southern and tropical Africa)

vènɔ̀ví : n. twin

vènɔ̀vídzè : n. flute played after the birth of twins

vènɔ̀vízé : n. canary in which ingredients are put to wash twins or to perform ceremonies concerning twins vèntɛ́, vètɛ́ : n. 1. underpants 2. briefs

vènúwɔwɔ : n. rights performed due to the birth of twins

vèntíli : n. bicycle pump *(syn. pómpìnùví)*

vènyílá : n. a deceitful person

vènyínyí : n. the act of telling a lie

vètàfáflá : n. shaving the heads of parents of twins

vètómè : n. throat

vétómè : n. ear-splitting (sound/noise)

věvé : n. 1. bitterness 2. pain 3. desire

vévè : n. 1. gall 2. bile *(syn. vèví)*

vévé : adj. 1. bitter 2. painful 3. hot (e.g pepper) 4. important

vèvégóé : n. gall bladder

věvéylí : n. cry of pain

věvésédéàmèŋútí : n. compassion

věvésèsè : n. 1. feeling of pain 2. discomfort 3. dismay

věvésèsèdéàmèŋútí : n. sympathy

vèví : n. 1. gall 2. bile *(syn. vévè)*

véví : adj. 1. important 2. costly 3. annoying 4. insulting

vèvídódó : n. 1. the act of showing genuine concern 2. importance

věvídódó : n. perseverance *(syn. věvìédódó)*

vèvídólá : n. a studious person

vévíé : adj. 1. urgent 2. important

vévíé : adv. 1. urgently 2. necessarily 3. very much

vévíé (dó - nú) : v. 1. to be diligent 2. to be hardworking

vévíé (lè -/nɔ̀ -) : v. to be important

věvìédódó : n. perseverance *(syn. věvídódó)*

věvìédólá, vèvìédónúlá : n. a hardworking person

věvìétɔ : adj. 1. basic 2. fundamental

věvìétɔ : adv. 1. especially 2. in particular

věvínyényé : n. necessity

vévítɔ : adj. 1. essential 2. main

vèʋú : n. a drum played in honour of parents of twins

Vèzúvíò-Tóbìdzò : np. Mount Vesuvius (a volcanic mountain located in italy)

vɛ̀ : n. monitor lizard *(syn. vě)*

vɛ́ : n. wine

vɛ̀ (tsɔ́ ... -) : v. to bring

vélè : n. candle

vèntíli : n. 1. valve (e.g of a bicycle pump) 2. connection (of a bicycle pump)

vètím : n. a type of fish

vì : n. 1. child 2. infant 3. young (of an animal) 4. offspring 5. dwarf kola nut *(syn. bìsí)* 6. mesh (of a net).

ví : adj. small

ví : adv. a little

-ví : suff. used to indicate diminutive state (of something)

vì̄ : adj. dull

ví áɖé : adv. a little bit of

vì (dà -) : v. to weigh a baby

ví (dà -) : v. to form a basin or lagoon

vǐ dzìdzì : n. native (e.g of a land/country, etc.)

vì (ɖè -) : v. 1. to have profit 2. to collapse

ví ɖèká hɔ̃́ : n. only child

vǐ fé víwó : n. grandchildren

vì (fò -) : v. to hatch

vǐ gbégblẽ́ : n. a spoiled child

vǐ nyɔ̀nú : n. daughter

vǐ ŋútsù : n. son

vǐ nyɔ̀nú ɖèvítɔ̀ : n. youngest daughter

vǐ nyɔ̀nú tsìtsìtɔ̀ : n. eldest daughter

vǐ ŋútsù ɖèvítɔ̀ : n. youngest son

vì ŋútsù tsìtsìtɔ̀ : n. eldest son

vìá : v. 1. to frighten 2. to be soaked (e.g in water) (syn. vìã́) 3. to give a blow

vìã́ : v. to be soaked (e.g in water) (syn. vìá)

vìá ... nù : v. 1. to be capricious 2. to make trouble

vìã̀ ɖé ... ŋú : v. to lean against

vìã́ : v. 1. to be bent 2. to be leaning

vìàyàà, vìàyɛ̀ɛ̀ (kpɔ́ nú -) : v. to make a funny or distorted face

vìdàdà : n. the act of weighing a baby

vìdàdá, vídádà : n. 1. after-birth 2. placenta (syn. àmènɔ̀, mègbènú, vólò)

vídàdá : n. mother (of a young child) (syn. vínɔ̀, vìxɔ́lɔ̃̀)

vìdáfè : n. 1. post natal clinic 2. a place where babies are weighed after birth (syn. èvìdáfè)

vìdàlá : n. one in charge of weighing babies

vídàdá : n. mother (syn. vínɔ̀)

vídàdá tsìtsìtɔ̀ : n. big sister

vídù : n. colony

vìdèàglã̀ : n. delinquent child

vídzì : n. 1. newborn 2. pupil of the eye

vídzìdɔ̀ : n. womb / uterus (syn. àmèwɔ̀fé, dɔ̀, gò, gòlò, vídzígòlò)

vídzìdɔ́ : n. what one does after giving birth to a child

vìdzìdzì : n. child birth/parturition

vídzìdzògbɔ́ : n. baby porridge

vídzìɖèɖè ɖé gò : n. outdooring ceremony

vídzǐémè : n. early childhood

vídzǐèxɔ̀ : n. a house in which a woman has been confined and remains for some time after giving birth

vídzǐfé : n. maternity ward

vídzǐfé kɔ́dzí : n. maternity hospital

vídzǐlá : n. nursing mother *(syn. ɖiɖénɔ̀, vídzǐsìnɔ̀)*

vídzígòlò : n. womb / uterus *(syn. àmèwɔ̀fé, dɔ̀, gò, gòlò, vídzidɔ̀)*

vìdzìnúwó : n. 1. baby linen 2. genital organs

vídzǐsìnɔ́dɔ̀é : n. puerperal sepsis *(syn. ɖiɖé)*

vídzǐsìnɔ̀ : n. nursing mother *(syn. ɖiɖénɔ̀, vídzǐlá)*

vídzǐsìnɔ̀è : n. weakness of a confined woman after childbirth

vídzɔ̀vítsòɖó : n. 1. from one generation to another 2. for a long time

vìdzǐwùdzíwùi : n. brassiere

vídzǐxɔ̀mè : n. labour room

víɖè : n. 1. profit 2. importance

víɖé : adv. a little

víɖénú : n. 1. benefit 2. advantage

víɖèví : n. second child

vìɖivìɖì : id. describes a state in which something makes a lot of smoke

vǐɖùɖù : n. behaviour of a spoiled child

vǐɖùlá : n. 1. favourite child 2. spoiled child

vié : adv. slightly

vié (**lè -/nɔ̀ -**) : v. 1. to be small 2. to be tiny

vièt-nám : np. Vietnam

vǐfé : n. 1. newborn 2. infant

vǐfémè : n. early childhood (state)

vǐfémènɔ̀yì : n. early childhood (period)

vǐfòfó : n. father (with one or more young children)

vǐfófó : n. hatching

vígòlò : n. the period following childbirth

vìgbàtsúnú : n. 1. bride price (*syn. sànú, tàfè, tànú*) 2. ransom paid to free a slave

vǐgbè (**dó -**) : v. to hug a child

vìgbɔ̀ɔ̀ : adj. 1. black 2. dark (*syn. yibɔ̀ɔ̀*)

vǐhèhè : n. training or educating a child

vǐhèlá : n. child educator

víí : adj. 1. very small 2. tiny

vìǐ̀ : id. 1. very dark 2. tranquil 3. dejected

vìǐ̀ (**ɖi ... -**) : v. to bury without a ceremony *(syn. ɖi ... vìnìfìǐ̀)*

vìǐ̀ : id. a little dark

vìǐ̀ (**wɔ̀ -**) : v. to be dull

vìlélé : n. 1. the act of breastfeeding or caring for someone else's child 2. corn formation 3. of items being close together 4. of something that is compact and sticky

víkpàkpà : n. 1. the act of carrying a child on the back 2. rite of presentation of a newborn

vìnifìi̋ (ɖì ... -) : v. to bury without a ceremony (syn. ɖì ... vi̋i̋)

vínígà : n. vinegar

vínɔ̀, vǐnɔ̀ : n. mother (of a young child) (syn. vídàdá, víxɔ́lɔ̀)

vǐnɔ̀ (lǎ -) : n. an animal which just given birth

vìnú (hè -) : v. to be spoiled / to be poorly brought up (pertains to a boy child) (syn. wɔ̀ tènú)

vìnyényéɖèɖèɖá lè vìɖù dzí : n. decolonization

vǐnyìlá : n. 1. nanny 2. child educator 3. tutor

vǐnyɔ́nù, vǐnyɔ́nùví : n. daughter

vìŋkɔ́ : n. child's name

vìŋɔ́ : n. a type of caterpillar

vǐŋùtíbùbù : n. the science of childcare

vǐŋùtíbùbùdɔ́ : n. childcare work

vǐŋútsù, vǐŋútsùví : n. son

vìòlɔ́ : n. violin

vìòò (nyɔ́ -) : v. to germinate

vìrúsì : n. virus

vǐsrɔ̀ : n. 1. son-in-law 2. daughter-in-law

vìstúlà-Tɔ̀sísí : n. Vistula (the longest river in Poland and the ninth longest in Europe)

vìtásì : n. paternal aunt (of a child)

vìtórìà.Tá : n. Lake Victoria (the largest lake in Africa by area and the world's largest tropical lake)

vìtɔ̀ : adj. little

vìtɔ́ : n. father (of a young child)

vìtɔ́wó : n. parents

Vǐtɔ́ : n. Dad

vìtsɔ́lá : n. wet nurse

vìtsòtsò : n. menopause

vìvè : v. 1. to love sweets 2. to hunger for (something)

vìvì, vìvì̀ : n. 1. darkness 2. hiding place

vìvì, vìvì̀ : adj . 1. dark 2. secret

vìvì (lè - mè) : loc. 1. in secret 2. in hiding

vìví : n. 1. grandson/grandchild 2. sweetness 3. bouquet (of a wine) 4. something pleasant 5. pleasure 6. kindness 7. good understanding

vìví (xɔ̀ -) : v. to become a grandfather or grandmother

vìví (dó - ɖé ... ŋú) : v. 1. to be very happy with (something) 2. to treat someone kindly/respectfully/with attention

vìví dó àmè ŋú : v. to be kind to someone

vìví : v. 1. to be sweet 2. to be pleasant 3. to be appetizing 4. to get along well víví : adj. 1. pleasant 2. sweet 3. appetizing 4. delicious

víví (dó -) : v. 1. to sway 2. to take flight 3. to soar/float (in the air) *(syn. sà àgbà)*

víví ŋútɔ́ : adj. 1. excellent 2. exciting 3. sweet 4. wonderful

vívídódó : n. 1. swaying 2. gliding 3. warm welcome 4. sociability

vìvìmè : n. 1. darkness 2. shadow 3. kingdom of darkness 4. underworld

vìvìmè (lè -) : adv. by magic/magically

vívímé : n. 1. flavour 2. taste

vìvìmèŋúsẽ́ : n. occult powers

vìvísèsè : n. 1. taste 2. pleasure

vìvìtí : n. 1. darkness 2. mystery 3. kingdom of darkness

vìvìtí (dó -) : v. to be dark

vìvìtídódó : n. 1. the process of darkening 2. eclipse

vìvìvì : id. 1. little by little 2. progressively

vívíví : id . 1. positively well 2. little by little 3. gradually

vìvívò : id. 1. without thinking/calculating 2. without ulterior motive *(syn. vívò)* 2. continually 3. too much

vívívò : n. abundance/ plethora *(syn. vívò)*

vívívò : adj. abundant/ plethoric *(syn. vívò)*

vívò : n. abundance/ plethora *(syn. vívívò)*

vívò : adj. abundant/ plethoric*(syn. vívívò)*

vívò : id. 1. without thinking/calculating 2. without ulterior motive *(syn. vívívò)* 3. too much

vìvɔ̃́ : n. 1. a stubborn child 2. an evil child

vìvɔ̃́màdzègbè : n. a worthless child

vìxélá : n. mid-wife/birth attendant *(syn. dzìlá, èvìxélá)*

vìxélá hèɟé : n. midwifery school

vìxélá kpéɖéŋútɔ́ : n. matron

vìxéxé : n. 1. midwifery 2. obstetrics

víxɔ́lɔ̃̀ : n. mother *(syn. vídàdá, vínɔ̀)*

vìzǎ : n. visa (syn. yèyíyìmè mɔ́zɔ̀ɔ̀gbàlẽ̀, mɔ́ɖègbàlẽ̀, mɔ́zɔ̀ɖégbàlẽ̀)

Vìzò-Tó : np. Mount Viso (the highest mountain of the cottian alps located in Italy)

vlàvòò : id. 1. at random 2. rarely 3. occasionally

vlé : v. 1. to go 2. to be about to *(syn. yì)*

vlévlévlé : id. dripping

vlìì : id. with effort and making noise

vló : v. 1. to take a long journey/ to arrive after a journey(*syn. vlɔ́)* 2. to die *(syn. yì àʋlìmè, yì bò , dè núgbé, dé àfɔ̀ àtùkpá mè, yì dèmàgbɔ̀núgbé, kú, yì núgbé, vlɔ́, yì àfégã́, yì àzìzà ŋú, yì dzògbè, yì gẽ̀ gbɔ́, yì yèɖóxɔ̀fé, yì nákè gbé, yì nú gbé, yì nú xà, yì tɔ̀gbùíáwó gbɔ̀, yì tɔ̀mè, yì tsíè, zù ŋɔ̀li) 3. to unroll (e.g carpet/mat) 4. to be bad

vló : n. empty

vló : adj. 1. bad 2. ugly 3. repulsive

vló (**dó**) : v. 1. to degenerate 2. to insult

vló ɖà mè : v. to comb one's hair

vlòdódó : n. 1. denigration 2. insulting

vlódólá : n. 1. mocker 2. a contemptuos person

vlòé : v. to be mischievous

vlòé : adj. 1. ugly 2. despicable (syn. **vlùí**)

vlòtòò : adj. 1. big 2. round and empty

vlòvlò adv. recklessly

vlòvlóŋkɔ́ : n. 1. a shameful name 2. a bad reputation

vlɔ̀ : n. departure (syn. **vɔ̀vlɔ̀**)

vlɔ́ : v. 1. to take a long journey/ to finally arrive at one's destination (syn. **vló**) 2. to die (syn. yì àulìmè, yì bò , dè núgbé, dé àfɔ́ àtùkpá mè, yì dèmàgbɔ̀núgbé, kú, yì núgbé, vló, yì àfégã̀, yì àzìzà ŋú, yì dzògbè, yì gè gbɔ́, yì yèɖóxɔ̀fé, yì nákè gbé, yì nú gbé, yì nú xà, yì tɔ̀gbùíáwó gbɔ̀, yì tɔ̀mè, yì tsíè, zù ŋɔ̀li) 3. to unroll (e.g carpet/mat)

vlɔ́ (**dɔ̀mè -**) : v. to be very thin

vlɔ́gbè : n. day of death

vlɔ̀vlɔ̀vlɔ̀ : adj. exuberant (vegetation)

vlú : v. 1. to unfold 2. to unpack 3. to confess (to tell it all) 4. to relax/become slack

vlú … mè : v. 1. to unroll 2. to unpack

vlùí : adj. 1. ugly 2. despicable (syn. **vlòé**)

vò : v. 1. to have free time 2. to be false 3. to be different

vò : n. 1. fault 2. startle 3. opening 3. difference 4. eye (of a needle) 5. symbol 6. Anona muricata (soursop) 7. hydrocele/swelling of the scrotum (syn. àfò, àfũ, èvò) 8. penis

vò (**dà -**) : v. 1. to make a mistake 2. to be woken up suddenly

vò (**ɖí -**) : v. 1. to jump 2. to be frightened

vò (**ɖé -**) : adv. 1. independently 2. freely

vò (**ɖó -**) : v. to have a hydrocele

vò (**lè - mè**) : v. 1. to be free 2. to have no commitment

vò (**lè - mè**) : adv. without doing (something) on purpose

vò lè … ɖókùi mè : v. to feel comfortable

vò (**tó -**) : v. 1. to be different from 2. to be extravagant

vó : v. 1. to be decomposing 2. to be spoiled

vó : n. 1. a tree whose fruits resemble apples but are not edible (syn. **vòtí**) 2. sour soup

vó (**blá -**) : v. to be clairvoyant when divining

vòbláví : n. young soothsayer's/diviner's assistant

vòdàdà : n. 1. offence 2. error

vòdàdà sòèwó ʋɔ̀nùdrɔ́fé : n. (simple) police court

vòdàlá : n. someone who is guilty of an offence

vòdròò : id. wide open

vòdú : n. 1. idol (syn. màméáwóù, trɔ̃́, vɔ̀lú, vɔ̀nú, ʋɔ̀lú, ʋɔ̀nú) 2. a set of cultural rules which are intended to be obeyed so as to ensure a community of people to continue living in a given area without any problems (Ewenyigba TV, 2023: https://www.youtube.com/watch?v=ZthzvGZGVds 12.20minutes)

vòdúdà : n. snake worshipped by people who practice voodoo

vòdúdɔ́wɔ̀lá : n. fetish priest

vòdúfé : n. a house of voodoo

vòdúgbè : n. a language peculiar to the voodoo cult

vòdúkpɔ́ : n. an enclosure in which people of the voodoo cult are venerated

vòdúnùnɔ̀lá : n. chief fetish priest

vòdúnyà : n. everything related to voodoo

vòdúŋúnɔ̀lá : n. 1. assistant of a fetish priest 2. voodoo follower

vòdúsì : n. voodoo priestess

vòdúsúbɔ́lá, vòdúsúbɔ́tɔ́ : n. voodoo worshipper

vòdútsɔ́lá, vòdútsɔ́tɔ́ : n. a voodoo follower who carries the voodooo during ceremonies

vòdúví : n. 1. child of a voodoo 2. voodoo follower

vòɖèɖè : n. isolation

vòɖì : n. 1. fear 2. terror

vòɖì (dó - ná) : v. to frighten

vòɖiɖì : n. 1. astonishment 2. the act of frightening

vòɖóɖó : n. the state of having a hydrocele

vòɖólá : n. someone who has a hydrocele (syn. vòtɔ́)

vòɖòò : id. 1. wide open 2. flat (syn. vòhàà, vòhòò)

vòé : adj. 1. loose 2. soft 3. negligible

vòflɛ : n. 1. someone who is always full of enthusiasm 2. someone who is always busy or in a hurry (syn. tsàtsàflálá)

vògɑ̃́ : np. Vogan (a city in Togo)

Vògézì -Tówó : np. the Vosges (mountain ranges located in the northeast of France)

vòhàà : id. 1. wide open 2. flat (syn. vòɖòò, vòhòò)

vòhòò : id. 1. wide open 2. flat (syn. vòɖòò, vòhàà)

vòkú : n. testicle

Vólgà-Tɔsísí : np. Volga river (the longest river in Europe situated in Russia) vòlkánò : n. volcano

vólò : n. 1. after-birth 2. placenta *(syn. àmènɔ, mègbènú, vìdàdá/vìdádà)*

vòlòè, vòlùì, vòlì : n. turtledove *(syn. àféflélùì, blèkú, fóflólúí, fófólí, tsyótsyóglòtsòé, ʋlí, ʋúlì)*

Vóltà-tɔsísí : n. River Volta (the main river system in the country of Ghana)

vólúí : n. 1. tambourine dove 2. blue-spotted wood dove 3. black-billed wood dove 4. namaqua dove 6. western bronze-naped pigeon

vòmùmɔé : n. bitter wild orange

vónyívónyí : id. in the process of decomposing

vòò : id. wide open

vòtàvòtà : id. in small groups

vòtí : n. a tree whose fruits resemble apples but are not edible *(syn. vó)*

vòtɔ : n. someone who has a hydrocele *(syn. vòɖólá)*

vòtótó : n. 1. difference *(syn. vòvòtótó)* 2. blunder

vòtsélèkɔ́gbè : n. a tree that resembles the vòtí *(syn. tsélèŋùí)*

vóvló : adj. 1. mischievous 2. naughty

vóvlóé : n. 1. mischief 2. playfulness

vòvlónú : n. something bad/awful

vòvò : n. 1. free-time 2. freedom 3. difference

vòvò : adj. 1. distinct 2. different

vòvò (dé -) : v. to differentiate

vòvò (ɖé -) : adv. 1. independent 2. freely

vòvò (kpɔ́ -) : v. to be free

vòvò (lè -, tó -) : v. to be distinct/different

vǒvó : n. decomposition

vóvó : v. to be rotten

vòvòdédé : n. 1. the act of making differences 2. differentiation

vòvò ná : v. 1. to release 2. to liberate 3 . to free

vóvóé : adj. ugly

vòvòɣì : n. leisure time

vòvóló : v. 1. the act of demanding something from someone 2. extortion

vòvóló (dó -) : v. to extort (something from someone)

vòvòmàkpɔ́ : n. lack of free time

vòvòòvò adv. 1. distinctly 2. separately

vòvòtótó : n. difference *(syn. vòtótó)*

vòvòtómàfiátɔ́ : n. neutral

vòvòvò : adj. 1. various 2. different 3. a large quantity

vòvòvò (lè -/nɔ -) : v. to be different

vòvóvò : n. jacket

vòvòvòwó adj. pl. 1. various 2. several

vòɣí : n. scrotum *(syn. vèkúyí)*

vòyíí : id. describes something which pours out

vɔ̀ : v. 1. to finish 2. to have no taste 3. to be exhausted

vɔ̀ : n. 1. sacrificial rite of substituting 2. soup without salt or other condiments 3. appetite

vɔ̀ : adv. 1. already 2. practically

vɔ̀ : conj. 1. but 2. however

vɔ̀ (ɖó - ná) : v. to want/crave for/lust after/desire (something)

vɔ̀ kò : conj. after

vɔ̀ (sá -) : v. 1. to make a sacrifice to God/ a fetish/ a deity, etc. 2. to give alms

vɔ̀ (tsɔ́ ɖókúì sá -) : v. to sacrifice oneself

vɔ̀ lè ... ŋú : v. 1. to go away/get rid off/remove (eg. a stain on a dress) 2. no longer have (something which one previously had e.g money, energy, health, etc.)

vǒ : n. earthworm *(syn. àvlàkù, àvɔ̀klúí, àʋlàkùì, blàbútsú, blàŋgú, blàkútsú, dɔ̀mèkplèvì, dɔ̀ŋkplèvì, gbàlɑ̀kútsú, vɔ́klì, vɔ́klùì, ʋɔ́klì)*

vɔ̀ (ɖè - ɖá) : v. 1. to exempt 2. to exclude fear/mistrust

vɔ́ : n. 1. fear 2. evil 3. disease 4. assisting a woman in labour/childbirth

vɔ́ : v. 1. to be afraid 2. to be shy 3. to be cowardly

vɔ́ : adj. bad

vɔ́ lè ... ŋú : v. to be suspicious of

vɔ́ lè ... tà : v. to be wary of

vɔ́ ná : v. to be afraid of

vɔ́ ná ... fìfì : v. to mistrust

vɔ̀à : conj. but

vɔ̀ɖèɖèɖá : n. 1. exemption 2. removal of fear/mistrust

vɔ́ɖí : v. 1. to be wicked 2. to have an evil nature

vɔ́ɖí : adj. 1. wicked 2. terrible 3. odious

vɔ́ɖítɔ́ : n. someone who is wicked/evil

vɔ́ɖívɔ́ɖí : n. 1. wickedness 2. malice

vɔ̀ɛ́ : n. 1. evil 2. wrong

vɔ̀ɛ́ : adj. 1. wicked 2. bad

vɔ́ɛ́ (ɖì -) : v. to have a bad reputation

vɔ́ɛ́ (ɖó nú - ná) : v. to wish ill for (e.g somone)

vɔ̀ɛ́ (lù tà -) : v. to shave the head of a person who has recovered from a serious illness

vɔ̀ɛ̀fé (lé - ná) : v. to mistreat

vɔ̀fè (tú - ná) : v. to return evil for evil

vǒgbá : n. a container in which offerings and symbolic statuettes are placed (used eg. by animists) *(syn. vɔ̀ságbá)*

vɔ́klì : n. 1. parasitic worm *(syn. àvlàkù, àvɔ̀klúí, àʋlàkùì, blàbútsú, blàŋgú, blàkútsú, dɔ̀mèkplèvì, dɔ̀ŋkplèvì, gbàlɑ̀kútsú, vǒ, vɔ́klùì, ʋɔ́klì)* vǒklùi : n. 1. worm 2. maggot 3. roundworm 4. thread worm 5. pinnworm 6. earthworm *(syn. àvlàkù, àvɔ̀klúi, àulàkùi, blàbútsú, blàŋgú, blàkútsú, dɔ̀mèkplèvì, dɔ̀ŋkplèvì, gbàlàkútsú, vɔ̌, vɔ́klì, ʋɔ́klì)*

vǒkɔ́é : n. a symbolic clay statuette (used eg. by animists)

vɔ́klùi : n. intestinal worm

vɔ́klúitíkè : n. dewormer (medication)

vɔ̀lɔ̀ě : adj. 1. ugly 2. malformed 3. vicious 4. sterile

vɔ̀lɔ̀ě (ŋkú -) : n. 1. contemptuos look 2. the devil's eye

vɔ̀lɔ̀lá : n. weaver

vɔ̀lɔ̀vɔ̀lɔ̀ : id. 1. bad 2. wicked 3. evil

vɔ̌mànɔ̀mèè : adv. without fear

vɔ̌nɔ̀è : n. caprice

vɔ́nɔ́è (dzɔ̀ -) : v. 1. to be capricious 2. to throw a tantrum

vɔ́nɔ́èdzɔ̀dzɔ̀ : n. act of throwing a tantrum

vɔ́nɔ́ètɔ́ : n. 1. a capricious person 2. someone who is unpredictable/temperamental

vɔ̀nú : n. a fetish that denounces an evildoer (and sometimes kills him) *(syn. màmɛ́áwóù, trɔ̌, vòdú, vɔ̀lú, ʋɔ̀lú, ʋɔ̀nú)*

vɔ̀sá : n. sacrifice

vɔ̀ságbá : n. a container in which offerings and symbolic statuettes are placed (used eg. by animists) *(syn. vɔ̌gbá)*

vɔ̀sámèkplí, vɔ̀sámlékpúí : n. altar

vɔ̀sánúnáná : n. offering

vɔ̀sásá : n. the act of performing a sacrificial rite of substituting

vɔ̀vlɔ̀ : n. departure *(syn. vlɔ̀)*

vɔ̀vɔ̀ : adj. 1. tasteless 2. describes a soup without condiments

vɔ̀vɔ̌ : n. 1. fear 2. timidity

vɔ̀vɔ̌dódó : n. act of frightening

vɔ̀vɔ̀ɛ́ : adj. 1. wickedness 2. finite

vɔ̀vɔ̌gbè : n. word of terror/fear

vɔ̀vɔ̌ɣlí : n. cry of terror or fright

vɔ̀vɔ̀lì : n. 1. shadow 2. shady place 3. silhouette

vǒvǒmànɔ̀ : n. 1. calm 2. absence of fear

vǒvǒmànɔ̀mèè : adv. without fear

vǒvǒnàtɔ́, vǒvǒnɔ̀tɔ́ : n. 1. fearful person 2. coward 3. timid person

vǒvǒnɔ̀tɔ̀ : adj. 1. fearful 2. shy 3. cowardly

vǒvǒnúwɔ̀wɔ̀ : n. cowardice

vǒwɔ̀lá : n. 1. wrongdoer 2. criminal

vǒwɔ̀wɔ̀ : n. doing evil

vù : v. 1. to pull 2. to tear 3. to push exuberantly 4. to wander about

vù : n. 1. hollow 2. hole

vù blá : v. 1. to twist 2. to tangle

vù ɖà : v. to comb the hair

vù dètí : v. to card cotton

vù gbè : v. to pull out weeds

vù kàkà : v. to pile up

vú : v. to tear into shreds

vúdó : n. well

vúdó (dè -, kù -) : n. to dig a well

vúdó (dó nú -) : v. 1. to mark a well 2. to put a taboo on a well to prohibit it to foreigners

vúdó (nò tsì xé -) : v. to be ungrateful (proverb)

vúdódèdè : n. the act of digging a well

vùdòé, vùdùí : adj. brackish

vùdrólóé : n. a type of herb/grass used as medicine *(syn. vùvùdrálȅ, vùvùdrálóé, vùvùdrányí)*

vùdzèdzè : n. a part of an army

vùgòò : adj. 1. large 2. potruding

vùí, vùívúí : adj. with a small opening

vùlì : n. tobacco plant *(syn. àtàmá)*

vùnyàà, vùnyòò : id. 1. big 2. swollen

vùtó (kú -) : v. 1. to be insensitive 2. to no longer show signs of life

vúȕ : id. a little moment

vúvá : v. 1. to devour 2. to shred *(syn. vúvú)*

vùvlú : n. 1. deployment 2. progress

vùvlùí adj. 1. extravagant 2. wicked 3. frivolous

vùvò : n. 1. cold 2. cold weather 3. frost *(syn. àvùvò)*

vùvò wò : v. 1. to be cold 2. to freeze

vùvòdzídzénú : n. thermometer

vùvòfòkpà : n. slipper (the type that encloses the foot so as to keep it warm)

vùvòyì : n. winter

vùvòkótù : n. overcoat

vùvòmèwù : n. cardigan

vùvòŋòlì : n. cold season

vùvòtò : adj. glacial

vùvòwù : n. sweater/ pullover

vúvú : v. 1. to tear *(syn. vúvá)* 2. to be lacerated

vúvú : adj. 1. torn 2. damaged

vúvú ... kéŋ (kèŋ) : v. to tear into shreds

vùvùdrálȇ : n. a type of herb/grass used as medicine *(syn. vùvùdrálóé, vùvùdrányí, vùdrólóé)*

vùvùdrálóé : n. a type of herb/grass used as medicine *(syn. vùvùdrálȇ, vùdrólóé, vùvùdrányí)*

vùvùdrányí : n. a type of herb/grass used as medicine *(syn. vùvùdrálȇ, vùdrólóé, vùvùdrálóé)*

U

ʋà : v. to sow

ʋà ŋú : v. 1. to envy 2. to be jealous

ʋǎ : v. 1. to shake 2. to move 3. to agitate

ʋǎ : n. 1. arrow 2. sediment 3. harpoon for catching fish 4. shingles 5. herpes zoster *(syn. ànànsè, èʋǎ, mékpéǎ̀mèḍóò, sàndzà)* 6. ground agama (a type of small lizard)

ʋǎ (dà -) : v. to shoot an arrow

ʋá̌ nú : v. 1. to be jealous of 2. to be envious

ʋá̌ : v. 1. to ferment 2. to grow well (as pertains to cereals) 3. to prosper/thrive 4. to be soaked by rain 5. to be sour 6. to have yeast/leaven

ʋá̌ : n. 1. wasp *(syn. àdzàdzà, àzà̀gbá, dzàdzá, kòtókròḍú, kpɔ́tɔklùví, lìlǐ, ʋáʋá̌)* 2. a ring which indicates the age of an animal (by examining a cut horn) or the age of a tree (by examining the stem of the tree that has been cut down)

ʋàdàdà : n. act of shooting an arrow

ʋàdàlá : n. 1. archer 2. someone that shoots an arrow

ʋàdràà : id. 1. extended 2. large

ʋàkàà : adj. 1. malformed 2. large in size

ʋàkàʋàkà : id. describes the slow flight of large birds

ʋàkànéví : n. psittacus (a type of fish)

ʋàlùlù : n. whistling (e.g of bullets)

ʋàndèè : adj. 1. dirty 2. bad

ʋá̌nú : n. fertilizer

ʋànyà ... ḍókúì : v. 1. to gesticulate 2. to move 3. to stir

ʋànyà ... mè : v. 1. to spread 2. to shake (e.g the wings)

ʋànyà là̀mè : v. 1. to relax 2. to stretch one's legs 3. to stretch out oneself

ʋànyàà : id. 1. torn 2. in rags

ʋàʋǎ : n. 1. movement 2. stirring

ʋàʋá̌ : n. fermentation

ʋáʋá̌ : n. wasp *(syn. àdzàdzà, àzà̀gbá, dzàdzá, kòtókròḍú, kpɔ́tɔklùví, lìlǐ, ʋá̌)*

ʋàʋáyì : n. period of invasion

ʋàʋàlĩ̀ : n. bumblebee

ʋàyàà : adj. 1. confused 2. thick 3. large/broad 4. tattered 5. floating

ʋázì : n. name of a bird of prey

ʋè : v. 1. to be low 2. to be small

ʋè : n. 1. grasshopper *(syn. àḍɔḍɔ̀è, àgbàtròxèví, gbàgblàmè, gbètrɔ́é, gbògbótsú, kìtsíkpúì, ŋè, sɔ́ví, tòkpó, ʋètsúví, ʋètrá, ʋò, ʋòdzòdzòè)* 2. pit 3. pothole 4. basin (as defined geographically) 5. flat land 6. valley 7. kneaded earth 8. clay 9. basement (e.g. of a house) 10. example (figure of speech)

ʋè : adj. 1. few 2. small

ʋè (dzè -) : v. to go down the hill

ʋè tè : v. to miss

ʋè wú : v. to be smaller than

ʋé : v. 1. to have a bad smell 2. to sniff 3. to smell *(syn. ʋḗ)* ʋé (mé - nyùìé ò) : v. to have a bad smell

ʋé nyùìé : v. 1. to smell good 2. to be fragrant

ʋɛ́ : v. 1. to have a bad smell 2. to sniff 3. to smell (syn. ʋé)

ʋɛ́ ... sè : v. 1. to sniff 2. to smell

ʋèdàdà (dà -) : v. the act of making a mistake while speaking the Eʋe langauge

ʋèdzí : n. 1. thunderstorm 2. shallow place

ʋéé, ʋɛ́ɛ́ : adv. a little

ʋééʋéé / ʋɛ́ɛ́ʋɛ́ɛ́ : adv. 1. little by little 2. gradually

ʋègó : n. ʋego (an ethnic group found in the nation of Ghana)

ʋègbá : n. clay/earthenware bowl (in which pepper is traditionally grinded in several the west african countries)

ʋèmàɖùì : n. oilfish (syn. vèmàɖùì)

ʋètrá : n. grasshopper (syn. àɖɔɖɔ̀è, àgbàtròxèʋí, gbàgblàmè, gbètrɔ́é, gbògbótsú, kìtsíkpúì, ŋè, sɔ́ʋí, tòkpó, ʋè, ʋètsúʋí, ʋò, ʋòdzòdzòè)

ʋètsì : n. rain

ʋètsìmú : n. round sardinella

ʋètsúʋí : n. 1. locust 2. grasshopper (syn. àɖɔɖɔ̀è, àgbàtròxèʋí, gbàgblàmè, gbètrɔ́é, gbògbótsú, kìtsíkpúì, ŋè, sɔ́ʋí, tòkpó, ʋè, ʋètsúʋí, ʋètrá , ʋò, ʋòdzòdzòè)

ʋètsúʋíáʋáɣì : n. locust invasion

ʋèʋè : n. decrease

ʋèʋé, ʋèʋé, ʋèʋɛ́ : n. 1. odour 2. smell 3. perfume 3. sniffing

ʋèʋésèsḛ̀, ʋèʋésèsè : n. the act of smelling something

ʋèʋéséfé : n. olfactory cortex (brain)

ʋéʋésèsèŋútété : n. sense of smell

ʋèʋèʋè : id. 1. little by little 2. progressively

ʋéʋí : adj. perfume

ʋèʋí, ʋèʋí : n. variety of mushroom found on an anthills

ʋèʋínù, ʋèʋínù : n. speckled rice ears

ʋèyà : n. wind that blows from the land to the sea

ʋèyà (fò -) : n. (wind) blowing from the land to the sea

ʋèzé : n. a jar that is kept in the ground to conserve fresh water

ʋèzɔ̀mè : n. a valley surrounded by mountains

ʋè : n. the little of

ʋɛ́ : n. weaver bird (syn. ʋlḛ̀, ʋlɛ́)

ʋɛ́ ɖèkákpúì, ʋɛ́ ɖètùgbùì : v. 1. to be praiseworthy 2. to be wise 3. to be respectable

ʋì : adv. suddenly (syn. ʋìá, ʋìáʋìá, ʋùí)

ʋí : n. little thorn

ʋí (blè -) : v. to play

ʋìá, ʋìáʋìá : adv. suddenly (syn. ʋì, ʋùí)

ʋìì : id. 1. gloomy 2. dark

ʋíí : id. 1. very far away 2. very high 3. very deep 4. very long time

ʋìʋìʋì : id. bloody

ʋìʋlì : n. 1. fight 2. struggle 3. movement

ʋìʋlì : adj. describes a struggling/fighting/quarrelsome situation

ʋìʋlì ɖé núnyáwɔ̀è ŋú : n. cultural movement

ʋlà : v. to excite

ʋlà : adj. 1. fast/hasty/reckless (syn. ʋlàʋlàʋlà) 2. all of a sudden

ʋlá : v. 1. to run fast 2. to be fast 3. to be tight

ʋlàʋlà : id. bothered by rustling clothes

ʋlàʋlàʋlà : id. 1. quick/ hasty (syn. ʋlà) 2. suddenly

ʋlàyàà : id. 1. large and floating 2. insignificant/ of having no consistency (syn. ʋlùyàà, ʋlúyéé)

ʋlàyìì : id. 1. in rags 2. describes a situation of clothes that are too big

ʋlǎʋlǎʋlǎ : id. 1. bright 2. sparkling/glowing (e.g as oil on the surface of water)

ʋlè̀ : v. to struggle (syn. ʋli)

ʋlè̀ : n. 1. weaver bird (syn. ʋɛ́, ʋlɛ̃́) 2. taro/cocoyam (syn. mànkàní, màŋkàní)

ʋlètí : n. weaverbird tree

ʋlěví : n. weaver bird

ʋlɛ̃́ : n. weaver bird (syn. ʋɛ́, ʋlè̀)

ʋli : v. 1. to contest 2. to fight 3. to snatch from (syn. ʋlè̀)

ʋli ɖé édzí : v. to take the trouble

ʋli ɖókúi tà : v. to defend oneself

ʋli nyà : v. to argue/discuss a matter

ʋli ... tà : v. 1. to defend (oneself) 2. to plead (for) 3. to protect

ʋli tsí trè ɖé ... ŋúti : v. to fight against

ʋlí : n. turtledove (syn. àféflélùi, blèkú, fóflólúí, fófólí, tsyótsyóglòtsòé, vòlòè, vòlùi, vòli, ʋúli)

ʋlibiɖìì : id. hollow

ʋliyàà : id. 1. in rags 2. describes a situation of clothes that are too big (syn. ʋlàyìì)

ʋlò : n. hollow

ʋló : n. mushroom (syn. hlò, hló, ʋùdò)

ʋlóʋló : adj. lukewarm/tepid (syn. ʋlùʋlù)

ʋlù : v. 1. to growl 2. to get carried away (e.g by anger) 3. to annoy

ʋlú : v. to bristle

ʋlú (làmèkàwó - àdzà) : v. to be nervous

ʋlùgòò : id. fat/large (like the head)

ʋlùkùkù : n. owl (syn. àdzéxè, fàvièbùtó, fàvièʋùtó, kpòkù, ʋlùkpùkpù, ʋùîʋùî, xè dóámèkú)

ʋlùkpùkpù : n. owl (syn. àdzéxè, fàvièbùtó, fàvièʋùtó, kpòkù, ʋlùkùkù, ʋùîʋùî, xè dóámèkú)

ʊlùkpù : n. large pestle for pounding palm nuts

ʊlùʊlù : adj. tepid/ lukewarm *(syn. ʊlóʊló)*

ʊlùʊlùʊlù : id . 1. hot (e.g when sweating) 2. very quietly

ʊlùyàà, ʊlúyɛ́ɛ́ : id. insignificant *(syn. ʊlàyàà)*

ʊò : n. 1. grasshopper *(syn. àɖɔ̀ɖɔ̀è, àgbàtròxèví, gbàgblàmè, gbètrɔ́é, gbògbótsú, kìtsíkpúì, ŋè, sɔ́ví, tòkpó, ʊè, ʊètsúví, ʊètrá, ʊètsúví, ʊòdzòdzòè)* 2. darkness

ʊò (ɖó -) : v. 1. to be dark 2. to be cloudy

ʊòdzòdzòè : n. grasshopper *(syn. àɖɔ̀ɖɔ̀è, àgbàtròxèví, gbàgblàmè, gbètrɔ́é, gbògbótsú, kìtsíkpúì, ŋè, sɔ́ví, tòkpó, ʊè, ʊètsúví, ʊètrá, ʊètsúví, ʊò)*

ʊòtòkùí, ʊòtòkúkúí : n. little grasshopper *(syn. tòtɔ̌kúì)*

ʊɔ̀ : n. 1. door *(syn. ʊɔ̀trú)* 2. african python

ʊɔ̀ nù : n. entrance

ʊɔ̀búlù : n. the one who plays the fool

ʊɔ̀fòfò : n. 1. knocking on the door 2. marriage proposal (a special marriage ceremony whereby the family of the groom formally visits the family of the bride in order to ask for her hand in marriage)

ʊɔ̀fòhà : n. liquor used in the ʊɔ̀fòfò ceremony

ʊɔ̀fú (dè - vè mè ná) : v. to oblige (somebody) to give a tip/small gift

ʊɔ́klì : n. 1. roundworm 2. earthworm *(syn. àvlàkù, àvɔ̀klúì, àʊlàkùì, blàbútsú, blàŋgú, blàkútsú, dɔ̀mèkplèvì, dɔ̀ŋkplèvì, gbàlàkútsú, vɔ̌, vɔ́klì, vɔ̌klùì)*

ʊɔ̀lú : n. 1. a fetish that denounces an evildoer (and sometimes kills him) 2. demon 3. guardian deity *(syn. màmɛ́áwóù, trɔ̃́, vòdú, vɔ̀nú, ʊɔ̀lú, ʊɔ̀nú)*

ʊɔ̀lúsì : n. priestess of a divinity *(syn. trɔ̃́èsì, trɔ̃́sì, vɔ̀núsì, ʊɔ̀núsì, vɔ̀lúsì)*

ʊɔ̀mèdétí : n. wooden bar fixed across the door to close it

ʊɔ̀nù n. 1. judical court *(syn. kɔ́tù)* 2. judicial trial 3. space before the front door 4. public square in a village where meetings are held 5. case 6. judgment

ʊɔ̀nù (drɔ̃́ -) : v. 1. to judge 2. to put on trail

ʊɔ̀nù (ɖì -, fò fú ɖé -, kpé -) : v. to come in large numbers to a public meeting

ʊɔ̀nù (yɔ́ ... vá -) : v. 1. to summon someone to a court session 2. to summon somebody for a judgement

ʊɔ̀nùdɔ́drɔ̃́ dówɔ́fé : n. prosecutor's office

ʊɔ̀nùdrɔ́drɔ̃́ dówɔ́fé dzíkpɔ́lá : n. attorney general *(syn. ʊɔ̀nùdrɔ́fé dzíɖùɖù tèfénɔ̀lágã́)*

ʊɔ̀núdɔ́drɔ̃́ núŋlɔ̀fé : n. registry (judicial jurisdiction)

ʊɔ̀nú : n. a fetish that denounces an evildoer (and sometimes kills him) *(syn. màmɛ́áwóù, trɔ̃́, vòdú, ʊɔ̀lú, vɔ̀nú ʊɔ̀lú)*

ʊɔ̀nùɖèmò : n. 1. confident look 2. the look one has when one goes to court ʋɔ̀nùdɔ́drɔ̄ : n. 1. judgment 2. trial 3. ruling

ʋɔ̀nùdrɔ́fé : n. 1. courthouse 2. tribunal 3. a public place where a judgment is made by the chief/ a leader

ʋɔ̀nùdrɔ́fé dzídùḍù tèfénɔ̀lá : n. prosecutor

ʋɔ̀nùdrɔ́fé dzídùḍù tèfénɔ̀lágā̃ : n. attorney general *(syn. ʋɔ̀nùdrɔ́drɔ̄ dɔ́wɔ́fé dzíkpɔ́lá)*

ʋɔ̀nùdrɔ́fé ḍòfé gbā́tɔ̀ : n. court of first instance/ trial court

vɔ̀nùdrɔ́fé kɔ́kɔ́ : n. supreme court

ʋɔ̀nùdrɔ́fé núŋɔ̀ŋlɔ̀ : n. recordings of the clerk in a courthouse

ʋɔ̀nùdrɔ́fé núŋlɔ̀lá : n. clerk (of a courthouse)

ʋɔ̀nùdrɔ́fé zímènɔ̀lá : n. president of the court

ʋɔ̀nùdrɔ́gbè : n. judgment day

ʋɔ̀nùdrɔ́há : n. 1. jury 2. court (of justice)

ʋɔ̀nùdrɔ́lá : n. judge/ magistrate

ʋɔ̀nùdrɔ́lá kpéḍéŋútɔ́ : n. clerk

ʋɔ̀nùdrɔ́nyàwó : n. 1. matters of the court 2. justice

ʋɔ̀nùgā̃ : n. supreme court

ʋɔ̀nùkúkú, ʋɔ̀nùkúkúdɔ́drɔ̄ : n. unfair verdict

ʋɔ̀nùmè : n. defendant

ʋɔ̀nùnyà wó dɔ́wɔ̀fé : n. public prosecutor's office (justice)

ʋɔ̀núsì : n. priestess of a divinity *(syn. trɔ̃́èsì, trɔ̃́sì, vɔ̀lúsì, ʋɔ̀lúsì, vɔ̀núsì)*

ʋɔ̀trú : n. 1. door *(syn. ʋɔ̀)* 2. gate

ʋɔ̀trúmègbégà : n. hinge (e.g of a door) *(syn. ʋɔ̀trúŋúgà)*

ʋɔ̀trúŋúgà : n. (door) hinge *(syn. ʋɔ̀trúmègbégà)*

ʋɔ̀trútí : n. door frame

ʋɔ̀trúví : n. 1. gate 2. ticket office

ʋɔ̀ʋùʋù : n. 1. the act of opening a door 2. return to school (start of the academic year)

ʋɔ̀ví n. a child suffering from convulsion *(syn. èʋɔ̀ví)*

ʋɔ̀ʋɔ̀límàḍù : v. worm living in piles of manure

ʋɔ̀ʋùlá : n. someone who sneaks around women's doors at night *(syn. zà̃dzèlá)*

ʋɔ̀xé : n. 1. wisdom tooth 2. spleen 3. melancholy

ʋɔ̀xɔ̀è : n. wicker hut

ʋɔ̀yì : n. blackened leaves of the sò palm tree (ravenala madagascariensis [traveller's tree]) that are used to weave baskets

ʋù : v. 1. to open 2. to uncork (e.g a bottle) 3. to relocate (from one place to another) 4. to go as far as 5. to swirl while rising 6. to shine (e.g the sun)

ʋù : n. 1. blood 2. blood pressure *(syn. ʋùdzídzé)* 3. bellows 4. hook

ʋú (dó -) : v. to transfuse blood

ʋú (ɖɔ̀ -) : v. 1. to be durable 2. to be kind 3. to be gracious 4. to be agreeable

ʋù (ŋùɖɔ̀ -) : v. 1. to make hot 2. to shine (as in the sun shining)

ʋù àsàɖá : v. to break camp

ʋù tó lè … ŋù : v. to bleed

ʋù ɖɔ̀ nù : v. to be the first born

ʋù dzí ʋù ànyí : v. to be perfect

ʋù ɖó tà : v. to emigrate

ʋù émè : v. 1. to confess 2. to confide in

ʋù gbàgbà : n. car wreckage

ʋú … hɛ́ɛ́ : v. to open (syn. ʋù … xɛ́ɛ́)

ʋù lè gó nù : v. to swarm (bees)

ʋù … nù : v. to declare open

ʋù nú (lè … nù) : v. 1. to unclog 2. to uncork

ʋù núvɔ̃́ mè : v. to confess

ʋù nyà mè : v. 1. to explain 2. to make known 3. to agree 4. to confess

ʋù ŋkú (ná) : v. to civilize

ʋù vá : v. to immigrate

ʋù yì : v. 1. to emigrate 2. to go in to exile

ʋù nú lè … nù : v. to uncap

ʋù … xɛ́ɛ́ : v. to open ajar (syn. ʋú … hɛ́ɛ́)

ʋǔ : n. 1. drum/tamtam 2. automobile 3. bodywork (e.g of a vehicle) 4. canoe (syn. àgɔʋú àklɔ́, àkplóʋù, àvɔʋú, lɛ̀ʋú, ʋú) 5. airplane 6. bellows (of a blacksmith) 7. rumen (syn. àgbòʋù, àgbòʋú) 8. cotton plant 9. a type of basket for storing cotton

ʋǔ (dzè -) : v. to perform a ceremony in honour of a divinity

ʋǔ (ɖè -) : v. to drive someone by rowing

ʋǔ (nɔ̀ ànyí - dzí) : v. to sit in someone's place who just left

ʋǔ (sí -) : v. to stretch the skin on a drum

ʋú : v. to twist

ʋú (dzè - nyà) : v. to make a matter public

ʋùblì : n. blood sausage

ʋùdà : n. European-made rope

ʋúdàɖófé : n. garage (e.g of a car) (syn. gàrázyì, ʋúnɔ̀fé)

ʋúdàɖófévɔ̀ : n. door/gate of a garage

ʋùdèdè : n. dysentery (syn. èʋùdèdè, èʋùnyènyè, èʋùsísíɖɔ̀, kpètà, sìkpùì, ʋùnyènyè, ʋùsísíɖɔ̀)

ʋùɖèfé : n. laboratory (in a hospital/health centre setting where blood is drawn) (syn. èʋùɖèfé)

ʋùdésɛ̃́ : n. a shrub resembling a cotton plant (syn. ʋùdósɛ̃́)

ʋǔdódó : n. blood transfusion

ʋùdósɛ̃́ : n. a shrub resembling a cotton plant (syn. ʋùdésɛ̃́)

ʋùɖɔ̀ : n. stomach

ʋùdú : n. 1. boomerang 2. a small club

ʋùdò : n. mushroom (syn. *hlò, hló, ʋló*)

ʋùdɔ́dɔ̌ : n. bilharzia

ʋùdùʋùdù : id. 1. of something which falls 2. of something which blows (e.g wind)

ʋùdúʋùdúí : n. whirlwind

ʋúdzɛ̀fé : n. 1. train station *(syn. kètékèdzèfé, kètékèdófé, kètékèʋútɔ́fé, pípádzéfè, stésìn, stésyn, ʋútó)* 2. jetty 3. aerodrome

ʋùdzɛ̌kà : n. artery (blood vessel) *(syn. ʋǔdzìkà)*

ʋǔdzìkà : n. artery (blood vessel) *(syn. ʋùdzɛ̌kà)*

ʋùdzídzé : n. blood pressure *(syn. ʋù)*

ʋúdzràdófé : n. workshop of the mechanic *(syn. ʋúdzràdófé)*

ʋúdzràdólá : n. mechanic

ʋúdzràfé : n. the mechanics's workshop *(syn. ʋúdzràfé)*

ʋúdzráfé : n. a place where cars are sold

ʋùdèkɛ́ : n. plain fabric

ʋúdèlá : n. paddler

ʋǔdódó : n. boarding (of a vehicle)

ʋǔdódómɔ́nágbàlɛ̌ : n. boarding permit

ʋǔdógbàlɛ̌ : n. travel ticket (by boat/canoe/ship)

ʋùdólá : n. passenger of a vehicle (of a car/ plane/ boat/ ship, etc.) *(syn. ʋúmènɔ̀lá)*

ʋúdòmè : n. 1. nape (the back of the neck) *(syn. ʋùmè)* 2. the mid-neck region

ʋǔdòmèfú : n. occipital bone

ʋǔdómɔ́gbàlɛ̌, ʋǔdópépàví : n. boarding permit

ʋúdɔ̀dɔ̀ : n. 1. durability 2. modesty 3. good conduct

ʋúdùdù : n. 1. heamorrhage 2. bleeding

ʋùdúdɔ́ : n. bilharzia

ʋúfè : n. rate/price (of transport by a vehicle)

ʋǔfú : n. kapok (the fluff produced by the kapok tree)

ʋǔfìà : n. 1. someone who is in charge of a drum and who has to buy the items needed for drumming 2. leader of the left wing of an army

ʋǔfúfú : n. cotton/fluff produced by the kapok tree (syn. *ʋùtútú)*

ʋùfé : n. part of an object that can be held so as to open it

ʋúfò : n. 1. board 2. plate 3. plank 4. shelf

ʋúfòàmè : n. 1. sea-sickness/nausea 2. being knocked down by a vehicle

ʋǔfó báblá : n. plywood

ʋúfòfé : n. place where one plays the drums

ʋúfòfò : n. playing the drum

ʋúfògblɔ̀ : n. drumstick *(syn. ʋúfòtí, ʋúhà)*

ʋúfòhá : n. orchestra

ʋúfòlá : n. drummer

ʋúfònú : n. musical instrument (e.g tamtam)

ʋúfòtí : n. drum stick *(syn. ʋúfògblɔ̀)*

ʋǔgá̋ : n. 1. big drum 2. war drum 3. truck

ʋǔgákùlá : n. truck driver

ʋùgóà : n. blood guava (a type of guava with large, red fruits)

ʋùgòò : id. large and rounded (like a leopard's head) *(syn. ʋùkpòò, ʋùkpɔ̀ɔ̀)*

ʋúgbè : n. 1. talking drum 2. the rhythm of the tamtam

ʋúgbè (dó -) : v. 1. to play the talking drum 2. to transmit a message by playing the talking drum

ʋúhà : n. 1. drumstick *(syn. ʋúfòtí, ʋúfògblɔ̀)* 2. a group/society that owns and uses a drum together

ʋǔhágbɔ̀gbɔ̀ : n. folklore band

ʋúhòʋìʋlì : n. rally (automobile)

ʋùí : adv. all of a sudden *(syn. ʋì, ʋìá, ʋìáʋíá)*

ʋùìʋúí : id. brisk walk

ʋùìʋùì : n. a toy consisting of an empty shell that is attached to a string that when rotated produces a whistling sound.

ʋùìʋùì : n. owl *(syn. àdzéxè, fàʋìèbùtó, fàʋìèʋùtó, kpòkù, ʋlùkùkù, ʋlùkpùkpù, xè dóámèkú)*

ʋùkàmèxéxédɔ̀ : n. high blood pressure/hypertension *(syn. èʋùsɔ̀gbɔ̀dɔ́, ʋùsɔ̀gbɔ̀dɔ́)*

ʋùkà : n. 1. blood vessel 2. artery 3. vein 4. name of a climbing plant

ʋùkàtètèdɔ́ : n. varicose vein *(syn. lèklègbèdódró)*

ʋùkàví : n. capillary

ʋùkàyɔ̀è : n. blood vessel

ʋùkókóè : n. 1. tadpole 2. baby

ʋùkɔ́ : n. clot of blood

ʋùkɔ̀kɔ̀, ʋùkɔ̀kɔ̀dí : n. 1. bleeding 2. bloodshedding

ʋúkùkù : n. the act of driving a car/ piloting a plane/ rowing or paddling a boat/ sail a ship, etc.

ʋúkùkù fé sé : n. traffic laws

ʋúkùlá : n. 1. driver 2. pilot 3. sailor 4. paddler (e.g of a boat) *(syn. ʋúkùví)* 5. name of a constellation

ʋúkùlá bàdà : n. reckless driver/pilot/paddler/sailor

ʋúkùmì : n. 1. gasoline 2. petrol 3. diesel 4. gas

ʋúkùsùkú : n. a school that one attends in order to learn to to drive a car/ pilot a plane/ paddle a canoe or boat/ sail a ship, etc.

ʋúkùví : n. 1. driver 2. pilot 3. sailor 4. paddler (e.g of a boat) *(syn. ʋúkùlá)*

ʋúkpɛ̋ : n. horn (of a car)

ʋúkpó : n. a big drum of the chief

ʋùkpòò, ʋùkpɔ̀ɔ̀ : id. big and rounded (like a leopard's head) *(syn. ʋùgòò)* ʋùlã̀, ʋùlɛ̃̀ : n. 1. fresh meat 2. meat of game recently killed

ʋùlèdzèdzè : n. thin hairless goat

ʋúléví : n. someone who helps a fisherman/ apprentice of the fisherman

ʋúlɛ́tí : n. a type of cotton plant

ʋúlì : n. 1. rat *(syn. àgàdá, àlégéli, bòtòé, kísì, kítì, ʋúlì)* 2. turtledove *(syn. àféflélùì, blèkú, fóflólúí, fófólí, tsyótsyóglòtsòé, vòlòè, vòlùì, vòlì, ʋlí)*

ʋùlɔgloè : n. name of a children's game

ʋùlɔ̀gòè (tè -) : v. to play the game ʋùlɔ̀gòè

ʋùmàtsì : n. blood tonic *(syn. èʋùmàtsí, èʋùtíkè, èʋùtrótíkè, ʋùtrómàtsì, ʋùtíkè, ʋùtrótíkè, ʋùtsíkè)*

ʋùmbè : n. soup prepared with blood

ʋùmè : n. 1. neck *(syn. ʋùɖòmè)* 2. someone who died a violent death *(syn. ʋùmèkúlá)*

ʋùmè (dà tà ɖé -) : v. 1. to tilt one's head backwards 2. to be pretentious 3. to be full of oneself

ʋùmè (kpó - ná) : v. to see (someone) walk away

ʋùmèdɔ́ : n. a job/profession that is close to the heart/that is one's passion/that is in the blood

ʋúmèfìà : n. captain of a ship

ʋùmèkú : n. violent death

ʋùmèkú (kú -) : v. to die accidentally

ʋùmèkùí : n. blood cell

ʋùmèkùí dzĩ́ : n. red blood cell

ʋùmèkùí ɣí : n. white blood cell

ʋùmèkúlá : n. someone who died a violent death *(syn. ʋùmè)*

ʋúmènɔ̀lá : n. passenger (of a car/ plane/ boat/ ship, etc.) *(syn. ʋúɖólá)*

ʋúmèmègã́ : n. 1. captain 2. skipper

ʋúmènɔ̀láwó : n. crew

ʋúmètí: n. mast of a boat

ʋùmètsítsí : n. 1. violent death 2. the act of carrying a stillborn child 3. miscarriage

ʋŭmɔ́ : n. roadway

ʋùnáná : n. blood donation

ʋùnákà : n. artery

ʋùnákàgã́ : n. aorta

ʋúnɔ̀ : n. 1. master of the drum 2. female drum (the drum with the lowest tone)

ʋúnɔ̀fé : n. garage (e.g of a car) *(syn. gàrázyì, ʋúɖàɖófé)*

ʋùnú lè ... ŋú blìbàà : v. to be soiled/stained with blood

ʋúnù (lé -) : v. to signal with a special rhythm of the tamtam that the drummer must stop or begin a dance

ʋùnyà (nyà -) : v. 1. to entangle 2. to make confused

ʋùnyà nyà : v. to make a matter public

ʋùnyàʋùnyà : n. 1. commotion 2. uproar

ʋùnyàʋùnyà : adj. 1. confused 2. jumbled

ʋùnyàʋùnyà (wɔ̀ -) : v. to make/cause a commotion

ʋùnyàʋùnyànù : n. 1. calm (found after a commotion) 2. end of commotion

ʋùnyàʋùnyànú : n. 1. noise 2. uproar

ʋùnyàʋùnyàwɔ̀lá : n. 1. protester 2. someone who sows/causes confusion

ʋùnyènyè, ʋùnyènyɛ̀ : n. dysentery *(syn. èʋùdèdè, èʋùnyènyè, èʋùsísídɔ, kpètà, sìkpùì, ʋùdèdè, ʋùsísídɔ)*

ʋúɲú : n. a forest tree that bears large fruits similar to gourds

ʋùŋùtí : n. blood orange

ʋǔŋútí : n. carrosserie (of a vehicle)

ʋǔŋútínú : n. spare part (e.g of a car)

ʋùsì : n. 1. chicken coop in the shape of a large basket 2. name of a constellation (*syn. ylètíví kòklóvínɔ*)

ʋǔsílá : n. the person who stretches the skin on a drum

ʋùsísídɔ : n. bloody flux/dysentery *(syn. èʋùdèdè, èʋùnyènyè, èʋùsísídɔ, kpètà, sìkpùì, ʋùdèdè, ʋùnyènyè)*

ʋùsɔ̀gbɔdɔ́ : n. high blood pressure/hypertension *(syn. èʋùsɔ̀gbɔdɔ́, ʋùkàmèxéxédɔ)*

ʋùsrã́ : n. hematoma

ʋùsrã́ (dó -) : v. to be blood red

ʋùsrã́ (dó -) : v. to have a bruise/hematoma

ʋùtàà : v. 1. extended 2. infinite

ʋùtà : n. 1. locomotive 2. engine

ʋùtézèvì : n. a pot that is widely sold in the village of ʋùté (between Waya and Anyako) *(syn. àdàzè)*

ʋǔtí : n. 1. kapok tree 2. canoe pole

ʋùtíkè : n. blood tonic *(syn. èʋùmàtsì, èʋùtíkè, èʋùtrɔ́tíkè, ʋùmàtsì, ʋùtrɔ́màtsì, ʋùtrɔ́tíkè, ʋùtsíkè)*

ʋǔtíkpò : n. trunk of the kapok tree

ʋǔtó : n. train station *(syn. kètékèdzèfé, kètékèdófé, kètékèʋùtɔ́fé, pípãdzéfè, stésìn, stésyn, ʋúdzèfé)*

ʋǔtómègã́ : n. station master

ʋùtóé : n. hole made in the palm oil tree to extract wine

ʋùtòò : id. projecting/prominent

ʋùtótó : n. bleeding

ʋǔtɔ́fé : n. parking lot

ʋùtrɔ́màtsì : n. blood tonic *(syn. èʋùmàtsì, èʋùtíkè, èʋùtrɔ́tíkè, ʋùmàtsì, ʋùtíkè, ʋùtrɔ́tíkè, ʋùtsíkè)*

ʋùtrɔ́tíkè : n. blood tonic *(syn. èʋùmàtsì, èʋùtíkè, èʋùtrɔ́tíkè, ʋùmàtsì, ʋùtíkè, ʋùtrɔ́màtsì, ʋùtsíkè)*

ʋútùtù : n. gathering to play the drum and to dance

ʋǔtútú : n. 1. cotton/fluff produced by the kapok tree *(syn. ʋǔfúfú)* 2. cotton from the cotton plant/tree *(syn. tèndrèʋú)* ʋùtùù : id. dense

ʋùtsi : n. serum (of the blood)

ʋùtsíkè : n. blood tonic *(syn. èʋùmàtsì, èʋùtíkè, èʋùtrɔ́tíkè, ʋùmàtsì, ʋùtíkè, ʋùtrɔ́tíkè, ʋùtrɔ́màtsi)*

ʋùtsòtsò là̃ : n. slaughter of an animal

ʋǔtsú : n. male drum (the drum with the highest tone)

ʋùù : id. 1. long 2. intensely 3. continuously

ʋùʋádùbúmètɔ́ : n. immigrant

ʋùvì : n. 1. (private) car 2. shuttle (a vehicle used or shuttle services)

ʋùʋlù : n. echo

ʋùʋlùyè : n. globe fish *(syn. pòplòwòè)*

ʋùʋù : n. 1. dust *(syn. ʋùʋùdédí)* 2. nice fragrance 3. relocation 4. exodus/migration(e.g of a population) 5. opening 6. brain *(syn. àhɔ̀hɔ̃̀, àhɔ̀hlɔ̃̀, àʋìʋlì)* 7. falling (e.g of leaves, cotton)

ʋùʋù tsó àgblètà : n. rural exodus/migration

ʋǔʋú : n. 1. trembling 2. shaking

ʋúʋú : v. 1. to shake 2. to stagger 4. to shiver 5. to sow on a nursery (e.g by scattering or sprinkling)

ʋǔʋú : v. to stir

ʋùʋùdédí : n. dust *(syn. ʋùʋù)*

ʋùʋùdzó : n. 1. emigration/ exodus 2. relocation

ʋùʋùmè : n. flow rate

ʋùʋùválá : n. immigrant/migrant

ʋúʋúʋú : id. 1. tremblingly 2. shaking

ʋúwɔ̀wɔ̀ : n. 1. the act of playing the drum 2. the act of dancing to the sound of the tamtam

ʋúxɔ̀ : n. 1. wagon 2. coach

ʋùxɔ̀kà : n. vein *(syn. ʋùyibɔ̀kà)*

ʋùxɔ̀kàgã́ : n. vena cava

ʋùyàà, ʋùyɔ̀ɔ̀ : id. 1. bushy 2. luxuirant

ʋùyibɔ̀kà : n. vein *(syn. ʋùxɔ̀kà)*

ʋùzà̰à̰ : id. round and full

W

wá : adv. 1. hurriedly 2. all at once *(syn. wɔ́)*

wàà : id. 1. of something which sinks 2. of something which slides 3. of something which flows

wàà (tsrà -) : v. 1. to slide 2. to flow noisily

wàdzàwàdzà : id. 1. isolated 2. scattered 3. rough

wáín : n. wine

wáinkà : n. grapevine

wáintsétsé : n. grape fruit

wàkàà : id. 1. large (in size) 2. slim 3. flexible

wàkàwàkà : id. flapping the wings (as pertains to a big bird)

wàlàwàlà : id. 1. swinging while walking 2. of something that is not concentrated 3. too liquid

wàlébɛ́ : adv. at the same time

wàsàà : id. bushy

wàsàwásɛ́ : n. corn balls cooked in palm oil

wàtàklàlɛ́, wàtàklè : n. fox

wàtsí : np. 1. Ouatchi (an ethnic group in Togo) 2. a Gbe langauge of Togo and Benin part of the Eʋe continuum of languages

wáwá : n. name of a type of tree found chiefly in West Africa (Triplochiton scleroxylon/ african whitewood)

wáwáwá : id. describes something that undulates or moves in the wind

wàyáwúyì : n. spider (hunter in tales)

wè, wé : n. sun *(syn. yè, wò)*

wískì : n. whiskey

wlàwlà : adj. 1. thin 2. narrow

wlàwlà, wlàwlàwlà : id. bubbling

wlè : adj. bright red

wléwlé : id. (words) blah, blah, blah (describes a situation in whereby someone talks or is talking profusely)

wlɔví : n. chain

wlíwlí : id. 1. in small pieces 2. tiny

wlùkúkú : n. 1. senegal coucal 2. blue-headed coucal *(syn. àdzèyìtútú, dzètútú, dzìnètútú, dzrìkúkú)*

wlòdzè : n. rust

wlɔ́ : n. rice silo

wlɔ́ : v. to hide *(syn. ylá)*

wlɔnyɔɔ : id. 1. soft 2. muddy 3. watery *(syn. wlɔyìwlɔyì)*

wlɔví : v. chain

wlɔyìwlɔyì : adj. 1. soft 2. muddy 3. watery *(syn. wlɔnyɔɔ)*

wlù : v. 1. to dig into the soil 2. to poke around with the nose 3. to eat the roots

wlú : v. to mock *(syn. yrú, yrɔ́)*

wlùdɔɔ : id. 1. weakened 2. exhausted

wlùwàà, wlùwɔɔ : id. 1. pulverized 2. in fine particles *(syn. wlúwlúí, wlùíwáwlúíwá)* 2. convulsive wlùwlúí : n. debris (syn. wúwlúí)

wlúwlúí, wlùíwáwlúíwá : id. 1. pulverized 2. in fine particles (syn. wlùwàà, wlùwɔ̀ɔ̀)

wlùwɔ̀ɔ̀ : adj. 1. tiny/pulverised 2. convulsive

wò : n. sun (syn. yè, wè, wé)

wò : pron.pers. you (singular)

wò-, wǒ- : pr. he or she

-wò : a.poss. your

wǒ ... à/lá : a.poss. your

wǒ ... -àwó : a.poss. your

wǒ ... -wó : a.poss. your

wó : v. 1. to explode 2. to bark

wó : pr.pers. 1. them 2. they 3. their

wó àɖàtsì : v. to burst into tears (syn. wó àví)

wó àmèwó : pr.pers. 1. them 2. they 3. the people (used when one doesn't name the people in question by name)

wó àví : v. 1. to burst into tears (syn. wó àɖàtsì) 2. to burst out crying

wó ɖé àmè : v. to bark at someone

wó ɖé ... tà : v. to scold (someone)

wó ɖókúìwó : pr.pers. themselves

wó nɔ̀èwó : pr.pers. one another/ each other

wó .. -wó : p.pers. their

-wó : pl. indicated the plural form (of the prefix)

-wó ... (lá) : art.def. indicates the plural form (of the object[prefix] being referred to in a sentence)

-wó fé : art.def.pl. their (indicates the plural possesive of the object [prefix] of the sentence)

wó- : pr.pers.suj. they

wòàlɛ́ : n. 1. late afternoon 2. Good evening

wóáwó : pr.pers. 1. them 2. they

wóáwó yá : pr.pers. 1. them 2. they 3. as for the others 4. the others (used when thematizing)

wòàdzàwóé : adj. always (syn. gbèsíágbè, gbèwókátǎgbè, yèsíàyi)

wòdzò : v. to simplify

wódzó : adj. light in weight (syn. wódzóé)

wódzóé : adj. light in weight (syn. wódzó)

wòdzòè (lè - / nɔ̀ -) : v. 1. to be light in weight 2. to be flexible

wòdzòènyényé : n.1. lightness in weight 2. flexibility

wòɖúɖú : n. dance (syn. yèɖúɖú)

wòé : pr.pers. 1. it's them (who) 2. they are the ones (who)

wòé zɔ̀ ! : pr.pers. welcome!

wòèàléwóè : n. the same time

wòéè : intrj. indicates anger/displeasure/surprise

wòèlè : n. early afternoon

wòèmí : n. suffering

wòèwòè : adj. describes a situation which involves trickles/flows/murmurs

wófé : poss. their

wófé ...-wó : poss. their

wòkplé : n. underneath a hoof

wòlégbé : adv. maybe

wómá : n. 1. paper 2. letter 3. document 4. book *(syn. àgbàlè̩)*

wómàlè : n. a set of 30 coweries (*syn. hómàlè, hòmèlì*)

wòmìà : n. 1. wicker 2. rattan

wónè : n. a term used to ask the day of the week when the person you are addressing was born.

wònɔ̀ : n. little frog

wɔ̀núnyúí : adj. virtuous

wònyì : n. big fish

wònyì (fò -) : v. 1. to be very lucky 2. to win the jackpot

wòtòwótó : n. ballon

-wòwó : poss.pl. 1. yours 2. your

wǒwó : n. 1. barking 2. explosion

wówóé, wówúí : n. 1. distress 2. misery

wówóè : adv. very early in the morning

wówóé (wɔ̀ -) : v. 1. to be miserable 2. to be pitiful

wówóé (wɔ̀ - ná) : v. to implore

wǒwótɔ́ : n. barking dog

wòwówó : n. bark/barking

wòxí, wóxé : n. 1.umbrella 2. parasol *(syn. àwùxí, yèxé, yèxí, xèxí, kàtàwìà)*

wòyìì : id. loosened

wònyí : n. vundu (a type of fish)

wònyìì (trà -) : v. 1. to be starving 2. to die of hunger

wòzé : n. yellow clay pot *(syn. yèzé)*

wɔ̀ : v. 1. to make/to do 2. to accomplish 3. to be 4. to treat 5. to refer to 6. to have (e.g a problem, something happening to someone, etc.) 7. to push (e.g someon to do something) 8. to do/make/happen (such that) 9. to pluck/pick (e.g flowers) 10. to mimic

wɔ̀ : n. 1. african locust bean 2. white hair 3. grey hair 4. nere 5. content 5. flesh (of the gourd)

wɔ̀ : adj . grey

wɔ̀ (fò - /fù -) : v. to have gray hair

wɔ̀ (fìfìà -) : v. 1. to be hot 2. to sweat

wɔ̀ (vùvɔ̀ -) : v. to be cold

wɔ̀ àbé ɖě ... èné : v. 1. to seem 2. to act as if 3. to pretend

wɔ̀ àbé ... èné : v. 1. to appear 2. to seem as though 3. to pretend

wɔ̀ àdà : v. 1. to become mean 2. to be furious 3. to be angry

wɔ̀ àdè : v. to be slimy

wɔ̀ àdzé : v. to practice witchcraft

wɔ̀ àfḗ : v. to disgust

wɔ̀ àfé ná : v. to disgust

wɔ̀ àfú : v. 1. to spoil 2. to go bad

wɔ̀ àmè : v. to be kind

wɔ̀ àfémèdɔ̀ : v. to do housework

wɔ̀ àŋɔ̀zùnú : v. to pretend

wɔ̀ àsì ná : v. 1. to value 2. to appreciate

wɔ̀ àsínùkpɔ́kpɔ́ ŋú dɔ́ : v. to take advantage of

wɔ̀ àtɔ̀ : v. to make a nest

wɔ̀ àvìnú : v. to whine

wɔ̀ àʋà : v. to wage war

wɔ̀ àʋà ɖé ... ŋútí : v. to wage war on

wɔ̀ àʋà kplé : v. to fight against

wɔ̀ àyè : v. to pretend

wɔ̀ àyèmènú : v. to be sneaky

wɔ̀ bà : v. to be muddy

wɔ̀ bǎblá ɖé ... ŋú : v. 1. to gang up on 2. to plot against

wɔ̀ bé : v. 1. to make as if 2. to pretend

wɔ̀ bèbèlíbè : v. to play hide and seek

wɔ̀ bùbùnú : v. 1. to respect oneself 2. to behave properly

wɔ̀ dɔ́ : v. 1. to work 2. to be valid 3. to function

wɔ̀ dɔ́ (è -) : v. to be thankful

wɔ̀ dɔ́ (wòé- kákáká) : v. thanks a lot

wɔ̀ dɔ́ ɖé .. dzí : v. 1. to influence 2. to impress

wɔ̀ dɔ́ ɖé .. dzí (nú -) : v. to be sensitive

wɔ̀ dɔ́ lè dɔ̀mè : v. to digest

wɔ̀ dɔ̌ nyùìé lè ... ŋú : v. to treat (a subject)

wɔ̀ dɔ̀dɔ̀é : v. to do the shopping/errands

wɔ̀ dɔ̀mè (ná) : v. to be digestible (for)

wɔ̀ dɔ̀mènyó ná : v. 1. to give preferential treatment 2. to favor

wɔ̀ dzrè : v. to quarrel / have a dispute

wɔ̀ dzùdzɔ̀ : v. to evaporate

wɔ̀ ɖé ... kò dzí : v. 1. to respect 2. to abide by

wɔ̀ ɖé ... dzí : v. 1. fill out (e.g a form) 2. to respect/ follow (e.g instructions)

wɔ̀ ɖé ... nù : v. to comply with

wɔ̀ ɖèká : v. 1. to unite 2. to cooperate

wɔ̀ ɖèká kplé : v. to unite with

wɔ̀ ɖèvínú : v. to have a childish behavior

wɔ̀ ɖǒɖó : v. 1. to organize 2. to take measures (e.g to do something)

wɔ̀ éŋúdɔ́ : v. 1. to utilize 2. to drink (e.g alcohol in excess)

wɔ̀ fù, wɔ̀ fùnyá, wɔ̀ fùnyáfùnyá : v. 1. to suffer 2. to mistreat wɔ ... fé dɔ́ : v. 1. to replace (e.g somebody at work) 2. to provide interim cover

wɔ gìdìgìdì : v. to be turbulent (syn. wɔ gbòdògbòdò)

wɔ gbòdògbòdò : v. to be turbulent (syn. wɔ gìdìgìdì)

wɔ gló : v. 1. to be arrogant 2. to show off

wɔ ɣèyíɣìwó : v. 1. to stay 2. to sojourn

wɔ hè : v. to make noise

wɔ kàmètètè fé núsɔ́srɔ̃́ : v. to train (in a sport)

wɔ ké : v. to be sandy

wɔ kɔ̀kɔ̀ : v. to sanctify

wɔ ... kɔ̀kɔ̀è : v. to purify

wɔ kɔ̀nú ná : v. to perform rites for (so as to initiate somebody into e.g a system, society, e.g)

wɔ kú, wɔ kúnú : v. 1. to be granular (e.g paste, porridge, etc) 2. to perform funeral rites

wɔ kúvíá : v. 1. to be lazy 2. to be idle

wɔ kpé : v. 1. to be rocky 2. to turn into ice/to freeze

wɔ lànú : v. to do something stupid

wɔ lèkè : v. 1. to be stylish 2. to make oneself beautiful 3. to disguise (e.g oneself/somebody)

wɔ lɔlɔ̃ : v. to make love

wɔ ... mìá : v. to tender

wɔ mɔ́nùkpɔ́kpɔ́ ŋúdɔ : v. to take advantage of an opportunity

wɔ mòvìnú : v. to do stupid things

wɔ mòyà : v. to be surprised

wɔ mòyà ná : v. to surprise

wɔ náné : v. to do something

wɔ nú : v. to take action (on something)

wɔ nú nyùìé : v. to do something well

wɔ nú ḍé ḍòḍó nú : v. to be methodical

wɔ nú vévi (àmè) : v. to assault someone

wɔ nú vló : v. 1. to do a bad deed 2. to misbehave

wɔ núblánúí : v. 1. to be pitiful 2. to be miserable 3. to be sad

wɔ núblánúí ná : v. to sadden

wɔ nùkú : v. 1. to be incredible 2. to be moved

wɔ nùkú ná : v. to be confused

wɔ núkú : v. 1. to produce (as in agriculture..) 2. to be fertile

wɔ núnyàyàdɔ : v. to do the laundry

wɔ nútèfé : v. 1. to be honest 2. to be disciplined

wɔ nútèfé ŋútɔ́ : v. to do a good job

wɔ núvɔ̃́ : v. to commit a sin

wɔ nyàdɔ́é : v. 1. to grumble 2. to gossip 3. to slander 4. to make fun of

wɔ ŋùblè : v. 1.neglect 2.overlook 3.disregard

wɔ ŋèŋlẽ : v. to make a notch

wɔ ŋɔ̀lìŋɔ̀lì : v. to wriggle

wɔ ... ŋúdɔ́ : v. 1. to handle 2. to exploit 3. to enjoy

wɔ ... ŋúdɔ́ fòfú : v. to combine

wɔ ... ŋùkpè : v. to be ashamed

wɔ ŋútsù : v. to be manly

wɔ súsú (bé) : v. 1. to contemplate 2. to take the initiative

wɔ tùkádá : v. to be restless

wɔ tsí wɔ tsí : v. (to do) for the last time *(syn. wɔ wɔtsówɔtsó)*

wɔ tsyɔ́ : v. to organize a funeral

wɔ vìì : v. to be dull

wɔ wódzóé : v. to simplify

wɔ wɔwùí : v. 1. to exaggerate 2. to comply with

wɔ wúì : v. to exaggerate

wɔ yàà : v. to be astonished

wɔ ... zù gbàdzàà : v. 1. to flatten 2. to smooth out

wɔ́ : adv. hastily *(syn. wá)*

wɔ́ : n. 1. (plain) flour 2. powder *(syn. lifi)*

wɔ̀dí : n. cold *(syn. dzèàmèdzí, dzèàmèdzídɔ́, èkpé, flú, kpéfòàmè, wɔ̀lɛ́)* 2. something done previously or that has been done in advance

wɔ̀àdã̀ : adj. 1. ferocious 2. wicked

wɔ̀àmènù : n. 1. poor person 2. insignificant person 3. fragile person

wɔ̀àmètɔ́ : n. 1. disabled person 2. cripple

wɔ́bíwɔ́bí : id. rotten *(syn. wɔ́blíwɔ́blí)*

wɔ̀blìmè (dzɔ́ dé -) : v. 1. to make a good deal 2. to make good profit

wɔ́blíwɔ́blí : id. rotten *(yn. wɔ́bíwɔ́bí)*

wɔ́dètsì : n. corn flour diluted in water

wɔ̀dzíwɔ̀dzí : adv. 1. often 2. frequently

wɔ́dzògbɔ́ : n. dry flour porridge

wɔ̀dzrè : n. tall and tough grass

wɔ̀dí : n. 1. something that has already been done 2. cold

wɔ̀ɛ̀ : n. fox-like animal *(syn. wɔ̀glá)*

wɔ̀gàdùàkpí : n. a nickname given to a strong, hard-working man with a good appetite

wɔ̀glá : n. fox-like animal *(syn. wɔ̀ɛ̀)*

wɔ̀gbéwɔ̀blí : n. fertile country

wɔ́hɛ́ : n. fonio (a crabgrass (*Digitaria exilis*) of northern Africa with seeds that are used as a cereal) *(syn. wɔ́xɛ́)*

wɔ̀yì : n. period of activity

wɔ̀kàlẽ̀ : adj. 1. brave 2. gallant 3. stout 4. courageous 5. valiant

wɔ̀kú : n. grains of the fruit of the African locust bean tree (Parkia biglobosa)

wɔ̀kúvíá : adj. lazy

wɔ́kpá : n. African Mahogany tree

wɔ́kplɛ̃́ : n. àkplɛ̃́ prepared with corn flour

wɔ̀kpɔ́ : n. test/trial

wɔ̀lá : n. 1. director (e.g in filmmaking) 2. maker of (something) 3. creator

wɔ̀lɛ́ : n. flu/influenza *(syn. dzèàmèdzí, dzèàmèdzídɔ́, èkpé, flú, kpéfòàmè, wɔ̀dí)*

wɔ̀liwɔ̀li : id. 1. soft 2. reliable

wɔ̀nà : n. 1. activity 2. ceremony 3. morals 4. event

wɔ̀nà si li : n. solution (e.g of a problem)

wɔ̀nàmànɔ̀ŋúi adv. irretrievably

wɔ̀nàŋútíŋúnyá : n. psychology

wɔ̀nàwó : n. 1. event 2. demonstration

wɔ̀nú : n. purpose

wɔ̀nú : adj. 1. efficient 2. productive

wɔ̀nùkú : adj. 1. surprising 2. astonishing

wɔ̀nútèfé : adj. 1. faithful 2. reliable

wɔ̀mènɔ̀: n. a poor person

wɔ̀mitɔ́ : n. cripple *(syn. núwɔ̀àmètɔ́, núwòàmitɔ́)*

wɔ̀ɔ̀ : id. sinking

wɔ̀sɔ̀ɔ̀ : id. 1. curved 2. crooked

wɔ̀tàmè : adj. having grey hair

wɔ̀tí : n. Parkia biglobosa / African locust bean (a perennial deciduous tree in the family Fabaceae found in a wide range of environments in Africa and is primarily grown for its pods that contain both a sweet pulp and valuable seeds)

wɔ̀tò : adj. hollow

wɔ́tɔ̀tɔ̀dzògbɔ́ : n. roasted corn flour porridge

wɔ́tɔ̀tɔ̀kplɛ̀ : n. àkplɛ̃́ made from roasted corn flour

wɔ́tùlá : n. miller

wɔ́tsi : n. 1. watch (timepiece) 2. floured water (beverage)

wɔ́tsidzrádólá : n. someone who repairs or makes watches

wɔ́tsidzrálá : n. someone who sells watches

wɔ̀tsówɔ̀tsó (wɔ̀ -) : v. to do for the last time *(syn. wɔ̀ tsí wɔ̀ tsí)*

wɔ̀wɔ̀ : n. 1. creation 2. production

wɔ́wɔ́wɔ́ : id. which drizzles

wɔ̀wùì : n. exaggeration

wɔ̀wùíwɔ̀wɔ̀ : n. the act of exaggeration

wɔ́xɛ́ : n. fonio (a crabgrass (*Digitaria exilis*) of northern Africa with seeds that are used as a cereal) *(syn. wɔ́hɛ́)*

wɔ̀yà : n. 1. vacuum 2. void *(syn. gbàdzàmè)*

wɔ̀yìì : adj. 1. rotting 3. dying of (something)

wɔ́zé : n. flour pot

wɔ́zémè : n. the hollow between the collarbone and the shoulder blade

wɔ́zémèfú : n. clavicle

wù : v. 1. to assassinate 2. to execute 3. to cut/pick (e.g mushrooms) 4. to sprout (e.g herbs)

wù (dɔ̀ -) : v. to be hungry

wù (tsìkɔ̀ -) : v. to be thirsty

wù àdèlà̰ : v. to hunt

wù bè : v. to thatch

wù ... ɖókúì : v. to commit suicide

wù gbè : v. to mow the grass

wù nù : v. 1. to complete 2. to terminate 3. to finish

wú : v. 1. to surpass 2. to sprinkle 4. to scatter 5. to sow (e.g by scattering) 6. to raise (e.g a part of the body)

wú : adv. 1. more than 2. the most

wù àtíkè : v. to spray/sprinkle medicine (e.g on a wound)

wú àvì : v. to burst out crying

wú àvì hèhèhè : v. to burst out crying out loud (hèhèhè)

wú dzà : v. to perform the first fruits ceremony

wú mò dzì : v. 1. to look up 2. to raise one's head

wú (...) nù : v. 1. to finish 2. to end

wú tsì : v. to sprinkle water

wú wó kátáá̰ : n. the most (of all) [superlative]

wùàmè : adj. deadly

wùámè : adj. of something which is beyond one's reach/ power

wùbàà : adj. dangling (syn. wùbàwùbà, wùbèwùbè, wùdɔ̀wùdɔ̀, wùmàwùmà)

wúbàángì-Tɔ̀sísí : n. Oubangui River (a river in Central Africa, and the largest right-bank tributary of the Congo River which begins at the confluence of the Mbomou and the Uele Rivers and flows west, forming the border between Central African Republic (CAR) and the Democratic Republic of the Congo (DRC))

wùbàwùbà : id. 1. soft 2. hanging (syn. wùbàà, wùbàwùbà, wùdɔ̀wùdɔ̀, wùmàwùmà)

wùbèwùbè : adj. dangling (syn. wùbàà, wùbàwùbà, wùdɔ̀wùdɔ̀, wùmàwùmà)

wùdɔ̀wùdɔ̀ : id. 1. dangling 2. soft to touch (syn. wùbàà, wùbàwùbà, wùbèwùbè, wùmàwùmà)

wúdɔ́wúdɔ́ : id. dressed too big 2. walk of a dignified and respectable but tired woman

wùɖɔ̀ɔ̀ : id. 1. big 2. strong 3. clumsy 4. slow 5. leaning heavily

wúgándà np. Uganda

wùí- : part. indictes the tens from 11 - 19

wùíè (lè àkpé -) : loc. in the 10,000s between 10,000 and 20,000

wùíàdḛ́ : n. sixteen

wùíàdélìà : adj. sixteenth

wùíádré : n. seventeen

wùíádrélíá : adj. seventeenth

wùíàsìékè : n. nineteen

wùíàsékèlìá : adj. nineteenth

wùíàtɔ́ : n. fifteen

wùíàtɔ́líá : adj. fifteenth

wùídèké, wùídèkɛ́ : n. eleven

wùídèkélíá, wùídèkɛ́líá : adj eleventh

wùíènè : n. fourteen

wùínèlìá : adj. fourteenth

wùíènyí : n. eighteen

wùíènyílíá : adj. eighteenth

wùíètɔ̀ : n. thirteen

wùíètɔ̀líá : n. thirteenth

wùíèvèlìá : adj. thirteenth

wùíèvè : n. twelve

wùíèvèlìá : adj. twelveth

wùíì : intrj. 1. discontent 2. sorrow

wùìskí : n. whisky

wùìtìnè-Tó : np. Mount Whitney (the highest mountain in the contiguous United States)

wùkàà : id. 1. bendable 2. hard *(syn . wùkpàà)*

wùkránía, wùkkráínía : n. Ukraine

wùkpàà : id. 1. flexible 2. hard *(syn. wùkàà)*

wùmàwùmà : id. 1. soft 2. hanging *(syn. wùbàà, wùbàwùbà, wùbèwùbè, wùdɔ̀wùdɔ̀)*

wúrál-Tówó : np. Ural mountains (a mountain range in Eurasia that runs north–south mostly through the Russian Federation, from the coast of the Arctic Ocean to the river Ural and northwestern Kazakhstan. The mountain range forms part of the conventional boundary between the continents of Europe and Asia, marking the separation between European Russia and Siberia. Vaygach Island and the islands of Novaya Zemlya form a further continuation of the chain to the north into the Arctic Ocean)

wùré : n. urea

wùréàdí : n. uric acid

wùrùgùáí : n. Uruguay

wùrùgùáí-Tɔ̀sísí : n. Uruguay river (a major river in South America. It flows from north to south and forms parts of the boundaries of Brazil, Argentina and Uruguay, separating some of the Argentine provinces of La Mesopotamia from the other two countries.)

wúsá : adj. thin

wúsá (wúsá) (lè -/nɔ̀ -) : v. to be thin

wùsìwùsì : id. dizzy

wúsú : n. title of the chief of Ho

wùté : n. 1. shell 2. pod 3. husk 4. moulting *(syn. dàwùté)*

wùtó : adj. deafening

wùù ! : intrj. derision/ ridicule

wúwà ! : intrj. excess

wùwúí : n. cry

wùwùí (**dó** -) : v. to scream for help (syn. *dó bóbó, dò bóbúí, dò búbúí*)

wúwlúí : n. 1. debris 2. crumbs (syn. *wlùwlùí*)

wúwlúí (**àbólò** -) : n. bread crumbs

wúwlúí (**nyà** -) : n. 1. unimportant matter 2. rumour

wùwù : n. the act of killing / execution

wúwúi : n. very early in the morning

wùyàà : id. bushy

wùzbèkìstán : np. Uzbekistan

wúzíí, wúzíwúzí : id. tiny

X

xà : v. 1. to lament 2. to have compassion for

xà : n. 1. side (of) 2. palm or raffia fibre trap (for catching fish) 3. hiding place 4. a place to lie in ambush

xà : prep. 1. close to 2. behind 3. furthermore

xà ɖé (...) tà : v. for the sake of

xà kú : v. to think about death

xà nú : v. 1. to lament 2. to complain about 3. to regret

xà yì : v. 1. to worry for nothing 2. better not to (do something)

xà (dó - ... ŋútí) : v. to gather around

xà (fò àsí ɖé -) : v. to reflect (on a problem)

xá : v. 1. to bend 2. to be narrow 3. to be compressed/ surrounded /squeezed 4. to divert 5. to encircle 6. to gather/collect/ pick/ harvest (e.g beans) 7. to amass 8. to spread

xá : n. 1. broom (made out of palm fibre) 2. reed 3. loom line through which the warp thread passes

xá : adv. in spite of

xá (ɖé -) : v. to lie in wait/to keep watch

xá (dó - ... ŋútí) : v. to gather around

xá (dɔ̀ -) : v. to be exhausted by illness

xá dù : v. to besiege a city

xá ɖé ... dzì : v. to lean on

xá ... ɖókúi : v. to bend

xá kò : v. to yawn

xá ʊ̀ɔ̀nù : v. to encourage in secret

xàà : id. 1. distinctly 2. even 3. far

xáá : id. 1. silently 2. gently

xàbùxàbù : id. 1. hobbling 2. limping

xádédé : adv. in ambush

xádédé : n. the state of being in ambush (syn. xátsòtsò)

xádélá : n. the one who is lying in wait (e.g for an ambush)

xádzá : n. bird cage

xáɣí : n. harvest season

xákúi : n. broomstick (a single strand of the traditional African broom)

xálí : adv. 1. until it's clean (syn. xálíxálí) 2. entirely

xàlìì : id. roughly

xálíxálí : adv. until it's clean (syn. xálí)

xǎxámènɔ̀lá : n. 1. someone who is needy 2. someone who is in a difficult situation

xàtò : n. circular

xátsá : n. 1. to be wrapped 2. to wind up (a clock)

xátsá (ɖé ... ŋú / ŋútì) : v. to wrap around

xátsòtsò : n. the state of being in ambush (syn. xádédé)

xàtsàxátsá : n. 1. tiger fish (syn. àvùwò, tsìnùvùwò, xàtsèxátsé) 2. the act of wrapping (something around another thing)

xàtsèxátsé : n. tiger fish *(syn. àvùwò, tsìnùvùwò, xàtsàxátsá)*

xǎxá : n. 1. misery 2. difficulty 3. the state of being squeezed up 4. the state of being occupied (with e.g work/activities/etc.) 56. meagreness (of resources) . smallness (of a place)

xáxá : v. 1. to be busy 2. to be tight 3. to be narrow 4. to be cramped 5. to get stuck 6. to be in difficulty

xáxá : adj. 1. curve *(syn. xáxɛ́)* 2. narrow 3. compressed 4. squeezed

xáxá làwó ɖó : v. to drive animals into a narrow passage

xǎxámènɔ̀lá : n. someone who is needy or in a difficult situation

xáxɛ́ : adj. 1. curve *(syn. xáxá)* 2. narrow 3. tight

xǎxɛ́ƒé : n. 1. narrow passage 2. cramped/tight space

xè : n. 1. vomit *(syn. trú, ètrú)* 2. bird 3. disordered individual 4. someone who is ignorant 5. an idiot

xè (- vì nà àmè) : v. to deliver a baby for someone

xé : v. 1. to obstruct 2. to block 3. to refund 3. to repay

xè dóámèkú : n. owl *(syn. àdzéxè, fàvìèbùtó, fàvìèʋùtó, kpɔ̀kù, ʋlùkùkù, ʋlùkpùkpù, ʋùîʋùî)* 2. african wood owl *(syn. hɔdémèkú)* 3. a bird that predicts the death of a man by it's cry

xé : v. 1. to extend 2. to obstruct 3. to pay (e.g money) 4. to catch up 5. to find/reach someone/something (by going to get him/her/it) 6. to prevent 7. to be near to

xé : n. thorny tree with oily wood

xé (ɖè -) : v. to vomit *(syn. trú)*

xé (lǜ -) : v. to lose its leaves

xé àdzè : v. to neutralize the evil effect of bewitchment

xé fè : v. to pay

xé hà : v. 1. to respond in chorus 2. to join in a song with a part of the choir that is already singing

xé kɔ́ : v. to ward off a blow

xé mɔ́ (ná) : v. 1. to prevent (from) 2. to block the road/passage

xé nú : v. 1. to ward off evil by magic 2. to offer a fetish what was promised to him

xé tó ná : v. 1. to deafen 2. to ask someone to keep a secret

xèbìèsò : n. god of thunder/lightning

xèdà : n. 1. a type of snake that lives on the xé that is grey above and white below and which is non-venomous 2. a snake that feeds on birds

xèdzà : n. a tree that is similar to the xé tree

xédzèxédzè: n. hiccup *(syn. dzìdzá, dzìdzé, dzìdzí, dzìkúdzìkú, hèdzèhèdzè, hédzɛ̀hédzɛ̀, sikɔ́sikɔ́)*

xéɖédzí : n. supplement (to be paid)

xèɖèɖè : n. 1. the act of vomiting 2. vomit

xèɖèɖè : n. the capturing of birds

xèɖèlá : n. bird catcher

xédémèdzèdzí : n. a bushy shrub completely covered with thorns

xèḍùfò : n. millet-eater

xèḍùlå̀ : n. bird of prey (syn. **xéḍùlɛ̀̂**, **xéḍùʋùlɛ̀̂**, **xèfònú**)

xéḍùlɛ̀̂, xéḍùʋùlɛ̀̂ : n. bird of prey (syn. **xèḍùlå̀, xèfònú**)

xèè : id. 1. deeply 2. noisily

xèé : n. a small gourd for drawing palm wine (syn. **xí**)

xèfú : n. bird feather

xèfònú : n. bird of prey (syn. **xèḍùlå̀, xéḍùlɛ̀̂, xéḍùʋùlɛ̀̂**)

xénú : n. stupidity

xènyávå̀ : n. a type of bat species

xétsé : n. 1. provide 2. supply 3. procure

xèví : n. 1. bird (in general) 2. small bird

xèvìè : n. Xevie (a village in Benin)

xèvíhá : n. flock of birds

xèvínyìlá : n. poultry farmer

xèvízå̀ : n. bird trap

xèvɔ́ : n. vulture (syn. **àkàgå̀, àklåtsú, glú, kàblíkányá, kǻŋgá, kàŋgbá, kpètè, pété, sàkùì**)

xěxé : n. 1. refund 2. the act of catching

xéxé : n. 1. outside 2. earth (syn. **xíxé**)

xéxé : adj. 1. outside 2. green/not yet ripe

xéxé (mò -) : n. 1. serious 2. conscious

xéxéámè : n. 1. nature 2. temperament

xéxémè : n. 1. universe 2. world 3. earth 4. atmosphere 5. weather 6. firmament (syn. **xíxémè**)

xéxémè dɔ́wɔ̀nyà dɔ́wɔ̀fé : n. International Labour Office

xéxémè dùkɔ́wó fé gbgbɔ̀gàtù kplé ŋgɔ̀yìyì hábɔ̀bɔ̀ : n. International Labour Organisation

xéxémè dùkɔ́wó fé gbùgbɔ̀gàtù kplé ŋgɔ̀yìyì gàdzràḍófé : n. International Bank for Reconstruction and Development

xéxémè gàdzràḍófé : n. World Bank

xéxémè hábɔ̀bɔ̀ ná núḍùḍù kplé àgblèdèdè : International Food and Agriculture Organisation

xéxémè lå̀mèsé hábɔ̀bɔ̀ : n. World Health Organisation

xéxémè núḍùḍù hábɔ̀bɔ̀ : n. World Food Organisation

xéxémè núwɔ̀mètɔ́wó fé ŋkèkè : n. International Day of Persons with Disabilities

xéxémèdùkɔ́wó : n. pl. the countries of the world

xéxémèdɔ́ : n. 1. world affairs 2. mission (e.g of a country)

xéxémèdùkɔ́wó : n.pl. 1. global business 2. missions

xéxémènú : n. phenomenon

xéxémèʋàgå̀ : n. world war

xéxénù : n. 1. courtyard 2. outside

xèxí : n. 1. umbrella 2. parasol (syn. àwùxí, yèxé, yèxí, kàtàwìà, wòxí)

xèxí (kè -, klɛ́ -) : v. to open an umbrella

xèxí (dà -, mìà -) : v. to close an umbrella

xèxlě : n. 1. enumeration 2. counting 3. reading 4. deciphering

xèxlěà : adj. 1. legible 2. readable

xèxlědzèsì : n. 1. punctuation mark 2. digit 3. number

xèxlěgbàlě : n. reading book

xèxlěgbàlědzèsì : n. 1. letter 2. number 3. digit

xèxlěmè : n. 1. number 2. number

xèxlěmèdzèsì : n. 1. number 2. figure

xèzì : n. bird egg

xì mè : n. 1. in the beginning 2. in childhoold

xí : n. small gourd for drawing palm wine (syn. xèé)

xítsí : v. rub

xíxé : n. 1. world 2. earth 3. outside (syn. xéxé)

xíxémè : n. 1. universe 2. world 3. earth 4. atmosphere 5. weather 6. firmament (syn. xéxémè)

xíxíxí : id. indicates someone laughing

xlá̌ : n. 1. round 2. circle

xlá̌ : v. 1. to strike (violently with a sharp blow) 2. to be deformed

xlá̌ (fò -) : v. 1. to surround 2. to encircle

xlàdzàà : id. 1. stubborn 2. inflexible

xlá̌fòfò : n. 1. perimeter 2. circuit 3. the act of encircling

xlá̌fòlá : n . prowler

xlàxlà̌ : id. 1. weak /crippled (syn. xlɔ̀xlɔ̌) 2. cartiliginous

xlàxlàxlà̌ : id. 1. notched 2. prickly 3. pointed

xlàxlàxlà̌ (fò nù -) : v. 1. to babble 2. to speak quickly

xlě : v. 1. to read 2. to count 3. to decipher 4. to enumerate

xlě (dzè -) : v. 1. to be fibrous and tough (e.g like cassava) 2. to be incorrigible

xlě (ɖó nú -) : v. to reserve food for later

xlě fiá : v. to tell/to narrate

xlě nyà (tsó ... ŋú) : v. to make a presentation (on)

xlě nyà fiá : v. to make a report

xlě ... ŋlɔ̀ : v. 1. to take inventory 2. to make a census

xlělá : n. 1. reader 2. lector

xlì : n. sand fly

xlí : n. a tree used to make charcoal

xlìxlìxlì : id. describes slow or gentle movements

- 755 -

xlòlò : adj. hoarse

xlòlòò : id. in a hoarse voice

xlɔ̌ nú : v. 1. to advise 2. to give a warning 3. to make a recommendation

xlɔ̌ nú bé m- : v. to advise against

xlɔ́ : v. 1. to yelp 2. to bellow 3. to squeak 4. to croak 5. to yell 6. to neigh 7. to moo 8. to meow 9. to croak 8. to scream *(syn. xlɔ́, xɔ̀xlɔ́)*

xlɔ́ : n. friend *(syn. xɔ́, xɔ̌, xɔ́lɔ̌)*

xlɔ́ : v. 1. to yelp 2. to bellow 3. to squeak 4. to croak 5. to yell 6. to neigh 7. to moo 8. to meow 9. to croak 8. to scream *(syn. xlɔ́, xɔ̀xlɔ́)*

xlɔ̀sí : adj. 1. weak 2. sickly-looking

xlɔ̀xlɔ̀ : id. weak / crippled *(syn. xlɔ̀xlɔ̀)*

xó : n. event of the past

xó : adj. old *(syn. xóxó)*

xó (tù -) : v. to tell about the old days

xòbùù : id. 1. deep 2. hollow 3. bottomless

xódàdà : n. the act of telling the stories of the old days/ old stories

xóɖùlá : n. winner

xòlòò : n. 1. rough 2. uneven 3. bumpy

xótútú : n. 1. narrated tradition 2. recounting of the old days

xóxó : adj. 1. old 2. ancient 3. aged *(syn. xó)*

xóxó : n. elder

xóxó : adv. 1. a long time ago 2. already

xɔ̀ : v. 1. to take 2. to welcome 3. to agree with 4. to seize 5. to occupy 6. to pick up (a chorus) 7. to cost/to be worth 8. to contain 9. to have 10. to admit 11. to invade (e.g a place) 12. to flood (e.g a place)

xɔ̀ : n. 1. building 2. construction 3. edifice 4. house 5. room 6. agouti/aulacode

xɔ̀ (dé nyà -) : v. to adjourn a case

xɔ̀ (ɖó -) : v. 1. to go to bed 2. to lend money to a grieving family to arrange a funeral

xɔ̀ (kpétó -)/ (xɔ̀ kpé) : v. to be rocky

xɔ̀ (lǎmè - ... fé ákpó) : v. to be immune against

xɔ̀ (tɔ̀ -/tsì -) : v. to flood (e.g a place)

xɔ̀ àbì : v. to be wounded

xɔ̀ àblòɖè : v. to be independent

xɔ̀ àdzɔ̀ : v. to tax products

xɔ̀ àdzɔ̀ ɖé ... tà : v. to tax

xɔ̀ àfé : v. 1. to be implanted/to be rooted/to be installed 2. to invade (e.g a place) 3. to gain a foothold (e.g of a place)

xɔ̀ àgbà : v. 1. to unload 2. to lower the burden/load carried on the head

xɔ̀ àhò : v. to be a widow or a widower

xɔ̀ àsì : v. 1. to cost 2. to be expensive 3. to have value 4. to be precious

xɔ̀ àsì ɖé ... dzí : v. to increase in price

xɔ̀ ... bé ... kpɔ́ ... dzí : v. to adopt

xɔ̀ dzigbɔ̀ɖí : v. to be patient

xɔ̀ dzò : v. 1. to be hot 2. to catch fire 3. to have a fever

xɔ̀ dzò (yàmè -) : v. to have (the atmosphere/the weather) being hot

xɔ̀ dzò (sùsúmè -) : v. 1. to be under mental stress 2. to overwork oneself

xɔ̀ dzò àkpá : v. to overheat

xɔ̀ ɖàgbì, xɔ̀ ɖàgbùi : n. one room apartment /studio

xɔ̀ ... ɖé àgbè : v. 1. to save 2. to keep alive

xɔ̀ ɖé àkɔ́ : v. to take responsibility for

xɔ̀ ɖé ... dzí : v. 1. to accept 2. to help/to be at the side of

xɔ̀ ɖé ... tèfé : v. to take over

xɔ̀ ... ɖí : v. to keep

xɔ̀ ɖókúìsínɔ̀nɔ̀ : v. to gain independence

xɔ̀ édzí ná : v. to answer to

xɔ̀tàmè : n. roofing (of a building)

xɔ̀ fé tàmè : n. roofing

xɔ̀ fòɖì : n. a hovel *(syn. xɔ̀ gbàgbà)*

xɔ̀ gà : v. to collect money

xɔ̀ gbàgbà : n. hovel *(syn. xɔ̀ fòɖì)*

xɔ̀ gbè ná : v. to respond to a greeting

xɔ̀ ... gbɔ̀ : v. to get back/to recuperate

xɔ̀ kòmínyɔ̀ : v. to have/take the holy communion

xɔ̀ làmè (ná) : v. to captivate

xɔ̀ lánú lè ... sí : v. to disarm

xɔ̀ líɖɔ̀ɖɔ̀ : v. to be transferred/moved

xɔ̀ ... mè : v. to be infested (with something)

xɔ̀ mɔ́dzí : v. to take/occupy the entire road

xɔ̀ ná : v. 1. to rescue 2. to come to the aide of

xɔ̀ nó lè ... sí : v. to wean

xɔ̀ núkùlùìwó dzí sè : v. to be superstitious

xɔ̀ núnáná : v. to be rewarded

xɔ̀ núnyá : v. to be gifted

xɔ̀ núwó lè ... sì : v. to rob

xɔ̀ nyà dzí sè : v. to believe in something

xɔ̀ nyà ɖé àkɔ́, xɔ̀ nyà ɖé ... nù : v. 1. to assist (a person) in court 2. to take an interest in (a matter)

xɔ̀ nyà sè : v. to believe in the word of

xɔ̀ ŋgɔ̀yìyìxɔ̀xɔ̀ : v. to specialize

xɔ̀ ŋkɔ́ : v. 1. to be renowned 2. to be well-known

xɔ̀ (...) sè : v. 1. to hope 2. to believe

xɔ̀ sòè, xɔ̀ sùè : n. a small house

xɔ̀ tèfé ɖí : v. to make a reservation

xɔ̀ tùtùɖó : v. to have an internship

xɔ́ : n. friend *(syn. xlɔ́̃, xɔ́̃, xɔ́lɔ̃̀)*

xɔ́ : n. friend (syn. xlɔ́, xɔ́, xɔ́lɔ̀)

xɔ̀àsì : adj. 1. costly 2. valuable

xɔ̀dídí : n. the act of searching for an accommodation

xɔ̀dòmètɔ́ : n. neighbour (syn. àfélíkà)

xɔ̀dómè : n. 1. bedroom 2. dormitory

xɔ̀drɔ̀ : n. a lame person (syn. bàfá, búnɔ̀, tèkúnɔ̀, xɔ̀ndrɔ̀, xɔ̀ndrɔ̀, xɔ̀ndrɔ̀è)

xɔ̀dzísásá : n. ceiling

xɔ̀dzò : adj. hot

xɔ̀dzɔ̀ : n. house rental (syn. àdzɔ̀, xɔ̀fè, xɔ̀fètú, xɔ̀háyágà)

xɔ̀ɖàkɔ́ : n. 1. security 2. pledge

xɔ̀ɖédzí : n. 1. overload 2. that which is given in addition

xɔ̀ɖóɖó : n. the act of lending money to a grieving family to arrange a funeral

xɔ̀ɖógà : n. money lent to a grieving family to organize a funeral

xɔ̀ɖólá : n. someone who lends money to a grieving family to arrange a funeral

xɔ̀ɖòmè : n. space under the eaves

xɔ̀è lè ... nù : v. to interrupt someone

xɔ̀fè : n. rent (syn. àdzɔ̀, xɔ̀dzɔ̀, xɔ̀fètú, xɔ̀háyágà)

xɔ̀fètú : n. rent (syn. àdzɔ̀, xɔ̀dzɔ̀, xɔ̀fè, xɔ̀háyágà)

xɔ̀fìà, xɔ̀fìè : n. 1. bush-tailed porcupine 2. a type of big rat covered in hair

xɔ̀fɔ́tí : n. the beam/support tree for the overhanging part of the thatched roof (syn. xɔ̀tɔ́tí)

xɔ̀fúfú : n. plastering the wicker walls of a house with mud

xɔ̀fùù : id. describes something which protrudes

xɔ̀gã́ : n. 1. bedroom (in the inner part of the house, where strangers do not have access to) 2. hall

xɔ̀gbágànú : n. 1. sheet metal 2. zinc (syn. zíŋgi)

xɔ̀gbálá : n. 1. carpenter 2. roofer

xɔ̀gbátí : n. 1. beam (of a building) 2. roof beam

xɔ̀gbónú : np. Porto-Novo

xɔ̀gbɔ́ : n. a small sacred hut where one communicates with the spirit of the dead

xɔ̀háyágà : n. rent (syn. àdzɔ̀, xɔ̀dzɔ̀, xɔ̀fè, xɔ̀fètú)

xɔ̀háyálá : n. tenant (syn. xɔ̀háyátɔ́)

xɔ̀háyátɔ́ : n. tenant (syn. xɔ̀háyálá)

xɔ̀kɔ́kɔ́ : n. 1. tower 2. a high-rise building

xɔ̀lá : n. redeemer

xɔ̀lã̀ : n. agouti meat

xɔ̀lã̀kɔ́ : n. a chunk of of agouti meat

xɔ̀lèàmèŋú : adj. hereditary

xɔ́lɔ̀ : n. friend (syn. xlɔ́, xɔ́, xɔ́)

xɔ́lɔ̀ (dzè -, dzè - kplé) : v. to make friends / to make friends with xɔ́ɔ́lɔ̀ɔ̀ : id. in disorder

xɔ́lɔ̀dzèdzè : n. the act of making friends (syn. *xɔ́lɔ̃wɔ̀wɔ̀*)

xɔ̀lɔ̃ví : n. comrade

xɔ́lɔ̃wɔ̀wɔ̀ : n. 1. the act of making friends (syn. *xɔ́lɔ̀dzèdzè*) 2. fellowship

xɔ́lɔ̃xɔ́lɔ̃è : n. a spirit from whom a woman receives a fetus in order to give brith, after receiving the fetus from the deity/gods.

xɔ̀mè : n. 1. room 2. bedroom

xɔ̀mèḍónú : n. furniture (syn. *xɔ̀mènú*)

xɔ̀mèfòkpò, xɔ̀mèfòtí : n. flat piece of wood (on oneside) used to level the floor of the house

xɔ̀mènɔ̀nɔ̀ : n. 1. the act of staying at home 2. bride's retreat

xɔ̀mènú : n. 1. furniture 2. furnishing (syn. *xɔ̀mèḍónú*)

xɔ̀mènúgbé (tó -) : v. 1. to keep others waiting 2. to always be the last 3. to never finish on time

xɔ̀mènúwó : n. furniture (plural)

xɔ̀mènyágã́ : n. another name for a goddes sodza

xɔ̀mènyígbávɔ́ : n. 1. carpet 2. rug

xɔ̀mènyátrɛ́ : n. 1. gecko (syn. *xɔ̀mènyátrí*, *xɔ̀mèŋìní*, *xɔ̀mètré*) 2. bug (insect) 3. a small bat taht lives in houses

xɔ̀mènyátrí : n. 1. gecko (syn. *xɔ̀mènyátrɛ́*, *xɔ̀mèŋìní*, *xɔ̀mètré*) 2. stump-toed gecko 3. mourning gecko

xɔ̀mènyígbávɔ́ : n. 1. carpet 2. rug

xɔ̀mèŋìní : n. 1. gecko (syn. *xɔ̀mètré*, *xɔ̀mènyátrɛ́*, *xɔ̀mènyátrí*) 2. stump-toed gecko (syn. *xɔ̀mènyátrí*) 3. mourning gecko (syn. *xɔ̀mènyátrí*)

xɔ̀mètré : n. gecko (syn. *xɔ̀mènyátrɛ́*, *xɔ̀mènyátrí*, *xɔ̀mèŋìní*)

xɔ̀mètsòvɔ́ : n. curtain separating two parts of a room

xɔ̀mèwù : n. indoor clothing

xɔ̀mì : n. 1. framework 2. woodwork

xɔ̀mɔ́nù : n. house entrance

xɔ̀mɔ́nùkpé : n. terrace (in front of a house)

xɔ̀námè : n. 1. helping hand 2. rescue

xɔ̀námètí : n. 1. saviour 2. helper (syn. *xɔ̀námètɔ́*)

xɔ̀námètɔ́ : n. 1. helper 2. saviour (syn. *xɔ̀námètí*)

xɔ̀ndrɔ̀, xɔ̀ndrɔ̃̀, xɔ̀ndrɔ̀è : n. a lame person (syn. *bàfá*, *búnɔ̀*, *tèkúnɔ̀*, *xɔ̀drɔ̃̀*)

xɔ̀nɔ̀mè : n. 1. accommodation 3. living room

xɔ̀nù : n. 1. entrance of a house 2. room 3. classroom

xɔ̀nú : adj. expensive

xɔ̀nùdzɔ̀lá : n. 1. gatekeeper 2. custodian

xɔ̀nùḍèfé : n. the place where the entrance to a house is situated / doorway

xɔ̀nùḍèká : n. a house with one room

xɔ̀nùkpùí : n. small shelter or shade used as a kitchen/ fireplace/home/cottage

xɔ̀nùnɔ̀lá : n. 1. house keeper 2. butler *(syn. xɔ̀nùví)*

xɔ̀núví : n. 1. steward 2. butler *(syn. xɔ̀nùnɔ̀lá)*

xɔ̀ŋgòé : n. 1. small apartment 2. a section of a house separated by a wall

xɔ̀ŋkɔ́ : adj. famous

xɔ̀ŋúgùtɔ́é : n. little bat *(syn. àgùtɔ́, xɔ̀ŋúklùklùìví, xɔ̀ŋúŋúí)*

xɔ̀ŋúklùklùìví : n. little bat *(syn. àgùtɔ́, xɔ̀ŋúgùtɔ́é, xɔ̀ŋúŋúí)*

xɔ̀ŋúŋúí : n. little bat *(syn. àgùtɔ́, xɔ̀ŋúgùtɔ́é, xɔ̀ŋúklùklùìví)*

xɔ̀ŋútínú : n. building material

xɔ̀plástàtí : n. tool for leveling the cob on a wall *(syn. glikpànú)*

xɔ̀sè : n. 1. faith 2. belief

xɔ̀sè (Máwú dzí -) : n. belief in God

xɔ̀sèdɔ́ : n. religious mission/ religious work

xɔ̀sèfiáfíá : n. catechism (teaching)

xɔ̀sèfiágbàlẽ̀ : n. catechism book

xɔ̀sèhá : n. 1. church 2. religious community/congregation

xɔ̀sèhábɔ̀bɔ̀ : n. religious congregation / religious fellowship

xɔ̀sèhádzíwɔ̀nà : n. 1. spiritual concert 2. gospel concert

xɔ̀sèhátsòtsò : n. religious congregation

xɔ̀sèmèdèdè : n. catechesis

xɔ̀sèmèʋùʋù : n. profession of faith /confession

xɔ̀sèmèʋùlá : n. 1. confessor (of a faith) 2. believer

xɔ̀sèmɔ́zɔ̀lá : n. pilgrim

xɔ̀sèmɔ́zɔ̀zɔ̀ : n. pilgrimage

xɔ̀sènúfiáfé : n. a place of teaching the Christian faith (catechism)

xɔ̀sèŋúnúfiálá : n. catechist (a teacher of the principles of Christian religion, especially one using a catechism)

xɔ̀sèŋútínúfiáfíá : n. (Christian) religious doctrine

xɔ̀sètàkúkúlá : n. martyr (of faith)

xɔ̀sètɔ́ : n. believer (of the Christian faith)

xɔ̀súsú : n. measurement of the space where a house is to be built

xɔ̀sùtí : n. beam *(syn. dàḍéḍzí, mlɔ̀dzíá, xɔ̀tí)*

xɔ̀tà : n. rooftop

xɔ̀tí : n. 1. pinion 2. beam *(syn. dàḍéḍzí, mlɔ̀dzíá, xɔ̀sùtí)* 3. a piece of wood used for the construction of a house

xɔ̀tɔ́ : n. owner (of a house or property)

xɔ̀tɔ́tí : n. the beam/support tree for the overhanging part of the thatched roof (*syn. xɔ̀fɔ́tí*)

xɔ̀tsùklì : n. a rabbit-like animal

xɔ̀tùfé : n. construction site

xɔ̀tùlá : n. someone who builds houses (e.g mason)

xɔ̀tùnyà : n. tradition

xɔ̀tùtù : n. 1. building 2. the act of constructing a house or any building structure

xɔ̀tsóxɔ̀tsóé (xɔ̀ -) : v. to recieve one's share (of food) first

xɔ̀tsɔ́tsɔ́ : n. 1. a mobile house (a house that can be carried) 2. tent (e.g of mad of cloth)

xɔ̀vá : n. 1. destiny 2. fate

xɔ̀vi̋ : n. 1. guinea pig *(syn. gbèhà, hàdzɛ̋ xɔ̀ví)* 2. hut/cottage 3. cabin 4. prison cell 5. interior chamber of a room

xɔ̀xlɔ̋ : v. 1. to yelp 2. to bellow 3. to squeak 4. to croak 5. to yell 6. to neigh 7. to moo 8. to meow 9. to croak 8. to scream 9. to cry 10. to bleat *(syn. xlɔ̋, xlɔ̋)*

xɔ̀xɔ̀ : n. 1. receiving 2. redemption

xɔ̀xɔ̀ ɖé lãmè : n. inspiration

xɔ̀xɔ̀ ná àmè : n. 1. rescue 2. relief

xɔ̀xɔ̀ ná dùkɔ́á : n. nationalization

xɔ̀xɔ́nù : n. 1. courtyard 2. farmyard

xɔ̀yɔ́yɔ́ : n. calling upon the spirit of the dead *(syn. ŋɔ̀lìyɔ́yɔ́)*

xríɖìxríɖì : n. chewing gum

xríɖíxríɖí : id. describes the act of chewing

xùxɔ̀ : n. a variety of the mimosa tree

Y

yà : v. 1. to chop 2. to break off 3. to be excited 4. to cut 5. to mow (e.g the lawn) 6. to hit 7. to beat

yà : n. 1. air 2. gas 3. breeze 4. wind 5. atmosphere 6. climate 7. storm

yà (ɖé - mè) : loc. 1. without doing it on purpose 2. involuntarily

yà (xɔ̀ -) : v. 1. to get some fresh air 2. to relax

yà fáfé : n. 1. air conditioning 2. cold air

yá : prep. 1. as for 2. as to 3. regarding 4. with respect to 5. with regard to 6. as regards

yá : v. 1. to be welcome 2. to rot 3. to deteriorate

yàà : id. tasteless

yàà : adj. 1. meaningless 2. good for nothing 3. speechless (e.g as a result of fear) 4. petrified

yàà : adv. in vain

yàà (lè -/nɔ̀ -) : v. to have no taste

yàà (kè -) : v. to remain silent (not knowing what to say)

yàdàdà (yì -) : v. to go sideways

yàdò : n. trachea

yàɖɔ̀liɖɔ̀li : n. 1. change of air/climate 2. acclimatization

yàfámɔ̀ : n. air-conditioner

yàfòfò : n. 1. breath of air 2. wind

yàgbɔ̀mɔ̀ : n. fan/ventilator (machine) (syn. yàgbɔ̀nú)

yàgbɔ̀mɔ̀kà : n. fan belt

yàgbɔ̀nú : n. 1. fan/ ventilator (machine) (syn. yàgbɔ̀mɔ̀) 2. something that is used to blow air

yàhàà : id. 1. in ruins 2. rotten

yáhɛ́ɛ́ : id. entertaining

yáhɛ́ɛ́ (ɖè mò - ná) : v. to entertain

yàkà : adj. 1. untidy 2. careless 3. scatterbrained 3. in vain 4. empty-headed

yàkà (wɔ̀ -) : v. to be in disorder

yàkàdɔ́ : n. useless work

yàkàmè, yàkàmètɔ́ : n. 1. a person without character 2. a messy individual

yàkàmìnàà : adj. 1. tasteless 2. stealthily

yàkànú : n. worthless object

yàkànúwɔ̀wɔ̀ : n. 1. doing something useless 2. working for nothing

yàkàsúsú : n. 1. vain thought 2. an idea that advances nothing

yàkàtsyɔ̀ : adj. 1. useless 2. for fun 3. frivolous 4. deceptive

yàkàtsyɔ̀ (gblɔ̀ -) : v. to be kidding

yàkàví : adj. person without character

yàkàyàkà : id. in a disorderly manner

yàkàyáké : n. steamed grated cassava

yàkàyáké : n. Yekeyeke (Guin Festival)

yàkàyákézã̀ : n. festival of Yekeyeke (among the Guin) (syn. yèkèyékézã́)

yàkùtsá : n. plant sponge (loofah)

yàlèfó : n. 1. semutundu 2. catfish

yàlí : n. 1. whirlwind 2. misfortune 3. curse

yàlí tsó tà : v. 1. to be cursed 2. to be rejected

yàlié : adj. 1. frivolous 2. scatterbrained 3. brainless

yàmè : n. 1. climate 2. amtospheric weather 3. sky 4. cosmos

yàmè (gblɔ nyà ɖé -) : v. to talk in vain

yàmèmɔ́zɔ̀zɔ̀ dèdìènɔ̀nɔ̀ kplé dzìkpɔ́kpɔ́ hábɔ̀bɔ̀ : n. Agency for the Safety and Control of Air Navigation

yàmèmɔ́zɔ́-hábɔ̀bɔ̀ : n. Union of Air Transport

yàmèmɔ́zɔ̀lá : n. 1. someone who travels by air (aeroplane, helocopter, drone, hot air baloon, etc.) 2. space traveler (cosmonaut/astronaut)

yàmèʋàkɔ́ : n. air force

yàmèʋàʋú : n. fighter bomber

yàmèʋú : n. an airplane, helicopter, or other machine capable of flight

yàmèʋú mè dɔ́wɔ̀lá : n. steward (a person who looks after the passengers on a ship, aircraft, or train and brings them meals)

yàmèʋú mè nyɔ́nù dɔ́wɔ̀lá : n. a female flight attendant

yàmèʋúdzèdzó : n. landing of an aircraft

yàmèʋúdzèfé : n. a place where an aircraft lands (e.g aerodrome/ airport)

yàmèʋúfɔ̀kú : n. airplane accident

yàmèʋúhòhò : n. aircraft takeoff

yàmèʋúkùlá : n. pilot

yàmèʋúmèmègā̃ : n. captain of an aircraft

yàmèʋúví : n. 1. helicopter 2. small aircraft

yàmɔ́ɖèlá : n. wave

yànɔ̀à : n. volatile

yánùárì : n. January

Yàò : n. Yao, Yawo (a first name of a male born on Thursday) (syn. Kɔ̀wù, Kɔ̀wùì, Kwàwù)

yàtsà : n. a tree whose leaves and bark are used in medicine and religious rites (syn. yɔ̀tsà)

yàtsì : n. thunderstorm

yàtsìgā̃ : n. big thunderstorm

yàtsyɔ̀nú : n. air filter

yàʋɔ́ : n. 1. wind 2. gas

yàwá : n. Yawa (the first name of a girl born on Thursday)

yàwáví : n. Yawavi (indicates a younger yàwá mostly where another yàwà that is older is living in the same house/compund/family)

Yàwò : n. Yao, Yawo (a first name of a male born on Thursday) (syn. Kɔ̀wù, Kɔ̀wùì, Kwàwù)

yáwóɖá, yáwóɖágbè : n. Thursday (syn. vèétógbè)

yàwǔ : n. yoghurt

yàxénú : n. screen

yàxɔ̀fé : n. a place where one goes so as to receive fresh air (e.g reception area / public garden / terrace)

yàxɔ̀yì : n. recreation time

yàyàyà, yà yà yà : id. 1. dripping 2. gushing 3. clapping at length

yàyàyà, yà yà yà (fò nù -) : v. to speak without thinking

yàyòò : id. 1. unexpectedly 2. tasteless

yàyrá : n. 1. blessing *(syn. yrá)* 2. wisdom

yáyrá : adj. blessed

yàzízí : n. compression

yè : n. tree spider *(syn. yègògòè)*

yè- : pron. 1. him 2. her 3. he 4. she 5. you 6. it 7. his

-yè- : pr.pers. you (in reference to the main subject of a sentence)

-yè- : personal pron. 1. me 2. myself (in the progressive form of a sentence)

-yè- : pron. me *(syn. -nyè-)*

yé, -é : pr.pers. 1. he 2. she 3. it 4. him 5. her 6. you

yé : conj. and (contraction of **éyé**) *(syn. éyé)*

yé : part. n. 1. it is... that 2. it is... who

yé má : pr.pers. 1. that is it 2. there it is (used when the object being referred to is at a distance)

yé yìà : pr.pers. here it is (used when the object being referred to is nearby)

yé ɲútɔ́ : personal pron. 1. himself 2. herself

yèdé : n. date

yèdétí : n. date palm

yèɖè : n. name of a constellation

yéfé : poss. 1. your 2. his 3. her *(syn. yè)*

yègògòè : n. tree spider *(syn. yè)*

yèhèè : id. 1. dense 2. luxuriant 3. exuberant (for plants)

Yèhówà : n. Jehovah

yèkèyékézá : n. Yekeyeke (Guins Festival) *(syn. yàkàyákézá̃)*

yélègbèmè : n. spirit of the woods *(syn. àzizá̃, àkplàkpòé, gbètɔ́àgè)*

yèlèwómè : n. one who participates in a conversation or a meeting and speaks for the sake of it

yèniséyì Tɔ̀sìsí : n. Yenisei (the fifth-longest river system in the world (located in Russia), and the largest to drain into the Arctic Ocean)

yèméni : n. Yemen

yèròglífì : n. hieroglyph

yèsáyà : n. Isaiah

yésù : n. Jesus

yésùdzigbè : n. Christmas (a Christian feast on December 25 or among some Eastern Orthodox Christians on January 7 that commemorates the birth of Christ and is usually observed as a legal holiday)

yètí : n. 1. straw (for drinking) 2. pipette

yèví : n. little tree spider (syn. àdzàyí, àhòví, àvàtrófèyi, àyìyi, ḍètsòèví, nyìsá, yìyì)

yèvú : n. an European or a light skinned person (syn. yòvó, yòvú)

yèvúbòḍà : n. pomegranate

yèvúdè : n. Europe/ America/ white people's country (syn. yèvúwó dè, yèvúwódè)

yèvúḍò : n. european fishing net

yèvúdówòlá : n. 1. civil servant 2. functionary

yèvúbòló : n. bread (syn. yèvúkpónó)

yèvúbólòkpó : n. bread oven

yèvúgò : n. mango

yèvúgbè : n. white people's language (e.g English, French, etc.)

yèvúhà : n. 1. gin 2. european alcohol 3. guinea pig

yèvúkòḍú : n. a variety of sweet banana

yèvúkpákpá : n. goose

yèvúkpónó : n. bread (syn. yèvúbòló)

yèvúkútsá : n. Luffa aegyptiaca (sponge gourd)

yèvúnè : n. coconut

yèvúnétí : n. coconut tree

yèvúnétíwó fé mó : n. coconut line (Lome-Anexo railway line)

yèvútè : n. potato (syn. yòvótè)

yèvútíkèwòwò : n. modern medicine

yèvútókó : n. a warning that you should not tell secrets to a white person

yèvútó : n. pineapple (syn. àbàblí, àblàndé, ànázè, ànázi, àtótó, blàfógbè)

yèvútsá : n. cashew nut

yèvútígbè : n. moringa plant

yèvúvò : n. 1. European clothing 2. imported

yèvúwó dè : n. Europe/ America / white people's country (syn. yèvúdè, yèvúwódè)

yèvúxéxémè : n. 1. the era of the white man (in Africa) 2. European era 3. European life

yèvúxò : n. european style house

yèvúzi : n. 1. almond 2. a type of peanut with red fruits

yèvúwódè : n. Europe/ America / white people's country (syn. yèvúdè, yèvúwó dè)

yèʋè : n. 1. fetish 2. sacred religious order from eastern Togo

yèʋè (dzè -) : v. to convert to the yèʋè religion

yèʋèdzèdzè : n. becoming a member of the yèʋè order

yèʋègbè : n. 1. fetish language 2. language spoken by members of the yèʋè order

yèʋèkpó : n. farmstead of the people of the yèʋè order (in such a farm the whole clan lives together and leads a lavish, extravagant life.)

yèvèsì : n. yèvè priestess

yéwó- : pron. 1. they 2. those 3. them 4. you (plural)

yèwó fé : poss. 1. yours 2. theirs 3. your 4. their

yèyè : n. 1. sorbet 2. ice cream

yéyè : adj. 1. new 2. modern 3. unused

yèyé : n. 1. novelty 2. newness 3. new things

yéyè (lè -/nɔ̀ -) : v. 1. to be new 2. to be modern

yétè : n. heart (card)

yì : v. 1. to go 2. to leave 3. to go (there) 4. to smoke or grill (e.g fish) (syn. yìyì, yù) 5. to flow by 6. marks the attribution (syn. vá yì, vlé)

yì : prep. indicates movement in a certein direction

yì : pron. 1. this 2. that 3. it

yì (yèyíyì -) : v. to be late

yì, yìè, yìì : adj. 1. dark 2. black (syn. yìbɔ̀ yìbɔ̀ɔ̀, vìgbɔ̀ɔ̀) (Agbeny La, 1988, 2006, 2020, S. Hawo 1:5)

yì àdzògé : v. to stand aside

yì àfégǎ : v. to die (syn. yì àʋlìmè, yì bò , dè núgbé, dé àfɔ̀ àtùkpá mè, yì dèmàgbɔ̀núgbé, kú, yì núgbé, vló, vlɔ́, yì àzìzà ŋú, yì dzògbè, yì gẽ gbɔ́, yì yèɖóxɔ̀fé, yì nákè gbé, yì nú gbé, yì nú xà, yì tɔ̀gbùíáwó gbɔ̀, yì tɔ̀mè, yì tsíè, zù ŋɔ̀lì)

yì àfɔ̀dzí : v. to go to the toilet

yì àmèwùzìkpùì dzí : v. to go to the electric chair (in order to be executed by electrocution)

yì àʋlìmè : v. to die (syn. yì bò , dè núgbé, dé àfɔ̀ àtùkpá mè, yì dèmàgbɔ̀núgbé, kú, yì núgbé, vló, vlɔ́, yì àfégǎ, yì àzìzà ŋú, yì dzògbè, yì gẽ gbɔ́, yì yèɖóxɔ̀fé, yì nákè gbé, yì nú gbé, yì nú xà, yì tɔ̀gbùíáwó gbɔ̀, yì tɔ̀mè, yì tsíè, zù ŋɔ̀lì)

yì àzìzà ŋú : v. to die (syn. yì bò , dè núgbé, dé àfɔ̀ àtùkpá mè, yì dèmàgbɔ̀núgbé, kú, yì núgbé, vló, vlɔ́, yì àfégǎ, yì àʋlìmè, yì dzògbè, yì gẽ gbɔ́, yì yèɖóxɔ̀fé, yì nákè gbé, yì nú gbé, yì nú xà, yì tɔ̀gbùíáwó gbɔ̀, yì tɔ̀mè, yì tsíè, zù ŋɔ̀lì)

yì drẽ̀ : v. to take a nap

yì dùtà : v. to go abroad

yì dzí : v. to continue

yì ... dzí : v. to access

yì dzògbè : v. to die (by accident , or by drowning, or by a mysterious cause) (syn. yì bò , dè núgbé, dé àfɔ̀ àtùkpá mè, yì dèmàgbɔ̀núgbé, kú, yì núgbé, vló, vlɔ́, yì àfégǎ, yì àʋlìmè, yì àzìzà ŋú, yì gẽ gbɔ́, yì yèɖóxɔ̀fé, yì nákè gbé, yì nú gbé, yì nú xà, yì tɔ̀gbùíáwó gbɔ̀, yì tɔ̀mè, yì tsíè, zù ŋɔ̀lì)

yì ɖé ... tàmè : v. to rise up /to hoist oneself up

yì ɖó ɖé ... ŋgɔ̀ : v. to fall back (car)

yì ... ɖòkùí mè : v. to reflect on oneself

yì édzí : v. 1. to take place 2. to redouble (e.g pain)

yì .. gé : v. to be about to (do something)

yì ... gé klòé : v. to almost (have something happening)

yì gḛ̀ gbɔ́ : v. to die *(syn. yì bò , dè núgbé, dé àfɔ̀ àtùkpá mè, yì dèmàgbɔ̀núgbé, kú, yì núgbé, vló, vlɔ́, yì àfégã́, yì àʋlìmè, yì àzìzà ɲú, yì dzògbè, yì ɣèɖóxɔ̀fé, yì nákè gbé, yì nú gbé, yì nú xà, yì tɔ̀gbùíáwó gbɔ̀, yì tɔ̀mè, yì tsíè, zù ŋɔ̀lì)*

yì ɣèɖóxɔ̀fé : v. to die *(syn. yì bò , dè núgbé, dé àfɔ̀ àtùkpá mè, yì dèmàgbɔ̀núgbé, kú, yì núgbé, vló, vlɔ́, yì àfégã́, yì àʋlìmè, yì àzìzà ɲú, yì dzògbè, yì gḛ̀ gbɔ́, yì nákè gbé, yì nú gbé, yì nú xà, yì tɔ̀gbùíáwó gbɔ̀, yì tɔ̀mè, yì tsíè, zù ŋɔ̀lì)*

yì Ifɛ̀ : v. to die (usually used for the vodoo priests)

yì mɔ́ bú dzì : v. to change lanes (on the road)

yì nákè gbé : v. 1. to go get wood 2. to die *(syn. yì bò , dè núgbé, dé àfɔ̀ àtùkpá mè, yì dèmàgbɔ̀núgbé, kú, yì núgbé, vló, vlɔ́, yì àfégã́, yì àʋlìmè, yì àzìzà ɲú, yì dzògbè, yì gḛ̀ gbɔ́, yì ɣèɖóxɔ̀fé, yì nú gbé, yì nú xà, yì tɔ̀gbùíáwó gbɔ̀, yì tɔ̀mè, yì tsíè, zù ŋɔ̀lì)*

yì nú gbé : v. 1. to go somewhere 2. to die *(syn. yì bò , dè núgbé, dé àfɔ̀ àtùkpá mè, yì dèmàgbɔ̀núgbé, kú, yì núgbé, vló, vlɔ́, yì àfégã́, yì àʋlìmè, yì àzìzà ɲú, yì dzògbè, yì gḛ̀ gbɔ́, yì ɣèɖóxɔ̀fé, yì nákè gbé, yì nú xà, yì tɔ̀gbùíáwó gbɔ̀, yì tɔ̀mè, yì tsíè, zù ŋɔ̀lì)*

yì gbĕdzí : v. to go into exile

yì kpɔ́xà : v. to go to the toilet

yì nú xà : v. 1. to go to the toilet 2. to die *(syn. yì bò , dè núgbé, dé àfɔ̀ àtùkpá mè, yì dèmàgbɔ̀núgbé, kú, yì núgbé, vló, vlɔ́, yì àfégã́, yì àʋlìmè, yì àzìzà ɲú, yì dzògbè, yì gḛ̀ gbɔ́, yì ɣèɖóxɔ̀fé, yì nákè gbé, yì nú gbé, yì tɔ̀gbùíáwó gbɔ̀, yì tɔ̀mè, yì tsíè, zù ŋɔ̀lì)*

yì númètótó : v. to go exploring

yì ŋgɔ̀ : v. to move forward

yì ŋgɔ̀ ! : intrj. go ahead !

yì ŋgɔ̀dèdètùtùɖóxɔ̀fé : v. to specialize

yì ŋkèkè bǔ dzí : v. to postpone

yì ŋùgblè mè : v. to start thinking

yì sásã́ : adv. as far as the eye can see

yì sé gbɔ́ : v. go to court

yì sɔ̀lèmè : v. to go to church

yì tó, yì tómè : v. 1. to be deep 2. to sink

yì tɔ̀gbùíáwó gbɔ̀ : v. to die *(syn. yì bò , dè núgbé, dé àfɔ̀ àtùkpá mè, yì dèmàgbɔ̀núgbé, kú, yì núgbé, vló, vlɔ́, yì àfégã́, yì àʋlìmè, yì àzìzà ɲú, yì dzògbè, yì gḛ̀ gbɔ́, yì ɣèɖóxɔ̀fé, yì nákè gbé, yì* *nú gbé, yì nú xà, yì tɔ̀mè, yì tsíè, zù ŋɔ̀lì)*

yì tɔ̀mè : v. 1. to go fetch water 2. to die *(syn. yì bò , dè núgbé, dé àfɔ àtùkpá mè, yì dèmàgbɔnúgbé, kú, yì núgbé, vlɔ́, vlɔ́, yì àfégǎ, yì àʊlìmè, yì àzìzà ŋú, yì dzògbè, yì gě gbɔ́, yì yèɖóxɔ̀fé, yì nákè gbé, yì nú gbé, yì nú xà, yì tɔ̀gbùíáwó gbɔ, yì tsíè, zù ŋɔ̀lì)*

yì tù : v. 1. to join (e.g someone/something) 2. to go and meet (e.g someone/something)

yì tsà ŋkú lè … mè/dzí : v. to go exploring

yì tsíè : v. to die *(syn. yì bò , dè núgbé, dé àfɔ àtùkpá mè, yì dèmàgbɔnúgbé, kú, yì núgbé, vlɔ́, vlɔ́, yì àfégǎ, yì àʊlìmè, yì àzìzà ŋú, yì dzògbè, yì gě gbɔ́, yì yèɖóxɔ̀fé, yì nákè gbé, yì nú gbé, yì nú xà, yì tɔ̀gbùíáwó gbɔ, yì tɔ̀mè, zù ŋɔ̀lì)*

yì tsɔ́ … vè : v. to go get (and bring)

yì … wɔ̀ : v. to resort to

yì : n. 1. cutlass 2. sword 3. hunting knife 4. a type of mouse

yí (ɖè -) : v. to take out the sword

yí (ɖì -) : v. to stab (with the sword/knife)

yí kátá̃ : adv. the whole thing / everything

yìà : pron. 1. this 2. that 3. it

yìáá : intrj. pleasant surprise

yìbɔ̀ : adj. 1. black 2. dark *(syn. yì, yìè, yìì, vìgbɔ̀ɔ̀)*

yìbɔ̀ɔ̀ : adj. 1. black 2. dark *(syn. yì, yìè, yìì, vìgbɔ̀ɔ̀)*

yìbɔ̀èfé (ŋkú fé -) : n. pupil of the eye

yìbɔ̀fé : n. 1. darkness 2. place of misery

yìbɔ̀ɔ̀ (lè -/nɔ̀ -) : v. to be black

yìbɔ̀tɔ̀ : adj. someone/something that is black

yìdzùù : adj. 1. loose 2. withered 3. limp

yìdzùù (wɔ̀ -) : v. to be frightened

yíɖá : n. comb *(syn. àfé, àyǎ, àyíɖá, lìá)*

yìɖàsé : conj. until *(syn. váséɖé)*

yìɖɔ̀ : n. spider web

yìfé : n. destination

yíí ! : intrj. pain

yìkà : n. 1. spider web 2. cobweb

yìkpáyè : n. 1. a long snake-like fish *(syn. àdèyè, ànìpáyè, dàyì, ŋɔ́páyé) 2.* machete

yíkpó : n. machete

yíkpó (ɖà -) : v. to sharpen a machete

yíkpókà : n : a divine judgment in which the shins are smeared with a red-hot iron (knife), if it only singes the skin without causing any further damage, the accused is innocent *(syn. gàdéɖzòmèkà)*

yímlà : n. 1. bush knife 2. machete *(syn. àmlà)*

yìnà : v. to be going

yìnà ɖé : prep. going towards/ going to

yìnà ɖé ... lɔfò : prep. going towards (a certain direction)

yítí : n. flamboyant

yìtsi : n. 1. to no longer be attractive 2. to go stale

yìtsú, yìtsúí : n. 1. hawk (syn. àʋàkò, àyìsú, tsúí) 2. african fish eagle 3. fox kestrel 4. grey kestrel 5. red-necked falcon 6. red-footed falcon

yíʋlɛ̀mè : n. a variety of wild cocolasia

yìyì : v. to grill or smoke (e.g fish) (syn. yì, yù)

yìyì : n. 1. spider (syn. àdzàyí, àhòví, àʋàtrɔ́fèyì, àyìyì, ɖètsɔèví, nyìsã́, yèví) 2. the act of going 3. supplement (of little value)

yìyì : adj. 1. grilled 2. smoked

yìyì kplé gbɔ̀gbɔ̀ : n. back and forth

yìyìɖɔ : n. spider's web (syn. nyèdrìkàkà, yíyí fé ɖɔ̀)

yìyìɖùàmètò : n. 1. big spider 2. tarantula

yìyìmè : n. 1. rhythm 2. the act of going

yómè : postp. 1. behind 2. following behind

yómè (dzè ... -) : v. to follow

yómè (fiá ... mɔ́) : v. 1. to inform (of a danger) 2. to denounce

yómè (nɔ̀ àmè fé nyà -) : v. to support somebody (as in seconding the person)

yómèdzèdzè : n. 1. the act of following 2. imitation

yómèdzèlá : n. 1. disciple/ successor 2. imitator

yómèdzènú : n. 1. sequel 2. consequence

yómèmɔ́fíáfíá : n. betrayal

yómèmɔ́fíálá : n. traitor

yómènɔlá : n. successor

yómènɔ̀nɔ̀ : n. succession

yómètílá : n. persecutor

yómètítí : n. 1. persecution 2. pursuit

yómètɔ̀ : adj. the one which comes after

yómètɔ́ : n. the one who comes after (somene preceding him)

yòò ! : intrj. 1. fine ! 2. good ! 3. okay !

yóó ! : intrj. thank you (response to a greeting)

yòvó : n. an European or a light skinned person (syn. yèvú, yòvú)

yòvótè : n. potato (syn. yèvútè)

yòvókpákpá : n. goose

yòvítsí : n. common pochard

yòvú : n. an European or a light skinned person (syn. yèvú, yòvó)

yòyòyò : id. 1. dripping 2. talkative

yɔ̀ : v. 1. to smoke a (e.g a cigarette) 2. to press out/to ooze out 3. to put pressure on 4. to hurry yò : n. 1. grave/tomb 2. louse *(syn. èyò, èkpòó, kpòó, yòè)* 3. pompano dolphinfish *(syn. blò, fèflè, tòflèsi)* 4. belly / abdomen *(syn. yòmè)*

yò (dè -) : v. to pick lice/ to get rid of lice/ to delouse *(syn. fò yò, lé yò)*

yò (dè -, kù -) : v. to dig a grave

yò (dè - ná àmè) : v. to infest somebody with lice

yò (fò -) : v. to pick lice/ to get rid of lice/ to delouse *(syn. dè yò, lè yò)*

yò (lé -) : v. to pick lice/ to get rid of lice / to delouse *(syn. dè yò, fò yò)*

yò àdzùdzò : v. to smoke

yò dò : v. to expose a sick person to the smoking of burning herbs

yò dò ná : v. to heal (someone who is sick)

yò gbè : v. 1. to inhale (water vapour for the healing purposes) 2. to smoke marijuana

yò mò : v. to be gloomy

yò sìgǎ : v. to smoke cigar

yò sìgǎréti : v. to smoke cigarette

yò ʋù : v. to blow (at the forge)

yò ʋù ná : v. 1. to push (somebody) 2. to make to stand up

yò (xò -) : v. to be infested with lice by someone

yò xò : v. to smoke out a house (in which someone has died)

yò (wù -) : v. to expel / kill lice

yó : v. 1. to be called 2. to invoke 3. to call (upon) 4. to proclaim 5. to be full of

yó : n. 1. shea butter 2. african knifefish

yó àzì : v. to cackle after laying eggs

yò bé : v. to name (as)

yó gò : v. to overflow (e.g a river)

yó gò gbàgbà : v. 1. to submerge 2. to overwhelm

yó kplé ké : v. to be full of /with sand

yó nú émè nékó : v. to articulate (clearly with the mouth) (e.g when speaking)

yó ŋkó : v. to call (by the name)

yó táŋ (táŋŋ́) : v. 1. to be full 2. to be crowded *(syn. yó táŋtáŋtáŋ)*

yó táŋtáŋtáŋ : v. 1. to be full 2. to be crowded *(syn. yó táŋ (táŋŋ́))*

yó tró : v. to invoke a diety

yòdò : n. tomb

yòdòdzíkpé : n. tombstone *(syn. yòkpé)*

yòdòdèlá : n. gravedigger *(syn. yòdèlá, yòfià)*

yòdògǎ : n. tomb

yòdèlá : n. gravedigger *(syn. yòdòdèlá, yòfià)*

yòè : n. louse *(syn. èyò, èkpòó, kpòó, yò)*

yòfià : n. gravedigger *(syn. yòdèlá, yòdòdèlá)*

yɔ̀fé : n. funeral home /mortuary *(syn. kútèfé)*

yɔ̀fé (wɔ̀ -) : v. to have a funeral ceremony

yɔ̀fòfò : n. 1. burial ceremony 2. the act of leveling the ground of a house in which a dead person has been buried

yɔ̀gèè : id. distorted/twisted (of the face) with protruding lips *(syn. yɔ̀lùù)*

yɔ̀gèè (ɖó mò -) : v. to distort/twist/twitch the face with protruding lips

yǒkú : n. shea fruit

yǒkúmì : n. shea butter cream/oil

yǒkútí : n. shea tree *(syn. yǒtí)*

yɔ̀kpé : n. tombstone *(syn. yɔ̀dòdzíkpé)*

yɔ̀kplɔ̀ : n. part of the the body below the ribs

yɔ̀lá : n. smoker

yɔ̀lùù : id. distorted/twisted (of the face) with protruding lips *(syn. yɔ̀gèè)*

yɔ̀mè : n. 1. interior of the tomb 2. the underworld 3. the afterlife

yɔ́mè : n. belly/ abdomen *(syn. yɔ̀)*

yɔ̀mèkpé : n. tuberculosis

yɔ̀mèkpékpélá : n. someone who coughs as a result of **yɔ̀mèkpé** (tuberculosis)

yɔ̀mèkpétíkè : n. anti-tuberculosis drug

yɔ̀mèkpétɔ́ : n. tuberculosis patient *(syn. àlɔ̀kplíkpé, èkpévɔ̃́, kpévɔ̃́)*

yɔ̀ɔ̀ : id. describes someone who does not know what to do anymore

yɔ́rúdàn : n. Jordan

yɔ̌nú : n. the part of the abdomen where the rectum is located

yɔ̌tí : n. shea tree *(syn. yɔ̌kútí)*

yɔ́tó : n. a large bird of prey

yɔ̀tsà : n. a tree whose leaves and bark are used in medicine and religious rites *(syn. yàtsà)*

-yɔ́ví : suff. a suffix which when added qualifies the prefix (e.g **nyrùìyɔ́ví** = nephew/niece)

yɔ̀xɔ̀ : n. 1. forge 2. mortuary 3. house in which a dead person is buried

yɔ̀xɔ̀ɖóɖó : n. funeral custom whereby women from the deceased family are required to live in the house where the deceased was buried for one month or more

yɔ̀yɔ̀ : n. 1. act of pressing 2. the act of putting pressure on or cornering (somebody) 3. the act of smoking

yɔ̌yɔ́ : n. 1. invocation 2. appellation 3. summon 4. pronunciation 5. vocation/calling 6. the act of filling (of something with something)

yɔ̀yɔ̀ɖéŋú : n. mobilization

yɔ̀yrɔ̀ : adj. 1. lukewarm 2. pointed 3. scorched

yɔ̀yrɔ̀èfé : n. pointed part of an object

yɔ́yɔ́ : adj. full

yrà : n. a group of three stars *(syn. yrè)*

- 771 -

yrá : v. to bless

yrá : n. 1. blessing 2. sacrament *(syn. yàyrá)*

yràbàà : id. sloping

yràlàà : adj. 1. aqueous 2. clear (referring to fluids) 3. alone

yráyrá : adj. 1. bitter 2. pungent 3. irritating

yrè : v. 1. malicious 2. extravagant

yrè : n. a group of three stars *(syn. yrà)*

yrè (àmè -) : n. worthless person

yrèbèè : id. describes something which is dangling

yrí : v. 1. to applaud a speaker 2. to make an impression while speaking *(syn. yrùí)*

yríyríyrí : id. describes something which is slightly intoxicating

yrò : v. to be insipid

yró : v. 1. to make fun of *(syn. yrú, wlú)* 2. to boo 3. to pronounce incantatory words on a charm or ingredients to make it (them) effective

yró ḍé ... dzí : v. 1. to rush upon 2. to act vehemently and in large numbers *(syn. yrú ḍé ... dzí)*

yró gbè : v. to pronounce incantatory words on medicinal plants to make them effective

yró kpé ... ḍé .. dzí : v. to throw stones at *(syn. yrú kpé .. ḍé ...dzí)*

yró àtíkè ná : v. to prepare medicine by pronouncing incantatory words to make it effective

yròlòò : v. 1. aqueous/containing water 2. thin

yrɔ̀ : v. 1. to be lukewarm 2. to wither 2. to dry up 3. to be sharp 4. to sharpen

yrɔ̀ : adj. 1. tapered 2. pointed

yrɔ̀ sùù : v. to be terrified

yrɔ̀bɔ̀ɔ̀ : adj. 1. soft 2. elastic

yrú : v. to mock *(syn. yró, wlú)*

yrú àtíkè ná : v. to prepare a medicine by spitting on it to make it effective *(syn. yró àtíkè ná)*

yrú ḍé ... dzí : v. 1. to rush upon 2. to act vehemently and in large numbers *(syn. yró)*

yrú kpé ... ḍé ... dzí : v. to throw stones at *(syn. yró kpé ... ḍé ... dzí)*

yrùbàà : n. withered *(syn. yùù)*

yrùí : v. 1. to applaud a speaker 2. to make an impression while speaking *(syn. yrí)*

yù : v. to smoke (e.g fish) *(syn. yì, yìyì)*

yùbílì : n. jubilation

yùbílì dzìdzɔ̀séyè : n. great manifestation of joy

yúḍàtɔ́ : n. a native of the tribe/land of Judah

yùgòslávíà : n. Yugoslavia

yúlì : n. July

yùnèskò : n. U.Ṅ.E.S.C.O (United Nations Educational Scientific and Cultural Organization)

yúnì : n. June

yùnivèsìtì : n. University

yùnivèsìtìdzíkpɔ́lá : n. University rector

yùnivèsìtìnúfíálá : n. University Professor

yùóò ! : intrj. come on, come on !

yúrà-Tówó : n. the Jura mountains (a sub-alpine mountain range a short distance north of the Western Alps and mainly demarcate a long part of the French-Swiss border)

Yúrúbà : n. 1. Yoruba (an ethnic mainly located in Nigeria) 2. Yoruba Kindgom *(syn. àlátà, ànàgó)*

yúrúbàtɔ́ : n. a person belonging to the Yoruba ethnic grouping *(syn. àlátàtɔ́, ànàgótɔ́)*

yùù : id. 1. faded 2. dried up 3. withered *(syn. yrùbàà)*

Z

zà : adv. 1. much 2. to a high degree 2. thick (referring to grass)

zà : n. night

zà (étò fé -) : n. last night

zà (drɔ́ -) : v. to play the drum all night (ceremony)

zà (nɔ̀ - dzí) : v. to spend a sleepless night

zà (zɔ̀ -) : v. 1. to travel at night 2. to prowl at night

zà gà wùi̯ èvè : n. midnight

zà gɑ́ dòmè : n. deep in the night

zɑ́ : v. 1. to use 2. to spend 3. to be skillful 4. to hurry 5. to be active 6. to be well-educated 6. to be smart 7. to loosen (the tongue) 8. is it that ... ? (syn. hɑ̀, mɑ́hɑ̀) 9. to be seasoned

zɑ́ : n. nocturne

zɑ́ àtíkè : v. to follow treatment

zà d̪é: phr. 1. later 2. soon

zà d̪é (éyì -) : phr. 1. see you later 2. see you soon

zɑ́ ... d̪ókúi̯ : v. to use onself

zɑ́ nè : v. to drink

zà kòfí : v. 1. atlantic bigye 2. glasseye

zàblùkɔ́ : n. 1. darkness of the night 2. deep night

zàdódó : n. nightfall

zàdóké : n. twilight

zàdókélí : n. 1. eclipse 2. eclipse of the sun 2. sudden darkenss

zàdómàdɔ́lɔ̀è : n. sleepless night (syn. zàdzínɔ̀nɔ̀, zàténɔ̀nɔ̀, zàmènɔ̀nɔ̀)

zàdɔ́drɔ́ : n. druming all night

zàdzèlá : n. 1. someone who sneaks around women's doors at night (syn. ʋɔ̀ʋùlá) 2. someone who wanders at night

zàdzínɔ̀nɔ̀ : n. sleepless night (syn. zàdómàdɔ́lɔ̀è, zàténɔ̀nɔ̀, zàmènɔ̀nɔ̀)

zàdzɔ̀lá : n. watchman (syn. zàd̪i̯álá)

zàd̪i̯álá : n. watchman (syn. zàdzɔ̀lá)

zàfífiá : n. skin rash/heat rash/prickly heat (syn. àfífià, àfífiàkpà)

zàfɔ́lá : n. someone who gets up early (e.g at dawn)

zàgàdà : n. name of a dance of rejoicing

zàgbètɔ́ : n. 1. he who's voice is heard in the night (Ellis, 2015) 2. member of a group of people who watch over the community during the night (Ellis, 2015) 3. night watchman

zàgòò : adj. 1. stocky 2. short and fat

zɑ́góé : adj. small in size but well built

zàgbàɑ̀ : adj. 1. large 2. as far as the eye can see

zàhà̀ : n. palm wine of the night

zàhà (d̪è -, trɔ́ -) : v. to go steal palm wine that drips from the palm tree during the night

zàkàdzà : n. a bee variety

zàklám : n. morinda lucida (Morinda is a genus of flowering plants in the madder family, Rubiaceae The generic name is derived from the Latin words *morus* "mulberry", from the appearance of the fruits, and *indica*, meaning "of India)

zàmådízàmàhlɔ̌ : n. kind of ochre (*syn.* fètrí)(Rongier, Dictionnaire éwé-français, 2015) *(syn. àgbágbá, àgbòdrò, àklùmã́, àtísé, fètrí, lùlú)*

zámbézì : n. Zambezi River (the fourth-longest river in Africa)

zámbíà : n. Zambia

zàmè : n. night

zàmènɔ̀nɔ̀ : n. 1. wakefulness 2. sleepless night *(syn. zàdómàdɔ́lɔ̀è, zàdzínɔ̀nɔ̀, zàténɔ̀nɔ̀)*

zàmú : n. dew

zànú : n. 1. corruption 2. that which is done in secret

zànú (ɖù -) : v. to be corrupt

zànú (ná -) : v. to bribe

zànú (wɔ̀ -) : v. to do something in secret

zànú (xɔ̀ -) : v. to accept a bribe

zànúɖùɖù : n. corruption

zànúɖùlá : n. a corrupt person

zànúnálá : n. someone who bribes

zànúnáná : n. 1. corruption 2. bribery

zànúvɔ́, zànúvɔ́ɛ̃́ : n. magnan ant *(syn. klìkásìví, kɔ̀tɔ̀kɔ̀)*

zànúwɔ̀lá : n. someone who acts in secret

zànúwɔ̀wɔ̀ : n. secret action

zànúxɔ̀lá : n. a corrupt person

zànúxɔ̀xɔ̀ : n. the act of agreeing to be corrupt

zàŋàà: id. lofty

zàŋbàà : adj. 1. wide 2. flat (e.g the nose)

zàsùkú : n. evening classes

zàsùkúyòmèdzènúwó : n. post-literacy

zàtá : n. saliva that is produced at night during sleep *(syn. èzàtá)*

zàtá (ɖè -) : v. to eat in the morning/ to have breakfast

zàténɔ̀nɔ̀ : n. sleepless night *(syn. zàdómàdɔ́lɔ̀è, zàdzínɔ̀nɔ̀, zàmènɔ̀nɔ̀)*

zàtítíná, zàtífé : n. middle of the night

zàví : n. 1. a free-born person 2. a child who cries at night 3. the act of crying in the night

zàvú : n. violent diarrhoea *(syn. zàʋú)*

zàvú (yɔ̀ -): v. to suffer from severe diarrhoea *(syn. yɔ̀ zàʋú)*

zàʋú : n. violent diarrhoea *(syn. zàvú)*

zàʋú (yɔ̀ -): v. to suffer from severe diarrhoea *(syn. yɔ̀ zàvú)*

zàwù : n. nightgown

zàxè : adj. nocturnal bird

zàyírì : n. Zaire (Democratic Republic of the Congo)

zàzá : n. 1. utilization 2. skill 3. rapidity

zàzέ : n. 1. dynamism 2. lucidity

zázέ : n. 1. skillful 2. capable 3. courteous 4. honest

zàzɔzɔ̀ : n. 1. night travel 2. wandering at night

zàzùù : id. 1. tasteless 2. hard (to eat)

zè : n . 1. tobacco pipe *(syn. zi̋, zǐ)* 2. pot/canary

zèdódó : n. the art of pot making

zèdòmè : n. bottom of a pot

zègěě̌ : n. 1. large 2. heavy

zègèdèʋúí : n. swelling of the salivary gland *(syn. àzègèɖèʋòé, àzègèdèʋùí, ántòɖóé, áŋkpɔ̀bɔ́é, àzàgèdèʋùì, àzègèɖèfí, àzògèɖèbùí, kìtìkpɔbɔ, kìtìkpɔbɔ́é, kìtsìkpɔkpɔ, kòklótsùí, kɔ̀klòtsùí, kɔ̀kùí, kpìtìàŋkpɔbɔ́è)*

zègòlò : n. food preservation

zègòlò (ɖó -) : v. to put aside some food

zègɔ̀mèè̀ : n. leftover food

zèklà : n. a set of pots

zèkɔ̀ : n. neck of a pottery

zèkɔ́ : n. pot with a neck and a small opening

zèkpě̀ : n. 1. stem 2. tree trunk

zèkpě̌ě̌ : id. 1. clumsy 2. heavily

zèlándíà-yéyè : n. New Zealand

zèlìlì : n. polishing a pot that has just been turned

zèmàbàyì, zèmàbì : n. soot

zèmèƒé : n. a place where pottery is made

zèmèlá : n. potter

zèmèmè, zèmèmèdɔ́ : n. pottery

zènyìì : adj. 1. rough 2. uneven

zèví : n. 1. canary 2. small pot

zì : v. 1. to reign 2. to stop 3. to be quiet 4. to break by hitting (into pieces) 5. to cease

zì : n. 1. seat 2. times 3. noise 4. large numbers 5. burden 6. tobacco pipe *(syn. zè, zǐ)* 7. antelope 8. exuberance 9. dispersion 10. invisibility

zì (dé -) : v. to be numerous

zì (dó -) : v. 1. to become magically invisible 2. to hide

zì (ɖè -) : v. to make noise

zì (fɔ́ŋlì -) : v. early in the morning /at dawn

zì (lè/nɔ̀ - mè ná): v. 1. to prepare a plot against (somebody) 2. to preside over/to be the brain of

zì (nò -) : v. to smoke a pipe *(syn. yɔ̀ zì)*

zì (yɔ̀ -) : v. to smoke a pipe *(syn. nò zì)*

zì àlésì : conj. 1. whenever 2. as long as

zì àlésì ... vɔ̀ lá : v. once that

zì àlésì ... zì nènémáé : conj. the more,... the more,

zì dèká : adv. 1. once 2. at a time 3. at the same time 4. immediately

zì ... dzí : v. 1. to force 2. to constrain

zì dòdùi : v. 1. to be calm 2. to be silent

zì gbɔ̀ : n. number of times

zì kpí : v. 1. to not mind (someone/something) 2. to be silent

zì nùfòfò : v. to stop talking

zì nyɛ̀ : v. to commence

zì (tɔ̀ -) : v. to scatter (e.g by running/ by flying away ... out of fear)

zǐ : n. 1. tobacco pipe *(syn. zè, zì)* 2. wine cask

zí : v. 1. to press 2. to compress 3. to ferment 4. to attach/ to connect

zí àfɔ̀ : v. to press with the foot

zí ... dzí : v. 1. to force 2. to confiscate

zí ... dzí dɔ́ ... gbɔ́ : v. to rape

zí ... dé fòdò mè : v. to gorge oneself

zì hɔ̀ : v. to be silent/ to hold one's peace

zìá, zìá̰ : v. to be curved

zìá, zìá̰ : adv. immediately

zìá (dá - ná) : v. to set a day (for)

zìá (tsó -): v. to rise up suddenly/immediately

zìá̰ : v. to be necessary *(syn. hìá̰)*

zìá̰gɔ̀ : intj. oh really ? (surprise) *(syn. hìá̰gɔ̀)*

zìàvìámènù : n. 1. scarecrow 2. ogre

zìàwèè : id. 1. flat 2. smooth 3. spreading

zìá̰wè : n. sun rising on an azure sky and which warms the poor who have no clothes *(syn. hìá̰wè, hìá̰yè)*

zibó : n. elephantiasis *(syn. nyìzɔ̀, zòbó, zùbó)*

zíbrà : n. zebra

zidà, zidǎ : intj. wait ! i will reward you ! (for the harm you have done to me)

zídò : n. holes in which corn planted

zìdóé : adv. 1. secretly 2. by magic

zìdóé (dó -) : v. to disappear by magic

zìdòénú : n. that which is done in secret

zidzò : n. variety of ochre

zídzó : n. charm that makes invisible

zidódóé : adj. 1. calm 2. silent *(syn. zidòdùi)*

zìdòdùi : adj. 1. calm 2. noiseless *(syn. zidódóé)*

zìè ... dé àgbà nù : v. to put in beer

zìézíézíé : id. 1. shining brightly 2. in all its glory

zìfɔ̀ : n. stem of the tobacco pipe

zìfɔ̀gò : n. 1. snuff box 2. tobacco pouch *(syn. zìgò)*

zìgìdì : n. 1. part of a tree trunk used as a chair *(syn. zikpli, àtíkpli)* 2. jostling

zìgò : n. 1. snuff box 2. tobacco pouch (syn. zîfɔ̀gò)

zihɔ̃ : adj. 1. calm 2. silent

zikɔ̀lègbè : n. giraffe (syn. dzògbèzì, sóvèdà)

zikplì : n. part of a tree trunk used as a chair (syn. àtíkplì, zìgìdì)

zìkpùì : n. 1. chair (syn. tsíyà) 2. seat 3. stool 4. bench

zìkpùì bɔbɔ̀è : n. armchair

zìkpùì lɔbɔ̀ : n. bench

zìkpùìʊlìnyà : n. struggle for power

zìkpùìwó : n. 1. chairs 2. furniture

zìmànáè, zìmànámànáè, zìmànátɔ́è : adv. silently

zímbábóè : n. Zimbabwe

zìmènɔ̀lá : n. 1. President of an association 2. chairman

zìnáná : n. turbulence

zìnòlá : n. (tobacco) pipe smoker

zìnònò : n. (tobacco) pipe smoking

zìnɔ̀ : n. deer (syn. àfiá̰, àfìàtsú, àfìàyì, àgblègbɔ́é, àtùŋgbà, àvègbɔ́é, fí, gbàgbà, gbàgbà̰)

zìnyènyè : n. invasion

zíŋgì : n. 1. sheet metal 2. zinc (syn. xɔ̀gbágànú)

zìɔ̀ : v. 1. to lean against 2. to look with contempt

zìɔ̀ : n. Zio (a river and province of Togo)

zìɔ̀ (ɖé ... ŋú) : v. 1. to lean on 2. rest on

zìɔ̀ɖéŋú : n. guardian

zìɔ̀ɖéŋúí : n. 1. support 2. guardian

zìtɔ̀tɔ̀ : n. uproar

zìtsú : n. 1. male gazelle 2. male antelope 3. wildebeest 4. hartebeest

zìɔ̀yé : n. a swelling of the lymphs (syn. àkpɔ́, zɔ̀yé, zìɔ̀wóé, zìɔ̀wɔ́é zɔ̀wówóé, zɔ̀wɔ́é)

zìɔ̀wóé : n. a swelling of the lymphs (syn. àkpɔ́, zìɔ̀yé, zìɔ̀wɔ́é, zɔ̀yé, zɔ̀wówóé, zɔ̀wɔ́é)

zìɔ̀wɔ́é : n. a swelling of the lymphs (syn. àkpɔ́, zìɔ̀yé, zɔ̀yé, zìɔ̀wóé, zɔ̀wówóé, zɔ̀wɔ́é)

zíwóè ! : intrj. pleasant

zìwɔ̀lá : n. a rowdy person

zìzí : n. 1. tumult 2. entertainment with drumming and dancing 3. pressure

zízí : v. 1. to revive (a pain) 2. to press

zìzíŋzòsú : n. jigger (syn. àdèsú, dòsú, dzìgá, ètsìmàmí, màmìdòsú, tsìmàmí)

zìzíŋúsɛ̃́ : n. pressure

zòbó : n. elephantiasis (syn. nyìzɔ̀, zìbó, zùbó)

zòbó (ɖó -) : v. to suffer from elephantiasis (syn. ɖó zùbó)

zògbɔ̀ : n. 1. porridge 2. gruel 3. mush

zòdódó: v. to to reprimand 2. to condemn 3. to rebuke

zóŋgólàtsístsì : n. a kind of rash/scabies (syn. *àflɔ́é, àklì, àkpà, àkpàkúí, bèlè, bòsòkpà, fòkpòfòkpò, flɔ̀flɔ́, fɔ̀flɔ́, klùsàklúsá, kpìtì*)

zòʋlè : n. butterfish (syn. *àgbèhò*)

zɔ̀, zɔ̂ : v. 1. to walk 2. to travel

zɔ̀ : n. 1. large jar 2. the act of walking/taking steps

zɔ̀, zɔ̂ (wòé - lòò !) : intj. welcome !

zɔ̀ àmá : v. to walk around naked

zɔ̀ àzɔ̀lì : v. 1. to walk 2. to parade

zɔ̀ àzɔ̀lì nyúí : v. 1. to look good 2. to behave well

zɔ̀ ... gɔ̀mè : v. 1. to betray 2. to double cross

zɔ̀ kplé dù : v. to rush (whilst walking)

zɔ̀ lìlì ... nɔ̀èwó ŋútí : v. to collide (with each other)

zɔ̀ mɔ́ : v. to travel

zɔ̀ nyùìé : v. to be successful

zɔ̀ nyùìé ! : v. have a good trip !

zɔ̀ ... ŋú : v. to pass by

zɔ̂ tó ... tsó ... vásédé : v. to go from ... to ... passing through

zɔ̀ tɔ̀dzímɔ́ : v. to navigate (a waterbody)

zɔ̀ vá yì : v. to march past/ to pass by

zɔ̀ yì ŋgɔ̀ : v. to move forward

zɔ̂ mègbé : v. to move backward

zɔ̀ ... ŋú : v. 1. to march along 2. to brush against

zɔ̀dèdè : n. 1. locomotion 2. motion 3. momentum

zɔ̀yé : n. a swelling of the lymphs *(syn. àkpɔ́, zìɔ̀yé, zìɔ̀wóé, zìɔ̀wɔ́é, zɔ̀wówóé, zɔ̀wɔ́é)*

zɔ̀hɛ́ : n. 1. friend 2. buddy 3. companion

zɔ̀klàlɛ̀ : n. dry roasted corn

zɔ̀kplínyè : n. colleague

zɔ̀kpò : n. leprosy (syn. *ànyì, ànyìdɔ̀, ànyìdɔ̀lélé, ànyídzèdɔ̀, dɔ̀ dzɛ́, èkpòdɔ̀, gbòdò, kpò, kpìtsì, kpòdɔ̀, nògòtòlì, tótrì*)

zɔ̀lélé : n. ringworm (syn. *àbálà, àflíbátá, àgblà, ànyàmà, bàlà, flíbátá, fòkpòfòkpò, kàvègě, kɔ́kɔ́è, zɔ̀lìlì, zɔ̀lí*)

zɔ̀lí : n. ringworm (syn. *àbálà, àflíbátá, àgblà, ànyàmà, bàlà, flíbátá, fòkpòfòkpò, kàvègě, kɔ́kɔ́è, zɔ̀lélé, zɔ̀lìlì*)

zɔ̀lìlí : n. ringworm (syn. *àbálà, àflíbátá, àgblà, ànyàmà, bàlà, flíbátá, fòkpòfòkpò, kàvègě, kɔ́kɔ́è, zɔ̀lélé, zɔ̀lí*)

zɔ̀míyìkú : n. a product that lasts for a very long time

zɔ̀wówóé : n. a swelling of the lymphs (syn. *àkpɔ́, zìɔ̀yé, zìɔ̀wóé, zìɔ̀wɔ́é zɔ̀yé, zɔ̀wɔ́é,*)

zɔ̀wɔ́é : n. a swelling of the lymphs (syn. *àkpɔ́, zìɔ̀yé, zìɔ̀wóé, zìɔ̀wɔ́é, zɔ̀yé, zɔ̀wówóé*) zòziò : n. 1. support 2. backing

zòzò : n. 1. parade 2. march

zòzòmè : n. 1. pace 2. rhythm 3. tempo

zòzòváyì : n. march past

zòzrɔ̀ɛ̃̀ : adj. clear

zrɔ̃ : v. 1. to be smooth 2. to make smooth 3. to polish 4. to settle down 5. to filter

zù : v. to become

zù : n. 1. hammer 2. the blacksmith's hammer 3. club

zù dzùdzò : v. to evaporate

zù fù : v. to become skeletal

zù kpé : v. 1. to freeze 2. to solidify

zù ŋɔ̀lì : v. 1. to die *(syn. yì bò, dè núgbé, dé àfò àtùkpá mè, yì dèmàgbɔnúgbé, kú, yì núgbé, vló, vló, yì àfégã́, yì àulìmè, yì àzìzà ŋú, yì dzògbè, yì gẽ gbɔ́, yì yèɖóxòfé, yì nákè gbé, yì nú gbé, yì nú xà, yì tɔgbùíáwó gbɔ, yì tɔmè, yì tsíè)* 2. to become a ghost

zùbó : n. elephantiasis *(syn. nyìzò, zibó, zòbó)*

zùbó (ɖó -) : v. to suffer from elephantiasis *(syn. ɖó zòbó)*

zùbófò : n. a leg deformed by elephantiasis

zùbónò : n. a person suffering from elephantiasis *(syn. dzòbútɔ́, zùbótɔ́)*

zùbótɔ́ : n. a person suffering from elephantiasis *(syn. dzòbútɔ́, zùbónò)*

zùkpé : n. anvil

zùlù-nyígbá : n. Zululand

zyàmdám : n. gendarme

zyènèrál : n. general

zyùdò : n. judo

Works Cited

Africa Museum. (2015). Retrieved from https://www.africamuseum.be/de/research/collections_libraries/biology/prelude/view_plant?pi=981320

Agbanu, S. (2022, January 7). *We Are Eve, The Hebrew Nation in exile.* Retrieved from https://www.facebook.com/simon.agbanu.73/videos/2234720946666708

Agbeny La. (1988, 2006, 2020). Baltimore, Maryland in the USA: Biblica, Inc.

Agbozo, G. E. (2015). Language Choice in Ghanaian Classrooms; Linguistic Realities and Perceptions.

Ameza, S. (2022, June 29). *Facebook*. Retrieved from https://m.facebook.com/story.php?story_fbid=pfbid02abi8ut3cnciWS2P2UUGfPLP7uwkj3CHmBooLGXHNsquYrn4YKtk4merUJ5WAVoBl&id=100001258324532

Ampe (game). (2019). Retrieved from Wikipedia : https://ee.wikipedia.org/wiki/Ampe_(game)

Atisese, A. O. (2018). The History of Nigerian Ewes.

Atlas on Regional Integration in West Africa p. 9-10. (n.d.). Retrieved from https://www.oecd.org/swac/publications/38409537.pdf

Atlas on Regional Integration in West Africa p.11. (n.d.). Retrieved from https://www.oecd.org/swac/publications/38409537.pdf

Belinda Ann Yehowali. (2022, March 13). Retrieved from Facebook: https://www.facebook.com/100000841196151/videos/249560024057007/

Biblia alo Ŋɔŋlɔ Kɔkɔe la le Evegbe me. (1913,2006). Accra: Bible Society of Ghana.

Dotse, D. A. (2011). The origins and brief history of the ewe people.

Dzobo, A. M. (2015). *Evegbefiala.* Bubu Publications.

Ellis, A. (2015). *The Ewe-speaking poepoles of the Slave Coast of West Africa p. 178-179.*

Enam98. (n.d.). *The Voice of Inspiration, (wordpress.com).* Retrieved from Enam98: https://enam98.wordpress.com/2016/12/18/some-ewe-proverbs-and-their-meanings/

Essizewa, K. E. (2014). Lexical insertions in Kabiye-Ewe. *International Journal of Bilingualism*, 2.

Eve-Dzesiwo. (2021). *Ewe History.* Retrieved from Faceboook : https://www.facebook.com/EweHistory/photos/pcb.224422126180151/224422039513493/

EvenyigbaTV. (2021). *Ewenyigba TV Nyadzɔdzɔwo 07.12.21.* Retrieved from https://www.youtube.com/watch?v=s_SL13nSQM4

EvenyigbaTV. (2021). *www.ewenyigbatv.com.* Retrieved from Ewenyigba TV: https://www.youtube.com/watch?v=xAzdMT1nkg4&t=39s

Ewe Basic Course. (2017). Festado Virtual University.

Ewe Pronounciation. (2011). In U. P. Corps.

EwelanguageTV. (2021). *Human anatomy in Ewe language*. Retrieved from Youtube: https://www.youtube.com/watch?v=sYdRuODUtBA

EwenyibaTV. (2022, July 02). Retrieved from https://youtu.e/SO-amsTXzK4

EwenyigbaTV. (n.d.). *Kekuku le Kɔyi Kɔfe - Ewenyigba TV*. Retrieved from EwenyigbaTV: https://youtu.be/0n8kxxxeT68

Ewepride. (2021). *Facebook*. Retrieved from Ewe-Pride-Facebook-Page: https://www.facebook.com/ewepride/photos/a.636851544391810/636851414391823/

Ewepride. (2021). *Facebook*. Retrieved from Ewepride-Facebookpage: https://www.facebook.com/ewepride/photos/a.109727053770931/653457489397882/

Ewepride. (2022, 06 19). Retrieved from Facebook: https://www.facebook.com/ewepride/photos/a.616216636455301/794216441988652/

Gbe languages. (2022). Retrieved from Wikipedia: https://en.wikipedia.org/wiki/Gbe_languages#cite_ref-5

Gbolonyo, J. S. (2009). *INDIGENOUS KNOWLEDGE AND CULTURAL VALUES IN EWE MUSICAL PRACTICE: THEIR TRADITIONAL ROLES AND PLACE IN MODERN SOCIETY p. 244*. University of Pittsburgh.

Ghanaweb. (2021). Retrieved from https://www.ghanaweb.com/GhanaHomePage/NewsArchive/Ewe-is-second-most-spoken-language-in-Ghana-Report-1238926

Globalsecurity.org. (2020). Retrieved from www.globalsecurity.org: https://www.globalsecurity.org/military/world/para/western-togoland.htm

Grammaire eʋe. (1997). In K. Fiaga.

Haley, K. (2017, December 7). *Syracause University, Arts and Culture*. Retrieved from Syracause University: https://news.syr.edu/blog/2017/12/06/native-speaker-will-bring-life-to-ghanaian-language-in-linguistics-class/

Jim-Fugar, M., & Jim-Fugar, N. (April 2017). *Nuseline's Ewe-English Dictionary*. Wroclaw: Amazon Fulfillment.

Jonas N. Akpanglo-Nartey, R. A.-N. (2012). Some Endangered Languages of Ghana. *American Journal of Linguistics*, 10-18.

Joshua Project. (2017). Retrieved from https://joshuaproject.net/people_groups/11169

Kofi Yakpo, N. Q.-D.-M. (n.d.). *African Languages and Linguistics - N°2 p. 135*. Retrieved from https://halshs.archives-ouvertes.fr/halshs-01482252/document

Kumassah, A. (2016). *The Most Authentic Migration Saga of the Anlo-Ewes of Ghana, p. 194*. Keta: Photo City Press.

Kumassah, A. (2016). *The Most Authentic Migration Saga of the Anlo-Ewes of Ghana, p. 9*. Keta: Photo City Press.

Mawuli, M. (November 2012). *The Final Solution To Black People's Problems, p. 72-77 (ebook)*. Neduson Research Services.

Mawuli-Torgbui-Akpaklika. (2021, December 18th). Retrieved from Facebook: https://www.facebook.com/torgbui.mawuli/videos/908077573245603

Michael C. Campbell, S. A. (September 2008). *African Genetic Diversity: Implications for Human Demographic History, Modern Human Origins, and Complex Disease Mapping, Annual Review of Genomics and Human Genetics.* Retrieved from https://science.sciencemag.org/content/suppl/2009/04/30/1172257.DC1/Tishkoff.SOM.pdf

Omniglot. (n.d.). Retrieved from http://www.omniglot.com/writing/ewe.htm

Peace Corps EWE O.P.L. WORKBOOK (Oral Proficiency Learning) Course. (2011). In U. P. Corps.

Petit manuel pour apprendre La langue Éwé. (n.d.). Retrieved from www.vdb-artiste.com/_docs/Langue_EWE.doc.

Potocnik, M. (2017, July). *A HISTORY OF DEATH AND FUNERAL RITES; A CASE STUDY OF THE GA IN JAMESTOWN (GHANA), p.129.* Accra: University of Ghana, Legon.

Presidential Term Limits in Togo: Accountability Postponed. (20.06.2019). In R. E. Alexander Baturo, *The Politics of Presidential Term Limits* (p. 201). Oxford University Press.

Raphael Kwami Ahiabenu, P. D. (2014 (first printed 1930)). *Gbesela Yeye.* Accra: Knowledge Innovations.

Rongier, J. (1995). Dictionnaire francais-ewe suivi d'un index ewe-francais . In J. Rongier, *Dictionnaire francais-ewe suivi d'un index ewe-francais p. 502* (p. 502). ACCT-KARTHALA.

Rongier, J. (1995). *Dictionnaire français-éwé: suivi d'un index français-éwé.* Karthala.

Rongier, J. (2015). *Dictionnaire éwé-français.* L'Harmattan.

SABLAH, M. (2002, December). *THE APPLICATION OF KUDEME AS FERMENTABLE.* Retrieved from http://ugspace.ug.edu.gh/bitstream/handle/123456789/7836/THE%20APPLICATION%20OF%20KUDEME%20AS%20FERMENTABLE%20MODIFIERS%20IN%20NIXTAMALIZED%20MAIZE.pdf?sequence=1&isAllowed=y

Service, G. S. (2012). *Population and Housing Census 2010.*

Simpson, A. (2008). *Language and National Identity in Africa p. 143.* Oxford University Press.

Spieth, J. (1906, 2011). *The Ewe People; a study of the Ewe people in german togo.* Berlin, Accra: Sub-Saharan Publishers.

University, F. E. (2017). *Ewe Basic course.* FESTADO IT Consulting.

Village Volunteers, Basic Ewe for Travellers. (2011).

Warbuton, I., Kpotufe, P., & Glover, R. (2008). Ewe Basic Course.

Websters. (2021, August 29). Retrieved from Merriam-Webster: https://www.merriam-webster.com/dictionary/lynx?utm_campaign=sd&utm_medium=serp&utm_source=jsonld

Westermann, D. (1974). *Deutsch-Ewe Wörterbuch.* Nendeln: Kraus Reprint.

Westermann, D. (1974). *Deutsch-Ewe Wörterbuch.* Nendeln: Kraus Reprint.

[1] Marko 7: 35

[2] Everlove TV; Charles Agbagedi, 2023 https://www.youtube.com/watch?v=BhWnFxZi0E8

[3] Aziaku, Vincent Erskine. 2016. *A Linguistic Analysis of Ewe Animal Names among the Ewe of Ghana*. Köln: Rüdiger Köppe Verlag.

Eʋènyígbá as depicted by the Atlas of Regional Integration in West Africa p. 9-10

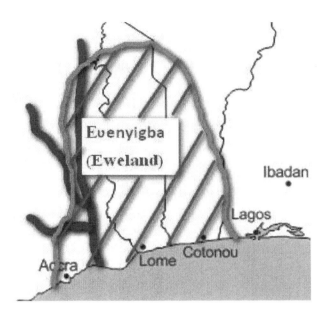

Made in the USA
Columbia, SC
25 February 2025

54401290R00437